주역철학사

이 책은 廖名春・康學偉・梁韋弦의 『周易研究史』(湖南出版社, 1991)를 완역하고 보충한 것입니다.

역학총서 1
주역철학사

지은이   廖名春・康學偉・梁韋弦
옮긴이   심경호
펴낸이   오정혜
펴낸곳   예문서원

편 집   김경희・정은미
인 쇄   상지사
제 책   상지사

초판 1쇄   1994년 9월 15일
초판 5쇄   2009년 2월 25일

주   소   서울시 동대문구 용두2동 764-1 송현빌딩 302호
출판등록   1993. 1. 7 제6-0130호
전화번호   925-5913~4・929-2284 / 팩시밀리   929-2285
Homepage   http://www.yemoon.com
E-mail   yemoonsw@empal.com

ISBN 89-7646-019-7   93150

YEMOONSEOWON 764-1 Yongdu 2-Dong, Dongdaemun-Gu Seoul KOREA 130-824
Tel) 02-925-5914, 02-929-2284 Fax) 02-929-2285

값 45,000원

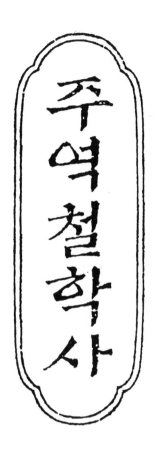

주역철학사

廖名春·康學偉·梁韋弦 지음

심경호 옮김

예문서원

일러두기

본문 하단의 *는 옮긴이 주를, †는 원저자 주를 가리키며, 원문은 별도로 후주로 실었음을 밝혀둡니다.

옮긴이의 말

옮긴이가 『주역』에 처음 접한 것은 작고하신 우전雨田 신호열辛鎬烈 선생의 문하에 있을 때였다. 경전의 원문을 따라 읽는 도독徒讀이었지만, 선생의 의리 해석은 서구 관념 철학에 경도되어 있었던 비재菲才를 크게 자극하는 것이 있었다. 그러나 천성이 게을러서 64괘의 괘명과 괘의도 암송하지 못한 데다가 하도河圖 낙서洛書니 선천도先天圖 후천도後天圖니 하는 도식이 우주 자연의 진리를 반영한다는 설에 대해서는 도무지 납득이 가지 않았다. 그 즈음 즐겨 보던 책에는 도식이 하나도 없었으므로, 도식은 그저 길거리 역술가들이 사용하는 미신의 도구로 보였다. 그러면서도 『주역』으로 점을 치는 방법을 알아 두면 조금쯤 근사해 보이지 않을까 하는 생각을, 사간동 선생댁의 툇마루에 쭈그리고 앉아 해보고는 하였다. 선생은 그러한 불순한 속마음을 알아차리고 계셨던 것일까, 일 년 가까운 강독중에 한 번도 역점법을 가르쳐 주지 않으셨다. 벌써 15년이 지난 이야기이다.

역점법에 관하여 다소나마 알게 된 것은 일본 교토京都 대학에서 고염무顧炎武의 『일지록日知錄』을 공부할 때였다. 그때 시미즈 시게루清水茂 교수께서 『일지록』의 「시詩」 부분을 몇 해째 강독하고 계셨는데, 무슨 대목에서인지 역점의 4영 8변四營八變에 대하여 시범을 보이신 적이 있었다. 항시 신구주新舊注를 대비하여 읽고, 한 글자 한 구절이라도 의문이 있으면 재차 숙독하고 고증을 해야 하는 고된 연습 과목이었는데, 아마도 해당 발표자가 4영 8변의 뜻을 제대로 말하지 못하자 선생께서 설명을 해 주셨던 듯하다. 무슨 대목이었는지 여태도록 기억에 떠오르지 않는 것은 그때 빈손으로 보여 주신 시범만이 너무도 생생하게 기억에 남아서이기 때문이 아닌가 한다.

그러나 그때 심정으로는 『주역』을 평생 되읽어 볼 일이 없을 듯하였다. 고사변파古史辨派의 의고주의疑古主義에 매료되어 있던 옮긴이로서는 『주역』이 천지인의 일체 지식을 주머니 속에 넣고 있다는 말이야말로 트집 잡을 절호의 대상이었는지 모른다. 고독한 의식은 옛것을 의심하는 데 유달리 용감하였다.

그러다가 문학박사 학위 논문으로 『조선조의 한문학과 시경론』을 준비하면서 다시금 『주역』에 부딪혔다. 이 논문의 일부분에서 선조 때의 능문자能文者였던 간이簡易 최립崔岦을 다루면서였다. 간이당은 집안이 한미寒微하여 평생 높은 벼슬로 나아가지는 못하였으나, 『사기史記』와 『한서漢書』의 열전을 가려 뽑고 구결口訣을 붙여 『한사열전초漢史列傳抄』를 편하고, 한유韓愈의 문장에도 구결을 붙이는 작업을 하는 등 문학사적 공적을 많이 남긴 사람이다. 그는 선조 35년(1602)에 교정청校正廳에서 『주역언해周易諺解』를 편찬하는 작업을 시작하였을 때 당상관堂上官으로 임명되었지만, 사직서를 올리고 이듬해 강원도 간성杆城의 군수직을 청하여 외직으로 나가 그곳에서 『주역본의구결부설周易本義口訣附說』을 목판 인쇄한 일이 있다. 교정청의 언해가 『주역본의周易本義』와 『이천역전伊川易傳』을 아울러 채용하는 데 반발하고, 『주역본의』에만 의거하여 역리易理를 해석할 것을 주장했기 때문이다. 간이당의 이러한 주장이 우리 역학사에서, 나아가 우리 사상사에서 어떠한 의의를 지니는가? 나로서는 자못 궁금한 문제였다. 그러나 불행히도 우리 역학사를 전면적으로 서술한 연구 서적을 찾을 수가 없었다. 답답하였다.

교토 대학에서는 이른바 고증지학考證之學과 양명학陽明學의 학풍에 접하였다. 고증지학 자체도 번쇄한 면이 있다고 하지만, 종전에 얼추 들어왔던 리기론理氣論 말류의 번쇄한 틀을 벗어날 수 있다는 기쁨이 있었다. 한여름 도서관 2층의 넓은 책상 위에다 관련 서적들을 늘어놓고 『춘추좌전정의春秋左傳正義』를 읽었다. 바람에 몸을 뒤집는 플라타너스 이파리의 은빛 번쩍임을 여태 잊을 수가 없다. 그러면서 주희의 『집주集注』가 완결된 철학 체계를 구축하고자 얼마나 노력하였는지 새삼 깨달았다. 그러나 우리 한학은 어떻게 전개되었단 말인가? 조바심을 느꼈다.

최근 옮긴이는 강화학江華學을 공부하면서 그간 지나치게 에두른 길을 걸어 왔다는 사실을 깨닫게 되었다. 강화학파는 바로 고증지학과 양명학적 사유를 우리식으로 결합한 학파이기 때문이었다. 서여西餘 민영규閔泳珪 선생님의 가르침을 받아 담원 정인보鄭寅普 선생의 학술에 접하고, 거슬러 올라가 강화학파의 문학과 사상에 접하였다. 관련 자료를 수집하고 훑어 나갈 때 석천石泉 신작申綽의 『역차고易次故』가 앞을 가로막았다. 석천은 바로 만년의 다산茶山 정약용丁若鏞이 경학 체계를 재구축하는 데 영향을 주었고, 또 다산과 한역漢易의 벽괘설辟卦說을 놓고 토론을 전개하였던 인물이다. 석천에게 『시차고詩次故』와 『서차고書次故』라는 집록서가 있다는 사실은 몇 분들이 지적한 바이지만, 한역의 설을 독자적으로 정리한 『역차고』가 있다는 사실은 반신반의되어 오던 참이었다. 그런데 자필본으로 추정되는 원고의 사본을 정양완鄭良婉 선생님의 도움으로 구할 수 있었다. 『청경해淸經解』의 한역 관계 저서들과 대조하면서 홀로 즐거웠다. 하지만 그 가치를 어떻게 설명할 수 있다는 말인가?

이러한 답답한 심경을 풀어 보고자 중국 역학사를 우선 살펴보기로 하였다. 역학사에 관한 책으로는 일본인 도다 도요사브로戶田豊三郎의 『역경주석사강易經注釋史綱』과 중국인 주백곤朱伯崑의 『역학철학사易學哲學史』, 그리고 여기 졸역에 붙이는 료명춘 등의 『주역연구사周易研究史』가 있다. 그런데 『주역』의 성립부터 현대역에 이르기까지 통틀어 개괄한 책으로는 아직은 『주역연구사』가 유일하기에 우선 이 책을 통독해 보기로 하였다. 단 이 책은 세 사람의 공저로 되어 있어 체제가 통일되어 있다고는 할 수 없다. 그리고 아마도 저자들이 젊은 탓인지 역리를 깊이 천명하지 않았고, 인용이 길고 복잡하거나 원문의 구두나 해석에서 오류가 눈에 띄었다. 그렇지만 역학사를 나름대로 정리하려고 노력하였으니, 그러한 노력은 우리로서는 귀감을 삼을 만하다고 생각되었다. 그래서 통독하는 김에 내쳐 우리 말로 옮겨 소개하기로 하였다.

졸역을 하던 중에 예문서원의 기획을 맡아 보는 홍원식洪元植 선생으로부터 번역본을 간행하는 것이 어떻겠느냐는 제의를 받았다. 역리를 모르면서 이 책을 번역하여 간행까지 한다는 것은 자칫 무모하다는 혐의가 없지 않겠지만, 우리 사상사, 우리 한학을 공부하기 위한 기초를 닦는다는 의미에서 일단 원고로 묶기로 하였다. 번역하면서, 원서에는 없는 도판이나 도식을 몇몇 첨부하고, 권두에 「역학에 관한 기초 지식」난을 두어 독자의 이해를 돕는 것이 좋겠다는 생각을 하였다. 그리고 역학사를 전문적으로 연구할 분들을 위하여 권말에 전통 시기의 중국 역학 관련 서목을 정리하여 두었다. 또 언젠가 우리 역학사를 전문적으로 개괄한 연구서가 나오기를 기대하여 우리나라에서 나온 관련 역학 서적의 목록도 별도로 작성하였다.

번역은 일체 옮긴이의 손으로 이루어졌다. 다만 일부 원고의 정리에서 강원대학교의 김정기金正基 군으로부터 도움을 받았다. 손으로 쓴 일부 원고와 인용 원문을 입력해 주느라 고생하면서도 김군은 묵묵하였다. 한편 복잡한 교정 요구를 들어 주고 도판을 배열하느라 예문서원의 여러분들도 고통을 겪었다. 이 자리를 빌려 감사드린다. 또 도판에 이용할 서적 자료를 제공해 주신 윤병태尹炳泰 님과 한국정신문화연구원 도서관의 김영훈金榮薰 님께도 감사드린다.

1994년 7월 30일
강원대학교 인문관 기백재己百齋에서
옮긴이

지은이의 말

이 책은 우리 세 사람이 김경방金景芳[*1)] 선생에게서 『역易』을 공부한 결과를 묶은 책이다. 지은이 이름은 원고 집필의 순서에 따른다. 료명춘廖名春은 서론·1장·6장·7장을 집필하였다. 강학위康學偉는 2장과 3장을 집필하였다. 양위현梁韋弦은 4장과 5장을 집필하였다. 원고가 완성된 뒤 료명춘이 책임을 지고 전체를 통괄하였다.

이 책은 1989년까지 나온 자료를 이용하였으므로 역학 발전사도 1989년까지만 서술하였다. 이 분야로서는 첫 작업인지라 선인의 업적과 현대의 연구 성과를 참고로 하기는 하였으나 부족한 점이 없지 않을 것이다. 완벽을 기하는 일은 뒷날을 기다릴 수밖에 없다.

이 책을 집필하는 중에 길림대학吉林大學 고적소古籍所 박사이신 은사 김경방 교수로부터 다방면으로 지도를 받았고, 아울러 원고의 일부를 교열받았다. 이 자리를 빌려서 삼가 충심의 감사 말씀을 올리는 바이다. 길림대학 고적소의 여소강呂紹剛 교수[*2)]와 진은림陳恩林 부교수도 이 책의 집필에 큰 관심을 가져 많은 도움을 주셨다. 학우 동련지董連池, 서대강舒大剛, 장희봉張希峰, 유귀군劉貴軍, 유우평劉佑平도 우리의 작업에 많은 성원을 보내 주었

---

*1) 金景芳(1902~)은 중국 遼寧省의 義縣 사람. 요녕성 제4사범학교를 졸업하고 뒤에 四川省 樂山의 復性書院에서 馬一浮에게서 수업하였고, 東北大學 교수직을 거쳐 1989년 현재 吉林大學 교수로 있다. 저서에 『易通』,『學易四種』,『周易講座』,『古史論集』,『論井田制度』,『中國奴隸社會史』 등이 있다.

*2) 呂紹剛(1933~)은 祖籍은 安徽省 旌德이지만 요녕성 盖縣에서 태어났다. 1958년에 吉林大學 歷史系를 졸업하고, 1989년 현재 길림대학 古籍研究所의 副教授로 있다.

다. 길림대학 도서관과 고적소 자료실, 호남성위湖南省委 당교黨校 도서관, 사평사원四平師院 도서관은 적극적으로 협조해 주었다. 이 자리를 빌려 모든 분들에게 감사드린다.

책임 편집자 소원蕭元은 이 책의 체제와 내용에 대하여 건설적인 의견을 많이 내어 주셨다. 그리고 우리들이 원고를 마친 뒤에는 원고의 일부 관점을 고쳐 주고 일부 내용을 조정하느라 고생하셨다. 깊이 감사드린다.

1990년 8월
지은이

차 례

• 역학에 관한 기초 지식
• 고려·조선 시대의 『주역』관련 서목

역학에 관한 기초 지식

『역』의 괘획卦劃과 괘효사卦爻辭는 본래 점을 치기 위해 만들어진 것이다. 그러나 괘효사가 의리義理의 내용을 포함하고 있는 까닭에 그 논리성이 강조되었다. 또 『역』은 처세의 지혜뿐 아니라 우주의 일체 진리를 포괄하는 경經으로 숭상되기에 이르렀다. 또한 괘획과 괘효사 사이의 관계를 통일적·체계적인 것으로 파악하는 인식이 보편화되었다. 이 책은 『역』자체를 번역한 것이 아니라 역대의 역학 철학을 개관한 내용이지만, 역학의 기초 지식이 없으면 다소 이해하기 어려운 면이 있다. 따라서 이하 몇 가지 기초 지식을 먼저 소개하여 두기로 한다.

1. 『역易』『주역周易』『역경易經』의 명칭

『역』은 보통 『주역』, 『역경』이란 명칭과 혼용되기도 한다. 『역』이라 하면 고대 중국에서 천신天神·지지地祇나 종묘宗廟에 제사 지내기 전에, 혹은 전쟁과 같은 중대사를 치루기 전에 점을 쳐서 결정하였던 점서의 도구를 통틀어서 말한다. 하남성河南省 안양현安陽縣 은허殷墟에서 다량의 갑골문자가 발견된 바 있고, 주周나라 때에는 서죽筮竹을 이용하여 점을 친 사실이 입증되기도 했다. 『역』은 이 복서卜筮를 바탕으로 이루어진 것이다. 그런데 주나라 초기의 제도를 기록하였다는 『주례周禮』(문헌학적으로는 훨씬 후대에 성립하였다고 보지만)에 태복太卜이라는 관리가 3역三易을 관장하였다는 말이 있다. 이 '3역'이란 『연산連山』, 『귀장歸藏』, 『주역周易』을 말하는데, 『연산』은 하夏나라의 『역』, 『귀장』은 은殷나라의 『역』,

『주역』은 주나라의 『역』이라고 한다. 여기서 『연산』과 『귀장』은 진작에 없어지고 『주역』만이 남았으므로, 『주역』을 『역』이라 불러도 그다지 혼란이 없었다. 이 『주역』은 본래의 본문과 뒷사람의 해설 부분이 합해져 있어 본래의 본문을 경經이라고 하고 해설 부분을 전傳이라고 하였다. 그런데 해설 부분인 전傳이 한대漢代에 이르러 경經의 지위로 격상이 되자 『주역』 전체를 『역경』이라고 부르는 명명법이 일반화되기에 이르렀다. 따라서 『역』의 성립과 전승을 역사적으로 엄밀하게 연구하는 때에는 『역』, 『주역』, 『역경』의 명칭을 혼용해서는 안 되지만, 『역』 자체의 의리를 공부하여 인간사와 천지 자연의 법칙을 이해하고자 하는 때에는 『역』과 『주역』, 『역경』이란 명칭을 혼용해도 무방하다.

2. 양효陽爻와 음효陰爻

『역』의 구성에서 가장 기초적인 것이 기수획의 ━과 우수획의 ━━이다. 이 부호를 효爻라고 한다. 효란 교交의 뜻이라고도 하지만, 효傚(效)로 보아 만물의 상象을 본떴다는 뜻이라고도 한다. ━은 양강陽剛을 의미하고 ━━은 음유陰柔를 의미하므로, ━를 양효陽爻, ━━를 음효陰爻라고 한다. 양효와 음효는 상반되는 성질을 지니므로 다음처럼 각각 상반되는 사물에 배당된다.

━ 양, 강건함, 적극성, 낮, 남자, 지아비, 군주, 대, 나아감, 움직임, 부유함, 겉, 참
━━ 음, 유순함, 소극성, 밤, 여자, 지어미, 신하, 소, 물러남, 고요함, 가난함, 속, 거짓

3. 팔괘八卦

팔괘는 『역』의 원형으로 팔경괘八經卦라고 한다. 곧 양효━와 음효━━를 세 개씩 조합하여 8개의 부호를 만들어 천지간의 물상物象을 상징하는 것이 팔괘이다. 괘卦란 걸친다(掛)는 뜻으로 물상을 걸쳐서 사람에게 보인다는 의미이다. 3획에 의하여 비로소 2대 1의 강약 관계가 생겨난다. 팔괘는 다음과 같다.

☰건乾 : 순양純陽의 괘　　　　　　☷곤坤 : 순음純陰의 괘

☴손巽 : 1음陰이 아래에 생겨난 괘　☳진震 : 1양陽이 아래에 생겨난 괘

☲리離 : 1음이 중간에 생겨난 괘　　☵감坎 : 1양이 중간에 생겨난 괘

☱태兌 : 1음이 위에 생겨난 괘　　　☶간艮 : 1양이 위에 생겨난 괘

4. 상象

『역』은 팔괘를 만물의 상징으로 생각하여, 팔괘가 표시하는 8개의 부
호를 천지간의 물상에 견주고 있다. 이 팔괘의 상징을 상象이라고 한다.
상象은 상像 혹은 의擬란 뜻으로 풀이되어 상상하고 모의模擬한다는 의미
를 지닌다. 본래 『역』은 팔괘에 하나씩 물상을 견주어 두었는데, 이 본래
의 상을 정상正象이라고 한다. 팔괘의 정상은 다음과 같다.

건乾☰ : 하늘(天)　　　　　감坎☵ : 물(水)

곤坤☷ : 땅(地)　　　　　　리離☲ : 불(火)

진震☳ : 우뢰(雷)　　　　　간艮☶ : 산(山)

손巽☴ : 바람(風)　　　　　태兌☱ : 못(澤)

그런데 점차 복서卜筮가 복잡해지면서 상象의 범위도 확대되었다.
『역』의 「단전象傳」과 「대상전大象傳」에는 20여 개의 상이 보이는데,
「설괘전說卦傳」에는 이미 137개의 상으로 확대되어 있다. 그 중 주요한
것만을 표로 보이면 오른쪽(21쪽의 그림)과 같다.

5. 64괘와 상하경

『역』은 팔괘를 가지고 천지간의 만물을 상징하였으나, 팔괘만으로는
만물의 변화를 상징할 수가 없자, 다시 3획괘인 팔괘를 둘씩 겹쳐서 6획
괘를 64개 만들었다. 처음부터 팔괘와 64괘가 동시에 나왔다고 주장한
사람도 있으나, 복서卜筮 사실이 복잡하게 됨에 따라서 팔괘에서 64괘로
발전되었다고 보는 것이 옳을 듯하다. 팔괘를 상하로 조합하면 8 곱하기
8은 64의 괘가 이루어진다. 이 때 처음 3획괘를 소성괘小成卦라 하고, 3

八卦象	乾 ☰	坤 ☷	震 ☳	巽 ☴	坎 ☵	離 ☲	艮 ☶	兌 ☱
自然	天	地	雷	風	水	火	山	澤
人間	父	母	長男	長女	中男	中女	少男	少女
性質	健	順	動	入	陷	麗	止	說
動物	馬	牛	龍	鷄	豕	雉	狗	羊
身體	首	腹	足	股	耳	目	手	口
方位	西北	西南	東	東南	北	南	東北	西
雜				木·遜	雨·險	日·明		

획괘를 중첩하여 이루어진 64괘를 대성괘大成卦라고 한다.

『역』에서 '건☰乾下乾上'이라고 되어 있는 것을 볼 수 있는데, 이것은 건괘가 "하괘下卦를 건乾으로 하고 상괘上卦를 건乾으로 한다"는 뜻이다. 6획괘에서 아래에 놓인 3획괘를 내괘內卦 혹은 하괘下卦라 하고, 위에 있는 3획괘를 외괘外卦 혹은 상괘上卦라고 한다. 64괘의 각 괘는 여섯 개의 효로 이루어져 있으므로, 64괘는 전부 384효가 된다. 『역』은 이 64괘 384효의 괘효사卦爻辭, 괘효상卦爻象, 그리고 그 변화를 가지고 점을 친다. 『역』의 경전은 상하 2편으로 나누어져 있는데, 건괘乾卦에서 리괘離卦까지 30괘를 상경으로 배열하고, 함괘咸卦에서 미제괘未濟卦까지 34괘를 하경으로 배열하고 있다.

단 64괘를 암송하기 편하도록 『역』 경전의 본래 순서와는 달리 팔경괘의 조합 방식에 따라 표로 만든다.(22쪽 그림 참조) 각 괘에서 먼저 상괘(외괘)의 정상正象을 들고 다시 하괘(내괘)의 정상을 든 뒤 괘명을 말하

下卦＼上卦	天	澤	火	雷	風	水	山	地
天	乾爲天	澤天夬	火天大有	雷天大壯	風天小畜	水天需	山天大畜	地天泰
澤	天澤履	兌爲澤	火澤睽	雷澤歸妹	風澤中孚	水澤節	山澤損	地澤臨
火	天火同人	澤火革	離爲火	雷火豐	風火家人	水火既濟	山火賁	地火明夷
雷	天雷无妄	澤雷隨	火雷噬嗑	震爲雷	風雷益	水雷屯	山雷頤	地雷復
風	天風姤	澤風大過	火風鼎	雷風恒	巽爲風	水風井	山風蠱	地風升
水	天水訟	澤水困	火水未濟	雷水解	風水渙	坎爲水	山水蒙	地水師
山	天山遯	澤山咸	火山旅	雷山小過	風山漸	水山蹇	艮爲山	地山謙
地	天地否	澤地萃	火地晉	雷地豫	風地觀	水地比	山地剝	坤爲地

는 식으로 하면 좋다. 즉 **천택리天澤履**(상괘가 천, 하괘가 택인 리괘), 천화
동인天火同人(상괘가 천, 하괘가 화인 동인괘), 천뢰무망天雷无妄(상괘가 천,
하괘가 뢰인 무망괘)과 같은 식이다.

6. 위位와 구육九六

괘의 6효는 아래에서 위로 차차로 발전하는 일련의 변화를 표시한다.
그래서 가장 아래의 효를 초효初爻라 하고, 그 다음을 2효·3효·4효·5효
라고 하며, 가장 위의 효를 상효上爻라고 한다. 이 초·2·3·4·5·상의 자리
가 곧 여섯 효가 놓이는 위치이다. 그것을 위位라고 부른다.

『역』에서는 양효를 9의 수로 표시하고 음효를 6의 수로 표시한다. 본
래는 9와 6 이외에 7과 8의 수도 있어 9와 7이 양효, 6과 8이 음효이
지만, 9와 6으로 각각 양효와 음효를 대표한다. 9와 7은 다 같이 양효이
되, 9━는 변하는 효(老陽)이고 7━은 불변하는 효(少陽)이다. 6과 8은
다 같이 음효이되, 6━━은 변하는 효(老陰)이고 8━━은 불변하는 효(少陰)
이다.『역』은 변하는 효를 가지고 점을 치는 까닭에 양의 수를 9로 대표
시키고, 음의 수를 6으로 대표시킨다.

『역』은 각 괘의 효에 대하여 효의 위 및 9와 6의 수를 합쳐서 부른다.
이를테면 건괘乾卦는 초구·구2·구3·구4·구5·상구로 부른다. 초효와 상
효는 '초'와 '상'이라는 효위를 먼저 말하고 음양의 수(즉 9인가 6인가)를
뒤에 든다. 나머지 2·3·4·5효의 경우는 음양의 수(즉 9인가 6인가)를 먼
저 말하고 나서 효위(즉 2·3·4·5)를 든다. 혼동을 피하기 위하여 9와 6의
수는 한글로 적고 2·3·4·5의 효위는 아라비아 숫자로 적기로 한다.

6효의 위에는 음의 위와 양의 위가 있다. 초·3·5의 기수위奇數位를 양
위陽位라 하고, 2·4·상의 우수위偶數位를 음위陰位라 한다. 또 6효의 위는
천지인天地人에 배당된다. 3획괘(소성괘)에서는 하획이 지地, 중획이 인人,
상획이 천天이다. 6획괘(대성괘)에서는 초효와 2효가 지, 3효와 4효가
인, 5효와 상효가 천이다. 또 6효의 위는 존비귀천의 지위를 표시한다.
초효는 서인庶人, 2효는 사士, 3효는 대부大夫, 4효는 경卿, 5효는 천자
天子, 상효는 은퇴한 군자이다.

이상의 내용을 명이괘明夷卦☷☲를 가지고 도해하면 다음과 같다.

```
상육 ━ ━  음위   군자  ┐
육5  ━ ━  양위   천자  ┘ 천
육4  ━ ━  음위   경   ┐
7 3  ━━━  양위   대부  ┘ 지
육2  ━ ━  음위   사   ┐
초구 ━━━  양위   서인  ┘ 인
```

7. 중中과 정正

『역』에서는 중中과 정正이 존중된다. 정正이란 양효가 양위(초·3·5)에 있거나 음효가 음위(2·4·상)에 있는 것을 말한다. 양효가 음위에 있거나 음효가 양위에 있으면 부정不正이라고 한다. 중中이란 하괘(내괘) 중앙인 2위와 상괘(외괘) 중앙인 5위를 말한다. 중中은 중용中庸의 덕을 의미한다. 특히 중中의 자리에 있는 효가 정正을 얻으면 중정中正이라고 한다. 중이거나 정이면 대부분 길吉하고, 중도 아니고 정도 아니면 대부분 흉凶하다. 중이 정보다 더 중요하다. 예를 들어 기제괘既濟卦☵☲는 6효가 전부 정하고 그 가운데 육2는 유순중정柔順中正, 구5는 강건중정剛健中正다. 이에 비하여 미제괘未濟卦☲☵는 6효가 전부 부정하다.

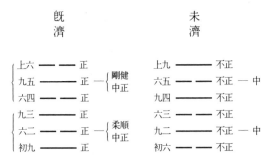

『역』의 괘효에서 초효의 위는 일의 시작을 나타내고 상효의 위는 일의 종료를 나타낸다. 제3효는 하괘(내괘)에서 상괘(외괘)로 이행하는 위치로

서 난관難關이다. 만일 양효가 이 제3효에 위치하면 지나치게 억세어 부중不中하다는 비난이 있고, 음효가 이 제3효에 위치하면 지나치게 여려서 적임이 아니라는 비난을 면하기 어렵다.

8. 응應·비比·승承·승乘

『역』의 괘효에는 응應·비比·승承·승乘의 관계가 있다. 응효應爻란 하괘의 하위(초효)와 상괘의 하위(4효), 하괘의 중위(2효)와 상괘의 중위(5효), 하괘의 상위(3효)와 상괘의 상위(상효)가 각각 대응함을 말한다. 이 때 음양이 다르면 서로 이끌고, 음양이 같으면 서로 반발한다. 전자를 정응正應이라 하고, 후자를 적응敵應 혹은 불응不應이라 한다.

비比란 이웃하는 두 효 사이의 관계를 두고 하는 말이다. 이웃하는 두 효가 하나는 음이고 하나는 양이어서 서로 친할 때에는 비효比爻라고 한다. 만일 이웃하는 두 효가 모두 음이거나 모두 양일 때에는 비효의 관계가 아니다. 비효의 관계보다는 정응의 관계가 더욱 견고하다.

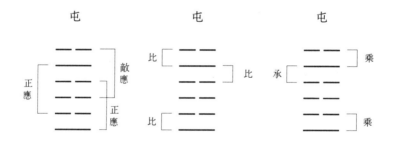

승承이란 서로 이웃하는 두 효에서 음효가 양효의 아래에 있는 것을 말한다. 승承은 받아들인다는 뜻이다. 승乘이란 서로 이웃하는 두 효에서 음효가 양효의 위에 있는 것을 말한다. 승乘이란 올라탄다는 뜻이다. 음효가 양효의 아래에 있으면서 양효를 받아들이는 것은 순順하지만, 음효가 양효의 위에 있어 양효를 올라타면 역逆하다.

9. 호체互體

호체라는 명칭은 한나라 때의 경방京房이 만들었다고 한다. 하지만『춘추좌전春秋左傳』의 두예杜預 주注에 보면,『좌전』의『역』의 글귀를 호체의 방법으로 풀이한 것이 보이므로, 그 기원은 상당히 위로 거슬러올라간다. 호체란 1괘 6효 가운데 2효·3효·4효로 새로운 3획괘를 만들거나, 3효·4효·5효로 새로운 3획괘를 만드는 것을 말한다

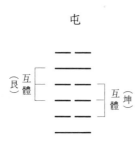

屯

10. 주효主爻

주효는 한 괘의 중심이 되는 효를 말한다. 소성괘(즉 3획괘)에서는 음이든 양이든 하나밖에 없는 효가 주효이다. 예를 들어 진震☳에서는 하나밖에 없는 양효인 초효가 주효이다. 대성괘(즉 6획괘)에서는 성괘成卦의 주효와 주괘主卦의 주효가 있다. 성괘의 주효는 그 괘의 의의를 결정한다. 주괘의 주효는 6효 가운데 덕德이 가장 크고, 시時와 위位를 얻은 효이다. 제5효가 주괘의 주효인 예가 많다. 보통 주효라고 하면 성괘의 주효를 가리킨다. 성괘의 주효와 주괘의 주효는 반드시 일치하지는 않는다. 성괘의 주효가 둘인 예도 있다.『역』의「단전象傳」과 효사爻辭로 볼 때 64괘 각각의 주효는 다음과 같다.

① 건乾: 구5
② 곤坤: 육2
③ 준屯: 초구·구5
④ 몽蒙: 구2·육5

⑤ 수需: 구5
⑥ 송訟: 구5
⑦ 사師: 구2·육5
⑧ 비比: 구5

⑨ 소축小畜: 육4(성괘의 주효)
　　　　　 구5(주괘의 주효)
⑩ 리履: 육3(성괘의 주효)
　　　　 구5(주괘의 주효)
⑪ 태泰: 구2·육5(성괘의 주효이자
　　　　주괘의 주효)
⑫ 비否: 육2(성괘의 주효)
　　　　 구5(주괘의 주효)
⑬ 동인同人: 육2·구5
⑭ 대유大有: 육5
⑮ 겸謙: 구3
⑯ 예豫: 구4
⑰ 수隨: 초구·구5
⑱ 고蠱: 육5
⑲ 임臨: 초구·구2
⑳ 관觀: 구5·상구
㉑ 서합噬嗑: 육5
㉒ 비賁: 육2·상구
㉓ 박剝: 상구
㉔ 복復: 초구
㉕ 무망无妄: 초구·구5
㉖ 대축大畜: 육5·상구
㉗ 이頤: 육5·상구
㉘ 대과大過: 구2
㉙ 감坎: 구2·구4
㉚ 리離: 육2·육5
㉛ 함咸: 구4·구5
㉜ 항恒: 구2
㉝ 둔遯: 초육·육2(둘 다 성괘의 주효)
　　　　 구5(주괘의 주효)
㉞ 대장大壯: 구4

㉟ 진晉: 육5
㊱ 명이明夷: 상육(성괘의 주효)
　　　　　 육2·육5(둘 다 주괘의
　　　　　 주효)
㊲ 가인家人: 구5·육2
㊳ 규睽: 육5·구2
㊴ 건蹇: 구5
㊵ 해解: 구2·육5
㊶ 손損: 육3·상구(성괘의 주효)
　　　　 육5(주괘의 주효)
㊷ 익益: 육4·초구(성괘의 주효)
　　　　 구5·육2(주괘의 주효)
㊸ 쾌夬: 상육(성괘의 주효)
　　　　 구5·구2(주괘의 주효)
㊹ 구姤: 초육(성괘의 주효)
　　　　 구5·구2(둘 다 주괘의 주효)
㊺ 췌萃: 구5
㊻ 승升: 육5·초육(성괘의 주효)
㊼ 곤困: 구2·구5
㊽ 정井: 구5
㊾ 혁革: 구5
㊿ 정鼎: 육5·상구
⑤ 진震: 초구
⑤ 간艮: 상구
⑤ 점漸: 육2·구5
⑤ 귀매歸妹: 육3·상육(모두 성괘의
　　　　　 주효)
　　　　　 육5(주괘의 주효)
⑤ 풍豊: 육5
⑤ 여旅: 육5
⑤ 손巽: 초육·육4(둘 다 성괘의 주효)

구5(주괘의 주효)   주효)
⑧ 태兌: 육3·상육(둘 다 성괘의 주효)   구2·구5(둘 다 주괘의
        구2·구5(둘 다 주괘의 주효)   주효)
⑲ 환渙: 구5   ⑫ 소과小過: 육2·육5
⑳ 절節: 구5   ㉓ 기제旣濟: 육2
㉑ 중부中孚: 육3·육4(둘 다 성괘의   ㉔ 미제未濟: 육2

11. 괘사卦辭와 효사爻辭

　64괘에는 각 괘마다 그 괘의 의의와 성질을 서술하고 길흉화복을 단정하는 괘사가 있다. 이를테면 "건乾, 원형이정元亨利貞"과 같은 식이다. 전하는 말에 괘사는 문왕이 만들었다고 한다. 이 괘사는 고대에는 '단사彖辭'라고 하였다. 단彖이란 글자는 돼지(豕)가 돌진하는 형상을 나타낸 것으로 결단·결정이란 의미가 있다. 또한 각 괘의 여섯 효에는 효마다 그 효의 의의와 성질을 서술하고 길흉화복을 단정하는 효사爻辭가 있다. 예를 들면 "건초구乾初九, 잠룡물용潛龍勿用"과 같은 식이다. 전하는 말에 효사는 주공周公이 만들었다고 한다. 괘사와 효사는 처음에는 길흉을 단정하는 단순한 점사占辭로서 서사筮辭 혹은 주사繇辭라고 불리었다. 그러다가 이른바 십익十翼이 성립하면서 괘효사에는 도덕적·철학적 의미가 덧붙여지게 되었고, 효위의 정正·부정不正·정응正應·적응敵應 등을 살펴 점을 구하는 사람의 행동에 적용하게 되었다.

　괘사와 효사에는 '길吉·흉凶·회悔·린吝·구咎·려厲'라는 점사가 보인다. 길吉은 행복을 얻는 일이고, 흉凶은 재앙에 부딪히는 일이다. 회悔는 후회하는 것이고, 린吝은 곤궁한 지경을 초래함을 말한다. 린吝은 회悔와 유사하지만, 린吝이 회悔보다 조금 더 나쁘다. 회린은 흉의 정도에 이르지는 않았지만 행동에 결점이 있는 경우를 말한다. 그런데 길흉회린은 고정적이지 않고 순환적이다. 흉도 후회하여 고치면 길로 나아갈 수 있고, 길도 방심하면 린으로 된다. 구咎는 재災 혹은 과過로 풀이되며 재앙에 걸림을 말한다. 『역』은 '무구无咎'를 높이 치는데, '무구'란 후회하여 잘못을 고치는 일이다. 려厲는 위난危難이란 뜻이다.

12. 십익十翼

십익은 한대에 『역전易傳』이라 불리던 것으로, 「단전彖傳」 2편, 「상전象傳」 2편, 「문언전文言傳」 1편, 「계사전繫辭傳」 2편, 「설괘전說卦傳」 1편, 「서괘전序卦傳」 1편, 「잡괘전雜卦傳」 1편 등 모두 7종 10편을 말한다. '전傳'이란 경經의 의의를 해설한다는 뜻이고, '익翼'이란 경을 돕는다(輔翼한다)는 뜻이다. 구설에 따르면 십익은 공자가 지은 것이라고 하는데, 아마도 공자와 공문孔門의 제자 혹은 그 학통을 이은 학자들에 의하여 점차 이루어졌을 가능성이 높다. 한대에는 벌써 『주역』의 원형(괘획과 괘효사)과 십익을 합하여 『역경』이 12편으로 성립되었다.

「단전」은 괘사의 해석이다. 64괘의 각 괘마다 모두 있으며, 괘명과 괘사를 조직적으로 해석하였다.

「상전」은 「소상小象」과 「대상大象」으로 이루어져 있다. 「소상」은 효사를 해석하였다. 이것은 「단전」과 마찬가지로 효의 강유剛柔를 근거로 하여 중정中正 사상과 응비승승應比承乘의 사상을 담고 있다. 「대상」은 먼저 상괘(외괘)의 상象과 하괘(내괘)의 상이 어떤 관계인지를 말하여 괘의 구성을 논한 뒤에, 유교 사상에 입각하여 도덕 정치상의 의리를 서술하였다. 「대상」과 「소상」을 합쳐서 「상전」이라 하는 것은 당나라 때 공영달孔穎達의 『주역정의周易正義』부터 통설로 되었다. 그런데 체제로 보면 「소상」은 「단전」에 가깝다. 편찬 과정에서 「소상」을 「대상」에 결합시켰을 뿐이라는 설이 있다.

「문언전」은 건곤乾坤 2괘의 괘효사를 문식文飾하여 해석한 것이라는 뜻이다. '문언'을 문왕文王의 말로 보아 문왕의 괘효사를 해석한 것이라고 보는 설도 있다. 「문언전」은 건괘와 곤괘에만 있는데, 유교 도덕의 정수가 진술되어 있다.

「계사전」은 괘효에 연계되어 있는 괘효사를 해석한다는 뜻이다. 효사를 인용하여 해석한 것이 19장章이고, 나머지는 점서와 의리의 상관 관계를 논하여 역리易理를 전개하였다. 십익 가운데 가장 철학성이 뛰어나다.

「설괘전」은 예부터의 상象을 모아 둔 것이다. 단 1장과 2장만은 역리를 서술하고 있어 개론에 해당한다. 그래서 본디 1장과 2장이 「계사전」

의 글이었다고도 한다. 이하 11장까지 팔괘의 상 131종을 논하였다.

「서괘전」은 64괘의 배열 순서에 대해 사상적 체계를 부여한 것이다. 64괘는 건乾☰과 곤坤☷, 감坎☵과 리離☲처럼 음양이 완전히 상반된 것(錯卦라고 함)이 한 짝씩 배열된 경우도 있고, 준屯☳과 몽蒙☶, 겸謙☷과 예豫☳처럼 상하괘가 거꾸로 되어 있는 것(綜卦라고 함)이 한 짝씩 배열된 경우도 있어 반드시 하나의 기준으로 배열되었다고는 할 수 없다. 그러나 「서괘전」은 64괘의 배열에서 나름대로 사상 체계를 발전시키고 있다.

「잡괘전」은 64괘의 순서를 잡다하게 뒤섞어 설명한다는 뜻이다. 즉 64괘의 배열 순서를 무너뜨리고 별도의 각도에서 두 괘씩 상대시켜 배열해서 그 의의를 논하였다. 암송에 편하도록 두 구절 혹은 세 구절마다 운韻을 밟고 있다.

13. 선천 팔괘先天八卦(先天圖), 후천 팔괘後天八卦(後天圖)

선천 팔괘와 후천 팔괘의 도식은 한대의 역학에는 없었으나, 송대에 들어와서 역도易圖로 전해지게 되었다. 주희朱熹는 『주역본의周易本義』의 첫머리에 9개의 도식을 실어 두었는데, 그 속에는 「하도河圖」, 「낙서洛書」와 「복희팔괘방위도伏羲八卦方位圖」, 「문왕팔괘방위도文王八卦方位圖」 등이 있다. 이러한 도식들은 도가의 연단술煉丹術에서 온 것이라 하여 변혹辨惑의 설이 분분하다. 하지만 「선천도」, 「후천도」, 「하도」, 「낙서」에 도해된 괘위와 상수의 원리는 『역』의 상수와 합치하므로 역리를 고찰할 때 참고로 삼을 만하다.*1)

'후천 팔괘'(문왕팔괘방위)는 곤괘 괘사의 "서남에서는 벗을 얻고, 동북에서는 벗을 잃는다"는 구절과 방위 배치가 일치한다. 그래서 송宋의 소옹邵雍(邵康節)은 문왕이 괘사를 지었다는 설에 의거하여 문왕팔괘방위라 하게 되었다. 선천이니 후천이니 하는 말은 「문언전」에 "하늘에 앞서서

---

*1) 이 도식을 쉽게 설명한 책으로 한규성, 『역학원리강화』(동방문화, 1957년 초판, 1993년 10판 개정)를 소개하고 싶다.

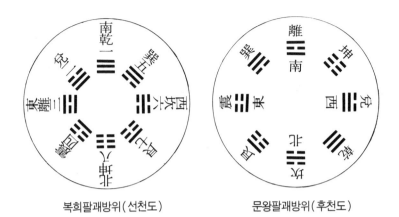

복희팔괘방위(선천도)　　　　　　문왕팔괘방위(후천도)

하늘의 도에 어긋나지 않으며, 하늘보다 뒤에서 하늘의 시時를 받든다"고 한 구절로부터 나왔다. 선천 방위는 천지 개벽 이전부터 정해져 있던 자연의 이치에 따른 팔괘의 방위라는 뜻이다. 후천 방위란 천지만물이 이미 정해지고 나서, 천지만물이 운행 변화하는 리理에 따라 맞추어 본 팔괘의 방위라는 뜻이다. 『역』의 「설괘전」에 보면 감坎은 북, 리離는 남, 진震은 동, 손巽은 동남, 건乾은 서북, 간艮은 동북의 방위가 배당되어 있는데, 후천 방위의 도식은 이것과 일치한다.

'선천 팔괘'는 경문에 명기되어 있지 않으나 「설괘전」의 구절에서 유추하여, 하늘(乾)은 남, 땅(坤)은 북, 해(離)는 동, 달(坎)은 서, 산(艮)은 서북, 못(兌)은 동남, 바람(巽)은 서남, 우뢰(震)는 동북이라고 추정한 것이다.

여기에서 건곤감리는 4정괘四正卦, 간태손진은 4유괘四維卦라고 한다. 이 순서는 소옹의 「복희팔괘차서」와 일치한다. 팔괘의 순서는 건1·태2·리3·진4·손5·감6·간7·곤8이다. 남방의 건1과 그것이 상대하는 곤8을 합하면 9이다. 또 동남의 태2와 그것이 상대하는 서북의 간7을 합해도 9이다. 이런 식으로 한 괘와 그 괘의 상대괘를 합한 수는 어느 경우에나 9가 된다. 9는 곧 노양老陽의 수이다.

역학에 관한 기초 지식　31

14. 『역』으로 점을 치는 법

『역』으로 점을 치는 법, 즉 서법筮法이란 64괘 가운데 한 괘와 그 변효變爻를 구하는 일이다. 『역』의 점서에서 득괘得卦(遇卦)의 방법은 50가치의 서죽筮竹과 음 혹은 양을 표시하는 6개의 산목算木을 이용한다. 서죽은 하나의 길이가 9촌(약 30cm)인데, 본래 시초蓍草라고 하는 국화과에 속하는 다년생 식물을 이용하다가 뒤에 대를 사용하게 되었으므로 서죽이라고 한다. 길이도 처음에는 천자, 제후, 대부, 사에 따라 각각 달랐지만 대를 이용하면서는 12월을 본따 1척 2촌의 길이로 하거나 노양老陽의 수를 본떠 9촌의 길이로 하게 되었다. 나중에는 9촌이 더 일반화되었다. 서죽은 조작하기 쉽게 밑둥을 가늘게 하고 앞끝을 조금 도탑게 한다. 산목은 길이 9cm, 너비 1.2cm의 각목 6개를 사용하고 각각의 두 면 한가운데에 홈을 파서 음--을 표시하고, 홈이 없는 것은 양—을 표시한다. 본래는 산목을 사용하지 않고 한 효씩 땅에다 써 두었다가 6효를 얻으면 목판에 썼으나 후세에는 산목을 사용하게 되었다. 점서를 행하려면 먼저 정신을 통일한다. 주희의 「서의筮儀」에는 다음과 같은 글이 있다.

> 그대 태서泰筮가 지닌 상도常度를 빌리노라. 아무개가 지금 아무 일의 가부를 모르기에 이에 의심스런 바를 신령에게 묻나이다. 길흉득실, 회린우려悔吝憂慮를 그대 신이여, 바라건대 밝히 고하소서.

『역』의 점서법은 본서법本筮法이 정통이다. 본서법은 복잡하고 또 오랜 시간이 걸리므로 전문 역학가도 이 방법을 잘 쓰지 않는다고 한다. 그러나 본서법은 『주역』 「계사전」에 나오는 십팔변十八變의 방식을 따르는 정식 서법이므로 간단히 소개하여 둔다. 본서법의 구체적 절차는 공영달의 『주역정의』와 주희의 『주문공문집朱文公文集』 「시괘고오蓍卦考誤」에 서술되어 있다.

① 50가치의 서죽을 두 손으로 받들어 예배하고, 그 속에서 하나를 뽑아 별도로 둔다. 이 하나는 태극을 상징한다.

② 남은 49가치의 서죽을 왼손으로 잡고 앞끝을 부채형으로 조금 벌린

뒤 오른손 엄지손가락을 서죽 안쪽의 가운데쯤에 대고 나머지 네 손가락을 서죽 바깥에 평평하게 붙여, 이마 높이까지 받들어 정신을 통일한다. 정신이 통일되면 오른손 엄지손가락과 둘째손가락으로 단숨에 서죽을 둘로 가른다. 이 때 왼쪽 것을 천책天策이라 하고 오른쪽 것을 지책地策이라 한다.

③ 오른쪽의 지책을 책상 위에 두고, 그 속에서 하나를 뽑아 왼손 새끼손가락과 약손가락 사이에 끼운다. 이것을 인책人策이라 한다.

④ 왼손에 지닌 천책을 오른손으로 4개씩(춘하추동을 상징) 세어 간다. 그 나머지는 1개, 2개, 3개 혹은 4개로 된다. 이 나머지 수를 약손가락과 가운뎃손가락 사이에 끼우고, 다 센 천책은 책상 위에 둔다.

⑤ 맨 처음 책상 위에 두었던 지책을 왼손으로 잡고, 오른손으로 넷씩 세어 나간다. 남은 수가 1개, 2개, 3개, 4개가 된다. 이 남은 수를 가운뎃손가락과 둘째손가락 사이에 끼운다.

⑥ 새끼손가락 사이에 끼웠던 1개(人策)와 약손가락 사이에 끼웠던 남은 수(천책을 세고 남은 수) 그리고 둘째손가락 사이에 끼웠던 남은 수(지책을 세고 남은 수)를 한데 합쳐서 책상 위에 둔다. 이상을 제1변變이라고 한다.

⑦ 이 손가락 사이에 끼웠던 인책과 남은 수의 합계는 5개이거나 9개이거나이다.(왼쪽이 1이면 오른쪽은 3, 왼쪽이 2이면 오른쪽은 2, 왼쪽이 3이면 오른쪽은 1, 왼쪽이 4이면 오른쪽은 4이므로, 왼쪽 것과 오른쪽 것을 합하면 항상 4나 8이 된다. 여기에 새끼손가락에 끼웠던 인책 1개를 합하면 반드시 5나 9가 된다.)

⑧ 두 손으로 천책과 지책을 합한다. 49개에서 제1변의 5개나 9개를 제거한 서죽의 수는 40개이거나 44개이다. 이 서죽을 왼손으로 쥐고, 제1변과 마찬가지로 오른손의 엄지손가락과 둘째손가락으로 단숨에 양분한다. 오른쪽의 지책을 책상 위에 두고 그 속에서 1개를 뽑아서 왼손의 새끼손가락과 약손가락 사이에 끼운다. 이것을 인책이라고 한다. 왼손에 지닌 천책을 오른손으로 4개씩 세어 나간다. 남은 것이 1개나 2개나 3개나 4개가 된다. 이 남은 수를 약손가락과 가운뎃손가락 사이

에 끼운다. 다시 책상 위에 놓인 지책을 왼손으로 움켜 쥐고 오른손으로 4개씩 세어 나간다. 남은 것이 1개나 2개나 3개나 4개로 된다. 이 남은 수를 가운뎃손가락과 둘째손가락 사이에 끼운다. 손가락 사이에 끼운 인책과 남은 수를 합하여 책상 위에 놓는다. 이것이 제2변이다.

⑨ 제2변의 손가락 사이에 끼운 인책과 남은 수의 합계는 4개이거나 8개로 된다.(왼쪽이 1이면 오른쪽은 2, 왼쪽이 2이면 오른쪽은 1, 왼쪽이 3이면 오른쪽은 4, 왼쪽이 4이면 오른쪽은 3이므로 왼쪽 것과 오른쪽 것을 합하면 3이거나 7이 된다. 그것에다 새끼손가락에 끼웠던 인책 1개를 더하면 반드시 4개이거나 8개이다.) 따라서 제2변의 뒤에 천책과 지책을 합하면 40개 혹은 44개에서 4개나 8개를 제거한 수, 즉 32개이거나 36개 혹은 40개가 된다.

⑩ 32개나 36개 또는 40개의 서죽을 가지고 제1변 및 제2변과 같은 방법으로 손가락 사이에 끼워 둔 남은 수를 구한다. 이것이 제3변이다.

⑪ 제3변의 손가락 사이에 끼워 둔 인책과 천책, 지책을 다 세고 남은 수는 제2변과 마찬가지로 4이거나 8이다. 따라서 왼쪽 것과 오른쪽 것을 합하여 제3변의 남은 수를 제거한 서죽의 수는 30개이거나 32개, 또는 28개이거나 24개이거나이다.

⑫ 손가락 사이에 끼워 둔 수를 제거한 서죽의 수가 36이면 4의 9배, 32이면 4의 8배, 28이면 4의 7배, 24이면 4의 6배이므로, 9·8·7·6의 수가 얻어진다. 9는 노양老陽, 8은 소음小陰, 7은 소양小陽, 6은 노음老陰의 수이다. 이렇게 제1변, 제2변, 제3변을 거쳐 초효를 얻는다.

⑬ 1괘 6효를 구하기 위해서는 3변의 6배, 즉 18변을 거쳐야 한다. 그래서 본서법을 십팔변 서법이라고 한다.

고려·조선 시대의 『주역』 관련 서목

　현재까지 문헌 기록으로 볼 때 우리 나라 사람이 『주역』을 해석하여 단행單行한 서적으로는 고려조 윤언이尹彦頤(?~1149)의 『역해易解』가 가장 이르다. 이 책은 현전하지 않고 다만 조선 인조 때 학자인 김휴金烋의 『해동문헌총록海東文獻總錄』에 목록이 올라 있을 뿐이다. 그 기록에 따르면 윤언이는 역학에 정통하여 경연經筵에서 김부식金富軾과 『역』을 강하면서 종횡으로 변문辨問하니, 김부식이 응답을 못하고 땀을 뻘뻘 흘렸다고 한다. 뒤에 묘청의 난 때 배척을 당하게 되자 표表를 올려 관직에서 물러났다. 이러한 문헌 기록으로 볼 때 이미 고려 중엽에 독자적인 역학 저서가 나올 만큼 우리의 역학 수준이 높았음을 짐작하기 어렵지 않다. 그러나 고려 시대의 역학 발전 상황은 자료의 부족으로 살피기 어렵고, 가까스로 고려말 조선초의 대학자인 권근權近(1352~1409)이 저술한 『주역천견록周易淺見錄』이 현전하는 『주역』 관련 저작물 가운데 가장 오랜 것이 아닌가 한다. 앞으로 우리 역학의 발전사를 면밀히 검토해야 할 것이다. 여기서는 고려, 조선 시대에 나온 『주역』 관련 서목을 들어 보기로 한다.

1. 고려, 조선 시대 학자가 저술하거나 새로 개편한 역학 저서

찬 자	찬술 시기	서　　명	출판 사항
尹彦頤	고려 인종조	易解	・『해동문헌총록』에 목록이

			올라 있음.
權 近	고려말	周易淺見錄	·불분권 1책.
世 祖	세조 11 (1466) 崔恒 발문	易學啓蒙要解	·수양대군 시절에 찬하고, 崔恒·韓啓禧에게 교정과 補解를 명하여 간행. 4권. ·작은 글자 갑인자, 큰 글 자 무인자. ·임진란 이후, 覆刻本 있음.
世 祖	세조 11	周易傳義 (康寧殿口訣)	·을해자본 15권.
趙有亨	명종 중종간	啓蒙圖書節要	·『해동문헌총록』에 목록이 올라 있음. 불분권 1책. ·퇴계 선생의 識語.
李 滉	명종 연간	啓蒙傳疑	·1915년 도산서원 목판본, 불분권 1책.
柳 贇	명종 연간	易圖	·『해동문헌총록』에 목록이 올라 있음. ·서애 유성룡 선생의 後敍.
金麟厚	명종 연간	周易觀象篇	·『해동문헌총록』에 목록이 올라 있음. ·불에 타서 전하지 않음.
校正廳	선조 34~35	周易諺解	·尹根壽를 首堂上으로 하여 洪進·許筬·李好閔·朴弘老· 申湜·康復誠·李德胤·金光 燁·尹光啓·韓百謙 등이 작업함. 9권. ·倣甲寅字木活字版, 丁酉字 覆刻版, 戊申字覆刻版, 木 版 등 다종의 판본이 현존.

崔 岦	선조 38	周易本義口訣附說	· 강원도 杆城 開刊. 2권.
曺好益	(1545~1609)	易象說	· 李象靖(1710~1781) 識語. 후기 목판본 3권.
鄭 述	광해군 연간	太極問辯	· 광해군 14년(1622) 李廷 龜 서문. · 玉山書院 重刊, 목판본 2권.
宋時烈	효종 인조간	易說	· 필사본, 불분권 1책.
張興孝	인조 23(1645)	一元消長圖	· 장홍효 서문. · 인조 23년 목판본, 불분권.
張顯光	인조 23(1645)	易學圖說	· 목판본(「旅軒先生易學圖 說」) 9권.
鮮于浹	(1558~1653)	遯菴先生輯著大易理 象	· 목판본 2권(零本).
朴世采	숙종 10(1684)	範學全編	· 목판본 6권.
朴守儉	숙종 24(1678)	絕學餘編	· 박수검 서. · 1924년 9세손 永求 발문. · 1924년, 新鉛活字本 10권.
南九萬	(1629~1711)	周易參同契註	
崔錫鼎	숙종 38(1712)	周易參同契附吐註	· 목판 간행. 불분권 1책.
成以心	(1682~1739)	盤谷先生人易	· 헌종 13년(1839) 손 允信 발문. · 목활자본 5권, 즉 「愼默 齋成先生人易卦爻」.
金 楷	숙종 연간	易學啓蒙覆繹	· 許傳 서문(1878). · 金興洛 발(1899). · 광무 3년(1899), 목판본 6 권.
柳正源	(1703~1761)	易解參攷	· 철종 3년(1852) 증손 致明

			발문. · 목활자 17권.
柳正源		河洛指要	
金錫文	영조 연간	大谷易學圖解	· 사본, 불분권 1책.
徐命膺	영조 연간	周易四箋	· 사본, 2권(零本 현존).
金相岳	(1724~1815)	山天易說	· 金相鉉 교정. · 고종 16년(1879) 壽泉亭 開版, 全史字本 12권.
丁若鏞	순조 8(1808)	周易四箋	·『여유당전서』에 수록. 24 권.
申 綽	순조 연간	易次故	· 사본. 3책.
李鍾祥	(1799~1870)	易學蠡酌	· 광무 3년(1899), 목판본 2 권.
永思軒	고종 연간	易象一斑	· 목판본 전 3권.
金 恒	고종 22(1885)	正易	· 김항 발문. · 목판본 1책.
金箕澧	광무 9(1905)	默泉別集易要選義綱 目	· 김기례 서문. · 광무 9년, 整理字本 2권.
朴昌宇	1912	周易傳義集解	· 박창우 서문. · 1912년, 목판본 6권.
李在齡	1914	易學記見	· 이재령 서문. · 1914년, 목판본 1권.
南宮濬편	1920년경	正本集註周易	· 新鉛活字版 4권.
李炳憲	1926	易經今文考	· 1926년 진주, 石印本 2 권.
李 晙	1926	周易注傳刷管	· 1926년 대구, 신연활자본 6권.

| 白啓河 | 1935 | 易經解義 | ・1936년 경산, 목활자본 4권. |
| 李 簪 | 1940 | 湖菴先生周易圖纂 | ・1940년 邊東植 발문.
・석인본 1책. |

2. 조선 시대에 중국 역학서를 저본으로 복간한 서적

중국 편저자	서 명	출판 사항
(明) 胡廣 등	周易傳義大全 (周易大全)	・세종 9년(1428)에 충청도·전라도·경상도·강원도에 분산하여 복각을 명함. 24권. ・임진자본, 後期芸刻印書體字가 혼입된 판본. 무신자본 등 목활자본과 정유자복각판 등 목판본이 조선말에 이르기까지 중앙과 지방에서 여러 차례 간행되었음.
(宋) 程頤	周易經傳大文 (伊川易傳)	・세종·세조 연간(1419~1468), 목판본.
(元) 胡一桂	周易本義啓蒙翼傳	・선조 3년(1570) 퇴계 선생 발문. ・숙종 13년(1687) 內賜記의 목판본, 3권.
(後蜀) 彭曉	周易參同契通眞義	・인조·효종 연간에 訓練都監字(倣乙亥字)로 간행. 3권.
(元) 董眞卿	周易經傳集程朱附錄纂註	・임진란 후, 목판본 2권.
(宋) 鮑雲龍	天原發微	・숙종·영조 연간, 韓構字本 5권.
(宋) 程頤, 朱熹	易經	・고종 연간, 목판본 8권.

서 론

『주역』은 중국 선진 시대에 부호와 문자로 조직되었던 신비한 전적이다. 이 책은 5경五經의 으뜸, 3현三玄의 관冠으로 존숭되어 왔고, 심지어는 하늘, 땅, 인간의 일체 지식을 꿰고 있다고 인식되어 왔다. 이 책은 바로 고대의 사회 과학 및 자연 과학의 집대성이다. 그 사유 모형과 인생 철학, 상수象數 이론은 중국 또는 중국 문화권 사람들의 사유 습관과 생활 태도에 깊이 영향을 주었고, 심지어 사유 습관과 생활 태도를 지배하기까지 하였다. 또 자연 과학의 발전을 철학적으로 지도하는 구실도 적잖이 떠맡아 왔다. 『주역』은 중국 문화사상 비견할 만한 것이 없는 전적일 뿐만 아니라 세계 문화사에서도 반짝이는 별이다.

『주역』에 대한 연구를 역학易學이라고 한다. 역학의 역사는 근원이 아득하다. 춘추 시대부터 계산하더라도 2,000여 년이다. 이처럼 유유히 흘러 온 역사의 흐름 속에서 『주역』의 가치와 그 역사적 지위가 독특하게 결정되었기에 역학은 바로 중국 학술 연구의 핵심이 된다. 송대의 리학가理學家는 거의 모두가 역학가로서 각각 독특한 역학 이론을 세웠다고 말하는 이도 있다. 어찌 송대만 그렇고 리학가만 그렇겠는가? 중국의 대다수 철학가, 사상가, 수학가, 천문학가, 경학가, 심지어 정치가와 문학가도 모두 역학과 뗄레야 뗄 수 없는 인연을 맺어 왔다. 그러므로 『사고전서총목제요四庫全書總目提要』[1]는 다음과 같이 말하였다.

---

*1) 『四庫全書總目提要』는 청나라 乾隆 47년에 『四庫全書』를 이루면서 館臣들에게 편찬하도록

『역』의 도리는 광대하여 포함하지 않는 것이 없다. 곁으로 천문·지리·악률樂律·병법·운학韻學·산술에서 방외方外의 연단술煉丹術에 이르기까지 모두『역』을 원용하여 이론을 만들었으며, 신기함을 좋아하는 자들은 또 그런 설들을『역』에 도입하였기에『역』의 이론이 갈수록 더욱 번다해졌다.

불완전하기는 하나 통계에 의하면 역학 관련 저작물은 이미 3,000여 종에 달한다고 한다. 중국의 전통적 목록학에 따르면 역학 관련 저작물들은 대부분 경부經部와 자부子部 술수류術數類에 속한다. 경부는 중국의 철학 저작물들을 한데 모은 부문이고, 자부 술수류는 중국의 과학 기술 저작물을 한데 모은 부문이다. 중국의 철학을 연구하든 문학을 연구하든, 유학의 정신을 논하든 불교·도교의 이론을 논하든, 중국 과학 기술사를 공부하든 중국과 외국의 문화 교류사를 공부하든, 어느 경우에도 역학을 떠날 수가 없고『주역』을 연구하지 않을 수가 없다.

그러나 이렇게 역학이 중시되고 역학 연구가 활발한 사정과는 달리 역학사의 연구는 과거에도 현재에도 빈약하기 짝이 없다. 여태껏 중국에도 세계에도 역학 통사가 하나도 없다. 일본 학자 이마 도코今東光가『역학사』를 하나 썼으나 내용은 주희朱熹까지에 그쳤다. 또 도다 도요사브로戶田豊三郎가『주역주석사강周易注釋史綱』을 썼지만 청대까지에 그쳤고 그나마 주소학注疏學에 국한되었다. 중국 학자는 이 방면에서 몇 가지 주요 업적을 내었다. 즉 고회민高懷民은『양한역학사兩漢易學史』를 저술하였고, 주백곤朱伯崑은『역학철학사易學哲學史』상·중 두 책을 저술하였다.*2) 그러나 고회민의 책은 특정 시대를 대상으로 했을 뿐이다. 주백곤의 책은 특정 주제를 전문적으로 연구하기는 했어도 아직 남송까지밖에 쓰지 않았다. 따라서 2,000여 년에 걸친 역학 연구를 역사적·논리적으로 총결산

명한 해제집으로 모두 200권이다. 經·史·子·集을 綱으로 삼아 분류하였으며, 著錄과 存目의 두 항목으로 나누었다. 著錄된 서적은 抄書하여 보존하였고, 存目에 올린 서적은 四庫에 수납하지 않았다. 紀昀의 총책임하에 여러 사람이 공동 저술하였다.
* 2)朱伯崑의『易學哲學史』는 1992년 이후 전 4권이 완간되었다.

해서 역학의 발전을 역사의 거울로 삼기 위해서는 반드시 역학 통사를 집필해야 할 필요가 있다.

역학사는 역학의 발전 과정 및 그 법칙을 연구하는 학문 분야이다. 따라서 역학사는 역학 문헌사, 역학 철학사, 역학 인물사, 응용 역학사를 포괄한다. 역학 문헌사는 역대 역학 저작물의 유포 및 전수의 계보, 주소注疏의 상황을 조사하고, 역학 저작물의 교감校勘·변위辨僞·문자 훈고文字訓詁의 고증을 수행하는 것으로 사료학史料學의 범위에 속한다. 역학 철학사는 역대 역학 중의 이론 사유와 그로부터 형성된 철학 체계가 발전해 온 역사를 연구하는 것으로 철학사 또는 사상사의 범위에 속한다.[1] 역학 인물사는 역대 역학가의 현황을 연구하고 그들의 역학 관점과 역학 저작을 살피며, 역학사의 위치 및 그 역학의 연원, 역학 연구와 사상 학술과의 관계를 다루는 것으로, 전기사학傳記史學에 속한다. 응용 역학사는 주로 역대 역학의 응용 상황을 다음 두 방면에서 연구한다. 첫째, 역학이 일반 철학을 지도하고 기타 각 학문을 지도한 역사적 상황을 연구한다. 둘째, 역학이 직접적·구체적으로 다른 학문에 응용된 역사적 상황을 연구한다. 역학이 철학을 지도한 일은 사유를 계발한 면이 있으나, 역학이 직접 응용된 일은 대부분 필연적 연관이 결여된 부회附會에 불과하다. 역학을 타 분야에 직접 응용한 저작물을 옛사람들은 '역외별전易外別傳'이라고 불렀다. 따라서 이 부류의 역대 응용 역학을 연구하는 응용 역학사는 곧 역외별전사로, 교차사학交叉史學 혹은 주변사학의 범위에 속한다. 요컨대 역학사는 중국 전통 학술사 혹은 문화사와 구별되어 전제사專題史의 성질을 지닌다. 단 역학사는 관련 내용으로 보아 상당히 큰 종합적 성격을 지닌다. 역의 도리는 광대하여 포함하지 않는 것이 없으므로, 상서학사尙書學史·시경학사詩經學史 등과는 비교될 수 없을 만큼 종합적이다. 여기에 바로 역학을 연구하는 어려움이 놓여 있고, 역학사 특히 역학 통사를 연구하는 어려움이 놓여 있다.

역학사를 연구하는 방법과 관련하여 다음 몇 가지 점에 주의할 필요가 있다. 첫째, 역학 연구 자체에 중점을 두어야 한다. 앞에서 말하였듯이 역학사의 연구 대상은 역학 문헌학, 역학 철학, 역학 인물, 응용 역학의 네 방면을 포괄한다. 이 네 방면 가운데 어떤 것이 주된 대상인가? 물론 역학 문헌학과 역학 철학이 중심이어야 한다. 이 둘은 역학의 중심이므로 자연히 그 둘이 역학사 연구의 핵심이어야 할 것이다. 또한 그 중에서도 『주역』경經·전傳의 문헌을 연구하고 전본傳本을 연구하며, 『주역』경·전의 의리를 밝히는 것이 역학의 본체이므로, 역학사도 마땅히 이 역학의 본체를 우선 고려해야 한다. 바로 이러한 이유에서 우리는 역대 『주역』의 주소注疏를 맨 먼저 연구의 중심으로 삼았다. 현대에 『주역』경·전의 작가·시대·내용을 변석하고, 고고학에서 숫자괘數字卦와 백서帛書 『주역』을 발견한 것도 우리는 크게 부각시켰다. 다음으로 『주역』의 개념·범주·명제를 차용하여 새로운 설을 내세운 저작물들을 역학사 연구의 주요 대상으로 삼았다. 이를테면 왕부지王夫之의 『주역내전周易內傳』과 『주역외전周易外傳』, 주돈이周敦頤의 『태극도설太極圖說』 등과 같이 비록 『주역』경전의 본뜻에서 다소 벗어나 있다고 하더라도 그 이론이 『주역』학설을 발전시켰거나 혹은 여러 가지로 『주역』의 사상을 풍부하게 만들었으면, 그것들도 역학사 연구의 주요 대상으로 삼았다. 그렇게 하지 않으면 역학사는 주역 주소사注疏史나 경학사經學史로 되고 말 것이고, 그러한 역학사는 역학 발전의 실상과 부합하지 않게 된다. 응용 역학은 역학사 연구의 대상이기는 하지만 역학의 범위 바깥에 속하므로 주 대상이 될 수 없다. 응용 역학을 주 대상으로 삼는 역학사는 복서사卜筮史나 자연 과학 발전사로 될 것이다. 응용 역학이 『주역』경전의 연구에 대해 지니는 관계는 역학의 주변이 역학 본체에 대해 지니는 관계와 같다. 따라서 역학사는 응용 역학을 연구하면서 경중을 구별하고 주종을 구분해야 한다. 하지만 지금 많은 사람들이 『역』을 공부하면서 이 점을 망각하고 있는 듯하다. 물론 역학사가 『주역참동계周易參同契』를 언급하지 않을 수 있고, 소옹邵雍을 언급하지 않을 수 있다는 뜻이 아니다. 그들을 제쳐 두어, 그래서 응용 역학의 상황을 논하지 않는다면, 역학 발전의 맥락을 뚜렷이 말하기 어려우며, 그만큼 역학사는 빠진 데가 많아 불완전하게 된다. 역학 인물에 관한 연구는 역학 문헌, 역학 철학, 응용 역학을 연구하는 가운데 녹아 들어갈 수 있다고 본다. 역학 인물에 관한 연구는 역학 연구를 위한 작업이므로, 역학과 관련 있는 측면만을 취하였다. 따라서 일반적인 역사 인물 연구와는 성격이 다르다.

둘째, 의리義理와 상수象數의 관계를 변증법적으로 처리해야 한다. 역사상 역학의 분파는 대단히 복잡하였다. 사고관신四庫館臣[*3]은 역학사의 원류와 변천을 종관하여 '양파 6종兩派六宗'이라고 개괄한 바 있다. '6종六宗'이란 명칭은 현대의 역학 발전까지 다 개괄할 수 없지만, '양파兩派'라는 지적은 지극히 정확하다. 의리파는 『주역』의 문사文辭를 통하여 『주역』의 철학 대의를 밝히는 데 중점을 두었고, 상수파는 『역』의 상象과 수數를 밝히는 데 중점을 두었다. 역학의 분파는 이름이 많고 복잡하지만 결코 이 두 파를 벗어나지 않는다. 현대에 일어난 '과학역科學易'은 명칭이 아주 새로워 양파 6종에 속하지 않는 듯하지만, 사실을 따져 보면 그 근거와 이론이 기본적으로 상수역학에서 변화되어 온 것으로 상수역의 현대적 응용에 불과하다. 또 문학 방면에서 『주역』을 연구하고 심리학 방면에서 『주역』을 연구하고 정치학 방면에서 『주역』을 연구하고 경제학 방면에서 『주역』을 연구하는 것도 상수에 근거하거나 혹은 문사에 근거하므로, 상수파와 의리파의 범위를 벗어나지 않는다.

의리와 상수는 역학사에서 물과 불의 관계같이 서로 용납하지 않은 듯하지만 그렇게 생각하면 오해다. 『주역』의 연구는 의리를 위주로 해야 하지만 상수를 떠날 수가 없다. 의리를 말한다고 곧 『주역』의 심오한 사상을 장악하게 되는 것이 결코 아니다. 만일 『주역』 학설의 체계성과 총체성을 돌아보지 않고 문사를 지리하게 쪼개거나 혹은 문사를 비속화하여 『역』을 억지로 나의 주장과 생각에 끌어다 붙인다면, 그 해는 복서자卜筮者가 끼친 해보다 덜하지 않다. 『주역』의 상·수와 문사는 필연적인 관계에 있다. 『역』은 서筮에서 생겨나고 서는 수數에서 기원한다. "명물은 상수가 의지하는 바요, 상수는 의리를 위하여 설치되었다."(名物爲象數所依, 象數爲義理而設) 황종희黃宗羲는 『역』의 상서에 진상眞象과 위상僞象

---

*3) 四庫館臣이란 『四庫全書總目提要』를 작성한 사람을 가리킨다. 『사고전서총목제요』(『사고제요』라 약칭됨)는 다수의 학자가 집필하였으므로 작자를 특칭하지 않고 그냥 '사고관신'이라 한다.

이 있다고 하였다. 진상이란 『주역』의 괘효사와 필연적 논리 관계에 있는 괘상卦象이다. 위상이란 괘효사와 의미 있는 관계 없이 뒷사람이 갖다 붙인 괘상이다. 『역』의 수에 대해서도 역시 이런 식으로 보아야 할 것이다. 『주역』에 고유한 상·수를 떠나서 괘효사의 의미를 해석하면 그 설은 굴레를 벗은 야생마 같아 정확성을 보증받기 어렵다. 그러나 만일 『역』에서 상을 벗이닌 사辭란 없으며 문사의 한 글자, 한 단어가 모두 상수에서 근거를 찾을 수 있다고 한다면, 사실상 언어 문자의 기능을 폄하하고 괘획 부호의 표현력을 과장하여 선사 시대 사람들의 지혜를 지나치게 높이 사는 것이 된다. 다만 지적할 점은 괘와 효의 문사, 즉 괘효사는 언어 문자이기에 의미의 규정성이 강하지만 상과 수는 부호에 속하여 모호성이 크다는 사실이다. 따라서 임의로 발휘하여 논하는 데는 상수가 의리보다 장점이 있다. 그래서 역대로 『주역』 본체의 연구는 의리를 위주로 하고, 응용 역학의 논설은 상수에 귀의한 일이 많았다. 역학사를 연구하면서 우리는 공자가 개창한, 의리로써 『역』을 해석하는 학풍을 지지한다. 그것이 바로 『주역』을 연구하는 정확한 길이다. 다만 우리는 『주역』 자체에 고유한 상과 수도 역학의 본체라고 본다. 따라서 상수에 관한 역학가의 학설도 극히 중시하여, 역학 발전의 법칙을 정확하게 반영하고자 하였다. '역외별전'에 속하는 상수학에 대해서는 『주역』 연구상의 황당성과 오류를 지적하는 한편, 그것이 자연 과학 연구나 기타 방면에서 지녔던 적극적 기능도 충분히 긍정하여 역학사에 응분의 위치를 부여하였다. 그래서 우리는 의리를 중시하되 의리를 전적으로 옳다고 보지 않았으며, 상수를 중시하지 않되 상수가 전적으로 잘못이라 여기지도 않았다.

셋째, 전통 역학을 이해하는 데 역사주의 원칙을 지켜야 한다. 현대 이전의 역학은 기본적으로 경학 연구의 범위에 속한다. 그 장점은 전통 의식이 강하다는 점이고, 단점은 보수적이란 점이다. 5·4*4) 이후의 현대 역학은 그 장점이 새 설을 창립하는 데 과감하다는 점이고, 단점은 옛것을

---

*4) 1919년 5월 4일 북경의 학생들이 친일파 정치가를 습격하여 부상시킨 사건. 정부 당국의 탄압에 저항하여 전국 규모의 일반 민중이 참여하는 항일 운동으로 발전하였다. 이 운동은 陳獨秀 등의 신문화 운동과 결합하여 중국 근대 민족주의의 성장을 표시하였다.

지나치게 의심한다는 점이다. 현대인은 『역』을 논하면서 의고파疑古派 역학가가 이룩한 반전통적 성과만 보고 그 성과를 아주 높게 평가하는 반면에, 의고파 역학이 전통을 지나치게 경시한 측면에 대해서는 인식이 부족하다. 의고파 역학이 전통을 지나치게 경시한 사실에 우리는 주의해야 한다. 과거에 『역경』의 창작 연대가 전국 시대 때라는 설이 있었고, 『역전』의 성립 연대에 관하여는 진한秦漢 때라는 설과 한의 소제昭帝·선제宣帝 때라는 설이 있어서 일시를 풍미하였다. 대부분 이것이 신사학新史學의 고증에서 나온 결론이라 하여 너나 없이 다 믿었다. 그러나 마왕퇴馬王堆 백서帛書가 출토되자 이 새로운 설이 전통적 논법보다 신뢰성이 떨어진다는 사실이 판명되었다. 물론 고인의 설이 다 옳다는 말이 아니다. 구설舊說은 오랜 역사적 고찰을 거쳤으므로, 만일 충분한 이유가 없다면 가볍게 부정해서는 안 된다는 말이다.

역학사 연구에서 우리는 역사적 연구 방법을 더욱 잘 지켜 나가야 한다. 이를테면 『주역』의 경과 전의 관계에 대하여 옛사람들은 『역전』이 『역경』을 바탕으로 나왔고, 『역경』은 『역전』의 해석이 있어야만 이해될 수 있다고 보았다. 그런데 최근 연구자들은 도리어 『역전』에 들어 있는 주역 철학의 핵심인 '음양陰陽'과 '도道'라는 범주를 『역경』에서는 찾아볼 수 없다고 하고, 『역전』이 『역경』의 사상을 해석한 내용은 전혀 엉뚱한 소리라고 하며, 심지어 팔괘 개념도 『역경』에 고유한 것이 아니라고 말하기까지 한다. 이러한 새로운 해석은 사실상 역사를 단절시키는 것이다. 철학의 역사는 우리들에게 다음과 같은 충고를 한다.

한 개념을 충분히 규정하는 것은 적어도 그 개념을 도입하는 사상가의 작업이다. 왜냐하면 하나의 철학적 개념은 일반적으로 하나의 문제인 경우가 훨씬 많지, 하나의 문제에 대한 해결이 아니기 때문이다. 이 문제는 최초의 잠재 상태로 있을 때에는 아직 그 전체 의미가 다 이해될 수 없다. 그 문제의 진정한 의미를 이해하려면 반드시 그 문제가 명확한 것으로 되어야 하는데, 잠재 상태에서 명확한 상태로 뒤바꾸는 것은 미래의 작업이다.[2]

『역전』의 저술은 바로 철학적 개념들을 잠재 상태에서 명확한 상태로 뒤바꾸는 작업이었다. 『역경』에 실린 것은 기왕의 사회로부터 온 메시지이다. 그런데 이 메시지는 후대인에게는 자명한 것이 아니었다. 『역경』은 자기의 언어, 즉 시蓍·괘卦·효爻·괘효사卦爻辭를 이용하여 사람들에게 말을 하였는데, 『역전』의 작자는 옛날과 그다지 떨어져 있지 않아서 그러한 메시지를 상당히 숙지하고 있었다. 따라서 『역전』이 『역경』을 해석한 내용은 훈석訓釋이 되기에 아주 부족한 뚱딴지 말이 아니라 믿을 만한 근거가 있었다. 곧 『역경』과 『역전』의 관계는 바로 근원과 지류의 관계이다. 경괘*5)의 양효陽爻와 음효陰爻가 없었다면, 『역전』에 있는 음양 개념은 결코 이해할 수 없다. 경과 전의 역사 관계를 단절시켜 경과 전의 일치 관계를 부정하는 연구 방법은 역학에 해만 끼칠 뿐 전혀 무익하다. 우리는 역학사를 종합적으로 서술하고 총괄할 때에 이런 교훈을 더욱 받아들여야 하며, 허무주의적 태도로 전통 역학을 대해서는 안 된다.

한 시대에는 한 시대의 학문이 있다. 『주역』에 대한 연구도 이와 같아서 각 시기마다 서로 다른 역학이 있어 왔다. 우리는 역사 진보의 발자취를 따라 가면서 역학 발전의 내재 논리를 근거로 지금까지의 역학 발전사를 여섯 시기로 나누어 보았다.

제1기는 선진 시기이다. 이 때는 역학이 생겨나 발전의 기초를 확립한 시기이다. 이 시기는 두 개의 단계로 나뉜다. 먼저 춘추 이전의 서주 초까지로 역학의 맹아 단계이다. 춘추에서 전국까지는 역학의 기초가 놓인 단계이다. 후세 역학의 상수·의리 두 파는 이 시기에 이미 단초가 드러난다. 『좌전左傳』, 『국어國語』 속의 무사巫史로 대표되는 점서파占筮派와 공자로 대표되는 의리파가 『주역』 연구에서 이미 확연히 다른 견해를 형성하여 이후 역학의 발전에 심원한 영향을 끼쳤다. 공자의 역학 사상을 대표하는 『역전』은 선진 역학의 집대성이며, 또한 의리파 역학의 첫 이정표이다. 중국의 전통 학술 사상은 기본적으로 모두 선진에서 단서를 열었는데, 역학의 발전은 더욱 그러하다.

---

*5) 經卦란 3획으로 이루어진 여덟 괘, 즉 팔경괘를 말한다.

제2기는 양한兩漢 시기, 즉 한역漢易 시기이다. 한역을 상수학象數學이라고 칭한다. 한역은 당시의 천문역법과 융합하는 한편 점성술 및 천인감응설天人感應說의 영향을 받아 괘기설卦氣說을 중심으로 하는 상수학 체계를 형성하였다. 한역의 대표 인물은 맹희孟喜와 경방京房이다. 그들은 주로 「설괘전說卦傳」을 근거로 삼아 기우奇偶의 수數와 팔괘취상설八卦取象說로 『주역』을 풀이하였고, 괘기설로 역리를 해석하였으며, 『주역』을 이용하여 음양재변陰陽災變을 강론하였다. 동한에 이르러 정현鄭玄은 또 효진설爻辰說과 오행설을 내놓았고, 순상荀爽은 또 건승곤강설乾升坤降說을 제기하였으며, 우번虞翻은 괘변설卦變說·방통설旁通說·호체설互體說·반상설半象說을 통하여 한역을 더욱 번잡한 상수역학의 길로 향하게 하였다. 그 밖에 서한의 엄군평嚴君平과 양웅揚雄은 도가황로道家黃老의 학으로 『역』을 풀이하였다. 동한 말에 이르러 위백양魏伯陽은 『참동계參同契』를 저술하고, 또 괘기설을 연단설과 결합시켜 월체납갑설月體納甲說을 주장, 도교역道敎易의 선구가 되었다. 그도 역시 상수학에 속한다. 그래서 양한은 다른 어떤 역사 시기와도 다르게 상수학만의 시대였다.

제3기는 위진수당魏晉隋唐 시기이다. 위진수당의 역학은 두 단계로 나뉜다. 위진 시대에는 역학이 현학玄學의 길로 발전, 역학 발전의 일대 전환을 이루었다. 왕필王弼이 이 전환을 실현한 중요한 인물이다. 그의 『역주易注』는 한역의 상수학을 극력 배격하고 의리를 중시하여 공자의 역 해석 학풍을 진작시키는 동시에 노자 철학을 『역』에 끌어들여서 현학역玄學易을 창건하였다. 남북조 시대의 역학은 위진 역학의 연속으로 왕필파의 역학이 주도적 위치를 차지하였다. 당唐의 공영달孔穎達은 『주역정의周易正義』를 지어 왕필파 역학의 각도에서 한대 이래 역학 발전의 성과를 종합하였다. 『주역정의』는 상수와 의리의 두 유파를 조화시키려는 경향이 있기는 하였으나, "먼저 왕보사王輔嗣(왕필)를 근본으로 하였다." 이정조李鼎祚의 『주역집해周易集解』는 한역 상수학의 자료를 모으는 데 치중하였으나, 영향력은 공소孔疏(공영달의 『주역정의』)에 비할 바가 아니다. 따라서 위진수당 역학의 주류는 왕필로 대표되는 현학역이었다. 그래서 이 시기를 현학역 시기라고 부른다.

제4기는 송원宋元 시기이다. 남송과 북송의 역학은 역학과 리학理學의 융합을 특징으로 하였다. 그래서 송역宋易을 리학역理學易이라고도 한다. 송역 상수파와 의리파의 싸움은 새로운 특징을 드러내었다. 송역 가운데 상수학파는 한역의 상수학으로 『역』을 풀이하는 이외에 각종의 도식을 제출하여 역리를 해설하였다. 그래서 도서지학圖書之學이라 칭할 수 있다. 그들은 상수학을 한 걸음 더 철리화哲理化, 특히 수리화數理化하려고 노력해서 역학 중의 수학파數學派를 형성하였다. 한편 북송의 의리파는 도서파圖書派의 역학에 반대한다는 공통점을 보였다. 정이程頤의 리학파와 장재張載의 기학파氣學派가 북송 의리파의 대표이다. 남송에 이르러 정이의 리학역이 역학의 주류를 이루었다. 주희는 리학가의 입장에 서서 송대의 역학을 대대적으로 집성하였다. 그는 정이 역학의 전통을 계승하면서도 제가諸家를 절충하여 방대한 역학 체계를 건립, 이후의 역학 발전에 커다란 영향을 미쳤다. 송역 상수파와 의리파는 서로 역학의 이론 체계가 달랐지만 공통점도 있었다. 즉 『주역』의 원리를 고도로 철리화한 점이다. 송역의 역학 사상은 고대 역학 철학 발전의 최고봉에 달하여, 뒤의 원대 역학 및 각 시기의 역학이 발전하는 데 큰 영향을 끼쳤다.

제5기는 명청明淸 시기이다. 명청 역학의 발전은 세 단계로 나뉜다. 우선 명대는 송역의 시기였다. 기본적으로 송대의 설을 답습하였으므로 명대 역학에는 두드러진 특색이 없다. 다음으로 명말 청초는 송역에서 박학역樸學易(朴學易)으로 전향한 시기로, 명청 역학에서 가장 생기에 넘친 단계이다. 왕부지王夫之가 역학 철학에서 독특한 체계를 수립한 일은 명청 시대에 송역 의리의 연구가 최고조에 달한 사건이었다. 그리고 황종희 형제·모기령毛奇齡·호위胡渭가 도서상수학圖書象數學*6)을 비판하자 송역은 더 이상 기세를 떨치지 못하게 되었고, 그로써 박학역의 홍기를 향한 길이 깨끗하게 마련되었다. 건가乾嘉 시기*7)에는 박학역이 발흥하였다. 혜동惠棟과 장혜언張惠言으로 대표되는 고거역학가考據易學家가 서한 및 위

---

*6) 圖書象數學은 북송 이후 상수학 가운데 圖書之學과 결합한 역학을 말한다.
*7) 乾嘉 시기는 청나라 乾隆(1736~1795)·嘉慶(1796~1820) 시기로 考證之學이 융성하였다.

진남북조 역학가들의 역설을 대규모로 집록輯錄하고 정리하여 천 년 넘게 전하지 않게 되었던 양한 역학을 "금일에 이르러 다시 환히 밝아지게" 히였다. 이 집록 작업은 곧 청대인이 중국 역학 연구에 끼친 중대한 공헌이며, 명청 시대 역학 가운데 가장 특색 있는 성과이다. 따라서 명청 시대의 역학은 박학역이 대표한다고 할 수 있다. 그러나 청대인의 역학 연구는 기본적으로 문헌학 연구의 수준에 머물러서 이론 수준이 낮은데다 앞으로 나아갈 도로가 갈수록 비좁아져 막다른 데 이르른 꼴이 되고 말았다. 그래서 고대 역학사는 여기서 마감하게 되었다.

20세기 초부터 현재까지는 현대 역학의 시기이다. 현대 역학은 5·4 이래의 새 사상과 새 방법을 이용하여 『역』을 연구하는 특징을 보이고 있다. 이 시기는 네 단계를 거쳐 발전했다. 첫 시기는 1930, 40년대로 전통 역학의 관점을 비판한 단계이다. 그 특징은 옛것을 과감하게 의심한 점인데, 성과도 컸으나 후유증도 심했다. 둘째 시기는 대륙에서 1950, 60년대 이래 『주역』 경전을 마르크스주의에 따라 연구한 단계이다. 그 결과 역학 철학에 대한 인식이 심화되었으나 단순화하고 공식화했다는 결점이 있다. 셋째 시기는 대만에서 1970년대 이래 '과학역' 연구가 흥기한 단계이다. 넷째 시기는 대륙에서 1970년대 말부터 지금까지 역학을 다양하게 연구하고 있는 단계이다. 그 가운데 고고학 연구가 있는데, 백서역과 숫자괘의 연구 성과가 가장 두드러진다.

역학은 선진 시대에 발원하여 양한의 상수학, 진당의 현학역, 송대의 리학역, 명청의 박학역을 거쳐서 현대로 진입하였다. 이 일련의 역사는 『주역』이라는 지혜의 나무가 늘 변함없이 푸르다는 사실을 똑똑히 보여준다.

제1장
선진 시대의 역학

제1절 선진 역학 개설

선진 시대는 역학 연구의 기초가 놓인 시기이다. 『주역』에 대한 연구와 해설은 틀림없이 『주역』이 생긴 지 오래지 않아 출현하였을 것이다. 『주역』을 점서占筮에 이용하든, 아니면 그 속에서 이론적 사유의 영양분을 취하든, 고도로 추상적인 부호와 문사文辭로 조성된 이 신비한 전적을 해석하고 이해해야 하였다. 이렇게 해서 『주역』에 대한 각종 논설이 출현하였다. 그 결과 역학이 그 기운을 타고 생겨났다.

문헌 기록으로 볼 때 역학은 늦어도 서주 초기부터 시작하였다. 『상서』「홍범洪範」에 다음과 같은 말이 있다.

> 계의稽疑란 복卜과 서筮를 집행하는 사람을 골라 세우는 것이다. 점치는 것을 명하는 데는 비가 올까, 갤까, 흐릴까, 조금 흐릴까, 싸워 이길까, 올바를까, 후회가 있을까 등의 일곱 가지[*1]가 있다. 이 가운데 (거북 등 껍질에 의한) 복은 다섯 사항에 이용하고, (서죽筮竹에 의한) 점은 나머지 두 사항에 이용한다. 복서에는 여러 가지 변화가 있다. 복서자를 세워서 복서를 행할 때 세 사람이 점을 쳤으면 두 사람의 말에 따른다.[1]

여기서 우리는 두 가지를 알 수 있다. 첫째, 역괘를 이해하려면 본괘本

[*1] 원저자는 曰雨·曰霽·曰蒙·曰驛·曰克·曰貞·曰悔를 점치는 행위의 일곱 가지로 보고 있다.

卦를 보아야 하고, 또 변괘變卦를 보아야 한다는 점이다. 정貞이란 본괘를 가리키고 회悔란 변괘를 가리킨다. 이를테면 『국어』, 「진어晉語」에 "공자 중이重耳가 친히 팔괘를 벌여 서점을 쳐서는 '제발 진나라를 얻을 수 있도록'이라고 말하였다. 정貞은 준괘屯卦, 회悔는 예괘豫卦였고, 모두 여덟 괘였다"[2]는 기록이 있다. 여기서 "정은 준괘, 회는 예괘"를 얻었다는 것은 준지예屯之豫가 나왔다는 말과 같다. 정이 본괘, 회가 변괘(즉 之卦)라는 증거이다. 단 『상서위공전尙書僞孔傳』은 "내괘內卦가 정貞이고, 외괘外卦가 회悔이다"라고 하였는데, 그렇게 되면 이미 얻은 역괘의 내괘를 보고서 다시 외괘를 본다는 말이 된다.

둘째, 점서하여 얻은 결과를 처리할 때 세 사람이 점을 쳤으면 두 사람 말에 따라야 한다는 사실이다. 즉 소수는 다수에 복종해야 한다는 사실이다. 『주례周禮』「춘관春官」서인筮人의 조항에는 "서인이 3역三易을 관장하여 9서九筮의 이름을 변별한다"[3]고 하였다. 9서의 이름이란 아홉 가지 서법의 명칭임에 틀림없다. 주 왕실의 점서인은 직무상 『주역』을 관장하면서 9서의 이름을 변별할 수 있어서 다양한 점서법을 통달하고 있었으니, 『주역』 연구의 수준에서 볼 때 후세의 복서파卜筮派 역학가의 수준보다 그다지 떨어지지 않았으리라 생각된다. 『좌전左傳』 소공昭公 2년에 또 다음 기록이 나온다.

> 진후晉侯가 한선자韓宣子를 내빙來聘하게 하였는데 …… 태사씨太史氏의 집무처에서 책을 보다가 『역상易象』과 『노춘추魯春秋』를 보고는 "주나라 예가 전부 노나라에 있도다. 나는 이제 주공周公의 덕과 주나라가 왕 노릇한 까닭을 알겠다"고 하였다.[4]

여기서 『역상』은 결코 『주역』이 아니라 『주역』을 연구한 책이다. 그 점을 어떻게 알 수 있는가? 『좌전』과 『국어』에 진인晉人이 『주역』으로 점서하여 일을 논했다는 기록이 끊이지 않으므로 그들이 『주역』을 대단히 깊이 이해하였음을 알 수 있다. 만일 노나라 태사가 한선자에게 보여준 『역상』이 진나라 사람들이 일상 익혀 왔던 『주역』이었다면 한선자는 이처럼 크게 감탄하지 않았을 것이다. 한선자가 『역상』과 『노춘추』를 한 번 보고는 그것들과 '주나라 예', '주공의 덕', '주나라가 왕천하한 까닭'을 연상하였으니, 이 『역상』과 '예악 제작'이 주 왕조 건립 과정에서 공을 가장 많이 세운 주공과 관련됨을 알 수 있다. 따라서 역학이 서주 초기에 기원하였다는 우리의 설은 설득력이 있다.

하지만 선진 역학의 사료는 주로 춘추전국 시대에 보존되었다. 춘추전국 시대의 역학 사료는 두 가지 부류로 나뉜다. 하나는 사적史籍과 제자서諸子書에서 산견되는 역학가들의 역학설이고, 또 다른 하나는 역학 전문 저서이다. 선진 시대부터 전해 온 역학 논저는 그렇게 많은 수는 아니지만 역학 발전사에 끼친 영향이 심원하다. 후대 역학 연구의 두 분파, 즉 점서의 각도에서 역을 다룬 복서파나 의리의 각도에서 역을 다룬 철리파는 모두 이 시기에 비롯되었다. 역학의 발전에 기초를 놓은 단계가 있다고 한다면 그 단계는 바로 선진 시대, 즉 선진의 춘추전국 시대이다.

춘추전국 시대 역학의 발전을 살피기에는 자료상 한계가 있다. 특히 시대별로 단편적이라서 구체적 논리 전개를 묘사하기가 어렵다. 이 시대의 역학은 의리역학이 복서역설을 대신하여 주류로 되었다. 그 구체적인 발전 양상은 두 단계로 나뉠 수 있다. 첫 번째는 춘추 시기이다. 이 시기는 선진 역학의 전향 단계로, 그 특징은 역학이 점서의 용도에서 철리 인식으로 바뀌었다는 점이다. 공자가 이 역사적 전환의 대표자로 그는 유문儒門의 역 해석이 보여 줄 우수한 전통을 처음으로 열어 주었다. 공자의 역학 사상은 역학사의 첫 번째 이정표인 『역전』 속에 주로 반영되어 있다. 두 번째는 전국 시기이다. 이 시기는 처음으로 의리역학이 번성한 단계이다. 이 때 복서도 여전히 유행하였으나, 공자의 역학 사상이 나날이 확대 발전, 유가만이 아니라 도가·음양가·종횡가·제자에 이르기까지 모두 철리의 각도에서 『주역』을 해설하고 운용하는 것을 즐겼다. 이렇게 하여 역학 연구가 극도로 풍부하게 되었으며 『주역』 사상이 제가의 학설 속에 침투하여 사회의 가치관 일반이 바뀌었다.

이 장에서는 논술에 편하도록 먼저 선진 시대 제가의 역설을 이야기하고, 다시 선진 시대의 역학 전문서인 『역전』에 대해 이야기하겠다.

제2절 선진 시대의 역학설

　여기서 말하는 역학설이란 『역전』을 제외한 선진 시대 여러 서적과 각
종 출토 자료에서 보이는 『주역』에 관한 논설과 해석을 가리킨다. 이러
한 논설과 해석은 주로 선진 역사서 및 제자의 서작 속에 집중적으로 나
타난다. 그 가운데 『좌전』이 가장 풍부하여 모두 19조이며, 『국어』 3조,
『전국책』 1조, 『논어』 2조, 『장자』 1조, 『순자』 4조, 『관자』 1조, 『시
자尸子』 1조, 『여씨춘추』 4조, 『예기』 7조 등이다. 그 밖에 장사長沙 마
왕퇴에서 백서 자료가 출토되었는데, 「계사繫辭」 이외에도 「이삼자문二三
子問」 두 편이 약 2,500자이고, 「요要」는 원래 1,640자이며, 「목화繆和」
와 「소력昭力」은 원래 각각 6,000자씩 기록되어 있다. 백서 자료는 구체
적인 내용이 대부분 공표되지 않았으나, 기왕에 발설된 몇 마디 말로 볼
때,[1] 선진 역학 연구에 가치 있는 희귀 문헌임이 분명하다. 또 부양阜陽
에서 출토된 『주역』 잔간殘簡은 괘획과 괘효사 이외에 점을 친 말이 붙어
있다.[2] 이 잔간은 선진 시대 복서가의 역설을 연구하는 데 아주 중요한
자료이다.

　선진 시대의 역설은 성질상 두 부류로 나뉜다. 하나는 점서설占筮說이
고 하나는 의리설이다. 우리는 상술한 얼마 안 되는 자료들로부터 선진
역학이 이 두 맥락에 따라 발전해 간 윤곽을 그려 낼 수 있다.

1. 점서역설

　역은 복서에서 기원하였다. 『주역』을 점서의 근거로 삼는 일은 역학이
생겨났을 때부터 이미 시작되었다. 『주례』에 보면 『주역』이 태복太卜과
서인筮人의 손에 장악되었다는 기록이 있으니, 『주역』은 길흉을 변별하기
위한 공구였다. 『상서』 「홍범」에 "점하여 둘을 쓴다"고 하고 "정貞이고

---

†1) 于豪亮, 「帛書周易」, 『文物』, 1984년 제3기 ; 韓仲民, 「帛書繫辭淺說」, 『孔子研究』, 1988년
　　제4기.
†2) 「阜陽竹簡簡介」, 『文物』, 1983년 제2기.

회悔이다"고 하였으므로, 이것은 분명히 『주역』을 점서에 이용했다는 사실을 말해 준다. 『좌전』에서 『주역』을 말한 것만도 19조이고, 그 가운데 16조는 점서에 관한 내용이다. 『국어』의 3조는 모두 점서와 관계 있다. 이러한 사실로 볼 때 춘추 시대 사람들은 기본적으로 점서의 각도에서 『주역』을 이용하고 논하였음을 알 수 있다. 전국 때에 이르러 제자의 역설은 점서에 관해 그다지 말하지 않았지만, 사실은 전국 이전에 왕실·제후·경대부만이 『주역』을 점서로 이용하던 상황이 바뀌어 민간에서까지 『주역』을 점서로 이용하는 일이 보편화되었다. 이 점은 문헌 자료 및 출토 문물로 증명할 수 있다.

『관자』「산권수山權數」에 다음과 같은 말이 있다.

> 시詩란 物物을 기록하는 것이고 시時란 세歲를 기록하는 것이며 춘추春秋란 성패成敗를 기록하는 것이다. 행行이란 백성의 이해를 인도하는 것이요, 역易이란 길흉성패를 점치는(守) 것이며, 복卜이란 길흉이해를 점치는 것이다. 백성 가운데 능히 이것을 할 수 있는 자에게 말 한 마리 값의 밭, 금 한 덩이 값의 옷을 주는 것이 군주로 하여금 미혹되지 않게 하는 수數이다. 이 여섯은 시기를 보고서 미리 막아 낼 일시를 알려 준다. 그러므로 군주가 시기를 잃지 않고 방책을 잃지 않으며, 만물의 흥풍興豐이 이익을 잃지 않는다. 멀리 득실을 점쳐서 말교末敎로 삼는다. 시詩는 인간사를 기록하여 사辭를 잃지 않고, 행行은 도를 꺼리어 의義를 잃지 않으며, 역易은 화복길흉을 점쳐 어지럽히지 않는다. 그래서 군병君柄이라고 한다.[5]

여기서는 『역』을 복卜과 나란히 들고 있으며, '수守'는 곧 '복卜'이므로 사실상 『역』을 복서의 책으로 보고 있다.

『여씨춘추』「일행壹行」에는 다음 기록이 있다.

> 공자가 점을 쳐서 비괘賁卦☰☲를 얻었다. 공자는 "불길하다"고 하였다. 자공子貢이 "비賁도 좋은데, 어째서 불길하다고 하십니까?" 하고 물었다.[*2] 공자는 "무릇 희면 희고 검으면 검어야 하거늘, 저 비賁가 어찌

좋은가?" 하고 말하였다.[6]

공자는 『주역』에서 덕을 소중히 여겼지 점을 중히 여기지 않았는데, 위의 인용문에서 공자가 점을 쳤다는 이야기는 이름을 가탁한 혐의가 있다. 특히 공자가 비괘賁卦를 싫어하였다고 말하는 것은 공자의 일관一貫 사상에 부합하지 않는다. 이것은 분명히 법가의 언론이다. 옛사람은 「일행」을 두고 법가의 저작이라고 하였는데, 그 설이 믿을 만하다.

위의 두 기록은 모두 법가의 역학설로서 전국 시대 사람들이 『역』으로 점서한 풍조를 반영하고 있다. 진시황이 분서焚書하였을 때, 『역』은 복서의 책이라 하여 금하지 않은 것은 결코 우연이 아니다. 『역』을 복서책으로 보는 것은 한편으로 사회 전체의 보편적 견해였고, 다른 한편으로 법가의 역학과 관련이 있었다. 위의 기록으로 볼 때 「산권수」에서 「일행」에 이르는 작자와 이사李斯에서 진시황에 이르는 전국 시대 법가가 『주역』을 바라보는 인식이 모두 일치한다. 즉 모두 『주역』을 복서의 책으로 보았다.

『묵자墨子』 「공맹公孟」은 전국 시대에 점서가 성행하던 풍조를 두고서, "여기에 두 사람이 있어 둘 다 복서를 잘한다고 하면, 나가서 남을 위해 점치는 자와 집에 있으면서 나가지 않는 자 가운데 누가 더 양식이 많을까?"[7]라고 하였다. 점서에 행자行者(즉 바깥에 나가서 남을 위하여 점서하는 자)와 처자處者(집에 거처하여 나가지 않는 자)가 있다는 말이니, 점서가 이미 전국 시대의 일반 직업으로 되었음을 알려 준다. 이 현상은 춘추 시대에는 볼 수 없었던 것이다.

전국 시대에 『역』으로 점서를 한 풍조는 출토 문물 속에서 더욱 분명하게 드러난다. 부양에서 출토된 한대 초기 『주역』 잔간에 반영된 것은 의심의 여지 없이 전국 시대 점서 역술가의 실제 모습이다. 이 잔간에는 괘획卦劃·효제爻題·괘사卦辭·효사爻辭가 있는데다가 효사 뒤에는 점친 말

---

*2) 賁卦는 艮上離下로 그 괘사는 "형통하다. 가는 바에 작은 이로움이 있다"(亨, 小利有攸往)라 하였다. 상괘 艮은 그침이고, 하괘 離는 밝음이다. 이 괘는 분명한 제도에 의해서 사람이 각자의 분수에 머무른다는 괘의를 지닌다.

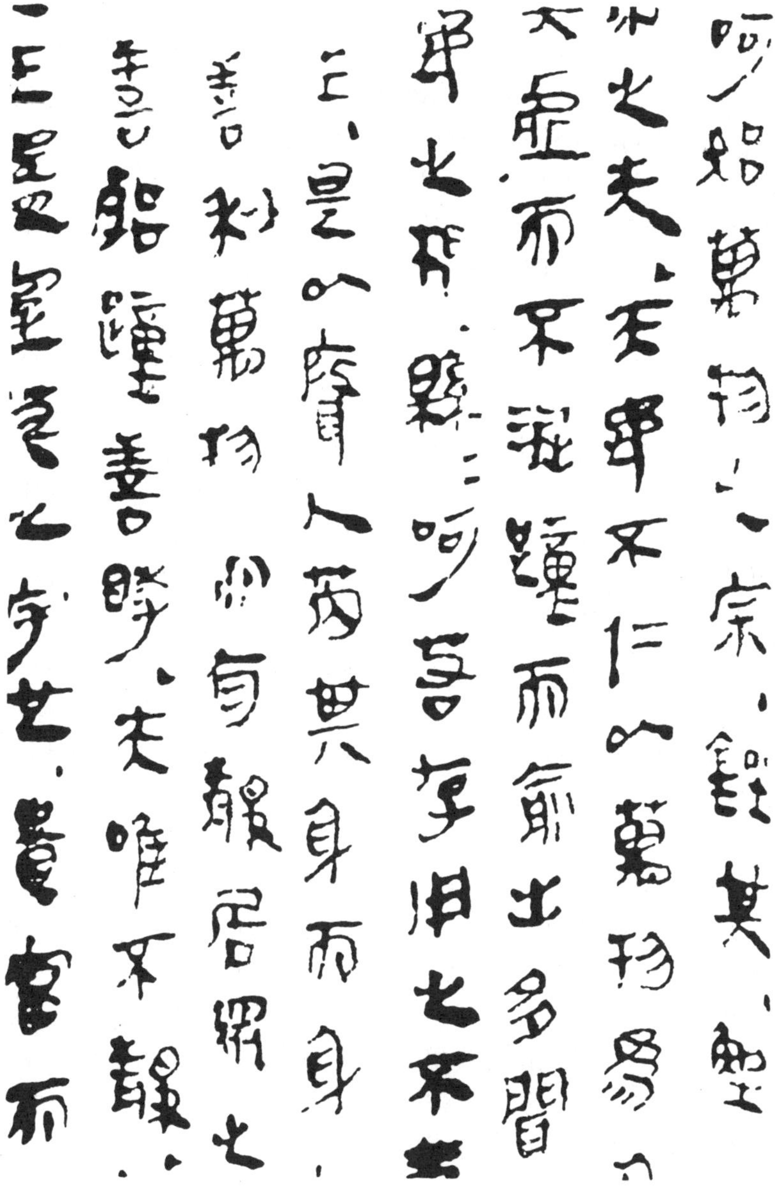

그림 1-1 마왕퇴 백서 『노자』 갑본의 일부분

이 붙어 있다. 이 점친 말은 모두 고정된 격식이 있어서 맑음과 비, 수렵과 고기잡이, 전쟁, 군주를 섬김, 관직을 구함, 여행길에 나섬, 출산과 사망, 시집 감과 장가 듦, 병들고 위독함 등 각종 천상天象 및 인간사의 길흉을 지적해 내고 있다. 이를테면 동인괘同人卦 구3의 뒤에는 "점복하여 죄가 있는 자는 흉하니, 전투를 하면 적이 강하여 뜻을 얻을 수 없고, 병든 이를 점치면 죽지 않으면 병신 된다"[8]는 말이 있다.[13] 이처럼 고정된 격식의 점사를 붙인 것은 점서자가 『주역』을 통속적으로 개편하여 응용하기 편하게 한 결과이다.

마왕퇴 출토의 백서 『주역』은 괘획과 괘효사가 기본적으로 금본수本 (오늘날 통용되는 텍스트) 『주역』과 같기는 하지만, 점서자가 기억하기에 편리하도록 『주역』의 괘서卦序를 대담하게 새로 배열하였다. 『주역』의 괘서에 함축된 깊은 뜻을 고려하지 않고 이렇게 괘 배열 순서를 개편한 것은 점서의 필요 때문에서였다. 전국 시대에 점서 역학이 이처럼 활발하였다는 사실은 과거에는 그다지 주목받지 못하였으나, 이제 우리는 그 사실에 주목하지 않을 수 없다.

선진 시대의 역점설易占說에는 세 가지 특징이 있다. 첫째 변괘變卦를 강론하는 것이고, 둘째 괘효사로 점을 치는 것이며, 셋째 괘상으로 점을 치는 것이다. 그런데 점서자는 『역』을 말할 때에 세 방법을 종합해서 운용하여 하나로 융합하는 일이 많았다.

1. 변괘變卦

변괘는 '지괘之卦'라고도 한다. 점서하여 얻은 괘는 본괘本卦(正卦 혹은 貞이라고도 함)라고 한다. 본괘에 효변爻變이 발생하여 다른 한 괘를 생성할 때 이 다른 한 괘는 본괘에서 변하여 왔기 때문에 '변괘'(또 悔라고도 함)라고 한다. 지之란 왕往이니 변變과 통한다. 그러므로 변괘를 '지괘'라고도 하는 것이다.

『좌전』에 『주역』을 이용하여 점서한 것이 모두 14곳에 보이는데, 그

---

†3) 「阜陽漢簡簡介」, 『文物』, 1983년 제2기.

가운데 11곳에서 변괘를 이용하였다. 즉 다음과 같다.

장공 22년: 본괘 관이 나오고 지괘는 비이다.(遇觀☰☷之否☰☷)
민공 원년: 본괘 준이 나오고 지괘는 비이다.(遇屯☵☳之比☵☷)
민공 2년: 본괘 대유가 나오고 지괘는 건이다.(遇大有☲☰之乾☰)
희공 15년: 본괘 귀매가 나오고 지괘는 규이다.(遇歸妹☳☱之睽☲☱)
희공 25년: 본괘 대유가 나오고 지괘는 규이다.(遇大有☲☰之睽☲☱)
양공 9년: 이것은 간지수艮之隨이다.(是謂艮☶之隨☱☳)
양공 25년: 본괘 곤이 나오고 지괘는 대과이다.(遇困☱☵之大過☱☴)
소공 5년: 본괘 명이가 나오고 지괘는 겸이다.(遇明夷☷☲之謙☷☶)
소공 7년: 본괘 준이 나오고 지괘는 비이다.(遇屯☵☳之比☵☷)
소공 12년: 본괘 곤이 나오고 지괘는 비이다.(遇坤☷之比☵☷)
애공 9년: 본괘 태가 나오고 지괘는 수이다.(遇泰☷☰之需☵☰)

『국어』에서 『주역』을 이용하여 점서한 것은 모두 세 곳인데, 그 가운데 두 곳은 변괘를 통하여 점서하였다. 다음과 같다.

「주어周語」: 본괘 건이 나오고 지괘는 비이다.(遇乾☰之否☰☷)
「진어晉語」: 태의 팔을 얻었다.(得泰☷☰之八)
「진어晉語」: 본괘 관이 나오고 지괘는 비이다.(遇觀☰☷之比☵☷)

"본괘 관이 나오고 지괘는 비否이다"는 말은 점서하여 얻은 본괘인 관괘가 변하여 비괘가 되었다는 말이다. 이 두 괘는 실질적으로 한 효밖에 차이가 없으니, 관괘의 육4효가 비괘의 구4효로 바뀌었다. 이처럼 한 효에서만 효변이 발생한 것은 위에 든 13곳의 변괘에서 10곳이다. 세 개의 효에 효변이 발생한 것이 둘이다. 첫째, 건지비乾之否는 본괘인 건괘☰의 초구·구2·구3이 각각 지괘인 비괘☷의 초육·육2·육3이 되었다. 둘째, 『국어』「진어」의 "정은 준이고 회는 예이다"(貞屯☵☳悔豫☳☷)는 본괘(즉 貞)인 준괘의 초구·육4·구5가 각각 지괘(즉 悔)인 예괘의 초육·구4·육5로 변하였다. 다섯 개의 효에 효변이 발생한 예는 하나이다. 간지수艮

之隨는 본괘인 간괘☶의 초육·구3·육4·육5·상구가 각각 지괘인 수괘☵의 초구·육3·구4·구5·상육으로 변하였다.

『주역』을 이용한 점서가 어째서 변괘를 논해야 하는가? 이것은 『주역』의 서법 및 점법과 관련이 있다.[*3] 『역』은 서수筮數에서 기원한다. 서법에 따르면 '대연지수大衍之數'를 4영3변四營三變하면 7·8·9·6이 나온다. 9·7은 기수로 양효를 긋게 되고, 6·8은 우수로 음효를 긋게 된다. 이런 과정을 여섯 번 되풀이한 뒤에 서筮한 수가 기수인지 우수인지에 따라 하나의 괘를 그을 수 있다. 9와 7이 모두 양효이지만, 9는 변효이고 7은 불변효이다. 6과 8이 모두 음효이지만, 6은 변효이고 8은 불변효이다. 괘를 이룰 때에는 변효나 불변효나 마찬가지이다. 하지만 점을 할 때에는 그 변효와 불변효가 아주 다르다. 가공언賈公彦의 『주례소周禮疏』에 "하나라와 은나라는 불변괘로 점하고 『주역』은 변괘로 점한다"[9]고 하였다. 『주역』을 가지고 서筮하여 얻은 괘가 만일 양효의 7(소양), 음효의 8(소음)이라면 효변은 발생하지 않는다. 그런데 만일 양효의 서수筮數가 9(노양)이거나 음효의 서수가 6(노음)이라면 효변이 발생한다. 물物이 극에 이르면 반드시 되돌아가게 되어 있는 것이다. 노양의 9는 소음의 8로 변하여 음효가 되고, 노음의 6은 소양의 7로 변하여 양효가 된다. 이런 식으로 하여 두 개의 괘가 출현한다. 하나는 변하기 전의 괘, 즉 본괘이고, 다른 하나는 효변을 발생한 괘, 즉 지괘이다. 점치는 사람이 점서할 때에 효변이 발생할 상황이라서 본괘 여섯 효 중의 변효의 효사를 정하면, 점서의 적확성을 높여 효사 사이의 모순과 충돌을 피할 수 있다. 이렇게 한 괘의 괘상과 괘효사를 늘려 길흉 판단의 근거로 삼게 되면 각종 정황에 응할 여지가 더 많아지게 된다. 이를테면 『좌전』희공 25년에 호언狐偃이 진문공을 권하여 근왕勤王하라고 하였을 때 다음 일이 있었다.

진문공이 서筮해 보라고 하였다. 서하자, 본괘가 대유大有이고 지괘가 규

[*3] 『역』의 占筮는 먼저 占을 칠 사실을 분명히 하고 나서 그 사실을 得卦(遇卦라고도 하며 時運을 표시한다)에 비추어 그 卦象을 보고 爻象을 생각하며, 괘효사를 점서 사실에 응용하여 占斷을 내린다. 득괘(우괘)하는 방법이 서법이고 점단을 내리는 방법이 점법이다.

睽였다. 말하길, "길합니다. 제후가 천자의 향응을 받는다는 괘가 나왔습니다. 전쟁에 이겨서 왕이 향응한다는 것이니, 길함이 이보다 더한 것이 없습니다. 더구나 이 괘는 천天이 변하여 택澤으로 되어 일日에 당하고 있습니다. 이것은 천자가 마음을 낮추어 공을 영접함을 뜻하니, 얼마나 좋습니까?"라고 하였다.[10]

여기서 본괘의 변효는 대유괘☲☰의 구3이고, 효사는 "공이 천자의 향응을 받으나 소인은 그럴 수 없다"[11]이다. 서를 한 사람이 "제후가 천자의 향응을 받는다는 괘가 나왔습니다. 전쟁에 이겨서 왕이 향응한다는 것이니, 길함이 이보다 더한 것이 없습니다"라고 한 것은 이 효사를 근거로 해석한 것이다. "천이 변하여 택으로 되어 일에 당하고 있습니다. 이것은 천자가 마음을 낮추어 공을 영접함을 뜻합니다"라고 한 것은 본괘와 지괘의 괘상을 결합하여 해석한 것이다. 본괘 대유의 내괘(즉 하괘)가 경괘 건乾이고, 건의 취상은 천天이다. 지괘 규睽☲☱의 내괘는 경괘 태兌이고, 태의 취상은 택澤이다. 두 괘의 외괘(즉 상괘)는 모두 경괘 리離이다. 리괘의 취상은 화火로 이것은 또 일日이다. 대유 내괘의 경괘 건이 규괘 내괘의 경괘 태로 변하고 상괘는 변함이 없이 경괘 리이니, 이것이 바로 "천이 변하여 택으로 되어 일에 당하고 있다"는 것이다. 규괘 외괘의 리가 윗부분에 있어서 아랫부분의 내괘 태와 상대하고 있다. 리는 일日이므로 택澤과 상대하고 또 군君이다. 태兌는 택澤으로 일日과 상대하고 있으니 또 신臣이다. 이것이 곧 "천자가 마음을 낮추어 공을 영접함"이다. 앞의 "천이 변하여 택으로 되어 일에 당한다"는 것은 군주가 변하여 신하가 되었다가 그런 뒤에 또 다른 군주를 섬기게 된다는 것이니, 이것으로 진문공이 진나라의 군주로서 주周 천자의 신하가 되어 왕의 봉납을 받으러 감을 설명하였다. 뒤의 "천자가 마음을 낮추어 공을 영접함"은 왕의 봉납을 받아 장차 왕의 환영과 예우를 받는다는 것이다. 진문공이 왕을 뵈러 가는 일에 분명히 좋은 일이 있으리라고 설명하면서 그가 제후의 맹주가 될 것임을 암암리에 비유하고 있다.[†4] 점서인은 여기에서 본괘 변효의

---

†4) 이 해설은 宋祚胤의 설을 참고했다. 단 송조윤은 '公'이 奉伯이라 했으나 晋文公을 가리켜야 옳다. 송조윤의 설은 『周易新論』, 湖南教育出版社, 1982년 8월, 59~60쪽 참조.

효사를 가지고 설명한데다가 본괘와 지괘의 괘상을 결합하여 분석해 나갔기 때문에 점서한 예견이 하나하나 들어맞을 수 있었다. 만일 변괘가 없었다면 점서인은 결코 그리 태연할 수가 없었을 것이다.

離 ☲　　☲ 離(日)
乾 ☰　→　☱ 兌(澤)

『좌전』과 『국어』의 점서는 변괘를 많이 이용하였으나, 『역전』은 이러한 용법을 제기하지 않았다. 그래서 어떤 이는 "변괘는 다만 춘추 이래로 『주역』을 점서의 책으로 이용하였던 주대 사관이 날조한 것이다"라고 하였다.[15] 그러나 사실은 날조라기보다는 계승이라고 하는 편이 낫다. 변괘가 출현한 것은 아주 일러서 장안長安 장가파張家坡 서주유지西周遺址에서 발견된 계수契數 괘상은 이러하다.

⚎ 즉 '육팔일일육일'　☳ 풍괘豐卦
⚏ 즉 '오일일육팔일'　☶ 무망괘无妄卦

괘상 옆의 [표는 필시 양괘의 상관성을 표시하여, 그것이 변괘란 사실을 뜻한다. 즉 풍괘가 무망괘로 감(豐之无妄)을 점서하여 얻었다는 것이다. 본괘의 세 번째 효가 동하여 일一이 변해 지괘의 육六이 되었다. 다섯 번째 효가 동하여 팔八이 변해 지괘의 일一이 되었다. 여섯 번째 효가 동하여 육六이 변해 지괘의 오五가 되었다. 단 이러한 변괘는 『주역』과는 같지 않다. 『주역』은 다만 구九·육六만 효변할 수 있으나, 여기서는 일과 팔도 변할 수 있다.

풍豐　　　무망无妄

6 ▬ ▬　　　　　 ▬▬▬ 5
8 ▬ ▬ ───────→ ▬▬▬ 1
　▬▬▬　　　　　 ▬▬▬
1 ▬▬▬ ───────→ ▬ ▬ 6
　▬ ▬

---

†5) 宋祚胤, 같은 책, 58쪽.

또 더 이른 시기인 은대에도 변괘가 있었다. 안양安陽 묘포북지苗圃北地
에서 새로 발견된 은대의 각수석기刻數石器에는 여섯 개의 숫자괘가 있는
데, 어떤 이는 이것이 3조의 변괘라 보고 있다.[6]

① 𡖖 (칠육육육육칠), 𡕌 (칠육팔칠육칠): 頤☲☲之賁☲☲
이괘의 제3효가 동하여 6이 변해 비괘의 7로 되고, 제4효가 동하여
6이 변해 비괘의 8로 되었다.

② 𡕌 (팔일일일육육), 𡕌 (팔일일일일육): 咸☲☲之大過☲☲
함괘 제2효가 동하여 6이 변해 대과괘의 1로 되었다.

③ 𡕌 (육육칠육육팔), 𡕌 (육육오칠육팔): 豫☲☲之小過☲☲
예괘 제3효가 동하여 6이 변해 소과괘의 7이 되고, 제4효가 동하여
7이 소과괘의 5로 되었다.

은대의 이러한 변괘는 조괘組卦에 사용된 기본 숫자(爻)가 모두 변할
수 있었다. 즉 기수가 우수로 변하고(陽變陰) 우수가 기수로 변할 수 있을
(陰變陽) 뿐만 아니라, 기수가 또 다른 기수로 변할 수도 있고(陽變陽), 우
수가 또 다른 우수로 변할(陰變陰) 수도 있었다.

전국 시대에도 변괘가 존재하였다. 호북湖北의 강릉江陵 천성관天星觀에
서 출토된 초간楚簡 중에 그러한 예가 있다.

盤盍習之以長葦, ☰☰ ☲☲. 盤盍占之, 長吉宜室, 無咎無祝(奪).

---

[6] 鄭若葵, 「安陽苗圃北地新發現的殷代刻數石器及相關問題」, 『文物』1986년 제2기.

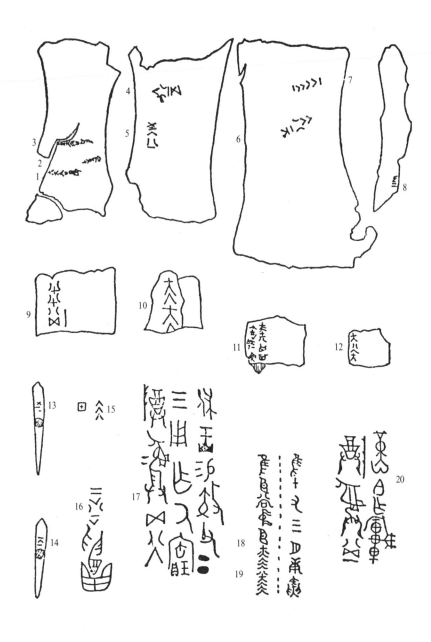

그림 1-2 은주 시대의 팔괘 숫자 부호

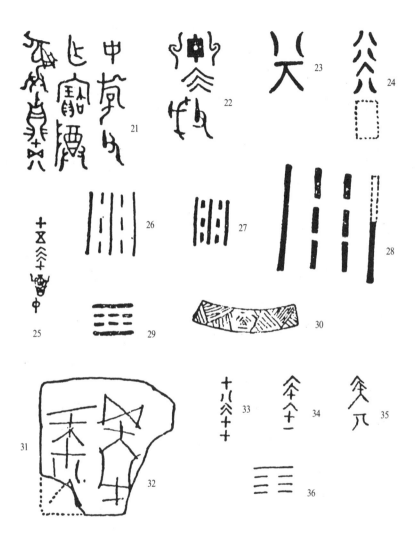

1~3 四盤磨甲骨　4, 5, 8, 13, 14 張家坡甲骨　6, 7 灃鎬遺址甲骨　9~12 鳳
鎬遺址甲骨　15『殷墟文字外編』　16 召卣　17 效父殷　18, 19 中方鼎　20
董伯殷　21 史斿父鼎　22 父戊卣　23 盤　24 銅鼎　25 召仲卣　26, 27 銅
甗　28 銅罍　29 銅卣　30 陶罐　31, 32 陶範　33~35 殷墟陶簋　36 璽印

반유가 갈대풀로 거듭 점복하니 ䷔과 ䷉이었다. 반유가 점하길, 오래도
록 길하고 집에 좋으며 재앙도 없고 빼앗김도 없다고 나왔다.

　이것은 역으로 질병의 일을 점친 것이다. '반유'란 초나라의 점서인이
고, '장위長葦'란 점서의 도구인 갈대풀이다. '습習'하였다는 것은 거듭
점복함이다. 얻은 괘의 ䷉은 서합噬嗑䷔이고, ䷔은 쾌夬䷪이다. 서합이
쾌로 감을 얻었으니, 모두 4개의 효변이 있다. 서합괘의 제2효 육, 제3
효 육, 제5효 육, 제6효 일이 각각 쾌괘의 1, 1, 1, 6으로 변하였다. 여
기서의 괘획은 『주역』일 수 있다. 『주역』서합의 괘사는 "형통한다. 옥
사를 하는 데 이롭다"(亨, 利用獄)이고, 쾌괘의 단사象辭는 "쾌는 결決이
다. 강剛이 유柔를 결한다. 굳건하여 기뻐하고 결단하여 없애서 화한다"
(夬決也. 剛決柔也. 健而說, 決而和)이다. 서합괘와 쾌괘 두 괘의 제2, 3, 5
효사는 모두 '무구无咎' '무휼无恤'이다. 이것이 "오래도록 길하고 집에
좋으며, 재앙도 없고 빼앗김도 없다"는 점사가 나온 근거이다.
　천성관 초간에는 모두 8조 16개의 역괘가 있는데, 두 괘씩 나란히 변
괘의 형식으로 나타났다. 장정랑張政烺의 통계에 의하면 '一'이 37차례,
六이 49차례, 八이 5차례, 九가 4차례 출현하였고, 그 밖에 떨어져 나가
분명치 않은 것이 한 번 있으므로, 그는 이것들이 모두 숫자괘라고 보았
다.[17]
　그런데 여기서 '一'과 '∧'은 서수筮數가 아니라 괘획이 아닌지 의심스
럽다. 앞에서 서술하였듯이 양효 一은 기수의 대표수 일一에서 바로 변화
해 나왔고, 음효는 우수의 대표수 ∧(六)에서 직접 변화해 나왔다. 옛사람
들이 一로 천지의 수 가운데 천수天數(즉 기수)를 대표시킨 이유는 필기
에서 판독이 쉽다는 이유 이외에도, '一'이 생수生數[*4]의 첫머리이자 천
수의 첫머리이기 때문이다. '∧'(六)으로 지수地數(우수)를 대표하는 것도

---

[17] 「試釋周初青銅器銘文中的易卦」, 『考古學報』, 1980년 제4기.

[*4] 동서남북과 중앙의 다섯 방위에 배치되어 오행의 성질을 지니는 수가 生數이고, 생수와 합하여
　　 사물을 이루는 수가 成數이다. 한대 역학가들이 주로 사용한 개념으로, 『禮記』「月令」의 疏에
　　 인용된 鄭玄의 설 등이 대표적이다.

그것이 성수成數의 첫머리이기 때문이다. 위의 예에서 이른바 ∧이 —로 변하였다는 것은 사실은 음효가 양효로 변한 것이지 구체적인 수치의 숫자가 변화하였다는 것이 아니다. 장정랑의 통계에서 다섯 차례나 출현한 '八'은 '∧'의 변형이었을 가능성이 있다. '九'가 네 차례 출현한 것도 다른 원인이 있었을 것이다. 부양 잔간殘簡의 역괘는 효제爻題의 칭호를 초구初九·육이六二라 하고 있으니, '—'은 결코 서수가 아니고 '∧'도 결코 서수 육이 아니라, 각각 양효 —과 음효 --임을 알 수 있다. 천성관 초간의 —과 ∧도 이렇게 보아야 할 것이다.

변괘는 본시 이처럼 서하여 얻은 본괘가 효변을 낳아 다른 한 괘(지괘)를 생성함을 두고 말하는 것이었다. 그러나 오래 사용하다 보니 변괘의 형식을 이용하여 어떤 한 괘의 어떤 한 효를 가리키는 방식이 파생되어 나왔다. 이 점은 대단히 주의해야 한다. 『좌전』에서 일을 점친 여섯 곳 가운데 네 곳에서 아홉 차례나 변괘 형식을 취하였다. 즉 다음과 같다.

① 선공 6년: 덕이 없이 탐심을 지니니, 『주역』의 풍지리豊☳☰之離☲☲에 지나지 않는다."[12]
② 선공 12년: 사지림師☷☷之臨☷☱에 "군대가 나갈 때에는 군률로 엄히 한다. 그렇지 않으면 흉하다"고 하였다.[13]
③ 양공 28년: 『주역』에 있으니, 복지이復☷☳之頤☶☳에 "바른 길로 돌아가는 데 미혹하니 흉하다"고 하였다.[14]
④ 소공 29년: 용은 물의 족속입니다. 물을 관장하는 관직이 없어졌기에 용은 생포되지 않게 되었습니다. 만일 그렇지 않다면 『주역』에 어찌 다음과 같은 말이 있었겠습니까? 건지구乾☰☰之姤☰☴에 이르길 "물 속에 숨어 있는 용은 일을 해서는 안 된다"고 하였고, 그(其) 동인同人☰☲에는 "지상에 나타난 용은 밭에 있다"고 하였으며, 그 대유大有☲☰에는 "날아오른 용은 하늘에 있다"고 하였고, 그 쾌夬☱☰에는 "너무 높이 오른 용은 후회할 일이 있다"고 하였으며, 그 곤坤☷☷에는 "뭇 용을 보아도 머리를 감추어 드러내지 않는 것은 길하다"고 하였습니다. 곤지박坤☷☷之剝☶☷에는 "용이 교외에서 싸운다"고 하였습니다. 만일 용이 조석에라도 나타날 수 있는 것이 아니라면 누가 이처럼

형용할 수가 있겠습니까?[15]

| 사師 | 임臨 | 복復 | 이頤 |

'사지림師之臨'은 사괘에 효변이 발생하여 임괘가 됨을 가리키는 것이 아니라 사괘의 초육효를 가리킨다. 왜냐하면 사괘와 임괘는 나머지 5효가 모두 같고 초효만 다르기 때문에, 사지림師之臨을 가지고 사괘의 초육효를 가리켰다. 그리고 그 아래의 "군대가 나갈 때에는 군률로 엄히 한다. 그렇지 않으면 흉하다"는 바로 사괘 초육효의 효사이다. '복지이復之頤'도 복괘에 효변이 발생하여 이괘가 됨을 가리키는 것이 아니라 복괘의 상육효를 가리킨다. 복괘와 이괘는 나머지 5효가 다 같고 오직 상효만 다르므로, 복지이復之頤를 이용하여 복괘의 상육효를 가리켰다. 그리고 그 아래의 "바른 길로 돌아가는 데 미혹하니 흉하다"는 바로 복괘의 상육효의 효사이다.

같은 이치로 '건지구乾之姤'는 건괘의 초구효를 말하며, "물 속에 숨어 있는 용은 일을 해서는 안 된다"는 바로 그 효사이다. '기동인其同人'이란 곧 건지동인乾之同人이며, '기其'란 지시대명사로 '그것의'란 뜻이니 건괘를 가리킨다. 건괘와 동인괘의 차이는 제2효에 있으므로, 건지동인乾之同人이란 건의 구2효를 말한다. 아래에 인용한 "지상에 나타난 용은 밭에 있다"는 바로 그 효사이다. '기대유其大有'란 '건지대유乾之大有'로 건괘의 구5효를 가리킨다. '기쾌其夬'는 '건지쾌乾之夬'로, 건괘의 상구효를 가리킨다. 인용된 효사를 가지고 다 입증할 수 있다. '기곤其坤'은 즉 '건지곤乾之坤'으로 용구用九를 가리키며, "뭇 용을 보아도 머리를 감추어 드러내지 않는 것은 길하다"는 그 용사用辭이다. '곤지박坤之剝'은 곤의 상육효이고, "용이 교외에서 싸운다"는 곤괘 상육효의 효사이다.

어째서 건괘의 초구효를 표시하는데 '건지구乾之姤'라 하고, 건괘의 구2효를 표시하면서 '건지동인乾之同人'이라고 하였는가? 이것은 무사巫史의 역점에 변괘설이 성행한 사실과 관련이 있다. '지之'의 본의는 '가다'(往)로서 변變과 통한다. '지之'에는 또 가차의假借義가 있다. 이는 수식어와 피수식어 사이의 한정 관계를 표시하여 '~의'에 해당한다. '지之'의 이 두 용법이 선진 시대의 문헌에 자주 나오고 있음에 대해서는 군말이 다시 필요없다. '지之'는 본의가 먼저 있었고 가차의가 뒤에 나왔다. 그러므로 먼저 괘변설이 있고 나서(위에서 서술하였듯이 변괘는 은나라 때에 벌써 나왔다) 두 개의 괘를 대비하는 변괘의 방식을 이용하여 효위를 가리키게 되었다. 따라서 『좌전』 속의 '□卦之□卦'에 대하여 일률적으로 변괘라고 해서는 안 된다. 어떤 일을 묻기 위해 서筮하여 얻은 본괘에 효변이 발생해서 또 다른 괘가 되었을 때가 비로소 진정한 변괘 혹은 지괘이다. 위에서 인용하였듯이 효변을 발생하지 않는 '□卦之□卦'의 '지之'는 '~의'라는 뜻이다. 이것은 변괘의 형식을 빌려서 한 괘의 구체적 효위를 지시하는 방식이다. 그 용법은 비록 변괘의 형식에서 파생되어 나왔지만 기능은 전혀 다르므로 변괘라 할 수 없다.

한편 어떤 이는 『좌전』 중에 변괘 형식을 빌려 효위를 지시하는 현상이 있음을 간파하고는 변괘(지괘)를 전부 부정하여 '□卦之□卦'를 전부 '□卦의 □卦'로 해석하였다. 이것은 사실과 완전히 어긋난다.[18] 앞서 든 『좌전』 희공 25년의 예에서 "대유지규大有之睽가 나왔다"가 대유괘의 제 3효를 가리키는 말이라면, "이 괘는 천天이 변하여 택澤으로 되어, 일日에 당하고 있습니다. 이것은 천자가 마음을 낮추어 공을 영접함을 뜻하니 얼마나 좋습니까?"라는 구절은 해석할 수 없다. 점사는 반드시 규괘의 괘상과 연결시켜야만 통할 수 있다. 그 밖에 『국어』 「주어」의 '우건지비遇乾之否'처럼 세 개의 효가 효변을 발생한 예나, 또 『좌전』 양공 9년의 '간지수艮之隨'처럼 다섯 개의 효가 효변을 일으킨 예는 본래의 변괘설로 풀이해야 한다. 만일 이 둘을 각각 '건괘의 비' '간의 수'라고 풀이한다면 도대체 어떤 효를 가리키는지 확실히 말할 수가 없다. 『국어』의 반증을 피하려고 『좌전』의 '간지수艮之隨'를 뒤에 끼워 넣은 글자라고 간주한다

---

18) 夏含夷, 「周易筮法原无 '之卦' 考」, 『周易硏究』, 1988년 제1기.

면 도무지 설득력이 없다. 그러므로 '□卦之□卦'를 전부 변괘로 보면 정말 옳지 않지만, 그것을 전부 '□괘의 □괘'로 보아서 지괘설을 부정한다면 더욱 억지스럽다. 일부는 지괘이고 일부는 효를 표시한다고 해야 『좌전』과 『국어』의 실상에 부합할 것이다.

변괘는 점서에 쓰기 위한 것으로 비록 미신에 속하기는 하지만 그 종교적 모래더미 속에 철학적 알곡이 포함되어 있었다. 본괘가 효변으로 지괘를 낳는 것에는 변증법적 요소가 들어 있으니, 이것은 변역을 중시하는 『주역』의 종지宗旨에 부합한다. 변괘가 선진 시대 이후 소실된 것은 『주역』 고유의 점법이 전하지 않게 된 것과 관련이 있다. 원래의 점법은 철학적 이치가 농후하여 후세 점서가의 배알에 맞지 않았다. 후인들은 다투어 새로운 설을 내어서 간단한 방식으로 번다한 방식을 대신하였다. 그렇게 해서 점법이 전하지 않아 효변을 확정하지 못하게 되어 변괘에 대해서는 논하지 않게 되었다. 그리고 의리파의 역학은 덕德을 중시하였지 점占을 중시하지 않았기에 변괘에 대하여 더욱 흥미가 없었다. 따라서 『역전』이 변괘설을 싣지 않은 것은 우연한 일이 아니다. 변괘 형식을 이용하여 효위를 지시한 것은 본래 서사筮史들의 번쇄 철학(trivialism)이다. 효제爻題는 이름을 들어서 효를 표시해야 편리하고 간명하므로 사람들은 자연히 이름을 가지고 효제를 표시하는 방식을 취하고, 변괘의 형식을 차용하여 효위를 표시하는 방식은 버리게 되었다.

2. 사점辭占

『주역』에서 괘명·괘사·효사·용사 등의 문자 계통을 근거로 어떤 일의 길흉을 판단하는 일이 선진 시대 역점 가운데 가장 주된 방법이었다. 이러한 사점의 기원은 아주 이른 듯하다. 역이 서수筮數에서 나왔으므로 상고 시대인들은 기수·우수를 가지고 길흉을 판단해서 기奇를 흉이라 하고 우偶를 길이라 하였다. 이런 형식이 고정되자 서사筮辭가 출현하였다. 『주역』의 문사는 서사에서 기원하였으므로 『주역』의 문사를 가지고 길흉을 판단하는 것은 자연스런 일이었다. 따라서 사점의 기원은 결코 뒤늦은 일이 아니었을 것이다.

『좌전』과 『국어』에 인용된 『역』을 예로 보면 『주역』의 문사는 서사筮史들이 길흉을 단정하는 주된 근거였다. 예를 들어 『좌전』 소공 7년에 위양공衛襄公이 죽고 나서 대부 공성자孔成子가 공자원公子元을 사군嗣君으로 세울까 아니면 공자지公子摯를 세울까 하는 문제를 스스로 결정할 수 없게 되자, 『주역』을 이용하여 두 괘를 점한 일이 있다. 첫 번째는 준괘屯卦☷☳를 얻었다. 두 번째도 준괘를 얻었으나, 단 그 초효가 효변을 발생하여 양에서 음으로 됨으로써 비괘比卦☷☵가 되었다. 사조史朝가 괘사에 '원형元亨'이란 말이 있는 것을 보고, 원元이란 글자는 공자원의 이름과 맞다고 보고 형亨은 향유의 향享으로 읽어서, 공자원이 응당 위군衛君으로 즉위하여 위나라를 향유해야 한다고 보았다. 그런데 공성자는 '원형'의 원元은 장長의 뜻이니 응당 장자인 공자지를 세워야 한다고 주장하였다. 사조는 반박하여 말하길, 강숙康叔이 꿈 속에 나타나 공자원을 세워야 한다고 하였으니, 이래서 바로 공자원을 장長이라 일컬을 수가 있으며, 지摯에게는 발에 병이 있어 정상인이 아니니 장長이라고 일컬을 수가 없다고 하였다. 그는 또 준괘 괘사와 초구 효사의 "군후를 세움에 이롭다"(利建侯)를 들어 자기 주장이 틀림없다고 증명하였다. 그리고 준괘와 비괘는 모두 '원형'이라고 하였으니 응당 공자원을 세워야 한다고 말하였다. 사조는 여기서 본괘와 지괘의 괘사, 초구의 효사를 이용하여 길흉을 판단하고 있다.

그리고 또 『좌전』 애공 9년에는 송공宋公이 정鄭을 정벌하는 기사가 있는데, 진晉의 조앙趙鞅이 정鄭을 구해 주어야 할지 말아야 할지 그 여부를 점복하게 하였다. 양호陽虎가 『주역』으로 서筮하여 태지수泰☷☰之需☵☰를 얻고는 다음과 같이 말하였다.

송나라는 바야흐로 길하니 적대하여 칠 수가 없습니다. 송나라의 시조인 미자계微子啓는 제을帝乙의 장남이고, 송과 정은 사위와 장인이라는 혼인 관계입니다. 태泰의 괘에 지祉라고 있는 것은 복록을 얻는다는 뜻입니다. 만약 제을의 장남인 미자가 누이를 정나라에 시집 보내어 송나라가 복록을 얻고 있다고 한다면, 송나라를 친다고 하여 우리 나라가 무슨 길함을 얻겠습니까?[16]

　이에 조앙은 정나라를 구하지 않기로 하였다. 여기서 본괘의 변효는 태
괘 육5이고 효사는 "제을이 누이를 시집 보내어 복이 있으니 크게 길하
다"이다. 양호는 이 효사를 가지고 해석히였다. 송의 선군先君인 미자계
가 제을의 장자이고 송나라와 정나라는 사위와 장인의 관계인데다가 제
을이 딸을 시집 보내어 길록吉祿이 있다는 효사가 나왔으니 송나라에 유
리하다고 보아, 진나라가 정나라를 구하러 가서는 안 된다고 한 것이다.
정나라를 구할 것인가 말 것인가에 대하여 양호는 본괘와 변효의 효사를
근거로 판단하였다.
　이상의 두 예로 볼 때 공자원을 세울까 공자지를 세울까 하는 문제와
정나라를 구할까 말까 하는 문제는 『주역』의 괘효사와는 아무런 내재적
관계가 없음에도 사조와 양호는 모두 『역』의 문사를 갖다 붙였으니, 사
점이란 본시 황당하기 짝이 없음을 알 수 있다. 하지만 이런 방법은 사실
상 『역』의 문사를 취하여 일을 논하는 방식을 허용하였다. 즉 의리파의
역 해석은 사점설의 특징을 발전시킨 것이다. 단 의리파는 '점'이라는 방
식을 폐기하고 덕德으로 점을 대신하였다. 따라서 의리파의 역 해석은 사
점설과 상관성을 지니면서 동시에 차이점도 있는 것이다.

3. 상점象占

　상점은 『주역』 괘상이 상징하는 의미를 가지고 일의 길흉을 판단하는
점서 방법이다. 상점은 숫자괘가 부호괘로 바뀐 이후에야 출현할 수 있었
다. 숫자괘가 부호괘로 바뀌자 사람들은 괘획의 형태에 익숙해진 나머지
그것의 본래 기원을 잊은 채 서수를 따르지 않고, 오로지 괘획의 형상을
따라서 토론하게 되었다. 이렇게 하여 상점이 출현하였다. 현존하는 문헌
으로 볼 때 상점은 춘추전국 시대에 가장 크게 유행하였다. 그 이론적 기
초는 팔괘취상설八卦取象說이다. 팔괘의 취상은 「설괘전」에 가장 많이 보
존되어 있다. 그 밖에 『좌전』과 『국어』에도 적지 않다. 이를테면 건乾의
취상에 천天·군君·부父·금옥金玉이 있고, 곤坤의 취상에 토土·마馬·모母·

중중衆·백백帛 등이 있다. 선진 시대의 점서가들은 이러한 취상에 근거하여 괘의를 해설하고 길흉을 판단하였다. 한 예로 『국어』「주어周語」에 다음 기록이 있다.

> 선양공單襄公이…… 이렇게 말하였다. "진晉 성공成公이 귀국하여 즉위하였을 때 진나라가 팔괘를 가지고 서筮하였다는 말을 나는 들었습니다. 건괘가 비괘로 변함(乾之否)을 얻자 '선군에 짝하여 군림하지만 자손이 종신을 보전하지 못하니, 세 사람의 군주가 나간다'고 점하였습니다."[17]

점서가는 여기서 건괘☰의 상건上乾이 천天을 상징하고 하건下乾이 군君을 상징하며, 하건이 상건에 짝하니 이것은 군주가 하늘에 짝하는 정상적인 현상이라고 본 것이다. 하지만 이제 하건下乾이 하곤下坤으로 뒤바뀌어 건괘가 비괘否卦☷로 바뀌었으니, 이것은 군주가 하늘에 짝하는 일이 끝까지 그러하질 못하며 또 군주에 즉위하되 반드시 내침을 받으리라는 사실을 말하는 것이다. 건의 하괘 3효가 모두 양에서 음으로 변하였으므로 "세 사람의 군주가 나간다"고 하였다. 여기서는 본괘와 지괘의 괘상을 근거로 점을 쳤다.

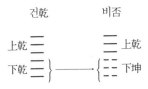

또 『좌전』민공 2년에 이런 기록이 있다.

> 성계成季가 태어나려고 하였을 때…… 서를 하여 대유괘가 건괘로 바뀜(大有之乾)을 얻었다. 이에 대하여 점서가는 "앞서와 마찬가지로 부친의 지위에 돌아간다. 군주의 지위와 마찬가지로 존경받으리라"고 하였다.[18]

여기서 효변이 발생한 것은 대유괘☲ 육5이고, 효사는 "진실되어 화합하고 위엄이 있으니 길하다"(厥孚交如, 威如, 吉)이다. 이 효사로는 해석을 할 수가 없자 점서가는 본괘와 지괘의 괘상을 취하여 점을 쳤다. 대유괘가 건괘로 바뀜은 대유괘의 상리上離가 건괘의 상건上乾으로 바뀌는 것이다. 리괘는 일정 조건 아래에서 군君일 수 있으나, 건괘와 나란히 있을 때는 응당 신臣이어야 한다. 왜냐하면 건괘는 인간사를 논할 때 일반적으로 모두 군주를 비유하기 때문이다. 따라서 대유괘의 상리가 건괘의 상건上乾으로 바뀌었다는 것은 신하가 장차 군주로 변한다는 뜻이다. 그래서 점서가는 성계가 장래에 부친 노환공魯桓公과 동등한 지위를 회복할 것이고 남들로부터 군주와 동등한 존경을 받으리라고 말하였다. 그러므로『좌전』의 이 구절에 대한 두예杜預의 주注는 "건乾은 군부君父인데, 리離가 변하여 건이 되었으므로 '부친의 지위에 돌아간다. 군주의 지위와 마찬가지로 존경받으리라'고 한 것이다"[19]라고 하였다.

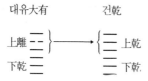

위에서 설명한 상점은 모두 중괘重卦 가운데 상하 두 경괘의 상을 취해 해석한 예들이다. 『좌전』에는 중괘의 2·3·4효로 구성된 괘상을 가지고 설명한 것도 있다. 2·3·4효 혹은 3·4·5효로 구성된 괘상을 호체互體라고 한다. 호체의 상을 이용하면 역점의 운용 여지가 더 커져 복잡한 여러 정황에 더 잘 대처할 수 있다. 호체의 설은 한대인의 역 해석에 크게 영향을 끼쳐서, 서한의 경방京房에서 동한 및 진대晉代에 이르기까지 여러 사람이 다투어 원용하여 상수학의 주요 내용이 되었다.

선진 시대에는 왕왕 변괘·사점·상점 이 세 가지 방법을 종합적으로 운용하였다. 사점과 상점은 일반적으로 변괘의 조건 아래서 운용되었으며, 상점은 보통 사점과 결합되었다. 한 예로『좌전』장공 22년에 다음과 같은 기록이 있다.

진려공陳厲公에게······ 아들 경중敬仲이 태어났다. 경중이 아직 어렸을 때 주周와 태사가 『주역』으로 점을 쳐 주겠다며 진려공을 면회하러 오자, 진려공은 경중의 앞길을 점쳐 달라고 하였다. 관괘☰☰가 비괘☰☰로 바뀜(觀之否)이 나왔다. 태사는 이에 대하여 다음과 같이 점쳤다. "이것은 나라의 광휘光輝하는 모습을 볼 수가 있고, 왕의 빈객이 됨에 이롭다는 것입니다. 이 분은 틀림없이 진나라를 대신하여 나라를 보전할 것입니다. 이 진나라에서가 아니라 다른 나라에서 말입니다. 이 분 자신이 아니라 자손대에 말입니다. 광光은 먼 곳에서, 그것도 다른 나라에서 빛나는 것입니다. 그런데 관괘를 보면 곤坤은 흙이고 손巽은 바람입니다. 이 관괘가 변하여 비괘로 되었으니 그 건乾은 하늘입니다. 그렇다면 바람이 하늘로 바뀜이 흙 위에서 이루어지니 산山의 형상입니다. 산에는 재목이 있어 그것을 하늘의 빛으로 비춥니다. 이제 흙 위에서 하늘의 빛을 받으므로 '나라의 광휘하는 모습을 볼 수가 있고 왕의 빈객이 됨에 이롭다'고 하는 것입니다. (또 비괘의 간艮은 문정門庭, 건乾은 금옥金玉, 곤坤은 포백布帛에 해당하므로) 제후가 천자에게 조회하여 뜰에 헌상하는 온갖 물품을 나열하니, 옥백玉帛을 갖추어 천지의 아름다운 물품이 갖추어지는 형상입니다. 그러므로 왕의 빈객이 됨에 이롭다고 하는 것입니다. 게다가 '본다'(觀)고 하므로 그 자신이 아니라 그 자손에 그런 일이 있으리라고 한 것입니다. 바람(巽)이 불어 흙(坤)에 붙는다고 하므로 이 진나라에서가 아니라 다른 나라에서 그러리라 하는 것입니다. 만일 다른 나라라고 하면 반드시 강성姜姓의 나라(齊)겠지요. 강성의 제나라는 요堯 때의 대악大嶽의 자손입니다. 산악은 하늘과 나란한 위대한 것이지요. 무릇 물物이란 둘이 나란히 클 수는 없으므로, 진나라가 쇠망한 뒤에 제나라에서 그 자손이 번영할 것입니다." 과연 진나라가 망하기 시작하였을 때 경중의 5대손인 진환자陳桓子가 제나라에서 강대하게 되었으며, 그 뒤 진나라가 멸망하였을 때 8대손인 성자成子가 제나라의 실권을 쥐었다.[20]

진려공이 경중을 낳고는 주태사에게 『주역』으로 점을 치게 하자, 점쳐 얻은 본괘가 관괘이고 그 육4효가 변하여 비괘가 되었다. 관괘의 육4효의 효사는 "나라의 광휘를 보고 왕의 빈객이 됨에 이롭다"[21]이다. 신하

가 군왕을 조견朝見하여 왕의 빈객이 된다는 뜻이다. 이것은 물론 길효이
다. 그래서 주태사는 먼저 본괘 변효의 효사를 인용하여, 진려공이 낳은
이 아이가 장차 크게 되어 진나라에서가 아니면 분명히 다른 나라에서 그
러할 것이고, 그 본인이 아니면 그 자손이 그러할 것이라고 설명하였다.
이 본괘(觀)에 "빛이 멀어서 다른 데서 빛난다"는 상이 있기 때문이다.
이것은 사辭로 점친 것이다. 주태사는 이어서 괘상을 분석하였다. '곤坤은
흙이다'는 관괘의 하괘가 곤이고 곤은 흙이란 사실을 가리킨다. '손巽은
바람이다'는 관괘의 상괘가 손巽이고 손은 바람임을 가리킨다. '건乾은
하늘이다'는 지괘인 비괘의 상괘가 건이고 건괘의 취상이 하늘임을 가리
킨다. "바람이 하늘로 바뀜이 흙 위에서 이루어지니 산의 형상이다"는
관괘가 변하여 비괘가 될 때 관괘의 상괘가 손巽에서 건乾으로 바뀌었으
므로 그렇게 말한 것이다. 즉 손풍巽風이 건천乾天으로 변하였으므로 "바
람이 하늘로 되었다"(風爲天)고 하였다. 그런데 관괘와 비괘의 하괘는 모
두 곤坤이므로 "바람이 하늘로 바뀜이 흙 위에서 이루어진다"고 한 것이
다. 이와 동시에 비괘의 2·3·4효로 이루어지는 호괘는 간艮이므로 "바람
이 하늘로 바뀜이 흙 위에서 이루어지니 산山의 형상이다"고 한 것이다.
만약 호괘로 얻은 간산艮山을 빼먹는다면, 관괘와 비괘 두 괘에는
'산'의 형상이 없다. 그러니 여기서 말하는 산의 형상은 호체괘를 가지고
서야 해석할 수 있다. 두예는 "이二에서 사四까지에 간艮의 상이 있으니,
'간艮은 산이다'라고 한 것은 이것을 두고 말하였다"[22]고 주하였다. 두예
의 설명이 옳다. 비괘의 상괘는 건으로 건천乾天이 위에 위치하고, 그 하
괘는 곤으로 곤토坤土가 아래에 위치하며, 2·3·4효의 호괘로 이루어지는
간艮이 곤토의 위, 건천의 아래에 거처하여 산에 재목이 나서 숲을 이루
는 형상이 있다. 이 형상을 두고서 "산에는 재목이 있어 그것을 하늘의
빛으로 비춘다. 이제 산이 흙 위에서 하늘의 빛을 받는다"고 말하였다.
그리고 "뜰에 헌상하는 온갖 물품을 나열한다"는 것은 비괘의 2·3·4효
의 호체에 간艮의 상이 있고 간艮은 문정門庭이기 때문이다. "옥백을 갖
추어 천지의 아름다운 물품이 갖추어진다"는 것은 비괘의 상괘인 건乾이
금이고 옥이며, 하괘인 곤이 포백이며, 또 건은 하늘이고 곤은 땅이므

로 '옥백'을 운위하고 "천지의 아름다움이 갖추어진다"고 한 것이다. 그 아래에서 "산악은 하늘과 나란하다"고 한 것은 변괘인 비괘 가운데의 호체인 간산艮山이 상괘 건천乾天의 상과 부합하기 때문이다. 이러한 해석은 모두 상점象占이다. 주태사가 경중의 앞날을 점치면서 선개한 이 억설은 변괘·사점·상점을 하나로 완전히 용해시킨 것이다.

선진 시대의 점서역설은 후세의 역학에 큰 영향을 끼쳤다. 그들의 역 해석은 뒷날 상수학 연구의 중요 내용이 되었을 뿐만 아니라 상수역학 발전의 기점이 되었다.

2. 의리역설

『주역』이 일반 복서서卜筮書와 다른 점은 자체에 심각한 철학적 이치를 온축하고 있다는 데에 있다. 의리의 각도에서 『주역』을 해설하는 일은 역을 만든 사람의 깊은 뜻에 부합한다. 아울러 그것은 역학 발전사에 전환을 가져 왔다. 현존하는 문헌으로 볼 때 선진 춘추 시대의 의리역설은 의점설疑占說·인증설引證說·이덕대점설以德代占說(점 대신 덕을 중시하는 설)의 세 단계를 거쳤다. 점서에 회의가 생기면서 의리설이 싹트게 되었는데, 『주역』을 인용하여 인간사를 논증하는 일이 잦자 의리파의 역 운용 풍조가 생겨났다.

점 대신 덕을 중시하는 설은 의리역설이 이론적으로 발전하는 과정에서 귀결된 것으로, 의리파 역학 이론이 성숙되었음을 단적으로 보여 준다. 전국 시대에 이르러 제자諸子들은 의리파 역학의 관점을 수용하여 의리역학을 발전시켰다. 춘추전국 시대는 의리역학이 개창된 시기이자 의리 역학이 번영하기 시작한 때라고 할 수 있다.

1. 춘추 시대의 의리역설

1) 의점설疑占說

춘추 시대에는 예악이 붕괴함에 따라 신권神權 관념이 동요하고 인간의 주체 의식이 커졌다. 『좌전』 환공 6년에는 계량季梁이 "무릇 백성은 신

神의 주인입니다. 그러므로 성왕聖王은 먼저 백성의 생활을 풍족하게 한 뒤에 신을 제사 지내는 데 힘을 들였습니다"[23]라고 한 말을 기록하여, 백성을 신의 앞에 두고 있다. 장공 32년에는 또 사은史罵이 "나라가 흥성하려 할 때에는 민심을 귀담아 들어 그것을 따르고, 나라가 망하려 할 때에는 신에게 듣는다. 신이란 귀밝고 눈밝으며 마음이 바르고 곧아서 두 마음이 없으며, 사람을 따르는(사람의 선악에 따라서 화복을 내리는) 것입니다"[24]라고 한 말을 기록하고 있다. 백성의 말을 들을까 신의 말을 들을까 하는 데 따라 국가의 흥망이 좌우될 뿐만 아니라, 나아가 신의 의지가 인간의 의지에 따라서 바뀔 수 있다는 것을 지적하고 있다. 희공 13년에는 또 숙흥叔興이 "이것은 음양에 따른 일이지, 그 일에 따라 길흉이 생기는 그런 것이 아닙니다. 길흉은 인간의 행위로 말미암아 생깁니다"[25]라고 한 말을 실었다. 소공 18년에는 자산子産이 "천도天道는 아주 멀고 인도人道는 가까우므로, 천도는 인간의 지혜가 미칠 바가 아니다. 어떻게 그런 줄을 아는가?"[26]라고 한 말이 있다. 즉 길흉이 인간 행위에 달렸다는 점을 한 걸음 더 나아가 지적하였으니, 점서의 전제 자체가 비판받기에 이른 것이다. 이러한 무신론적 인본주의 사조가 역의 해석에 반영되어 의점설이 출현하였다.

『좌전』희공 15년의 기록에 진헌공晉獻公이 그 딸 백희伯姬를 진목공秦穆公에게 시집 보내기에 앞서 괘를 하나 점을 치자 귀매괘가 규괘로 변하는 상(歸妹之睽)을 얻었다. 사소史蘇가 '불길하다'고 하였다. 뒤에 진혜공晉惠公이 한원韓原의 전투중에 진秦에게 포로가 되어서는 자신의 과실을 생각하지 않고 도리어 "선군께서 사소의 점을 따랐더라면 나는 이 지경이 되지 않았을 것이다"라고 개탄하였다. 대부 한간韓簡이 곁에 모시고 있다가 이렇게 논평하였다.

> 선군의 패덕敗德은 서수筮數로 생겨난 것이겠습니까? 사소가 점친 것을 따르지 않는다고 해도 무슨 이익이 있었겠습니까?『시詩』에 "이 세상 사람이 받는 앙화는 하늘에서 내려오는 것이 아니니, 앞에서 알랑대고 돌아서서 미워함은 인간이 하는 짓이다"라고 하였습니다.[27]

한간은 "선군의 패덕은 서수로 생겨나는 것이 아니다"라고 하였다. 사소의 점을 따랐더라도 아무런 이익이 없었으리란 뜻이다. 인류의 죄과는 하느님이 내리는 것이 아니라 인간 스스로가 만드는 것이기 때문이다.

양공襄公 9년에는 노나라 목강穆姜이 폄하되어 동궁東宮에 나갈 때의 기록을 추기追記하였다. 그때 간괘가 수괘로 변함(艮之隨)을 얻었는데, 사관史官은 수隨에 출出의 뜻이 있다고 하여 그녀가 즉시 나가게 되었으리라고 추리하였다. 하지만 목강은 단연코 부정하면서 다음처럼 말하였다.

> 그렇지 않다. 『주역』에서 "수隨는 원형이정元亨利貞의 덕을 갖추고 있으면 허물이 없다"고 하였다. 원元이란 몸의 머리요, 형亨은 훌륭한 덕의 모임이요, 이利는 의義의 조화요, 정貞은 일처리의 근간이다. 인덕을 몸에 붙이면 사람의 으뜸이 될 수 있고, 훌륭한 덕은 예에 합당할 수 있으며, 모든 사물이 그 알맞음을 얻으면 의를 조화할 수가 있고, 마음이 바르고 굳으면 일을 잘 처리할 수가 있다. 그러므로 이 네 덕을 갖춘 사람을 속일 수 없다. 그래서 그런 사람은 수괘를 얻어서 재앙이 없다. 그러나 나는 남의 부인이면서 모반에 끼어들었다. 정녕 나는 여자라는 미천한 신분이면서 더구나 인덕도 없으니 원元이라고 말할 수 없다. 모반에 끼어서 나라를 어지럽혔으니 형亨이라고 할 수 없다. 옳지 못한 일을 하여 몸을 해하였으니 이利라고 할 수 없다. 더구나 부인이란 지위를 잊고서 외모를 꾸며 놀았으니 정貞이라고 말할 수 없다. 네 가지 덕이 있는 자는 수괘를 얻는다 해도 재앙이 없지만, 나는 덕이 하나도 없으니 수괘에는 맞지 않는다. 나는 악을 행하였으니, 어찌 재앙이 없겠는가! 틀림없이 여기서 죽지, 나갈 수는 없을 것이다.[28]

목강은 덕있는 사람만이 길괘를 얻어 길할 수 있고 품덕이 나쁜 사람은 점한 바가 길하다 해도 그 흉험한 처지를 뒤바꿀 수 없다고 보았다. 자신은 4덕이 하나도 없고 패악만 가득하니 길괘를 얻는다 해도 아무 보탬이 없어 반드시 동궁에서 죽을 것이라는 말이다. 목강의 역 해석은 덕을 점의 전제 조건으로 끌어들인 것으로, 사실상 점서의 절대 권위를 부정하고 역 해석의 새로운 길을 제시한 것이다. 이 설은 비록 목강의 입에서 나왔지만 목강이 처음 주장한 것이 아니라고 판단된다. 목강은 딴 사람이 만든 역설을 취하여 자기의 처지를 분석하였을 따름이다. 의점설의 유래가 하루 이틀의 일이 아니며 한두 사람에게만 영향을 미친 것이 아니고, 그 출현 연대도 상당히 빠르다는 사실을 알 수 있다. 이것과 같은 부류의 것으로 소공 12년의 기록이 있다. 노나라 계씨季氏의 가신家臣인 남괴南蒯가 계씨를 배반하면서, 일에 앞서 『주역』을 가지고 괘를 하나 점쳤는데 곤괘가 비괘로 바뀜(坤之比)을 얻었다. 남괴는 변효로부터 곤괘 육5 효사의 "황상黃裳이니 원길元吉이다"를 얻고는 대길이라고 여겨 자복혜백子服惠伯에게 가르침을 청하였다. 그런데 혜백은 다음과 같이 말하였다.

> 충신의 일이면 가하나, 그렇지 않으면 반드시 패합니다. 바깥은 강하되 안은 온화함이 충이요, 온화한 마음을 가지고 올바른 일(貞)에 따름이 신信입니다. 그러므로 "황상이니 원길이다"고 한 것입니다. 황색은 중앙의 색으로 충忠을 나타내고, 상裳은 의복 아래의 치장으로 신信을 나타내며, 원元은 선善 가운데 으뜸입니다. 중앙이 충忠이지 않으면 그 바른 색인 황색을 얻을 수가 없고, 아래에 있는 것이 공손하지 않으면 아름다운 모습으로 될 수가 없으며, 하려고 하는 일이 올바르지 않으면 최상의 선을 얻을 수가 없습니다. 내외가 일치하여 어그러지지 않음을 충이라고 하고, 일을 행함에 신심信心을 지니고 함을 공共(恭)이라고 하며, 그 황黃·상裳·원元의 세 덕을 몸에 기르는 것을 선이라고 합니다. 충·공·선의 세 덕을 지니지 않으면, 이 괘에는 해당되지 않습니다. 더구나 『역』이라고 하는 것은 위험한 것에 대해서는 점할 수가 없는 것입니다. 당신은 도대체 무엇을 하려고 하십니까? 잠깐 치장이란 것에 대하여 말씀드리지요. 중앙의 아름다움은 (충이어야만) 황색이고, 위의 아름다움은 (선이어야만) 원이며, 아래의 아름다움은 (공이어야만) 상裳입니다. 이 황·원·상의 세 아름다움을 훌륭하게 갖추는 사람이어야만 점서의 길흄을 자기 몸에 해당시켜 말할 수가 있는 것입니다. 만일 결여하는 바가 있으면, 서筮의 결과가 길이라 하더라도 길이라고 할 수 없습니다.[29]

자복혜백은 괘상에 충신의 덕이 갖추어져 있음을 말한 뒤에 이것을 가지고 효사를 해석하여, 충忠·공恭·선善의 세 아름다움을 지닌 사람만이 점서에 자격이 있다고 말하였다. 하지만 남괴에게는 충신의 덕이 없으므로, 그 서筮가 비록 길하다 하더라도 나쁜 일을 두고 점을 쳐 물을 수가 없다. 혜백의 이 역설은 사람의 품덕品德을 점서의 전제 조건으로 삼고 있다. 사실상 덕을 중시하고 점의 최고 지위를 부정한 셈이다.

2) 인증설引證說

점서가 만능일 수 없다. 그러니만큼 점서는 반드시 덕이라는 요소를 고려하여야 한다. 그리하여 사람들은 자연히 『주역』에 대한 흥미를 점서에 두지 않고 논사論事에 두어 『주역』 괘효사의 권위로 자기 논설의 올바름을 증명하게 되었다. 이렇게 하여 인증설이 나왔다.

『좌전』에 의하면 최초로 『주역』을 인증하여 논한 사람은 초의 대부楚大夫 왕자백료王子伯廖이다. 선공 6년에 다음과 같은 기록이 있다.

> 정공자鄭公子 만만曼滿이 왕자백료에게 경卿이 되고 싶다고 말하였다. 백료가 남에게 고하길 "덕이 없이 탐하니, 이는 『주역』에서 풍괘가 리괘로 변함(豊之離)에 지나지 않는다"고 하였다.[30]

```
풍豊            리離

 --    ———     --
 --            --
 ——            ——
 ——            ——
 --            --
 --            --
```

풍괘의 상육효가 변하여 음에서 양으로 가서 리괘의 상구효가 된다. 풍괘 상육의 효사는 "가옥을 크게 하고, 집에 덧문을 한다. 문지게를 엿보니 텅비어 사람이 없다. 3년 간 보지 못하니 흉하다"[31]이다. 이 효사의 앞 세 구절은 귀족이 커다란 집에 살면서 베란다까지 장치하였음을 말하였다. 뒷구절은 집주인이 앙화를 입고 떠나서 뜨락이 고요하여 3년 간 그 사람을 보지 못한다는 말이다. 이것은 길에서 흉으로 바뀐다는 뜻이다. 백료는 이 효사를 가만히 인용하여, 정공자가 덕이 없으면서 욕심을 부려 당장에는 번성하지만 반드시 화를 입을 것이라고 본 것이다. 백료의 이 설은 『주역』을 점서와 관련시키지 않고 순전히 『시경』이나 『상서』와 같은 부류로 보고 있다.

선공 12년에 진晉의 군대가 정鄭을 구하러 가다가 도중에 정나라가 이미 초楚와 화평하였다는 말을 듣고 주장主將 환자桓子(荀林父)가 바로 군사를 돌리려 한 일이 있었다. 체자彘子는 명령을 듣지 않고, "중군中君의 좌佐(副將)로서 군대를 이끌고 강을 건넜다." 지장자知莊子가 비평하여 "이 군사는 위태하다. 『주역』에 있기를, 사괘의 임(師之臨)에 '군대가 출진할 때는 군률로 통제한다. 그 통제가 좋지 않으면 흉하다' 하였다"[32]고 논하였다. 이것은 『주역』 사괘師卦 초육初六의 효사를 인용하여, 체자가 군기를 위반하였으니 필연코 실패하고 화를 불러들이리라고 말한 것이다.

또 양공 28년에 정나라 유길游吉이 『주역』 복괘復卦 상육의 효사를 인용하여, 초강왕楚康王이 탐학한데다 교만하며 강함을 믿고 약자를 능멸하니 흉을 면할 수 없다고 논하였다. 소공 원년에는 의화醫和가 『주역』 고괘蠱卦를 인용해서 고질蠱疾을 해석하였다. 소공 29년에는 사묵史墨이 건乾·곤坤 두 괘의 효사를 인용하여, 고대에 용龍이 있었음을 증명하였다. 소공 32년에는 사묵이 대장괘大壯卦의 상象을 인용하여 계씨季氏가 군주를 내쫓은 일을 비평하면서 군신의 지위란 변함없는 법이 아니라고 설명하였다. 이러한 역설들은 의점설疑占說이 『주역』의 점서 기능을 회의하던 데서 한 걸음 더 나아간 것이다. 이 역설들은 『주역』의 점서 기능을 부정한다고 명확하게 선포하지는 않았으나 사실상 『주역』을 철학책으로 보고 그 속에서 '하늘의 도'와 '백성의 경험 사실'(民之故)을 흡수하여 논설의 근거로 삼았다. 이것은 의리역학 발전의 중요한 내디딤이었다.

3) 점 대신 덕을 중시하는 설

덕으로 점을 대신하는 것이 의리역학의 기본 성향이다. 곧 역학이 철학화하게 된 것이다. 점 대신 덕을 중시하는 설(以德代占說)은 의점설과 인증설을 기초로 발전되어 나온 것으로 춘추 이래 역학의 성과를 종합한 것이다. 이 역학 사상을 제창한 사람은 유가 학파의 개창자인 공자이다. 공자의 역설은 『역전』 이외에 『논어』 속에 2건, 『예기』 속에 7건, 『여씨춘추』에 1건이 보존되어 있다. 그 밖에 마왕퇴 백서의 「요」와 「이삼자문」 속에도 몇 가지 자료가 있다.[19] 『여씨춘추』의 1조기 법가설法家說에서 나와 신뢰할 수 없는 것을 제외한다면 이 자료들은 모두 유가에서 나온 작품이므로 신빙성이 있다.

사마천司馬遷은 "공자가 늘그막에 『역』을 좋아하였다"고 하였고, 마왕퇴 출토 백서인 「요」편에도 "선생께서는 늘그막에 『역』을 좋아하셔서, 평소에는 자리에 두고 길을 가실 때는 책자루에 넣어 다니셨다"[33]고 하였다. 공자 역학의 기본 주장은 덕으로 점을 대신하라는 것이었다. 『논어』「자로子路」에 이런 기록이 있다.

> 공자께서 말씀하셨다. "남국 사람에게 말이 있으니 '사람으로서 항시 고수함이 없으면 무巫도 의醫도 될 수 없다'고 하였다. 참으로 옳도다. 그 덕을 항상되게 하지 않으면 남에게 부끄러운 일을 당하게 된다." 공자께서 말씀하셨다. "점을 할 것도 없을 만큼 이 말은 틀림없다."[34]

"그 덕을 항상되게 하지 않으면 남에게 부끄러운 일을 당하게 된다"는 말은 『주역』 항괘恒卦 구3 효사이다. 공자는 남국 사람들이 "사람으로서 항시 고수함이 없으면 무巫도 의醫도 될 수 없다"고 한 말을 가지고, 항괘 구3의 효사를 해석하여 괘효사 속에 들어 있는 도덕 수양의 의미를 강조하였다.[10] 뒷구절은 매우 중요하다. 그것은 역을 잘하는 사람은 점서할 것도 없다는 말이다. 이것이 공자가 『역』을 이용한 기본 원칙이었다. 「요」편은 공자의 말을 기록하여 『주역』에는 "옛날의 유언遺言이 있다. 나는 그 운용을 평안히 여기지 않고 그 문사文辭를 즐긴다"고 하였다. '유언'은 남은 가르침을 말한다. 공자는 『역』을 좋아하였으나, "그

---

† 9) 韓仲民, 「帛書擊辭淺說」, 『孔子硏究』, 1988년 제4기.

†10) 『예기』 「緇義」에 "사람으로서 항상됨이 없으면 복서라 할 수 없다"(人而無恒, 不可以爲卜筮)고 되어 있다. 이것은 공자의 또 다른 제자가 口傳한 것인데, 둘을 비교할 때 「치의」의 설이 더 나은 듯하다. 李學勤, 「易傳與子思子」, 『中國文化』 창간호 참조.

운용을 평안히 여기는"것, 즉 복서를 좋아한 것이 아니다. 그는『주역』 가운데 고대 성인의 가르침을 좋아하였다. 따라서 그는 "사무史巫와 길을 같이하되 귀착첨이 달랐다." 즉 역을 연구한 것은 같으나 종지宗旨가 달라 "나는 그 덕의德義를 볼 따름이다"고 하였다. 이것은 철학의 시각에서『주역』을 이해하고 운용함을 말한다.[11]『예기』「경해經解」도 다음과 같은 공사의 말을 기록하고 있다.

> 청아하여 사려가 깊음이『역』의 가르침이다.…… 잘못하면『역』은 적賊으로 만든다. 청아하여 사려가 깊으면서 적으로 되지 않음이『역』에 깊은 자이다.[35]

'청아하여 사려가 깊음'(潔靜精微)이란 바로 '덕의를 봄'이다. 즉『주역』 속에서 '하늘의 도'와 '백성의 경험 사실'을 탐구하는 것을 강조한 것이다. "잘못하면 역은 적으로 만든다"의 '적'이란 복서卜筮, 다시 말해 공자가 말하지 않은 '괴력난신怪力亂神'의 괴怪요 신神이다. '적으로 되지 않음'(不賊)이란 '점을 치지 않음'이니, 복서의 진창에 빠지지 않는다는 뜻이다. 공자는『역』이 지닌 철학 사상의 본질을 파악하여 복서에 빠지지 않을 수 있는 사람이라야『역』에 깊은 자라고 보았다. 따라서 공자는 뒷사람들이 자신이『역』을 좋아하였다는 것을 두고 복서에 탐닉한 줄 오해할까 염려하여, "후세에 나를 의심하는 자들은 혹『역』때문에 그러지나 않을까?"[36]라고 하였다. 그러나 공자는 '그 덕의를 봄'을 통해 '하늘의 도'와 '백성의 경험 사실'을 깊이 이해하여, '대과大過 없는' 인생 경지에 이르고자 하였다. 그러므로『주역』에 관한 공자의 태도는 '점을 치지 않음'이었고, 역학의 방법은 '덕의를 봄'이었으며,『역』을 공부하는 목적은 '대과 없음'에 있었다. 공자의 이러한 역학 사상은 유가의 역 해석 전통을 열어 역학을 철학의 영역으로 진입하게 함으로써 후대의 역학에 깊은 영향을 끼쳤다.

---

†11) 李學勤, 「從帛書易傳看孔子與易」, 『中原文物』, 1988년 제2기.

2. 전국 시대의 의리역설

춘추 시대의 의점설, 인증설과 공자의 이덕대점설은 전국 시대 역학에 깊이 영향을 끼쳐, 전국 시대 제자諸子의 역 해석은 복서를 그다지 말하지 않고 철리의 각도에서 『역』을 인용·하고 『역』을 논하였다. 이것이 전국 시대 역학의 주류였다.

1) 순자의 역 해석

전국 시대 유가의 역 해석 가운데 비교적 많이 보존되어 있는 것은 순자 계열의 역 해석이다.

서한 말년에 유향劉向은 『순자』를 교정하면서 그 서록敍錄에서 이렇게 말하였다.

> 바야흐로 제선왕齊宣王·위왕威王 때에 천하의 어진 선비들을 직하稷下에 모아 존중하고 우대하였다.…… 이 때 손경孫卿에게 뛰어난 재주가 있었으니, 나이 열다섯에[12] 처음 와 유학을 하면서 제자諸子의 일은 모두 선왕의 법이 아니라고 주장하였다. 손경은 『시』와 『예』와 『역』 그리고 『춘추』를 잘하였다. 제양왕齊襄王 때 이르러서는 손경이 가장 노련한 스승이 되었다.[37]

순자는 기원전 283년 제양왕이 즉위하기 이전에 이미 『역』을 잘한다고 이름 나 있었다.

순자의 역학은 간비자궁馯臂子弓에서 비롯되었다고 한다. 『사기』는 자궁子弓이 공자의 재전제자再傳弟子라 하였다. 사마정司馬貞의 『색은索隱』과 장수절張守節의 『정의正義』는 모두 동한의 응소應劭의 설을 인용하여, 자궁을 자하子夏의 문인이라 하였다. 『공자가어孔子家語』「육본六本」과 『설원說苑』「경신敬愼」은, 공자가 『역』을 읽다가 손巽·익益 두 괘에 이르

---

[12] 盧文弨는 "『史記』에도 나이 오십이라 되어 있으나 잘못이며, 『風俗通』을 따라 나이 열다섯으로 보아야 한다. 晁公武의 『讀書志』에도 그렇게 되어 있다"고 하였다. 노문소의 설이 옳으므로 지금 원문을 '오십'에서 '열다섯'으로 고친다.

러 탄식하자 자하가 자리를 고쳐 앉아 물었다고 적었다. 사마정의『색은』에는 자하가 "역에 전을 붙였다"(傳易)는 설이 있는데, 어떤 사람은 『자하역전子夏易傳』이 자하의 작이라고도 한다. 내가 보기에 『자하역전』은 한영韓嬰의 작이고, 자는 이 한영의 자字이다. 하지만 공자의 제자 자하도 분명히『역』에 전傳을 붙인 일이 있었다.『한비자』「외저설外儲說」우상右上의 기록에 "자하가 말하길 '『춘추』는 신하가 군주를 살해하고 자식이 아비를 죽인 일을 기록한 것이 십여 건에 달한다. 모두 하루 아침에 쌓인 것이 아니라 점차 이르러 간 것이다'라 하였다"[38]고 되어 있다. 자하의 이 말의 의미와 용법은 모두「문언전」의 "신하가 군주를 시해하고 자식이 아비를 시해함은 일조일석의 연고가 아니라 점차 유래되어 그러한 것이니, 깨닫기를 일찍 깨닫지 못한 데서 말미암는다"[39]는 말과 유사하다. 김경방金景芳은「문언전」이 전부 평소 공자의 강술을 여러 제자들이 기록한 것이라고 하였다.[13] 그러니『한비자』에 실린 자하의 말이 「문언전」과 같게 된 것은 필연적이다. 따라서 자하가 "역에 전을 붙였다"는 설은 근거가 없지 않은 듯하다. 이렇게 본다면 순자 역학의 연원은 간비자궁에서 자하에게, 다시 공자에게 소급된다.

순자가『주역』에 대하여 지녔던 태도는 공자와 같아서, "『역』을 잘하는 자는 점하지 않는다"(「大略」)고 하였다. 즉 그가『역』을 이용하고 『역』을 논한 방식은 유가의 전통을 이은 것이다.

순자는 우선 인증을 하였다. 다시 말해『주역』의 괘효사를 가지고 자기의 논점을 증명하였다. 이를테면「비상非相」에 다음과 같은 말이 있다.

무릇 언론이 선왕의 도에 합하지 아니하고 예의에 맞지 않는 것을 간언 姦言이라고 한다. 이런 말은 아무리 변명한다 해도 군자는 들으려 하지 않는다. 행실은 선왕의 도를 본받고 예의에 합당하며 학문에 뜻을 두는 자와 친하다고 해도 언론을 좋아하지 않고 강설講說을 즐기지 않았다면 절대로 성실한 선비가 아니다. 그러므로 언설에 대한 군자의 마음가짐은,

---

[13]「關于周易的作者問題」,『學易四種』, 吉林文史出版社, 1987, 217쪽.

지의志意로 그것을 즐기고 행위에서 그것에 평안하여 늘 입으로 언설을 하는 것이다. 그러기에 군자는 반드시 변론을 잘한다. 모든 인간은 자신이 선한 일이라고 믿는 일을 입 밖에 내기를 즐기는 법이니, 그 중에서도 군자가 그 점을 가장 강하게 의식하고 있다. 따라서 군자가 남에게 말을 주면 그 말은 금석·주옥의 보물보다도 더 귀중하고, 남에게 말을 보이는 때는 그것은 보불의 무늬보다도 더 아름다우며, 남에게 말을 들려 줄 때는 그것은 종고鐘鼓·금슬琴瑟의 음악보다도 더 즐거운 것이다. 그러므로 군자는 언설을 하는 데 질리는 법이 없다. 소인은 이와 정반대여서 눈앞의 실질을 좋아하고 문식文飾을 돌보지 않는다. 그래서 종신토록 비천하고 용렬함을 면하지 못한다.[40]

군자라면 질質만을 능사로 할 것이 아니라 문文도 능사로 해야 한다고 순자는 주장하였다. 실질만을 구하고 문식을 구하지 않은 유학자는 '비부鄙夫'요 '부유腐儒'라고 하였다. 그러한 유학자는 비천하고 용렬함을 끝내 면하지 못한다고 하면서, 『주역』 곤괘 육2의 효사를 인용하여, 용렬한 유학자들이 입 다물고 아무 말이 없어 공적을 구하지 않고 그저 과실 없기만을 추구하는 추악한 모습을 풍자하였다.

다음으로 순자는 『주역』에 함축된 의리를 밝혀 내었다. 이를테면 「대략大略」에 다음 지적이 있다.

> 『역』에 이르길 "처음으로 돌아가 바른 도道를 따라 나아가면 무슨 재앙이 있겠는가?"라고 하였다. 『춘추』는 진목공秦穆公을 어질다 하였는데, 그가 능히 과거의 잘못을 고쳐 바꿀 수 있었기에 그렇게 말한 것이다.[41]

『춘추』가 진목공을 칭찬한 예를 가지고, 『주역』 소축괘小畜卦 초구 효사의 효의가 과거를 뉘우쳐 새로워짐(悔過自新)이란 효의를 지닌다고 설명하였다. 더욱 두드러진 것은 「대략」이 함괘咸卦☲를 해석한 내용이다.

> 『역』의 함괘는 부부의 상을 나타낸다. 부부의 도는 바르게 지켜 행하지 않으면 안 된다. 그것은 군신 관계·부자 관계의 근본이기 때문이다. 함

咸이란 감感이다. 높은 곳에 있어야 할 자가 낮은 자의 아래에 있고, 남
자가 여자의 아래에 있으며, 유약柔弱이 위에 있고 강강剛強이 아래에
있다. 그래서 음양 2기가 서로 감응하게 되는 것이다. 군주가 선비를 초
빙하는 빙례聘禮의 의義와 혼례에서 행하는 친영親迎의 도는 모두 일의
처음을 중히 여기는 데서 비롯한다.[42]

여기서의 역 해석은 『역전』의 「단전」·「서괘전」 세 편의 뜻을 융합하
여 일가一家의 말을 이룬 것이다. "함咸이란 감感이다"와 "남자가 여자의
아래에 있으며 유약이 위에 있고 강강이 아래에 있다"는 구절은 본래 함
괘 「단전」의 원문이다. "함괘는 부부의 상을 나타낸다"는 「설괘전」의
"간艮의 괘는 세 번 곤이 건에 섞여(건의 終爻를 구하여) 이루어지는 남성
괘이므로 소남少男이라고 한다"[43]는 말에 근본하고 있다. 함괘는 간하태
상艮下兌上이라는 두 경괘로 이루어져 있기 때문이다. "부부의 도는 바
르게 지켜 행하지 않으면 안 된다. 그것은 군신 관계·부자 관계의 근본이
기 때문이다"[44]는 말은 「서괘전」의 "천지가 있은 뒤에 만물이 있고, 만
물이 있은 뒤에 남녀가 있다. 남녀가 있은 뒤에 부부가 있으며, 부부가
있은 뒤에 부자가 있고, 부자가 있은 뒤에 군신이 있다",[45] "부부의 도는
언제까지고 오래 지키지 않을 수 없다"는 말에서 나왔다.

순자는 이렇게 『역전』을 기초로 하여 함괘의 미언대의微言大義를 밝혀
나갔다. 그는 함괘가 부부의 도를 체현하였으며, 함이라는 괘명이 바로
남녀상감男女相感의 뜻이라고 보았다. 괘상에서 보면 함괘는 간하태上艮下
兌上인데 태는 못, 간은 산이다. 산이 못 아래에 있으니 "높은 곳에 있어
야 할 자가 낮은 자의 아래에 있다"고 한 것이다. 또한 태는 소녀少女,
간은 소남少男이니 남자가 여자의 아래에 있으므로 친영親迎의 상이며, 그
러기에 "남자가 여자의 아래에 있다"고 하였다. "유약이 위에 있고 강강
이 아래에 있다"는 말은 함괘의 상괘인 태가 곤에서 와서 건의 상구로
변하였으므로 유상柔上이라 하고 그 하괘인 간이 건에서 곤의 육3으로
화하였으므로 강하剛下라 한 것이다.

여기의 취상설取象說은 『좌전』에 이미 자주 보인 것이지만, "유약이

위에 있고 강강이 아래에 있다"의 강유설剛柔說과 괘변설卦變說은『좌전』
에 없던 것이다. 유柔와 강剛은 음과 양인데, 음양을 가지고『역』을 풀이
한 것은 본래『역전』에서 비롯된다.『역전』은 공자의 역학 사상을 집대
성하였으며, 그 영향을 받은 순자가『역전』의 설을 끌어 온 것은 자연스
런 일이다. 어떤 사람은, 공자는 음양을 논하지 않았으나 순자는 강유로
역을 풀이하였으므로 두 사람의 역학은 별파라고 주장한다. 그러한 주장
은 믿기 어렵다.

　강유설은 괘변설의 형식으로 표현된다. 괘변설은 음양가陰陽家에서 비
롯된 것이 아니라『역전』에서 비롯되었다.「계사전」에 "건곤은 역의 문
門인가"[46]라 하고, 또 "건곤은 역의 온縕인가. 건곤이 열을 이루어 역이
그 가운데 선다"[47]고 하였다. 64별괘는 팔경괘가 "인하여 중복하여" 생
겨난 것이고, 팔경괘는 건곤 두 경괘에서 생겨난 것이다.「설괘전」에 이
렇게 말하였다.

> 건乾은 하늘이다. 그러므로 아버지라고 칭한다. 곤坤은 땅이다. 그러므로
> 어머니라고 칭한다. 진震은 건의 초효를 한 번 구하여 남성괘를 얻은 것
> 이니 장남이라고 한다. 손巽은 곤의 초효를 한 번 구하여 여성괘를 얻은
> 것이니 장녀라고 한다. 감坎은 다시 건의 중효中爻를 구하여 재색再索하
> 여 남성괘를 얻은 것이니 중남이라고 한다. 리離는 곤의 중효를 구하여
> 여성 괘를 얻은 것이니 중녀라고 한다. 간艮은 또다시 건의 상효를 구하
> 여 남성괘를 얻은 것이니 소남이라고 한다. 태兌는 또다시 곤의 상효를
> 구하여 여성괘를 얻은 것이니 소녀라고 한다.[48]

　건 가운데 1양이 곤의 초효로 화하여 진震을 얻고, 곤의 중효로 화하
여 감坎을 얻으며, 곤의 삼효로 화하여 간艮을 얻는다는 것이다. 거꾸로
곤의 1음이 건의 초효로 화하여 손巽을 얻고, 건의 중효로 화하여 리離를
얻으며, 건의 삼효로 화하여 태兌를 얻는다. 이로 보면 진·손·감·리·간·
태의 여섯 자괘(六子卦)는 건곤 두 부모괘가 상호 작용하여 나온 것이다.
그리고 팔경괘가 중첩하여 64별괘가 될 때 건곤의 변화는 건곤 자신과

6자괘를 통하여 이미 그러한 변화 속에 깃들어 있다. 그래서 건곤 두 경괘는 뭇 괘의 부모로 『주역』 괘변의 총 근원이요, 6자괘와 64괘는 건곤 두 경괘가 발전·변화하는 구체적 표현 형식이다.

이를테면 수괘隨卦䷐를 두고 「단전」에서 "강이 와서 유의 아래에 있다"(剛來而下柔)고 하였다. 즉 수괘의 하괘인 진震이 건에서 와서 곤의 초육으로 변화하여 초구가 초육을 대신한 것이라서 그렇게 말한 것이다. 서합괘噬嗑卦䷔는 「단전」에 이르길 "유가 중을 얻어 위로 행한다"(柔得中而上行)고 하였다. 즉 상괘인 리離는 곤이 와서 건괘 구5를 변화시킨 것이다. 오五는 중정中正의 위位인데 음이 와서 거처하는 까닭에 '유가 중을 얻었다'고 하였다. 또 리離가 상체에 거처하므로 "위로 행한다"고 한 것이다.

순자 이전의 제가의 역설에서는 『역전』을 제외하고 아무도 괘변을 말한 이가 없었다. 따라서 순자가 괘변설로 함괘를 분석한 것은 『역전』에 근원을 두었다고 할 수 있다. 괘변설은 음양설(즉 강유설)의 기초 위에 세워지는 것이므로, 음양 관념이 없으면 괘변설은 생겨날 수가 없다. 그래서 순자가 음양으로 『역』을 풀이한 것이 유학가 이외의 다른 학설에서 근원한다고 한다면, 그것은 "유柔가 위에 있고 강剛이 아래로 내려와 있다"는 구절의 진정한 의미를 이해하지 못한 결과이다.

순자는 전국 시대 말기의 유학가를 대표하는 가장 중요한 인물이다. 그는 역학 연구에서도 많은 업적을 내었다. 순자는 만년에 초楚의 난릉蘭陵에 오래 정착하였기에 그의 역학은 초나라 사람 육가陸賈와 목생穆生 등에게 전수되어 전국 진한 무렵에 영향을 끼쳤다. 마왕퇴 한묘에서 출토된 백서에 「목화繆和」, 「소력昭力」 편이 있어, 목화(즉 穆和)와 소력이 『역』을 전한 경사經師들과 주고받은 문답을 기록하고 있다. 소씨昭氏는 초나라 동성삼족同姓三族*5) 가운데 하나이고, 사마정의 『사기색은』에 "목씨繆氏는 난릉에서 나왔다"고 하였다. 이러한 설로 볼 때 백서로 대표되는 초땅의 역학은 순자 역학과 관계가 많다고 하겠다.

---

*5) 楚의 同姓三族이란 春秋 때 楚王族의 三姓으로 屈氏·景氏·昭氏를 말한다. 『戰國策』 「楚策」에 보인다.

2) 『장자』의 역 해석

『장자』 전체에 『역』을 말한 것이 두 번 보인다. 하나는 「천운天運」에 공자가 노담老聃에게 "나는 시·서·예·악·역·춘추 6경을 연구하였는데 내 스스로는 오래되어서 그 내용을 숙지하고 있다고 생각한다"[49]고 말했다는 기록이다. 또 하나는 「천하天下」에서 "『시』는 인간의 지志를 말하고 『서』는 사事를 말하고 『예』는 인간의 행行을 말하고 『악』은 인간의 화和를 말하고 『역』은 음양을 말하고 『춘추』는 명분을 말한다"[50]고 한 기록이다. 앞의 것은 공자가 역학에 하루 아침의 공을 들인 것이 아니란 사실과 일찍이 곤혹한 지경에 당면한 일이 있었다는 사실을 알려 준다. 이 기록은 '위편삼절韋編三絕'[*6]이라든가 "평소에는 자리에 두고 다닐 때는 책 자루에 넣어 다녔다"고 한 기록과 일치하고 있다. 뒤의 "『역』은 음양을 말한다"는 구절은 무척 중요하다. 이것은 『주역』의 본질을 개괄하는 말로, 『주역』이 음양변역의 철학서이지 복서책이 아님을 지적한 것이다. 「천하」편에서 『시』·『서』·『예』·『악』·『춘추』에 대하여 내린 평론과 연관시켜 볼 때, 『역』은 음양을 말한다고 한 개괄은 작자 본인의 독창적인 견해가 아니다. 그것은 당시 사람들이 『주역』이란 책의 본질에 대해 지니고 있던 정평이었으며, 「천하」편의 작자는 그러한 정평을 끌어왔을 뿐이다.

『진서晉書』 「속석전束晳傳」의 기록에 따르면 진나라 태강太康 2년에 급현汲縣의 위양왕魏襄王 묘에서 죽서竹書 수십 수레를 얻었는데, 그 속에 『주역』에 관한 서적으로 『역요음양괘易繇陰陽卦』 2편이 있었다고 한다. 두예의 「좌전집해후서左傳集解後序」에도 그 발견물 속에 『주역』 상하편이 있는데 금본今本과 꼭 같고 별도로 『음양설陰陽說』이 있다고 하였다. 이로 볼 때 음양으로 『역』을 해설함이 전국 시대 사람들의 보편 관념으로 되었음을 알 수 있다. 따라서 도가만 음양을 논한다고 보아 음양에 의한 역 해석을 도가에 귀속시킨다면 사실과 어긋나게 된다.

「천하」편은 전국 말년에 성립하였다고 오늘날 학자들은 보고 있다. 그

---

*6) 韋編三絕이란 공자가 『역』을 읽을 때 竹簡을 묶은 가죽끈이 세 번이나 끊어져 다시 묶을 만큼 열심이었다는 말이다. 『史記』 「孔子世家」에 보인다.

런데 『역전』은 이미 음양에 의한 역 해석의 선례를 열었다. 「단전」이 태泰·비否 두 괘를 해설한 내용이나 「상전」이 건 초구와 곤 초육 효사를 해설한 내용이 그러한 예이다. 「계사전」이나 「설괘전」에도 그러한 예가 많다. 이 『역전』은 유문儒門의 역 해석 경전으로 공자의 역학 사상이 주로 반영되어 있다. 그러므로 「천하」편의 "『역』은 음양을 말한다"는 설은 『역전』에서 비롯된 것으로 유학가에서 근원한 것이 아닐 수 없다. 그 앞의 '뜻을 말한다'로 『시』를 풀이하고 '일을 말한다'로 『서』를 풀이하고 '행行을 말한다'로 『예』를 풀이하고, '화和를 말한다'로 『악』을 풀이하고, '명분을 말한다'로 『춘추』를 풀이한 것이 모두 유학가의 견해로 공인되던 것들을 끌어온 것인데, 『역』에 대한 해설만이 도가 자신의 역학설로 뒤바뀌었겠는가? 이로 보면 『장자』에 보존된 역 해석은 바로 유학가의 역설을 반영한 것임을 알 수 있다.

3) 『여씨춘추』의 역 해석

『여씨춘추』는 잡가雜家의 저작물인데 『역』을 말한 곳이 네 군데이다. 그 가운데 하나는 점복을 말하고(위에 나왔다) 세 곳은 의리를 말하였다. 따라서 전국 말기 여러 학파들의 상이한 역학 관점을 함께 담고 있다.

『여씨춘추』 가운데 유학가의 학설은 단지 한 곳에 보인다. 『주역』을 인증하여 일을 논한 예가 그것이다. 「신대람愼大覽」편에 있다.

> 무왕이 은나라를 이기고 두 포로를 얻어 "너희 나라에 요망한 일이 있었는가?" 하고 물었다. 한 포로가 "우리 나라에 요망한 일이 있었습니다. 낮에 별이 보이고 하늘에서 피가 내렸습니다. 이것이 저희 나라에 있었던 요망한 일입니다" 하고 대답하였다. 또 한 포로는 이렇게 말하였다. "그런 일은 정말 요망한 일이었지만, 그다지 큰 일이 못 됩니다. 우리 나라에 있었던 요망한 일 가운데 큰 것은 자식이 아비 말을 듣지 않고 아우가 형 말을 듣지 않으며 군주의 명령이 행해지지 않음이었습니다. 이것이 우리 나라에 있었던 요망한 일 가운데 큰 일입니다." 무왕이 자리를 고쳐 두 번 절하였다. 이것은 포로를 존대해서가 아니라 그 말을 존

대해서이다. 그래서 『역』에 "두려워 떨어 마치 호랑이 꼬리를 밟은 듯하니 종당에 길하다"고 하였다.[51]

은나라의 두 포로가 무왕을 알현한 것은 본래 호랑이 꼬리를 밟은 것같이 위험하였으나, 그들은 예법에 맞게 처신하고 공손하게 행동하며 두려워하고 삼가고 경계하여 아는 바를 그대로 말하였다. 그 결과 무왕의 절을 받기까지 하였으니 흉을 길로 바꾼 것이다. 이것은 『주역』의 리괘離卦 구4 효사를 인증하여 '근심함으로써 우세를 견지함'(以憂持勝)의 도리를 설명한 예이다. 이 효사에 대해서는 『시자尸子』「발몽發蒙」에도 설명이 있다. 즉 "『역』에 이르길 '호랑이 꼬리를 밟듯 하면 끝내 길하다'고 하였다. 만약에 뭇 신하들이 모두 삼가고 경계하기를 마치 호랑이 꼬리를 밟듯 하면 무슨 일을 해결하지 못하겠는가?"[52]라고 하였다. 그 용의用意가 『여람呂覽』과 같다. 모두 유학가의 의리역설에 속한다.

『여람』에는 『역』의 이치를 천명한 것이 두 곳 더 있다. 『유시람有始覽』「무본務本」편에 "『역』에 이르길 '돌아가 올바른 길로 말미암으니 무슨 재앙이 있겠는가. 길하다'고 하였다. 근본으로 돌아가 시종 다름이 없으면 끝내 기쁨이 있게 마련이라는 뜻이다"[53]라고 하였다. 이것은 『주역』 소축괘小畜卦☴의 초구 효사를 해석한 것으로, 천도의 운행이 한 바퀴 빙 돌아 다시 처음으로 회복함을 뜻한다. 요컨대 근본에 아무 변화가 없으면 일거일동이 필경 모두 경사가 있으리라는 말이다. 진기유陳奇猷의 고증*[7])에 의하면 「무본」은 계자학파季子學派의 저작이다. 그래서 이 편은 의리로 『역』을 풀이하고는 있지만, 『순자』「대략大略」의 해설과 내용이 다르다.

또한 『시군람恃君覽』「소류召類」편에는 '끼리끼리 모임'(同類相召)을 설명하기 위하여 춘추 때 진晉의 사묵史墨이 『역』을 풀이한 예를 들고 있다. 즉 조간자趙簡子가 위衛를 습격하려고 사묵을 파견하여 위나라 정황을

---

*7) 陳奇猷, 『呂氏春秋校釋』, 學林出版社, 1985. 진기유(1917~)는 北京 輔仁大學 출신으로 현재는 上海古籍出版社의 特約編審으로 있다. 1958년에 『韓非子集釋』을 출판하여 인정을 받았다. 이 『呂氏春秋校釋』 또한 力作으로 꼽힌다.

살피게 하였는데, 원래 한 달을 기약하고 여섯 달이 되어서야 돌아왔다. 어째서 그렇게 오래 가 있었는가 하고 조간자가 묻자 사묵은 다음과 같이 대답하였다.

> 지금 거백옥蘧伯玉이 재상으로 있고, 사추史鰍가 보좌하고 있으며, 공자가 빈객으로 있고, 자공이 군주의 앞에서 영을 시행하고 있는데, 군주가 그들의 말을 잘 따르고 있습니다. 『역』에 이르길 "어진 이가 무리를 이루니 길함이 시작된다"(渙其群, 元吉)고 하였습니다. 환渙이란 어진 이(賢)이고, 군群은 무리(衆)이며, 원元은 길吉의 시작입니다. 그러니 "어진 이가 무리를 이루니 길함이 시작된다"는 말은 보좌역에 어진 이가 많음을 두고 한 말입니다.[54]

이 말을 듣고 조간자는 군대를 출동시키지 않았다. 고증에 따르면 「소류」편은 병음양가兵陰陽家의 논리에 속한다고 한다.[14] 병음양가의 역 해석도 의리 쪽으로 나아갔던 것이다.

4) 『전국책』의 역 해석

『전국책』에는 역을 해설한 예가 한 군데밖에 없다. 즉 「진책秦策」4에 "『역』에 '여우가 그 꼬리를 적신다'(狐濡其尾)라 하였다. 이는 처음은 쉬우나 나중을 잘 맺기란 어려움을 뜻한다"[55]고 하였다. 포표鮑彪의 주注에 "작은 여우는 큰 강을 건널 수가 없다. 비록 건너려 하여도 힘이 부쳐서 그 꼬리를 적시게 된다"[56]고 하였다. 처음은 쉽고 나중을 잘 맺기란 어렵다는 말을 가지고 『주역』 미제未濟䷿ 괘사의 뜻을 풀이한 예이다. 이 역 해석은 사실상 『주역』을 생활 철학서로 보고 있다. 이것이 종횡가縱橫家가 『역』을 운용한 예이다.

이 밖에 마왕퇴 백서의 「이삼자문」, 「목화」, 「소력」 등에도 진귀한 역설 자료가 있으나, 몇몇 부분 외에는 대부분 아직 발표되지 않은 것이라

---

[14] 陳奇猷, 『呂氏春秋考釋』, 715쪽, 1362쪽.

서 여기서는 평설하지 않는다. 자료들이 전부 공개된다면 선진 역학, 특히 자료가 극히 부족한 전국 시대 역학을 새롭고도 깊이 있게 이해할 수 있을 것이다.

이상 전국 시대의 제자 역설에서 보았듯이, 법가의 저작인 『관자』「산권수」와 『여람』「일행」이 복서를 언급한 것 외에는, 유가·도가·음양가·계자학파·종횡가를 막론하고 모두 다 점 대신 덕을 중시하는 공자의 역학 사상에서 영향을 받아 의리의 측면에서 『역』을 이용하고 『역』을 풀이하였다. 역학에서 점서를 중시하지 않고 의리에 비중을 두는 것이 전국 시대의 진보적 사상가들의 공통된 인식으로 되어 이미 역학의 주류를 형성하였음을 알 수 있다. 진시황은 분서 때에 『주역』을 태우지 않으면서 여전히 역은 복서책이라고 하였다. 진시황의 그러한 역학관은 분명히 법가 사상의 전통에서 온 것이다. 그러한 관점은 『관자』「산권수」나 『여람』「일행」이 『주역』에 대하여 지녔던 인식과 같아서, 낙후된 문화관을 반영한다. 사회에서는 여전히 상당수가 『역』을 점서로 보는 낡은 관점을 따르고 있었던 것이다. 『한서』「예문지」에 보면 6예六藝에 『역』이 있고, 또 수술시구가數術蓍龜家에도 『역』이 있다. 이렇게 둘로 나누어 놓은 것은 바로 선진 시대 역학의 실제가 그러했기 때문이다.

제3절 경의 지위로 올라선 『역전』

1. 선진 시대의 역학 저서와 『역전』

선진 시대의 역학 전문서로 현존하는 것은 금본 『역전』밖에 없다. 그 밖에 한선자가 본 『역상』이 있었으나, 앞서 서술하였듯이 그것은 『역』을 풀이한 저작물로 보인다. 『진서』「속석전」에 기록된 급총에서 나온 『역요음양괘』 2편, 「설괘전」과 유사하면서도 다른 『괘하역경卦下易經』 1편, 공손단公孫段이 소척邵陟과 역을 논한 『공손단』 2편(두예는 별도로 『음양설』이 있다고 하였음), 『좌전』의 여러 복서사卜筮事를 기록한 『사춘師春』

등이 선진 시대의 역학 전문서이다. 『전국책』 「제책齊策」에 안촉顏斶이 제선왕齊宣王을 알현하고 말하길 "그래서 『역전』에 말하지 않았습니까? '윗자리에 있으면서 그 실질을 얻지 못하고 명성 올리기를 좋아하는 자는 반드시 교만과 사치를 일삼는다. 교만하고 사치를 일삼으면 흉이 뒤따른 다'고 말입니다"[57] 하였다. 이 말은 금본 『역전』에는 보이지 않는다. 이 로 보면 선진 시대에 금본 『역전』과는 별도의 『역전』이 존재하였음을 알 수 있다. 이러한 역학 저작물들은 얼마간 금본 『역전』에 흡수되었으 나 대부분은 이미 없어졌다. 그러기 때문에 우리들이 논하는 선진 시대의 역학 저작물이란, 아직 공개되지 않은 마왕퇴 백서를 제외한다면, 사실상 금본 『역전』을 가리키는 것이 된다.[*8]

금본 『역전』은 7종 10편이다. 즉 「단」 상하, 「상」 상하, 「문언」, 「계 사」 상하, 「설괘」, 「서괘」, 「잡괘」가 그것이다. '전傳'이란 본래 '경經'에 대하여 말하는 것으로, 경을 해설한 저작물을 가리킨다. 하지만 선진 시 대 아니 적어도 한초에 금본 『역전』의 대부분은 경의 지위를 차지하여 '역'이라고 불렸다. 육가陸賈의 『신어新語』 「변혹辨惑」편에 "『역』에 이르 길, '두 사람이 마음을 같이하면 그것은 쇠를 자르기 어렵듯이 이롭다'고 하였다"[58]고 되어 있다. 또 「명계明誠」편에서는 "『역』에 이르길 '하늘이 상象을 드리워 길흉을 보이니 성인이 그것을 효측하였다'고 하였다"[59]고 한다. 이 둘은 『역전』 「계사전」의 글귀를 '역'이라 칭한 예이다. 『예기』 「심의深衣」에 "그러므로 『역』에 이르길 '곤괘 육2의 움직임은 곧고도 방정하다'고 하였다"[60]고 되어 있다. 이것은 「상전」의 글귀를 '역'이라 칭한 예이다. 동중서董仲舒의 『춘추번로』 「기의基義」편에 "『역』에 이르 길 '서리를 밟되 얼음 밟듯 하니 겸손함을 뜻한다'고 하였다"[61]고 했다. 여기에서는 「문언전」의 글귀를 '역'이라 칭하였다. 『회남자』 「무칭훈繆 稱訓」에 "『역』에 이르길 '(양陽을) 박剝할 수가 없기에 복復으로 받는다 고 하였다"[62]고 했다. 이것은 「서괘전」의 글귀를 '역'이라 칭한 것이다. 육가는 전국말 진한 때 사람이다. 따라서 「계사전」을 '역'이라 칭한 것은

[*8] 이 책이 나온 뒤로 마왕퇴 백서 『역』에 대한 연구는 상당히 진전을 보았다. 특히 韓仲民, 『帛 易說略』(北京師範大學出版社, 1992)은 백서 『역』에 관한 전문 연구서로 주목된다.

선진 시대에서 기원한다. 『예기』의 글은 원자료가 적어도 선진 시대에 나왔으므로, 그것이 「문언전」을 '역'이라 칭한 것도 마땅히 선진 시대에서 기원한다. 그런데 실제 선진 시대에 『역전』이라 칭한 것은, 『전국책』 「제책」의 인용례에서 보았듯이, 금본 『역전』에는 없는 것이다. 이로 보면 선진 시대에는 금본 『역전』의 지위가 일반 『역전』과는 아주 달랐음을 알 수 있다. 즉 금본 『역전』은 선진 때에 이미 전에서 경으로 되었으나, 다른 『역전』은 여전히 전으로 있었던 것이다. 이 점은 그것들의 성립 시대 및 작자의 지위와 관계가 있다.

금본 『역전』을 전이라 칭한 예가 선진 때에 있었으리라는 점을 배제할 수는 없다. 그러나 지금 볼 수 있는 가장 이른 예는 『한시외전韓詩外傳』에 있다. 즉 그 권3에 "『전』에 '역은 간명하면서도 천하의 이치를 얻었다'고 하였다"[63]고 되어 있다. 이것은 「계사전」의 글귀를 '전'이라 칭한 것이다. 『사기』 「태사공자서太史公自序」에는 "선친께서 말씀하시길 '주공이 돌아가신 지 오백 년 뒤에 공자가 나왔고 공자가 돌아가신 뒤 지금 오백 년이다. 이것을 잘 이어 밝히고 『역전』을 바로하고 춘추를 이음에 『시』·『서』·『예』·『악』에 근본을 두는 것은 바로 지금이 그 때이기 때문이 아니겠는가? 뜻을 여기에 두어야 한다. 뜻을 여기에 두어야 한다'고 하셨다. 제가 어찌 감히 이 일을 사양하리오?"[64]라 하였다. 여기서의 '역전'은 기본적으로 금본 『역전』을 가리킨다. 사마천이 「공자세가孔子世家」에서 "공자는 늘그막에 역을 좋아하여 「단」·「계」·「상」·「설괘」·「문언」을 차서 매겼다"[65]고 분명히 말하고 있기 때문이다. 「단」·「계」·「상」·「설괘」·「문언」이 바로 「태사공자서」에서 말하는 '역전'이다.

한편 한대의 경사經師가 자신의 역 해석 저작물을 '역전'이라 칭한 예도 있다. 즉 『한서』 「예문지」에 "『역경』 12편, 시施·맹孟·양구梁丘 3가三家의 텍스트, 『역전』 주씨周氏 2편, 복씨服氏 2편, 양씨楊氏 2편, 채공蔡公 2편, 한씨韓氏 2편, 왕씨王氏 2편, 정씨丁氏 8편"이라고 되어 있다. 또 「유림전儒林傳」에는 "한이 일어나자 전하田何는 제齊의 전씨로 두릉杜陵으로 이사하여 두전생杜田生이라 호하였다. 『역』을 동무東武의 왕 동자중同子中과 낙양洛陽의 주왕손周王孫·정관丁寬, 제齊의 복생服生에게 전수하니, 모두 『역전』수 편을 저술하였다"고 하였다.

금본 『역전』과 기타 여러 사람의 『역전』을 구별하기 위하여 『역위易緯』「건착도乾鑿度」에서는 앞의 것을 '십익十翼'이라 칭하여, "공자가 역을 점쳐서 여괘旅卦를 얻어 잡념을 없애고 조용히 읽어 나가 나이 오십에 구명하여 '십익'을 지었다"고 하였다. 이 설은 동한의 경사들에게 그대로 수용되어 금본 『역전』을 '십익'이라고도 칭한다. 익翼은 우익羽翼 또는 보조輔助의 뜻으로, 그 의미는 전傳과 같다. 물론 이 '십익'은 사마천이 말한 『역전』과 완전히 일치하지는 않는다. 사마천이 말한 『역전』은 「단전」·「계사전」·「상전」·「설괘전」·「문언전」을 가리켰을 뿐, 「서괘전」과 「잡괘전」을 포함하지 않았다. 그러나 십익은 「서괘전」과 「잡괘전」까지 포함한다.

어떤 학자는 금본 『역전』을 '역대전易大傳'이라고 부른다. 그 이유는 사마담司馬談이 「논육가요지論六家要旨」(『사기』「태사공자서」에 보임)에서 "'역대전'에 '천하의 지향하는 바는 한 가지로되 사고 방식은 수백 가지이고, 귀착점은 같지만 거기에 이르는 길은 서로 다르다'고 하였다"고 말하였는데, 이 '역대전'이 바로 『역전』전체를 가리킨다고 보기 때문이다. 이러한 주장은 깊이 따져 볼 필요가 있다. '역대전'이란 명칭은 한초 문헌에서는 겨우 여기에 한 번밖에 보이지 않는다. 인용한 것도 「계사전」의 글귀일 뿐이지 다른 편들을 전부 포괄하는 것이 아니다. 따라서 사마담이 말한 '역대전'은 응당 「계사전」을 가리킨다고 봄이 옳다. 「계사전」을 어째서 '역대전'이라고 일컬었는가? 그것은 「계사전」의 내용과 관련이 있다. 즉 「단전」·「상전」·「문언전」이 경의 글귀 하나하나를 풀이한 데 비하여, 「계사전」은 『주역』의 대의大義를 총론한 것이기 때문이다.

'대전'이란 말의 그러한 용법은 『주역』에만 한정된 것이 아니다. 『의례儀禮』「상복喪服」은 경문經文과 전문傳文이 있고 '전왈傳曰'은 각 구마다 경을 풀이하였으므로 「상복전喪服傳」이라 부를 수 있다. 그러나 『예기』의 「대전大傳」은 조종祖宗과 친척의 대의를 통론한 것으로 「상복」경문에 의거하여 논의를 해 나가기는 하였으나 각 구절마다 경을 풀이한 것이 아니라 그 큰 의의를 논하였기에 '대전'이라고 부른다. 한초 복생伏生

의 『상서대전尚書大傳』도 이러한 체재이다. 똑같은 「태사공자서」에서 역시 같은 '선친의 말'로 『역전』을 『춘추』와 나란히 들고 있으니, 그 가리키는 바가 아주 뚜렷하다. 그러므로 『역대전』이 「단전」·「상전」·「설괘전」·「문언전」을 총괄한다고 보는 것은 근거가 불충분하다.

2. 『역전』의 시대와 작자

『역전』의 성립 시대와 작자에 관한 문제는 한대 이래로 여러 가지 설이 있어 왔다. 근대에 이르러서는 의고학파疑古學派의 등장으로 논쟁이 더욱 격렬해졌다. 이 논쟁들은 모두 『역전』과 공자 사이의 관계를 중심으로 전개되었는데, 그 관점은 대략 네 가지이다.

첫째, 금본 『역전』 10편이 모두 공자가 지은 것이라고 보는 견해이다. 그 대표자로는 『역전』의 작자, 동한의 반고班固와 정현鄭玄, 당대의 육덕명陸德明, 안사고顏師古, 공영달孔穎達, 근래의 고실顧實, 상병화尚秉和 등이다. 둘째, 『역전』 중 「단전」과 「상전」만 공자가 지었고 나머지는 제자나 후학들이 지었다는 견해이다. 그 대표자로는 송의 구양수歐陽脩, 근래의 장심징張心澂 등이 있다. 셋째, 『역전』이 결코 공자의 작이 아니며 전국 중기나 말기 혹은 서한의 소제·선제 때나 심지어 그 뒤에 나왔다고 보는 견해이다. 그 대표자로는 송의 조여담趙汝談, 청의 최술崔述·료평廖平·강유위康有爲, 근래의 전현동錢玄同·고힐강顧頡剛·이경지李鏡池·곽말약郭沫若 등이 있다. 넷째, 금본 『역전』은 기본적으로 공자의 작이지만 그 가운데 앞사람의 유문遺聞을 기술한 부분도 있고 문인 제자들이 평소 공자의 강술을 기록한 부분도 있어서 『논어』의 상황과 비슷하며, 그 사상은 응당 공자에 귀속하지만 뒷사람이 함부로 끼워 넣은 부분도 있는데다가 탈문脫文·착간錯簡도 있다고 보는 견해이다. 이 설의 대표자는 근래의 김경방金景芳이다. 이학근李學勤도 이와 유사한 관점을 취하고 있다. 우리들은 이 관점을 지지한다. 이하 이 설에 기초하여 고찰하기로 한다.

우선 『역전』 각 편의 시대를 살펴보자. 위에 서술하였듯이 육가의 『신어』 「변혹」과 「명계」편은 「계사전」의 글귀를 직접 인용하였다. 또 「도

기道基」편도 그것을 은밀히 인용하였다. "하늘을 아는 자는 천문을 우러러 보고 땅을 아는 자는 지리를 굽어 본다.…… 선성先聖께서 천문을 우러러 보고 지리를 굽어 보아, 건곤을 그림 그려 백성의 생업을 정하니, 백성들이 비로소 깨달아 부자의 친親과 군신의 의義와 부부의 도道와 장유長幼의 서序를 알게 되었다."66) 이것은 「계사전」의 "우러러 천문을 보고 굽어 지리를 본다"와 "옛적에 포희씨包犧氏가 천하에 왕노릇할 때에 우러러 하늘에서 상을 보고 굽어 땅에서 법을 보아…… 이에 비로소 팔괘를 만들어 신명神明의 덕을 말하고 만물의 정情을 분류하였다"고 한 것을 답습한 것이다. 육가는 본래 초나라 사람으로 뒤에 한고조를 위하여 『신어』를 저술하였는데, 그 시기는 기원전 196년이다. 그는 「계사전」을 인용하되 편명을 들지 않고 단지 '역'이라고만 칭하였으니, 당시에는 사람들 마음에 공통으로 「계사전」이 오래 전에 나왔지 막 씌어진 것이 아니란 인식이 있었음을 말해 준다.

육가의 학술은 순자에게서 비롯되었다. 그런데 『순자』란 책에 「계사전」을 답습한 것이 곳곳에 보인다. 이를테면 「천론」 한 편을 두고 많은 사람들이 「계사전」과의 사상적 관련에 주목해 왔는데, 도대체 「천론」이 「계사전」에 뿌리를 두고 있는가, 아니면 「계사전」이 「천론」에 뿌리를 두고 있는가? 「계사전」에 "(음양개폐陰陽開閉의 리理가) 드러나 보이는 것을 상象이라 하고, 형질이 이미 갖추어진 것을 기器라고 하며, 성인이 제작하여 사용하게 하는 것을 법法이라고 한다"67)고 되어 있다. 이것은 구체에서 추상으로 나아감을 지적한 것인데, 제제의 의미는 분명하지 않다. 그런데 「천론」에서는 "하늘에 순종하여 그것을 찬송하기보다는 하늘의 명을 제재하여 그것을 이용하는 것이 더 낫다"68)고 하여, '제이용지制而用之'란 말을 '제천명이용지制天命而用之'라는 철학적 높이까지 끌어올렸다. 이것은 분명히 「계사전」의 사상을 발휘한 것이다. 「계사전」에 "덕이 없으면서 지위가 높고 지혜가 적으면서 도모함이 크며 역량이 작으면서 임무가 중하면, 재앙에 걸리지 않는 자가 드물다. 『역』에 '세발솥이 다리가 부러지면 솥 안의 죽이 엎어져 솥 몸이 젖게 되니 흉하다'고 하였다. 임무에 맞갖지 못함을 말한 것이다"69)라고 하였다. 『순자』 「유효儒效」편에는 "그러므로 작은 것이 큰 것을 처리할 수는 없으니, 그것을 비유하자면 힘은 적은데 짐이 무거운 것과 같아 몸이 부러질 뿐이다"[70]라고 하였다. 이 '몸이 부러짐'(粹折)은 분명히 '임무를 감당하지 못함'(不勝其任)에서 나온 말이다.

진시황 8년(기원전 239)에 이루어진 『여씨춘추』는 그 「중하기仲夏紀」대악大樂편에서 다음과 같이 말한다.

> 음악이 유래되어 나온 것은 아주 오래다. 도량度量에서 생겨 태일太一에 근본하였다. 태일이 양의兩儀를 낳고 양의가 음양을 낳아, 음양이 변화하여 한 번 위로 가고 한 번 아래로 가서 그것들이 합하여 문장文章을 이룬다. 혼혼돈돈渾渾沌沌하여 떨어졌다가는 다시 합하고, 합하였다가는 다시 떨어진다. 이것을 천상天常이라고 한다. 천지는 차 바퀴와 같아 끝났다가는 다시 시작하고, 극에 이르면 다시 돌아와 모두 합하지 않는 것이 없다. 일월성신은 혹 빠르기도 하고 느리기도 하며, 숙일宿日이 같지 않아 그 행함을 다한다. 사계절은 차례로 일어나 혹 춥기도 하고 혹 덥기도 하며, 혹 짧기도 하고 혹 길기도 하며, 혹 유약하기도 하고 혹 강건하기도 한다. 만물의 소출은 태일에서 시작하고 음양에서 화한다.[71]

이 말은 「계사전」의 다음과 같은 구절들을 바탕으로 이루어진 것이다.

> 그러므로 『역』에 태극이 있어 이것이 양의를 낳으며, 양의가 4상四象을 낳고, 4상이 팔괘를 낳으며, 팔괘가 길흉을 정하고, 길흉이 대업大業을 낳는다. 그러므로 모범으로 삼고 상을 본뜸에 천지보다 위대한 것이 없고, 변화하여 지체하지 않는 것으로는 사계절보다 위대한 것이 없으며, 괘효의 상이 구체화되어 하늘에 걸려 있는 것으로는 일월보다 위대한 것이 없다.[72]

> 일월의 운행은 혹은 춥고 혹은 더워 부단히 교체한다.[73]

> 그러므로 신神은 혹은 양에 있고 혹은 음에 있어 일정한 방향이 없으며,

『역』은 일정한 형체가 없다. 한 번 음이 되었다가 한 번 양이 되었다가 하는 것, 그것을 도라고 한다.[74]

해가 가면 달이 오고 달이 가면 해가 온다. 일월이 서로 밀어서 밝음이 생겨난다. 추위가 가면 더위가 오고 더위가 가면 추위가 온다. 추위와 더위가 서로 밀어서 한 해가 이루어진다.[75]

「계사전」의 이런 내용을 암암리에 인용한 것에 『예기』「예운禮運」이 있다. 즉 "그러므로 무릇 예禮란 반드시 태일太一에 근본하니, 태일이 나뉘어 천지가 되고, 전변하여 음양이 되며, 변화하여 사계절이 되고, 열 지어서 귀신이 된다"[76]고 하였다.

「계사전」이 태극과 양의를 말한 것은 서수筮數에서 『역』을 추리 연역하여 괘를 이룬 데서 나온 것이어서 아주 자연스럽다. 『여씨춘추』나 『예기』 등의 문헌들이 예禮를 논하고 악樂을 논하면서 태일과 음양을 첫머리에 올려놓은 것은 분명히 「계사전」을 활용하여 만들어 낸 이론이다.

사상이 발전해 나가는 논리에서 볼 때 일반적으로 먼저 정正의 명제가 있은 뒤에 반反의 명제가 생긴다. 「계사전」 첫머리에 "하늘은 높고 땅은 낮아 건곤이 정해졌다. 낮음과 높음이 정연하게 자리하니, 귀함과 천함이 정연하게 위치를 잡는다"[77]고 하여 천지의 존비·고하 관계를 인정하였다. 그런데 『장자』는 이 설을 그대로 이으면서 반명제를 제출하였다. 즉 「천도天道」편에 "무릇 존비 선후가 있는 것이 천지의 운행이다. 그래서 성인은 천지의 운행에서 상을 취하였다"[78]고 하고서, 이어서 "하늘이 높고 땅이 낮은 것은 신명이 정한 지위이니"[79] "무릇 천지는 아무리 신비로워도 존비 선후의 차서가 있는데, 하물며 인간의 도야 말할 것이 있겠는가"[80]라고 하였다. 이 말들, 특히 '성인이 상을 취하였다'는 말은 정녕 「계사전」의 영향을 받은 것이다. 그런데 「천하天下」편에 혜시惠施가 사물의 의의(사물에 대한 시각)에 대하여 열거한 10조항 가운데 제3조에는 도리어 "하늘은 땅과 같이 낮고 산은 못과 같이 평평하다"[81]고 하여, 천지의 고하 관계를 상대적인 것으로 보았다. 사상의 발전이란 각도에서 보면, 혜시의 "하늘은 땅과 같이 낮다"는 말은 곧 「계사전」의 "하늘은 높고 땅은 낮다"의 반명제이다. 따라서 「계사전」의 기본적 부분이 혜시 이전에 이미 있었다고 인정할 수 있다.

「계사전」은 또 "역에는 태극이 있어 이것이 양의를 낳는다"고 하여 태극을 최고의 실체로 삼았다. 그런데 『장자』「대종사大宗師」는 "무릇 도에는 정이 있고 신信(실재)이 있으나, 행동도 없고 형체도 없어서 전할 수는 있되 접수할 수가 없으며, 체득할 수는 있되 볼 수가 없다. 저절로 근본이 되므로 천지가 이루어지지 않은 오래 전부터 그 자체로 존재하여, 귀鬼와 제帝를 신神으로 존재하게 하고 하늘과 땅을 낳았다. 태극보다 앞에 있으면서도 스스로 높은 체하지 않고, 육극六極(天地四方)의 아래에 있으면서도 깊은 체하지 않는다"[82]고 하였다. 이것은 분명히 태극이 근본임을 승인하지 않은 것이며, 나아가 도가 태극을 능가한다고 본 것이다. 이 것은 "역에 태극이 있다"는 것의 반명제이다. 그러므로 「계사전」의 이 부분은 응당 『장자』「대종사」보다 앞선다고 하지 않을 수 없다.

『노자』는 우주의 본시本始라는 기본 문제와 관련하여 「계사전」과 근본 적으로 대립하고 있다. 그 42장에 "도가 하나를 낳고 하나가 둘을 낳으며, 둘이 셋을 낳고 셋이 만물을 낳는다. 만물은 음을 업고 양을 끼고 충기沖氣로써 화한다"[83]고 하였다. 40장에는 "천하만물은 유에서 나오고, 유는 무에서 생겨난다"[84]고 하였다. 여기에서 '하나'란 '태극'이다. 바로 "역에 태극이 있다"의 그 태극으로 천지가 혼돈되어 아직 갈라지지 아니한 때의 통일체를 가리킨다. '둘'은 하늘과 땅, 즉 "이것이 양의를 낳는다"의 양의를 가리킨다. '셋'은 음과 양과 충기이다. 『노자』의 "하나가 둘을 낳고 둘이 셋을 낳으며 셋이 만물을 낳는다"든가 "천하만물은 유에서 나온다"고 하는 것은 "역에 태극이 있어 이것이 양의를 낳는다"는 것과 의미가 같다. 문제는 노자가 '하나' 앞에다 도를 하나 더 첨가하고 '유' 앞에다 무를 하나 더 첨가하여 "도가 하나를 낳는다"고 하고 "유가 무에서 생겨난다"로 뒤바꾼 점이다. 이것은 반명제를 사용하여 "역에 태극이 있다"는 설을 부정한 것이다. 이렇게 볼 때 「계사전」의 사상은 결코 『노자』보다 뒤늦게 성립하지 않았다.

공자의 칠십 제자 가운데 공손니公孫尼의 『공손니자公孫尼子』는 없어졌
으나 「악기樂記」만은 여전히 『예기』 「악기」에 부분적으로 남아 있는데,
그 가운데 다음과 같은 부분이 있다.

> 하늘은 높고 땅은 낮으니 군신의 고하기 정해졌나. 낮음과 높음이 정연
> 하게 자리하고, 귀함과 천함이 정연하게 위치 잡으며, 동함과 정함에 상
> 도常道가 있고, 큼과 작음이 차이가 있다. 유별로 모이고 무리에 따라 집
> 합하여, 만사만물의 성명性命이 같지 않음을 보여 준다. 하늘에서는 일월
> 성신이 상象을 드러내고 땅에서는 산천과 동식물이 형形을 드러낸다. 이
> 러한 상황을 보면 천지간에 예禮(질서)가 바로잡혀 있음을 알 수 있다.
> 땅의 기운은 위로 올라가고 하늘의 기운은 아래로 내려가 음과 양이 서
> 로 접하고 서로 움직이게 하여, 그 결과 벼락과 천둥이 일어나고 비바람
> 이 휘몰아치며, 사계절의 순환 운동이 있고, 해와 달이 다사롭게 하여 온
> 갖 생물이 화생하게 된다. 이러한 상황을 보면 악樂은 천지의 조화에 잘
> 대응하고 있다.[85]

이것은 「계사전」 첫머리의 스물두 구와 꼭 같다. 「계사전」의 내용은
이러하다.

> 하늘은 높고 땅은 낮아 건곤이 정해졌다. 높고 낮음이 정연하게 자리하
> 니 귀하고 천함이 정연하게 위치한다. 동動과 정靜에 상도가 있고, 강剛
> 과 유柔가 갈라졌다. 유별로 모이고 무리에 따라 나뉘어 길흉이 생겨났
> 다. 하늘에서는 상象을 이루고, 땅에서는 형形을 이루어 변화가 드러났
> 다. 이러기에 강과 유가 서로 접하고, 팔괘가 서로 동탕하여 벼락과 천둥
> 을 울리고, 비바람으로 적시며, 해와 달이 운행하여 혹 한 번은 춥고 혹
> 한 번은 덥다.[86]

「계사전」은 여기서 천지만물의 질서와 변화를 논하여, 자연의 흘러 막
힘이 없음을 서술하였다. 그런데 「악기」편은 천지부터 예악까지 논해 나
가는 데 억지로 끌어 댄 감이 있다. 「악기」가 「계사전」의 어구와 뜻을

답습하면서 조금 바꾸었음에 틀림없다. 「악기」는 공손니자가 지은 것이다. 『수서隋書』「음악지音樂志」는 심약沈約의 말을 인용하여 "『예기』가운데 「악기」는 공손니자를 취하였다"고 하였다. 서견徐堅의 『초학기初學記』, 마총馬總의 『의림意林』이 공손니자의 말로 인용한 것은 모두 금본 「악기」에 보인다. 이것을 보면 「악기」가 본래 공손니자의 저술이었다가 뒤에 『예기』에 수록되었음이 분명하다. 공손니자의 저서가 「계사전」을 원용하고 인증한 사실로 볼 때 「계사전」이 공문孔門 칠십 제자와 가까운 시대에 성립하여 공자로부터 그다지 멀지 않은 시기에 이루어졌음을 알 수 있다.

사마천은 '문언'이라는 이름을 그저 칭호만 한 것이 아니라 그 글귀도 직접 인용하였다. 『순자』도 「문언전」에서 인용한 흔적이 많다. 이를테면 「권학勸學」편에 "땔나무를 널어 두면 한결같은 듯하지만 불은 마른 데로 타 붙어 나아간다. 땅을 평평하게 다지면 한결같은 듯하지만 물은 축축한 곳을 따라 흘러 나아간다. 초목은 떨기 지어 나고 금수는 무리 지어 서식한다. 사물은 각각 그 부류를 좇는 법이다"[87]라고 하였다. 또 「대략」편에 "땔나무를 고르게 하고 불을 지피면 불은 마른 데부터 붙는다. 땅을 고르게 하고 물을 쏟으면 물은 축축한 곳부터 흘러 적신다. 무릇 같은 부류가 서로 따름은 이와 같이 분명하다"[88]고 하였다. 이 두 부분은 건괘乾卦 「문언전」의 다음 부분을 본땄을 것이다.

> 같은 소리를 내는 무리는 서로 잘 창화하고, 같은 기를 받은 무리는 서로 찾아 화합한다. 물은 낮고 축축한 곳으로 흐르고, 불은 마른 곳으로 타 들어간다. 용이 일어나면 구름이 따라서 생기고, 호랑이가 울부짖으면 바람이 따라서 세차게 분다. 성인이 출현하니 만물이 우러러 보고, 하늘의 기를 받아 난 것은 위로 하늘에 친하고, 땅의 기를 받아 난 것은 아래로 땅에 친하니, 각각 그 부류를 좇는 것이다.[89]

『여씨춘추』「응동應同」도 「문언전」의 이 부분을 암암리에 인용하여 다음과 같이 말하였다.

같은 부류는 본디 서로 부른다. 기가 같은 것끼리는 합하고, 소리가 같은 것끼리는 응한다. 궁宮의 소리를 치면 궁의 소리가 동하고, 각角의 소리를 치면 각의 소리가 동한다. 평지에 물을 쏟으면 물은 젖은 데로 흘러간다. 가지런한 섶에 불을 지피면 불은 건조한 데로 타 들어간다. 산구름은 풀숲 같고, 물구름은 비늘고기 같고, 가뭄구름은 불꽃 같고, 비구름은 물결 같아 그 어느 하나도 그 생겨나는 바를 유별화하여 사람에게 보이지 않는 것이 없다.[90]

『장자』「어부漁父」편에서도 "같은 부류끼리 따르고 같은 소리끼리 응하는 것이 하늘의 이치"[91]라고 하였다. 또『장자』「천도」편에서는 "움직일 때는 하늘 같고 고요할 때에는 땅 같다"[92]고 하고, "해와 달이 비추고 사시가 운행하듯이 밤낮의 교대에 정해진 법칙이 있고, 구름 가고 비 내리듯이 자연 그대로이다"[93]라고 하였다. 이것은 곤괘 「문언전」의 "곤은 지극이 유순하되 그 움직임은 굳건하며, 지극히 고요하면서 그 덕은 방정하다"[94]나, 곤괘 「문언전」의 "구름 가고 비 베풀어 천하가 고르다"[95]와 "천지와 그 덕을 같이하고 일월과 그 밝음을 같이하며 사시와 그 질서를 같이한다"[96] 등에서 변화되어 나온 듯하다.

『사기』「공자세가」에는 "자사가『중용』을 지었다"고 하고,『수서隋書』「음악지」에는 심약沈約의 말을 인용하여 "『예기』의 「중용」·「표기表記」·「방기坊記」·「치의」는 모두 자사자子思子를 취하였다"고 하였으니,『중용』과 「문언전」을 비교하면 그 사상에서 언어에 이르기까지 유사점이 아주 많다.『중용』에 "군자는 언제나 중용에 의거한다. 세간으로부터 몸을 숨겨 알려지지 않는 일이 있다고 하더라도 후회하지 않으니, 오직 성인만이 그렇게 할 수 있다. 군자의 도는 쉬 드러나는 듯하면서도 심원하여 알기 어렵다"[97]는 말이 있다. 그런데 건괘 「문언전」에는 "세상에서 이름을 드러내려 하지 않고, 세상에서 쓰이지 않는다 해도 근심하지 않으며, 세상 사람이 모두 비난한다고 해도 근심하지 않는다"[98]고 하였다. 청의 유학자 황이주黃以周는 "후회하지 않는다는 것은 근심하지 않는다는 것과 같다"고 하였다.『중용』에 "두루 배우고 자세하게 묻고 신중히 생각하고 밝게 변별하며 근실하게 행한다"[99]고 하였는데, 「문언전」에는 "군자는 널리 배워 갖추고 물어서 변별한다"[100]고 하였다. '두루 배움'은 '배워 갖춤'을 세련시킨 것이고, '자세히 물음'과 '밝게 변별함'은 '물어서 변별함'을 심화시킨 것이다. 또 건괘 「문언전」에는 이런 말이 있다.

구2에 이르길 "나타난 용이 밭에 있다. 대인을 봄에 이롭다"고 하였는데 무슨 뜻인가? 공자께서 말씀하셨다. "용덕龍德(乾의 純陽의 덕)을 지니면서 중정을 얻은 것이다. 올바른 말을 신실하게 하고 올바른 행동을 근실하게 하며, 사악함이 들어오는 것을 막고 본래의 성실함을 보존하여, 그 덕으로 세상을 선하게 교화한다 하여도 뻐기지 않는다. 덕은 광대하여 천하사람들이 저절로 감화되는 것이다. 『역』에 '나타난 용이 밭에 있다. 대인을 봄에 이롭다'고 한 것은 구2가 대군의 덕, 즉 천하를 화하는 선을 지니고 있다는 말이다."[101]

그런데 『중용』에는 다음과 같은 구절이 있다.

공자께서 말씀하시길…… 군자의 도는 넷인데, 나는 아직 하나도 갖추지 못하였다. 자식이 해주었으면 바라는 바를 가지고 자신이 부모를 섬기지 못하고 있다. 신하가 해주었으면 바라는 바를 가지고 자신이 군주를 섬기지 못하고 있다. 아우가 해주었으면 바라는 바를 가지고 내 자신이 웃형을 섬기지 못하고 있다. 벗이 해주었으면 바라는 바를 가지고 자신이 먼저 벗에게 베풀지 못하고 있다. 진실된 덕을 행하고 진실된 말을 삼가해야 하며, 부족된 바가 있으면 노력하지 않으면 안 된다. 남보다 남는 바가 있으면 남을 능가하지 않도록 자제한다.[102]

『중용』의 이 말은 공자의 말을 짜깁기하여 만들었을 가능성이 있다. 특히 "진실된 덕을 행하고 진실된 말을 삼가한다"는 두 구절은 「문언전」에서 취해 온 듯하다. 왜냐하면 「문언전」의 글에서 그 두 구절은 위아래의 문장과 긴밀히 이어져 있지만 『중용』에서는 짜깁기한 인상이 짙기 때문이다. 이로써 「문언전」이 이미 자사 때에 나와 있었음을 알 수가 있다.

앞에서 서술하였듯이 『한비자』가 자하의 말을, 마찬가지로 「문언전」에서 취해 온 것도 결코 우연이 아니다. 따라서 「문언전」은 공문의 제자(자하 등)들이 공자의 평소 강술을 근거로 만든 기록물일 것이라 추측할 수 있다. 또 그 성립 시기는 「계사전」과 마찬가지로 늦어도 칠십 제자의 시대에 가깝지 결코 전국 중기까지 내려오는 것이 아니란 사실도 알 수 있다.

「계사전」과 「문언전」의 성립 연대가 이처럼 확정되고 보면 「단전」, 「상전」, 「설괘전」의 연대도 분명해진다. 위에서 서술하였듯이 『순자』 「대략」편은 「단전」을 인증하였는데, 이것은 「단전」이 『순자』 이전에 이루어졌음을 말해 주는 명확한 증거이다. 이 밖에도 「단전」의 사상이 순자 이전에 출현하였음을 암암리에 알려 주는 증거가 있다. 『순자』 「천론」에 "하늘을 칭송하기보다는 천명을 제어함이 낫다"고 하였는데, 「단전」에는 "하늘에 순종하고 사람에 응한다"(革卦), "극히 순하여서 하늘을 받아들인다"(坤卦), "천지는 도리에 순종함으로써 동한다", "성인은 도리에 순종함으로써 동한다"(豫卦)고 되어 있다. 『순자』의 '천명을 제어함'이란 사상은 「단전」의 '하늘에 순종함'이란 사상의 반명제라고 할 수 있다. 『장자』 「추수秋水」에 "오는 세월은 들어 없앨 수가 없고 흘러가는 시간은 그치게 할 수가 없다. 성하고 쇠함과 차고 기움은 영구히 계속되어, 하나가 끝나면 다른 하나가 시작되는 법"[103]이라고 하였는데, 「단전」 박괘剝卦에 "군자는 성하고 쇠함과 차고 기움의 법을 존숭하니 그것이 하늘의 법칙이기 때문"[104]이라고 하였고, 손괘損卦에 "덜고 보탬과 차고 기움은 때와 더불어 행한다"[105]고 하였다. 『장자』의 구절은 「단전」의 계발을 받아 더욱 분명해지고 알기 쉬워졌다.

『중용』의 사상은 「단전」과 같은 점도 있고 차이점도 있으므로 그 점을 통하여 그 둘 사이의 선후 관계를 살필 수 있다. 『중용』은 공자의 '양극단을 지양하고 중정을 채용하는'(執兩用中) 방법론을 세계관의 높이에까지 끌어올려서, "중中이란 천하의 대근본이요, 화和란 천하에 두루 통용될 도이다. 중화를 실현하게 되면 천지가 그 올바른 질서를 찾게 되고 만물이 올바로 생장하게 된다"[106]고 하였다. 그런데 「단전」은 중용의 도를 '중도中道' 또는 '중행中行'이라 하였고, 때로는 간단히 '중'이라고 칭하여, 전체에서 '중'이라 말한 것이 무려 42곳에 이른다. 이것은『중용』과「단전」이 유사한 점이다. 그런데『중용』은 '성誠'이라는 문제에서 공자의 학설을 크게 발전시켜, '성誠'은 능히 성性을 다하게 하고 능히 화하게 하며 능히 미리 알게 하며 신神처럼 되게 하는 것이라고 하였다. 이것은 공자의 경우에는 채 도달하지 못했던 점이다. 맹자와 순자도 성誠을 논하였다. 즉 맹자는 내재적인 심리면에서 논한 반면에, 순자는 외재적인 정치면에서 논하였다. 그러나「단전」(「상전」을 포함)은 성誠에 대하여 아무것도 언급하고 있지 않다.「단전」이 이처럼『중용』과 차이가 난다는 사실은「단전」이『중용』보다 앞에 출현하였음을 뜻한다. 왜냐하면『중용』은「단전」의 중을 존숭하는(尚中) 사상을 흡수한 것이기 때문이다. 또『중용』은「단전」보다 뒤에 나왔기 때문에「단전」에는 없던 사상을 지니고 있는 것이다.

「단전」을「문언전」과 비교하면 분명히「문언전」이「단전」보다 뒤늦다. 건괘乾卦「단전」에 "크도다, 건원乾元이여! 만물이 이로 말미암아 비롯하니, 천도를 아우르는 근본이다. 구름 가고 비 내려 온갖 물건이 눈앞에 형체를 드러낸다. 처음과 끝을 밝게 알기에 육위六位(즉 여섯 효)에 맞추어 행함이 그 시時에 합당하게 성취된다. 시의 변화에 맞추어 행하여, 여섯 용을 타고 날아 하늘의 도를 행한다"[107]고 하였는데,「문언전」에는 "크도다, 건이여! 강건剛健 중정中正하여 순수하게 정精하다. 6효가 발동하여 두루 천하 모든 것의 사정에 통한다. 시의 변화에 맞추어 여섯 용을 타고 하늘을 나니, 구름 가고 비내려 천하가 태평하다"[108]고 하였다.「단전」의 글은 비교적 자연스러우나,「문언전」은「단전」을 근거로 하면서 문장 구성의 순서만을 바꾸었다. 위에서 서술하였듯이「문언전」은 자사의『중용』보다도 빨리 나온 것으로 칠십 제자의 시기에 가깝다고 하였는데, 그렇다면「단전」은 그보다 조금 더 빠르지 않을 수 없다.

「상전」은 괘상卦象과 괘의卦義를 해석한「대상전」과「소상전」으로 이루어져 있다. 오늘날에는「대상전」이「소상전」보다 빠르다고 보는 것이 통설이다. 그것이 사실이든 아니든 그 둘은 모두 선진 시대의 작품이다.『예기』「심의深衣」에 "『역』에 '육2의 동함은 곧고도 방정하다'고 하였다"라고 되어 있다. 「심의」편은 전국 시대 유학자가 편찬한 것인데 「소상전」의 글을 인용하였을 경우 모두 「소상전」을 『역』이라고 존대하여 부르고 있다. 따라서 「소상전」이 결코 전국 시대 당시에 나온 것이 아님을 알 수가 있다. 「대상전」의 내용은 이미 『논어』 「헌문憲問」에 인증된 바 있다. 즉 "증자曾子가 말하길 '군자는 생각함에 있어 자신의 지위를 벗어나지 아니한다'고 하였다"[109]라고 되어 있다. 이것은 간괘艮卦 「대상전」의 말을 증자가 원용한 것이다. 최술崔述의 『수사고신록洙泗考信錄』은 「상전」이 『논어』에서 인용한 것이라고 성급하게 단정하고서 이것을 근거로 「상전」이 뒤늦게 나왔다고 하였다. 그 뒤로 대부분이 이 설을 지지하지만, 이 설은 결코 취할 바가 못 된다.

위에 서술하였듯이 노소공魯昭公 2년(540)에 진의 한선자가 노나라 태사의 집무처에서 『역상』을 보았다고 하였다. 이 『역상』은 결코 『주역』이 아니라 『주역』을 해설한 저작물일 가능성이 크다. 그렇지 않다면 『주역』을 익히 잘 알고 또 거듭거듭 그것으로 점을 쳐 왔던 진나라 사람이 『역상』을 보고 크게 감탄하여 그것을 두고서 '주례'니 '주공의 덕'이니 '주나라가 왕노릇한 소이'니 하는 말들을 연발하였겠는가? 『노춘추魯春秋』가 그것을 수보修補한 『춘추』의 연원이었듯이, 『역상』은 「상전」의 연원이었다고 생각된다. 첫째로 명칭이 일치한다. 사마천은 "공자가 늘그막에 『역』을 좋아하여 「단」·「계」·「상」·「서괘」·「문언」을 차서次序하였다"고 하였으니, 「상」과 『역상』의 명칭이 일치하는 것은 결코 우연이 아니다. 둘째로 내용에 상관이 있다. 이른바 '주공의 덕'이라든가 '주나라가 왕노릇한 소이'라든가 하는 말은 덕 있는 이를 공경하고 백성을 보살피며, 삼가하고 근실하여 경계한다는 사상을 두고 한 말이다. 즉 "천명은 항상됨이 없다"(天命靡常), "백성을 다스림에 공경하고 두려워해야지, 방자하고 나태해서는 안 된다"(治民祗懼, 不敢荒寧), "물을 거울로 삼을 것이 아니라 마땅히 백성을 거울로 삼아야 한다"(無于水鑑, 當于民鑑)고 하였는데, 이러한 어구들은 『상서尙書』의 「주고酒誥」·「무일無逸」·「소고召誥」 등에서 똑똑히 살필 수가 있다. 그런데 그러한 사상은 「상전」 각 편마다 다 있어서 "군자는 제 몸을 돌아보아 덕을 닦는다"(君子以反身修德), "군자는 두려워하고 조심하여 스스로를 닦고 성찰한다"(君子以恐懼修省), "군자는 우환을 생각하고 미리 예방한다"(君子以思憂患而豫防之), "군자는 언어를 조심하고 음식을 절제한다"(君子以愼言語節飮食) 등 많은 예가 있다.

바로 「상전」의 연원이 아주 오래기 때문에 「상전」에는 이러한 내용이 「단전」보다 더 분명하게 드러나 있다. 한 예로 정괘鼎卦䷱ᅟ「상전」에 "나무(巽) 위에 불(離)이 있으니 정鼎이다. 군자는 그 법칙을 취하여 지위를 바로하고 천명을 응취凝就한다"[110]고 하였는데, 「단전」에는 "정鼎은 (솥의) 형상이다. 나무를 불 속에 넣어 솥 속의 것을 끓인다. 성인은 그 속엣것을 끓여서 상제를 향응한다"[111]고 하였다. 「단전」의 "정鼎은 상이다. 나무를 불 속에 넣는다"는 구절은 「상전」의 "나무 위에 불이 있다"에서 비롯된 것이다. 또 박괘剝卦䷖의 「상전」에 "산이 깎여 땅에 붙음이 박괘의 상이다. 위의 군주는 아래 백성을 도탑게 하고 자신의 지위를 안태安泰하게 하도록 한다"[112]고 하였는데, 그 「단전」에 "박은 박탈함이란 뜻이다. 유柔가 강剛을 바꾼다. '나아감이 있음에 이롭지 못하다'는 말은 소인의 세력이 커지기 때문이다. 그 형세에 순응하여 여기에 멈출 것을 상을 보면 알 수 있다. 군자는 성하고 쇠함과 차고 기움의 법칙을 숭상하니, 그것이 하늘의 법칙이기 때문이다"[113]라고 하였다. 후자의 '상을 본다'는 것은 「상전」의 '산이 땅에 붙은' 상을 자연 속에서 본다는 말이다. 곤坤은 땅·유순함이고, 간艮은 산·그침이다. 그러므로 「단전」은 "순응하여 그친다"고 하였다.[15] 이로 보면 금본 「상전」의 성립 시기는 결코 「단전」보다 뒤늦을 수 없다.

금본 「설괘전」은 뒤늦게 나왔다는 혐의를 줄곧 받아 왔다. 그 원인은 『수서』 「경적지經籍志」에 "진나라가 서적을 불태울 때 『주역』은 복서의 책이라 홀로 보존되었는데, 오직 「설괘」 3편만은 없어졌다가 뒤에 하내河內의 여자가 얻었다"고 하였기 때문이다. 그런데 왕충王充은 『논형論衡』 「정설正說」에서 "효제·선제 때에 하내의 여자가 옛집을 뒤져, 없어졌던 『역』·『예』·『상서』 각 한 편씩을 얻어 바쳤다. 선제는 박사에게 보

---

†15) 이상의 예는 劉大鈞, 『周易槪論』, 齊魯書社, 1986, 20쪽에서 인용하였다.

이고, 그런 뒤에 『역』·『예』·『상서』에 한 편씩을 더하였다"고 하였다. 전국 시대에서 한대 초기까지의 문헌을 보면 금본 『역전』 9편은 모두 나타나나 「잡괘전」만은 그림자도 비치지 않는다. 그러니 선제 때 증보해 넣은 이 일본逸本『역』은 「잡괘전」임에 틀림없다. 이로 보건대 『수서』 「경적지」가 「설괘전」이 없어졌다고 한 말은 그 근거를 잃게 된다. 공자가 차서를 매겼다고 사마천이 말한 『역전』의 여러 편들 속에 「설괘전」이 들어 있으니, 한무제 때 「설괘전」이 존재하여 태사공이 친히 보았음에 틀림없다.

위에 서술하였듯이 『진서』 「속석전」의 기록에 "위양왕 묘에서 『괘하역경』 1편이 출토하였는데 「설괘전」과 같으면서 다르다"고 하였다. 즉 전국 시대에 『괘하역경』이 있어서 금본 「설괘전」과 유사하면서 또 다른 점이 있다는 것이다. 이 모순은 마왕퇴 출토의 백서 「계사전」과 대조하여 보면 뚜렷이 밝힐 수가 있다. 백서 「계사전」은 금본 「계사전」의 대부분을 포함하면서, 금본 「설괘전」의 처음 3장도 포괄하고 있다. 이 백서본 「계사전」은 오늘까지 발견된 것 중 가장 이른 시기의 텍스트이므로, 그 원래의 면모를 반영하고 있다고 생각된다. 이것을 근거로 추론하면 원래의 「설괘전」은 처음 세 장이 없이 후반 부분만을 포함하였다고 추정된다. 이 사실은 금본 「설괘전」의 내용에서도 밝힐 수가 있다.

금본 「설괘전」의 제1장은 시蓍가 생겨나 수數를 세우고 괘를 연역하여 효를 추정하는 과정에서 시작하여, 『역』의 운용이 광대함을 논설하였다. 제2장은 중괘 6효가 천지인 삼재三才와 음양 2체二體의 상징 의의를 가탁하고 있다는 점을 논하였다. 제3장은 팔괘의 모순적이면서 화해를 추구하는 운동 상태를 가지고, 일음일양一陰一陽이 도道라는 법칙을 게시하였다. 이렇게 1·2·3장은 기본적으로 중괘·팔괘·시수蓍數의 철학 이치를 논하고 있으니, 금본 「계사전」의 내용과 일치한다. 그런데 그 뒤의 여덟 장은 이와 달라서 기본적으로 팔경괘의 취상을 논하고 있다. 팔경괘의 취상은 「계사전」에서는 거의 말하지 않고 있다. 이처럼 내용상 앞뒤 연결이 잘 안 된다는 점은 금본 「설괘전」의 앞 세 장이 본래는 「계사전」에 속하였다가 나중에 「설괘전」에 섞여 들어갔다는 사실을 말해 준다. 속석은 금본 「설괘전」을 기준으로 『괘하역경』을 보았기에 그것이 「설괘전」과 같으면서도 다르다고 느꼈던 것이다. 이 점은 납득할 수가 있다. 속석이 보기에 『괘하역경』은 금본 「설괘전」의 뒷부분 장과 같기에 상동하다고 느꼈을 것이고, 금본 「설괘전」의 앞 세 장이 없었기에 달랐다고 느꼈을 것이다. 그런데 같은 점이 다른 점보다 많았으므로, 그것이 「설괘전」과 같다고 확실하게 말할 수가 있었다.

「설괘전」 자체가 이처럼 변화를 겪은 사실이 분명해졌으므로, 그것과 『역전』의 기타 편들을 비교하면 각 편의 성립 시기를 제대로 확정 지을 수 있다. 「설괘전」은 팔경괘를 전문적으로 논술한 것이고, 「상전」·「단전」·「문언전」은 64별괘를 강술한 것이며, 「계사전」은 『주역』의 일반 이론을 분석 탐구한 것이다. 일반적으로 말하자면 먼저 경괘의 상이 있은 뒤에 별괘의 해설이 있고, 구체적인 개별적 강술이 있은 뒤에 이론상의 귀납과 종합이 있게 마련이다. 이를테면 『주역』 건괘乾卦의 괘사는 "건은 원형이정元亨利貞이다"인데, 「단전」은 "크도다, 건원이여! 만물이 이를 바탕하여 비롯하니, 곧 하늘의 이치를 아우른다"고 하였고, 「상전」은 "하늘의 운행은 굳건하니, 군자는 그것을 본받아 자강불식自彊不息한다"고 하였다. 이 해석들은 아무 근거가 없는 것일까? 있다. 「설괘전」에 "건은 하늘이다"라 하고 또 "건은 굳건함이다"라고 한 것이 그 근거이다. 또 곤괘坤卦의 괘사는 "곤은 원형元亨이니, 암말의 정절처럼 지킴에 이롭다"[114)인데, 「단전」은 "지극하도다, 곤원이여! 만물이 이를 바탕삼아 생겨난다. 즉 유순하여 하늘의 덕을 받아들인다. 곤은 두터워 사물을 싣고, 덕은 끝없는 하늘의 덕과 짝하여, 건천의 넓은 덕을 포함하고 건천의 큰 덕을 빛내어, 온갖 품물이 다 형통한다. 암말은 땅에 속하는 부류(陰類)로, 땅 위를 어디까지고 가서 유순하여 지속한다"[115)고 하였다. 「상전」은 "땅의 형세는 곤이다. 군자는 그것을 본받아 후덕하여 만인을 포용한다"[116)고 하였다. 괘사에 대한 이러한 해설은 명백한 지적은 없지만, 사실상 괘상과 괘덕에 의거하여 말한 것이다. 이것은 「설괘전」의 "곤이란 땅이다"와 "곤이란 유순함이다"에서 비롯된 것이다.

다시 몽괘蒙卦☶☵ 「단전」을 보면 "몽괘는 산 아래 위험한 물이 있는 형상이니, 험한 물을 건너지 않고 그침이다"[117]라고 하였는데, 「상전」에 "산 아래 샘이 나는 것이 몽괘이다. 군자는 그것을 보고 자신의 행실을 완수하여 덕을 기른다"[118]고 하였다. 몽괘는 내감외간內坎外艮으로 하괘는 산·험난함·그침으로 풀이되고, 상괘는 산 아래 샘이 난다고 풀이되는데, 이러한 풀이는 아무런 근거가 없는 것일까? 근거가 있다. 「설괘전」에 "간은 산이다", "간은 그침이다", "감은 물이다", "감은 빠짐(陷)이다"라고 하였다. 구괘姤卦☰는 하손상건下巽上乾이다. 그 「단전」은 "구는 만남이다. 유柔가 강剛을 만남이다.…… 하늘의 기와 땅의 기가 서로 만나 온갖 품물이 성하게 되어 문채를 지닌다"[119]고 하였고, 「상전」은 "하늘 아래 바람이 있음이 구괘의 상이다. 군주는 이것을 본받아 명령을 선포하여 두루 사방에 고한다"[120]고 하였다, 이것은 「설괘전」의 "건은 하늘이고 아비이다"와 "손은…… 바람이고 장녀이다"에 근거하였다.

여기서 보면 알 수 있듯이 「설괘전」이 팔경괘의 취상과 괘덕卦德에 대하여 규정을 내리지 않았더라면, 「단전」과 「상전」의 해설은 입론할 수조차 없다. 따라서 「설괘전」의 기본 부분(앞 세 장을 제외한 금본 「설괘전」)은 결코 「단전」이나 「상전」보다 뒤늦을 수가 없다. 다만 그 구체적인 성립 연대는 문헌을 통해 대략 고찰할 수 있을 뿐이다. 『좌전』과 『국어』에는 복관卜官들이 『주역』의 괘상을 해석한 기록이 많다. 예를 들어 『국어』「진어晉語」 4에 "진震은 우뢰이다", "감坎은 수고로움(勞)이요 물이다", "곤坤은 어미이다", "진震은 장남이다"라고 되어 있고, 『좌전』 희공 15년에 "진괘震卦가 리괘離卦로 변하고, 또 리괘가 진괘로 변하니 우뢰이고 불이다"라고 되어 있으며, 『좌전』 소공 5년에 "리는 불이고, 간은 산이다"라고 되어 있다. 복관들의 이러한 취상설은 대체로 「설괘전」과 같다. 춘추 시대의 이러한 취상은 복관卜官들이 사건을 단정할 때 그때그때 발명한 것인가, 아니면 달리 근본하는 바가 있었던 것일까? 대답은 후자이다. 그 이치는 너무도 분명하다. 오늘날의 점술가들을 보면 길흉설이 비록 조잡하지만, 산명법算命法과 이론 형식은 대체로 동일한데, 그것들은 결코 그들 각자가 창조한 것이 아니다. 이것과 사정이 꼭 같다. 즉 춘추 시대 복관들의 취상설은 바로 「설괘전」의 원형을 근본으로 삼았다. 이로써 추론하면 「설괘전」의 기본 부분은 적어도 춘추 전기에 형성되었다고 생각된다. 어떤 이는 주대의 작품이라고 하는데, 이 설은 자못 날카로운 면이 있다.[16]

「서괘전」의 글귀는 『회남자』 「무칭훈繆稱訓」에 인용된 것이 있다. 즉 "『역』에 '박탈함은 끝까지 다할 수 없으니, 그래서 박괘剝卦 다음에 복괘 復卦로 받는다'"라는 인용이다. 이로써 한대 초기에 「서괘전」이 이미 존 재하였으며 선제 때 출현한 것이 아니란 사실을 알 수 있다. 『순자』 「대 략」에 "『역』의 함괘咸卦는 부부의 도리를 보여 준다. 부부의 도는 바로 하지 않을 수 없으니, 군신과 부자의 근본이기 때문이다"라고 하였다. 이 학근李學勤은 이것이 「서괘전」의 "천지가 있은 뒤에 만물이 있고, 만물이 있은 뒤에 남녀가 있으며, 남녀가 있은 뒤에 부부가 있고, 부부가 있은 뒤에 부자가 있으며, 부자가 있은 뒤에 군신이 있다"[121]라든가 "부부의 도는 오래도록 지키지 않을 수 없으니, 그러기에 항괘恒卦로 받는다"에서 변화되어 나왔다고 보았다.[17] 이 설이 아주 옳다. 이처럼 「서괘전」은 전 국 시대에 이미 있었으므로 그 성립 시기가 뒤늦을 수 없다.

「잡괘전」은 본래 『역전』에 속하지 않았다. 이 「잡괘전」은 한 효제·선 제 때 하내의 여자가 낡은 집을 뒤져 얻었던 것이 뒤에 『역전』에 추가로 끼워 넣어져 금본 십익十翼의 하나로 된 것이다. 금본 『주역』 64괘의 배 열은 괘와 괘 사이에 반대의 뜻을 갖추고 있고 또 괘조卦組와 괘조 사이 에도 의미상 인과 관계가 있다. 「잡괘전」은 64괘의 괘의를 해석하면서 둘씩둘씩 짝을 지어 한 데 둔 것으로 전체가 하나의 괘서卦序를 이룬다. 「잡괘전」의 앞 56괘는 둘씩둘씩 짝을 이루지만, 마지막 8괘는 짝을 이루 지 않고 장법章法이 착란되었다. 분명히 하내 여자가 낡은 집을 뒤졌을 때 착간된 결과이다. 송의 채연蔡淵은 앞 56괘가 둘씩 서로 연결되어 풀 이되는 예와 글귀 끝에 압운押韻을 한 예에 따라 이를 개정하였다.

---

†16) 沈颩民, 「周易管見」, 『文匯報』, 1961년 8월 15일.
†17) 李學勤, 「帛書周易與荀子─系易學」, 『中國文學』 창간호.

대과大過☱☴는 전복됨이다. 이頤☶☳는 양성함이 올바름이다. 기제旣濟☵☲는 성취하여 안정됨이다. 미제未濟☲☵는 남자의 도가 곤궁함이다. 귀매歸妹☳☱는 여자의 도가 완성되어 종료됨이다. 점漸☴☶은 여자가 우귀于歸함에 남자의 친영을 기다려 행함이다. 구姤☰☴는 만남이니 유柔가 강剛을 만남이다. 쾌夬☱☰는 뭇 양陽이 일음一陰을 결단코 제거함이다. 군자의 도가 성하게 됨은 소인이 근심하는 바이다.[122]

이렇게 하면 「잡괘전」의 64괘 전체가 금본 『주역』과 같게 되는 한편, "둘씩둘씩 짝을 이루어 처음으로 돌아가지 않으면 변한다"[123]는 특징을 지니게 된다. 하지만 「잡괘전」의 괘서가 금본 『주역』의 괘서와 다른 점도 뚜렷하다. 금본 『주역』은 괘조와 괘조 사이에는 의미상 인과 관계가 있다. 바로 「서괘전」이 밝힌 바대로이다. 즉 "천지가 있은 뒤에 만물이 생겨난다"는 것은 건·곤 2괘와 기타 62괘의 관계를 말한 것으로 건곤이 부모이고 나머지가 자녀이다. 이어서 "하늘과 땅 사이를 채우는 것이 만물로, 그래서 준괘屯卦☵☳로 받는다. 준이란 참(盈)이니 만물이 처음 남을 말한다. 사물이 나면 반드시 어리숙하니(蒙), 그래서 몽괘蒙卦☶☵로 받는다. 몽이란 덮음이니 사물의 어림(稚)을 말한다. 사물이 어려 기르지 않을 수 없으므로 수괘需卦☵☰로 받는다"고 하였다. 준괘와 건곤괘는 천지가 만물을 처음 낳는 관계에 있고, 몽괘와 수괘는 사물이 어려 반드시 길러야 하는 관계에 있다. 이러한 인과 관계가 「잡괘전」에는 없다. 「잡괘전」은 "건乾☰은 강건하고 곤坤☷은 유순하다. 비比☵는 즐겁고 사師☷는 근심한다. 임臨☷과 관觀☴의 뜻은 하나는 줌이고 하나는 구함"[124]이라고 하였다. 즉 각 괘조의 두 괘는 반대 관계에 있어, 하나는 강건하고 하나는 유순하며, 하나는 즐겁고 하나는 근심하며, 하나는 주고 하나는 구한다. 하지만 건곤乾坤·비사比師·임관臨觀 사이는 전혀 상관이 없다. 따라서 임관을 비사 앞에 두더라도 안 될 이유가 없다.

그러나 금본 『주역』은 그러한 이동을 결코 허용하지 않는다. 왜냐하면 그렇게 이동하면 인과 관계를 위반하기 때문이다. "둘씩둘씩 서로 짝을 이루어 처음으로 돌아가지 않으면 변하는" 두 괘 사이의 관계를 두고도

「잡괘전」의 차서는 금본 『주역』과 다른 점이 허다하다. 금본 『주역』의 시師와 비比, 무망无妄☲과 대축大畜☷, 손巽☴과 태兌☱, 곤困☵과 정井☶, 건蹇☶과 해解☵, 가인家人☲과 규睽☲, 태泰☷와 비否☶, 둔遯☶과 대장大壯☱, 동인同人☲과 대유大有☲, 중부中孚☴와 소과小過☶, 감坎☵과 리離☲, 이頤☶와 대과大過☱, 점漸☶과 귀매歸妹☱, 쾌夬☱와 구姤☴의 앞뒤 순서가 「잡괘전」에서는 뒤바뀌어 있다. 아무런 인과 관계도 없는 「잡괘전」의 괘서로 보자면 그런 뒤바뀜은 아무 문제도 되지 않는다. 하지만 깊은 의미를 지닌 금본 『주역』의 괘서로 보면 그같은 뒤바뀜은 용인할 수가 없다.

괘의卦義에서도 「잡괘전」은 『역전』의 기타 편과 많은 차이가 난다. 이를테면 예괘豫卦☶의 괘사 "제후를 세우고 군대를 출동함에 이롭다"[125]를 두고, 「단전」은 "천지와 성인이 천리에 순응하여 동함으로써 그 때를 얻음을 즐거워한다"고 해석하여 "예괘의 시時를 가리키는 뜻이 크도다"라고 말하였다. 「상전」은 "만물을 동하게 하면 즐거우며(豫) 성왕은 이 예의 상을 본받아 음악을 만들어 조상을 숭배한다"고 풀이하였다. 「서괘전」은 "능히 크게 차지하면서 능히 겸손하면 반드시 기쁘다"[126]고 하여, 겸허한 자가 반드시 기쁘다고 설명하였다. 이 셋은 모두 예豫를 즐거워함(樂)으로 풀이하였다. 그런데 「잡괘전」은 '예는 태怠'라고 하였다. 태는 게으름이니, 위 셋과 뜻이 다르다.

또 리괘履卦☱의 괘사는 "호랑이 꼬리를 밟되 사람을 물지 않으니 형통한다"[127]인데, 『단전』은 "제위를 밟되 허물이 없다"고 설명하고, 「상전」은 "군자는 상하의 도리를 변별하여 백성의 마음을 안정시킨다"고 해설하며, 「서괘전」은 "리履란 예禮이다. 밟아 실천하여 태연한 뒤에 안정된다"고 설명하였다. 이것들은 모두 군주가 예로써 즉위할 것을 강조한 풀이다. 그런데 「잡괘전」은 "리履는 처處하지 않음이다"라고 하였다. '처하지 않음'이란 실천하지도 않고 예를 취하지도 않음이다. 또한 대장괘大壯卦의 괘사는 '이정利貞'인데, 「단전」은 정대正大함이 대장大壯이며 천지의 진실된 모습을 상징한다고 보았다. 「상전」은 우뢰가 하늘 위에 있음이 대장이니, 군자가 예가 아니면 밟아 나가지 않음을 상징한다고 하였다. 「서괘전」은 "사물은 끝까지 장대할 수가 없다. 그러므로 진晉☰☷으로 받는다. 진晉은 나아감(進)이다"라고 하였다. 천지와 군자는 장대함에 인하여 나아간다는 뜻이다. 그런데 「잡괘전」은 도리어 "대장이면 그친다"고 하였다. 이것은 '나아감'과 정반대이다.[18] 「잡괘전」이 괘시 및 괘의에서 이처럼 차이가 난다는 사실은 그것이 『역전』의 계통에 속하지 않는 별도의 역학설이었다는 사실을 말해 준다.

「잡괘전」은 한선제 때 나오기는 하였지만 성립 연대는 결코 그처럼 늦지 않다. 「잡괘전」의 주요 범주는 강剛과 유柔이다. 첫 번째 구절은 '건강곤유乾剛坤柔'라 하여, 논지를 전개시키는 기본 전제가 어디에 있는지를 드러내었다. 그 이하 강유소장剛柔消長의 여러 정도를 가지고 사물간의 차이를 설명하였다. 중간의 60괘는 강유를 분명히 말하지는 않았으나, 둘씩 둘씩 조응하여 강유의 의미가 6효(否·泰·剝·復의 예)에 드러나 있기도 하고, 상하괘(漸·歸妹의 예)에 드러나 있기도 하므로 강유를 말하지 않았어도 강유가 그 속에 깃들어 있다. 맨 마지막에 "유가 강을 만나고" "강이 유를 결단한다"고 하여 마치니, 강유소장의 주기적 순환을 뜻하고 있다. 「잡괘전」의 이 강유 사상은 「단전」과 일치한다. 건괘乾卦☰ 「단전」에 "크도다, 건원이여"라 하고 곤괘坤卦☷ 「단전」에 "지극하도다, 곤원이여"라 하여, 건곤의 강유 두 성질을 천지만물의 본원으로 보았다. 준괘屯卦☵☳에서는 "준은 강과 유가 처음 엇갈리어 곤란이 앞에 생겨남이다"고 하였고, 그 아래 61괘에서는 혹은 강유가 상하 내외의 괘에 위치하는 태세를 말하기도 하고 혹은 강유가 왕래진퇴하는 변천을 말하기도 하였다. 이것들은 모두 강유에 기초하여 이론을 세운 것이다.

구체적인 풀이에서 보면 「단전」이 「잡괘전」을 계승한 흔적이 있다. 이를테면 박괘剝卦☶☷ 「단전」에 "박은 박탈함이다. 유가 강을 변화시킴이다"고 하고, 복괘復卦☷☳ 「단전」에 "복이 형통한다는 것은 강剛이 회복하기 때문이다"고 하였다. 이것들은 「잡괘전」의 "박剝은 난숙함(爛)이요 복復은 돌아감(反)이다"를 해설한 듯하다. 「잡괘전」은 "쾌夬☱☰는 결단함

---

† 18) 王興業, 「雜卦不雜說」, 『周易研究』 창간호.

(決)이다. 강이 유를 결단함이다. 군자의 도가 성장하면 소인의 도는 근심한다"고 하였는데, 태괘泰卦 ䷊ 「단전」은 "안은 양이고 밖은 음이다. 안은 강건하고 밖은 유순하다. 안은 군자이고 밖은 소인이다. 군자의 도가 성장하면 소인의 도는 소멸한다"[128]고 하였다. 비괘否卦 ䷋ 「단전」에는 또 "안은 음이고 밖은 양이다. 안은 유순하고 밖은 강건하다. 안은 소인이고 밖은 군자이다. 소인의 도는 오래 가고 군자의 도는 소멸한다"고 하였다. 이러한 해설로 볼 때 「잡괘전」은 「단전」보다 뒤늦지 않다.

그러나 「잡괘전」은 결코 「설괘전」보다 이를 수는 없다. 「잡괘전」의 "점漸은 여자가 시집을 가는데 남자가 친영하기를 기다려 감이다. 귀매는 여자가 성취하여 종료함이다"라든가 "미제는 남자가 곤궁함이다"라고 하는 것들은 모두 「설괘전」이 건곤乾坤을 부모, 진손震巽을 장남 장녀의 상, 감리坎離를 중남 중녀의 상, 간태艮兌를 소남 소녀의 상으로 본 데서 취한 것이다. 「잡괘전」의 "진震 ䷲ 은 일어남(起)이고, 간艮 ䷳ 은 그침(止)이다"나 "태兌 ䷹ 가 드러나니 손巽 ䷸ 은 엎드린다"나 "리離 ䷝ 가 올라가면 감坎 ䷜ 은 내려간다"는 모두 「설괘전」에서 취한 것이다. "간은 그침이다"는 직접 흡취한 것이요, "진은 일어남이다"와 "손은 엎드린다"는 「설괘전」의 "진은 동함(動)이다"와 "손은 들어감(入)이다"로부터 간접 흡취한 것이다. "리가 올라가면 감은 내려온다"는 리는 불로 타 올라가고 감은 물로 적시어 내려감으로부터 파생된 것이다. "건乾은 강건하고 곤坤은 유순하다"는 「설괘전」의 '건은 건健', '곤은 순順'과 뗄레야 뗄 수가 없다.[19]

위의 서술을 종합하면 『역전』 각 편의 성립 시기는 근본적으로 전국 중기보다 뒤늦을 수가 없다. 「설괘전」·「단전」·「상전」은 전국 전기 이전의 작품이고, 「계사전」과 「문언전」은 칠십 제자의 시대, 곧 전국 초기에 이루어졌다. 「서괘전」의 구체적인 성립 시기는 뚜렷하지 않지만, 전국 때 작품이라 판단된다. 「잡괘전」은 『역전』의 기타 편과 내원이 같지 않으나, 성립 시기는 분명히 전국 초보다 늦지 않다.

---

†19) 蕭漢明, 「雜卦論」, 『周易研究』, 1988년 제2기.

『역전』의 성립 시기를 이렇게 단정하고 나면 그 작자의 연구에도 확실한 전제가 마련되는 셈이다. 『역전』의 작자에 관한 문제를 가장 먼저 제기한 사람은 사마천이다. 『사기』「공자세가」에 "공자가 늘그막에 『역』을 좋아하여 「단」·「계」·「상」·「설괘」·「문언」을 차서 매겼다"고 하였다. 사마천의 이 말에 대하여 뒷사람들은 여러 가지로 달리 인식하고 있다. 반고의 『한서』「예문지」는 "공자는 「단」·「상」·「계사」·「문언」·「서괘」 등 10편을 만들었다"고 하였다. 즉 『한서』「예문지」는 사마천이 말한 『역전』의 5종 8편을 확충하여 10편으로 보았으며, 이로써 「서괘전」과 「잡괘전」을 포괄하게 되었다. 사마천의 설을 회의하는 사람들이 구양수 이후로 점점 많아졌다. 오늘날에 이르러서는 『역전』이 공자의 저작물이 아니라 하고, 구양수 이후로 심지어 공자와 『주역』의 관계를 부정하기까지 한다. 이러한 견해는 믿을 수가 없다.

　공자와 『주역』의 관계는 의심할 여지가 없다. 이 점은 『주역』의 성립 시기와 공자의 역학설을 논술하면서 이미 고찰한 바대로이다. 주목할 것은 마왕퇴 출토 백서의 「요要」편이 이 점을 입증하여 준다는 사실이다. 「요」편의 내용은 공자가 자공子貢의 물음에 답한 것으로, 그 속에는 「계사전」 하下의 "선생께서 말씀하시길 '늘 위험하다고 경계하는 자는 자신이 처한 지위를 안정시키는 자이다'라고 하였다"[129] 이하 281자가 있는데다가, 공자가 만년에 『주역』을 연구한 정황을 기록한 장이 하나 있어 "공부자는 늘그막에 『역』을 좋아하여 앉아서는 자리에 두고, 다닐 때는 책자루에 넣어 가지고 다녔다"고 하였다. 자공은 이 점을 이해하지 못하여 의문을 제기하였고, 이에 두 사람 사이에 문답이 있게 된 것이다. 공자는 『주역』에 옛날의 성인이 끼치신 말씀이 있으니, "나는 그 운용을 평안히 여기는 것이 아니라 그 언사를 즐긴다"고 하였고, "뒷날의 선비가 나를 의심하는 것은 어쩌면 『역』 때문이 아닐까?"라고 하였다. 자공이 공자에게 "선생께서는 어째서 점서를 믿습니까?" 하자, 공자는 자신이 점복자와 다르다고 하여 "나는 그 덕의德義를 볼 따름이니", "사무史巫와 길을 같이하되 귀결점이 다르다"고 하였다.[120] 「요」편의 이 자료를

† 20) 韓仲民, 「帛書繫辭淺說」, 『孔子研究』, 1988년 제4기.

이학근은 정밀하게 분석하였다. 이학근에 따르면 이렇다. 공자가 왜 "뒷날의 선비가 나를 의심하는 것은 어쩌면 『역』 때문이 아닐까"라고 하였는가? 만일 공자가 기껏 『주역』 읽기를 좋아하였을 따름이라면 『주역』과 아무 깊은 관계도 없으니, 이처럼 표현하였을 리가 없을 것이다. 즉 공자는 『주역』의 단순한 독자인 데 그치지 않고, 어떤 의미에서는 그 작자였다는 사실을 암시한다. 공자가 만든 것은 응당 그가 즐긴 언사가 아니라 언사를 해석한 『역전』일 수밖에 없다.[21]

「요」편의 자료를 가지고 사마천의 기록을 검증하면 사마천의 설을 뒤집을 수 없음이 더욱 분명해진다. 사마천의 아버지 사마담司馬談은 양하楊何에게서 『역』을 배웠는데, 양하는 한무제 때 『역』에 능한 박사였으며, 그의 학문은 제나라의 전하田何에게서 수업한 것이었다. 전하의 역학은 광우光羽·주수周竪·교자矯疵를 거쳐 간비馯臂(즉 荀子의 역학이 나온 子弓)에게로 소급된다. 간비에 관해서는 상구商瞿의 문인이란 설도 있고 자하子夏의 문인이란 설도 있는데, 그 역학이 공자에게서 기원함은 의문의 여지가 없다. 대대로 태사령太史令의 직을 맡아 온 세가世家의 인물로 근엄한 학풍을 몸에 지닌 사마천이 가학家學의 연원에 대해 기록하면서 어찌 멋대로 장광설을 하였겠는가?

반고의 『한서』 「예문지」의 설은 『사기』를 답습한 것이라서 모든 사람들이 주목하고 있으나, 사실 반고의 설은 사마천의 설과 같지 않다. 그런데도 사람들은 이 점을 왕왕 놓쳐 왔다. 『사기』에서 "「단」·「계」·「상」·「설괘」·「문언」을 차서次序하였다"고 할 때의 서序는 동사인데, 『한서』는 그것을 명사로 보아 '서괘'라고 파악하였으니 이것은 아주 잘못이다. 『사기』에 '서'자는 모두 75번 보인다. 그 가운데 명사로는 40번 사용되었으나, 어떤 경우도 '서괘'로 풀이되지 않는다. 『사기』는 공자가 서序한 것이 다섯 종류라 하였으나, 『한서』는 "…… 등 10종이다"고 하였으니 「서괘전」만 포괄한 것이 아니라 「잡괘전」마저도 공자의 작이라 한 것이다. 「서괘전」은 내용상 공자의 역학 계통에 속한 것이 분명하지만, 사마

---

[21] 李學勤, 「從帛書易傳看孔子與易」, 『中原文物』, 1989년 제2기.

천은 그것을 공자가 서序한 것이라고 말하지 않았다. 「서괘전」이 공자의 제자인 칠십자나 혹은 그 뒤의 다른 문인들이 지은 것이었기 때문일 수 있다. 만일 사마천 가문의 역학 사승師承에서 공자가 「서괘」를 서序하였다는 스승의 설이 있었다면, 사마천이 그 점을 결코 누락하였을 리 없다. 「잡괘전」은 본래 한선제 때 나온 것이라 사마천이 미처 보지 못하였으므로 언급하지 않은 것이 당연하다. 반고는 동한 때 『역전』에 이미 「잡괘전」이 보충되어 있었기에 "공씨가 …… 등 10편을 지었다"고 한 것이다. 그러나 이것은 사마천의 설과 어긋나며 또 근거도 없다. 따라서 금본 『역전』이 모두 공자가 서序한 것이라 할 수 없다. 뒤에 나온 「잡괘전」은 공자가 서序한 『역전』에서 배제해야 한다.

　『사기』에서 '서'가 동사로 쓰인 것이 35번인데, 모두 서열序列·차서次序의 뜻이다. 이를테면 「삼대세표三代世表」에 "공자가 역사서의 문장에 따라서 『춘추』를 차서 매겨 원년을 기록하고 시기의 일월을 바로하였으니, 대개 자상할진저! 『상서』를 차서함에 이르러서는 생략하여 무슨 해, 무슨 달의 기록이 없으며 혹 있다고 하더라도 빠진 것이 많다"[130]고 하였다. 『춘추』를 차서함과 『상서』를 차서함은 상대되는 말이다. 서序는 곧 차次로서 정리·편차의 뜻이다. 「맹자순경열전孟子荀卿傳」에서는 "맹자가 은퇴하여 만장萬章의 무리와 함께 『시』·『서』를 서序하여 중니의 뜻을 조술하였고, 『맹자』 7천 언을 지었다"고 하였는데, 이 서序는 서열이라는 뜻에서 파생되어 강술講述이란 뜻을 지닌다. 또 "모두 황로黃老 도덕道德의 술법을 배워 거기에서 발명하여 그 지의指意를 서序하였다"고 할 때 '서'자는 아랫 문장에서 순자가 "이에 유묵儒墨 도덕의 행사와 흥괴興壞를 미루어 수만 언을 서序하고 죽었다"고 할 때의 '서'와 같다. 그 뜻은 '저著'이다. 「공자세가」에 "공자가 삼대의 예를 추적하여 『서전』을 서序하여, 위로는 당우唐虞의 시대를 기술하고 아래로는 진목공에 이르기까지 그 행사를 편차編次하였다"고 할 때의 '서序'는 '편차'와 같은 것으로 그 뜻도 '저著'이다. 따라서 『사기』에서 동사 '서'는 기본 뜻이 차서次序, 즉 정리이다. 차서·정리는 창조적 노동도 포함하므로 서序에는 저작의 뜻이 있는 것이다. 「태사공자서」에서 사마천은 또 "선친의 말씀에 주공이 돌아가신 지 오백 년에 공자가 나오셨고, 공자가 돌아가신 지 이제 오백 년이니, 능히 그분들을 이어서 세상에 밝혀 『역전』을 바로하고 『춘추』를 이으며 『시』·『서』·『예』·『악』에 근본할 때가 있을 것인가?"라고 하였다. 사마담의 '『역전』을 바로함'이란 곧 '「단」·「계」·「상」·「설괘」·「문언」을 차서함'이니, 정正은 곧 서序이고, 『역전』은 「단전」·「상전」·「계사전」·「설괘전」·「문언전」 등 5종이다.

공자가 『역전』을 지었다는 것은 사실 선진 시대 이래의 통설이다. 육가陸賈의 『신어』「도기道基」에 다음과 같은 말이 있다.

> 예의가 행해지지 않고, 기강이 서지 않아 후대에 쇠퇴하였다. 이에 후성後聖이 5경五經을 정하고 6예六藝를 밝히고 천지의 법도를 잇고, 아울러 사물의 은미한 이치를 궁구하였다. 실정을 따져 근본을 세워 인륜을 질서롭게 하고, 천지를 숭앙하고, 편장篇章을 찬수하여 후세에 드리우고, 조수에게까지 혜택을 주어 쇠란을 광정하였다. 이에 하늘과 인간이 합책하고, 원도原道가 모두 갖추어졌다. 지혜로운 자는 그 마음을 통달하고, 온갖 공인은 그 기교를 다하였다. 이에 피리·거문고 등 사죽絲竹의 음으로 조화하고, 쇠종과 북, 노래와 춤의 음악을 설치하여, 사치를 제거하고 풍속을 바로하며, 문아文雅(藝文禮樂)를 통하였다.[131]

여기서 '후성'은 그 위의 글과 연관 지어 볼 때 공자를 가리킴이 분명하다. '5경을 정하고 6예를 밝혔다"이하의 말들은 각각 지시하는 바가 있다.

이를테면 "천지의 법도를 잇고 아울러 사물의 은미한 이치를 궁구하였다"는 말은 『역』을 가리킨다. "천지를 숭앙하고 편장을 찬수하였다"는 말은 『시』와 『서』를 가리킨다. "하늘과 인간이 합책하였다"는 말은 『춘추』를 가리킨다. 그리고 마지막 몇 개의 구절은 『예』와 『악』을 가리킨다. 어쨌든 공자가 5경을 정하였다고 육가가 말한 것은 『역』을 포함해서 한 말이다.

그런데 공자가 『역』을 정하였다는 것은 분명히 공자가 그저 『주역』을 읽었다는 뜻이 아니다. 그렇지 않다면 '정하였다'는 표현을 하였을 리가 없다.[122) 공자가 『역』을 정하였다고 한 육가의 말과 공자가 『역전』을 바로하였다고 한 사마담의 말은 일치한다. 즉 『역』을 정하였다는 것은 『역전』을 바로하였다는 말이다. 백서 「요」편에 "뒷날의 선비들이 어쩌면 『역』 때문이 아닐까"라고 하였으니, 공자와 『역전』의 관계는 아주 분명하다. 육가의 학은 순자에 뿌리를 두어, 백서 『역전』 등과 함께 남학南學 세열에 속한다. 사마담은 역학을 양하·전하에게서 수업하여 북학北學 계열에 속한다. 남북 두 계열의 학자가 꼭 같이 공자와 『역전』의 관계를 긍정하고 있고, 또 그 설이 모두 전국 진한 때의 인물에서 나왔으므로 공자가 『역전』을 지었다는 말은 당연히 신뢰할 만하다.

우리는 사마천의 설을 따라 『역전』의 「단전」·「상전」·「계사전」·「설괘전」·「문언전」이 공자의 작이라고 보되, 결코 오늘날의 저작처럼 한 글자 한 구절을 모두 다 공자가 쓴 것이라고 보지는 않는다. 이령李零은 이렇게 말하였다.

> 옛날의 서적은 한 사상가의 내면에 축적된 사상을 입으로 부르면 그것을 붓으로 기록하여, 장구를 가다듬고 편을 나누어 이름 붙인 뒤 한 책으로 결집하기까지 기나긴 과정을 거친다. 학파 내부의 전습 과정중에 많은 사람들의 손을 거쳐 차례차례 완성되므로 들은 바와 기록한 바가 상이한데다, 정리 방식이 같지 않아서 각종 전본이 형성되기 일쑤이며, 때로는 필사자가 터득한 것과 각종 참고 자료가 첨가되어 선생의 것과 학생의 것을 명확히 분별할 수 없게 되기도 한다. 그러므로 오늘날의 저술 체제를 기준으로 고서를 평가해서는 안 된다.[123)

이 말은 『역전』의 상황에 꼭 들어맞는다. 구체적으로 말하자면 『역전』의 5종은 공자가 차서하여 그 주요 사상이 공자에 귀속하지만, 그 가운데는 앞사람의 설도 없지 않고, 평소 공자의 강술 때에 제자들이 한 기록

---

†22) 李學勤,「帛書周易與荀子─系易學」,『中國文化』창간호.

†23) 李零,「出土發現與古書年代的再認識」,『九州學刊』3권 1기 (홍콩, 1988. 12). 李學勤,「易傳與子思子」,『中國文化』창간호에서 재인용.

도 없지 않다. 또 뒷사람이 끼워 넣은 부분도 있고, 문장이 빠지고 순서가 뒤바뀐 것도 있다.[24] 이를테면 「상전」을 보자. 앞서 서술하였듯이 공자 이전에 노나라 태사의 집무처에 『역상』이 존재하였는데, 『역상』이 『역』을 해설한 저작물이라고 한다면, 금본 「상전」이 그 성과를 흡수하지 않았다고 생각할 수 없다. 마치 공자가 『춘추』를 지을 때 『노춘추』에서 자료를 취한 것처럼 말이다. 또 건괘 「문언전」의 "원元이란 선善의 근원이다. 형亨은 사물의 아름다움이 집합됨이다. 이利의 의義가 조화됨이다. 정貞이란 모든 일의 근간이다"[132]라는 단락은 『좌전』 양공 9년에 노성공의 모친 목강의 입에서 나왔는데, 이 때는 아직 공자가 출생하지 않았던 때이다. 따라서 「문언전」도 예전의 설을 흡수하였음을 알 수가 있다. 「계사전」에는 서법筮法을 전문적으로 강론한 장이 있다. 그런데 『주례』「서인筮人」에 서인이 3역三易을 관장하고 9서九筮의 이름을 변별한다는 설이 있다. 그러므로 공자 이전에 이미 각종 서법이 존재하였으며, 「계사전」에 기록된 서법은 결코 공자가 창조한 것이 아니라 주나라 사람들이 관습적으로 이용한 서법을 공자가 기록해 둔 것임을 알 수 있다.

또 다른 예로 "역에 태극이 있어 이것이 양의를 낳고, 양의가 4상을 낳으며, 4상이 팔괘를 낳는다"는 말은 팔괘의 생성 과정을 밝히고 있다. 팔괘가 연변하여 64괘로 된다는 것은 그 유래가 오래되었다. 이 설은 결코 공자 때에 이르러 만들어진 것이 아니라 공자가 앞사람의 역학설을 채용한 것이다. 「설괘전」의 금본 3장 이후는 모두 팔괘의 성질과 그 취상을 강론하고 있어 이론의 성질이 다소 다르다. 이것은 공자가 『역』을 논할 때 역상易象 자료를 모은 것으로, 옛날부터 있던 설을 공자가 대략 편차하였을 뿐이다. 「문언전」의 전부와 「계사전」의 저 두 단은 효사爻辭를 전문적으로 해석한 글로 모두 제자들이 기록한 공자 어록이다. 따라서 그 사상이 공자에게 귀속함은 의문의 여지가 없다. 공자가 친필로 쓴 것이 아니고 또 글이 번잡하고 힘이 없다고 하여 공자의 저작권을 부정할 수는 없다. 저작의 주체는 사상이고, 필기는 형식임을 알아야 할 것이다. 오늘

---

†24) 金景芳, 『學易四種』, 215쪽.

날의 회고록이나 전기물도 저자가 입으로 부르면 남이 기록하여 정리하여 만드는 일이 많다.

그리고 『역전』에는 뒷사람이 찬입한 부분이 있다. 이를테면 「계사전」의 "하늘이 상을 드리워 길흉을 나타내니 성인이 상을 보았다. 황하에서 도圖가 나오고 낙수에서 서書가 나오니, 성인이 그것을 법칙삼았다"[133]나, 「계사전」의 "옛날 포희씨가 천하에 왕노릇할 때에"부터 "대개 괘에서 취하였다"까지의 단락이 그러하다. 이 하도낙서설 및 포희(복희)팔괘설은 "역에 태극이 있어 이것이 양의를 낳고, 양의가 4상을 낳으며, 4상이 팔괘를 낳는다"는 설과 서로 모순된다. 역은 서수筮數·괘획卦劃에서 생겨나 대연지수大衍之數로부터 4영四營·3역三易을 거쳐 성립하였다. 어찌 하늘과 땅을 관찰하고 원근에서 취하여 만들었다고 할 수 있겠는가? 그러므로 하도낙서설과 포희팔괘설은 『역전』의 핵심 사상과 대립되는 것으로, 뒷날의 호사가들이 끼워 넣은 것인 듯하다. 이상에서 든 세 가지 상황에서 뒷사람이 끼워 넣은 부분은 분명히 공자와 아무 관련도 없다. 그러나 그 나머지는 공자가 『역경』을 해석하고 역을 공부하여 터득한 바와 마찬가지라서 그 사상은 공자에게 속한다.

「계사전」과 「문언전」에는 '자왈子曰'이 30개 있다. '자왈' 이하의 글은 구양수 이래로 경사經師의 말로 간주하여 공자의 말이 아니라고 부정하게 되었다. 그러한 부정은 편견에 가득 찬 것이다. '자왈' 이하가 공자의 말이란 사실을 입증하는 내적 증거를 들어보자. 「계사전」에 "자왈, '안씨顔氏의 아들이 도를 체득함에 거의 가까울진저. 그는 자신에게 불선不善이 있으면 알아내어서 고치지 않는 법이 없다. 알아내어 고친 다음에는 결코 다시는 저지르지 아니한다'"[134]고 하였다. 이 말은 『논어』「옹야雍也」의 "안회顔回란 자가 있으니 그는 학문을 좋아하고, 이 쪽 화풀이를 저 쪽에 하는 일이 없으며, 한 번 범한 잘못을 두 번 다시 하지 않습니다"[135]와 흡사하다. 안회를 안씨의 아들이라 칭하는 것은 선생인 공자를 제외하고는 어느 누구도 그럴 수 없을 것이다.

외적 증거를 들자면, 장사 출토의 백서 「목화繆和」 중에 『역』을 전한 경사經師가 그 제자 목화 등과 담화한 내용이 있다. 그 첫머리에 "목화가 선생에게 물었다"고 하고, 경사의 말은 모두 '자왈'이라 칭하였다. 더구나 「계사전」과 「요」편 중에는 '자왈'이 허다하게 나타나 있고, 특히 「요」편은 공자가 자공의 물음에 답한 것을 기록하였으니 여기서의 '자왈'은 공자의 말이 아니면 성립하지 않는다. 그런데 금본 「계사전」의 "자왈 '늘 위태롭게 여겨 경계하는 자는 그 지위를 평안히 하는 자이다'" (子曰危者安其位者也)로부터 "기幾란 움직임의 조짐이요 길함이 미리 드러나는 것이다"(幾者動之微吉之先見者也)까지의 132자와 "자왈, 안씨의 아들"(子曰顔氏之子)에서 "『역』에 왈, '더 보태 주지 않고 혹 공격한다. 마음을 세움이 항상됨이 없어서 그런 것이니 흉하다'"(易曰莫益之或擊之立心勿恒凶)까지의 149자는 모두 「요」편 중에 수록되어 있다.[25] 따라서 금본 『역전』 중의 '자왈'이 공자의 말이 아닐 수가 없다.

3. 『역전』의 역학관

『역전』의 대부분은 공자가 지은 것으로 기본적으로 공자의 사상에 속한다. 따라서 『역전』을 연구한다는 것은 공자의 역학관을 연구하는 것이 된다. 이하 역학 원칙, 역학 방법과 철학 사상 등 세 방면으로 나누어 서술하고자 한다.

1. 『역전』의 역학 원칙

『주역』은 본래 복서책이었으므로 아무리 그 속에 심각한 사회·정치 사상과 철학 사상이 들어 있다 해도 공자의 앞사람들은 그것을 길흉 판단의 도구로 사용하였다. 이 점은 『주례周禮』·『좌전』·『국어』 등의 기록을 통하여 알 수 있다. 의리의 각도에서 『역』을 연구하는 일은 역학사에 일대 전환이었다. 이 전환은 『역전』에서 시작되었으니, 바로 공자에 의하여 개시된 것이다.

『주역』의 본질과 사회적 효용에 관한 인식에서 복서파卜筮派와 의리파

---

†25) 韓仲民, 「帛書繫辭淺說 —— 兼論易傳的編纂」, 『孔子研究』, 1988년 제4기.

義理派의 역학 원칙이 갈라졌다. 『역전』은 이 근본 문제에 대하여, 물론 「단전」과 「상전」에서도 언급하였으나, 주로 「계사전」 속에서 집중적으로 논술하였다.

공자는 "『역』은 무엇 때문에 만들어졌는가? 무릇 『역』은 천하 사물이 막혀 있는 것을 열어 발전시키고 당연의 직무를 성취하게 하여, 천하 사물의 모든 도를 그 속에 망라하고 있으니, 이와 같은 것일 따름이다"[136]라고 하였다. 『주역』이 사물의 시원과 완성을 포괄하며 일체 사물의 발생·발전·종결의 전과정을 개괄하는 철학서임을 말한 것이다. "『역』이란 책의 내용은 극히 광대하고 천지간의 도리를 모두 다 갖추고 있어, 그 속에는 천도도 있고 인도도 있고 지도도 있으며",[137] "하늘의 도에 밝고 인간의 일에 밝다."[138] 즉 자연계의 지식과 사상부터 인류 사회의 지식과 사상에 이르기까지 망라하지 않은 것이 없이 다 갖추고 있다. 간단히 말해 『역』은 우주 대수학代數學이다. 이처럼 『역전』은 당시에 알기 쉬웠던 철학 언어를 가지고, 복서의 뒷면에 숨겨진 『주역』 고유의 심각한 사상을 발굴해 내었다.

『주역』의 본질은 그 사회적 효용을 결정하였다. 「계사전」에 "무릇 『역』은 성인이 덕을 숭고하게 하여 외면의 사업을 광대하게 하려 하였으며",[139] "성인은 『역』을 가지고 천하 사람의 희망을 실현케 하고, 천하 사람의 산업을 정하며, 천하 사람의 의문을 판단하신다"[140]고 하였다. 성인은 『역』을 가장 잘 한 자라고 할 수 있다. 성인은 『역』을 가지고 점을 친 것이 아니라, 『역』을 이용하여 덕을 숭고하게 하고 사업을 광대하게 하였으며, 『역』을 가지고 천하 백성의 사상을 통일하고 천하 백성의 사업을 성취하였으며 천하 백성의 문제를 해결하였다.

『주역』을 철학서로 보는 역학 원칙은 괘의와 괘효사에 대한 『역전』의 해설에서 특히 뚜렷이 드러난다. 「계사전」에는 3진9덕三陳九德의 장이 있어서 리履·겸謙·복復·항恒·손損·익益·정井·곤困·손巽 9괘의 괘의를 세 차례에 걸쳐 진술하였다.

『역』이 일어난 것은 중고中古 때인가? 역의 작자는 우환이 있었을진저!

그러기에 리履는 덕의 기반이요, 겸謙은 덕의 손자루요, 복復은 덕의 뿌리요, 항恒은 덕의 견고함이요, 손損은 덕의 수양함이요, 익益은 덕의 유복함이요, 곤困은 덕의 변별함이요, 정井은 덕의 대지요, 손巽은 덕의 제어함이다.[141]

이것은 모두 도덕 수양의 각도에서 9괘의 괘의를 해석한 것이다. 그 목적은 우환 속에 있는 사람들로 하여금 도덕의 경지를 제고하려는 것이니, 이로써 흉凶을 길吉로 변화시키려 하였다.

덕으로 『역』을 풀이하는 경향은 「단전」과 「상전」에도 있다. 특히 「대상전」 중에 아주 명료하게 구현되어 있다. 『주역』의 64조 「대상전」은 각 1조마다 괘상과 괘의를 파악해 인간사로 파생해 나가 군자의 도덕 가치, 도덕 원칙, 품격 수양, 삶의 이상을 논하였다. 이를테면 건괘乾卦의 「대상전」은 "천행은 굳건하니, 군자는 그것을 본받아 자강불식한다"고 하였다. 건乾에 강건한 성질이 있기에 군자는 『역』 공부에서 천도의 강건함을 본받아 자강분투하고 영원히 쉼이 없어야 한다는 것을 설명하였다. 곤괘坤卦는 "땅의 형세가 곤이니, 군자는 그것을 본받아 후덕함으로 대중을 실어 용납한다"고 하였다. 땅의 유순한 덕에서 비롯하여, 군자의 『역』 공부는 대지가 만물을 용납하여 실음을 본받아 남을 관후하게 대해야 한다고 경계하였다.

몽괘蒙卦䷃의 괘사는 "처음 서筮하면 신이 길흉을 고하나, 재삼 서하면 신을 모독하는 것이라서 신이 길흉을 고하지 않는다"[142]고 하였다. 비괘比卦䷇ 괘사에는 "재차 서筮하여 원元(仁)의 덕을 길이 고수하면 재앙이 없다"[143]고 하였다. 이것들은 『주역』을 가지고 점서에 사용한 것인 듯하다. 하지만 「단전」은 이것들을 점서의 측면에서 파악하지 않는다. "처음 서하여 신이 고해 주는 것은 강중剛中의 마음을 지키기 때문이다. 재삼 서하면 신을 모독하게 되니, 신을 모독하면 고해 주지 않으며 동몽童蒙을 더럽게 된다"[144]고 하고, 또한 "재차 서하여 원元의 덕을 장구하게 고수하면 재앙이 없다는 것은 강중의 마음을 지키기 때문이다"[145]라고 하였다. 이것들은 모두 강유剛柔·중도中道를 가지고 『역』의 의리를 천명한 것이다.

「문언전」은 건괘乾卦 초효에서 상효까지의 효사를 가지고 군자의 도덕 수양 과정을 해석한다.

초구初九에 "숨어 있는 용은 행사를 하지 않는다"고 하였는데 무엇을 뜻하는가? 자왈, "용덕龍德이 있으면서 숨어 있는 것이다. 세상의 퇴폐를 변역하지 못하고, 세상에 명성을 드러내지 않은 채 종신토록 세상에 쓰이지 않더라도 근심이 없으며, 세간인이 모두 비난하더라도 근심이 없다. 도를 즐겨 행하는 군자는 도리를 행할 수가 있으나, 두려워 근심하는 소인은 도리를 행하지 못하고 어그러진다. 지조가 확고하여 절조를 바꿀 수 없는 그런 인물이 잠용潛龍의 덕이 있는 자이다.[146]

군자는 모름지기 '잠용'을 본받아 "세상에 쓰이지 않더라도 근심하지 말아야" 하며, 천하에 도가 없을 때에는 주저함 없이 은둔을 즐겨 행하여 자강불식해야 하지 소침消沈해서는 안 된다고 말하였다. 구2 효사의 "나타난 용이 밭에 있으니, 대인을 봄에 이롭다"는 말에 관하여 「문언전」은 "무슨 뜻인가? 군자는 용덕으로 정중을 얻은 자이다. 올바른 말을 삼가고 올바른 행실을 근실히 하여 사악함을 막고 정성을 보존하여, 세상을 올바르게 교화해도 자만하지 않아 그 덕이 널리 화하게 된다"[147]고 하였다. 구2 효사에서 공자는 수기修己(자기 자신을 닦음)와 선세善世(세상을 올바르게 교화함)의 문제를 보고 그 관건이 성誠에 달려 있다고 보았다. 성誠의 경지에 이르게 되어야 덕이 능히 두루 화하게 된다고 하였다. 구3 효사는 군자가 덕에 나아가고 자신의 일을 닦아 나감(進德修業)에 있어 변함없이 처음 뜻을 지키며 늘 조심하고 삼가해야 함을 강조하였다. 구4 효사는 군자의 수양이 시기에 맞아야(及時) 허물이 없게 된다고 강조하였다. 구5의 날아가는 용이 하늘에 있음에 대하여는 "성인이 출현하여 만물이 우러러 봄"이라고 풀이하였다. 마지막으로 상구上九의 "극도로 높이 난 용은 후회가 있다"는 말은 "귀하면서도 지위가 없고 높으면서도 백성이 없으며 현인이 아랫자리에서 보좌함이 없음"이라고 풀이하였다. 요컨대 이것들은 모두 괘효사 속에서 인생 철학을 발굴한 것이다. 즉 하늘의 도(天之道)와 인간의 일(民之故)을 탐색하여 『주역』을 정치와 윤리의 교과서로 간주한 것이다.

『주역』의 사상은 시蓍와 괘卦를 도구로 이용하여 표현된다. 따라서 『역전』은 시와 괘를 해석하는 가운데 철학화의 원칙을 관철하였다. 「계사전」과 「설괘전」은 모두 시蓍로서 괘를 구하여 괘를 긋게 되는 과정을 논술하였다. 「계사전」은 대연지수大衍之數를 둘로 나누고, 오른쪽에서 하나를 뽑아 새끼손가락에 걸치고, 왼손의 책策을 넷씩 가르고, 남은 것(奇)을 가운뎃손가락과 약손가락 사이에 귀속시키는 네 가지 일을 행하여 역을 이루며(四營而成易), 한 효에 세 번씩 그렇게 해서 여섯 효를 얻으려고 열여덟 번을 하여 하나의 괘를 얻는다(十有八變而成易)고 하였다. 3획괘를 늘여서 6획괘로 하고, 각 괘를 같은 류끼리 접촉시켜 64괘로 늘리는데(引而伸之, 觸類而長之), 이로써 천하 사람이 길흉에 대처하여 할 수 있는 모든 일들이 이 속에 들어 있게 되어(天之之能事畢矣), 천지간의 일체 변화가 남김없이 개괄된다는 것이다.

> 서죽筮竹을 3변三變하여 많게 적게 하고 앞에 뒤에 하며, 그 수를 섞기도 하고 한데 합하기도 하여 그 서수의 변화를 통하면, 마침내 천지의 문양인 하나의 효가 이루어진다. 그 3변의 수를 궁극에까지 추구하여 마침내 천하의 상인 6효를 이룬다. 천하의 지극한 변화를 갖춘 성인의 덕이 아니면 누가 능히 이에 관여하겠는가.[148]

대연지수의 변화를 극진히 해야 능히 괘상을 정하고, 괘상을 통해야 천하 만물의 변화를 반영할 수 있다는 말이다. 설시揲蓍와 획괘劃卦의 과정은 본래 깊은 의미를 갖추고 있다. "그러므로 역에 태극이 있어 이것이 양의를 낳고, 양의가 4상을 낳으며, 4상이 팔괘를 낳는다. 팔괘는 길흉을 정하고 길흉은 대업을 낳는다"고 하였다. 팔괘를 낳는 과정이 곧 천지가 처음 나뉘어 만물을 변화시켜 형성하는 과정이라고 설명함으로써, 획괘를 차용하여 우주관을 표현하였다. 「설괘전」에는 다음과 같은 말이 있다.

예전에 성인이 『역』을 만들 때에 신명을 가만히 협찬하여 시점蓍占을 작성하였다. 그리하여 1·3·5의 기수를 하늘의 수로 하고 2·4의 우수를 땅의 수로 하여, 음이 양으로 양이 음으로 변하는 것을 관찰하여 64괘를 성립시켰으며, 양과 음을 강효剛爻·유효柔爻로 삼아 강효와 유효의 변농에서 64괘의 384효를 성립시켰다. 그 괘효사는 도덕과 조화하고, 각 괘마다 도의에 조리가 있어서 사물의 조리를 궁극에까지 추구하고 인간의 본성을 극진히 하며, 성性의 본원인 명命에 도달하여 천명과 합일할 수 있었다.[149]

여기서는 시蓍·수數·괘卦·효爻의 관계를 개관하였다. 시蓍를 이용하여 수를 구하고, 수를 얻어 효를 정하며, 효를 거듭하여 괘를 이룬다고 하여, 생시生蓍·의수倚數·생효生爻·입괘立卦의 단계가 천명天命·인성人性과 결합된다고 강조하였다. 또 이렇게 말하였다.

그러므로 하늘의 도를 상대적으로 보아 음과 양이라고 하고, 땅의 도를 상대적으로 보아 유와 강이라고 하며, 인간의 도를 상대적으로 보아 인仁과 의義라고 하였다. 6획괘는 천지인이 각각 둘씩 나뉘어 이원적으로 상대하여 서로 작용을 이루므로, 『역』은 6획을 가지고 1괘를 이룬다고 한다. 1괘 6획 가운데 초·3·5의 기수위는 양이고, 2·4·상의 우수위는 음으로, 음의 효위와 양의 효위가 셋씩 나뉜다. 여섯 개의 효위에는 양의 위에 올바로 강효가 오는 수 있으나 유효가 오는 때도 있으며, 음의 효에 올바로 음효가 오는 수 있으나 양효가 오는 때도 있다. 강효와 육효가 교차하여 찬란한 문양을 형성한다.[150]

역괘의 6효를 천·지·인 삼재와 음양·강유·인의의 6위로 간주하여, 역괘가 천지인 삼재의 도를 기본 내용으로 한다고 설명하였다. 『역전』은 서법과 획괘라는 원시 무술巫術 행위를 논술하면서 『역전』의 역학 원칙을 표명하였으니, 『주역』을 점서 도구로 보지 않고, 천도와 인도를 밝혀 서술하는 철학서로 보아 그것을 도덕 수양의 교과서로 삼았다.

의리로 『역』을 해석하는 일은 결코 공자와 그의 『역전』에서 비롯된 것은 아니지만, 그러한 역학 원칙이 이론화되고 체계화된 것은 『역전』 속에서이다. 전국 시대의 제자諸子들은 『역전』의 영향을 깊이 받았다. 이점에 대해서는 전국 시대 제자의 역학설을 논할 때 이미 논술한 대로이다. 진한 시대 이후 『역전』의 그러한 역학 원칙은 유가의 정통으로 받들어졌다. 『역전』은 의리에 의한 역 해석 원칙을 이론면에서 개창하였으므로, 뒤에 경經과 동등한 지위를 얻게 된 것이다.

2. 『역전』의 역학 방법

공자보다 앞서서 의리의 각도에서 역을 해설하는 취상설取象說과 취의설取義說이 이미 출현해 있었다. 공자는 『역전』을 지으면서 앞사람들의 올바른 방법을 계승하고 발전시킨 한편 효위설爻位說을 창립하였다. 그러한 역학 방법은 『주역』의 진리를 파악하는 관건으로 『주역』에 새로운 인식 내용을 부여하여 후대 역학에 큰 영향을 낳았다.

1) 취상설取象說

『주역』의 64괘는 팔경괘를 기초로 그것을 중첩시켜 만든 것이다. 팔경괘는 각각 상을 취한 바가 있다. 즉 "건은 하늘이니 아비라고 칭한다. 곤은 땅이니 어미라고 칭한다"와 같은 식으로 「설괘전」에 많은 기록이 있다. 취상설은 팔경괘가 상징하는 물상을 가지고 중괘重卦의 괘상을 설명하고 그로써 괘명과 괘효사의 뜻을 해설하는 방법이다. 이러한 역 해석 방법은 『역전』 가운데 「대상전」에서 가장 두드러진다. 이를테면 사괘師卦䷆의 「상전」에 "땅 속에 물이 있는 상이 사괘이다. 군자는 이 상을 본받아 백성을 용납하고 대중을 기른다"[151]고 하였다. 사괘의 괘체는 상곤하감上坤下坎이고, 곤의 취상은 땅, 감의 취상은 물이므로 「상전」에서 "땅 속에 물이 있다"고 하였다. 물은 땅 속에 감추어 저장되어 있으면서 아무리 취하여도 다하지 않고 아무리 써도 마르지 않으니 가히 많다고 할 수 있다. 여기에 사師(대중의 무리)의 상이 있으므로 사라고 칭한다. 「상전」은 천인합일天人合一의 관점에서 출발하여 군자가 이 상을 보고 "백성을 용납하고 대중을 길러야 한다"고 하였으니, 대지가 물을 저장하고 있듯이 백성을 용납하고 백성을 길러야 한다고 본 것이다. 괘명과 괘의에 대한 이러한 해석은 모두 중괘重卦의 괘체의 취상을 분석함으로써 얻어낸 것이다. 또 비괘比卦☷☵는 「상전」에 "땅 위에 물이 있는 형상이므로 비比이다. 선왕은 이 괘의 상을 본떠서 만방을 건립하고 제후와 친하였다"[152]고 하였다. 비괘의 괘체는 상감하곤上坎下坤이다. 곤은 땅이고 감은 물이므로 "땅 위에 물이 있다"고 하였다. 물이 땅 위에 있어 그 둘이 교합하여 분리될 수 없이 나란히 친한 형상이므로 비比라고 칭한다. 괘체의 취상을 분석함으로써 괘명과 괘의를 논하였다. 선왕은 이 상을 보고서 만방을 건립하고 제후와 친하게 지낸다고 하였으니, 비괘의 상징 의의를 구체적으로 밝혀 서술한 것이다.

「단전」도 취상설을 운용한 것이 적지 않다. 이를테면 태괘泰卦☷☰의 「단전」에 "태는 작은 것(3음)이 위로 가고 큰 것(3양)이 아래로 오니, 길하고 형통하다고 하는 것은 천지가 교감하여 만물이 통하고, 군신 상하가 서로 어울리어 그 뜻을 같이함을 말한다"[153]고 하였다. 태괘의 괘체는 상곤하건上坤下乾이다. 건은 하늘이고 곤은 땅이므로 천지가 교감하고 만물이 통한다고 괘사와 괘의를 해석하였다. 취상설은 상점설象占說의 분석 방법과 같아서 둘 다 괘상에서 의를 취한다. 그러나 가는 길은 같아도 귀착지는 다르다. 즉 목적이 아주 다르다. 취상설은 괘상을 인증하여 인사를 논하려 하였고, 상점설은 점사占事에 사용하여 길흉을 점치려 하였다.

2) 취의설取義說

『주역』의 팔경괘는 세간 만물의 여덟 가지 성질을 대표한다. 「설괘전」에서는 "건은 강건함이요, 곤은 유순함이요, 진震은 진동함이요, 손巽은 들어감이요, 감坎은 빠짐이요, 리離는 나란함이요, 간艮은 그침이요, 태兌는 기쁨이다"[154]라고 하였다. 건은 강건한 성질을 갖고 곤은 순한 성질을 갖는데, 이러한 성질은 고정 불변한다. 팔괘로부터 조성된 64중괘도 각각 일정한 의의를 가져 일정한 괘덕을 체현한다. 취의설은 괘명의 의의와 괘의 덕행설을 가지고 중괘의 괘상을 밝혀 이로써 괘효사를 해설한다. 준괘屯卦☵☳의 「단전」은 "험난함을 뚫고 움직여 나아가니 크게 형통한다"[155]

고 하였다. 준괘의 괘체는 하진상감下震上坎이다. 진震은 움직임의 성질을 지니고 감坎은 험난함의 성질을 지니므로 "험난함을 뚫고 움직인다"고 말한다. 움직이지 않으면 험난함에서 벗어나지 못하며, 움직여 위험에서 벗어나면 바로 새 생명이 세상에 강림한다. 따라서 그 앞길이 크게 형통하여 무한하기에 '크게 형통한다'(大亨貞)고 하였다.

또 수괘需卦☵「단전」에 "수需는 기다림이다. 위험이 앞에 가로놓여 있기 때문이다. 강건하기에 험난함에 떨어지는 일이 없다. 곤궁하지 않는 이유가 있기 때문이다"[156]라고 하였다. 수괘의 괘의는 수대須待, 즉 기다림이다. 수괘의 괘의는 어째서 기다려야 하지 급히 나아가서는 안 된다는 것일까? 수괘의 괘체는 하건상감下乾上坎이다. 건의 성질은 강건하여 용감히 나아감이고, 감은 물의 형상으로 그 성질은 험난함이다. 큰 강물이 길을 가로막고 있으므로, 급히 나아가면 반드시 위험에 빠지니 기다렸다가 나아가야만 한다. 그러므로 기다림이라고 풀이하였다. 기다림이란 결코 나아가지 않음이 아니다. 수괘의 하체는 건인데,「계사전」에 "건은 천하의 지극히 강건함이다. 이 건의 강건함을 덕으로 지니고 실행하는 성인은 어떤 일에 부딪쳐도 술술 쉽게 해 나가고 앞길의 험난함을 미리 안다"[157]고 하였다. 험난함을 미리 알아야만 반드시 때를 기다려 망녕되이 나아가지 않을 수 있고, 그런 뒤에 비로소 위험을 넘어서고 위험에 빠지지 않을 수 있다. 그러므로 "강건하기에 험난함에 떨어지는 일이 없다. 곤궁하지 않는 이유가 있기 때문이다"라고 하였다. 이것은 경괘經卦의 덕德을 가지고 중괘重卦의 상象을 풀이한 것이다. 중괘의 괘의가 기다림인 이유와 "큰 강을 건넘에 이롭다"고 한 뜻이 뚜렷해진다.

3) 효위설爻位說

효위설은 전체 괘상에서 효상爻象이 처한 위치를 가지고 괘효사를 설명한다. 이 이론의 기초는 음양강유설陰陽剛柔說이다.『주역』의 괘획은 양효와 음효로 이루어져 있으나, 그 둘의 철학적 성질에 관하여『주역』경문은 아무 설명도 하지 않았다. 공자가『역전』을 짓자 비로소『주역』의 괘획에 함축된 깊은 사상을 이론적으로 밝힐 수 있게 되었다. 음양강유설을 살펴보자. 공자의 이 개괄은 『주역』의 실제와 부합하는 것이며, 또 『주역』을 사상적으로 발전시킨 것이기도 하다. 음양강유를 가지고 건곤의 괘와 기우奇偶의 성질을 구분하여, 괘상 및 효상을 설명하는 범주로 삼고, 그것으로 괘효사의 의의도 설명한다. 이렇게 하여 효위설이 출현하였다. 효위설에는 대략 다음 일곱 형태가 있다.

가. 당위설當位說

주역의 1괘 6효는 각각 그 지위가 있다. 초·3·5는 기수에 속하여 양위陽位이고 2·4·상은 우수에 속하여 음위陰位이다. 양효가 양위에, 음효가 음위에 있을 때를 『역전』은 당위當位 혹은 득위得位라고 한다. 이와 반대로 양효가 음위에 있거나 음효가 양위에 있으면 당위가 아니고 위를 잃은 것(失位)이다. 일반적으로 당위이면 길하고, 당위가 아니면 흉하다. 기제旣濟와 미제未濟 두 괘에서 그 점이 가장 전형적으로 표현되어 있다. 기제괘는 감상리하坎上離下로 초구·구3·구5가 양위에 있고 육2·육4·상육이 음위에 있어서 6효가 모두 당위이다. 그러므로 「단전」은 "바른 길을 지킴에 이롭다는 것은 강(양효)과 유(음효)가 올바로 제 위치에 합당하기 때문"[158)]이라고 하였다. 6효의 당위를 가지고 "작은 일에 형통하니, 바른 길을 지킴에 이롭다"(亨小, 利貞)는 괘사를 풀이한 것이다. 『주역』 64괘 중에서 이 기제괘만이 유일하게 6효가 고르게 당위이면서 전부 상응하게 되어 있다. 그런데 미제괘☲는 기제괘와 상반되어 리상감하離上坎下로 6효가 모두 당위가 아니다. 그래서 「단전」에 '부당위'라 한 것을 두고 「상전」은 "'일이 아직 이루어지지 않았다. 앞으로 나아가 일을 해 나가려고 하면 흉하다'고 하는 것은 위가 부당하기 때문"[159)]이라고 하였다. 즉 부당위를 가지고 괘사와 효사를 해석하였다. 또 서합괘☲는 리상진하離上震下로 그 육3효가 음효이면서 양위에 있다. 육3 효사에 "말린 돼지고기를 씹어 맛이 변한 것을 만나 복통을 일으키니, 조금은 곤란에 처하지만 재앙은 없다"[160)]고 하였는데, 「상전」은 "'맛이 변한 것에 만난다'란 효위가 부당하기 때문"(遇毒, 位不當也)이라고 하였다. 올바른 효위를 얻지 못한 점을 가지고 효사의 의미를 해석하였다.

나. 상응설相應說

상응설은 한 괘의 초효·2효·3효가 각각 4효·5효·상효와 서로 호응할 수 있다고 보아 양효가 음효와 상응하는 것을 응함이 있다고 한다. 이를 테면 초효가 양이고 4도 양인 예가 그러하다. 양효가 양효를 만나거나 음효가 음효를 만나면 응함이 없다. 2효가 음이고 5효도 음인 예, 초효가 양인데 4효도 양인 예가 그러하다. 보통 응함이 있으면 길하고 응함이 없으면 흉하다. 항괘恒卦 ䷟는 진상손하震上巽下로, 당위설에 따르면 초육·구2·구4·육5는 모두 음효가 양위에 있고 양효가 음위에 있으니 당연히 흉괘이다. 하지만 괘사에서는 "항구하면 형통한다. 재앙이 없다. 올바른 길을 지킴에 이롭다. 나아가서 일을 행함에 이롭다"[161]고 하였다. 그 원인은 어디에 있는가? 「단전」은 "강과 유가 모두 응함이 있으니 항구의 도"[162]라고 해석하였다. 내괘內卦의 초육과 외괘外卦의 구4가 상응하고, 내괘의 구2가 외괘의 육5와 상응하며, 내괘의 구3이 외괘의 상육과 상응한다. 6효의 음양이 모두 응함이 있으므로, 항괘는 비록 4효가 당위가 아니더라도 그 괘사가 '형통한다'고 한 것이다. 또 간괘艮卦 ䷳는 상간하간上艮下艮으로 그 괘사에 "간은 그침이다"라고 하였다. 「단전」은 "상하가 대적하여(敵應) 서로 간여하지 않는다"[163]고 하였다. 간괘 6효의 상하가 서로 상응하지 않음을 가지고 간지艮止의 뜻을 풀이한 것이다. 간괘의 초육은 육4와, 육2는 육5와, 구3은 상구와 각각 강유가 대적하여 상응하지 않는다. 음양강유가 상응하면 정이 통하여 통일성을 지니고 운동할 수 있으나, 서로 대적하면 배척·대립하여 왕래하지 않아서 운동이 정지하게 된다. 그래서 간괘에 그침(止)의 의미가 있는 것이다.

이 상응설은 당위설을 보완한다. 위에 든 미제괘는 6효가 모두 당위가 아닌데도 괘사는 도리어 '형통하다'고 하였고, 그 「단전」은 "비록 당위가 아니지만 강유가 응한다"[164]고 하였다. 미제괘의 초효와 4효, 2효와 5효, 3효와 상6효가 모두 응함이 있으니, 비록 그것들이 당위가 아니더라도 형통할 수가 있다. 이로 보면 상응설이 당위설보다 더 중요하다. 상응설은 조화를 중시하고 모순의 통일성을 존중하는 『역전』의 사상을 잘 드러내고 있다.

다. 득중설得中說

중中이란 내괘의 중간 위치와 외괘의 중간 위치, 즉 2효와 5효의 효위를 말한다. 만약에 2효에 위치하는 것이 음효이면 중中을 얻은 것이고 정正을 얻은 것이다. 만약에 양효이면 중을 얻었지 정을 얻지는 못한 것이다. 중中을 얻었으면서 정正한 것이 가장 길하고 이롭다는 설이 득중설이다. 또 같은 승위라도 외괘의 중위, 즉 제5효가 더욱 중하여 그것을 군위君位 혹은 존위尊位라고 칭한다. 제2효를 포함한 나머지 효위는 모두 신위臣位라고 칭한다. 그래서 「계사전」에 "귀한 신분과 천한 신분을 구별함은 6효의 위位에서 한다"[165]고 하고 "3효는 (신위로 하괘의 제일 위에 있어 중을 얻지 못하여) 흉이 많고, 5효는 (군위로 중을 얻었으니) 공이 많다. 3과 5의 귀천이 다르기 때문이다"[166]라고 하였다.

임괘臨卦䷒는 곤상태하坤上兌下로 구2·육3·육5가 모두 당위가 아니지만, 괘사는 "크게 형통한다. 바른 도를 지킴에 이롭다"[167]고 하였고, 「단전」은 "강이 즐거이 나아가고 유가 순하게 따르며, 양강이 음유의 효와 응한다. 크게 형통하면서 강중剛中이 음유와 바르게 응하여, 하늘의 법칙과 합치한다"[168]고 풀이하였다. 강중은 구2를 가리키고, '응한다'는 이 구2가 상체의 육5의 유중柔中과 응함을 가리킨다. 2효와 5효의 강유는 득중하면서 상응하며 크게 형통하여 바른 도를 지킬 수 있으니, 이는 천도의 발전·변화에 부합한다. 이 설은 바로 득중설을 운용하였다. 임괘 육5는 「상전」에 "대군大君에 마땅히 이용할 바라 한 것은 중을 행함을 일컫는다"[169]고 하였다. 육5가 유효柔爻로 존위에 있으면서 중을 얻어서 아래로 구2의 강중에 응하였기에, 중에 거하여 중을 얻은데다가 중정의 도까지 행하여 처사가 마땅하지 않은 것이 없으므로, 비록 당위가 아니기는 하지만 효사가 그것을 '길하다'고 하였다. 만일 양효가 제5효위에 있으면, 당위에다가 존위에 처하였으므로 길하고 이로움은 그보다 더할 것이 없게 된다.

수괘需卦䷄는 상감하건上坎下乾이다. 「단전」에 "천위天位에 위치하면서 정중의 덕으로 하기 때문이다"[170]고 하였다. 천위는 군위로, 구5가 강효剛爻로써 상체의 중위에 거처하여 중을 얻은데다가 정正하기 때문에 그렇게 말하였다. 건괘의 구5 효사에 "나는 용이 하늘에 있으니, 대인을 보기에 이롭다"[171]고 하였다. 구5가 당위인데다가 군위에 처한 까닭에 그 성대함이 비할 바 없다. 게다가 옛사람은 용을 천자의 상이라 하였으므로, 제왕을 구5의 존위라 칭한 것이다. 이처럼 득중설은 중위中位를 중시하여, 『역전』의 '용중用中' 사상을 반영하고 있다.

라. 추시설趣時說

추시설은 괘상의 길흉이 처한 시기에 따라 달라짐을 강론한다. 꼭 같이 중위에 거처하더라도 다 같이 길한 것이 아니다. 때에 적합하면 길하고 때를 잃으면 흉하다. 「계사전」에서 "변통이란 시기에 적합하여 어그러지지 않음이다"[172]라든가, "6효에는 양효와 음효가 서로 섞이니 오직 그 시기와 사물에 달려 있다"[173]고 한 것이 그 예이다. 기제괘旣濟卦 구5의 「상전」에 "동편 이웃이 소를 잡아 제사 지냄은 서편 이웃이 시기에 맞는 제사를 지냄만 못하다"[174]고 하였다. 추시설로 효사를 해석한 것이다. 소를 잡아 행하는 성대한 제사가 소를 잡지 않는 조촐한 제사만 못하다. 조촐한 제사라도 시기에 맞으면 시기에 맞기에 좋고, 성대한 제사라 하더라도 시기에 온당치 않으면 시기에 온당치 못하기에 좋지 않다. 제사가 복을 가져 오는지의 여부는 시기에 달려 있다.

또 구괘姤卦☰의 「단전」에 이렇게 말하였다.

> 구姤는 만남이다. 유가 강을 만남이다. 그러한 부정한 여자를 맞아들여서는 안 된다 함은 그런 여자와는 집안을 함께 오랫동안 꾸려 나갈 수 없기 때문이다. 하늘의 양기와 땅의 음기가 만나면 온갖 사물이 다 성장하여 빛난다. 중을 만나고 정을 만난 강건중정의 천자에 의하여 교화가 크게 세상에 행한다. 구姤라는 글자가 뜻하는 만남에 담긴 시時의 의의는 진실로 중대하도다.[175]

구姤의 뜻은 만남이니, 곧 1음이 아래에서 생겨나 기약없이 돌연히 강과 만남이다. 음은 바야흐로 증대·성장하여 양에 불리하게 작용하지만,

천지의 음기와 양기가 서로 만나 만물이 비로소 전부 세상에 드러나게 된다. 구구姤는 비록 음이 성장하고 양이 소멸하는 형세이지만, 사실상 5강이 위에 거처하므로 약하지 아니하고, 음유가 하나만 아래에 거처하여 강하지 아니한데다 지존의 군위가 양강으로 중위에 거처하여 정을 얻었으니, 음양의 도가 아직 천하에 크게 행할 수 있음을 뜻한다. 그래서 구姤는 나쁜 일이면서 또한 좋은 일인데, 필경에 좋은 일이 될지 나쁜 일이 될지 하는 관건은 시기에 달려 있다.

절괘節卦䷁는 감상태하坎上兌下로 구2와 구5가 모두 중위에 있는데도, 구2의 효사는 "뜨락을 나서지 않으니 흉하다"[176]고 하였다. 「상전」은 "뜨락을 나서지 않아 흉하다는 것은 극히 때를 잃었기 때문"[177]이라고 하였다. 구2가 비록 중을 얻었으나 응당 나서야 할 때 나서지 않아 시기를 놓쳤기에 흉하다. 요컨대 시기에 맞추어서 중하지 않으면 길하지 못하고 이롭지 못하다. 맹자는 공자를 두고 "때에 적합하게 자제하여 올바른 행동을 한 성인"[178]이라고 하였다. 공자의 사상 방법론의 본질을 적확하게 파악한 말이다. 『역전』은 시기를 가지고 『역』을 강론하여, 시기를 중시한 공자의 변증법 사상을 드러내고 있다.

마. 승승설承乘說

승승설은 한 괘 속에서 서로 이웃하고 있는 양효와 음효 사이의 관계를 가지고 괘의와 괘효사의 길흉을 설명한다. 아래에 있는 것이 이음(承)이고, 위에 있는 것이 탐(乘)이다. 만약 윗 효가 양이고 아랫 효가 음이면 음이 양을 이음이니 이 관계는 순하고, 순하므로 길하다. 만약 윗 효가 음이고 아랫 효가 양이면 음이 양을 탐이니 이 관계는 거스르고, 거스렸으므로 흉하다. 손괘巽卦䷸의 「단전」에 "유효가 강효에 순종하니, 그래서 괘사에 '적게 형통한다. 가는 바 있음에 이롭고 대인을 봄에 이롭다'고 하였다"[179]고 했다. 초육이 구2의 아래에 굴복하여 구2에 순종하고, 육4는 구5의 아래에 굴복하여 구5를 순종한다. 모두 음이 양을 잇고 양이 음을 탔으니 조금 형통할 뿐만 아니라 "가는 바 있음에 이롭고 대인을 보기에 이로워" 아주 길하고 이롭다.

「상전」은 또 준괘屯卦䷂ 육2의 효사를 해석하여 "육2가 어려움에 부딪쳐 고뇌하는 것은 음효이면서 양효 위에 타고 있는 까닭에서다. 십 년 만에 자식을 잉태한다는 것은 상도常道로 돌아감이다"[180]라고 하였다. 육2는 중위에 거처하여 득위하였으나, 초구인 양강의 위에 타고 있기에 도리어 거스르며, 그러기에 어려움이 있다는 말이다. 귀매괘歸妹卦䷵의 괘사는 "앞으로 나아가면 흉하니, 이로운 바가 없다"[181]고 하였다. 「단전」은 "이로운 바가 없다는 것은 음유가 양강을 타고 있기 때문"[182]이라고 풀이하였다. 귀매괘의 육3은 구2를 타고 육5는 구4를 타서 모두 음이 양을 타고 있으므로, 육5가 중위에 거처하여 득위했다 하더라도 음이 양을 타서 거스르기 때문에 이로울 바가 없다. 이상에서 볼 때 승승설은 당위설과 득중설을 보완한 설로 공자의 존비·등급 관념을 반영하고 있음을 알 수 있다.

바. 괘변설卦變說

괘변이란 역변易變의 한 형식으로 음효와 양효가 왕래·변화하여 괘상에 변화를 일으킴을 말한다. 괘변의 근원은 건곤 2경괘의 상호 교색交索에 있다. 건곤 교색의 형식이 같지 않기에 64변괘 괘상이 서로 다르게 된다. 「계사전」에서 "6위의 효위를 두루 유행하여 상하 왕래하여 정해진 바가 없으며 양강과 음유가 서로 변역한다"[183]고 하였고, 「설괘전」에서 "건은 하늘이므로 아비라 칭하고 곤은 땅이므로 어미라 칭한다. 진震은 일색一索(곤이 건으로 변하여 건의 초효를 구함)하여 남성괘를 얻으니 그것을 장남이라 말하고, 손이 일색하여 여자를 얻으니 그것을 장녀라고 이른다"[184]고 하였다.

괘변의 주된 형식은 세 가지이다. 첫째, 한 괘체가 모두 변하는 형식이다. 즉 중괘重卦를 이루는 상하 2경괘가 모두 변한다. 서합괘䷔는 상리하진上離下震으로 「단전」에 "음유의 육5효가 중을 얻어 위(천자의 지위)에 행한다"[185]고 하였다. 상괘 리는 곤이 와서 건 구5를 변화시킨 것이다. 제5효는 중정인데 음유가 와서 거처하므로 "유가 중을 얻었다"(柔得中)고 하였다. 리는 상체에 처하니 "위에 행한다"(上行)고 하였다. 그런데 건 구5가 아래에 와서 곧 초육을 초구로 변화시켰다. 「단전」은 이 점을 언급하지 않았으나 사실은 그러하다. 비괘賁卦☲는 상간하리上艮下離로 「단전」에 "음유가 와서 양강을 장식하므로 형통하다. 양강이 나뉘어 올라가 음유를 참된 장식이게 한다"[186]고 하였다. 하괘 리는 곤이 와서 건 구2를 변화시켰으므로 "음유가 와서 양강을 장식한다"고 하였다. 상괘 간은 건이 가서 곧 상육을 변화시켰으므로 "양강이 나뉘어 올라가 음유를 참된 장식이게 한다"고 하였다. 이 두 예는 한 괘의 상체와 하체가 모두 변화하는 예라서 「단전」은 통틀어서 말하였다.

둘째, 한 괘의 상체만 변하고 하체는 불변하는 형식이다. 대축괘大畜卦☶는 상간하건上艮下乾인데, 「단전」은 "양강의 효가 위로 올라가 상구의 현인을 숭상한다"[187]고 하였다. 상괘 간은 하괘 건이 가서 곧 상육을 변화시킨 것이다. 양강이 상효의 위치에 거처하므로 "양강의 효가 위로 올라가 상구의 현인을 숭상한다"고 말하였다. 하괘 건은 불변하므로 「단전」은 다만 '양강의 효가 위로 올라감'만을 말하였고 음유에 대해서는 말하지 않았다.

셋째, 한 괘의 하체만 변하고 상체는 불변하는 형식이다. 이를테면 송괘訟卦☲는 상건하감上乾下坎인데 「단전」에 "양강이 와서 중을 얻었다"(剛來而得中)고 하였다. 하괘는 상체 건이 와서 곧 육2를 변화시켰으므로, "양강이 왔다"고 말하고, 제2효의 위치는 중위中位이므로 "중을 얻었다"고 말하였다. 상체 건은 불변이므로 「단전」은 "음유가 올라갔다"고 하지 않았다.

사. 강유소장설剛柔消長說

강유소장설은 괘변설과 상관이 있다. 이 설은 음효와 양효의 소멸과 성장을 가지고 괘사를 설명한다. 장長이란 음효와 양효가 안에서 바깥으로 향하여 발전하는 과정이고, 소消란 음효와 양효가 아래에서 위로 점차 교체되는 과정이다. 강이 자라나 양이 성하면 길하고, 유가 자라나 음이 성하면 흉하다. 태괘泰卦☷는 상곤하건上坤下乾으로 괘사에 "작은 것이 가고 큰 것이 오니 길하며 형통하다"[188]고 하였는데, 「단전」은 "군자의 도가 자라나면(長) 소인의 도가 소멸한다(消)"[189]고 해설하였다. 군자란 양효를 가리키고 소인은 음효를 가리킨다. 양효가 하괘에 거처하여 안에서 바깥으로 발전하는 과정에 있으므로 군자의 도가 자란다고 한다. 음효는 상괘에 거처하여, 위를 향해 발전하는 양효에 의하여 교체되는 과정에 있으므로 소인의 도가 소멸한다고 한다. 양이 성하고 음이 쇠하는 일은 양을 지지하고 음을 억누르는 『주역』의 근본 취지와 부합하므로, 괘사에 "길하고 형통하다"고 하였다. 또 비괘否卦䷋는 상건하곤上乾下坤인데, 괘사에 "폐쇄하여 막는 것은 올바른 사람들이 아니기 때문이다. 군자의 올바른 도가 행함에는 불리하다. 큰 양이 가고 작은 음이 온다"[190]고 하였다. 「단전」은 "소인의 도가 자라고 군자의 도는 소멸한다"[191]고 해설하였으니, 그 의미는 태괘와 정반대이다.

박괘剝卦䷖는 상간하곤上艮下坤이다. 「단전」은 "음유가 양강을 변화시킴이다. 가는 바 있음에 불리하다. 소인이 자라기 때문이다"[192]라고 하였다. 박괘의 아래 다섯 효는 음효로서 위로 발전해 가는 중에 있고, 상효는 양효로서 음에 의해 교체되는 중에 있다. 그래서 "유가 강을 변화시킨다"라든가 "소인이 성장한다"고 해석하였다. 복괘復卦䷗는 상곤하진上坤下震이다. 「단전」은 "가는 바 있음에 이롭다. 양강이 자라기 때문이다"[193]라고 하였다. 초효는 양효로서 그 위의 다섯 음효를 교체하는 발전 과정을 시작하였으므로, "양강이 자란다"고 하였다. 박괘와 복괘의 괘사는 전자는 불리하다 하고 후자는 이롭다고 하였다. 전자는 소인이 자라나고 후자는 강이 자라나기 때문에 그렇게 말하였다.

강유소장설은 바로 역변易變의 한 형식으로 그 이론적 기초는 괘변설과 같다. 하지만 괘변설은 괘가 이미 그러한 바를 해석하는 데 중점이 있고, 강유소장설은 괘가 아직 그러하지 않은 바에 착안하고 있다. 곧 전자는 '지난 일을 갈무리함'(藏往)이고 후자는 '미래를 앎'(知來)이라고 하겠다.

이상의 일곱 가지 설은 중점이 서로 다르지만, 효위 관계의 각도에서 『주역』을 연구하고 해설한 것이므로 효위설爻位說의 범주에 넣을 수 있다. 효위설을 제안한 것은 『역전』이 역학 방법론에서 이룩한 일대 창조이다. 이는 취상설과 취의설을 더욱 구체화하고, 『주역』의 내용과 내재적 논리 체계에 대한 이해를 더욱 심화시켰다고 할 수 있다. 뒷날 『역』을 풀이할 때에는 상수학파든 의리학파든 모두 효위설에서 벗어날 수 없게 되었다. 효위설을 부정하면 『주역』의 386개 효사와 효사 운용은 제멋대로 쌓인 모랫더미로 되어, 『주역』의 괘획 체계와 문자 체계는 구체적 연관성을 상실하고 만다. 그렇게 되면 분명 『주역』의 실상과 부합하지 않게 된다. 하지만 효위설은 너무도 모호하고 또 자의적인 면도 있다. 효위설의 대표적 형식인 이상의 일곱 가지 설은 각각 적용 범위에 한계가 있어 이 쪽 설에서는 통하지만, 저 쪽 설에서는 통하지 않는 일이 있다. 그점에서 시대적 한계가 드러난다.

3. 『역전』의 철학 사상

『역전』의 철학 사상은 『주역』을 해설하면서 제출되고 또 전개되었다. 『역전』 가운데 많은 명제들이 비록 공자에 의해 처음 창조된 것은 아니라 하더라도, 공자가 이것들을 흡수하여 『역전』의 여러 편에 넣어 『역전』의 철학 사상 체계의 일부를 형성하였다. 『역전』의 철학 사상은 어떠한 내용인가? 그 사상은 얼마만큼 깊은가? 이하에서 본체론, 변증법, 정치관의 세 측면으로 나누어 서술하고자 한다.

1) 『역전』의 본체론

「계사전」에 "그러므로 역에 태극이 있어 이것이 양의를 낳고, 양의가 4상을 낳으며, 4상이 팔괘를 낳는다"고 하였다. 이 말은 종래 여러 가지로 다르게 해석되어 왔다. 어떤 사람은 세계 생성의 도식이라 보고, 어떤 사람은 산가지를 나누어 획괘하는 과정을 가리킨다고 보았다. 사실 이 구절은 산가지를 나누어 획괘하는 과정을 설명하기도 하고 세계의 생성 과정을 가리키기도 한다. 『역전』은 서법筮法의 획괘 과정을 설명하되, 점서자와는 취지가 근본적으로 다르다. 점서자는 점서를 목적으로 하였지만, 『역전』은 시괘蓍卦를 빌려 철학 사상을 밝혔다. 따라서 태극이 양의를 낳고 양의가 4상을 낳으며 4상이 팔괘를 낳는다는 말은 분명히 팔괘 생성을 강론한 것이지만, 거기에는 상象한 바가 있으니 이 상징이 팔괘의 기본 특징이다. 이 상징은 곧 우주의 기원을 밝혀 서술한 것이다. 그러나 「계사전」의 이 구절에서 무엇이 최고 범주인가? 어떤 이는 역易이 최고 범주이지 태극이 아니라 하였다. "역에 태극이 있다"는 명제는 『주역』의 전체 구조 계통이 태극보다 더 높고 더 본원성을 지님을 말한다고 해석한다.[26] 이 설은 "역에 태극이 있다"고 할 때의 '역'을 책이름 『주역』으로 보는 전제 위에 세워졌다. 하지만 『주역』의 경문에는 건곤과 강유의 개념만 있고 태극이란 개념은 없으며, 태극이란 개념은 『역전』에 특유한 것이다.[27] 더구나 위에서 서술하였듯이 『주역』의 '역'은 변역變易에서 뜻을 취한 것이다. 따라서 "역에 태극이 있다"의 '역'은 "낳고 낳음을 역이라고 한다"(生生之謂易)의 '역'과 같은 뜻으로 변화 과정을 가리킨다. 『역전』은 우주의 변화 과정이 태극에서 시작되어, "태극이 나뉘어 둘이 되고, 그래서 천지를 낳는다"고 파악한다. 따라서 태극은 천지가 나뉘기 이전의 시원적 통일체로 천지의 근원이다. 태극의 이전에 무엇이 있는지에 대하여 『역전』은 아무런 설명도 없다. 곧 태극이 『역전』의 최고 범주이다. 여기서 우주 생성에 관한 소박 유물론이 엿보인다.

「단전」은 건곤 2괘를 해석하면서, "크도다, 건원이여! 만물이 이를 바탕삼아 비롯되도다"와 "지극하도다, 곤원이여! 만물이 이를 바탕삼아 생겨나도다"라는 명제를 제출하였다. 건원은 건의 시작, 곤원은 곤의 시작이다. 건곤이란 무엇인가? 「계사전」에 "건은 양물이고, 곤은 음물이다. 음양이 교착왕래하여 덕을 합하고, 강유가 괘체에 드러난다"[194]고 하였다. 함괘咸卦䷞ 「단전」에 "함은 감感이다. 음유가 위로 가고 양강이 아래로 내려와 음양 2기가 감응하여 서로 더분다"[195]고 하였다. 2기는 바로 음기와 양기이다. 건원과 곤원은 음양 2기의 시작이다. 「단전」은 음양을 만물의 '바탕삼아 비롯함'(資始)과 '바탕삼아 생겨남'(資生)의 본원이라 하였다. 이러한 해석은 유물론적이다.

사마천은 「서괘전」을 공자가 서차한 『역전』에 넣지 않았으나 「서괘

---

[26] 任繼愈 主編, 『中國哲學發展史』(先秦), 631쪽.
[27] 張岱年, 「易傳與中國文化的優良傳統」, 『周易縱橫錄』, 14쪽.

전」의 사상은 분명히 『역전』과 계보를 같이한다. 「서괘전」은 "천지가 있은 뒤에 만물이 생겨나니, 하늘과 땅 사이를 채우는 것은 오직 만물이 다"[196]는 명제를 제출하였고, 나아가서 부부·부자·군신·상하의 관계는 모두 그 뒤에 일어난 것이지 본디부터 있던 것이 아니라고 지적하였다. 천지만물의 기원에 관한 「계사전」과 「단전」의 논술이 유물론의 경향을 띠는 것은 결코 우연이 아니다.

하늘과 귀신의 문제에 대하여 『역전』은 기본적으로 유물론 태도를 지켰다. 『역전』에서 천天이란 글자는 출현 빈도가 아주 높다. 그런데 천존지비天尊地卑, 천도天道, 재천성상在天成象, 천지이순동天地以順動 등의 말은 모두 자연 하늘을 가리킨다. 인격적 하늘은 거의 언급되지 않았다. 다만 『역전』이 인격적 하늘을 언급한 것에는 첫째, 경문을 해석할 때 경문 내용에 구속을 받아 우연히 나온 예가 있다. 이를테면 「계사전」은 대유괘大有卦 상구 효사의 "하늘로부터 보우함을 입으니 길하고 이롭지 않음이 없다"[197]를 풀이하면서, "우祐란 도움(助)이다. 하늘의 돕는 바는 유순한 자이고, 사람의 돕는 바는 신실한 자이다. 신실함을 밟고 유순함을 생각하며 또 어진 이를 숭상한다"[198]고 하였다. 이 하늘은 의지를 지닌 하늘이다. 하지만 공자가 이처럼 말한 것은 완전히 경문에 충실하여 그런 것이며, 이 때에도 중점은 오히려 인간사에 놓여 있다. 둘째, 뒷사람이 멋대로 끼워 넣은 부분에 인격적 하늘을 언급한 예가 있다. 「계사전」에 "하늘이 상象을 드리워서 길흉을 보이니, 성인이 하늘의 상을 본떴다"[199]고 하였다. 길흉의 상을 드리워 보여 주는 하늘은 주재신主宰神의 의미를 지닌다. 하지만 김경방金景芳이 말하였듯이 이 구절은 『역전』의 본지와 배치되고, 위아래 글의 뜻과도 어긋난다. 이 부분은 뒷사람이 멋대로 끼워 넣은 부분에 틀림없다.[28] 이처럼 미심쩍은 글귀를 가지고 『역전』의 하늘이 인격과 의지를 지닌다고 단정한다면 설득력이 없다. 관괘觀卦 「단전」의 "성인은 신도神道로 가르침을 세웠다"[200]는 한 마디를 두고 신神을 주재신이라 파악하여, 종교를 세우고 귀신을 긍정하여 백성들을 복종시켰

---

†28) 金景芳, 「關于周易的作者問題」, 『學易四種』, 吉林文史出版社, 213쪽.

다고 풀이하는 사람들이 있다. 그러나 사실 여기서의 귀신은 "음양의 변화를 헤아리기 어려움을 두고 신이라고 한다"[201]는 의미로, 미묘한 변화를 가리킨다. '신도'는 그 앞의 '하늘의 신도'를 줄인 말이다. 즉 앞글에는 "하늘의 신도를 살피니 사시가 어그러지지 않는다"[202]고 하였다. 상천上天의 음양 변화의 도를 살펴보면 사계절이 조금도 어그러지지 않는다는 뜻이다. 따라서 "성인이 신도로 가르침을 베풂에 천하가 복종하였다"란 성인이 천도를 본받아 인간의 도리를 제정하여 교화를 행함에, 천하 사람들이 그 감화를 받아 귀복하지 않음이 없다는 말이다. 따라서 여기서 말하는 '신도'는 천도로서 자연 변화의 법칙을 가리킨다. "신도로 가르침을 베풀었다"는 말은 하늘을 법받아 백성을 다스림을 뜻한다. 이것은 곧 『역전』정치관의 주요 특징 가운데 하나이다.[29] "신도로 가르침을 베풀었다"는 말을 두고 백성들에게 신을 믿도록 시켰다는 뜻으로 본다면 「단전」의 원뜻과 부합하지 않을 뿐 아니라 『역전』 전체의 유물론적 자연관과도 위배된다.

물론 『역전』에는 관념론적인 요소도 없지 않다. 이를테면 역괘는 지극히 정묘하고(至精) 지극히 변통적이며(至變) 지극히 신묘하다(至神)고 한다든가, 성인은 알지 못함이 없고 깨닫지 않음이 없다고 하는 것 등이 그 예이다. 이런 설들은 성인과 『주역』의 인식 작용을 지나치게 과장하여 『주역』을 절대 진리로 간주하는 혐의가 있다. 그러나 전체적으로 보면 『역전』의 본체론 학설은 유물론적이다. 선진 시대 철학 가운데 『역전』은 이론 사유의 형식을 가지고 가장 체계적으로 유물론적 우주 생성관을 제시하고 있다. 『역전』의 이 유물론적 우주 생성관은 역학사와 철학사에 깊은 영향을 끼쳤다. 그래서 세계 본원에 관한 뒷사람들의 허다한 이론들은 표현 형식과 내용에서 대부분 『역전』의 학설을 기초로 하였다.

2) 『역전』의 변증법 사상

『역전』은 선진 철학에서 몇 가지 중요한 변증법 명제를 제출하였다.

---

[29] 金景芳·呂紹綱, 『周易全解』, 吉林大學出版社, 168쪽.

『역전』의 변증법 사상은 선진 시대 저작물 가운데 가장 풍부하고도 가장 깊은 것이다. 이것은 중국의 전통적 변증법 사상의 두 근원 가운데 하나로, 뒷날의 역학과 사변 철학에 심원한 영향을 주었다. 음양 개념은 『주역』 사상의 근본 개념이다. 하지만 『주역』에는 음양 개념이 감추어져 있고 겉에는 드러나 있지 않다. 즉 괘획 부호와 난해한 어구 속에 깊이 감추어져 있다. 『역전』은 역학사에 있어 맨 처음으로 『주역』의 그 음양 사상을 발굴하였다. 명확한 음양 개념을 기본 범주로 삼아 괘상, 효상 및 사물의 근본 성질을 해석하면서 『역전』은 "한 번 음이고 한 번 양인 것을 도라고 한다"(一陰一陽之謂道)는 명제를 개괄해 내어 철학의 기초로 삼았다.

"한 번 음이고 한 번 양인 것을 도라고 한다"는 말은 음만 있고 양이 없으면 도라고 칭할 수 없고, 양만 있고 음만 있어도 도라고 칭할 수 없으며, 오직 "한 번 음이고 한 번 양임"이 있어야 도를 구성할 수 있다는 뜻이다. 도란 무엇인가? 『역전』에서 볼 때 도란 형이상形而上의 것이요, 기器보다 고도한 것으로 구체 사물에 상대되는 추상 법칙이다. 이른바 '3극三極의 도', '천지의 도', '주야의 도'가 모두 이 뜻이다. 따라서 "한 번 음이고 한 번 양인 것을 도라고 한다"란 말은 도가 곧 객관 법칙이고, 이 객관 법칙은 일음일양一陰一陽의 대립 통일로 전체 세계 속에 존재하지 않는 곳이 없이 객관적 보편성을 지님을 가리킨다. 천지·일월·한서寒暑·주야·남녀·군신·군자소인·귀천 등등 자연 현상에서 사회 생활에 이르기까지 대립자가 존재하지 않는 것이 없으니, 이 대립자를 '일음일양'이라고 칭할 수 있다. 모순 대립만 존재하는 것이 아니다. 음양은 또 분할할 수 없는 통일체인 '도'로 간주되므로 동일성도 따라서 존재한다. 「단전」에 "하늘과 땅은 등지고 떨어져 있으면서도 만물을 낳는 일은 동일하다. 남자와 여자는 서로 다르지만 그 뜻을 통하려고 한다. 만물은 각각 서로 다르지만 발생하고 성장하며 거두어서 갈무리하는 점에서는 유사하다. 규睽의 시時에는 그 효용이 크도다"[203]라고 하였다. 천지는 상호 대립하는 것이지만 '사업을 같이함'이 존재한다. 남녀는 상호 배척하는 일면이 있으나 또 '뜻이 통하는' 일면이 존재한다. 만물은 각각 서로 다른 형체와 속성을 지니지만 서로 유사한 측면도 지닌다. 그러기에 "한 번 음이고 한 번 양인 것을 도라고 한다"는 말은 『역전』의 대립 통일관을 반영하는 것으로, 이것이 바로 『역전』 철학에서 가장 뛰어난 명제이다.

변역법變易法은 『역전』의 변증 사상을 이루는 또 하나의 중요 부분이다. 『주역』이 변역의 책이라고 불리듯 『역전』의 여러 편들은 서로 다른 측면에서 『주역』의 변역 사상을 집중적으로 서술, 극히 풍부하고 가치 있는 많은 관점과 명제 들을 제시하였다.

우선 『역전』은 '변變'이 세계의 보편 법칙이라고 파악한다. 「계사전」에서 "하늘에 있어 상을 이루고 땅에 있어 형체를 이루어 변화가 나타난다"[204]고 하였다. 하늘에서 볼 수 있는 상象과 땅 위 사물의 형태가 모두 변화를 드러낸다는 뜻이다. 「단전」에 "천지는 찼다가 비어, 때와 더불어 소멸·번식한다. 하물며 사람에 있어서랴. 하물며 귀신에 있어서랴"[205]라고 하였다. 천지만물에는 가득 참이 있고 텅빔이 있으며, 시기에 맞추어 성장하고 소멸하는 변화를 겪는다. 인류만 그런 것이 아니라 귀신까지도 그러하다. 따라서 『역전』은 "낳고 낳음을 역이라고 한다"는 명제를 내놓아 부단히 변화·발전하고 신진대사한다는 것이 바로 『역』의 함의이고 이것이 바로 사물의 법칙이라고 설명하였다. 그리고 박괘剝卦☲☲ 「단전」은 "군자는 소식영허를 숭상한다. 소식영허함이 하늘의 운행 법칙이기 때문이다"[206]라고 하였다. 군자는 응당 '소식영허'를 귀하게 여겨 사물 변역의 법칙을 깨달아야만 천도와 부합할 수 있다는 말이다.

변화는 어떻게 생겨나는가? 『역전』은 계속해서 이 문제를 탐구하여 "강과 유가 서로 밀어 변화를 낳는다"(剛柔相推而生變化)는 명제를 제시하였다.

> 성인이 팔괘·64괘를 만들고 문왕이 팔괘의 상을 보여 주었으며, 문왕은 괘사를 괘의 아래에 잇고, 주공은 효사를 괘의 아래에 이어서, 길흉의 이치를 명료하게 하였다. 강효와 유효가 서로 밀어 변화를 낳는다. 그러므로 길흉이란 인간사에서 올바른 길에 합당한지 아니한지를 표시하는 상징이다. 역의 괘효사에 보이는 회린悔吝은 근심하고 걱정할 만한 상징이

다. 강효가 음효로 되고 음효가 강효로 되는 변화란 앞으로 나아가야 할지 물러서야 할지를 드러내는 상징이다. 강유란 천도에 있어 밤과 낮을 나타내는 상징이다. 괘의 6효의 변동은 천지인 3극三極의 도리가 변화함을 형상화한 것이다.[207]

> 팔괘(乾·兌·離·震·巽·坎·艮·坤)가 일렬을 지음에 만물의 상(天·澤·火·雷·風·水·山·地)이 그 속에 있다. 이 팔괘를 둘씩 겹쳐서 64괘로 하니 1괘 6효씩 384효가 그 속에 있다. 강효와 유효가 서로 밀어 움직임에 괘효의 변화가 그 속에 있다. 성인이 그 변화를 보고 각 괘의 아래에 괘효사를 이어서 괘효의 길흉을 사람에게 알리니, 인간 활동의 길흉이 괘효사 속에 갖추어져 있다. 길흉회린의 판단은 인간 행동이 적합한가 부적합한가에 따라서 일어난다. 강유는 근본을 세우는 것이다.[208]

이것은 표면적으로는 괘상과 효상의 변화가 음양 2효의 상호 추이에 근원함을 강론하고 있다. 그러나 사실은 음양의 대립과 상호 작용이 우주 간 일체 변화의 근원인 '3극의 도', 다시 말해 천지인 삼재의 지극한 도, 즉 우주의 보편 법칙임을 강론하였다. "강유란 근본을 세우는 것이다"는 말은 음양 대립이 변화의 근본이라는 뜻이다. 그래서 「계사전」은 이렇게 말한다.

> 해가 가고 달이 오고, 달이 가고 해가 와서 해와 달이 서로 밀어 밝음이 생겨난다. 추위가 가면 더위가 오고, 더위가 가면 추위가 와서 더위와 추위가 서로 밀어 한 해가 이루어진다. 가는 것은 굽힘이요 오는 것은 뻗음이다. 굽힘과 뻗음이 서로 감응하여 이로움이 생겨난다.[209]

해와 달이 서로 밀어야 광명이 있다. 더위와 추위가 서로 밀어야 세월이 있다. 굽힘과 뻗음이 서로 감응하여야 이익되는 일이 있다.

또한 이렇게 말하기도 한다.

> 건곤(즉 양효와 음효)은 『역』의 64괘 속에 감싸 있을진저! 건곤이 상대

하여 열을 지음에 『역』의 64괘가 그 속에 성립한다. 건곤이 손상되어 무너지면 『역』의 64괘 384효의 괘획을 볼 수 없게 된다. 『역』의 괘획을 볼 수 없게 되면, 건곤의 작용도 종식되고 만다.[210]

건곤은 음양, 곧 대립자이다. 대립이 있으면 변화가 있으나 대립이 없으면 변화가 없고, 변화가 없으면 대립도 존재하지 않게 된다는 뜻이다. 또한 "건곤은 『역』의 문호인가? 건은 양물이고 곤은 음물이다. 음양이 교착왕래하여 덕을 합하고, 괘효에 강유의 체가 갖춰진다"[211]고도 하였다. 음양의 대립이 역易 곧 변화가 있게 하는 바이므로 『역』의 문호라고 일컬었다. 음양은 대립적이면서 또 서로 통일적이기에 음양이 덕을 합한다고 일컬었다.

음양이 서로 감응하고(相感) 서로 부비고(相摩) 서로 뒤흔듦(相蕩)에 따라서 대립자가 굴신·왕래·진퇴·소식·영허를 낳아 사물의 모순 운동이 전개된다. 모순 운동이 일정한 단계에 이르렀을 때 대립자의 상호 뒤바뀜(轉化)이 발생한다. 풍괘豊卦䷶를 「단전」에 "해가 중천에 빛나다가는 이윽고 서쪽으로 기울고, 달이 만월이 되면 이지러지게 된다"[212]고 하였다. 해는 정가운데 도달한 때에 바로 서쪽으로 기욺으로 뒤바뀌고, 달은 가장 둥근 때에 바로 이지러짐으로 전화한다. 『역전』은 모순의 뒤바뀜 현상만이 아니라 그 변화가 양적 변화에서 질적 변화로 뒤바뀌는 과정도 지적하였다. 이를테면 건괘乾卦는 초구의 "숨어 있는 용은 행사하지 않는다"(潛龍勿用)에서 점차로 누적 발전하여 구2·구3·구4·구5를 거쳐 상구의 "높이 난 용은 후회가 있다"(亢龍有悔)에 이르면서, 양적 변화가 극도에 이르러 뒤바뀜이 발생한다. 「상전」에 "숨어 있는 용이 행사하지 않는 것은 양이 아래에 있기 때문이고"[213] "혹 튀어 연못에 있으니 나아감에 허물이 없으며"[214] "높이 난 용이 후회가 있는 것은 가득 차서 오래 갈 수 없기 때문이다"[215]라고 하였다. 「문언전」은 더 나아가 "숨어 있는 용이 행사하지 않음은 아래에 있기 때문이고"[216] "나는 용이 하늘에 있음은 위를 다스림이며"[217] "높이 난 용이 후회가 있음은 궁하여 재앙이 있게 됨이다"[218]라고 하였다. 초구의 '양이 아래에 있음'에서 '나아감에 허물이 없음'으로, 거기서 다시 '위를 다스림'에 이르는 과정은 바로 양적 변화의 과정이다. 재차 올라가면 '극도로 높이 오른 용'(亢龍)이니, 모순이 극한까지 발전하여 반대 방향으로 뒤바뀐다.

모순의 전화에 관한 『역전』의 태도는 복합적이다. 한편으로는 "역은 궁하면 변하고 변하면 통하며 통하면 오래 간다"[219]는 명제를 제시하여 사물의 변화란 종시 궁한 이후에 변하고 변한 이후에 통한다고 인정함으로써 객관적인 태도를 보였다. 그러나 다른 한편으로는 "길흉의 이치는 올바른 도를 고수하면 반드시 이겨 길을 얻게 되는 법이다.…… 천하 만상의 움직임은 결국 저 정貞 하나에 귀착한다"[220]는 사실에 초점을 두어, 중中과 화和를 높이 치는 사상을 폄으로써 모순의 통일성을 강조하였다.

송괘訟卦☰ 「단전」에 "'송은 진실됨이 있어도 폐색된다. 두려워하여 중中을 지키면 길하'고 함은 양강이 와서 중을 얻었기 때문이다.…… 중정中正을 높이 친다"[221]고 하고, 규괘睽卦☰ 「단전」에 "음유가 나아가 위로 올라가서 중을 얻어 양강에 응하니, 그래서 작은 일에 길하다고 한다"[222]고 하며, "그 되옴이 다시 길하다 함은 바로 중을 얻었기 때문이다"[223]라고 하였다. 대유괘大有卦☰ 「상전」에 "큰 수레로 싣는다는 것은 수레 속에 짐을 가득 실어도 수레가 망가지지 않음이다"[224]라고 하고, 임괘臨卦☰ 「상전」에 "대군의 마땅히 써야 할 바란 중의 도리를 행함을 말한다"[225]고 하였다. 「단전」과 「상전」은 어째서 '중을 높이 칠 것'(尙中)을 요구하는가? 효위에서 말하자면 제2효는 하괘의 가운데 처하고 제5효는 상괘의 가운데 있어서, 올라가지도 않고 내려가지도 않고 두 극단 사이에 올바르게 처하였다. 일반적으로 이 둘은 다 길하다. 의리면에서 말하자면 중中이란 지나침이 없는 것이다. 양강이 과하면 강 방면의 극단으로 내달리고 음유가 과하면 유 방면의 극단으로 치달리게 되는데 극단의 강과 극단의 유는 다 좋지 않으므로, 중을 높이 친다.

『역전』의 상중尙中 사상은 점사占辭에서 '허물 없음'(无咎)의 강조로 나타난다. 「계사전」에 "길흉이 생겨나고 회린이 드러난다"[226]고 하였고, "멀리 응효應爻를 취하거나 가까이 비효比爻를 취하여 계사에 회린이 생겨난다"[227]고 하였다. 길흉은 대립하는 양 극단이요, 회린悔吝은 정에서 반으로, 반에서 정으로 나아가는 전체 발전 과정이다. 길흉과 회린은 모두 쉬임 없는 운동 속에 있기에 바로 "길흉회린은 움직임에서 생겨 나온다"고 하였다. 그런데 허물 없음(无咎)은 부동적인 것이다. 허물 없음이란 모순 운동의 중간 단계에 처하여 상대적으로 정지해 있으면서 끝내 중中을 넘어섬이 없는 것이기 때문이다. 그러므로 "허물 없음이란 과실을 잘 보완하여 선으로 돌아감이다"[228]라고 하였다. 회린은 정에서 반으로 나아가고 반에서 정으로 나아가 끊임없는 운동 속에서 중간선을 넘어서기 때문에 지나쳐 과실이 있다. 허물 없음은 그 과실을 잘 보충하여 끝내 중을 넘어서지 않으므로, 어떠한 폐단도 없어 '허물 없음'이라고 일컫는다. 『역전』은 이 모순 상태가 가장 이상적이라고 보아서, 「계사전」에서 "종시를 두려워 경계하여 그 귀요를 재앙 없음에 둔다. 이것을 『역』의 도라고 일컫는다"[229]고 강조하였다. 처음과 끝은 대립의 양극으로 음양의 정과 반이 거기에서 서로 뒤바뀌므로, 길이 아니라 흉이며, 혹 길함을 얻더라도 흉으로 뒤바뀔 수 있다. 그러므로 길흉이 다 두렵다. 그래서 "종시를 두려워 경계한다"고 하였다. 종시의 두려워할 바를 보았기에 허물 없음이 중요하다는 사실을 터득할 수 있었다. 『역전』은 『주역』의 가장 중요한 철학 이치를 허물 없음(无咎)이라고 결론 지었던 것이다.

중中과 무구无咎라는 이상적 상태는 어떻게 달성할 수 있는가? 『역전』은 여기서 화라는 범주를 제출하였다. 건괘乾卦 「단전」에 "건도乾道가 변화하여, 만물이 각각 성명性命을 바로하고, 음양의 조화인 대화大和를 보존하고 집합하니, 올바른 도를 지킴에 이롭다"[230]고 하였다. '건도의 변화'는 곤도의 변화도 안에 포함한다. 이 말은 천지 음양의 변화 법칙이 지배하는 가운데 만물이 각각 그 생명과 속성을 얻는다는 뜻이며, 바꾸어 말하면 만물이 생명과 속성을 얻는 소이는 천지 음양의 '대화大和'의 결과라는 뜻이다. 화和란 서로 다른 모순 대립자를 한데 통일하여 '서로 구제함'(以相濟)에 이르게 한다. 즉 음양이 서로 화하여야 능히 적중하여 사물로 하여금 온존穩存하게 한다. 그로써 생명을 이어 갈 수 있고 사회를 안정시킬 수 있다. 『역전』은 모순의 전화에 대하여 객관적으로는 긍정적이니만큼, 변통설을 제시하여 객관적 변증법칙을 게시하였다. 하지만 주관적으로는 중화中和를 강조하여 대립자의 발전을 중간선 안에 인위적으로 제한하여 양극에 나아가지 않게 하려고 기도하였다. 그러기에 『역전』은 상대적 정지·평형·통일을 절대적인 것으로 바꿨다는 혐의가 있으며, 사유 이론을 객관 전체의 발전 법칙과 배치되게 하였다. 객관 인식과 주관 응용 사이에 이러한 모순이 존재한다는 사실을, 『역전』의 변증법 사상을 평가할 때 간과해서는 안 된다.

3) 『역전』의 정치 철학

『역전』의 정치 철학은 보통 '천도를 본받아 인간을 다스림'(法天治人)이 핵심이라고들 한다. 그러나 사실 그것만으로는 불충분하다. 전체적으로 개괄하면 '천도를 본받고 인간에서 말미암음'(法天因人)이라고 해야 한다. 『역전』은 천도가 가장 근본 법칙이고, 인도는 천도와 근본적으로 동일하므로, 인도는 반드시 천도를 본받아야 한다고 보았다. 이에 따라 『역전』도 "성인이 신도로써 가르침을 베풀었다"는 명제를 제시함으로써 법천法天을 강조하였다. 또 한편으로 『역전』은 관괘觀卦 ䷓「대상전」에서 "선왕이 사방을 순시 관찰하고 백성의 풍속을 보아서 가르침을 베풀었다"231)는 명제를 제출하여, 인간에서 말미암아 가르침을 베풀어야 함을 강조함으로써 법천설法天說을 보충하였다. 『역전』의 '천도를 본받고 인간에서 말미암음'이라는 사상은 비괘賁卦 ䷕「단전」에 집중적으로 반영되어 있어, "천문을 보아 사계절의 변화를 살피고, 인문을 보아 천하를 교화하여 완성한다"232)고 하였다. 천문의 일월강유日月剛柔가 교착交錯하는 현상을 살피면, 사계절과 한서寒暑가 번갈아 드는 본질적 법칙을 살필 수 있고, 인류의 문명·예의가 각각 제 분수에 그치는 현상을 보면 천하를 교화하여 사람들로 하여금 각각 고상한 도덕 품질을 구비하게 할 수 있다. 천문을 본다는 것은 천도를 본받음이요, 인문을 본다는 것은 인간에서 말미암음이다. 그러므로 신도로 가르침을 베풀었다는 명제와 사방 민풍을 관찰하여 가르침을 베풀었다는 명제를 종합해야 『역전』의 정치 철학의 핵심을 올바르게 파악할 수 있다.

천도를 본받고 인간에서 말미암는다는 사상에서 『역전』의 정치 사상은 이중성을 드러낸다. 한편으로 『역전』은 존비 등급의 관념을 강조한다. 「계사전」에 "하늘은 높고 땅은 낮으니 건곤이 정해졌다. 낮은 위치와 높은 위치가 정해져서 귀천이 제 위치에 자리한다"고 하였다. 건은 하늘이고 곤은 땅이다. 하나는 높고 하나는 낮아 각각 귀와 천을 대표하며, 그러한 구별은 고정되었기에 뒤바뀔 수 없다. 리괘履卦☱☰「상전」에는 "상괘는 하늘이고 하괘는 못이니 리의 상이다. 군자는 이 상을 본받아 상하를 변별하고 백성의 뜻을 안정시킨다"[233]고 하였다. 상하의 등급 질서를 확정하는 일이 꼭 필요하다는 뜻이다. 「문언전」은 지도地道를 강론하면서 지도地道와 처도妻道와 신도臣道는 모두 음에 속한다고 하였다. 지도가 지닌 특징은 하늘과 양에 순종한다는 점이다. 「단전」은 태괘泰卦☷☰를 풀이하면서 "내괘는 양이고 외괘는 음이므로, 안으로는 강건하고 바깥으로는 유순하며, 안으로는 군자이고 바깥은 소인이다"[234]라고 하였다. 이러한 위계적 대응 관계는 군신·부자의 상하 주종 관계를 본래부터 그러한 관계로 고착시킴으로써, 인간 관계를 절대화하고 고정화하여 저항할 수 없는 초인超人의 성질을 부여하게 된다.

다른 한편으로 소식영허하는 천도의 변화가 『역전』을 깊이 깨우쳐 『역전』은 변혁을 중시하였다. 「계사전」은 "변화 순응하여 궁상을 타개하여 통하게 하니, 이익을 충분히 올린다"(變而通之以盡利)고도 하고 "업적이 (효상의) 변동 위에 나타난다"(功業見乎變)고도 하여, 변통이 있어야 능히 이익을 충분히 올리고 공을 세울 수 있다고 강조하였다. 혁괘革卦☱☲「단전」에서는 또 "혁의 괘는 물과 불이 서로 멸하여 그치게 함이다……천지간의 음양이 변혁하여 사계절이 이루어진다. 탕湯의 혁명과 무왕武王의 혁명은 위로 하늘의 뜻에 순종하고 아래로 백성의 마음에 응하였다. 변혁에서는 시기에 합당함이 참으로 중대하도다"[235]라고 하였다. 사계절의 갈마듦이 곧 변혁이고, 정권의 뒤바뀜도 변혁이다. 『역전』은 탕무湯武 혁명이 하늘의 시기에 순종하고 인심에 합하였다고 긍정하였다. 이 변혁 사상이 정치 사상사에 끼친 영향은 아주 크다.

『역전』은 변혁을 긍정하였지만, 결코 계급 제도를 부정해서 그런 것은 아니었다. 오히려 계급 제도의 유지라는 전제에서 변혁을 제창한 것이다. 계급 제도가 변혁으로 없어지지 않도록 하려고 『역전』은 민본 정치 사상을 제출하였다. 박괘剝卦☷☶ 「상전」에 "위에 있는 자가 박괘의 상을 본받아 아랫사람의 생활을 도탑게 하고 거처하는 지위를 안정시킨다"[236]고 하였다. 군주는 아랫사람을 도탑게 하여 백성에게 은혜를 끼쳐야 한다. 그렇게 해야 능히 안택安宅할 수 있다. 즉 통치를 공고히 할 수 있다. 사괘師卦☷☵ 「상전」에 "군자는 사괘의 상을 본받아 백성을 포용하고 대중을 기른다"[237]고 하였고, 임괘臨卦☷☱ 「상전」에 "군자는 임괘의 상을 본받아 백성을 교도하려는 의사가 다함이 없어, 백성을 포용하여 안정시키고자 끝없이 노력한다"[238]고 하였으며, 정괘井卦☵☴ 「상전」에 "군자는 정괘의 상을 본받아 백성을 위로하고 권면하고 서로 돕도록 시킨다"[239]고 하였다. 아랫사람을 도탑게 하고, 백성을 포용하고 대중을 기르며, 백성을 안정케 하고, 백성을 위로하고 권면하고 서로 돕도록 시킨다는 주장에는 진보적 성격이 뚜렷하다. 익괘益卦☴☳ 「단전」에서는 또 '손상익하損上益下'의 명제를 제출하여, 윗사람이 아랫사람에 대한 침탈과 압박을 절제하라고 주장하였다. 이러한 사상은 물론 통치 계급의 이익을 장구화하고자 구상되었다고 할 수 있지만, 그러한 사상이 백성들에게 아무 이익이 없었다고는 할 수 없을 것이다.

『역전』의 내용은 대단히 풍부하지만 여기서는 큰 줄거리만을 들어 역학 원칙, 방법, 철학에 대하여 간략히 논하였다. 선진 시대의 역학은 『주역』의 창작, 『역상易象』의 출현에서 『좌전』과 『국어』의 복서卜筮 역설에 이르고, 다시 공자의 『역전』 제작에 이르는 부정의 부정 과정을 거쳤다. 『역전』은 그 발전 단계의 종점이면서 그 이후 발전 단계의 기점이기도 한다.

제2장
양한 시대의 역학

제1절 양한 역학 개설

1. 역학사와 양한 시대

양한 시대는 역학사에서 극히 중요한 시기이다. 양한 시대의 역학은 뒷날 한역漢易이라 불리게 된다. 『한서』「유림전儒林傳」에 "진秦이 학문을 금할 때 『역』은 복서의 책이라서 금하지 않아 전수자가 끊기지 않았다"고 하였다. 선진 시대 역학이 진의 분서焚書 이후로도 중단되지 않고 전수되었던 점은 한역의 발전을 위하여 여간 다행한 것이 아니었다. 한무제는 유술儒術만을 숭상하여 경학을 제창하니, 『주역』도 6경의 하나로 존숭되어 6경의 머리에 놓였고, 『주역』의 해설이 전문적인 학문으로 성립하였다.

이것이 한역 발전의 중요 원인 가운데 하나이다. 양한 때에는 유가 경사經師만이 『주역』을 연구한 것이 아니라 기타 학파의 사상가도 『주역』 이론을 탐구하였는데, 이러한 사정이 역학 유파의 형성 및 발전을 조건 지었다. 역학사의 관점에서 보면 한역의 최대 업적은 괘기설卦氣說을 중심으로 하는 철학 체계를 형성한 점이다.

『사고전서총목제요』와 기타 전적에 실린 바에 따르면 선진 시대의 역학가는 이미 두 파로 갈라져 있었다. 즉 『국어』와 『좌전』은 복서卜筮를 언급할 때 왕왕 『주역』을 인용하면서 『주역』을 순수한 복서의 책으로 보았다. 다른 한편으로 『좌전』 소공 2년에는 진晉의 한선자韓宣子가 노나라에 가서 태사씨의 집무처에서 서적을 보다가 『역상易象』과 『노춘추』를

(孫虞)—田何
項生—(丁寬)
服生
丁寬—田王孫
周王孫—(丁寬)
王同
主父偃
衡胡
周霸
孟但
卽墨成
楊何
司馬談
京房—(梁丘賀)
梁丘賀—梁丘臨
孟喜
施讎
蓋寬饒
翟牧
白光
焦贛—京房
趙賓
(梁丘臨)
魯伯
張禹
邴丹
毛莫如
戴崇
彭宣
五鹿充宗
王駿
衡咸
鄧彭祖
士孫張
任良
乘弘
姚平
段嘉
韓嬰—○—韓商—韓生—(蓋寬饒)
費直—王璜
(丁寬)……高相
高康
毋將永

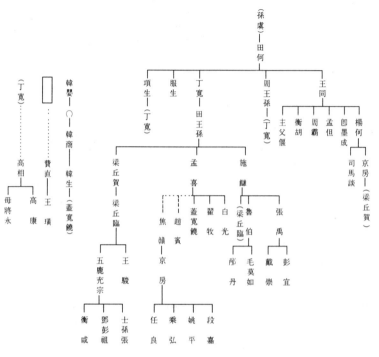

그림 2-1 전한의 역학 계보

施氏易
劉昆—軼 景鸞
孟氏易
邴丹 鮭陽鴻 任安 夏恭 袁良—○—安—京—彭
湯
梁竦
梁丘氏易
張興 范升 楊政 梁恭 呂羌 張堪 祁聖元
京氏易
戴憑 劉輔 孫期 魏滿 朗宗—凱 樊英 劉寬 第五元—
鄭玄 楊秉 折象 徐穉 韋著 崔瑗 宗資 杜喬 李咼
范冉 度尙 傅燮
費氏易
韓歆 陳元 鄭衆 馬融—鄭玄 荀爽 劉表 宋衷

그림 2-2 후한의 역학 계보

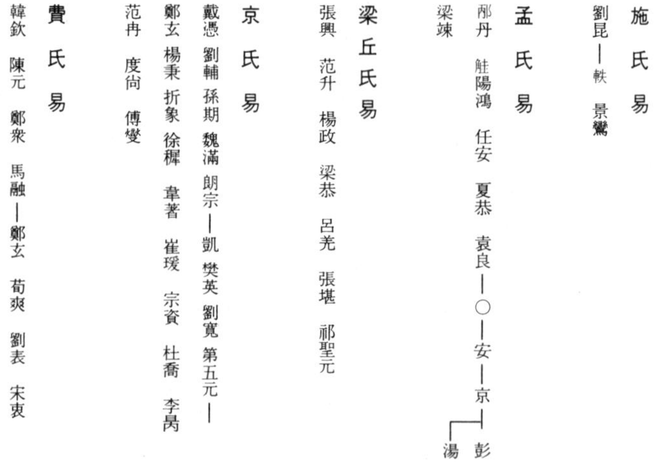

보고는 "주나라 예禮가 모두 노나라에 있도다" 하고 찬탄하며 『역상』과 주나라의 예를 연계시켰다. 뒷날 『장자』「천하」편은 "『역』은 음양을 말한다"고 논하고, 『순자』「대략」은 "『역』의 함괘咸卦는 부부의 예를 드러내었다"고 하여 모두 『주역』을 단순한 복서의 책으로 보지 않았다. 또 『역전』은 취상설과 취의설을 상호 보완하면서 『역경』의 괘효상과 괘효사를 해석하였다.

한대인은 선진 시대 역학의 전통을 계승하여 『주역』을 두 가지로 달리 파악하였다. 한대 역학에서 괘기卦氣·납갑納甲·효진爻辰 등을 강론한 것은 『역』을 복서의 책으로 보는 관점이다. 한편 사마천은 "『역』은 변화를 말한다"(易以道化)고 하고 또 "『역』은 은미함에 근본하여 드러남으로 나아간다"(易本隱以之顯)고 하였는데, 이것은 『역』을 사상 이론서로 보는 관점이다. 『한서』「예문지」는 육예략六藝略의 목록에다 『주역』을 넣는 한편, 술수략術數略의 목록에도 『주역』을 기록하였다. 이 사실은 본래 한대인이 『주역』을 두 가지로 달리 파악하였음을 드러내 준다.

2. 양한 역학의 세 경향

역학 연구의 방법과 풍격에서 보면 양한 시대의 역학에는 세 가지 기본 경향이 있었다. 첫 번째 경향은 맹희孟喜·초공焦贛·경방京房으로 대표되는 관방官方 역학이다. 이 학파의 역학을 송대인은 '상수지학象數之學'이라고 불렀다. 이 학파는 역학 방법에서 괘상과 『주역』의 몇몇 숫자를 연구하는 데 집중하였으므로 후대에 '상수파象數派'라고 부르게 되었다. 그들은 자연계 및 인류 사회의 발전 변화가 괘상의 변화와 일치한다고 보아, 팔괘는 곧 우주의 축소판으로 역법曆法·절기·음률 등이 모두 괘상과 상통하며, 심지어 인류 사회의 변화도 팔괘를 가지고 표시할 수 있다고 보았다. 따라서 팔괘의 변화 법칙만 알면 위로는 국가의 흥망을 판단하고 아래로는 개인의 길흉화복을 결정할 수 있다고 하였다. 이 경향은 한역漢易의 주류를 대표하는 것으로 그 영향이 아주 크다.

양한 시대 역학의 두 번째 경향은 비직費直으로 대표되는 역학인데, 후대 의리학파義理學派로 발전하였다. 비직의 역학서는 지금 전하지 않는다.

그러나 반고班固의 「술략述略」에 기록된 내용과 비직의 저서가 후세에 끼친 영향으로 볼 때, 이 학파의 역학은 괘상과 숫자를 중시하지 않아서 괘기와 음양재변을 논하지 않았으며, 『역전』의 글뜻을 근거로 경문을 해석하고 의리의 천명에 주력하였다. 이 학파는 대체로 한대 초기의 역학 전통을 계승하였다. 한대 초기의 역학가들은 『주역』의 『경』과 『전』을 이해하는 데 있어 「단전」·「상전」·「문언전」의 경 해석 전통을 계승하여 모두 의리를 중시하였다. 이 일파는 관방 역학과 그다지 관련이 없었고 당시 영향력이 상수파보다 미약했기 때문에 오늘날 확실하게 소개하기는 어렵다. 하지만 전체 역학사에서 볼 때 그 영향은 결코 작다고 할 수 없다. 이를테면 위진魏晉 현학파玄學派의 역학이 의리를 중시한 것도 비씨費氏 역학과 직접 관련이 있다.

양한 시대 역학의 세 번째 경향은 역학을 도가황로지학道家黃老之學과 결합하여 음양변역을 천명하는 학설이다. 이 경향의 주된 대표는 엄군평嚴君平과 양웅揚雄이다. 엄군평은 『도덕경지귀道德經指歸』를 저술하면서 『주역』 경전의 글뜻을 인용하여 노자의 『도덕경』을 해석하였다. 그 제자인 양웅이 지은 『태현太玄』은 『주역』과 노씨老氏를 결합한 산물이라 볼 수 있다. 엄군평과 양웅의 뒤로 동한 시대에도 이 전통을 이은 사람이 있어서, 도가황로지학으로 역을 풀이하는 일이 계속 이어졌다. 다만 도가 학설은 점차 도교道敎로 발전하였으므로 동한 때의 이 학파는 서한 때와는 다른 풍모를 드러내게 된다.

양한 시대 역학의 이 세 경향은 한역의 전모를 반영한다. 세 경향의 출현과 발전은 모두 그 시대의 정치·문화 사조·학술 사상과 긴밀한 상관이 있으며, 결코 우연히 출현한 것이 아니다. 특히 지적해 둘 것은 이 세 경향이 결코 나란히 발전하여 가을걷이를 나눠 갖듯 성과가 같았던 것이 아니란 점이다. 당시 학술 지위와 성취에서 보든 후세에 끼친 영향에서 보든 맹희·초공·경방으로 대표되는 관방官方의 역학이 한역의 주류였다.

우선 맹희·초공·경방의 역학은 한역 상수학파의 기초를 놓은 학설이다. 관방의 보호와 제창 등등의 원인으로 하여 한역 상수학파는 학자가 대단히 많았고 저술도 풍부하였으며 당시에 끼친 영향이 아주 커서 역학에서 지배적 지위를 차지하였다. 그러기에 서한과 동한 시대를 통틀어 의리파 역학은 기운을 떨치지 못하여 상수파와 맞설 수가 없었다. 그리고 도가황로학파의 역 해석 전통도 역학사에서 보면 상수학파와 많이 뒤얽혔기에 더욱이나 상수파와 백중을 겨룰 수가 없었다. 맹희·초공·경방이 창시한 한역 상수학파는 중국 역학의 발전에 아주 큰 영향을 끼쳤다. 이를테면 송대에는 상수학의 세력이 다시 번성하여 주돈이周敦頤·소옹邵雍·주진朱震 등 상수학가들을 배출시켰는데, 그들의 역학 전통은 한역 상수학에 직접 연결되어 있다. 또 청대에 한학이 크게 일어나 혜동惠棟은『역한학易漢學』을, 장혜언張惠言은『우씨역虞氏易』을 지어 한역 상수학을 대단히 떠받들었다.

의리파는 비록 역대 역학의 2대 유파 가운데 하나이기는 하였으나, 양한 시대에는 아무런 중요한 것도 수립하지 못했다. 엄격히 말해 의리파의 관점은 선진 시대에서 기원하고 양한 시대에 발전하였지만, 진정한 기초 확립자는 위진 시대의 왕필王弼이고 그것을 선양한 사람은 송대의 정이程頤이다. 양한 시대 역학에서 볼 때 의리파의 업적과 영향은 상수파와 함께 논할 것이 못 된다.

3. 양한 시대 역학 발전의 사회 역사적 원인

양한 시대의 역학은 상수학을 주류로 하면서 동시에 의리와 황로지학으로『역』을 해석하는 경향도 존재하여 전체 업적은 아주 볼 만하다. 양한 시대에 역학이 흥성하고 발전한 데에는 심각하고도 독특한 사회 역사적 원인이 있다. 이 원인을 이해하지 않으면 당시의 역학에서 생겨난 많은 사정들을 이해하기 어려울 것이다. 먼저 이 사회 역사적 원인들을 살펴보자.

첫째, 참위讖緯 신학이 범람하였다. 한대인이 미신을 믿어 참위를 이용하게 된 것은 유방劉邦에게서 비롯되었다. 유방은 군사를 일으킬 때 흰 뱀을 베었다는 신화를 유포하여 자신을 높였다. 한무제는 장생長生을 추구하여 귀신을 부르는 방사方士들을 궁궐에 두고 우대하였다. 광무제光武帝 유수劉秀는 이른바 도참圖讖을 더욱 널리 이용하였다. 광무제는 제위에 오를 때에 참어讖語를 이용하였고, 즉위 뒤에 다시 도참을 천하에 반포하였으며, 국가 대사를 결정하는 데에도 도참을 채취하고 도참에 묻는 방식을 취하였다. 서한 시대 내내 조정의 파벌과 쟁투가 부서符瑞와 재이災異를 구실로 삼거나 증거로 삼았다. 성제成帝 때 이른바 6경六經 6위六緯가 있어 위서緯書를 가지를 경의經義를 추리 연역하자, 이에 참위讖緯가 경학과 합류하여 더욱 성행하게 되었다. 참위학은 양한 시대, 특히 동한의 상부 구조 가운데 하나로 경학과 합류하여 양한 시대의 학술에 지대한 영향을 끼쳤다. 이 점을 알면 양한 시대에 어째서 6경에 모두 위緯가 있고, 미신의 요소가 농후한 『역위易緯』가 높은 지위로 격상되었는지를 알 수 있다.

둘째, 경학이 홍성하였다. 한무제가 백가百家를 내치고 유술儒術만을 숭상한 이후 경학은 유술의 기치 아래 홍성하였다. 경학에는 또 금문今文과 고문古文의 구분이 있어, 금문경학이 먼저 홍기하여 관방의 인가와 보호를 받았다. 금문의 경전은 진한 이래 통용되던 예서隷書로 씌어 있어 금문경今文經이라 불렸다. 금문경학의 주된 특징은 유가와 음양가陰陽家의 학설을 합쳐 천인감응天人感應의 이론을 얽어 낸 점이다. 그래서 금문경학은 도참·부서·재이 등의 미신과 지나치게 투합하였다. 금문학가의 경전 해석은 극단적으로 통속적이고 자질구레하여 경전 하나의 해설에 수십만 자, 백여 만 자씩 이르러 '장구지학章句之學'(장·구·자를 일일이 해석하는 학)이라 불렸다. 금문경학이 극히 성하다가 쇠하자 그것을 대신한 것이 고문경학이다. 고문경학의 경전은 분서焚書를 거치고도 다행히 보존된 옛 서적이다. 육국六國 문자로 씌어져 있었으므로 고문경古文經이라고 칭해졌다. 고문경학가는 금문경학 특히 참위학에 반대하였으며, 경전 해석도 금문가와 달라 자질구레하지 않고 "훈고에 통하고 대의를 밝히되 장구를 일삼지 않았다." 그러므로 고문경학의 발전에는 적극적인 의의가 없지 않다. 이처럼 양한 시대 경학의 홍망사를 명확히 알아야 상수파 역학의 발전과 의리파 역학의 발전이 어떤 의미를 지니는지 알 수 있다.

셋째, 한대 초기에 황로를 숭상하였다. 한대 초기에는 무위無爲 정치를 실행하여 백성들이 60여 년간 휴식할 수가 있었고, 문제文帝·경제景帝의 태평성세에는 황로학黃老學을 강론하고 유학을 중시하지 않았다. 또 중앙 집권은 공고하게 되었으나 무제 이후와 달리 전제 정치가 아니었다. 황로를 숭상하였고 경학은 아직 지위를 얻지 못하였으므로, 이 단계의 역학은 주도적 지위를 갖지 못하였고, 역학가는 의리와 인간사를 주로 논하였지 음양 술수를 언급하지 않았다.

넷째, 도가가 부분적으로 종교화하였다. 한대 도가의 일부는 방사方士로 전환하여 연단술煉丹術을 강구하고 장생불사약을 제조하여 후세 금단 도교金丹道教의 선구가 되었다. 한말의 위백양魏伯陽은 『주역참동계周易參同契』를 저술하여 『주역』을 연단과 결합시켰는데 이렇게 『주역』의 원리를 이용하여 연단의 오묘함을 해설하였다. 이것은 사실 역학과 도교를 뒤범벅해 놓은 것이다.

다섯째, 자역 과학이 발전하였다. 우선 천문학과 역법학曆法學을 들 수 있다. 한대에는 천체 인식론에 개천설盖天說·선야설宣夜說·혼천설渾天說 등 세 가지 설이 있었다. 동한의 장형張衡은 혼천의渾天儀를 제작하여 별의 운동을 모사하고, 지동의地動儀를 제작하여 지진을 측정하였으며, 후풍의候風儀를 제작하여 천기天氣를 측정하였다. 왕충王充은 『논형論衡』에서 하늘은 인간사와 감응 관계가 없다고 거듭 논설하였다. 심지어 위서緯書에도 여러 과학적 발견이 반영되어 있었다. 역법에서는 서한의 사마천 등이 태초력太初曆을 만들었다. 이로써 지구가 태양의 주위를 운동하는 시간을 비교적 정확히 계산, 135개월을 일식日食의 주기로 추산하였다. 유흠劉歆은 『주역』「계사전」의 수리數理로 태초력을 해석하여 체계적인 역학 이론을 만들어 내었다. 본래 하늘은 미신의 주요 근원으로서 신비하여 헤아리기 어려운 것이다. 한역 상수학의 말류가 음양재변을 강론한 것은 천인감응을 이용하여 미신을 선전한 것이었다. 하지만 상수학이 미신만을 강론한 것은 아니다. 한역의 괘기설·납갑설·효진설 등은 모두 당시의 천문역법학의 영향을 받아 과학적 성분을 어느 정도 담고 있었다. 그 다음으로 수학도 영향을 끼쳤다. 서한의 유흠은 저명한 수학가였으며, 동한의 많은 유학자들도 수학을 연구하였다. 장형張衡은 산망론算罔論을 저술하였고 정현鄭玄·유홍劉洪·왕찬王粲 등도 모두 『구장산술九章算術』에 정통하였다. 수학의 발전은 역학에 직접 영향을 끼쳤다. 양한 시대의 유가들은 수리로 『역』을 강론하는 일이 많았고, 술수가는 더욱 수학에서 분리되지 않았으며, 위서緯書는 천문역수지학天文曆數之學을 아울러 강론하는 특징을 지녔다. 다음으로 의학이다. 한대에는 『황제내경黃帝內經』이라는 의학 명저와 『신농본초경神農本草經』이라는 약물학 명저가 출현하였다. 동한의 장중경張仲景은 『상한론傷寒論』을 저술하였다. 중의中醫(漢醫)는 음양오행설을 강론하는 일이 많은데, 이것도 역학 발전을 촉진시키는 작용을 하였다. 요컨대 자연 과학의 새로운 발전은 천도·귀신·재이·무축巫祝 등의 미신을 제거한 데 큰 의의가 있었으며, 역학을 건강한 방향으로 발전하도록 이끌었다. 그와 함께 역학의 발전도 자연 과학을 발전시켰다.

4. 금문경 역학과 고문경 역학

한대 경학 가운데 역학의 전수에는 금문경학과 고문경학의 두 계통이 있었다. 전자는 관방 역학이고 후자는 민간 역학이었다. 관방의 금문경 역학의 전수 계보는 크게 두 시기로 나뉜다.

첫째, 한대 초기이다. 사마천의 『사기』「유림전」에 따르면 『주역』은 공자가 죽은 뒤에 상구商瞿에게 전하고 여섯 세대를 지나 제인齊人 전하田何에게 전하였다고 한다. 한나라가 일어나자 전하는 양하楊何에게 전하였고, 사마담司馬談은 양하에게서 『역』을 전수받았다. 또 『한서』「유림전」에 의하면 한나라가 일어나자 전하田何가 『역』을 주왕손周王孫·정관丁寬·복생服生에게 전하고 뒤에 다시 양하에게 전하였다고 한다.

둘째, 서한 중기와 후기이다. 『한서』「유림전」에 따르면 정관이 역을 전왕손田王孫에게 전하고 전왕손이 시수施讐·맹희·양구하梁丘賀에게 전수하여 시맹양구지학施孟梁丘之學이 성립하였다. 그리고 맹희는 다시 역을 초연수焦延壽에게 전하고 초연수는 경방京房에게 영향을 주어, 이에 역에 경씨지학京氏之學이 있게 되었다. 『한서』「예문지」는 "한이 일어나자 전하가 역을 전하고 선제·원제 때에 이르러 시씨·맹씨·양구씨·경씨의 학이 학관에 설치되었다"[1]고 하였다. 이 기록은 시수·맹희·양구하·경방 등이 관방 역학의 대표임을 입증하여 준다. 이 밖에 『한서』「예문지」는 경방 역학을 전하 역학의 전수 계보와는 다르게 파악, 별도 기치를 세워 "제가의 역설은 모두 전하를 원조로 하니, 양서楊敍(何)나 정장군丁將軍(寬)도 대체로 같았으되, 오직 경방만은 다른 파당이었다"[2]고 하였다.

이상 서한 시대 관방 역학의 전수 계보는 대체로 다음과 같다.

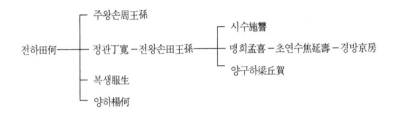

민간의 고문경 역학의 전수 계보에서 주요 인물은 비직費直과 고상高相 두 사람이다. 『한서』「예문지」에 "민간에 비직·고상 두 사람의 설이 있다"고 하였고, 또 "비씨경만이 고문과 같다"고 하였다. 비직의 역학은 비씨역費氏易이라고 칭한다. 『한서』「유림전」에는 비씨역이 "괘서卦筮에 특장이 있고 장구가 없이 오로지 「단전」·「상전」·「계사전」 등 10편의 글로 상하경을 해설한다"[3]고 설명하였다. 『후한서』「유림전」도 비직과 고상의 역학에 대하여 이렇게 서술하였다.

> 또한 동래東萊 사람 비직은 낭야 사람 왕횡王橫에게 전수하여 비씨학을 성립시켰다. 고문자를 근본으로 하여 고문역이라고 이름한다. 또 패인沛人 고상이 아들 강康과 난릉蘭陵 사람 무장영毋將永에게 전수하여 고씨학을 성립시켰다. 시·맹·양구·경씨의 네 학가學家는 모두 박사를 두었으나, 비씨·고씨의 둘은 박사를 두지 못하였다.[4]

이상 서술한 관방 역학과 민간 역학의 전문가들 이외에도, 서한의 많은 사상가·문학가·학자들이 『주역』을 연구하였다. 이를테면 한대 초기의 한영韓嬰은 자신의 『한시외전韓詩外傳』 많은 곳에서 『주역』 경전의 글을 인용하여 『시경』을 해석하였다. 그 밖에 육가陸賈의 『신어新語』, 가의賈誼

의 『신서新書』, 유안劉安의 『회남자』, 동중서董仲舒의 『춘추번로』 등도 『주역』의 경전 글귀를 많이 인용하여 해설을 가하였다. 서한 후기의 학자 엄군평·양웅·유향·유흠도 『주역』을 연구하였다.

동한 시대 역학의 전수 계보에 대하여는 『후한서』「유림전」에 비교적 상세한 기록이 있다.

건무建武중에 범승范升이 맹씨역을 양정楊政에게 전하고, 진원陳元과 정 중鄭衆이 모두 비씨역을 전하였으며, 그 뒤 마융馬融도 비씨역을 전하였 다. 마융이 정현에게 전하여 정현이 『역주易注』를 짓고, 순상荀爽도 『역 전易傳』을 지었다. 이로써 비씨학이 흥하고 경씨역은 쇠하였다.[5]

동한의 경사로 『주역』을 주석한 대표적 인물은 실은 마융·정현·순상 세 사람이었던 것이다. 한대 말기의 주된 연구자로는 우번虞翻·왕숙王肅· 위백양魏伯陽이 있다. 요컨대 한대에는 역학이 크게 성하였으며 특히 서 한 때 더욱 성하였다. 전문 연구자와 그 밖의 연구자가 무리를 이루고 나 와 『주역』은 이미 철학·사상·문화 등 각 영역과 연관을 맺었다.

5. 양한 시대의 역학서

서한인의 역학 저서는 대부분이 이미 없어지고, 다만 뒷사람이 일문逸 文을 수집하여 둔 것이 있다. 그 일문을 수집한 것이 손당孫堂의 『한위이 십일가역주漢魏二十一家易注』, 마국한馬國翰의 『옥함산방집일서玉函山房輯 佚書』, 황석黃奭의 『한학당총서漢學堂叢書』 속에 들어 있다.

한대의 6경에는 모두 위緯가 있었다. 이 위서도 없어졌으나, 단 『역위 易緯』는 뒷사람이 일문을 편집한 것이 있다. 그 일문을 수집한 것이 『황 씨일서고黃氏逸書考』에 보인다. 그 속에는 『건착도乾鑿度』, 『건곤착도乾坤 鑿度』, 『계람도稽覽圖』, 『통괘험通卦驗』, 『시류모是類謀』, 『곤령도坤靈圖』, 『변종비辨終備』 등이 들어 있다.

동한인의 역학 저서도 대부분 전하지 않는다. 뒷사람이 일문을 수집한 것이 있다. 당唐 이정조李鼎祚의 『주역집해周易集解』는 주로 한역 상수학파의 주석을 모았으므로, 동한의 순상·우번 등의 역학은 모두 이 책을 통하여 전해졌다.

상술한 것말고도 송대 주진朱震의 『역총설易叢說』, 청대 혜동의 『역한학易漢學』, 장혜언의 『우씨역』과 『역의별록易義別錄』 등이 있는데 이들은 한역을 많이 탐구하여 역학 연구에 참고가 된다.

제2절 양한 시대의 상수역학

상수역학은 한역의 주류이다. 이 절에서는 상수학파의 홍성과 발전 과정을 소개하면서, 그 대가들의 역학 관점과 연구 방법을 중점적으로 서술하여, 역학 발전사에서 그들이 차지하는 위치를 밝히고자 한다.

1. 한역 상수학 개관

상象과 수數는 본래 『주역』 속에 들어 있었다. 「계사전」에 "성인이 팔괘·64괘를 진설하여 상을 보이고, 또 괘사·효사를 붙여 길흉을 밝혔다"고 하였고, 「설괘전」에는 "신명을 그윽히 협찬하여 시蓍를 이용하는 법을 만들고, 하늘을 1·3·5의 세 수로 하고, 땅을 2·4의 두 수로 하여서, 이에 의거하여 수를 세웠다"[6]고 하였다. 상은 본디 괘상과 효상을 가리킨다. 이 둘은 『역』의 작자가 괘효를 가지고서 우주 만물 가운데서 취해 온 법상法象이었다. 「계사전」은 "성인은 천하 만물이 너무도 잡다함을 보고 그 밖의 물상을 가지고 천지만물의 형태에 비기거나 혹은 천지만물의 마땅히 그러할 모습을 상징화하였으니 그것을 상이라고 한다"[7]고 하여, 상의 개념을 아주 분명하게 정의하였다. 수數는 주로 점서에서 괘를 정하는 데 사용하였다. 하나의 괘를 얻으려면 반드시 49개의 시초를 사용하여 4영 8변을 거친 뒤에, 7·8·9·6의 수를 얻어서 음인지 양인지를 정하여 효를 긋고 괘를 만들 수 있다. 그래서 상수는 원시적이면서도 완전한 점서책으로서의 『주역』에 반드시 갖추어져 있어야 하였다. 공자가 『역』

그림 2-3 복희 팔괘 방위도

그림 2-4 문왕 팔괘 방위도

을 찬贊함에 이르러, 그러한 미신적 복서卜筮의 껍데기를 내던지고 천도와 인간사의 연구에 치중하게 되었다. 이에 따라 깊은 철학적 함의涵義가 발현되어 『주역』이 비로소 철학서로 중시되게 되었다.

공자가 『주역』을 전수한 지 6대가 지난 뒤에 제인齊人 전하田何에 이르렀다. 전하의 자字는 자장子莊이다. 그는 나이 들어 집이 가난하였으나 도를 지켜 벼슬살이를 하지 않았는데, 한의 혜제가 그의 초가집에 행차하여 『역』을 전수받았다는 말이 있다. 제齊와 노魯의 학자들은 모두 전하를 종주로 삼았으니, 사실상 그는 역학 중흥의 비조鼻祖였다. 그 제자로서 저명한 사람에 낭야 동성인東城人 왕동王同(자는 子中), 낙양인洛陽人 주왕손周王孫, 양인梁人 정관丁寬(자는 子襄, 역사에서 丁將軍이라 칭함), 제인齊人 복생服生, 치천인淄川人 양하楊何 등이 있다. 후학에 묵성墨成·맹단孟但·주패周霸·형호衡胡·항생項生·전왕손田王孫·주보偃主父偃·사마담司馬談·경방京房(京君明과는 동명이인이다)·채공蔡公 등이 있어 전씨파田氏派라고 불린다. 전씨파의 역학은 대체로 공자와 자하의 전통을 떠받들었다. 이들은 『역』을 강론함에 있어 의리 인간사를 위주로 하고 장구章句에 집착하여 훈고하는 일을 임무로 하였으며, 복서에 대해서는 거의 언급하지 않았다.

역학의 분열과 변이는 대략 무제와 선제 때에 비롯되었다. 전제주의 집권 정치가 강화되면서 서한의 경학이 점차 정치와 불가분의 관계를 맺고 정치에 적극적으로 예속하게 되자, 경학가들은 경술을 가지고 다투어 유씨劉氏 정권의 합리성을 논증하게 되었으며, 애제哀帝·평제平帝 때에 이르러서는 마침내 참위학讖緯學으로 흘러갔다. 재이災異와 참위는 본래 『주역』의 학술에 고유한 내용이 아니었으나, 경학가는 제멋대로 상과 수로 부회하고 천착하여 역학의 한 변종인 상수학파를 형성하기에 이르렀다.

상수학파의 이론 체계는 한 번에 완성된 것이 아니라 점차 형성된 것이다. 그 형성 과정은 대체로 4단계로 나뉜다.

제1단계는 한선제 시대에 패기설이 출현하여 이론틀을 갖추게 된 단계이다. 대표자는 위상魏相·맹희·초공 등이다.

위상(?~기원전 59년)은 자가 약옹弱翁으로, 제음濟陰 정도定陶 사람이며, 선제 때 어사대부御史大夫·승상丞相을 지냈다. 『한서』 본전本傳에 위상이 자주 표表를 올려 『역음양易陰陽』과 「명당明堂」·「월령月令」을 채용하여 주상奏上하였다고 하였다. 그 주문奏文에 "동방의 신은 태호太昊로 진震을 타고 규規를 잡고서 봄을 관장합니다. 남방의 신은 염제炎帝로 리離를 타고 형衡을 잡고 여름을 맡습니다. 서방의 신은 소호少昊로 태兌를 타고 구矩를 잡고 가을을 맡습니다. 북방의 신은 전욱顓頊으로 감坎을 타고 권權을 잡고 겨울을 맡습니다. 중앙의 신은 황제黃帝로 곤간坤艮을 타고 승승繩을 잡고 하토下土를 맡습니다"[8]라고 하였다. 여기에 소개된 『역음양』과 「명당」·「월령」의 내용은 음양과 사계절의 변화를 의미 내용으로 하고 있다. 그 내용은 맹희가 주장한 괘기설卦氣說의 4정괘四正卦 이론과 일치하므로 4정괘설의 원초 형태라 할 수 있다.

맹희孟喜의 자는 장경長卿이고, 동해 난릉 사람으로 시수施讐·양구하梁丘賀와 함께 『역』을 전왕손에게서 수업하였다. 사람됨이 명성을 좋아하여, 역가易家의 후음양재변서候陰陽災變書를 얻어 전왕손 임종 때 홀로 얻었다고 거짓말을 하였다. 그 역학의 주내용은 4정괘설, 12월괘설十二月卦說, 64괘배 72후六十四卦配七十二候 등이다. 구체적인 내용은 아래에서 다시 소개하겠다. 맹희의 이러한 학설에 힘입어 괘기설이 비로소 이론틀을 취하게 되었다. 그 문인에 백광白光·적목翟牧 등이 있고, 후학에 개관요盖寬饒·와단洼丹·해양홍觟陽鴻·원안袁安·원경袁京·풍호馮顥 등이 있었으니 한역의 대가이다.

초공焦贛의 이름은 연수延壽이다. 양인梁人으로 맹희에게서 역을 공부하고 경방에게 전수하였다. 그의 역학은 재변災變에 특장이 있어 4괘를 나누어 하루씩 당직시켜 일을 맡게 하고, 비바람과 추위·더위를 후候로 삼아 각각 점험占驗이 있도록 하였다. 저서에 『역림易林』16권이 있다. 초씨 역학은 위로 맹희를 잇고 아래로 경방을 열어, 한역 상수학의 괘기설을 보완하고 발명하였다.

이 첫 단계의 역학은 유명한 시씨파施氏派와 양구파梁丘派를 낳았다. 여기서 간단히 소개한다.

시씨파의 대표자는 시수施讐로 자는 장경長卿이고 패인沛人이다. 『역』을 전왕손에게서 수업하였으며, 맹희·양구하와 동학이었다. 선제 감로甘

露 때에 석거각石渠閣 회의에 참가하여 제유들과 5경五經의 동이同異를 논하였다. 그는 한대 초기에 전씨 역학을 대표하는 사람으로서 역학사에 깊은 영향을 주었다. 그의 제자로 유명한 이가 장우張禹이다. 장우의 자는 자문子文이다. 하내河內 지인軹人이고, 관직은 승상에 이르렀다. 또 제자 노백魯伯은 낭야인으로 관직이 회계태수會稽太守에 이르렀다. 그 뒤를 이은 학자들로 팽선彭宣·대숭戴崇·모막여毛莫如·병단邴丹·유곤劉昆·경란景鸞 등이 있다.

양구파의 창시자는 양구하로, 자는 장옹長翁이다. 낭야 제인諸人이다. 일찍이 『역』을 경방(양하의 제자로, 경군명과는 다른 사람)에게서 수업하고 다시 전왕손을 사사하였다. 그의 역학은 본디 전하 일파에서 갈라져 나왔으되 점복으로 미래를 알 수 있다고 강론하여, 한대 초기 전씨파의 전통과는 학풍이 달라졌다. 선제 때에 학관에 과목으로 설치되었다. 그 제자로 아들인 양구림梁丘臨, 대군代郡 사람 오록충종五鹿充宗, 낭야 사람 왕준王駿, 대군 사람 범승范升, 경조京兆 사람 양정楊政 등이 있다.

제2단계는 한의 원제元帝·성제成帝 때에 해당한다. 대표 인물은 경방과 그 제자이다. 이들은 괘기론을 발전시켜 완성하였다.

경방京房(기원전 77~기원전 37)은 자가 군명君明으로, 동군東郡 돈구頓丘 사람이다. 본래 성은 이李였으나 음률을 추론하여 스스로 경씨라 정하였다. 일찍이 『역』을 초연수에게서 수업하여 점험술占驗術이 아주 정밀하였다. 그의 역학은 점후占候에 특장이 있어 괘기설을 크게 발전시켰으며, 8궁·오행·음양·납갑 등의 설을 함께 강론하여 한역 상수학파의 형성에 중요한 구실을 하였다. 경씨의 역학과 구체적 내용에 대해서는 아래에서 다시 논하기로 한다. 경방의 제자에 동해東海 사람 단가段嘉, 하동河東 사람 요평姚平, 하남 사람 승홍乘弘이 있다. 그들은 모두 박사가 되었으니, 이로써 『역』에 경씨학이 있게 되었다.

제3단계는 서한 말의 애제·평제 때에 해당한다. 이 단계의 특징은 위서緯書가 출현한 점이다. 『역위』의 역 해석은 괘기설을 한층 신비화하고 아울러 상수로 역리易理를 해석하였는데, 말류에 흘러 음양재변과 참위미신을 선양함을 주내용으로 하게 되었다. 이에 한역 상수학은 몰락의 길로 치닫게 되어 후세에 아주 나쁜 영향을 끼쳤다. 『역위』의 내용에 대해서는 아래에서 별도로 소개하겠다.

제4단계는 동한 시대다. 이 시기의 주요한 특징은 마음·정현·순상·우번·육적陸績 등 경학가가 맹희·경방의 괘기설을 발휘하고 위서緯書를 인용하여 『역』을 해설한 여러 가지 논법이 등장한 점이다. 그들이 제출한 새로운 체계에는 오행생성설五行生成說·효진설爻辰說·승강설升降說과 호체互體·반상半象·일상逸象·방통旁通 따위가 있다. 정현·순상·우번 등의 행적과 상수학의 발전에 관해서는 아래에서 전문적으로 소개하겠다.

요컨대 역학은 비록 선진 시대에 두 파로 나뉘었지만, 완비된 상수학 체계는 양한 시대에 이르러 위에 서술한 네 단계의 발전 과정을 거쳐 최종적으로 형성되었다. 상수학 체계의 출현과 발전은 우연한 것이 아니라, 본질적으로 『주역』에 있던 복서 미신의 측면이 발전한 것이다. 다만 『주역』 자체에는 없던 많은 것들이 부회·천착되었다. 이론적 기초에서 보면 상수학이 근거로 삼은 오행관, 음양가 학설, 원시적 동일 개념, 고대 점성술 등은 모두 과학적 가치를 결여하고 있다. 따라서 상수학은 근본적으로 『역전』의 정신과 배치되어 『주역』을 순전한 복서책으로 만들었으니, 오늘날 보면 그리 높이 평가할 수가 없다. 하지만 상수학은 한역의 주류를 대표할 뿐만 아니라, 역대 역학에서 맥을 이어 나와 오늘날까지도 영향이 파급되고 있기에 무조건 외면할 수 없으므로 역사적으로 직시하고 논평을 하여야 한다.

2. 맹희의 괘기설

맹희孟喜는 한역에서 괘기설을 창도한 인물이다. 『한서』 「유림전」에는 맹희의 역학에 대해 말하면서 역후음양재변서易候陰陽災變書를 얻었다고 하였다. 당나라 승려 일행一行의 『괘의卦儀』에는 "12월괘十二月卦는 맹씨 장구章句에서 나왔다. 그 역설은 기氣에 근본하였으나 뒷사람은 인간사를 가지고 증명하였다"고 하였다. 이로 보건대 맹희 역학은 음양설로 『주역』을 해석하고 『주역』의 괘상으로 1년 절기의 변화를 해설하였으며

(즉 64괘를 4계절, 12월, 24절기, 72후에 배당하였는데, 이것이 바로 卦氣이다), 아울러 인간사의 길흉을 추단하였다. 이것이 곧 괘기설의 주내용이다. 맹희 자신이 설명한 것은 이러하다.[1]

> 동지 초부터 중부中孚가 작용한다. 1개월의 책策은 9·6·7·8이니, 이것이 30이다. 괘는 지육地六이고 후候는 천오天五이다. 5와 6이 상승하여 소식영허가 일변한다. 12변을 한 뒤에 세월이 다시 처음으로 돌아간다. 감坎·진震·리離·태兌는 24기가 차례로 1효씩을 주관한다. 그 처음은 이지二至(동지·하지), 이분二分(춘분·추분)이다. 감坎☵은 음이 양을 싸므로 저절로 북정北正이다. 미약한 양이 아래에서 운동하여 올라가되 채 도달하지 않고, 2월에 극하여 응고의 기가 소멸하면 감의 운이 끝난다. 춘분은 진震☳에서 나와 처음으로 만물의 원元을 근거로 안에서 주장하니 뭇 음들이 화하여 따른다. 정남에서 극하여 풍부 성대한 변이 궁하면 진의 공功이 다한다. 리離☲는 양이 음을 싸므로 저절로 남정南正이다. 미약한 음이 지하에서 생겨나 쌓이되 채 드러나지 않으니, 8월에 이르러 문명의 질이 쇠하면 리의 운은 끝난다. 중추仲秋는 음이 태兌☱에서 형태를 이루어 비로소 만물의 말末을 따라 안에서 주장하여 뭇 양들이 내려가 받든다. 북정北正에서 극하여 천택天澤의 베풂이 궁하면 태의 공이 다한다. 그러므로 양칠陽七의 정靜함은 감에서 비롯하고, 양구陽九의 동動함은 진에서 비롯한다. 음팔陰八의 정함은 리에서 비롯하고, 음육陰六의 동함은 태에서 비롯한다. 그러므로 4상四象의 변화가 모두 6효를 겸하며, 중절中節의 응함이 갖추어진다.[9]

여기에 보이는 4정괘설·12월괘설·64괘배72후 등의 내용이 맹희 괘기설의 주내용이다. 그 설은 다음 네 가지로 개괄된다.

첫째, 64괘로 1년 절기의 변화를 해설하여, 감·진·리·태의 4정괘로 사계절을 주관하게 하고 아울러 사계절을 4방에 배당하였다. 맹희는 감괘에 대하여 "감坎은 음이 양을 싸므로, 저절로 북정北正이다. 미약한 양

[1) 一行의 『卦儀』에 인용되어 있으며, 『新唐書』 권 27에 보인다.

이 아래에서 운동하여 올라가되 채 도달하지 않고, 2월에 극하여 응고의 기가 소멸하면 감의 운이 끝난다"라고 풀이하였다. 감괘의 괘상은 상하가 음효, 가운데가 양효이므로, 음이 양을 싸고 있다고 한 것이다. 『역전』「설괘전」의 팔괘방위설八卦方位說을 보면 감괘는 정북방에 위치하므로, "저절로 북정北正이다"라고 하였다. 괘 속의 양효는

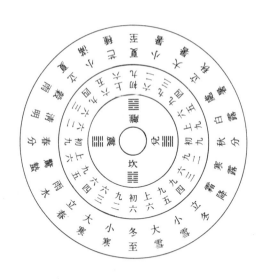

그림 2-5 4정괘 각 효의 계절 배당

양기가 막 운동하기 시작하되 아직 상승하지는 않은 것을 표시하므로 감괘의 초육효를 11월 동지로 삼았다. 하지만 2월에 이르면 응고의 기가 소실되어, 감괘의 작용은 결말을 고하는 까닭에 감의 운이 끝난다고 하였다. 진괘·리괘·태괘 세 정괘의 해석 방법도 이와 같다. 요컨대 4정괘의 각각은 24절기 중 4절기, 즉 동·춘·하·추의 사계절을 주관하므로, '감·진·리·태는 24기'라 하였다. '차례로 1효씩을 주관함'이란 1괘의 6효가 1절기씩을 주관함을 말한다. 음양 기우奇偶의 수를 가지고 음양 2기를 해석하고, 괘상卦象에서의 기우의 수의 변화를 가지고 음양의 소장 과정을 해석하였다. 괘상과 기우의 수를 중시하는 것은 바로 상수학이 지닌 가장 뚜렷한 특징이다.

둘째, 12벽괘辟卦로 1년 12월을 대표시키는 12월괘설이다. 『구당서』 「역지曆志」를 보면 64괘 가운데 4정괘를 제외한 60괘를 나누어 72후-(24절기의 각각을 初, 次, 末의 3候씩 나누면 모두 72후가 됨)에 배당하였다. 이 60괘를 벽辟(즉 군주)·공公·후侯·경卿·대부大夫에 따라 5등분하여 5조로 하고 각 조마다 12괘를 배당한다. 초후初候 24는 공괘와 후괘에 배당하

4正卦	坎			震			離			兌		
12辰	子	丑	寅	卯	辰	巳	午	未	申	酉	戌	亥
12月	十一月	十二月	正月	二月	三月	四月	五月	六月	七月	八月	九月	十月
侯卦	未濟	屯	小過	需	豫	旅	大有	鼎	恒	巽	歸妹	艮
大夫卦	蹇	謙	蒙	隨	訟	師	家人	豐	節	萃	无妄	既濟
卿卦	頤	睽	益	晉	蠱	比	井	渙	同人	大畜	明夷	噬嗑
公卦	中孚	升	漸	解	革	小畜	咸	履	損	賁	困	大過
辟卦	復	臨	泰	大壯	夬	乾	姤	遯	否	觀	剝	坤

그림 2-6
12벽괘와
공경대부후괘

고, 차후次候 24는 벽괘와 대부괘에 배당하며, 말후末候 24는 후괘와 경괘에 배당한다. 이처럼 60괘를 72후에 배당하면 12괘가 모자라므로 후괘를 가지고 보충하니, 후괘는 내內와 외外로 나뉜다. 매월의 처음을 절節이라 하고 중간을 중中이라고 칭하므로, 24절기는 절기節氣 12와 중기中氣 12로 나뉜다. 이처럼 복잡한 설이 반드시 맹희에서 비롯된 것은 아니지만, 12월괘설만은 맹희가 제출한 것이다. 12벽괘의 순서는 아래와 같다.

복괘復卦䷗ 11월중 겨울 1양이 생김
임괘臨卦䷒ 12월중 겨울 2양이 생김
태괘泰卦䷊ 정월중 봄 3양이 생김

대장괘大壯卦 ䷡	2월중 봄	4양이 생김
쾌괘夬卦 ䷪	3월중 봄	5양이 생김
건괘乾卦 ䷀	4월중 여름	6효 모두 양
구괘姤卦 ䷫	5월중 여름	1음이 생김
둔괘遯卦 ䷠	6월중 여름	2음이 생김
비괘否卦 ䷋	7월중 가을	3음이 생김
관괘觀卦 ䷓	8월중 가을	4음이 생김
박괘剝卦 ䷖	9월중 가을	5음이 생김
곤괘坤卦 ䷁	10월중 겨울	6효 모두 음

이 12괘를 뽑아서 12월을 대표하게 한 것은 괘상 가운데 강유 2효의 변화가 음양 2기의 소장 과정을 체현할 수 있기 때문이다. 앞 6괘는 복괘復卦에서 1양이 생겨나 건괘乾卦에서 양기가 극성하게 되는, 양이 자라고 음이 소멸하는 과정이다. 뒤 6괘는 구괘姤卦에서 1음이 생겨나 곤괘坤卦에서 음기가 극성하게 되는, 음이 자라고 양이 소멸하는 과정이다. 이밖에 12벽괘는 모두 72효이므로 72후를 상징할 수 있다. 앞 6괘에서 복괘復卦 초구효는 양기가 처음 동함을 표시하여 11월 동지 차후이고, 건괘乾卦 6효가 모두 양인 것은 4월 소만小滿 차후이다. 뒤 6괘에서 구괘姤卦 초육효는 음기가 처음 동함을 표시하여 5월 하지 초후이고, 곤괘坤卦 6효가 모두 음인 것은 10월 소설小雪 차후이다. 12벽괘는 24절기와 72후의 변화를 상징하는 까닭에 12소식괘消息卦라고도 한다. 앞 6괘는 양의 번식(생장)과 음의 소멸을 상징하므로 식괘息卦라 하고, 뒤 6괘는 음이 번식하고 양이 소멸함을 상징하므로 소괘消卦라 한다.

셋째, '괘卦는 지6, 후候는 천5'라는 설이다. 이 뜻은 60괘를 1년의 월수에 배당한 것이다. 각 달마다 5괘를 배당하여, 각 괘마다 6일 7분六日七分을 주관하므로 지6이라 하였다. 「계사전」에서 천지의 수를 말할 때 지6이 지수地數 2·4·6·8·10의 가운데 수이기 때문이다. 72후의 2후 사이에 5일이 남으니 천5라고 한다. 5는 천수天數의 가운데 수이기 때문이다. 이 논법에 따르면 60괘로 대표되는 총일수는 365일하고 남음이 있으니 바로 1년의 일수에 해당한다.

넷째로, 중부中孚☶를 동지 초후에 배당하여 1년 절기의 시작으로 삼는 설이다. 즉 "동지 초부터 중부가 작용한다"는 설이다.

맹희의 괘기설은 율력에 근본한 것이 틀림없다. 즉 그의 설은 율력의 11월률十一月律이라는 전통적 설법과 부합한다. 『여씨춘추』 「십이기十二紀」와 『회남자』 「천문훈天文訓」은 12율을 12달에 배당하였는데, 모두 황종黃鐘을 11월률로 삼았다. 오행가의 설법을 따르면 중앙이 토덕土德으로 그 색깔이 황黃이며 중정中正의 덕이 있기 때문이었다. 「천문훈」에는 "날(日)은 동지이니 덕기德氣는 토이고 색은 황이다. 그러므로 황종이라고 한다"고 하였다. 또 『관자』 「사시四時」에서도 "토덕은 화평하게 골고루 작용하며 사사로움 없이 중정하여 실로 사계절을 보필한다"(和平用均, 中正無私, 實輔四時)고 하였다. 그 밖에 『주역』 「단전」에서도 중부괘는 "음유陰柔가 안에 있으면서 중中을 얻었다"(柔在內而得中)고 하였으니, 중부괘의 2효와 5효가 모두 중위中位에 있으면서 또 당위當位하여 중정의 뜻이 있다고 본 것이다. 따라서 맹희가 중부괘로 11월 동지 초후를 대표시키고 1년 절기의 시작으로 삼은 것은 결코 우연한 일이 아니다.

3. 경방의 역학

경방京房은 한역의 대표자이다. 경방의 역학은 점후占候를 강론하는 술법으로 유명하다. 그의 역학은 『주역』을 길흉점산吉凶占算의 무서巫書로 보아서 많은 점산 원리를 창조하고, 아울러 점산 해석의 방식에서 맹희의 괘기설을 발전시켜 이를 당시의 음양오행설과 결합시킴으로써 독특한 역학 체계를 형성했다는 특징이 있다.

현존하는 『경씨역전京氏易傳』에 근거하면 경방 역학은 괘기설·팔궁괘설八宮卦說·오행설·음양2기설·납갑설納甲說·팔괘기원설·『주역』 본질론 등을 주로 포괄하여 내용이 대단히 풍부하다.

팔괘의 기원과 『주역』의 본질에 관한 파악에서 경방은 괘효상卦爻象이 천지만물의 상과 일치하므로, 64괘와 384효에서 음양의 총 책수策數까지를 가지고 천지만물의 실상을 규정할 수 있다고 보았다. 또한 1괘에 6효가 있으므로, 상하 음양의 수와 내외의 상을 그 다음으로 하면 길흉의 기氣를 드러내고 천지인天地人 변화의 법칙을 아울러 취할 수 있다고 하였다. 『경씨역전』은 다음처럼 말하였다.

> 무릇 역易이란 상象이고 효爻란 효效(효칙함)이다. 성인이 우러러 살피고 굽어 보아서 천지·일월·성진·초목·만물을 상징한 바이니, 그것에 순종하면 화하고 거스르면 어지럽게 된다. 무릇 미세하여 이루 다 궁구할 수가 없고 심원하여 이루 다 알 수가 없다. 그래서 시초를 가르고 효를 그어서 아래에 이용하였다. 서筮는 64괘로 나누고 364(384)효를 배당하여 1,520 책策을 차서 매겨 천지만물의 실상을 정하였다. 그러므로 길흉의 기가 6효를 따르고 상하가 8·9·6·7의 수와 내외內外 승승承乘의 상에 차서 매겨진다. 그러므로 삼재三才를 겸하여 둘로 한다고 말한다.[10]

이 말은 바로 「계사전」의 성인관상설聖人觀象說을 표현한 것이다. 『주역』의 각 괘가 사물의 음양의 수와 음양의 상을 체현하였다고 보고, 음양의 수를 가지고 팔괘와 64괘의 형성을 설명하였으니, 즉 수數가 상象을 낳는다고 주장한 것이다. 『경씨역전』은 또 이렇게 말하였다.

> 음양이 운행하여, 한 번 춥고 한 번 더우며, 오행이 서로 작용하여 한 번 길하고 한번 흉하다. 신명의 덕에 통하고 만물의 실정을 유별한다. 그러므로 『역』은 천하의 이치를 단정하고 인륜을 정하고 왕도를 밝힌다. 팔괘가 세워지고 5기가 올바로 선다. 오상五常이 건곤을 법상法象하여 음양에 순하고 이로써 군신부자의 의리를 바로잡는다.[11]

여기서는 한 걸음 더 나아가 『주역』이 음양 2기의 운행과 오행생극五行生克의 법칙을 포괄하며 천지만물의 덕성을 체현하고 있으므로, 그것으로 천하의 이치를 추단하고 인류 생활의 준칙을 정할 수 있다고 하였다. 이렇게 하여 『주역』은 봉건 계급 질서인 부자군신의 의리를 규정하는 근거가 되었다.

팔괘의 기원과 『주역』의 성질에 관한 이러한 총체적 인식은 경방 역학

의 방향을 규정한다. 경방 역학의 전체 내용은 이 총체적 인식과 관련이
있다.

공자는 「계사전」을 지어 비록 성인관상설을 강론하기는 하였지만, 중
점은 『주역』의 실제 사상과 철학적 가치를 발굴하는 데 있었다. 경방은
비록 성인관상설을 발휘하기는 하였으나 공자와는 전혀 다르다. 그 밖에
「계사전」에 보이는 수건차곤首乾次坤(건을 첫머리에 두고 곤을 다음에 둠)의
사상은 『주역』의 기본 사상과 원리를 개괄한 것이라고 할 수 있는데, 지
아비·아비·군주는 존귀하고 아내·자식·신하는 비천하다는 후세의 관념은
여기에서 발전되어 나온 것이다. 경방이 "오상은 건곤을 법상하여 음양에
순하고 이로써 군신부자의 의리를 바로잡는다" 운운한 것은 그 유래가
「계사전」에 소급한다고 할 수 있다. 하지만 경방의 설은 직접 통치 계급
에게 정치적으로 종사하기 위한 것이었기에 봉건 전제 체제를 고도로 구
축하였던 서한 제국의 사회 환경과 불가분의 관계에 있었다. 따라서 그
설은 바로 시대 정치의 산물이라 할 수 있다.

1. 괘기설

경방 역학도 24절기를 논하지만, 맹희의 괘기설과 꼭 같지는 않다. 즉
맹희의 설을 계승한 면도 있고 발전시킨 면도 있다. 경방 역학에서 주목
되는 것은 음양2기설을 가지고 맹희의 괘기설을 해석한 점이다. 이를테
면 『경씨역전』에 "용덕龍德은 11월 자子로서 감괘에 있어 좌측으로 행한
다. 호형虎刑은 5월 오午로 리괘離卦에서 우측으로 행한다"고 하였다. 감
괘가 동지를 주관하고 리괘가 하지를 주관한다고 본 점은 맹희의 설과 같
다. 『경씨역전』은 각 괘의 6효를 6개월분씩 배당하여 기후의 변화를 표
시하였다. 이를테면 건괘에서 "건자建子는 잠룡潛龍을 일으키고, 건사建巳
는 지보至報하여, 항위亢位를 주관한다"[12]고 하였다. 즉 건괘 초효는 11월
동지이고 사巳는 4월을 가리켜 건괘 상구효이다. 이 또한 맹희의 괘기설
과 같다.

경방 역학이 맹희의 괘기설과 다른 점은 괘효를 1년의 하루씩 배당하
는 설 및 팔괘괘기설八卦卦氣說이다. 맹희는 60괘 360효를 1년의 일수에

배당하였으나, 경방은 감리진손 4정괘도 1년의 일수에 넣어 64괘 384효를 1년의 일수에 배당하였다. 그 구체적인 일수 분배는 이러하다. 4정괘의 초효는 각각 동지·하지·춘분·추분을 주관하는 효로 각각 1일과 73/80을 맡는다. 이頤·진晉·승升·대축大畜의 4괘는 각각 5일 14분이다. 그 나머지 괘는 각각 6일 7분이다. 이렇게 하여 4정괘 중에서 감坎은 11월에 해당하고 리離는 5월에 해당하고 진震은 2월에 해당하며 손巽은 4월에 해당한다. 그 나머지 4개의 본괘本卦는 건乾이 10월에 해당하고 곤坤이 7월에 해당하며, 간艮이 정월에 해당하고 태兌가 8월에 해당한다. 이 팔괘괘기설은 「설괘전」의 팔괘방위설八卦方位說에서 기원하지만, 가까이는 맹희의 설에서 직접 발전되어 나온 것이다. 경방의 설은 맹희의 설과 차이가 있으나, 후대에 미친 영향은 자못 크다.

괘효의 1년 일수 배당과 팔괘괘기설 이외에도 경방의 괘기설이 맹희의 설과 다른 면이 또 있지만, 그 설에 대해서는 결코 일치된 이해가 있지 않은데다가 후대에 미친 영향도 크지 않으므로 여기서는 생략한다.

2. 팔궁괘설

경방의 역 해석은 64괘의 순서를 새로이 배열하여 건乾에서 시작하여 귀매歸妹에서 마친다. 경방은 4개 본괘를 거듭하여 이루어진 8개 중괘를 팔궁八宮 혹은 팔순八純이라 칭한다. 각 궁괘는 괘 7개씩을 통솔하는데, 궁괘는 상세上世라 칭하고 통솔받는 7개의 괘는 1세一世·2세二世·3세三世·4세四世·5세五世·유혼游魂·귀혼歸魂이라고 한다. 『경씨역전』은 이것들을 한데 아울러 풀이하길 "『역』에는 4세가 있으니 1세와 2세는 지역地易이고, 3세와 4세는 인역人易이며, 5세와 팔순八純은 천역天易이고, 유혼과 귀혼은 귀역鬼易이다"라고 하였다. 청대 사람 혜동惠棟의 『역한학易漢學』은 경방의 의리와 체제에 의거하여 일목요연하게 「팔궁괘차도八宮卦次圖」를 제작하였다.

이 그림을 자세히 보면 각 궁괘와 그 통솔 괘들의 배열에 일정한 규칙이 있음을 알 수 있다. 상세의 8중괘는 모두 불변괘不變卦이다. 1세괘에 속한 것은 하나의 효가 변한 것으로 양효가 음으로 변하거나 음효가 양으

	八　宮　卦							
上　世 （八　純）	乾	震	坎	艮	坤	巽	離	兌
一　世	姤	豫	節	賁	復	小畜	旅	困
二　世	遯	解	屯	大畜	臨	家人	鼎	萃
三　世	否	恒	旣濟	損	泰	益	未濟	咸
四　世	觀	升	革	睽	大壯	无妄	蒙	蹇
五　世	剝	井	豊	履	夬	噬嗑	渙	謙
游　魂	晋	大過	明夷	中孚	需	頤	訟	小過
歸　魂	大有	隨	師	漸	比	蠱	同人	歸妹

그림 2-7 팔궁괘차도

로 변하되 모두 초효가 변하였다. 예를 들어 곤궁坤宮의 복괘復卦는 초획이 양효인데, 곤괘坤卦의 초육이 변한 것이다. 2세괘에 속한 것은 모두 두 개의 효가 변하였다. 일례로 곤궁坤宮의 임괘臨卦는 초획과 2획이 모두 양효로, 곤괘 초육과 육2가 변한 것이다. 3세괘에 속한 것은 세 개의 효가 변하였다. 일례로 곤궁의 태괘泰卦는 하괘 3획이 모두 양효로, 곤괘 하괘의 세 음효가 변한 것이다. 4세괘에 속한 것은 네 개의 효가 변하였다. 일례로 대장괘大壯卦는 초획에서 4획까지가 모두 양효로, 곤괘의 초육·육2·육3·육4가 변한 것이다. 그리고 5세괘에 속한 것은 모두 다섯 효가 변하였다. 일례로 쾌괘夬卦는 다섯 획이 모두 양효로 곤괘의 다섯 음효가 변한 것이다.

유혼괘에 속한 것은 5세괘의 제4획이 본궁괘의 제4획 효상으로 회복한 것이다. 이 유혼괘에 대하여 혹자는 5세괘 가운데 제4획이 효변爻變(양이 음으로 변하거나 음이 양으로 변함)을 일으켜 이루어진다고 한다. 이를테면 곤궁坤宮의 수괘需卦는 5세괘인 쾌괘夬卦의 구4효가 육4로 되어 이루어진다. 혹은 쾌괘의 구4효가 곤괘坤卦 육4효의 효상으로 회복하여 이루어진다고도 한다. 귀혼괘에 속하는 것은 유혼괘의 하괘가 본궁괘의 하괘의 괘상으로 회복한 것이다. 이 귀혼괘에 대하여 혹자는 유혼괘의 하괘가 상반된 괘로 변하여 이루어진다고 말한다. 이를테면 곤궁의 유혼괘인 수괘需卦는 그 하괘가 건乾인데, 그것이 회복하여 본궁괘의 하괘인 곤坤으로 된다는 식이다. 또 혹자는 건乾과 상반된 곤坤으로 변하면 귀혼괘인 비괘比卦로 된다고 말한다. 그 나머지 7개 궁괘의 변화도 다 이와 같다.

여기서 상세上世 팔순괘八純卦의 배열 순서는 건·진·감·간·곤·손·리·태이다. 이 설은 「설괘전」이 건곤을 부모괘로 삼고 각각 3남3녀를 통솔케 하며 앞의 4괘를 양괘陽卦, 뒤의 4괘를 음괘陰卦로 한 데서 기원하였다. 백서帛書 『주역』에도 이 순서대로 배열되어 있다. 그리고 '유혼'이라든가 '귀혼'이라든가 하는 명칭은 「계사전」의 "순수한 정기는 응집하여 품물의 형체를 이루고 백魄에서 떠난 유혼은 변화를 일으키니, 이로써 『역』을 공부하면 음양의 굴신을 만드는 귀신의 실정을 알 수 있다"[13]는 설에 뿌리를 둔다. 그래서 경방은 유혼괘와 귀혼괘를 '귀역鬼易'이라고도 한다.

팔궁괘설의 주내용은 다음 세 가지로 귀결된다.

첫째, 건곤 2궁이 음양소장한다는 설이다. 경방이 위와 같은 순서로 64괘를 배열한 것은 괘효상의 변화가 음양소장의 과정임을 표시하려는 의도에서였다. 이를테면 건궁乾宮의 각 괘를 살펴보자. 건괘乾卦는 6효가 모두 양으로, 양기가 극성하다. 이하 1세에서 5세에 이르기까지의 각 괘는 1음이 생겨남에서부터 5음이 생겨남에 이르게 된다. 유혼괘는 양이 모두 다 박탈당할 수 없어 다시 양으로 복귀하되, 내괘의 위치에까지는 회귀하지 못하고 다만 외괘 4위가 유탕游蕩함을 표시한다. 귀혼괘에 이르러서는 하괘가 건으로 변하여 비로소 본위本位로 복귀한다. 이상은 음이 번식하고 양이 소멸하는 과정을 강론하였다. 또 곤궁의 각 괘를 예로 들어 보자. 곤괘는 6효가 모두 음으로, 음기가 극성하다. 이하 1세에서 5세에 이르는 각 괘는 1양이 생겨남에서부터 5양이 생겨남에 이르러, 강이 유를 결단하여 음의 도가 소멸한다. 유혼괘는 음의 도가 전부 소멸될 수 없어 유혼으로 되돌아감을 표시한다. 귀혼괘에 이르러서는 귀혼하여 근본으로 회복한다. 이상은 양이 번식하고 음이 소멸하는 과정을 말하였다. 이 건곤 2궁이 음양소장한다는 설은 사실 맹희의 12벽괘설에서 나왔다. 다만 경방이 배당한 월분月分은 맹희의 월분과 일치하지 않는다. 건곤 2괘의 월분 배당만 같을 뿐 기타 괘의 월분은 상반된다.

둘째, 세응설世應說이다. 경방은 1괘의 길흉이 주로 그 괘 가운데 1효의 상에서 정해진다고 보았다. 1괘 6효에서 초효는 원사元士, 제2효는 대부大夫, 제3효는 삼공三公, 제4효는 제후諸侯, 제5효는 천자天子, 상효는 종묘宗廟로 여섯 효가 각기 계급적 지위를 지닌다. 각 괘는 모두 1효가 주가 된다. 이를테면 3세괘는 제3효 삼공이 주가 되고, 4세괘는 제4효 제후가 주가 된다. 위주가 되는 효는 거세居世·임세臨世·치세治世라고 칭한다. 초효의 원사 거세는 제4효 제후와 상응하고, 제2효의 대부 거세는 제5효 천자와 상응하며, 제3효의 삼공 임세는 상효 종묘와 상응한다. 거꾸로 제5효의 천자 치세는 제2효의 대부와 상응하는 식이다. 이것이 바로 세응설이다. 이 세응설은 「단전」과 「상전」의 응위설應位說을 발전시키면서, 아울러 「계사전」의 "귀천을 정함이 효위에 달려 있다"는 설을 발휘한 것이다. 이 세응설은 사실 점술에 이용되어 『경씨역전』이 말하였듯이 "길흉을 정하려고 1효의 상을 취함"에 주로 기능하였다. 이를테면 경방은 비괘否卦☷☰를 해석하여 "삼공 거세가 상구 종묘와 응한다. 군자는 이 괘상을 본받아 때를 기다리고, 소인은 재앙이 된다"[14]고 하였다. 비괘는 건궁의 3세괘이므로 '삼공 거세'라 하였고, 육3효를 위주로 상구의 종묘와 상응함을 가지고, 군자는 순리적인 시기의 도래를 기다리고 소인은 재앙이 됨을 표시하였다. 또 진괘晉卦☲☷를 해석하여 "제후가 거세하니 도리어 원사에 응한다"고 하였다. 진괘는 건궁의 유혼괘로 그 구4효는 건괘

飛 伏	飛 伏	飛 伏	飛 伏	飛 伏	飛 伏	飛 伏	飛 伏
本宮 乾宮 坤	震宮 巽	坎宮 離	艮宮 兌	坤宮 乾	巽宮 震	離宮 坎	兌宮 艮
一世 姤 巽	豫 坤	節 兌	賁 離	復 震	小畜 乾	旅 艮	困 坎
二世 遯 艮	解 坎	屯 震	大畜 乾	臨 兌	家人 離	鼎 巽	萃 坤
三世 否 坤	恒 巽	既濟 離	損 兌	泰 乾	益 震	未濟 坎	咸 艮
四世 觀 巽	升 坤	革 兌	睽 離	大壯 震	无妄 乾	蒙 艮	蹇 坎
五世 剝 艮	井 坎	豐 震	履 乾	夬 兌	噬嗑 離	渙 巽	謙 坤
遊魂 晋 艮	大過 坎	明夷 震	中孚 乾	需 兌	頤 離	訟 巽	小過 坤
歸魂 大有 坤	隨 巽	師 離	漸 兌	比 乾	蠱 震	同人 坎	歸妹 艮

그림 2-8 팔궁괘 비복표

의 양효로 회복되는 것이므로, 제4효가 주가 됨을 두고 '제후 거세'라고 하였고, 구4효가 초육과 상응하므로 "도리어 원사와 응한다"고 하였다. 이런 식으로 모두 점술과 불가분의 관계에 있다.

셋째, 비복설飛伏說이다. 경방은 괘상과 효상에 모두 비飛가 있고 복伏이 있다고 하였다. '비'란 볼 수 있고 바깥으로 나타난 것이요, '복'이란 볼 수 없고 배후에 숨은 것이다. 비와 복은 서로 대립하는 한 짝의 범주로, 서로 대립하는 괘상과 효상을 가리킨다. 이를테면 건괘乾卦의 상은 볼 수 있는 것은 ☰으로 이것이 비飛이다. 그 대립하는 괘상은 곤괘坤卦로 건의 상의 배후에 숨어 있어 볼 수 없으니 복伏이다. 『경씨역전』에 건괘는 곤과 비복의 관계에 있다고 하였고, 곤괘는 건과 비복의 관계를 이룬다고 하였다. 진괘震卦☳는 손巽☴과 비복의 관계를 이루고, 손괘는 진과 비복의 관계를 이루며, 감坎☵과 리離☲, 태兌☱와 간艮☶도 또한 이런 식으로 서로 비복의 관계가 된다. 이렇게 팔궁괘의 배후에는 모두 대립하는 괘상이 숨어 있다. 『경씨역전』은 리괘離卦를 해석하여 "양이 음의 주인이니, 양은 음에 숨어(伏) 있다"고 하였다. 리괘는 음괘로 2효와 5효가 모두 음으로서 둘 다 중위中位에 있다. 그러나 그 배후에는 양괘인 감괘가 숨어 있어, 그 2효와 5효가 모두 양이다. 그러므로 양이 음의 주인이고 양이 음에 숨어 있다고 한 것이다. 또 구괘姤卦☴를 해석하여 손☴과 비복의 관계라고 하였다. 구괘는 건궁의 1세괘이니 건괘 초구가 변하여 음효 초육이 된 것이다. 구괘의 하괘는 손괘巽卦의 상이니 그 초효는 음으로 건괘 초구와 서로 비복의 관계인 것이다. 그 밖의 괘의 체제도 이와 같다. 비복설은 이렇게 각 괘로 하여금 본괘의 괘상 이외에 괘효상을 하나 더 가지게 하는 것으로 점산술로 보면 인간사의 길흉에 갖다 붙이기가 더욱 편하다. 비복설의 의의는 여기에 있다.

3. 오행설

경방의 역학은 처음으로 오행설을 가지고 괘효상과 괘효사의 길흉을 해석하였다. 『경씨역전』에서 "길흉을 낳는 의리는 오행에서 시작하여 팔괘에서 마친다"[15]고 하였다. 그의 오행설은 주로 다음 네 가지이다.

첫째, 오성배괘설五星配卦說이다. 5성이란 토성(鎭), 금성(太白), 수성(太陰), 목성(歲), 화성(熒惑)이다. 『경씨역전』은 각 괘의 해석에서, 토·금·수·목·화(五行相生)의 순서에 따라 5성을 배당시키되, 팔궁괘의 괘서에 따라 건괘乾卦에서 시작하여 귀매괘歸妹卦로 마치고 한 바퀴 돌면 다시 시작하는 식으로 5성을 안배하였다. 이를테면 건괘乾卦의 해석에서 "5성이 위位를 따라 진성에서 비롯한다"고 하고, 구괘姤卦의 해석에서 "5성이 위를 따라 태백에서 비롯한다"고 하며, 둔괘遯卦의 해석에서 "5성이 위를 따라 태음에서 비롯한다"고 하고, 비괘否卦의 해석에서 "5성이 위를 따라 세성에서 비롯한다"고 하며, 관괘觀卦의 해석에서 "5성이 위를 따라 형혹에서 비롯한다"고 하였다. 이하 다시 토성에서 시작하여 각 괘에 안배하였다. 서한 시대에는 천문학에서도 점성술이 발달하여 『회남자』 「천문훈」이나 『사기』 「천관서天官書」가 모두 5성의 운행을 가지고 인간사의 길흉을 설명하였다. 경방이 5성을 괘에 안배한 것은 당시의 이러한 점성술로부터 영향을 받은 것이다.

둘째, 오행생극설五行生克說이다. 즉 팔궁을 모母로 보고 그 효위爻位를 자子로 보면, 오행의 관계에 따라 모자 사이에 상생相生이나 상극相克의 관계가 존재한다. 이를테면 『경씨역전』은 건괘乾卦의 해석에서 이렇게 말하였다.

> 수水의 배위配位는 복덕福德이고, 목木은 금향金鄕에 들어가 보패寶貝에 거하며, 토土는 내상內象에 임하여 부모가 되고, 화火는 4효 위에 와서 혐오하여 서로 대적하며, 금金이 금향金鄕에 들고 목木이 점차 미약해진다.[16]

육적陸績의 주에 따르면 이 구절의 뜻은 이러하다. 건乾은 모母이고 금金이고 그 초효는 수水로 물이니, 모자(괘와 효)는 금생수金生水의 관계이므로 복덕이다. 제2효는 목木이니 모자는 금극목金克木의 관계이므로 보패라 칭한다. 제3효는 토이니 모자는 토생금土生金의 관계이므로 부모라 칭한다. 제4효는 화이니 모자는 화극금火克金의 관계이므로 귀鬼 혹은 관귀官鬼라 칭하여 모자가 서로 적대한다. 제5효는 금이니 모자가 다 금이므로 동기同氣라 하여, 모자가 서로 해치지 않고 오히려 목木을 상하게 하므로 목이 점차 미약해진다고 하였다. 『경씨역전』에는 또 "팔괘에서 귀鬼는 계효系爻요, 재재財는 제효制爻요, 천지天地는 의효義爻요, 복덕福德은 보효寶爻요, 동기同氣는 전효專爻이다"라고 하였다. 즉 자극모子克母를 계효, 모극자母克子를 제효, 자생모子生母를 의효, 모생자母生子를 보효, 모자 동위同位를 전효라 하였다. 경방은 이 설을 근거로 각 괘를 해석하여 오행생극설을 완성하였다. 경방의 이 설은 『회남자』 「천문훈」의 "수는 목을 낳고, 목은 화를 낳고, 화는 토를 낳고, 토는 금을 낳고, 금은 수를 낳는다. 자생모자生母는 의義이고, 모생자母生子는 보寶이며, 자모 상득相得은 전專이고, 모승자母勝子는 제制이며, 자승모子勝母는 곤困이다"고 한 데 뿌리를 둔다. 경방은 오행생극의 의리를 취하여 괘효상의 길흉을 해설하였는데 이것은 점산을 더욱 편하게 한 것에 불과하다.

셋째, 오행효위설五行爻位說이다. 경방의 역학은 오행을 팔궁괘 및 괘의 각 효에 배당하였다. "팔괘가 음양으로 나뉘고 6위가 오행에 배당된다"고 한

八卦	乾	坤	震	巽	坎	離	艮	兌
上爻	土	金	土	木	水	火	木	土
五爻	金	水	金	火	土	土	水	金
四爻	火	土	火	土	金	金	土	水
三爻	土	木	土	金	火	水	金	土
二爻	木	火	木	水	土	土	火	木
初爻	水	土	水	土	水	木	土	火

그림 2-9 오행 효위도

말이 그것이다. 경방은 건·곤·진·손·감·리·간·태의 팔괘를 각각 금·토·목·목·수·화·토·금에 배당하고, 괘의 여섯 개 효위를 오행에 배당하여, 그것을 가지고 괘효상의 길흉을 풀이하였다. 이를테면 진괘震卦 ䷲의 해석에서 "목의 덕에 속한다. 취상은 우뢰이다"라고 하고, "각숙角宿이 위를 따라 강림하여 경술庚戌이 토土이다. 내외의 목과 토의 상이 모두 다 놀라서 벌벌 떤다. 그래서 『역』에 '백리에 벌벌 떤다'고 하였다"[17]라고 하였다. 여기서 진震은 목木이다. 또 이 괘의 종묘宗廟는 상육上六에 처하여 있으니 토土는 상육효를 가리킨다. 내외의 목과 토의 상에서 내內는 하괘인 진목震木을 가리키고 외外는 상괘의 상육효인 토土를 가리킨다. 그래서 토와 목이 모두 다 놀라서 벌벌 떤다는 점을 가지고 괘사 "백리에 벌벌 떤다"를 해석하였다. 이처럼 복잡한 부회설은 바로 점산에 이용되어 인간사의 길흉에 끌어다 붙이는 데 편하다. 팔궁괘를 오행에 배열함은 「설괘전」의 취상설과 취의설에 뿌리를 두고, 각 효위를 오행에 배열함은 「월령月令」에서 오행 4시 12월에 안배한 설에 뿌리를 둔다. 경방은 「설괘전」과 「월령」의 설을 발휘하여 오행효위설을 만들어 내었다. 이처

乾宮	乾	姤	遯	否	觀	剝	晋	大有
上體	金	金	金	金	木	土	火	火
下體	金	木	土	土	土	土	土	金
坤宮	坤	復	臨	泰	大壯	夬	需	比
上體	土	土	土	土	木	金	水	水
下體	土	木	金	金	金	火	金	土
震宮	震	豫	解	恒	升	井	大過	隨
上體	木	木	木	木	土	水	金	金
下體	木	土	水	木	木	木	木	木
巽宮	巽	小畜	家人	益	无妄	噬嗑	頤	蠱
上體	木	木	木	木	金	火	土	土
下體	木	金	火	木	木	木	木	木

坎宮	坎	節	屯	既濟	革	豐	明夷	師
上體	水	水	水	水	金	木	土	土
下體	水	金	木	火	火	火	火	水
離宮	離	旅	鼎	未濟	蒙	渙	訟	同人
上體	火	火	火	火	土	木	金	金
下體	火	土	木	水	水	水	水	火
艮宮	艮	賁	大畜	損	睽	履	中孚	漸
上體	土	土	土	土	火	金	木	木
下體	土	火	金	金	金	金	金	土
兌宮	兌	困	萃	咸	蹇	謙	小過	歸妹
上體	金	金	金	金	水	土	木	木
下體	金	水	土	土	土	土	土	金

그림 2-10 팔궁64괘 하체상체 오행배당도

럼 옛사람들은 관계가 있건 없건 각종 지식을 하나로 합성하는 데 특장이 있었음을 알 수 있다. 한대인이 이처럼 끌어다 붙이는 것을 보면 정말 기가 찰 정도이다.

넷째, 팔괘휴왕설八卦休王說이다. 휴休란 인퇴引退하여 영슈에 배당되지 않음이고, 왕王은 정권을 맡아 왕이 됨을 가리킨다. 『경씨역전』에 "64괘에 있어서 왕의 시기를 만나면 길하고 폐하면 흉하며, 충돌하면 깨지고 형벌을 받으면 패하며, 죽으면 위태하고 생하면 영광스럽다"고 하였다. 이 설에 따르면 64괘 중의 각 괘가 영슈에 해당하면 왕이 되고 그 밖의 괘는 생사휴폐生死休廢가 있다. 이를테면 태괘兌卦☱의 해석에서 "길흉은 효산爻算을 따르고, 세월의 운기는 휴왕休王을 좇는다"[18]고 하였고, 곤괘

坤卦☷의 해석에서 "4시가 휴왕하고 금과 목이 서로 다투니, 만물의 실정이 기미에 달려 있다"[19]고 하였다. 이러한 해석들은 팔괘가 오행이나 마찬가지로 차례로 지배적 위치를 차지한다고 파악한 것이다. 이 설은 분명히 「월령」에서 팔괘가 각각 4시 절기를 분할해서 주관한다는 논리에 뿌리를 두었고, 또 동시에 『회남자』「지형훈地形訓」에서 오행이 생겨나서 장성하고 노쇠하고 갇히고(囚) 죽는다고 한 설로부터도 영향을 받았다. 팔괘휴왕설을 내어놓은 것은 사실 점산법을 더욱 완벽히 하려는 의도에서였다.

4. 납갑설

경방 역학은 납갑설納甲說을 처음으로 제창하였다. 납갑이란 팔궁괘를 각각 10간干에 배당하고 팔궁괘의 각 효를 12지支에 배당하는 것이다. 갑이 10간의 첫머리이므로 납갑이라고 하고, 12지에 배당하므로 납지라고 하는데, 통칭하여 납갑이라고 한다. 『경씨역전』에 "천지건곤의 상을 나누어 갑을임계甲乙壬癸로 더한다. 진손震巽의 상은 경신庚辛에 배당하고, 감리坎離의 상은 무기戊己에 배당하며, 간태艮兌의 상은 병정丙丁에 배당한다"고 하였다. 건곤의 2괘가 모두 내괘와 외괘로 나뉘므로, 건괘乾卦의 내괘는 납갑納甲(갑에 배당함)하고 외계는 납임納壬하며, 곤괘坤卦의 내괘는 납을納乙하고 외괘는 납계納癸한다. 기타 6괘는 경·신·무·기·병·정에

팔괘 간지 효위	乾 ☰	坤 ☷	震 ☳	巽 ☴	坎 ☵	離 ☲	艮 ☶	兌 ☱
上爻	壬戌	癸酉	庚戌	辛卯	戊子	己巳	丙寅	丁未
五爻	壬申	癸亥	庚申	辛巳	戊戌	己未	丙子	丁酉
四爻	壬午	癸丑	庚午	辛未	戊辰	己酉	丙戌	丁亥
三爻	甲辰	乙丑	庚辰	辛酉	戊午	己亥	丙申	丁丑
二爻	甲寅	乙巳	庚寅	辛亥	戊辰	己丑	丙午	丁卯
初爻	甲子	乙未	庚子	辛丑	戊寅	己卯	丙辰	丁巳

그림 2-11 팔괘납갑도

나뉘어 납입한다. 이것이 경방의 납갑설이다. 납지설은 팔궁괘의 각 효를 12지에 분배한다. 그 구체적인 배분법에 대하여는 혜동惠棟이 『역한학』에서 상세하게 기술한 바 있다. 『역한학』에 들어 있는 팔괘육위도八卦六位圖에 의거하여 경방의 납갑납지설을 그리면 그림 2-11과 같다.

경방의 납갑설은 「설괘전」의 건곤부모설과 『회남자』 등의 율력설律曆說에서 기원한다. 「설괘전」은 건곤을 부모괘라 하여 갑과 을, 임과 계를 배당하고, 진·손·감·리·간·태를 자녀괘라 하여 경·신·무·기·병·정을 배당하였다. 『회남자』 「천문훈」은 12율을 12월과 12지에 배당하였다. 경방은 이 설들을 반죽해서 간지를 팔괘에 배당하여 납갑설을 만들었다. 납갑설의 구실은 점후술을 강론하는 데 그치지 않는다. 곧 점후설을 더욱 현묘하게 하여 하늘과 인간이 서로 감응하게 하고자 한 것이었다.

5. 음양2기설

경방은 『역전』의 음양설을 발전시켜 음양 2기설陰陽二氣說을 선명하게 제시하였다. 이 음양2기설은 경방 역학을 관통하는 기본 사상이다. 『경씨역전』은 다음과 같이 말한다.

> 적산하여 괘를 따라 궁宮을 일으키니, 건·곤·진·손·감·리·간·태의 팔괘에서 2기가 뒤흔든다. 양은 음에 들어가고 음은 양에 들어가 2기가 서로 쉬지 않고 상호 작용을 한다. 그러기에 낳고 낳는 것을 역易이라고 하는 것이니, 천지 안에 통하지 않음이 없다.[20]

여기서는 음양을 역학의 최고 범주로 간주하여 『주역』의 변화는 바로 음양의 변역이라고 보았다. 이 음양2기설은 주로 다음과 같은 내용을 담고 있다.

첫째, 음양 2기는 상호 대립하면서 상호 관련한다. 경방은 양강과 음유의 2효가 각 괘에서 갖는 지위와 상호 관계가 자연계의 음양 2기의 관계와 마찬가지로 서로 의존한다고 보았다. 사물의 존재와 변역은 바로 일음일양—陰—陽이다. 이를테면 순양純陽의 체體는 음의 측면이 없으면 빛을 발하여 사물을 비출 수가 없다. 그래서 경방은 풍괘豐卦䷶의 해석에서 "음양의 체는 하나를 잡아 고정된 상으로 삼을 수가 없다. 팔괘에 있어 양은 음을 뒤흔들고 음은 양을 뒤흔들어 2기가 서로 감응하여 체를 이루니, 혹은 숨고 혹은 드러난다. 그러므로 「계사전」에서 일음일양을 도라 한다고 하였다"[21])고 말하였다. 또 손괘巽卦䷸의 해석에서 "음양이 서로 뒤흔들어 고정된 위치에 있지를 않아 6효에 길흉이 있고 4시가 변경하니, 하나를 잡아 규율로 삼을 수 없다"[22])고 하였다. 이것은 모두 음양이 서로 소장하므로 한 국면에 한결같을 수가 없음을 뜻한다.

둘째, 음양의 괘효가 변역하는 형식은 음양 2기의 변화 형식에서 온다. 경방은 음양 괘효의 상호 교감·상호 동탕·상호 투쟁·상호 부합·상승과 강하·소멸과 성장 등등의 변역 형식은 자연계의 음양 2기의 변화와 마찬 가지로 길흉화복吉凶禍福과 회린휴구悔吝休咎를 드러낼 수 있다고 보았다. 이를테면 태괘泰卦䷊의 해석에서, 태괘의 상곤하건上坤下乾의 상에서부터 음양이 교감하여 만물이 생겨난다고 지적하였다. 또 송괘訟卦䷅의 해석에서, 송괘는 상건하감上乾下坎의 상이므로 "음양이 서로 배치하여 두 기가 교류하지 않으니 물(水)이 어떻게 생겨나겠는가?"라고 하였다. 건은 하늘을 상징하고 감은 물을 상징하며, 하늘은 서쪽으로 돌고 물은 동쪽으로 흘러가므로, 상하가 서로 다른 길로 달려가서 음양 2기가 교류하지 않으니 만물이 생겨나지 않는다는 뜻이다. 또 정괘井卦䷯의 해석에서 "음이 생겨나면 양이 소멸하고, 양이 생겨나면 음이 소멸한다. 2기가 교호交互하여 만물이 생겨난다"고 하였다. 교호란 서로 밀어내어 옮김이다. 이 설명은 「단전」과 「상전」이 음양을 가지고 행하였던 역 해석을 발전 시킨 것이다.

셋째, 사물이 극성하면 반전反轉하므로 음양은 일정한 조건하에서 뒤바 뀔 수 있다. 경방은 음양 2기가 서로 밀어내어 옮기고 뒤흔듦을 가지고 서 사물이 극성하면 반전한다는 명제를 해석하였다. 승괘升卦䷭의 해석에서 "아래로부터 위로 올라가서 극에 이르니, 극에 이르면 반전한다. 그것을 거울삼아 선도善道를 닦음으로써 그 체를 이룬다"[23])고 하였다. 또 간괘艮卦䷳의 해석에서 "양이 극하면 멈추고, 반대로 음의 상을 낳는다.

그래서 『역』에서 간은 그침(止)이라고 하였다"[24]고 하였다. 또 대장괘大 壯卦䷡의 해석에서 "장성하면 극해서는 안 되니 극하면 패한다. 사물은 극해서는 안 되니 극하면 반전한다"[25]고 하였다. 이것들은 모두 다 사물의 발전이 극단에 도달하면 그 반대로 향하게 됨을 말한 것이다. 이를테면 기후의 변화에서 양이 극하면 음을 낳고 음이 극하면 양을 낳으며, 추위가 극하면 따뜻해지고 더위가 극하면 서늘해지는 현상이 다 이러한 이치이다. 사물이 극성하면 반전한다는 설은 『주역』의 변역설變易說을 풍부히 한 것으로 철학상 의의가 크다.

넷째, 음양의 변화가 인간사의 길흉을 결정한다. 경방 역학의 주된 특징은, 괘효의 변화를 가지고서 음양의 재변을 설명하고, 나아가서 인간사의 길흉을 추단함에 있다. 『경씨역전』은 이렇게 말한다.

> 길흉을 낳는 의리는 오행에서 비롯하고 팔괘에서 마친다. 무로부터 유로 들어가니 재앙이 별자리에서 드러난다. 유로부터 무로 들어가니 상이 음양에서 드러난다. 음양의 의에 따라 세월이 나뉘고, 세월이 나뉨에 따라 길흉이 정해진다. 그러므로 "팔괘가 벌어져 상이 그 속에 있다"고 한다. 6효의 상하와 천지 음양은 유무의 상을 운전하여 인간사에 배당한다. 팔괘를 만들 때 우러러 보고 굽어 살핌은 인간사에 달려 있고, 숨고 드러나며 재앙을 내리고 상서祥瑞를 줌은 하늘에 달려 있다. 하늘의 시時를 살피고 인간사를 살핌은 괘에 달려 있다.[26]

팔괘가 길흉을 사람에게 고하는 것은 천시天時와 기후의 변화에 근본한다고 보았다. 괘효상의 변화는 음양 2기의 변화에 근거하므로 음양 2기의 변화는 1년 절기의 구분을 규정하고, 나아가 인간사의 길흉을 결정한다. 이 음양재변설은 한역漢易의 두드러진 특징 가운데 하나이다. 음양재변설의 형성은 서한의 철학과 상응한다. 서한의 금문경학 대가인 동중서董仲舒는 음양재이로 이름이 났었고, 경방의 스승인 초연수焦延壽의 역학도 재변설에 뛰어났었다.

이상 네 측면이 경방의 음양2기설에서 주된 관점이다. 이 관점들은 서한의 철학과 상응할 뿐만 아니라 당시 천문학의 발전과도 깊은 관계가 있다. 당시의 천문학은 아직 점성술에서 벗어나지 못하였는데, 점성술은 절기의 변화와 일월성진의 운행을 가지고서 인간사의 길흉과 연결시키는 그런˙것이었다.

이상을 종합하면 경방 역학의 주요 특징은 점법을 논함에 있다고 하겠다. 즉『주역』을 가지고 인간사의 길흉을 점치는 데 있었다. 산괘算卦의 각도에서 경방 역학을 보면 취할 것이 별로 없다. 하지만 경방은 점법만을 강론한 것이 아니라 점법의 해석을 통하여 음양설을 기본으로 하는 나름대로의 이론 체계를 형성하여 자연과 사회를 해석하였다. 이에 경방 역학은 철학적 의의를 지니면서 서한 철학의 일부를 구성한다.

4.『역위』와 상수학

양한˙시대의 6경에는 모두 위緯가 있었다. 위緯는 곧 위서緯書로 유가 경서에 대한 신비주의적 해석서이다. 그 가운데『역위易緯』는『주역』의 경전을 해석한 것으로, 유행하자마자 재빨리 한역의 주요 유파를 형성하여 그 영향력이 아주 컸다.

『역위』가 형성된 시기에 관해서는 오랫동안 논쟁이 있어 왔다. 대체로 세 가지 견해가 있다. 첫째, 위서가 서한 전기에 형성되었다고 보는 견해이다. 한대 초기 심지어 진대秦代에 벌써 참어讖語가 있었음을 근거로 서한 전기에 이미 위서가 형성되어 있었다고 보는 설이다. 둘째, 위서가 한의 애제·평제 때(기원전 7~기원후 5)에 형성되었다고 보는 견해이다. 이 견해는 장형張衡[*1]이 처음 제기하였으며, 유협劉勰의『문심조룡文心雕龍』「정위正緯」도 이 관점을 견지하고 있다. 유향劉向과 유흠劉歆 부자가 서적을 교정하였지만 그『칠략七略』[*2]에는 위서를 기록하지 않았고,『칠략』

---

*1) 張衡(78~139)은 동한 시대의 문학가이자 과학자. 자는 平子, 河南 南陽 사람. 5經에 통하였으며, 天文, 陰陽曆算學에 정통하였다. 太史令 직책에 있으면서 天象觀測을 관장하였다. 문집은 이미 없어졌으나, 명 張溥가 집일한『張河間集』이 있다.

*2) 기원전 26년에 漢成帝가 陳農에게 서적을 수집토록 명하고, 光祿大夫 劉向 등에게 秘書를

을 계승한 『한서』「예문지」에도 위서를 목록에 올리지 않다가, 성제·애제의 뒤에 이르러 비로소 위서의 소문이 있게 되었다. 이 설은 바로 이 사실을 근거로 삼고 있다. 셋째, 위서가 왕망 시대에 형성되었다고 보는 견해이다. 한대의 순열荀悅이 『신감申鑑』「속혐俗嫌」에서 위서에 대하여 "종장終張의 무리가 만들었다"고 하였는데, 범문란范文瀾*³⁾의 고증에 의하면 종장終張이란 왕망을 도와 부명符命을 만든 전종술田終術로 볼 수 있기 때문이다.

이 가운데 첫째 견해는 설득력이 없다. 참讖과 위緯를 구별하지 않았다는 점이 첫 번째 반론이다. 참은 일종의 신비적 예언이고, 위는 6경에 대한 해석으로, 그 둘은 서로 같지 않다. 또 장형의 논거는 설득력이 있어서 유향 부자가 서적을 교정하기 이전에는 위서가 아직 형성되지 않았음이 입증될 수 있다. 이것이 두 번째 반론이다. 그런데 둘째 견해와 셋째 견해는 각각 논거가 있으며, 또 애제·평제 때 위서가 일어났다는 설과 종장終張의 무리가 위서를 만들었다는 설은 연대상 결코 모순되지 않는다. 위서는 대체로 애제 이후 왕망 찬탈 이전, 즉 서한 말년에 성립되었다고 볼 수 있으며, 『역위』는 위서의 하나이므로 당연히 이 시기에 형성되었다고 할 수 있다. 위서는 전하지 않으나 『역위』의 일부는 뒷사람이 일문을 편집한 것이 있다.

『건착도乾鑿度』는 『역위』 가운데 대표작이다. 그 가운데 많은 관점은 『경씨역전』을 해석하고 구명하였으니, 양한 시대 관방 역학의 통론이라고 할 수 있다. 『건착도』의 역학에서 중심이 되는 사상은 괘기설이다. 즉 괘기설을 한층 더 이론화하여 상수파 역학에 크나큰 작용을 하였다. 『건착도』는 아주 광범한 역학 사상을 내포하고 있는데, 그것이 제출한 역학 이론은 다음 몇 가지로 압축된다.

교감하도록 조칙을 내렸는데, 劉向이 완수하지 못하고 죽자, 아들 劉歆이 부친의 일을 이어 하면서 서적 교감 때에 기록한 叙錄을 『別錄』 20권으로 편집하고 다시 분류하여 『七略』 7권을 만들었다.
*3) 范文瀾(1893~1969)은 현대 사학가. 北京大學 文本科 國學門을 졸업하고 인민중국 성립 후 中國科學院 哲學社會科學 學部委員, 中國社會科學院近代史硏究所 所長을 역임하였다.

1. 『건착도』의 역학 이론

1) 역에 세 가지 뜻이 있다는 설

『건착도』는 "『역』은 이름이 하나이지만 세 가지 뜻을 포함한다"고 하였다. 세 가지 뜻이란 간이簡易·변역變易·불역不易을 가리킨다. 『건착도』는 간이·변역·불역의 세 뜻을 상세하게 풀이하였다.

간이란 담박하여 올바름을 잃지 않음, 무심하게 행함이란 뜻이다. 변역이란 4시 절기와 천지만물이 모두 변화 속에 있다는 말이다. 불역不易이란 천지 질서와 사회적 지위가 뒤바뀔 수 없음, 다시 말해서 존비·상하의 질서가 바뀌지 않음을 가리킨다. 간이와 변역의 설은 모두 「계사전」의 내용을 발휘한 것이다. 그런데 불역의 설은 『건착도』가 발명하였다. 『건착도』는 실은 이 불역의 설을 가지고 봉건적 계급 질서가 뒤바뀔 수 없음을 설명하고자 하였다. 곧 양한 시대 봉건 제도의 규범화가 역학 연구에 반영된 것이다.

『역』에 세 가지 뜻이 있다는 설은 역학사에 큰 영향을 끼쳐서 동한의 정현, 당의 공영달, 송명의 리학파理學派로부터 청대를 거쳐 현대에 이르기까지 많은 사람들이 그 설을 수용하였다.

2) 태역설

『건착도』는 우주의 형성을 태역太易·태초太初·태시太始·태소太素의 네 단계로 나누어 보았다. 태역은 기氣가 아직 생겨나지 않은 단계이고, 뒤의 셋이 뒤섞여 나뉘지 않은 것을 태극이라고 한다. 이 태극은 기질氣質이 갖추어진 단계로, 먼저 태역이 있은 뒤에 태극이 나온다고 하였다. 정현의 주에 따르면 태역은 양수 1·7·9를 변화시켜 내고 또 음기의 수 2·6·8을 변화시켜 내는데, 양기는 맑고 가벼워서 위로 올라가 하늘이 되고 음기는 탁하고 무거워서 아래로 내려가 땅이 된다고 한다. 음양의 수와 천지의 형체가 있게 되면 건곤 2괘의 상이 있게 되어서, 1·7·9의 기수는 건괘의 상이 되고 2·6·8의 우수는 곤괘의 상이 된다.

이상 태역설太易說의 내용을 통하여 태역설을 내놓은 목적이 괘획의 기원을 설명하려는 데 있음을 알 수 있다. 『건착도』는 건곤 2괘의 상이 우주의 기원과 연관되며 그 발생의 순서는 태역→태극→음양 2기 및 천지(즉 건곤 2괘)라고 보았다.

태역설은 경방의 '건곤이 음양의 근본'이라는 사상을 발휘하였다. 아울러 그것은 서한 이래의 원기설元氣說과 괘기설의 영향을 받아 나왔다. 따라서 이 태역설은 곧 한역을 대표하는 사상이라고 할 수 있다.

태역설은 역학사에 중요한 영향을 끼쳤다. 태역설은 음양 기우의 수를 음양 2기의 변화와 긴밀히 결합하여, 서법筮法에서의 기수·우수로 기의 운동 변화 작용을 표현케 함으로써, 수의 변화가 절기의 변화뿐 아니라 무無에서 유有에 이르는 세계 변화의 과정도 설명할 수 있게 하였다. 이렇게 하여 한역 상수학에 이론적 기초를 마련해 주었다.

3) 팔괘방위설

『건착도』가 밝힌 괘기설은 팔괘방위설八卦方位說을 위주로 한다. 팔괘방위설의 내용은 대개 이렇다. 역易은 원기가 혼돈하여 미분화된 상태인 태극에서 시작하여 기우 2수, 음양 2기가 천지의 양의兩儀로 만들고, 춘하추동의 4시를 4상으로 하며, 뇌·풍·수·화·산·택 등 8종의 자연 현상을 팔괘로 한다. 팔괘를 12월의 절기에 배당하는데, 감坎·리離·진震·태兌를 4정괘로 하고 건乾·곤坤·손巽·간艮을 4유괘四維卦로 하여 각각 자기의 방위를 맡아 4시의 변화를 주재하고 1년 사계절의 음양소장 과정을 체현한다. 괘기卦氣가 1주하면 1년 360일이 되므로, 각 괘는 45일씩 주관한다. 한 걸음 더 나아가 인의예지신仁義禮智信의 오상과 금목수화토金木水火土의 오행을 팔괘에 배당한다. 이렇게 하여 진震은 동방에 거하여 목木이고, 양이 만물을 낳아 인仁에 배당된다. 리離는 남방에 거하여 화火이고, 양이 위로 올라가고 음이 아래로 내려와 존비귀천이 제자리를 얻었으므로 예禮에 배당된다. 태兌는 서방에 거하여 금金이고 음기가 만물을 다스리니 의義에 배당된다. 감坎은 북방에 거하여 수水이고 음 속에 양을 함유하여 만물이 갈무리되니 신信에 배당된다. 중앙은 토土로, 사방을 통솔하고 4유(건곤간손)가 매인 바라서 결단을 잘하므로 지智에 배당된다.

그림 2-12 괘기도

4 正卦	坎初六			坎九二			坎六三			坎六四			坎九五			坎上六	
中·節	十一月中			十二月節			十二月中			正月節			正月中			二月節	
24 氣	冬至			小寒			大寒			立春			雨水			驚蟄	
8 風	廣莫風									條風							
12 辰	子						丑						寅				
12 消息卦	復六四	復六五	復上六	臨初九	臨九二	臨六三	臨六四	臨六五	臨上六	泰初九	泰九二	泰六三	泰六四	泰六五	泰上六	大壯初九	大壯九二
5 等卦	公	辟		侯	大夫	卿	公	辟		侯	大夫	卿	公	辟		侯	大夫
60 卦	中孚	復		屯(內外)	謙	睽	升	臨		小過(內外)	蒙	益	漸	泰		需(內外)	隨
72 候	지렁이가 결합함	사슴뿔이 떨어짐	샘물이 풀려 움직임	기러기가 북으로 향함	까치가 집을 지음	꿩이 처음으로 욺	닭이 알을 낳음	맹금이 빠르게 낢	연못이 부풂	동풍이 얼음을 녹임	칩거했던 벌레가 움직임	물고기가 얼음 위에 춤춤	수달이 물고기로 제사 지냄	큰기러기가 북으로 감	초목이 발아함	복숭아꽃이 핌	뻐꾸기가 욺

상단 표

震初九	震六二	震六三	震九四	震六五	震上六
二月中	三月節	三月中	四月節	四月中	五月節
春分	清明	穀雨	立夏	小滿	芒種
明庶風			溫風		

卯		辰		巳	

하단 표

大壯九三	大壯九四	大壯六五	大壯上六	夬初九	夬九二	夬九三	夬九四	夬九五	夬上六	乾初九	乾九二	乾九三	乾九四	乾九五	乾上九	姤初六	姤九二
卿	公	辟	侯	大夫	卿	公	辟	侯	大夫	卿	公	辟	侯	大夫	侯	辟	大夫
晋	解	大壯	豫 內外	訟	蠱	革	夬	旅 內外	師	比	小畜	乾	大有 內外	姤			家人
매가 비둘기로 화함	제비가 옴	우뢰가 소리함	처음으로 번개침	오동꽃이 핌	들쥐가 메추라기로 화함	무지개가 처음 보임	부평초가 처음 생겨남	비둘기가 날개침	뻐꾸기가 뽕에 내려옴	개구리가 옮	지렁이가 나옴	가시풀이 나옴	쓴 풀이 성함	쓰러지는 풀을 벰	小暑가 옴	버마재비가 나옴	때까치가 옮

상단 표 (離卦 六爻)

離初九	離六二	離九三	離九四	離六五	離上九
五月中	六月節	六月中	七月節	七月中	八月節
夏至	小暑	大暑	立秋	處暑	白露
景風			涼風		
午		未		申	

하단 표

姤九三	姤九四	姤九五	姤上九	遯初六	遯六二	遯九三	遯九四	遯九五	否初六	否六二	否六三	否九四	否九五	觀初六	觀六二
卿	公	辟	侯	大夫	卿	公	辟	侯	大夫	卿	公	辟	侯	大夫	大夫

井	咸	姤	鼎(內外)	豊	渙	履	遯	恒(內外)	節	同人	損	否	巽(內外)	萃
개똥지빠귀 소리가 없어짐	사슴뿔이 부러짐	매미가 욺	半夏풀이 남	온풍이 이르러 옴	귀뚜라미가 벽에 있음	매가 나는 연습을 함	썩은 풀이 반디가 됨	땅이 기름지고 무더움	때때로 큰비가 옴	서늘한 바람이 불어옴	백로가 내림	애매미가 욺	매가 새를 제사 지냄	천지가 조용해짐

벼가 익음 / 기러기가 옴 / 제비가 돌아감

兌初九	兌九二	兌六三	兌九四	兌九五	兌上六
八月中	九月節	九月中	十月節	十月中	十一月節
秋分	寒露	霜降	立冬	小雪	大雪
閶闔風			不周風		
酉		戌		亥	

觀六三	觀六四	觀九五	解上六	剝初九	剝六二	剝六三	剝六四	剝六五	剝上九	坤初六	坤六二	坤六三	坤六四	坤六五	復上六	復初九	復六二	復六三
卿	公	辟	侯	大夫	卿	公	辟	侯	大夫	卿	公	辟	侯	大夫	卿			
大畜	賁	觀	歸妹（內外）	无妄	明夷	困	剝	艮（內外）	旣濟	噬嗑	大過	坤	未濟（內外）	蹇	頤			

뭇새들이 먹을 것을 모음

우뢰소리가 거두어짐

고침
칩복하는 벌레들이 문을

물이 굳어짐

기러기가 와서 인사함

까치가 큰물에 들어가 조개로 됨

국화가 노란꽃을 피움

승냥이가 짐승을 제사 지냄

초목의 누런잎이 떨어짐

칩복하는 벌레들이 엎드려 숨음

물이 처음 얾

땅이 얾

꿩이 물에 들어가 두꺼비 가 됨

무지개가 숨어 보이지 않음

천기는 위로 올라가고 기는 내려감

천지가 꽉 막혀 겨울로 됨

산꿩이 울지 않음

범이 교접함

염교풀이 남

팔괘방위설은 경방의 팔괘괘기설을 직접 발전시킨 것인데, 경방의 설에 비하여 오상을 팔괘 방위에 배당한 점이 주목된다. 맹희는 1년 중 기후의 변화가 인륜의 도까지도 체현하며 오상이 그저 인륜만을 다스리는 것이 아니라 천도도 밝혀서 천의天意에 통한다고 보았다. 이처럼 괘기설은 더 한층 신비화하여 더욱더 통치 계급에 종사하게 되었다.

4) 9궁설

9궁설九宮說은 실은 팔괘방위설의 한 형식이다. 주로 음양 2기의 운행과 팔괘와의 관계를 설명하는 설이다. 9궁설은 태일太一이 1에서 9까지 음양의 수의 차서에 따라 9궁 속에서 운행한다는 설이다.(태일은 곧 太乙로 北極星神을 가리킨다. 당시 천문학은 북극성이 1년 사계절의 절기를 주관한다고 보았다. 9궁은 고대 明堂制에서 기원한다. 『大戴禮記』「明堂」의 9室說에서 발전되어 나왔다.) 9궁은 4정正과 4유維에 중궁中宮이 합하여 아홉이다. 따라서 태일이 9궁 속에서 운행함은 바로 팔괘 속에서 운행함이 된다. 감궁坎宮 1에서 시작하여 곤궁坤宮 2, 진궁震宮 3, 손궁巽宮 4, 중궁中宮 5, 건궁乾宮 6, 태궁兌宮 7, 간궁艮宮 8을 차례로 거쳐 리궁離宮 9에 이르러 마감한다. 4정 4유의 방위와 배열 숫자를 보면 종으로 합한 수도 15, 횡으로 합한 수도 15, 비껴 합한 수도 15이다. 9궁의 수와 팔괘가 거처하는 방위는 그림 2-13과 같다.

여기서 감·리·진·태의 4괘는 북·남·동·서의 4정위에 거처하므로 이것들을 4정이라고 한다. 건·곤·손·간의 4괘는 서북·서남·동남·동북의 4각에 거처하므로 이것들을 4유라고 한다.

四 巽宮	九 離宮	二 坤宮
三 震宮	五 中宮	七 兌宮
八 艮宮	一 坎宮	六 乾宮

그림 2-13 9궁도

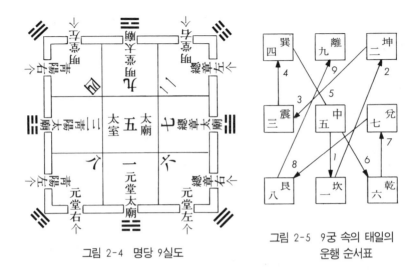

그림 2-4 명당 9실도

그림 2-5 9궁 속의 태일의
운행 순서표

9궁설은 실은 경방의 괘기설을 발전시킨 것이다. 즉 고대의 명당9실설과 수학적 유희의 하나인 9궁산술九宮算術을 한데 반죽하여, 음양 수의 변화를 가지고 1년 절기의 변화를 설명한 것이다. 경방의 괘기설과 비교할 때, 9궁설에는 두 가지 특징이 있다. 하나는 음양의 수와 9궁의 수를 가지고 팔괘가 주관하는 절기의 변화가 수적 규칙성이 있음을 설명한 내용이다. 다른 하나는 태일, 즉 북극성신이 사계절 변화의 주재자라고 한 내용이다. 이처럼 9궁설은 괘기설을 더 한층 신비화하였다.

9궁설은 역학사에 깊은 영향을 끼쳤다. 위에 든 9궁설의 두 가지 특징은 뒷날 학자들을 거치면서 더욱 발전되었고, 9궁도 자체는 송대의 도서학파圖書學派에 의하여 중시되었다. 즉 유목劉牧은 9궁도를 하도河圖라 하고, 채원정蔡元定은 낙서洛書라 하여 송명 상수학파 역학의 주요 내용을 이루었다. 그 밖에 다른 분야에도 9궁설은 커다란 영향을 끼쳤다. 이를테면 뒷날 병가兵家의 9궁팔괘진九宮八卦陣은 9궁설의 영향을 받았다.

5) 효진설

효진설爻辰說도 괘기설의 한 형식이다. 그 전체적 의미는 이러하다. 64 괘의 순서대로 각각 대립하는 두 괘의 여섯 효를 12진辰에 배당, 12개월을 대표시켜 1년으로 한다. 32짝의 괘상이 32년을 대표하여, 건곤乾坤에 서부터 기제旣濟·미제未濟에 이르기까지 순환 왕복하여 연대를 추산하게 된다.

구체적으로 어떻게 12진에 배당하는가?『건착도』는 이렇게 해석한다.

건은 양이고 곤은 음으로 함께 다스려 교착하여 행사한다. 건은 11월 자子에 배당하여(貞) 좌측으로 행하니, 양의 시時가 여섯이다. 곤은 6월 미未에 배당하여 우측으로 행하니, 음의 시時가 여섯이다. 받들어 순종하 여 한 해를 이룬다.

건괘乾卦의 초구효가 11월에 해당하며 자子에 배당된다는 말이다. 건은 양이고 "천도天道는 왼쪽으로 돌므로"건괘 효상의 변동은 왼쪽으로 행한다. 즉 구2효는 정월, 구3효는 3월, 구4효는 5월, 구5효는 7월, 상구효는 9월에 해당하여 양의 때가 모두 여섯이다. 곤괘坤卦의 초육효는 6월에 해당하여 미未에 배당된다. 곤은 음이고 "지도地道는 오른쪽으로 옮겨가므로"곤괘 효상의 변동은 오른쪽으로 행한다. 즉 육2효는 8월, 육3효는 10월, 육4효는 12월, 육5효는 2월, 상육효는 4월에 해당하여, 음의 때가 모두 여섯이다. 이것이 32년 주기 가운데 첫 번째 해의 효진 순서이다. 그 다음 각 괘의 효진을 배당

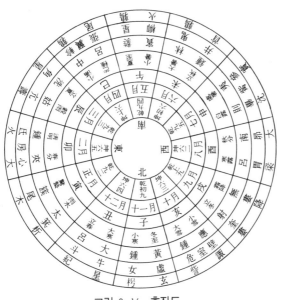

그림 2-16 효진도

하는 방법에 대하여 『건착도』는 다음과 같이 말한다.

한 해가 끝나면 다음은 준몽屯蒙을 따른다. 준몽이 해(歲)를 주관하면, 준은 양이라 12월 축丑에 배당하고, 그 효는 좌측으로 행하여 시기를 하나씩 걸러서 6진辰을 다스린다. 몽은 음이라 정월 인寅에 배당하고, 그 효는 우측으로 행하여 역시 시기를 하나씩 걸러서 6진을 다스린다. 한 해가 마치면 그 다음 괘를 따른다. 양괘는 그 진辰에 배당하므로 그 효가 좌측으로 행하여 시기를 하나씩 걸러서 6진을 다스린다. 음괘로서 양괘와 위가 같은 경우에는 1진을 물러나 배당하고, 그 효는 우측으로 행하여 시기를 하나씩 걸러서 6진을 다스린다. 태비泰否의 괘만은 각각 그 진을 배당시켜 1진씩 차례로 좌측으로 행하여 서로 따른다. 중부中孚는 양이라 11월 자子에 배당하고, 소과小過는 음으로 6월 미未에 배당하여 건곤을 법받는다. 32세가 다하여 한 바퀴 돈다. 64괘, 384효, 1만 1,520 탁柝 만에 다시 처음으로 돌아가 배당한다.

이 뜻은 대략 이렇다. 두 번째 해는 준몽 2괘가 세월을 주관하는데, 준은 양으로 그 초효는 12월에 해당하고 축丑에 배당되며 그 효는 좌행한다. 몽은 음으로 그 초효는 정월에 해당하고 인寅에 배당된다. 준몽괘의 다음에는 수송需訟의 괘·사비師比의 괘 등이 차례로 작용하여, 역시 위와 같은 방식에 따라 행사한다. 그 사이에 혹 음괘의 초효가 양괘와 같은 달에 처하는 경우가 있으면 음괘의 초효는 1진을 물러난다. 이것이 "1진을 물러나 배당한다"는 말이다.

주의할 것은 태비泰否 2괘의 12진 배당만은 독특한 방식이어서, 태泰는 인寅(정월)에 배당하고 비否는 신申(7월)에 배당한다는 점이다. 태는 정월에서 6월에 이르기까지가 모두 양효이고, 비는 7월에서 12월에 이르기까지가 모두 다 음효로 각각 상종하여 다른 괘와 다르다. 이것이 "1진씩 차례로 좌측으로 행하여 서로 따른다"이다. 건곤 효진도와 태비 효진도를 대비하면 다음과 같다.

건효乾爻 (좌행)

9월 ──── 술戌(상구)
7월 ──── 신申(구5)
5월 ──── 오午(구4)
3월 ──── 진辰(구3)
정월 ──── 인寅(구2)
11월 ──── 자子(초구)

곤효坤爻 (우행)

4월 ── ── 기己(상육)
2월 ── ── 묘卯(육5)
12월 ── ── 축丑(육4)
10월 ── ── 해亥(육3)
8월 ── ── 유酉(육2)
6월 ── ── 미未(초육)

태비 효진도

태효泰爻 (좌행)

6월 ── ── 미未(상육)
5월 ── ── 오午(육5)
4월 ── ── 사巳(육4)
3월 ──── 진辰(구3)
2월 ──── 묘卯(구2)
정월 ──── 인寅(초구)

비효否爻 (우행)

12월 ──── 축丑(상구)
11월 ──── 자子(구5)
10월 ──── 해亥(구4)
9월 ── ── 술戌(육3)
8월 ── ── 유酉(육2)
7월 ── ── 신申(초육)

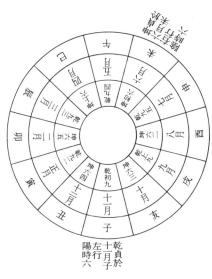

그림 2-17 건곤 효진도

정현鄭玄의 설에 따르면 태괘와 비괘를 이처럼 안배하는 것은 건곤의 체기體氣와 혼란됨을 피하기 위해서, 즉 효위의 중복을 피하기 위해서이다. 그 밖에 중부中孚와 소과小過 2괘는 12진 배당이 건곤 2괘의 체제와 같으므로 "건곤을 법받았다"고 한다. 이처럼 32짝의 괘효상은 32년을 대표하며 한 바퀴 돈 다음 처음으로 되돌아가 순환이 무궁하니, 이로써 연대를 계산하게 된다.

효진설은 바로 경방의 납갑

설에서 기원하는데, 실은 납갑설과 율력이 결합하여 만들어진 것이다. 이론적 기초와 사변 논리로 보면 효진설은 음양 2기의 소장과 순환을 가지고 1년 사계절의 변화를 해석한 것이라서 위서緯書의 신비적 색채가 아주 농후하다.

효진설은 역학사에 상당한 영향을 끼쳤다. 동한의 경사經師는 효진설을 가지고 『주역』 경전을 해석하였다. 정현은 효진설로 『역』을 풀이한 대표적 인물이다. 그러나 결국에는 문자 유희적인 번쇄하고도 억지 춘향격의 신비로운 경 해석 방법으로 빠져 한역 상수학의 큰 폐단이 되고 말았다.

이상 다섯 조항이 『건착도』의 역학에 담긴 주된 내용이다. 이 내용은 바로 『역위』의 역학관을 대표한다. 두드러진 특징으로는 괘기설을 신비화한 점말고도 상수로 역리를 해석하고, 더욱이 음양 기우의 수와 7·8·9·6의 수로 음양변역의 법칙을 해석한 점을 들 수 있다. 이 점은 바로 상수학의 주요 특징이다.

마지막으로 '건착도'라는 명칭의 의미를 살펴보자. 『건착도』는 이렇게 말한다.

> 성인이 하늘의 길을 파서 열고 변화의 근원을 드러내어 밝히셨다. 대천씨大天氏가 말하길, 크나큰 사물을 하늘이라 지목하고 한 덩이 사물을 땅이라 지목하며, 하나의 기가 쌓여 있는 것(霩)을 혼돈混沌이라 이름한다고 하였다. 하나의 기가 나뉘어 만 가지 붕霸이 되니, 이에 상성上聖이 허무虛無를 파내어 부수고, 기를 둘로 분단하며, 사물에 인연하여 셋을 만드니 천지의 도가 첨霽하지 아니한다.27)

정현의 주에 따르면 부霸는 부菩와 같다. 가리워 분명하지 않다는 뜻인데, 기가 분화하지 않은 상태를 뜻하는 말로 파생하였다. 붕霸은 몽懞과 같다. "만 가지 성질의 사물을 각각의 형체별로 나누어 감각함"이라는 뜻이다. 첨霽은 '식절息絶'의 뜻이다. '기를 둘로 분단함'은 음양 2기를 나누어 하늘과 땅을 형성하였다는 말이다. 종합하면 건乾은 하늘, 착鑿은 엶, 도度는 길이다. 그러므로 '건착도'는 '하늘의 길을 연다'는 뜻이다.

한편으로는 "허무를 파내어 부수고" 다른 한편으로는 혼돈의 기를 음양의 두 기로 만드니, 이에 천지만물이 끊임없이 생겨나고 생겨난다. 명칭의 힘의만 보아도 『건착도』의 내용을 대강 짐작할 수 있다.

2. 기타 『역위』의 역학 이론

뒷날 사람들이 일문佚文을 편집한 『역위』 가운데 『건착도』말고 비교적 영향력이 있었던 것에 『계람도稽覽圖』, 『통괘험通卦驗』, 『시류모是類謀』, 『곤령도坤靈圖』 등이 있다. 각각 간략히 소개한다.

1) 『계람도』

『계람도』도 괘기설을 강론하여 음양재이를 주내용으로 내세웠다. 그 괘기설은 맹희와 경방의 설을 계승하고 선양하였는데, 맹희·경방과 같은 부분은 새삼 서술하지 않겠다. 맹희·경방의 괘기설을 발전시킨 것 가운데 주요한 것은 천인감응론天人感應論을 선양하고 음양재이설을 더욱 조직화하여 하나의 체계를 구워 낸 점이다. 그 중점은 다음 두 가지이다.

첫째, 맹희·경방의 괘기설에서 기후 변이氣候變異를 가지고 재이災異를 따진 논법을 직접 발전시켜 4정괘로 하여금 2지 2분(하지·동지와 춘분·추분)을 주관케 하고, 12소식괘로 하여금 12월의 음양 2기의 소장을 주관케 하며, 잡괘는 그 밖의 기후 변화를 주관케 하였다. 아울러 64괘 중 3효와 상효의 관계를 가지고서 추워지거나 더워지거나 하는 변화의 정도를 표시하였다. 즉 만약 1년 사계절 기후의 변화가 괘기의 순서와 부합하면 '괘기가 효험이 있어' 음양이 조화하고 천하가 태평하다고 보고, 만약 사계절 기후의 변화가 괘기의 순서와 부합하지 않으면 '괘기가 효험이 없어' 음양이 조화를 잃고 기후가 올바름에서 어긋나 천하가 태평하지 못하고 나라에 반드시 난리가 있을 것이라고 보았다. 그리고 괘기가 효험이 없고 기후가 올바름에서 어긋나는 이유에 두 가지가 있으니, 하나는 잡괘의 작용이 온당하지 못하여 소식괘의 권력을 침범하는 것이고, 다른 하나는 소식괘가 서로 침범하여 괘기가 효험이 없게 되는 것이라고 하였다. 나아가서 『계람도』는 괘기의 효험 없는 상태를 인간사에 비유하여 말

하였다. 이를테면 소식괘가
서로 침범하면 '내실이 있
되 외모가 없음'이다. 군왕
이 왕의 자리에 있기는 하
지만 덕이 행해지지 않음을
비유한다. 만약 잡괘가 소식
괘를 침범하면 '외모는 있
으나 실이 없음'(有貌無實)이
다. 간사한 사람이 위선적으
로 군왕을 섬기지만 종당에
는 지위를 찬탈하는 일과
같다.

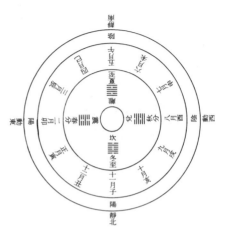

그림 2-18 계람도 : 4정괘의 계절 및 방위

둘째, 재이의 발생 원인을 정사政事의 탓으로 돌렸다. 『계람』는 "무
릇 재이가 생기고 일어나는 것은 모두 정령政令 때문이다. 정령을 바꿀
수 있으면 재이를 없앨 수 있다. 바꿀 수 없을 경우 봉록을 후손에게 시
행하면 재이를 없앨 수 있다"[28]고 하였다. 재이는 정사가 제대로 닦이지
않은 데서 일어난다는 뜻이다. 만약 정령을 바꿀 수 있다면 재이도 제거
할 수 있다. '바꿀 수 없으면'이란, 정현의 주에 따르면 어진 이가 이미
피살되었음을 가리키며, 그러한 정황 하에서는 응당 어진 이의 후손에게
봉록을 내리면 재이를 제거할 수 있다. 이러한 설명은 괘기설을 이용하여
천인감응설을 선전한 것임에 틀림없다.

2) 『통괘험』

이 책은 주로 괘기설을 통하여 음양 재이의 효험을 대대적으로 논하였
다. 괘기의 응험을 논한 말에 다음과 같은 것이 있다.

무릇 『역』의 팔괘에서 기의 응험이 각각 그 법도대로라면 음양이 화하고
6률이 고르며 비바람이 때맞고 오곡이 무르익어 백성이 번창한다. 밝으신
성왕이 태평세월을 있게 한 방법이란 바로 이러하였다. 그러므로 괘를

펼쳐 상을 보아 존망을 안다. 무릇 팔괘가 어지러우면 기강이 문드러지고, 일월성진이 올바른 행로에서 벗어나고 음양이 불화하며 4시가 바른 때를 잃는다. 팔괘의 기가 효험이 없으니, 재이의 기가 모여들고 팔괘의 기가 응험하시 못하고 올바름을 잃게 된다.[29]

이것은 팔괘의 기가 자연계 및 인류 사회의 운명을 결정할 수 있다는 논법에 지나지 않는다. 『통괘험』은 팔괘의 괘기를 자세히 논하여, 팔괘의 기가 만약 시기에 맞추어 나오지 않고 다른 괘가 관장하는 절기를 침범하면 반드시 재이가 있게 된다고 보았다. 팔괘만이 아니라 12소식괘도 대단히 효험이 있다. 그 예로 건괘乾卦·구괘姤卦·둔괘遯卦의 효험을 두고, "여름 3월에 후괘의 기가 차례로 이르지 않으면, 태풍이 나무를 뽑고 집을 날리며, 120일이 지나서는 땅이 움직여 태풍에 응하여 곧 충돌할 지경이 된다"[30]고 하였다. 여름철을 주관하는 세 괘의 괘기가 시기에 맞게 오지 않으면 반드시 광풍이 있고, 120일 지난 뒤 겨울 석 달에 전쟁과 지진이 있을 것이라는 뜻이다. 요컨대 괘기가 효험이 없으면 하늘과 인간의 재앙이 끊임없이 발생하게 된다. 괘기가 효험이 없게 되는 원인에 대해서는 이렇게 논하였다.

부부가 구별이 없고 대신이 어질지 않으면 4시가 바뀐다. 정령이 행해지지 않고 흑백이 구별되지 않으며 어리석은 이와 어진 이가 지위를 같이 하면, 일월이 광채가 없어 오색(청·황·적·백·흑)을 밝게 드러내지 못한다. 이것은 리감離坎이 응하여 그런 것이니 팔괘변의 효험이다. 그러므로 "팔괘가 상을 변화함이 모두 자기에게 달려 있다"고 하는 것이다.[31]

여기서는 자연의 재이를 인사에 귀결시켜 천인감응설을 대대적으로 강론하였다.

3) 『시류모』

이 책은 주로 괘기설을 통하여 참위·미신을 선전하였다. 공자가 천명을 받들어 위서를 만들어서 군왕 수명受命의 부작符作을 기록하였으니, 후세의 제왕도 위서에 의거해야 왕조 흥망의 근원을 알 수 있다고 하였다. 또 공자가 팔괘의 기를 제정하여 왕조 흥망의 징험으로 삼았으므로, 만약 재이가 출현하면 공자가 천명을 제정하여 법도를 세운 바에 따라 행동해야 재이를 제거하고 천하가 태평하게 된다고 하였다. 천문학 지식을 기반으로 형성되었던 괘기설을 『시류모』는 참위 신학의 공구로 뒤바꾼 것인데, 사실은 한 왕조의 통치를 공고히 하는 데 이바지하였다.

4) 기타

이상의 세 가지 『역위』 이외에 『곤령도坤靈圖』와 『건곤착도乾坤鑿度』 등이 있는데, 내용은 상술한 『역위』와 같다. 요컨대 이러한 위서들은 『건착도』와 비교할 때 독창적 견해가 극히 적고, 모두 괘기설을 강론하고 있기는 하지만 그것을 더욱 신학화한데다가 음양재이와 천인감응의 미신을 대대적으로 선전한다는 데 공통점이 있다. 심지어는 괘기설을 일종의 선험적 도식으로 뒤바꾸어 절기의 변화가 조금이라도 이 도식과 부합하지 않으면 바로 재변의 근원으로 간주, 마침내는 한대에 유행한 봉건 미신의 일부로 되고 말았다.

뒷날 『주역』을 이용한 복괘卜卦나 감여堪輿*4) 등 미신 활동도 다 이 위서들과 관련이 있다. 한편 이 위서들 속에는 천문·지리 지식과 역사 지식이 다소 보존되어 있어 일부 중국 역학의 보고寶庫를 구성하므로 그 전부를 쉽게 부정할 수는 없다.

5. 정현의 오행생성설과 효진설

정현鄭玄의 자字는 강성康成이고, 북해北海 고밀高密 사람으로 동한 말년에 활동하였다. 어려서 집이 가난하였으나 학문에 전념하여, 관리가 되

---

*4) 堪輿는 風水·靑鳥術·靑烏術·靑囊術이라고도 한다. 음양, 五行生克, 氣論, 八卦, 天人合一 등의 사상을 기초로 하여 陽宅과 陰宅의 위치, 향좌, 구조 등을 정하는 주장이자 방법이다.

기를 즐겨 않고 많은 스승을 섬겼다. 일찍이 명유名儒 마융馬融에게서 수업한 적도 있다. 『후한서』「정현전」에 의하면 정현은 뭇 경전을 두루 주석하여 백여 만 글자에 이르렀으며, 그 경전 주석은 금문과 고문의 장점을 취한 특징이 있어 당시에 이미 천하에 이름을 떨쳤고 후세에도 자못 숭상되어, 그의 학문을 정학鄭學이라고 이름하게 되었다고 한다.

정현의 역 주석은 비씨費氏 고문을 이용하되 금문도 함께 취하여 역학 발전에 큰 공헌을 하였다. 그의 역학은 의리설과 상수설을 아울러 채택하였다. 그가 의리파 역학에 끼친 공헌에 대해서는 뒤에 다시 서술하기로 하고, 여기서는 상수학의 발전에 끼친 공적만을 소개하기로 한다. 정현은 상과 수를 추리 탐구하여, 호괘互卦나 소식消息 등의 방법 이외에도 오행생성설五行生成說과 효진설爻辰說을 주장하였다. 이 점이 정역鄭易의 두드러진 특징이다.

오행설에 대해서는 경방 역학을 소개하는 때에 이미 자세히 서술한 바 있다. 정현의 역 주석은 경방의 오행설을 흡수하고 발전시켜 『주역』의 서법筮法을 해설하였다. 이를테면 정현은 「계사전」의 대연지수大衍之數를 다음과 같이 해석하였다.

> 천일天一은 수水를 북北에서 낳고, 지이地二는 화火를 남南에서 낳으며, 천삼天三은 목木을 동東에서 낳고, 지사地四는 금金을 서西에서 낳으며, 천오天五는 토土를 중앙에서 낳는다. 양이 짝 없고 음이 배필 없으면 서로 이룰 수가 없다. 지육地六은 수水를 북北에서 이루어 천일天一과 병행한다. 천칠天七은 화火를 남南에서 이루어 지이地二와 병행한다. 지팔地八은 목木을 동東에서 이루어 천삼天三과 병행한다. 천구天九는 금金을 서西에서 이루어 지사地四와 병행한다. 지십地十은 토土를 중앙에서 이루어 천오天五와 병행한다. 대연大衍의 수는 55인데 오행의 각 기가 병행하니, 기가 병행하면 5를 감하여 50만 있게 된다. 50의 수는 7·8·9·6이 될 수 없으므로 복서점으로 사용할 때는 다시 그 하나를 감한다. 그러므로 49이다.[12]

---

†2) 『禮記』「月令」의 "律의 大族는 그 수가 8이다"에 대한 孔穎達 疏에서, 정현이 『역』「계사

천지의 수, 즉 대연의 수는 55인데, 오행의 기가 각각 병행하므로 5개를 감하여 50이 된다. 그러나 50의 수는 시초를 가를 때 7·8·9·6의 수를 만들어 낼 수 없으므로, 50에서 1을 감하여 49를 이룬다고 하였다. 천지의 수인 대연의 수는 55이고, 실제 쓰이는 49는 55의 수에서 왔다는 말이다. 이 말은 아주 합당하다. 주목되는 것은 그가 오행 생성의 수를 가지고 대연의 수를 해석하여, 1·2·3·4·5와 6·7·8·9·10의 수가 곧 오행의 수화토금목水火土金木의 순서라고 파악한 점이다. 이것은 정현이 오행설을 가지고 『주역』 경전을 해석한 대표적인 논법이다. 그것을 오행 생성설이라 칭한다. 이 설은 사실은 오행상생설과 괘기설을 결합시킨 것으로 과학성은 전혀 없다. 정현의 역학은 늘 오행의 수의 변화를 가지고 사계절 변화와 인간 생사를 해석하여 상수학의 특징을 뚜렷이 드러내었다. 이 논법은 후대의 역학가들에게 큰 영향을 주었는데, 송역의 도서학파는 특히 이 설을 많이 흡수하여 발전시켰다.

효진설에 대해서는 『건착도』를 소개하면서 이미 상술하였으므로 그 내용은 다시 논하지 않겠다. 정현의 역학이 효진설을 채용한 점에 대해서는 이제까지 찬미한 말도 많고 또 비판한 말도 많다. 정현의 역 주석 가운데 현전하는 일문에는 효진설로 『역』을 해석한 자료가 10여 개 있다. 여기서 장혜언張惠言 『주역정씨주周易鄭氏注』에 집일된 예 가운데 둘을 들어 그 일단을 보이고자 한다.

정현은 태괘泰卦䷊䷊ 육5의 효사인 "제을帝乙이 누이를 시집 보내니, 복록을 받아 크게 길하다"(帝乙歸妹, 以祉之吉)에 대하여, "5효의 효진爻辰이 묘춘卯春(봄 2월)으로서 양중陽中이니 만물이 생겨난다. 생육함에서는 아내를 맞아들임에 중춘의 달을 귀하게 여긴다. 중춘의 달에 남녀가 시집 가는 예식을 올리니, 복록이 대길하다"[32]고 해석하였다. 이 해석은 12진이 12월을 주관한다는 설을 가지고 괘효사의 길흉을 풀이한 것이다. 효진설로 볼 때 태괘 육5효는 묘卯의 위에 해당하여 2월 중춘이고, 중춘은 만물이 생육하는 계절이므로 시집 장가 감이 크게 길하다는 뜻이다. 정현

전」에 대하여 한 주석을 이상과 같이 인용하였다.

은 또 곤괘困卦䷮ 구2의 효사 "곤궁에 처하여 있는데 술음식을 얻는다"(困于酒食)*5)에 대하여, "미未가 위로 하늘의 주방을 만나니, 술과 음식의 상징이다"(未上值天廚, 酒食象)라고 해석하였다. 이 해석은 효진설과 천문 별자리를 결합하여 괘효사를 해석한 것이다. 효진설에 따르면 곤괘의 초효는 미未에 해당하는데, 미未가 위로 천주성天廚星을 만나는 까닭에 술음식의 상이 있다고 하였다. 정현의 효진설은 결코 정현 스스로가 처음 만든 것이 아니라 『건착도』의 논법을 따른 것이다. 기록에 의하면 정현은 스물한 살에 뭇 서적을 두루 읽어 역수도위학曆數圖緯學과 산술算術에 정통하였다고 하니, 그가 『역위』를 읽었음은 상상할 수 있는 일이다. 몇몇 학자들은 정현이 효진설을 마융에게서 전수받았으며 마융의 역학은 비씨역에서 왔다고 본다. 한 예로 피석서皮錫瑞의 『경학통론經學通論』은 정현의 역 주석에 보이는 효진설은 대개 비직의 분야서分野書*6)에 뿌리를 두고 있다고 하였는데, 이러한 추측도 무리는 아니다. 요컨대 정현의 효진설은 견강부회가 많아 믿을 수가 없다. 역학사에서 보면 이 논법은 정씨 일가에서만 쓰였을 뿐이고 후세에는 발전시킨 이가 없었다.

6. 순상과 양승음강설

순상荀爽의 자字는 자명慈明, 일명 서諝로 영천穎川 사람이다. 이름난 선비였던 순숙荀淑의 여섯째 아들로 한 순제順帝 영건永建 3년(기원후 128)에 태어났다. 열두 살에 능히 『춘추』와 『논어』에 통하여 경서를 깊이 연구하고, 관직에 나오라는 부름을 받았으나 응하지 않았다. 뒤에 동탁董卓이 정권을 잡은 뒤 다시 부름을 받자 도망하려다 못하고 억지로 명령에 응하여 백의白衣로서 삼공의 지위에 뛰어올라 사공司空에 배수되었다. 그 뒤 사도司徒 왕윤王允 등과 역적 동탁을 제거하려고 음모하다가 일

---

*5) "困于酒食"은 곤궁에 처하여 있는데 술음식을 얻는다는 뜻이지만, 王弼과 朱熹는 술음식을 지나치게 먹어 곤경에 처한다는 뜻으로 보았다.

*6) 分野란 12星辰의 위치를 지상의 州國의 위치에 대응시켜 보았던 고대의 천문학설. 천문에 두고 말하면 分星이라 하고, 지상에 두고 말하면 分野라 하였다.

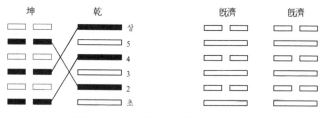

그림 2-19 양승음강에 의한 괘의 생성 예

을 이루지 못하고 헌제獻帝 초평初平 원년(190)에 병으로 죽었다. 그는 동한의 저명한 경학대사로서『역전』을 지어『역』을 해석하였다.

순상도 비씨역을 전하였는데, 그는 동한의 고문역古文易을 흥기시킨 공로자이다.(이에 대하여는 뒤에 서술함.) 순상의『역전』은 상수파 가운데서도 경방 역학의 영향을 받아 괘기설로 역을 풀이한 것이 많으나, 음양재이에 대하여는 그다지 말하지 않았다. 순상이 창안하여 한역 상수학의 한 내용을 이룬 것에 양승음강설陽升陰降說이 있다.

양승음강설이란 음양 2기의 오르내림을 가지고『주역』의 괘효사와『역대전』을 해석하는 설이다. 후세에 순씨 역학을 거론하는 이들은 모두 빼놓지 않고 이 설을 말하였다. 혜동의『역한학』에 따르면 그 설의 내용은 이러하다.

　　순자명荀慈明은『역』을 논하면서 양이 제2위에 있는 것은 곤오坤五로
　　상승하여 군주가 되고, 음이 제5위에 있는 것은 건이乾二로 내려가 신하
　　가 된다고 하였다.[33]

구체적을 말하면 이러하다. 음양을 상징하는 건곤 2괘는 천지가 만물을 생성하는 근원을 대표하는 것으로 바로 기본괘이다. 이 2괘의 효위가 서로 뒤바뀌어 건괘의 구2가 곤괘 육5의 효위에 올라가면 감坎☵이 되고 곤괘 육5가 건괘 구2의 효위로 내려오면 리離☲가 된다. 이렇게 하여 감과 리 2괘가 상경上經의 마지막이 된다. 감과 리 2괘가 서로 배합하여 다시 기제旣濟☲☵(離下坎上)와 미제未濟☵☲(坎下離上)의 2괘가 되니, 이것이 하경下經의 마지막이다. 따라서 건곤 2괘 속에 있는 음양 효위의 승강이

팔괘와 64괘의 기초가 된다. 순상의 역학은 이 설에 많이 근거하였다. 이를테면 태괘泰卦䷊ 「상전」의 "천지의 기가 교류함이 태이다"(天地交泰)에 대하여, "곤의 기가 상승하여 천도天道를 이루고, 건의 기가 하강하여 지도地道를 이룬다. 천시의 2기가 때맞추어 교류하지 않으면 꽉 막히지만, 이제 서로 교류하니 만물이 통하여 태평하게 된다"[34]고 해석하였다. 대장괘大壯卦䷡ 「단전」의 "강건의 덕을 지니고 크게 활동하므로 양의 세력이 장대하다"(剛以動故壯)를 두고는 "건강乾剛이 진동하니, 양이 아래에서 올라가 양기가 크게 활동하므로 장대하다"[35]고 하였다. 임괘臨卦䷒ 구2효 「상전」의 "감림感臨하니 길함을 얻어 이롭지 않음이 없다는 것은 명을 순종하지 않기 때문이다"(感臨吉無不利, 未順命也)라고 하였다. 순상은 "양陽이 감感하여 2효에 이르러 마땅히 올라가 5효에 거하니, 3효에서 상효까지의 음이 서로 이으므로 이롭지 않음이 없다. 양은 마땅히 5효위에 거처하고 음은 마땅히 순종하여야 하는데, 지금 여전히 양이 2효위에 있으므로 명을 순종하지 않는다고 한다"[36]고 하였다. 순상이 양승음강설을 역학 체계로 확장하여 괘효사와 『역전』의 글귀를 해석하였음을 알 수가 있다.

양승음강설은 두 가지 사상을 담고 있다. 하나는 건곤 2괘가 그 나머지 6경괘를 낳는다는 사상이고, 또 하나는 음양의 승강을 가지고 각 괘의 괘상을 해석할 수 있다고 보는 사상이다. 순상이 양승음강설을 논하였다는 이유로 후세에는 바로 순상이 괘변卦變을 가장 먼저 강론한 사람이라고 보기도 한다. 괘변설에 대하여는 우번虞翻이 순상의 설을 직접 계승하여 더욱 체계화시켰으므로 우번을 소개할 때 상세히 서술하기로 한다.

순상의 양승음강설은 후세에 많은 영향을 끼쳤다. 우번은 순상을 아주 숭상하여, 순상의 역 주석을 두고 "한초 이래 천하 영재로서 『역』을 읽은 자라 하여도 그다지 해설한 것이 없었다. 효제·영제 때에 이르러 영천 사람 순상이 『역』을 안다고 이름났는데, 내가 그의 주를 얻어 보니 속유俗儒보다 나은 점이 있었다"고 칭찬하였다.[13] 우번의 역학이 괘변을 위주

---

†3)『三國志』,「虞翻傳」注.

로 하는 것은 사실 순상한테 계발받은 바가 아주 크다. 상수파 역학가만 순상의 승강설을 수용한 것이 아니다. 상수를 논하지 않았던 왕필王弼 같은 의리파도 사실은 『역』을 주석할 때에 승강설을 채용하였다. 예를 들면 왕필의 『주역주周易注』는 태괘泰卦의 육4 효사인 "나란히 펄펄 날아 부유함을 자랑하지 않고 그 이웃과 함께하며, 의식하여 경계하려고 하지 않으면서 자연스레 신뢰를 둔다"(翩翩不富以其隣, 不戒以孚)를 해석하여, "건은 상복上復하기를 좋아하고 곤은 하복下復하기를 좋아한다"고 하였다. 일반적으로 상복은 승升, 하복은 강降의 뜻으로 파악된다.

7. 우번의 상수학

우번의 자字는 중상仲翔으로 회계會稽 여요餘姚 사람이다. 한말 삼국 시대에 살았다. 처음에는 회계태수 왕랑王郞의 공조功曹*7)였다가 뒤에 오吳에서 벼슬하였다. 기품이 자못 높아 누차 촉蜀·위魏에서 높은 벼슬을 주겠다며 귀부歸附를 권해도 거절하고 여러 차례 손권孫權을 격노케 하였다. 성품이 세속과 맞지 않아 자주 비방을 샀고, 교주交州로 유배되었으며, 유배되어서도 강학을 게을리 하지 않아 문도가 수백 사람에 달하였다. 우씨는 5대째 맹씨역孟氏易을 전하였으니, 고조 우광虞光, 증조 우성虞成, 조부 우봉虞鳳, 부 우흠虞歆을 거쳐 우번에게 전하였다. 가학의 연원은 우번에 이르러 대성하였다. 우번의 『주역주』†4)는 맹희를 직접 계승하였을 뿐만 아니라 경방 역학도 종합하고 동한의 경사 마융·정현·순상의 역학도 평론하고 참고하였으므로, 역대 역학가들이 한역漢易을 탐색하는 데 주요한 자료가 되어 왔다. 우번은 한역 가운데 상수 역학가의 대표자라 할 만하며, 뒷날의 역학에 깊은 영향을 끼쳤다.

우씨역에서 가장 특색 있는 것은 괘변설과 납갑설이다. 이 두 설은 우번이 상수학을 발전시킨 것이다. 괘변설과 연관되어 방통설旁通說·호체설

---

*7) 功曹는 郡의 屬吏인 錄事 벼슬.

†4) 『周易注』는 『經典釋文』「敍錄」에서는 10권이라 하고, 『隋書』「經籍志」에서는 9권이라 하였다.

互體說·취상설取象說 등이 있다. 각각 나누어 서술하여 보겠다.

1. 괘변설

괘변이란 괘와 괘 사이의 변화 관계를 가리킨다. 64괘에서 괘와 괘 사이에는 종종 어떤 변화 관계가 있어, 한 괘가 다른 한 괘로부터 변화하여 왔다고 할 수 있는 경우가 많다. 『좌전』에 기록된 점서의 예에 이미 호괘법互卦法이 있었으며(장공 22년의 예) 십익 가운데 「단전」·「설괘전」·「계사전」 등도 괘변에 대하여 많이 서술하고 있다. 단 그 서술은 대단히 소략하다. 옛사람이 『주역』의 괘변을 체계적으로 밝혀 풀이한 자료로서 현존하는 가장 이른 예는 순상과 우번의 해석이다. 우번은 맹희·경방의 괘기설과 순상의 승강설을 발휘하여, 괘변설로 『주역』 경전을 해석하여 새로운 체재를 만들었다.

우번의 괘변설은 대략 다음 두 가지 내용을 담고 있다.

첫째, 6자괘가 건곤 부모괘에서 변하여 이루어졌다는 설이다. 이정조의 『주역집해』에 인용된 바에 따르면 우번은 다음과 같이 말하였다.

> 태극은 태일太一이다. 태일이 나뉘어 천지가 되므로 양의兩儀가 생겨난다. 4상四象은 4시이고, 양의는 건곤이다. 건의 2효와 5효가 곤으로 가서 감·리·진·태를 이룬다. 진은 봄, 태는 가을, 감은 겨울, 리는 여름이므로, 양의가 4상을 낳는다. 건의 2효와 5효가 곤으로 가면 진·감·간을 낳고, 곤의 2효와 5효가 건으로 가면 손·리·태를 낳는다. 그러므로 4상이 팔괘를 낳는다.[37]

건곤은 태일에서 생겨난 양의로 곧 부모괘이고, 부모괘의 2효와 5효가 변역하여 감괘와 리괘를 이룬다. 리괘의 2효에서 4효까지가 손괘이고, 3효에서 5효까지가 태괘이다. 감괘의 2효에서 4효까지가 진괘이고, 3효에서 5효까지가 간괘이다. 이와 같이 감·리·진·손·간·태의 6자괘는 사실은 건곤 부모괘가 변하여 이루어진다. 그림으로 나타내면 다음과 같다.

건곤의 2효와 5효가 변역하여 6자괘가 된다는 설은 결코 복잡하지 않은 듯하지만, 함축된 의미는 소홀히 할 수가 없다. 이 설은 괘변설의 근본으로, 그 속에는 호체互體*8) 약상約象*9) 등의 괘변 방법이 포함되어 있어, 괘변설의 발전에 기초가 되었다.

둘째, 12벽괘가 변하여 잡괘가 된다는 설이다. 보통 우번의 괘변설은 건곤 2괘가 10벽괘를 낳고 다시 10벽괘에서 변화하여 나머지 52괘를 얻어 모두 64괘로 된다는 것이 그 본지라고 한다. 우번은 건곤 2괘가 중괘의 기초이고, 이 두 괘가 상호 추이하여 12벽괘가 이루어진다고 하였다. 『주역집해』에 인용된 주에서 우번은 "건이 곤을 밀어 냄을 궁리窮理라고 하고, 곤이 건을 변화시킴을 진성盡性이라 한다"38)고 말하였다. '건이 곤을 밀어 냄'은 복괘復卦☷☳(1양이 생기는 괘)에서 쾌괘夬卦☱☰(5양이 생겨난 괘)에 이르는 식괘息卦의 변화 과정이다. '곤이 건을 변화시킴'은 구괘姤卦☰☴(1음이 생기는 괘)에서 박괘剝卦☶☷(5음이 생겨난 괘)에 이르는 소괘消卦의 변화 과정이다. 복괘는 1양괘, 구괘는 1음괘이고, 임괘臨卦☷☱는 2양괘, 둔괘遯卦☰☶는 2음괘이며, 태괘泰卦☷☰는 3양괘, 비괘否卦☰☷는 3음괘이고, 대장괘大壯卦☳☰는 4양괘, 관괘觀卦☴☷는 4음괘이다. 그 나머지 괘

---

*8) 互體란 互卦의 象으로 卦爻辭를 추리 구명하는 방법. 하나의 重卦에는 內卦, 外卦, 內互卦, 外互卦의 4개 單卦가 있어, 卦 속에 卦가 있고 象 속에 象이 있으므로 이것들을 근거로 經을 해석하는 것이다.

*9) 約象이란 통칭 互卦라고도 한다. 한 괘의 중간 4효가 조합되어 이루어지는 괘상을 말한다.

를 음효와 양효의 수에 따라 분별하여 이상의 각 부류에 납입한다면, 매 부류마다 나머지 괘는 해당 소식괘의 효상이 서로 변역한 결과가 된다.

뒷사람들은 우번으로 대표되는 괘변설을 총괄하여 괘변도卦變圖를 그려 설명하기에 이르렀다. 주희朱熹도 이지재李之才의 『괘변도』를 『주역본의周易本義』에 수록하였다. 이지재의 『괘변도』는 모두 124괘를 배열하였는데, 각 괘가 중복 출현하므로 사실은 62괘이다. 이 62괘는 모두 10벽괘에서 괘변하여 나온 것이므로, 건곤 2괘를 더하면 모두 64괘가 된다.

사실 괘변을 구체적으로 해석하면서 우번은 결코 10벽괘에서 나머지 52괘를 출생시킨 것만은 아니다. 또 뒷사람들도 전적으로 『괘변도』에 의존하여 각 괘의 변화를 해석한 것만은 아니다. 괘변설은 결코 엄밀하다고 할 수 없었으므로, 괘와 괘 사이의 여러 변화와 관계를 정확히 반영해 내지 못하였던 것이다.

우번은 자신의 괘변설을 근거로 『주역』 경전을 새로이 해석한 것이 많다. 실제 내용을 구명하면 모두 어떤 한 괘에서 다른 한 괘를 파생시켜 두 괘를 한데 합하여 『주역』 경전을 해석하고자 기도하였다. 이 역학 방법은 새로운 방식을 형성하기는 하였으나, 아직 새로운 이론 체계를 구성하지는 못하고 다만 앞사람들의 각종 설법을 보충하는 데 그쳤다.

2. 방통설

방통旁通은 우번이 늘 사용한 괘변 방법이다. '방통'이란 말은 「문언전」에서 건괘乾卦의 "6효가 발휘하여 실정을 방통한다"(六爻發揮, 旁通情也)는 말에 뿌리를 두고 있다. 「문언전」은 음효와 양효가 완전히 상반되는 두 괘를 가리켜 방통이라 하였으므로, 하나의 괘가 그 여섯 효 모두 대립되는 괘로 뒤바뀜을 방통이라 할 수 있다. 우번의 역 주석은 비괘比卦☷☷가 대유괘大有卦☲☰와 방통하고, 소축괘小畜卦☴☰가 예괘豫卦☳☷와 방통하며, 리괘履卦☰☱가 겸괘謙卦☷☶와 방통하고, 사괘師卦☷☵가 동인괘同人卦☰☲와 방통한다고 곧잘 말한다. 이 논법에 따라 추산하면 방통하는 괘는 모두 32짝이 된다. 우번은 이 방식을 근거로 『주역』 경전을 해석하여 괘효사 사이의 관계를 찾았다. 이를테면 리괘離卦☲☲의 괘사인 "올바름에 이로워 형통한다"(利貞亨)에 대하여 다음과 같이 해석하였다.

곤坤의 2효와 5효가 건乾으로 가서 감괘坎卦☵와 방통한다. 효에 있어
서 둔괘遯卦☶ 초효와 5효가 서로 변역한 것으로 음유陰柔가 나란히
중정中正하니, 올바름에 이로워 형통한다고 하였다.[39]

곤괘의 2효와 5효가 건괘의 2효와 5효의 효위에 거처하면 리괘離卦☲
가 되는데, 리괘와 상대되는 괘는 감괘☵이다. 벽괘설에 따르면 둔괘의
초효와 5효가 서로 변역하면 리괘離卦가 된다. 리괘의 두 음효는 모두 다
중위에 거처하기 때문에 올바름에 이로워 형통한다고 하는 것이다.
방통법은 한당漢唐의 많은 역학가들에게 받아들여져 특정 괘의 효사와
다른 괘 사이의 관계를 해석하는 데 이용되었다. 이로써 괘변설은 더욱
복잡해졌다. 이를테면 풍괘豊卦☳ 구4의 효사에 "그 이주夷主를 만난
다"(遇其夷主)는 구절이 있고 환괘渙卦☴ 육4의 효사에 "이夷의 생각이
미칠 바가 아니다"(匪夷所思)는 구절이 있어, 두 구절에 모두 '이夷'란 글
자가 있다. 방통법으로 해석하면 풍괘와 환괘가 서로 상반되는 까닭에 그
렇다고 한다. 또 동인괘同人卦☲ 구5의 효사에 "대군을 움직여 싸워 이
겨 서로 만난다"(大師克相遇)는 구절이 있다. 이전 사람들은 사괘師卦☷
가 동인괘와 방통하는 까닭에 사師자가 출현하였다고 보았다. 이러한 해
석은 견강부회의 측면이 있어 번잡하기만 하고 통하기 어렵다. 이 점이
바로 상수학의 커다란 특징이다.

3. 호체설

호체互體는 호상互象 혹은 호체지상互體之象이라고도 칭한다. 이 호체는
옛사람의 역 해석에서 늘 운용되던 취상법取象法으로 한역에서 주요한 위
치를 차지한다. 호체설은 경방 역학에 처음 보이지만, 동한의 정현과 우
번 등 역학 대가도 이 방법을 채용하여 경문을 해석한 것이 많으므로 여
기에서 설명하기로 한다.
호체란 한 괘에서 상하 2괘말고도 여섯 효의 제2효·제3효·제4효로

이루어지는 새로운 괘와 제3효·제4효·제5효로 이루어지는 새로운 괘를 말한다. 이처럼 상하 2괘가 뒤섞여 이루어진 새로운 괘상을 호체라고 부른다. 앞에 소개한 우번의 괘변설 가운데 첫 번째 내용인 건곤이 6자괘를 낳는다는 설이 바로 호체를 응용하였다고 볼 수 있다. 즉 리괘離卦의 2·3·4효가 손괘巽卦를 이루고, 3·4·5효가 태괘兌卦를 이루었다. 또 한 예로 몽괘蒙卦는 호체법에 따라 6효에서 4상을 낳을 수 있다.

한역 상수파는 『주역』의 괘효사가 모두 상을 보아 붙여진 것이기에 한 글자도 헛된 것이 없다고 하여, 어떤 괘효사는 상하 2괘의 상과 무관하더라도 호체에서 끄집어 내올 수 있다고 보았다. 이를테면 준괘屯卦䷂의 육2 효사는 "여자가 정절을 지켜 출가하지 않다가 십 년 만에 출가하여 자식을 낳는다"(女子貞, 不字, 十年乃字)이다. 준괘의 상괘는 감坎, 하괘는 진震이고, 「설괘전」의 취상에 의하면 감은 중남中男, 진은 장남長男이므로, 상하 2괘의 괘상은 모두 남자의 상이다. 그런데 어떻게 여자의 출가를 운위할 수 있을까? 호체설로 해석하면 이렇다. 준괘의 육2·육3·육4효가 호체하면 곤괘坤卦를 이루는데, 곤은 여자의 상이다. 그러므로 육2의 효사에서 여자를 운운하였다는 것이다. 『주역집해』의 인용에 따르면 우번이 호체를 사용한 예는 아주 많다. 이를테면 함괘咸卦䷞ 구3의 효사에 "허벅지에 느낀다"(咸其股)는 구절이 있는데, 우번은 "손巽은 고股(허벅지)이니, 2를 두고 말한다"고 하였다. 「설괘전」에서 손괘는 고股이지만, 단 함괘의 상괘는 태兌이고 하괘는 간艮이니 손의 상이 전혀 없다. 그러나 함괘의 육2·구3·구4효의 호체로부터 손괘를 얻을 수 있다. 그리고 손괘의 상은 육2효에서 개시되므로 "2를 두고 말한다"고 한 것이다.

우번의 역 주석은 늘 연호법連互法을 사용하였다. 연호법이란 괘체의 상하 2괘와 두 호괘를 취한 뒤 다시 상호 연접하여 새로운 괘를 만들어 내는 법이다. 연호법에는 5획 연호법과 4획 연호법이 있다.

5획 연호법은 한 괘의 초효에서 5효까지를 한 괘체로 보고 2효부터 6
효(상효)까지를 한 괘체로 보아 중간의 어떤 한 효를 중복 사용, 각 괘체
마다 상하 2괘로 나누어 중괘 하나를 새로 만들어 내는 방법이다. 준괘屯
卦☳☵를 예로 보면 이 괘체의 초효에서 5효까지가 ☳인데, 이 다섯 개
효획의 초효부터 3효까지는 경괘經卦 진震이고 3효부터 5효까지는 경괘
간艮이다. 이렇게 제3효를 중복 사용하여 제3효를 축으로 호체를 연결
하여 새 중괘인 이괘頤卦☲를 만든다. 같은 이치로 준괘屯卦의 2효에서
6효까지 ☵에서, 2효부터 4효까지는 경괘 곤坤을 이루고 4효부터 6효
까지는 경괘 감坎을 이루어, 제4효를 중복 사용하고 제4효를 축으로 호
체를 연결하여 새로운 중괘인 비괘比卦☷를 만들어 낸다.

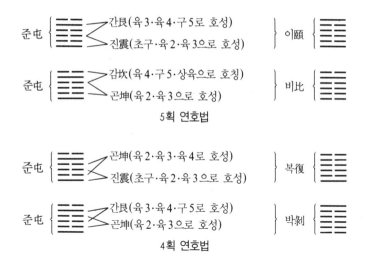

4획 연호법은 하나의 괘에서 초효부터 4효까지, 2효부터 5효까지, 3
효부터 상효까지를 각각 연결하여 새로운 괘체를 만들어 내는 방법이다.
다시 준괘屯卦를 예로 하면, 그 초효에서 4효까지는 ☳인데, 이 네 개의
효획에서 초효부터 3효까지는 경괘 진震이고 2효부터 4효까지는 경괘
곤坤이니, 2효와 3효를 중복해서 호체를 연결하여 새로운 중괘인 복괘復
卦☷를 만들어 낸다. 준괘의 2효에서 5효까지는 ☵인데, 이 네 개의 효

획에서 2효부터 4효까지는 경괘 곤坤이고 3효부터 5효까지는 경괘 간艮이니, 3효와 4효를 중복해서 호체를 연결함으로써 새 중괘인 박괘剝卦☷☶를 만들 수 있다. 준괘의 3효에서 상효까지는 ☵인데, 이 네 개의 효획에서 3효부터 5효까지는 경괘 간艮이고 4효부터 상효까지는 경괘 감坎이다. 4효와 5효를 중복해서 호체를 서로 연결하면 상감하간上坎下艮의 건괘蹇卦☵☶를 얻을 수 있다. 우번은 『주역』경전을 해석

괘 명	乾	坤	屯	蒙	需	訟	師	比	小畜	履
2 3 4 호체	乾	坤	坤	震	兌	離	震	坤	兌	離
3 4 5 호체	乾	坤	艮	坤	離	巽	坤	艮	離	巽
중4효 호체	乾	坤	剝	復	睽	家人	復	剝	睽	家人
하4효 호체	乾	坤	復	解	夬	未濟	解	坤	夬	睽
상4효 호체	乾	坤	蹇	剝	既濟	姤	坤	蹇	家人	姤
하5효 호체	乾	坤	頤	師	大有	渙	師	剝	大有	中孚
상5효 호체	乾	坤	比	頤	節	同人	復	比	中孚	同人

그림 2-20 우번의 호체표

하는 때에 늘 연호법을 이용하였다. 『주역집해』에 인용된 예에 따르면, 몽괘蒙卦☶☵ 「단전」의 "동몽童蒙의 때부터 본유의 올바른 마음을 기름은 성인이 되는 방법이다"(蒙以養正聖功也)에 대하여, 우번은 "이괘頤卦의 상을 체받으므로 기른다고 하였다"(體頤故養)고 해석하였다. 몽괘의 2효부터 상

효까지에다 5획 연호법을 적용하면 이괘頤卦의 상을 얻을 수 있고, 이괘에는 '기름'(養)의 뜻이 있으므로, 이렇게 하여 '몽이양정蒙以養正'의 '양養'자를 해석할 수 있다는 말이다. 또 태괘泰卦䷊ 육5 효사에 "제을이 누이를 시집 보낸다"(帝乙歸妹)는 구절이 있는데, 이 구절을 어떻게 해석할 것인가? 연호법에 따르면 태괘의 2효부터 5효까지는 ䷍이고, 이것을 4획 연호하면 귀매괘歸妹卦䷵를 얻을 수 있으므로, 그래서 '귀매歸妹'란 말이 있다고 하였다.

이상을 종합하면 호체와 연호는 모두 괘변을 강론하여, 하나의 괘를 둘 이상의 괘로 변화시키는 방법이다. 물상物象에 의한 역 해석을 더 효과적으로 하려는 데 목적이 있었다.

4. 일상과 반상

한대인의 역 해석은 대부분 괘상에 근거하였다. 한역을 대표하는 우번 역학도 자연히 취상설을 위주로 하였다. 팔괘의 상에 관하여 「설괘전」은 이미 아주 분명하게 논하였지만, 한대의 여러 사람들은 「설괘전」 이외의 대단히 많은 일상逸象을 보충하였다. 유명한 이들로는 순상·경방·마융·정현·송충宋衷·우번·육적陸績·요신姚信·구자현瞿子玄이 있다. 이들이 보충한 일상을 9가일상九家逸象이라고 한다. 한대인의 부단한 보충으로 팔괘가 상징하는 물상도 더욱 많아져, 우번에 이르러 극치에 도달하였다. 청대 혜동의 『역한학』의 통계에 따르면 우번이 취한 상은 300여 가지[10]라고 한다. 이를 나열하면 아래와 같다.

　　건乾——군왕(王), 신神, 사람(人), 성인, 어진이(賢人), 군자, 착한 이(善人), 무인武人, 나그네(行人), 물物, 존경(敬), 위엄(威), 엄숙(嚴), 도道, 덕德, 성性, 믿음(信), 착함(善), 어짐(良), 사랑(愛), 성냄(忿), 낳음(生), 경사(慶), 상서(祥), 기쁨(喜), 복福, 봉록(祿), 적선積善, 큰복(介福), 알림(告), 처음(始), 지혜(知), 큼(大), 참(盈), 살찜(肥), 좋아함(好), 베풂(施), 이로움(利), 맑음(淸), 다스림(治), 높음(高), 갑(甲), 늙음

---

*10) 虞翻 逸象은 실제로는 310種이다.

(老), 낡음(舊), 옛스럼(古), 오래됨(久), 두려워함(畏), 크게 밝음(大明), 낮(晝), 멂(遠), 교외(郊), 들판(野), 문門, 큰 지략(大謀), 도덕으로 들어가는 문(道門), 백百, 해(歲), 붉음(朱), 미리 함(預), 규옥(圭), 시초(蓍).

곤坤——죽은 어미(妣), 백성(民), 성姓, 형벌받은 이(刑人), 소인小人, 귀鬼, 신주(尸), 형체(形), 나(自), 나(我), 내 몸(躬), 자신(身), 이르름(至), 평안함(安), 강녕(康), 부유함(富), 재물(財), 모음(聚), 무거움(重), 두터움(厚), 기반(基), 이르게 함(致), 사용함(用), 감쌈(包), 적음(寡), 느림(徐), 영위함(營), 아래(下), 넉넉함(裕), 빔(虛), 글을 적음(書), 긺(永), 아주 가까움(邇), 가까움(近), 생각(思), 침묵(默), 악惡, 예禮, 의義, 사事, 부류(類), 닫음(閉), 비밀(密), 부끄러움(恥), 욕심(欲), 지나침(過), 더러움(醜), 원망(怨), 해害, 끝마침(終), 죽음(死), 상喪, 죽임(殺), 어지러움(亂), 상기喪期, 적악積惡, 어두움(冥), 그믐(晦), 밤(夜), 더움(暑), 을乙, 소(牛), 십년十年, 뚜껑 덮음(盍), 문지게(戶), 문닫음(闔戶), 정치(庶政), 대업大業, 땅(土), 밭(田), 읍邑, 국가(國), 나라(邦), 큰 나라(大邦), 먼 지방(鬼方), 그릇(器), 질장군(缶), 바큇살(輻), 호랑이(虎), 누렁소(黃牛).

진震——제帝, 주主, 제후, 사람(人), 행인行人, 사士, 형兄, 지아비(夫), 원부元夫, 나아감(行), 정벌(征), 나감(出), 쫓아감(逐), 일어남(作), 흥기함(興), 달림(奔), 달려나감(奔走), 경계호위함(警衛), 백百, 말(言), 강론(講), 의론(議), 질문(問), 말함(語), 고함(告), 메아리(響), 소리(音), 응함(應), 섞임(交), 징계함(懲), 되돌아감(反), 뒤(後), 세대(世), 따름(從), 지킴(守), 왼쪽(左), 낳음(生), 느긋함(緩), 관대인자함(寬仁), 즐김(樂), 웃음(笑), 크게 웃음(大笑), 능묘(陵), 제사(祭), 창풀(鬯), 풀(草), 풀더미(莽), 온갖 곡식(百穀), 큰 사슴(麋鹿), 광주리(筐), 발(趾).

감坎——구름(雲), 검은 구름(玄雲), 큰 강(大川), 뜻(志), 모략(謀), 두려워함(惕), 의심함(疑), 불쌍히 여김(恤), 두려워함(逖), 후회함(悔), 눈물 흘림(涕夷), 병이 심함(疾), 재앙(災), 깨어부숨(破), 죄지음(罪), 상도를 어그러뜨림(悖), 욕심냄(欲), 음난함(淫), 소송을 일으킴(獄), 난폭함(暴), 독毒, 빔(虛), 모독함(瀆), 믿음(孚), 평평함(平), 법칙(則), 경상(經), 법法, 종합함(綜), 모음(聚), 익힘(習), 아름다움(美), 뒤(後), 들어감(入), 들여보냄(納), 신장(腎), 허리(腰), 고황(膏), 어둔밤(陰夜), 삼년(三歲), 술

(酒), 귀鬼, 차꼬(校), 활시위(弧), 활을 튕김(弓彈), 나무를 뚫음(穿木).

간艮 —— 아우(弟), 막내자식(小子), 어진이(賢人), 어린애(童), 어린 종 (童僕), 관직(官), 벗(友), 도道, 때(時), 작은 여우(小狐), 살쾡이(狼), 큼 (碩), 큰 열매(碩果), 신중함(愼), 유순함(順), 기다림(待), 붙잡음(執), 많 음(多), 두터움(厚), 찾음(求), 독실함(篤實), 혈거穴居, 성城, 궁宮, 뜰 (庭), 목로(盧), 들창문(牖), 주거(居), 집(舍), 종묘, 사직, 별(星), 말(斗), 거품(沫), 소천엽(胘), 등(背), 꼬리(尾), 가죽(皮).

손巽 —— 명령(命), 포고(誥), 호령(號), 상인(商), 따라감(隨), 한 곳에 처함(處), 돌아감(歸), 이로움(利), 같음(同), 사귐(交), 흰띠풀(白茅), 뱀 (蛇), 물고기(魚).

리離 —— 누런 색(黃), 보임(見), 날아감(飛), 밝음(明), 빛(光), 갑甲, 잉 태함(孕), 경계함(戒), 칼(刀), 도끼(斧), 손도끼(資斧), 똥(矢), 누런 똥 (黃矢), 그물(罔), 학鶴, 새(鳥), 나는 새(飛鳥), 항아리(瓮), 병瓶.

태兌 —— 벗(友), 붕우(朋), 형벌(刑), 형벌받은 이(刑人), 작음(小), 빽빽 함(密), 드러남(見), 오른쪽(右), 적게 앎(小知).

우번이 취한 상은 이처럼 광범하다. 그러나 어떤 근거와 원칙에 의한 것인지는 알 수 없다. 어떤 상이라도 어떤 괘의 경전 글구를 다 해석할 수 있어서, 어떠한 상을 설정하더라도 끌어다 붙일 수가 있다. 이를테면 우번은 「계사전」의 "사람에게 헤아리고 귀신에게 헤아려 일반 백성도 천 지의 공능에 참여한다"(人謀鬼謀, 百姓與能)를 두고, "건은 사람이고 곤은 귀이다. 건의 2효가 5효가 곤으로 가서 감坎이 되니, 감은 헤아림(謀)이 다. 건은 백百이고 곤은 성姓이므로, 사람에게 헤아리고 귀신에게 헤아려 일반 백성도 천지의 공능에 참여한다고 하였다"고 해석하였다. 임의로 상 을 설정하여 끌어다 붙여서 전傳의 본래 함의와는 아주 동떨어졌다.

우번은 자신의 취상설을 관철하기 위하여 더 나아가 반상설半象說을 내 어놓았다. 반상이란 괘상의 반을 취함이다. 이를테면 진괘震卦☳의 반상 은 ☵이거나 ☶이고, 리괘離卦☲의 반상은 ☱이거나 ☴이다. 우번은 반 상설로 취상설을 보충하여 『주역』 경전을 해석하였다. 이를테면 소축괘小 畜卦䷈ 「단전」의 "잔뜩 구름이 끼었으면서도 비내리지 않는다 함은 위로 가기 때문이다"(密雲不雨, 尙往也)라는 구절에 대하여 우번은 "밀密은 작음(小)이다. 태兌는 밀密이니, 수괘需卦☰의 상괘 감坎이 하늘의 위로 올라가 구름이 되고, 그것이 땅에 떨어지면 비라고 칭한다. 위로 변하여 양이 되니 감괘의 상이 반만 보인다. 그러므로 잔뜩 구름이 끼었으면서도 비내리지 않음은 위로 가기 때문이라고 하였다."[40]라고 해석하였다. 소축괘는 수괘需卦 상육의 효가 양효로 변하여 이루어진 것으로 수괘의 2효부터 4효까지의 호체는 태兌이며, 태괘에는 밀密의 상이 있다. 수괘의 상괘는 감坎이고 하괘는 건乾인데, 감은 구름이고 건은 하늘이다. 그래서 "수괘의 상괘 감이 하늘 위로 올라가 구름이 되었으며", 구름이 땅에 떨어지면 비가 된다고 하였다. 소축괘의 상괘는 손巽☴인데 손에는 감괘☵의 반상半象☵이 있으므로 "감괘의 상이 반만 보인다"고 하였다. 이 반상의 감坎(구름을 상징함)과 호체 태兌(빽빽함을 상징함)가 서로 이어져, 잔뜩 구름이 끼어 있으면서도 비가 내리지 않는 상이 되고, 위로 행하되 땅으로 떨어지지 않으므로 '위로 간다'(尙往)고 한 것이다. 감괘의 반상을 취하여, 빽빽한 구름이 아직 비를 이루지 아니하고 반쯤 비가 올 상이 있음을 해석하는 데 요점이 있다. 여기서 반상설은 취상설의 부족한 바를 보충하기 위해 사용되었음을 알 수 있다. 호체·일상에 다시 반상을 더함으로써 팔괘의 취상이 더욱더 넓어져, 경전에 끌어다 붙이는 일을 더 자의적으로 할 수 있게 되었다.

5. 납갑설

납갑설納甲說은 괘변설과 마찬가지로 우번 역학의 일대 특색이다. 우번의 납갑은 경방의 납갑설을 더욱 발전시켜, 그믐달과 초승달, 달의 차고 기움을 가지고 팔괘를 상징하고 다시 천간天干을 도입하여 팔괘의 소식消息을 드러내었다. 실은 괘기설의 일종이다.

우번은 「계사전」의 "상象을 하늘에 걸어 두어 뚜렷이 밝은 것은 해와 달보다 더 큰 것이 없다"(懸象著明莫大乎日月)에 주하면서 납갑설의 내용을 명확히 논하였다. 『주역집해』에 다음처럼 인용되어 있다.

해와 달이 하늘에 매달려 팔괘의 상을 이룸을 말한다. 초3일 저녁에 진震의 상이 경庚에서 나온다. 초8일에 태요의 상이 정丁에 보인다. 15일에 건乾의 상이 갑甲에 찬다. 16일 아침에 손巽의 상이 신辛으로 물러난다. 23일에 간艮의 상이 병丙에서 소멸한다. 30일에 곤坤의 상이 을乙에서 멸한다. 그믐 저녁과 초하루 아침에 감坎의 상이 무戊에 흘러 일중口中이면 리離이고, 리의 상은 기己에 나아간다. 무戊와 기己는 토土의 위位이니 상이 가운데에 나타난다. 해와 달이 서로 밀어 밝음이 생겨나므로, "상象을 하늘에 걸어 두어 뚜렷이 밝은 것은 해와 달보다 더 큰 것이 없다"고 하는 것이다.[41]

주진朱震은 「주역괘도설周易卦圖說」[*11]에서 우번의 이 말을 근거로 다음처럼 해석하였다.

납갑이란 무엇인가? 갑을 들어 10일을 아우르는 것이다. 건乾은 갑임甲壬에 납입하고, 곤坤은 을계乙癸에 납입하고, 진손震巽은 경신庚辛에 납입하고, 감리坎離는 무기戊己에 납입하고, 간태艮兌는 병정丙丁에 납입하여, 모두 아래로부터 생겨난다. 성인이 일월의 운행을 우러러 살펴 그것을 감리坎離의 상에 배당하니, 팔괘 10일의 뜻이 드러났다.[42]

혜동의 『역한학』은 우번의 「팔괘납갑도」를 그림 2-21처럼 도해하였다. 위에 인용한 우번의 주, 주진의 설, 혜동의 도해로 볼 때, 납갑법이란 10천간을 팔괘에 납입한 것으로, 갑이 10천간을 대표하기 때문에 납갑이라 하였음이 분명하다. 팔괘의 부호는 다음처럼 나뉜다. 진震은 초3일에 월광이 처음 나서 서방에 오르는 초승달의 상을 나타내어 납경納庚이다. 태兌는 초팔일의 상현달을 나타내어 납정納丁이다. 건乾은 보름일의 만월을 나타내어 동방에 거하니 납갑納甲이다. 손巽은 16일의 기망달이 이지러지기 시작함을 나타내어 서방에 거하니 납신納辛이다. 간艮은 23일의

*11) 「周易卦圖說」은 朱震의 『漢上易傳附卦圖叢說』(보통 『漢上易傳』이라고 함) 11권에 들어 있는 한 논문. 『漢上易傳』은 1116년에서 1134년에 걸쳐 이루어졌다. 『通志堂經解』와 『四庫全書』에 들어 있다.

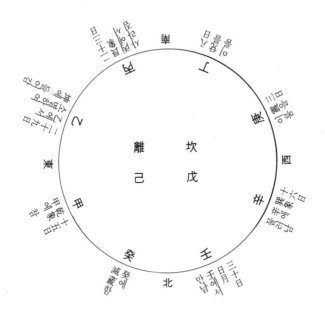

그림 2-21 팔괘납갑도

하현달을 나타내어 남방에 거하니 납병納丙이다. 곤坤은 30일 그믐달을
나타내어 동방에 거하니 납을納乙이다.

　납갑설은 팔괘의 음양이 소식消息함을 명시함으로써 "음양이 때를 잃
지 않기를 달이 하늘에 행함과 같이하고자" 한 것이다. 납갑설은 뒷날 역
학에 큰 영향을 끼쳐서, 송 이후의 역학가들은 납갑설을 많이 탐구하였
다. 그 외에도 납갑설은 천문 지식을 풍부하게 담고 있어, 과학 기술사에
서도 일정한 의의를 지닌다.

　요컨대 우번 역학에서 정수는 괘변설이다. 그리고 그 괘변설은 한역 상
수학의 주요 부분을 구성한다. 우번은 괘상을 중시하여 상을 가지고 괘효
사를 풀이하였는데, 그의 이 역학 이론은 역학을 번쇄 철학의 길로 향하
게 하여 견강부회가 많음을 면하기 어렵다. 더욱이 그가 내세운 일상·호
체·반상·변효·방통 등의 설은 지나치게 번잡하고도 상물象物에 구애되어

유희에 가깝다. 하지만 역학사에서 보면 우번의 괘변설은 서한의 괘기설을 계승·발전시킨 것으로 하나의 진보이기도 하다. 후세의 역학가들은 근본적으로 괘변설을 부정하지 않았으며, 다만 구체적인 논설에서 우번과는 다른 견해를 보였을 뿐이다. 따라서 역학사를 연구하자면 괘변설에 주목하지 않을 수 없다.

제3절 비씨 고문역

선진 시대부터 옛사람들은 『주역』에 관하여 두 가지 관점을 지녀 왔다. 하나는 『주역』을 순수한 복서책으로 보아 점복을 위하여 『역』을 연구하는 관점이다. 이 관점은 뒷날 상수학파로 발전하였다. 또 하나는 『주역』을 사상 이론을 논한 책으로 보는 관점이다. 이 관점은 역학 이론에서 취의取義를 위주로 하여 뒷날 의리학파로 발전하였다. 한대에 의리학파는 그다지 발전하지 않았지만, 선진 시대의 의리파가 창시한 관점은 양한 시대에 발전하였으니, 한대인이 의리파의 관점을 계승하고 발현하지 않았더라면 위진 시대 이후 의리파가 크게 번창할 수 없었을 것이다.

1. 비직학파

한초 역학은 이미 없어졌으나, 참고할 수 있는 조각글들은 여전히 남아 있다. 이 장의 개설 부분에서 이미 몇 가지 예를 든 바 있다. 여기서 다시 몇몇 자료를 보충하겠다.

한영韓嬰은 『한시외전韓詩外傳』에서 「계사전」의 글을 인용하고 해설하여 "전傳에 이르길, 용이하여 곤란이 없고 간단하여 번잡함이 없는 덕을 지녀 작위의 수고가 없으면 천하의 이치를 다 이해할 수 있다고 하였다. 충忠에 있어 지극이 간이함이 예禮를 갖춘 신하가 되고, 성誠에 있어 지극이 간이함이 군주(辟)가 되며, 어짐에 있어 지극히 간이함이 민民이 되고, 공교함에 지극히 간이함이 기능인(材)이 된다"[43]고 하였다.

『회남자』「무칭훈繆稱訓」에는 "그러므로 군자는 인의를 잃음을 두려워하고 소인은 이익을 잃음을 두려워하니, 그 두려워하는 바를 보면 각각 다름을 알 수 있다. 『역』에 이르길 '우인虞人(금수 관리인) 없이 사슴을 따라가면, 사슴은 수풀 속으로 들어가 버릴 뿐이다. 군자는 조짐을 보고 그만둠만 못하니 나아가 반드시 얻고자 하면 나쁜 일이 있게 된다'고 하였다"44)라고 하였다. 또 "소인이 윗자리에 있음은 관새關塞에서 잠을 자고 누에가 햇볕에 드러나 쪼임과 같아 잠시도 안녕을 얻을 수 없다. 그러므로 『역』에 '암수 한 쌍의 말이 따로 떨어져 있으니, 피눈물을 줄줄 흘린다'고 하였다. 소인이 온당한 지위에 처해 있지 않으면 오래 갈 수 없음을 말한다"45)고 하였다.

『회남자』「범론훈氾論訓」에는 "자고로 오늘까지 삼왕오제라 하더라도 그 행실을 온전히 한 이가 없다. 그러므로 『역』에 '(작은 음이 큰 양보다 많은 괘상인) 소과小過는 형통하니 올바르면 이롭다'고 하였다. 사람이 허물이 없지 않을 수 없으나 큰 허물을 저지르지 않도록 해야 한다는 말이다"46)라고 하였다.

이상은 『주역』 경전의 이해에서 모두 교훈적인 뜻을 취한 것으로, 「단전」·「상전」·「문언전」의 역 해석 전통과 일치한다. 피석서皮錫瑞는 『경학통론』에서 "한초의 역 이론은 대개 의리를 주로 하고 인간사를 절실히 여겼지 음양술수를 말하지 않았다"고 지적하고, 한초의 문헌인 『회남자』, 가의賈誼의 『신서』, 동중서董仲舒의 『춘추번로』, 유향劉向의 『설원』 및 『열녀전列女傳』 등에서 20여 조항의 자료를 예로 들어 설명하였다. 그러고서는 "유향의 역학은 서적을 교감하여 역 이론을 고찰하였다.…… 회남왕은 9사九師의 설을 모아 『역』을 설하였다. 가의와 동중서는 한초의 대유학자로 그들의 역 해석은 모두 명백정대하여, 의리를 위주로 하고 인간사에 절실하였지 음양술수를 말하지 않았다. 대개 『역』의 올바른 전통과 전하田何·양서楊敍의 유산을 얻었으니 참고할 만하다"라고 결론을 지었다. 한초의 역설로 현존하는 자료를 보면 피석서의 이 설은 이치에 닿고 근거가 있다.

한초 역학이 의리를 중시한 전통은 중요한 의미를 지닌다. 한역이 비록 상수학을 주류로 하였다고 하더라도 의리로 『역』을 풀이하는 전통도 중단되지 아니하였기에 오늘날에도 그 맥락을 찾아갈 수 있다. 그리고 한역 의리학이 발전한 궤적을 명확히 하는 일은 위진 시대 이후 의리학파가 번창한 상황을 파악하고 이해하는 데 실로 중요한 의미를 지닌다.

서한 초기에 유술儒術이라는 깃발 아래 흥기한 유학이 이른바 금문경학이다. 금문경학의 경전은 진한 이래 통행되던 예서隸書로 씌어 있어서 금문경이라 칭해졌다. 『주역』의 학은 공자가 노인魯人 상구商瞿에게 전한 지 여섯 세대를 지나 제인齊人 전하田何에게 전해졌고, 전하의 역학은 서한 한무제 때에 학관에 세워져 박사를 두고 전습되었다. 그 뒤 『역』에 시씨학施氏學·맹씨학孟氏學·양구씨학梁丘氏學이 있어 모두 서한 선제 때에 학관에 설립되었다. 또 경방의 경씨 역학京氏易學이 있어서, 역시 서한 원제 때 학관에 설립되었다. 이상 전하에서 경방까지는 모두 『주역』의 금문학가였으며, 그들의 역학은 상수학에 치중하였다. 관방의 금문경학이 크게 번성한 한편, 민간에서는 『주역』 고문학이 유전하였다. 이른바 고문경은 주대의 주문籒文으로 씌어진 경전이라고 전하여 왔는데, 오늘날의 고증 결과 이 문자는 사실은 진秦이 폐지한 육국문자六國文字라고 한다. 한대 역사 기록에 따르면 한 무제 때 고문이 속속 발견되었으나, 당시 금문경의 합법적인 지위가 이미 확고하여 고문경은 민간에서만 전하고 조정에서는 겨우 비부秘府에 소장해 두었을 뿐이라고 한다. 『주역』 고문학에서 가장 저명한 것은 비씨 역학費氏易學이다. 『한서』 「예문지」에 따르면 성제 때 유향이 경문을 교감하면서 시수·맹희·양구하 등이 전한 『주역』 경문에 간혹 '무구无咎'·'회망悔亡' 등의 글자가 빠져 있어 불완전하였고, 오직 비씨경費氏經만이 고문과 같음을 발견하였다고 한다.

비씨費氏의 이름은 직直이고 자는 장옹長翁으로 동래東萊 사람이다. 생몰 연대는 알 수 없으나 대략 서한 중기·말기에 활동하여 낭郞 벼슬을 하다가 선보單父의 영슈으로 옮겨간 일이 있다. 비직이 전한 역은 서한 말에는 학관에 설립되지 못하였다. 『한서』 「유림전」에 따르면 비직의 역학은 "괘서卦筮에 특장이 있되, 장구章句가 없이 「단」·「상」·「괘사」 등 10편의 글을 가지고 상하의 경문을 해설하였을 뿐이다." 『수서』 「경적지」

는 "비씨의 텍스트는 모두 고자古字여서 고문역古文易이라 부른다"고 하였다. 비직의 역학 저작물은 전하지 않으나, 위에 인용한 문헌 기록과 후세에 끼친 영향면에서 볼 때 비지의 역학은 복고 정신을 위주로 하여 공자에 접근하였다. 즉 비씨역은 공자 및 한초 역학의 전통을 직접 계승한 것이었다. 비직은 당시의 학풍에 반발하여 역학에서 괘기설과 음양재이를 강론하지 않고, 『역전』의 글뜻을 가지고 경을 풀이하면서 의리의 발명에 치중하였다. 당시로서는 흩어진 고서를 수집하기가 쉽지 않은데다가 한대는 주대와 멀리 떨어져서 언어 및 문자상에 현저한 변화가 일어났기에 고서의 글뜻을 이해하기가 자못 어려운 형편이었다. 그만큼 비직의 업적은 불후하다고 하겠다. 비직은 고문 『주역』만을 전해 준 것이 아니라 의리로 『역』을 해석하는 고인의 전통을 소개하고 계승하였다. 이런 점에서 그는 뒷날 의리학파를 위하여 탄탄한 기초를 놓아 준 셈이다.

『한서』와 『후한서』의 기록에 따르면 비씨 역학은 낭야 사람 왕황王璜에게 전수되었다고 한다.(『후한서』는 璜이 아니라 橫으로 적었다.) 왕황의 일생은 자세하지 않다. 또 이 장의 개설에서 말하였듯이 민간에 전수된 『역』에 고씨역高氏易이 있었다. 고씨의 이름은 상相으로 패인沛人이다. 고상高相이 전한 『역』이 비씨역인지의 여부는 자세하지 않다. 다만 고씨역은 음양재이를 많이 논하였고, 자칭 정장군丁將軍(丁寬)에게서 전해 받았다고 하였으니, 고상은 비직에게서 『역』을 전해 받지 않았을 가능성이 높다. 고상은 그 아들 고강高康과 난릉蘭陵 사람 무장영毋將永에게 『역』을 전수하여 크게 빛을 낸 까닭에 고씨역高氏易이라 일컬어졌다.

『후한서』「유림전」에 의하면 비씨와 고씨 2가의 역학은 관부官府에 설립되지 않았다고 한다. 금문경학이 크게 번성할 때에 비씨가 고문역을 전수하였으므로 필경 이단으로 간주되었을 것이다. 그리고 고문역은 일시에 민간 속으로 들어가기도 어려워 전파가 아주 어려운 형세였으리라 상상된다. 비씨역은 고문경학의 지위가 높아지면서 흥성하기 시작하였으니, 그것은 동한 때에 시작되어 위진 시대에 이루어졌다.

2. 동한 시대의 고문역

『후한서』「유림전」은 동한 역학의 발전 추세를 서술하면서 "건무建武 때에 범승范升이 맹씨역을 전하여 양정楊政에게 전수하였으나, 진원陳元과 정중鄭衆은 다 비씨역이었으며, ㄱ 뒤 마융도 비씨역을 전하였다. 마융이 정현에게 전수하자 정현은 『역주易注』를 지었고, 순상도 『역전』을 지었다. 이로써 비씨역이 흥하고 경방역京房易은 쇠퇴하고 말았다"고 하였다. 서한의 금문경학은 한무제의 진흥책으로 흥기하고, 또 한선제가 주관한 석거각石渠閣 회의가 '5경의 이동異同을 논의'한 뒤에 극성하게 되었다. 금문경학의 특징은 유학과 음양가의 학설을 뒤범벅하여 천인감응·천인합일의 이론을 짜 만들어 낸 점이다. 금문경학은 정치 투쟁에 직접 이용되어 지배자의 추숭을 받았다. 하지만 지배자의 심리에 투합하기 위하여 금문학파는 부서符瑞·재이災異·도참圖讖 등의 미신과 결합하였고, 말류에 가서는 공공연하게 참위설과 합하여 극히 통속적이고 번쇄하며 퇴폐적인 거짓 학문으로 되었다. 역학 방법도 번잡하고 우활하여 각각 가법家法을 떠받들고, 경전 해석에서 집 위에다 집을 얽는 식으로 서너 글자의 해석에 수만 글자를 허비하는 식이었다. 뒷날 도참을 믿고 고무된 왕망王莽과 유수劉秀(후한의 光武帝)조차도 이러한 금문학에 극히 반감을 갖게 되었으니, 사물이 극하면 반드시 원점으로 되돌아가는 법처럼 금문경학이 고문경학으로 대체됨은 필연적인 추세였다.

서한 말에 이미 고문경학가 유흠은 고문경의 지위를 높이고자 투쟁하여 고문 『상서』·『일례逸禮』·『좌씨춘추左氏春秋』의 박사를 둘 것을 주장하였다. 유흠이 왕망의 지지를 입자 고문경이 득세하기 시작하였다. 동한에 이르러 광무제 유수가 고문경을 학관에 세운 뒤로 두 학파의 투쟁은 한층 격렬해졌다. 금문경은 비록 명목상 주인 자리를 차지하였으나 자체의 생명력이 끊긴 채 지위를 공고히 할 방도가 없어져, 고문경학이 마침내 금문경학을 압도하기에 이르렀다. 고문경학의 특징은 "훈고에 통하고 대의를 밝히며 장구를 일삼지 않는다"(通訓詁, 明大義, 不爲章句)는 점이다. 참위미신에 들붙지 않고 금문경학의 많은 병폐를 고쳤으므로, 고문경학의 발전은 긍정적인 의의를 지닌다. 고문경 역학이 발전한 것은 양한 시대에 경학이 흥망을 겪었던 사회 배경과 불가분의 관계에 있다. 즉 양한 시대 경학의 흥성은 고문경학 전체의 발흥과 상관이 있다.

동한에서 비씨 고문역을 현양한 사람은 창오蒼梧 광신廣信 사람 진원陳元이 처음이다. 진원의 자는 장손長孫이다. 진원의 아버지 진흠陳欽은 평소『좌씨춘추』를 익혀 유흠과 같은 시기에 일가를 이루었고, 일찍이 왕망의 사부師傅가 되어 좌씨학을 전수하였으며, 후에 관직이 염난장군㷊難將軍에 이르렀다. 진원은 젊어서 부업父業을 전하여, 아버지의 직임職任을 이어 낭관郞官이 되었다. 일찍이 글을 올려『좌전』의 박사를 세울 것을 청하였는데, 마침내 광무제의 허가로 좌씨학 박사를 세우게 되었다.『후한서』36권에「진원전」이 있으나, 진원이『역』을 연구한 사적은 기록이 없다.「유림전」도 겨우 그가 "비씨역을 전하였다"고만 하였을 뿐이라 구체적인 정황은 알 수가 없다. 다만 진원은 부친에게서 수업하여 고문경학에 정통하였고, 또 고문경의 지위를 위하여 목소리를 높였으니, 그가 고문역을 조술祖述하였으리라 보는 것은 극히 자연스럽다. 금문역이 융성하던 때에 진원이 박사의 신분으로 고문역을 전한 일은 실로 가벼이 볼 수 없는 사건이다.

비씨 고문역을 한층 더 선양한 공로자는 하남河南 개봉開封 사람 정중鄭衆이다. 정중의 자는 중사仲師이다. 정중의 부친 정흥鄭興은 그 시대의 통유通儒(박학한 유학자)로서, 젊어서 공양학公羊學을 수업하면서 좌씨전도 겸하여 잘하였으며, 일찍이 유흠과 함께 조례장구훈고條例章句訓詁를 편찬하고 삼통력三統曆을 교감하였다. 뒤에 관직이 태중대부太中大夫에 이르렀다. 정중은 동한 명제의 영평永平(58~75) 초기에 명경明經으로 급사중給事中에 징소되었고, 월기사마越騎司馬로 옮겨졌다. 일찍이 명령을 받아 흉노에 사신으로 갔는데 절개를 지켜 마음을 바꾸지 않아 소무蘇武의 풍모[*12]가 있었다. 뒤에 관직이 대사농大司農에 이르렀다.[*13]『후한서』의 본전本

---

*12) 蘇武는 한 무제 때 申郞將으로서 匈奴에 사신으로 갔다가 억류된 지 19년 동안 절개를 바꾸지 않았다.

*13) 鄭衆은 官名으로 세상에 알려져 보통 鄭司農이라 불렸다.

傳에는 정중이 "열두 살에 부친에게서 『좌씨춘추』를 수업하여 학문에 정력을 쏟았다. 삼통력을 밝히고 춘추잡기조례春秋雜記條例를 지었으며, 겸하여 『역』과 『시』에도 통하여 세상에 이름이 알려졌다"고 하였다. 정중은 진원과 마찬가지로 부친에게서 수업하여 가학을 이었고, 비씨 고문역을 전승하고 발휘한 공이 있다. 정중의 역학 저작으로 청인 왕인준王仁俊이 편집한 『주역정사농주周易鄭司農注』 1권이 있다.

동한 때에는 많은 저명한 경사들이 『주역』 경전을 주석하였는데, 그 대표자인 마융·정현·순상은 역 주석에서 모두 비씨역에 뿌리를 두었으니, 고문경학의 전통에 속한다. 그들은 각자 걸출한 성과를 내어 고문역이 흥성하는 데 탁월한 공헌을 하였다.

금문경과 고문경의 상호 배척과 투쟁을 배경으로 고문경학의 대사大師인 마융이 그 기운을 타고 나타났다. 마융馬融의 자는 계장季長이고, 부풍扶風 무릉茂陵 사람이다. 복파장군伏波將軍 마원馬援*¹⁴⁾의 족손族孫으로 명문에서 나서 영특한 풍모가 남달라 총명하고 지혜롭고 박학하였다. 청년 마융은 일찍이 관서關西의 명유 지순摯恂에게 사사하여 경적에 두루 통하였고, 아울러 재명才名이 당시 권세가에게 알려져 핍박에 견디다 못해 벼슬길에 나아갔으나 일생 벼슬길에서 부침浮沈이 많았다. 만년에는 병을 이유로 사직하고 저술에 몰두하였다. 그는 재주가 높고 박식하여 당대의 통유였다. 『효경孝經』·『논어』·『모시毛詩』·『주역』·삼례三禮·『상서』를 두루 주석하였고(『좌전』은 이미 賈逵와 정중의 주가 있어서 『三傳異同』만을 지었다), 문하의 제자가 천여 명에 달하여 명망이 아주 높았다. 앞 세대의 가규賈逵·허신許愼 등 고문경사는 모두 금문경학을 함께 강하였으되 아직 순수한 고문경학을 일으키기에는 부족하였으나, 마융 이후에 고문경학이 바야흐로 세력을 떨쳐 사실상 금문경학을 압도하게 되었다. 마융의 『주역』 주석에 관하여 『칠록七錄』은 1권이 있다고 목록에 올려 두었는데 『마씨주역주馬氏周易注』(注는 혹 傳으로 되어 있음)라고 칭하였다. 지금은 이미 없어졌다. 앞에 인용한 『후한서』 「유림전」의 서술에 의하면 마융이

---

*14) 馬援은 후한 광무제에게 任官하여 伏波將軍이 되었으므로 보통 馬伏波라 불렸다.

주注한 역은 비씨 고문역임에 틀림없다. 주진朱震도 "비씨역은 마융에 이르러 비로소 전이 만들어졌으며, 마융이 정강성鄭康成에게 전하니, 정강성이 처음으로 「단」과 「상」을 경문 아래에 연결시켰다"고 하였다. 마융은 세상에 이름난 대유학자로서 비씨역을 전하여 고문역 전파에 끼친 공헌은 새삼 말할 것도 없을 정도이다.

마융의 뒤를 이어 고문경학을 집대성한 사람은 마융의 학생인 정현鄭玄이다. 정현의 일생에 대해서는 앞절에서 이미 소개하였다. 정현은 고문경학의 대사大師일 뿐만 아니라 동시에 금문경학의 대사이기도 하였다. 실제로 그는 금고문 경학을 한데 얽어 낸 거장이며, 그의 학문은 뒷날 정학鄭學이라고 칭할 만큼 영향력이 아주 컸다. 당시의 금문경학 대사인 하휴何休는 고문학을 속학俗學이라고 배척하여, 『공양묵수公羊墨守』·『좌씨고황左氏膏肓』·『곡량폐질穀梁廢疾』을 저술하여 공개 도전하였다. 정현은 『발묵수發墨守』·『침고황鍼膏肓』·『기폐질起廢疾』로 응수하였다. 『후한서』 본전에 "중흥 뒤에 범승·진원·이육李育·가규의 무리가 고금학을 논쟁하였다. 뒤에 마융이 북지태수北地太守 유괴劉瓌에게 답하고, 정현이 하휴에게 답하였는데, 의리와 준거가 통달하고 깊어 이에 고학古學이 마침내 드러났다"고 하였다. 정현이 경학 역사에서 차지하는 위치는 결코 뒤집을 수가 없다.

정현의 역 주석에 관해서는 이 장의 제1절에서 그가 한역 상수학을 발전시킨 점을 소개한 바 있다. 여기서는 정현 역학의 또 다른 경향에 대하여 간략히 말하고자 한다. 정학鄭學의 정수는 3례禮에 있으며 그의 역 주석도 3례의 관점을 많이 취하였다. 예禮를 근거로 『역』의 도리를 광대하게 증명하여, 무릇 가취嫁娶·제사祭祀·조빙朝聘 등의 항목에 이르기까지 주석한 내용이 모두 예경禮經의 설과 부합한다. 정역鄭易의 이러한 특징은 사실 뒷날의 의리파 역학이 지닌 특징과 상통한다. 왕필의 역 주석은 대부분 정현에 뿌리를 두되, 정현의 설에서 상수와 관련 있는 논법을 폐기하려고 의도한 데 불과하다. 피석서의 『경학통론』은 정씨역鄭氏易에 비록 효진설이 있기는 하지만, 정씨역의 장점은 효진설보다는 예禮를 근거로 『역』을 증명한 점에 있다고 하였다. 피석서의 이 설은 정말 탁월한 식견으로, 정씨역의 이러한 특징은 중시되어 마땅하다.

정씨역이 의리파 역학에 끼친 공헌에 관해서는 반드시 언급해야 할 점이 있다. 그것은 정현이 비직의 고문본을 계승하여 「단전」과 「상전」을 경문에 혼합하여 두되, 「단전」과 「상전」의 문장 앞에다가 '단왈象日'과 '상왈象日'이라는 표지를 하여 경문과 구분하였다는 사실이다. 뒤에 왕필과 한강백韓康伯의 역 주석은 모두 정현본鄭玄本을 사용하였고, 공영달의 『오경정의五經正義』는 왕한주본王韓注本을 채용하여 오늘날까지 통용되고 있다. 따라서 정씨역이 왕필 등 의리파에 직접적인 영향을 끼쳤다고 말할 수 있다.

고문역의 발흥에 중요한 공헌을 한 또 다른 경학 대사가 순상荀爽이다. 순상의 일생에 대해서는 이미 앞에서 서술하였다. 순상의 역학은 괘기卦氣를 강론하고 괘변卦變을 제창하였으나, 괘기·괘변으로 음양재이를 말한 것은 결코 아니다. 『후한서』 본전에 의하면 순상은 「대책對策」에서 "한 나라는 화火의 덕인데 화火는 목木에서 생하고, 목木은 화火에서 성하니, 그 덕은 효孝이고 그 상象은 『주역』의 리괘離卦에 있습니다"라고 하였다. 순상은 분명히 역리易理를 정교政敎와 인간사에 부회하여 고문경학파의 특색을 뚜렷이 드러내었던 것이다. 또 순상은 양승음강陽升陰降을 논하면서 2효와 5효의 효위를 특히 중시하여, 구2가 위로 응하여 5위에 거함을 강조하였다. 이는 실은 군주가 올바른 지위에 있어야 함을 뜻한 것으로, 지고의 군주 권력에 이론적 근거를 제공한 것이다. 이 점은 바로 유가 역학의 특징을 드러낸 것이다. 그러므로 순상 역학의 주 경향 가운데 하나는 전傳으로 경經을 풀이하여 인간사와 긴밀히 연결한 점이다. 이러한 경향은 고문역의 흥성을 추동케 한 공로가 있다. 『경의고經義考』 권9에 순열荀悅의 말을 인용하여, "저 순열의 숙부는 작고한 사도司徒 순상이온데, 『역전易傳』을 저술하여 효상爻象이 음양 변화를 승응承應하는 의리에 근거하였으며, 열 편의 전傳의 글귀로 경經의 뜻을 해설하였습니다. 이로써 곤袞과 예豫에서 『역』을 논하는 자들이 모두 순씨학荀氏學을 전하게 되었습니다"라고 하였다. 이 말은 순씨역의 특징을 잘 드러내고, 또 순씨역의 지위를 잘 밝혀 주고 있다. 고문역의 전승에서 순상은 크나큰 역할을 한 것이다.

마융과 정현에서 순상에 이르러 고문경 역은 마침내 압도적 우세를 차지하여, 금문경학은 만회할 수 없을 만큼 쇠락하고 말았다.

제4절 황로파 역학

이 장의 개설 부분에서 이미 말하였듯이 한대의 역학에는 세 가지 경향이 있었다. 즉 상수학象數學과 비씨학費氏學 이외에 도가황로학道家黃老學으로 『역』을 해석하는 전통이 있었다. 따라서 한역의 전모를 드러내려면 황로파 역학의 발전 양상을 정리할 필요가 있다. 여기서 황로파란 명칭을 사용하는 것은 별 뜻이 없이 그저 관례를 따를 뿐이다. 주지하다시피 도가의 창시자는 노자老子이지 황제黃帝와는 무관하다. 그러나 유학가들이 일찍부터 자신들의 계보를 요순堯舜·고요皐陶에서 공자로 배열하자 도가는 유가를 압도하기 위하여, 즉 "공자의 무리를 비난하고 노자의 학술을 밝히고자" 전설상 요순보다 더 앞서는 황제를 떠받들어 노자와 함께 도가의 창시자라고 존숭하였다. 그래서 양한 시대 이전에는 황로학이란 명칭만 있었지 노장老莊이란 명명법이 없었다. 노자와 장자를 병칭하여 황로란 말을 대신하게 된 것은 위진 시대에 현학玄學이 성행한 이후의 일이다.

한초에 황로학을 존숭하자 역학도 자연스레 황로학을 응용하게 되었다. 『회남자』는 황로의 관점에서 『역』을 해석한 예가 많다. 이를테면 「무칭훈繆稱訓」에 다음과 같은 구절이 있다.

> 동하여 이익이 있으면 손해가 뒤따른다. 그래서 『역』에 "끝까지 다 박탈할 수 없으므로 복괘復卦로 받는다"고 하였다. 엷은 것이 쌓이면 두텁게 되고, 낮은 것이 쌓이면 높게 되니, 군자는 날마다 부지런히 힘써서 광휘를 이루고, 소인은 근심하고 우울하여 욕을 얻게 된다. 그 소식消息의 기미는 눈 밝은 이주離朱라도 볼 수가 없다.[47]

여기서는 「서괘전」의 글(금본 「서괘전」과는 글자에 출입이 있음)을 가지고 해설을 하였다. 또 「인간훈人間訓」은 건괘乾卦 초구와 구3의 효사를 다음처럼 풀이하였다.

그러므로 『역』의 "숨어 있는 용은 일을 벌려서는 안 된다"란 말은 아직 행사할 수 있는 시기가 아님을 뜻한다. 그러므로 "군자는 종일 부지런히 힘써서 저녁에도 근심이 있는 듯하면 위태하여도 재앙이 없다"고 하였다. 종일 부지런히 힘쓴다고 한 것은 양강陽剛이 움직이기 때문이다. 저녁에도 근심이 있는 듯하면 위태하다는 것은 유음柔陰이 번식하기 때문이다. 낮에 행동하고 저녁에는 쉰다. 도를 갖춘 사람이라야만 능히 그렇게 할 수 있다.[48]

이것은 분명히 음양변역설로 『역』을 해설한 것이다. 한초의 이러한 역 해석 경향은 비록 역학의 대가를 낳지는 못하였으나 그 학풍은 뒷사람들에게 계승되어 전한과 후한에서 모두 그 맥락을 찾아볼 수 있다. 여기서는 다음 세 사람을 중점적으로 소개하고자 한다.

1. 엄군평과 『도덕경지귀』

엄군평嚴君平의 이름은 준遵, 자는 군평으로 생몰 시기는 알 수 없다. 촉군蜀郡 사람으로 서한말 성제 전후에 주로 활동하였다. 『한서』 「왕공양공포전王貢兩龔鮑傳」에 따르면 엄군평은 성도成都에 은둔하여 복서로 생계를 삼고, 여가에 『노자』를 연구하고 강학하였다고 한다. 남의 점을 해주면서 대중에게 은혜를 끼치고 세상을 구원할 뜻을 잊지 않아 사람들에게 충효순선忠孝順善을 권하였다. 『노자』를 깊이 연구하여 정신을 붙이고자 하였으며, 명리를 탐하지 않고 고요히 자신의 본성을 지켰다. 엄군평의 저서로 지금 유전하는 것에 『도덕경지귀道德經指歸』가 있다. 이 책은 『도덕진경지귀道德眞經指歸』 혹은 『노자지귀老子指歸』라고도 한다. 『사고전서 총목제요』는 이를 위작僞作이라 하였으나, 엄군평에게서 나온 것이 분명하며 결코 위작이 아니라는 사실이 확인되었다.

『도덕경지귀』는 노자의 『도덕경』(즉 『노자』)을 전문적으로 해석한 책으로 '지귀'는 '요지要旨의 소재'란 뜻이다. 이 책은 『노자』의 사상을 밝히는 데 중점을 두었고 장구에 치중하지 않았으며, 자연(즉 '도')에 대한 노자의 사상이나 노자의 생성론과 본체론을 잘 발휘하여 노자 사상을 연구한 역저이다. 그 방면의 구체적인 내용에 대해서는 여기서 논할 필요가 없고, 이 책이 역학 연구사에 끼친 공헌만 말하기로 한다.

『도덕경지귀』는 『노자』의 사상을 밝히는 과정에서 도가 사상만 준수하는 데 그치지 않고 유가 사상도 포용하여 유가와 도가를 상호 보완하는 경향을 드러내었다. 그래서 사리事理의 논술에서 유가적 관점을 상용하였을 뿐만 아니라 『주역』 경전의 뜻도 많이 인용하였다. 이 점은 그냥 보아넘길 일이 아니다. 곧 역학이 황로학과 결합된 특징을 반영하고 있어 황로파 역학을 계승하였다고 말할 수 있다. 또 이 책은 『노자』처럼 음양을 철학 범주로 삼아 천지만물의 본질을 해석하였다. 이를테면 "천지의 수는 일음일양一陰一陽으로, 그것이 나뉘어서 4시가 되고, 갈라져서 오행이 된다"[49]라든가, "양이란 남자이고 음이란 여자이다"[50]라든가, "꽃 열매는 기氣가 있음에서 생겨나고, 기가 있음은 4시에서 생기며, 4시는 음양에서 생기고, 음양은 천지에 생기는데, 천지는 무형에서 있게 된다"[51]고 하였다. 이 말들은 음양변역을 논하고 있다. 엄군평은 『주역』 경전을 끌어다 음양변역의 이치를 설명하였으니, 황로파 역학자가 음양변역을 가지고 『주역』 해설의 근거로 삼은 것과 정반대이다. 이러한 이유에서 『도덕경지귀』는 결코 역 해석서가 아니지만 역학사에 간과할 수 없는 영향을 낳았다. 즉 이 책은 역학을 황로학설과 결합시키는 경향이 생기게 하였다.

엄군평의 제자인 양웅揚雄은 이 전통을 이어 『주역』을 노자 학설과 연결하여 『태현太玄』을 저술하였다. 뒷날 도가의 역 해석 계보는 모두 이러한 전통과 밀접한 관계에 있다. 그 밖에 위진 현학파의 역학은 『도덕경지귀』의 자연 사상에서 많은 영향을 받았다.

2. 양웅과 『태현』

엄군평의 뒤를 이어 도가 사상의 영향을 깊이 받아 『주역』을 노자 학설과 결합시킨 학자로는 엄군평의 제자인 양웅을 제일 먼저 손꼽는다.

양웅의 자는 자운子雲이고, 촉군蜀郡 성도成都 사람으로 한선제 감로甘露 원년(기원전 53년)에 나서 신망新莽 천봉天鳳 5년(기원후 18년)에 죽었다. 『한서』 본전에 의하면 양웅은 젊어서 학문을 좋아하여, 장구章句를 일삼지 않고 일찍이 엄준(군평)을 스승으로 섬겼다. "사람됨이 서글서글하고, 말을 더듬어 격렬한 논쟁을 못하며 묵묵히 생각하길 좋아하였다. 해맑았으며 억지를 쓰지 않아 욕심이 적었다. 부귀에 급급하지 않고 가난함을 괘념하지 않았으며, 염우廉隅(즉 지조)를 닦아 세상에 이름을 구하려 하지 않았다." 뒤에 성제 때에 촉에서 나와 서울에 노닐면서, 대사마大司馬 거기장군車騎將軍 왕음王音의 문하에서 관리로 있었다. 그리고 성제에게 「감천부甘泉賦」·「하동부河東賦」·「우렵부羽獵賦」·「장양부長楊賦」를 올려 낭郎 벼슬을 제수받고 황문黃門에 급사給事가 되었다. 애제·평제 때에 3대에 걸쳐 관직을 옮기지 않았으며 벼슬살이에 전혀 뜻이 없이 전적으로 저술에 종사하였다. 왕망이 한을 대신하자 양웅은 기로耆老이면서 한 벼슬에 오래 머물렀다고 하여 대부大夫에 전임되었다. 이에 서적을 교감하고 편찬하는 것을 임무로 하여, 일생을 주로 문학과 학술 활동에 종사하였다.

양웅이 지은 주요 철학 저서는 『태현』과 『법언法言』인데, 여기서는 『태현』을 소개한다.

『태현』은 『역경』 및 『역전』의 형식을 모방하여 쓴 철학서로 애제 때 이루어졌다. 『태현경太玄經』이라고도 한다. 형식면에서 『태현』의 체제는 확실히 『주역』과 유사하다. 『역』은 두 가지 획이 있어 음과 양으로 나뉘는데, 『태현』은 세 가지 획이 있어 일一·이二·삼三이라고 한다. 『역』은 6위가 있는 데 비하여, 『태현』은 방方·주州·부部·가家 4종이 있다. 『역』의 각 괘는 6효로 모두 384효인데, 『태현』은 매 수首마다 9찬贊이 있어 모두 729찬이다. 『역』에는 64괘가 있는데, 『태현』에는 81수가 있어 수

그림 2-22 『태현』의 81수

首 하나가 괘卦 하나에 해당한다. 『역』의 6효는 작은 순환을 이루는데,
『태현』의 9찬도 작은 순환을 이룬다. 이 밖에 『태현』의 「현수玄首」는
「단전」을, 「현측玄測」은 「상전」을, 「현형玄衡」은 「서괘전」을, 「현착玄
錯」은 「잡괘전」을, 「현수玄數」는 「설괘전」을, 「현문玄文」은 「문언전」을
모방하였고, 「현리玄摛」·「현영玄瑩」·「현예玄掜」·「현도玄圖」·「현고玄告」
는 「계사전」을 모방하였다. 이처럼 『주역』에 있는 것이면 『태현』도 모두 다 갖추고 있다.

형식을 제쳐 두고 『태현』의 내용에 대하여 논하자면, 그 중심은 노자의 천도관天道觀 및 음양변역 사상을 『역경』·『역전』 사상과 결합하여, 세계의 형성 및 변화에 관한 하나의 체계를 수립한 것이다. 황로학을 주역과 융합시킨 점이 『태현』의 두드러진 특징이다. 양웅이 「태현부」에서

> 대역大易의 손익損益 사상을 관찰하도다.
> 노자의 의복倚伏(즉 禍福) 사상을 보노라.
> 근심과 기쁨이 나오는 문이 같음을 성찰하도다.
> 길과 흉이 구역을 같이함을 살피노라.[52]

라고 한 것은 『태현』의 그러한 특색을 잘 표명하였다. 우주의 형성과 변화에 관하여 양웅은 현玄이라는 범주를 만들어 내었다. 「현리」에 "현이란 사물의 만 가지 부류를 은밀히 가르되 형체를 드러내지 않는 것"[53]이라고 하였고, 「현도」에 "현이란 천도天道이고 지도地道이고 인도人道"[54]라고 하였다. 즉 현을 우주의 근본 및 최고 범주로 삼은 것이다. 이로 보면 현玄이란 『노자』의 도道, 『주역』의 태극과 마찬가지로 천지와 세간만물의 창조자이다. 본래 『노자』의 도는 『주역』의 태극(태일)과 결코 같은 것이 아니다. 원래 『노자』는 "하나가 둘을 낳고 둘이 셋을 낳으며 셋이 만물을 낳는다"고 하고, 『역전』은 "『역』에 태극이 있으니, 이에 양의가 생겨나고, 양의가 4상을 낳으며 4상이 팔괘를 낳는다"고 하여 그 둘 사이에는 아무 차이가 없다. 그러나 『노자』는 '하나'의 앞에 도道를 두어 "도가 하나를 낳는다"고 하였으므로, 도와 태극은 동일 범주에 속하지 않는다. 하지만 『태현』에서 도·태극·현 사이에는 아무런 구별도 없으며, 현이 곧 도와 태극의 합성이다. 즉 『태현』은 우주관에서 『노자』와 『주역』을 뒤범벅하였다.

양웅은 우주의 근본 원리인 현이 음양 2기를 펴서 내고, 음양 2기의 상호 작용에서 천지만물이 형성되므로, 천지만물과 인류는 모두 음양 2기의 운동 법칙에 따라 변화하여 나온 것이라고 보았다. 그래서 「현리」

에서 "음양을 펴고 조치하여 기를 발하니, 한 번 갈라지고 한 번 합함에 천지가 갖춰지며," "하늘의 문을 닫음을 우宇라 하고, 우宇를 여는 것을 주宙라 하니," "이에 해와 달이 오고 가서 한 번 춥고 한 번 더워져",[55] 밤낮과 사계절이 있게 된다고 하였다. 「현도」에서는 "한 번 낮이고 한 번 밤이 된 뒤에 하루가 되고, 한 번 음이고 한 번 양인 뒤에 만물이 생겨난다"[56]고 하였다.

『태현』은 더 나아가 음양변역과 오행 체계를 결합하여, 모든 것을 전부 포괄하는 세계 도식을 구축해 내었다. 「현고」는 이렇게 말한다.

> 현은 하나의 덕으로 5생生을 낳고, 하나의 형刑으로 5극克을 만든다. 5생은 서로 멸하지 않고 5극은 서로 거스르지 않는다. 멸하지 않으니 서로 잇고, 거스르지 않으니 서로 다스린다.[57]

> 오행이 차례로 왕성하며 4시가 한꺼번에 장성하지는 않다. 해는 낮에 빛나고 달은 밤에 빛난다. 묘성昴星은 겨울에 오르고 화성火星은 여름에 오른다.[58]

> 남북이 위치가 바로잡히고 동서가 기를 통하며, 만물이 그 가운데 엇갈려 자리한다.[59]

여기서는 오행, 5방, 만물, 4시 배정, 음양 소장消長, 5방 운행, 일주와 복귀를 가지고, 새것이 옛것을 대신하는 만물의 과정을 표현하였다. 요컨대 『태현』은 현玄을 철학의 최고 범주로 삼아 세간만물이 발생하고 변화하는 원인을 모두 현玄에 돌리면서, 또 현이 세계를 창조하는 데서는 음양 2기와 오행의 도움을 빌렸다. 따라서 『태현』의 기본 정신이 사실은 『주역』과 『노자』를 결합한 산물임을 알 수 있다.

『한서』「양웅전찬揚雄傳贊」에 따르면 양웅은 "정말 옛것을 좋아하고 도를 즐겼는데, 후세에 문장으로 이름을 남기고자 바랐다. 경經은 『역』보다 큰 것이 없다고 여겨서 『태현』을 만들었다"[60]고 하였다. 양웅은 『태현』에 대한 자부심이 커서 「현리」에서 다음과 같이 말하였다.

천하의 극히 미세함을 깨닫고 천하의 극히 어두움을 파악한 것은 오직
『현』뿐이리라.[61]

그러므로 『현』이 우뚝히 사람에게 보여 주는 것이 멀고, 툭하니 사람을
튀워 줌이 크며, 으슥하게 사람을 끌어들임이 깊고, 아스라하게 세속을
끊음이 아득하다. 검어 어둑하여 통괄하는 것이 현玄이다.…… 그러므로
현玄의 쓰임은 지극하다.…… 음을 알고 양을 알고, 그침을 알고 행함을
알며, 어둠을 알고 밝음을 아는 것은 오직 『현』이리라.[62]

양웅은 『태현』이 『주역』처럼 두루 영향을 끼쳐서 경經이 되기를 희망
하였다. 그러나 사실 『태현』은 근본적으로 『주역』과 비교가 될 수 없었
다. 당시 유흠이 양웅에게 "헛되이 고생만 하는구료. 지금 학자들은 『역』
이 벼슬하여 이록을 얻는 일과 관계되어 있는데도 그 『역』을 밝힐 수 없
거늘, 하물며 이록과 아무 관련 없는 『현』이야 어떻겠습니까? 뒷사람들
이 장독이나 덮는 데 쓰지 않을지 모르겠습니다"라 하였다고 한다. 『한
서』「양웅전」에 그 일화가 보인다. 후세에 『태현』을 거론한 자가 많은데
그 중에는 어느 정도 평가해 준 것도 있지만, "『역』에 비기었다"(『한서』,
「양웅전」)라든가 "노씨의 설로 『역』에 비기었다"(『續後漢書』, 권83)고 비
판하였을 뿐 높게 평가한 것은 드물다. 여기서는 『태현』이 사상사에서
차지하는 위치를 전면적으로 논술할 수는 없고, 다만 역학사의 각도에서
두 가지 점만을 말하고자 한다.

우선 『태현』은 양웅이 서한의 역학을 거울삼고 그것을 발전시킨 것이
다. 이는 주로 세 가지 방면에서 드러난다. 첫째, 『태현』은 형식상 『주
역』의 점서 체제를 모방하였으나 사실은 점서의 서적이 아니다. 『태현』
은 『주역』의 점서 체제를 빌려서 철학 사상과 정치 사상을 표현하였다.
이런 독특한 체제와 그 체제로 표현하는 엄밀한 사고 및 심오한 철학적
이치는 『태현』이 양한 시대 역학사에서 특출한 꽃이 되도록 하였다. 둘

째, 『태현』은 유가와 도가를 겸하여 『노자』·『회남자』·『도덕경지귀』의 자연 본체론과 우주 생성 구조론을 집중적으로 천명하였을 뿐만 아니라, 공자와 『역전』에서 서한 유학에 이르기까지의 유가 사상을 계승하고 개조하였다. 이 점은 서한 역학에 보이는 유가·도가의 상호 보완적 경향을 발전시킨 것이다. 셋째, 『태현』은 한역 상수학을 광범하게 채집, 한역에서의 천문·역법·괘기 등의 성과를 거울로 삼아 자체의 구조 체계를 완벽하게 만들었다. 이 모든 사실들로 볼 때 『태현』은 역 해석서가 아니면서도 의심할 여지 없이 서한 역학의 주요 부분을 이룬다.

『태현』이 반영하는 역학 관점과 연구 태도는 역학사에 일정한 영향을 끼쳤다. 그 영향은 대략 세 가지 방면에서 파악된다. 첫째, 『태현』은 『역전』의 전통을 이어 점서의 형식으로 철학 이치를 표현하였는데, 이것은 역학 의리파에게 귀감이 되어 의리파를 계발하는 구실을 하였다. 둘째, 『태현』은 황로학을 『주역』과 뒤섞어 황로학으로 『역』을 풀이하는 학풍을 확산시켰다. 이로써 도가 역학설의 효시가 되었으니, 후세의 도가 및 도교의 역학설은 태반이 『태현』과 불가분의 관계를 지니게 되었다. 도가의 역학 전통에서만 그러한 것이 아니라, 위진 시대의 의리파 역학에 대해서도 『태현』은 아주 큰 영향을 끼쳤다. 왕숙王肅과 왕필王弼의 역 해석은 상당한 정도로 도가의 현리玄理를 근간으로 하고 있는데, 노장으로 『역』을 풀이한 까닭에 현학파玄學派 역학이라 불린다. 셋째, 『태현』이 상수학을 거울삼은 것은 후세에 큰 영향을 주었다. 특히 북송·남송의 상수파 역학은 『태현』을 아주 높이 쳤다.

3. 위백양과 『주역참동계』

양웅의 뒤로 동한 때에는 황로학으로 『역』을 연구하는 풍조가 끊이지 않았다. 그 가운데 으뜸 인물로는 위백양魏伯陽을 꼽지 않을 수 없다.

위백양은 동한 후기의 사람으로 그의 일생 사적은 잘 알 수 없다. 오대 때 후촉後蜀의 팽효彭曉가 지은 「주역참동계통진의서周易參同契通眞義序」에 "위백양은 회계會稽 상우上虞 사람이다. 묵묵히 몸을 감추고 참 본성을 닦아 무작위의 허무에 뜻을 두어 그 뜻을 길렀으며, 글재주가 너르고 풍성하며 위후緯候에 통달하였다. 고인의 『용호경龍虎經』을 얻어서 그 신묘한 뜻을 획득, 마침내 『주역』을 요약한 『참동계』 3편을 지었고, 다시 빠지고 없어진 글구를 보완하는 1편을 더 지었다"고 하였다. 그 밖에 갈홍葛洪의 『포박자抱朴子』와 『신선전神仙傳』에서도 위백양이 동한 말기 황로파의 연단가煉丹家라고 지적하였다.

위백양이 지은 『주역참동계周易參同契』는 현재 세상에 전하는 주석본이 10여 종이지만, 해석이 여러 갈래라서 본래의 내용을 올바로 알기 어렵다. 여기서는 고금의 연구에 기초하여 그 주지를 대략 소개하고, 역학사에 끼친 영향 몇 가지를 중점적으로 분석하겠다.

이 책의 제목에 관해서는 일치된 견해가 없다. 팽효의 「주역참동계통진의서」는 "참參은 잡雜이고, 동同은 통通이고, 계契는 합合이다. 곧 『주역』과 이치가 통하고 딱맞아 떨어진다는 뜻이다"라고 하였다. 또 '삼參동계'는 세 도가 동일하여 서로 합함을 가리킨다고 보는 설이 있는데, 세 도를 『역』·노자·연단술이라고도 하고, 금金·화火·목木이라고도 한다. 해석은 이처럼 다양하지만 여기에는 공통점이 있다. 곧 이 책의 이름에서 『주역』으로 연단술을 해석한 뜻이 드러난다고 보는 점이다. 그 점은 책의 내용을 분석하더라도 의문의 여지가 없다.

『참동계』의 본지와 저술 목적에 관해서는 선배들이 논술한 것이 많은데, 가장 이치에 닿는 것은 다음 두 가지이다.

이 책은 군신君臣 관계를 빌려 내단內丹과 외단外丹을 밝혔고, 리감離坎의 순서로 홍연汞鉛(수은)의 제조 과정을 가리켰다. 건곤에 따라 정렬해 솥그릇을 헤아려 안치함을 부모라는 개념으로 밝히고, 시종의 보존함을 부부 관계에 합하여 보이고, 단약의 제 성분이 얽힘을 남녀에 비유하였다. 번식하여 생겨남을 드러내는 데 음양으로 변석하였다. 반복하여 도입하는 데 회삭晦朔으로 예시하였다. 강하고 비등함을 통하게 함에 있어 괘효로 배당하였다. 변화를 드러내길 북두北斗 자루에 따라 하였다. 주기적으로 순환하는 별을 취하여 아침·저녁을 나누고 누각漏刻(시계)에다 밝혔다. 이 모든 것이 역상易象에 가탁하여 논하지 않은 것이 없다. 그래서『주역참동계』라 이름하였다.(「周易參同契通眞義序」)[63]

위백양이『참동계』를 지은 것은『주역』을 해석한 듯하지만, 사실은 효
상爻象을 빌려다가 연단술의 뜻을 논한 것이나. 그런데 유학자는 신선의
일을 알지 못하고 음양으로 주석하니, 그 오묘한 뜻을 잃었다.(『雲笈七
籤』, 「神仙傳」)[64]

위백양이『참동계』를 저술한 목적은 실은 장생술을 탐구하기 위함이었
고, 그 내용은 연단술을 강론한 데서 벗어나지 않는다. 따라서 이 책은
방사기술서方士技術書에 속함을 알 수 있다. 원의 진치허陳致虛는『주역참
동계분장주周易參同契分章注』3권을 만들어『참동계』가 쉬 구하기 이려운
단서丹書라고 하였으며, 아울러서 다음과 같은「성안시醒眼詩」1수를 지
었다.

애초에 장생불사 방술이 있으되	端有長生不死方
속인은 식견 낮아 어찌 이어 알리오.	常人緣淺豈承當
납과 수은 근량을 분석해서 연단 방법 알렸으니	鉛銀砂汞分斤兩
덕 많고 은혜 깊은 이 바로 위백양이라.	德厚恩深魏伯陽

양신楊愼의「고문참동계서古文參同契序」도『참동계』는 '단경丹經의 원
조'라고 하였다. 송인 장백단張伯端의「오진시悟眞詩」에도 "순우숙통淳于
叔通은 위백양에게서 수업하여 만고에 단경의 왕으로 남았네"라고 하였
다. 이것들은 모두『참동계』가『주역』을 빌려다 장생술을 논하는 일을
주지로 하였으며, 도가 연단의 일을 강론하였다는 사실을 밝혀 준다.

연단술은 결코 위백양에게서 시작된 것이 아니다.『사기』와『한서』에
신선황백술神仙黃白術이 언급되어 있는 것으로 보아『참동계』는 앞사람들
의 연단술을 총결산한 책임을 알 수 있다. 하지만 이『참동계』의 단어와
운韻은 모두 옛스럽고 글이 깊고 고아하여 많은 구절들이 지금도 정확히
이해되지 않는다. 종래 연구자들은 모두 이 책이 연단 과정을 강론하였
고 보았는데, 이 점은 의문의 여지가 없다. 다만 연단을 어떻게 파악하느

나에 대해서는 설이 분분하다. 한 견해는 연외단煉外丹, 즉 광석에서 단약을 제련하여 내는 일을 가리킨다고 본다. 다른 견해는 연내단煉內丹, 즉 인체의 정기를 단련함을 가리키며, 연단가들이 외단을 제련할 때 사용하는 솥을 가지고 인간 신체를 상징하였다고 본다.

전자의 대표자는 오대 때의 팽효이고, 후사의 대표자는 주희朱熹와 유염兪琰 등이다. 오늘날 주희 및 유염의 설을 계승하는 사람들은, 『참동계』가 연내단을 강론하면서, 인체의 원기元氣(能量流, energystream)의 운행 궤적을 기록한 것으로 인체 생물장生物場의 에너지 운동을 수학적으로 서술한 것이라고 보고 있다. 두 견해 가운데 어느 것이 더 원뜻과 부합하는가 하는 문제는 역학사와 직접 관계가 없으므로 여기서는 논할 생각이 없으나, 연외단의 설이 더 원뜻과 부합하는 듯하다.

중요한 사실은 『참동계』가 『주역』의 효상을 빌려서 연단의 뜻을 논하고 한역 괘기설로 연단술을 해석하여,『주역』을 연단술의 이론적 기초로서 떠받들었다는 점이다. 따라서 이 책은 방기서方技書이면서도『주역』과 밀접히 관계를 맺어 한역 발전의 한 경향을 드러내었다.

역학사에서 보면 『참동계』가 제시한 관점 가운데 영향력이 있었던 것은 "역은 감리坎離를 말한다"(易謂坎離)는 설과 월체납갑설月體納甲說이다. 각각을 나누어 서술하겠다.

1. 역은 감리를 말한다는 설

『참동계』는 감괘坎卦☵와 리괘離卦☲를 64괘 변역의 근거요 근원으로 보았다. 다음에 주희의 『주역참동계고이周易參同契考異』에 의거하여 세 구절을 인용하여 보겠다.

> 건괘와 곤괘는 그 밖의 62괘의 상象이 출입하는 문호요 중괘衆卦의 부모이다. 감괘와 리괘는 주변의 성곽이다. 건곤과 감리의 관계는 차바퀴의 바퀴통과 바퀴축처럼 본체와 작용의 관계에 있다. 빈음牝陰과 모양牡陽인 진태손간震兌巽艮 4괘가 이루어지니, 마치 건곤은 풀무상자요 감리는 바람통과 같다.[65]

하늘은 위에 있고 땅은 아래에 있어 건곤의 위치가 설정되어, 역은 그 가운데서 음양 2기가 배합하여 조화를 부리게 된다. 천지는 건곤이다. 위를 설정함은 음양 배합의 위位를 설정한다는 뜻이다. 역은 감리坎離를 말한다. 따라서 감은 건의 1효가 곤에 들어간 것이고 리는 곤의 1효가 건에 들어간 것으로서 건곤을 대신하여 활동하는 것이다. 따라서 감리란 건곤의 두 번째 작용(二用)이라고 할 수 있다. 이 두 번째 작용은 정체 定體가 없이 건곤의 각 6효의 허위虛位를 상하 주류하여, 일정한 장소가 없이 왕래하고 일정한 방도가 없이 상하로 오르내린다. 감리의 작용은 몰래 숨어서 드러나지 않으면서, 강유剛柔가 변역하거나 기우奇偶가 생기는 등 여섯 효위의 속에서 활발하게 변화한다. 그리하여 감리의 작용이 64괘에 나타나서는 만물의 소장, 만사의 길흉 등 일체를 포괄하여, 진퇴존망의 기미를 정하여 역도易道의 기강이 된다. 모두가 무無에서 유 有를 만들어 내는 것이다. 기물器物이 인간의 소용에 닿는 것은 모두 물 物의 근저에 공무空無가 지탱하고 있기 때문이다. 그러므로 6효의 소멸과 성장을 미루어 헤아리면, 거기에는 뭇 괘의 형체가 있음을 볼 뿐이고, 감리는 없어져 볼 수가 없는 법이다.[66]

말은 가볍게 내뱉을 것이 아니고, 의론은 되는 대로 할 것이 아니다. 증거를 끌어 오고 공과功果를 보아 신묘하기 짝이 없는 음양의 변화를 헤아려서 같은 부류를 유추하여 문자를 제작하고, 도리를 궁구하여 증거로 삼아야 한다. 감坎은 십간十干의 무戊에 배당되고, 리離는 기己에 배당된다. 해는 달의 음陰에 감응하여 그 속에 음백陰魄을 포함하고, 달은 해의 양陽을 수용하여 중양中陽의 정精을 포함한다. 그래서 감괘는 달의 상으로 삼고 리괘는 해의 상으로 삼는다. 감무坎戊는 달의 정화精華이고 리기離己는 해의 광명光明이다. 일월日月이 역易이니 강유剛柔가 상당한다. 즉 일日과 월月의 두 글자가 합하여 역易이란 글자가 되며, 해는 양 강陽剛으로 위에 거처하고 달은 음유陰柔로 아래에 거처하면서 각각 체 體를 얻어 온당히 있다. 사계절을 두고 말하면 오행의 토土는 중앙에 있으면서 춘하추동의 각 18일씩에 왕성하게 작용하여 한 해의 시종始終을 포괄하여 관계하여 춘하추동이 토의 힘에 의지하게 한다. 또 4방을 두고 말하면 청은 동방, 적은 남방, 흑은 북방, 백은 서방에 각각 거처하는데,

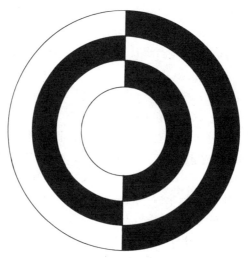

그림 2-23 수화광곽도

황黃만은 중앙에 위치하여 4방의 청적흑백이 모두 중앙의 토황土黃의 작용을 받는다. 토황은 무기戊己로 그 모든 것이 이 무기戊己의 공용功用에 의한 것이다.[67]

건곤감리 4괘를 기본괘로 하여 건곤을 화로, 감리를 약물, 진태손간震兌巽艮을 빈모사괘牝牡四卦로 보아[*15] 연단할 때의 화력과 방위를 표명한 것이다. 그러므로 건곤을 문호에 비유하고, 감리의 운전을 차축의 바퀴축이 위아래로 움직임에 비유하였다. "감리는 성곽이니, 건곤과는 바퀴통과 바퀴축의 관계"라는 것은 형상적 비유법을 가지고 약물이 화로 속에서 오르내림을 말한 것이다. 팽효의 구본舊本『참동계』에는 방사方士가 만든 「수화광곽도水火匡廓圖」가 그림 2-23의 모양으로 실려 있다.

---

*15) 康學偉는 牝牡를 四卦의 수식어로 보고 있다. 그러나 鈴木由次郞(『周易參同契』, 日本明德出版社, 1979)는 牝牡를 乾坤, 四卦를 震兌巽艮으로 나누어 보았다. 또 康學偉는 건곤을 문호에 비유하고, 감리의 운전을 차축의 바퀴축이 위아래로 움직임에 비유하였으나, 전후 문맥으로 보아 온당치 못한 듯하다. 옮긴이는 康學偉의 원문에 따르면서도, 원전 인용의 번역에서는 鈴木由次郞의 해석을 더 많이 준용하였다.

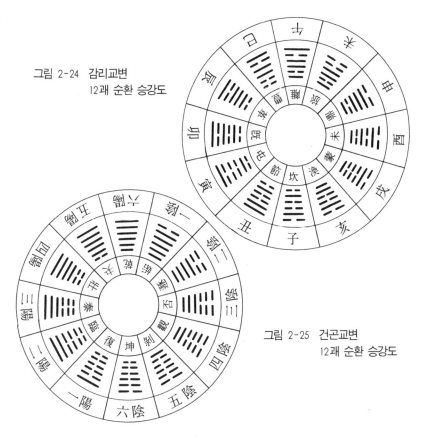

그림 2-24 감리교변
       12괘 순환 승강도

그림 2-25 건곤교변
       12괘 순환 승강도

「수화광곽도」의 중심이 바퀴축이다. 이는 연외단의 설에 따르면 단약을 가리킨다. 좌측 반구는 리괘의 상이고 우측 반구는 감괘의 상이다.(백색을 양효, 흑색을 음효로 하여 이루어진다.) 동그라미 형태로 된 이유는 감괘와 리괘 사이의 순환 운동을 표시하기 위해서이다. 이렇듯이 『참동계』는 건곤감리 4괘를 아주 높이 쳐서 위에 인용한 두 번째 글귀에서는 한 걸음 더 나아가 감리 2괘가 변역의 근원이라고 하였다. "역易은 감리를 말한다. 감리는 건곤의 두 번째 작용(二用)이다"라고 하여, 역易은 감리를 말한다는 설을 정식으로 제출하였다. 역易은 감리를 말한다는 설의 중심 사상은 이러하다. 감리는 마치 일월이 천지(건곤) 사이에서 운행하듯이 어떤 한 계절을 주관하지 않으나 4시 변역의 근원으로 건곤 2괘의 작용이다. 감리는 일월의 상이고, 일월의 운행이 없으면 절기의 변화도 있을 수 없게 된다. 여기서 역易은 감리를 말한다는 설은 『역위易緯』에서 일월을 역易으로 보는 설과 일맥상통한다. 위에 인용한 세 번째 글에서는 "일월이 역易이니 강유가 상당한다"고 명확히 말하였다.

역학사에서 보면 "역易은 감리를 말한다"는 설은 한역 괘기설에서 파생되었거나 괘기설을 발전시킨 설이라고 할 수 있다. 물론 위백양의 논술은 괘기설을 발전시키고자 한 것이 아니라 한역 괘기설의 몇 가지 이론을 빌려다 연단의 이치와 과정을 설명하고자 한 것이었다. 그래서 『참동계』의 후반에서는 64괘 순서에 의거하여 화력을 조절해서 연단을 만들어 내는 방법과 절기 변화에 순응한 화력 조절의 법칙을 대대적으로 강론하였다. 사실 역易은 감리를 말한다는 논법은 한역의 음양학설을 발휘하고 계승한 것이기도 하다. 리離는 화火·일日·양陽이고, 감坎은 수水·월月·음陰이니, 감리의 상호 교합은 곧 음양의 배합이다. 『참동계』에서 강론한 연단의 기본 원리는 음양의 교합이다. "건은 강건하고 곤은 유순하여 배합하여 서로 안으니, 양은 품부稟賦하고 음은 수용하여 자웅이 서로 마주한다"[68]든가 "사물에 음과 양의 교합이 없으면 하늘의 근원에 위배되어, 수탉이 알을 낳고 그 새끼가 온전하지 못하다"[69]고 한 것도 음양의 도를 강론한 것이다.

역易은 감리를 말한다는 설이 역학사에 끼친 주된 영향은 음양설과 괘기설을 발휘한 점이다. 이 설은 훗날 상수학파 역학에 상당한 영향을 끼쳤다.

2. 월체납갑설

납갑설에 관해서는 경방 역학과 우번 역학을 소개하면서 상세히 서술한 바 있다. 위백양의 월체납갑설月體納甲說은 10간을 오행과 5방에 안배한 기초 위에 해와 달이 차고 기우는 상을 연역해 내었다. 그 목적은 연단에 불을 지필 때의 화력을 달이 차고 기우는 변화와 달이 출현하는 방위에 맞추어 변화시켜야 한다는 사실을 설명하고자 한 것이다. 『참동계』는 이렇게 말한다.

초사흘 저녁이 되어 달이 처음으로 희미한 빛을 낸다. 그 상은 진괘震卦의 1양이 나옴과 같으며, 서방의 경庚의 방위에 나타난다. 초팔일의 저녁이 되어 달은 남방의 정丁의 방위에 나타난다. 그 상은 태괘兌卦의 2양이 나옴과 같다. 이것을 상현이라고 하여, 월현月弦의 평평함이 마치 곧은 줄과 같다. 15일의 저녁이 되어 달은 동방의 갑甲의 방위에 나타난다. 이 상은 건괘乾卦의 3양이 온전함과 같다. 그 체體는 완전히 가득 차서 조금도 이지러짐이 없다.…… 보름, 즉 15일이 되면 양陽의 도道가 끝마쳐 그 세력이 굴절 저하하여 달은 점차 그 광명을 잃어 가게 된다. 16일이 되면 양이 극성하다가 음으로 뒤바뀌어 음에게 통제를 받는다. 16일의 새벽 무렵에 달의 빛은 이지러져 1음이 생겨나 손괘巽卦의 상같이 되어 서방의 신辛의 방위에 나타난다. 23일의 새벽녘에 달은 남방의 병丙의 방위에 나타나 그 광명은 반나마 이지러져 2음이 생겨나 간괘艮卦의 상같이 되는데 이것이 하현下弦이다. 30일의 새벽녘에는 동방의 을乙의 방위에서 달은 그 광명을 전부 잃고, 3음이 생겨나 곤괘坤卦의 상같이 된다. 괘의 절후節候가 다하면 새로운 괘의 절후가 이것을 받아 교체하여 생겨난다. 곤坤의 그믐이 끝나면 곧바로 진震의 초하루가 이어져 진震은 건乾의 형체를 이어 다시 1양이 생겨나니, 이 1양은 용龍의 상이므로 진震은 뭇 음의 아래에서 용이 생겨나는 상이다. 십간의 갑甲과 을乙은 임壬과 계癸와 배합하고 건곤 2괘가 이것을 납입하여, 건은 갑과 임을 납입하고 곤은 을과 계를 납입한다. 십간은 갑을에서 시작하여 임계에서 마치므로 결국 건곤이 납갑법의 시종을 통괄한다.[70]

감리 2괘로 일월을 대표하고 나머지 6괘로 달의 차고 이지러짐을 대표하여 이 팔괘를 간지에 각각 배당하고서 아울러 6괘 납갑의 순서를 서술하고 있다. 주희의 『참동계주參同契注』는 "위백양의 납갑법은 본래 『역』을 설명하기 위한 것이 아니라 납갑법을 빌려서 행지진퇴行止進退의 술법을 비유하고자 한 것이다"라고 하였다. 주희의 이 말은 위백양의 월체납갑설의 본질과 목적을 아주 옳게 지적한 것이다. 그러나 월체납갑설은 『역』을 설명하기 위하여 마련된 것은 아니지만 한역 괘기설을 발전시킴으로써 역학사에 큰 영향을 끼쳤다.

『주역참동계』는 역학 전문서가 아니라『주역』을 빌려다가 도가 연단술을 강론한 책으로서 한역의 괘기설과 음양오행설을 연단술과 결합시킨 산물이다. 그러나『참동계』가 역학을 포함하고 있다는 점도 간과해서는 안 된다.『참동계』는 한역의 여러 기본 관점을 발전시켜 도교의 역 해석 전통을 창건하였으니 역학사에 끼친 영향이 아주 심원하다.

제3장
위진수당 시대의 역학

제1절 위진수당 시대의 역학 개설

1. 위진수당 시대 역학의 네 경향

위진수당의 역학이 지닌 두드러진 특징은 한역의 번쇄한 학풍과 상수설을 뒤집고 『주역』을 노장현학老莊玄學과 결합시켜 노자로 『역』을 해석하는 새로운 방향을 연 점에 있다. 연구 방법의 참신함, 연구 성과의 진전, 앞시대 역학의 종합에 힘입어 이 시기의 역학은 주목할 만한 성취를 내놓게 되었다. 이 시기의 역학은 네 가지 방향으로 발전하였다.

첫째, 한역을 직접 계승하여 계속하여 상수를 가지고 『역』을 해석하는 경향이다. 이를테면 조위曹魏(즉 삼국 시대의 魏) 때의 저명한 점술가인 관로管輅는 주역 점으로 당시와 후대에 이름이 높았다. 동진東晉의 손성孫盛은 노장현학에 의한 역 해석을 극력 배격하고 한역의 전통을 보호하였다. 당唐의 이정조李鼎祚는 『주역집해周易集解』를 편집하면서 『주역』을 순수한 복서책으로 보았다. 이처럼 상수파는 의리파와 대립하는 역학 유파를 형성하면서 이 시기에 주요한 위치를 차지하였다.

둘째, 노장현학을 가지고 『역』을 해석하는 경향이다. 이 경향은 한역 상수학을 폐기하고 현학 의리파義理派를 열었다. 이 유파의 주요 인물은 왕숙王肅·왕필王弼·한강백韓康伯 등이다. 당의 공영달孔穎達도 의리파를 높이 쳤다. 의리파의 역학은 『주역』에 함축된 철학 사상을 중시하였다. 점복을 하지 않고 괘기설을 논하지 않으며, 음양재이를 따지지 않는다는 특징을 지녔다.

셋째, 역학을 불교와 결합시키는 경향이다. 불교는 한대 중엽에 중국에 들어왔지만 남북조 때에 비로소 크게 성하였다. 하지만 불학佛學의 명상 名相*1)은 본래 난해하여, 중국인이 받아들이게 하자면 토착 이론에 갖다 붙이지 않을 수 없었다. 이에 불교도와 불학가는 현학가의 이론을 끌어들여 불교 이론을 해석하고, 아울러 『주역』을 가지고 불교 교의敎義를 해설하였다. 이에 불교가 역학과 결합하는 경향이 생겨났다. 남조南朝 양무제 梁武帝 소연蕭衍은 이 경향의 대표자이다. 소연은 불전을 두루 깨달은 당시의 유명한 불교도이면서 동시에 유학에도 정통하여 역학서를 여러 편 저술하였다. 소연의 저서들은 진작에 없어지고 말았지만, 다른 서적 속에 들어 있는 내용으로 보면 그의 역 해석은 불교와 『주역』을 한데 얽는 경향을 지녔음에 틀림없다. 당대에 불교가 흥성하자 불학가는 계속 역학 이론을 가지고 불교 교의를 해설하여 불교가 역학과 뒤얽히는 경향이 아주 두드러지게 되었다. 종밀宗密의 「원인론原人論」은 한역 이론을 가지고 불교 이론을 해석하였고, 이통현李通玄은 『주역』을 가지고 화엄종華嚴宗의 교의를 해석하였다. 성당盛唐의 독서인들은 대부분 불교에 귀의하였으므로, 유교와 불교의 상호 보완이 역학에 끼친 영향을 간과해서는 안 된다. 다만 불교와 역학이 뒤얽히는 경향은 위에 서술한 상수파나 의리파의 역학과 아주 대립적인 것이 아니었다. 위진의 불학은 본래 현학의 지류로 불가의 '반야般若'*2)는 위진 시대 담현談玄의 논거가 되기도 하였다. 불가의 역 강설은 상수다, 의리다 하는 데 구애되지 않고, 불교 이치를 해설할 수 있는 설이면 무엇이나 다 끌어다 썼다.

넷째, 역학을 도교와 결합시키는 경향이다. 한대 황로파黃老派 역학을 소개하면서, 도가황로파 역학이 발전하여 노장현학을 가지고 『역』을 해석하는 현학파가 형성되었다고 지적한 바 있다. 물론 도가는 도교와 다르

---

*1) 名相은 본래 불교 용어로 五法의 하나. 名은 사물의 명칭이 사물의 본체를 완전히 풀이하여 드러낼 수 있음을 말하고, 相은 사물의 相狀을 가리킨다. 여기서는 용어와 개념이라는 뜻으로 썼다.

*2) 般若는 智慧라는 뜻의 梵語. 혹은 妄想에서 벗어나 淸靜으로 귀의함을 말한다. 여기서는 후자의 뜻이다.

지만, 도교 역학은 도가의 역 해석과 관계가 있다. 도교는 중국에서 고유하게 생장한 종교로 동한 순제順帝 이후 정식으로 창립되어 위진남북조 시기를 거쳐 분화·발전하여 당대에 흥성하였다. 당 초기에는 도교가 유불도儒佛道 3교의 첫머리에 놓여 자못 숭상되었다. 유불도 3교가 융합되는 상황에서 도교도 『주역』을 연구하고, 아울러 『주역』이론을 가지고 교의를 선전하여 방술方術의 이론적 근거를 찾았다. 동한 때 위백양魏伯陽의 『주역참동계周易參同契』는 당대의 도교도에게 큰 영향을 끼쳤다. 즉 당대의 도교도는 위백양의 역 해석 전통을 계승하여 『주역』으로 연단술을 강론하였다. 도교도는 또 『주역』의 괘상과 한역의 음양오행설 및 원기설元氣說 등의 이론을 근기로 독특한 세계 도식을 만들어 도교 우주관의 기초 이론으로 삼았다. 이를테면 도장본道藏本*3) 『상방대통진원묘경도上方大洞眞元妙經圖』는 태극을 천지의 근본으로 삼고 있다. 도교 역학은 송대에 아주 흥하였는데, 이것은 당의 도교가 역학과 결합하였던 사실과 관련이 깊다. 불교와 역학이 뒤얽혔던 경향이나 마찬가지로 도교와 역학의 결합도 상수나 의리의 어느 한 쪽도 배척하지 않았다. 다만 전체적으로 볼 때 도교 역학은 주로 상수학을 흡수하였다.

이상의 네 가지 경향은 위진수당 때 역학이 발전해 나간 전체 국면을 대표적으로 드러낸다. 하지만 분명히 할 점은 이 네 경향이 결코 나란히 발전하지는 않았다는 사실이다. 전체적으로 보면 현학 의리파의 역학이 진당晉唐 역학의 주류를 이루며 역학사에 심원한 영향을 끼쳤다. 한편으로 한역 상수학도 이 시기에 여전히 활약이 컸다. 따라서 의리파와 상수파라는 두 조류가 가장 중요하다. 역학사에서 볼 때 불교와 도교의 역 해석 전통은 이 두 유파의 이론틀을 벗어나지 못한 채 새로운 연구 방식이나 이론 체계를 제시하지 못하고, 역학을 빌려다 자신의 교의를 해설하는 데 그쳤다.

---

*3) 道藏은 道家典籍을 彙刻한 것. 도가 서적은 동진 이래로 수량이 증가하여 『隋書』「經籍志」에는 377部 1,200권이 올라 있다. 宋의 張君房의 『雲笈七籤』에 蘇州의 옛 道藏經本과 台州·趙州의 옛 도장경본 1천여 권을 저록하였는데 이것이 道藏의 처음이다. 明代에 正統 道藏 5,305권이 있고 萬曆 續道藏 181권이 있다. 도사 白雲霽가 『道藏目錄』을 펴내기도 하였다.

2. 위진남북조의 역학

위진남북조 때 역학의 전반적 추세를 보면 왕필과 한강백이 대표하는 현학 의리파가 점차 흥성하여 주류를 형성하였다. 하지만 현학 의리파의 성장과 발전은 순조롭지만은 않았다. 현학 의리파는 상수파와의 장기간에 걸친 투쟁에서 상호 흡수하고 융합하면서, 또한 장시간 불교와 도교의 역 해석 계보로부터 침윤을 입으면서, 복잡한 사회 배경 아래서 점차 완성되어 갔다. 의리파와 상수파의 논쟁은 위진남북조에서 수의 통일에 이르기까지 지속되었으며, 왕학王學이 성행하자 비로소 의리파가 주도적 위치를 차지하게 되었다.

조위曹魏 초기에 『주역』 속의 철학 문제에 흥미를 느낀 몇몇 학자가 있었다. 그들은 현학으로 『역』을 해설하기 시작하여 당시 큰 반향을 일으켰다. 현학파가 점차 흥기하자 많은 유학자들의 불만을 사서 이에 현학에 반대하는 사상가들이 출현하였다. 이들 반현학反玄學 학자들은 노장 사상을 비판하는 것부터 손을 대어 현학파의 역학에 대해서도 논쟁을 전개하였다. 역학사에서 보면 이 반현학 학자들은 기본적으로 한역의 전통을 계승한 상수파에 속한다. 따라서 그들과 현학파의 논쟁은 바로 상수파와 의리파의 논쟁이었다. 역학 철학의 기본 문제들을 두고 두 파는 논쟁을 벌였으며, 지리한 변론은 진晉나라 말기에야 일단락을 고하였다. 남북조 시대에도 두 조류는 여전히 논쟁을 하다가 왕필의 역학이 윗자리를 차지하기 시작하면서 역학이 불교와 결합하기 시작하였다.

종전의 경학사經學史에서는 역학 의리파와 상수파의 투쟁을 '정왕지쟁鄭王之爭'이라고 부른다. 동한 말기에 지위가 확립된 정현鄭玄의 경학을 정학鄭學이라 부른다. 정학은 위진 때에 다시 왕숙王肅 학파를 이겨 그 지위가 더욱 빛났다. 한편 왕필은 상수학을 배척하고 노장현학의 관점으로 『역』을 풀이하여 경학계를 크게 진동시켰으니, 왕학王學이라고 불리었다. 정학과 왕학의 투쟁은 남북조 내내 계속되어 경학에 남학南學과 북학北學의 구분이 생겼다. 『북사北史』 「유림전儒林傳」에 "강좌江左*⁴⁾는 『주역』

---

*4) 江左는 양자강 동쪽, 현재의 江蘇省 일대를 말한다.

에 왕보사王輔嗣요, 하락河洛*5)은 『주역』에 정강성鄭康成이다"라고 하였다. 남학의 역학은 왕필을 취하고 북학의 역학은 정현을 취하였다는 뜻이다. 경학사의 이른바 경학 분립 시대의 이야기이다. 수의 천하 통일로 남학과 북학이 통일되었는데, 이 때 북학이 남학에 병합되었다. 『수서隋書』 「경적지經籍志」의 「역류易類」에 "양梁과 진陳에서는 정현과 왕필의 두 주해가 국학에 개설되었다. 제齊에서는 정현의 의리만이 전하였다. 수에 이르러 왕필의 주가 성행하고 정학은 쇠미하여 이제는 거의 끊어졌다"고 하였다. 왕필주본王弼注本이 주도적 위치를 차지하자 상수파 역학은 부용국의 지위로 전락하였던 것이다.

현학 의리파와 상수파가 장기간에 걸쳐 투쟁하면서 상호 융합해 나간 과정이 위진남북조 시기에 있었던 역학 발전의 대체적 흐름이다. 왕필학파는 『주역』을 현학의 영역에 도입하여, 한역 상수학을 일소하고 의리 철학에 중점을 두어 현학 의리파를 창건하였으며, 장기간의 발전을 거쳐 상수파로부터 맹주의 지위를 대신하였다. 이것이 이 시기 역학 발전의 주된 경향이었다.

전체 400여 년 되는 위진남북조의 역사에서 서진西晉 때 잠깐 통일되었던 때를 제외하면 중국은 대분열 상태에 있었다. 따라서 이 시기는 중국 역사상 가장 혼란하고 가장 어두운 시기의 하나였다. 한말의 봉건 강호强豪가 농민 전쟁을 철저하게 억누르고 비교적 공고한 중앙 집권적 통일 국가를 곧바로 건립하였다. 동진·서진이든 송제양진宋齊梁陳이든 틈을 보아 통치권을 절취한 것은 부패한 한족 사족士族과 혼란중에 가문을 일으킨 군벌軍閥들이었으며, 북조北朝에서는 소수 민족의 부락 추장과 부패한 한족 사족이었다. 야만적이고 낙후한 부패 역량의 통치하에서 백성들의 수는 격감하고 생산은 정체되었으며, 정치는 부패하고 물질 문명과 정신 문명은 참혹히 파괴되었다. 그러나 이러한 상황에서도 위진남북조의 문화는 도리어 크게 성장하여 유가 일통儒家一統의 국면이 타파되고, 도가 현학이 홍성하고 불교가 번영하여 일체의 전통적 정신 문화가 극심한 충

---

*5) 河洛은 黃河와 洛水 유역을 말한다.

격을 받았다. 이 시기의 역학에 커다란 변화가 있었던 것은 궁극적으로는 당시의 그러한 역사 환경에 원인이 있었다고 하지 않을 수 없다. 한에서는 유가의 '경학'을 통치 사상으로 선택하여 경經에 통하면 관직을 할 수 있었으므로, 유학이 전체 사상계를 지배하고 속박하였다. 그러다가 한말 위진 이후에 사회가 어둡고 생사가 무상하게 되어 학문을 통한 벼슬길이 꽉 막히자, 경학은 더 이상 유지하기 어렵게 되었다. 이에 허무방탕한 현풍玄風이 일시에 천하에 가득하여 현학이 경학을 압도하였던 것이다.

노장현학은 청정무위淸淨無爲와 간이簡易를 제창하여 고대 전적의 해석에 많은 영향을 주었다. 첫째 한대 경학의 번쇄한 학풍을 청소하였고, 둘째 유가 사상에 의한 경 해석의 전통을 타파하고 도가적 관점을 도입하였다. 이러한 풍조 아래서 위진 시대의 역학은 노장현학으로 『역』을 풀이하는 노선으로 나아가 의리학파를 형성하였다. 불안하기 그지 없는 사회 상황과 통치 계급의 요구로 불교와 도교가 크게 유행하고 범람하였다. 하나는 자생적이고 하나는 외래적인 이 두 종교는 당시 사회에 정신적 지주가 없어진 상황을 틈타고 파고들어, 재빨리 유교와 더불어 3종三宗으로 정립하게 되었다. 이러한 배경 아래에서 자연히 역학도 불교 및 도교와 서로 결합하게 되었다.

위진남북조 때에 비록 정치가 어둡고 사회가 불안하였지만, 인간 생존에 필요한 물질 생산은 중단될 수 없었으므로, 생산 투쟁의 경험을 총괄하는 자연 과학은 결코 정체되지 않고 남조에서 더욱 크게 발전하였다. 천문역법 분야에서 보면 서진의 천문학자인 양천楊泉[*6)]은 "땅은 형체가 있고 하늘은 형체가 없다"는 명제를 제출하여 하늘을 원기元氣로 보았고, 동진의 천문학자 우희虞喜[*7)]는 「안천론安天論」을 저술하여 천원지방天圓地方의 개천설蓋天說에 반대하고 세차歲次 현상을 발견하였다. 유송劉宋의 하승천何承天[*8)]은 원가력元嘉曆을 제정하고, 조충지祖沖之[*9)]는 원가력元嘉

---

*6) 楊泉은 삼국 시대 吳나라 사람으로 자는 德淵이다. 「物理論」 殘篇이 晉 傅玄의 『傅子』 속에 섞여 전한다. 청의 孫星衍이 輯佚하고 錢保塘이 重校한 것이 있다.

*7) 虞喜는 晉의 餘姚 사람으로 자는 仲寧이다. 「安天論」을 저술한 이외에 『毛詩』에 주석하고 『孝經』에 주하였다. 그리고 『志林』 30편을 저술하였다. 『晉書』에 立傳되어 있다.

曆을 근거로 대명력大明曆을 제정하여 일회귀년一回歸年 일수가 365.2428 1481 일이고 달의 운행주기 일수가 29.21222일이라고 측정해 내었다. 이러한 성과는 현대 과학의 관측과 비교하더라도 오차가 극히 적다. 수학 분야에서 보면 위魏의 유휘劉徽*10)는 『구장산술주해九章算術注解』를 저술하고, 조충지는 원주율圓周率을 소수점 제7의 자리까지 정확하게 구하였다. 그 밖에 의약학·종식학種植學·기계학 등 분야에서도 볼 만한 성취가 있었다. 자연 과학의 장족의 발전은 『주역』의 수술학數術學을 극도로 촉진시키는 구실을 하였을 뿐만 아니라, 역학 철학 속에서 유물주의 철학을 발전시키는 데 극히 중요한 단초를 열었다.

3. 수당 시대의 역학

수당 시대의 역학은 위진남북조의 역학과는 다른 참신한 면모를 드러내었다. 수대의 두 황제는 겨우 37년간 재위하였으나, 20여 년간 정치적 안정과 경제적 번영, 국력의 강성, 문화의 발전이 있었다. 수대 역학에서는 왕필의 주가 성행하여 의리파가 주요 지위를 차지하는 경향을 보였다. 당이 들어선 뒤 중국 봉건 사회가 황금 시대를 맞이하자, 경학 연구는 앞 시대의 성과를 종합하는 새로운 국면을 낳았다. 당대 역학은 전체적으로 볼 때 앞시대 및 동시대의 역학 성과를 총결산하는 경향을 띠어 송대 이후 역학의 발전에 확고한 기초를 마련하여 주었다.

당대 역학의 이러한 경향은 공영달孔穎達 주편主編의 『주역정의周易正義』와 이정조 편의 『주역집해』라는 두 역학 대저를 출현하게 하였다. 공

---

*8) 何承天(370~447)은 남조 宋의 천문학자로 東海 郯人이다. 元嘉 때 著作佐郎으로 『宋書』를 찬수하다 채 이루지 못하고 죽었다. 京初乾象曆이 소루하고 부당하다고 奏請하여 역법을 고쳤는데 그것을 元嘉曆이라고 한다. 저술에 「禮論」과 『集』이 있었으나 전하지 않는다. 『宋書』와 『南史』에 傳이 있다.

*9) 祖沖之(429~500)는 자가 文遠으로 남조 宋의 范陽 사람이다. 大明 6년에 表를 올려 역법 개정을 하였으나 시행되지는 않았다. 『九章』에 주를 하였고 원주율을 구하였다. 『南齊書』와 『南史』에 傳이 있다.

*10) 劉徽는 위진 때 수학가로 魏 景元 4년 무렵에 『九章算術』10권에 주하였고, 『九章重差圖』1권을 편찬하여 측정법을 창조하였다. 『晋書』「律曆志」上과 『隋書』「經籍志」에 관련 기사가 있다.

영달 주편의 『주역정의』는 왕학을 존숭한 수대隋代의 전통을 계승해서, 왕필과 한강백 주를 채용하여 각 구절마다 해석을 가하였다. 후세에 그것을 '공소孔疏'라고 부른다. 『주역정의』는 왕파王派 의리학의 정수를 전부 보존하는 한편, 때로는 다른 역학가의 주를 발휘하기도 하고 선택적으로 흡수하기도 하면서, 왕파의 설을 더욱 발전시켰다. 『사고전서총목제요』는 "공영달 등이 조칙을 받들어 소疏를 만들어 왕필 주만을 떠받들자 다른 설들은 모두 폐하였다"고 하였다. 『주역정의』의 출현은 역학 의리파의 업적을 총결산하여, 당시 및 후세의 역학 발전에 심각한 영향을 끼쳤으며, 한역을 송역으로 전환케 하는 교량을 이루었다. 이정조의 『주역집해』는 한역 계보 가운데 상수파의 주를 전부 모아, 양한 시대 역학가들의 수많은 주해를 보존하고 전하였으므로 만만찮은 업적이다. 『주역집해』는 한대 이래 역학 상수파의 성과를 전면적으로 수집하여 역학 발전에 실로 심원한 영향을 끼쳤으며, 『주역정의』와 마찬가지로 송원宋元 역학의 발전에 중요한 보증이 되었다. 『주역정의』는 의리를 중시하고 『주역집해』는 상수에 편중하기는 하였지만, 그 둘은 동시에 의리파와 상수파의 경향을 융합하여, 성당盛唐의 웅혼한 기상을 반영하고 있다. 이 점은 후세에 두 유파가 상호 대립하면서도 융합하는 데 긍정적 의의를 가저 왔다.

상술한 주 경향 이외에 당대의 역학은 위진남북조 때와 마찬가지로, 불교와 도교의 역 해석 전통을 이으면서 새로운 역사 단계에 맞춰 진일보한 성과를 내어 송원 시대의 역학에 직접 영향을 주었다. 전체적으로 보면 수당 역학의 업적은 주로 앞시대 역학을 종합한 점에 있고, 그 자체로서는 새로운 연구 체제나 사상 체계를 내놓은 것이 적다. 또 수당 시기는 앞을 이어 뒤를 열어 준 과도기로서 간과할 수 없이 중요한 단계이다.

당 제국이 천하를 통일한 뒤 정관지치貞觀之治(627~649)에서 개원지치開元之治(713~741)에 이르기까지 130여 년간에 당 왕조는 성장을 위한 탄탄한 기초를 닦았다. 정치적 개화, 경제적 번영, 벼슬길의 개방, 문화의 발달 등이 모두 앞시대의 학술 성과를 총결산할 수 있는 여건을 마련해 주었다. 태평성세의 출현은 필연적으로 문화적 성숙을 낳는 법이다. 사상 문화의 배경에서 보면 당의 문화적 상황 가운데 가장 중요한 점은 유불도

3교가 귀일한 사실이다. 불교는 중국의 남방과 북방에 모두 전파되었고, 도교의 종교화도 완성되었다. 당이 들어선 뒤 여전히 유학을 채용하였으나 불교와 도교도 정치 투쟁에 이용하였다. 전체적으로 보면 당대에는 3교를 겸용하였다. 다만 각 시기마다 3교의 지위가 꼭 같지 않았을 따름이다. 문화의 다원화에 힘입어, 당의 역학은 더더욱 불교 및 도교와 뒤섞이게 되었다. 요컨대 유학의 지위가 회복되고 불교가 범람하였으며 도교가 유행한 점이 당의 사상 문화가 지녔던 주요한 특징이다. 이러한 특징 때문에 이 시기의 역학은 아무런 것도 수립하지 못하였다고 말할 수 있다. 당시 대다수의 독서인이 불교에 귀의하였기 때문에 역학 분야에서는 자연히 발명이 적었던 것이다.

한편 당대에 자연 과학이 다소 발전하였다는 사실에 주목할 필요가 있다. 천문역법 분야에서 이순풍李淳風*11)은 동銅으로 혼천의渾天儀를 제작하여, 황도黃道·적도赤道·지평地平의 경위經緯를 측정할 수 있었다. 또 승려 일행一行이 만든 대연력大衍曆*12)은 역대의 역법에 비하여 아주 수준이 높았다. 수학 분야에서는 왕효통王孝通*13)이 『집고산경緝古算經』을 저술하고 이순풍이 『십부산경十部算經』을 저술하여, 수학에서 높은 수준을 이루었다. 그 밖에 의학·약물학·지리학 분야에서도 일정한 성과를 이루었다. 자연 과학의 발전은 미신을 타파하고 역학 연구에서 유물론 철학의 발전을 촉진하는 데 일정한 기여를 하였다.

4. 위진수당 시대의 역학서
한대 경학은 사전師傳과 가전家傳을 중시하였기에 역학의 전수도 계보

---

*11) 李淳風(602~670)은 당나라 岐州 사람으로 天文曆算에 밝았다. 貞觀 초에 將仕郞으로 太史局에 있으면서 渾天儀를 만들었다. 高宗 때에는 梁述 등과 『五曹』·『孫子』 등 10종의 算經에 주하였다. 『舊唐書』와 『新唐書』에 傳이 있다.

*12) 大衍曆은 일명 開元大衍曆이라고 한다. 당나라 開元 9년에 一行이 조칙을 받아서 麟德曆을 개정하기 시작하여 15년에 이루고 죽었다. 다시 張說·陳玄景 등이 『曆術』 7편, 『略例』 1편, 『曆議』 10편을 編訂하였다. 一行이 역법을 세울 때 『주역』 「대상전」의 大衍數에 의거하였기 때문에 大衍曆이라고 한다. 17년에 반포되어 29년간 이용되었다. 『舊唐書』와 『新唐書』의 「曆志」에 보인다.

*13) 王孝通은 당나라 武德 연간에 算曆博士가 되었고 뒤에 太史丞에 이르렀다.

를 따질 수 있다. 그러나 위진 시대 이후 경학이 쇠미하자 역학은 전수
계보를 살피기 어렵게 되었다. 위진남북조·수당오대 시기를 통틀어『역』
에 전傳을 붙이고『역』을 주석한 역학가가 아주 많았고, 그 밖에 많은 정
치가, 문학가, 기타 학자들도 역학을 중시하였으므로 역학 저작물도 아주
풍부하였다고 할 수 있다. 그렇지만 연대가 오래 되어 대부분의 문헌 전
적이 없어지고, 후대까지 전하는 전적은 겨우 십분의 일에 불과하다.

위진남북조의 역학서는 아주 많다. 동진의 장번張璠은『주역집해周易集
解』를 저술한 바 있는데,『경전석문經傳釋文』은 장번의 서문을 인용하면
서 역학가 22명을 열거하였다. 이 22명에 대해서는 위진 시대 이래의 사
료에서 살필 수 있는 인물이 많다. 그러나 그들의 역학 저서는 전하지 않
는다. 위진남북조의 역학서로 현재까지 온전하게 남아 있는 텍스트는 많
지 않다. 비교적 가치 있는 저서로는 왕필의『주역주周易注』(뒤에 공영달
의『주역정의』에 수록됨)와『주역약례周易略例』(唐 邢璹 注本이 있음), 한강
백韓康伯의『계사주繫辭注』(공영달이 이것을 왕필의『주역주』와 합하여『주역
정의』에 수록), 완적阮籍의『통역론通易論』(四庫全書本 1권이 있음) 등이 있
다. 그 밖에 현전하는 것으로는 육적陸績의『주경씨역注京氏易』, 관랑關郎
의『역전易傳』등 극히 적은 수가 있을 뿐이다. 상술한 것 이외에 위진남
북조의 역학을 연구할 때 소홀히 해서는 안 될 것이 바로 공영달의『주
역정의』이다.『주역정의』는 많은 역학가들의 일문佚文을 보존하고 있어
가치가 높다.『황씨일서고黃氏逸書考』도 일문을 집록輯綠하였다.

수당오대의 역학서는『경의고經義考』*14)에 목록으로 올라 있는 것이 아
주 많으나, 애석하게도 대부분 전하지 않는다. 현전하는 것으로 가치 있
는 저작물은 공영달의『주역정의』, 육덕명의『주역석문周易釋文』1권, 이
정조의『주역집해』17권, 사징史徵의『주역구결의周易口訣義』6권, 곽경
郭京의『주역거정周易擧正』3권이다. 그 가운데『주역정의』와『주역집
해』가 가장 중요하다. 이 둘은 앞시대 및 당대의 성과를 총결산한 저작물

---

*14)『經義考』는 청나라 朱彝尊이 역대 經義의 目을 고찰하여 각 經에 따라 배열한 책으로 모두
300백 권이다.

이다. 그 밖에 최경崔憬의『역탐현易探玄』3권, 음굉도陰宏道의『주역신론전소周易新論傳疏』1권, 이순풍의『주역원의周易元義』1권이 있다. 모두 중요하지만 애석하게도 일문佚文만 조금 볼 수 있을 뿐이다.

제2절 위진남북조 시대의 현학 의리파

위진 시대에 왕필로 대표되는 현학가는 노장 사상을『역』에 도입하여 한역 상수설을 일소하고 현학 의리파를 창립하였다. 현학 의리파의 출현과 발전은 위진 역학의 중대 사건이자 중국 역학사의 중요한 이정표이다. 이 절에서는 현학 의리파가 흥기하고 발전한 과정을 전반적으로 논하면서, 몇몇 현학 의리파 대가의 역학 관점과 방법을 집중적으로 소개하고, 현학 의리파가 중국 역학 발전사에서 차지하는 위치를 밝히고자 한다.

1. 현학 의리파의 발전

1. 한말의 형주학파

선진 시대의 역학에 이미 취의설取義說과 취상설取象說이 있었다. 즉 공자는『주역』에 붙어 있던 복서책의 껍데기를 부수고 그 중핵에 들어 있는 철학 사상을 드러냄으로써 훗날 의리파가 출현하는 기초를 놓았다. 그런데 한역은 상수를 위주로 하였으므로, 의리파는 사회·정치·문화의 제약을 받아 끝내 역학의 주류가 되지 못하였다. 하지만 한역에서 상수가 더욱 번잡해지면서 마침내 죽음의 길로 들어서자, 취의를 중시하는 현학 의리파가 그 기운을 타고 생겨났다. 하지만 현학 의리파가 출현한 원인을 "사물이 극하면 되돌아간다"는 말로 개괄할 수도 없고, 역사 배경의 각도에서만 고찰할 수도 없다. 현학 의리파의 출현에 대해서는 마땅히 그 문화적 원인과 학술 원류상의 이유를 살펴보지 않으면 안 된다. 역학사에서 보면 현학 의리파가 출현하기 위한 전제 조건으로는 고문 경학파가 장족의 발전을 이룩하고 위진 현학이 흥기한 점을 들 수 있다.

한말의 경학에 형주학파荊州學派가 있어, 종래의 경학과 달라 학풍이 참신하였다. 당시 중원이 크게 어지러웠으나 형주만은 안정되었는데 유표劉表*15)가 형주의 목백牧伯이었다. 천하의 문사들이 많이 귀의하였으므로 마침내 학관을 세우고 널리 유사儒士를 구하였다. 그리고 기모개綦母闓와 송충宋衷 등으로 하여금『오경장구五經章句』를 편찬하게 하여 그것을『후정後定』이라 이름하였다. 형주의 유학자들은 송충을 어른으로 추대하였다. 송충은 고문역古文易만 연구한 것이 아니라 양웅의『태현』을 주석한 것으로도 이름이 나서 당시로서는 천하의 존경을 받았다. 또 촉인蜀人 이찬李贊도 형주에 유학하여 송충의 학문을 전하여 고문경학에 공헌한 바 컸으며 경을 두루 주석하였다. 그러자 형주에 경사經師가 모여들고 유표 본인도 경학을 연마하여『주역』을 주석하였다. 그 결과 형주 경학이 일시에 극성하였다. 형주 경학은 "부화한 어구와 표현을 깎아 버리고, 번잡하거나 중첩된 것을 제거하였다." 즉 금문학 말류의 번쇄한 학풍을 일소하고 새로운 학풍을 형성함으로써 고문 경학의 발전을 추동하였다. 유표의 주역 주와 송충의 주역 주로서 현전하는 일문으로 보건대, 형주학파의 역 해석은 장구지학章句之學*16)을 하찮게 보고 비씨역費氏易의 전통에 가까웠다. 그것은 바로 왕필의 역학에서 직접 영향을 받은 것이었다.

2. 조위의 왕숙

고문경학파의 집대성자는 조위曹魏의 경학대사經學大師 왕숙王肅이다. 왕숙의 자는 자옹子雍, 동해東海 사람으로 왕랑王朗의 아들이다. 『위지魏志』「왕숙전王肅傳」에 그가 "열여덟 살에 송충을 섬겨『태현』을 읽었고 또 그것을 해석하였다"고 하였다. 왕숙의 학문은 송충의 영향을 크게 받았던 것이다. 왕숙의 경학은 가의賈誼와 마융馬融의 학을 옳게 여겨 정현鄭玄과 다른 점이 있었다. 정학鄭學이 독존獨尊하던 상황에서 새로운 기

---

*15) 劉表(142~208)는 동한 山陽 사람으로 자는 景升이다. 품행이 뛰어나 八顧의 한 사람으로 꼽혔다. 獻帝 初平 원년에 荊州刺史로 있으면서 현재의 湖南·湖北 지방을 할거하였다. 그가 죽은 뒤 아들 劉琮은 曹操에게 투항하였다.『後漢書』와『三國志』에 傳이 있다.
*16) 章句之學이란 경문의 章과 句의 뜻을 탐구하는 訓詁學을 말한다.

치를 세워 왕학王學이라 이름하였으니 순수 고문경학파에 속한다. 사마씨司馬氏 세력의 지지로 왕학은 조위와 서진에서 창성하였다가 동진에 이르러 점차 세력을 잃었다. 『주역』과 관련하여 왕숙은 『주역주周易注』10권을 저술하였으나 애석하게도 전하지 않고 일문만 볼 수 있다. 왕숙의 역 해석은 의리를 중시하고 상수를 소략히 하였다고 할 수 있다. 이를테면 손괘損卦☶☲ 상구上九 효사인

> 不損益之. 无咎, 貞吉, 利有攸往, 得臣无家.
> 상구는 나의 손해를 보지 않고도 남을 이익되게 함이다. 이와 같이 하면 재앙을 면한다. 이러한 올곧은 태도를 지켜 나가면 길하다. 앞으로 나아가 일을 진행하면 어떤 일이고 이롭지 않음이 없다. (육3 같은) 신하를 얻으니, 이 신하는 자신과 집을 잊고 군주와 나라를 위하여 전념한다.*[17]

를 두고 다음처럼 주석하였다.

> 손해의 극도에 처하였으니, 손해가 극하면 이익으로 바뀐다. 그러므로 손해보지 않고 남을 이익되게 한다(不損益之)고 하였다. 허물이 없지 않으나 아래의 보탬이 있다. 그러므로 허물이 없다(无咎)고 하였다. 양효가 5위에 거하여 3위와 응하고, 3음이 위로 부합하며, 외外와 내內가 상응하여 상하가 교접하니, 올곧으면 길하다(貞吉)고 하였다. 그러므로 나아가 일을 진행함에 이익이 있다(利有攸往)고 하였다. 강건한 양이 위에 거하고 아래가 모두 함께 신하가 된다. 그래서 신하를 얻었다(得臣)고 한 것이다. 신하를 얻으면 만방이 하나의 궤도로 된다. 그러므로 집이 없다(无家)고 하였다.[1]

이 주석은 『역전』의 관점으로 경문經文을 해석하였음에 틀림없다. 주

---

*[17] 得臣无家는 보통 拙譯처럼 "신하를 얻으니, 이 신하는 자신과 집을 잊음"이란 뜻으로 해석된다. 이 때 신하는 육3효를 가리킨다. 단 왕숙은 "신하를 얻어 만방이 하나의 궤도로 되므로 집이 없다"고 하였다. 왕필은 초효부터 육5효까지를 모두 신하로 보았다. 독자는 이 차이에 유의하여 주기 바란다.

의할 것은 왕필의 『주역주』는 이 효사의 해석에서 왕숙의 설을 그대로 계승하여 큰 차이가 없다는 점이다. 따라서 왕숙의 역주가 왕필의 역 해석에 직접 영향을 주었다는 사실을 알 수가 있다. 『주역집해』 이외에 『황씨일서고』와 『한상역총설漢上易叢說』*18) 등도 역시 왕숙 역주의 일문을 수록하고 있다. 전체적으로 볼 때 왕숙의 역 해석은 한역의 학풍을 배척하여, 괘기·괘변·호체·납갑 등의 설을 강론하지 않고 음양재이를 말하지 않았으며, 비씨費氏 역학의 전통을 계승하였다.

3. 현학 의리파의 형성과 왕필

형주 경학을 거쳐 왕숙 경학에 이르면서 순수 고문경학파는 장족의 발전을 이루었다. 고문경학파의 역 해석은 한역 상수학을 취하지 않고 의리의 발명과 해석에 주력하였으며, 표현 어구는 간명히 하고자 힘썼다. 이 학풍이 현학 의리파의 출현에 직접 영향을 끼쳐 현학 의리파를 출현시킨 전제 조건 가운데 하나가 되었다. 사실 왕필 역학은 바로 이러한 풍조를 계승하고 발양한 것이다. 왕필은 비씨역을 이용하였다고 전한다. 그런데 왕필이 비씨역을 채택한 이유는 비씨역이 고문을 이용하였기 때문만이 아니라, 비씨역이 '전傳을 가지고 경經을 풀이하는' 고문역의 전통을 계승하였기 때문이기도 하였다.

현학 의리파의 형성은 고문경학파의 발전에서 영향을 받았을 뿐만 아니라, 노장 사조의 영향과 위진 현학의 흥기와도 불가분의 관계에 있다. 현학玄學은 또 형이상학이라고도 칭하는데, 위진 현학이라 하면 위진 때에 노장 사상을 골격으로 하였던 특정한 철학 사조를 가리킨다. 위진 현학은 주로 본말유무本末有無의 문제를 토론하였다. 즉 형이상학적인 세계 본질론의 문제만을 강론하여서, 아득하기만 하고 세상사에 절실하지 않았기 때문에 현학이라고 불리게 되었다. 위진에서 노장 학설이 유행한 데에는 여러 가지 이유가 있다. 경학이 지나치게 번쇄하고 황당하자 그 반발로 단순하고 추상적인 사상의 발전을 불러일으켰다는 점, 어지러운 사회

---

*18) 『漢上易叢說』은 송대 朱震의 저술이다. 뒤에 보인다.

현실이 사람들로 하여금 투쟁에서 벗어나 노장을 신봉하게 하였다는 점 등이 그 이유이다. 이에 유가·도가·명가名家·법가法家가 합류하는 추세를 띠면서 현풍玄風이 크게 성하였다.

조위의 정시正始 연간(240~248)에서 서진에 이르기까지 온통 현풍 일 색으로 되어, 그러한 풍조가 당시 학술에 커다란 영향을 끼쳤다. 그 당시 현학가들은 고대 경전의 해석에서 간명함을 위주로 삼아 새로운 학풍을 형성하였다. 이러한 풍조 아래에서 역학도 자연히 한역의 번쇄한 상수학 으로부터 벗어나 노장현학을 가지고『역』을 해석하는 노선으로 전향하여 역학사의 커다란 유파를 형성해 나갔다.

정시 연간의 현학가는 하안何晏과 왕필이 대표한다. 그 가운데 왕필의 영향력이 가장 컸다. 왕필은『주역주』를 저술, 현학의 관점에서 역을 해 석하는 풍조를 처음 열어 현학 의리파의 창시자가 되었다.

4. 죽림 시기의 현학 의리파

정시 연간 다음은 현학사에서 말하는 죽림 시기竹林時期로, 죽림칠현竹 林七賢이 이 시기를 대표한다. 그 가운데 주요 인물이 완적阮籍·혜강嵇康· 상수向秀이다. 현학 발전사에서 보면 완적과 혜강은 왕필의 철학을 뛰어 넘은 면이 있다. 즉 완적과 혜강은 명교名敎를 초월하여 자연에 맡길 것 을 주장하고, 탕임금과 무왕을 그르다 하고 주공과 공자를 박대할 것을 부르짖었으며, 노자와 장주莊周가 우리 스승이라 하여, 현학의 새로운 발 전 단계를 대표하였다. 혜강은「주역언부진의론周易言不盡意論」을, 상수는 「주역의周易義」를, 완적은「주역난답론周易難答論」을 저술하였다. 아깝게 도 모두 전하지 않는다. 단 글제목과 남은 글들로 볼 때, 그들이 현학을 『역』에 도입하여 의리를 강론한 점은 분명하다. 죽림 시기의 의리파 역학 이 이룩한 업적을 대표하는 것으로는 현재 완적의『통역론通易論』이 있 을 뿐이다.

완적의 자는 사종嗣宗이고, 진류陳留 사람이다. 동한 건안建安 15년(기 원후 210년)에 태어나 위魏 원제元帝 경원景元 4년(기원후 263년)에 죽었 다. 사람됨이 본성에 내맡기고 외물에 구애되는 법이 없었으며, 여러 전적을 두루 열람하되 특히 노장을 좋아하였고, 술을 마시고 호기를 부려 그로써 화를 피하였다. 그는 당시의 저명한 현학가이자 문학가이기도 하였다. 『통역론』은 주로 취의설을 채용하고 도가의 무위자연설無爲自然說을 섞어 예교지치禮敎之治*19)를 논증하였다. 그 내용은 주로 다음 두 가지이다.

첫째, 『역』이란 무엇인가에 대한 내용이다.

『역』이 무엇인가 하는 문제에 대해서는 종래 두 가지 해석이 있었다. 하나는 "천지가 역에 근본한다"는 것이고, 또 하나는 "역이 천지에 근본한다"는 것이다. 철학적으로 보면 전자의 견해는 관념론적이고 후자의 견해는 유물론적이다. 완적은 『주역』이란 천지의 도를 반영한 것으로서 변화를 강론하는 책이라고 보았다. 그는 『통역론』에서 이렇게 말하였다.

> 『역』이란 무엇인가? 바로 지난날의 현진玄眞*20)이요 과거의 변경變經이다.…… 『역』이란 책은 천지에 근본하고 음양에 인하여 성쇠를 추론하며 그윽하고 은미한 것을 명료하게 드러낸다.…… 『역』이란 책은 천지의 도를 뒤덮어 잘 감싸고 만물의 실정을 전부 다 포괄한다.[2]

완적은 『역』이 천지에 근본하고 변화의 도를 강론한다고 하였다. 변화란 무엇인가? 완적은 말한다.

> 도가 지극하면 되돌아가고, 일(事)이 극에 달하면 바뀐다. 되돌아감은 시기에 응함을 이용하고, 바뀜은 급선무에 당함을 이용한다. 시기에 응하므로 천하가 그 은택을 우러르고, 급선무에 당하므로 만물이 그 이로움을 입는다. 은택이 베풀어짐에 천하가 복종한다. 이렇게 천하는 자연에 순종하여 백성에게 은혜를 끼친다.[3]

완적은 『주역』이 천명한 변화 법칙이 결코 신이나 상제上帝의 의지가 아니라 천지만물(자연) 스스로의 변화 법칙이라고 보았다. 그는 한 걸음

---

*19) 禮敎之治란 禮儀에 의한 敎化로 백성을 다스리는 정치 방식을 말한다.
*20) 玄眞은 道의 眞諦라는 뜻이다.

더 나아가 "천지는 『역』의 주인이고 만물은 『역』의 마음이다"는 주장을 내어놓았다. 이 주장은 『역』에 대한 자유로운 유물론적 해석으로서 중요한 의의를 지닌다.

둘째, 64괘의 괘서에 관한 내용이다.

완적은 『주역』의 괘서가 사물 변화의 법칙과 성쇠 전화의 과정을 밝혀준다고 보았다. 그래서 『통역론』에서 주로 「서괘전」에 의거하여 64괘의 괘서를 해석하였다. 이를테면 상경의 건괘乾卦에서 태괘兌卦까지를 이렇게 해석하였다.

> 건괘의 원초에 "숨어 있는 용은 일을 벌이지 말라"고 한 것은 대인이 덕을 드러내지 않고 숨어서 겉으로 나오지 않고 잠겨 있으면서 시기를 기다려 흥기하고 변화를 따라서 발현함을 말한 것이다. 천지가 설치된 뒤에 준괘屯卦와 몽괘蒙卦의 상이 처음 생겨나, 수괘需卦의 상으로써 시기를 기다리고, 송괘訟卦의 상으로써 의리를 세우며, 사괘師卦의 상으로써 대중을 모으고, 비괘比卦의 상으로써 백성을 안주케 한다. 이로써 선왕이 만방을 세우고 제후를 화친하게 하였으니 그 마음을 거둔 것이었다. 근원을 살펴서 쌓고 기르고 제약하여 이로써 상하가 화합하였다. 천지의 도를 재단하고 완성하였으며 천지의 마땅함을 보필하고 상조하였으니, 백성을 보우하고 올바른 이치에 순응하여서 그런 것이었다.[4]

또 하경의 함괘咸卦와 항괘恒卦를 다음처럼 해석하였다.

> 천지는 『역』의 주인이고 만물은 『역』의 마음이다. 그러므로 6효의 허위로써 그것을 받고 감응하여 화합한다. 남자는 아래에 있고 여자는 위에 있음은 기를 통하기 위해서이다. 음유陰柔가 양강陽剛을 이음은 그 부류를 오래 존속시키고자 해서이다.[5]

완적의 이러한 해석은 모두 「서괘전」의 뜻에 뿌리를 두기도 하고 「단전」과 「상전」의 설을 취하기도 하였다. 각각 취의取義를 위주로 하였고, 유가의 입장에서 예법禮法 명교明教를 논하였다.

완적은 사회 역사의 변화가 64괘 변화의 원리 속에 깃들어 있으므로 괘서를 가지고 사물의 성쇠 과정을 설명할 수 있으며 괘서에 비추어 길흉을 추측할 수 있다고 보았다. 공자가 「계사전」을 지어 64괘의 구조에 심각한 사상적 함의가 있다고 거듭 천명하였는데도, 한역은 도리어 64괘를 4시 절기의 변화 과정으로 간주하였다. 그래서 한역 괘기설의 본질은 음양 변화가 사회 활동을 결정한다고 강론하는 미신에 속한 것이었다. 그런데 완적은 비록 공자의 역학설을 직접 발휘하지는 않았지만, 괘서에 표명된 성쇠소식盛衰消息을 가지고 인류 사회 역사의 흥망 과정을 해설하였다. 완적은 한역 괘기설의 천인감응설을 포기하고, 의리를 중히 여기고 인간사를 절실히 여기는 『역전』의 정신을 발양함으로써, 의리파 역학을 발전시키는 데 일정한 구실을 하였다.

5. 중조 시기의 현학 의리파

죽림 칠현 다음은 현학사에서 말하는 중조 시기中朝時期이다. 주로 서진의 혜제惠帝(재위 290~306) 전후를 가리키며, 현학의 대표자에 곽상郭象과 배위裵頠가 있다. 중조 시기의 현학가는 체계적인 역학서를 저술하지 않았으나 현학을 제창하고 선양함으로써 역학 철학상 이론적 의의를 지닌 문제를 몇몇 제출하였다. 문헌이 부족하기 때문에 여기서는 구양건歐陽建의 「언진의론言盡意論」만 소개한다.

구양건의 자는 견석堅石으로 발해渤海 남피南皮 사람이다. 출생 연도는 알 수 없고, 진 혜제 영강永康 원년(300년)에 죽었다. 구양건은 석숭石崇의 외조카이다. 『진서晉書』「석숭전」 뒤에 그에 관한 글이 몇 줄 붙어 있으나 기록이 아주 간단하다. 저작물로는 고작 「언진의론」 한 편이 남아 『예문유취藝文類聚』[21] 권19에 수록되어 있다. 이른바 '언진의言盡意'란 '언부진의言不盡意'에 대립하는 말이다. 이미 「계사전」은 언어와 의미의 문제를 제출하여, "성인이 상象을 설립하여 의미를 다 드러내고, 괘를 설

---

[21] 『藝文類聚』는 당의 歐陽詢 등이 武德 5년에 칙명을 받아 3년 걸려 완성한 類書로 모두 100권이다. 46부로 나누고 子目을 727조로 하였으며, 사항을 먼저 들고 詩文을 뒤에 부기하였다.

치하여 진위의 실상을 다 드러내었으며, 효와 괘에 사辭를 붙여서 언어를 다하였다"[6]고 하였다. 괘효사가 능히 언어를 다하고 의미를 다할 수 있다고 본 것이다. 그런데 순찬荀粲*[22]은 언어가 의미를 다 드러낼 수 없다는 설(言不盡意說)을 제출하여, 성인의 말은 성인의 뜻을 다할 수 없으며 『주역』 중의 심오한 의리는 말로 다할 수 없다고 하였다. 한편 구양건의 「언진의론」은 아주 짧지만 그 이치는 깊고도 투명하다. 그는 이렇게 말하였다.

> 하늘이 말하지 않아도 4시는 행한다. 성인이 말하지 않아도 감식은 존재한다. 형체는 이름을 기다리지 않으니, 둥금과 모남이 이름 있기 이전에 이미 드러나 있다. 색깔은 칭호를 기다리지 않으니, 검정과 흼이 이미 드러나 있다.[7]

형체는 그 자체로 모나고 둥글지, 모나다 이름하고 둥글다 이름하여야 모나고 둥근 것이 아니며, 색깔은 자체로서 희고 검지, 희다고 부르거나 검다고 불러야 희고 검은 것이 아니란 뜻이다. 그러므로 "이름은 사물에 대하여 아무 베풂이 없다. 언어는 이치에 대하여 아무 행함이 없다."[8] 이름은 다만 사물의 이름일 뿐 사물에게 더 보태 주는 것이 없다. 이치는 사물 자체의 이치이지 사물에게 어떤 이치도 더 보태 주지 않는다. 이 짧은 몇 마디가 명名과 실實의 관계를 정확하게 설명한다. 하지만 이름이 사물에 아무것도 더해 줌이 없다면, 어째서 이름을 바로하고 언어를 바로잡아야 하는가? 「언진의론」은 명언名言의 구실을 다음처럼 논하였다.

> 진실로 이치를 마음에 얻었을 때 언어가 아니면 통하여 창달할 수가 없다. 사물을 저것에다 정하였을 때 이름이 아니면 변별할 수 없다.[9]

내심에 사물의 이치를 명백히 파악하였을 때 말을 사용하지 않으면 전

---

*22) 荀粲은 위나라 사람으로 荀彧의 아들이다. 다른 형제들은 유학가였으나 순찬만은 道家를 좋아하였다. 『世說新語』에 그의 일화가 여럿 전한다.

달할 수가 없다. 사물 자체가 저기에 정해져 있을 때 이름을 떠올리지 않으면 식별할 길이 없다. 곧 명칭과 언어는 사상을 표현하고 전달하기 위한 것이다. 이름은 사람이 정한 것이지 사물에 그 스스로의 이름이 있는 것이 아니다. 이치는 사람이 강론하는 것이지 이치에 꼭 그렇게 정해진 명칭이 있는 것이 아니다. 이로부터서 구양건은 다음처럼 결론 지었다.

> 이름은 사물을 좇아 변천하고 말은 이치를 좇아 변화한다. 이것은 마치 소리를 외치면 메아리가 응하고 형체가 있으면 그림자가 붙어서, 서로 둘일 수 없는 것과 같다. 진실로 이름과 사물, 말과 이치가 각각 서로 동떨어진 둘이 아니라면 말은 뜻을 다하지 않을 수 없다. 그러므로 나는 말이 뜻을 다한다고 하는 것이다.[10]

이름은 사물을 따라 가고 말은 이치를 따라 변하므로 이름과 사물, 말과 이치는 서로 상관없는 둘이 아니다. 이렇게 그 둘이 분할될 수 없다면 말은 뜻을 다할 수 있다.

구양건의 「언진의론」은 비록 『주역』에 관한 문제를 구체적으로 논술하지는 않았으나, "상象을 세워 뜻을 다하고 언사를 붙여 말을 다하였다"는 논법을 계승하여 『역전』의 전통을 발휘하고, 노상학에 의한 역 해석을 잘못이라고 비판하여 물상과 의리를 통일하였다. 이 점은 역학사에 커다란 공헌을 하였다. 보통 구양건의 이 글은 현학파의 역 해석에 반대하여 하안과 왕필을 배격하고 유학의 전통을 떨친 까닭에 역학사에 있어 상수파의 논법에 속한다고 보지만, 사실은 그렇지 않다. 왕필의 "상象을 얻음은 말을 잊음에 있다"는 설은 결코 언부진의론言不盡意論을 주장한 것이 아니라, 괘효사에 집착하여 득상에 구애되어서는 안 된다고 논한 것이다. 거꾸로 관로管輅[*23]가 음양의 수는 마음으로 획득할 수 있어도 말로 전할 수는 없다고 하여, '언부진의言不盡意'를 주장하였다. 구양건은 『주역』의 심오한 의리를 말로 전달할 수 있다고 하였으니, 이는 의리학파의

---

*23) 管輅(208~256)는 삼국 시대 曹魏의 平海人으로 字는 公明이다.

발전에 큰 의의가 있다.

또 거론할 만한 사람은 현학파의 역학가인 은호殷浩와 유담劉惔이다. 은호의 자는 심원深源이다. 진군陳郡 장평長平 사람으로 바로 한강백의 외조부이다. 『진서』 본전에 따르면 은호는 식견과 도량이 맑고 심원하고 약관에 명성이 있었으며, 현언玄言을 특히 잘하였고, 숙부 융融과 함께 노역老易을 좋아하였다. 유담의 자는 진장眞長으로, 패국沛國 상인相人이다. 『진서』 본전에 따르면 젊어서 맑고 심원하여 아주 기특하였고 노장을 좋아하여 자연의 취향에 맡겼다고 한다. 나이 서른여섯에 죽었다. 은호와 유담의 역 해석서는 전하지 않지만, 두 사람이 상수파 역학가인 손성孫盛과 역상易象에 관하여 토론한 일화가 문헌에 남아 있다. 먼저 『세설신어世說新語』 「문학文學」의 일화를 든다.

> 은중군殷中軍 호浩, 손안국孫安國 성盛, 왕몽王蒙, 사상謝尙 등 현언玄言을 잘한 여러 현자들이 모두 회계왕會稽王(즉 뒷날의 簡文帝) 막하에 있었다. 은호는 역상이 신묘하게 형체로 드러남을 두고 손성과 토론하였다. 손성의 말이 도리에 합하여 의기가 하늘을 찌를 듯하였다. 일좌가 모두 손성의 이치에 만족을 느끼지 못하면서도 논변으로 그를 굽히지 못하였다. 회계왕이 탄식하며 "진장眞長(즉 유담)이 온다면 손성을 제압할 수 있을 텐데"라고 하였다. 이래서 유진장을 맞아 오게 되었는데, 손성은 생각에 자기만 못하리라고 여겼다. 유진장이 와서는 먼저 손성에게 이치를 서술하게 하였다. 손성이 얼추 자신의 설을 말하면서 제 스스로도 접때만 못하다고 심히 느꼈다. 유진장은 이백 여 마디를 하였는데, 말이 어려우면서도 간이하고 절실하여, 손성이 논리에서 굴복하고 말았다. 일좌가 모두 손바닥을 치며 웃으면서 한참을 칭찬하였다.

또 『진서』 「유담전」의 기록은 이러하다.

> 이 때 손성이 「역상이 신묘하게 형체로 드러남을 논함」(易象妙于見形論)을 짓자 간문제가 은호를 시켜 변난하게 하였으나 굴복시킬 수 없었다. 간문제는 "유진장이 온다면 제압할 수 있을 것이다"라고 하였다. 마침내

유담을 불러왔다. 손성은 평소 유담을 경복하고 있었다. 유담이 오자 손성이 맞서 답하였다. 유담의 말이 아주 간결하면서도 지당하여, 손성의 이론이 마침내 굴복하고 말았다. 일좌가 손바닥을 치고 크게 웃으면서 칭찬하였다.

역상의 본질에 관한 문제가 위진 역학의 뜨거운 화제였다. 은호와 유담의 실제 논변이 전하지 않아 그 구체적인 내용은 알 수 없다. 단 손성은 한역 전통을 옹호하고, 현학에 의한 역 해석을 반대한 유학자였음에 틀림 없다. 따라서 은호와 유담이 손성을 논박한 일은 사실은 당시의 상수파가 의리파와 논쟁을 전개하였던 사정을 알려 준다. 손성은 괘효획 및 괘효획의 취상取象에 『주역』의 오묘한 도가 있다고 하였으나, 은호와 유담은 손성의 관점을 부정하였다. 논쟁의 초점은 바로 이 점에 있었다. 따라서 그들 사이의 논쟁이 의리학파를 발전시키는 데 추동 작용을 하였음을 상상할 수 있다.

6. 동진의 의리파 한강백

동진 때 의리파의 대가는 한강백韓康伯이다. 그는 왕필 역학을 직접 계승하고 발전시켜 현학 의리파가 완숙한 경지에 이르게 하는 데 크나큰 공헌을 하였다. 한강백의 역학에 관해서는 뒤에 다시 논하겠다.

7. 남북조의 의리파 역학

현학 의리파는 위진 시대에 출현하여 흥성하고, 남북조 때에 이미 역학의 주류로 되었다. 사회 역사적 조건이 변화함에 따라 남북조의 의리파 역학은 위진의 그것과는 다른 새로운 면모를 드러내었다. 『북사』「유림전서儒林傳序」는 남북 학풍의 차이를 논술하여 "남인의 학은 간약簡約하여 영화를 얻었고, 북인은 심무深蕪하여 지엽까지 다하였다"고 하였다. 남조와 북조는 지리가 다르고 민풍에 차이가 있어 학풍도 크게 달랐다. 그래서 남인은 간명함으로 나아가고 북인은 장구章句를 궁구하는 데로 나아갔다. 역학을 두고 말하자면 당시 남조는 왕필 주를 채용한 데 비하여 북조는 정현 주를 채용하였다. 따라서 여기서 말하는 남북조의 의리학이란 사실은 남조의 학을 가리킨다. 북조의 역학 현황에 관하여는 뒤에 상수파 역학을 소개하면서 다시 서술하겠다.

남조 유송劉宋 시대에는 북교北郊에 학관을 세우자 일시에 문운文運이 크게 일어났다. 다만 하상지何尙之는 단양丹陽의 윤尹이 되어 현학을 과목으로 설치하고 생도를 모아 경학과 겨루었다. 전체적으로 보면 유송 때에는 경학이 번창하지 않고 현풍이 더욱 창성하여 현학을 이용한 역 해석이 주류를 이루었다. 남제南齊는 국자학을 세우고 학생 200명을 두었다. 그러나 이것은 국가의 겉치장에 불과하여, 어떤 면에서는 구체적인 성과가 하나도 없었다. 따라서 송과 제의 역학은 왕필 역학의 끄트머리였다고 할 수 있다.

이 시기의 역학가로 언급할 만한 사람은 복만용伏曼容이다. 복만용의 자는 공의公儀로, 평창平昌 안구安丘 사람이다. 『양서梁書』에 본전本傳이 있다. 젊어서 학문을 독실히 하여 특히 노자와 『역』을 잘하였으며, 송宋 명제明帝가 『주역』을 좋아하여 조정 신하들을 청서전淸暑殿에 모아 『주역』을 강론하면서 복만용을 조서로 불러 그 앞에서 경經을 잡고 수업하게 하였다고 한다. 사람됨이 다재다능하여 음률·사어射御·풍각風角·의산醫算의 학에 밝아 학생을 모은 것이 100명이 넘었으며, 『주역집해周易集解』를 저술하였다. 『주역집해』가 전하지 않아, 복만용이 『주역』의 의리에 관하여 어떤 새로운 견해를 내었는지는 알 수가 없다. 단 노자와 『역』을 잘하였다고 한 점에서 볼 때 복만용의 역 해석은 의리를 중시하였다고 생각된다.

양대梁代에 학술이 점차 흥하자 이름난 유학자들이 운집하여 무제 때 남조 경학의 최성기를 맞았다. 양무제 천감天監 4년(505)에 오관五館을 세우고 국학을 열어 오경박사五經博士를 두어 벼슬길을 열었으며, 천하 학자로 하여금 책보퉁이를 메고 운집하게 하였다. 또 소명태자昭明太子는 학문을 좋아하여 문객이 아주 많았고, 동궁의 장서가 3만이나 되었다. 이 학술 진흥기에 역학도 자연히 번영하였다. 역학이 불교와 혼합되는 한편, 노자가 역학과 결합되어 『주역』의 원리가 허무로 해석되었다. 양무제 소연숙衍은 역학을 불교와 혼합시킨 대표적 인물이다. 노자와 역학을 결합시켜 의리를 강론한 대표자로는 하윤何胤을 들 수 있다. 하윤의 자는 자계子季이고 여강廬江 사람이다. 일찍이 패국沛國의 유환劉瓛을 사사하여 『역』·『예기』·『모시』를 수업하였다. 당시의 유학자 기질이 다분하여 유가와 도가를 융합하였다. 늘 은둔을 생각하여 진망산秦望山에 은거하였으므로, 『양서』는 그를 「처사전處士傳」에 넣었다. 『주역주周易注』10권이 있었으나 전하지 않는다. 하지만 그의 성격과 학풍으로 볼 때, 하윤의 역학은 노장을 『역』에 도입하여 의리를 청담淸談*24)하였음에 틀림없다.

진晉 건국 초에 천하가 어지러워 학문을 할 겨를이 없다가 2세 문제文帝 때에 이르러 비로소 학관을 두고 생도를 모았다. 그러나 그 학술은 제량齊梁의 여파에 불과하였다. 역학을 두고 보면 주홍정周弘正과 장기張譏의 역학이 그래도 『주역』의 의리를 참신하게 이해하고 있었다.

주홍정의 자는 사행師行이고 여남汝南 안성安城 사람이다. 『진서』본전에 따르면 주홍정은 10세에 『노자』와 『주역』에 통하고, 15세에 징소徵召되어 국자생國子生으로 들어갔으며, 국학에 들어가자마자 『주역』을 강론하여 여러 생도가 그의 의리를 전습하였다고 한다. 양무제 때 글을 올려 『주역』의 의문점 50조를 풀었으며, 양무제와 건곤 2괘에 대하여 토론하였다. 현언玄言을 특히 좋아하고 성정이 간소하였으며 박학하여 두루 통하였다. 저서에 『주역강소周易講疏』16권이 있었다. 원서는 전하지 않고 다만 『주역정의』 및 『황씨일서고』에 집록된 일문을 통하여 그 역학의 대강을 얼추 알 수 있다. 역리에 대한 인식에서 보면 주홍정은 「서괘전」의 해석에서 공헌한 바가 있다. 『주역정의』에 주홍정의 논술이 다음과 같이 인용되어 있다.

서괘는 6부류로 총괄된다. 제1은 천도문天道門, 제2는 인사문人事門, 제3은 상인문相因門, 제4는 상반문相反門, 제5는 상수문相須門, 제6은 상병문相病門이다. 건乾☰의 다음에 곤坤☷, 태泰☷의 다음에 비否☰

---

*24) 淸談은 世事를 버리고 淸淨無爲의 설을 담론하는 일을 말한다.

가 오는 것 등은 천도운수문天道運數門이다. 송訟䷅이 있은 뒤 반드시 사師䷆가 있고, 사師䷆가 있은 뒤 반드시 비比䷇가 있는 것 등은 인사문이다. 소축小畜䷈에서 리履䷉가 생기고 리履䷉하므로 통하는 것 등은 상인문이다. 둔遯䷠이 극하면 대장大壯䷡으로 돌아가고, 동하면 마침내 그침(즉 艮䷳)에 돌아가는 것 등은 상반문이다. 대유大有䷍에는 반드시 겸손兼遜함(즉 謙䷎)을 기다려야 하고 몽치蒙穉(즉 蒙䷃)는 양성養成함을 기다려야 하는 것 등은 상수문이다. 비賁䷕가 다하면 박剝䷖이 이르고, 나아감(즉 晉䷢)이 극하면 상해傷害를 가져 오는 것 등은 상병문이다.[11]

주홍정은 64괘를 6문으로 나누어, 괘서가 표시하는 사물 사이에 6종의 관련이 있음을 표시하고자 하였다. 이러한 파악은 완적의 「통역론」을 계승하여 괘서 문제를 또다시 발명함으로써 의리과 역학의 발전에 큰 영향을 끼쳤다.

장기張譏의 자는 직언直言으로 청하淸河 무성武城 사람이다. 『진서』「유림전」에 따르면 어려서 총명하고 사리가 있었으며 14세에 『효경孝經』과 『논어』에 통하였다고 한다. 현언을 아주 좋아하였고, 주홍정에게서 수업하였는데, 번번이 새로운 견해를 내어 선배의 칭찬을 받았다. 진 말기에 관직이 국자박사·동궁학사에 이르렀다고 한다. 성격이 아주 담박하고 조용하여 영리를 구하지 않고 『주역』·『노자』·『장자』를 강론하는 것을 임무로 삼았다. 저서에 『주역의周易義』 30권이 있었다. 이로 볼 때 그는 청담가淸談家 부류의 학자이다. 장기의 역학 저서는 전하지 않으나 『주역정의』에 인용된 글귀로 보아 「설괘전」의 "삼천양지參天兩地하여 수數에 의거하다"를 새롭게 해석한 것이 있다.

3이 속에 2를 함유한다는 말은 1이 2를 싸안는다는 뜻을 지님으로서, 하늘에 땅을 싸안는 덕이 있고 양에 음을 싸안는 도가 있음을 밝힌 것이다. 그러므로 하늘은 그 많음을 든 것이고 땅은 그 적음을 들어 말한 것이다.[12]

"3이 속에 2를 함유한다"는 말에 "1이 2를 싸안는다"는 뜻, 즉 하늘이 땅을 아우른다는 뜻이 있다고 하였다. 사실은 하늘의 수가 삼三이고 땅의 수가 이二이기 때문이라는 것이다. 우리 생각에 「설괘전」의 원래 구절은 종전의 해석으로는 그 뜻을 제대로 알 수가 없다. 사실은 삼三과 양兩은 호문互文으로 '삼천양지三天兩地'는 '삼량천지三兩天地'이다. 이 '삼량천지'란 하늘의 수와 땅의 수를 합하여 대연지수大衍之數(즉 天地之數)를 이루고, 둘을 나누고, 하나를 끼고, 넷씩 가르고, 기수로 돌리는 과정을 통하여 7·8·9·6의 수를 얻어 냄을 말한다. 장기의 해석은 「설괘전」의 원뜻과는 전혀 맞지 않는다. 하지만 그는 '3이 속에 2를 함유함'을 가지고 '1이 2를 싸안음'을 설명하여, '일一'에 전체로서의 '하나'라는 함의가 있게 하였다. 이 점은 앞사람이 제기하지 못한 것으로 후세의 역학에 영향이 컸다.

전반적으로 볼 때 남북조 역학의 열기가 대단하였지만 학술상 별반 진전이 없었다. 새로운 역학 체제를 형성하지 못하였을 뿐만 아니라 독자적 견해를 지닌 학자도 아주 적었으며, 정현같이 집대성할 학자도 없었다. 바로 이 점 때문에 이 시기에 오히려 새로운 학풍이 생겨났다. 즉 동한·위진 이래의 역 주석에 새로운 주석을 가하여 소극적으로 자기 주장을 표현하는 학풍이 그것이다. 이것이 이른바 '의소지학義疏之學'이다. 이렇게 하여 당에서 의소학義疏學이 크게 성하게 되었다. 당에서 이루어진 『오경정의』는 가히 위진 시대 이후로 수대까지의 의소학을 집대성한 저작이라고 할 수 있다. 이로 보면 남조의 의소학이 끼친 영향이 컸음을 알 수 있다.

2. 왕필의 현학역

왕필의 자는 보사輔嗣이고 삼국 시대 위나라 산양山陽 고평高平 사람이다. 위문제 황초黃初 7년(226)에 태어나서, 제왕齊王 가평嘉平 원년(249)에 죽었다. 왕필의 부친 왕업王業은 상서랑尚書郞을 지냈고, 조부 왕개王凱는 건안칠자建安七子[25]의 한 사람인 왕찬王粲과 친형제였으니, 서향書香이 있는 집안이었다고 할 만하다. 하소何劭의 「왕필전王弼傳」에 따르면 왕필은 어려서부터 지혜로웠으며 열서너 살에 노씨老氏를 좋아하여 언변에 능통하였다. 대단히 특출난 천재인데다가 본바탕이 온화하고 언변이 뛰어나 자부심이 컸으나, 한편으로는 예법을 돌이보지 않은 채 연회를 즐겼으며 음률에 밝고 투호投壺도 잘하였다. 노장老莊의 무위無爲 생활을 하였으며, 벼슬길에서는 뜻을 얻지 못하였다. 조상曹爽*26)의 우대를 입었지만 끝내 중용되지 못하고, 다만 하안何晏*27)의 밑에서 상서랑이란 낮은 벼슬을 하였다. 스물네 살에 전염병을 앓다가 죽었으며 후사後嗣가 없었다. 뒷날 사람들은 왕필의 저서를 읽을 때마다 그러한 천재가 단명한 점을 한탄하고, 이 스물네 살에 불과한 청년이 그토록 재주가 많았던 점에 놀라고는 한다.

왕필은 『노자』·『장자』·『주역』을 아울러 연구하여 그 셋을 3현三玄이라 합칭하고, 이 3현을 근거로 『논어』를 해석하는 학문의 길을 택하였다. 따라서 사실상 도가를 존중하고 유가를 배척하는 경향이 강하였다. 왕필과 하안이 주고받은 언론은 당시 세상을 놀라게 하여, '정시지음正始之音'이라 불렸다. 그 두 사람은 청담淸談의 조사祖師로 받들어진다.

왕필의 저작에 『노자주老子注』, 『주역주周易注』, 『주역약례周易略例』, 『논어석의論語釋疑』 등 4종이 있었다. 『논어석의』는 이미 흩어져 없어지고, 황간皇侃의 『논어의소論語義疏』 및 형욱邢昺의 『논어주소論語注疏』에 조각글들이 있을 뿐이다.

왕필은 『주역』이 정치 철학을 강론한 책이라 보고, 나아가 득의망상설得意忘象說·취의설取義說·효위설爻位說을 주장하였다. 그로써 한역의 극히 번쇄한 상수학과 점후 미신을 배척하고, 현학에 의한 역 해석의 새로운 풍조를 열었다. 왕필이 존숭되었던 주된 원인은 노장현리老莊玄理 때문이

---

*25) 建安七子란 한말 건안 연간의 문인 7인을 말한다. 왕찬 이외에 孔融·陳琳·徐乾·阮瑀·應瑒·劉楨을 가리킨다.

*26) 曹爽(?~249)은 曹操의 族孫으로 위나라 明帝가 죽고 曹芳이 즉위하였을 때 何晏 등과 모의하여 司馬懿의 권력을 빼앗았으나, 政始 10년에 사마의에게 죽임을 당하였다.

*27) 何晏(190~249)은 曹操의 보호를 받다가 魏의 公主와 혼인하였던 인물로 삼국 시대의 저명한 玄學家이다. 曹爽에게 연루되어 사마의에게 죽임을 당하였다.

다. 왕필의 취의는 사실 도가현학의 의리를 취한 것이었다. 현존하는 『주역주』와 『주역약례』로 보면, 이 두 책의 내용은 아주 풍부하지만 실제로는 상술한 역학관의 범위를 넘지 않고 있다. 여기서 몇 가지 요점을 나누어 서술하겠다.

1. 득의망상설

왕필의 역 주석은 한역의 상수설을 일소하였다. 그는 『역』을 논할 때에 '의意'를 얻는 일이 가장 중요하다고 하여, 의意를 얻음은 상象을 잊음에 있다(得意忘象)는 관점을 새로이 제출하였다. 왕필은 『주역약례』「명상明象」에서 이렇게 말하였다.

> 무릇 상象이란 의意를 표출하는 것이다. 언어란 상象을 밝히는 것이다. 의意를 다함은 상象보다 나은 것이 없고, 상象을 다함은 언어만한 것이 없다. 언어는 상象에서 생겨나므로 언어를 찾아보아 상象을 관찰한다. 상象은 의에서 생기므로 상象을 찾아 의를 관찰한다. 의義는 상象으로써 다하고 상象은 언어로써 드러난다. 언어란 상象을 밝히는 수단이니, 상象을 얻으면 언어를 잊는다. 상象이란 의意를 두는 수단이니, 의意를 얻으면 상象을 잊는다.[13]

이 말은 「계사전」의 "성인은 상象을 세워 의意를 다 드러내고 괘를 진설하여 진위의 실정을 다 드러내었으며, 괘효사를 붙여 그 언어를 다 표현하였다"를 해석한 것이다. 상象은 다만 의意를 표현하고 전달하기 위한 수단 혹은 방식이므로, 일단 의意를 얻으면 괘상을 잊어버려도 상관없다는 말이다. 이어서 왕필은 『장자』「외물편外物篇」이 언어의 의미 사이의 관계를 비유로 설명한 것을 근거삼아 그 도리를 설명하였다.

> 올무는 토끼를 잡는 것이 목적이므로 토끼를 잡으면 올무를 잊어버리고, 통발은 물고기를 잡는 것이 목적이므로 물고기를 잡으면 통발을 잊음과 같다. 그러한즉 언어란 상象의 올무이고 상象이란 의意의 통발이다. 그러

므로 언어에 집착하면 상象을 얻지 못하고, 상象에 집착하면 의意를 얻지 못한다.[14]

여기서는 언름·상象·의意의 관계를 말하여, 언(괘효사)은 상(괘효의 취상)을 설명하는 것이므로 괘상을 얻으면 괘효사를 잊어버려도 되고, 괘상은 괘의를 드러내고자 이용하는 것이므로 괘의를 얻으면 괘효상을 잊어버려도 된다고 하였다. 마치 물고기와 토기를 잡은 뒤에 올무와 통발을 잊어버려도 되는 것과 한가지라는 것이다.

왕필은 또 나아가 "상象을 잊음이란 의意를 얻음이다. 언어를 잊음이란 상象을 얻음이다. 의意를 얻음은 상象을 잊음에 있고, 상象을 얻음은 언어를 잊음에 있다. 그러므로 상象을 세워 의意를 다하면 상象을 잊어도 된다. 획劃(즉 괘획)을 중복하여 실정을 다 드러내면 획을 잊어도 된다"[15]고 하였다. 물론 여기서 왕필은 상象이 필요없다고 한 것이 아니다. 상象에 집착하면 의意를 얻음에 장애가 되고 괘효사에 집착하면 상象을 얻음에 장애가 되니, 상象에 구애되어 상象의 배후에 있는 의意를 잃어서는 안 된다고 한 것이다. 이러한 주장을 바탕으로 왕필은 역이 괘상의 번쇄한 부회에 골몰하였던 병폐를 통렬하게 비판한 것이다.

그러므로 같은 부류에 접촉하여 움직이면 상象을 이루고, 같은 의리에 합하면 징험을 이루게 된다. 굳건함이라는 의리가 문제라면 하필 말(馬)이어야 하겠는가? 유순함이라는 부류가 문제라면 하필 소(牛)이어야 하겠는가? 효爻가 만일 유순함에 부합한다면 하필 곤坤이 소이어야 하겠는가? 의意가 굳건함에 응한다면 하필 건乾이 말이어야 하겠는가? 그런데 혹자는 말을 건괘에다 정해 두고는 문구에 집착해서 괘를 따져, 말(馬)이 있으나 건乾이 없으면 거짓된 언설을 지리하게 끌어내니, 이루 다 기록할 수가 없다. 호체설을 가지고 부족하면 괘변설을 끌어 오고, 괘변설도 부족하면 오행설로 미루어 본다. 이리하여 한번 근원을 잃으면 더욱더 교묘하게 되어, 어쩌다 들어맞게 된다고 하더라도 괘의卦義는 취할 바가 없다. 대체로 상象에 집착하고 의意를 잊은 결과이다. 상象을 잊어버리고 그 의意를 구하면 괘의는 저절로 드러나게 된다.[16]

득의망상설의 주된 내용은 상술한 바와 같다. 우선 언급·象·의意 3자의 관계를 토론하고, 괘의卦義가 괘효사卦爻辭와 괘효상卦爻象 위의 제1위치에 있는 것이라고 간주하였으니, 역학사에서 보면 아주 의의가 크다. 한역설은 象에 의거하여 괘사를 풀이하였는데, 취상이 번쇄하고 복잡하였고 강론하면 할수록 더욱 번잡해졌다. 그래서 호체설과 괘변설 위에 오행설·팔궁설·납갑설·효진설·괘기설·세응설이 있어, 평상 위에 또 가옥을 얽은 듯하고 어둑한 연기가 자욱히 낀 듯하였으며, 『역』의 본뜻에서 멀어짐이 도리어 더 심하였다. 따라서 왕필은 역학 상수파가 말(馬)을 건괘에다 정해 두고 문자에 집착하여 괘를 따진 점을 비판하였다. 이 비판은 식견이 아주 뛰어나다. 따라서 왕필이 상수를 배척하고 의리에 전념하자고 주장한 것은 역학을 실로 심원하게 발전시키고 역학사에 새로운 발전 단계를 가져 왔다는 의의가 있었다.

하지만 다른 한편으로 왕필의 논설에는 자못 문제가 있다. 왕필의 논설은 어느 면에서는 의意와 象, 象과 언급을 대립시켜 마치 언어가 象을 얻는 데 장애가 되고 象이 의意를 얻는 데 장애가 되는 듯이 하였다. 이 점은 취의의 주장을 "象을 잊음으로써 의意를 구한다"는 현학의 길로 향하게 하였다. 한역 상수학의 여러 가지 말폐를 제거하는 것은 필요하지만, 득의망상得意忘象·득상망언得象忘言의 방법으로는 이 문제를 완전히 해결할 수가 없다. 사실 「설괘전」 자체가 이미 말(馬)을 건괘乾卦에 정해 두고 문자에 집착해 괘를 따지는 방법이 잘못이라고 설명하여, 팔괘의 성질과 취상의 관계 문제를 해결하였다. 건괘의 뜻은 굳건함(健)이되, 그 취상은 용마龍馬의 상에만 집착되는 것이 아니다. 그것은 말일 수도 있고 하늘일 수도 있고 군주일 수도 있고 아비일 수도 있고 머리일 수도 있다.[1] 이러한 도리를 명확히 알면 상수파가 취상을 남발하여 억지로 끌어다 붙이는 실책이 청산될 것이고, 또 왕필의 득의망상·득상망언의 방법이 지닌 편파성도 깨닫게 될 것이다.

---

[1] 金景芳, 『周易全解』序.

2. 대연지수의 해석

왕필은 상수를 버리고 전적으로 현학 의리를 가지고 역을 해석하였다. 옛것을 밀어내고 새것을 드러내려는 왕필의 의도는 대연의大衍義의 해석에서 뚜렷이 드러난다. 하소何劭의「왕필전」은 이렇게 말하였다.

> 왕필이『역』을 주석하자 영천穎川 사람 순융荀融이 왕필의 대연의를 논박하였다. 왕필은 그 뜻에 답하여 백서白書[*28]를 써서 이렇게 놀렸다. "무릇 명철함은 유미한 것까지도 찾아낼 수는 있으나 자연의 본성을 없앨 수는 없습니다. 안연顏淵의 도량은 공부자孔夫子가 믿고 기대하신 바였지만, 만남에 즐거움이 없을 수 없고 잃음에 슬픔이 없을 수 없었지요. 사람들은 늘 이 사람을 두고 좁다고 여겨, 정 때문에 이치를 좇을 수 없는 자라고 하지만, 자연이란 결코 변혁될 수 없는 것임을 이제 알겠습니다. 도량이 넓으신 그대가 이미 가슴속에 딱 정하였다고 하지만, 열흘이고 한 달이고 지내다 보면 그리워하는 마음이 많은 것을 어찌하시겠습니까? 그러니 공부자가 안자에 대하여 지니셨던 기대가 결코 지나친 것이 아님을 알겠습니다."

여기에서는 현리玄理와 관련된 왕필의 일화를 기술하고 있다.「계사전」에 "대연大衍의 수는 10이고, 그 쓰임은 49이다"하고, 또 "천수天數는 25, 지수地數는 30이니, 천지의 수는 55이다"라고 하여, 두 개의 난해한 문제를 제기하였다. 하나는 대연지수大衍之數와 천지지수天地之數의 관계 문제이고, 또 하나는 대연지수가 어째서 49만을 쓰는가 하는 문제이다. 그래서 왕필이『주역』을 주석하자 순융은 이 문제를 가지고 힐난한 것이다. 그러자 왕필은 서신을 보내어 순융의 질의에 답하면서 장난기를 부려 현학을 강론함이 '자연의 본성'이라고 하였다. 왕필이 순융에게 답하여 대연의大衍義를 해석한 내용은 한강백의『주역』「계사전」주에 인용되어 있다.

[*28] 百書는 飛白書라고 하는데 글씨체를 유회적으로 변형시킨 것을 말한다.

왕필은 이렇게 말하였다. 천지의 수를 부연함에 의뢰하는 것은 50이다. 그런데 그 사용하는 것은 49이니, 하나를 사용하지 않는 셈이다. 이 하나는 사용되지 않으면서 수의 사용을 가능하게 하고, 수가 아니면서 수의 이루어짐을 가능하게 한다. 이것이 『역』의 태극이다. 49는 수의 극이다. 무릇 무無는 무로써 밝힐 수가 없고 반드시 유有에 말미암아야 한다. 그러므로 존재하는 사물의 극에서 그 유래의 종宗을 밝혀야 한다.[17]

이것은 대연지수와 천지지수의 관계를 논한 것이 아니라, 두 번째 난제에 대하여 회답한 것이다. 왕필은 천지지수는 50의 수에 의뢰하여 연역된다는 전제 아래 '하나를 사용하지 않음'을 가지고 '사용하는 것은 49'라는 말을 해석하였다. 사용하지 않는 하나가 곧 태극을 가리킨다고 보되, 태극은 만물의 외부에 존재하는 별다른 실체도 아니고, 구체적 사물이나 수학적 일一도 아니며, 바로 세계의 본원(즉 천지만물의 본체)인 '무無'라고 하였다. 이 무無는 형체도 이름도 없어 말로 표현할 수 없으니, 그 자체로부터 설명을 가할 길이 없다. 따라서 형체도 있고 이름도 있는 구체적 사물을 가지고 그 작용을 드러낼 수 있을 뿐이다. 서법筮法에서 보면 사용하지 않는 하나란, 시초를 둘로 나누고 하나를 손가락 사이에 끼우고 다시 넷씩 세어 나가는 설시揲蓍 과정에 들어 있지 않다. 즉 '사용하지 않는' 것이다. 하지만 설시하여 괘를 구하는 전체 과정에서 이 하나는 공용功用이 있다. 그것은 "사용되지 않으면서 수의 사용을 가능하게 한다"는 것이다. 이 하나는 본래 수數가 아니지만, 그것이 없으면 설시에서 7·8·9·6의 수를 얻어 낼 수 없으므로, "수가 아니면서 수의 이룸을 가능하게 한다"고 하였다. 설시는 49를 한도로 할 뿐이다. 그래서 "49는 수의 극이다"라고 하였다. 사용하지 않는 하나는 사용하는 49의 변화를 통하여 자기의 공적을 드러내므로, 바로 무형無形·무명無名의 태극(즉 無)이 유형·유명의 구체적 사물을 통하여 자기를 드러냄에 비할 수가 있다. 그래서 "무는 무로써 이름할 수가 없고 반드시 유에 말미암아야 한다"(무는 무를 사용하여 설명할 수가 없고 반드시 유를 빌려서 설명해야 한다)고 하였다. 설시하여 괘를 구하자면 반드시 49의 수 위에서 구체적 사물을 설명해야 한다. 이것은 천지만물의 갖가지 현상을 이해하기 위해서는 반드시 개별 사물의 극한처를 거점으로 그 본체를 이해해야 한다는 것에 비견된다. 그래서 왕필이 얻어 낸 결론은 "그러므로 존재하는 사물의 극에서 그 유래의 종宗을 밝혀야 한다"는 것이었다.

왕필의 '대연의'는 현학의 무無를 끌어다가, 서법에서 사용하지 않는 하나와 역학의 태극을 해석한 것임에 틀림없다. 이러한 현허玄虛한 해석에는 어떠한 독창적 견해와 의의가 있는가? 이하 한대 유학자들이 대연의를 해석한 것을 먼저 살펴보기로 하자.

경방은 공소孔疏[*29)]에 인용된 설에서 50은 10일과 12진과 28수를 말하니 그것들을 모두 합하면 50이라고 하였다. 또 "하나를 사용하지 않는 것은 하늘이 기를 낳음에 허虛를 가지고 실實을 가져 오기 때문이다. 그러므로 49를 사용한다"[18)]고 하였다. 『역위』「건착도」에서는 "한 달의 매일매일이 10간으로 되어 있는 것은 음陰을 따라서이고, 하루의 매 시각이 12진으로 되어 있는 것은 6율을 따라서이다. 별자리가 28인 것은 7수宿를 따라서이다. 10과 12와 28을 합하면 50이다. 이 50은 크게 사물을 갈무리하여 채워 두었다가 내어놓는 바이다"[19)]라고 하였다. 마융은 공소에 인용된 설에서 "『역』에 태극이 있으니 북진北辰이 이것이다.⋯⋯ 북진이 가운데 거처하여 움직이지 않는데 나머지 49가 운동하여 사용한다"[20)]고 하였다. 순상도 역시 공소에 인용된 설에서 "괘에 각각 6효가 있어 6 곱하기 8은 48이며, 건곤 둘을 보태어 모두 50이다. 건괘乾卦 초구는 잠용潛龍으로서 쓰지 말라고 하였으므로 49를 사용한다"[21)]고 하였다. 정현은 『주역주』에서 다음처럼 말하였다.

천지의 수는 55인데 오행으로 기를 통한다. 이 오행의 5를 감하면 대연大衍이다. 또 1을 감하면 49이다. 연衍은 연演(연역)이다. 천일天一은 수水를 북北에서 낳고, 지이地二는 화火를 남南에서 낳고, 천삼天三은 목木을 동東에서 낳고, 지사地四는 금金을 서西에서 낳고, 천오天五는 토土를 중앙에서 낳는다. 양이 짝 없고 음이 짝 없으면 상성相成할 수 없다.

---

*29) 孔疏는 당의 공영달이 편한 『注疏』의 疏(正義)를 가리킨다.

지육地六은 수水를 북北에서 상성하여 천일天一과 아우르고, 천칠天七은 화火를 남南에서 상성하여 지이地二와 아우르며, 지팔地八은 목木을 동東에서 상성하여 천삼天三과 아우르고, 천구天九는 금金을 서西에서 상성하여 지사地四와 아우르며, 지십地十은 토土를 중앙에서 이루어 천오天五와 아우른다. 대연수는 55인데 오행이 각각 기를 아우르니, 기가 아우르면 5를 감하여 50만 남는다. 50의 수로는 7·8·9·6의 복서의 점으로 사용할 수 없으므로 다시 하나를 감한다. 그래서 49이다.[22]

요신姚信[*30]과 동우董遇[*31]는 공소에 인용된 설에서 "천지의 수가 55인데 그 가운데 여섯은 6획의 수를 상징하므로 그것을 감하여 49를 쓴다"고 하였다. 이상 각 사람들의 논법은 제각기 기기묘묘하나 옳게 말한 것은 단 하나도 없다. 다만 그 설들을 자세히 살펴보면 하나의 공통점을 발견할 수 있다. 그것은 어떤 설이고 모두 다 양한 시대의 우주관을 기초로 괘기설과 관계하고 있으며, 상수로 『역』을 해석하는 틀을 벗어나지 못하고 있다는 점이다. 따라서 한역학의 태극설은 지리멸렬하고 빈곤하기 짝이 없다.

왕필이 대연의를 해석한 내용을 한역의 설과 비교하면 알 수 있듯이, 왕필의 설은 구설을 쓸어 내어 상수를 버리고 현리를 제창하였으며, 한역의 태극관을 전면 부정하고 대연수의 해석을 통하여 태극을 세계의 본원(즉 무)으로 삼았다. 이것은 태극의 개념을 현학화한 것으로 '체용여일體用如一' 혹은 '본말불이本末不二'의 철학 관점을 드러낸 것이다. 그만큼 왕필이 대연의를 해석한 내용은 참신하였다. 그 의의는 첫째 한역 상수학을 쓸어 내고 현학 역 해석의 새 성과를 구현한 데 있고, 둘째 철학상의 새 명제를 제출하여 중국 철학 발전에 기여한 데 있으며, 셋째 현학 의리를

[*30] 姚信은 吳의 武康人으로 天文易數에 정통한 학자였다. 孟喜의 역학을 학습하였고 虞翻과 부합되는 면이 많았다. 『易注』 10권이 있었으나 전하지 않고, 청의 馬國翰이 집록한 『周易姚氏注』 1권이 있다.

[*31] 董遇는 위나라 弘農人으로 建安 때 孝廉으로 등용되었다. 魏明帝 때 大司農을 지냈다. 老子에 밝아 訓注를 지었다. 독서는 三餘에 해야 한다고 말하여 유명하다. 三餘란 한 해의 끝인 겨울, 하루의 끝인 밤, 날씨의 끝인 비내리는 때를 말한다.

『역』에 도입하는 연구 방법을 실천함으로써 역학 의리파의 발전을 추동하여 후세의 역학에 심원한 영향을 끼친 데 있다.

물론 이상은 역학사의 각도에서 평가한 것으로 왕필 학설의 역사적 위치를 논하고자 시도한 것이다. 사실 왕필이 대연의를 해석한 내용도 완전히 잘못된 것이다. 대연의에 대한 해석은 왕필까지 포함하여 옳게 말한 이가 없고, 후인의 해석도 합격 점수에 이른 것이 없다. 주희朱熹는「하도河圖」를 미신하여 『주역본의周易本義』에서, 대연이란 이법理法의 절로 그러함으로부터 나온 것이지 사람의 지혜로 가감할 수 있는 것이 아니라고 하였다. 극도로 황당한 지경에 이르렀던 셈이다. 이 문제는 현대의 김경방金景芳에 이르러서야 비로소 해결되었다. 김경방은 「계사전」의 대연지수 '오십五十'은 사실은 '오십유오五十有五'여야 한다고 보았다. 옛 전적에서 '유오有五' 두 글자가 탈락되었다는 것이다. 그 윗글의 '천일지이天一地二'에서 "이것이 변화를 이루고 귀신을 부리는 소이이다"(此所以成變化而行鬼神也)까지의 단락은 바로 대연수를 설명한 부분이므로, '대연지수'가 곧 '천지지수'이며, 천수天數 1·3·5·7·9와 지수地數 2·4·6·8·10이 합하여 이루어지는 천지지수 55가 바로 '대연지수'라는 해석이다. 역대로 『역』을 해석한 사람들은 탈문脫文의 사실을 살피지 못하고 여러 가지로 억지 해설을 하였다. '사용하는 것은 49'에는 아무 오묘한 뜻도 없으며, 완전히 인위적인 안배에서 나온 것이다. 왜냐하면 49개의 시초를 가지고 4영營을 거쳐야 비로소 7·8·9·6의 수를 낼 수 있고, 그로써 비로소 효를 정하고 괘를 이룰 수 있기 때문이다. 만일 55개의 시초를 전부 사용하면 괘를 이루어 낼 수 없다.[2)]

3. 취의설

왕필은 『주역』 괘효사의 해석에서 취의를 위주로 하고, 한역 상수학을 극력 배격하였다. 주석문은 간략히 하여 알기 쉽도록 힘써 「문언전」의 뜻과 깊이 부합한다. 이 점은 그가 『역전』의 취의설을 계승·발전시킨 사

---

†2) 金景芳, 『學易四種』 및 『周易全解』.

실과 불가분의 관계에 있다. 왕필은 64괘와 그 괘효사를 해석하면서 취의설을 주장하였다. 이를테면 괘명을 강론하면서 몽괘蒙卦는 몽매하다는 뜻, 수괘需卦는 먹고 마시며 즐긴다는 뜻, 송괘訟卦는 소송 판결의 뜻, 사괘師卦는 대중을 노역시키는 뜻이라고 하는 등 모두 의리로 풀이하였지 상수는 말하지 않았다. 또 괘효사의 해석에서 이를테면 건괘乾卦 구2효의 "나타난 용이 밭에 있으니 대인을 보기에 이롭다"(見龍在田, 利見大人)를 두고 다음과 같이 논하였다.

> 잠겨 있던 데서 나오고 숨은 데서 떠나므로 나타난 용이라고 한다. 지상에 거처하므로 밭에 있다고 한다. 덕의 베풂이 두루 넓지 한가운데 거처하여 편벽되지 않다. 따라서 군주의 지위가 아니라도 군주의 덕이 있다. 초효는 숨어 있다고 하였고, 3효는 부지런하다 하였으며, 4효는 혹 튀어 오른다 하였고, 상효는 지나치게 높다고 하였다. 대인을 보기에 이롭다고 한 것은 2효와 5효뿐이다.[23]

건괘 구4효의 "혹은 튀어올라 연못에 있으니 허물이 없다"(或躍在淵, 无咎)를 두고는 다음처럼 해석하였다.

> 하체의 극을 떠나 상체의 아래에 거하므로 건도가 변혁하는 시기이다. 위로 하늘에 있지 않고, 아래로 밭에 있지 않으며, 가운데 인간에 있지 않다. 겹겹한 양강陽剛의 험난함을 디디어 밟고 일정한 위치가 없으므로 처한 바가 진실로 진퇴무상의 시기이다. 지존한 지위에 가까워 그 도리를 바치려 하고, 아랫사람에게 몰리되 아랫사람이 도약하여 미칠 바가 아니다. 그 거처함에 안정하고자 하나 거처함이 안정되지 않으므로 의심을 품고 머뭇거리어 감히 뜻을 결정하지 못한다. 마음을 써서 공변됨을 지키고, 나아가되 사사로움을 두지 않아 의심하고 우려한다. 따라서 너무 과감해 그르치지를 않는다. 그래서 허물이 없다.[24]

이 해석에서 왕필은 모두 간결한 글귀로 의리를 말하였지, 괘변설·호체설·취상설을 택하지 않았다. 그 밖에 그는 팔경괘의 해석에서도 취의설을 주장하여,·건乾은 굳건함, 곤坤은 유순함, 진震은 두려워 떰, 손巽은 거듭 명령함, 감坎은 위험에 빠짐, 리離는 부착함(麗), 간艮은 그침(止), 태兌는 기쁨(悅)이라고 하였다. 그래서 진괘震卦☳의 괘사 "공포감을 지녀 두려워 벌벌 떤다"(震來虩虩)를 다음처럼 해석하였다.

> 진震의 뜻은 위엄이 이르러 온 뒤에 두려워함이다. 그러므로 진래震來라 하였다. 혁혁虩虩이란 두려워 떠는 모양이다. 진괘는 게으름을 경고하고 태만한 자를 바로잡는 것이다.[25]

진괘를 두려워 떤다는 뜻으로 보고, 진래震來를 사람 마음속의 공포감, 혁혁虩虩을 '진래'의 의태어라고 보았다. 즉 '혁혁'이란 두려움의 상태와 정도를 표현하는 말이라고 하였다. 한대인은 대체로 진괘를 벼락(雷)의 상이라고 주석하였으며, 정현도 그렇게 주한 바 있다. 왕필은 취상을 피해 진괘를 벼락으로 보지 않고 위엄의 뜻만 취하였다. 그로써 상수파의 역 해석과 대립하였다.

취의설을 관철하기 위하여 왕필은 다시 상象이 의義에서 생긴다는 견해를 폈다. 왕필의 『주역주』는 건괘 「문언」을 다음과 같이 해석하였다.

> 무릇 역이란 상象이다. 그런데 상은 의義에서 생겨난다. 즉 어떤 의義가 있은 뒤에야 그것을 해당되는 물物로 밝혀 준다. 그래서 용龍으로는 건괘의 의를 서술하고 말(馬)로는 곤괘의 의를 밝혀 주어 그 사의事義에 따라 취상하였다. 그러므로 초구와 구2에서는 용의 덕이 모두 그 의義에 응하므로, 용을 논함으로써 그 의를 밝힐 수가 있다. 하지만 구3에 이르러 "부지런하여 저녁에도 조심한다"(乾乾夕惕)는 용의 덕이 아니므로 군자가 그 상에 해당함을 밝혀 준다. 통괄하자면 건의 체가 모두 용이지만, 나누어 서술하면 각각 제가끔의 의를 따른다.[26]

먼저 한 괘의 괘의가 있은 뒤에 비로소 취한 물상이 있다. 따라서 상象이 의義에서 생겨나므로, 괘의가 바로 제1차적이라는 뜻이다. 왕필의 『주역약례』「명상明象」은 상이 의에서 생긴다는 주장을 더욱 이론적으로

설명하였으며, 그로써 '득의망상得意忘象'이라는 현학 이론까지 제출하게
되었다. 그 구체적인 내용은 위에 서술한 대로이다.

왕필은 그 취의설로 인하여 한역 상수파와 갈라서서 위진 의리학파의
대표가 되었다. 왕필의 취의설은 괘의를 존중하고 취상을 천시하여 상수
학을 배격하고 의리학을 발양하는 데 실로 중요한 의의를 지녔다. 왕필의
뒤로 의리파의 역 해석은 어느 것이나 다 의리를 중시하고 상수를 배격하
였다. 그만큼 왕필의 취의설이 끼친 영향이 아주 심원하였다. 따라서 취
의설을 빼 버리면 왕필 역학은 정수를 잃게 된다. 역학 발전사에서 보면
왕필은 취의설을 표방하여 한역 상수파의 번쇄한 학풍을 쓸어 버리고, 절
벽에 떨어질 역학을 구해 내어 역학 연구의 새 방향을 연 공로가 있다.
물론 왕필의 취의설도 완전히 좋지는 않다. 잘못마저 있다. 왕필은 취의
설만이 『주역』 경전의 본뜻에 부합한다고 보아 괘효상과 괘효사 사이의
필연적 관계를 지나치게 천착하였고, 그 때문에 늘 전후 모순 속에 빠지
기까지 하였다. 이 점이 첫 번째 잘못이다. 그리고 왕필은 역주易注를 현
학의 범위 안으로 끌어들여 노장 사상을 자의적으로 『주역』 경전에 부회
하였고, 아울러 그 노장 사상을 '의義'로 간주하여 역학의 영역에 현풍玄
風이 범람하게끔 함으로써 좋지 못한 영향을 낳았다. 이 점이 두 번째
잘못이다. 하지만 전체적으로 보면 실보다 득이 크다는 점에서 긍정할
만하다.

4. 효위설

『역전』의 「단전」은 괘체를 해석하면서 효위설爻位說을 이용한 면이 있
다. 「소상전」도 효사를 해석하면서 효위설을 채용하였다. 왕필은 『역전』
의 이러한 전통을 계승하여 역시 효위설을 위주로 『주역』을 주석하고,
취상설·호체설·괘변설·납갑설을 배격하였다. 이렇게 하여 효위설이 왕필
의리학의 주요 부분으로 되었다.

왕필의 효위설에서 중심적인 견해는 하나의 효를 위주로 삼는다는 견
해이다. 즉 한 괘 전체의 의의가 주로 그 속의 어떤 한 효의 의의에 의해
결정된다고 보는 견해이다. 『주역약례』에서 왕필은 이렇게 말하였다.

무릇 「단象」이란 한 괘의 체를 통론한 것이다. 한 괘의 체는 반드시 한 효를 위주로 하므로, 한 효의 의를 지적하고 해명하여 한 괘의 의를 통괄하고 있다. 대유괘大有卦 따위가 그러하다.[27)]

1괘 6효에는 각각 의義가 있는데 전체 괘의 의의를 어떻게 정할 것인가? 위에서 왕필은 한 개의 효가 위주가 된다고 분명히 말하였다. 어째서 한 개의 효가 위주가 되는가? 「명단明象」에서 왕필은 이렇게 해석하였다.

무릇 중다衆多한 것은 중다한 것을 다스릴 수 없다. 중다한 것을 다스리는 것은 지극히 과소寡少한 자이다. 무릇 동動하는 것은 동하는 것을 제어할 수 없다. 천하의 동하는 것들을 제어하는 것은 하나에 있어 곧은 자(貞夫一者)이다. 그러므로 중다한 것들이 모두 존재할 수 있는 이유는 주장하는 바가 반드시 하나로 귀결되기 때문이다. 동하는 것들이 모두 운동할 수 있는 이유는 근원을 따져 보면 결코 둘이 없기 때문이다. 사물은 멋대로 그런 것이 없고, 반드시 적절한 이치에서 말미암는 법이다. 통일함에 있어 종宗이 있고 모임에 있어 원元이 있다. 그러므로 번잡하여도 혼란되지 않고, 중다하여도 미혹되지 않는다. 그러기 때문에 통일함에서 찾아 나가기 시작하면, 사물이 비록 중다하더라도 하나를 가지고서 전부를 제어할 수 있다. 근본으로부터 관찰하면 의의가 비록 광대하더라도 하나의 이름으로 거명할 수가 있다.[28)]

1괘 6효의 변화가 복잡다단하여 얼핏 번잡하고 아무 질서가 없는 듯하지만, 사실은 하나의 중심 관념이 위주가 되어 그것으로부터 6효의 변화 및 의의가 규정된다는 말이다. 이 중심 관념을 파악하면, 즉 위주가 되는 효를 파악하면, 간이함으로 번다함을 제어할 수 있고 전체 괘의 최고 원리를 파악할 수가 있다. 아무리 사물이 중다하고 의의가 광대하여도 미혹되지 않을 수 있다. 그러면 위주가 되는 효를 어떻게 파악할 수 있는가? 다시 말해 어떤 효가 위주인지를 어떻게 판단할 수 있는가? 왕필의 역주석은 늘 다음 두 가지 방법을 사용하였다.

첫째, 2효와 5효를 본다. 2효와 5효는 중위中位에 거하여 늘 해당 괘의 주체이기 때문이다. 「명단明象」에서 왕필은 이 점을 명쾌하게 설명하였다.

> 6효가 서로 교착하므로 하나를 들어 밝힐 수 있다. 강剛과 유柔가 상승相乘하므로 주체를 세워 정할 수 있다. 잡다한 사물들이 덕德을 모아 있을 때 시비를 빈빌하려면, 중효中爻가 아니면 할 수가 없다.[29]

이러한 기본 인식을 바탕으로 왕필은 『주역주』에서 늘 2효와 5효를 주효主爻로 삼았다. 이를테면 상경 송괘訟卦☰☵의 괘사를 주석하면서, 구2의 양효가 중위에 거처한다는 이유에서 그것을 주효로 단정해, 소송 재판의 임무에 응할 수 있다고 하였다. 또 하경 곤괘困卦☱☵의 괘사를 주석하면서는, 구2 양효가 중위에 있어 비록 초육과 육3이라는 음효들에 포위되어 "곤궁에 처해도 양강陽剛이 행사하여" 곤경을 구제할 수 있으므로 전체 괘의 주효라고 하였다. 이처럼 중위를 중시하는 왕필의 관점은 전형적인 효위 이론이다. 그 관점은 변괘설變卦說과 동일한 근원에서 나온 것이지만, 왕필은 득위得位한 효를 주효로 삼아 한 괘의 괘의를 추구하였지, 가변효可變爻·불변효不變爻 따위를 사용하지 않았다. 이 점에서 공로가 크다.

둘째, 음효와 양효를 본다. 전체 괘의 6효 가운데 음효가 하나이거나 양효가 하나이면 그 음효나 양효가 그 괘의 주효로 된다. 왕필은 이 점을 「명단」에서 다음과 같이 더욱 강조하였다.

> 무릇 적은 것은 다수의 존대를 받는다. 과소한 것은 중다한 것의 떠받듦을 입는다. 하나의 괘에 양이 다섯이고 음이 하나이면, 그 하나의 음이 주가 된다. 다섯이 음이고 하나가 양이면, 그 하나의 양이 주가 된다.[30]

64괘 중에서 5음1양의 괘와 5양1음의 괘는 각각 여섯 개이다. 5음1양의 괘는 사師☷☵, 비比☵☷, 겸謙☷☶, 예豫☳☷, 박剝☶☷, 복復☷☳이고 5양1음의 괘는 소축小畜☴☰, 리履☰☱, 동인同人☰☲, 대유大有☲☰, 쾌夬☱☰, 구姤☰☴이다. 이 괘들의 괘의는 해당 괘의 유일한 음효나 양효의 효의에 의

하여 결정된다.

상술한 두 경우에 속하지 않는 것에 대해서도 왕필은 주효를 찾아내는 방법을 말하였지만 따를 만한 규칙은 없다. 그 가운데는 이치에 닿는 것도 있지만 억지 해석에 속하는 것도 있다. 이를테면 『주역약례』 「괘략卦略」에서 왕필은 준괘屯卦☷를 다음처럼 해석하였다.

> 이 괘는 음효 모두가 양陽을 구하고 있다. 초체初體(즉 초효)인 양효는 첫머리에 처해 아래에 있으면서, 백성의 구함에 응하고 백성의 바라는 바에 합하므로, 크게 백성의 마음을 얻는다.[31]

초구효가 준괘의 주괘로서 전체의 의리를 결정한다고 본 것이다. 이 해설은 대체로 괘사와 효사의 의의를 연결시켜 본 것일 뿐, 어떤 확실한 근거가 있는 것은 아니다. 다만 왕필의 해설에서 특징적인 것은 괘상을 사용하지 않고 오로지 의리에 주목하고 있다는 점이다.

하나의 효를 주효로 삼는 관점이 바로 왕필이 주장한 효위설의 핵심이다. 이 외에 그는 효변을 논하여 효의 본질이 변통變通에 있다고 보았다. 다만 왕필의 효변관은 취의설과 상관이 있다. 그는 효에 변동 왕래가 있으므로 효의에도 변화가 있으며, 그 변화는 복잡다단하여 사물의 천변만화의 이치를 포용한다고 보았다. 따라서 왕필의 효변관은 상수학 및 괘기설과 대립된다. 즉 효변을 격식화하는 괘기설을 부정하였다.

요컨대 왕필의 효위설은 하나의 괘의 총체성을 추구하였다. 그는 의리를 중시하여 각 효의 효의로부터 손을 대어 한 괘의 괘의를 탐구하였고, 복잡한 효상으로부터 간이한 원리를 탐색하여 사물의 보편 원칙을 발명하는 데 치중하였다. 이것은 취상설·괘변설·효변설 등 옛 설이 표상表象에 뒤얽히고 원리를 소홀히 하였던 경향을 뒤집어 의리학을 발전시키는 데 원동력이 되었다. 한편 왕필의 효위설도 반드시 원만하지만은 않아서 무리도 있고 상당히 번쇄한 폐단도 있었다. 곧 왕필은 지나치게 의리를 추구하려다가 현학의 틀 속에 빠져 『주역』 경전의 본뜻을 위반하기도 하였다.

5. 왕필 역학의 역사적 위치

왕필 역학의 역사적 위치는 세 가지 측면에서 파악할 수 있다.

첫째, 한대인의 경학은 고문과 금문으로 나뉘어 사법師法에다가 또 가법家法을 강론하였고, 역학에서는 상수학을 위주로 하여 결과적으로 아주 자질구레하고 복잡해져 갔다. 즉 상수학의 말류에 다시 음양오행의 미신이 부연되고, 천인감응을 선전하고 길흉화복을 크게 떠들어 역학을 죽음의 길로 향하게 하였다. 이런 때에 왕필의 참신한 역학이 나와 의리를 창도하고 상수를 배척하여, 맑은 바람과도 같이 역학에 생기를 가져 왔다. 한역의 번쇄한 상수학은 층층이 돌더미를 쌓듯이 『주역』의 본래 면목을 점점 덮어 씌웠기 때문에 이 돌더미들을 쓸어 내지 않고서는 『주역』에 감추어진 심원한 철학 사상을 발굴해 낼 길이 없었다. 왕필의 역 주석은 한대인의 상수설을 일소하고 예리한 안목으로 『주역』 자체의 사상 내용을 곧바로 탐구하였으니, 정말 아무도 하기 어려운 귀한 일을 한 것이다. 『주역주』는 세상에 알려진 뒤 사회에 널리 전하여 한역에 깊은 타격을 주었다. 그래서 송宋의 조사수趙師秀[*32)]는 "왕보사의 역학이 행하여 한학을 비판하였다"고 하였다.[†3)] 한역에 치명적인 타격을 주고 공자의 의리설을 발양한 점이 바로 왕필 역학의 주된 업적이었으며, 또한 그 사실로써 왕필 역학은 역사적 위치를 공고히 할 수 있었다.

둘째, 한역의 상수학을 배척하고 『주역』 경전 중의 의리를 탐구하는데 집중함으로써 의리학파를 창건하였다. 왕필은 의리학파의 창시자이며, 왕필의 역학은 의리를 가지고 『역』을 해석한 대표적 작업이다. 왕필의 기여가 없었다면 위진 역학의 의리파는 형성되지 않았을 것이다. "굴원이 없었다면 어떻게 『이소離騷』가 나왔겠는가"라는 말이 있듯이 왕필이 없었다면 위진 시대 역학의 의리파도 없었을 것이다.

셋째, 왕필 역학은 노장 사상으로 『역』을 해석하는 새로운 풍조를 열어 후세의 역학 발전에 깊은 영향을 끼쳤다. 남북조 시대에 강좌江左의

---

*32) 趙師秀는 宋의 永嘉人으로 紹熙 연간의 進士이다. 서실을 清苑齋·天樂堂이라고 하였다. 清新 圓美한 시로 유명하다.

†3) 『清苑齋集補遺』에 보인다.

유가들은 모두 왕필의 역학을 전하였고, 진당 때에 왕필주본王弼注本은 관방 역학을 형성하였으며, 당송 때 과거 시험에서도 왕필주본을 택하였다. 더 중요한 것은 송명 시대 역학 가운데 의리학파는 왕필 역학의 전통을 계승하고 발양하여 역학을 새로운 단계로 발전시켰다는 사실이다. 이렇게 왕필은 역학 발전에 불후의 업적을 남겼다.

3. 한강백의 역학

왕필은 『주역』에 주석하되 「계사전」 등의 『역전易傳』에는 채 주석하지 못했는데, 동진의 한강백韓康伯이 「계사주」를 지어 보충하였다. 당의 공영달은 왕필 주와 한강백 주를 한데 합해 『주역정의』에 넣었다. 이 『주역정의』는 왕필파 역학의 대표작이 되었다. 이에 왕필과 한강백 두 사람을 병칭하게 되었으며, 왕필의 역학을 연구하려면 자연히 한강백의 계승과 발전을 간과할 수 없게 되었다. 한강백은 동진이라는 특수한 역사적 조건하에서 왕필의 역학 관점을 한층 더 밝혀 내고, 동시에 왕필 역학을 부정하는 상수학파와 투쟁을 전개하여, 왕필의 뒤를 잇는 의리학파의 걸출한 대표자가 되었다.

한강백의 이름은 백伯이고 자가 강백인데, 자로 세상에 알려졌다. 영천潁川 장사長社 사람이다. 『진서』에 전傳이 있으나 내용이 자세하지 않다. 여가석余嘉錫은 일찍이 『건강실록建康實錄』을 가지고 고증하여, 한강백이 동진 성제成帝 함화咸和 7년(332)에 나서 동진 효무제 태원太元 5년(380)에 죽었는데 향년 49세였다고 하였다. 본전本傳에 따르면 그는 어려서 특이한 재주가 있었고, 자라서는 맑고 온화하며 사고력이 뛰어났고 6예六藝에 마음을 쏟았다. 일찍이 간문제 사마욱司馬昱이 제후로 있을 때 담객談客으로 있으면서 왕탄지王坦之 등과 변론한 일이 있을 만큼 당시의 저명한 현학가였다. 뒤에 벼슬이 시중·이부상서 등 직위에 이르렀고, 태상太常에 추증되었다. 한강백의 역학 저서에 대해서는 『수서』「경적지」에 처음 목록이 올라 있어 '주역십권周易十卷'[14]이 있고, 또 '주역계사周易繫辭 22

---

[14] 原注에 "魏尙書郞 王弼注六十四卦, 韓康伯注 繫辭以下三卷"이라 되어 있다.

권'[15)이 있다. 즉 한강백의 역주로 수대에 『주역계사주周易繫辭注』 단행본이 있었고, 또 10권본 『주역주』 뒤에 3권으로 부수된 것이 있었음을 알 수 있다. 그러나 사실 그 두 텍스트는 동일한 것이다. 오늘날 전하는 『십삼경주소十三經注疏』[16)에 『주역정의周易正義』 9권이 있는데, 앞의 6권은 왕필이 주한 상하경 64괘이고 뒤의 3권은 한강백이 주한 「계사전」 상하, 「설괘전」, 「서괘전」, 「잡괘전」이다. 이하 한강백 역학을 논할 때에는 이 텍스트에 의거한다.

학술 연원을 두고 말하면 한강백의 역학에 가장 큰 영향을 준 것은 두 가지이다. 하나는 왕숙王肅 역주이고 하나는 왕필王弼 역주이다. 왕숙은 위대 고문경파의 경학대사이다. 그의 역주는 상수를 근본으로 하면서 역리를 천명한 것이 많아 진대 역학에 아주 큰 영향을 주었다. 한강백 역주는 왕숙의 설에 근본한 것이 적지 않다. 여기서는 구체적으로 논술할 여유가 없어 생략한다. 한편 왕필은 왕숙이 그러한 것보다 훨씬 더 크게 한강백에게 영향을 끼쳤다.

한강백 역주의 기본 사상은 명백히 왕필에게서 나왔다. 선학과 근래 학자들 가운데는 한강백이 왕필의 친전제자親傳弟子이거나 문인후학이라고 하는 분들이 많은데, 이 설은 공영달의 설에 뿌리를 두고 있는 듯하다. 『진서』 「한백전韓伯傳」을 보면 한강백의 사적에 관해서는 기록이 아주 소략한데다가 역학의 사승師承 관계에 대하여는 언급도 하지 않았다. 다만 공영달이 『주역정의』 「계사전」 상上의 "대연의 수는 50이고 사용하는 것은 49이다"는 글귀 아래 소어疏語을 붙인 것 속에서 "한씨는 친히 왕필에게서 수업하여 왕필의 취지를 이었기에 왕필의 운위云謂를 인용하여 그 뜻을 증명하였다"고 하였다. 공영달의 설이 무엇을 근거로 하는지는 분명치 않다. 연대를 추산하면 왕필이 생존하였던 연대는 한강백의 시대와 너무 떨어지므로 친히 수업하였을 리가 없다. 그러나 한강백의 역주가 왕필을 직접 계승하였다는 점은 의심의 여지가 없다. 한강백 주는 왕

---

†5) 원주에 "진태사 한강백 주"라 되어 있다.
†6) 世界書局에서 축소 영인한 阮元校刻本.

필의 글을 끌어다 「계사전」 등의 전을 해석한 것이 많은데다가 이론적으로 새로이 천발한 것도 적지 않다. 의리학파의 발전에서 보면 한강백이 왕필 역학을 계승하고 발전시킨 사실은 다음 두 가지 면에서 두드러지게 나타난다.

1. 취의설을 견지하여 한역 상수학을 더욱 배척하다

한강백의 역주는 왕필과 마찬가지로 취의설을 견지하여 의리면에서 『주역』의 원리를 설명하였으며, 한대의 상수 잡설들을 내쫓는 데 더 힘을 쏟았다. 그가 의리를 표방하고 상수를 폐기한 예들은 일일이 들 수 없을 정도이다. 예를 들면 「계사전」 하의 "팔괘가 열을 이루니 상은 그 속에 있다. 그 팔괘에 인하여 거듭하니 효가 그 속에 있다"(八卦成列, 象在其中矣. 因而重之, 爻在其中矣)를 두고 다음과 같이 주석하였다.

> 천하의 상을 갖춤을 말한다. 무릇 팔괘는 천하의 이치를 갖추지만 그 변變을 전부 아우르지는 못한다. 그러므로 인하여 거듭하여 천하의 움직임을 상징한다. 형용에 비의比擬함으로써 치란治亂의 마땅함을 밝히고, 그 응함을 관찰하여 적시適時의 공을 드러낸다. 이로써 효와 괘의 의가 존재하는 바가 각각 다르다. 그러므로 효가 그 속에 있다고 한 것이다.[32]

팔괘가 천하의 상을 갖추고 있고 팔괘의 상이 천하의 이치를 갖추고 있으나, 팔괘는 사물의 변화를 다할 수는 없다. 그래서 팔괘를 중첩하여 64괘를 만들어 각 괘 6효를 가지고 사물의 변화 이치를 상징하고 설명하며, 인간사 치란의 의의를 표현한다고 하였다. 이 관점은 한강백의 역주에서 아주 두드러지게 나타난다. 그는 상과 수의 존재를 결코 부인하지 않았지만, 리理를 상과 수의 근본으로 삼았다. 시수蓍數와 괘상은 단지 역리를 현시하고자 이용되는 것뿐이며, 역리는 상수를 초월하여 존재하는 본질로서 역리의 뒷면에 비로소 시수가 있고 시수가 있어야 괘상이 있다고 하였다. 그래서 「계사전」 상의 "천하의 지정至精이 아니면", "천하의 지변至變이 아니면", "천하의 지신至神이 아니면"이라는 말에 대해 다음과 같이 주석하였다.

> 상을 잊은 자가 아니면 상을 제어할 수가 없다. 수를 버린 자가 아니면
> 수를 극할 수가 없다. 지극히 정밀한 것은 책략이 없으며 어지럽힐 수가
> 없다. 지극히 변화가 많은 것은 하나를 體體받아 누루 주행하지 않음이
> 없다. 지극히 신묘한 것은 극도로 고요하게 응하지 않음이 없다. 이것이
> 대개 공용功用의 모태요, 상수象數가 연유하여 성립하게 되는 바이다. 그
> 러므로 지극히 정밀하고 지극히 변화가 많고 지극히 신묘한 것이 아니면
> 여기에 끼일 수가 없다.[33]

이 말은 바로 지극히 정밀하고 지극히 변화가 많으며 지극히 신묘한
역리가 상과 수의 근원이라는 점을 밝혀, 왕필의 '득의망상설'이 지닌 뜻
을 더욱 천명한 것이다.

한강백의 시각에서 볼 때 역학이란 왕필이 주장하였듯이 괘상을 투과
하여 역리를 발굴하는 일이며, 「계사전」의 '관상觀象'이란 괘상 속의 의
리를 보는 것이지 괘상 자체를 관찰하는 것이 아니다. 그러므로 그는 「설
괘전」을 주석하면서 그 속의 취상설에 대하여 "건은 말(馬)이고 곤은 소
(牛)이다. 건은 머리이고 곤은 배이다……" 이하 단락을 주석하지 않았다.
그리고 「서괘전」의 취의설에 대해서는 아주 많은 설명을 하였다. 이를테
면 송괘訟卦☰☵에 "무릇 생활이 있으면 생활 자본이 있고 생활 자본이 있
으면 투쟁이 일어난다"[34]고 주석하고, 비괘比卦☵☷에 "사중師衆을 일으키
되 친근히 하지 않으면 다툼이 그치지 않는다. 반드시 친근히 한 뒤에야
안녕을 얻을 수 있다"[35]고 주석하였다. 소축괘小畜卦☴☰에는 "이것은 크
게 통하는 도가 아니고, 각각 저축한 바가 있어서 서로 구제함이다. 비比
에서 축畜으로 나아가므로 소축이라고 하였으니, 크다 할 수가 없다"[36]고
주석하였다. 리괘履卦☰☱에는 "리履란 예禮이다. 예란 적용함이다. 그러므
로 저축하면 씀에 마땅하고 씀이 있으면 예를 닦아야 한다"[37]고 주석하였
다. 이것들은 모두 취의설을 견지하면서 괘서卦序를 가지고 인간사를 해
설한 것으로, 넘쳐날 정도로 의리를 많이 말하였다.

「서괘전」속에는 인류 문명의 기원을 연구하는 데 중요한 의미를 지닌 이야기가 있다. 즉 "천지가 있은 뒤에 만물이 있고 만물이 있은 뒤에 남녀가 있으며 남녀가 있은 뒤에 부부가 있다. 부부가 있은 뒤에 부자가 있고 부자가 있은 뒤에 군신이 있다. 군신이 있은 뒤에 상하가 있으며 상하가 있은 뒤에 예의가 조치된다"[38]는 말이 그것이다. 한강백은 이를 다음과 같이 주하였다.

> 이는 함괘咸卦의 뜻을 말한 것이다. 무릇 「서괘전」이 밝힌 내용은 『역』의 지극한 이치가 아니라, 대개 괘의 순서에 따라 가탁하여 뜻을 밝힌 것이다. 함咸은 음유가 위에 있고 양강이 아래에 있어 감응하여 서로 더분다. 부부의 상이 이보다 더 아름다운 것이 없고, 인륜의 도는 부부보다 더 큰 것이 없다. 그래서 선생께서 은근히 그 뜻을 깊이 서술하여 인륜의 처음을 높였지, 잡설에 엮어 두지 않은 것이다. 지난 시대의 학자들은 건乾에서 리離까지를 상경이라 하여 천도를 다루었다고 보고, 함咸에서 미제未濟까지는 하경으로 인간사를 다루었다고 하였다. 대개 역은 6획으로 괘를 이루어 삼재三材가 반드시 갖추어져, 천도와 인간사를 서로 얽어 변화를 효상하였다. 그러니 어찌 천도는 상경에, 인사는 하경에 갈라서 한쪽으로 쏠리게 함이 있었겠는가? 종전의 설은 겉 글귀만 주의하고 뜻을 구하지 않은 것이다. 잘못되어도 크게 잘못되었다.[39]

공소孔疏에 "한강백은 이 구절에서 상경이 천도를 강론하고 하경이 인간사를 강론하였다는 종전의 설을 논파하였다"고 하였다. 즉 한강백은 천도와 인간사를 분리해 보았던 『역위』「건착도」의 취상설을 비판한 것이다. 함괘의 괘의는 강유가 서로 감응함이므로 부부의 상이 이 괘의에서 취해진다. 따라서 함괘에서 간艮이 산이고 태兌가 못(澤)으로 2기가 상통하는 까닭에 부부의 상이 이 함괘에서 취해지는 것이 아니다. 후자의 해석처럼 괘기설과 오행설로 함괘를 해석하는 것은 잡설에 엮어 두고 겉 글귀만 주의하고 뜻을 구하지 않는 일이 된다. 한강백은 공자가 기초를 놓은 취의설에 깊이 공감하였고, 상수파와는 관점을 같이할 수가 없었다.

요컨대 한강백은 『주역』의 괘효사와 십익十翼이 모두 사물의 이치를 표현 전달하기 위하여 사용된 것이되 천하의 이치와 변화의 도가 사물의 깊은 곳에 숨어 있어 괘효상은 물상을 가차하여 의리를 드러낸다고 보았다. 물상을 가차하여 의리를 드러내는 일은 작은 사물을 빌려다 큰 도리를 설명하는 일이다. 즉 「계사전」의 말처럼 "상에 가탁하여 의를 밝히고 작은 것에 인하여서 큰 것을 비유함"이라고 하였다. 역리易理가 상象과 수數의 근본이라면, 상수의 배후에 있는 의리를 탐구하여 사물의 이치 및 변화의 법칙을 파악해야 마땅하며, 한대 유학자들처럼 상수의 각도에서 『주역』을 이해해서는 안 된다. 이러한 인식에 기초하여 한강백은 『역』에 주석하면서 의리를 크게 창도하고 상수를 극력 배격하였다. 그 점은 왕필보다도 훨씬 더하다. 그의 역주는 왕필의 설을 채용하면서 표현은 간결명쾌하게 한 곳이 많아, 한대 유학자의 역주에 비하여 아주 다른 면모를 드러내었다.

2. 노장 사상을 역에 도입하여 역리를 더욱 현학화하다

왕필이 『역』을 주석하면서 노장현학을 극력 선양하였다는 점에 대해서는 이미 서술한 대로이다. 한강백은 왕필과 마찬가지로 노장의 현리玄理로 『역』을 풀이하였는데, 왕필보다 더 심하여 조금도 거리낌 없이 노장의 현언玄言을 원용하였다. 즉 노장의 원문을 답습하거나 혹은 '노자왈'이라고 직접 인용하여, 『주역』을 노장에서 떼어 낼 수 없게 만들었다. 이를테면 「계사전」의 "음양불측을 신이라고 한다"(陰陽不測之謂神)를 다음과 같이 주석하였다.

> 대저 하늘의 하는 바를 아는 자만이 이치를 궁구하고 변화를 체받아, 가만히 앉아서 자신을 잊고 형체를 버린다. 지극히 허하여 잘 응하므로 도道라 칭한다. 골똘히 생각하지 않고 그윽히 살피므로 신神이라 이름한다. 대개 도를 바탕삼아 도에 같아지고, 신으로 말미암아 신에 그윽히 합치하는 자이다.[40]

이 주해의 입론은 『장자』 「대종사大宗師」의 "중니가 서글퍼하면서, 무엇을 좌망左忘이라고 하는가 물었다. 안연은, 신체를 게을리 두고 총명을 내쫓고 형체를 떠나며 지혜에서 벗어나 대통大通에 같아짐을 좌망이라고 한다고 답하였다"41)에 근본한다. '좌망左忘'에 대해 『장자집해莊子集解』는 사마씨司馬氏의 말을 인용하여 "앉아서 자기 몸을 잊어버림이다"라고 하였다.

또 「계사전」의 "백성은 나날이 음양의 도를 쓰고 있으면서도 자각하지 못하므로 군자의 도를 체득한 이가 드물다"42)에 대하여, "군자는 도를 체받아 응용으로 삼으니 인仁과 지知가 소견에 온축된다. 백성은 나날이 써도 자각하지 못하니, 이 도를 체받은 자가 어찌 드물지 않겠는가! 그러므로 늘 욕심이 없이 그 묘리를 보아야 비로소 언어가 지극할 수 있다"43)고 주석하였다. 여기서 "그러므로 늘 욕심이 없이 그 묘리를 본다"는 말은 『노자』제1장에 보이는 말을 한강백이 습용한 것이다. 이 밖에 「계사전」의 "기幾란 동動함의 기미幾微이니, 길吉함이 미리 드러남이다"44)를 주하면서는, 『노자』제64장의 "한 아름 되는 나무는 터럭만한 것에서 생겨난다"45)는 말을 습용하였다. 「계사전」의 "길흉의 이치란 올바름을 지키면 반드시 이겨 길함을 얻을 수 있다"46)를 주하면서는 "노자가 말하길, 제후는 일一을 얻어 천하의 바름을 이룬다"47)고 하여 『노자』의 구절을 직접 인용하였다. 이 말은 『노자』39장에 보인다.

위의 몇 가지 예로 한강백이 노장 현리에 의거하여 『역』으로 해석한 일반一斑을 볼 수 있다. 물론 문자상의 인용이나 습용 사실만을 가지고 더 많은 문제를 다 설명하지는 못한다. 중요한 것은 한강백이 노장 현리의 관점을 응용하여 역학의 구체적 문제를 해석하였다는 점이다. 이른바 역리의 현학화란, 현학 관점으로 『주역』의 이치를 설명하여 현리가 바로 『역』의 본의本義라 여기고 거꾸로 역학의 범주를 가지고 현학을 논증함을 말한다.

한강백이 노장 사상을 『역』에 도입하여 역리를 한층 현학화한 사실 가운데 가장 두드러진 것은 현학의 천도관을 가지고 「계사전」같은 『역전』을 해석하여, 결국 무無가 천지의 본원이라는 결론을 도출해 낸 점이다. 「계사전」의 "역에 태극이 있으니 이것이 양의를 낳는다"에 대하여 한강백은 다음처럼 주석하였다.

무릇 유有는 반드시 무無에서 비롯한다. 그래서 태극이 양의를 낳는다고 하였다. 태극이란 아무 명칭이 없는 것의 칭호이다. 이름할 수 없어서 유有의 극한 바를 취하여 태극에 비유한 것이다.[48]

「계사전」의 "일음일양一陰一陽을 도라고 한다"에 대해서는 다음저럼 말하였다.

도란 무엇인가? 무를 칭한다. 통하지 않음이 없고 말미암지 않음이 없는 것, 그것을 비유하여 도라 한다. 고요히 체體가 없기에 상象으로 그려 보일 수가 없다. 반드시 유有의 쓰임이 지극하면 무無의 공이 드러난다. 그러므로 신神이 일정한 방소方所가 없고 역易이 일정한 형체가 없음에 이르면 도를 볼 수가 있다. 그러므로 변화를 궁구하여 신묘함을 다하고 신묘함에 말미암아 도를 밝히면 음과 양이 비록 다르지만 무는 하나로서 음과 양을 기다린다. 음에 있어서는 무음無陰으로, 음이 그 무음에 의하여 생긴다. 양에 있어서는 무양無陽으로, 양이 그 무양에 의하여 이루어진다. 그러므로 '일음일양'이라고 한다.[49]

「계사전」의 "음양불측陰陽不測을 신이라고 한다"에 대해서는 다음처럼 말하였다.

이 문제에 대하여 일찍이 논한 적이 있다. 양의兩儀의 운동과 만물의 움직임을 따져 보면 어찌 그렇게 시킴이 있겠는가? 태허太虛에서 홀로 변화하지 않음이 없고, 순식간에 스스로를 조화하지 않음이 없다. 조화가 내 편에서 하는 것이 아니고, 이치가 저절로 가만히 응한다. 변화함이 주체가 없으며, 수數가 절로 가만히 운행한다.[50]

한강백은 또 「계사전」을 주석하여 "대저 변화의 도는 작위성이 없이 스스로 그러하다",[51] "대저 물物이 통하는 까닭과 사사事가 다스려지는 까닭은 도에 연유하지 않는 것이 없기 때문이다"[52]라고 하였다. 이상 '도' 와 '무'를 말한 논술들은 한강백 역학의 특징을 선명히 말해 준다. '도'

는 '무'와 일치하므로, 도가 곧 무이다. 그런데 역학에서 한강백은 무를 태극이라 하였다. 태극은 이름할 수도 형상할 수도 없으며, 형체가 없이 가만히 만유의 위에 초월한 것으로 기실 만물의 처음이라고 하였다. 그리고 '양의'는 유형의 세계에 속하되 무형의 태극에서 오므로, 유형으로써 형이상학의 태극을 현시하는 공이 있다. 이러한 관점에서 서법筮法을 해석한다면, 저 사용하지 않는 시초蓍草 하나가 태극이 될 것은 당연하다. 그 하나는 형체도 이름도 없고, 설시揲蓍 과정에도 참여하지 않지만, 그러면서 도리어 형체도 있고 이름도 있는 49의 변화를 빌려다 자기를 현시하게 된다. 한편 현학에서 한강백은 도를 무無라 하였다. 이 무는 비록 형상이 없어 말로 표현할 수 없으나, 도리어 일체 유형의 물物의 근본으로서, 형이하에 속하는 일체 사물이 모두 형이상의 무에 의거해야만 비로소 존재할 수 있게 된다. 이러한 논설이 사실상 표현하고 있는 것은 『노자』의 천도관이다. 즉 『노자』 40장의 "천하 만물이 유에서 생기고 유는 무에서 생긴다"[53]나, 44장의 "도가 하나를 낳고 하나가 둘을 낳고 둘이 셋을 낳고 셋이 만물을 낳는다"[54]에는 노자의 천도관이 명확히 드러나 있다.

한강백이 역학을 노자와 합하여 현학으로 『역』을 풀이한 관점은 명백히 왕필에게서 취해 온 것이다. 왕필이 대연大衍義를 해석한 것을 보면 두 사람이 놀랄 만큼 일치함을 알 수 있다. 한강백이 무를 태극으로 본 것은 한역의 태극설을 부정하고 왕필의 관점을 발휘한 것으로 나름대로 의의가 있다. 하지만 역학에서 보면 왕필과 한강백이 『주역』의 태극을 해석한 내용은 완전히 잘못이다. 도리어 한대의 정현·허신·우번의 설이 옳다. 『역전』과 『노자』는 본래 사상 체계가 서로 달라, 무엇이 우주의 시원인가 하는 문제에 관한 관점이 서로 확연히 다르다. 『역전』은 우주 시원을 태극으로 소급시켜, 태극을 천지 미분화 시의 일종의 혼돈 상태로서 최고의 물질 상태라 보았다. 한편 노자 철학의 최고 범주는 도道이다. 얼른 보면 『노자』에서 "하나가 둘을 낳고 둘이 셋을 낳고 셋이 만물을 낳는다"고 한 말은, 『역전』의 "역에 태극이 있어 이것이 양의를 낳는다"는 설과 아무 차이가 없다. 하나는 태극, 둘은 양의라고 하면 이해가 아주 잘 된다. 하지만 『노자』는 하나의 앞에다가 도를 얹고 유有의 앞에다

무를 얹어서 "도가 하나를 낳는다" 하고 "유가 무를 낳는다" 하였다. 『노자』는 우주의 시원이 유有나 태극이 아니라 무 즉 도라고 본 것이다. 이 무나 도는 이름할 수 없는 것으로 형이상의 비물질적인 것이다. 따라서 『역전』의 태극과 『노자』의 도(무)는 결코 같지 않다. 왕필과 한강백이 태극과 무를 얽어 하나로 본 것은 『주역』을 현학의 시각에서 해석한 것으로 『역전』의 본의와는 무관하다.

위에 서술한 현학적 천도관과 관련하여 한강백의 역주는 또 자연무위의 정치관을 표명하였다. 천도는 무를 귀중하게 여기고 무로부터 유가 있게 하며 작위함이 없이 행하니, 성인은 마땅히 도를 체받고 천을 법받아 자연무위의 정치를 행해야 한다고 하였다. 「계사전」의 "양괘陽卦*33)는 1양에 2음으로 군주가 하나에 백성이 둘이니 군자의 도이다"55)를 두고 한강백은 다음처럼 주하였다.

> 양은 군주의 도이고 음은 신하의 도이다. 군주는 무위로 대중을 통솔한다. 무위는 하나(一)이다. 신하는 일삼음이 있어 끝나면 다시 새 일을 한다. 일삼음이 있음은 둘(二)이다. 그러므로 양효는 기수로 그어 군주의 도가 반드시 하나임을 밝히고, 음효는 우수로 그어 신하의 체받음이 반드시 둘임을 밝힌다. 이렇듯이 음의 수와 양의 수는 군주와 신하를 변별한다.56)

또 「계사전」의 "영구히 존속시킬 수 있는 것이 현인의 덕이요, 광대하게 할 수 있는 것이 현인의 사업이다"57)에 대해 아래와 같이 주하였다.

> 천지는 이간易簡하니 만물이 각각 형체를 그 위에 싣는다. 성인은 의도적으로 행함이 없으나 뭇 나라들이 각각 사업을 완수한다. 덕업이 이루어지면 형기形器로 드러난다. 그러므로 현인은 그 형기를 가지고 덕업을 지목한다.58)

---

*33) 陽卦란 震 ☳, 坎 ☵, 艮 ☶ 을 말한다.

역도易道가 간이함은 바로 성인이 무위로써 다스리는 원리를 설명해 준다. 또 만물이 하늘을 법받아 저절로 그러하여 작위성이 없는 것, 그것이 곧 하늘의 도를 행함이라고 하였다. 만일 정치에서 금기가 많고 법령이 삼엄하면 만물의 실정에 거스르는 것이 된다. 만사가 그 스스로 그러한 바에 따라 하여 "만물을 복종케 하되 위엄과 형벌로써 하지 않아야"[7] 뭇 나라들로 하여금 각각 소정의 사업을 완수하게 할 수 있다. 이것은 무위자연의 정치관으로, 바로 노장 도가의 정치 주장을 드러내고 있다. 여기서 한강백의 역학이 추구한 '의義'란 대체로 노장현학의 '의'임을 알 수 있다. 한강백은 왕필을 계승하면서 왕필의 역학설을 크게 발양하여, 왕필파 역학을 정점에 도달케 하였다. 따라서 역리를 현학화하는 과정에서 그의 위치는 대단히 중요하다.

요컨대 한강백의 역학은 왕필의 그것과 일치하여, 왕필 역학을 발전시켰다고 말할 수 있다. 그 특징은 취의설에서 출발하고 취상설을 배척하며, 역학과 노자 철학을 한데 결합하여 노장현학을 가지고 『주역』의 원리를 설명하고, 나아가서 역리를 현학화하여 『주역』을 『노자』・『장자』와 나란히 3현三玄의 하나로 만든 데 있다.

한강백이 『역』의 주석에서 취의설을 견지하고 한역 상수학을 배척한 것은, 일체의 오행재이五行災異 미신을 타파하고 한대 유학자의 괘변설・괘기설・납갑설・효진설 등 구차한 설들을 몰아내었다는 점에서 극히 중요한 의의가 있다. 역학사에서 보면 왕필과 한강백의 역학은 가히 역학의 일대 혁명이라고 할 수 있다. 서진과 동진 시대에 상수파가 왕필 현학파와 격렬한 논쟁을 벌인 역사 배경과 관련시켜 볼 때, 한강백 역학은 현학 의리파를 진흥시켰다고도 할 수 있다. 따라서 한강백의 역주易注가 출현했다는 사실은 의리파가 역학의 주류로 되는 데 극히 중요한 의미를 지닌다. 그 밖에 한강백은 『주역』이 상象・수數・리理의 셋을 포괄하지만 리가 상과 수의 근본이라고 보아, 상수의 배후에 있는 역리를 극력 탐색하여 무형무명의 리를 『주역』의 본질 내용으로 삼았다. 이렇게 하여 역학을

[7) 「繫辭傳」上의 韓康伯 注.

사변 철학의 노선으로 인도하여, 송명 리학가의 역학에 큰 영향을 주었다.

다른 한편으로 한강백의 역주는 노장 현리를 조술하여 통하지 않는 면이 많다. 이에 대해서는 선인들이 비판하여 바로잡은 것이 많다. 예를 들어 당대 곽경郭京의 『주역거정周易擧正』은 왕필과 한강백 주의 오류를 상당수 바로잡았다. 그 밖에 한강백의 역주는 왕필의 설을 많이 인용하다 못해 왕필의 원뜻을 오해하여 모순에 이르기도 하였다. 이를테면 「계사전」의 "후회와 애석을 근심하는 자는 마음의 경계를 확고히 지킨다"(憂悔吝者存乎介)에 주할 때, 왕필의 설을 인용하면서 그 뜻을 잘못 읽었다. 이점에 대해서는 유월兪樾*34)이 『군경평의群經平議』에서 이미 변정辨正한 바 있다. 이처럼 잘못되고 빠진 것은 그래도 나은 편이다. 문제는 한강백이 『역』을 연구하면서 현지玄旨를 농락한 점이 왕필보다 지나치면 지나쳤지 모자라지 않았다는 사실이다. 왕필은 리理로 역을 해석하여 상수를 없애고 의리를 밝히려 하였지만 상수를 완전히 폐기하시는 않았다. 그런데 한강백은 그보다 지나쳐서, 의리를 상수에 대립시켜 리理가 사事보다 앞서고 형이상의 도가 형이하의 기氣보다 앞선다고 하였다. 그는 "천지만물이 모두 무無를 근본으로 삼는다"는 현학관을 내세워 한역 상수학의 좋은 점까지도 다 없애 버렸다. 그래서 후세에 아주 좋지 못한 영향을 끼쳤다. 송명 리학파의 역학은 위진 현학파의 관점을 개조하고자 "유가 반드시 무에서 비롯된다"는 이론을 부정하느라 너무 많은 기력을 허비하지 않으면 안 되었다.

요컨대 『사고전서총목제요』의 평론이 공평하다 하겠다. 그 평론은 이렇다. "공평하게 논하자면 의리를 천명하여 술수에 물들지 않게 한 점은 왕필과 한강백의 공이 아주 크다. 그러나 허무를 숭상하여 『역』을 끝내 노장에 빠져 들게 한 점은 왕필과 한강백의 과실이 없지 않다. 흠을 가리지 못함, 이것이 정평이다."59)

---

*34) 兪樾(1821~1907)은 청말의 학자로 역학에 뛰어났다. 자는 蔭甫이고 호는 曲園으로, 浙江省 德清人이다. 道光 연간의 進士로 河南學政을 지냈고, 만년에는 杭州 詁經精舍에서 30년간 강학하였다. 제자가 많았는데 章炳麟도 그 중 한 사람이다. 『春在堂全集』 500여 권이 전한다.

제3절 위진남북조 시대의 상수파 역학

1. 위진 시대의 상수학

위진 때에도 한역 상수학은 여전히 활발하였다. 특히 현학파 역학이 홍기하고 유행함에 따라 상수파의 불만과 반대를 불러일으켰다. 이에 두 파가 역학의 허다한 문제들을 둘러싸고 논쟁을 전개하였다. 이 논쟁은 이 시기 역학의 내용을 풍부하게 하여, 역학사에서 두 유파가 융합하도록 만들었다. 또 그에 따라 뒷날 당대 역학이 2대 유파의 성과를 총결산하는 신국면을 맞도록 하는 기초를 놓았다.

조위曹魏 때 상수파의 대표자는 관로管輅이다. 관로의 자는 공명公明으로 평원平原 사람이다. 『삼국지』「위서」「방기전方技傳」에 관로의 전傳이 있다. 그 기록에 관로는 당시 저명한 점술가로서 길흉화복을 잘 맞추고 과거와 미래사를 능히 알아, 당시의 많은 유명인들에게 점을 쳐서 의문을 풀어 주었는데 점험占驗이 전부 딱 들어맞았다고 하였다. 『삼국지』본전의 주注에 관로의 아우 관진管辰이 지은 『노별전輅別傳』을 인용한 것을 보면, 관로는 어려서부터 천문 보기를 좋아하여 서주徐州의 신동이라 소문이 났다. 성인이 되어서는 『주역』에 밝아 앙관仰觀·풍각風角·점占·상相에 모두 정미하였으며, 시초를 벌여 괘를 만들어 사변을 정묘하게 알아 맞추었다. 글방 학생들의 질병·사망·빈부·상쇠喪衰를 하나도 틀림없이 점쳐 내어 놀라고 괴이하게 여기지 않는 사람이 없어 모두 그를 신인神人이라 했다고 한다. 본래 『주역』의 서법筮法과 설괘設卦로 인간사의 길흉을 예측하는 일은 전국 시대 및 한대에 아주 유행하였다. 『노별전』의 기록에 따르면 관로가 스스로 말하길, "지금 세상에는 바랄 것이 없고, 노재신魯梓愼·정비두鄭裨杜·진복언晉卜偃·송자위宋子韋·초감공楚甘公·위석신魏石申과 함께 영대靈臺에 올라 신도神圖를 펴보고 삼광三光[35]에 거닐고 재이災異를 밝히며, 시구蓍龜를 운전하여 호의狐疑를 결정해 보았으면 여한

---

*35) 三光이란 日·月·星을 말한다.

이 없겠다"고 하였다 한다. 여기에 열거된 사람들은 여러 나라의 유명한 점술가들이다. 『노별전』에 또 "계주季主와 도를 논하기를 즐겼으면 하는 것이 내 소원이고, 어부와 함께 배를 타지 않았으면 한다"고 한 말을 적었다. 계주는 사마계주司馬季主로 한초의 점술가이다. 사마계주는 저자거리에 점판을 벌리고 사람들의 길흉을 점쳐 준 인물로『사기』「일자열전日者列傳」에 그의 사적이 많이 기록되어 있다. 관로는 사마계주를 존숭하였는데, 계주의 말을 인용하여 복서자卜筮者의 도를 논한 일도 있다.

전국 시대와 한대의 복서자를 『사기』는 '점가占家'라 칭하였다. 이 점가들의 저서를 『한서』「예문지」는「술수략術數略」에 수록하였으므로, 역학사에서 그들을 술수파라 칭할 수 있다. 술수파는 한역의 한 유파일 뿐만 아니라 후대에도 계속 이어져 쇠하지 않았다. 이 유파는 체계적인 이론이라고는 아무것도 만들지 못하였다. 그 근본 원리는 음양감응지변陰陽感應之變에서 벗어나지 않았으며, 『주역』의 강론은 괘상, 서수, 음양의 효, 신화神化의 근원, 유명幽冥의 미래 등에서 벗어나지 않았다. 곧 귀괴재이鬼怪災異와 길흉화복을 대대적으로 떠들어 봉건 미신의 색채가 농후하였다. 이 술수파는 주로 괘효상과 음양지수를 강론하였으므로 혹 상수파에 귀속할 수도 있으나, 정통 상수파와는 의당 차이가 있었다. 가장 크게 다른 점은, 술수파는 이론상 『주역』 자체를 천명하는 일이 극히 적었다는 사실이다. 그들은 심지어 "역을 잘하는 이는 『역』을 논하지 않는다"라든가 "『역』에 어찌 주할 수가 있는가"[8]라고 하였다. 그 취향은 오로지 팔괘 효상의 술수에 있을 뿐이었다. 관로는 조위 때 술수파의 대가로 이름이 아주 높았다. 그가 길흉을 점산한 두 예를 먼저 분석하여 『주역』 괘효에 대한 관로의 견해를 살피기로 한다. 『삼국지』 본전에 이러한 기록이 있다.

이부상서 하안何晏이 청하여 등양鄧颺이 하안의 밑에 있게 되었다. 하안이 관로에게 "듣자니 그대의 시초점이 신묘하다고 하는데 한번 괘를 벌

---

†8) 『輅別傳』, 관로의 말.

여 주시오. 삼공의 지위에 오르겠소 않겠소?" 하였다. 또 묻기를 "벌써 며칠째 꿈에 푸른 파리 수십 마리가 코 위에 와서 앉아서는 쫓아도 쫓아도 가지를 않으니 무슨 뜻이오?" 하였다. 관로가 말하길 "…… 지금 어르신의 지위가 산악보다 중하고 위세가 번개와 같지만, 덕을 생각하는 사람은 적고 위세를 무서워하는 사람은 많습니다. 조심하고 삼가서 많은 복을 얻는 그런 어짐을 지니시지 못한 듯합니다. 또 코란 간艮이니, 하늘 속의 산입니다. 이 산은 높아도 위태하지 않아 항구하게 귀함을 지키는 법입니다. 그런데 이제 푸른 파리가 나쁜 냄새를 맡고 모여들었으니, 지위가 높은 자는 뒤집어지고 호세 부리는 자는 망하게 마련입니다. 이제 가득 차고 손해 보는 운수와 성하고 쇠하는 시기를 생각하지 않을 수 없습니다. 그러므로 산이 땅에 있는 것을 겸謙이라고 하고, 우뢰가 하늘에 있는 것을 장壯이라 합니다. 겸괘謙卦의 뜻은 많이 가진 자에게서 거둬들여 적게 가진 자에게 줌이고, 대장괘大壯卦의 뜻은 올바른 예禮가 아니면 밟아 나가지 않음입니다. 자기 것을 덜어 내어서 빛나고 위대하게 되지 않음이 없고, 잘못을 저질러서 패하지 않음이 없습니다. 바라건대 어르신께서는 위로 문왕께서 6효를 그으신 취지를 좇고, 아래로 공자께서 「단전」과 「상전」을 지으신 뜻을 생각하십시오. 그런 뒤에야 삼공의 자리를 결정할 수 있으며, 푸른 파리를 쫓을 수 있습니다"라고 하였다. 십여 일 뒤에 하안과 등양이 모두 주살되었다는 소식을 들었다.[60]

관로는 하안이 장차 죽을 것임을 점쳤는데, 과연 십여 일 만에 주살되어 점험이 어긋나지 않았다. 여기서는 간괘·겸괘·대장괘의 괘상을 근거로 하안의 권세가 지나치게 커서 성함이 극하면 반드시 쇠하리라는 사실을 추론해 내었다. 관로는 『주역』 괘효를 두고 괘상설을 취한 것이 틀림없다. 본전에 또 다음 기록이 있다.

관로가 열인列人 전농典農 왕홍직王弘直한테 왔는데, 높이 석 자 남짓한 회오리 바람이 신申 방향에서 와서 뜰 안에서 뱅글뱅글 돌다가 멈추고 멈추었다가는 다시 일어나기를 한참이나 한 뒤에 그만두었다. 왕홍직이 관로에게 묻자 관로는 "틀림없이 동방에 말 탄 관리가 와서, 아비를 놀

제3장 위진수당 시대의 역학   317

래고 자식을 곡하게 하리니 어쩌지요?"라고 하였다. 다음날에 교동膠東의 관리가 와서 왕홍직의 아들이 과연 망하였다. 왕홍직이 그 이유를 묻자 관로는 "그날이 을묘乙卯이니 맏아들의 징후입니다. 나무가 신申에 떨어지고 북두北斗가 신申에 서는데, 신申이 인寅을 파하니 죽음의 징후입니다. 해가 오午를 지나 바람이 일어나 말(馬)의 징후입니다. 리離는 문장으로, 관리의 징후입니다. 신미辛未는 호랑이이고 호랑이는 대인으로, 아비의 징후입니다"라고 하였다.[61]

이것은 전형적인 점후술로 납갑설·오행설·육친응용법六親應用法을 모두 사용하였다. 배인裴駰의 주에 인용된 『노별전』에 따르면 관로는 또 "무릇 바람은 때에 맞추어 움직이고 효爻에는 상象이 응하니, 시時란 신神이 구사하는 것이고 상象은 시時의 형표形表입니다. 그 도를 하나의 때로 하면 어려울 것이 없습니다"[62]라고 하였다. 관로의 『주역』이해는 주로 팔괘 효상과 술수를 강론하였음을 알 수 있다. 『노별전』은 관로가 술수에 관하여 한 말을 적잖이 기록하였다. 지면 관계상 전부 인용하지는 못하고 다만 중요한 것 둘만 따 와서 『주역』에 대한 관로의 기본 시각을 밝히고자 한다. 관로가 석포石苞와 나눈 이러한 담화가 있다.

석포가 업業의 전농典農이 되어 관로와 상견하여 물었다. "그대 고향에 적문요翟文耀가 형체를 감출 수가 있다고 하는데 그것이 사실인가?" 관로가 답하였다. "그것은 단지 음양폐닉陰陽蔽匿의 술수일 뿐입니다. 그 술수를 얻으면 높은 산도 감출 수 있고 큰 바다도 숨길 수 있습니다. 하물며 일곱 자 몸의 형체야 말할 것이 있겠습니까? 변화의 속에 노닐며 구름 안개를 흩어 몸을 감추고 금수金水를 깔아 자취를 없애니, 술術이 족하고 수數가 이루어지면 어려울 것이 없습니다." 석포는 "그 묘리를 듣고 싶으니 그대는 그 술수를 잘 논하여 주시게" 하였다. 관로는 말하였다. "무릇 물물物物이 정精하지 않으면 신神이 아니고, 수數가 묘하지 않으면 술術이 아닙니다. 그러므로 정精이란 신神이 합한 바요, 묘妙란 지혜가 만난 바입니다. 기미幾微에 합하면 성性이 통할 수 있어 말로 논하기 어렵습니다. 그러므로 노반魯班은 그 손재주를 말할 수 없었고 이주

離朱는 그 눈의 기능을 말할 수 없었던 것입니다. 이게 다 말로 하기 어려움이었습니다. 공자께서는 글이 뜻을 다하지 못한다고 하셨으니 말의 섬세함을 두고 한 말입니다. 또 말은 뜻(意)을 다하지 못한다고 하셨는데, 이것은 뜻의 미세함을 두고 한 말입니다. 이러한 말들은 모두 신묘를 두고 한 말입니다. 한번 대체大體를 들어 증명해 보지요. 무릇 태양이 하늘에 솟아 그림자가 만리를 운행하여 사물 치고 비추지 않는 것이 없으되, 해가 땅에 들어가면 숯덩이 크기의 빛도 볼 수가 없습니다. 보름날 만월은 밝게 빛나 밤을 비추어 멀리까지 볼 수 있으나, 낮에는 그 밝음이 거울만도 못합니다. 지금 일월을 숨기는 것은 반드시 음양의 수입니다. 이 음양의 수는 만 가지에 통하여 새짐승도 변화시키거늘 하물며 인간이야 말할 것이 있겠습니까! 무릇 數수를 얻은 자는 묘하고 神신을 얻은 자는 영靈하니, 산 자에게서만 징험이 있는 것이 아니라 죽은 자에게서도 징험이 있습니다. 그러므로 두백杜伯은 화기火氣를 타고 정精에 노닐고, 팽생彭生은 물의 변화에 가탁하여 형形을 세웠던 것입니다. 그러므로 산 자는 능히 나오고 들어갈 수 있고, 죽은 자는 능히 드러나고 숨을 수 있습니다. 이것이 물物의 정기精氣요 화化의 유혼游魂이니, 사람과 귀신이 서로 느껴 數수가 그렇게 시키는 것입니다.”[63]

또 관로가 청하령淸河令 서계룡徐季龍과 한 이야기가 이렇게 기록되어 있다.

서계룡이 흠복하여 관로를 머물게 해 여러 날이 지났다. 관로가 사냥의 포획물을 점치면 다 들어맞았다. 서계룡이 물었다. “그대는 신묘하지만 장물이 많지 않구려. 어떻게 맞출 수 있는거요?” 관로가 답하였다. “저는 천지와 함께 신령에 참예하고, 시구蓍龜와 함께 신령에 통하여, 일월을 끌어안고 아득한 하늘에 노닐어 변화를 극히 알고 미래를 보오. 하거늘 이 따위 비근한 물건들로 총명을 가려야 되겠소?” 서계룡이 크게 웃으며 “그대는 겸손하지 않은데다 또 곤궁까지 핍박할까 염려되오”라고 하였다. 관로가 답하였다. “그대는 아직 겸謙이란 말을 모르니, 어찌 도를 논할 수 있겠소? 무릇 천지가 건곤의 괘요 시구가 복서의 수이며, 일월이 이감離坎의 상象이고 변화가 음양의 효爻이며, 묘명杳冥이 신화神

化의 근원이고 미연未然이 유명幽冥의 선先이오. 이것들이 모두 『주역』의 기강이거늘, 어찌 내가 겸손하지 않단 말이오?"[64]

이것은 술수의 근본이 음양 감응의 변화에 불과함을 밝힌 말이다. 곧 술수파의 기본적인 주역관을 대표한다. 이른바 術術이란 주로 운용법을 가리키고 수數란 '정수定數', 즉 음양 감응의 변화로 인하여 반드시 이르러 오게 되는 형세이다. 술수가의 설법에 따르면 이 술수가 『주역』에 갖추어져 있으므로 술수학에 밝으면 어떤 특수한 정수定數를 예측하여 자연의 변이와 나라의 흥망, 그리고 개인에게 당장 닥칠 길흉까지 모두 다 알 수 있다고 한다. 그런데 그 구체적인 응용은 음양오행이나 천간지지天干地支 따위 같은 상징 부호에 의하여 괘효나 시구蓍龜 혹은 면상面相이나 기색氣色 위에 운용되어 이루어진다. 이러한 술수 예측은 근대 과학과는 전혀 부합하지 않는다. 술수 예측은 추상·추리·논증을 말하지 않고, 이런저런 감응 상징들을 직관적으로 아우르고자 한다. 즉 술수 예측은 전적으로 심령의 묘오에 의지하여 "변화를 다 알고 미래를 볼 수 있다"고 말한다. 이러한 심령 감응의 예측은 철학상으로 볼 때 순수히 관념론적으로 유신론적 미신을 선전하는 것이어서 이론상 설득력이 없다. 역학사에서 이 술수파는 대대로 계승되어 왔으나, 논설하는 것을 따져 보면 『주역』을 베일로 삼아 신비주의적인 현허한 해석으로 사람을 속여 돈을 뜯으려는 것에 불과하였다.

이상에서 볼 때 관로는 역학가가 아니라 사실은 점술가류로서 『역』을 시일점산時日占算과 화복예측의 방술로 간주하였음을 알 수 있다. 따라서 한역의 장구章句 훈고訓詁와 다를 뿐 아니라, 의리를 회통한 위진 의리파와도 다르다. 청인의 말을 빌리자면 '경외별전經外別傳'이라고 할 만하다. 그렇기는 하지만 상수파의 대표로서 관로는 당시의 현학파 역학을 극력 반대하였다. 상술한 관로의 언론 중에서 그가 현학에 의한 『주역』 의리의 해설에 찬성하지 않았던 태도를 살필 수 있다. 이뿐만 아니라 관로는 현학으로 『역』을 논한 하안何晏의 경향을 정면 비판하기도 하였다.

하안이 그처럼 교묘하여 남이 무너뜨리기 어려운 재주로 형체의 바깥에 노닐지만 신神의 경지에는 들지 않았다. 신의 경지에 들지 않은 자는 천원天元이란 점산법을 추산하고 음양을 추리하며 현허玄虛한 이치를 탐구하고 유명幽明을 궁극까지 알아야 마땅하다. 그런 뒤에 도의 무궁함을 보고 자잘한 말을 할 겨를이 없게 된다. 만약 조금이라도 노자와 장자를 안배하여 효상을 참고하고, 은미한 말을 사랑하여 아름다운 문구를 일으키고자 한다면, 가히 과녁을 맞추는 공교함이라고는 할 수 있어도 털끝을 뚫는 신묘함일 수는 없다.[65]

관로는 "음양의 이치는 정밀함으로써 오래 지킬 수 있다"[66]고 스스로 말하고, 하안의 역학을 천시하였다. 하안이 노장으로 『역』을 해석한 것은 아주 허풍스러워 신의 경지에 들지 못하였다고 본 것이다. 그는 더 나아가 하안을 이렇게 비판하였다.

그 재주는 마치 대야의 물과 같아, 보이는 겉은 맑지만 보이지 않는 속은 더럽다. 넓힘에만 정신이 있고 배움을 힘쓰려는 뜻이 없으니 재주를 이루기 어렵다. 만약에 대야의 물로 산 하나의 형체를 비추어 얻고자 한다면, 산의 형체를 얻기는커녕 이로 말미암아 지혜가 미혹하고 만다. 그러므로 노장老莊을 말하면 공교하되 화려함이 많고, 『역』을 논하여 의義를 만들어 내면 아름답되 거짓이 많다. 화려하면 도道가 허황되고, 거짓되면 정신이 허하다. 윗 재주를 얻으면 얕아서 흐름이 끊어지고, 중간 재주를 얻으면 정수를 흘려 버리고 홀로 나간다. 그래서 나는 그를 공功이 작은 재주라고 여긴다.[67]

하안을 정면 공격한 관로는 노장현학에 의한 『역』해석을 허풍스럽고 알맹이가 없어 정도正道가 아니라고 하였다.

관로는 하안의 역학을 공박하였지 결코 한 개인의 싫고 좋음을 논한 것이 아니다. 관로의 역학은 상수를 중히 여겨 음양을 위주로 삼았고, 하안은 노장으로 역을 풀어 의리의 발휘에 힘썼다. 그러므로 관로와 하안 사이의 논쟁은 사실 한대의 구 역학과 위진 시대의 신 역학 사이의 논쟁을 대표한다. 이 점을 간과해서는 안 된다.

관로의 뒤로 구 역학 진영 내에서 거론할 만한 인물은 왕제王濟이다. 하소何劭의『왕필전』에 "태원인太原人 왕제가 담론을 좋아하고 노장老莊을 병으로 알았다. 일찍이 왕필 역주에 잘못(誤)이 많음을 보았다"고 하였다. 탕용동湯用彤이『위진현학논고魏晉玄學論稿』에서 소석疏釋한 바에 의거하면, '오오'는 통상 '오오悟'로 되어 있으나 왕응린王應麟의「정씨역서鄭氏易序」는 육징陸澄과 왕검王儉의 책을 인용하여 '오오誤'로 하였다고 한다.『남제서』「육징전陸澄傳」에는 '오오悟'로 되어 있지만, 육징과 왕검의 어투로 볼 때 '오오悟'는 분명히 '오오誤'의 잘못이라는 것이 탕용동의 설명이다.

왕제의 자는 무자武子로 태원 진양晉陽 사람이니 바로 왕혼王渾의 차남이다.『진서』에 입전되어 있다. 왕제는『역』과『장자』,『노자』에 밝았고 청언淸言을 잘하였으며 저서에『의義』가 있다고 하였다. 그러나 노장에 병들었다고는 하지 않았다. 따라서 탕용동의 지적이 옳다. 왕제도 왕필이 노장으로『역』을 풀이하는 것에 불만이 있어 왕필의 역주가 '잘못'(誤)이 많다고 비판하였던 것이다.

위진 때 상수파의 대표로는 또 영천潁川 순씨荀氏 가족이 있다. 순씨는 역학을 집안 대대로 전하였다. 한말에 순상荀爽이 집대성하였는데, 효상을 근거로 하고 음양 변화의 뜻을 이어받아『역』을 논하였다. 순상의 역학설은 이미 앞에서 본 대로이다. 순상의 종손자인 순의荀顗는 자가 경천景倩으로 위나라 태위太尉 순욱荀彧의 여섯째 아들이다. 일찍이 종회鍾會의「역무호체론易無互體論」을 힐난하여 명성을 얻었다. 순의의 족질인 순융荀融은 자가 백아伯雅로 순욱의 형 순연荀衍의 손자이자 순소荀紹의 아들로서, 왕필·종회와 나란히 이름이 있었다. 일찍이 왕필·종회와 더불어『역』과『노자』의 뜻을 논한 것이 세상에 전한다. 하소의『왕필전』에 "왕필이『역』을 주하자 영천 사람 순융이 왕필의 대연의大衍義를 논박하였는데, 왕필이 그 뜻을 답하였다"고 하였다. 순융의 조카 순숭荀崧은 자가 경유景猷로 순욱의 현손이자 순군荀頵의 아들인데, 동진 초 원제元帝 때 정역鄭易의 박사를 두자고 청한 일이 있다. 순숭이 구 역학을 존중하고 신 역학을 반대하였음을 알 수 있다. 순의의 종손 순휘荀輝도 역학에 통하여

『주역주』를 저술해서 순상의 전통을 이었다. 그 밖에 『수서』 「경적지」에 『순상구가주荀爽九家注』가 올라 있는데, 한대 이래 상수파의 역 해석 성과를 모아 영향력이 아주 컸다고 한다. 그 책의 편자는 자세하지 않으나, 순씨 가문의 뒷사람 손에서 나온 것이 분명하다. 요컨대 순씨 가문의 역학가는 가학을 조술하여 상수를 극력 주장하였고, 현언으로 『역』을 해석한 왕필의 역학과는 달랐으므로 왕학을 대단히 비난하였다. 순씨가와 왕필의 논쟁은 상수파와 현학 의리파 사이의 논쟁을 반영하고 있다.

왕필의 『주역주』는 노장을 원용하여 『역』을 풀이하고, 상수를 잘못이라 하여 현리를 창도하였으므로, 당시 유가 정통 학자의 강렬한 불만을 사서 진대에 벌써 소리 높여 공격하는 자가 있었다. 그 대표 인물이 범녕范寧과 손성孫盛이다.

범녕의 자는 무자武子로 동진의 산기상시散騎常侍 범왕范汪의 아들이다. 젊어서 독학하여 통람한 것이 많았고, 유학을 존숭하고 속학을 억눌러 성품이 강렬하였다. 『진서』 「범녕전」은 그가 하안과 왕필을 공격한 일을 기록하여 "이 때에 부허浮虛를 선동하여 유학의 학풍이 나날이 침체되었는데, 범녕은 그 근원이 왕필과 하안에게서 비롯되므로 두 사람의 죄가 걸桀과 주紂보다 깊다고 여겼다"고 하였다. 그리고 그의 논변을 이렇게 적었다.

어떤 이가 말하였다. "황제黃帝 도당씨陶唐氏 시대가 아득히 멀어 지극한 도가 문드러졌으며, 장자가 노닐던 호복濠濮에서 고고한 이들의 읊조림이 끊겨 풍류를 기탁할 곳이 없으니, 서로간의 쟁탈이 인의仁義를 빙자하여 일어날 조짐을 보이고 시시비비가 유가와 묵가墨家에서 이루어졌다. 평숙平叔(하안)은 사고력이 보통 사람들에서 벗어나고 보사輔嗣(왕필)는 신묘한 사색으로 은미한 도에 통하였으니, 천 년의 무너진 기강을 떨치고 주공周公과 공자의 속박을 떨어 내었다. 이 분들은 높은 관직 가운데서 명망이 높은 분이요, 현담에 뜻을 붙이는 이들 가운데 출중한 분들이라고 하겠다. 그런데 이전에 선생의 논변을 들으니 그들의 죄가 걸과 주보다 심하다 하였는데 무슨 이유에서입니까?" 범녕이 답했다. "그대는 성인의 말이 있다고 믿는가? 무릇 성인이란 덕이 천지와 짝하고, 도가 삼재三才에 으뜸이다. 비록 제帝와 황皇의 호명이 다르고 질質과 문文의 제도가 달랐으나, 천하를 다스려 백성들의 산업을 이룬 점에서는 세대를 건너뛰어 지취를 같이한다. 왕필과 하안은 전범을 멸시하여 폐기하고 예법의 도를 따르지 않았으며, 뜬 말과 허황한 설로 후생을 소란케 하였다. 화려한 말을 꾸며 진실을 가리고, 번다한 문구를 구사하여 세상을 미혹시켰다. 사대부들이 빈연히 법도를 바꿈에 수사洙泗 공문孔門의 풍모가 실낱에 매달리어 장차 떨어지려고 한다. 마침내 인의仁義를 어둠 속에 묻히게 하고 유교 의리를 먼지 뒤집어쓰게 하였으며, 예와 악이 붕괴하고 중원이 뒤엎어지게 하고 말았다. 옛말의 '언어가 거짓되어 변명이 많고 행실이 편벽되어 굳어 버린 자'란 바로 이런 무리를 두고 말하는 것이 아닌가? 지난날 공부자가 노나라에서 소정少正을 베어 죽이고,*36) 태공太公이 제나라에서 높은 벼슬아치를 도륙한 일이 있다.*37) 이 자들이 곧 시대를 건너뛰어 역시 죽여야 할 인물들이 아니겠는가! 걸과 주는 포학하여 제 몸을 파멸시키고 나라를 뒤엎어 후세에 감계가 되었을 따름이다. 어찌 백성의 보고 들음을 피할 수 있었겠는가! 왕필과 하안은 천하의 헛된 칭예를 좋아라 듣고, 기름 번지르르한 자들의 오만과 허탄함을 바탕삼아, 도깨비짓을 획책하여 교묘하게 굴었고, 체신없는 자들을 선동하여 나쁜 풍속을 만들었다. 정나라 소리가 음악을 어지럽히고 번드르르한 말이 나라를 뒤엎는단 말이 정말이도다! 나는 그렇기에 한 시대에 준 앙화는 가볍지만 역대에 끼친 죄는 무거우며, 스스로를 상실하는 피칠은 하찮지만 대중을 미혹케 하는 죄과는 크다고 여기는 것이다.68)

왕필과 하안의 죄과가 후세에까지 미친다고 하였으니, 비난의 말이 아주 격하다. 그러나 마구잡이로 화살을 쏘는 듯한 그런 논변은 아니다. 인용한 글로 당시의 격렬하였던 투쟁의 상황을 엿볼 수가 있다. 범녕은 아무 역학 저서도 남기지 않아 상수파의 인물로 칠 수는 없다. 그가 왕필과

---

*36) 魯나라 定公 14년에 少正卯가 다섯 가지 죄악으로 정치를 문란케 하자, 司寇 벼슬에 있던 공자가 그를 죽였다고 한다. 『孔子家語』「始誅」에 보인다.
*37) 東漢의 桓譚이 찬한 『新論』에 보면 제나라의 華士가 방자하게 굴자 太公이 그를 죽였다는 말이 있다.

하안을 공격한 것도 역학의 각도에서 한 것이 아니다. 왕필의 역주를 진정으로 공격한 인물로는 손성을 꼽아야 한다.

손성孫盛의 자는 안국安國으로 태원 중도中都 사람이다. 동진의 저명한 학자이다. 저서에 『위씨춘추魏氏春秋』·『진양추晉陽秋』 등의 역사서가 있고, 별도로 시詩·사詞·논난論難 수십 편이 있는 당대의 대유학자이다. 『진서』 본전에 따르면 그는 당시 현학가인 은호殷浩의 논적이었다. 그때 은호가 일세에 이름을 날리고 있었는데 대항하여 논란할 사람은 손성밖에 없었다고 한다. 손성은 『주역』에 깊어 『역상묘우현형론易象妙于見形論』을 지었는데 은호 등이 끝내 힐난하지 못하였다고 한다. 이 책 자체는 이미 없어졌다. 그러나 그 제목과 기타 그의 글 속에 들어 있는 관점으로 보건대, 손성의 역설은 취상설을 종지로 하여 괘효상이 사물 및 사물 변화의 도를 표현할 수 있다고 보았던 듯하다. 손성이 왕필파 역학을 비평한 논변은 『삼국지』 「종회전鍾會傳」의 배인裴駰 주에 인용된 글에 보인다.

> 『역』이란 책은 신묘한 변화를 궁구하였으니, 천하의 지극히 정미한 자가 아니면 누가 능히 이에 간여하겠는가? 세상의 주해는 거의가 다 망녕된다. 더구나 왕필이 견강부회의 변론으로써 현지玄旨를 농락하려 한 것이야 어떻겠는가? 그러므로 허황된 뜻을 서술하여 화려한 문구만 눈에 가득 들어오고, 음양을 조작함에는 틈새가 없을 만큼 이치를 세웠다. 6효의 변화, 뭇 상의 본뜬 바, 일시와 세월, 5기의 상호 작용에 관한 것들을 왕필은 모두 떨어 없애고 거의 관계삼지 않았다. 비록 볼 만한 것이 있다 해도, 그의 설은 장차 큰 도를 더럽힐 것이다.[69]

노장현학의 관점으로 역 해석을 하는 데 손성은 단호히 반대하였다. 그는 왕필이 한역의 상수설과 괘기설을 배척하고 전적으로 현학의 취지를 농락한 것은 『주역』의 원리에 배치된다고 보았다. 그는 한역의 전통만이 신묘한 변화를 궁극에까지 인지하여 큰 도에 위배됨이 없을 것이라고 여긴 것이다.

동진의 상수파를 대표하는 것은 간보干寶의 역학이다. 간보의 자는 영승令升으로 신채新蔡 사람이다. 『진서』 「간보전」에 따르면 그는 음양술수를 좋아하고 경방과 하후승夏侯勝 등의 전전傳에 마음을 두었다고 하였다. 간보의 역학 저서에 『주역주周易注』·『주역종도周易宗涂』·『주역효의周易爻義』·『주역문난周易問難』·『주역현품周易玄品』 등이 있었다. 그러나 애석하게도 다 없어지고 『주역주』의 일부만이 이정조의 『주역집해』에 보인다. 남은 글로 볼 때 간보 역학은 경방 이래의 한역 전통을 계승하여 한역 상수학의 괘기설·납갑설·호체설·오행설·팔궁설을 다 흡수한 경향을 지녔다. 소석疏釋의 예를 둘 들어본다. 우선 「서괘전」의 "천지가 있은 뒤에 만물이 있고 만물이 있은 뒤에 남녀가 있다"는 부분을 다음처럼 주석하였다.

> 상경은 건괘·곤괘에서 시작하니, 생생生의 근본이기 때문이다. 하경은 함괘·항괘에서 시작하니, 인도人道의 첫머리이기 때문이다. 『역』이 흥기한 것은 은나라 말세에 달기妲己의 화가 있었던 시기이다. 주나라의 덕이 성할 때에는 세 현모*38)의 공이 있었다. 그러므로 하늘은 땅이 아니면 낳을 수가 없고 지아비는 지어미가 아니면 가정을 이룰 수 없어, 서로 기다려 필요로 함이 지극하고 왕도를 처음 여는 단서가 됨을 말하였다.[70]

여기서는 『역위』 「건착도」의 괘서설에 뿌리를 두어 『주역』의 상경은 천도를 강론하고 하경은 인도를 강론한다고 보았다. 실은 취상설을 위주로 하여 건곤을 천지라 보고 함항咸恒을 남녀로 본 것이다.

또 「서괘전」의 첫머리인 "천지가 있은 뒤에 만물이 생겨난다"에 대하여 간보는 다음처럼 주석하였다.

> 물物에는 천지보다 앞서서 생겨나는 것이 있으되, 지금 바로 천지에서 시작을 삼는 것은 천지의 앞에 대하여는 성인이 논하지 않았기 때문이다. 그러므로 법상法象을 취한 바는 반드시 천지로부터 순환한다. 『노자』에 이르길 "처음에 혼돈되어 있는 어떤 물物이 있어, 천지가 나뉘기 이전부터 생겨나 있었다. 나는 그 이름을 알지 못하기에 억지로 이름하

---

*38) 세 현모란 太姜 · 太姙 · 太姒를 말한다.

길 도라고 한다"고 하였다. 「계사전」상上에 이르길 "법상은 천지보다 큰 것이 없다"고 하였다.『장자』에 이르길 "육합六合의 바깥에 대해 성인은 내버려 두고 논하지 않는다"고 하였다.『춘추곡량전春秋穀梁傳』에는 "알 수 없는 것을 알려고 애쓰지 않음이 지혜이다"라고 하였다. 그런데 오늘날의 허황된 학술은 도의道義의 문門에 대하여 억지로 지리하게 말하고 도의의 문을 허탄한 구역에서 찾고자 하여, 정치를 훼손하고 백성을 해친다. 이러한 작태는 순임금께서 미워했던 남을 헐뜯고 진기하게 구는 행위라 하지 않을 수 있겠는가!⁷¹⁾

천지가 『주역』법상의 원리이고 천지 이전의 상황은 인력으로 알 수 있는 바가 아니므로, 천지 이전의 일을 파고 들어가 찾으려는 것은 허황된 학술이고 남을 헐뜯고 진기하게 구는 행위라고 하였다. 여기서 간보가 왕필의 태극설에 반대하고 한역의 태극 개념을 옹호하려 한 사실을 알 수 있다. 또 간보는 「계사전」의 "6효가 서로 섞인다"(六爻相雜)에다 "한 괘의 6효는 모두 팔괘의 기를 섞어 가진다"고 주석하고, "효에 등급이 있으므로 물物이라 말한다"(爻有等, 故曰物)에다가는 "효 속의 뜻은 뭇 품물이 서로 모여, 5성·4기·6친·9족의 복덕福德과 형살刑殺 등 온갖 형태와 만 가지 부류가 모두 다 효에서 발생한다. 그래서 그것을 아울러 품물이라고 이름한다"⁷²⁾고 하였다. 여기서 간보의 역 해석이 괘기·효진·납갑·오행 등 한역의 역학설을 중시하였음을 알 수 있다.

동진 때에는 한역을 곧바로 계승하여 상수로『역』을 풀이한 순수 상수파 이외에 관로管輅를 계승한 술수파도 있었다. 술수파의 대표자는 곽박郭璞이다.

곽박의 자는 경순景純이고 하동河東 문희聞喜 사람이다.『진서』「곽박전」은 그의 사적을 다음처럼 서술하였다.

곽박은 경술經術을 좋아하여 박학하고 재주가 높았다. 그러나 언변에는 능하지 못하였다. 사부詞賦는 중흥中興 연간(386~394)의 으뜸이었다. 기괴한 옛 글자를 좋아하고 음양산술에 정묘하였다. 곽공郭公이란 자가 하동에 객으로 와서 거처하면서 복서에 정밀하였는데, 곽박이 그에게서 수업을 하였다. 곽공은 『청낭중서靑囊中書』 9권을 곽박에게 주었다. 이에 마침내 오행·천문·복서의 술법을 깨우쳐, 재앙을 물리치고 화를 복으로 바꾸는 등 두루 통달하여 하나에 치우치지 않았다. 따라서 경방이나 관로라 하더라도 능가할 수가 없었다.[73]

열전의 기록은 반은 요귀이고 반은 신선인 그런 인물을 그려 내었다. 본전은 곽박의 기이한 사적을 적잖이 기록하였다. 죽은 말을 기이한 동물로 고쳐서 살려 내고, 콩을 뿌려 군사를 만들어 주인을 위협하여 아름다운 비첩을 팔아 치우게 하였다는 등 대개가 기이한 방술의 이야기들이다. 이 이야기들은 당시 사람들과 역사서가 끌어다 붙인 말이라 참이라고 믿을 수가 없다. 본전은 또 곽박의 점서가 아주 영험하여 길흉화복을 미리 알 수 있었다고 하였다. 두 예만을 들어본다.

곽박이 선성태수宣城太守 은우殷祐의 참군參軍으로 있을 때 성 아래에 괴물이 하나 왔다. 크기가 물소만하고 모양이 기괴하여 모두들 그 괴물이 무엇인지를 알지 못하였다. 태수가 사람을 시켜 괴물을 잡아 오게 하고 곽박에게 괘를 벌여 보라 하였다. 곽박이 괘를 벌이니 둔괘遯卦가 본괘이고 고괘蠱卦가 지괘之卦였다. "이 괘는 간체艮體에 건乾이 이었으므로 그 물건이 거대하다. 산에 숨어 사는 짐승으로 외뿔소도 아니고 범도 아니다. 몸체가 귀신과 나란하고 정精이 이오二午에 보인다. 법에 마땅히 금획하여야 하나 두 신령이 허락하지 않는다. 결국 한 번 찔러서 본래 있던 들로 돌려 보낸다. 괘명에 따르면 이 괴물은 노서驢鼠이다."[74] 이 괘는 과연 들어맞았다. 그 괴물은 노산驢山의 임금쥐(君鼠)로, 과연 잡힌 뒤에 사병에게 창으로 찔리어 상처를 입었다. 또 해치려고 하였으나 과연 종묘의 신이 허락하지 않았다. 이 고사는 관로의 복물卜物 고사와 아주 비슷하다. 『삼국지』「관로전」에 보면 평원태수平原太守 유빈劉邠이 인낭印囊과 산꿩의 털을 그릇 속에 넣어 두고 점치게 한 일이 있다. 관로는 "안은 모나고 겉은 둥그스름하며 오색이 무늬를 이루었고, 보물을 함유하여 신의를 지키며, 밖으로 나오면 장章이 있다. 이것은 인낭이다. 높은 산의 바위에 새가 있어 붉은 몸에 날개 깃이 거머누르스름하며 울음이 때를 잃지 않는다. 이는 산꿩의 털이다"[75]라고 하였다. 또 청하령 서계룡徐季龍이 사람을 시켜 수렵을 하면서 관로에게 무엇을 획득할지를 점치게 하였다. 관로는 "작은 짐승을 잡을 것이되 좋은 짐승이 아니요, 손톱과 어금니가 있으나 강하지 않고, 무늬가 있으나 얼룩덜룩해 또렷하지 않습니다. 호랑이도 아니고 꿩도 아니고, 이름하여 이리입니다"[76]라고 하였다. 사냥인이 저녁에 돌아왔는데, 과연 관로의 말대로였다.

이처럼 복서를 하여 사물을 미리 알아 맞추는 기량은 술수가가 사람을 미혹시키는 하찮은 기예이므로, 아무리 신묘하다 해도 괴이하게 여길 것이 없다. 다만 곽박이 괘를 벌려 보면서 괘상을 부회하여 점사를 만들어 낸 사실은 주의할 만한 가치가 있다. "간艮의 체에 건乾이 이어져 있다"는 것은 간하건상艮下乾上의 둔괘遯卦를 말한 것이다. 그리고 '산에 숨은 짐승'이란 산 밑 짐승이란 뜻이다. 바로 고괘蠱卦가 손하간상巽下艮上이고 간艮이 산山이기 때문에 한 말이다. 곽박은 둔괘와 고괘의 상으로부터 괴물이 몸집이 크지만 외뿔소도 범도 아니라는 결론을 도출하였다. 이러한 점서법은 사실 괘효상에 의거하여, 이 감응의 상징으로부터 심지心智를 근거로 신령스레 통하면, "변화를 궁극에까지 알아 미래를 보게 된다"는 것이다.

원제元帝 때에 곽박은 저작좌랑著作佐郎이 되어 있었는데, 이 때 음양이 뒤틀려서 형옥刑獄이 크게 일어났다. 곽박은 상소하여 음양재변의 징험을 말하였다. 그 대략은 이러하다.

······ 저는 제 옅은 소견을 돌아보지 못하고 새해 머리에 얼추 점을 친 바 있습니다만, 해괘解卦가 기제旣濟로 가는 괘를 얻었습니다. 효에 의거하여 성은을 논하자면, 바야흐로 봄이 되어 목왕木王 용덕龍德의 시절이거늘, 썩은 물의 기운이 와서 덮은데다가, 올라가는 양陽의 기운이 펴지 못하고 일어나는 음 기운이 쌓이니, 감괘坎卦의 상입니다. 그래서 형옥이 줄 잇는 것입니다. 감坎이 변하여 리離가 가해지므로, 그 상이 비추지를 않습니다. 그 의리를 추론하건대 형옥이 너무 잦아 리理가 막히고 넘치는 점이 있습니다. 또 지난 해 12월 29일에 태백이 달을 먹었습니다. 달이란 감坎에 속하며 뭇 음陰의 집으로, 감추어진 실정을 밝게 비추어 태양을 보

좌하는 자입니다. 태백은 금행金行의 별인데 그것이 와서 달을 범하였다
는 사실은, 형리刑理가 중도를 잃어서 그 법이 되는 소이를 스스로 파괴
한다는 뜻입니다. 이것이 대체로 하늘의 뜻입니다. 제가 학술이 얕은데다
궁중일에 익숙지 않은 관계로 괘의 이치가 무엇과 관련이 있는지에 대해
서는 감히 말하지 못하겠습니다.[77]

여기서는 음양설·오행설·괘기설·천인감응설 따위가 전부 등장하고 있
다. 곽박은 술수가일 뿐만 아니라 한역 상수학의 계승자이기도 하였다.
  곽박의 역학 저서에는 몇 가지가 있었다. 전후의 서험筮驗 60여 사실을
편찬하여 『동림洞林』이라 하고, 경방과 비은 등 여러 역학가의 설 가운데
요점을 뽑아 다시 『신림新林』10편과 『복운卜韻』1편을 찬하였다고 한
다. 지금은 다 흩어지고 없다. 곽박은 귀신같이 점복을 잘하였다고 하지
만, 애석하게도 제 한 몸의 재앙을 막지 못하고 흉을 피하지 못하여, 마
침내 왕돈王敦의 화에 걸려 피살되었다. 나이 겨우 마흔아홉이었다.
  이상을 종합하면 위진 시대의 상수파에 두 가지 특징이 있었음을 알
수 있다. 하나는 한대 이래의 술수파를 계승하여 전적으로 음양술수를 연
역 추리하고 장구章句의 풀이를 돌아보지 않은 점이다. 또 하나는 노장현
학에 의한 역 해석 경향에 불만을 가져 한역 전통에 의거해서 현학파와
논쟁한 점이다. 요컨대 이 시기의 상수파 역학은 한역의 여파라고 할 수
있을 뿐, 새로운 체계는 아무것도 내놓지 않았다.

2. 남북조 시대의 상수파

  남북조의 역학은 위진 시대 역학의 연장이다. 비록 왕필파 역학이 이미
윗자리를 차지하였으나, 여전히 상수파는 현학 의리파와의 논쟁을 계속하
였다. 단 이 시기의 상수파는 위진 상수파의 여파에 불과하였다고 할 수
있다. 먼저 남조를 보자.
  남조 역학의 전체적 경향에 대해서는 이 장의 개설 부분에서, 또 앞절
에서 의리파를 소개하면서 이미 논술하였다. 이 시기의 상수파는 대가가

나오지 않았으나, 왕필 역학에 불만을 지닌 사람은 아주 많았다. 이를테면 왕검王儉은 정현 주를 옹호하고 왕필 주를 깎아 내려, 왕필을 존숭한 안연지顔延之와 대립하였다. 강좌江左 유학가들이 모두 왕필의 역학을 전함에 따라 남조의 상수파 세력은 아주 미약하였다. 그래서 현전하는 사료로 볼 때 새로운 관점을 제출한 학자는 한 사람도 찾아볼 수가 없다. 앞 사람들이 작성한 역학 서목書目을 보더라도 송·제·양·진 4대의 역학 저서는 그다지 많지 않은데다가, 그나마 거의 전부 흩어져 없어졌다. 책이름을 보면 왕필 역주를 소해疏解한 저작이 대부분이고, 한역을 떠받들고 설명을 가한 저작물은 적다. 따라서 남조 역학에서 상수파의 지위는 거의 전무하다시피 하게 되었다.

다시 북조를 보자. 영가永嘉의 난 뒤에 5호五胡가 중화를 어지럽혀 천하의 문명 문화가 붕괴되자 예악 문장이 일시에 무너지고 말았다. 5호 16국 시기의 유학은 동진에 비해 더욱 쇠락한데다가 불학佛學이 널리 유행하여 경학은 아무 발전도 하지 못했다. 탁발위拓拔魏가 북방을 통일한 뒤 또 동위와 서위로 분열되고, 북제와 북주로 바뀌면서 모두 140여 년간(439년에 북방이 통일된 뒤로부터 581년에 楊堅이 周를 대신하기까지)이나 계속되었다. 북위에 이르러 비로소 북방이 통일되고 문화가 회복됨에 따라, 태학을 세우고 오경박사를 두었는데, 태학생이 3,000명에 달하였다. 북위의 분열 뒤에 북제와 북주에 이르도록 모두 유학을 채용하여, 비록 크게 발달하지는 않았지만 유학은 대체로 불교와 도교가 감히 빼앗을 수 없는 정통의 지위를 지켰다.

경학으로 보면 북조 경학은 『좌씨춘추』에 복건服虔 주, 『공양전公羊傳』에 하휴何休 주, 그 밖에 『역』·『서』·『시』·3례·『논어』·『효경』은 전부 정현 주를 이용하여 완전히 동한 경사의 옛설을 준수하였으며 변통變通을 높이 치지 않았다. 왕필의 『역』 주 및 두예의 『좌전』 주는 그저 전수될 뿐이었지 영향은 크지 않았다. 또한 북조에는 명유가 적었다. 위문제 때 비로소 대유 서준명徐遵明이 박학博學 통경通經으로 20여 년간 강학하여 제자가 1만 명에 달하였다. 전체적으로 보면 북조 경학의 학풍은 보수적이어서 찬술이 많지 않은데다, 앞을 이어 미래를 여는 정신이 결핍되었다. 따라서 당조에 『오경정의』를 찬수하면서 남쪽을 중시하고 북쪽을 경시하여 위진의 새로운 주를 높이 치고 한유의 옛설을 억눌렀던 것도, 대개 북조 경학이 남조만 못한 데서 연유한다.

이러한 배경 아래에서 북조의 역학은 남조 역학보다 아주 뒤떨어졌다. 북조에서는 정현 주를 채용하고 왕필 주를 배척함으로써 여전히 한역의 전통을 주류로 하였다. 따라서 남조에서 상수파가 쇠미한 사정과는 아주 상반됨을 알 수가 있다.

북조 역학의 전수에 관하여 『북사北史』「유림전서儒林傳序」는 위 말기 때 대학자인 서준명의 문하에서 정현의『주역』주를 강의하기 시작한 사실을 기록하였다. "서준명은 노경유盧景裕 및 청하淸河 사람 최근崔瑾에게 전하였다. 그리고 노경유는 권회權會와 곽무郭茂에게 전하였다. 권회가 일찌감치 업도鄴都로 들어가자 곽무가 항시 문하에서 교수하였는데, 그 뒤로『역』을 논할 수 있는 자들이 곽무의 문하에서 많이 나왔다. 하남河南과 청제靑齊의 사이에서는 유생들이 대부분 왕필 주를 강론하였으나, 스승의 가르침은 그다지 없었다."

이하 북조에서 정역鄭易이 전수된 계보를 간략히 소개하고, 상수학이 북조에서 발전한 상황을 살펴보기로 한다.

서준명의 자는 자판子判으로 화음華陰 사람이다. 젊어서 학문을 좋아하고 여러 스승을 차례로 섬겼으며 마침내 당시의 대학자가 되어 스무 해 남짓 강학하니 천하 사람들이 다 우러러 받들었다. 『주역』·『상서』·3례·『좌씨춘추』에 모두 서준명의 전주傳注가 있다. 역학에 끼친 그의 공적은 정현의 역주를 전하여 후학이 울연히 일어나게 한 데 있다.

노경유의 자는 중유仲儒, 젊어서의 자는 백두白斗이며, 범양范陽 노씨의 후손이다. 어려서 총민하여 경을 전공하였고, 학문을 이룬 뒤 대녕산大寧山에 숨어 세상사를 영위하지 않고 별다른 산업을 꾸리지 않으면서 오직 주해만 하였다. 일찍이 『주역』·『상서』·『효경』·『논어』·『예기』·『노자』·『모시』·『좌전』 등의 경을 두루 주석하였다. 『북사』 본전에 제문양齊文襄이 재상이 된 뒤 저택에 강석講席을 열고 당시의 준재들을 불러 노경유로 하여금 그가 주석한 『역』을 풀이하게 하였다는 기록이 있다. 노경유의 역주는 이치가 정미하고 뜻이 고아하여 사군자들의 칭찬을 받았다. 노경유는 생도를 모아 교수하지는 않았으나 그의 역주는 세상에 크게 행하였다고 한다. 노경유의 『주역주』는 이미 없어졌지만 그 학문은 권회와 곽무에게 이어졌다.

권회의 자는 정리正理로 하간河間 막인漢人인데 북제에서 벼슬한 일이 있다. 『북사』「유림전」에 그가 젊어서 정역鄭易을 수업하여 깊은 뜻까지 다 궁구하였고, 『시』·『서』·3례의 글뜻을 아울렀으며, 풍각風角까지 겸하여 밝았고, 현학가의 이치를 신묘하게 터득하였다고 한다. 단 비록 풍각과 현상玄象에 밝았으나 개인적으로는 언급조차 하지 않았으며, 학생 가운데 묻는 자가 있어도 끝까지 강설하지 않았다. 번번이 말하길 "그런 학술은 알기는 하지만 말해 줄 수 없다. 제군들은 다 귀한 집 자제들이라 그런 학술로 벼슬에 나아갈 것도 아닌데 무엇 때문에 번거롭게 묻는가?"라고 하였다. 아들이 하나 있었으나 역시 그 술업을 전수하지 않았다고 한다. 또 「유림전」은 권회의 점서 일화를 기록하였는데, 그는 점서를 할 때마다 크고 작은 일을 다 맞추되 효사爻辭와 단상象象을 사용하여 길흉을 변별하였을 뿐, 역점 따위는 하나도 입에 올리지 않았다고 적었다. 이상 역사서의 기록으로 보아, 권회가 정현의 역주를 배워 그 취지를 깊이 얻었고, 풍각이라는 옛 점서법에도 정통하여 길흉을 잘 예측한 점술가였다고 할 수 있었지만 점술을 전수하지 않았고 술사의 말도 강론하지 않았음을 알 수 있다. 구체적인 점서의 예는 역사서에 기록이 없으며, 그가 지은 『주역주』도 일찍 없어져 사정을 더 깊이 알 길이 없다.

권회의 뒤로 북조에서 정현의 역주를 부연한 자들은 모두 권회와 곽무의 학통에서 나왔다. 북조 전체를 통틀어 북위 효문제 시대가 문화의 극성기였는데, 전하는 말에 효문제가 문학을 좋아하여 수레를 타고 나갈 때도 손에서 책을 놓지 않았다고 한다. 당시 경학에 유방劉芳과 이표李彪가 있었고, 사학史學에 최광崔光과 형만邢巒 등 이름난 학자들이 있어 일시의 문교文敎가 찬란하게 빛났다. 그러니 역학이 흥기한 것도 주로 이 시기를 전후해서이다. 그 뒤 북제 때에 불교가 더욱 성하기는 하였으나 여전히 유학이 우세하였다. 이 때에 대학자 이현李鉉이 있었다. 자는 보정寶鼎이고 발해渤海 남피南皮 사람이다. 서준명의 제자로 스물세 살에 『효경』·『논어』·『모시』·3례의 의소義疏를 찬정하고 아울러 『삼전이동三傳異同』과 『주역의례周易義例』를 저술하는 등 모두 30여 권을 저술하였다. 서른여섯 살에 수도에 들어와 수재秀才로 뽑혀 태학박사를 제수받았으며, 북제 천보天保 초에 겸국자박사兼國子博士로 있었다. 죽은 뒤에 정위소경廷尉少卿에 특증特贈되었고, 태자가 친히 제례를 올렸다. 이 일화는 북제에 있어 숭문崇文의 특례가 되었다. 이현의 『주역의례』는 이미 없어졌으나, 그가 당시 조정의 은총을 입은 사적으로 볼 때 당시 유학이 어떠한 위치에 있었는지를 대략 알 수 있으며, 또 역학의 전수가 끊이지 않았으리란 사실도 추측할 수가 있다.

북주北周의 태조 우문태宇文泰는 학술을 좋아하여 대학자 소작蘇綽을 중용하고, 주나라 제도를 받들어 복고 정치를 행하며 유학을 중히 여겼다. 3대의 무제도 역시 경학을 존중하여 3교의 선후를 정하면서 유학을 제일로 삼았다. 『수서』 「경적지」에 의하면 제와 북주는 모두 정현의 역주를 전하여 국학에 세웠다고 한다.

이상 북조의 역학은 전수가 끊이지 않았고 때로는 상당히 흥성하기까지 하였다. 단 정역鄭易을 위주로 하고 한역을 존숭하여 유가 경학의 전통에 속하였음을 알 수 있다. 정역을 조술하고 학풍이 보수적이었으므로 새로운 견해가 없었으니, 기본적으로 한역의 여파였다고 할 수 있다. 남북조 역학을 통틀어 볼 때 역시 사정이 이러하여, 크게 돌파구를 연 것이나 창조한 것이 없었다. 진정으로 발전할 수 있었던 것은 의소학義疏學이었다. 남북조의 의소학은 당대에 이르러 앞사람의 역학 성과를 총결산하는 데 기초를 놓았다.

제4절 수당 시대의 역학

1. 수당 시대의 역학 발전 상황

1. 수대의 역학

수문제는 중국을 통일한 뒤 북주北周가 주나라 예를 모방하던 것을 폐기하고 한위의 제도를 복구하는 한편 문교文教를 크게 일으켰다. 이로써 일시에 학자들이 구름처럼 모이고, 유·도·불 3교가 함께 흥기하였다. 구품중정제九品中正制*39)를 폐기하고 진사과進士科를 다시 열자 경학이 더욱 중시되었다. 수대의 경학은 남조의 전통을 중시하였으므로 남학이 흥기하고 북학은 쇠망하였다. 『수서』「경적지」에 따르면 『역』은 수대에 이르러 왕필 주注가 성행하고 정학鄭學이 쇠미하여 거의 끊어졌으며, 『서』는 공안국孔安國과 정현 주가 병행하되 정현 주는 아주 미미하였다. 『춘추』는 두예杜預 주가 성행하고 복건服虔의 의義와 『공양전』·『곡량전』은 쇠미하여 사설師說이 거의 없어지게 되었다고 한다. 남학이 흥성함에 따라 왕필 주본注本 『주역』이 주도적 지위를 차지하고, 정역鄭易은 쇠퇴하여 거의 끊어졌다. 이것이 수대 역학의 전체적 경향이다.

수대의 역학가로서 저명한 사람에 하타何妥와 왕통王通이 있다. 하타의 자는 서봉棲鳳으로 서역 사람이다. 역학사상 보기 드문 이민족 역학가이다. 북주 때에 태학박사를 지냈고, 수에 들어와 관직이 국자좨주國子祭酒에 이르렀으며 『주역강소周易講疏』3권을 지어 세상에 행하였다. 이 책은 이제 전하지 않고, 『주역정의』에 일문이 보존되어 있을 뿐이다. 그러나 일문을 통하여 그 역학의 대강을 볼 수 있으니, 대체로 왕필과 한강백 일파에 뿌리를 두고 있다. 이를테면「계사전」상하편을 이렇게 해설하였다.

상편은 무無를 밝혀 역에 태극이 있다고 하였다. 태극은 곧 무이다. 성인

---
*39) 九品中正制는 위진 남북조 때 특권 귀족의 자제를 관리로 선발한 방법. 위나라 曹丕(文帝) 黃初 원년에 陳羣의 건의를 받아들여 시행하였다. 州郡마다 中正官이 士人을 그 재능에 따라 9품으로 나누어 10만 인에 1인 꼴로 추천하여 吏部에서 관직을 수여하였다.

은 이 무를 지켜 마음을 씻었다. 은밀한 데로 물러나 자신을 닦음이 바로 무이다. 하편은 기幾를 밝혀 무에서 유로 들어갔다. 그래서 "기미를 알면 신神일진저"라고 하였다.[78]

이 글에서 노장현학으로 「계사전」을 해석한 내용이 뚜렷이 드러난다.

왕통王通의 자는 중엄仲淹이고 강주絳州 용문龍門 사람이다. 수문제 개황開皇 4년(584)에 나서 수양제 대업大業 13년(617)에 죽었다. 이 사람은 수대의 민간에서 명망이 있었던 대유학자이다. 왕씨 가문은 학업을 대대로 전하여 왕통은 그 부친 왕륭王隆에게서 수업하고 아울러 많은 스승을 따라 배웠다. 여러 번 조정의 징소를 입었으나 나아가지 않고 다만 집에서 『시』·『서』를 잇고 예악을 바로하며, 현경玄經을 닦고 역도易道를 협찬하여, 9년 만에 6경의 학문이 크게 이루어졌다. 왕통은 학생이 아주 많았다. 당의 개국 명신들인 동상董常·요의姚義·두엄杜淹·이정李靖·정원程元·두위竇威·설수薛收·가경賈瓊·방현령房玄齡·위징魏徵·온대아溫大雅·진숙달陳叔達 등이 다 그를 스승이라 불렀다고 한다.

왕통은 겨우 서른네 살밖에 살지 못하였으나, 문인들이 그에게 시호를 세워 문중자文中子라 칭하였다. 그의 역학 저술인 『찬역贊易』 10권은 현재 전하지 않기 때문에 왕통 역학의 취지를 당장 말하기는 어렵다. 『경의고經義考』 권13에 양시교楊時喬의 말을 인용하길, "제유들은 문중자의 역학이 관랑關朗에게 나왔다고 한다. 왕통 자신도 역도를 찬贊하여 스승의 뜻을 편다고 하였다. 그러나 왕통이 찬한 것은 역학의 구구한 끄트머리일 뿐이니, 『역』의 이치를 몰라서 그런 것이다"라고 하였다. 이 말은 참고할 만하다. 요컨대 왕통의 명망이 아주 높아 그의 사적을 두고 후인들은 늘 제자 문인들이 부회하였으리라 의심하고는 한다. 하지만 사실이야 어떻든 왕통은 은사隱士로서 『역』을 주석하고 『역』을 전하여 수당 역학의 흥기에 기여한 것이 사실이다.

2. 당대 초기의 문화

당 왕조가 들어선 뒤 정치적 통일과 안정을 이룸에 따라서 봉건 경제와 문화도 고도로 발전하였다. 당의 건국 초에는 교육을 극히 중시하였다. 고조 무덕武德 원년(618)에 비서외성秘書外省에 조칙을 내려 소학小學을 세우고 황족과 공신 자제를 훈육하였다. 무덕 7년(624)에는 각 주·현·향에 조칙을 내려 학교를 세우고 경 하나 이상에 통한 자면 해당 관시의 고시를 거쳐 서용하였다. 태종 정관貞觀 5년(631)에 국학·태학·사문학四門學을 세우고 서학書學·산학算學의 박사를 두었다. 그 뒤로 국학·태학·사문학·율학·산학·서학의 6학을 설립하여 모두 국자감에 소속시키고, 국자감 학생을 300인, 태학생을 500인, 사문 학생을 1,300인, 율학생을 50인, 서학생을 30인, 산학생을 30인으로 규정하였다. 이 밖에 문하성門下省에 홍문관弘文館을 설치하고, 동궁에 숭문관崇文館을 설치하였으며, 모든 학교에다 박사와 조교를 두어 우수한 자에게는 품질品秩을 높여 주었다. 태종 이세민李世民은 문사文事를 중히 여겨 진왕秦王일 때 이미 문학관文學館을 개설하여 문사文士를 초빙하였다. 즉위 뒤에는 홍문관을 설치하여 두여회杜如晦·방현령·우세남虞世南·저량楮亮·요지렴姚志廉·이현도李玄道·채윤공蔡允恭·설원경薛元敬·안상시顏相時·소욱蘇勗·우지녕于志寧·소세장蘇世長·설수·이수소李守素·육덕명·공영달·허경종許敬宗 등을 18학사라 호칭하고, 3반으로 나누어 교대로 숙직하면서 경의經義를 강해하고 고금의 득실을 통론하였다. 당시의 저명한 어용 화가인 염립본閻立本이 명을 받아 18학사 초상을 그리고 저량이 찬을 지어 붙여 궁중에 소장하여 현인을 예우하는 뜻을 현양하였다. 천하 사대부들이 그 선발에 드는 것을 영광으로 알아 그 일을 등영주登瀛洲라고 불렀다. 교육을 진작하고 인재를 존중하자 당대에는 아주 빨리 문화가 번영하였으며, 이에 발맞추어 앞사람의 문화 성과를 전면적으로 총결산하는 새로운 시대가 도래하였다.

무덕 5년(622)에 영호덕분令狐德芬이 상소하여 "이제 난리통이 지난 뒤라 경적이 없어졌으니, 포상을 두둑히 함으로써 남은 서적을 수집하여, 글씨를 반듯이 쓰는 이들을 더 두어 잘 베껴 내도록 하십시오"라고 건의하였다. 정관 2년(628)에 위징魏徵이 또 상소하여 "난리 뒤라 문헌 전적이 뒤헝클어졌으니, 학자들을 불러 모아 4부部의 서적을 교정케 하소서"라고 건의하였다. 이 건의들은 곧 실현되었다.

정관 3년(629)에 위징 등은 조칙을 받아 『수사隋史』를 편수하기 시작하여 정관 10년(636)에 제기帝紀 5권, 열전列傳 50권을 찬정하였다. 정관 15년(641)에 장손무기長孫無忌·우지녕·이순풍李淳風·위안석韋安石·이연수李延壽·영호덕분 등이 명을 받아 『오대지五代志』(梁陳齊周隋) 10지志 30권을 편수해 내었다. 태종이 죽은 뒤 위에 열거한 것들이 다 『수서』에 편입되었는데 총 85권이었다. 그 가운데 「경적지」 4권은 서적 6,520부, 5만 6,881권을 목록에 올렸다. 고종 건봉乾封 원년(666)에 조인본趙仁本·이회엄李懷儼·장문권張文瓘 등이 4부 장서를 교정하였다. 현종 개원開元 7년에는 저무량褚无量·마회소馬懷素 등이 내고內庫 장서를 정리하였다. 개원 9년(721)에 홍문관 4고 전적의 책수를 조사 정리하니 총 8만 1,990권이었는데, 그 가운데 경고經庫가 1만 3,753권, 사고史庫가 2만 6,820권, 자고子庫가 2만 1,548권, 집고集庫가 1만 9,869권이었다.

앞시대로부터 전해진 전적말고도, 당대는 전대 문화를 총결산한 저명한 전적들을 적지않이 남겼다. 이를테면 무덕 7년(624)에 구양순歐陽詢이 조칙을 받아 편찬한 『예문유취』 100권, 정관 5년(631)에 위징이 편찬한 『군서치요群書治要』 50권, 정관 13년(639)에 이습예李襲譽가 지은 『충효도忠孝圖』 20권, 정관 15년(641)에 신국공申國公 등이 편찬한 『문사박요文思博要』 1,200권, 정관 23년(649)에 태종 이세민이 지은 『제범帝范』 13편, 고종 영휘永徽 3년(652)에 안사고顔師古가 지은 『광류정속匡謬正俗』 8권, 현경顯慶 2년(657)에 허경종이 지은 『문관사림文館詞林』 1,000권, 현종 개원 15년(727)에 서견徐堅 등이 칙명으로 편찬한 『초학기初學記』 20권, 개원 27년(739)에 장구령張九齡이 칙령을 받아 편찬한 『당육전唐六典』 30권, 대종代宗 대력大歷 12년(777)에 안진경顔眞卿이 지은 『운해경원韻海鏡原』 360권, 덕종 정원貞元 19년(803)에 두우杜祐가 편찬한 『통전通典』 200권 등이 그것들이다.

3. 『주역정의』와 『주역집해』

당대에 앞사람의 경학 성과를 총결산한 최대 사건은 『오경정의五經正義』를 찬정한 일이다. 『구당서』 「유학전儒學傳」의 기록을 보면, 당태종이 경적은 성인의 시대로부터 멀리 떨어져 오류가 많다고 하여, 전前 중서시랑中書侍郎 안사고顏師古에게 조칙을 내려 5경을 고정考訂케 해서, 천하에 반포하여 학자들로 하여금 익히게 하였다고 한다. 안사고가 정관 4년(630)에 오경의 글을 고정하여 태종이 이것을 학자들에게 반포하자, 마침내 그 텍스트는 학계의 공인을 받기에 이르렀다. 정관 12년(638)에 국자좨주 공영달 등이 조칙을 받아『오경의소五經義疏』를 편찬하여 정서淨書하였는데, 이것은 공정이 대단히 큰 작업이어서 공영달이 세상을 뜨게 되는 정관 22년(648)에야 비로소 완성되었다. 영휘 2년(651)에 장손무기와 중서·문하·국자 3관의 박사, 홍문관 박사가 조칙을 받아 잘못을 바로잡고, 영휘 4년(653)에 다시 상술한 학자들의 2차 고정을 거쳐 비로소 천하에 반포되었으니 이름하여『오경정의』이다.『오경정의』는 관방 교과서로 되어 학자들에게 전습을 명하고, 매년 명경고시明經考試*40)의 표준과 근거가 되었다. 따라서『오경정의』의 완성은 안사고가 조칙을 받아 5경을 고정한 때부터 계산하여 모두 24~25년의 시간을 경과한 셈이다.

『오경정의』는 삼국 시대 이후의 의소학義疏學*41)을 집대성한 것으로 동한 위진남북조 이래 각파 경사經師의 주석을 처음으로 총결산해서 각가의 설을 통일, 후세의 경학 발전에 중대한 영향을 낳았다.『주역정의周易正義』는『오경정의』의 하나로 왕필·한강백 주본注本을 채용하고 공영달이 소疏를 만들었다. 양한 시대 이래 역학 발전의 성과, 특히 의리파 역학 발전의 성과를 총결산한 대저작이라고 할 수 있다.『주역정의』의 뒤를 이어, 양한 시대 이래 역학의 성과를 총결산한 저작물이 또 있다. 바로 이정조의『주역집해周易集解』이다.

4. 당대의 역주

앞시대 경학 연구의 성과를 총결산하는 작업은 당대의 경학 발전에 원동력이 되었다. 역학에 대해서 말하자면 앞시대 역학의 성과를 총결산한

---

*40) 明經考試는 경전의 經義를 시험하는 과거의 고시 과목이었다.
*41) 義疏學이란 육조 시대 이래 經意를 소통·해석하였던 학문을 말한다.

두 저작물 이외에 또 역학가들이 『주역』에 자신의 주를 붙여 역학에 관련된 문제를 독립적으로 탐구한 것들이 있다. 그 중요한 것들을 간단히 서술하여 당대 역학의 발전 양상을 개괄해 보기로 한다.

당대 역학의 중요 인물 가운데 한 사람이 육덕명이다. 육덕명陸德明의 이름은 원랑元朗인데 자字로 세상에 알려졌다. 소주蘇州 사람이다. 수양제 때에 비서학사에 발탁되어 국자조교로 옮겼다가 당에 들어와 국자박사에 임명되었다. 사적이 『신당서』와 『구당서』 본전에 보인다. 일찍이 한위 육조의 음절音切을 채집하고 또 여러 유학자들의 훈고를 아울러 채집해서, 각 텍스트의 차이를 고증하여 『경전석문經典釋文』 30권을 편찬하였다. 그의 역학 저서에 『주역문구의소周易文句義疏』와 『주역대의周易大義』가 있었으나 모두 없어지고, 남아 있는 것은 『주역석문周易釋文』 1권뿐이다. 『경전석문』은 왕필본에 주석하되, 여러 학자의 설을 두루 채집하였다. 다만 인용문이 너무 간단하다. 주이존의 『경의고』는 진진손陳振孫의 말을 인용하여, 『주역석문』이 한위 이전의 제가의 설을 많이 원용한 것은 대개 당대 초기까지 여러 서적들이 다 존재하였기에 가능하였으며, 괘의 첫머리에 아무 궁宮 아무 세世라고 주한 것은 경방의 설을 인용한 것이라고 하였다. 진진손의 논평은 『주역석문』의 실상에 자못 부합한다. 한위 이전 제가의 설을 간단히 끌어다 적어 놓은 『주역석문』의 인용문들은 오늘날 한위 시대의 역학을 연구하는 데 귀중한 자료가 된다.

최경崔憬도 당대의 중요한 역학가 가운데 한 사람이다. 그 일생 사적은 고증할 수 없으나, 그가 지은 『주역탐현周易探玄』은 이정조가 가장 많이 인용하여 '신의新意'라 불렀다. 또 최경의 설 가운데는 공소孔疏를 끌어다가 평론을 가한 것이 있다. 이 두 가지 사실로 볼 때 최경은 당의 인물로 공영달보다는 뒤에, 이정조보다는 앞에 활동하였음이 분명하다. 『주역집해』에 보존된 일문으로 볼 때 『주역탐현』은 공소가 왕필 역학을 발휘한 점에 불만을 지녔다. 왕필은 괘상을 경시하여 취상설에 찬성하지 않았는데, 최경의 역학 관점은 왕필과는 정반대였던 까닭이다. 요컨대 최경의 역 해석 경향은 상수학파에 속한다. 그는 취상설을 극력 주장하면서 괘기설과 호체설을 강론하였는데 이정조의 『주역집해』는 최경의 설을 특별히 중시하여 많이 인용하고 서술하였다. 최경은 괘상을 대단히 좋아하여 그러한 예가 아주 많다. 한 예로 「계사전」의 "그러므로 역이란 상이다" (是故易者象也)를 다음처럼 해석한 것이 있다.

위로 취상을 밝히기를 기물器物 제작의 의義를 가지고 하였으므로, 여기에서 상에 관하여 거듭 해석하였다. 그 뜻은 "『역』이란 만물을 형상한다"는 말이다. 상象이란 형상의 상이다.[79]

또 「계사전」의 "『역』이란 책은 두루 넓어 전부 다 갖추어 천도도 있고 인도도 있고 지도도 있다"를 다음처럼 해석하였다.

『역』이란 책은 삼재를 밝혀서, 넓어 뒤덮지 않는 것이 없고, 거대하여 포함하지 않는 것이 없으니, 두루 갖추어서 만물의 상이 있다는 말이다.[80]

이것은 괘상이 『주역』의 근본임을 말한 것이다.

그 밖에 최경은 괘기설을 취하여 괘명의 의의를 해석한 것이 많다. 이를테면 「설괘전」의 "제帝는 진震의 때에 만물을 드러내고 손巽의 때에 만물을 가지런하게 하며, 리離의 때에 만물이 상견하여 미관을 즐기게 하고 곤坤에게 만물을 발육시키는 임무를 맡겼다" 운운한 것에 대하여 다음처럼 주하였다.

제帝란 하늘의 왕기王氣이다. 춘분에 이르면 진震이 왕이어서 만물이 출생한다. 입하에는 손巽이 왕이어서 만물이 정제된다. 하지에는 리離가 왕이어서 만물이 모두 상견한다. 입추에는 곤坤이 왕이라서 만물이 발육을 다한다. 추분에는 태兌가 왕이라서 만물이 기뻐한다. 입동은 건乾이 왕이어서 음이 양을 핍박하여 서로 싸운다. 동지는 감坎이 왕이어서 만물이 돌아온다. 입춘은 간艮이 왕이어서 만물이 끝마침을 하고 시작을 다시한다. 천하를 두루 돌아 왕노릇하므로 제帝라고 한다.[81]

이것은 팔괘를 사계절에 배정하여 1년 사계절에서 만물 생성의 상을 취하여 괘명을 해석한 것으로 한역의 팔괘휴왕설八卦休王說*42)과 일치한다. 이처럼 괘기설과 취상설을 결합하여 『역』을 풀이하는 방법은 최경 역학의 특징이라고 말할 수 있다.

하지만 최경은 한역을 조술하기만 한 것이 아니다. 즉 아무것도 변경하지 않은 것이 결코 아니다. 『주역집해』에 수집된 일문으로 보면 최경은 괘변설과 납갑설 따위는 강론하지 않고 역시 의리를 중시하여, 다만 괘상을 통하여 역리를 연구할 것을 주장하였다. 이 점은 왕필파가 괘상을 버리고 현지玄旨를 전문적으로 서술한 방법과는 반대된다. 요컨대 최경 역학은 공소孔疏로 대표되는 관방 역학과는 아주 달라서 당시 별도로 존재하였던 역 해석 경향을 대표한다. 그의 역학은 이정조의 『주역집해』에서 중요한 위치를 차지하였고, 송명 시대의 역학에 일정한 영향을 끼쳤다.

당대 초기의 역학가에 또 이순풍·원천강袁天綱·음홍도陰弘道(즉 陰宏道) 등이 있어 비교적 이름이 높았다. 이순풍은 기주岐州 옹인雍人으로 젊어서 학문의 명성이 있었다. 보천역산학步天曆算學*43)에 정통하여 정관 연간의 초기에 장사랑將仕郎 벼슬로 태사국太史局에 숙직하면서 혼천의渾天儀를 제작하였으며 창락현남昌樂縣男에 봉해졌다. 두우의 『통지通志』에 따르면 저서에 『주역현의周易玄義』 1권이 있었다고 하나 없어졌다. 원천강은 성도成都 사람으로 일찍이 수隋에서 벼슬하였다. 저서에 『역경현요易經玄要』 1권이 있었는데 없어졌다. 음홍도는 『주역신론전소周易新論傳疏』 10권을 저술하였으나 역시 없어졌다. 주이존의 『경의고』 권14의 『숭문총목崇文總目』에 따르면 음홍도는 그 부친 음호陰顥의 업을 대이어 전하여, 자하子夏와 맹희孟喜 등 18가의 설을 이리저리 채집, 그 장점을 참고로 하고 잘못을 정정하여 모두 72편을 만들었다고 하였다.

성당盛唐의 현종 시기 전후에 활동한 역학가로 곽경郭京과 사징史徵이 있다. 곽경의 일생은 자세하지 않으나 『숭문총목』은 그를 소주蘇州 사호

---

*42) 八卦休王說이란 곧 納甲說을 말한다.
*43) 步天曆算學은 천문을 관찰하여 曆法을 추론하는 학문을 말한다.

참군司戶參軍이라 하였다. 저서에 『주역거정周易擧正』 3권이 있어 지금까지 전한다. 곽경은 자서自序에서 다음처럼 말하였다.

왕보사와 한강백이 손수 쓴 정본定本을 얻어 지금 익히고 있는 것과 비교해 보니 혹은 경經을 주注에 넣기도 하여 주를 경으로 만들었으며, 「소상전」의 중간 이하 구절이 도리어 그 위에 있고, 효사의 주 안에서 뒤로 돌린 의義가 도리어 앞에 있으며, 겸하여 두 글자가 빠지고 뒤바뀌고 잘못된 것이 있다. 그래서 정본에 의거하여 그 오류를 정정하였다. 모두 135곳 273자이다.

곽경이 정말로 왕필과 한강백의 자필 정본을 얻었는지는 잠시 논외로 하더라도, 『주역거정』이 왕필과 한강백 역주에서 경문 및 주 속의 오류를 거론하여 정정한 것은 실로 취할 바가 많아 지금까지도 가치가 높다. 그런데 『주역거정』이란 책은 『당서』「예문지」에 기록이 없고, 곽경의 이름도 존재 여부가 의문시되고 있어, 후인들은 송대인의 위작僞作이라고 의심하였다. 사실이 어떠하든 간에 주희의 『주역본의周易本義』 및 조공무晁公武의 「역해易解」*44)에 많이 인용되어 있을 만큼 이 책은 정말 취할 바가 많다.

사징史徵은 하남河南 사람으로 일생 사적은 자세하지 않다. 앞사람의 고증에 의하면 현종 때 혹은 그 조금 뒤의 사람인 듯하다. 저서에 『주역구결의周易口訣義』 6권이 있다. 『숭문총목』에 따르면 이 책은 공소孔疏를 초록하여 강습에 편하고자 한 것이라서 '구결'이라 하였다고 한다. 이 책은 공소를 부연하여 전수하기 편하고 기억하기 쉽게 한 것으로 역학의 전파에 큰 구실을 하였다. 이 책을 통하여 공소가 후세에 큰 영향을 끼쳤고 당대에서 높은 지위를 차지하였음을 엿볼 수 있다.

중당中唐 이후 역학가로 유우석劉禹錫을 들 수 있다. 유우석의 자는 몽득夢得으로 중산中山 사람이다. 중당의 저명한 문학가로 저서에 「변역구

---

*44) 晁公武의 「易解」는 그의 『郡齋讀書志』 안에 들어 있다. 조공무는 송의 鉅野人으로 元豊 2년의 進士이다. 營州 수령으로 있을 때 『郡齋讀書志』 20권을 저술하였다.

육론變易九六論」1권이 있어 지금까지 전한다.『중산집中山集』에 실려 있다. 이 글은 건괘의 효가 모두 구九이고 곤괘의 효가 모두 육六인 이유를 논한 것으로, 즉 설시법揲蓍法에 관한 문제를 연구하였다. 유우석은 본래 역학으로 이름이 있지는 않았으나,『경의고』권15에 그가 동생童生과 역효易爻 구육九六의 수를 토론한 일화가 기록되어 있고, 그 가운데 필중화畢中和와 석일행釋一行 등 역학가에 대해서도 언급하고 있다. 이 점으로 보건대 당시 문인의 역학 열기를 알 수가 있다.

당대의 유명한 역학가로서 중점을 두어 언급하지 않을 수 없는 이가 바로 일행 선사一行禪師이다. 일행의 속성俗姓은 장張이고 본명은 수遂이다. 위주魏州 창락昌樂 사람으로 섬국공剡國公 장공근張公瑾의 손자이며, 태복승太僕丞 장표張憓의 아들이다. 어려서 총명하여 신동이라 불렸으며, 경사經史에 통하고 특히 역상음양오행학曆象陰陽五行學에 정통하였다. 21세에 출가하여 법명을 일행이라 하였다. 당의 저명한 고승으로 현종 개원 15년(727)에 나이 45세로 원적圓寂하였다. 일행은 선무외善無畏[*45)]의 역장譯場에 참여하여 『대일경大日經』을 번역하였다. 저서에 『대일경소大日經疏』가 있어 진언종眞言宗의 둘도 없는 보전寶典이 되었다. 개원 9년(721)에 『대연력大衍曆』12권을 지었는데 백세의 걸작이라고 불린다. 개원 11년(723)에 『황도의黃道義』를 찬하자 현종이 친히 서문을 지어 천하에 반포하였다. 일행은 양영찬梁令瓚과 함께 황도유의黃道游儀를 제작하고, 150여 항성의 위치를 새로 측정하였으며, 아울러 천문 관측에 근거하여 자오선 위도에 상당하는 장도長度를 산출하였다. 일행은 중국 불교사와 과학기술사에서 뛰어난 고승이자 학자일 뿐만 아니라 영향력 있는 역학가이기도 하였다. 그의 역학 저서에 『역전易傳』12권이 있었으나 없어지고, 지금은 『대연역의본의大衍易義本義』1권만 전한다. 『경의고』권15에 주진朱震의 말을 인용하여, 맹희와 경방의 역학 저서는 일행이 집록한 것을 통하여 그 대강을 엿볼 수 있는데, 맹희와 경방의 역학은 대체로 자하

---

*45) 善無畏(637~735)는 당나라의 高僧으로 中天竺 국왕의 아들이다. 중국 이름은 淨師子로 의역하여 善無라고 한다. 開元 4년에 長安에 왔다. 玄宗이 內道場의 敎主로 떠받들었는데, 칙명을 받아 『蘇悉地經』·『大日經』 등을 번역했다.

子夏에서 전하여 나왔다고 하였다. 주진이 말한 바와 일행의 일생 학문 사적을 결합시켜 보면 일행이 지은『역전』의 내용은 대체로 한역 괘기설을 많이 강론하여『주역』을 자연 과학, 특히 천문학·역법학과 결합시켰음을 알 수가 있다. 따라서 일행이『역전』을 지었다는 일 하나만으로도 다음 두 가지 중요한 문제를 밝힐 수 있다. 첫째, 당의 역학에서는 한역의 계보가 여전히 세력을 떨치면서 아울러『역학』이 자연 과학과 결합하는 방향으로 발전하였다는 사실이다. 둘째, 당에서는 과거 보는 문인이나 철학가들만이 역학을 연구한 것이 아니라 불문佛門의 사람들도 역학에 열중하여, 역학과 불교의 결합 경향이 남북조 시대보다 더욱 두드러졌다는 사실이다.

이상 서술한 것이 수당 역학의 발전 개황이다. 전체적으로 보면 당인은 한위 시대 이래의 역학 성과를 계승하여 총결산하고 또 높이 발전시켰다. 연구자가 많고 성과가 많은 점에서 당은 앞시대를 능가한다. 위로는 한위를 잇고 아래로는 송명을 열었으니 중국 역학사상 중요한 시기이다.

2. 공영달과『주역정의』

앞에서 서술하였듯이 당태종이 공영달과 안사고 등에게 명하여『오경정의』를 편찬케 함으로써『주역정의周易正義』가 세상에 나오게 되었다. 이 책은 사실 당역唐易 가운데 둘도 없는 대전大典이라 할 수 있으며 당대 및 후세에 큰 영향을 끼쳤다. 본래『오경정의』는 한 사람 손에서 나왔다고는 결코 말할 수 없으니, 많은 학자들이 스무 해 남짓 노력을 들여서 완성한 것이다.『주역정의』로 말하자면 소통 해석(疏解)과 반복 심리(復審) 작업이 공영달·마가운馬嘉運·조건협趙乾叶·소덕융蘇德融·조홍지趙弘智 등에 의하여 이루어졌다고「주역정의서」는 명확히 밝히고 있다. 하지만 공영달이 대표 명의로 편집을 주관하였기에『오경정의』는 세칭 공소孔疏라고 한다.『주역정의』를 설명하기 이전에 먼저 공영달의 생애를 소개하기로 한다.

공영달의 자는 충원沖遠으로 기주冀州 형수衡水 사람이다. 공자의 32대손으로 북조 주무제 건덕建德 3년(574)에 나서 당태종 정관 22년(648)에 죽었다. 어려서 학문에 뜻을 두어 유작劉灼에게서 학문을 배웠다. 5경에 밝았는데, 특히 왕필 역에 정통하였으며 역산曆算에 특장이 있었다. 문학적 상상력도 특출났다. 수양제 대업大業 연간(605~617)에 명경明經으로 선발되어 하내군박사河內郡博士를 제수받았나. 당에 들어와서 문학관학사·국자박사·국자사업國子司業·국자좨주 등 직위를 거쳤으며, 곡부현남曲阜縣男의 작위를 받았다가 뒤에 자子의 작위를 받았다. 죽은 뒤에 태상경太常卿에 추증되었다. 일생의 주요 사적으로는 『수사隋史』의 수찬修撰에 참여하고 『오경정의』를 주편한 일이다. 그는 당대에 가장 저명한 경학가였다.

『오경정의』의 편찬에 관하여 『신당서』 「공영달전」의 기록에 따르면 처음에 공영달이 안사고·사마재장司馬才章·왕공王恭·왕담王談 등과 조직을 받아 오경훈의五經訓義 100여 편을 편찬하여 『의찬義贊』이라 이름하였다가 조칙으로 『정의』라 고쳤다. 여러 역학가의 설들을 포괄하고 관통하여 자세하고 넓었으나, 그 가운데는 잘못과 군더더기가 없지 않았으므로 박사 마가운이 잘못을 교정하여 서로 비방하기에 이르렀다. 조칙이 내려 다시 재단하고 평정하였는데, 작업이 채 끝나지 못하였다. 그래서 영휘 2년(651)에 조칙으로 중서·문하·국자 3관의 박사와 홍문관 학사들에게 명하여 고정케 하였다. 이 때에 상서좌복야尙書左僕射 우지녕于志寧, 우복야右僕射 장행성張行成, 시중侍中 고계보高季輔가 첨삭하여 책이 비로소 반포되었다고 한다. 「공영달전」의 기록은 공영달이 『오경정의』를 주편하였고 그 공정이 아주 커서 많은 시일을 요하였음을 잘 말해 준다. 『주역정의』의 편찬자에 대하여 『신당서』 「예문지」는 다음과 같이 기록에 올렸다. "국자좨주 공영달·안사고·사마재장·왕공·태학박사 마가운·태학조교 조건엽·왕담·우지녕 등이 조칙을 받아 찬하고, 사문박사 소덕융·조홍복이 다시 심리하였다." 이 기록은 『주역정의』가 여러 사람의 손에서 나왔음을 명확히 말해 주고 있다. 다만 공영달이 사실상 제1의 찬자여서 그 일을 주관하였던 것이다.

『주역정의』의 내용은 왕필과 한강백의 『주역』 주본注本을 채용하여 "소疏는 주注를 깨지 않는다"(疏不破注)는 전제하에 왕필과 한강백의 주를 소통하고 해석함으로써 『주역』 경전의 글을 한층 더 뚜렷하게 설명하였다. 하지만 소통 해석하는 과정에서 왕왕 한대인의 『역위易緯』, 『자하전子夏傳』 및 경방·정현·왕숙 등 앞사람의 설을 취하여 각가의 논법을 선택적으로 흡수하였다. 그래서 「주역정의서」에 "이제 조칙을 받들어 산정하였으니, 그 일(事)을 고찰하는 데는 반드시 중니를 종주로 하고, 의리를 자세히 설명하여 밝히는 데는 먼저 왕보사를 근본으로 하였다. 부화함을 버리고 내실을 취하여 믿을 만하고도 증빙이 있도록 하였다. 문장은 간이하게 하고 이치는 요약되게 하여, 과소함을 가지고 중다함을 제어하고 변화를 가지고 능히 통할 수 있게 하였다"[82]고 적었다. 이로 보면 이 책은 왕필파의 역학을 많이 발휘하고 완벽하게 하였을 뿐만 아니라, 양한 위진 시대 이래로 역학이 이룩한 성과도 대대적으로 종합하였음을 알 수 있다. 더욱이 주의할 점은 이 책은 비록 왕보사를 근본으로 삼았지만, 괘효사의 해석에서 완전히 왕필의 설만 채용하지 않고 각 역학가의 관점을 두루 흡수하여 왕필 역학을 수정함으로써 독자적인 역학 관점을 반영하였다는 사실이다. 따라서 『주역정의』는 결코 왕필파의 특징을 자기의 특징으로 삼은 것이 아니며, 일가—家의 설만을 준수하는 일반적 학술 저작물이 아니다. 체제면에서 보면 이 책은 주로 세 부분으로 되어 있다. 첫 부분은 「주역정의서」이고, 둘째 부분은 「주역정의권수周易正義卷首」이며, 셋째 부분은 본문 중의 소疏이다.

「주역정의서」는 800여 글자인데 공영달이 지은 글이다. 이 서문에서 『주역』의 본질·작가·각 역학가의 주석에 대하여 두루 논평을 하고, 조칙을 받들어 소를 편찬하게 된 내력과 참여 인원 등을 밝혔다. 서문은 길지 않지만 공소의 역학관을 대표하고 있다. 처음 1단은 주역에 대한 기본 관점을 강론하였다.

> 무릇 『역』이란 상象이고 효爻란 효效이다. 성인이 우러러 보고 굽어 살펴 천지를 본떠 뭇 물품을 양육하고, 구름 가고 비가 오며 사계절이 이루어짐을 효칙하여 만물을 낳았다. 『역』의 도리를 순하게 사용하면 양의가 질서 잡히고 온갖 사물이 화평하게 된다. 『역』의 도리를 거슬러 쓰면

6위가 뒤집어지고 오행이 어지러워진다. 그러므로 왕노릇하는 이는 동動함에 있어 반드시 천지의 도를 법칙으로 삼아 하나의 物物이라도 그 본성을 잃게 해서는 안 되며, 행함에 있어 반드시 음양의 마땅함을 협찬하여 하나의 物物이라도 해를 입게 해서는 안 된다. 그러므로 우주 전체를 두루 다스리고 신명과 수작응대하여 종묘 사직을 무궁하게 하고, 명성을 불후不朽하게 할 수 있다. 도가 극히 현묘하지 않은 자라면, 누가 여기에 간여할 수 있겠는가? 이것이 바로 건곤의 크나큰 공이요, 백성에게 보익되는 바이다.[83]

64괘는 고대 성인이 천지를 본뜨고 사계절을 본받아 이루어 낸 것으로 자연계와 인류 사회 운행의 기본 원리를 포함하고 있다. 『역』의 도는 광대하여 포함하지 않는 것이 없으니, 『역』을 잘하는 이는 자연의 법칙에 순응하여 사직을 무궁하게 보존할 수가 있다는 말이다. 이러한 기본 시각은 『역전』의 취의설을 발휘한 것으로 후세에 극히 큰 영향을 끼쳤다.

공소孔疏의 본문 앞에 또 「주역정의권수」 1편이 있다. 모두 3,000여 글자로 서언에 속한다. 「권수」는 주역 연구와 관련한 8개 문제를 논술하였다. 제1은 『역』의 세 가지 이름을 논하였다. 제2는 중괘重卦의 의의를 논하였다. 제3은 하은주 3대의 『역』 이름을 논하였다. 제4는 괘사와 효사의 작가에 대하여 논하였다. 제5는 경을 상하 2편으로 나눔에 대하여 논하였다. 제6은 공자의 십익十翼을 논하였다. 제7은 『역』에 전을 붙인 사람을 논하였다. 제8은 누가 『역』에다 경經이란 글자를 덧붙였나를 논하였다. 이 8개 문제의 논술로 볼 때 「권수」는 공소의 역학 관점을 전면적으로 반영한다고 할 수 있다. 따라서 『주역정의』를 연구하려면 먼저 「권수」에 주의하지 않을 수 없다. 이 「권수」의 전문을 전체적으로 보면 다음 두 가지 문제에 주목하게 된다.

첫째, 「권수」는 선유先儒의 전통 관점을 계승하고 발휘하였다. 「권수」에서 논술된 8개 문제는 모두 앞사람의 논법에 기초하여 분석과 귀납을 거쳐 결론을 내린 것으로 전통 관점을 계승하고 또 발전시킨 것이다. 중괘重卦를 한 사람에 관하여 선유는 대체로 네 가지 설을 내놓았는데, 「권수」는 논증을 거쳐 복희씨伏羲氏가 중괘하였다고 보았다. "그러므로 왕보사에 의하면 복희가 팔괘를 긋고서 스스로 괘를 중첩하여 64괘를 만들어 그 실질을 얻었다고 한다"는 결론이다. 또 괘사와 효사를 만든 사람에 대해 「권수」는 앞사람의 두 가지 논법을 분석하여 "괘사는 문왕이 만들고 효사는 주공이 만들었다. 마음과 육적의 설이 다 이러하였기에 이제 그 설에 따른다"고 하였다. 십익十翼의 작자에 관해서는 선유의 구설을 따라 "「단전」과 「상전」 등 십익의 말은 공자가 지은 것으로 선유들 가운데 아무도 이설이 없었다.……그러므로 지금 그 설에 의거한다"고 하였다. 『역』에 전을 붙인 사람에 대해서 논술하면서도 "공자가 십익을 만들자 『역』의 도가 크게 밝아졌다"고 하였다. 그리고 『주역』의 명명을 논하면서는 "『역』의 도가 두루 보편적이어서(周普) 갖추지 않은 것이 없다"고 한 정현의 설에 동의하지 않고, "연산連山과 귀장歸藏이 다 시대의 호명이므로, 『주역』이 주周라 이름한 것도 기양岐陽의 지명을 취한 것이다"는 관점을 취하였다. 「권수」의 이 관점은 『역위』의 "시대에 인하여서 주周라 제하였다"는 관점을 발전시킨 것이다. 고찰하건대 주周를 시대 이름으로 해석하는 것이 정론定論이다. 공소가 이 뜻을 주장한 이후 이 설에 따르는 사람이 많다. 이처럼 앞사람의 관점을 계승하고 발휘한 점은 『주역정의』가 선인의 역학 성과를 잘 종합하였음을 보여 준다.

둘째, "역의 이치는 유有와 무無를 포괄하되 역상은 유有에만 있다"는 역학관을 제시하였다. 「권수」는 제1부, 즉 '『역』의 세 이름을 논함'(論易之三名)에서 『주역』이란 이름에 들어 있는 함의를 논하면서 『역위』의 "역에 세 의미가 있다"는 설(즉 簡易·變易·不易)을 발휘하였다. 변역에 대하여 공소는 이렇게 말한다.

　　무릇 '역'이란 변화變化의 총칭이요 개환改換의 특수칭이다. 천지가 개벽하고 음양이 운행하며 추위 더위가 교대로 오고 해와 달이 바꾸어 나옴에서부터, 알 까고 싹 틔우는 온갖 부류와 자식을 길러 내는 뭇 품물이 새롭고 또 새로워 그치지 않으며 나고 또 나서 뒤를 이음이 모두 변화의 힘, 개환 교대의 공을 바탕삼지 않는 것이 없다. 그러나 변화하고 운행함은 음양 2기에 달려 있다. 그래서 성인이 처음 팔괘를 그어 강유의 2획을 설치한 것은 2기를 상징한 것이요, 3위를 배열한 것은 삼재를 상징한 것이다. 그것을 '역'이라 이름하는 것은 변화의 뜻을 취한 것이다.[84]

이 말은 한역 괘기설을 바탕으로 괘효상의 변화가 음양 2기의 변화·운행에서 왔으며, 팔괘의 강유 2획은 곧 음양 2기에서 취상하였고, 3획으로 괘를 이룸은 천지인 삼재에서 취상하였다고 강조한 내용이다. 이렇게 논하면 『역』의 세 가지 의미는 다 유有에 있게 된다. 즉 유형유상有形有象의 구체물에 있다. 따라서 『역위』가 『역』에 세·의미가 있다고 한 설을 두고 공소는 "『역』의 세 의미는 오로지 유有에 있다"고 파악하였다. 하지만 『주역』의 원리에 대한 인식에는 역대로 두 가지 대립하는 관점이 있어 왔다. 곧 상술한 한역의 음양2기설 이외에 왕필파의 귀무천유설貴無賤有說이 있어 왕필파는 무無를 『주역』의 최고 원리로 보았다. 이에 공소는 한역의 논법을 발휘한 뒤에 '무'를 새롭게 파악하였으니, 두 파의 관점을 조화하려는 의도에서였다.

> 하지만 유有는 무無에서 나오며, 리理는 무를 포괄한다. 그러므로 『건착도』에서 이렇게 말하였다. "무릇 형체가 있는 것은 무형에서 나오게 마련이다. 그렇다면 건곤은 어디에서 나오겠는가? 그러므로 태역太易이 있고 태초太初가 있고, 태시太始가 있고 태소太素가 있다. 태역이란 아직 기가 나타나지 않은 상태이다. 태초란 기의 처음이다. 태시란 형形의 처음이다. 태소란 질質의 처음이다. 기와 형과 질이 갖추어져서 서로 떨어지지 않음을 혼돈이라고 한다. 혼돈이란 만물이 서로 뒤섞이고 얽혀 떨어지지 않음이다. 보아도 보이지 않고 들어도 들리지 않으며 따르려 해도 그럴 수가 없다. 그러므로 역易이라고 한다."[85]

여기서는 『건착도』의 논법을 인용하되, 공소는 거기서 한 걸음 더 나아가 역易을 혼돈混沌이라고 풀이하였다. 괘효상은 비록 유에 속하기는 하지만, 유는 또한 무에서 나온다. 이른바 무형·태역이 다 무無로서 혼돈을 거쳐서 서로 분리됨이 있은 뒤에야 변하여 유有가 된다는 뜻이다. 이렇게 하여 공소는 자연스럽게 다음 결론을 도출하였다.

> 역리가 유무를 모두 포함하되 역상은 오직 유有에 있다. 그 사실을 알수 있는 것은, 성인이 『역』을 만들어 본디 가르침을 드리우고자 하였는데, 가르침은 본디 유에서 갖추어지기 때문이다. 그러므로 「계사전」에 "형이상자를 도道라 한다"고 하였으니, 도道란 무無이다. "형이하자를 기器라 한다"고 하였는데, 기器는 유有이다. 그러므로 무를 두고 말하면 도체道體에 관계하고, 유를 두고 말하면 기용器用에 관계하며, 변화를 두고 말하면 신神에 관계하고, 생성을 두고 말하면 역易에 관계한다. 진실을 두고 말하면 성性에 관계하고, 사악함을 두고 말하면 정情에 관계한다. 기氣를 두고 말하면 음양에 관계하고, 질質을 두고 말하면 효상에 관계한다. 교敎를 두고 말하면 오묘한 이치에 관계하고, 인人을 두고 말하면 밝은 행위에 관계한다. 다 그러한 것이다.[86]

여기서는 『주역』을 두 부분으로 나누어 유무有無를 포괄하는 역리易理와 유有에만 있는 역상易象의 두 부분으로 나누어 보았다. 이것은 한역의 설과 다르고 또 왕필의 논리와도 같지 않아 독특하고도 새롭다. 역리가 유무를 갖추어 포함한다는 것은 무형의 도道와 유형의 기器가 모두 역리에 속하며, 도가 체體이고 기가 용用이라는 뜻이다. 『역』의 도리로 백성을 교화하자면 반드시 기용器用을 중시하여야 하지 도道만을 강론할 수는 없다고 말하였다. "역상이 오로지 유에만 있다"는 말은, 취상설을 긍정하여야 하며, 백성을 교화하자면 반드시 괘효상의 변화를 가지고 구체적·유형적으로 역리를 강론해야 한다는 점을 말한 것이다.

여기서 더욱 중시할 점은, 음양 2기를 도로 간주하여 음양의 기는 형체가 없어 볼 수 없으니 효상爻象에 대하여 말하면 이것은 곧 '무'라고한 사실이다. 다시 말해 "기를 두고 말하면 음양에 달려 있고 질을 두고 말하면 효상에 달려 있다"고 한 사실이다. 본래 왕필파는 '무'가 역리를 대표하고 '유'는 다만 괘상과 물상을 대표하는 것에 불과하다고 보았다.

그래서 왕필파에서는 음양의 2기도 유였다. 한역은 「계사전」이 입상立象
을 강론하여 역리가 곧 상象이며 "일음일양—陰一陽을 도라 한다"고 한
것을 종지로 삼았으므로, 음양 2기가 바로 도이고 도는 곧 유有였다. 공
소는 음양 2기 및 그 변화의 이치가 형체가 없다는 점으로 '무'의 함의
를 해석하고, 따라서 "역리는 유무를 포괄한다"고 하였다. 공소의 설은
왕필파 역학과 한역을 조화시켜 유무를 대립에서 통일로 뒤바꾼 것이다.
이렇게 조화시킨 데서, 공소가 왕학王學을 수정하여 당시의 교화에 더욱
잘 활용할 수 있게 하고자 한 의도가 드러난다고 하겠다. 이 점은 공소가
결코 왕필 일가의 말만 묵수하지 않고 한역의 관점도 흡수하였으며, 아울
러 왕학을 수정하고 개조하였음을 말해 준다. 객관적으로 볼 때 이러한
조화는 무를 귀하게 여기고 유를 천하게 여기는 왕필파의 사상을 부정하
고, 『주역』을 정치 교화 및 실제 생활에 응용해야 한다고 강조하여, 의리
를 현담하는 일을 반대한 점에 의의가 있다. 따라서 "역리가 유무를 포괄
하되 역상은 오직 유에 있다"는 새로운 역학 관점은 송역宋易의 형성에
크나큰 영향을 끼쳤다. 그 역학 관점은 송대인이 리理를 가지고 『역』을
논하는 일을 크게 계발하였던 것이다.

『주역』 경전의 글을 주해하고 왕필과 한강백의 주를 깊이 설명한 것이
공소의 본문이다. 본문이 체현하고 있는 역학 사상은 「서」 및 「권수」의
그것과 일치한다. 요컨대 경전의 글을 주해한 것이든 왕필과 한강백 주의
글을 해석한 것이든 공소는 모두 취의取義를 중히 여겼고, 한역 상수학의
호체설·괘변설·납갑설 등은 강론하지 않았거나 아주 조금밖에 강론하지
않았다. 따라서 전체 경향은 명백히 의리를 중시하였다. 이 점이 공소의
첫 번째 특징이다. 게다가 공소는 왕필·한강백 주본을 근본으로 하면서
주석하는 과정에서 왕필과 한강백의 설을 극력 발휘하여 많은 면에서 왕
필파 역학을 직접 계승하였다. 이것이 공소의 두 번째 특징이다. 공소에
는 또 세 번째 특징이 있다. 그것은 바로 왕필과 한강백의 설에 완전히
갇히지 않고 한역으로부터 합리적인 성분을 흡수하여 왕필의 설을 바로
잡고 개조함으로써, 양대 학파의 관점을 융화시키려는 경향을 뚜렷이 드
러낸 점이다. 이를테면 취상설 및 효위설을 중시한 것과 같은 것이 그러

한 사정을 잘 말해 준다. 앞의 두 특징은 잘 이해했으리라 보고 다시 논술하지 않겠다. 세 번째 특징은 공소의 역 해석이 지향한 기본 방향을 드러낼 뿐만 아니라, 당대 역학의 최대 특징을 표현하는 것이기도 하다. 그래서 이제 공소가 취상에 주력한 실제 예를 들어 의리파와 상수파의 두 경향을 공소가 어떻게 조화시켰는지를 자세히 논하기로 한다.

공소孔疏의 역 해석은 왕필과 한강백의 역주가 취상을 천시한 관점을 규탄 정정하고, 한역의 전통을 계승하여 취상설을 폐기하지 않았다. 그래서 취상과 취의를 결합하여 독자적인 특성을 이루어 낸 것이다. 이를테면 건괘乾卦의 괘명을 해석하면서 공소는 다음처럼 말하였다.

> 성인이 괘를 이름할 때 체제가 한결같지 않았다. 혹은 물상을 가지고서 괘명으로 삼은 것이 있다. 비否·태泰·박剝·이頤·정鼎 따위가 그것이다. 혹은 상象의 작용을 가지고서 괘명으로 삼은 것이 있다. 건乾과 곤坤 따위가 그것이다. 이 부류는 아주 많다. 또 비록 물상을 취하였으나 인간사를 가지고서 괘명으로 삼은 것이 있다. 가인家人·귀매歸妹·겸謙·리履 따위가 그것이다. 이렇게 한결같지 않은 이유는 품물에 만상이 있고 사람에게 만사가 있기 때문이다. 만일 하나의 일만 고집하면 만물의 상을 포괄할 수가 없다. 만약 하나의 상에만 국한하면 만유의 일을 총괄할 수가 없다. 그러므로 이름 가운데는 은근히 비유한 것과 드러내어 밝힌 것이 있고, 일에는 얽히고 설켜 복잡한 것이 있다. 그래서 하나의 예만 가지고 궁구할 수 없고, 하나의 부류만 가지고 취할 수 없다. 그러므로 「계사전」에 "상하가 항상됨이 없고 강유가 서로 바뀌니 일정한 규칙으로 삼을 수가 없다"고 하였다.[87]

괘명이 취상에서 유래하지만 취상의 방법이 한결같지 않고 관점도 하나가 아니다. 왜냐하면 품물에 만상이 있고 사람에게 만사가 있어 하나의 상이나 하나의 일에 국한될 수가 없기 때문이다. 여기에 제시된 취상 원칙은 "하나의 예만 가지고 궁구할 수 없고, 하나의 부류만 가지고 취할 수 없다"는 것이다. 이 원칙에 근거하여 공소는 경전 글귀를 해석하면서 취상의 복잡한 사정을 논평하였다. 괘상은 바로 자연 만물의 형상을 모사한 것이기는 하지만 64괘의 상 해설이 한결같지 않다. 상하의 괘체를 나누지 않은 것이 있고, 상하 2체를 한데 모아 상을 이룬 것도 있으며, 상체(즉 상괘·외괘)의 상에 비중을 둔 것도 있고, 하체(즉 하괘·내괘)의 상에 비중을 둔 것도 있다고 하였다. 곤괘坤卦를 해석할 때에 공소는 더 나아가 다음과 같이 지적하였다.

무릇 『역』이란 상象이다. 물상을 가지고 인간사를 밝힘이 시詩의 비유와 같다. 혹은 천지음양의 상을 취하여 뜻을 밝힌 것이 있다. 건괘乾卦의 '숨어 있는 용'이나 '나타난 용', 곤괘坤卦의 '서리를 밟을 때 두꺼운 얼음이 얼 일을 생각함'이나 '용이 싸운다' 따위가 이것이다. 혹은 만물의 잡상을 취하여 뜻을 밝힌 것도 있다. 준괘屯卦 육3의 "사슴을 따라가되 동물 관리인이 없다"라든가 육4의 "암말과 숫말이 따로따로 떨어져 있다" 따위가 그것이다. 이러한 예는 『역』 가운데 많다. 혹은 바로 인간사를 가지고 뜻을 밝히고 물상을 취하여 뜻을 밝히지 않은 것도 있다. 건괘乾卦의 구3이 "군자는 종일토록 부지런히 힘쓴다"이고, 곤괘坤卦의 육3이 "아름다운 문장을 안에 지녀 드러내지 않고 올바름을 굳게 지켜야 한다"인 예가 그것이다. 성인의 뜻은 상을 취할 수 있는 것은 상을 취하고 인간사를 취할 수 있는 것은 인간사를 취한 것이다.[88]

효의 취상은 어떤 한 격식에 구애된 것이 아니다. 혹은 천지음양의 상을 취하고 혹은 만물의 잡상을 취하고 혹은 인간사를 취하여 상을 만들었다는 뜻이다. 공소는 취상에 대해 너무 많이 소개하여 그 예를 이루 다 열거할 수 없을 정도이다. 요컨대 공소는 취상설을 『주역』 자체의 중요 원칙으로 보았음에 틀림없다. 더욱이 중시할 점은 공소가 취상을 위주로 하면서도 취의를 배척하지 않았다는 점이다. 공소는, 상이란 단지 일종의 비유일 뿐이고 그 목적은 '상에 가탁하여 뜻을 밝힘'에 있다고 하였다. 즉 공소는 괘의가 괘상을 통하여 드러난다고 보았다. 이 점은 한역이 경문 각 구절마다 괘상을 끌어다 붙였던 역 해석 경향과 본질적으로 다르다. 공소는 또한 왕필파의 "상이 의義에서 생긴다"는 관점이 지닌 편파성을 규탄하고 정정하여, 상象과 의義의 관계를 정확하게 표현해 내었다.

위와 같은 인식에 기초하여 공소는 경전문과 왕필·한강백 주문注文을 해석하는 과정에서 취의와 취상을 병행하는 원칙을 견지하여 독특한 역해석의 특징을 드러내었다. 이를테면 대장괘大壯卦䷡「상전象傳」의 "우뢰가 하늘 위에 있으니 대장의 상이다"(雷在天上, 大壯)를 다음처럼 소동·해석하였다.

> 진동하는 우뢰는 위엄이자 동動함이다. 건천乾天은 강건剛健을 주장한다. 우뢰가 하늘 위에 있다는 것은 양강陽剛으로서 동하는 것이다. 그러므로 대장大壯의 상이다.[89]

이것은 하늘에 있는 우뢰의 상을 가지고 '강이동剛以動'의 뜻을 해설한 것으로 취상설로 취의를 보완한 것이다. 왕필은 이 구절에 주석하면서 다만 "양강으로써 동함이다"(剛以動也)라고 하여 건강乾剛의 의를 취하였지 취상을 말하지는 않았다. 한대인의 진괘震卦 해석은 모든 진震을 우뢰의 상이라고 하였는데, 대장괘의 상괘가 진震이므로 우뢰라고 풀이함이 정상적이었으나 왕필은 우뢰의 상을 말하지 않았다. 여기서 분명히 공소는 왕필 주를 보충하고 발명하였던 것이다.

또한 환괘渙卦䷺「단전」의 "큰 강을 건너는 데 이롭다는 것은 나무배를 타서 공功이 있다는 말이다"(利涉大川, 乘木有功也)를 공소는 다음처럼 해석하였다.

> 선유들은 모두 이 괘가 감하손상坎下巽上임을 두고, 나무 배를 타고 물위를 가서 강을 건너는 상인 까닭에 나무 배를 타고 감에 공이 있다고 보았다. 왕필은 상을 이용하지 않고 곧바로 비유의 뜻으로 이렇게 말하여 차서하였다.[90]

왕필은 이 구절에 "나무 배를 탐이란 난관을 건넘이다. 나무 배란 오로지 강을 건너는 수단인데, 난관을 건너면서 늘 환괘의 도리를 상용하면 반드시 공이 있다"[91]고 주하였다. 왕필의 주는 나무 배를 타고 물 위를 간다는 상을 취하지 않고, '나무 배를 탐'이 지닌 비유의 뜻을 취하였다. 그런데 공소는 특별히 선유의 취상설을 왕필 주 아래 두어, 왕필 주가 미치지 못한 바를 보충하였다.

한강백은 「계사전」 등에 주하면서 의리를 창도하고 상수를 천대한 것이 왕필보다 더 심하였다. 그는 심지어 취상을 취의에 완전히 대립시키기까지 하였다. 공소는 이것에 불만을 지녀 공개적으로 비판하였다.

여러 유가가 괘의 상象을 취하여 기물器物을 제어·제작한 것을 고찰컨대 모두 괘효상의 체를 취하였다. 지금 한강백의 의도는 다만 괘명만을 취하여 그로 인하여 기물을 제작하고자 하는 것이다. 「계사전」 상上을 고찰해 보면 기물을 제작함은 상을 존숭하는 것이므로, 상을 취하지 괘명을 취하지 않는다. 그런데 한강백은 괘명을 취하고 상을 취하지 않았으므로 의리에 있어 올바르지 않다. 이제 한강백의 학을 존숭하되, 또한 취상에 의거하여 풀이한다.[92]

한강백의 주가 취의를 하였을 뿐이고 취상을 하지 않은 것은 그 의리로 볼 때 올바르지 않다. 즉 「계사전」의 본뜻에 위배된다고 공소는 비판하였다.

또 공소는 「설괘전」의 "건乾은 강건함이고 곤은 유순함이며, 진震은 진동이고 손巽은 들어감이다. 감坎은 함몰함이고 리離는 붙음이며, 간艮은 그침이고 태兌는 기쁨이다"라는 구절을 다음과 같이 해석하였다.

이 절은 팔괘의 이름과 뜻을 설명하고 있다. 건乾은 하늘을 상징하는데, 천체는 운전하여 쉬지 않으므로 강건하다. 곤坤을 순順하다 함은, 곤은 땅을 상징하는데 땅은 하늘에 순종하여 받들므로 유순하다고 한 것이다. 진震을 동動이라 함은, 진은 우뢰를 상징하는데 우뢰는 만물을 분발·진동케 하므로 동이라고 하였다. 손巽을 들어감이라 함은, 손은 바람을 상징하는데 바람은 유행하여 들어가지 않는 곳이 없으므로 들어감이라 하였다. 감坎을 함몰함이라 한 것은, 감은 물을 상징하는데 물은 험하고 함몰된 곳에 처하므로 빠짐이라 한 것이다. 리離를 붙음(麗)이라 함은, 리

는 불을 상징하는데 불은 반드시 물物에 붙으므로 붙는다고 하였다. 간
艮을 멈춤이라 함은, 간은 산을 상징하는데 산의 몸체는 가만히 멈추어 있
으므로 멈춤이라 하였다. 태兌를 기쁨(說)이라 함은, 태는 못을 상징하는
데 못은 만물을 윤택하게 하므로 기쁨이라 하였다.[93]

　여기서는 「설괘전」 아랫글의 팔괘취상설에 의거하여 취상의 각도에서
이 구절의 취의의 유래를 해석하였다. 그 고찰 방식을 살펴보면 팔괘의
괘의는 각 괘가 취한 물상에서 나왔다고 하였다. 이 고찰 방식은 상象이
의義에서 나왔다고 본 왕필의 설법과 정반대이다. 공소는 취상설과 취의
설을 한데 얽어서 양대 유파를 종합하였다. 요컨대 공소는 물상과 의리를
통일하는 관점에서 팔괘의 내원을 설명하고, 아울러 물상을 의리의 기초
로 삼았으며, 괘의가 괘상에서 나온다고 보았다. 이러한 관점은 공소의
역 해석이 지닌 기본 경향을 대표적으로 보여 준다.
　이상을 종합하면 공소는 왕필파 역학을 기초로 하면서 한위 이래의 역
학 성과를 전면적으로 총결산하고, 그러는 과정에서 독특한 역 해석 방법
을 형성하였음을 알 수 있다. 따라서 『주역정의』는 사실 구차하게 만들
어진 것이 아니라 확실히 당대 역학의 최고 성과를 대표한다. 역학사에서
보면 이 책은 학술적인 가치가 아주 높다. 왕필 및 한강백의 역주를 보존
하여 오늘날까지 전하였고, 동시에 한위 육조 역학가가 『주역』을 해석한
일문들을 많이 인용하였다. 이 일문들은 비할 수 없이 귀중한 자료가 된
다. 그리고 공소 자체에 반영된 역학 사상 및 관점은 당역을 연구하는 데
가장 중요한 자료일 뿐만 아니라, 그 자체 송대 이후의 역학에 깊은 영향
을 준 것이기도 하다. 역사적으로 보면 『주역정의』는 당대 경학에서 극
히 중요한 위치를 차지한다. 『사고전서총목제요』는 "공영달 등이 조칙을
받들고 소를 만들어 오로지 왕필 주를 숭상하자 여러 설이 다 폐하고 말
았다"고 지적하였다. 이 지적은 정현의 역학이 당에 이르러 망한 이유가
『주역정의』의 역할과 관계 있다는 사실을 말해 준다. 당의 독서인들이 과
거 급제하기 위해서는 반드시 공소를 표준으로 하여야 했기에 그 밖의 설
이 다 폐하게 된 것은 어쩔 수 없는 일이었다.

물론 『주역정의』도 부족한 점이 많아서 예부터 지금까지 비난하는 사람이 많다. 송대의 주희는 5경의 소疏를 비평하여 "『주례』의 소가 가장 좋고, 『시』와 『예기』의 소는 그 다음이며, 『서』와 『역』의 소는 하급이다"라고 하였다. 청대 완원阮元의 문인인 조탄趙坦은 「당공영달오경의소득실론唐孔穎達五經義疏得失論」을 지어 이렇게 말하였다.

> 『역』은 정현을 종주로 삼고서, 이정조가 수집한 고주古注 및 여러 서적에 인용된 고주 가운데서 정현 주를 발명하기에 족한 것들을 보태며, 그 다음으로 『좌전』 중의 서법筮法을 1편으로 하여 부록으로 붙인다. 이렇게 하여야 이른바 "왕보사의 야비한 글들을 깎아 내고, 정강성(정현)의 일상逸象을 보충하여" 한역의 경개를 복구할 수 있다.

『주역정의』에 대한 조탄의 공격은 사실 후세 상수파의 견해를 대표적으로 보여 준다. 조탄은 정역鄭易을 소리 높여 제창하고, 심지어 왕필의 주를 제거해야(왕보사의 야비한 글들을 깎아야) 한다고 하였다.

이는 완전히 상수학가의 한맺힌 말이라서 감정의 색채가 농후하여 공소를 부정할 근거는 되지 못한다. 그렇다면 공소의 실책은 어디서 찾을 것인가? 오늘날 보기에는 왕필 현학의 투식을 벗어나지 못한 데에 그 실책이 있는 듯하다. 공소는 의리를 강론하면서 왕왕 현학의 외투를 걸치고, 관념론의 진흙구덩이 속으로 의식적·무의식적으로 빠져들었다. 이는 물론 "소疏는 주注를 깨지 않는다"는 틀에 갇힌 것과 관련이 있다. 공소는 왕필과 한강백의 역학을 존숭하다 보니 때때로 왕필과 한강백의 주를 보위하는 측면을 드러내게 되었고, 왕필과 한강백의 주에서 빠진 것을 주워 보충하다 보니 강론이 통하지 않았으며, 심지어 다른 여러 관점들을 흡수하여 한데 얽기까지 하여 근본적으로 비판에 올리지를 않았다. 바로 이러한 이유에서 공소의 여러 해석들은 견강부회의 느낌이 있다. 이를테면 공소는 「설괘전」의 "제帝가 진震에서 만물은 내고 손巽에서 가지런히 한다"(帝出乎震, 齊乎巽)는 단락을 해설하면서 한강백 주본이 이 부분에 대해 언급한 것이 없자 왕필이 익괘益卦☶☳ 육2 효사에 주한 것을 인용하여 한 차례 소통·해석하였다. 그러나 실은 소나 말의 암컷과 수컷이 서로 멀리 떨어져 찾을 수 없다는 식으로 너무도 동떨어진 느낌이다. 이러한 결함이 분명히 있지만, 오늘날의 입장에서 고인을 심하게 책망할 수는 없다. 전체적으로 보면 공소의 부족한 면은 백옥의 작은 흠과 같아 본래의 광휘를 다 가리지는 않기 때문이다.

3. 이정조와 『주역집해』

『주역정의』의 뒤를 이어 양한 이래의 역학 성과를 총결산한 저작물이 이정조李鼎祚의 『주역집해周易集解』이다.

이정조는 자주資州 사람으로 일찍이 당에서 벼슬하여 저작랑 비각학사 秘閣學士를 지냈고, 경술이 뛰어나 유명하였다. 그러나 역사서에는 기록이 전하지 않아 일생 행적은 알 수가 없다. 그의 역학 저서인 『주역집해』는 『신당서』에 17권이라고 목록이 올라 있으나, 『주역집해』 자서自序에는 단지 10권뿐이라 되어 있다. 망실되지도 않았으니 『신당서』가 무엇을 근거로 17권이라 하였는지 알 수가 없다. 아마도 잘못인 듯하다. 일설에 이정조의 역학 저서는 모두 17권으로 『집해』 10권 이외에 별도로 『주역약례周易略例』 1권과 『주역색인周易索引』 6권이 있었으나 애석하게도 전하지 않는다고 한다. 이 설도 무엇에 근거하는지 알 수가 없다. 『주역집해』는 당 대종代宗 보응寶應 원년(762)에 완성되었으므로, 이정조가 중당의 인물이었음은 분명하다.

『주역집해』의 내용과 특징에 관해 『중흥서목中興書目』[*46)]은 다음처럼 말하였다.

> 『집해』 10권은 당의 저작랑 이정조가 자하·맹희·경방·마융·순상·정강성·유표·하안·송충·우번·육적·간보·왕숙·왕보사·요신·왕이王廙·장번·항수·왕개충王凱沖·후과侯果·촉재蜀才·적현翟玄·한강백·유헌·하타·최경·

---

*46) 『中興書目』은 趙士煒가 집록한 『中興館閣書目』(輯考 5권, 續書目輯考 1권)을 말한다.

심린사沈驎士·노씨盧氏·최근崔覲·공영달 등 30여 가의 설을 모으고, 9가역九家易과 『건착도』 등 17편을 붙인 것이다. 순상과 우번의 설을 가장 많이 취하였다.

『중흥예문지中興藝文志』에는 "이정조의 역학은 정강성을 종지로 삼고 왕필을 배격하였다"고 하였다. 「수역집해서」도 이렇게 말하였다.

여러 현인들이 남긴 말을 채집하고 세 성인의 그윽한 이치를 의론하였다. 우번과 순상 등 30여 학자의 설을 수집하며, 왕보사의 야비한 글을 깎아 내어 없애고 정강성의 일상逸象을 보충하였다. 각각 명칭과 의의를 배열하고 그윽한 이치에 부합하게 하였다.

『주역집해』는 당시 볼 수 있었던 각 역학가의 역학 저서들을 한데 모아 엮은 것임을 알 수 있다. 그리고 이 책은 한역에서 상수파 역학의 원칙이나 방법을 존숭하였고, 특히 순상과 우번 및 정현의 설을 중시하고 왕필파를 배척하였다. 이른바 "왕보사의 야비한 문구를 깎아 내어 없애고 정강성의 일상을 보충하였다"고 한 말은 그러한 뜻을 밝힌 것이다.

체제상으로 보면 『주역집해』는 『주역』의 경전문을 해석히는 때에 앞사람들의 각종 논설을 수집하여 명실상부한 '집해'라 할 수 있다. 다만 여러 논설을 채집할 때 편중을 둔 것이 있다. 엄격히 말해서『주역집해』는 자료를 모아 편집한 성격이라서 적은 수의 안어案語를 제외하고는 편찬자 본인의 관점을 찾아볼 수 없다. 그래서 이 『주역집해』는 『주역정의』와 달리, 그것으로부터 이정조의 역학관을 귀납해 내기가 어렵다. 그러나 이정조는 『주역집해』에 자서를 써 두었는데, 그다지 길지 않은 이 서문을 통하여 『주역집해』의 편찬 특징을 재구성한다면 편찬자의 역학 사상을 대략 알 수 있다. 서문의 첫머리에서 이정조는 이렇게 말하였다.

3교(유·불·도)의 기원과 9류[*47)]의 관건을 깊이 탐구하니, 실로 나라를

---

*47) 九流란 한대의 아홉 학파, 유가·도가·음양가·법가·名家·묵가·縱橫家·잡가·農家를 말한다.

열고 집안을 이어 자신을 닦는 올바른 술법이다. 복상卜商이 입실하여 친히 미언微言을 전수받은 이래로 전주傳注한 이가 백가百家로, 천고에 면면히 이어져 왔다. 마침내 천착하기에 이르렀으나 심연의 깊이는 헤아리지 못하였다. 오직 왕필과 정현만이 연이어 세상에 크게 행하였다. 정현은 천상天象을 많이 참고하고, 왕필은 전적으로 인간사를 해석하였다. 그러나 『역』의 도리가 어찌 하늘과 인간 어느 한쪽에 편중되고 구애되겠는가? 후학들로 하여금 이러저러 분란이 일어나게 하여 각각 좁은 소견을 연찬하게 하였으니, 이에 원류를 변별할 수 없게 되었다. 천상은 멀어서 찾기 어렵고 인간사는 가까워 쉬 익히게 되니, 속된 노랫가락에 흡족하여 빙그레 웃게 된다. 바야흐로 분류하여 모음이 바로 여기에 있음인저!94)

이 말은 두 가지 뜻을 드러낸다. 첫째, 『역』의 도리가 광대하여 포함하지 않는 것이 없는데, 바로 그것이 3교의 기원이자 9류의 관건이며 또 치국·제가·수신의 올바른 길이라는 뜻이다. 여기에서 '3교의 기원'이라는 논법은 아주 중요하다. 당에서는 3교가 함께 흥하여 서로 격렬히 투쟁하면서도 서로 융합하는 추세에 있었다. '3교의 기원'이란 말은 『주역』을 수립하여 도교와 불교의 사상 체계를 격파해야 한다는 뜻을 표명한 것이다. 이는 실제로 도교와 불교에 대항한 유교의 투쟁을 반영하고 있다. 둘째, 정현의 역학은 천상天象(卦氣)을 많이 강론하고 왕필 역학은 오로지 인간사만을 해석하였다고 지적하였다. 이것은 상수파와 의리파가 근본적으로 다르다는 점을 말한 것이다. 단 정학은 천상을 강론하여 마치 따사로운 봄날의 백설과 같으니 높이 쳐야 하지만, 왕학이 인간사를 해석함은 파국巴國 시골사람들의 속된 노랫가락처럼 세속의 저급한 입맛에 영합하였다19)는 것이다. 이 논평을 보면 이정조는 정현을 높이고 왕필을 억눌렀으며, 의리를 천하고 상수를 창도하였음을 알 수 있다. 이정조의 서문은 또 다음과 같이 말하였다.

---

†9) 이 折楊皇花의 전고는 『장자』「천지」편의 "위대한 大聲의 음악은 귀에 들어오지 않고, 절양과 황화의 가락에는 빙그레 웃는다"에서 나왔다. 『莊子集解』注에 大聲은 咸池 六音의 음악이고, 절양 황화는 옛날 속된 小曲이라고 하였다.

왕필의 『주역약례』에는 득실이 섞여 있으나 "쑥을 따고 마름을 따는데 밑둥이라 하여 따지 않겠는가?" 경의 뒤에 덧붙여서 식견을 넓히고자 한다.[95)]

왕필의 『주역약례』에 대해서는 "득실이 섞여 있다"고 논평하였다. 그래도 모두 『주역집해』에 수용하였다. 이로 보면 이정조의 『주역집해』에는 두 가지 특징이 있다. 하나는 공소에 불만을 지녀 의도적으로 한역 상수학을 높인 점이다. 또 하나는 의리 인간사의 설을 결코 완전히 배척하지 않고, 상수파와 의리파를 융합하려는 경향이 있다는 점이다. 청대의 상수파는 한역을 존숭하면서 상수학을 정통으로 보고 의리학을 별전으로 보아, 『주역집해』는 정현을 높이고 왕필을 사정없이 폄하한 일가의 언설이라 간주하였다. 그러나 이것은 실상과 전혀 부합하지 않는다.

『주역집해』의 실제 편찬 내용을 보면 그 속에 수집된 역학가의 주로는 순상·우번·간보 등의 주가 가장 많다. 따라서 이정조가 당대에 상수학을 제창한 대표자임을 알 수 있다. 하지만 이 책은 또 왕필·하안·한강백 및 공영달의 주해까지도 채납하였다. 따라서 이정조가 현학 의리파를 완전히 배척하지 않았음을 알 수 있다. 더욱이 한강백의 『계사주繫辭注』는 현학의 귀무론貴無論을 선양한 글이 아주 많은데도 이정조는 그것들을 논평없이 모두 『집해』에 수집하였다. 이로 보면 『주역집해』는 상수파와 의리파 역학을 융합하려는 경향을 상당히 지니고 있다고 하겠다.

공소가 성행하여 왕필 주가 전적으로 숭상되고 다른 설들이 모두 폐하는 시대에, 이정조는 시의時宜에 쏠리지 않고 툭 벗어져 나와 왕보사의 야비한 글을 깎아 없애고 정강성의 일상을 보충하였으니 이것은 오늘날 보기에 감복할 만한 용기이다. 『주역집해』는 나름대로의 기치를 들어서 양한 이래 상수파 역학의 성과를 총결산하여 당대 역학에 이채를 더하였으니 그 공은 덮어질 수 없다. 이정조의 뒤로 그 문인에 담조啖助가 있어 역시 통유通儒였다. 담조는 그 제자 조광趙匡·육순陸淳 등과 함께 경전의 자유로운 연구를 제창하여 후세 송대 유학의 선성先聲을 이루었다. 따라서 이정조와 그의 『주역집해』가 당대에서 차지하는 위치는 가벼이 볼 수가 없다. 당 왕조는 『주역집해』가 세상에 유행하도록 용납하여, 공소孔疏의 언설이 지배하는 상황을 타파하였기에 찬미할 만하다. 그러기에 당 왕조는 앞시대의 문화적 성과를 전면적으로 총결산하는 국면이 출현하도록 촉진할 수 있었다.

역학사에서 보면 『주역집해』도 중대한 기여를 하였다. 『경의고』 권14는 진진손의 말을 인용하여 "수당 이전의 역학가 서적들이 흩어져 전하지 않게 된 것을 이 책에 의거하여 그나마 십분의 일이나 둘만이라도 볼 수 있게 되었다"고 하였다. 『사고전서총목제요』는 이 책의 가치에 대하여 "왕학王學이 성하자 한역漢易이 마침내 망하였다. 백 년 천 년 뒤의 학자가 획괘의 본뜻을 얻어 볼 수 있는 것은 오직 이 책이 존재하기 때문이다. 진실로 이 책은 귀히 여겨야 할 옛 전적이다"[96]라고 논평하였다. 이러한 논평들은 수긍이 간다. 한역 계보에 속하는 여러 역학가들의 역학이 모두 이 책을 통하여 비로소 전해 오기 때문이다. 이 점이 바로 이정조가 끼친 공헌이며, 또 당인唐人이 역학 연구에 끼친 공헌이다. 『주역집해』가 후세에 준 영향은 아주 깊다. 송 이후로 한역을 연구하는 사람들은 모두 다 이 책에 힘입었다.

제4장
송원 시대의 역학 1

제1절 송대 역학 개설

1. 송대 역학의 발흥

송대는 중국 고대 철학 사상의 발전사에서 극히 중요한 시기이자, 중국 고대 역학 발전에서도 가장 번영하고 중요한 시기 가운데 하나이다. 북송과 남송 때에는 역학파도 아주 많았고 사상가도 분분하게 『주역』을 빌려다 논지를 세웠다. 당시의 저명한 리학가理學家들은 거의 다 『주역』에 전주傳注를 지었다. 이것으로 보면 송대의 역학 연구의 열기를 상상하기 어렵지 않다. 송대인들이 이렇게 역학에 열중하여 『주역』에 관해 분분하게 저서를 내고 논지를 세우게 된 원인은 무엇인가?

우선 송대에 역학이 발흥한 데는 심각한 사회 역사적 원인이 있다. 당 중엽 이후 봉건 사회의 모순이 심화되어 봉건 제도가 말기로 들어서면서, 지배 계급은 해결하기 어려운 일련의 문제에 봉착하였다. 계급 구조에서 보면 북송 왕조는 대지주·대관료의 특권을 보호하여 겸병을 억제하지 않는 정책을 채택하였다. 이로써 계급적 모순이 급속히 격화되어 농민 봉기를 유발시켰다. 끊임없이 이어지는 농민 봉기는 송 왕조의 통치에 심각한 위협을 가져 왔다. 이와 동시에 농민 봉기자들이 외친 '빈부를 균등히 할 것'(均貧富), '귀천을 동등히 할 것'(等貴賤) 등의 구호는 지주 계급의 통치 사상에 심각한 충격을 주었다. 민족 관계에서 보면 북송이 일어나면서 중국 국토 내에 300년간 3, 4개 민족 정권이 병존하는 국면이 지속, 첨예하고 복잡한 민족적 모순이 송 왕조의 통치를 시종 위협하였다. 송

왕조가 직면한 이러한 내우외환은 당시의 지식인들을 자극하여, 그들로 하여금 문제를 해결할 사상적 무기를 찾아 나서게 하였다.

다음으로 송대의 학술 사상 영역 내에 상이한 사상들이 서로 투쟁하고 침투하게 된 점도 송대의 역학이 흥기하는 데 사상 문화적 원인으로 작용하였다. 불교는 당대 전체를 통해 크게 발전하여 학술 사상면에서 아주 커다란 영향을 끼쳤다. 특히 당송의 화엄종華嚴宗과 선종禪宗은 철학 사상 쪽에 깊은 영향을 주었다. 도교의 사상적 영향은 불교만큼 깊지는 않았지만 역시 상당한 세력을 지녔다. 이러한 상황은 정통을 자처하는 사상가들에게 유학의 지배적 지위가 위협받음을 느끼게 하였다. 그래서 당의 한유韓愈 등은 불교와 노자를 배격하기 시작하였다. 송대의 뛰어난 리학가들도 석로釋老 사상을 극력 배격하였다. 그러나 유가의 전통적 경전이 지닌 철학 수준으로 말하자면 당시의 불교 철학과 대항하기에는 역량이 따르지 못하는 실정이었다. 그러기에 당시 유가를 숭상하는 사상가들은 유가 경전을 철학적으로 충분히 발전시키고 강화시킬 필요가 있었다.

위에 서술한 두 가지 원인 가운데 전자는 송대 리학이 흥기하게 된 사회 역사적 원인이다. 송대의 리학은 봉건 사회라는 새로운 역사 조건 아래서 더욱 복잡화된 사회 문제를 해결하기 위해 탄생된 새로운 유학이다. 그러니만큼 리학은 더욱 정치하고 이론적일 것이 요구되었다. 바로 그 때문에 송대 리학가들은 『주역』을 아주 중시하여 너도 나도 『주역』에다 전주를 만들었다. 유가의 전통 경전 가운데 『주역』, 특히 공자와 유가 후학이 찬술한 『역전』은 리학가들이 유가 사상의 특징을 담은 비교적 완결된 철학 체계를 발전시켜 갈 수 있도록 기초를 제공해 주었다.

상술한 것 가운데 후자의 원인, 즉 석로釋老와의 대항은 바로 송대 역학을 흥성하게 한 직접적인 원인이다. 유가는 철학적 역량을 강화하기 위하여 당연히 유가 경전 가운데서 철학성이 가장 풍부한 『주역』에 관한 연구를 강화하지 않을 수 없었다. 리학가들이 어째서 유가 경전에 주석하는 형식을 빌려 스스로의 사상을 천명하게 되었는가 하는 것은 사상 발전의 일반 법칙과 리학 자체의 특징에서 결론을 내리지 않으면 안 된다. 어떠한 시대의 사상 발전도 모두 기존의 사상 자료로부터 분리될 수 없다.

리학은 바로 전통 유학을 발전시킨 것이므로, 리학가들이 자기 사상을 발휘하기 위하여 빌려 온 기존의 사상 자료란 곧 유가의 전통 경전이었다. 요컨대 봉건 사회 후기의 사회 정치적 문제를 해결하기 위해 유가의 윤리 강상을 다시 진작시켜 안정된 봉건 질서를 유지하고, 불교·도교 학설과 투쟁하기 위해 리학가들은 다투어 『주역』을 빌려 그들의 우주관과 인생 철학을 발휘하였으며, 『주역』을 통해 그들 사상의 철학적 기초를 구축하였다.

물론 역학이 송대에 번영·발전하면서 독특한 특성을 갖추게 된 데는 객관적 조건이 또 하나 있었다.

당의 공영달 등이 편찬한 『주역정의』는 기왕의 상수파와 의리파의 논설을 보존하여 한당 역학을 총결산하였다. 그로써 송인이 전통 역학을 비판적으로 계승하고 개조하는 데 거점과 자료를 제공하였다. 송대 리학의 흥기는 본디 불학·도학과의 투쟁과 관련이 있다. 이 사상 투쟁 과정에서 불학과 도학의 철학, 특히 불학의 특정한 철학 사상이 리학에 영향을 주었다. 리학가들은 그 철학 사상을 가지고서 유가의 철학 체계를 보충하고 발전시켰다. 역학은 불학과 도학의 철학이 송대의 역학을 발전시키는 데 사상적으로 자양분을 제공하였다. 특히 역학을 고도로 철리화시키는 데 자양분을 주었다. 그와 동시에 송대의 사상 영역 내에 불학과 도학의 세력이 존재하고, 더욱이 리학 안에 많은 분파가 존재한 것이 송대의 역학에 다양한 유파와 다양한 풍격이 있게 하는 주요 원인이 되었다.

그 밖에 북송 시대에는 주현州縣의 학교가 흥기하고 서원이 많이 들어서서 학술 사상의 발전과 번영에 유리한 조건이 마련되었다. 그러한 상황이 학자들간에 역학 사상을 교류할 수 있도록 하여 역학 연구의 풍조를 촉성하는 데 적극적인 작용을 하였다. 또 송대에는 과학 기술이 상당히 발전해서, 인쇄술·수학·천문·역법·지리·지질·의학·생리학 등의 방면에서 새로운 성취를 이룩하였다. 당시 세계의 선진적 수준에 도달한 과학 기술 저서도 출현하였다. 이로써 사상 인식의 수준이 새롭게 변화하였는데 그러한 변화가 송대 학자들의 역학 연구에 반영되지 않을 수 없었다. 당시 역학 연구는 바로 그러한 사상 인식의 변화로부터 큰 영향을 입어 새로운 수준에 도달하였다.

2. 송대 역학의 기본 특징

송대 역학의 기본 특징은 『역경』에 온축된 철리哲理의 탐구를 목적으로 하고, 『역경』의 의리를 천명하는 일을 종지로 삼아 『주역』의 원리를 고도로 철리화한 점이다.

송대에는 정이程頤 같은 의리파 역학의 대표자만이 『역경』의 의리 탐구를 역학 연구에서 제1요지로 삼은 것이 아니다. 송대의 이른바 상수파도 마찬가지로 『역경』의 철리를 탐구하는 일에 주목하였다. 이를테면 송역 상수학 가운데 수학數學의 대표자 유목劉牧은 도구서십설圖九書十說,[11] 「하도」와 「낙서」의 수를 해석하는 근원 문제인 태극설, 상과 수 양자에 있어서 어떤 것이 제1자인가를 해석하는 상유수설설象由數設說을 제출하였다. 아울러 그는 『역수구은도易數鉤隱圖』를 지어 오행생성론으로 가지고 『주역』의 원리를 설명하고, 수목數目 자체의 배열로 조합 구축된 도식을 가지고 세계를 해석하였다.

역학의 노선에서 보면 이러한 역학은 분명히 한당의 역학 가운데 상수로 『역』을 해석하던 학풍을 계승하면서, 그와 함께 한역의 오행설을 발전시킨 것이다. 단 송대의 상수파 역학이 한역의 상수학과 다른 점은, 송역에서는 한역과 달리 음양재이와 천인감응의 미신을 설명하는 데 중점을 두지 않고 세계 형성과 변화의 모델을 탐구하는 데 중점을 두어 천지만물의 본원을 탐구한 점이다. 이 점은 송대 상수학이 한역 상수학을 발전시켜 그것을 철리화된 학문으로 만든 것이라고 할 수 있다. 따라서 송대인의 역학에 나타난 전반적 특징은 우주 및 인생의 철리를 탐구하는 데 중점을 둔 점이었다고 말할 수 있다.

물론 송학을 송학이게 한 것, 송역宋易을 송역이게 한 것은, 송대에는 리학이 학술 사상의 주류였고, 『역경』의 의리를 발명하여 리학가의 사상을 천술함이 송대 역학의 주류였다는 데서 비롯된다. 한대 경학에서 고문

---

†1) 河圖의 수는 9, 洛書의 수는 10이란 설.

가는 훈고를 특히 중시하고 금문가는 요상妖祥을 즐겨 말하였다. 그에 비하여 송인의 경 해석은 훈고에 집착하거나 이단에 미혹되는 데 반대하고 이치를 천명하는 일을 귀중히 여겼다. 이 점에서 송대 경학은 한대 경학과 다르다. 역학에 관하여 말하면 한대인의 역학은 상수에 특장이 있었으나, 송대인의 역학은 이치 해명에 정밀하였다. 이처럼 차이가 있었기에 경학사에서 말하는 한학과 송학이 구별되었고, 역학사에서 말하는 한역과 송역이 구별되었다.

역학사에서 말하는 한역과 송역은 역학의 형태를 두고 말한 것이다. 송역의 특징은 북송 시대에 형성되었으나, 송역의 특징을 지닌 역학의 학풍은 청초까지 지속되었다. 따라서 역학사에서 말하는 송역은 결코 북송에서 그치지 않는다.

3. 북송의 상수파 역학

상수학에는 세 개의 연원이 있다. 첫째는 『주역』의 팔괘, 둘째는 『상서』「홍범洪範」의 구주九疇, 셋째는 「하도」・「낙서」이다. 팔괘가 강론하는 것은 음양 변화인데 음양은 상象이다. 구주는 오행에서 발단하는데 오행은 수數이다. 「하도」와 「낙서」는 음양 2기 변화의 법칙과 오행 생성의 법칙을 겸하고 있다. 상과 수는 모두 구체적 사물로부터 귀납하여 이루어진 추상 원리이다. 상수파는 바로 이러한 추상 원리를 가지고 자연 및 인간사를 천명하였다.

송역 가운데 상수학은 특히 「하도」와 「낙서」를 존중하였다. 그들은 「하도」와 「낙서」를 도식으로 만들어 『주역』의 원리를 설명해 나갔다. 그래서 훗날 청대의 유학자들은 송인의 상수학을 가리켜 특별히 도서학圖書學이라고 불러서 구별하였다.

송대에 우선 유행하기 시작한 것이 상수파의 도서학이다. 이 도서학은 당시에 아주 영향력 있는 학술 사조를 이루었다. 다시 말해 송대의 역학은 상수파의 역학에서 일어난 것이다. 송대의 상수파 역학은 도사道士 진단陳摶이 창시하였으며, 중간에 종방種放・목수穆修・이지재李之才 등을 거쳐 주돈이周敦頤와 소옹邵雍의 역학으로 발전하였다. 진단 뒤로 도서학은 세 가지 내용을 지니면서 전수되었다. 즉 선천도先天圖, 하도낙서河圖洛書, 태극도太極圖이다. 소옹의 저서인 『황극경세서皇極經世書』는 선천先天 팔괘에 연원을 두었고, 유목劉牧의 『역수구은도易數鉤隱圖』는 「하도」·「낙서」에 연원을 두었으며, 주돈이의 「태극도」는 도교의 「태극선천도太極先天圖」와 관련이 있다. 리학의 시조인 주돈이와 그 뒤의 소옹의 역학은 모두 상수파에 속하지만, 그들은 이미 역학 연구를 리학의 범위에 끌어들여 상과 수를 모두 송대 유학자의 이른바 리理에 연계시켰다. 그렇게해서 그들의 역학은 진단의 도교 역학 및 한대인의 상수학과는 달리 송대의 상수학만이 지닌 독특한 특징을 드러내었다.

북송의 상수파 역학에서 후세에 가장 큰 영향을 끼친 것은 소옹의 역학이다. 남송에서 소옹 역학을 전한 사람으로는 소옹의 아들 소백온邵伯溫, 소옹의 제자 왕예王豫와 장혼張岷이 있고, 그 뒤에 또 장행성張行成과 축비祝泌가 있다. 이 사람들이 전한 소씨 역학은 아무런 이론도 새로이 이룩하지 못하였다. 남송에서 소씨 역학과 한역을 깊이 연구, 상수학을 발전시켜 상수학의 대표자가 된 사람들은 도리어 정이程頤의 재전제자인 주진朱震과 주희의 벗 채원정蔡元定 그리고 채원정의 아들 채침蔡沈이었다. 주진은 상이 있은 뒤에 수가 있다고 주장하였고, 채원정과 채침은 수가 있은 뒤에 상이 있다고 주장하여, 각각 유물론 역학 체계와 관념론 역학 체계를 형성하였다.

역사적으로 보면 북송 의리파의 가장 주요한 두 대표자인 정이와 장재張載는 모두 소씨의 괘변설을 흡수해서 이 괘변설로 괘효상과 괘효사를 해석하였다. 남송 때 역학의 발전 상황을 보면 역시 의리학과 상수학이 상호 흡수하는 경향이 있었다. 이를테면 주희는 소옹의 역학 관점을 대량으로 받아들였다. 이러한 원인에서 남송 때 의리파 가운데서 상수학의 대표가 갈라져 나와 발전하였다.

4. 북송의 의리파 역학

역학 연구는 역사적 시기에 따라 『역』 의리에 대한 인식이 달라 시기별로 의리역학의 실제 내용이 각각 다르다. 역학 발전사에서 보면 송대의 의리파는 상수를 축출하고 의리를 중시한 점에서 왕필의 학풍과 일맥상통하지만 왕필과 송대 의리파는 역 해석에 이용하는 의리가 서로 다르다. 왕필의 역학은 노장으로 『역』을 풀이하였으나, 송대의 의리파는 노장 현학에 의한 역리 해석을 근본적으로 배격하였다. 송대 의리파가 역리의 천명에서 기초로 삼은 것은 유가 사상을 기본 특징으로 하는 '유리儒理'이다. 이 유교 이치의 발명을 특색으로 삼는 역학이 바로 송대 의리파 역학의 기본 특징이다. 송역 가운데 의리파 역학은 송대에 주도적 위치를 지녔던 역학이다. 리학이 분화되면서 심학파心學派 역학이 조성되었다.

송대의 의리파 역학이 한당의 의리파 역학과 어떻게 구별되는가 하는 점은 송대 의리파 역학을 송대의 상수파 역학과 대조해 보면 알 수가 있다. 송대 의리파 역학의 본질을 보면 사실 사람마다 발명한 역리가 제각기 다르다. 북송의 의리파 역학에서 어떤 사람들은 취의에 편중하여, 정이로 대표되는 역학 체계를 형성하였다. 또 어떤 사람들은 취상에 편중하여, 장재로 대표되는 기학파氣學派의 역학 체계를 이루었다. 남송 때 와서는 의리파의 기본 입장에서 상수파도 겸수謙修한 관점을 보인 주희의 역학 체계가 있었다. 또 섭적葉適 등은 공리학파功利學派의 관점을 반영하여 실용적 학풍을 중시하는 역학 체계를 이루었다. 그리고 육구연陸九淵과 양간楊簡 등 심학파의 역학 사상도 있었다. 그 밖에 송대 의리파 역학에는 소식蘇軾처럼 대체로 왕필에 가까우면서도 선禪에 물든 역학도 있었다. 따라서 그들을 의리파라는 명칭으로 묶는 것은 역학의 학풍과 노선에 서로 공통된 특징이 있음을 반영하여 그러할 뿐이지 구체적인 역학 관점이 모두 같았음을 뜻하는 것은 결코 아니다.

청인은 송대의 의리파 역학을 두고 왕필에서 호원胡瑗과 정자程子로 한 번 바뀌고 다시 이광李光과 양만리楊萬里로 되었다고 말한다. 이러한 개괄은 송대 의리파 역학의 발전 맥락을 대체로 잘 파악했다고 할 수 있다.

북송에서 진단·유목·이지재의 도서학이 유행하던 때에 범중엄范仲淹·이구李覯·구양수歐陽脩 등은 상수파의 역학에 반대하고 있었다. 그들은 모두 불교와 노자를 배척하였다. 이와 동시에 그들은 정치상의 혁신파 인물이기도 하여 경세치용經世致用을 제창하였다. 이구의 역학은 한당 역학의 괘기설을 개조하여 음양 2기를 역리 해설의 핵심으로 삼았다. 이것은 뒷날 의리파 역학 가운데 기학파의 형성에 단서를 열었다. 구양수의 『역동자문易童子問』은 뒷날 남송 공리학파의 역학에 깊은 영향을 주었다. 이구와 구양수는 모두 리학가가 아니었다. 특히 이구는 유목의 도서학에 반대하였지만, 실제로는 유목의 「하도」·「낙서」의 영향을 완전히 벗어나지는 못하여 『주역』 원리의 해설에 여전히 「낙서洛書」의 형식을 이용하였다. 비록 그렇기는 했으나 전반적 경향으로 보면 이구 등의 역학은 모두 송역 의리파의 선구라고 말할 수 있다.

이정二程 및 소옹과 동시대의 인물인 장재張載는 송명 리학의 기초를 확립한 주요 인물 가운데 한 사람이다. 장재는 이구의 역학 관점을 발전시켜 음양 2기로 『주역』의 원리를 해석하였다. 장재의 저서 『횡거역설橫渠易說』(『역설』이라 약칭함)은 기氣를 세계 본원으로 삼아 기학파의 유물론적 역학 철학을 형성하였다. 장재는 또 이구와도 달랐다. 장재는 『역』「계사전」의 "황하에서 도가 나오고 낙수에서 서가 나오니, 성인이 그것을 효칙하였다"(河出圖, 洛出書, 聖人則之)는 구절은 문자의 발명 문제를 말한 것이라고 보아 「하도」·「낙서」와 『역』의 직접적 관련을 부정하였다. 장재의 역학 사상은 사실 공소孔疏로부터 깊은 영향을 받아 형성되었다. 공소는 『주역』의 경전을 해설하면서 취상을 중히 여겨 음양 2기의 변역 법칙을 역학의 최고 범주로 삼은 바 있다. 단 장재는 공소 가운데 노장현학의 관점은 폐기하였다. 따라서 기학파가 기를 핵심으로 하는 역학 체계를 형성하기까지는 한역의 음양 2기설에서 공소로, 다시 공소에서 이구와 장재로, 계승·비판·개조·종합의 과정을 거쳤던 것이다. 남송 때에 장재의 역학은 아주 널리 퍼졌다. 이를테면 남송 때 의리파 역학의 주요 대표 가운데 한 사람인 양만리의 역학은 장재의 영향을 깊이 받아 장재 역학의 유물론적 요소를 계승한 것이다. 장재는 리학의 기초 정립자 가운데 한 사람으로 그의 역학 사상과 역학설은 이정二程과 마찬가지로 유가 정통의 성인지도聖人之道에 부합한다고 간주된다. 그래서 그의 역학은 비록 이정처럼 혁혁하지는 않았지만 역시 후대에 널리 전하였고 영향도 컸다. 특히 장재의 역학은 송대 의리파 역학 가운데 유물론 역학으로서, 역학사에서 지니는 의의는 정이의 역학에 뒤지지 않는다.

정이로 대표되는 리학파의 역학은, 정씨가 송명 리학사에서 주요한 위치를 차지하고, 특히 그의 저서 『역전易傳』이 역리 해명의 방면에서 걸출한 공헌을 하였기에, 보통 송대 의리파 역학을 가장 잘 대표한다고 간주되고 있다. 그리고 정씨 『역전』(『伊川易傳』)은 의리파에서 가장 대표적이고 가장 권위 있는 역학 저서로 간주된다. 한편 호원胡瑗은 『주역』의 강의와 전수에서 성명性命·도리道理의 연구를 중시하여, 정이의 역학 방법에 직접적인 영향을 끼쳤고, 또 역학 철학의 형성에도 직접적인 영향을 끼쳤다.

역학 발전사에서 볼 때 리理를 가지고 『주역』의 변화의 도를 해석한 것은 호원과 정이가 제일 먼저 주창한 것이 결코 아니라 왕필·한강백·공영달이 단서를 연 것이었다. 하지만 현학의 역리 해석은 변화의 도를 무위자연無爲自然이라고 설명하면서 역리는 신묘하고 헤아리기 어려워 그 소이연을 알기 어렵다고 한 반면에, 정이의 역 해석이 강론한 천리는 길흉 변화의 리가 지닌 객관 법칙성·규범성·예측성을 강조하였다. 그래서 정씨 역학은 『역』으로 리를 설명한 현학파의 전통을 발전시키되, 한역 상수학을 배격하고 상수에 의해 점을 치는 풍조를 배척하여 『주역』을 점복술에서 해방시켰다. 이 점은 여러 방면에서 극히 중요한 의의를 지닐 뿐만 아니라 의리파 역학을 고도로 철학화한 것으로 평가된다. 『이천역전』은 리학의 완결 체계를 구성하고 유학을 철학화시킨 대표작이다. 요컨대 정이의 역학은 역학사에서 신기원을 이룩한 의의를 지닌다고 할 수 있으며, 그것이 송역 전체 및 송명 리학에 끼친 영향은 자못 심원하다. 주희는 『주자어류朱子語類』(권93)의 어록에서 "지금 『역전』이란 책이 천하에 퍼져 너나 없이 집집마다 두고 보고 있다"고 하였다.

이러한 상황은 정씨 역학이 상수학이 성행하던 국면을 뒤바꾸어 의리파 역학으로 하여금 지배적 위치를 차지하게 하는 데 크게 작용했음을 말해 준다. 아울러 역학사에서 한당 역학의 지배력이 이미 상실되고 송역이 지배적 위치를 차지하는 역학으로 되었음을 알려 준다. 남송에서 정씨 역학이 유행한 것은 정이의 제자와 후학이 선양한 데서 큰 힘을 얻었다. 유조유酢・윤돈尹焞・곽충효郭忠孝 등 정문의 제자들은 모두 정씨 역학을 전하여 당시 이름을 떨쳤다.

5. 남송의 리학파 역학

리학파의 역학은 남송에서 리학파가 분화됨에 따라 역시 분화되었다. 리학 발전의 상황으로 말하면 주돈이와 장재는 리학의 기초 정립자이고, 정이의 『이천역전』은 리학의 완결된 체계를 구축하여 리학을 형성한 대표작이다. 그 밖에 이정二程은 『대학』・『중용』・『논어』・『맹자』의 지위를 6경과 나란한 위치로 끌어올렸다. 주희는 이 4서에 『집주集注』를 만들어 이정이 건립한 리학의 격물치지론格物致知論의 인식론을 체계적으로 종합하고 발휘함으로써 리학이 이미 성숙 단계에 있음을 드러내었다. 한편 주희와 동시대의 인물인 육구연은 맹자의 사상을 개조하고 발전시켰다. 그는 맹자의 심心에 관한 언론을 근거로 삼는 한편 선종의 사상・방법으로부터 영향을 더욱 많이 받아 '심즉리心卽理'를 주장, 송명 리학의 심학파를 창설하였다. 물론 육구연의 심학파는 리학에서 분화해 나왔으므로, 리학 내부에 사상적 기초를 두고 있다. 본래 이정二程은 모두 천리天理를 철학 사상의 최고 범주로 삼았지만, 두 사람의 학설은 서로 다른 면이 있었다. 정호程顥는 심학에 관한 명제를 제출하였는데, 이것이 남송에 이르러 육구연에 의해 떠받들어져 천명되기에 이른다. 육구연의 심학은 양간楊簡・원섭袁燮・서린舒璘・심환沈煥 4인을 통하면서 대대적으로 천명되고 발휘되었다. 요컨대 남송에서 심학이 형성되자 리학은 주희로 대표되는 일파와 육구연으로 대표되는 일파로 분화되었고, 이에 따라 리학파의 역학도 두 파로 분화되었던 것이다.

주희는 기존 리학을 종합한 인물로 역학 방면에서도 상수파와 의리파의 역학을 다 비판하는 등 한쪽의 설만을 추종하지 않았다. 우선 주희는 서법筮法의 해석에서 하락河洛의 도식과 소옹의 선천역학을 흡수하였다. 또 그의 체용일원설體用一源說은 도서학의 오행설과 주진의 대연지수설大衍之數說을 흡수하여 괘상을 태극지수太極之數 자체의 전개로 보았다. 그리고 그는 기학파의 음양2기설을 흡수하여 2기의 변화 법칙으로 세계의 변화 법칙을 해석하였다. 물론 그러면서도 주희는 정이의 역학을 정종正宗으로 삼았다. 즉 그는 정이의 역학을 기초로 하고 각 역학가의 장점을 아울러 취하여 하나의 완결된 역학 체계를 형성하였다.

육구연의 심학은 리학에서 분화되어 나왔으므로 심학은 사실 송명 리학의 한 분파이다. 마찬가지로 육구연의 역학은 괘효사의 해설에서 취의를 주장하여 이정의 역학 계보에 속한다. 곧 의리파의 역학이다. 그러나 육구연의 역학은 정이와는 달랐고 정호의 관점을 발휘하여 역리를 해석하였다. 육구연은 마음이 곧 리(心卽理)라고 하여 역리의 해설에서도 인심 곧 사람의 정신과 도덕 의식을 우주의 원리라고 해석하였다. 이러한 주관 관념론의 역학은 천리를 사물의 소이연으로 강조한 리학파의 객관 관념론 철학과는 다르다.

육구연의 뒤로 심학파 역학의 대표자가 된 인물은 육구연의 학생인 양간이다. 양간은 정호, 특히 육구연의 천인 일체天人一體 사상을 계승하고 발전시켜, 역리는 곧 인심이라고 보았다. 이 관점을 바탕으로 양간은 64괘의 괘효상과 괘효사를 해석하고, 더 나아가 「단전」·「상전」·「문언전」까지 해석하였다. 이로써 양간은 심학파의 역학 체계를 건립하여, 육구연의 역학 관점을 진일보 발휘해서 자아 의식을 핵심으로 하는 본체론을 이룩하였다. 바로 『사고전서총목제요』가 말하였듯이 양간은 육구연의 대제자이면서 남송에서 정치상의 지위가 높았기에 그의 역학이 후대에 커다란 영향을 낳을 수 있었다.

6. 남송의 공리학파 역학

남송 때에는 또 리학 이론의 계보와는 별도의 공리학파功利學派가 형성되었다. 공리학파의 사상은 북송 때 이구의 학설로부터 영향을 받는 한편, 현실의 사회 정치 문제를 중시하였던 북송 개혁파의 학풍으로부터 깊은 영향을 받아 형성되었다. 공리학파의 역학은 역리의 탐구를 과제로 삼기는 하였으나, 그 역학은 단순히 북송의 구양수의 뒤를 이어 『주역』경전의 형성 문제와 관련하여 새로운 관점을 제출하는 데 그친 것이 아니다. 공리학파의 역학은 역리 탐구의 방면에서 물상을 통한 의리의 천명을 주장하고 무신론을 선전하며 "도道가 기器에서 분리되지 않는다"(道不離器)는 설을 제출함으로써, 정주 리학파程朱理學派의 역학을 비난하고 독특한 유물론적 역학 철학을 형성하였다. 섭적은 바로 남송 공리학파의 주요 대표자이다.

7. 송대 역학 발전 상황과 역학 저서

이상의 서술을 요약하면 송대 역학의 발전에는 상수파와 의리파의 2대 파별이 존재하였다. 북송에서 맨 먼저 유행한 것은 「하도」·「낙서」를 떠받든 상수파 역학이다. 상수파 역학은 주돈이와 소옹에 이르러 상수를 리와 연결시키기 시작하여, 진정으로 송대만의 특색을 갖춘 상수학을 형성하였다. 장재의 역학과 정이의 역학은 송대 의리파 역학이 형성된 사실을 나타낸다. 그들 이후로 의리파의 역학이 점차 지배적 지위를 획득하였다. 남송 때에는 주희처럼 상수파의 역학 관점을 겸수한 인물과 주진처럼 의리파의 역학 관점을 겸수한 인물이 출현하였다. 그 가운데 주희는 정이 역학의 전통을 계승하고, 아울러 주돈이·소옹·장재·주진 등 주요 역학가의 관점도 비판적으로 흡수하였다. 그러므로 그의 역학은 사실상 북송 이래 발전되어 온 역학을 종합한 것이다. 바로 이러한 까닭에 주희의 역학 체계는 그 뒤 몇 세기 동안의 역학과 송명 리학의 철학에 아주 깊은 영향을 끼쳤다.

북송 의리파는 '유리儒理'로 『주역』의 원리를 해석하는 역학 체계를 개창하고, 아울러 이로써 송대 리학의 철학 체계를 구축하였다. 남송에 이르러서는 그러한 역학이 이미 옛 현학역玄學易의 지위를 대신하여 지배적인 역학이 되었다. 이에 따라 새 역학과 송역의 지위가 아주 확고하게 되었다. 이러한 과정이 기본적으로 완결됨에 따라 송유宋儒 내부에서 서로 다른 관점들을 해결하고자 하는 문제가 등장하였고, 이에 리학은 심학파를 분출해 내었다. 역학 방면에서는 리학파 역학이 심학파 역학과 갈라서게 되었다. 남송 때 유가의 여러 분파가 역학 관련의 철학 문제를 둘러싸고 전개한 논쟁은 차후 송명 리학을 발전시키는 데, 그리고 중국 고대의 철학적 이론 사유를 심화시키는 데 큰 의의가 있었다.

송대인의 역학 저서는 아주 풍부하다. 『송사』 「예문지」가 기록에 올린 것을 보면 북송의 역 해석 저작물은 무려 60여 종에 이른다. 그리고 『사고전서총목제요』 「경부」의 '역류'에 기록된 송대인의 역학 저서는 50여 종에 달한다.

그 밖에 『사고전서총목』은 '수학을 추리·연산한'(推演數學) 역학 저작물을 「경부」의 '역류존목易類存目'에 나열하였다. 『사고전서총목』에 따르면 그러한 저작물들은 명백히 위백양과 진단 등의 방외지학方外之學을 6경의 올바른 의리와 뒤섞지 않았기 때문에 「역류」에 목록을 올린다고 하였다. 그리고 기타 방외지학의 역학 저작물들은 「자부子部」의 '술수류術數類'에 나열되어 있다. 사마광司馬光·소옹·장행성張行成·축비祝泌·채침 같은 송대인들의 여러 역학 저작물도 「자부」 '술수류'에서 소개되어 있다.

제2절 북송의 상수파 역학

1. 진단·유목·이지재의 역학

1. 진단의 『주역』 관계 도식

진단陳摶의 자는 도남圖南이고 자호自號는 부요자扶搖子이다. 송 태종이 희이 선생希夷先生이라는 호를 내렸다. 또 화산도사華山道士라고도 불린다. 『송사』 「진단전」에 의하면 박주亳州 진원眞源(지금의 하남 鹿邑縣) 사람이다. 진단은 오대 송초의 유명한 도교 학자이자 신선가로서 그의 학문은 송대의 내단도內丹道*1) 및 상수역학에 큰 영향을 끼쳤다. 그는 『지현편指玄篇』 81장을 저술하여 도인導引*2)과 환단還丹*3)을 말하였다고 전해진

---

*1) 內丹道란 도가에서 자신의 精氣를 가지고 丹을 鍊成하는 것을 말한다. 龍虎胎息과 吐故納新을 중심으로 한다.

*2) 導引은 일종의 養生術로 호흡과 굴신을 통하여 혈기를 유통시켜 신체 건강을 촉진시키는 방법이다.

*3) 還丹은 도가에서 丹을 아홉 번 굴리고 재차 구워서 약을 만드는 방법을 말한다.

다. 또 정초鄭樵의 『통지通志』「예문략」에는 진단의 저서에 『적송자팔계록赤松子八誡錄』 1권(「道家書類」에 저록), 『지현편』 1권(「道家吐納類」), 『구실지현편九室指玄篇』 1권(「道家外丹類」), 『인륜풍감人倫風鑑』 1권(「五行相法類」)이 있다. 또 『송사』「예문지」를 보면 역학 관계 서적을 목록에 올린 것 속에 진단의 『역룡도易龍圖』 1권이 들어 있다. 그리고 『송문감宋文鑑』[*4)]에는 진단의 「용도서龍圖序」라는 글이 1편 들어 있다. 또한 송 석지반釋志磐의 『불조통기佛祖統紀』[*5)]에서는 진단이 마의도자麻衣道者의 『정역심법正易心法』을 얻어 주석을 하였다고 하였다. 단 세상에 전하는 『정역심법』은 대사유戴師愈의 위작僞作이라는 설을 주희가 주장한 이후로 위서로 보는 사람이 많다. 진단은 또 「무극도無極圖」·「태극도太極圖」·「선천도先天圖」를 제작하여 세상에 전파시켰다. 그러나 위에 든 진단의 저작들은 다 흩어져 버려, 진단의 역학을 이해하자면 주로 송원 이래 학자들이 인용하고 연구한 내용에 의거하여야 한다. 이를테면 『송문감』 권85에 진단의 「용도서」가 수록되어 있는 따위이다. 또 송대의 뇌사제雷思齊가 『역도통변易道通變』「하도유론河圖遺論」에서 고증한 바에 따르면 현존하는 「하도」와 「낙서」는 『역룡도易龍圖』 21폭 가운데 들어 있던 2폭의 그림이라고 한다. 진단의 「태극도」는 여러 책 속에 수록되어 있지만, 청인 호위胡渭의 『역도명변易圖明辨』에 수록된 「천지자연지도天地自然之圖」가 원모습에 가장 가까운 듯하다. 「선천도」는 주희의 『주역본의』 권수卷首에 현존하는데 「복희팔괘차서도伏羲八卦次序圖」·「복희팔괘방위도伏羲八卦方位圖」·「복희64괘차서도」·「복희64괘방위도」 등 모두 4개의 그림이다.

진단의 역 해석에서 두드러진 특징은 도식을 이용하는 방식이다. 소백온(소옹)은 진희이(진단)의 역학이 번거롭게 문자로 해설하지 않고 그림만 가지고서 음양의 수와 괘의 생성 변화를 가탁하여 제시하는 점을 지적하

---

*4) 『宋文鑑』은 宋의 呂祖謙이 당시 內府와 사대부 집안에 소장되어 있던 800명의 문집과 기타 서적에서 詩, 賦, 奏疏, 雜著 등 61부문의 시문을 가려 편한 책. 모두 150권으로 원제는 『皇朝文鑑』이었는데 明의 商輅이 『송문감』으로 바꾸었다.

*5) 『佛祖統紀』는 『史記』의 체제를 본따서 天台宗의 원류를 상세히 기록한 책으로 모두 54권이다.

그림 4-1 태극도(천지자연지도)

였다. 진단의 이러한 역 해석 형식이 형성된 데는 도식을 이용하여 연단 과정을 설명해 온 도가의 전통을 계승한 면이 있다. 당대에 이미 『주역』의 괘상卦象으로 연단술을 설명하는 방법이 존재했으며, 오대 팽효彭曉[6] 주注의 『주역참동계周易參同契』에는 「명경도明鏡圖」・「수화광곽도水火匡郭圖」・「삼오지정도三五至精圖」가 있어 도식의 형식으로 『주역』 원리를 해석하면서 연단 과정을 설명하고 있다. 진단은 오대 이래의 이러한 도식 이용법을 계승하여, 음양기우陰陽奇偶의 수와 건곤감리乾坤坎離 등의 괘효상을 강론함으로써, 도서로 상수를 논하는 송대 상수학의 창시자가 되었다. 이하 「태극도」・「무극도」・「하도」・「낙서」를 중심으로 진단의 역학을

---

[6] 彭曉는 오대 때 사람으로 자는 秀川이고 호는 眞一子이다. 『陰符經』・『參同契』 등에 주하였는데, 현재 『周易參同契通眞義』・『周易參同契鼎器歌明鏡圖』 등의 撰注가 남아 있다.

살펴보기로 한다.

「태극도」는 곧 「선천태극도先天太極圖」로 「천지자연지도天地自然之圖」라고도 한다. '선천'과 '천지자연'이란 도교 연단가가 연내단煉內丹을 할 때 생겨나 갖게 되는 기질氣質을 가리키는 데 사용하는 용어이다.

이 그림은 건상곤하乾上坤下(天上地下)의 형상이다. 사람의 몸에서 머리가 건, 배가 곤이며, 몸 속에 물과 불의 두 기가 있어서 불의 기는 위로 올라가고 물의 기는 아래로 적셔 내려감과 같다. 이러한 것이 인체가 태어난 그대로의 자연 상태이다. 그래서 '선천도' 혹은 '천지자연지도'라고 칭한다. 이 도식은 「계사전」에서 말하는 "역에 태극이 있어 이것이 양의를 낳는다"(易有太極, 是生兩儀)는 말을 해석한 것이다. 그림에서 흑과 백의 고기 모양은 음양 2기가 서로 싸안고 있는 형상이다. 음기가 북방에서 성해져서 순음純陰이 되고 곤괘의 위치에 거처하는 한편, 양기는 남방에서 성해져서 순양純陽으로서 건괘의 위치에 거처한다. 음기는 북에서 극하여 좌측 진괘震卦의 위치(동북)에서부터 1양陽이 처음 생겨나되 양기가 아직 약하다. 그것이 리괘離卦(정동)의 위치, 태괘兌卦의 위치(동남)를 거쳐 건괘의 위치(정남)에 도달하여 순양으로 성장한다. 여기에 이르러 양기가 극성하니, 괘상은 3양 ☰이다. 동動이 극하면 정靜이 되므로, 양기가 남에서 극하면 동시에 음이 처음 생겨난다. 손괘巽卦의 위치(서남)에서 1음 2양으로 있을 때는 음기가 아직 약하다. 그러다가 감괘坎卦의 위치(정서), 간괘艮卦의 위치(서북)를 거쳐서 곤괘의 위치(정북)에 도달하여 순음으로 성장한다. 여기에 이르러 음기가 극성하니 괘상은 3음 ☷이다. 정靜이 극하면 다시 동動으로 돌아가 음양 동정이 서로 뿌리가 되어 이것이 성하면 저것이 쇠하고 저것이 장성하면 이것이 소멸한다. 이처럼 순환 운동을 하여 그치지 않는다.

그림에서 좌측의 흰 부분은 동방에 거처하여, 우측의 흰 부분과 서로 호응한다. 빙 둘러싼 검은 부분은 2양이 1음을 끼고 있음을 표시한다. 곧 리離 ☲ 의 괘상으로 음이 가운데 있음에 상응한다. 이와 반대로 우측의 검은 부분은 좌측의 검은 부분과 서로 호응한다. 빙 둘러싼 흰 부분은 2음이 1양을 끼고 있는 것으로, 양이 가운데 있음에 상응한다. 그림 가운데 흑과 백 두 개의 고기 꼬리는 음양 2기가 막 일어남을 표시한다. 흑백의 두 고기 머리는 각각 양이 일어나 음을 핍박하고 음이 양을 피하여 중궁中宮으로 들어감과 음이 일어나 양을 영접하자 양이 음을 피하여 중궁으로 들어감을 표시한다. 그림에서 흑 가운데 있는 흰 점은 양陽의 정精이고, 백 가운데 있는 검은 점은 음陰의 백魄이다. 해 속에는 원래 음백陰魄이 있고 달 속에는 양정陽精이 포함되어 있어, 음 속에 양이 있고 양속에 음이 있는 법이다. 해와 달이 운행할 때에 흑백 두 점은 감추어져 드러나지 않다가 보름날 저녁에 달이 동방에서 나올 때쯤 감坎과 리離가 자리를 바꾸면서 성한 양이 장차 변혁하면, 해 속의 음백이 작용하기 시작, 상대편의 음과 감응하여 흘러나와 음을 낳는 근본이 된다. 이렇게 되면 백 가운데 그 흑점이 노출된다. 거꾸로 그믐과 초하루가 되어 성한 양이 장차 변혁하는 때에는 달 속에 원래 있던 양정이 작용하기 시작해서 상대편의 양과 감응하여 새어 나와 양을 낳는 근본이 된다. 이렇게 되면 흑 가운에 그 백점이 노출된다.

진단의 「천지자연지도」는 음양 2기의 소장消長을 말하고 있다. 도식으로 말하면 그것은 『주역참동계』에 연원을 둔다. 『참동계』는 건곤乾坤을 천지의 상象으로 삼고 감리坎離를 일월의 상으로 삼아 건곤을 상하에 두고 감리를 좌우에 두어 단약 제련의 법을 천지일월의 상에서 취한다고 하였다. 진단의 이 그림은 바로 『주역참동계』의 그와 같은 4정괘설에 뿌리를 두고 있다. 뒷날 유염兪琰은 『주역참동계』를 설명하여, 건곤은 사람 몸의 상징으로 건은 머리, 곤은 배이며, 감리는 몸 속의 약물, 즉 물과 불 혹은 음양 2기라고 하였다. 이 논법에 따르면 진단의 「천지자연지도」는 내단 제련의 과정을 표시하는 것이 된다. 이와 동시에 그것은 한역 괘기설의 형식을 취하였으므로 또한 괘기도卦氣圖이기도 하다. 「천지자연지도」에서 음양이 서로 둥글게 싸고 있는 형상 또한 『참동계』의 월체납갑설月體納甲說에 뿌리를 두고 있다. 이 밖에 도교 책인 『태평경太平經』 속에, 양이 극하면 음으로 되돌아가고 음이 극하면 양으로 되돌아간다는 설, 남방에서 양이 극성하면 음이 생겨나고 북방에서 음이 극성하면 양이 생겨난다는 설, 음양이 주류하여 서로 감싸 안는다는 설, 음이 극성하면

양을 낳고 음이 그치면 양이 일어난다는
설 등이 있다. 이것도 『주역참동계』의 사
상과 함께 뒷날 도교에서 내단을 제련하
는 데 이론적 기초가 되었다.

요컨대 「천지자연지도」는 음양 2기의
소장消長을 강본한 것으로 그 속에 음양동
정陰陽動靜, 부단한 운동, 피차소장彼此消
長의 관념을 반영하여 변증법 사상을 내보
이고 있다. 더욱 중요한 것은 이 점이다.
즉 이 그림이 음양동정 등과 관련하여 제
출한 개념은 뒷사람들에게 큰 영향을 끼
쳐, 이후 주요 역학가들이 그 개념들을 천
명하고 변론하는 가운데 자신의 철학 사
상을 뚜렷이 밝히고 역학 철학의 발전을
이룩하였다는 사실이다.

「무극도」와 관련하여 명말 학자인 황종
염黃宗炎은 그의 저서 『도서변혹圖書辨惑』
에서, 이 도식은 곧 방사의 연단술을 논한
것으로 "거꾸로 설명하면 바로 단약을 만
드는 법이다"라고 지적하였다. 거꾸로가
바로 단약을 만드는 법이란 말은 「설괘
전」의 "역易은 역수逆數이다"에서 뜻을
취한 말이다. 즉 이 그림은 아래에서 위로
향하여, 가장 아래의 동그라미는 원빈지문
元牝之門으로 사람 몸의 두 콩팥 사이의
비어 있는 곳을 가리킨다. 이것이 조기祖
氣, 즉 단전기丹田氣가 생겨 나오는 곳이
다. 두 번째의 동그라미는 연정화기煉精化
氣·연기화신煉氣化神이라 한다. 즉 황종염

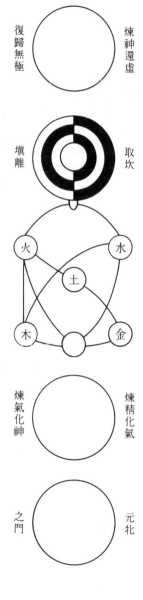

그림 4-2 무극도

의 「태극도변太極圖辨」에 따르면 "유형의 정정精을 제련하여 어슴푸레한 기氣를 화하고, 가녀린 호흡의 기를 제련하여 유에서 나와 무로 들어가는 신神을 화한다."[1] 세 번째 동그라미들은 5기조원五氣祖元이라 한다. 즉 제련되는 기를 오장육부五臟六腑에 관철시키는 것이다. 좌측의 목木과 화火, 우측의 수水와 금金, 가운데의 토土가 상호 연락하는 동그라미로 된다. 즉 제련하는 기로 수화목금토의 5기를 통솔하여 한데 응취凝聚한다. 그 가운데 수水(腎)와 화火(心)의 2기가 가장 중요하다. "불의 성질은 타오름인데, 불을 거꾸로 내려가게 하면 활활 타지 않고 그저 다사롭고 온화할 뿐이다. 물의 성질은 아래로 적심인데 거꾸로 위로 가게 하면 낮게 적시지를 않고 길러 윤택하게 할 뿐이다."[2] 온화함과 길러 줌이 지극함에 이르면 네 번째 동그라미로 진입한다. 네 번째 동그라미는 취감取坎·전리塡離라고 한다. 이 동그라미는 흑과 백이 나뉘어 서로 섞였으니, 물과 불이 함께 어울려 잉태한다는 의미이다. 그 가운데의 작고 흰 동그라미는 성태聖胎[*7]를 가리킨다. "또다시 원시元始로 돌아가면 맨 위의 동그라미이다. 연신환허煉神還虛·복귀무극復歸無極이라 이름하며 공용功用이 지극하다."[3] 즉 성태에 수련을 가하여 맨 위의 동그라미로 올라가면 신선의 경지에 도달한다. 이 경지는 무와 유의 극한으로, 조기祖氣가 나왔던 원빈지문과 서로 호응한다. 이것이 바로 "신을 제련하여 허로 돌아가고 무극으로 복귀함"(煉神還虛, 復歸無極)이다. 전체적으로 보면 가장 아래의 동그라미는 허무, 가운데 부분은 유, 맨 위의 동그라미는 다시 허무이다. 따라서 이것은 무에서 유로 다시 유에서 무로 되돌아가는 과정이 되므로, 허무를 만유의 근본으로 하고 있다.

요컨대 「무극도」가 나타내는 것도 내단 제련의 과정이다. 이 도식의 형식도 『주역참동계』의 영향을 많이 받았다. 곧 『주역참동계』의 연단술을 발전시킨 것이다. 진단은 『주역』의 범주로 연단술을 설명하여 뒷날의 도교 역학과 리학에 모두 큰 영향을 주었다. 뒤에 주돈이는 진단의 무극

---

*7) 聖胎란 內功에 의하여 聖의 경지에 들어가는 기초를 말한다. 몸을 잉태하는 태반과 같다고 하여 그렇게 이름한다.

사상을 흡수하였는데, 도가가 장생 비결長生秘訣을 강론하기 위해 이용하였던 이 「무극도」를 개조하여 천지 인물의 생성 과정을 도해하는 「태극도」로 만들고, 무극을 자기 철학의 최고 범주로 삼았다. 주회에 이르러서는 또 무극과 태극을 하나로 보아 무극을 무형무상無形無象의 리理라고 하였다.

「하노」와 「낙서」는 신난의 『용도역龍圖易』에 들어 있는 두 개의 그림이다. 『용도역』이 대체 진단의 작품인지 아닌지에 대하여 송대인은 하나로 통일된 견해가 없었다. 하지만 종합해 볼 때『용도역』은 하락학河洛學의 전신前身으로서 진단에게서 나온 것이 틀림없다. 『송문감』에 수록된 「용도서」란 글은 진단이 직접 지은 것이거나 그의 문도가 만든 것이기에 그 속에 담긴 사상은 마땅히 진단에게 귀속된다. 「용도서」는 용도3변설龍圖三變說을 제시하였다. 즉 한 번 변하여 천지미합지수天地未合之數가 되고, 두 번 변하여 천지이합지위天地已合之位가 되며, 세 번 변하여 용마부도지형龍馬負圖之形이 된다고 한다. 천지지수는 「계사전」의 '천지지수는 55'(天地之數五十有五)를 말하고, 용도3변은 「계사전」의 천지지수와 관련된 장구를 해석한 것이다. 원대의 장리張理가 지은『역상도설易象圖說』에 근거하면 용도3변지도는 그림 4-3과 같다.

각 그림에서 흰 동그라미는 천수天數를, 검은 동그라미는 지수地數를 상징하고, 방위는 아래가 북, 위가 남이다. 3변의 도식에서 제3변의 두 도식이 가장 중요하다. 이 두 도식을 뒷날 유목劉牧은 각각 「낙서洛書」와 「하도河圖」라 불렀다. 「낙서」는 오행생성지도五行生成之道라고도 부를 수 있으니, 오행의 생수生數와 오행의 성수成數를 한데 합한 것이다. 오행을 배당하면 아래 북방은 천일天一이 수水를 낳고 지육地六이 완성하며, 위의 남방은 지이地二가 화火를 낳고 천칠天七이 완성한다. 좌측 동방은 천삼天三이 목木을 낳고 지팔地八이 완성하며, 우측 서방은 지사地四가 금金을 낳고 천구天九가 완성한다. 중앙은 천오天五가 토土를 낳고 지십地十이 완성한다. 유목이 「하도」라 칭한 「9궁도九宮圖」도 제2변의 두 그림을 상호 교차하여 얻어 내었다. 그 상황은 이렇다. 그림 중간의 5가 움직이지 않고 아랫그림 중간의 10이 갈무리하기 시작하여, 기수인 1·3·7·9가 각각

周易本義啟蒙翼傳上篇

新安前鄉貢進士胡一桂學

○天地自然之易

日月為易

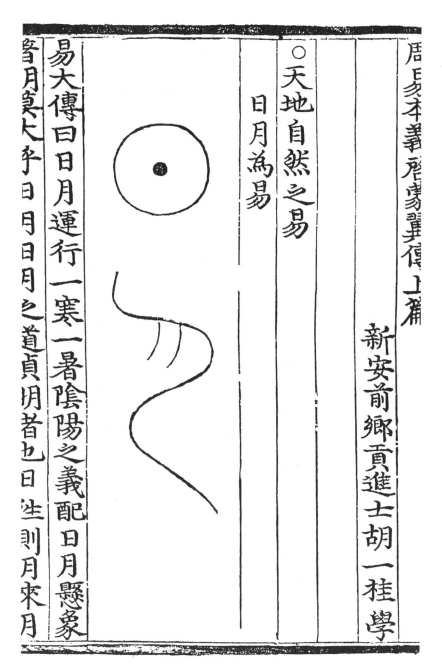

易大傳曰日月運行一寒一暑陰陽之義配日月懸象

啓月實大半日日月之道貞明者也日生則月來月

胡一桂의『周易本義啓蒙翼傳』

周易注疏卷一

魏王弼注　唐陸德明音義　孔穎達疏

上經　乾

乾下
乾上　䷀

乾元亨利貞。【音義】乾，渴然反。依字作乾下乙，乾從旦。

乾，竭然反。說卦云乾健也。此八純卦象。

天亨，許庚反。卦德也，訓通也。餘放此。【疏】正義曰乾者此卦之名。案說卦云乾健也。言此卦之象物者，以純陽之性自強不息，故謂之乾。

示於人，故謂之卦。但二畫之體，雖象陰陽之氣，未成萬物之象。未得成卦，必三畫以象三才，寫天地雷風水火山澤之象，乃謂之卦也。但初有三畫，雖有萬物之象，於萬物變通之理猶有未盡。故更重之而有六畫，備萬物之形象，窮諸陽之能事。故六畫成卦也。此乾卦本以象天。天乃積諸陽氣而成天。故謂之乾而成天，而謂之乾者，天者定體之名，乾者體用之稱。故。

乾隆四年校刊

『欽定周易注疏』
[清乾隆4年 武英殿刻本]

國子祭酒上護軍曲阜縣開國子臣孔穎達奉

勑撰

䷆ 坎下
坤上
師

師貞丈人吉无咎

注云丈人嚴莊之〔稱也 蔣也〕為師之正丈人乃吉也

正義曰師貞丈人吉无咎者丈人謂嚴莊尊重之人言為師之正唯得嚴莊丈人監臨主領之眾不畏懼不能齊眾必有咎害乃得吉无咎若不得丈人監臨師眾當以威嚴則有功勞役動眾无功罪者監臨師眾當以威嚴則有功勞役動眾无功罪者監臨師必无功也

興役動眾无功罪也故吉乃无咎也

師眾也

彖曰師眾也

陰柔无應承乘皆剛宜有悔也而以陰居
陰處上之下故得悔亡而又爲卜田之吉
占也三品者一爲乾豆一爲賓客一以充
庖

象曰田獲三品은有功也ㅣ라

(傳)巽於上下如田之獲三品而遍及上下
成巽之功也

九五貞이면吉코悔ㅣ亡야ㅎ无不利니ㅎ

『周易傳義』
[世祖親定本]

周易上經

本義 周代名也易書名也其卦本伏羲所
畫有交易變易之義故謂之易其辭則文
王周公所繫故繫之周以其簡袠重大故
分為上下兩篇經則伏羲之畫文王周公
之辭也并孔子所作之傳十篇凡十二篇
中間頗為諸儒所亂近世晁氏始正其失
而未能盡合古文呂氏又更定著為經二
卷傳十卷乃復孔氏之舊云

或問伏羲始
畫八卦其六

☲
離리下하
乾건上샹

同동人인于우野야면 亨형ᄒᆞ리니 利리涉섭大대

川천며 利리君군子ᄌᆞᄋᆡ 貞뎡ᄒᆞ니라 利리涉섭大대川

同동人인于우野야ᄒᆞ니 亨형ᄒᆞ고 利리涉섭大대川

천ᄒᆞ 利리君군子ᄌᆞᄋᆡ 貞뎡ᄒᆞ니

人인으로同동ᄒᆞᄃᆡ 野야애ᄒᆞ면 亨형ᄒᆞ리

니 大대川천을 涉섭홈이 利리ᄒᆞ며 君군子ᄌᆞ

의貞뎡으로홈이利리ᄒᆞ니라 (本義)人인

으로同동ᄒᆞᄃᆡ野야애ᄒᆞᆷ이니亨형ᄒᆞ고大

『周易諺解』
[淳祖年間 丁酉字本]

乾衣而缺其口則其象為袂 缺者為玦 如玉之缺 衣口曰袂也

震既為仁兌則義也 兌為 震士女如堯傳西

又小女之德貴於幽貞故其人為幽人 兌者西方幽昧之地為昧 處女隨明夷求大象 昧 剛不外

防陰上一脫則失之兌為脫也 兌辭 ○ 晦者昧也

麗者危也一陰乘剛危之至也然其在易詞或

有非兌而言麗者

附見兼互取象之法

易詞之取物象多有兼互二卦而命之為物者 或兼互三四卦

觀為夫子所云聖人之情見于辭者正當於此乎求之

乃荀虞諸家不知文彙不求聖言每指一物專屬一卦

茶山 丁若鏞의『周易四箋』

[戊辰本]

繫辭上第七

孔子世家孔子晚而喜易序彖繫象正義曰上繫下繫也繫如天下一致而百慮

音系又自叙引易大傳謂易繫辭則繫辭立措大傳

傳滇班固典引彖本得而緞也系上篇者何氏之意也

聲辭也注左引彖本得而緞曰易繫有辭韓曰系謂易正義以

今為上下二篇者何氏云上篇明繫往無入有故云知彖其神于彖

極太極即无也又云聖人以此洗心正龍亢寶是

其无也下民有一十二章周氏所釋屬所

以上篇之大理諸下篇之小理諸屬所釋

以上篇所以分段次下民有一十二章

地早馬草一章聖人設卦觀象馬第二章蒙者言

于家者馬事三章情氣馬泊馬草四章頭出仁武

石泉 申綽의 『易次故』
[今西龍舊藏本 自筆本]

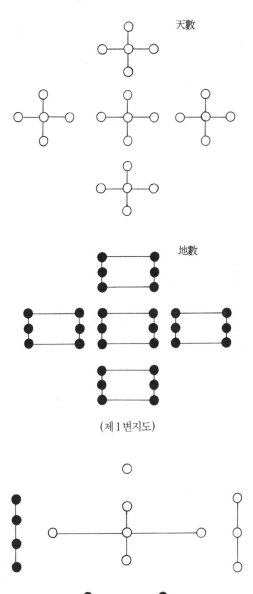

그림 4-3 용도 3변지도

天數

地數

(제1변지도)

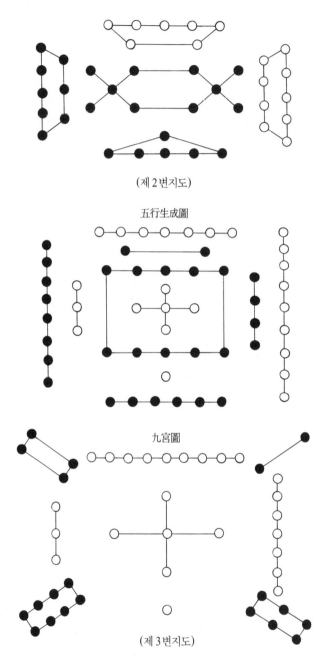

(제 2 변지도)

五行生成圖

九宮圖

(제 3 변지도)

북·동·서·남의 4정위에 분할 거처하고, 우수인 2·4·6·8이 네 귀퉁이에 각각 분할 거처하여 9궁도를 이룬다. 이 때 종과 횡 4면의 수를 각각 서로 더하면 모두 15이다. 이 두 개의 도식은 모두 팔괘의 상을 만들어 낼 수 있다. 즉 「하도」에서 중궁의 15를 제외하거나 「낙서」에서 중궁의 5를 제외하면, 1·3·7·9와 2·4·6·8이 각각 8방위에 거처하여 팔괘의 상이 된다. 팔괘의 배치 방식에 관하여 「용도서」는 명확하게 설명하지 않았고 또 도서학파의 해석도 각기 다르다. 하지만 용도 3변의 도식은 천지지수의 연변 과정을 강론하여 3차의 변화를 겪어 「용도」가 된다고 하였으니, 그 취지는 팔괘의 상이 「용도」에서 기원함을 설명하는 데 있다. 용도 3변 도식은 도교의 역 해석 계통에 연원을 두되, 「오행생성도」는 또 정현의 오행설을 흡수하고 「9궁도」는 『역위』의 9궁설을 흡수한 것이다.

도식을 이용하는 진단의 역 해석 방식, 그가 제출한 주요 도식, 그리고 그 도식에 포함된 여러 중요한 사상 등은 뒷날 송역 상수파 역학과 의리파 역학 모두에게 큰 영향을 주었다. 송대의 유학가들은 철학에 있어서 불학과 도가학의 영향을 많이 받으면서 『주역』을 빌려다 자신들의 사상을 발휘하였기에 그들의 역학은 공자의 『역전』에서 천명되었던 의리 내용과는 아주 달랐다. 하지만 송대 유학가의 역학은 대체로 『역전』의 길을 따라 나아갔다고 말할 수 있다.

한편 당대 및 오대의 도교는 위백양의 『주역참동계』의 역학을 계승함으로써 도식을 이용하여 연단술을 강론하였다. 송초에는 다시 진단을 거치면서 도식으로 『역』을 해석하는 상수역학으로 변모되었다. 도교 역학과 진단의 역학은 공자의 『역전』이 전했던 역학과는 아주 달랐고, 『주역』의 본래 의의와 더욱 멀어졌다고 할 수 있다. 물론 후대의 역학은 진단의 역학과는 달라서, 도식을 이용하여 도교의 교의 및 신선술을 강론하는 일을 하지 않았다. 오히려 우주 생성론같이 철학적 의의가 더 높은 문제를 연구하는 데 골몰하게 되었다.

2. 유목의 『역수구은도』

유목劉牧은 북송 중엽의 팽성彭城 사람이다. 자는 장민長民 혹은 선지先

之라고도 한다. 『송사』「예문지」에 유목의 『신주新注 주역』 11권, 도圖 1권이 목록에 올라 있고, 조공무晁公武의 『군재독서지郡齋讀書志』에는 도 圖가 3권으로 되어 있다. 유목이 지은 역주는 지금 전하지 않고 도 3권 만 전한다. 이 도가 곧 『역수구은도易數鉤隱圖』이다. 『사고전서총목제요』 는 다음처럼 논평하였다.

> 한대 유학자는 『역』을 말하면서 대부분 상수를 위주로 하였는데, 송에 이르러 상수파 가운데서 다시 도서파圖書派가 갈라져 나왔다. 유목은 소 옹보다 앞서 도서학을 맨 먼저 창도하였다. 유목의 학은 종방에서 나왔 고, 종방은 진단에서 나왔다. 그 원류는 소옹이 목수와 이지재에게서 나 온 것과 같으나, 9를 「하도」라 하고 10을 「낙서」라 하는 설은 소옹과 다르다. 유목의 학은 인종 때에 성행하였다. 황여헌黃黎獻은 『약례은결 略例隱訣』을 지었고 오비吳泌는 『통신通神』을 지었으며 정대창程大昌은 『역원易原』을 지었으니, 모두 유목의 설을 발명한 것이다. 섭창령葉昌齡 은 『도의圖義』를 지어 유목을 반박하였고, 송함宋咸은 『왕유역변王劉易 辨』을 지어 공격하였으며, 이구李覯는 다시 「역도론易圖論」을 산정하였 다.[4]

이 논평은 몇 가지 문제점을 지니고 있다. 첫째, 연원상 유목의 역학이 진단과 관련이 있다고 말하면서도 유목을 송대 도서학의 수창자라고 칭 한 점이다. 이것은 진단이 역도易圖로 연단술을 설명한 것을 두고 도서학 이라 칭할 수 없고 진정한 도서파 역학은 유목에서 나왔다고 보아야 한다 는 뜻을 표명한 것이다. 둘째, 유목의 역학이 9를 「하도」, 10을 「낙서」 로 삼은 것은 소옹과 다른 점이라고 하였다. 셋째, 유목의 역학은 영향이 아주 커서 그 뒤 많은 사람들이 책을 써서 혹은 발명하거나 혹은 비판하 였다고 지적하였다. 넷째, 유목의 역학은 왕필의 역 해석 계보와 대립하 는 까닭에 송함이 「유목왕필역변劉牧王弼易辨」을 지어 그 시비를 밝혔다 고 지적하였다. 사실 『역수구은도』의 내용에서 보면 유목의 역 해석 방 법 및 철학 사상은 왕필 역학의 그것과 다르다. 이하 주로 『역수구은도』 를 중심으로 유목 역학의 줄거리를 이야기하고자 한다.

「낙서」와 「하도」를 두고 도9·서10이라 하였는데, 여기서 도9는 「9 궁도」를 가리키고 서10은 「오행생성도」를 가리킨다. 「오행생성도」는 천 수 5개와 지수 5개를 포함하여 합 10개 수이므로 유목은 그것을 「낙서」 라고 하였고, 그래서 '서10'이라고 칭하였다. 유목이 「낙서」를 해실한 내용을 보면, 유흠劉歆의 설을 취하여 『상서』 「홍범」이 「낙서」라고 하였 다. 「홍범」 속의 오행 수는 생수生數와 성수成數를 한데 아우르면 모두 55의 수, 즉 '천지자연지수'를 포괄하고 있다고 보아, 정현보다 한 걸음 더 나아가서 「홍범」의 오행과 「계사전」의 천지지수를 한데 연결시킨 것 이다. 유목은 「낙서」 도식이 천지지수 가운데 양기陽奇와 음우陰偶의 배 합 법칙을 체현하고 있다고 보았다.

> 천일天一이 수水를 낳고, 지이地二가 화火를 낳고, 천삼天三이 목木을 낳 고, 지사地四가 금金을 낳고, 천오天五가 토土를 낳으니, 이것이 생수이 다. 이렇기만 하면 양은 배필이 없고 음이 배우가 없다. 그래서 지육地六 이 수를 이루고, 천칠天七이 화를 이루고, 지팔地八이 목을 이루고, 천구 天九가 금을 이루고, 지십地十이 토를 이룬다. 이에 음양이 각각 배필과 배우가 있어 물物을 완성할 수 있다. 그러므로 성수라고 한다.[5]

유목의 「낙서」 도식은 「홍범」의 오행설을 가지고 「계사전」의 "무릇 천지지수는 55이니, 이로써 변화를 이루고 귀신을 부린다"를 해석하여, 천지지수를 음양상배陰陽相配의 법칙에 따라 설명하였음을 알 수 있다. 「하도」에 관하여 유목은 이렇게 말하였다.

> 또한 천일이 감坎을 낳고 지이가 리離를 낳으며, 천삼이 진震에 처하고 지사가 태兌에 거하며, 천오가 가운데서 말미암는다. 이것이 오행의 생수 이다. 또한 외로운 음 하나만으로는 품물을 낳을 수가 없고 홀로인 양은 품물을 발할 수가 없다. 그러므로 자子는 지육에 배당하고 오午는 천칠 에 배당하며, 묘卯는 지팔에 배당하고 유酉는 천구에 배당하며, 가운데는 지십에 배당한다. 오행의 성수를 극하였으니, 마침내 팔괘의 상을 정하 고, 그로써 거듭하여 64괘 384효를 이룬다. 이것이 바로 성인께서 괘를

진설하여 상을 보이신 깊은 뜻이다.[6]

유목의 「하도」 도식은 팔괘의 상이 「하도」에서 기원함을 설명하고자한 것이었다. 「하도」에 관하여 유목은 또 다음처럼 말하였다.

지난날 복희씨가 천하를 다스릴 때에 용마龍馬의 상서로운 징조가 있어천지의 수를 등에 지고 하수河水에서 나왔다. 이것이 용도龍圖이다. 9를이고 1을 밟고 있으며, 좌는 3, 우는 7이며, 2와 4는 어깨, 6과 8은 다리이고, 5는 배와 가슴이다. 종으로나 횡으로나 수를 세어 보면 모두 15이다. 대개 『역』「계사전」에서 "삼오參伍로 변하여 그 수를 착종한다"고 한 말이 이것을 가리킨다. 태호太皥씨가 효측하여 상을 삼고 마침내4정四正에 인하여 오행의 수를 정하였다. 양기는 건자建子에서 말미암으니 발생의 근원이다. 음기는 건오建午에서 싹트니 숙살肅殺의 기반이다.2기가 서로 통한 뒤에 변화하여 만물이 생겨난다.[7]

용마가 상서로운 징조를 드러내었다는 설은 한대인의 신구神龜 출현설과 마찬가지로 황당하다. 용마가 보여 준 수가 종횡으로 모두 15라는 점을 두고 「계사전」의 "삼오로 변하여 그 수를 착종한다"(參伍以變, 錯綜其數)에 갖다 붙이고, 또 「하도」의 수가 1년간의 음양 2기의 소장을 체현한 것이라는 점을 두고 "만물을 낳고 만물을 죽인다"(所以生萬物焉殺萬物焉)에 갖다 붙였다. 이 논리는 한대 괘기설에서 감리진태 4정괘의 위치로9궁의 거처 방위를 해석하였던 논법을 끌어다가 "마침내 4정에 인하여오행의 수를 정한다"(遂因四正, 定五行之數)를 강론하고, 또 오행 생성의수를 가지고 「하도」의 구조를 해석한 것이다. 즉 유목은 괘기설을 이용하여 9궁설과 오행설을 결합하여 한당 시대의 9궁설을 발전시켰으며, 오행 생성론을 가지고 『주역』의 원리를 설명하였다. 그가 제출한 도식의목적은 바로 세계의 형성과 구조를 설명하는 데 있었음을 알 수 있다. 이점에서 유목의 역학은 진단의 역학과 다르다.

또한 유목은 『역수구은도』에서 「낙서」와 「하도」의 관계를 논하여, 두 그림이 모두 '천지자연지수'에서 나왔다고 보았다. 내원이 같으면서 「낙서」와 「하도」의 형식이 서로 다른 이유에 대해서는 이렇게 말하였다. 「하도」는 팔괘의 상을 설명하였는데, 팔괘는 4상四象에서 나오는 까닭에 「하도」는 4상만을 강론하고 오행은 강론하지 않았다. 그래서 중5를 토土의 수에 배당시키지 않았으므로, 그 수가 45이다. 이에 비하여 「낙서」는 오행을 연역하되 4상은 서술하지 않으므로, 중5를 토의 수에 배당시켜 그 수가 55이다. 「하도」가 강론하는 4상은 형이상의 도에 속하여 형기形器를 이루지 않았기에 토의 수를 강론하지 않았다. 한편 「낙서」가 강론하는 오행은 형이하의 기에 속하여 형체를 이루었으므로 토의 수 10을 부기한다는 것이다. 유목은 『역』이란 상象과 기器를 포괄하므로 성인이 「하도」로는 상을 보여 주고 「낙서」로는 형을 진설하였다고 주장하였다.

『역수구은도』에서 「하도」와 「낙서」의 기원 문제를 설명하고자 유목은 4개의 도식을 제출하여, 「계사전」의 "역에 태극이 있으니, 이것이 양의를 낳고 양의가 4상을 낳으며 4상이 팔괘를 낳는다"를 해석하였다. 유목이 자신의 4개 도식을 해설한 것을 보면, 그는 서법筮法의 측면에서 기수와 우수가 분화되지 않은 것을 태극이라 하였고, 세계관의 측면에서 음기와 양기가 혼합하여 하나로 된 것을 태극이라고 하였다. 유목은 괘상의 형성과 세계의 형성을 태극 자체의 운동에서 분화되어 나오는 과정이라고 보아 오행 생성설을 가지고 이 과정을 해석한 것이다. 이렇게 함으로써 유목은 진당晉唐 이래 전해 온 왕필 역학의 태극허무설太極虛無說(태극이 허무라는 설)을 사실상 부정하였고, 공소孔疏 등이 주장한 유생우무有生于無(유가 무에서 생겨남)의 형식을 사실상 폐기하였다.

유목의 태극원기설太極元氣說(태극은 원기라는 설)이 우주 생성을 설명하는 방식을 보면, 그의 역학 철학은 유물론적 내용을 갖추었음을 알 수 있다. 유목은 천지지수 자체의 연변을 통해 "태극이 양의를 낳고 양의가 4상을 낳고 4상이 팔괘를 낳는" 과정을 설명하였는데, 이것은 뒷날 의리파 역학 철학의 본체론을 발전시키는 데 일정한 영향을 끼쳤다. 따라서 유목의 태극설은 왕필 이래의 역학 철학이 송역으로 뒤바뀌는 기점을 표시한다고 할 수 있다.

유목의 도서학을 한역 상수학이나 진단의 역학과 비교해 보면, 유목의 취지는 음양재이나 신선술에 있지 않음을 알 수 있다. 그는 도식을 이용하여 『주역』의 원리를 설명하고자 함으로써 상수학을 철학화하였다. 이점은 송역의 특색을 드러내고 있다.

3. 이지재의 괘변설

이지재李之才(?~1045)의 자는 정지挺之이고, 청사靑社(지금의 東益郡) 사람이다. 『춘추』에 밝고 역학과 역법曆法에 아주 정통하였으며, 일찍이 소옹에게 『춘추』와 역학을 전수하고 유희수劉羲叟[*8])에게 역법을 전수하였다. 이지재는 목수穆修가 전수한 진단의 선천학을 얻었으며, 그의 역학은 괘변설을 위주로 하였다. 「변괘반대도變卦反對圖」 및 「64괘상생도六十四卦相生圖」가 있어 세상에 전한다. 이 두 도식은 모두 주진朱震이 쓴 『한상역전』의 「역괘도易卦圖」에 수록되어 있고, 호위의 『역도명변』에 논평이 있다.

「변괘반대도」에 관하여 주진은 "64괘는 강유剛柔가 서로 변역하고 주류하여 변화하니, 『역』의 도리는 「서괘전」와 「잡괘전」에서 다하였다"[8]고 하였다. 「변괘반대도」가 강론한 내용은 64괘에서 양강과 음유의 2효가 상호 변역하는 양상을 논한 것인데, 그 도리는 「서괘전」과 「잡괘전」에 보인다는 말이다. 이지재의 괘도를 살펴보면, 이지재는 양강과 음유의 2효상이 서로 전화하여 또 다른 괘를 만들어 내므로 괘와 괘 사이에는 상호 전화의 관계가 존재하다고 보았음을 알 수 있다. 이러한 인식은 물론 「서괘전」의 변증법 사상에서 나온 것이다.

이지재는 건곤 2괘를 주체로 삼아서 괘변卦變을 추리 연구하였는데 이것은 『역전』의 정신과 부합한다. 단 이지재는 "역의 문이요 만물의 조상"(易之門, 萬物之祖)인 건곤 2괘란 결코 경괘經卦인 건곤을 가리키는 것이 아니라고 하였다. 그리고 별괘別卦인 건곤은 역의 문이기는 하지만 만

[*8)] 劉羲叟는 송나라 晉城 사람인데 구양수의 추천으로 著作郞이 되었다. 역법에 정통하여 唐史를 편수할 때 律曆·天文·五行의 志를 맡아서 편찬하였다.

그림 4-4 변괘 반대도

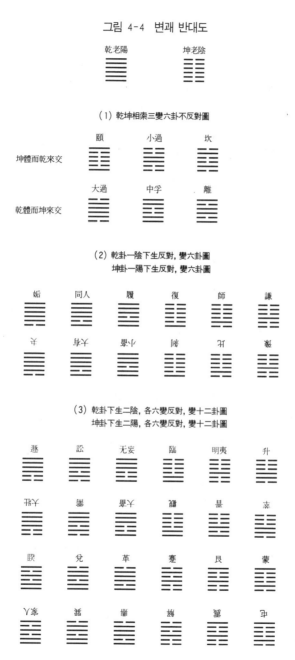

乾老陽　　　　坤老陰

(1) 乾坤相索三變六卦不反對圖

　　　　　　頤　　　小過　　　坎

坤體而乾來交

　　　　　　大過　　中孚　　　離

乾體而坤來交

(2) 乾卦一陰下生反對, 變六卦圖
　　　坤卦一陽下生反對, 變六卦圖

姤　　同人　　履　　復　　師　　謙

(3) 乾卦下生二陰, 各六變反對, 變十二卦圖
　　　坤卦下生二陽, 各六變反對, 變十二卦圖

遯　　訟　　无妄　　臨　　明夷　　升

睽　　兌　　革　　蹇　　艮　　蒙

(4) 乾卦下生二陰, 各六變反對, 變十二卦圖
坤卦下生二陽, 各六變反對, 變十二卦圖

| 否 | 恒 | 豊 | 泰 | 損 | 賁 |

| 歸妹 | 節 | 旣濟 | 蠱 | 井 | 未濟 |

물의 조상은 아니라고 보았다. 즉 이지재는 별괘 건곤이 괘를 낳을 수 있다고 주장하였다. 이것은 『역전』이 괘변을 천명 해석한 내용과는 부합하지 않는다. 이러한 착오는 건괘의 아래에서 2음·3음이 생겨나고 곤괘의 아래에서 2양·3양이 생겨남을 풀이할 때 건곤 두 경괘의 상호 교색交索을 떠나서 고립적으로 괘상을 고찰하는 잘못을 낳았다. 결과적으로 이 때문에 이지재의 설은 통하지 않는 바가 많다. 다시 말해 이지재의 「변괘반대도」는 『주역』의 괘변 문제의 본질을 옳게 파악하지 못한 것이라 하겠다. 이지재의 「64괘상생도」가 강론하는 내용은 다음과 같다. 5음1양의 모든 괘는 복괘復卦 ䷗ 에서 오니, 복괘의 1효가 5변하여 5괘를 이룬다. 5양 1음의 모든 괘는 구괘姤卦 ䷫ 에서 오니, 구괘의 1효가 5변하여 5괘를 이룬다. 4음 2양의 모든 괘는 임괘臨卦 ䷒ 에서 오니, 임괘가 5복復 5변하여 14괘를 이룬다. 4양 2음의 모든 괘는 둔괘遯卦 ䷠ 에서 오니, 둔괘가 5복 5변하여 14괘를 이룬다. 3음 3양의 모든 괘는 태괘泰卦 ䷊ 에서 오니, 태괘가 3복 3변하여 9괘를 이룬다. 3양 3음의 모든 괘는 비괘否卦 ䷋ 에서 오니, 비괘가 3복 3변하여 9괘를 이룬다. 「64괘상생도」의 이러한 내용으로 볼 때 이지재는 복·구·임·둔·태·비라는 별괘가 괘를 낳을 수 있다고 하였다. 『주역』 괘변의 현상은 비록 64별괘에서 표현되

어 나왔지만, 변화의 본질은 도리어 팔괘, 특히 주로 건곤 2경괘의 모순 투쟁에 있는데, 이지재는 이 점을 이해할 수가 없었다. 특히 건괘가 한 번 교차하여 구괘姤卦가 되고, 곤괘가 한 번 교차하여 복괘復卦가 된다고 하여 이 복괘와 구괘를 '작은 부모'(小父母)라고 본 이지재의 논리는 『역대전』의 설과 더욱 어긋난다. 『역대전』은 건괘가 한 번 교차하여 손괘巽卦 ☴ 가 된다고 하였지 구괘가 된다고는 하지 않았으며, 곤괘가 한 번 교차하여 진괘震卦 ☳ 가 된다고 하였지 복괘가 된다고는 하지 않았다. 그리고 『역대전』은 건곤에 다만 '3교 3색三交三索'이 있다고만 하였지, '5복 5변五復五變' 따위는 결코 없었다. 이지재 설의 착오는 경괘인 건곤을 별괘와 구별하지 않고 뒤섞어 버린 데 있다.

이지재의 괘변설은 주로 우번의 괘변설을 발전시킨 것이다. 다만 이지재는 도식을 이용하여 괘변을 설명함으로써, 우번의 괘변설에 보이는 괘의 중복과 변례變例의 체제를 피하고, 우번의 설을 규격화하고 체계화하였다. 물론 이지재도 한대인과 마찬가지로 괘변의 문제를 근본적으로 해결할 수가 없었다. 그럼에도 이지재가 도식을 이용하여 괘변을 설명한 방식은 뒷날 주진과 주희에게 영향을 끼쳤다. 그들에게 공통된 문제점은 한역의 별괘생괘설別卦生卦說의 착오를 답습한 점이다.

2. 주돈이의 역학

주돈이周敦頤(1017~1073)의 이름은 돈실惇實이고 자가 무숙茂叔으로, 도주道州 영도營道(지금의 호남 道縣) 사람이다. 스무 살에 벼슬길에 들어섰다가 쉰다섯 살에 귀향하였다. 지방 관리를 지낸 적이 있다. 만년에는 여산廬山 연화봉蓮花峰 아래에 정착하면서 염계 서당濂溪書堂을 짓고 살아 염계 선생이라고 한다. 죽은 뒤에 영종寧宗이 원공元公이라는 시호를 내렸다. 주돈이는 리학을 처음 연 큰 선생으로서, 리학의 염학파濂學派를 창시하였다. 『송원학안宋元學案』의 「염계학안濂溪學案」에서 황백가黃百家[9]

---

[9] 黃百家는 黃宗羲의 아들로 字는 主一이다. 황종희가 『宋元學案』을 편찬하다가 완성을 하지 못하고 죽자 황백가가 뒤를 이어 완성하였다.

는 "공맹 이후로 양한 시대의 유학자는 경전학만 있었지 성도性道의 미언은 끊어진 지 오래였는데, 원공이 굴기한 뒤에 이정二程이 잇고 또 장횡거 등 여러 대유가 나왔다. 이로써 경학이 크게 창성하였다"[9]고 논평하였다. 주돈이의 역학 저서로 세상에 전하는 것에 『태극도설』과 『역통易通』이 있다. 『역통』은 『통서通書』라고도 칭한다. 『사고전서총목제요』에 "송의 다섯 분 가운데 주돈이의 저서가 가장 적지만, 여러 유학자가 변론 대상으로 삼은 것은 주돈이의 책이 가장 많다. 주돈이의 무극태극설無極太極說은 주자 학파와 육상산 학파가 서로 물고 늘어져 오백여 년간 싸움이 계속되고 있다"[10]고 하였다. 주돈이의 무극태극설이 가장 영향력 있고 가장 쟁점 많은 문제였음을 알 수 있다.

주돈이의 그림과 그림 풀이의 『태극도설』은 두 부분으로 되어 있다. 그 내용은 아래와 같다.

무극이면서 태극이다. 태극이 동動하여 양을 낳고, 동이 극하면 정靜이 되며, 정하면 음을 낳는다. 정이 극하면 동으로 돌아간다. 한 번 동하고 한 번 정하여 서로 그 뿌리가 된다. 음으로 갈리고 양으로 갈리어 양의 兩儀가 선다. 양이 변하고 음이 합하여, 수화목금토를 낳아 5기가 순하게 펴지고 4시가 행한다. 오행은 하나의 음양이요 음양은 하나의 태극이니, 태극은 본디 무극이다. 오행이 생겨남에 각각 그 성性을 하나씩 지닌다. 무극의 진眞과 이오二五의 정精이 묘하게 합하여 응취한다. 건도는 남자를 이루고 곤도는 여자를 이루어, 2기가 교감하여 만물을 화생하니, 만물이 낳고 낳아 변화가 무궁하다. 오직 사람만이 그 빼어남을 얻어 가장 영靈하다. 형形이 생겨난 뒤 신神이 지知를 발하고, 5성性이 감응 운동하여, 선악이 나뉘고 만사가 출현한다. 성인은 그것을 정하길 중정인의 中正仁義로 하고("성인의 도는 인의중정일 따름이다"고 하였음 —— 自注) 정靜을 위주로 하여("욕심이 없으므로 정하다"고 하였음 —— 自注) 인극人極을 세운다. 그러므로 성인은 천지와 그 덕을 합하고, 일월과 그 밝음을 합하며, 4시와 그 질서를 합하고, 귀신과 그 길흉을 합한다. 군자는 수행하여 길하고, 소인은 거슬러서 흉하다. 그러므로 "하늘의 도를 세우니 음과 양이고, 땅의 도를 세우니 유柔와 강剛이며, 사람의 도를

세우니 인과 의이다." 또 이르길 "종국
에 이르면 시원으로 돌아간다. 그러므
로 사생死生을 안다"고 하였다. 크도
다, 역의 도리여. 이렇게도 지극하도
다!¹¹⁾

　오른쪽의 태극 도식은 주진의 『한상역
전』 「역괘도」에 보이는 그림이다. 금본今
本 『태극도설』은 주희가 정리하여 전해
오는 것인데, 주진이 수록한 이 도식과는
차이가 난다. 주돈이 태극도의 학술적 연
원에 대해서는 황종염의 『태극도변太極圖
辨』과 호위의 『역도명변』에서 이미 고찰
한 바 있다. 특히 청인 모기령毛奇齡이 지
은 『태극도설유의太極圖說遺議』는 금본 태
극도가 확실히 주희에 의하여 개정되었으
며, 주진이 수록한 도식이 주돈이 「태극
도」의 참모습에 가까운 빠른 시기의 것임
을 증명하였다. 요컨대 여러 학자의 고증
을 종합하면, 주돈이 「태극도」의 내원은
도교의 「선천태극도先天太極圖」와 진단의
「무극도」에 있음을 알 수 있다. 그런데
「선천태극도」나 진단의 「무극도」는 모두
도교의 역 해석 계보에 속한다. 주희는 주
돈이가 "스승으로부터 전해 받지 않고 도
체道體와 암암리에 부합하여, 도圖를 건립
하고 서書를 배속해서 요령을 다하였다"고
하였다. 이 설은 사실과 부합하지 않는다.
　또한 모기령의 고증과 『송사』 실록의

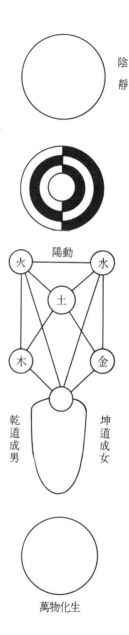

그림 4-5 태극도

기록에 의거하면, 『태극도설』의 첫구인 '무극이태극無極而太極'은 응당 '자무극이위태극自無極而爲太極'이어야 한다. 육구연은 주희와 논쟁하면서 『태극도설』에서 무극이 태극의 위에 있는 것은 유가 사상과 부합하지 않는다고 하였다. 이로 보면 『한상역전』「역괘도」와 주희가 정정한 『태극도설』의 첫구 '무극이태극'은 본래의 주돈이 도설의 첫구와 다소 차이가 있음이 분명하다. 더욱 중요한 점은 이것이다. 주희는 태극을 리로 보았기에 무극이 태극에 앞선다는 설에 동의하지 않고, 무극은 다만 형적이 없는 태극을 형용하는 말이라고 보았다. 그러나 사실 주희의 논법은 주희 자신의 견해일 수는 있어도 주돈이 『태극도설』의 사상을 대변하는 것은 아니다.

주희는 주돈이의 「태극도」가 "상을 세워 의를 다하였다"(立象盡意)고 말하였다. 이로 보면 「태극도」는 상학象學 계통에 속한다. 진단의 무극도에서 두 번째 동그라미는 음양의 괘상을 강론한 것으로 상을 말하였지 수를 말하지는 않았었다. 주돈이의 「태극도」도 이와 마찬가지이다. 주진은 또 주돈이의 「태극도」가 진단 역학의 전수자인 목수에게서 얻은 것이라고 단언하고 있다. 이 말로 보면 주돈이의 「태극도」는 도교 역학과 관련 있는 상학 계통에 속함을 알 수 있다. 곧 주돈이의 『태극도설』은 형식과 내용에서 모두 도교 및 도가 학설의 영향을 받은 것이다. 주돈이는 『태극도설』에서 "역에 태극이 있다"(易有太極)는 「계사전」 글귀에 의거하여 우주 생성의 과정을 말하고, 이하 다시 인간의 본질을 논하면서 수양을 통해 성인이 되는 방법을 논하였다. 단지 이 점에 대하여 황종염의 『태극도변』은 "주돈이의 '무극이태극'은 허공중의 조화이니, 노장老莊을 유가에 부합시키려 하였다"[12]고 비판하였다.[12] "역에 태극이 있다는 말은 공부자께서 『역』을 찬하면서 말씀하신 바이므로, 결코 무극을 말할 수가 없다. 일정한 방향이 없는 것이 신神이고 고정된 체體가 없는 것이 역易이니, 원상圓象을 그림 그릴 수가 없다. 유인 것을 무라 하고 무인 것을 유라 함은 성인의 본지가 아닌 듯하다",[13] "노씨의 학은 허를 극에까지

---

†2) 『송원학안』「염계학안」에 보인다.

밀고 가서 정靜을 독실히 지키니, 무하유지향無何有之鄉에서 꼼짝 않아 사람이 아닌 듯하면서, 안을 지켜 밖으로 흔들리지 않는다. 뿌리로 돌아감을 정靜이라고 하니, 정靜은 명命으로 복귀함이다. 정을 주로 하여 인간의 표준을 세움도 역시 이것에 근거하고 있는 것이 아닌가?"[14]와 같은 황종염의 비평에서 주돈이의 『태극도설』이 공자가 전한 역학과 동떨어져 있다고 지적한 것은 아주 적절하다. 태극 앞에 무극을 강론하고 수양 방법에서 주정主靜을 강론하는 것은 모두 다 도가적 관념을 반영한다. 주돈이는 도가적 관념을 유가의 역 해석 계보에 끌여들였다. 그렇지만 이것은 뒷날의 역학 발전에 커다란 영향을 낳아, 무극태극 논쟁은 송역의 주요 내용이 되었다.

『태극도설』의 우주 생성론과 관련하여 많은 이야기가 있으나, 전체적으로 보면 주돈이의 설은 유가 무에서 생겨난다는, 즉 우주는 무에서 유로 된다는 관념론이라고 요약할 수 있다. 주돈이는 "오행은 하나의 음양이요 음양은 하나의 태극이니 태극은 본디 무극이다"라고 하였는데, 이 말은 그의 우주 생성론을 개괄한 것이다. 『태극도설』에서 주돈이는 독특한 음양동정관陰陽動靜觀을 내놓았다. 즉 태극이 능히 동하고 정할 수 있어서 동하면 양을 낳고 정하면 음을 낳는다고 하였다. 태극이 어떻게 양의를 낳는가 하는 문제에 주돈이가 이처럼 답한 것은 기왕의 학자들이 채 논설하지 않았던 문제이다. 동이 극하면 정하고 정이 극하면 동하여서 동과 정이 서로 뿌리가 된다는 논법에는 변증법의 색채가 농후하다. 이 논법은 뒷사람들의 태극관에 큰 영향을 주었다. 단 주돈이는 태극에다가 능히 동할 수 있는 성격을 부여하기는 하였으나, 태극의 위에 무극 하나를 덧붙여 더 높은 범주로 삼았다. 이렇게 하여 태극의 동은 잠시적이고 상대적인 것이 되었다. 태극은 본디 무극이고 무극의 본성은 또 정태적靜態的이니, 끝내 형이상학의 구덩이를 빠져 나갈 수 없는 것이다.

『역통』은 주돈이의 또 다른 역학 저서이다. 『역통』은 『태극도설』과는 달리 도식으로 『역』을 해설하지 않았다. 육구연은 주희에게 보낸 서한에서 다음과 같이 말하였다.

사산梭山의 형은 이렇게 말하였습니다. "『태극도설』은 『통서』와 종류가 다르니, 아마도 주돈이가 지은 것이 아닌 듯하다. 그렇지 않으면 혹 학문이 아직 이루어지지 않은 때의 작품인지 모르겠다. 아니면 혹 타인의 글을 전한 것인데 뒷사람들이 분간하지 못한 것인지도 모르겠다. 대개 『통서』의 「리성명理性命」장章에 '중中일 따름이다. 2기 오행이 만물을 화생하니, 오행의 각각 다름은 음양 둘의 실체이며, 둘은 본디 하나이다'라고 하였다. 하나라든가 중中이라든가 하는 것은 태극이다. 그 위에 무극이란 글자를 덧붙인 일이 없다. 「동정動靜」장에서 오행·음양·태극을 말하였는데 역시 무극이란 글자가 없다. 가령 『태극도설』이 무극을 전한다고 해도 혹 그것이 젊은 시절에 지은 것이라면, 『통서』를 지을 때에 무극을 말하지 않았으므로, 『태극도설』의 설이 잘못되었음을 알 수가 있다."[15]

이 논법은 『역통』이 『태극도설』을 부정하고 있다는 데 근거한다. 『역통』에서는 무극이란 전제가 발견되지 않으므로 『태극도설』과 전혀 다르다는 것이다. 황백가는 "『통서』는 주돈이가 도를 전한 책이다……『성리대전性理大田』은 첫머리에 『태극도설』을 두었으나 여기서 『통서』를 첫머리로 하는 것은, 『태극도설』에 대해서는 그것을 높이 치는 학자도 있고 시비를 논하는 학자도 있어 『통서』처럼 순수하지 못하기 때문이다"[16]라고 하였다. 『역통』이 표현하는 사상은 유학 사상의 특징을 선명하게 갖추고 있지만, 『태극도설』은 "유儒이되 유가 아니고 노老이되 노가 아니고 석釋이되 석이 아니라서" 『역통』은 이런 『태극도설』과 다르다는 말이다. 이 점이 바로 『역통』이 『태극도설』과 다른 또 한 가지 특징이다. 『역통』은 유학의 정치 교화 및 도덕 수양의 사상을 논한 역학 저서인 것이다.

『역통』은 전부 40장이다. 황백가는 「염계학안」의 안어案語에서 설경헌薛敬軒*[10]의 말을 인용하여, "『통서』는 성誠이란 한 글자로 총괄된다"고

---

*10) 薛敬軒은 明의 薛瑄(1392~1464)을 말한다. 설선은 永樂 19년의 진사로, 英宗 때 예부시랑 겸 한림학사를 제수받고 조정에 들어가 정무에 힘썼다. 뒤에 정주학을 연구하여 躬行復性을 위주로 삼았다. 『讀書錄』 20권이 있다. 시호는 文淸이다. 敬軒은 그의 室號이다.

하였다. 『역통』의 제1장과 제2장은 성誠을 강론하고, 제3장은 성誠·기幾·덕德을 강론하였으며, 제4장은 성誠·신神·기幾가 성인聖人임을 강론하였다. 그 밖에 제9장·제31장·제32장·제35장도 각각 "기幾가 여기에서 동하면 성誠이 저기에서 동한다", "군자는 성실하여 부지런부지런 힘써 쉬지 않는다", '심성心誠', '성심誠心', "망녕이 없으면 성이다", "지성이면 동한다" 등을 강론하였다. 이로 보면 성誠이 확실히 『역통』의 핵심 사상이란 사실을 알 수가 있다. 곧 『역통』은 『주역』과 『중용』의 사상을 발휘하고 그 둘을 결합시켜 나온 산물인 것이다.

주돈이는 도덕 수양을 논하면서 거듭 성誠·신神·기幾를 반복하여 말하였으니, 이 개념들이 『역통』 도덕론의 주요 사상을 반영한다는 사실을 알 수 있다. 성誠에 관하여 주돈이는 「성誠」 상上에서 이렇게 말하였다.

> 성誠이란 성인의 근본이다. "크도다, 건원이여. 만물이 이를 바탕삼아 시작된다"고 함은 성誠의 근원을 말한다. "건도가 변화하여 각각 성명을 바로한다"고 함은 성誠이 건립되어 순수하고 지극히 선한 것을 두고 말한다. 그러므로 "일음일양을 도라 하고, 그것을 이음을 선善이라 하며, 그것을 이룸을 성性이라고 한다"고 하였다. 원형元亨은 성誠이 통함이다. 이정利貞은 성誠의 회복됨이다. 크도다, 역易이여. 성명의 근원일진저![17]

주돈이는 또 「성誠」 하下에서 이렇게 말하였다.

> 성聖은 성誠일 따름이다. 성誠은 오상五常의 근본이며 온갖 행실의 근원이다. 정靜하여 무無이며 동動하여 유有이니, 지극히 바르고 명백히 통달함이다. 오상과 온갖 행실이 성誠이 아니면 잘못이요, 사악함이 어둡게 가리게 된다. 그러므로 성誠하면 무사無事하다. 지극이 평이하면서도 행하기 어려우니, 과감하여 확실하면 어려움이 없다. 그러므로 "하루라도 극기복례克己復禮하면 천하가 다 인仁에 돌아간다"고 하였다.[18]

여기서는 건원乾元이 성誠의 근원임을 말하였다. 『역통』은 무극을 말하지 않고 태극을 본원이라고 하였다. 「태극도」에 "태극이 동하여 양을 낳는다"고 하고, 『역통』「순화順化」에 "하늘은 양陽으로서 만물을 낳는다"고 한 말을 살펴볼 때, 건원이 양기의 시작이고, 성誠은 건원에 근원한다. 건원은 만물 및 성명性命이 산생되어 나오는 근원이요, 성은 바로 건원에서 파생한 덕성이다. 그러므로 성誠은 만물 및 성명을 관통한다. 사람에 대해 말하면 사람이 능히 성誠하여야 건원에 근원한 순수하고도 지극히 선한 성性을 보존할 수가 있다. 그렇다면 '동유動有'하여, 즉 외물에 감응하여 생각이 떠오를 때에 그 행위가 자연스러운 것이 선善이요, '지극히 바르고 명백히 통달함'이다. 이러하면 곧 '성誠하면 무사'하다. 다시 말해 '지극히 평이'하다. 또 인간의 성性에 고유한 성誠을 능히 보존하면, 선을 행함에 결코 어려움이 없다고 말할 수 있다. 거꾸로 성誠이 사욕에 막혀 버리면 사람의 도덕 행위는 필연적으로 문제를 일으킨다. 그래서 능히 성할 수 있어야 사욕의 폐단을 제거할 수 있다. 바로 그러기 때문에 공자는 "극기복례하면 천하가 다 인에 돌아간다"고 강론하였다.

여기서 주의할 점은 『역통』이 "망녕됨이 없음이 성誠이다", "성誠은 무위이다", "고요하여 동하지 않음이 성이다"라고 강론하였고, 또 "동함을 삼가한다", "동함을 삼가함은 정을 위주로 함이다"라고 강론하였다는 사실이다. 이러한 논법은 사실 『태극도설』이 강론한 '주정主靜'의 설("욕심이 없으므로 정하다")과 일치한다. 『역통』은 도가와 도교의 영향을 벗어나지 못하고 무극의 정靜을 양기陽氣 운동의 본원으로 간주하여, 인성과 도덕의 문제를 논할 때에 정무靜無를 성誠의 기초로 보았던 것이다.

기幾와 관련하여 『역통』은 이렇게 말하였다.

> 성誠은 무위이고 기幾는 선악이다. 덕德으로 말하면 사랑(愛)이 인이고, 떳떳함(宜)이 의義이고, 리理가 예禮이고 통함(通)이 지智이고, 지킴(守)이 신信이다. 성性을 지켜 평안한 것을 성聖이라고 하고, 회복하여 고집하는 것을 현賢이라 하며, 은미함을 발현하되 볼 수 없고 주변을 채우되 다하지 않는 것을 신神이라 한다.[19]

또 「성성(聖)」장에서 이렇게 말하였다.

고요하여 동하지 않음이 성誠이다. 감응하여 마침내 통하는 것이 신神이다. 동하여 아직 드러나지 않고 유무의 사이에 있음이 기幾이다. 성誠은 정精하므로 밝고, 신神은 응하므로 묘하며, 기幾는 은미하므로 그윽하다. 성·신·기를 성인이라고 한다.[20]

'기幾는 선악'이란 말의 함의에 대해서는 송명 이래로 정설이 없다. 의문시되는 점은 성誠이 완전히 선한 것이라면서 어째서 성誠에서 발아한 기幾에 선이 있고 악이 있는가 하는 것이다. 이것은 기幾가 인심이 막 싹트는 미微로서 이른바 "일념이 발동하면", 다시 말해 생각이 한 번 동하면, 비록 채 행위로 옮기지 않았어도 이미 선악의 구분을 함유한다는 말이다. 기幾에 선악이 나뉜다는 점과 성誠을 무위라 하는 점 사이의 모순을 해결하기 위하여, 조치趙致는 일찍이 선이 주인이고 악이 빈객이며, 천리는 근본이고 인욕은 지엽이라는 논법을 제출한 바 있다. '기幾는 선악'이란 말을 어떻게 파악할 것인가에 대하여 황백가는 「염계학안」에서 이렇게 논하였다.

기幾란 글자는 『역』의 "기를 앎은 신일진저", 안씨顔氏(안연)의 '서기庶幾', 맹자의 '기희幾希'의 '기'이다. "자신에게 선하지 않음이 있으면 깨달아 알지 못함이 없다"는 것은 이른바 선악을 아는 양지良知를 말한다. 그러므로 염암念庵 나씨羅氏는 이렇게 말하였다. "'기幾는 선악'이란 오직 기幾를 잘 살펴 선악을 변별할 수 있음을 말하니, 기를 잘 살피지 않으면 악이라고 말함과 같다. 반드시 늘 두려워하여 고요함을 유지하고, 그런 뒤에 함부로 동動에 나아가지 않는다. 이것이 이른바 기幾를 연구함(研幾)이다."[21]

『역통』의 "성·신·기를 성인이라고 한다"는 말로 볼 때, 기와 성과 신은 모두 성인을 이루는 조건이 되므로 황백가의 관점은 옳을 수 있다. '기幾는 선악'이란 선이 되거나 악이 될 수 있는 일념—念이라는 뜻이 아니라, 선악을 변별하는 기幾를 뜻한다. 즉 행위 동기를 미리 파악하는 능력이다. 이러한 능력이 없으면 행위를 할 때에 도리어 악으로 향할 것이다. 그래서 기와 성과 신은 모두 수양하여 성인이 되는 조건이다. "감응하여 마침내 통하는 것이 신이다"라고 한 것은 본래 「계사전」에서 서법筮法이 사람에게 길흉을 고하는 일을 두고, 그것이 신묘할 만큼 빨라서 헤아리기 어려움을 지적한 말이었다. 그런데 주돈이는 이 구절을 두고, 사람이 "성誠하고 정精하여서 밝으면" 즉 능히 성誠하여 사욕에 의해 막힘이 없으면 외물과 접촉할 때에 그 외물을 신속 정확하게 반영할 수 있다는 뜻으로 보았다. 이를테면 어린애가 우물에 빠지려 할 때 즉시로 가서 구할 수 있는 것이 바로 성誠하여 외물을 신속 정확하게 반영하는 예라고 하였다. 「계사전」에서 강론된 신神과 기幾가 모두 주돈이에 의해 인성과 도덕 문제를 강론하는 데 원용되어 이론화되었음을 알 수 있다.

『역통』「순화順化」장에서 주돈이는 다음과 같이 말하였다.

> 하늘은 양으로서 만물을 낳고, 음으로서 만물을 이룬다. 낳음(生)은 인仁이고 이룸(成)은 의義이다. 그러므로 성인이 윗자리에 있어 인으로 만물을 기르고 의로 만민을 바로잡는다. 천도가 행하고 만물이 순하며, 성덕이 닦여 만민이 화한다. 크게 순하고 크게 화하여 그 자취를 볼 수 없고 그러한 바를 알지 못함을 신神이라고 한다. 그러므로 천하의 대중은 한 사람에게 근본하니 도가 어찌 멀리 있겠는가? 술術이 어찌 많겠는가?[22]

성인이 천도를 법받아 백성을 순화하는 문제를 논하면서 주돈이는 정치론을 집중적으로 제시하고 있다. 이 정치 사상은 『역전』의 사상을 계승한 것이다. 이를테면 예괘豫卦䷏「단전」에 "천지는 순順함으로써 동動하는 까닭에 일월이 지나치지 않고 4시가 어긋나지 않는다. 성인은 순함으로써 동하는 까닭에 형벌이 맑아지고 백성이 복종한다. 예괘의 시時의 의의가 크도다"[23]라고 하였다. 이른바 "천하의 대중은 한 사람에게 근본하니 도가 어찌 멀리 있겠는가? 술이 어찌 많겠는가"란 말은, 천도를 받들어 다스림을 행하는 성인에게 바로 천하를 다스리는 관건이 놓여 있음을 뜻한다.

요컨대 주돈이가 인성 도덕을 강론한 부분이든 백성 교화의 도를 강론한 부분이든 어느 것에 대해서나 『역통』은 "구절마다 천도를 말하고 구절마다 성인의 신상을 가리켰으니" 그 역설은 천도를 공담한 것이 아니라고 하였다. 『역통』은 『주역』의 각 괘의를 풀이하면서 괘효상과 서수筮數를 강론하지 않았고, 또 진당 역학의 현학 관점을 인용하지 않았다. 『역통』은 『중용』의 개념을 빌려 와 역리를 발휘하고, 『주역』을 가지고 성리 도덕을 말한 것이 많다. 『역통』의 이러한 특징은 송역 의리파의 형성에 일정한 영향을 주었다. 특히 『역통』에서 연구된 몇 가지 명제는 송역만이 아니라 전체 송명 리학의 발전에 아주 깊은 영향을 주었다. 그러기에 주돈이는 리학을 처음으로 연 큰 스승으로 간주된다.

3. 소옹의 역학

소옹(1011~1077)의 자는 요부堯夫이고, 시호는 강절康節이다. 선조는 하북河北 범양范陽 사람이다. 증조 소령진邵令進은 군직軍職으로 송태조 막부에 있다가 처음으로 형장衡漳(지금의 하북성 남부)에 집을 두었다. 소옹은 어려서 부친 소고邵古를 따라 공성共城(지금의 하남 輝縣)으로 옮겼다가 뒤에 낙양으로 이사하였다.

소옹의 저작에 『황극경세서皇極經世書』와 시집 『이천격양집伊川擊壤集』이 있다. 『황극경세서』는 「관물내편觀物內篇」과 「관물외편觀物外篇」으로 나뉘는데, 일설에 의하면 외편은 문인 제자들이 기록한 어록이라고 한다. 원서는 진작에 볼 수 없게 되었고, 그 주요 내용은 후인의 정리와 주석에 의지하여 보존되어 왔다. 소옹의 아들 소백온邵伯溫은 『황극계술皇極繫述』과 『관물내외편해觀物內外篇解』를 지었다. 또 장행성張行成의 『주역변통周易變通』, 채원정蔡元定의 『경세지요經世指要』, 주희의 『역학계몽易學啓蒙』과 『어류語類』 「소자지서邵子之書」 가운데 해설이 있다. 『황극경세서』에 붙어 있는 각종의 도식에 대해서는 소백온·채원정·주희 등과 명청의 학자들이 보충 서술한 것이 있다. 원의 유염兪琰은 『역외별전易外別傳』을,

명의 황기黃畿는 『황극경세전皇極經世傳』을, 청의 왕식王植은 『황극경세직해皇極經世直解』를, 황종희黃宗羲는 『역학상수론易學象數論』을, 황종염은 『선천괘도변先天卦圖辨』을, 호위는 『역도명변』을 지어 그 속에서 소옹의 역학에 대해서도 논평하였으므로, 소옹의 역학을 연구하는 데 참고가 된다.

소옹의 역학은 북송 상수파의 계보에 속한다. 전조망全祖望은 『송원학안』「백원학안서록百源學案序錄」에서 "소강절의 학은 별도로 일가를 이루었다. 혹자는 『황극경세서』가 다만 경방·초공의 말류라고 한다. 하지만 소강절이 성문聖門에 낄 수 있는 것은 여기에 있지 않다"[24]고 하였다. 소옹의 역학이 일찍부터 경방·초공의 말류라는 비난을 받았음을 알 수 있다. 소옹의 역학은 이정지李挺之에게서 전수받아 진단의 학과 함께 연원이 깊으므로, 도교 및 도학가의 역학에서 영향을 받았음이 분명하다. 그런데도 소옹의 역학이 성문에 끼지 못하는 원인은 주로 그 학문이 뒷날의 도학에 영향을 끼쳤기 때문이다. 그래서 주희는 『이락연원록伊洛淵源錄』에서 소옹을 도학대사道學大師 가운데 한 사람으로 떠받들었다. 소옹의 역학은 사실은 공자의 『역전』이 전하는 역학과는 거리가 아주 멀다.

소옹의 역학은 또 선천역학先天易學이라고도 불린다. 선천先天이란 복희가 획괘한 역이고, 후천後天이란 문왕이 부연한 역이다. 문왕의 역이 바로 오늘날의 『주역』으로서 공자가 『전』을 붙인 그 역이다. 소옹 역학의 관심은 선천역학, 이른바 복희씨가 획괘한 도식에 있으니만큼, 『주역』의 경문에 대해서는 그다지 해설하지 않았다. 대개 '선천'이란 말은 건괘「문언」의 "천시天時가 아직 이르지 않았을 때에 천시에 앞서 행사하여 하늘에 어긋나지 않으며, 천시가 이르러 온 뒤에 천시에 따라서 행사하여 하늘에 어긋나지 않는다"(先天而天不違, 後天而奉天時)란 말에서 나왔다. 하지만, 이른바 선천역학이란 것은 본래 있지 않았다. 그런데 신선가가 선천과 후천을 연단술에 갖다 붙이고 또 오행설을 섞어서 도식을 부연하며 『주역』을 빌려 연내단煉內丹을 설명하자, 마침내 선천역학이란 명칭이 생기게 되었다. 소옹의 선천팔괘방위도先天八卦方位圖는 곧 진단이 전한「선천도」에 연원을 둔다.

소옹 역학의 최대 특징은 수학數學에 특장이 있다는 점이다. 이는 진단

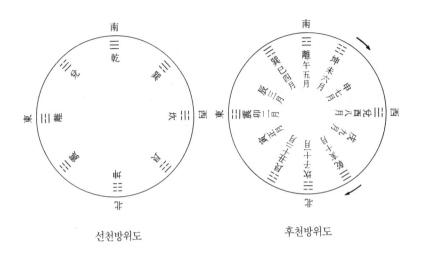

그림 4-6 소옹의 선천방위도와 후천방위도

역학의 체계가 수학의 방면에서 발전된 것이다. 『황극경세서』는 바로 상수학의 체계로써 우주의 일체를 개괄하고, 아울러 미래의 사변을 예측하고자 시도하였다. 소옹의 역 해석은 도식을 이용하는 도서학파의 특징을 이어받아 대량의 도식을 만들었다. 장행성은 『주역변통』의 서문에서 이렇게 말하였다. "소강절 선생은 말씀하시길, 도식은 비록 글귀가 없지만 내가 종일 말하는 내용이 이 그림에서 벗어나지 않는다. 대개 천지만물의 이치가 다 그림 속에 있다"고 하셨다.[25] 그만큼 도식이 소옹 역학의 주 내용을 잘 표현해 준다는 사실을 알 수가 있다. 원본 『황극경세서』와 부록의 도식은 이미 전하지 않는다. 지금 전하는 각종 도식은 소백온·장행성·채원정과 주희 및 명청 이래 학자들이 증보한 것으로, 『황극경세서』의 문구와 결합시켜 보면 대체로 소옹의 원래 도식을 잘 반영하고 있는 편이다. 아래에 『황극경세서』의 문구와 관련 도식을 들어서 소옹 역학의 주된 내용을 서술하기로 한다.

팔괘의 기원과 64괘의 형성에 관하여 소옹은 설시揲蓍의 수, 팔괘의 수, 64괘의 수, 구九와 육六의 수, 건곤의 괘상, 이 모두가 천지의 정수正數인 기수·우수에 근원한다고 보았다. 소옹은 설시하여 괘를 이루는 과정

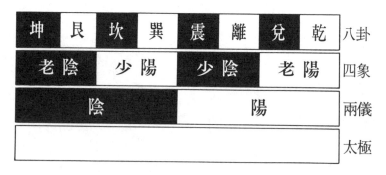

坤	艮	坎	巽	震	離	兌	乾	八卦
老陰		少陽		少陰		老陽		四象
陰				陽				兩儀
								太極

그림 4-7 팔괘차서도

이 곧 팔괘 및 64괘가 형성되는 과정이라고 보았다. 그는 성인이 상象을 살펴 괘를 설립하였다는 설을 취하지 않고, 수數를 궁극에까지 밀고 나가 상을 정하였다는 설(極數以定象說)을 주장하였다. 이 설을 근거로 하여 소옹은 「관물외편」에서 팔괘 및 64괘의 형성 과정을 다음과 같이 설명하였다.

> 태극이 나뉘면 양의가 설립된다. 양이 아래로 음과 교차하고 음이 위로 양과 교차하면 4상이 생겨난다. 양이 음과 교차하고 음이 양과 교차하여 하늘의 4상이 생겨난다. 강剛이 유柔와 교차하고 유가 강과 교차하여 땅의 4상이 생겨난다. 이에 팔괘가 이루어진다. 팔괘가 서로 착종하여 그런 뒤에 만물이 생겨난다. 그런 까닭에 1이 나뉘어 2가 되고, 2가 나뉘어 4가 되며, 4가 나뉘어 8이 되고, 8이 나뉘어 16이 되며, 16이 나뉘어 32가 되고, 32가 나뉘어 64로 된다. 그러므로 "나뉘어 음이 되고 양이 되어, 강과 유를 교대로 쓰므로, 역의 6효의 자리가 있게 되고 괘의 문양을 이루게 된다"고 하였다. 10이 나뉘어 백이 되고, 백이 나뉘어 천이 되고, 천이 나뉘어 만이 된다. 마치 뿌리에 줄기가 나고 줄기에 가지가 나며 가지에 잎이 나는 것처럼, 크면 클수록 더욱 작아지고 세밀하면 세밀할수록 더욱 번성한다. 합하면 1이 되고, 부연하여 만이 된다.[26]

팔괘와 64괘 형성에 대한 이 설명을 도식으로 나타내면 「팔괘차서도八卦次序圖」와 「64괘차서도」가 된다.

「팔괘차서도」는 소횡도小橫圖라고도 하는데 주희의 『주역본의』에 들어 있다. 그리고 채원정의 「경세연역팔괘도經世衍易八卦圖」도 있다. 주희와 채원정이 도해한 도식은 꼭 같지는 않으나, 모두 소옹이 말한 "1이 나뉘어 2가 되고, 2가 나뉘어 4가 되며, 4가 나뉘어 8이 되는" 과정을 반영하고 있다. 「64괘차서도」는 『주역본의』와 『송원학안』 「백원학안」에 보이는데 대횡도大橫圖라고도 한다. 주희는 「답우사붕서答虞士朋書」[13]에서 다음처럼 말하였다.

> 역에 태극이 있어 이것이 양의를 낳는다. 하나의 리理의 제制가 처음에 하나의 기奇와 하나의 우偶를 낳으니, 1획으로 된 것이 둘이다.(양—과 음--을 가리킨다.) 양의가 4상을 낳는 것은 양의의 위에 각각 1기 1 우를 낳아 2획으로 된 것이 넷임을 말한다.(태양·소음·소양·태양을 가리킨다.) 4상이 팔괘를 낳는 것은 4상의 위에 각각 1기 1우를 낳아서 3 획으로 된 것이 여덟임을 말한다.(건·태·리·진·손·감·간·곤을 가리킨다.) 효에 기가 있고 우가 있고, 괘가 3획하여 이루어지는 것은 이런 이유에서일 뿐이다.…… 팔괘의 위에 이런 식으로 낳기를 계속하여 6획까지 이르면, 팔괘가 서로 중첩하여 64괘를 이루게 된다.[27]

이것은 소옹이 「관물외편」에서 "1이 변하여 2가 되고 2가 변하여 4가 되며, 3이 변하여 팔괘가 이루어진다. 4변하여 16이 되고, 5변하여 32가 되며, 6변하여 64괘가 갖추어진다"고 한 말을 가리켜 설명한 것이다. 소옹이 말한 '일一' 혹은 '근根'은 모두 태극을 가리키며, 팔괘와 64괘는 1이 나뉘어 1기 1우가 되고 그런 뒤에 각각 1기 1우씩을 가하여 연역함으로써 완성된 것이다. 요컨대 팔괘 및 64괘 형성 이론의 기본 법칙은 1이 나뉘어 2가 되고 2가 나뉘어 4가 되며 4가 나뉘어 8이 되는 법칙이다. 이 법칙에 의거하면 64괘는 무한히 연역해 나갈 수 있다. 소옹의 이 법칙을 정호程顥는 '한 곱절씩 더하는 법'(加一倍法)이라고 하였고, 주희는 '1이 나뉘어 2가 되는 법'(一分爲二法) 혹은 '4분법四分法'이라고

---

†3) 『朱文公文集』 권45에 있다.

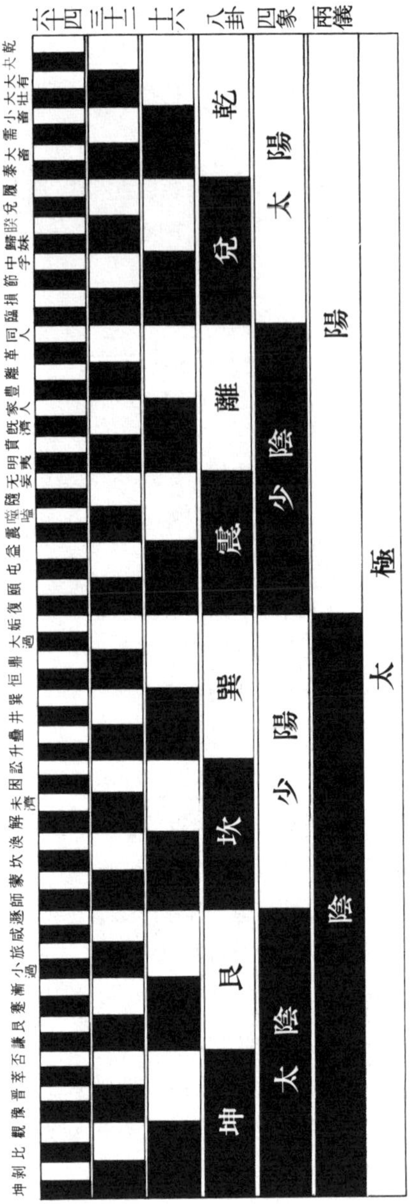

그림 4-8 64괘차서도

하였다. 소옹은 이 방법으로 64괘 괘수 및 괘상의 형성을 해석하였으니, 역학사에서 가히 특색이 있다고 할 만하다. 소옹이 1·2·4·8 수의 가일배加一倍 혹은 일분위이一分爲二의 변화 관계에 착안한 것은 우번의 괘변설과 다르다. 또 한강백의 '유有가 무無에서 생겨난다'는 설이나 공영달의 태극원기설 및 오행설과도 다르다. 소옹의 원리는 그 뒤로 수백 년간 상수학의 기본 원리 가운데 하나가 되었으며, 그로써 수학의 관점에서 역을 풀이하는 새로운 유파를 형성하였다. 일설에 의하면 독일 근대의 철학가이자 수학가인 라이프니츠Leibnitz가 소옹의 「64괘차서도」를 본 뒤로 그것이 자신의 이진법과 일치함을 발견하였다고 한다.

철학적 의의를 두고 말하면 소옹이 만든 「팔괘차서도」 도식은 또한 세계관 및 우주론의 의미를 지니고 있다. 채원정이 조술한 「경세연역도經世衍易圖」와 「경세천지4상도經世天地四象圖」를 보면, 소옹은 하나가 나뉘어 둘로 된다는 원칙에 의

그림 4-9 경세연역팔괘도

太柔坤	太剛艮	少柔坎	少剛巽	少陰震	少陽離	太陰兌	太陽乾
水	火	土	石	辰	星	月	日
雨	風	露	雷	夜	晝	寒	暑
走	飛	草	木	體	形	情	性
聲	色	味	氣	口	鼻	耳	目
時	日	月	歲	世	運	會	元
春秋	詩	書	易	霸	王	帝	皇

그림 4-10 경세천지4상도

거하여, 태극(한 번 동하고 한 번 정하는 사이[一動一靜之間])을 1로 보고 천
지를 2로 보아 하늘의 음양과 땅의 강유를 각각 둘씩 4로 나누었다. 소
백온은 이어서 다음과 같이 말하였다.[4]

> 4상은 또 태양太陽·소양少陽·태음太陰·소음少陰·태강太剛·소강少剛·태
> 유太柔·소유少柔로 나뉘어 팔괘를 이룬다. 태양·소양·태음·소음은 하늘
> 에서 상을 이루어 일·월·성·진이 된다. 태강·소강·태유·소유는 땅에서
> 형체를 형성하여 수·화·토·석石이 된다. 이 여덟 가지가 갖추어진 뒤에
> 천지의 형체가 갖추어진다.

---

†4) 王植의 『皇極經世全書解』 권5에 보인다.

소옹은 팔괘의 생성 과정이 바로 천지만물의 형성 과정이라고 보았던 것이다. 태극에서 천지로, 천지에서 4상으로, 4상에서 팔괘로 된 뒤, "팔괘가 만물의 각 부류를 낳고 중괘重卦가 만물의 형체를 정하므로", 부류는 생겨나는 순서에 따라 이루어지고 형체는 상의 엇갈림에 의하여 이루어진다"[28]고 소옹은 「관물외편」에서 말하였다. 상위 부류와 하위 부류 사이에는 1이 2로 나뉘는 함온涵蘊의 관계가 있으며, 이 함온 관계는 바로 우주 형성 과정의 순서를 체현하여, 같은 층위의 사물들 사이에는 음양, 강유의 대립 형식이 존재한다.

이상의 두 도식으로 볼 때 음양강유가 태太와 소少로 나뉘어 8이 된다는 분할법은 「설괘전」의 "하늘의 도를 세워 음과 양이라 하고, 땅의 도를 세워 유와 강이라고 한다"(立天之道曰陰與陽, 立地之道曰柔與剛)는 논법과 관련이 있다. 그 이하의 분류와 구분은 정녕 비과학적인 견강부회라서 자의성이 크다. 『역』·『시』·『서』·『춘추』를 두고 강유를 나누고, 황皇·제帝·왕王·패霸를 두고 음양을 나누는 따위는 아주 황당하다. 만일 이러한 견강부회가, 『주역』에 함유된 세계 속의 개체 사물이 하나에서 중다衆多로, 단순에서 복잡으로 발전한다는 도리를 설명하고 대립자의 상호 의존이 세계의 보편적 관련이라는 도리를 설명하는 것이라고 한다면, 그렇게 우연히 분할된 4개 조각의 기계적 배열을 끌어다 붙이는 것은 얼핏 깊은 뜻이 있는 듯해도 사실은 졸렬하기 짝이 없다. 다시 말해 소옹의 방법은 객관 사물의 실제에서 출발하지 못하고 기껏해야 수의 변화에 착안해서 세계를 해석, 필연적으로 견강부회일 수밖에 없다는 점에 근본적인 문제가 있다. 물론 그러한 우주론은 창세기설에 비할 때, 또 한대인의 상수학이 말한 음양재이와 천인감응의 학설에 비할 때, 일종의 진보라고 하지 않을 수 없다.

소옹은 우주 만물을 수의 범주에 끌어들이고자 시도하였는데, 이러한 역학은 일정한 역사적 여건 속에서 출현한 것이다. 북송 때의 천문학과 수학은 모두 이전에 비하여 크게 발전하였는데, 『황극경세서』는 분명히 당시의 발전된 천문학과 수학으로부터 영향을 받아 완성되었음에 틀림없다. 소옹은 사회 및 자연계의 사물들을 전면적으로 종합하고 분류하여,

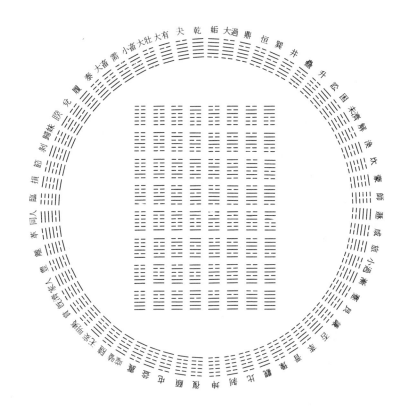

그림 4-11 복희 64괘 방위도

세계 만물의 형성 과정과 세계 만물의 상호 관계가 던지는 의문에 답변하고자 시도하였으므로, 그러한 이론 속에는 필연적으로 몇 가지 과학적 소재가 반영되지 않을 수 없었다. 상수역학의 발전사에서 보면 위백양의 『주역참동계』에서 진단의 「선천도」를 거쳐 소옹의 「경세천지4상도」에 이르기까지, 그들은 모두 당시의 여러 과학적 소재를 많든 적든 이용하여 『주역』을 통해 자신의 이론을 발휘하였다. 다만 전체적으로 보면 그들은 과학적 기초 위에서 자신들의 이론을 도출한 것이 결코 아니라, 몇 가지 과학 지식을 자신의 상수학에 증거로 삼았을 뿐이다.

소옹에게는 또 팔괘 및 64괘의 방위에 관한 일련의 도식이 있다. 이를테면 「복희팔괘방위지도」가 주희의 『주역본의』에 보이는데, 이 도식은 소원도小圓圖라고도 한다. 역시 『주역본의』에 보이는 「64괘원도」(방위도)는 대원도大圓圖라고도 한다. 또 「천근월굴도天根月窟圖」는 유염의 『역외별전』에, 「괘기도卦氣圖」는 『송원학안』 「백원학안」에, 「방도方圖」(四分四層圖) 즉 64괘방도는 『주역본의』에 보인다. 이 일련의 도식들은 주로 팔괘 및 64괘의 방위를 깅론하면서, 역법曆法 지식과 결합하여 1년 중의 계절 변화와 음양소장의 과정을 설명하였다. 이와 동시에 소옹은 그 중 몇몇 도식을 이용하여 사회의 흥망성쇠와 세계의 흐름을 설명하고자 시도하였다. 이처럼 괘기설을 가지고 사회의 흥망을 추리·단정하는 방법은 결국 음양소장의 이론을 신비주의적인 기운설氣運說에 도입한 것으로서 사실상 한역이 음양재이를 논했던 것과 크게 다를 바 없다.

소옹에게는 그 밖에 또 「경세천지시종지수도經世天地始終之數圖」가 있다. 이 도식은 우주 역사의 주기를 제정한 연표이다. 뒤에 소백온은 「경세일원소장지수도經世一元消長之數圖」를 작성하여 소옹의 이 도식에 담긴 사상을 설명하였다. 채원정의 『황극경세지요』 부록에 따르면 소옹은 "하늘이 자子에서 열리고 땅이 축丑에서 개벽하며 사람이 인寅에서 태어난다"고 강론하였다는데, 그러한 논법은 소백온의 도식에서 확인된다. 소백온의 도식을 보면 제1회會 월자月子에서 제3회 월인月寅에 이르기까지, 즉 1양이 생겨나는 복괘復卦에서 3양의 태괘泰卦로 되기까지의 시기에는 양이 위로 올라가므로 하늘이 열리고 땅이 개벽하며 만물이 형성된다. 다시 나아가 제6회 월사月巳에 이르면 건괘가 작용하여 양이 극성한 시기로, 이 시기는 요순堯舜 시대 곧 인류 사회의 극성 시기이다. 이로부터 제7회에 이르러서는 구괘姤卦가 작용을 하여 1음이 생겨나고, 그 이하로는 인류 사회가 점차 쇠미하기 시작한다. 제17회에 박괘剝卦의 5음이 불어나 성장하면 "사물이 닫힌다"(物閉). 즉 만물이 멸망한다. 그리고 곤괘에 이르러 음이 아주 극성하면 세계는 소멸한다.

왕식의 『황극경세전서해』 권6에 인용된 바에 따르면 소백온은 다음처럼 해석하였다.

일원一元이 커다란 변화 속에 있음은 마치 1년의 변화와도 같다. 원元의

원元에서 진辰의 원元에 이르고, 원元의 진辰에서 진辰의 진辰에 이른 뒤에 수는 다한다.[29]

궁하면 변하고 변하면 생겨난다. 대개 낳고 낳아 다하지 않는다.[30]

『황극경세서』는 다만 일원一元의 수만을 드러내었을 뿐이지만, 유추하면 종국에 이르러 다시 처음으로 돌아갈 수 있다.[31]

소백온의 지적에 따르면 소옹의 「경세천지시종지수도」가 보여 주는 것은 바로 우주의 1주기이다. 우주는 이 주기에 따라서 종말을 맞았다가 다시 처음으로 돌아가는 과정을 무한히 거치게 된다.

위에 서술한 점으로 볼 때 소옹은 역산曆算을 『주역』연구에 이용하였던 한역의 전통을 계승하여, 괘기설을 가지고 인류 사회의 성쇠 및 천지의 종시終始를 추단하고자 하였음을 알 수 있다. 우주 역사의 진행 과정을 탐구하고자 시도하였다는 그 한 가지 사실로 볼 때는 어느 정도 긍정적인 의의가 있다. 또 세계란 다함이 없으며 부단히 운동하여 생겨나고 멸망하기를 반복하는 연속 과정을 거친다는 사실을 확인한 합리적 요소가 그 사상 속에 들어 있다. 하지만 반드시 주의해야 할 점은 소옹의 우주 연보가 수학 계산의 형식을 이용하기는 하였지만 과학적 근거가 전혀 없으며, 오히려 운명론적인 색채가 농후하고 주관적 억측이 그득하다는 사실이다.

소옹은 수數와 상象의 근원을 태극으로 귀결 지었다. 그는 「관물외편」에서 "태극은 1이다. 동動하지 않고 2를 낳으니 2는 신神이다. 신神이 수數를 낳고 수가 상象을 낳으며 상이 기氣를 낳는다"[32]고 하였다. 태극은 1이고, 2는 태극으로부터 생겨나는데, 2는 변화 불측의 성능을 갖고 있으니, 2가 있으면 수의 변화가 있게 되고, 일련의 수가 있으면 음양강유 등의 효상 및 괘상이 산생되며, 효상 및 괘상이 있으면 유형의 개별 사물이 있게 된다. 태극의 1에 관하여 소옹은 "하늘은 도道로 말미암아 생겨나고, 땅은 도로 말미암아 이루어진다"고 하면서 도가 태극이라고 하였다. 이와 동시에 「관물외편」에서는 또 "마음(心)이 태극이다"라고 하여, "선천의 학은 심법心法이다. 그러므로 도는 모두 속에서부터 일어나고, 온갖 변화와 온갖 일이 마음에서 생겨난다"[33]고 하였다. 그리하여 「관물외편」에서 소옹은 이렇게 말하였다.

『역』이란 책은 성명性命의 이법理法에 순종하는 자를 자연에 따르는 자로 본다. 공자는 보고 듣고 말하고 행동하는 데 있어 예禮가 아닌 것을 끊고서, 마음을 따라 하나로 꿰었으니 명命에 지극한 분이다. 안연은 청정순일한 심경(心齋)으로 밥사발이 누차 비었어도 개의하지 않았으니 호학자이다. 자공子貢은 지식을 많이 쌓아서 학문을 하였고 주관으로 억측하여 도를 구하였지, 잡념을 없애고 이법에 몸을 맡기지를 못하였으니 명命을 받지 못한 자이다. 『춘추』는 있는 그대로의 이법을 따랐지 사사로운 뜻을 세우지 않았다. 그러므로 성性을 극진히 한 책이다.[34]

소옹은 성인이란 성명性命의 리를 순순히 따르는 자, 즉 자연의 이법에 순종하는 자라고 하였다. 이른바 도란 자연의 리이며, "마음이 태극이다"의 마음은 바로 자연의 리를 순종하는 '도심'이라고 보았던 것이다. 역학에서 보면 도란 논리적 법칙이고, 마음은 법칙을 순종하고 추리하는 마음, 즉 논리적 마음이다. 그래서 선천역학을 심법이라고 한다. 심법은 기우奇偶 2수의 변화의 근원을 추리하고 추산하는 역학이다. 결국 소옹은 역학의 법칙을 인심人心의 산물로 보았으니, 그의 선천도는 사실상 주관적인 선험적 모델이고, 우주 종시의 과정에 대한 추리와 해석은 사실상 주관주의적인 선험론적 추리요 해석이다.

이상의 서술은 모두 소옹의 선천역학에 관한 내용이었다. 소옹의 후천역학은 별다른 새로운 견해가 없다. 여기서는 주로 소옹의 선천역학이 한역을 발전시킨 것임을 설명하고자 하였다.

소옹의 역학에 대해서는 후인의 평가와 비난이 엇갈려 있으나, 전반적으로 볼 때 영향이 아주 컸다. 이정二程은 소옹의 역학이 공중누각이라고 비판하였지만, 남송의 채원정은 소옹을 '진한 이래 오직 한 사람'이라고 추켜 올렸다. 소옹의 역학은 후대의 상수학에 깊은 영향을 준 데 그친 것이 아니다. 더욱 중요한 점은 그의 역학에서 제시된 일련의 개념들이 후대의 리학 발전에 커다란 영향을 주었다는 사실이다. 그래서 소옹은 주희 등의 추대를 받았다.

제3절 남송의 상수파 역학

1.주진의 역학

주진朱震(1072~1138)의 자는 자발子發이고, 호북湖北 형문군荊門軍(지금의 호북 형문현) 사람이다. 휘종徽宗 정화政和 연간에 급제하여 지방 관리를 지냈고, 정강靖康 원년에 조정의 부름으로 태학박사가 되었다. 『송사』에 전傳이 있는데, 주로 남송에서의 활동을 기록하였다. 주진은 이정二程의 학생인 사량좌謝良佐, 즉 상채上蔡의 문인이다. 일찍이 송 고종을 위하여 『주역』을 강해하였고, 소흥紹興 6년 가을에 자신이 저술한 『주역집전周易集傳』 9권, 『주역도周易圖』 3권 및 『역총설易叢說』 1권을 고종에게 헌정하였으며, 동시에 「진주역표進周易表」도 올렸다. 「진주역표」는 『주역』의 전파와 「하도」·「낙서」의 전승을 해설하고, 주진 자신의 학술 연원을 밝힌 내용이다. 이 역학 저서들은 그의 『한상역전漢上易傳』에 수록되어 있다.

『주역집전』은 『주역』 경전을 해설한 것으로, 이정·소옹·장횡거의 말을 아울러 인용하였다. 의리의 강론은, 자칭 "『정전程傳』을 종지로 삼는다"고 하여 이정의 말을 가장 많이 인용하였다. 『역총설』은 여러 학자들의 『주역』 경전 해석을 논평한 내용이다. 『주역도』는 각종 도식을 이용하여 『역전』의 몇몇 글귀를 해설한 것으로서 모두 40여 폭의 도식을 수록하고, 한에서 북송에 이르는 여러 학설들을 포괄하였다. 『역총설』과 『주역도』에서 논한 내용은 상수학이 많아서 주진이 상수학의 관점을 지녔음이 잘 드러난다. 『한상역전』은 역학사에서 아주 중요한 저작물이다. 그 가운데 『주역도』와 『역총설』의 부분은 한대 이래의 상수학을 정리하고 종합한 것으로서 사료적 가치가 있으며, 이후 청대 학자들이 한역 및 도서학을 연구하는 데 아주 큰 영향을 끼쳤다.

1. 주진의 역학사 논술

주진은 「진주역표」에서 다음과 같이 역학사를 논하였다.

상구商丘는 공부자에게 배웠습니다. 정관丁寬 이하로 그 유파는 맹희와 경방의 학이 되었습니다. 맹희의 저서는 당인의 책에 보이는 것이 있어 상고할 수가 있습니다. 일행—行이 집록한 경방의 『역전』은 패기·납갑·오행 따위를 논하고 있습니다. 두 사람의 역학이 다 『주역』의 「계사전」과 「설괘전」에서 나왔으며, 비직도 역시 공부자의 십익을 가지고 상경과 하경을 해설하였습니다.…… 그 뒤 마융·정현·순상·우번이 각각 저명한 역학가로, 역학이 비록 같지는 않았으나, 요컨대 상수의 근원에서 멀지 않았습니다. 유독 위나라의 왕필과 종회는 함께 공부하여, 옛 역설을 다 없애고 노장老莊의 말을 역학에 뒤섞었는데, 이에 유학자들이 오로지 문사만을 숭상하고 다시는 『대전』의 근원을 미루어 연찬하지 않게 되었습니다. 천인의 도가 이로부터 분열하여 합하지 않게 된 것이 칠백여 년입니다.[35]

주진의 이 말은 기왕의 역학 유파 발전사를 논하고 있다. 분명히 주진은 상수학을 정통으로 보고 숭상하였다. 경방과 맹희의 역학이 공자에게 근원하고 있고, 동한의 마융·정현·순상·우번의 역학도 각각 차이점이 있기는 하지만, 기본적으로는 상수학의 본래 면목을 보존하고 있다고 보았다. 그러면서 왕필과 종회의 역학을 깎아 내려, 그들은 한대 유학자의 옛 설을 다 없애 장기간 동안 "천인의 도가 분열하여 합하지 않게" 하는 결과를 초래하였다고 보았다.

주진의 이러한 견해는 명백히 상수파의 입장에서 나온 것으로 그 가운데는 사실에 위배되는 편견이 들어 있다. 공자의 『역대전』의 내용과 특징에 대해서는 이 책의 앞부분에서 이미 논술한 바 있다. 『역대전』은 상수에 대하여 논급하고 있다. 이를테면 「계사전」은 서법筮法에 관해 논술하고 있으므로, 『주역』을 연구하면서 이 점을 깨닫지 못한다면 그 사상을 장악할 길이 없다. 그런데 『역대전』 속에는 귀중한 변증법 사상이 들어 있으며, 그처럼 변증법 사상을 담은 점이 바로 공자 『역전』의 역 해석이 이룩한 공이다. 하지만 한대에 맹희와 경방으로부터 정현과 우번에 이르기까지, 호체·변괘·괘기·오행·납갑 따위의 설들은 본래 『역경』 64괘 경문에는 없었던 내용이다. 공자는 『역전』을 지어서 『주역』이 철학을 논하고 사회 사상을 논한 책이란 사실을 확인하고 그 내용을 천명함으로써, 겉에 붙은 미신적인 먼지들을 쓸어 내었지만, 맹희와 경방의 유파는 『주역』을 이용하여 음양재이를 추리 연역하고 천인감응을 떠들어 대었다. 따라서 맹희와 경방의 유파는 공자의 역학과는 전혀 상반된 방향으로 치달린 것이다. 이는 역학 연구의 면에서 보면 일종의 퇴보라고 하지 않을 수 없다. 그러므로 주진이 맹희와 경방의 역학을 공자 역학파에 귀속시킨 것은 사실과 부합하지 않는다. 주진이 그렇게 귀속시킨 것은 상수학을 정통으로 삼는 일종의 편견에서 비롯된 것이다.

주진은 「진주역표」에서 다음과 같이 말하였다.

> 우리 나라가 흥륭함에 특이한 인물들이 때맞추어 출현하여, 복상濮上의 진단은 「선천도」를 종방에게 전하고, 종방은 목수에게 전하고, 목수는 이지재에게 전하고, 이지재는 소옹에게 전하였습니다. 종방은 「하도」와 「낙서」를 이개에게 전하고, 이개는 허견許堅에게 전하고, 허견은 범악창 范諤昌에게 전하고, 범악창은 유목에게 전하였습니다. 목수는 「태극도」를 주돈이에게 전하고, 주돈이는 정이와 정호에게 전하였습니다. 이 때 장재가 이정과 소옹 사이에서 강학하므로 소옹은 『황극경세서』라는 책을 저술하였습니다. 목수는 천지지수 55를 진술하고, 주돈이는 『통서』를 짓고, 정이는 『역전』을 저술하고, 장재는 「태화太和」와 「삼량三兩」편 등을 만들었습니다. 혹은 상을 밝히고 혹은 괘효를 논하고, 혹은 문사에 전을 붙이고 혹은 아울러서 밝히었으니, 앞사람의 설을 잇거나 교대로 화답하여 서로 표리를 이루었습니다. 그러나 미진한 바가 남아 후학을 기다리고 있습니다.[36]

주진은 북송에서 역학이 전승되고 발전한 상황을 이렇게 서술하였다. 주진은 자신의 역학이 『역전』을 종지로 삼고 소옹과 장재의 설을 아울러 모았으며, 위로는 한·위·오·진·위로부터 아래로는 당 및 남송에 이르기까지를 회통하여, 다양한 이설들을 포괄한 집대성작임을 표명하고자 하였다. 그런데 주진이 정이와 장재의 역학을 모두 진단의 도서학 전통에 귀속시켜, 정이와 장재의 역학관이 소옹의 역학과 표리를 이룬다고 파악한 말은 사실과 맞지 않는다. 정호는 소옹의 수학數學을 거부하였다. 또 「백원학안」에 따르면 정이는 "소옹과 같은 마을에 삼십여 년간 살면서 세간 일에 관하여는 묻지 않은 것이 없었지만 수에 관하여는 한 마디도 배우지 않았다"고 똑똑히 말하였다. 여기서 정호와 정이 두 사람이 상수학을 거부한 사실이 뚜렷이 드러난다. 그런데 주진은 자신의 『주역도』의 지위를 높이고 자신의 학술 연원이 바탕이 있음을 밝히고자 위와 같은 서술을 한 것이다.

상수파가 「하도」·「낙서」의 근원을 논할 때 주된 근거로 삼는 것은 「계사전」의 "하수에서 도圖가 나오고 낙수에서 서書가 나오니 성인이 그것을 효칙하였다"는 말이다. 그 밖에 『상서』 「고명顧命」과 『논어』에도 「하도」에 대하여 말하고 있다. 그러나 「계사전」의 저 구절은 아주 의심스러워, 뒷사람이 끼워넣은 것이라는 설마저 있다. 더구나 선진 문헌에서 말하는 「하도」·「낙서」는 사실 『주역』과는 아무 관계도 없다. 선진 문헌의 「하도」·「낙서」는 어쩌면 원시적인 산하강역도山河疆域圖로, 옛날 제왕이 천명을 받아 즉위하고 제위를 전할 때의 상징물이었을지 모른다. 『한서』 「오행지」에 따르면 「하도」를 획괘劃卦와 연결시킨 것은 유흠劉歆에게서 비롯되었다고 한다. 『주역집해』에 인용된 말로 보면, 그 뒤 정현은 『역』에 주석하면서 "하수의 용이 도圖를 내고 낙수의 거북이 서書를 이루었으니, 하도에 9편이 있고 낙서에 6편이 있다"고 제기하였다. 양웅의 「핵령부覈靈賦」는 "대역大易의 처음은 하수가 용도를 배열하고 낙수가 9서를 바쳤다"고 제기하였다.[15] 고작 이러한 것들이 후대의 도서학파가

---

[15] 『易圖明辨』에서 인용.

「하도」·「낙서」를 추켜드는 근거이다. 이로 보건대 선진 시대 전적에서 「하도」·「낙서」와 『주역』의 관계를 말한 것은 전혀 확증이 없고, 뒤의 정현과 양웅 등이 한 말은 뜻이 자세하지가 않다.

　더욱 중요한 사실은, 한대의 초공·경방·순상·우번 등으로부터 곧바로 진당의 역학가에 이르기까지, 「하도」·「낙서」의 구체적 도식을 설명한 것이 전혀 없다가, 송대 초에 돌연히 「하도」·「낙수」의 도식이 출현한 점이다. 이 「하도」·「낙서」의 도식은 사실은 진단이라는 기인(異人)이 도교의 연단도煉丹圖에 기초하여 구워 낸 것으로 본디 『주역』과는 무관하다. 그러기에 그러한 부류의 역학에 대해서는 주희마저도 '역외별전易外別傳'이라 칭하였던 것이다. 이처럼 유래가 분명치 않은 도식에 대하여 상수파의 인물들은 고작 전설을 끌어다 붙여 "하늘이 신물神物을 낳았다"고 표방할 뿐이다. 따라서 이러한 상수학은 애초부터 신비스런 색채를 농후하게 띠었기에 근대에 이르러 수학 부문의 어떠한 과학도 그 속에서 발전해 나올 수가 없었다. 더구나 그러한 상수학이 기형적으로 발전하여 문왕신과文王神課*11) 따위로 흐르기까지 한 일은 어쩌면 전혀 기이하다 할 일이 못 된다. 경방 등의 역학 방법을 따라 『주역』을 연구하면 역학은 기로에 놓이게 마련이다. 그러한 주역 연구는 인간의 지적 수준을 높이고 사회를 건강하게 발전시키는 데 전혀 무익하고 해만 가져 온다. 주진은 상수학을 역학의 정통으로 보아 「하도」·「낙서」의 도식을 『한상역전』의 「역괘도」 첫머리에 두었다. 뒤에 주희의 『주역본의』와 『역학계몽』도 그 예를 따랐다. 이렇게 하여 이른바 「하도」·「낙서」의 지위는 더 한층 굳어지게 되었던 것이다.

　주진이 「하도」·「낙서」를 연구한 내용은 사실상 소옹과는 아무런 근본적 차이도 없다. 소옹이 「하도」를 10, 「낙서」를 9로 본 데 비하여 주진이 「하도」를 9, 「낙서」를 10으로 보았다는 따위의 차이는 아무 실질적

---

*11) 文王神課는 文王課라고도 한다. 蓍草 대신 동전으로 점을 치는 법이다. 동전 세 닢을 통 속에 넣고 여러 차례 흔든 뒤에 엎어서, 동전 둘이 뒷면이면 拆, 하나만 뒷면이면 單, 셋이 모두 뒷면이면 重, 셋이 모두 앞면이면 交라고 한다. 이렇게 여러 번 하여 6효괘를 만들어서 인간사에 끌어다 붙혀 해석하고 길흉을 추단한다.

인 의의가 없다. 바로 『사고전서총목제요』가 "그 뒤에 흑백 기우와 팔괘 오행 등의 수를 추리 연역한 설들은 다 그만그만하여 깊이 따질 것이 못 된다"고 한 그대로이다.

2. 주진의 역학

주진은 『한상역전』의 자서自序에서 "성인이 음양의 변화를 보고 괘를 세우고, 천하의 움직임을 효측하여 효를 만들었다. 변동의 종류는 『전』에 다섯 가지가 있다. 즉 동효動爻·괘변·호체·오행·납갑이 그것이다. 그런데 괘변 속에 또 변이 있다"[37]고 하였다. 이 말은 주진이 『주역』의 원리를 개괄한 것이다.

그 다섯 종류의 원리는 모두 상수학의 역 해석 계보에 속하면서 주진 역학의 주 내용을 이룬다.

동효설에 관하여 주진은 전통적인 설법을 그대로 따라 새로운 견해가 없다. 괘변설은 주진의 상수학에서 가장 주요한 내용으로, 주진은 괘변설을 『주역』의 기본 원리로 보았다. 단 주진은 전통적인 괘변설 위에 별달리 중요한 것을 수립한 것이 하나도 없다. 그가 한 작업은 주로 경방의 팔궁괘설·비복설·괘기설 등을 괘효상 변역의 원리 및 관점과 연관시켜 괘변설에 도입하는 일이었다. 주진은 이 괘변설을 『역전』의 강유왕래설 및 건곤부모괘설과 연관시켜서, 강유왕래설과 건곤부모괘설에서 발전되어 나온 우번 및 이지재로 대표되는 괘변설이 역학의 정통임을 논증하고, 괘변설을 비판한 의리파를 다시 배격하였다.

소옹의 역학과 마찬가지로 주진은 12벽괘를 가지고 괘기卦氣나 괘후卦候를 설명하였다. 즉 괘효의 음양승강의 변화를 가지고 1년 중 기후의 순환 변화를 반영시켰으니, 그 속에는 자연 과학의 지식을 이용한 측면이 있다. 4시·12월·72후는 본래 고대 역법에서부터 전통적으로 있어 온 것이되, 주진은 이 4시·12월·72후를 괘에 배당하였다. 아울러 주진은 60 괘가 하늘을 일주하여 반복하는 변화를 논하고, 천지의 차고 비는 변화와 만물의 성하고 쇠하는 변화가 모두 괘의 변화에 달려 있음을 논하였으며, 인간사의 길흉회린과 존비귀천 따위도 역시 괘변에 귀속시켰다. 따라서 이 논법은 상수학의 신비주의 색채를 농후하게 드러낸 것이다.

괘변과 호체의 관계에 관하여 주진은 『한상역전』「둔屯」에서 다음과 같이 논하였다.

『역』에 이르길 "강유가 서로 마찰하고 팔괘가 서로 동탕한다"고 하였다. 선배 유학자는 "음양의 기가 회전하고 마찰하므로, 건乾의 2효와 5효가 곤坤을 마찰하여 진震·감坎·간艮을 이루고, 곤의 2효와 5효가 건을 마찰하여 손巽·리離·태兌를 이룬다"고 하였다. 그러므로 강유가 서로 마찰하면 건곤이 감리로 되니, 이것이 이른바 괘변이다. 팔괘가 서로 동탕하면, 감괘와 리괘 속에 진·간·손·태의 상이 있으니, 이것이 이른바 호체이다.[38]

이것은 순상 이래의 괘변설을 해석한 내용이다. 건괘☰와 곤괘☷의 제2효와 제5효가 서로 바뀌어서 감괘坎卦☵와 리괘離卦☲로 된다고 하였다. 다시 감괘와 리괘 둘이 있으면 곧 그 밖의 4괘가 있게 되니, 리괘 속에는 호체인 손괘巽卦☴와 태괘兌卦☱가 있고 감괘 속에는 호체인 진괘震卦☳와 간괘艮卦☶가 있다는 것이다. 주진의 이 괘변설 해석은 그의 「역괘도」 속의 「감리천지지중도坎離天地之中圖」에도 보인다.

주진의 논법에 따르면 하나의 괘가 허다한 괘로 변성할 수 있다. 심지어 초공의 『역림』이 말하였듯이, 각 괘가 모두 64괘를 변할 수 있게 된다. 이 원리에 의하여 호체를 가지고 괘효사를 해석하면 본괘本卦의 상에 그치지 않고 그 밖에 많은 괘에 방통할 수 있다. 이렇게 하여 호체의 범위는 더욱 광범해진다. 상수학자가 호체를 운용하는 의도는 괘의 형상에 더 많은 변화가 있게 하여, 그로써 괘를 이용한 사물 상징을 더욱 용이하게 하고 자신들의 이론을 발휘하고자 하는 데에 있다. 그래서 상수학자는 모두 호체를 『주역』의 기본 원리로 삼는다. 주진도 마찬가지로 호체설을 극력 주장하였다. 주진은 『한상역전』「귀매歸妹」에서 "자하子夏 이래로 『역』을 전한 자는 호체를 가지고 말하였다"고 하였다. 또 『한상역총설漢上易叢說』에서 "정현은 마융의 학을 전하여 호체를 많이 논하였다"고 하였으며, 아울러 『좌전』의 점서 관련 기록을 인용하여 호체설의 역사적 연원을 논증하였다. 이와 함께 주진은 "왕필은 호체만 가지고는 부족하다고 여겨 마침내 괘변에까지 미쳤고, 종회는 호체를 극력 배격하는 논술을 하였는데, 그들은 이른바 『역』의 도리가 얼마나 심대한지를 알지 못하여 그런 것이다"고도 하였다. 이러한 사실들로 볼 때 주진이 호체설을 극력 옹호하려는 입장에 있었음을 잘 알 수 있다. 호체의 내용에 관하여 주진은 '체에 6변이 있다는 설'(體有六變說)을 주장하고, 예괘豫卦 ䷏ 를 예로 들어 다음과 같이 말하였다.

> 제4효 이상은 진震 ☳ 이고, 제4효 이하는 간艮 ☶ 이며, 상하를 합하여 보면 감坎 ☵ 이다. 진震에는 손巽 ☴ 이 엎디어 숨어 있고, 간艮에는 태兌 ☱ 가 엎디어 숨어 있으며, 감坎에는 리離 ☲ 가 엎디어 숨어 있으니 모두 6체이다. 변화하여 무궁하다.[39]

주진의 이 논리로 보면 호체는 2·3·4의 효상과 3·4·5의 효상을 가리킬 뿐만 아니라 상하 2체도 역시 호체의 형식이며, 또한 그 속에 은복隱伏한 대립 괘상도 들어 있다. 주진은 괘상 및 괘상이 취하는 물상 속에서 괘효사의 의의를 찾아내는 일을 만족시키기 위해 호체설의 내용을 한역의 설보다 훨씬 더 확장시켰던 것이다.

주진은 오행설도 긍정하였다. 오행을 팔괘와 연관시키는 일은 한대인이 숭상한 방식이었는데, 주진은 주로 한대인의 설을 종합하고 천명하였다. 주진이 오행설을 긍정한 것도 취상의 요구를 만족시키기 위한 일이었다. 주진은 『한상역총설』에서 "팔괘가 오행을 겸용하여야 그 상을 다 드러낸다"(八卦兼用五行, 乃盡其象)고 하였다. 본래 납갑설은 한대 상수파 역학가가 만들어 낸 것이다. 경방은 『경씨역전』하권에서 납갑설로 점복을 하여 "길흉을 정하고 득실을 밝힌다"고 하였다. 뒤에 위백양의 『주역참동계』 및 우번의 『역주』는 납갑설을 논하여 천문 지식을 다소 반영하기도 하였다. 상수학자가 이처럼 팔괘를 천간天干과 배합한 목적은 팔괘를 오행에 배합한 목적과 한가지이다. 즉 괘상을 도출하는 문제를 해결하기 위함이었다. 주진은 경방과 우번의 납갑설을 모두 긍정하였다. 그는 납갑설이 고괘蠱卦☶☴ 괘사의 "선갑삼일先甲三日·후갑삼일後甲三日", 손괘巽卦☴☴ 구5 효사의 "선경삼일先庚三日·후경삼일後庚三日", 「계사전」의 "상을 공중에 매달아 밝게 드러나게 함이 일월보다 큰 것이 없다"(懸象著明, 莫大乎日月) 등에서 기원한다고 하였다. 주진은 앞사람의 납갑설을 정리하고 설명하고 보충하였으니, 「한상역괘도」에 「납갑도」 등의 도식과 설명이 있다. 주진은 앞사람의 역학설을 천명하는 때에 팔괘·10천간·오행·천지 지수·건곤부모괘와 6자괘 등 다섯 계통을 모두 연관시켜 그로써 납갑설을 조리 있게 정리하였다.

결론적으로 말해 주진은 역학사에서 영향력 있는 인물이었다. 역학 발전사를 보면, 이를테면 송대의 조사수趙師秀는 "왕보사의 역학이 행하자 한학이 없어졌다"고 하였다. 즉 왕필의 역학이 세상에 크게 행하자 위진 이래의 의리파 역학이 역학 연구의 주류를 이루고 상수학은 한대보다 뚜렷이 쇠퇴하였다. 그래서 북송에서 가장 영향력 큰 학자인 이정二程도 상수를 전혀 논하지 않고 왕필의 역학 전통을 계승한 것이다. 주진은 남송에서 일어나 한대인이 위주로 삼았던 기왕의 상수학을 종합 정리하고 총괄 설명하였으니, 그 속에 새로이 수립한 내용은 그다지 없었지만, 상수학을 계속 전하고 발전시킨 데에는 확실히 중요한 구실을 하여, 뒷날 청대에 한역 연구가 흥기할 때 자료를 제공하였다. 주진의 「한상역괘도」에 수록된 도식 가운데 많은 것은 역시 뒷날 여러 사람이 요란하게 도식을 만들어 내는 선례가 되었다. 『주역』 자체의 연구에 대해 말하자면 호체나 납갑 따위는 사실 이렇다 할 과학적 의의가 없다. 『한상역전』의 주된 가치는 한대 이래의 상수학 관련 자료를 체계적으로 보존한 점에 있을 뿐이다. 그 밖에 주진은 자칭 정이·장재·소옹 세 사람의 설을 겸수하였다고 하였다. 즉 그는 역학에서 사회 정치 사상 및 도덕 수양론을 다루면서 역시 정이의 리학설을 많이 채용하였다. 하지만 논설한 내용이 평범하여 특별히 볼 만한 것이 전혀 없다. 한편 주진은 장재의 '허공은 곧 기'(虛空卽氣)라는 이론을 흡수하였기에, 「계사전」 등의 내용을 주석하고 설명하면서 장재의 관점을 더욱 밝힐 수가 있었다. 그래서 소박 유물론 사상이 다소 드러난다.

2. 채원정·채침의 역학

채원정蔡元定(1135~1198)의 자는 계통季通으로 복건福建 건양建陽 사람이다. 주희의 절친한 벗이자 학우였다. 전조망全祖望은 「서산채씨학안서록西山蔡氏學案敍錄」에서 "서산 채문절공은 주문朱門의 영수이지만, 그의 율려상수학律呂象數學은 대개 가정의 전함을 얻었다"고 하였다. 또 주희는 「답모붕수答毛朋壽」에서 채원정의 학술을 논평하여 "대대로 가학이 훌륭하다"고 하였다. 채원정은 주희와 함께 『역학계몽』을 합작하였다. 『송사』 본전은 "『계몽』이란 책은 처음 채원정이 초고를 썼다"고 하였다. 전조망의 「서산채씨학안」은 채원정의 저술에 『대연상설大衍詳說』, 『율려신서律呂新書』, 「연락원변燕樂原辯」, 『황극경세지요皇極經世指要』, 『태현잠허지요太玄潛虛指要』, 「홍범해洪範解」, 「팔진도설八陣圖說」이 있다고 하였다. 주희와 전조망의 논평, 채씨 역학 저서의 정황으로 볼 때, 채원정은 비록 주희의 문인이기는 하였지만, 그의 역학은 상수에 특장이 있어서 주로 한송漢宋 상수학의 전통을 계승하여 「하도」·「낙서」와 관련된 문제를 더욱 발명하고 소옹의 역학을 더욱 해명한 면이 있음을 알 수 있다.

『역학계몽』에 다음 이야기가 있다.

> 채원정은 말하였다. "고금의 기록에 따르면 공안국·유향 부자·반고 이래로 모두 「하도」는 복희에게 전하고 「낙서」는 우임금에게 주었다고 하며, 관자명關子明(관랑)과 소강절은 모두 10을 「하도」라 하고 9를 「낙서」라 하였다. 대개 『역대전』은 천지지수 55를 진술하였다. 그리고 「홍범」은 바로 하늘이 우임금에게 내려 준 「홍범」 9주인데, 9궁의 수는 9를 이고 1을 밟고, 좌측은 3, 우측은 7, 2와 4는 어깨, 6과 8은 다리이니, 정히 거북 등의 상이다. 오직 유목만이 억견을 내어 9를 「하도」라 하고 10을 「낙서」라 하고는 진희이陳希夷(진단)에게서 나왔다고 탁언하였으니, 다른 학자들의 종전의 설과 부합하지 않는다. 또 유목은 『역대

전」을 인용하여 「하도」와 「낙서」가 복희의 시대에 나왔다고 하고 「하도」와 「낙서」를 뒤집어 두었는데 그렇다고 할 확실한 증거가 없다. 유목의 말처럼 복희가 「하도」와 「낙서」를 아울러 취하였다면, 『역』과 「홍범」의 수가 표리를 이룬다는 말이 의심스러워진다. 사실 천지의 이치는 하나일 따름이니, 비록 시대에 있어 고금 선후가 달라도 그 이치는 둘이 있을 수가 없다. 그러므로 복희는 「하도」에 의거하여 『역』을 만들었을 뿐, 미리 「낙서」를 볼 필요가 없이도 거꾸로 그것과 부합되었다. 우임금은 「낙서」에 의거하여 「홍범」을 만들었을 뿐, 역시 「하도」를 소급해서 고찰할 필요가 없이도 암암리에 그것과 부합되었다. 그 이유는 무엇인가? 이 리理 이외에 별도의 리가 없기 때문이다. 하지만 단지 이런 이유만이 아니다. 율려에 5성 12율이 있어 그 둘을 서로 곱한 수도 역시 60에서 구명되고, 일시日時에 10간 12지가 있어 그 둘을 서로 배합한 수도 역시 60에서 궁구된다. 율려와 일시는 다 『역』의 뒤에 나왔으므로 그 기점이 되는 수가 서로 다르지만, 『역』의 음양 책수策數와 배합하면 모두 60이 되는 것이 마치 부절처럼 딱 들어맞는다. 아래로 운기運氣·참동參同·태을太乙 따위는 말할 것도 없으나, 역시 서로 통하지 않음이 없다. 이러한 것이 대개 자연의 이치이다."[40]

채원정은 여기서 소옹의 말을 끌어다 「하도」의 수가 10이고 「낙서」의 수가 9임을 증명하였다. 그러나 사실 소옹은 다만 「하도」가 원형圓形이고 낙서가 방형方形임을 말하였을 뿐, 어떤 것이 9이고 어떤 것이 10인지에 대해서는 논한 적이 없다. 「하도」를 10, 「낙서」를 9로 보는 설은 주로 『관랑역전關朗易傳』의 설법에 의거한다. 『관랑역전』은 주희의 고증에 의하면 완일阮逸의 위작僞作이라고 하지만, 그 가운데 9궁을 「낙서」라고 보는 논법은 당대에 이미 있었다.

『역학계몽』이 「하도」는 10, 「낙서」는 9라는 설을 제출한 이래, 이 문제에 관해서는 청에 이르기까지 논쟁이 이어졌다. 다만 이 논쟁은 도식의 내용에는 관계하지 아니하였으므로, 이론적 의의는 대단하지 않다. 『역학계몽』으로 보건대 채원정은 「하도」·「낙서」의 수가 『주역』의 상수를 있게 한 기원이라고 여겼다. 「하도」·「낙서」의 수에서 연역되어 팔괘 및 64괘 괘상이 이루어졌다고 하였으며, 「하도」·「낙서」의 수는 또 자연의 리理에서 나왔다고 하였다.

『역학계몽』에 반영된 채원정의 역학 내용으로 볼 때 채원정의 역학이 북송 이래 도서파 역학의 노선을 따라 전개되었음을 알 수 있다. 또 다른 한편으로 채원정은 주희의 영향도 깊이 받았다. 즉 송역 상수학은 리학의 영향을 받아 수와 리를 융합하여 리를 가지고 수를 해석하는 경향을 보였는데, 바로 채원정의 역학에 그러한 경향이 반영되었던 것이다. 철학에서 보면 채원정은 리를 근본으로 삼아서 리가 있은 뒤에 상수가 있다고 주장하였다. 채원정의 주장은 상이 있은 뒤에 수가 있다고 한 주진의 설과 달라 관념론에 속한다.

『황극경세지요』와 『율려신서』는 채원정의 주요 저작물로, 전자는 소옹의 『황극경세서』를 해설한 책이고, 후자는 『역』을 전문적으로 강론한 저서이다. 명초의 『성리대전性理大全』은 『황극경세전서해皇極經世全書解』 권수의 총론에서 "서산 채씨는 『경세지요』란 책을 저술하여 소강절의 『황극경세서』 50편의 뜻을 충분히 다 드러내었다. 그래서 주회암(주희)은 『경세지요』가 소강절(소옹)의 책보다도 역리를 더 치밀하게 추구하였다고 보았다. 그러므로 이제 소강절의 책은 전부 싣지 않고, 채씨의 『경세지요』의 여러 도해만을 취하여 내외 14편의 첫머리에 둔다"고 하였다. 『황극경세지요』는 소옹의 수학을 설명한 주요 저작으로 상수역학 발전에 끼친 영향이 아주 컸다. 『율려신서』는 중국 음악사에 이름난 저서이다. 이 책에 서술된 음악 지식은 그 자체로 볼 때 비교적 과학적인 방법을 채용하였다. 하지만 채원정은 경방의 "무릇 12율의 변화가 60으로 되는 것은 팔괘가 변하여 64괘로 되는 것과 같다"[41]고 한 논법을 계승하여, 12천간과 12개월을 12율에 배합하였다.

> 황종黃鐘이란 양성陽聲의 시작이요 양기陽氣의 움직임이니 그 수는 9이다.[42]

양이 복復에서 생겨나고 음이 구姤에서 생겨나서 마치 고리와 같아 끝이 없다. 지금 율려의 수는 삼분손익三分損益하여 끝나면 다시 시작한다. 어째서인가? 양의 상승上升이 자子에서 시작하고, 오午에서 비록 음이 생하지만 양이 위에서 생겨남이 그치지를 않아, 해亥에 이른 뒤에는 위로 궁하여 아래로 되돌아 온다.[43]

『율려신서』「황종생십일률黃鍾生十一律」에서는 다시 다음과 같이 말하였다.

황종이 11률을 낳아, 자子·인寅·진震·오午·갑甲·술戌의 여섯 양진陽辰은 아래에서 생겨나고, 축丑·묘卯·사巳·미未·유酉·해亥의 여섯 음진陰辰은 위에서 생겨난다. 그 위로 삼력三曆 12진辰은 모두 황종의 전수全數이고, 그 아래로 음수로 곱절한 것(즉 계산법에서 그 본래의 수를 곱절한 것 —— 원주)은 본율本律을 셋으로 나누어 그 하나를 덜어 낸 것이다. 양수로 4배한 것(즉 계산법에서 본래의 수를 4배한 것 —— 원주)은 본율을 셋으로 나눈 하나만큼을 더한 것이다. 여섯 양진이 그 지위에 당하기를 자득하면, 여섯 음진이 그 충沖의 자리에 위치하니, 임종林鐘·여남呂南·응종應鐘의 3려呂는 음에 있어 증감이 없고, 대려大呂·협종夾鐘·중려仲呂의 3려는 양에 있으니, 배수를 사용하여 바야흐로 12월의 기와 상응한다. 대개 음이 양을 따름은 자연의 이치이다.[44]

이러한 설법은 모두 상수학의 견강부회를 그대로 반영한 것으로 신비적 색채가 농후하다.

채원정에게는 아들이 셋이 있었다. 채연蔡淵·채항蔡沆과 채침蔡沈이다. 그 가운데 채연과 채침 두 사람은 『역』에 능하였다. 채연의 자는 백정伯靜이고 호는 절재節齋로 채원정의 맏아들이다. 「서산채씨학안」은 이렇게 말하였다.

절재 선생은 『역』에 몰두해서 여러 해를 온축하여, 정신을 극도로 하고 신명으로 통하여서 「훈해訓解」·「의언意言」·「사상辭象」을 저술하여 4권으로 엮었다. 동진경董眞卿이 말하였다. "그 책은 경을 2편으로 하여, 공자의 「대상전」을 매 괘사의 아래에 두고, 「단전」을 「대상전」의 뒤에 두고, 「소상전」을 각 효사의 뒤에 두되, 모두 한 글자를 낮추어서 괘효사와 구별하였다. 「계사전」·「문언전」·「설괘전」·「서괘전」·「잡괘전」도 역시 한 글자 낮추어서 썼다. 또 『괘효사지卦爻辭旨』가 있어서, 64괘의 대의를 논하였다. 『역상의언易象意言』은 괘효와 십익十翼의 상수를 잡론하고, 『여론餘論』은 『역』의 대의를 잡다하게 논하였다."

채연과 그의 『역상의언』에 관하여 『사고전서총목제요』는 다음과 같이 평하였다.

채연은 채원정의 아들로 주자를 따라 수학하였다. 그래서 그의 책은 명리名理를 밝혀 스승의 가르침에 근본한 것이 많다. 하지만 수를 아울러서 말한 것은 서산西山의 가학이다. 그 책에서 호체를 폐하지 않은 것만은 주자의 설과 자못 다르다.⋯⋯ 그러하니 주자는 다만 호체를 위주로 하지 않았을 뿐이지, 호체의 이치가 없다고는 결코 말하지 않았다. 채연은 스승의 설을 변통하여 공평함을 추구하였다고 할 수 있다.[45]

채연의 역학은 한편으로는 자못 주희와 다른 점이 있지만, 단 명리를 더욱 해명한 방면에서는 스승의 가르침에 근본한 것이 많으며, 또 사실 주희는 상수의 방법만을 위주로 한 것이 아니라는 말이다. 이러한 사정은 바로 남송에서 의리파 역학이 상수를 아울러 말하고 상수파는 또 상수를 가지고 리를 밝히는 경향이 있었음을 잘 보여 준다.

채침은 채원정의 셋째아들로 주희의 학생이었다. 자는 중묵仲默이고, 호는 구봉九峰이다. 주요 저서는 『서경집전書經集傳』과 『홍범황극洪範皇極』이다. 『송원학안』 「구봉학안九峰學案」에 이렇게 말하였다.

문공(주희)이 만년에 여러 경에 훈전訓傳을 한 것이 대략 완비되었으나, 오직 『서書』에만은 미치지 못하여, 문하생을 둘러보아 부탁할 만한 자를 구하였다. 마침내 선생(채침)에게 부탁하였다. 「홍범」의 수에 관해서는 그 학문을 전하는 학자가 없었던 참인데, 서산 채원정만이 홀로 심득하되 채 논저를 하지 못하였다. 채원정도 역시 말하길 "내 책을 이룰 자는 침沈이다"고 하였다. 선생이 침잠 반복하길 수십 년 만에 마침내 완성하였다.

이처럼 『서경집전』은 스승의 명을 받들어 만든 것이고, 『홍범황극』은 채원정의 수학數學을 계승하여 만든 것이다. 채연은 『홍범황극』의 서문에서 다음과 같이 말하였다.

> 천지의 사업(撰)을 본받은 것이 『역』의 상象이요, 천지의 사업을 기록한 것이 「홍범」의 수數이다. 수란 하나에서 시작하고, 상이란 둘에서 이루어진다. 하나란 기奇이고 둘이란 우偶이다. 기奇란 수를 행하게 하는 것이고, 우偶란 상을 성립시키는 것이다. 그러므로 2에 2는 4이고, 4에서 8이 된다. 8은 팔괘의 상이다. 1에서 3이 되고 3에서 9가 된다. 9란 9주疇의 수이다. 이로써 거듭하여 가면, 8에서 64가 되고 64에서 4,096이 되어 상이 갖추어진다. 9에서 81이 되고 81에서 6,561이 되어 수가 두루 갖추어진다.[46]

『홍범황극』은 수를 가지고 『서書』를 말하였으니 『사고전서총목제요』가 말한 대로 '역에 비긴'(擬易) 저작이다. 즉 『홍범황극』은 역학의 하도낙서설을 가지고 「홍범」 9주를 천석하였으니, 사실상 역학 분야에 속하는 저작물이다.

『상서』의 이른바 '홍범 9주'의 내용은 다음과 같다.

> 제1은 오행이고, 제2는 '삼가 다섯 가지 일을 운용함'(敬用五事)이고, 제3은 '농사에 여덟 정책을 운용함'(農用八政)이고, 제4는 '협찬하여 다섯 가지 기강을 운용함'(協用五紀)이고, 제5는 '황극을 세워 운용함'(建用皇極)이고, 제6은 '의리는 세 가지 덕을 운용함'(義用三德)이고, 제7은 '의심을 점치는 일을 밝히 운용함'(明用稽疑)이고, 제8은 '뭇 정사를 잘 살펴서 운용함'(念用庶徵)이며, 제9는 '백성을 다사롭게 대함에

다섯 가지 복을 운용함'(嚮用五福)과 '위엄을 드러냄에 여섯 가지 극형을 운용함'(威用六極)이다.[47)]

이 강목綱目은 사실은 자연 현상·사회 정치·인륜 도덕 등의 법칙에 관한 고대인의 소박한 인식을 말한 것으로, 후대의 역학이 강론하는 상수 도서의 부류와는 아무런 상관이 없다. 채침의 『홍범황극』은 『주역』의 팔팔육십사의 방법을 모방하여 9주를 구구팔십일의 범주로 부연함으로써 기본 체계를 구성하였다.

『홍범황극』에는 일련의 「홍범황극도」 도식이 들어 있다. 즉 「낙서洛書」·「구구원수도九九圓數圖」·「구구방수도九九方數圖」·「구구행수도九九行數圖」·「구구적수도九九積數圖」 등의 도식이다. 「낙서」란 「9궁도九宮圖」이고, 「원수도」·「방수도」·「행수도」는 소옹의 「선천원도」·「선천방도」·「선천횡도」의 배열 방법과 일치한다. 단 채침은 81주疇를 강론하였지 64괘를 강론한 것이 아니다. 「적수도」는 "설시揲蓍는 3을 강령으로 삼고, 적수積數는 6,561이니, 초공의 역학에서 64괘가 각각 64괘로 변하였던 방법을 가만히 이용하였다"[48)]고 『사고전서총목제요』는 지적하였다. 「적수도」는 바로 1에서 9까지의 이홉 숫자를 각각 아홉 번 사용하여 세 빈 곱한 누적수의 도표이다. 채침은 이 몇몇 도식을 가지고 일체를 설명하고자 시도하였다. 그는 구구팔십일의 숫자를 시령時令에 배합하여, 일일은 동지, 이이는 입춘, 삼삼은 춘분, 사사는 입하, 오오는 하지, 육육은 입추, 칠칠은 추분, 팔팔은 입동, 구구는 동지, 이이는 또다시 입춘과 같은 식으로 한 바퀴 돌아 처음으로 되돌아가게 하였다.

채침은 음양소장을 가지고 한 해의 기후 변화 과정을 해석하여 『홍범황극』 「내편內篇」에서 이렇게 말하였다.

수가 한 바퀴 빙도는 것이 한 해의 길(道)이다. 9수를 중첩하는 것은 8절기의 나뉨에 상응한다. 일일一一은 양이 시작하는 때이고, 오오五五는 음이 싹트는 때이다. 삼삼三三은 양의 한가운데요, 칠칠七七은 음의 한가운데이다. 이이二二란 양이 자라나는 때이고, 사사四四란 음이 장대한 때

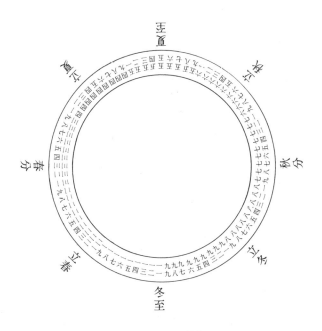

그림 4-12 구구원수도

이다.[49]

    이러한 논법은 사실 아무 새로운 뜻도 없다. 그런데 한대와 송대의 상수학자는 이러한 방법을 빈번이 사용하여 왔다. 차이점은 다만 앞사람들은 64괘를 가지고 시령에 배당한 데 비하여 채침은 81주를 가지고 시령에 배당하였다는 점뿐이다.

    요컨대 상수학은 역법과 수학을 창조하고 촉진한 것이 아니라 상수학이 역법 및 수학의 지식을 이용하여 상수를 강론한 데 불과하다. 한대와 송대의 상수학자들이 역법과 수학을 한데 끌어다 붙인 것은 비록 어떤 면에서는 당시의 과학 지식을 다소 반영하고 있지만, 그러한 방법은 실상 과학 발전에 그다지 적극적인 의의가 없다는 점을 알아야 한다. 채침은 "1이란 수의 근원이고 9란 수의 궁극이다"라고 하였다. 따라서 일체의

九	八	七	六	五	四	三	二	一
八十一	七十二	六十三	五十四	四十五	三十六	二十七	十八	九
七百二十九	六百四十八	五百六十七	四百八十六	四百有五	三百二十四	二百四十三	百六十二	八十一
六千五百六十一	五千八百三十二	五千一百有三	四千七百三十四	三千六百四十五	二千九百一十六	二千一百八十七	一千四百五十八	七百二十九

그림 4-13 구구적수도

사물을 모두 9의 수에 귀결시키고자 하였다. 또 『홍범황극』 「내편」에서 "하늘을 9야野로 나누고 땅을 9주州로 구별하고 인간을 9행行으로 제약하며, 9품品으로 관직을 임명하고, 9정井으로 밭을 균등히 하며, 9족族의 풍속을 화목하게 하고, 9례禮로 명분을 변별하고, 9변變으로 음악을 이룬다……"[50]고 하였다. 이처럼 공허한 논법은 얼핏 보면 어떤 법칙적인 것을 파악해 낸 것 같지만, 사실은 9 아닌 다른 숫자라고 하여 허다한 명물을 열거해 내지 못하란 법이 없다.

『홍범황극』「내편」에서 채침은 서법筮法을 이렇게 해설하였다.

서筮란 신神이 하는 것일진저! 시蓍란 50에서 1을 비워, 둘로 나누고 하나를 끼워, 세 번 시초를 갈라서, 좌우의 손에 남은 것을 보고, 나머지를 손가락 사이에 끼우고, 두 번 기奇이면 1로 하고, 두 번 우偶이면 2로 하고, 기와 우이면 3으로 한다. 첫 번 가름은 강剛이고 두 번째 가름은 목目이다. 강일剛一은 3이어서, 허虛로써 목目을 기다린다. 목일目一은 1이니, 실實로써 강剛을 따른다. 두 번 시초를 갈라서 9수가 갖추어지고, 여덟 번 시초를 갈라서 6,561의 수가 완비된다. 분합과 변화는 둥근 고리처럼 끝이 없으니, 천명과 인간사가 이로써 비교되고 길흉화복이 이로써 드러난다. 대인은 이를 얻어 복을 펴고, 소인은 이를 얻어 화를 피한다.[51]

채침의 점복 방법은 바로 『주역』의 서법을 모방하였음을 알 수 있다.

점서의 결과는 9종의 조짐이 된다. "1은 길하고 9는 흉하며, 3은 상서롭고 7은 재앙이 있으며, 8은 휴休하고 9는 뒷탈이 있으며, 4는 애석함이 있고 6은 후회한다. 여덟 수가 한 바퀴 돌아 흘러서 부류를 추론하여 구한다. 5중中은 화평하고 4해害는 침노하지 않는다."[52] 채원정의 『역학계몽』이 강론한 상수는 『주역』을 학습하는 사람들로 하여금 서법의 의의를 명확히 알게 하는 데 그래도 도움이 되었던 반면에, 채침의 『홍범황극』은 『주역』의 서법을 모방하여 일련의 점복술을 별도로 도출하였으니, 그러한 점복술이 역학사에 어떤 적극적인 의의가 있을지 의문이다.

『홍범황극』에 관하여 『사고전서총목제요』는 다음처럼 논평하였다.

> 「낙서」의 이름이 『역』에는 보이지만 『서』에는 보이지 않는다. 「홍범」의 글은 리理를 밝혔지 수數를 밝힌 것이 아니므로, 「낙서」를 「홍범」과 연관시키는 일은 전혀 잘못이다. 뒷사람들은 『건착도』의 태을행 9궁법太乙行九宮法을 「낙서」라고 하였고, 노변盧辯은 『대대례기大戴禮記』 「명당편明堂篇」에 주하면서 처음으로 거북이 바쳤다는 글에 부회하였다. 송대에 이르러 도서설이 크게 일어나, 마침내 「홍범」을 「낙서」에 귀속시키고, 「낙서」를 거북 글에 귀속시키고는, 거북 글은 대구戴九 리일履一 등 아홉 수라고 하였다. 그리하여 본래 성인이 윤리를 서술하였던 서적이 점술가 기우를 논하는 책으로 변하고 말았다. 채침은 이 『홍범황극』을 지어, 유흠의 「하도」・「낙서」를 끌어다 붙여 서로 표리가 되게 하고, 팔괘 9장章과 서로 날실 올실처럼 얽히게 하여, 『서』의 글귀를 빌려다가 『역』의 모양에 비기었다. 구구에서 81주를 부연해 만든 것은 『역』의 괘가 팔팔에서 육십사로 변하는 예에 비긴 것이다. 「월령」의 절기를 취하여 81주에 분배하고, 맹희 역학의 괘기치일술卦氣值日術을 몰래 이용하였다. 설시에서 3을 강綱으로 삼고 누적 수를 6,561로 한 것은 초공의 역학에서 64괘가 각각 64괘로 변하였던 방법을 몰래 이용한 것이다. 『태원太元』・『원포元包』・『잠허潛虛』를 가지고 『역』에 비기었으나 신기한 것이 부족하자 그 설을 변환하여 「홍범」에 귀속시킨 것이다. 사실은 일정한 원리가 없이 이랬다 저랬다 한 것으로, 이러나저러나 한결같이 경經을 모독한 것일 따름이다. 이 『홍범황극』은 술수가들 사이에서 귀중

하기 짝이 없는 보물로 되었지만 논할 가치가 조금도 없다. 채침 이후 「홍범」을 부연하는 일파가 있어 자잘자잘 시끌시끌 이 책을 본떠서 저술하는 일이 자못 많게 되었다. 말류가 있기에 그 근본을 드러내지 않을 수가 없어서 기록하여 보존해 둔다.[53]

『사고전서총목제요』의 작자는 분명히 술수를 가벼이 여기고 경의 정통 지위를 보위하고자 하는 성향을 보이고 있지만, 그러한 성향을 논외로 하고 역학 발전사에 대조하여 볼 때 이 비평은 아주 적절하다고 할 수 있다.

채침은 『홍범황극』 서문에서 이렇게 말하였다.

> 천지를 비롯되게 하는 것도 수이고, 인간과 만물을 출생하게 하는 것도 수이며, 만물의 득실이 있게 하는 것도 수이다. 수의 체體는 형形에서 드러나고, 수의 용用은 리理에 있어서 오묘하다. 신묘한 이치를 다하고 조화의 비밀을 알아서 홀로 물物 밖에 서 있는 사람이 아니면 어찌 족히 이것에 간여하겠는가? 그런데 수는 상과 비교하여 그 용用이 다른 듯하지만 근본은 하나이며, 길이 다른 듯하지만 귀착지는 같다. 수에 밝지 않으면 상을 말할 수 없고, 상에 밝지 않으면 수를 말할 수 없다. 둘은 서로 함유하므로 서로 없을 수가 없다. 돌아가신 선친께서는 "「낙서」란 수의 근원이다"라고 말씀하셨다. 내가 「홍범」을 읽고 느낀 바가 있다. 위로는 천문을 따지고 아래로 지리를 살피며 가운데에 인물 고금의 변화를 참고로 하고, 의리의 정미한 바를 다하고 홍망의 징조를 궁구하여, 은미하고 어두운 것을 드러내어 밝히고, 떳떳한 인륜의 질서를 옳게 차서 매겼으니, 진실로 천지만물이 각각 그 올바른 자리를 얻도록 한 묘한 이치가 있다.…… 내가 즐겨 완상하는 바는 리理이다. 내가 말하여 전하는 것은 수이다. 수의 묘한 바로 말할 것 같으면 사람의 자득함에 달려 있을 뿐이다.[54]

여기서 채침이 수를 천지만물의 본원으로 보고 있음을 알 수 있다. 채침은 또 『홍범황극』「내편」에서 "물物에는 각각 그 법칙이 있다. 수란 천하 만물의 법칙을 다한다. 사事에는 각각 그 이치가 있다. 수란 천하 만사의 이치를 다한다. 수를 얻으면 만물의 법칙과 만사의 이치가 모두 거기에 있게 된다"[55]고 하였고, "천하의 이치란 동動하는 것은 기奇이고 정靜한 것은 우偶이다."[56]라고 하였다. 채침은 이렇게 수數와 리理가 통일적이어서 사물의 법칙이란 수를 통하여 표현되게 마련이라는 점을 말하였다. 이것은 사실상 수를 가지고 리를 풀이한 이론이다. 즉 수리數理를 사물의 법칙성으로 보는 이론이다.

수數와 물物의 관계에 대하여 채침은 그 둘을 별개의 것으로 보지 않았다고들 보통 말한다. 즉 채침은 수가 물物의 바깥에 독립하여 존재하는 것이 아니라고 보았다고 말한다. 하지만 채침은 기수 1과 9가 천지만물에 앞서서 존재하는 '물 바깥에 독립한 것'으로 보았다. 그래서 전체적으로 보면 채침의 역학 철학은 추상적인 수의 개념을 본원으로 삼는 일종의 객관 관념론이라고 하겠다.

제 5 장

송원 시대의 역학 2

제 1 절 북송의 의리파 역학

1. 범중엄·이구·구양수의 역학

1. 범중엄의 역학 이론

    범중엄范仲淹(989~1052)의 자는 희문希文이고 소주蘇州 오현吳縣(지금의 蘇州市) 사람이다. 북송 개혁파의 영수로 경력慶曆 3년(1043)에 참정지사 參政知事에 임명된 뒤 구양수 등과 연합하여 10조를 건의하였고, 관리를 잘 다스리고 개혁을 추진하는 등 새로운 정치를 시행하였다. 그는 당시의 학술 분야에서도 많은 활약을 하였다. 『송사』 본전에 의하면 "6경에 두루 통하고 『역』에 뛰어났다"고 한다. 현존하는 『범문정공집范文正公集』 권5에는 「역의易義」 1편이 있다. 이 글은 건乾·함咸·항恒·돈遯·대장大壯· 진晉·명이明夷·가인家人·규睽·건蹇·해解·손損·익益·쾌夬·췌萃·승升·곤困· 정井·혁革·정鼎·진震·간艮·점漸·풍豊·여旅·손巽·태兌 등 27괘를 해설한 것이다. 그 밖에 또 「몽이양정부夢以養正賦」·「궁신지화부窮神知化賦」·「건 위금부乾爲金賦」·「역겸삼재부易兼三材賦」·「천도익겸부天道益謙賦」·「수화 불상입이상자부水火不相入而相資賦」 등이 있다. 이것들은 『역』을 체계적으 로 풀이하지는 않았으나 모두 『역』의 의의를 발휘한 글이다. 범중엄은 역사상 역학으로 유명하지는 않았으나, 『주역』의 철학 및 사회 정치 사 상을 설명한 내용으로 볼 때, 뒷날 북송의 의리파 역학과 리학이 형성되는 과정에 어느 정도 영향을 끼쳤다고 할 수 있다.

『주역』이란 책의 본질과 관련하여 범중엄은,『주역』이란 자연계 및 인류 사회의 발전 법칙을 강론한 책이므로『주역』을 연구하는 목적은 인간사를 지도하려는 데 있다고 보았다. 그는 이렇게 말하였다.

> 『역』이란 책은 천지의 양의兩儀를 범주화하고 『역』의 가르침은 건곤간손乾坤艮巽의 4유四維에 달한다. 그 상을 보면 구별이 되고 그 도를 생각하면 변통한다. 위로는 백대의 왕의 사업을 통괄하고 아래로는 만물의 의문을 단정한다. 고정되어 멈추지 아니하고 변하고 움직여서 내괘內卦로 가거나 외괘로 가서 막힘이 없다. 광대하게 두로 갖추어 상체上體와 하체下體를 포함하여 남김이 없다.[1]

또 "천지인 삼재三才에 통하는 것을 역이라 한다"고 하였다. 여기서 '천지'라든가 "만물의 의문을 단정한다"라든가 하는 말은『주역』이 자연 법칙에 대한 인식을 포괄하고 있음을 뜻하고, '사람'이라든가 "백왕의 사업을 통괄한다"라든가 하는 말은『주역』이 사회 법칙에 대한 인식을 포괄하고 있음을 뜻한다. 그래서 범중엄은 "천지인 삼재를 통괄하여 역을 이룬다"고 하였다.『주역』의 강론 내용이 자연계 및 인류 사회를 포괄한다고 본 것이다. 그는 또 "지난 날에 성인이 위대한 역의 취지를 세울 때 하늘의 도리를 보고 땅의 기강을 살펴, 이것에서 인간의 도리를 취하고 저것에서 괘를 이루었다. 변화 운동의 의리를 다하는 한편 지극히 정교하고 미묘한 이치를 보존하였다"[2]고 하였다.『주역』은 자연계 및 인류 사회에 대한 옛사람의 인식을 한데 모은 결정체로서 의리를 다하고 이치를 보존하려는 취지라는 말이다. 즉『주역』의 취지는 자연계 및 인류 사회의 부단한 운동 변화의 법칙을 설명함에 있다고 본 것이다.

범중엄은 「역겸삼재부易兼三材賦」에서 「서괘전」의 "하늘의 도를 세워 음이다 양이다 하고, 땅의 도를 세워 유柔다 강이다 하며, 사람의 도를 세워 인仁이다 의義다 하였다"는 논법을 발휘하여, 자연계 및 인류 사회를 다음처럼 묘사해 나갔다.

만약 높이 처하여 만물에 앞서면 하늘에서 법을 취한다. 그래서 쉬지 않음의 뜻을 드러내어, 하늘이 굳건히 행하는 기율을 따라 돌고 돈다. 음양의 기를 잘 조화하여 순수의 근원을 뚜렷이 드러내고, 만물보다 앞서 가장 먼저 내어 높고 탁 트인 象상을 밝게 선포하였다. 이것이 바로 하늘이 도를 세움이다. 하늘의 도가 세워지면 음양을 제어하여 덕을 온전히 한다. 한편 만약 낮게 처하여 제자리를 얻으면 아래로 땅에 서린다. 그래서 침잠하는 형체를 취하고, 땅이 두루 넓게 싣는 뜻에 견준다. 부동不動하여 두터이 싣는 모습을 본뜨고, 감응하여 통해서 바탕이 되어 생장하게 하는 이로움을 드러낸다. 이것이 바로 땅의 도를 세움이다. 땅의 도가 세워지면 강유剛柔로부터 공功이 갖추어진다. 이에 높은 자리와 낮은 자리를 각각 올바로 정하고 그 가운데에 사람을 위치시킨다. 강剛이면서 위로 올라가는 것은 군주가 되기에 마땅하고, 유柔이면서 아래로 내려가는 것은 신하가 되기에 마땅하다. 때에 맞추어 행하고 때에 맞추어 멈추기를 신중히 하여 진퇴에 헷갈리지 아니하고, 도道가 자라나고 도가 줄어드는 사이를 살펴서 굴신屈伸을 절로 드러낸다. 이것이 바로 사람의 도를 세움이다. 사람의 도가 세워지면 인의를 돈독히 하여 윤리가 있게 된다.[3)]

여기에서 ‘음양’과 ‘강유’, ‘쉬지 않음의 뜻을 드러냄’과 ‘바탕이 되어 생장하게 하는 이로움을 드러냄’ 등은 모두 자연 현상 및 자연 법칙과 그것들이 인간에게 끼치는 작용을 말한 것이다. ‘인의를 돈독히 하여 윤리가 있음’은 인류 사회의 문제, 즉 ‘사람의 도를 세움’을 말한 것이다. 다시 말해 『주역』은 자연 및 인류 사회의 법칙을 강론한다는 말이다. 이러한 관점으로 볼 때 범중엄은 『주역』을 자연 법칙 및 사회 사상을 논한 저작물로 간주하였음을 알 수 있고, 또 그의 사상에 유물론적 경향이 있음을 알 수 있다.

범중엄은 『주역』을 이렇게 파악함으로써 역학의 목적이 인간사를 지도하려는 데 있고, 인간 활동이 성공하느냐 못하느냐의 관건은 사물의 발전 변화의 시기를 옳게 파악하는 데 달려 있다고 보았다. 이를테면 건괘의 시기는 ‘성인의 덕이 하늘의 덕과 짝하는 때’이고, 함괘咸卦의 시기는 ‘상하가 교감하는 때'이며, 항괘恒卦의 시기는 '상하가 각각 그 상도常道를 얻는 때'이고, 둔괘遯卦의 시기는 '군자가 은둔하는 때'이며, 대장괘大壯卦의 시기는 '군자나 소인이 내쫓기어 명령이 엄중한 때'이고, 진괘晉卦의 시기는 '군자가 우대되어 현달 승진하는 때'이다. 각 괘를 해석하는 일은 이처럼 모두 해당 괘가 드러내 보이는 시기가 어떠하고, 군자가 응당 어떻게 행동해야 하는지를 설명해야 한다.

그런데 각 괘가 어떤 시기를 드러내 보이는가 하는 것은 주로 괘상에 근거하여 판정된다. 이를테면 손괘損卦 ☱ 는 태하간상兌下艮上(아래는 못, 위는 산)으로 산택이 기를 통하고 그 윤택이 위로 행하므로, '아래에서 취하여 위에 보태 주는 시기'이다. 또 쾌괘夬卦 ☱ 는 건하태상乾下兌上(아래는 하늘, 위는 못)으로 1음이 높은 곳에 처하여 있고 뭇 양이 그것을 교체해 나가므로, '큰 것이 작은 것을 제약하고, 올바름이 사악함을 내쫓는 때'이다.

범중엄이 이처럼 시기를 중시한 것은 「단전」의 "그쳐야 할 때 그치고 행해야 할 때 행하여 때를 잃지 않는다"(時止則止, 時行則行, 不失其時)는 사상에 근원하고 있다. 그는 이 관점이 『역』의 의리를 해석하는 데 핵심적 의미를 지닌다고 보았다. 요컨대 범중엄이 『주역』을 파악하고 『역』을 해석한 중심 사상은 의리파의 특징을 지닌다. 또 범중엄의 역 해석 방법을 보면 『주역』의 체제를 파악할 때 한역 상수파의 효진설이나 납갑설 등을 취하지 않고, 왕필파의 효위·득중·상응·괘덕 등의 설을 답습하여 이용하였다. 그래서 범중엄은 송대 의리파 역학의 초기 인물이라고 말할 수 있다.

『주역』에 관한 범중엄의 논술은 우주 만물의 본원 문제를 논하는 본체론 방면에서 유물론적 요소를 지니고 있다. 범중엄의 역학은 우주 연변演變의 모델을 하나도 건립하지 않았으나, 순수하고도 지극히 강건한 양기인 건乾을 만물의 본원으로 파악하기도 하였다. 「건위금부乾爲金賦」에서 이렇게 말하였다.

크도다, 건양乾陽이여! 늠름하도다, 지강至剛이여! 태시太始의 극極을 운행하고 지양至陽의 위위位를 밟도다. 삼방三方의 으뜸으로서 중정中正하고 일기一氣를 잡아서 순수하도다. 만물이 나를 바탕삼아 생장하고, 4시가 나로부터 베풀어지는도다.[4]

때로는 천지를 만물의 본원으로 간주하여 "천지가 움직여 만물이 생겨난다"고도 하였다. 그는 양기를 바탕삼아 만물이 생장한다고 보기도 하고, 천지(음양)가 만물을 발생하고 변화시킨다고 보기도 하였는데 이런 것들은 다 기본론氣本論의 색채를 띤다고 하겠다.

범중엄의 『주역』 해설은 대부분이 자연계 및 인류 사회의 발전 변화 법칙을 해석하였다. 그 가운데 다음과 같은 관점들이 들이 있다. 첫째, 자연계 및 인류 사회의 발전 변화에는 모두 "물이 극하면 반드시 원점으로 돌아간다"(物極必反)는 이치가 있다고 보는 관점이다. 「역의易義」의 풍괘豊卦에서 "해의 운동은 정중正中에서 가장 풍부하다.…… 정중을 지나치면 해는 기울게 된다"[5]고 하고, "문명의 움직임은 황극皇極에서 풍부하다. 황극을 지나치면 문명은 쇠퇴한다"[6]고 하였다. 또 대장괘大壯卦에서는 "우뢰가 하늘 위에 있으면 만물이 진동한다. 천하에 위엄을 행하여 만방이 두려워한다. 천지의 장관은 우뢰에서 드러나고 성인의 장관은 위엄에서 드러난다. 위엄이 지나치게 장대하여 천하에서 절도를 지니지 못하면 난폭하여 장대함이 상실된다"[7]고 하였다. 인간은 이 '물극필반'의 법칙을 인식하여, 가득 참을 경계하고 장대함을 절제하여야 한다. 그렇게 하여야만 능히 풍성함(豊)과 위엄(威)을 유지하여 반대쪽으로 급전환하지 않을 수 있다.

둘째, 손損과 익益의 관계를 설명하면서 손해본 뒤에 이익이 있다는 철학 관점에 의거, 유가 민본주의의 정치 주장을 설명한 점이다. 범중엄은 「천도익겸부」에서 이렇게 말하였다.

아득한 하늘의 운행과 넓디 넓은 신의 조화를 탐구하노라니, 남음이 있는 데서 덜어 낸다는 말을 믿을 수 있고 부족한 바가 있으면 보충한다는 사실을 고찰할 수가 있다.…… 용과 뱀은 땅 속에 웅크리고 있은 뒤에야 진동하고, 풀과 나무는 잎이 떨어진 뒤에야 다시 꽃답게 피어난다. 여기에서 만물의 이치를 보고, 여기에서 하늘의 상도常道를 본다. 달은 이지러지면서 그 속에서 가득 차므로 어둡지 않다. 양陽은 다 박탈되었다가 다시 회복되기 시작하므로 그 의리가 드러난다.…… 온갖 만물의 실정을 살피고 지극한 이치의 근본을 궁구하지 못하는가? 귀함은 반드시 천함에서 비롯되고 이익은 곧 손해에서 생겨나는도다. 인간사가 바로 여기에 있으니 천도가 어찌 멀겠는가?[8]

곧 손해 뒤에 이익을 얻음이 자연계 및 인류 사회에 존재하는 보편 법칙이라는 설명이다. 이를 근거로 범중엄은 군자가 정치를 행할 때도 반드시 이 법칙을 따라, 만물에게 공평하게 베풀고 많은 데서 취해 적은 것에 보태어(衰多益寡) 손익損益하는 바가 있어야 한다고 하였다. 그래서 「역의」에서 손괘와 익괘를 해석하면서, '아래에서 취하여 위에 더함'(取下益上)이 손損의 뜻이고 '위로부터서 아래에 시혜함'(自上惠下)이 익益의 뜻이라고 하였다. 아래란 위의 근본이므로, 위를 보태면 아래에서 덜게 되고, 아래에서 덜면 근본을 해치게 된다.

그러므로 그것을 손損이라고 한다. 위에서 덜어 아래에 보태니, 아래를 보태면 근본을 굳게 된다. 그러므로 그것을 익益이라고 한다. 근본이 굳어지면 줄기가 무성하고, 근원이 깊어지면 흐름이 도도해진다. 아래에서 덜어 위로 보탬은 고갈됨이 있지만, 위에서 덜어 아래로 보탬은 아래의 이롭게 여기는 바에 인해 아래를 이롭게 함이다. 그러니 어찌 고갈됨이 있겠는가?[9]

여기서는 손익의 변증법적 관계에 관한 인식에 근거하여, 지배자와 백성의 이익 관계를 어떻게 처리해야 지배 계급의 근본 이익을 보증할 수 있는지에 대하여 설명하였다. 또 백성들이 이익으로 삼는 바를 이롭게 해 주어야 한다는 공자의 정치 주장을 발휘하고 해석하였다.

셋째, 범중엄은 규괘睽卦 ䷥ 를 해석하면서 "떨어진 뒤에 합한다"는 관점을 천명하였다. 규괘는 태하리상兌下離上(아래가 못, 위가 불)인데 불은 타오르는 성질이고 물은 아래로 적시는 성질이다. 또 이 괘에서는 불이 위에 거처하고 물이 아래에 거처하는 까닭에 그 물과 불의 도리가 어그러져 서로 접하지 않는다. 범중엄은 지연계 및 인류 사회 속에서 이러한 상호 규리睽離의 현상을 아주 많이 발견하였다. 이를테면 하늘이 위에 처하고 땅이 아래에 처한다든가, 남자가 바깥에 거처하고 여자가 안에 거처한다든가, 군주가 위에 있고 신하가 아래에 있다든가 하는 현상들이다. 하지만 하늘과 땅이 서로 떨어져 있지만 음양이 합하고, 남자와 여자가 떨어져 있지만 예의가 이루어지고, 윗사람과 아랫사람이 서로 떨어져 있지만 군신이 화합하며, 만물이 서로 떨어져 있지만 본성과 부류에 따라 모인다. 따라서 바로 규리가 있은 뒤에야 화합이 있다고 말할 수 있다. 이처럼 규리가 있은 뒤에 화합한다고 보는 관점에는 분명히 모순 통일이 사물을 구성한다는 변증법적 사상이 담겨 있다.

그 밖에 범중엄은 또 「수화불상입이상자부水火不相入而相資賦」에서 "서로 개입하지 않고 서로 바탕한다"는 관점을 내놓았다. 서로 개입하지 않고 서로 바탕함이란 곧 '성질이 서로 반대되지만 운용시에 함께 작용함'이다. 이를테면 물과 불은 성질이 달라 물은 흘러서 유순하고, 불은 밝아서 성대하지만, 운용할 때에 함께 작용을 한다.

> 리離(즉 불)와 감坎(즉 물)이 만일 일치하지 않는다면, 음과 양이 서로 달리 동떨어져 있음을 잊고 화합하는 일이 있을 수 있겠는가? 하늘이 낳은 재목이라 하더라도 4상四象에 근본하여 구별된다. 대개 나날이 사용하는 이로움은 물과 불의 두 물체를 합하여 서로 교차한다. 이치는 홀로 선할 수 없고, 공용功用은 서로 외떨어질 수 없다. 같은 무리들이 과연 유별로 모이는지를 의심할 일이지 물과 불이 상호간에 형체와 본질이 상반된다고 어찌 걱정하랴? 하나는 달고 하나는 쓰니, 같은 무리끼리 찾아 모이는 것과는 애당초 다르다. 하나는 뜨겁고 하나는 차가우니, 어찌 서로 만남이 늦었다고 한탄함이 있겠는가? 무궁하게 시행하여 서로 화합하되 꼭 같이 하지를 않는다. 하늘과 땅이 나뉘었으되 그 덕이 합하고, 산과 못이 동떨어져 있으되 기가 통하는 일과 같도다. 해와 달이 따로따로 운행하지만, 밝게 비추어 임함에는 서로를 마주 바라보고 있음과 같도다.

추위와 더위는 운수가 다르지만, 만물을 화하고 길러 냄에서는 공을 같이함과 같도다. 그러한즉 본질은 달라도 의리상 항시 합하여 서로 도움(兼濟)을 알 수 있도다. 6부六府[*1)]는 성덕의 아름다움을 각각 나누어 드러내고, 구정九鼎은 풍성한 잔치를 베푸는 은혜에 흡족하도다. 나뉘어서 둘이 되어, 굽음과 곧음이 서로 개입하면 진실로 어렵다. 그것을 태원太元에 모으면, 호나라와 월나라같이 딴 마음이 있어도 절로 부합하게 된다.[10)]

자연계의 사물에 보편적으로 존재하는 "본질은 달라도 의리상 항시 합하여 서로 돕는다"(質本相遠, 義常兼濟)는 도리를 설명하고 나서, 인간사도 대체로 이와 같아서 이를테면 정치의 도리는 반드시 관대함과 가혹함을 조화시켜야 하지 한쪽 극단으로 쏠려서는 안 된다고 하였다.

요컨대 「역의」와 그리고 『역』을 내용으로 삼은 부賦 작품들로 볼 때, 범중엄은 『주역』이 철학을 논하고 사회 사상을 논한 책이라고 간주하였음을 알 수 있다. 또한 유물론 및 변증법적 요소도 들어 있다. 즉 그는 『주역』을 연구하는 목적이 인간사의 지도에 있다고 보아서, 자연계의 운동 변화 법칙을 인류 사회에 끌어다 비유하였다. 이 점이 범중엄의 역학이 지닌 특징이다.

물론 범중엄의 역 해석은 완전한 체계를 지녔다고 할 수 없고 완숙한 내용을 갖추었다고도 할 수 없다. 하지만 역학사에서 지니는 의의로 본다면, 그의 역학은 한유漢儒의 상수학 방법을 취하지 않고 자연계 및 인류 사회의 '변화 운동의 의리'를 설명하고자 하여 역학의 목적을 인간사의 지도에서 찾은 점에서, 후대의 송역 의리파 형성에 나름대로 영향을 끼쳤다. 특히 이정二程은 자연 법칙을 인류 사회에 끌어다 비유하는 방법면에서 범중엄으로부터 암시를 받아, '만물을 밝히는'(明庶物) 과정에서, 만물을 초월해 있는 리理를 자연계의 만물로부터 제련해 내었다. 그러므로 범중엄은 구양수 등과 마찬가지로 송대 의리파 역학의 단서를 열었던 인물 가운데 한 사람으로 평가된다.

---

*1) 六府란 水·火·金·土·木·穀을 말한다.

2. 이구의 『역론』 및 『산정유목역도서론』

이구李覯(1009~1059)는 자가 태백泰伯이고 남성南城 사람이다. 학자는 그를 우강 선생盱江先生이라고 하였다. 『송원학안』「고평학안高平學案」의 부록에 그러한 말이 있다. 전후 저서에 『역론易論』과 『산정유목역도서론 刪定劉牧易圖序論』이 있다.

이구의 철학 사상이 어떤 형태이고 어떤 파에 속하는가에 대해서는 학자들마다 견해가 다르다. 이구를 두고 송명 리학가에 속할 수 없으며 상수학가라고 보는 사람도 있다. 즉 이비李朼는 「우강선생문집원집서盱江先生文集原集序」에서 이구를 두고, "앞쪽으로 안연과 맹자의 가르침을 직접 받은 일이 없고 뒤쪽으로 염락관민濂洛關閩의 주자학을 계승함도 없이, 홀로 사상을 펴고 마음으로 터득하여 가만히 옛 도와 부합하였으니, 이른바 돌아가신 성인들에게 따져 보아도 미혹됨이 없는 자"라고 하였다. 사실 이구의 사상은 정주 리학과 무관하기 때문에 그를 두고 리학가라 하기는 어렵다. 그러므로 이구가 리학가가 아니라는 말은 납득이 간다.

이구는 일찍이 범문정(범중엄)의 문하에 객이 되어 범중엄이 영도하는 개혁 활동에 참가한 일이 있다. 따라서 정치상으로는 개혁파 인물이다. 이구는 사공事功에 주력하여 경세치용을 제창하였고, 천도성명天道性命의 공리공담을 반대하고 현실의 사회 정치 문제에 주목하였다. 또 「상어변常語辯」을 저술하여 맹자가 왕도와 패도를 변별하고, 의義와 리利를 변별하였던 관점을 비판하였다. 사상적 특징으로 볼 때 이구는 송대 공리학파의 선구라고 할 수 있다.

역학사에서는 이구가 리학가인가 아닌가 따지는 것이 무의미하다. 중요한 것은 이구의 역학 관점이 상수파에 속하는가 아니면 의리파에 속하는가 하는 문제이다. 전반적으로 볼 때 이구의 역학 관점은 의리파의 경향을 지니고 있다. 단 그는 유목의 상수학을 비판하면서 또 한편으로 유목의 상수학으로부터 깊은 영향을 받기도 하였다.

이구가 『역론』에서 괘효사를 해석한 내용을 보면, 이구는 『주역』에 대하여 인륜 도덕을 논하고 사회 정치 사상을 논한 경전으로 보았음을 알 수 있다. 이를테면 손괘損卦 ☶☱ 육5 효사를 다음처럼 해석하였다.

무릇 존귀함을 운용함은 공손함만 같은 것이 없고 부유함을 운용함은 검약함만 같은 것이 없다. 공손하면 대중이 귀의하고 검약하면 재물이 모인다. 공손함과 검약함이란 바로 선왕들이 천하를 보존한 방도였다. 손괘의 육5에 이르길 "천하 사람들이 천자에게 이익을 준다. 값비싼 거북들이 어긋나지 않으니 크게 길하다"고 하였다. 거북은 의심을 결단하는 것이므로 밝은 지혜의 비유이다. 음유陰柔이면서 존귀한 지위에 거처하여 손괘의 도리를 행하기 때문에 지혜가 밝은 선비가 모두 즐겨 복종한다. 사람의 도움만 있는 것이 아니라 하늘도 복을 준다. 그러므로 「상전」에 "육5는 크게 길하다"고 하였으니, 위로부터 보우함이다. 공손하면 대중을 얻음이 이와 같다.[11]

이구는 또 익괘益卦 ䷩ 구5 효사를 이렇게 해석하였다.

무릇 윗사람이 백성을 이롭게 하려 할 때 재물을 가지고 하면 부족하다. 백성을 안도시켜 산업을 폐하지 않는 것이 크게 이롭게 함이다. 익괘의 구5에 "진실된 마음으로 백성에게 은혜를 끼치므로 분명히 크게 길하다. 백성도 감동하여 진심으로 나를 고맙게 여긴다"고 하였다. 백성이 이롭게 여기는 바에 인하여 백성을 이롭게 하며, 은혜를 베풀되 허비하지 않는 까닭에 틀림없이 크게 길하며, 백성도 또한 진실로 나에게 고마워하는 마음을 지닌다는 뜻이다. 무릇 두루 사랑하여 사사로움이 없음이 군주의 덕이다. 이에 반대되면 익益의 도리라고 할 수 없다.[12]

한 괘에서 제5효는 군주의 지위를 상징한다. 이구가 이처럼 손괘와 익괘에서 제5효의 효사를 해석한 내용은 바로 공자가 말한 군주의 위정치민爲政治民의 도리이다.

또 이구는 승괘升卦 ䷭ 구2의 효사를 이렇게 해석하였다.

무릇 강강剛을 고집하고 올곧아, 나아가되 이끝(利)을 일삼지 않고 뜻을 충忠과 성誠으로 다하면 귀신이 복을 준다. 승괘의 구2에 "진심을 지니면 조촐한 제사라고 하더라도 재앙이 없다"고 하였다. 구2가 육5와 응하여 가서 반드시 임무를 맡고, 저 양강의 덕을 본받아 나아가되 총애를 구하지 않고 사악함을 막고 성실한 마음을 보존하여 대업에 뜻을 둔다. 그러므로 이용하여 신명과 약조를 맺게 된다는 뜻이다.[13]

그리고 건괘蹇卦 ䷦ 육2 효사는 이렇게 해석하였다.

충신의 본분은 험난함에 처하더라도 의리상 군주를 잊지 않음에 있다. 건괘 육2에 "왕의 신하가 국가 위난의 험난한 지경에 당하여 수고하는 것은 자기 한 몸 때문이 아니다"라고 하였다. 제2효의 위치에 있으면서 구5와 응하여, 위난 속에 있는 구5를 모른 체하며 나만 해에서 멀다고 하지 않고, 마음을 하나로 지녀 딴 마음을 지니지 않고 왕실을 구하려는 마음을 가짐을 뜻한다. 그러므로 「상전」에 "왕의 신하가 험난한 지경에 당하여 수고하니, 결국에는 근심이 없다"고 하였다. 이것이 바로 신하된 도리이다. 공자께서 "신하됨이 쉽지 않다는 말이 어찌 빈말이겠는가"라고 말씀하신 그대로이다.[14]

승괘升卦의 구2효는 육5효와 상응하고 건괘蹇卦의 육2효는 구5효와 상응한다. 구2효와 육2효는 신하의 효위이고 육5효와 구5효는 군주의 효위이다. 그래서 이구는 승괘 구2와 건괘 구2의 효사를 해설하면서 신하된 도리를 논하는 유가 사상을 드러내었다. 이구의 해석에서 승괘 구2효가 육5효와 응한다 운운하고 건괘 육2효가 구5효와 응한다 운운한 것은 모두 왕필의 주를 따 온 것으로, 왕필 주 가운데 유가 사상과 부합하는 관점을 보존해 둔 것이다.

이상의 인용으로 볼 때 이구의 『역론』은 괘효사의 해석에서 유가의 정치 윤리를 가지고 『주역』 사상을 천명하여 『주역』에 대한 그 자신의 관점을 체현하였다. 이구는 이렇게 말하였다.

성인이 『역』을 만드심에 백성의 교화를 근본으로 하였다. 그런데 세상의 비루한 유자들이 그 상도를 소홀히 하고 마침내 이단을 익혔다. 그리하여 어떤 이는 "나는 상에 밝다"고 하여 복서책에 구애됨이 심하다. 어떤

이는 "나는 그 의에 통한다"고 하는데 석로학釋老學이 오히려 황당잡박
하지 않을 정도다. 밤낮으로 골몰하여 무용한 설에 마음을 피로하게 하
니, 그 미혹됨이 어찌 당연하지 않겠는가? 복희가 팔괘를 긋고 중첩하고
문왕·주공·공자가 문사를 이으며, 현명한 왕보사가 뒤이어서 주를 하였
으므로, 가을의 태양같이 환하고 큰길같이 탄탄하다. 군주가 얻으면 군주
가 되고 신하가 얻으면 신하가 되며, 만사의 이치가 수레바큇살이 모이
듯 하니, 그 가운데 있지 않은 것이 없다.[15]

　이구가 확인한 것은 바로 주공·공자가 백성을 가르친 군신 부자의 도
리였다. 그는 『주역』을 복서에 이용하거나 석로학에 이용하는 일에 반대
하여, 왕필이 『역』의 의리를 취하고 강론한 바가 유가 사상의 내용에 부
합한다고 확인한 것이다. 이구의 『역론』 13편의 내용으로 볼 때 그가 발
휘한 것은 바로 「상전」의 사상이었다.
　이구가 『역론』에서 『주역』을 논한 여러 철학적 관점은 인간사를 중시
하고 현실의 사회 정치에 주목하는 사상적 특징을 드러내고 있다. 그는
이렇게 말한다.

　　시기가 다르고 사건이 다르지만, 사건이 시기와 때에 따라 달리 변하는
　　것은 자취(迹)요, 사건을 통합하여 논하는 것은 마음(心)이다. 자취가 비
　　록 만 가지로 다르다 해도 마음에는 하나의 법규가 있다. 저 홍수가 넘
　　실댈 때에는 우임금이 때맞추어 강을 준설하였고, 백성이 굶주리자 후직
　　后稷이 때맞추어 씨를 뿌렸다. 백성이 서로 친하지 않자 설契이 때맞추
　　어 오륜의 가르침을 선포하였고, 오랑캐족이 중하를 어지럽히자 고요皐
　　陶가 때맞추어 제왕의 형법을 밝혔다. 비록 그 자취는 각각 다르지만 마
　　음가짐은 한 가지이다. 통괄하여 논하면 그것들을 다 성공聖功이라 할
　　수 있다.[16]

『역론』 제8에서 이구는 또 다음처럼 말하였다.

　　어떤 사람이 물었다. "하늘에 상도가 있어서 4시가 행하고, 땅에 상도가

있어서 만물이 생겨나며, 사람에게 상도가 있어서 덕행이 이루어진다. 그
런데 사건에는 혹 변이가 있고 형세에는 혹 차이가 있으니, 상도가 있다
고 할 수가 있겠는가?" 나는 이렇게 답하였다. "상常이란 도의 기강이
다. 도는 권權이 아니고는 두루 원만하게 할 수가 없다. 그러므로 권權이
란 상도에서 변화되어 나온 것이다. 사건이 변하고 형세가 차이가 있는
데도 한결같이 상도에 근본한다는 것은 마치 기러기발을 고정시켜 두고
거문고를 타려는 것과 같다. 리괘履卦 ䷉ 의 구5에 "밟아 행할 것을 결
단하니 끝까지 고집하면 위태하다"고 하였다. 이 말은 리履의 도리는 겸
손을 숭상하지 자만하길 좋아하지 않는다는 말이다. 그리고 제5효는 양으
로서 양의 자리에 처하여, 자기의 효위에 바로 당하였으므로 위태하다.[17]

앞의 인용문에서 이구는 시時 및 변變과 인간의 응변應變 사상을 논하
여 위정자가 적시에 응변하려는 사상을 가져야 공적을 이룰 수 있다고 말
하였다. 이 관점은 왕필의 『주역약례』에 보이는 적시설適時說을 발전시킨
것이다. 뒤의 인용문은 상常과 변變의 관계를 논하여, 유가의 경經과 권權
사상을 천명하였다. 전체적으로 볼 때 위의 두 글은 모두 의리를 천명한
것으로 정치를 행하고 백성을 다스리는 도와 밀접히 관련되어 있다. 더구
나 이구의 이러한 관점은 바로 현실 사회 정치의 개혁을 요구하는 사상을
드러내고 있음을 쉬이 알 수 있다.
『역론』에서 이구가 의리에 중점을 두고 인간사를 논함에 중점을 두었
다는 사실은 바로 『역론』제13에서 「설괘전」에 관해 논술한 내용에서
두드러지게 나타난다.

천지만물이 모두 「설괘전」에 보존되어 있다. 잠시 인간사를 가지고 밝혀
보자.…… 팔괘의 도는 인간에 있지 않은 것이 없다.…… 그러므로 나라
에서 이 팔괘의 도를 이용하면 가까운 사람들이 안정되고, 군사(전쟁)에
서 이것을 이용하면 먼 데 사람이 복종한다. 진작시키고 고무시키면 어
떤 사물이라도 다 그 마땅함을 얻는다.[18]

인간사를 가지고 역리를 해석하는 것이 바로 이구 『역론』의 특징이었

던 것이다.

『산정유목역도서론』은 『역론』보다 뒤에 이루어졌다. 이구가 39세 때 저작이다. 이구는 유목의 『역수구은도』에서 중복되고 쓸데없는 52폭의 그림을 제거하고, 「하도」·「낙서」·「팔괘도」만을 남겨 두었다. 『산정유목역도서론』의 내용은 『역론』과는 달리 유목의 도서학을 논평한 책이다. 음양 2기로 괘효상을 해석하고 나아가 괘의를 설명한 점이 그 특징이다. 이 점은 이구의 역학이 유목의 역학으로부터 깊은 영향을 받았음을 말해 준다. 따라서 이구의 역학 관점이 한당 이래 상수학의 괘기설을 계승하고 발전시킨 사실을 알 수 있다. 물론 철학 관점에서 보면 이구의 상수학은 유목의 상수학과 근본적으로 다르다. 곧 『산정유목역도서론』에는 이구 자신의 철학 관점이 집중적으로 반영되어 있다.

『산정유목역도서론』은 유목의 역학을 비판하였지만, 결코 유목이 만든 「하도」와 「낙서」의 도식을 부정하지는 않았다. 이구가 유목을 비판한 것은 주로 「하도」·「낙서」를 해설하는 방식과 관련해서이다. 철학상으로 보면 유목은 관념론의 관점에서 「하도」·「낙서」와 팔괘를 해석하였으나, 이구는 유물론의 관점에서 「하도」·「낙서」와 팔괘를 해설하였다.

우선 유목은 「하도」·「낙서」와 팔괘가 數수에서 생성되었다고 보았으나, 이구는 유물론의 기 일원론 관점에서 상과 수의 관계 및 우주의 구성을 해석하였다. 유목은 상수 문제를 해석하면서, 때로는 「하도」의 수로부터 상이 생겨난 뒤에 「낙서」의 오행과 만물이 형성되었다고 하기도 하고, 때로는 「낙서」 속에 數수·象상·形형이 다 있다고도 하였다. 전자의 설명에 따르면, 「하도」의 ꡏꡏꡏꡏ가 4상이고 1·2·3·4·5·6·7·8·9는 수이며, 이 수로부터 상이 생겨난 뒤에 비로소 「낙서」의 수화목금토 오행 및 만물이 형성된다는 것이다. 한편 「낙서」 속에 수·상·형이 있다는 설명은 이러하다.

위로 천일天一을 타고 아래로 지육地六을 낳음은 물(水)의 수이다. 아래로 지이地二를 타고 위로 천칠天七을 낳음은 불(火)의 수이다. 우로 천삼天三을 타고 좌로 지팔地八을 낳음은 나무(木)의 수이다. 좌로 지사地

四를 타고 우로 천구天九를 낳음은 쇠(金)의 수이다. 지십地十은 오五와 응하여 가운데 처하니 흙(土)의 수이다.[19]

유목은 추상적인 수를 제1자로 보았다. 그의 역학은 무에서 유를 낳는다는 관념론의 상수학이었다. 따라서 그 설은 자기 모순에 빠져 있었다. 이구는 유목의 이 문제에 대하여 정곡을 찔러 『산정유목역도서론』에서 다음처럼 비판하였다.

> 유목은 「하도」와 「낙서」를 하나로 합하여 보았으나, 「하도」는 10이 없는 까닭에 수·화·목·금을 일컫고 토를 얻지 못하였으며, 수가 채 형성되지 않았기에 그것을 상이라고 한다. 그 반면에 「낙서」에는 10이 있는 까닭에 수·화·목·금이 토에 붙어서 형을 이루므로 그것을 형이라고 하였다. 이러한 차이가 「하도」와 「낙서」에 있다. 유목이 말하길 4상이 팔괘를 낳는다고 한 것은 「하도」의 7·8·9·6에 상이 있기 때문에 거기서 취한 것이고, 「낙서」의 형을 이용할 수가 없어서 그런 것이다. 그런데 아래에 가서는 다시 수6·금9·화7·목8이 팔괘를 낳는다고 인용하였으니, 여기에서는 「낙서」의 형을 통해 취한 것이다. 아아, 어찌 이다지도 스스로 모순을 저지른단 말인가?[20]

이구는 비판하기를 유목이 「하도」와 「낙서」를 한데 합쳐 자체 모순을 범하였다고 하였다.

이구는 또 "'무는 무로써 밝힐 수가 없고 반드시 유에 인하여야 밝힐 수 있다'는 말은 태극은 기氣로서 이미 조짐을 보이므로 무라고 일컬을 수 없다는 뜻이다. 아아, 그 기가 비록 조짐을 보인다고 하더라도 천지의 몸체를 볼 수 있는 것에 비한다면 그것은 여전히 무이다"[21]라고 하였다. 태극이란 허무가 아니라 유有로서 형상이 있지 않은 기氣라고 말한 것이다. 바로 여기에서 우주가 기로 구성되었다고 파악하고, 천지 이전의 태극이 곧 형상 없는 기라고 보았음을 알 수 있다. 분명히 이것은 유물론적 기 일원론의 관점에서 우주의 형성을 해석한 것이다. 이 관점을 기초로 이구는 더 나아가 상수학에서 말하는 수數란 기氣가 강하해 나오는 순서라고 해석하였다. 즉 "천일天一에서 지십地十까지는 천지의 기가 강하해 나오는 순서일 따름이다"[22]라고 하였다. 그래서 『산정역도서론』에서 「하도」를 다음처럼 해석하였다.

> 처음 태극이 나뉘어 하늘은 양기로서 위에 높이 있고 땅은 음기로서 아래에 낮게 있다. 하지만 천지의 기가 각각 제자리에 버티고만 있으면 오행과 만물이 어디에서 생겨날까? 그러므로 최초의 일一은 천기天氣가 정북방에 강하함이요, 제2는 지기地氣가 서남방에서 나옴이고, 제3은 천기가 정동방에 강하함이요, 제4는 지기가 동남방에서 나옴이며, 제5는 천기가 중앙에 강하함이요, 제6은 지기가 서북방에 나옴이며, 제7은 천기가 정서방에 강하함이요, 제8은 지기가 동북방에 나옴이며, 제9는 천기가 정남방에 강하함이다. 천기가 강하고 지기가 나오더라도 각각 제자리에 거처하기만 하고 회합함이 없으면 오행을 낳을 수가 없다.[23]

이구에 따르면 「하도」는 음기가 8위에 나오고 양기가 9위에 강하하는 순서를 표명한 것이다. 이러한 수數가 제각각의 방위에 음과 양으로 버티고만 있고 상호 결합하지 않는다면 상을 낳을 수도 없고 형을 이룰 수도 없으며 우주간의 만물을 구성할 수도 없음을 「하도」는 밝혔다는 설명이다.

나아가 이구는 「하도」에서 각각 제 방위에 버티고 있는 기가 강하하고 나오는 데에 만일 천9만 있고 지10이 없다면 천지의 기가 가지런히 갖추어질 수 없고, 그 결과 오행과 만물도 생겨날 수가 없다고 보았다. 따라서 오행과 만물의 생성 과정을 알려면 반드시 「낙서」도 함께 해석해야 한다고 주장하였다. 『산정유목역도서론』에서 또 이렇게 말하였다.

> 1과 6은 북방에서 합하여 수水를 낳고, 2와 7은 남방에서 합하여 화火를 낳으며, 3과 8은 동방에서 합하여 목木을 낳고, 4와 9는 서방에서 합하여 금金을 낳으며, 지10을 가하여 중앙에서 합하여 토土를 낳으니, 오행이 생겨나고 만물이 있게 된다.[24]

여기서 말하는 동서남북은 「낙서」의 좌우상하를 말하고, 합습이란 음양 2기의 상호 교착을 뜻한다. 즉 1과 6의 합이란 천일天一과 지육地六의 합이다. 이렇게 유추하여 수·화·목·금·토의 오행을 낳고, 오행이 생겨나면 만물도 그에 따라 산생된다. 결론적으로 이구는 "무릇 만물은 음양 2기가 회합한 뒤에 상이 있고, 상이 있은 뒤에 형이 있다"고 하였고, "하늘은 양을 강하하고 땅은 음을 나오게 하여 오행이 생겨난다"고 보았다.

다음으로 『산정유목역도서론』은 팔괘가 「하도」의 7·8·9·6의 상을 근거로 획괘되어 나온다고 본 유목의 관점을 비판하였다. 이구에 따르면 「하도」·「낙서」·「팔괘도」의 관계는 우선 「하도」가 「낙서」에게 음양 2기의 강하하고 나오는 순서를 제공하고 팔괘에게 8방위를 제공한다. 그리고 「낙서」는 음양 2기의 회합으로부터 오행과 만물을 낳아 구체적인 형상이 있게 하며, 이에 비로소 팔괘가 산생된다는 견해이다. 그러나 사실이 설명은 「하도」·「낙서」·「팔괘도」의 외재적인 관계에 대하여 말한 것에 불과하다. 팔괘를 그은 방법은 결코 「하도」와 「낙서」에서 기원한 것이 아니라, 고대인이 객관 세계를 실제로 관찰한 데서 기원한다. 이구는 이렇게 말했다.

> 총명과 예지를 지닌 성인이 창제하고 입법한 것이지 결코 구구하게 「하도」와 「낙서」에서 전적으로 결정한 것이 아니다. 그러므로 "옛적에 복희씨가 천하에 왕노릇할 때에 우러러서는 하늘에서 상을 보고 굽어서는 땅에서 법을 보며, 조수의 무늬와 땅의 마땅함을 보고, 가까이 몸에서 취하고 멀리서는 사물에서 취하였다"고 하였다. 팔괘는 결코 전적으로 「하도」와 「낙서」에서 결정하여 상호 참작한 뒤에 만든 것이 아니다. 성인은 「하도」에 팔방이 있음을 살펴 팔괘를 각각의 자리에 안치하고, 「낙서」에 오행이 있음을 살펴 팔괘로 상을 배당한 것이다.[25]

팔괘의 기원은 고대인이 천지 자연과 인류 사회의 존재와 그 법칙을 관찰한 데에 있다는 말이다.

그 밖에 이구는 『산정유목역도서론』에서 대연지수大衍之數의 문제에 관하여 유목과는 상이한 견해를 폈다. 그는 이렇게 말했다.

> 어떤 이가 물었다. "그 하나를 허虛로 하여 쓰지 않는 것을 두고, 한강백은 태극이라 하고 유목은 천일天—이라 하였는데 누가 옳은가?" 내가 답하였다. "「계사전」을 궁구하여 볼 때 49를 둘로 나누는 것으로 양의를 상징하는 것은 허일虛—이 양의의 앞에 있음을 말한다. 그 아랫글에서 '태극이 양의를 낳는다'고 한 것은 또 태극이 양의의 앞에 있음이다. 태극은 허일에 상당하니, 일—이 태극이 아니고 무엇인가?"[26]

이구의 이 논리는 왕필의 주에 뿌리를 두고 있다. 다시 말해 이구는 「계사전」의 '대연지수' 장章이 '역유태극易有太極' 장과 일치한다고 보았다. 그래서 유목이 그 하나를 사용하지 않는 '하나'로 해석한 것에 반대하였던 것이다.

사실 시법蓍法의 대연지수에 관해서는 역대로 해석이 분분하다. 『역전』「계사전」에서 '대연지수 50'이라 한 것을 두고, 경방은 '50이란 10일, 12진辰, 28수宿'라고 해석하였으나, 정강성 등은 '천지지수 55'에서 5를 제한 나머지 수라고 보았다. 이구는 이렇게 주장하였다. "나는 당연코 천지지수는 55인데, 설시揲蓍에서 50만을 사용하므로 정수整數를 취하였을 뿐이라고 생각한다"고 하였다. 이렇게 이구는 설시법에서의 수 운용법으로부터 대연지수의 문제를 직접 고려하였을 뿐, 신비롭고 황당하기 짝이 없는 설은 전부 부정하였다. 이와 동시에 이구는 팔괘를 8방에 배분하고 12괘를 12월에 배분하고는 또 사계절의 절기, 일월 운행의 기후, 별자리의 운행 법칙을 팔괘 속에 납입하여, 1년이 365와 1/4이라는 역법을 추출하였다. 이것은 상당히 이치에 닿는다.

한편 이구는 원형이정元亨利貞을 이렇게 해석하였다.

> 무릇 원元은 품물이 비롯함이요, 형亨은 품물을 통함이요, 이利는 품물을 마땅히 함이요, 정貞은 품물을 굳건하게 함이니, 이런 사실은 『역』을 읽는 이들이면 누구나 다 능히 말할 수 있다. 하지만 품물을 비롯하게 하

고 통하게 하며 마땅하게 하고 굳건하게 하는 원인에는 반드시 각각 그 형상形狀(실물)이 있다. 나는 이렇게 논한다. "비롯하게 함이란 기氣를 두고 하는 말이요, 통하게 함이란 형形을 두고 하는 말이요, 마땅하게 함이란 명命을 두고 하는 말이요, 굳건하게 함이란 성性을 두고 하는 말이다. 달리는 동물은 태胎에서 생명을 얻고, 날아가는 새는 알에서 얻으며, 온갖 곡식과 초목은 굽은 싹과 곧은 싹에서 생명을 얻는다. 이것이 비롯함이다. 태를 타고 나는 것은 낙태하지 않아야 하고, 알에서 부화하는 것은 알이 깨어지지 말아야 하며, 굽은 싹은 펴서 나오고 곧은 싹은 솟아나야 한다. 이것이 통함이다. 인간에게 옷과 밥이 있어야 하고, 짐승에게 산과 들이 있어야 하며, 곤충에게 묻이 있어야 하고, 비늘고기에게 물이 있어야 한다. 이것이 마땅함이다. 딱딱한 것은 깨뜨릴 수 있으되 연하게 할 수 없고, 타오르는 것은 끌 수 있되 차갑게 할 수 없으며, 흐르는 것은 멈추게 할 수가 없고, 심어져 서 있는 것은 가게 할 수가 없다. 이것이 굳건함이다.[27]

원형이정에 대한 이구의 해설은 『역전』의 사상을 발휘하여 원元을 기氣라는 물질 세계의 개시, 형亨을 사물의 성장, 이利를 사물의 발전 조건, 정貞을 사물의 특성으로 보았다. 각종 사물은 모두 자기의 출생·성장·생장 조건 및 특성이 있으며, 천지만물은 모두 자신의 자연 법칙에 따라 발전한다. 요컨대 대연지수에 대한 이구의 해석은 유물론적 기 일원론의 관점에서 출발한 것으로 변증법적 내용이 풍부하다.

이구는 『산정유목역도서론』에서 상수학자들이 오행설과 참위학과 신학 목적론을 뒤얽어 연결하는 작태를 비판하였다. 그는 길흉이란 사람에게서 말미암는 것이지 귀신에게 달려 있지 않다고 하여, 오행상생五行相生과 오행상극五行相克은 결코 사람의 길흉을 결정할 수 없다고 보았다. 그는 이렇게 말하였다.

어떤 사람이 물었다. "오행상생이면 길하고 오행상극이면 흉하다고 하는데 과연 그런가?" 나는 대답하였다. "상생이라고 반드시 길한 것이 아니고, 상극이라고 반드시 흉한 것이 아니다. 그것을 운용함이 마땅하면 비록 상극이라 하더라도 길하고, 그것을 운용함이 마땅함을 잃으면 비록 상생이라도 흉하다."[28]

이구는 많은 실례를 들어 오행의 상극과 상생이 흉하거나 길한 결과로 나타나는 것이 결코 오행 자체에 달려 있는 것이 아니라 인간 행위와 조건에 달려 있음을 증명하였다. 그는 또 이렇게 말하였다.

인간사를 해석하여 천도의 탓으로 돌리는 일은 공자께서도 거의 말씀하시지 않은 일이다. 옛날의 거북점과 시초점은 비록 신명에게 묻는다고 하더라도 반드시 행사를 참고로 하였다. 남괴가 난리를 일으키려고 하였을 때 황상黃裳을 얻었고,[*2] 목강이 지위를 잃을 때도 원형이정을 얻었다.[*3] 그러니 덕이 합칭하지 않으면 무익하다는 사실을 알겠다. 뒷날의 유생들은 사무史巫(무당)도 아니면서 언필칭 운명을 말하여, 교만하게 경적을 증거로 들어서 사악한 설을 꾸며 존망득실이 다 자연에서 나왔다고 하니, 듣기에도 황당하다. 『예기』「왕제」에 말하길 "좌도左道를 고집하여 정치를 어지럽히면 죽이고, 귀신이나 시일時日이나 복서를 빌려서 대중을 의혹케 하면 죽인다"고 하였다. 남의 윗사람이 된 자는 반드시 올바른 제도를 세워서 종사해야 역의 도리가 밝아지고 군주의 도리가 이루어진다.[29]

이구는 형식상으로 보면 아직 송초 이래 상수학의 영향을 벗어날 수 없었다. 하지만 그는 귀신을 믿는 데 반대하여, 『주역』을 점술의 미신에서 해방시키고자 하였으며, 특히 역학을 경세치용의 학풍과 연관시켜서

[*2] 南蒯는 춘추 시대 魯나라 사람으로 季氏의 費邑의 宰로 있다가 季平子가 즉위하자 반란을 일으켰으나 費人들에게 쫓겨 齊나라로 도망하였다. 처음 반란을 일으킬 때에 筮하자 坤之比가 나왔다. 占辭는 黃裳元吉이었으나 子服惠伯은 占보다 德을 중시하여 그 筮가 결코 吉하지 않다고 하였다. 『左傳』昭公 12년에 보인다.

[*3] 穆姜은 魯宣公의 부인으로 뒤에 成公을 폐하려다가 東宮에 유폐되어 죽었다. 동궁에 유폐될 때 筮하여 艮之八을 얻어, 史巫는 곧 나가게 될 것이라고 占하였다. 그러나 목강은 자신에게 원형이정의 4덕이 없으므로 나가게 되지 못하리라고 단정한 일이 있다. 『左傳』成公 9년에 보인다.

·역리를 해석할 때에 전적으로 인간사를 취지로 삼았다. 이것은 상수파와 다른 점이다.

이구의 『산정유목역도서론』에 담긴 위와 같은 내용이 역학 발전사에서 갖는 의의는 이러하다. 즉 그는 "기氣가 있은 뒤에 상이 있고 상象이 있은 뒤에 형形이 있다"는 관점에서 상과 수가 모두 기에 의거한다고 보았다. 음양 2기를 가지고 상과 수를 해석하여, 상·수·기의 셋 가운데서 기를 본원으로 보았으니, 이 관점은 유목의 상수학과 차이가 난다. 유목의 역학은 뒤에 소옹에 의하여 발전되어 상수학 가운데 수학파數學派를 형성하였으나, 이구의 역학은 장재에 의하여 발전되어 의리파 가운데서 기를 중시하는 일파를 형성하였다. 그래서 이구의 역학은 북송 역학 가운데 기를 가지고 역을 해석한 기학파氣學派의 선구라고 말할 수 있다. 이구는 대연지수를 해석하여 "그 하나를 허虛로 하여 쓰지 않는다"의 '하나'란 태극, 즉 원기元氣라고 하였고, 천지는 형이 있지만 태극의 기는 무형인 까닭에 태극을 무라 말할 수 있다고 하였다. 이렇게 이구는 원기를 무형, 천지를 유형이라고 보는 관점에서 왕필학파의 유무 개념을 해석하여, 유무의 문제를 기 철학의 체계 속으로 끌어들였다. 그 밖에 이구는 "천하 국가의 운용에 급선무로 하여야 한다"는 경세치용의 입장에서 출발하여, 오로지 인간사를 가지고 『주역』의 원리를 천명하였는데, 그 역학관은 남송의 공리파 역학에 다소 영향을 끼쳤다.

전체적으로 보면 이구의 괘효사 해석은 왕필 이래 의리파의 전통을 계승하여 취의를 주로 하면서, 동시에 왕필 이래의 현학 관점을 폐기하기도 하였다. 또 이구의 괘효사 해석은 한당 이래의 괘기설을 흡수하는 동시에 한당 괘기설의 "수가 상을 낳는다"는 관점을 폐기하였다. 아울러 이구는 의리학파의 관점과 한당 괘기설의 관점을 결합하고자 하였다. 이를테면 그는 음양 2기를 가지고 팔괘의 괘의를 해석하였다. 이구의 역학이 역학 사에서 지니는 주요한 의의는 음양 2기를 핵심으로 『주역』의 원리를 해석하여 송역 의리파 가운데 기학파의 선하先河를 열었다는 점이다. 그가 유목의 역학을 비판한 일은 송역에서 기학파와 상수학파 사이에 벌어질 논쟁의 서막이었다.

3. 구양수의 『역동자문』

구양수歐陽修의 자는 영숙永叔으로 북송의 길주吉州 여릉廬陵 사람이다. 구양수는 역사상 문학과 사학으로 유명하며, 문장은 당송팔대가唐宋八大家의 송대 여섯 사람 가운데 첫머리이고, 역사 분야에서는 조칙을 받아 『당서唐書』의 기紀·지志·표表를 편수하고 『오대사기五代史記』를 스스로 편찬하였다. 전조망은 『송원학안』 「여릉학안서록廬陵學案序錄」에서 다른 사람이 구양수의 저술에 대해 한 평론을 인용하여 "불교가 중국에 들어온 지 천여 년에 다만 한유와 구양수 두 분만이 올바르게 뜻을 세웠다"고 하였다. 소동파는 구양수를 두고 "대도大道를 논함이 한유韓愈 같다"고 하였으니, 구양수가 한유와 마찬가지로 고문으로만 유명한 것이 아니라 유학의 도통道統을 들어 보위하고 불로佛老의 학을 배척한 대표자란 뜻이다. 구양수는 경학 연구로 유명하지는 않지만, 소식(동파)은 그가 찬한 「신도비神道碑」에서 "공公은 6경 가운데 『역』·『시』·『춘추』에 특장이 있어서, 고인이 채 보지 못한 것을 발명한 바가 많다"고 하였다. 즉 구양수는 역학 방면에서도 여러 가지 새로운 관점을 제출하였다. 구양수가 역학 방면에서 남긴 주요 저작은 『역동자문易童子問』이다. 그 밖에 「역혹문易或問」과 「전역도서傳易圖序」 등이 문집 여기저기에 들어 있다. 『역동자문』도 체계적인 역 해석서라고는 할 수 없으나, 『주역』 경전을 체득한 내용이 집중적으로 반영되어 있다. 여기서는 『역동자문』을 가지고 구양수의 역학 관점을 논하기로 한다.

『역동자문』의 견해 가운데 후대에 가장 큰 영향을 끼친 것은 『역전』의 논평에 담긴 견해라고 할 수 있다. 십익十翼에 대하여 구양수는 「단전」과 「상전」만이 공자가 지은 전傳이라 인정하고, 「계사전」을 비롯한 그 밖의 전들은 성인의 작이 아니라고 하였다.

> "「계사전」은 성인의 작이 아니란 말인가?" 내가 대답하였다. "어찌 유독 「계사전」만 그러겠는가? 「문언전」과 「설괘전」이하는 모두 다 성인의 작이 아닌데다가 여러 설이 뒤섞여 있어 한 사람의 말도 아니다. 지난 날 『역』을 공부하던 자가 잡박하게 끌어다가 자신의 강설에 바탕

으로 삼은 것이니, 한 전문가의 설도 아니고, 혹은 같기도 하고 혹은 다르기도 하며, 혹은 옳기도 하고 혹은 그르기도 하여, 선택함이 정밀하지 못하다. 심지어는 경을 해치고 세상 사람들을 헷갈리게 한다."[30]

구양수는 「단전」과 「상전」 이외의 전의 내용을 두고서 여러 가지 의문점을 구체적으로 제시하여 그 전들이 공자의 작이 아님을 증명하였다. 『역전』의 작자에 대해서는 이 책의 앞부분에서 이미 설명한 바 있다. 특히 김경방金景芳이 『학역사종學易四種』에서 전문적으로 논한 바를 참고하기 바란다. 김경방의 설이 기본적으로 믿을 만하다고 보므로, 『역전』의 작자 문제에 대해서는 여기서 다시 논하지 않기로 한다. 전반적으로 볼 때 구양수가 「단전」과 「상전」 이외의 『역전』을 전면 부정한 것은 옛것을 의심함이 지나치기에 따를 수가 없다. 요컨대 십익은 공자 및 그 문인 후학이 지은 것에 틀림없으며, 후인이 끼워 넣은 것은 적은 부분에 지나지 않는다. 따라서 십익은 대체로 공자의 역학 관점을 드러낸다고 보아야 할 것이다.

물론 구양수가 「계사전」의 공자 저술설을 부인한 견해 속에는 도서圖書로 『역』을 해석하는 상수파에 반대한다는 의미가 들어 있다. 그는 이렇게 말한다.

「계사전」에 이르길 "하수에서 도圖가 나오고 낙수에서 서書가 나오자 성인이 그것을 효측하였다"고 한다. 이른바 도란 팔괘의 문양이다. 신마가 등에 지고 하수에서 나와 복희에게 준 것이라 한다. 대개 팔괘란 사람이 만든 것이 아니라 하늘이 내려 준 것이라는 뜻이다. 그런데 또 "복희씨가 천하에 왕노릇할 때에 우러러서는 하늘에서 상을 보고, 굽어서는 땅에서 법을 보고, 조수의 무늬와 땅의 마땅함을 보며, 가까이는 몸에서 취하고 멀리는 품물에서 취하여 비로소 팔괘를 만들었다"고 한다. 그렇다면 팔괘란 사람이 만든 것이다. 「하도」는 아무 관계가 없다.[31]

구양수는 또 하수와 낙수에서 도서가 나온 일이 없다고 하였다. 그 점에 대해서는 이미 논한 바가 있다. 복희가 「하도」를 받고 나서 또 천지를 부앙俯仰하고 인간과 품물에서 취하여 팔괘를 그렸다고 말하는 것은 완전히 곡학曲學하는 무리가 견강부회하여 억지로 자기 주장을 세워 보려는 작태라고 구양수는 비판하였다. 그는 「계사전」의 내용적 모순을 제기, 그로써 「계사전」이 성인의 말씀이 아님을 확인하고 아울러 「하도」·「낙서」·팔괘의 관계를 부정하였다. 이 논법은 하도낙서학에 대하여 팔괘의 기원 문제를 제기해서 그 모순을 지적함으로써 도서학을 팔괘로부터 분리해 낸 것이다.

서적으로서의 『주역』을 구양수가 어떻게 파악하였는가를 보자. 구양수는 이구와 마찬가지로 『주역』이란 인간사를 강론한 책이라고 보았다.

> 동자가 물었다. "「상전」에 이르길 '하늘의 운행은 쉼없이 굳건하니, 군자는 그것을 본받아 자강불식한다'고 하였는데 무슨 말입니까?" 내가 대답하였다. "그러한 말이 이미 오래 전부터 전승되어 왔지만 세상에 어느 누구도 의심한 사람이 없었다. 하지만 나는 홀로 그것을 의심한다. 대개 성인께서 상象을 취한 것은 괘卦를 밝히고자 함에서였다. 그러므로 '하늘의 운행이 쉼없이 굳건하다'고 함으로써, 상에 집착할까 혐의하여 상에 집착함을 피하게 하고, 또 인간사를 가지고 말하여 '군자는 그것을 본받아 자강불식한다'고 한 것이다. 64괘가 다 그러하다."32)

그래서 구양수는 괘효사를 해석할 때에 「단전」과 「상전」을 왕필 주와 연결시켜 인간사의 측면을 도드라지게 하였다. 이를테면 몽괘蒙卦 ☶☵ 의 괘의를 다음처럼 해석하였다.

> 동자가 물었다. "「상전」에 '산 밑에서 샘이 나오니 몽蒙의 상이다. 군자는 그것을 본받아 중단 없이 실천하여 덕을 기른다'고 하였는데 무슨 말입니까?" 내가 대답하였다. "몽蒙이란 갈 바를 모르는 때이다. 몽의 상태에 처한 자는 과감히 자신의 행동을 스스로 믿고 덕을 기를 뿐이다. 몽의 상태에서 시기에 맞추어 펴 나감이 있게 된다. 두렵구나, 과감히 스스로를 닦아 덕을 기르면서 기다리지 않을까 두렵구나."33)

구양수가 「상전」의 "그것을 본받아 중단 없이 실천하여 덕을 기른다"는 뜻을 가지고서 몽괘를 해설한 일은 분명히 취의설을 위주로 한 것이며, 인도人道 교훈의 의의를 강조한 것이다. 또 손괘損卦☲☷와 익괘益卦☴☳를 해석하여 구양수는 다음처럼 말하였다.

> 동자가 물었다. "손損은 '아래에서 덜어 위로 보탠다'고 하고 익益은 '위에서 덜어 아래로 보탠다'고 하였는데 무슨 뜻입니까?" 내가 대답하였다. "위는 군주이고 아래는 백성이다. 백성에게서 덜어 군주에게 보탬이 손損이고, 군주에게서 덜어 백성에게 보탬이 익益이다. 『논어』「안연」에 '백성이 족하면 군주가 누구와 더불어 부족하다 할 수 있겠는가?'라고 하였는데 바로 이것을 두고 한 말이다." 동자가 또 물었다. "손괘의 「상전」에 '군자는 이것을 본받아 성내는 일을 참고 욕심을 억제한다'고 하였고, 익괘의 「상전」에 '군자는 이것을 본받아 선을 보면 그리로 옮아가고 과실이 있으면 고친다'고 하였습니다. 무슨 뜻입니까?" 내가 대답하였다. "아, 군자란 천하가 그에게 달려 있는 바이니, 제 한 몸의 손실과 이익으로 그치지 않고 천하의 이로움과 해악이 된다. 군자가 스스로 손해를 보는 것은 성을 내고 욕심을 부려서일 따름이요, 스스로 이익이 되는 것은 선으로 옮아가고 과실을 고쳐서일 따름이다. 그러하거늘 멋대로 성을 내고 욕심을 부리는 자는 어찌 제 한 몸의 손해에 그치겠는가? 천하가 다 그 해를 입게 된다. 선으로 옮아가고 과실을 고친다면 어찌 제 한 몸의 이익에 그치겠는가? 천하가 다 그 이로움을 입게 된다." 동자가 말하였다. "군자도 허물이 있습니까?" 내가 대답하였다. "탕 임금과 공자는 성인이었으나 모두 허물이 있었다. 군자가 뭇사람과 같은 점은 허물 있음을 면하지 못한다는 점이다. 군자가 뭇사람과 다른 점은 허물이 있어도 능히 고칠 수 있다는 점이다. 탕 임금과 공자도 모두 허물 있음을 면하지 못하였으니, 『역』의 이른바 손익이란 어찌 제 한 몸의 손익에 그치겠는가?"[34]

이 단락은 세 번 묻고 세 번 답하고 있다. 첫 번째 문답은 공자가 말한 "백성이 족하면 군주가 누구와 더불어 부족하다 할 수 있겠는가"로 맺었다. 백성을 중시하는 유가의 정치 관념을 천명한 것이다. 두 번째 문답은 "군자란 천하가 그에게 달려 있는 바이니, 제 한 몸의 손실과 이익으로 그치지 않고 천하의 이로움과 해악이 된다"를 설명하는 데 중점을 두었다. 이것은 위정자 자신의 덕德이 통치에서 중요한 작용을 한다고 보았던 공자의 정치 관념을 천명한 것에 틀림없다. 세 번째 문답에서 "군자가 뭇사람과 같은 점은 허물 있음을 면하지 못한다는 점이다. 군자가 뭇사람과 다른 점은 허물이 있어도 능히 고칠 수 있다는 점이다"라고 논하였다. 군자는 마땅히 허물에 올바로 대처해야 한다고 한 공자의 강론과 그 뜻이 일치한다. 전체적으로 볼 때 구양수가 손괘와 익괘를 해설한 내용에는 사회 정치 및 통치자의 도덕 수양 문제에 대한 유가의 견해가 관철되어 있다.

구양수는 64괘가 모두 인간사를 설명한다고 간주하였기에, 이러한 관점에서 출발하여 천인지제天人之際의 문제는 과도하게 탐구할 필요가 없다고 보았다. 구양수는 겸괘謙卦 ䷎ 의 「단전」을 해석하면서 이렇게 말하였다.

> 성인은 사람의 일을 급선무로 삼았기에 천인지제에 대해서는 그다지 말하지 않았다. 오직 겸괘의 「단전」에서만 그것에 관한 설이 대략 갖추어져 있다. 성인은 사람이므로 사람을 알 뿐이다. 천지 귀신은 알 수가 없으므로 그 자취를 추론한다. 한편 사람은 알 수 있으므로 그 실정을 곧바로 말한다. 사람의 실정을 가지고 천지 귀신의 자취를 추론해도 다를 바가 없다. 그러한즉 나의 인간사를 닦을 따름이다. 인간사가 닦여지면 천지 귀신과 합하게 된다.[35]

여기서의 견해는 공자의 천도귀신관과 일맥상통한다. 천인감응 및 미신을 찬성하지 않는 관점에서 『주역』을 바라보는 무신론적 경향의 역학관이 반영되어 있다.

구양수는 「계사전」과 「문언전」 등의 글이 성인에게서 나온 것이 아니라고 보았기 때문에 그 속에 포함된 철학 이치에 대해서는 그다지 천명하지 않았다. 단 『역동자문』에서는 「단전」과 「상전」을 해설하고 발휘함으로써 『주역』의 원리를 천명하였으므로, 『주역』 경전에 포함된 귀중한 변증법 사상을 발명할 수가 있었다. 그는 이렇게 말하였다.

　　동자가 물었다. "항괘恒卦䷟에 '가는 바에 이로움이 있다'고 하였습니다. 무슨 말입니까?" 내가 답하였다. "항恒이란 말은 오래다(久)는 뜻이다. 이른바 '궁하면 변하고, 변하면 통하며, 통하면 오래 간다'는 말이다. 올바른 도를 항구하게 지켜 바꾸지 않는다는 것은 변화를 앎을 뜻한다. 천지는 오르고 내리고 하여 쉬지 않는다. 그러므로 '천지의 도는 오래되어도 그침이 없다'고 한다. 해와 달이 오고 가서 하늘과 나란히 행하여 쉬지 않는다. 그래서 '해와 달이 하늘의 도를 얻어 능히 오래도록 비친다'고 말한다. 사계절이 갈마들어 순환하여 쉬지 않는다. 그래서 '사계절이 변화하므로 능히 항구하게 만물을 이룰 수 있다'고 한다. 성인이란 소식영허消息盈虛를 숭상하고 진퇴존망進退存亡을 아는 자이다. 그러므로 '성인이 올바른 도를 항구하게 지켜 바꾸지 않기에 천하 백성이 교화되어 훌륭한 풍속을 이룬다'고 말한다."[36]

　　이것은 항괘 「단전」의 글귀를 해석한 것이다. 구양수는 '소식영허를 숭상함'을 가지고 변통의 의의를 해석하였고, 대립자의 전화轉化를 가지고서 끊임없는 변동을 해석하였으며, 끊임없는 변동을 사물에 항구히 존재하는 근본 법칙으로 보았다. 구양수의 이 견해는 공소孔疏의 "항구恒久의 도는 변통을 귀중히 여긴다. 반드시 때맞추어 변통해야 장구할 수 있다"[37]고 한 논법과 비교할 때, 『주역』에 함유된 변증법을 한층 더 깊이 이해한 것이라고 하겠다.
　　그래서 건괘乾卦䷀ 용구用九의 효사를 해석하면서 구양수는 다음과 같이 말하였다.

　　양강陽剛이 과도하게 높이 올라가면 재앙이 있으며, 수가 9에 이르면 반드시 변한다. 그러므로 "뭇 용을 보는데 구름 속에 머리를 감추어 드러내지 않으니 길하다"고 하였다. 품물이 극에 이르면 반전하고 수가 궁하면 변하는 것이 천도天道의 상도이다. 그러므로 "천덕天德은 자신이 으뜸 가는 머리임을 의식해서는 안 된다"고 하였다.[38]

구양수는 9를 양수의 극으로 해석하여, 상구 효사의 "너무 높이 올라 간 용은 후회함이 있다"(亢龍有悔)는 곧 "양강이 과도하게 높이 올라가면 재앙이 있다"를 뜻하고, '용구用九'는 수가 극에 이르면 반드시 변한다는 사실을 뜻한다고 보았다. 따라서 "사물이 극에 이르면 반전하고, 수가 궁하면 변하는 것이 천도이 상도이다"라고 하였다. 이것은 공소孔疏의 "사물이 극에 이르면 반전한다. 그러므로 후회가 없다"고 한 논리를 기초로 하면서, 한 걸음 더 나아가 사물 변화의 법칙에 대한 『주역』의 변증법적 인식을 정확하게 파악해 낸 것이다. 구양수는 대과괘大過卦 ䷛ 를 다음처럼 해설하였다.

대과란 마룻대가 휘어 망가지는 세상을 뜻하니, 가히 크게 행사가 있을 수 있다. 사물이 극함에 당하여 반전하므로 그것을 위하여 힘을 쓰기 쉬운 때이다. 그래서 "가면 반드시 형통한다"고 하였다.[39]

또 쾌괘夬卦 ䷪ 는 이렇게 해석하였다.

쾌夬는 양강陽剛이 음유陰柔를 결단하는 괘이다. 5양에 1음이라 결단함이 비록 쉬우나, 성인은 전부 결단하고자 하지 않는다. 그래서 그 「단전」에 "숭상하는 바의 강건용무剛健勇武의 덕이 곤궁함에 처한다"고 하였다. 소인이 극성하면 결단하고 쇠하면 길러 주어서 군자가 이로움을 가져다 줌을 알게 한다. 그래서 그 「상전」에 "군자는 복록을 베풀어 저 아래에 미치게 한다"고 하였다. 소인이 쇠하고 군자가 극성하면, 사물이 극하면 반드시 반전하는 까닭에 두려워하지 않을 수 없다. 그러므로 그 「상전」에 "덕 있다고 자만하면 뭇사람에게 미움을 산다"고 하였다.[40]

이러한 논법들은 사회 정치 문제를 어떻게 처리할 것인가 하는 것을 두고 사물 변화에 관한 『주역』의 '물극즉반物極則反' 사상을 발휘한 것이다. 대과괘의 예는 '마룻대가 휘어 망가지는 세상'이야말로 바로 '그것을 위하여 힘을 쓰기 쉬운 때'로 가히 크게 행사가 있을 수 있다고 하였다.

후자의 쾌패의 예는 사실상 지배 계급과 피지배 계급의 관계를 어떻게 처리할 것인가를 두고, 사물 변화의 법칙에 대한 『주역』의 인식을 발휘하였다. 5양 1음은 군자의 도가 극성하고 소인의 도가 아주 쇠한 상태를 표시한다. 이 때에는 지배자가 그 극도의 세력을 다 부려서는 안 된다. 사물은 극에 이르면 반드시 반전하여, 음양의 성쇠가 반대편으로 전화될 수 있다. 그래서 구양수는 그러한 시기에는 "두려워하지 않을 수 없다"고 말하였다. 요컨대 구양수는 「단전」과 「상전」을 발휘하여 역리易理를 천명하는 과정에서, 『주역』의 중요한 내용인 사물 변화에 관한 변증법 사상을 파악해 내었다. 특히 그는 사물의 끊임없이 변동하는 발전 과정과 대립자의 소장영허消長盈虛라는 전화 사이의 관계를 언급하여, 사물이 극에 이르면 반전하는 필연성을 강조하였다. 이것은 『주역』 철학의 연구사에서 중요한 의의를 지닌다.

결론적으로 구양수는 도서圖書를 가지고 『역』을 풀이해 온 송초 이래의 학풍에 반대, 역학을 신비화하기를 거부하면서, 위로 왕필 주의 정신을 계승하여 64괘가 모두 다 인간사를 밝혀 준다고 보았다. 그러한 역학관은 송역 가운데 의리파, 특히 남송 공리파 역학의 형성과 발전에 적극적인 구실을 하였다. 비록 체계적으로 완전하지는 않았으나, 구양수의 역학은 『주역』 속의 변증법 사상을 밝혀 내었기에 역학사 및 송명 철학사에서 긍정적 의의를 지닌다. 구양수는 『역전』을 논평하여 공자가 십익十翼을 지었다고 보아 온 전통적인 설을 부정하였는데, 이 논평은 뒷날의 역학에 아주 큰 영향을 끼쳐 지금까지도 그 영향이 이어지고 있다. 전승이 오랜 전통적 학설을 가벼이 부정하여 공자와 십익 사이의 관계를 끊어 버린 것은 취할 바가 못 된다. 다만 구양수의 그러한 견해는 경經과 전傳의 관계를 중시하는 연구를 고취시켰으니 역학사에서 어느 정도 의의가 있다고 하겠다.

2. 정이의 역학

정이程頤(1033~1107)는 하남河南(지금 낙양) 사람으로 자는 정숙正叔이며, 세칭 이천 선생伊川先生이라고 한다. 형 정호程顥와 함께 리학의 기초를 닦은 사람으로, 그 두 사람의 저서는 후인이 『하남이정전서河南二程全書』로 묶었다. 정이는 역학에 밝고 깊어 저명하였으며, 어려서부터 『역』을 공부하여 만년에 『이천역전伊川易傳』(이하 『程傳』이라고 약칭한다)을 지었다. 『정전』은 5, 60년간에 걸친 주역 연구의 성과로 일생의 정력을 쏟은 저서이다. 역학사의 의의로 보면 『정전』은 왕필의 역학 방법론을 계승하여 의리파 역학 연구를 참신한 단계로 올려놓았다. 따라서 송대 의리파 역학의 고전이라고 할 저작물로 그 영향이 아주 심원하다. 송명 리학사에서 차지하는 의의를 보면 『정전』은 『주역』의 의리를 천명함으로써 자연 철학·정치 철학·인생 철학을 체계적으로 논술하였고, 그로써 하나의 리학 사상 체계를 구성하여 리학의 기초를 마련한 고전적인 저작물 가운데 하나가 되었다. 요컨대 역학사에서든 전체 송명 철학의 발전사에서든 『정전』은 극히 중요한 의의를 지닌다.

1. 『정전』의 역학 이론

정이의 역학은 의리를 탐구한 왕필의 노선과 기본적으로 일치한다. 나만 송대 의리파 역학의 주요 인물로서 자신만의 독특한 방법을 만들어 내었다. 象에 말미암아 理理를 밝히고 리를 가지고 역을 풀이하는 방법, 이것이 정이 역학의 기본 방법이다. 『정전』은 「역전서易傳序」에서 "지극히 은미한 것이 리이고, 지극히 드러난 것이 상이니, 체용일원體用一源이므로 드러남과 은미함은 틈새가 없다"[41]고 하는 관점을 펴서, 리와 상의 관계를 체體와 용用, 미微와 현顯의 관계라고 보았다. 리는 상에 가탁하고 상은 리를 포함하니, 역리는 역의 본체요 상은 리의 용이다. 리는 지극히 은미하여 보기 어려우나, 상은 형체를 지닌 것으로 감지될 수 있다. 그래서 사람들은 상을 보아 리를 밝힐 수가 있다는 것이다. 건괘乾卦 초구효를 두고 정이는 이렇게 해석하였다.

리는 형체가 없으므로 상에 가탁하여 의義를 드러낸다. 건乾은 용龍이 상인데, 용의 상은 영험하게 변화하여 헤아리기 어렵다. 그러므로 건도乾

道의 변화, 양기陽氣의 소식消息, 성인의 진퇴를 상징한다.[42]

건도의 변화, 양기의 소식, 성인의 진퇴 등 자연의 리와 인간사의 리가 모두 용龍의 숨음(潛), 나타남(見), 뛰어오름(躍), 날아감(飛), 높이 오름(亢) 등을 빌려서 드러나게 된다는 말이다. 『정전』은 『주역』의 64괘를 해석하면서 이러한 견해를 관철하였다.

리와 상의 관계에 대한 『정전』의 인식이 왕필의 그것과 다른 점은, 무엇보다도 정이와 왕필 두 사람의 역학 철학 체계에서 리가 차지하는 위치가 다르다는 점에 있다. 즉 정이는 리를 근본으로 삼았지만, 왕필은 무無를 근본으로 삼았다. 더구나 왕필로서는 역상易象은 임의의 구조일 뿐이다. 역상과 의리의 관계는 통발과 물고기의 관계, 올무와 토끼의 관계이다. 통발과 올무가 물고기와 토끼에 대해 갖는 관계는 외재적인 것이어서, 통발과 올무는 결코 물고기와 토끼의 본질을 체현하지 못한다. 통발과 올무는 다른 도구로 대체될 수 있으되, 그것이 물고기와 토끼를 잡는 기능은 불변한다. 이것은 바로 문자 언어가 문자 언어로 표현되는 의리나 개념에 대하여 갖는 관계와 같다. 다시 말해 왕필이 보기에 리와 상의 관계는 일원적 관계도 아니고 틈새가 없는 것도 아니다. 즉 리와 상은 엄격한 의미의 '체로 말미암아 용을 가져 오는' 그런 관계가 아니다. "리는 형체가 없으므로 상에 말미암아 리를 밝힌다." 그래서 『정전』은 또 "『역』을 읽을 때는 반드시 먼저 괘체卦體를 알아야 한다. 이를테면 건괘의 원형이정 4덕 가운데 하나라도 결여하면 건乾이 아니니, 이 점을 잘 알아야 한다"[43]고 강조하였다.

『정전』의 「상하편」에서는 또 "건곤은 천지의 도이자 음양의 근본이니, 그러므로 상편의 첫머리이다"[44]라고 하였다. 건乾은 양陽이고 아버지이고 군주이며, 곤坤은 땅이고 어미이고 신하인데, 둘 다 원형이정을 건곤 양괘의 4덕, 즉 네 가지 속성으로 삼는다 "원元이란 만물의 시작이요, 형亨이란 만물의 성장이요, 이利란 만물의 수행이요, 정貞이란 만물의 완성이다. 오직 건곤에 이 네 가지 덕이 있으며, 그 밖의 괘에서는 일에 따라 변한다"[45]고 하였다. 건곤 두 괘 속에 모두 4덕이 함께 들어 있기는 하지만, 건괘는 천도天道요 군도君道이고, 곤괘는 지도地道요 신도臣道이므로 4덕에 차이가 있다. "곤은 건의 짝이다. 4덕이 같지만 정貞의 체體는 다르다. 건은 강고함을 정貞으로 삼고, 곤은 유순하여 정貞하다. 암컷은 유순하고도 건순健順하므로, 그래서 그 상을 취하여 암말의 정貞이라고 한다."[46) 『주역』의 괘사에 원형이정 네 글자가 있는 것으로는 또 준屯☷, 수隨☷, 임臨☷, 무망无妄☷, 혁革☷의 다섯 괘가 더 있다. 그런데 『정전』은 건곤이어야만 4덕이 있다는 인식에 기초하여 이 다섯 괘의 괘사에 보이는 원형元亨을 모두 대형大亨으로 풀이해서, 건곤 두 괘의 원형이정과 구별하였다. 한편 『주역』의 정鼎☷, 승升☷, 고蠱☷, 대유大有☷의 네 괘에는 원형元亨만 있고 이정利貞은 없다. 『정전』은 "원元은 건괘에서는 원시元始의 뜻으로 뭇 품물보다 앞서 나온다는 뜻이지만, 그 밖의 괘에는 이러한 뜻이 있을 수 없어서 선善의 뜻이고 대大의 뜻일 따름"[47)이라고 하였다. 이처럼 정·승·고·대유 네 괘에 보이는 원형에 대하여 건괘의 원형과는 달리 해석하였다.

'시時'는 『주역』에서 극히 중요한 개념이다. 특히 『역전』의 경 해석을 통하여 '시時'는 단순한 시간 개념이 아니라 시간에 상응하는 객관 정황 및 조건이라는 함의를 지니게 되었다. 왕필의 역주易注는 "무릇 괘란 시時를 나타내고, 효란 시時의 변화에 따르는 것이다"라고 하였다. 즉 하나의 괘를 하나의 시時로 보고, 효爻를 시時의 변화로 보았다. 그런데 『정전』은 "무릇 괘란 사事요, 효란 사事의 시時이다"라고 하여, 괘를 사事로 보고 효를 사事의 시時로 보았다. 『정전』은, 시時에 따라서 의義를 취한 것이 『주역』의 저술 원칙 가운데 하나라고 하였다. "『역』을 보려면 시時를 알아야 한다.…… 시時와 의義의 경중을 알아야 『역』을 배울 수 있다. ……『역』을 논하는 자는 세勢의 경중과 시의 변역을 아는 것을 귀하게 여긴다.…… 시時를 알고 변變을 알면 『역』을 논할 수 있다"[48)고 정이는 주장하였다. 이러한 논법은 모두 『정전』이 시時를 특히 중시하였음을 말해 준다. 따라서 『정전』은 바로 서로 다른 여러 시時와 세勢를 구별하고 인식함을 핵심으로 삼고 있는 것이다.

괘효사와 『역전』을 설명하면서 『정전』은 많은 역사 사건과 역사 인물을 증거로 인용하고 있다. 이 점은 정이의 주역 해석법의 한 특징이다. 이를테면 몽괘蒙卦 ䷃ 상구 효사의 "불량한 동몽을 친다는 뜻이다. 그 불량한 동몽이 겁탈하여 이로움을 삼으면 좋지 않다. 겁탈을 막는 것이 이롭다"(擊蒙. 不利爲寇. 利禦寇)를, "순 임금이 유묘有苗를 정벌하고 주공 周公이 삼감三監을 주살한 일은 겁탈을 막은 것이고, 진시황과 한무제가 무력을 남용하여 정벌하고 주살한 일은 겁탈을 저지른 것이다"49)라고 풀이하였다. 또 간괘艮卦 ䷳ 「단전」의 "운동하여 나갈 때나 정지하여 멈출 때나 그 시時를 잃지 않으니, 간艮의 도가 세상에 빛나고 밝다"(動靜不失 其時, 其道光明)를 풀이하여, "군자는 시時를 귀하게 여긴다. 공자가 가야 할 시기에 가고 멈추어야 할 시기에 멈추며 오래 머물러야 할 때에 오래 머무르고 속히 떠나야 할 때 속히 떠난 것이 바로 이 뜻이다"50)라고 하였다.

그리고 둔괘遯卦 ䷠ 「단전」의 "둔괘에서 시時에 어떻게 대처해야 할까를 아는 것은 중대한 일이다"(遯之時義大矣)는 구절을 『정전』은 다음처럼 풀이하였다.

> 성현이 천하에 임하여 도道가 장차 폐할 것을 알았으니, 어찌 그 혼란을 좌시하기만 하고 구하지 않을 수 있었겠는가? 아직 채 극도에 달하지 않은 때에 반드시 극력 힘써서, 도가 쇠함을 구하여 강하게 하고 저 혼란의 진전을 어렵게 하여서 재빨리 안정을 도모할 수 있다면 진실로 그렇게 하였다. 그 일은 공자와 맹자가 달갑게 행하신 바이다. 왕윤王允이 한나라에서 행한 일이 바로 이것이요,*4) 사안謝安이 진나라에서 행한 일*5) 이 바로 이것이다.51)

역사 사실을 인용하여 『주역』을 풀이한 이상과 같은 내용으로 볼 때, 정이가 역사를 『주역』에 도입한 것은 주로 사회 정치 및 윤리 사상 방면에서

---

*4) 王允(137~192)은 동한 때 사람으로 獻帝 때 董卓이 정권을 잡아 방자하게 굴자, 呂布와 결탁하여 동탁을 죽였다.

*5) 謝安(320~385)은 晉나라 사람이다. 簡文帝가 죽은 뒤 桓溫이 왕권을 참탈하려고 사안을 협박하였으나, 사안이 굴하지 않아 뜻을 이루지 못하였다.

역리易理를 발휘한 것임을 알 수 있다. 즉 인간이 도덕을 수양할 방도와 정치 사회가 흥망을 겪는 이치를 탐구함이 목적이었다.『정전』의 이러한 방법은 역학사에서 역사를 원용하여『주역』을 풀이하는 실마리가 되었다. 이를테면 남송의 양만리楊萬里나 명청 교체기의 왕부지王夫之 등이 모두 역사를 인용하여 역을 논하는『정전』의 방법에서 영향을 받았다.

요컨대 리理를 가지고『주역』을 풀이하는 것이 정이 역학이 취한 근본 방법이다.『주역』을 읽어 체體를 알고,『주역』을 공부하여 시時를 알며, 역사를 인용하여『주역』에 도입하는 일, 이 모두는 리를 가지고『주역』을 풀이하는 데서 파생되어 나왔다. 그러한 일들은 바로 역리를 탐구하고 천명하는 데 목적이 있었던 것이다.

2.『정전』의 철학 사상

정이의 철학 체계는 역학을 기초로 구축되어 있다. 다시 말해 리본론理本論을 특징으로 하는 그의 객관 관념론의 사상 체계는 바로『주역』의 본질 및 체제를 설명하는 중에 천명되었던 것이다. 정이는 체용일원體用一源을 주장하여, 리는 무형의 것이므로 상象을 빌려야 의義를 드러낼 수 있으며 상에 말미암아 리를 밝힐 수 있다고 하였다. 이것은 "리가 있은 뒤에 상象이 있고 상이 있은 뒤에 수數가 있다"[1]고 보았기 때문이다. 다시 말해 리가 근본이고 상과 수는 모두 리의 표현이며 리가 제1위치에 있다고 보았기 때문이다. 이 견해에 의거하여 정이는 상이 있는 일체의 사물을 모두 리의 구체화 혹은 현실화라고 보았다.『유서遺書』15에서 정이는 이렇게 말하였다.

공허하고 어렴풋하여 아무 조짐을 볼 수 없어도 삼라만상은 이미 삼엄하게 구비되어 있다. 채 응하지 않은 것이 먼저가 아니고, 이미 응한 것이 나중이 아니다. 이를테면 백 척 높이의 나무가 뿌리에서 지엽에 이르기까지 모두 일관되어 있는 것과 마찬가지이다. 현상 이전의 일이 형태도

---

†1)「答張閎中書」에 보인다.

조짐도 없다 하여, 사람이 처리하려고 할 때에 비로소 사람이 궤도에 올려 놓는다고 말할 수는 없다. 궤도라고 하면 하나의 궤도밖에 없다.[52]

'응한다'는 것은 리가 현현하는 일을 가리키고, '하나의 궤도'란 리와 사물이 본래 하나로 융합되어 있음을 말한다. 위의 논법은 사실은 『역전』서문에서 제출된 체용일원설을 이용하여, 우주 만상이 본래 만리萬理 속에 구비되어 있음을 논증한 것이다. 그런데 '만리'는 또 '천리天理'에 근원하고 있으므로, 즉 "만물은 다만 하나의 천리"(『유서』, 2 상)라고 하였다. 결국 『정전』의 역 해석은 천리가 일체를 산생하고 아울러 지배한다는 사실을 설명하려는 취지였다. "그래서 만물 일체라고 일컫는 것은 모두 이 리理가 있어서 거기로부터 나온다는 말이다. 낳고 낳는 것을 역이라 하였으니, 생겨나면 일시에 모두 이 리를 완비한다."(『유서』, 2 상)[53] 곧 만물은 모두 리로부터 산생되어 나온 것으로, 일체가 다 변화하고 전화하지만 그것은 모두 리의 반영이요 리의 지배를 받는다는 뜻이다. 정이는 또 "고요하여 움직이지 않다가 감응하여 마침내 통한다는 것은 인간사의 측면에서 말한 것이다. 도를 논하자면 만리가 다 구비되어 있으므로, 감응하였느니 채 감응하지 않았느니를 따질 것이 없다"(『유서』, 15)[54]고 하였다. 다시 말해 리 자체에 대하여 말하면 인간사가 그 리와 감응하든 안하든 상관없이, 그 리는 이미 그렇게 존재하고 있어서 인간사의 영향을 받지 않는다. 즉 물질 세계의 바깥에서 사물에 의뢰하지 않고 독립적으로 영구히 존재하는 리가 있으니, 이것이 일체 사물의 본원이며 천지 만물은 모두 그것의 체현이란 말이다.

정이는 『주역』의 체제에 대해 논급하면서 "수시로 변역하여 도를 따른다"(隨時變易以從道)는 명제를 제출하였다. 도道란 음양의 괘상卦象 및 물상物象의 변화 법칙이다. 도道와 리理는 모두 음양과 음양의 변역이 따르는 원칙이되, 도는 동적 과정·법칙·방식이고, 리는 정적인 내재 형식 구조이다. 『정전』은 비괘賁卦 ䷕ 「단전」에서 "예의의 문절文節에 따라 각각 그 분수에 절도 있게 그침이 인문이다"(文明以節止, 人文也)라고 한 구절을 다음처럼 풀이하였다.

음양강유가 서로 무늬를 어우른 것이 천문天文이다. 예의의 문명에 따라 각각 그 분에 절도 있게 그침이 인문이다. 그침이란 예의의 문명에 처함을 말한다. 질質에는 반드시 문文이 있어야 함이 자연의 리理이다. 리에는 반드시 상대하는 짝이 있음이 생생生生(즉 易을 말함——옮긴이)의 근본이다. 위가 있으면 아래가 있고, 이것이 있으면 저것이 있으며, 질이 있으면 문이 있다. 하나만 홀로 서지 않고 둘이면 문채를 이룬다. 도를 알지 못하는 자가 어찌 이 점을 알겠는가? 천문은 하늘의 리요, 인문은 인간의 도이다.[55]

음양 대립의 상象이 바로 음양 대립의 리理의 현현이라는 말이다.

『정전』은 곤괘坤卦 ䷁ 「단전」의 "만일 음이 양의 앞에 서면 헷갈려서 도를 잃게 되고, 만일 음이 양의 뒤를 따라 순종하면 곤의 상도를 얻게 된다"(先迷失道, 後順得常)는 구절을 두고 다음처럼 풀이하였다.

건의 운용은 양이 하는 것이다. 곤의 운용은 음이 하는 것이다. 형이상을 천지의 도라 하고 형이하를 음양의 공이라 한다. "먼저 음이 양의 앞섬을 뒤따르면 상도를 얻는다" 운운 이하는 음의 도를 말한다. 먼저 창도하면 미혹하여 음도를 잃는다. 뒤에 화하면 순하여 그 상리常理를 얻는다. 서남방은 음의 방위이니 그 부류에 따라 벗을 얻는다. 동방은 양의 방위이니 그 부류를 떠나 벗을 잃는다. 음이 그 부류를 떠나 양을 따르면 품물을 낳는 공을 능히 이룰 수 있어, 종당에 길한 경사가 있다. 무리와 함께 행함은 본本이요, 양을 따름은 용用이다. 음의 체는 유약하고 조급하다. 그러므로 양을 따르면 능히 안정하고 길하여 지도地道의 무궁함에 응할 수 있다.[56]

정이의 이 해석은 왕필 주의 "땅의 형체가 있어 강건과 짝이 되어 무궁토록 보존하니 그것을 쓰는 자 또한 지순至順하지 아니한가?"[57]라는 말에 근거하였다. 왕필의 주는 유순함을 땅의 덕성으로 보고, 이 성질이 그 형체를 통솔하여 하늘에 순종하여 행함으로써 무궁토록 보존하게 된다고 보았다. 그런데 정이는 강건함과 유순함이란 개념을 가지고 건곤 음양의

리 및 천지의 도를 개괄하였다. 땅이 되고 음이 되고 품물을 생성하는 공이 있음을 '땅의 형체가 있음'이란 말로 드러내었으며, 천지의 도를 형이상으로 해석하고 천지가 만물을 낳고 화하는 공적을 형이하로 해석하였다. 그는 도를 무형의 리라고 보고 음양을 유형의 物物로 보았으며, 음양 2기가 만물을 낳고 화하는 일이 강유의 리의 체현이라고 보았다. 이것은 무형이 유형을 통솔한다고 본 왕필의 현학 이론을, 천지의 도가 음양 2기 및 천지의 일을 규정한다는 리본론으로 뒤바꾼 것이다.

『정전』은 항괘恒卦 ䷟「단전」의 "그 항구한 까닭을 살펴본다면 천지만물의 실정을 알 수가 있다"(觀其所以恒而天地萬物之情可見矣)고 한 구절을 다음과 같이 풀이하였다.

> 이 구절은 상리를 극히 잘 말하였다. 일월음양은 찼다가는 기울므로 능히 중지함이 없이 오래 비출 수 있다. 천을 얻음(得天)이란 천리에 순종함이다. 4시는 음양의 기에 따라 바뀐다. 왕래 변화하고 만물을 생성함은 천을 얻었기에(즉 천리에 순종하기에) 장구하여 그침이 없는 것이다. 성인은 상구常久의 도를 지녀서 행함에 항상됨이 있다. 그래서 천하가 그에게 감화되어 아름다운 풍속을 이룬다. 그 항구한 바를 봄이란, 일월의 항구히 비춤과 사계절의 항구히 이루어짐을 봄이다. 이것이 바로 성인의 도가 능히 항구할 수 있는 이치인 것이다. 이것을 보면 천지만물의 실정을 가히 볼 수가 있다. 천지의 항구한 도, 천하의 항구한 리는 도를 아는 자가 아니면 누가 능히 알 수 있겠는가?[58]

즉 일월이 능히 항구히 비출 수 있는 것은 그것이 천의 도를 순종하기 때문이고, 사계절이 능히 만물을 생성할 수 있는 것은 그것이 천의 리를 순종하기 때문이라는 말이다. 음양 2기는 유형의 物物이고 영허소장盈虛消長은 무형의 리이니, 유형의 기가 그 무형의 리를 순종해야만 영구히 존재하면서 그 공용을 전부 드러낼 수가 있다. 이처럼 음양의 리 혹은 음양의 도가 바로 음양 2기나 음양 2물의 존재 근거로 되었다. 이것이 곧 『역설』「계사」 중에서 정이가 말한 "리가 있으면 기가 있다"는 설이다.

정이는 또 "음이 되고 양이 되는 근본 이유가 바로 도이다"라고 하였다. 이것은 형이상의 도를, 음양 2기 및 음양이 열리며 닫히며 감응하여 품물을 낳고 품물을 이루는 활동의 선험 요인이라고 본 것이다.

『정전』은 『역전』이 개척한 사유 노선을 따라서 『주역』의 변증법 사상을 밝혀 내었다. 정이는 『주역』을 해석하면서 음양이 모순 대립하거나 상호 의존하는 관계임을 인정하였다. 이를테면 정괘鼎卦 ䷱ 구2에 대하여 "구仇는 대對이다. 음양 상대의 물物物이다"라고 하였고, 비괘賁卦 ䷕ 를 주하면서는 "리에는 반드시 상대하는 짝(對待)이 있음이 생생生生의 근본이다. 위가 있으면 아래가 있고, 이것이 있으면 저것이 있으며, 질質이 있으면 문文이 있다. 하나만 홀로 서지 않고 둘이면 문채를 이룬다. 도를 알지 못하는 자가 어찌 이 점을 알겠는가?"[59]라고 하였다. 예괘豫卦 ䷏ 「단전」을 주할 때에는 "벼락이란 양기가 분발함이니, 음양이 서로 부딪쳐서 소리를 이룬다. 양이 처음에 땅 속에 숨어 막혀 있다가 움직이게 되면 땅 위로 나와서 부르르 떤다"[60]고 하였다. 그리고 「계사전」을 해석하면서는 "음양이 엇갈려 마찰하고 8방의 기가 서로 밀고 뒤흔드니, 벼락이 움직이고 비바람이 적시며, 일월이 운행하고 추위와 더위가 서로 갈마들어 조화의 공을 이룬다"[61]고 하였다.

마찰함, 밀고 뒤흔듦, 서로 부딪힘은 분명히 모두 모순하는 쌍방이 대립하고 투쟁하는 것이 드러나는 형식이다. 다만 『정전』은 사물의 모순 대립하는 쌍방의 관계에서 교감화합과 화순, 음양의 창화唱和를 더욱 강조하였다. 즉 쌍방의 통일적 측면을 더욱 강조하였다. 이를테면 준괘屯卦 ䷂ 를 주하면서 "음양이 처음 교차해서는 막히고 머물러(艮屯) 채 통창하지 못하다가, 화합하면 뇌우를 이루어 천지의 사이에 가득 차고 품물을 생하여 통하게 된다"[62]고 하였다. 태괘泰卦 ䷊ 를 주할 때에는 "천지가 교차하고 음양이 화하면 만물이 무성하고 완수되니 그래서 태泰이다"[63]라고 하였고, 소축괘小畜卦 ䷈ 를 주하면서는 "구름은 음양의 기이니, 두 기가 교차해서 화하여 서로 응축 견고하여 비를 이룬다. 양이 창도하고 음이 화순하므로 화이다. 만약 음이 양보다 먼저 창도하면 불순이라서 불화하다. 불화하면 비를 이룰 수가 없다"[64]고 하였다. 『정전』은 또 음양 둘에서 양이 시종 주도적 지위에 있고 음은 유순하고 종속적인 지위에 있으며, 이 관계는 전화될 수 없으니, 그렇지 않으면 크게 흉하다고 강조하였다. "유는 강을 따른다. 아래는 위를 따른다."[65] "음양 존비의 의리, 남녀 노소의 질서는 천지의 큰 법도이다."[66] 또 "괘가 5음 1양이면 1양이 그 주체가 된다"[67]고 하고, 반대로 5양 1음이면 "비록 뭇 양이 1음을 기뻐하나, 기뻐할 따름이지, 1양이 뭇 음의 주가 됨만 같지 못하다"[68]고 하였다. 이것은 1음을 위주로 삼는 왕필의 설과는 다르다. 요컨대 『정전』은 양이 변하여 음이 되거나 음이 변하여 양이 되는 전변轉變을 결코 부인하지는 않았으나, 음양 쌍방의 주종 관계는 뒤바뀔 수 없다고 보았다. 즉 양은 존귀하고 음은 비천하며 양은 크고 음은 작으며, 양은 강하고 음은 약하며, 양이 창도하면 음이 부수한다는 것은 변할 수 없다는 말이다. 이 것은 사실상 봉건 계급 질서를 강조하는 리학의 특징을 드러낸 것이다.

『정전』이 『주역』의 변증법을 해석한 것은 『역전』에 근본하므로, 『정전』은 동動을 위주로 하고 강剛을 숭상하며 양陽의 주도 작용을 강조하였다. 또 생생生生을 천지의 크나큰 덕으로 보고, 재물을 넉넉히 가짐(富有)과 나날이 새로워짐(日新)을 우주 만물의 생명으로 보아, 인仁을 귀중히 여기는 유가의 근본 사상을 체현하였다.

「서괘전」에 "물은 끝까지 동할 수만은 없으므로 간괘艮卦 ☶ 로 받는다. 간艮이란 멈춤(止)이다. 품물은 끝까지 멈추어 있을 수만은 없으므로 점괘漸卦 ䷴ 로 받는다. 점漸이란 나아감(進)이다"[69]라고 하였다. 정이는 이 뜻을 더 밝혀서 "동과 정이 서로 말미암으니, 동하면 정이 있고 정하면 동이 있다. 품물에는 늘 동하는 이치가 없다. 그래서 간괘艮卦 ☶ 가 진괘震卦 ䷲ 다음에 온다"[70]고 하였고, "멈춤에는 반드시 나아감이 있다. 이것이 곧 굴신하고 소멸 번식하는 이치이다. 멈춤이 생겨나는 것도 또한 나아감이요, 미침(及)도 또한 나아감이다. 그래서 점괘漸卦가 간괘艮卦 다음에 온다"[71]고 하였다. 구체적 사물을 두고 볼 때 동정과 진지進止는 모두 일시적·상대적이라는 말이다. 단 멈춤은 움직임에서 전화되어 온 것으로, 그것은 또 그 반대면으로 전화하여 멈추지 않고 점차 나아간다. 멈춤이 생겨 나온 그 앞단계이든 멈춤에서 반전한 다음 단계이든 모두가 다

움직임이므로, 움직임은 항구적이요 멈춤은 일시적이다. 또 혁괘革卦 ䷰ 를 주석하면서 "품물은 멈춘 뒤에 낳음이 있다. 그래서 혁괘는 낳음 의 뜻이다"라고 하였다. 멈춤이 생의 조건이고, 멈춤 속에 생의 의의가 포함되어 있으므로, 멈춤에서 필연적으로 발전하여 그 반대면으로 전환해 나아감과 움직임으로 변화된다는 사실, 이것이 이른바 멈춤에 반드시 나아 감이 있는 '굴신하고 소멸 성장하는 이치'라는 것이다. 주역 64괘의 변화 과정도 바로 이렇게 사물의 발전 변역하는 필연적 이치를 드러내고 있다.

> 『역』이란 변역하여 다함이 없음이다. 그러므로 기제괘 ䷾ 의 뒤에 미제 괘 ䷿ 로 받아서 마친다. 미제는 채 다하지 않음이다. 채 다하지 않으면 생생의 의리가 있다.[72]

> 역은 변역이다. 수시로 변역하여 도를 따른다.[73]

> 길흉소장의 리와 진퇴존망의 도는 괘효사에 갖추어 있다. 괘효사를 미루어 보고 괘를 고찰하면 변화를 알 수 있다. 상과 점은 그 속에 들어 있다.[74]

정이는 "역의 도리가 무상하게 변동한다"고 보아 이렇게 말하였다.

> 천하의 리는 운동하지 않고 그냥 그대로 한결된 것이란 없다. 운동하면 끝마치고 끝마치면 다시 처음으로 돌아간다. 그래서 한결되지도 궁하지 도 않는다. 무릇 천지가 낳는 품물은 산악과 같이 견고하고 두텁다 해도 불변할 수 있는 것이란 없다. 그러므로 항상됨이란 일정함을 일컫는 것 이 아니다. 일정하면 항상될 수 없다. 오직 때에 맞추어 변역함이 항상된 도리이다.[75]

즉 변화 무상이 바로 항상된 도리라고 하였다. 이러한 인식은 세계가 정지하지 않는 변역 운동의 과정임을 확인한 것이다. 『정전』은 "천지 조 화가 항구하여 그치지 않는 것은 천도에 순종해 운동하여 그럴 따름이다. 유순(巽)하여 운동하는 것이 영구하게 항상된 도이다"[76]라고 하였다. 또

"앞의 유학자들은 모두 정靜이 천지의 마음이라 여겼을 뿐, 동動의 단端이 곧 천지의 마음이란 사실은 알지 못하였다. 도를 알지 않으면 어찌 이 사실을 알까?"[77]라고 하였다. 이것은 분명 사물의 생명이 영구한 운동중에 있음을 확인하고, 왕필 및 주돈이 등이 정靜을 천지의 마음으로 보고 '적연지무寂然至無'를 천지에 널린 만물의 근본으로 간주하였던 현학 관점을 부정한 것이다.

왕필 주는 노자의 영향을 받아 무無를 귀중히 여기고 정靜을 위주로 삼아, 강강剛을 숭상한 『역전』의 정신과 위배되었다. 이에 비하여 『정전』은 『역전』의 정신을 계승하고 발휘하였다. 이를테면 무망괘无妄卦☰에서 왕필은 품물이 본체에서 떨어질 수 없으며 본체란 무라고 하여, 유유柔를 귀히 여겼다. 『정전』은 무망无妄을 강건의 뜻으로 해석하여, 무망괘에 주석하길 "무망이라는 괘는 아래는 동하고 위는 군건하므로 그 움직임이 강건하다. 강건은 무망의 근본이다"[78]라든가, "동하여서 무위무망無爲無妄하다. 동하되 천도에 따라서 하니 동이 위주이다. 강강剛이 유유柔를 변화시킴은 올바름으로 망념됨을 제거하는 상이다. 강정剛正이 안에서 위주가 됨이 무망의 뜻이다",[79] "양강이 안에서 주가 됨이 무망의 뜻이다"[80]라고 하였다.

괘체·괘의·괘상의 해석에서 『정전』은 모두 양강을 숭상하는 사상을 드러내었다. 『정전』은 "건乾은 군건함이다. 군건하여 쉼이 없음이 건이다. …… 건이란 만물의 시작이다"[81]라고 하고, "지극히 군건함에서 천도를 볼 수가 있다. 군자는 이 상을 본받아 자강불식하여 하늘의 군건한 운행을 본받는다"[82]고 하였다. 이것은 『역전』에서 강론한 "크도다, 건원이여! 만물이 이를 바탕하여 시작한다"와 "하늘의 운행은 군건하니, 군자는 이를 본받아 자강불식한다"는 사상을 계승하고 발휘한 것이다. 요컨대 대립하는 쌍방인 음양강유에서 『정전』은 양강을 숭상하고 음유를 폄하 억제하였다.

시時를 중시한 점이 『역전』의 역리 천명에서 드러나는 중요한 특징이다. 풍괘豊卦☰를 해설하여 『정전』은 "해가 중천에 와서 극성하면 마땅히 기울어 흐려진다. 달은 가득 차면 이지러짐이 있게 된다. 천지가 차고 비는 것은 시時와 함께 소멸하거나 증식한다. 하물며 귀신에랴! 차고 빔(盈虛)은 성쇠요, 소멸과 증식은 진퇴이다. 천지의 운행은 시時를 따라 나아가거나 물러난다"[83]고 하였다. 자연계의 일월천지가 차고 이움과 흥성하고 쇠망함, 그리고 인류 사회의 활동이 모두 시時와 더불어 소멸하거나 증식하고 시時와 더불어 나아가거나 물러난다 하였다. 또 기제괘既濟卦☲☵를 이렇게 풀이하였다.

> 천하의 일은 나아가지 않으면 물러난다. 한결같을 수는 없다. 기제의 마지막에는 나아가지 않고 멈추되, 항상 멈추어 있지는 않는다. 그래서 쇠망하고 혼란됨이 이르러 온다. 대개 그 도가 이미 궁극에 이르렀기 때문에 그러한 것이다. 구5의 재주가 선하지 않은 것이 아니지만 시時가 극하고 도가 궁하면 이치상 당연히 변한다. 성인이 이에 이르러 어떠하겠는가?[84]

천하의 일은 나아가지 않으면 물러나므로 일정 불변의 이치란 없으며, 진퇴는 또 시時의 영향을 받는다는 말이다. 이처럼 사물의 변화가 시時에 의거한다는 정이의 사상은 그의 다른 저작물에도 드러나 있다. 이를테면 『유서』15에 다음과 같은 논설이 있다.

> 예禮는 시時를 존중한다. 그러므로 마땅히 손익 가감을 하여야 한다. 하은주夏殷周가 서로 말미암은 손익 관계를 알 수 있으면 주를 계승한 나라에도 반드시 손익한 바가 있음을 알 수 있다. 이를테면 "하의 역법曆法을 행하고 은의 수레를 타고 주의 관면을 입고 음악은 소무韶舞이다"라고 한다. 이것은 하夏의 시時의 류로서 가히 따를 수 있다.…… 옛날의 복희는 어찌 의상을 드리울 수가 없었기에(즉 무위의 정치를 할 수 없었기에) 반드시 요순을 기다린 뒤에야 의상을 드리웠겠는가? 시사時事로 말할 것 같으면 성인이면 다 했을 것이다. 그러나 반드시 여러 대를 기다린 뒤에야 이루어진 것은 바로 역시 시時에 인하여서 그러했을 따름이다.[85]

공자의 때에는 왕실을 높일 줄만 알았으나, 맹자의 때에는 바야흐로 혁명이 가하였다. 시時가 변하여 그러한 것이다. 그 하루 전에도 불가하고 그 하루 뒤에도 불가하다.[86]

이것은 어떤 사물의 변화도 모두 시간의 추이를 따라서 발생한다는 말이다. 따라서 사람들은 다만 시時를 따라서 나아가고 시時를 따라서 멈추며 시時를 따라서 스스로 운용하기만 하면 능히 성공을 이룰 수가 있다. 성인의 경우에도 "시時에 인하여 마땅함에 처해야 어긋나지 않게 된다." 곧 "시時란 성인이라도 위배할 수 없다." 성인이 대중과 다른 점은 바로 "시時에 인하여 마땅함에 처하고 일에 따라 리에 순응한다"는 점이다. 그래서 정이는 수괘隨卦☲☳를 이렇게 풀이하였다.

군자는 이 상을 보아 시時를 따라서 움직인다. 시時의 마땅함을 따라야 하는 것은 만물이 다 그러하다. 그 가장 분명하고도 가까운 것을 취하여 말해 보자. 군자는 어두울 녘에 들어가 편히 쉰다는 말은, 군자는 낮에는 자강불식하다가 어두울 녘에야 안에 들어가 거처하여 편안히 쉬어서 그 몸을 편하게 한다는 말이다. 기거 동작이 시時에 따르기에, 그 마땅함에 합당하다.[87]

이 해석은 사람의 기거 동작이 밤낮의 시時에 따라 잘 조절되어 변화가 있어야 한다는 점을 가지고, 시時에 인하여 마땅함에 처하며 일에 따라서 리에 순응해야 한다는 도리를 설명하였다. 요컨대 시時에 대한 정이의 인식은 변증법적 요소를 포함하고 있다. 물론 정이는 또 공자가 세운 법이 '만세를 통하여 바뀔 수 없는 법'이라고 하여, 그의 리학이 봉건 질서의 영구성을 강조하는 특징을 드러내었다. 이것은 형이상학의 기로로 달려간 것이다.

『역전』은 '천지의 변혁'과 '탕무 혁명'을 자연 및 사회 발전의 법칙으로 간주한 바 있다. 『정전』은 『역전』의 '혁革' 사상도 발휘하였다. 곤괘困卦☱☵ 상육上六을 주하면서 『정전』은 "곤궁함이 극하면 곤궁함을 변화시키는 도가 있다"고 하였고, 임괘臨卦 ䷒ 의 주에서는 "자고로 천하의 평안한 상태가 오래 지나서 어지러워지지 않는 법이 없다"고 하여, 물극즉반物極則反과 사극즉변事極則變을 간파하고, 변혁이 사물의 발전 법칙임을 승인하였다. 『정전』은 혁괘革卦 ䷰ 를 풀이하면서 혁이란 "물과 불이 서로를 소멸케 하는 것"으로 "물은 불을 멸하고 불은 물을 마르게 하여 서로 변혁하는 것이다.…… 그런데 불이 아래에 있고 물이 위에 있어 서로 붙어서 상극하여 서로를 소멸케 한다. 그래서 혁이다"[88]라고 하였다. 『정전』은 식식이란 지식止息이기도 하고 또 생식生息이기도 하다고 하여, "품물은 멈춘 뒤에 생겨남이 있으므로 식식에는 생겨남의 뜻이 있다. 그런데 혁革의 상식相息은 지식止息이다"라고 하였다. 분명히 이 관점에는 변혁이 모순 쌍방의 상극 상생으로 투쟁을 통한 전화 과정이라고 보는 견해가 들어 있다. 「서괘전」의 "정井의 도는 불가불 개혁할 수밖에 없다. 그래서 혁괘로 받는다"를 풀이하여, "정井이란 것은 그대로 두면 더러워져 상하고, 그것을 바꾸면 청결하다. 그래서 개혁하지 않을 수 없다"고 하고, "문드러진 뒤에 개혁하므로 개혁이 두루 미칠 수 있다. 그러므로 개혁하면 크게 형통할 수 있다"[89]고 하였다. 『정전』은 변혁이 사물의 생성 발전에 필요한 수단이라고 간주하였던 것이다. 어떻게 '혁革'하는가에 대하여 『정전』은 이렇게 논하였다.

> 혁이란 옛것을 바꿈이다. 옛것을 바꾸므로 사람들이 갑자기 믿을 수가 없어, 반드시 그 날인 연후에 인심이 믿고 따른다.…… 문드러진 뒤에 개혁하므로 개혁이 두루 통할 수 있다.[90]

> 변혁은 크나큰 일이다. 반드시 올바른 시時가 있고 마땅한 지위가 있고 훌륭한 재능이 있으면서 깊이 생각하고 신중히 움직인 뒤에야 후회가 없을 수 있다.[91]

이러한 관점은 한편으로는 정치 변혁에 대한 정이의 태도가 보수에 기울었음을 드러낸다. 또 다른 한편으로 그 속에는 역사 경험적이며 합리적인 요소가 확실히 포함되어 있다. 정이는 또 "신하 된 도리는 변혁의 선구가 될 수 없다"고 주장하여, 그 변혁 사상이 봉건 사상의 굴레 속에 있다는 사실이 더욱 분명히 드러난다.

3. 『정전』의 인생 철학과 인성론

『정전』은 미제괘未濟卦 ䷿ 를 다음처럼 해석하였다.

> 채 다 건너지 못한 극한에 위치하였으니, 건널 수 있는 지위가 아니면 건널 수 있는 리가 없다. 그러한 때에는 마땅히 천명을 즐기고 순종하여야 한다.…… 지극한 성성으로 의義와 명命에 편안하여 스스로 즐기면 재앙이 없을 수 있다.[92]

그리고 곤괘困卦 ䷮ 「단전」을 이렇게 풀이하였다.

> 군자가 곤궁의 시時에 당하여 그것에 대처하여 막아 낼 방도를 다하나 면할 수 없다면 그것은 명命이다. 마땅히 그 명을 추구하여 그 뜻을 완수하여야 한다. 명의 당연함을 알면 궁색하고 환난이 있는 중에도 마음을 움직이지 않고, 나의 의義를 행할 따름이다. 만일 명을 알지 못하면, 험난함을 두려워 근심하고 궁액 속에서 뜻을 잃어 마음속에 지키던 바가 망하고 만다. 어찌 선을 행하는 뜻을 완수할 수 있겠는가?[93]

천리와 천명의 행사에 순종하는 것이 의義에 편안하고 명命에 순응함과 일치한다. 의는 마땅히 해야 할 일이고 명은 천명, 다시 말해 정리正理이다. 의를 잃음은 즉 정리를 잃음이요 순명順命하지 않음이다. 의와 명에 편안이 환난에 처한 사람의 취할 생활 태도로 제시되었다. 의義와 명命에 평안함이란 천리에 복종함을 본질로 한다. 따라서 『정전』의 주장은 사람들의 정치 생활과 일상 생활을 모두 천리의 지배하에 둔다는 의미를 지닌다.

『정전』은 또 건괘蹇卦 ䷦ 를 이렇게 해석하였다.

무릇 환난에 처한 자는 반드시 올곧음과 올바름을 지켜야만 한다. 설사 환난에서 벗어나지 못한다 해도, 올바른 덕을 잃지 않으므로 환난에서 떠나게 된다. 만약 환난을 만나 그 지킴을 굳게 하지 못하고 사악함과 탐람함에 빠진다면, 그렇게 해서 어쩌다 환난을 면한다고 해도 역시 악덕이다. 의와 명을 아는 자는 그렇게 하지를 않는다.[94]

그 지킴을 굳게 하면 바로 의와 명을 아는 것이다. 지킴을 굳게 함은 곧 올바른 덕을 지켜 잃지 않음이다. 명이괘明夷卦 ䷣ 의 「단전」을 해석해서는 "군자로서 그 절조를 고수하여 아래에 처하는 자는 나아가지 않음을 즐겨서 그런 것이 아니라 홀로 선을 닦는(獨善) 것이다. 그 도가 바야흐로 나빠서 나아갈 수가 없으므로 처지에 편안히 거하는 것이다"[95]라고 하였다. 또 "대인이 나쁜 처지에 당하여 도로써 자처한다. 어찌 자기를 굽히고 도를 굴종시켜 윗사람 뜻에 순종할 것인가? 오직 그 나쁜 처지를 스스로 지킬 따름이다"[96]라고 하였다. 또 감괘坎卦 ䷜ 를 풀이하면서는 "군자로서 험난함에 처하여 능히 스스로를 보존하는 자는 강중剛中하기 때문일 따름이다. 강하면 즉 족히 스스로를 보위할 수 있고, 중中하면 즉 동하여도 마땅함을 잃지 않는다"[97]고 하였다. 대과괘大過卦 ䷛ 「상전」을 풀이하면서는 "군자가 남보다 크게 더 나아간 점은 홀로 서서 두려워하지 않을 수 있고, 세상에서 벗어나 숨어도 근심이 없기 때문이다"[98]라고 하였다. 이런 것들은 모두 정덕正德을 지켜 잃지 않을 것을 강론한 내용이다. 도를 펴서 화를 면하고, 절개를 고수하여 강중으로 스스로를 보존하며, 독립해서도 두려워하지 않고 세상을 벗어나 숨어서도 근심이 없다는 것, 이것이 모두 이른바 정덕에 속한다. 이러한 정신 태도 속에는 중국 민족의 우수한 전통이 들어 있음을 인정해야 할 것이다.

『정전』은 또 겸손謙巽에 대하여 "훌륭한 덕이 있으면서 덕이 있다고 우쭐대지 않음을 겸謙이라고 한다. 사람이 겸손으로 자처하면 어디 가든 형통하지 않겠는가?"[99]라고 하였다. 또 다음처럼 말하였다.

군자는 겸손에 뜻을 두어 그 이치에 통달한다. 그래서 천명을 즐겨 한껏 자득하지 않고 안으로 충실히 한다. 그러므로 물러나 양보하고 자만하지 않는다. 겸손함에 편안하고 겸손함을 실천하여 종신토록 바꾸지 않는다. 스스로 낮추어도 남이 더욱 존경하고, 스스로를 감추어도 덕이 더욱 드러나 빛난다. 이것이 이른바 군자에게 유종有終의 미가 있음이다. 소인의 경우에는 꼭 한껏 자득하려는 욕심이 있으며, 덕이 있으면 반드시 자랑한다. 따라서 소인은 비록 겸손함을 힘쓰고 사모하여도, 편안히 행하고 굳게 지키지를 못하니, 유종의 미가 있을 수 없다.[100]

그리고 점괘漸卦 ䷴ 「상전」을 해석해서는 "평안함을 구할 수 있는 도는 오직 유순함과 겸손함뿐이다. 만약 그 의리상 유순하고 올바르면 그 처함이 비천하다 하더라도 어디라고 하여 불안하겠는가?"[101]라고 하였다. 의명義命에 관한 논술과 마찬가지로 겸손에 관한 『정전』의 논술은 모두 분발해 나아가 투쟁하려는 정신이 결여되어 있다. 전자는 근본적으로 천리에 순종할 것을 강조하였고 후자는 비천함에 자처할 것을 강조하였다. 이런 것들은 리학이 봉건 질서를 공고히 하려 한 데 원인이 있다.

『정전』은 또한 덕을 닦아 수행하는 일(進德修業)을 논하여, 건괘乾卦 「문언전」의 해석에서 "성인이 아래에 위치하여, 비록 덕이 이미 드러났어도 온당한 지위를 얻지 못하면 진덕수업할 따름이다"[102]라고 하였다. 진덕수업은 미소한 것을 쌓아 나가 높고 위대함에 이르러 감을 귀중히 여긴다. 또 대축괘大畜卦 ䷙의 해석에서 "이단異端과 편학偏學으로 말하면 온축한 것이 많다 해도 올바르지 못한 바가 근본적으로 있다"[103]고 하여, 유학을 정통으로 보고 리학을 정종正宗으로 삼았으며, 학술상의 분기와 투쟁을 중시하여 석로釋老 같은 이단과 편학을 배척하였다. 학술 도덕의 구체적인 온축은 주로 독서에 의거하여 성현의 자취를 고찰하고 성현의 말씀을 관찰하여 옛 성현의 업적과 사상을 터득하는 과정에서 이루어진다.

『정전』은 또 교육상 '어린 아이를 올바르게 기름'(蒙以養正)을 주장하였다. 즉 몽괘蒙卦 ䷃ 「단전」을 해석하여 "채 드러나지 않고 어림(未發)을 몽蒙이라고 하니, 순일하여 채 드러나지 않은 어린 아이를 올바르게 기르는 것이 바로 성聖을 이루는 공부이다. 사리를 알게 된 뒤에 금하면 그쳐도 이기기 어렵다. 어린 아이일 때에 올바르게 기르는 것이 지극히 좋은 학습이다"[104]라고 하였다. 이러한 인식은 분명히 교육 방법상 아주 가치 있으며, 후세의 교육 사상에 심원한 영향을 끼쳤음을 인정해야 할 것이다.

『정전』은 인간의 수양을 말하면서 그 실제 효과를 중시하였다. 그래서 대중을 구제하여 일용에 이롭게 할 것(濟物致用)을 주장하였다. 즉 정괘井卦 ䷯ 를 해석하면서 "군자의 도는 이룸이 있음을 귀중하게 여기니, 오곡이 익지 않음은 쭉정이나 피보다 못하다. 마치 우물을 아홉 길 파고도 샘에 이르지 않으면 우물을 버리는 일과 같다. 대중을 구제할 수 있는 쓰임이 있으되 대중에 미치지 않으면 그 쓰임은 없는 것이나 다름없다"[105]고 하였다. 이러한 논의는 맹자의 관련 사상을 계승한 것으로, 그 속에는 확실히 가치 있는 인식이 들어 있다. 물론 정이가 말한 것은 진덕수업하여 제물치용하는 문제였다. 그는 "군자의 온축한 바는 크게는 도덕 경륜의 사업을 위하고 작게는 문장 재예才藝에 쓴다"[106]고 하였다. 이것은 유가적 전통에서 덕행을 중시하고 예능을 경시하는 사상과 일치한다.

『정전』은 또 인성론에서도 성즉리설性卽理說을 제출하여, 성과 리, 리와 욕欲의 관계를 논하였다. 건괘乾卦 ䷀ 「단전」의 "건도가 변화하여 각각 성명을 바르게 한다"(乾道變化, 各正性命)를 해석해서 "건도가 변화하여 만물을 낳아 기르니, 위 아래로 크게 뒤얽어 각각 그 부류에 따라 각각 성性과 명命을 바로한다. 하늘이 부여한 바가 명이고 품물이 받은 바가 성이다"[107]라고 하였다. 하늘이 나에게 부여한 것이 명命이고 품물이 품수받은 것이 성性으로, 여기서 이른바 부류는 사실은 만물의 리를 가리킨다. 정이는 각 부류의 사물마다 그 리가 같지 않으며, 그 성과 명도 각각 자기의 규정성을 지닌다고 보았다. 이것이 곧 "그 부류에 따라 각각 성명을 바로한다"는 것이다.

「설괘전」의 "궁리진성하여 명에 이른다"(窮理盡性而至於命)를 해석하면서는 "리는 성이고 명이다. 그 셋은 결코 다른 것이 아니다. 궁리는 진성盡性이고 진성은 지천명知天命이다. 천명은 천도와 같되, 그 작용을 두고 말하면 명命이라 일컫는다. 명命이란 조화造化를 두고 말한다"[108]라고 하였다. 정이는 또 "성性으로 말할 것 같으면 어찌 품물이 있음을 기다려서 야 성이 될 것인가? 성은 스스로 존재한다. 현인이 말로 드러낸 것은 사事이고, 내가 말로 드러낸 것은 리이다(드러내지 않고도 드러난다는 것이 이 것이다)"[109]라고 하였다.

정이에 따르면 리란 품물의 소이연所以然과 그 소당연所當然의 법칙이고, 성은 품물에 구비된 성질이며, 생생은 품물의 나고 죽는 과정이다. 단 근본적으로 말하면 그 셋은 일치한다. 왜냐하면 만물의 성명性命이 모두 리의 제약을 받기 때문이다. 사물의 성은 사물에 의존하여 존재하는 것이 아니라 리를 기다려 있게 되며, 리가 있어서 그 성이 있은 뒤에야 그 품물이 있다고 하였다. 즉 사물의 성이란 곧 그 리의 드러남이라고 간주하였다. 다시 말해 리를 가장 기초로 삼는 성리 관계가 바로 정이의 성性 이론의 출발점이다. 이에 근거하여 정이는 「계사전」에서 말한 "본성을 완성하고 본성을 보존함이 도의의 문이다"(成性存存, 道義之門)를 해석하여, "높은 지위와 낮은 지위가 정해지면, 역은 그 속에 있다. 이 리란, 인간에게서 그것을 완성하면 성性이다.(성실하게 하는 것이 성이다.) 인심이 이 존재하는 리를 보존하는 것이 바로 도의의 문이다"[110]라고 하였다. 존비상하의 의리가 인심에서 표현된 것이 인간의 본성이라는 말이다.

정이는 "리로써 말하면 천이라고 하고, 품수된 바를 두고 말하면 성이라고 한다"(自理言之, 謂之天, 自稟受言之, 謂之性)고 할 때의 인성을 '천명지성天命之性'이라 칭하고, "타고나는 것을 성이라 한다"(生之謂性)의 성을 '기질지성氣質之性'이라고 하여 그 둘이 같지 않다고 하였다.

> "타고나는 것을 성이라 한다"고 할 때의 성性과 "천명을 성이라 한다" 고 할 때의 성性은, 성이란 글자는 같으나 한 가지로 개괄하여 논할 수 없다. 타고나는 것을 성이라 한다고 할 때의 성은 품수받은 바를 말한다. 천명을 성이라고 한다고 할 때의 성은 성의 리를 말한다. 천성이 유순하고 느긋하다느니 천성이 강직하고 조급하다느니 하는 말이 오늘날 있고, 속언에 천성이 다 생래에 이와 같다고 하는데, 이것은 품수받은 바를 두고 하는 말이다. 성의 리란 선하지 않은 것이 없으니, 천天이라는 것은 자연의 리이다.[111]

다시 말해 천명의 성은 천리가 인심 속에 드러난 것이므로, 그것은 결코 인간의 형체에 의존하지 않고 영원히 선하다. 이것이 곧 인간이 선을 행하는 근원이다. 이에 비하여 기질지성氣質之性, 즉 "타고나는 것을 성이라 한다"의 성은 인간이 음양 2기를 품수받아 이룬 강건하거나 유순하거나 하는 성이다. 이것은 인간의 형체와 연관되어 있으므로 인간에 따라 다르다. 기질지성은 또한 '재才'라고도 칭한다. 『유서』22 상上에서 "재才는 인간의 자질로, 성에 따라 그것을 닦으면 지극한 악이라도 능히 선이 될 수가 있다"[112]고 하였다. 다시 말해 기질지성은 개변할 수 있는 것으로, 선이 될 수도 있고 악이 될 수도 있다는 것이다.

『정전』은 또 리와 욕欲의 관계를 논술하였다. 손괘損卦 ䷨ 「상전」을 풀이하면서 "군자가 손괘의 상을 보고 자기에게서 덜어 낸다. 자신을 닦는 도리에서 마땅히 덜어야 할 것은 분노와 욕심이다. 그러므로 그 분노를 징계하고 의욕을 막는다"고 하였다. 그리고 손괘損卦 괘사에 대하여 이렇게 풀이하였다.

두 소쿠리의 기장뿐인 소박한 제물이라도 가히 제사에 쓸 수 있다는 말은 정성에 달려 있을 따름이라는 뜻이다. 정성을 근본으로 하면 천하의 해악을 이기지 못할 것이 없다.…… 무릇 인욕이 과한 이유는 봉양을 하려고 한 데서 기인하지만, 멀리 흘러가서는 해가 된다. 선왕이 그 근본을 제약한 것은 천리요, 후인이 말폐에 흐른 것은 인욕이다. 손損의 뜻은 인욕을 덜어 천리를 회복할 따름이라는 것이다.[113]

그리고 무망괘无妄卦 ䷘ 를 풀이해서는 "복復이란 바른 도에 돌아감이다. 올바른 도에 돌아가면 올바른 리에 합하여 망녕됨이 없다. 그러므로 복괘의 뒤에 무망괘로 받는다. 무망괘는 건상진하乾上震下인데, 진震은 동動함이다. 천도로써 동하면 망녕됨이 없고, 인욕으로써 동하면 망녕된다. 무망의 의리가 참으로 크도다"[114]라고 하였다.

상술한 예들로 볼 때 정이는 천리를 본本으로 보고 인욕을 말末로 보았음을 알 수 있다. 정이는 손괘損卦의 괘의를 '인욕을 덜어 천리를 복구함'

이라고 하여 천리에 인욕을 대립시키면서, 천리에 순응하여 동하면 망녕되지 않고 반대로 인욕에 끌려 동하면 망녕된다고 하였다. 정이가 말한 천리는 사실은 봉건 계급 제도와 봉건 도덕의 총칭이다. 그는 "예禮는 리理이다. 천리가 아니면 사욕이니, 인간이 비록 선을 행하고자 의도해도 역시 예가 아니다. 인욕이 없으면 다 천리이다"[115]라고 하였다. 여기서 선을 행하고자 의도함이란, 개인적 목적을 지님을 가리킨다. 즉 사욕私欲에 의해 선을 행함이다.

리와 욕의 관계에 대한 정이의 사상을 어떻게 평가할 것인가 하는 것은 복잡한 문제이다. 어떤 사람들은, 예禮가 곧 리理라고 제안한 점으로 볼 때 정이의 리욕 관계론은 분명히 봉건 질서를 유지하는 데 이바지하였다고 말한다. 심지어 송명 이후 그 이론이 실천되면서 이는 봉건 통치자가 리로 사람을 죽이는 근거로 되었고 인성을 말살하는 질곡이 되어 악랄하기 짝이 없는 영향을 낳았다고 지적하고, 이러한 사정은 정이의 사상이 지녔던 금욕주의 경향과 무관하지 않다고 말한다. 하지만 정이가 말한 인욕이란 결코 인생의 일체 욕망을 포괄하는 것이 아님에 주목해야 한다. 이를테면 귀매괘歸妹卦 ䷵ 「단전」을 풀이하면서 "무릇 음양의 배합과 남녀의 결합은 리에 따라 그러한 것이다. 하지만 욕심을 마음대로 하면 흘러가 풀어진다. 의리로 말미암지 않으면 음란함과 사악함이 생겨나서 몸을 상하고 덕을 해치는 일이 반드시 있게 된다. 그것이 어찌 인간의 도리라고 하겠는가?"[116]라 하였다. 또 수괘需卦 ䷄ 를 풀이하면서 "품물을 기르는 데 필요한 것이 음식이다. 그러므로 수需란 음식의 도라고 한다"[117]고 하였다. 이러한 논법은 아주 많이 보인다. 다시 말해 인욕을 줄이자는 정이의 사상에서 금욕주의의 경향을 무한정 과대시해서는 안 된다. 더구나 각 사회마다 개인 욕망과 사회 질서의 관계 문제가 각각 다르므로, 정이의 리욕 관계론에 대해서도 변증법적으로 분석해야 할 것이다.

3. 장재의 역학

장재張載(1020~1077)의 자는 자후子厚로, 대대로 대량大梁(지금의 하남

開封)에 거주해 온 벼슬 집안에서 태어났다. 일찍이 관중關中 봉상鳳翔의 미현郿縣 횡거진橫渠鎭에 은거하였으므로, 세칭 횡거 선생이라고 한다. 장 재는 송명 리학의 기초를 닦은 한 사람으로 리학 4대 학파 가운데 관학 파關學派의 개창자이다. 따라서 리학가들 및 역대 통치자들로부터 추숭되 었다. 이정二程은 그를 맹자·한유에 비기고, 주희는 『이락연원록伊洛淵源 錄』에서 그를 주돈이·소강절·이정과 병렬하였으며, 송나라 이종理宗은 장 재를 미백郿伯에 봉하여 공자에 배향하였다. 『송사』「도학전道學傳」은 장 재를 위하여 전傳을 두었고, 『송원학안』에는 「횡거학안」이 있다.

장재의 리학 사상 체계는 역학의 기초 위에 건립되었다. 장재의 초기 저서에 『주역』 경전을 논술한 『역설易說』(즉 『橫渠易說』)이 있는데, 그의 본체론·인식론·도덕론 방면의 기본 사상은 바로 『역설』에서 천명된 것이 며, 그의 철학 사상의 개념 범주도 『주역』에서 온 것이 많다. 『정몽正蒙』 이란 책은 장재의 후기 저서로, 장재 일생의 사상과 논변의 정화이다. 『정몽』은 『역』만을 전문적으로 논한 것이 아니지만, 주로 『주역』의 원 리를 해설하여 『역설』 속의 사상을 거듭 펴거나 발전시켰다. 장재는 음양 2기를 가지고 『주역』의 원리를 설명하여, 기氣를 핵심으로 하는 유물론 의 역학 체계를 건립하였으며, 송역 의리파 가운데 기학파를 개창하였다. 따라서 그는 정이와 마찬가지로 역학사에서 아주 중요한 위치를 차지한 다. 여기서는 『역설』을 중심으로 장재의 역학 사상을 소개하기로 한다.

1. 장재의 주역관

『주역』이 의혹을 결단하고 길흉을 판단하는 작용을 한다는 사실에 대 해 장재는 다음과 같이 논하였다.

> 『역』이란 책은 군자의 일과 소인의 일이 섞여 있고 도에 음과 양이 있
> 으며 효에 길흉을 경계하는 내용이 있어, 인간으로 하여금 일에 앞서서
> 의문을 결단하게 하고 흉을 피하고 길吉로 나아가게 한다.[118]

천하의 리를 궁극에까지 사려하여, 『역』은 384효의 변동을 가지고 인간

사에 가탁하여 인간에게 고한다. 어떤 때 어떤 일에 어떻게 하면 길하고 어떻게 하면 흉하며, 동함이 마땅한지 정함이 마땅한지를 자세하게 고하고 경계한다. 그래서 음양동정의 둘로써 사람들의 행동을 제약하는 것이다.[119)

『역』은 인간사에 대하여 자초지종을 다 갖추고 있다. 선한 일을 행하는 자에 대해서는 『역』속에 상응하는 리가 있다. 조짐이 되는 일에 대해서는 『역』속에 드러내어 밝혀 주는 기구를 갖추고 있어, 의심하고 우려하여 점을 치면 『역』은 장래의 징험을 보여 준다.[120)

다시 말해 장재는 『주역』이 의혹을 결단하고 길흉을 판단하며 미래를 예측하는 기능이 있음을 부인하지 않았다. 단 그는 이러한 기능이 점서를 통해 신령의 편으로부터 얻어진 길흉화복에 관한 예언이 결코 아니며, 괘효상의 변역 법칙과 괘효사가 강론하는 변역의 리에 달려 있다고 보았다. "도에 음양이 있고 효에 길흉을 경계함이 있다"고 한 것은, 효사가 길흉을 경계하는 일이 음양변역의 도, 즉 사물의 변화 발전 법칙에 달려 있다는 말이다. 384효의 변동이 능히 사람들을 경계하는 기능을 일으킬 수 있는 것은, 그 속에 포함되어 있는 '천하의 리'를 궁극에까지 다 사려하기 때문이다. 즉 『역』이 인간사에 대하여 자초지종을 갖추고 있기 때문이다. 다시 말해 『주역』이 능히 사람들에게 미래사를 예측해 줄 수 있는 것은 그것이 인간과 신을 통하게 해 주기 때문이 아니라, 그 속에 인간사 변화에 갖추어진 보편 법칙 및 경험을 저장하고 있기 때문이라는 것이다. 장재는 「설괘전」의 "『역』은 역수逆數이다"를 해석하여 "맹자가 말하였듯이 진실로 인간의 경험 사실(故)을 구하면, 천 년 전후의 동지·하지라도 알 수가 있다"[121)고 하였다. 장재는 『역』이 예지할 수 있는 것은, 사물 변화의 법칙에 관하여 그 속에 저장하여 둔 인식(맹자가 말한 '故')에 달려 있다고 보았음이 확실하다.

상술한 견해들로 볼 때 장재는 신비주의적 관점에서 『주역』을 대하는 데 반대하고, 이성주의적 관점에서 『주역』을 파악해야 한다고 주장하였음을 알 수 있다. 그래서 『주역』이라는 책이 말한 내용을 장재는 이렇게 개괄하였다. "『역』은 즉 천도이다. 유독 효위爻位에 연계된 언사의 내용은 인간사에 귀속한다.…… 성인과 사람이 법률서를 편찬해 내어, 향할 바나 피할 바를 알게 한 것이 『역』의 의리이다."[122] 다시 말해 『주역』은 세계의 음양변역의 법칙인 천도를 강론하고 있는데, 성인은 이러한 법칙(천도)에 의거하여 사람들로 하여금 복을 받게 하거나 화를 피하도록 하는 규범을 제정해야 한다고 보았다. 요컨대 장재는 『주역』이란 책을 철학을 강론하고 사회 사상을 강론한 저작물로 간주하였다.

장재는 『주역』의 체제와 범례를 이해하는 데 한역 상수파의 호상설·납갑설·오행설을 취하지 않고, 왕필의 일효위주설·중위설·당위설·응위설을 수용하였다. 그는 「계사전」의 "음효·양효와 상괘·하괘를 세어 보고 효의 부중不中·부정不正·불응不應 여부를 변별하는 것은 괘의 2효와 5효인 중효를 합쳐 보지 않으면 충분하지 않다"를 다음처럼 해석하였다.

> 3효와 4효는 귀하게 쓰이지 않으므로 각각 내괘와 외괘의 주체가 아니다. 그에 비해 중효는 길흉존망을 갖추고 있다. 곤괘困卦 ䷮ 의 "올바른 도를 굳게 지켜 대인이 곤란에 처했어도 길하므로 재앙이 없다" 같은 것은 구2가 강중이기 때문이다. 소과괘小過卦 ䷽ 의 "소사는 길하고 대사는 흉하다"는 음유가 득중한 예이다.[123]

이것은 2효와 5효로 괘의 길흉을 정한 것이다. 단 장재는 왕필의 체제를 취하기는 하였으나, 구체적인 해설은 종종 다르다. 이를테면 기제괘旣濟卦 ䷾ 괘사에 "동쪽 이웃에서 소를 희생으로 죽이지만, 서쪽 이웃의 조촐한 제사가 실제로 복을 받음만 못하다"(東隣殺牛, 不如西隣之禴祭, 實受其福)라고 하였다. 이것을 두고 왕필은 「단전」의 "처음은 길하다고 한 것은 음유가 중을 얻었기 때문이다"(初吉, 柔得中)에 의거하여, 육2효가 중위에 거처하므로 그것이 전체 괘의 주효主爻라고 하였다. 그러나 장재는 제5효가 전체 괘의 주효라 하고, 동쪽 이웃은 상육효를 말하고 서쪽 이웃은 육4효를 말한다고 보았다. 상육이 구5를 지나침이 두터움(厚)이고,

육4가 구5에 가까움이 시時라고 하였다. 서쪽 이웃의 제사는 비록 박하지만, 시중에 가깝기 때문에 그 복을 실지로 받았다. 이것이 바로 「단전」이 말하는 "동쪽 이웃이 소를 희생으로 죽여도, 서쪽 이웃의 제사가 시기에 맞음만 못하다"는 것이라고 보았다.

『주역』의 체제·범례에 대한 장재의 인식에는 왕필 주 및 공소孔疏와 다른 점이 또 있다. 그것은 그가 건곤괘변설을 가지고 괘효사를 해석한 점이다. 이를테면 서합괘噬嗑卦 ䷔ 「단전」에는 "강유가 나뉘어 역동적이면서 명찰력이 있으니, 우뢰와 번개가 합하여 문채를 이룬다"(剛柔分, 動而明, 雷電合而章)는 말이 있다. 이것의 해석에서 왕필 주와 공소는 상하 2체의 의리를 취하였다. 즉 서합괘는 리상진하離上震下인데, 리離는 유이고 진震은 강이므로 강유가 나뉜다고 보았다. 그러나 장재의 해석은 이러하다. "구5가 나뉘어 아래로 가고 초육이 나뉘어 위로 가므로 '강유가 나뉘어 합하여 빛난다'고 하였다. 즉 합하여 무늬를 이룸을 말한다."[124] 이것은 괘변설을 가지고 '강유의 나뉨'을 해석한 것이다. 상괘가 건乾, 하괘가 곤坤에서, 상괘 구5가 하괘 초위에 거하고 하괘 초효가 상괘의 제5위에 거하면 서합괘가 된다. 이것이 구5가 나뉘어 아래로 가고 초육이 나뉘어 위로 간다는 말이다. 장재가 건곤의 괘변을 논한 것은 정이의 건곤괘변설로부터 영향을 받았을 수 있다. 다만 그의 설에는 정이와 다른 점이 있다. 정이는 건곤 괘변만을 강론하였으나, 장재는 공소의 영향을 받아서 한역의 괘변설도 흡수하였다. 이를테면 귀매괘歸妹卦 ䷵ 가 태괘泰卦 ䷊ 에서 오고, 점괘漸卦 ䷴ 가 비괘否卦 ䷋ 로 변할 수 있다는 등과 같은 식이다.

취의 및 취상에 관하여 장재는 괘효사를 해석하면서 때로는 취의하기도 하고 때로는 취상하기도 하였다. 64괘를 해석하면서는 「서괘전」의 설을 취하여 주로 괘명卦名의 글자 뜻을 취하였다. 이를테면 준괘屯卦 ䷂ 를 모임(聚), 몽괘蒙卦 ䷃ 를 어두움(昏), 수괘需卦 ䷄ 를 음식, 송괘訟卦 ䷅ 를 쟁송爭訟, 진괘震卦 ䷲ 를 움직임(動), 간괘艮卦 ䷳ 를 그침(止)으로 풀이하는 식이다. 다만 장재는 상이 '한 괘의 질質'이라고 보아 팔괘가 그 상에 의지하여 의를 드러낸다고 보았다. 그래서 한 괘의 상을 자세히 음미해야 능히 그 괘의를 이해할 수 있다고 하였다. 그는 또 "역을 보려면 마땅히 괘효사를 먼저 보아야 한다. 괘효사가 역상을 말해 주기 때문이다"[125]라고 하고, 「계사전」은 역도易道를 논하였다. 역도를 알면 역상은 그 속에 있기에 『역』을 볼 때 반드시 「계사전」에서부터 말미암아야 한다"[126]고 하였다.

장재는 괘의의 이해를 목표로 삼았는데, 괘의는 괘상 속에 있기에 의를 밝히려면 상을 떠날 수가 없으며, 상을 명백히 하자면 또 상을 말한 괘효사를 떠날 수가 없었던 것이다. 「계사전」은 역도를 천명하였으므로 비단 상에 대해서만이 아니라 『주역』의 전체 내용에 대해서도 특수한 기능을 한다. 이처럼 「계사전」을 특히 중시하는 것이 바로 장재 역학의 한 특징이다. 요컨대 장재는 역리를 밝히기 위하여 괘효상을 떠날 수 없었다. 그래서 어떤 때는 괘효상을 통하여 괘의 및 효의를 고찰하고, 어떤 때는 괘효상이 취하고 있는 물상을 통하여 의리를 탐구하였다. 그는 이렇게 말했다.

> 『역』의 「대상전」은 모두 다 실제 일을 논하였고, 괘효의 「소상전」에 간혹 우의寓意가 있을 따름이다. "바람이 불에서 나오니 가인家人의 상이다"라고 말한 것은 가인의 도리가 반드시 음식을 삶고 장만하는 데서 나옴을 뜻한다. "풍風은 풍風이니 가르침이다"라고 한 것은, 대개 가인을 가르치는 도는 반드시 이로부터 말미암음을 가리킨다. 또 "나무 위에 물이 있으니 정井의 상이다"라고 말한 것은, 정井의 실제 일을 분명히 가리켜 말하였다. 또 "땅 속에 산이 있으니 겸謙의 상이다"라고 하였는데, 무릇 산이란 숭고한 품물이니 겸손하지 않고 어떠하겠는가? 또 "구름과 우뢰가 준屯의 상이다"라고 말하였다. 구름과 우뢰란 다 기가 모인 것이므로 그렇게 말한다. 준屯은 모임의 뜻이다.[127]

여기에는 바로 취의 및 취상에 대한 장재의 상술한 관점이 반영되어 있다. 이 예들은 모두 각 괘가 취한 물상을 가지고 괘의를 밝힌 것이다. 취의와 취상에 대한 장재의 관점을 보면, 『주역』의 체제·범례를 인식하는 그의 관점은 왕필의 영향만을 받은 것이 아니라, 공소孔疏의 영향을 더 많이 받았다. 요컨대 장재는 정이와는 달라, "사辭로 말미암아 의意를 얻고 상은 그 속에 있다"는 주장에 따르지 않고, "상을 살핌으로써 의를 구한다"고 주장하였으나, 장재는 정이나 마찬가지로 당역唐易의 영향을 받아서 모두 취상설을 배척하지 않았다. 이 점은 바로 송역 의리파 역학이 왕필의 역학과 다른 점이다.

결국 『주역』이란 책의 본질과 체제에 대한 장재의 인식은 대체로 공소의 관점을 계승하면서 한역 및 정이의 여러 설을 흡수한 것이었다고 말할 수 있다.

2. 장재 역학의 철학 사상

장재의 철학 사상 체계는 『주역』을 연구하고 해석하는 기초 위에 건립되었다. 그의 역학은 공소孔疏의 현학玄學 형식을 폐기하고 음양 2기로 역을 풀이하는 전통을 발휘하였다. 장재는 『역전』 가운데 특히 「계사전」을 중시하였으므로, 그 철학 이론 체계는 주로 「계사전」을 규명함으로써 구축되었다.

장재는 『역설』에서 기氣를 우주 본체로 보는 관점을 제출하였고, 뒷날 『정몽』에서도 이러한 관점을 계속하여 천명하였다. 「계사전」에 "우러러 천문을 보고 굽어 지리를 살펴, 그윽한 일과 밝히 드러난 일을 알았고, 시원을 추구하고 종말에 있어 처음으로 되돌아가 구하였기에 삶과 죽음의 설을 안다"(仰以觀於天文, 俯以察於地理, 是故知幽明之故, 原始反終, 故知死生之說)는 말이 있다. 이 구절은 '유명幽明'과 '사생死生'의 문제를 논한 것이다. 장재는 이 부분을 다음처럼 해석하였다.

천문 지리는 모두 밝히 드러남으로써 알 수가 있으니, 밝히 드러난 바가 아니면 모두가 그윽한 바이다. 그런 까닭에 그윽한 일과 밝히 드러난 일을 알 수 있다고 하였다. 만물이 리離에서 상견하니, 리가 아니면 상견하지 않는다. 드러나는 것은 밝음으로 말미암지만, 드러나지 않는다고 품물이 없는 것은 아니다. 이것이 바로 천도의 지극한 점이다.[128]

리離는 「설괘전」에 "리란 밝음(明)이다. 만물이 다 상견하니 남방의 괘이다"라고 하였다. 장재는 「계사전」을 해석하여, 밝게 볼 수 있는 품물이 명明이고 밝게 볼 수 없는 품물이 유幽이지, 유幽가 결코 허무는 아니라고 하였다. 그래서 이렇게 말하였다.

> 기가 모이면 리명離明함이 베풀어져 형체가 있고, 기가 모이지 않으면 리명함이 베풀어지지 않아 형체가 없다. 기가 모이게 되면 어찌 그것을 객客이라 이르지 않을 수 있겠는가? 기가 흩어지게 되면 어찌 그것을 곧 바로 무無라고 이를 수 있겠는가? 그러므로 성인은 우러러 보고 굽어 살피되, 다만 "그윽한 일과 밝히 드러난 일을 안다"고 하였지, "무無의 일을 안다"고는 하지 않았다.[129]

유형의 품물은 기의 응취 상태로, 잠시 동안의 상태이다. 따라서 그것을 '객客'이라 일컫는다. 공허는 기가 흩어진 상태이되, 이 상태는 결코 무가 아니고 단지 사람들에게 보이지 않을 뿐이다. 기가 흩어져 버린 상태가 '태허太虛'인데, 이 태허도 기 본래의 원시 상태이다.

> 태허란 기의 체이다.[130]

> 태허란 무형으로 기의 본체이다. 그 모이고 흩어짐은 변화의 객형客形일 따름이다.[131]

> 태허는 기가 없을 수 없고, 기는 모여서 품물이 되지 않을 수 없으며, 만물은 흩어져서 태허로 되지 않을 수 없다.[132]

> 기가 태허에서 모이고 흩어짐은 얼음이 물에서 뭉쳤다가 풀어짐과 같다. 따라서 허공이 곧 기임을 알 수 있다. 무란 없다.[133]

이 말들은 사실 다음과 같은 중요한 인식을 표명하고 있다. 즉 세계 만물은 물질적인 기로 구성되어 있으며, 아무 품물도 없는 공허란 결코 참된 무가 아니라 물질의 기가 태허에 흩어진 상태라는 인식이다. 기는 단지 모이고 흩어짐이 있을 뿐이고 생겨나고 소멸함이란 없다. 다시 말해 기는 영구히 존재하므로 물질 세계는 영구하다는 말이다. 요컨대 장재가 말하는 기는 신비의 정신 본체가 아니라 현실 존재의 물질 상태인 것이다. 장재가 그의 역학에서 구축한 본체론은 의심할 여지 없이 유물론적 성질을 지니고 있다. 장재의 역학은 바로 이처럼 유물론적 우주관을 기초로 역학 철학 중의 몇 가지 중요 문제를 밝혀 내었으며, 현학·상수학 등 일련의 역학 관점과 석로釋老의 철학 관점을 비판하면서, 정이의 철학 체계와는 상이한 체계를 형성하였다.

장재는 기 일원론을 기초로 역학 철학에서 기氣와 상象의 관계를 설명하였다. 우선 그는 형形과 상象을 구별하였다. 왕필파는 현학으로 『역』을 풀이하여 "천지만물은 무가 근본이다"라고 하였고, 그래서 "상을 잊음으로써 의를 구한다"고 주장하여 상을 배척하였다. 장재는 형이란 볼 수 있는 것이고 상은 강유동정剛柔動靜 등의 성능을 가리킨다고 하였다. 그리하여 상이 있는 것이라 하여 반드시 형이 있는 것은 아니되 단 형이 있는 것은 반드시 상이 있다고 보아, 형이 없어도 상이 있다는 설을 제출하였다. 형이 없어도 상이 있다는 사실은 손巽과 진震의 예에서 알 수 있다. 손巽은 바람이고 진震은 벼락인데, 바람과 벼락은 형이 없으면서 그 강유동정의 성질을 지니고 있다. 괘효를 두고 말하면 형은 기우奇偶 2획이고, 상은 강유동정의 성질이다. 장재는 왕필 일파가 형과 상을 혼동하여 무형을 공허로 본 것은 착오라고 하였다.

형상에 관한 장재의 인식은 현학 관점과 다를 뿐만 아니라 정이의 관점과도 다르다. 정이는 유幽를 리理, 명明을 상象이라고 보았다. 장재는 "현顯은 기氣가 모임을 말하고, 은隱은 기가 흩어짐을 말한다. 현顯함과 은隱함은 유幽와 명明이 상에 보존되어 있는 바요, 모이고 흩어짐은 기의 밀치고 뒤흔듦이 신神에 있어 묘한 바이다"[134]라고 하였다. '신神'이란 태허에 갖추어져 있는, 운동하여 만물을 낳고 변화시키는 본성 및 공능이다. 장재의 이 말은 기에 고유한 본성 및 공능에 따라 기의 모임과 흩어짐, 드러남과 감추어짐이 상호 뒤바뀔 수 있으므로 유幽와 명明이 모두

상象에서 떨어질 수 없음을 주장한 것이다. 즉 장재의 인식이 정이의 그
것과 다른 점은 장재는 유幽도 기氣의 한 존재 형식으로 보았지 정신적인
리로 보지 않은 점이다. 더구나 유幽이든 명명明이든 모두 상象이 있다. 왜
냐하면 유幽와 명명明은 모두 품물의 존재 형식이라서 그것들은 사물적인
본성과 공능을 지닌 상에 속하게 마련이기 때문이다. 이 주장에 의기하여
장재는 다음처럼 말하였다.

> 일음일양一陰一陽은 형기形器에 구애되지 않는다. 그래서 도라고 한다.
> 건곤이 열을 지어 내려오니 모두 역의 기器이다.[135]

> 무형에서 운행함을 도라고 한다. 따라서 형이하자形而下者는 말할 것이
> 없다. 형이상자形而上者는 형체가 없다. 그래서 형이상자를 도라고 한다.
> 형이하자는 형체가 있다. 그래서 형이하자를 기器라고 한다.[136]

장재는 유형과 무형을 형이상과 형이하, 도道와 기器로 뚜렷이 나누어
보았다. 그러나 그는 "형이상자가 문사(즉 괘효사)로 표현되면, 상을 지니
게 된다. 그러므로 변화의 리는 문사에 존재한다"[137]고 하였다. 『성봉』
「천도」에서는 또 이렇게 말하였다.

> 형이상자는 의意를 얻으면 이름을 얻게 되고, 이름을 얻으면 상을 얻게
> 된다. 이름을 얻지 않으면 상을 얻는 것이 아니다. 그러므로 도를 말하는
> 데 상으로 표현할 수 없기에 이르면 명언名言은 없게 된다.[138]

형이상의 도가 비록 무형이기는 하지만, 문사를 이용하여 표현 설명할
수 있다. 따라서 도는 형이 없지만 상은 있으므로 결코 허무가 아니라는
사실이 이렇게 입증되었다. 이러한 도기관道器觀은 형이상의 도道가 물상
의 영역을 벗어날 수가 없고, 도道와 기器의 구분은 단지 상象과 형形의
구분이며, 도는 무도 아니고 또 리도 아니라는 점을 확인한 것이다. 정이
의 역학은 음양 2기를 형이하의 기器로 간주하고, 기氣와 상象을 모두 천

리의 표현 형식으로 보아, "리가 있으면 상이 있다"고 하였다. 그러나 장재는 형이상의 도에 대하여 형은 없지만 상이 있다고 해석, 기氣는 형이상의 것이고 상은 기氣 고유의 것이라고 하여, "기氣가 있어야 상이 있다"는 명제를 내놓았다. 그는 이렇게 말하였다.

> 양陽의 뜻은 지극히 군건함이다. 지극히 군건하지 않으면 어떻게 발산하고 하나가 될 수 있겠는가? 음의 성질은 항상 유순하다. 땅의 형체는 무겁고 탁하다. 따를 수가 없으면 유순할 수 없으니, 조금이라도 불순하면 즉시로 변함이 있다. 변함이 있으면 상이 있다. 마치 건은 군건하고 곤은 유순하여, 이 기氣가 있으면 이 상象이 있으므로, 짚이 말할 수 있음과 같다.[139]

"변함이 있으면 상이 있다"는 것은 상이 기氣의 변화에서 생겨남을 두고 말한 것이다. 정이는 더 나아가 다음처럼 말하였다.

> 형상할 수 있는 것은 모두 유有이다. 있는 것은 모두 상象이다. 상이란 모두 기氣이다. 기氣의 성질은 본디 허虛하고도 신묘하니, 신神과 성性은 기氣에 고유한 것이다. 이 점이 바로 귀신이 품물을 형체로 삼아 품물로부터 떠날 수가 없는 이유이다.(기氣를 버리고 상이 있는가 없는가? 상이 없으면 의意가 있는가 없는가?)[140]

여기서의 '신'과 '귀신'은 음양 2기에 구유된 자연 변화의 본성 및 공능을 두고 말한 것이다. 무릇 이름하여 형상할 수 있는 것은 모두 일종의 존재이고 존재하는 것은 모두 상이 있다는 말이다. 기氣의 본성은 허虛(무형)와 신神(변화가 너무 심해 헤아리기 어려움)이되, 단 물체의 형성은 도리어 기의 변화에서 이루어진다고 하였다. 이러한 관점은 세계가 물질성에 있어 통일되어 있다는 인식을 포함한다. 요컨대 기氣·상象·형形 셋의 관계에 대한 장재의 인식은 바로 기 일원론적 우주관을 반영하고 있다.

장재는 진당晉唐 이래 역학의 유무지변有無之辨을 논제로 삼아서 공소

孔疏의 음양2기설을 비판적으로 흡수하고, 이구李覯의 "기氣가 있은 뒤에 상이 있고 상이 있은 뒤에 형이 있다"는 관점을 발전시켰다. 그래서 장재는 기를 우주 본체로 삼아서, 천리를 근본으로 삼았던 정이의 관념론적 세계관을 부정하였다. 장재는 "기氣가 형체가 없으면서도 상이 있다"는 점을 가지고서 "무란 없다"(無無)고 설명하여, 노자老子 및 현학파의 "유가 무에서 생기고 천지는 무를 근본으로 삼는다"는 설과 무극을 세계의 본원으로 삼았던 주돈이의 설에 나타난 관념론적 관점을 부정하였다. 그와 동시에 공허를 만물의 본성으로 보아 객관 세계의 실재를 부정한 불교의 관념론적 세계관도 부정하였다. 역학에서 보면 장재는 "기가 없으면 상이 없고 상이 없으면 의義가 없다"(舍氣無象, 舍象無義)는 관점을 제시하였다. 또 "문사를 얻으면 이에 상이 있으니, 변화의 이치가 문사에 존재한다"고 하여, 왕필의 "의를 얻음은 상을 잊음에 달렸고 상을 얻음은 말을 잊음에 달렸다"는 방법을 부정하였다.

장재의 역학은 기를 세계 만물의 본원으로 삼는 관점을 서술하는 데 그치지 않고, 더 나아가 음양 2기가 변화 운행하여 만물을 낳고 변화시키는 과정과 법칙을 논술하고, 아울러 이러한 법칙을 가지고서 괘효상의 변화와 괘효사의 의리를 해설하였다. 장재는 세계의 각양각색 인간과 품물이 다음과 같이 생겨난다고 하였다.

> 기는 한없이 아득하게 태허하여, 올라가고 내려가고 날아가고 치켜올라 결코 멈추거나 쉬지 않는다. 『역』의 이른바 '인온絪縕'이나 『장자』의 이른바 "품물을 낳음에 숨으로 혹 뿜는다"라든가 혹은 '아지랑이'(野馬)라고 하는 것이 바로 이것이다.[141]

> 떠다니는 기가 얽히고 뒤섞여, 합하여 질을 이룬 것이 각양각색의 사람과 품물을 낳는다.[142]

이러한 복잡한 뒤얽힘은 불가사의한 변화인데 어떻게 발생한다는 말인가? 그는 "하늘의 헤아릴 수 없음(天之不測)을 신神이라고 일컫는다"고 말한다.

> 대개 하늘의 덕은 사려하여 잘 응한다. 그 응함은 인간의 생각과 총명으로 헤아려 알 수 있는 것이 아닌 까닭에 신神이라 일컫는다.[143]

> 기의 성성性은 본디 허령虛靈하니, 신神과 성성性은 바로 기에 고유하다.[144]

> 신이란 태허로서 신묘하게 응함을 말한다. 무릇 천지만물은 모두 신화神化의 찌꺼기일 따름이다.[145]

> 『역』에 "감응하여 마침내 통한다"고 한 것은 대개 신神을 두고 말한 것이다. 급격히 발생케 함(暴)을 가리켜 신이라고도 하지만, 이 급격한 발생에도 점차로 이루어짐이 있다. 이것이 바로 화化함이다.[146]

> 신이라야 능히 변화할 수 있으니, 그것이 온 천하의 동動이기 때문이다.[147]

> 신은 동動함을 위주로 하므로, 천하의 운동은 모두 신이 하는 것이다.[148]

이러한 말에서 알 수 있듯이 기가 능히 만물을 낳고 변화시키는 소이는 '신神'에 있는데, 이 신이란 기에 고유한 특성 혹은 공능이며, 이 공능이란 바로 동動함이다. 신은 기에 고유한 것이므로, 사실상 신이란 기 자체의 미묘한 운동 변화가 인간과 품물을 생성하는 일을 두고 말한다. 변화 운동이 만물을 생성하는 과정은 좀 구체적으로 말하면 '감感'이라는 마디를 통하여 실현된다. "기의 근본은 허하여서 담박 혼일해 형체가 없다가, 감응하여 품물을 낳을 때에는 모여서 상상象이 있다"[149]고 하였다. 장재의 감응이란 말은 함괘咸卦 ䷞ 「단전」의 "천지가 감응하여 만물을 낳고 변화시킨다"고 한 데서 나왔다. 감응은 어떻게 발생하는가? 장재는 『정몽』 「건칭편乾稱編」에서 이렇게 말했다.

> 둘이 있으면 감응이 있다. 하지만 하늘의 감응에 어찌 사려함이 있겠는

가? 절로 그러함이 아닌 것이 없다.[150]

끝(端)이 둘인 까닭에 감응함이 있고, 근본이 하나이기에 능히 합한다.[151]

감응하지 않음이 없는 것이 허虛이다. 감응은 즉 합함이요 이룸이다. 만물이 본디 하나이기에 하나는 능히 다른 것과 합할 수 있다. 다른 것과 능히 합할 수 있기에 그것을 감응이라고 한다. 다른 것이 있지 않다면 합함이 없다.[152]

하늘은 커서 그 바깥이 없으니, 감응함이 있게 되는 것은 두 끝을 안에 감싸고 있기 때문이다. 품물이 서로 감응하는 양상은 이용하고 드나드는 지향처를 알지 못할 정도이다. 만물의 신묘함일진저![153]

이른바 감응이란 실은 대립자 쌍방이 운동 변화 속에 있으면서 상호 흡인하고 상호 배척하는 작용이다. 천지만물 사이에 이러한 상호 작용이 발생하는 이유는 우주 자체가 태허와 만물 사이의 대립과 통일에서 조성된 것이기 때문이다. 세간의 만물을 두고 말하자면 어떤 한 존재도 대립하는 쌍방이 없지 않기 때문이다. 이것이 바로 장재가 주장한 일물양체一物兩體의 이론이다. 일물양체에 관해 장재는 다음처럼 논하였다.

일물양체란 태극을 말함일진저! 음양의 천도天道는 상을 이룬다. 강유의 지도地道는 법을 효칙한다. 인의仁義의 인도는 성性을 세운다. 『역』의 6효에서 삼재三才를 둘씩으로 하므로, 건곤의 도가 아닌 것이 없다.[154]

땅이 2의 수인 이유는 강유 남녀를 나누어 효칙해서 그렇다. 이것이 바로 지도地道를 법받음이다. 하늘이 3의 수인 이유는 하나의 태극과 양의를 상징해서 그렇다. 이것이 바로 성性이다.[155]

일물양체란 기氣이다. 일이기에 신묘하며(둘이 존재하기에 헤아릴 수 없다──장재의 주) 둘이기에 화한다.(하나에서 미루어 행한다──장재

의 주) 이것이 바로 하늘이 3의 수인 이유이다.[156]

하늘을 3으로 하고 땅을 2로 한다고 함은 단지 천지의 질質을 두고 말하는 것일 따름이다.[157]

둘이 세워지지 않으면 하나를 볼 수가 없고, 하나를 볼 수가 없으면 둘의 쓰임이 그친다. 2체란 허와 실이요, 동과 정이요, 모임과 흩어짐이요, 맑음과 흐림이다. 궁극에는 하나일 따름이다. 둘이 있으면 하나가 있다. 이 하나가 태극이다. 하나이면 둘이고, 둘이 있으면 하나가 존재한다. 무無도 역시 하나의 존재이다. 그러므로 둘이 없으면 어찌 하나를 쓰겠는가? 태극이 운용하지 않으면 공허일 따름이므로 하늘이 3일 수가 없다.[158]

위에서 장재가 말하는 일물양체란 사실상 세계 만물의 모순 현상임을 알 수가 있다. 태극이 하나이고 음양 2기가 둘이라는 식이다. 이것이 바로 '삼천參天'이다. 이 때 '삼參'은 하늘이 세 부분으로 이루어졌다는 말이 아니라, 태극이 총체적 통일의 하나이고, 그 속에 다시 모순하는 쌍방인 음과 양이 들어 있다는 말이다. 모순하는 쌍방은 반드시 하나의 통일체 속에 처하며, 그 쌍방은 서로 대립적이면서 또 의존적이다. 이에 바로 그 궁극은 하나일 따름이다. "둘이 없으면 어찌 하나를 쓰겠는가"는 장재의 표현을 빌자면, "감응한 뒤에 통함이 있으니, 둘이 있지 않으면 하나는 없다. 그러므로 성인이 강유를 본으로 세웠다. 건곤이 훼멸하면 『역』을 볼 수가 없다"는 말이다. 다시 말해 하나의 사물 내부에 대립하는 쌍방이 없다면 해당 사물 자체의 존재에 대하여 말할 수 없다는 뜻이다. 결론적으로 장재는 『정몽』「태화편太和篇」에서 이렇게 말하였다.

조화가 이루어지는 데 있어서 어떤 한 사물도 서로 닮은 것이 없다. 이로써 만물이 비록 많지만, 기실 어떤 사물도 음양이 없지 않음을 알 수가 있다. 또 이로써 천지의 변화가 이단二端에서 이루어질 뿐임을 알 수가 있다.[159]

즉 음양 2기가 운행 유전하고 상호 작용하며 끊임없이 낳고 낳는 일이 바로 일체 사물이 영구히 중단 없이 변역하며 생장하고 소멸하는 근원이라는 것이다.

장재는 또 이른바 도道란 음양이 교감하여 만물을 낳고 화하는 과정과 법칙을 가리킨다고 보았다. 즉 『정몽』 「태화편」에 다음과 같은 말들이 보인다.

> 기화氣化로 말미암아 도道라는 이름이 있다.[160]

> 일음일양은 형기의 구애를 받지 않는다. 그것을 도라고 한다.[161]

> 그 미루어 행함을 말하여 도道라고 하고, 그 헤아릴 수 없음을 두고 신神이라고 하며, 그 낳고 낳음을 두고 역易이라고 한다. 사실은 한 가지 일이되, 일의 각 측면을 가리켜서 달리 이름할 따름이다.[162]

도道·신神·역易이란 모두 기氣라는 '일물'을 두고 말하되, 도道란 일음일양이 서로 미루어 변화하는 법칙이고, 신神은 기에 고유한 미묘하여 헤아리기 어려운 운동 변역의 특성이며, 역易은 기가 그침 없이 낳고 낳아 다함이 없는 변역 과정을 말한다. 그는 또 『정몽』 「건칭편」에서 "신神은 하늘의 덕德이고 화化는 하늘의 도道이다. 덕은 그 체體요 도는 그 용用이니, 기에 있어 한 가지일 따름이다"[163]라고 하였다. 신과 도는 모두 기氣에 통일되어 있으며 신은 기에 구비된 본성이고 도는 신의 외화外化, 즉 기의 잠재적 역동성이 전개되는 과정 및 법칙이라는 말이다. 상술한 논법으로부터 장재가 「계사전」의 "일음일양을 도라고 한다"는 사상을 발휘하여, 천도天道 즉 역易은 음양 2기가 상호 미루어 운행하고 낳고 낳아 그침이 없는 과정 및 법칙이며 천지만물 및 괘효상은 모두 이 법칙을 따라서 운동 변화하는 것이라고 천명하였음을 알 수가 있다.

음양 2기가 변역 운행하여 만물을 낳고 화한다고 본 장재의 이론은 주로 「계사전」의 사상에서 도출되었고 또 그것을 발전시켜 형성된 것이다.

장재는 "일음일양을 도라고 한다"는 관점을 발휘하여, 천도가 곧 역도易道이고, 도란 음양 2기의 상호 미루어 변화해 가는 과정 및 법칙이라고 하였다. 이로써 그는 기왕의 역학 철학에서 도를 실체로 보았던 각종 설법을 부정하였다. 장재는 「계사전」의 "역에 태극이 있으니 이것이 양의를 낳는다"를 일물양체설로 해석하여, 기가 태극이고 태극이 음양 2기의 통일체라 보았고, 음양 2기의 상호 작용 과정이 만물의 생멸 및 사물의 운동 변화에 원인이 된다고 해석하였다. 이것은 역학사나 철학사에서 아주 중요한 의의를 지닌다.

역학사에서 보면 장재가 말한 태극은 64괘의 근원을 가리키고, 양체는 건곤 2괘를 말한다. 64괘의 형성에 대하여 상재는 건곤괘변설을 취하여, 64괘의 효위 변화가 다 건곤 2괘에서 기원한다고 하였다. 즉 "건곤이 열列하지 않으면 어찌 역을 보겠는가"라고 하였다. 바로 건곤 2괘의 대립과 통일 때문에 그 음양의 효위가 상호 추이하여 비로소 그 밖의 62괘가 각각 형성되며, 각 괘에 모두 음양 2효가 있게 된다. 이것이 바로 일물양체이다. 괘상을 두고 말하면 태극의 기氣에 들어 있는 음양 2체가 각각 강건과 유순으로 나뉘어 괘상 중에 표현되면 건곤 2괘가 된다. 이러한 논법은 자신의 괘변설에서 이론적 근거를 찾은 것이다. 이처럼 장재는 태극이 바로 음양 2기의 통일에 고유한 운동 본성이라는 점을 들어, 건곤 2괘의 상호 작용에서 64괘가 생겨난다고 설명하였다. 이 점은 정이 역학이 괘변만을 설명한 것과 비교하면 분명히 아주 커다란 진보이다.

철학사에서 보면 장재의 일물양체설은 물질을 세계 본원으로 인정하는 기초 위에서 세계 운동 변화의 근원 문제를 설명한 점에 의의가 있다. 사실 물질 세계의 운동 변화가 음양 2기의 변역 법칙의 지배를 받는다고 보는 설은 장재에게서 비롯된 것이 아니다. 한당 이래 태극원기설이 모두 이 관점을 지지한 바 있다. 하지만 다른 사람들은 이 문제에 유물론적으로 명확한 회답을 하지 않았었다. 공소孔疏는 '작위함이 없으면서 저절로 그러함'(不爲而自然)이란 관점에서 「계사전」에서 말한 신神을 변화 동력의 신으로 해석하였고, 주돈이는 무극의 정靜이 태극의 동動의 근원이라고 하였으며, 정이는 리理의 굴신왕래 작용을 승인하는 반면에 기에 고유한 본성을 부정하였다. 그러나 장재는 「계사전」에서 말한 신神을 기氣에 고유한 운동 본성이라고 해석하였다. 끝이 둘이기에 감응이 있고 본이 하나이기에 능히 합하며, 둘이 있으면 감응하고, 감응하여 생기게 하면 모여서 상이 있게 되므로, "천기가 감응하여 만물이 생겨나고 화하는 것"이라고 하였다. 장재는 태극의 기에 포함된 음양 2기의 대립 통일과 상호작용을 물질 세계의 운동 변화의 동인動因으로 귀결시킨 것이다. 비록 그는 음양 2기의 통일과 화해를 강조하기는 하였지만, 세계 본원에 대한 유물론적 인식을 기초로 하여 물질 세계의 운동 변화 속에 내재되어 있는 원인을 명확히 지적해 내었으니, 이것은 장재가 역학 철학사에 남긴 가장 큰 공적이다.

장재는 또 「계사전」의 "신묘함을 궁구하고 조화를 안다"(窮神知化)와 「설괘전」의 "리를 궁구하고 성을 다한다"(窮理盡性)는 말이 지닌 뜻을 천명하고 전개시켜, 인식론 및 도덕 수양 방법에 대한 자신의 관점을 명확히 서술하였다. 장재의 해석에 의거하면 신神이란 기氣에 구유되어 있는 동적인 본성 및 공능이고, 화化란 음양 2기가 서로 감응하여 운동하는 과정 및 형식이다. 신과 화는 모두 기에 고유하므로 인간의 의식에 의지하지 않고 객관적으로 존재하는 것이되, 단 인간은 신神 화化를 인식할 수가 있다.

> 신화神化란 하늘의 양능良能이지 인간적 능력(人能)이 아니다. 그러므로 크게 하늘에 짝한 뒤에야 능히 신을 궁구하고 조화를 알 수가 있다.[164]

이러한 것은 「계사전」의 "신을 궁구하고 조화를 아는 것이 덕의 성대함이다"는 구절에 해당한다. 성인의 경지에 이르러야만 비로소 "신묘함을 궁구하고 조화를 알 수 있다"는 뜻이다. 그런데 이러한 경지에 이르기 위해서는 먼저 리를 궁구하고 성을 다해야 한다. 장재는 「설괘전」의 "리를 궁구하고 성을 다하여 명에 이른다"(窮理盡性而至於命)는 구절을 다음처럼 풀이하였다.

천도란 곧 성이다. 그러므로 인간을 알려고 하는 자는 하늘을 알지 않을 수 없다. 능히 하늘을 알아야 인간을 알 수가 있다. 하늘을 알고 인간을 앎과 리를 궁구하고 성을 다하여 명에 이른다는 것은 같은 뜻이다.[165]

다시 말해 하늘과 인간은 동일한 성性을 구유하며, 인간은 곧 기화氣化의 산물로서 바로 기의 본성을 구비하고 있으므로, 천도가 곧 성性이라는 뜻이다. 따라서 인간을 알려면 하늘을 알아야 하며, 성을 다하려면, 즉 인간의 본성을 최대 한도로 발휘하려면 리를 궁구해야 한다. 리를 궁구한다는 것은 곧 천도를 최대 한도로 인식함이다. 다시 말해 객관의 자연 법칙을 인식함이다. 인간은 리를 궁구함으로써 성性을 다하는 경지에 들어가고, 자연이 인간에게 부여한 인식 능력을 가장 충분하게 발휘하는 경지에 도달할 수 있다. 이렇게 하여 비로소 신神의 경지를 궁구하고 조화를 알 수 있게 된다. 조금 구체적으로 말해 리를 궁구하고 성을 다함에 이르려면 입신入神 및 존신存神의 방법을 통하지 않으면 안 된다. 장재는 이렇게 말하였다.

오묘한 이치를 깨달아 입신入神의 경지에 이르러 그 운용을 다하는 것을 두고 천하의 리를 꿰뚫었다고 말한다. 기대할 바가 있으므로 운용을 다할 수가 있다. 궁신窮神이란 그 신묘함을 끝까지 다함이다. 이에 비해 입신이란 신묘한 지경의 끝까지 들어감이다. 즉 바깥으로부터 들어간다는 말이다. 후자(입신)는 뜻이 깊고 전자(궁신)는 뜻이 다소 옅다.[166]

오묘한 이치를 깨달아 입신의 경지에 이르러 미리 예견할 따름이다.……예견하면 어떤 일이라도 다 갖추게 되고, 갖추게 되면 이로움을 이용할 수 있으며, 이로움을 이용하면 몸이 평안하다.[167]

만물을 밝히고 인륜을 살핀 뒤에라야 능히 오묘한 이치를 깨달아 입신할 수 있다. 그 본래 가진 인仁을 성性으로 하여 행할 따름이다.[168]

오묘한 이치를 깨달아 입신하려면, 사려를 다해 일에 임하여 의심이

없어야 한다.[169]

'오묘한 이치를 깨달아 입신의 경지에 이름'(精義入神)이란 사려의 기능을 충분히 발휘하여 사물의 의리와 인륜을 밝게 살필 수 있음을 말한다. 사물의 의리를 파악해서 신神과 조화(化)를 이성적으로 인식하여, 그로부터 '예禮'에 이르고 '일에 임하여 의심이 없음'에 이를 수 있다. 그런데 '존신'이란 이보다 한층 더 높은 수양의 경지이다. 장재는 존신에 대하여 이렇게 말하였다.

> 신神은 생각으로 헤아려 알 수가 없으므로 그대로 건드리지 않고 두는 것이 좋다. 조화는 조장할 수 없으므로 그냥 순종함이 좋다. 허명虛明한 마음을 보존하고 지극한 덕을 항구히 지녀 변화에 순종하여 시중時中에 통달함이 인仁의 지극함이요 의義를 다함이다.[170]

> 기에 음양이 있고, 음양은 이루어 행하는 데 점진함(漸)이 있어서 변화를 가져 온다. 그렇게 음과 양이 합일하여 헤아릴 수 없음이 신이다. 인간에게서는 지혜와 의리를 이용하면, 신화神化의 일이 갖추어진다. 덕이 성한 자는 신묘함을 궁구할 수 있으므로, 지혜는 말할 것 없이 갖추고 있다. 또 조화를 알므로 의리도 지니고 있다. 하늘의 조화는 기氣에서 운동하고, 사람의 조화는 시時에 순종한다. 기가 아니고 시가 아니면 어찌 조화란 이름이 있으며, 조화의 실상이 일주해 나갈 수 있겠는가? 『중용』에 "지성至誠이면 능히 화한다"고 하였고, 『맹자』에 "크게 화한다"고 하였다. 그 둘은 다 덕이 음양에 합하고 천지와 함께 흘러서 통하지 않음이 없음을 말한다.[171]

> 성인의 덕이란, 마음을 둔 곳에서는 신묘하여 헤아리기 어렵고 지나치는 곳에서는 사람마다 다 그 감화를 입으니(存神過化), 물물物物에 누됨을 잊고 성명性命에 순종해서 그러할진저!![172]

이른바 '존신'의 경지란 지력을 써서 의리를 변별하는 것이 아니라, 인간의 정신이 하늘과 하나가 되는 상태이다. 다시 말해 완전히 천지의 변화와 함께 흘러서 음양 2기가 변역하는 자연 법칙에 순응하여, 개체 사물의 생사존망 및 자신의 이해득실에 이끌려 누되는 일이 없음을 말한다.

장재가 강론하는 '궁신지화'는 인식론의 의의에서 보면 유물론적 요소를 지니고 있다. 즉 장재가 말하는 신화와 천리는 주로 사물의 자연 속성 및 객관 법칙을 가리키므로, 궁신과 궁리의 주된 의의는 사물의 속성 및 법칙을 인식함에 있다. 장재는 비록 천인합일天人合一을 강론하기는 하였으나, "먼저 리를 궁구하여 성을 다함에 이른다"고 강조함으로써, 하늘을 최고 지위에 두었다. 이것은 궁신지화설의 유물론적 요소를 드러낸 것이다. 분명히 이러한 관점은 정이의 관점과는 다르다. 정이는 "하늘과 인간은 근본이 같아"(天人一本) 인간이 하늘을 포용할 수 있고, 성性을 알면 곧 하늘을 안다고 보아 인심人心에서 출발하는 인식 노선을 따랐다. 물론 장재의 존신설存神說은 현학파의 영향을 깊이 받아 주관을 객관 속에 융화시켜 자연 순화론自然順化論에 빠져드는 한계가 있다.

요컨대 장재의 역학은 원기元氣 및 음양 2기를 가지고 역리를 풀이해 온 한당 이래의 역학 이론을 비판하고 개조하여 총결산한 위에 건립된, 기氣를 핵심으로 하는 역학 체계이다. 그로부터 송역 의리파 역학 가운데 기학파의 역학이 개창되었다. 장재의 역학 철학은 우주 본체, 사물의 발전 변화의 동인 또는 인식론에 관련된 일체의 인식에서 유물론적 경향과 소박 변증관을 드러내었다. 장재 역학은 역학 철학을 고도로 이론화하였다는 점에서 중요한 의의를 지녔을 뿐만 아니라, 송명 철학에서 유물론 사상을 발전시키는 데에도 중요한 영향을 끼쳤다.

제 2 절 남송의 의리파 역학

1. 주희의 역학

주희朱熹(1130~1200)의 자는 원회元晦 또는 중회仲晦이며, 만년의 호는 회옹晦翁·창주병수滄洲病叟로, 휘주徽州 무원婺源(지금 강서성에 속함) 사람이다. 부친 주송사朱松師는 양시楊時의 제자인 나종언羅從彦을 사사師事하여, 정문程門의 삼전三傳 제자이다. 주희는 다섯 살 때 부친의 가르침을 받으며 독서를 하기 시작하였다. 14세 때 부친이 세상을 떠나자, 부친의 유명을 받들어 호빈胡賓·유치중劉致中·유언중劉彦中을 사사하였다. 그 중에 호빈을 사사한 기간이 가장 길다. 일생중 외지에서 관리 생활을 한 기간은 겨우 9년이고, 나머지 40여 년은 모두 저술과 강학으로 보냈다. 주희는 아주 많은 부문에 걸쳐 서적을 편찬하거나 저술하였는데, 『역』·『시』·『서』·『예』에 관한 것이 모두 있다. 그 가운데 역 해석의 저술이 아주 풍부하여, 채원정蔡元定과 함께 편한 『역학계몽』이외에도 『주역본의周易本義』가 있다. 또 『주자어류朱子語類』권68에서 권77까지는 강학하면서 『주역』을 해설한 내용을 수집하여 둔 것으로 『주역본의』를 보충하고 발휘한 것이다. 그 밖에 역학의 문제점을 토론한 서신, 『문집』「잡저」중의 역학 논설, 『주자어류』권65에서 권67까지에 수록된 『주역』강령의 해설도 주희의 역학을 연구할 때 중요한 자료들이다. 주희는 또 『태극도설해太極圖說解』와 『통서해通書解』를 저술하여 주돈이의 역학을 해설하였다. 그 속에도 주희의 역학 철학이 집중적으로 반영되어 있다. 그 밖에 『주자어류』의 기록 가운데 「주자서周子書」·「정자서程子書」·「장자서張子書」·「소자서邵子書」에 관한 부분은 강학하면서 그 다섯 사람의 철학을 논평한 어록으로, 그 가운데는 자신의 역학 철학을 천명한 것이 많다. 상술한 주희의 역학 저서 중에서 『주역본의』는 역을 해석한 언어가 간결하고 뜻이 풍부하며 구차한 천착이 비교적 적어 후세에 끼친 영향이 가장 크다.

주희는 봉건 사회 후기에 접어들어 가장 박학하고 가장 영향력 컸던 학자이다. 송명 시대 전체의 철학사에서 말하자면 주희는 정주 리학程朱理學의 집대성자이다. 리학은 주희를 거쳐 비로소 학파적인 규모와 체계를 형성하였다. 주희의 학문은 그 뒤 6, 700년에 달하도록 영향을 끼치게 되었다. 주희 자신은 그로써 "도통을 잇고 사람의 표준(人極)을 세워 만세의 으뜸 스승(宗師)이 되었다." 역학 발전사에서 보면 주희는 의리파의 입장을 견지하여 정씨 역학을 골간으로 하면서 각 역학가의 장점을 비판적으로 흡수하고 융합하여, 북송 시대 역학의 발전을 종합하는 역학 체계를 세웠다. 그로써 주희의 역학은 상당한 권위를 지니게 되어 후세에 깊은 영향을 끼쳤다.

1. 『주역』에 대한 주희의 인식

『주역』이란 책의 본질에 관하여 주희는 경과 전을 구별할 것을 주장하고, 『역』은 그 기원으로 볼 때 복서의 책이라고 강조하였다. 『주자어류』 권66에서 주희는 다음처럼 말하였다.

> 『역』은 본디 복서의 책이라서 후인들은 단지 복서에 그쳤다. 그러다가 왕필에 이르러 노장老莊의 학으로 풀이하였다. 그 뒤로 사람들은 단지 리理만을 위주로 하고 복서라 여기지 않게 되었다. 이것은 잘못이다. 애초 복희씨가 획괘하던 당시를 상상하면, 양은 길吉이고 음은 흉凶이었지 문자는 없었다고 나는 감히 말한다. 내 생각은 이러하다. 뒤에 문왕은 음양만으로는 사람들이 이해할 수 없음을 보고 거기다가 단사彖辭를 지었다. 그런데 점하여 효를 얻어도 사람들이 이해할 수가 없자 주공이 거기다가 효사爻辭를 지었다. 그래도 여전히 사람들이 이해하지를 못하자 공자는 십익十翼을 지어서 애당초의 뜻을 풀이하였다.[173]

또 주희는 다음처럼 말하였다.

> 『역』이란 책은 세 분 성인을 거치면서 체재가 달라졌다. 복희씨의 상象, 문왕의 사辭는 모두 복서에 의거하여 가르침을 삼았으나 그 법은 각각 다르다. 공자가 전傳을 찬함에 이르러서는 한결같이 의리를 가르침으로 삼게 되고, 복서만 오로지 하지를 않았다. 세 분 성인이 어찌 고의로 달리한 것이겠는가? 세속의 순박함과 잡박함, 안정과 난리의 상태가 달랐으므로, 그 교법으로 삼는 내용도 달라지지 않을 수 없었던 것이다. 그러나 도道는 미상불 같다.[174]

문왕이 괘를 겹치고 주사繇辭를 지었고 주공이 효사를 지었는데, 그 둘은 모두 점서를 위해 설치한 것이다. 공자에 이르러 비로소 의리의 관점에서 논설해 나갔다.[175)

문왕의 괘사와 주공의 효사는 모두 복서를 위한 것이었다. 후대에 공자는 이 책이 있는 것은 반드시 어떤 이치가 있어서일 것이라고 보았다. 그래서 음양이 소멸 성장하고 가득 차고 빈다는 설로부터 진퇴존망의 도리를 도출하였다.[176)

주희의 이 말들은 사실 다음 두 가지 문제에 관련되어 있다. 하나는 『주역』 경전의 작자 문제이다. 다른 하나는 『주역』의 경의 본질에 관한 문제와 『주역』의 경과 전 사이의 관계에 관한 문제이다. 설명을 요하는 것은 후자이다. 첫 번째 문제에서 복희가 팔괘를 그었다는 논법은 믿을 수가 없다. 이 점에 대해서는 앞에서 이미 논술하였다. 『주례』 「춘관」 태복太ㅏ의 조항에 따르면 문왕의 역인 『연산連山』 때에 이미 중괘重卦가 있었다고 한다. 따라서 문왕이 괘사를 만들고 주공이 효사를 지었다는 설은 확실한 증거가 전혀 없다. 그러므로 실제로 괘효사를 만든 사람이 누구라고 지정하기란 불가능한 일이며 또 불필요한 일이기도 하다. 십익의 작자에 대해 주희는 구양수와 달리 모두 공자가 지었다고 보았다.

두 번째 문제, 즉 『주역』의 경과 전 사이의 관계와 관련하여 주희가 한 말은 실제로는 다음 두 층위의 뜻을 담고 있다. 하나는 『역경』의 형성 과정에서 볼 때 『역』은 본래 복서의 책이었다고 강조한 점이다. 복희가 괘를 그은 일, 문왕이 괘를 겹치고 괘사를 지은 일, 주공이 효사를 지은 일은 모두 점서를 위해 마련되었다는 주장이다. 또 하나는 『주역』의 경과 전을 구별하여 공자가 십익을 짓자 비로소 의리를 논설하게 되고, 그렇게 함으로써 비로소 음양소장설에서 진퇴존망의 도리를 도출하게 되었다는 주장이다. 다시 말해서 『경』은 점서를 논한 데 비하여 『전』은 의리를 논하였다는 말이다. 일반적으로 『역』의 기원과 『주역』의 형성 과정에서 보면 『주역』을 복서의 책이라고 하는 설에 대해서는 이의를 제기할 수가 없을 만큼 의문의 여지가 없다. 확실히 『역』은 점서를 위해 설계된 것이기 때문이다.

그런데 『주역』의 경과 전의 관계에 대하여, 주희는 『경』과 『전』을 구별하고는 공자가 『역경』을 위해 십익을 만든 뒤에 비로소 의리를 논할 수 있게 되어 "한결같이 의리를 가르침으로 삼게 되고 복서만 오로지 하지를 않게 되었다"고 지적하였다. 이 견해는 확실히 중요한 문제를 하나 건드리고 있다. 역학사의 관점에서 볼 때 바로 『역전』이 출현하자 비로소 철학적 언어가 『역경』의 점복占卜 언어를 대체하고 『주역』의 신비적 겉옷 뒤에 숨겨진 사상을 직접 표출할 수 있게 되어, 그로써 『주역』이 진정한 철학이 될 수 있었다는 점은 주목하지 않을 수 없다. 다시 말해 『역전』에 이르러 비로소 일련의 의리를 천명할 수 있게 되었다고 주희가 강조한 말은 틀림없는 사실이다.

여기서 문제는 주희가 『역』이란 본래 복서의 책이라 하고서는 『역전』과 『역경』을 구별하였던 실제 의도가 무엇인가 하는 점이다. 주희의 전체 역학 사상을 보면 그는 송역 가운데 의리파에 속하는 인물이다. 다시 말해서 그가 『역』이 본래 복서의 책이라고 강조한 목적은 의리로 『역』을 논하는 일을 부정하려 한 것이 아니라, 서법筮法에서 벗어나 경문을 해석하면서 억지로 부회하고 도리를 공담하는 일에 반대한 것이었다. 주희는 다음처럼 정이程頤를 논평한 일이 있다. "정이천은 커다란 도리를 볼 수 있었으나 이것저것을 다 이 도리에 부합시킨 것은 올바른 역 해석이 아니다."[177] 그 반면에 『경』과 『전』의 관계에 대하여 주희는 결코 그 둘 사이의 관계를 부인하지 않았다. 그는 주돈이의 『통서』에서 "성인의 온축한 바는 괘로 인하여 드러난다"(聖人之蘊, 因卦以發)고 한 말을 이렇게 해석하였다.

> 처음 획괘를 할 때에는 건괘 4덕의 뜻이 없었다. 건괘 4덕은 공자에 이르러 비로소 나왔다. 하지만 문왕과 공자가 그 뜻을 이끌어 내지 않았다 해도 그 도리는 역시 복희가 처음 획괘하였던 바에서 벗어나지 않는다. 그래서 '역의 인온絪縕' 운운한 것이다.[178]

복희가 『역』을 만들 때에는 다만 팔괘를 이처럼 그었을 따름이었다. 그
때 어찌 음양·강유·길흉의 리를 설명하였겠는가마는, 그러나 그 속에 이
미 이 도리가 구비되어 있었다.[179)

공자가 『전』을 지은 목적은 복서 속에 의리가 전혀 없을까 염려하여
그 의의를 밝히고자 한 데 있었다고 주희는 말하였다. 주희는 공자가 십
익을 지은 일을 찬미하여 "위대하시도다, 공자여! 늘그막에 이 책을 좋아
하셨지.…… 오로지 의리를 가지고 『경』의 말씀을 발휘하셨네"[180)라고
하였다. 이러한 말들로 보면 주희는 결코 『역전』에 언급된 의리가 『역
경』을 완전히 벗어나 있다고 보지 않았으며, 오히려 『역전』이 발휘한 의
리가 바로 『역경』 속에 포함되었다고 보았음을 알 수 있다.
　요컨대 주희가 『역』을 본래 복서의 책이라 강조한 것은 결코 『역』 속
에 의리가 들어 있음을 부인한 것이 아니다. 거꾸로 주희는 "대개 『역』
은 『시』·『서』와는 다르다. 『역』은 천하 후세의 무궁무진한 사리를 말한
다. 한두 글자밖에 안 되는 것도 하나의 도리를 지닌다"[181)고 하였다. 물
론 주희는 『역』이 본래 복서책이었다는 점을 지나치게 강조하고, 『전』으
로 『경』을 풀이하는 경향에 찬성하지 않음으로써 후대에 부정적인 영향
을 끼쳤다. 오늘날에는 심지어 『역경』에는 철학이 없고 『역전』에서 비로
소 철학을 강론하게 되었다고 말하기까지 한다. 그러나 이러한 논법은 주
희의 주역본의설周易本義說과는 전혀 관계가 없음에 주의해야 할 것이다.
　『주역』의 의리를 어떻게 인식해야 할 것인가에 대해 일찍이 정이는
『유서』권19에서 "하나를 고집해서는 안 된다. 괘마다 하나의 일만을 고
집하면 384효가 384건의 일이 되므로, 그렇게 되면 끝장이다"[182)라는 견
해를 피력한 바 있다. 주희는 정이의 견해를 기초로 하면서 "『역』은 다
만 하나의 빈 사물이다"(易只是個空底物事)는 관점을 제시하였다. 『주자어
류』권66에 이러한 말이 전한다.

『역』이란 단지 하나의 빈 사물이다. 일(事)이 없는데도 리를 미리 말하
므로 허다한 도리를 포괄할 수가 있다. 인간이 어떤 일을 하는가를 보면

모두 『역』에 포괄된 도리와 부딪친다.[183]

또 「역오찬易五贊」(『주문공문집』, 권85)의 '경학警學' 편에서는 다음처럼 말하였다.

리가 정해지면 이미 실實한 것이고, 사事가 오면 아직 허虛한 것이다. 운용하여 응해야 비로소 유有이게 되고 체體는 다 본디 무無이다. 실을 고찰하고 허를 기다리며, 체를 보존하고 용에 응한다. 옛일을 장악하여 지금을 제어하고, 정靜으로 동動을 제약한다. 결백하고 정적이며 정밀하고 미묘하니 이것을 역易이라고 한다. 그것을 나에게 체득하여 두면 행위하고 동작하는 것이 늘 길하게 된다.[184]

또 『주자어류』 권68의 기록에 보면 주희는 이런 말을 하였다.

리가 정해지면 이미 실하고, 사事가 오면 아직 허하다. 체를 보존하여 용에 응하며, 실을 고찰하여 허를 기다린다. 그래서 384효로 천하 만사를 아우르지 않는 것이 없고 두루 포괄하지 않는 것이 없다. 그러기에 『역』의 운용이 무궁하다.[185]

다시 말해 『역』은 비어 있는 얼개 같아서 허다한 구체적 사물들이 그 속에 들어갈 수 있다. 그래서 "인간이 어떤 일을 하는가를 보면 모두 그것과 부딪친다." 『역』이 그러한 이유는 바로 『역』의 괘효사가 '공설의 도리'(空說的道理), 즉 추상적 의의이기 때문이다. 다시 말해 어떤 부류의 사물에 관한 의리를 간직하고 있기 때문이다. 예를 들어 준괘屯卦䷂ 육3 효사는 "사슴을 쫓아가되 동물 관리인이 없이 그저 수풀 속으로 들어간다. 군자는 기미를 보아 그만둠만 못하다. 따라가면 후회하게 된다"(卽鹿无虞, 惟入于林中. 君子幾不如舍. 往吝)이다. 주희는 이렇게 해석하였다.

사슴을 쫓아가는데 동물 관리인이 없이 숲 속으로 들어가면 반드시 숲 속에서 길을 잃을 것이다. 만약 그만두지 않고 따라간다면 이것은 후회하게 될 길을 취하는 것이 된다.…… 이 도리는 만약 어떤 사람이 관직을 구하기를 마지않는 그런 일을 한다면 후회할 길을 취하게 되는 것과 같다. 또 재물의 이끝을 구하기를 마지않는 그런 일을 한다면 후회할 길을 취하게 되는 것과 같다.[186]

바로 준괘 육3효의 효사는 사냥이라는 구체적인 도리에 대해 말하고 있지만, 그 속에는 보편적 의의를 지닌 추상의 도리를 포함하고 있다. 즉 어떤 일을 하든지 마땅히 적당할 때 그만두어야 하지 만일 객관적 조건을 돌아보지 않은 채 "그만두지 않고 따라가면" 반드시 불리한 결과를 가져온다는 추상적인 도리를 포함하고 있다. 곧 어떤 일을 할 때 욕심을 지나치게 부려서는 안 된다는 것이 이 효사의 리理이다. 이 리는 바로 주희가 "리가 정해지면 실하다"고 말한 그 리이다. 효사의 리가 체體이고 그 사事가 용用이어서 효의 리를 고찰하여 장차 올 일을 대비함이 바로 "실을 상고하여 허를 기다림"이다. 괘효사의 리는 정태적이고 인간사는 가변적이기에 "정으로 동을 제약한다"고 하였다. 즉 효사의 리를 연구하여 장래의 변동에 대응한다는 말이다.

"옛일을 장악하여 지금을 제어함"이란 말은 효사에 온축된 도리를 그윽히 살피고 되씹어서 현실의 문제를 처리한다는 뜻이다. "결백하고 정적이며 정밀하고 미묘하니 이것을 역이라 한다"는 말은 괘효사의 허정虛靜한 도리를 장악해야지 구체적인 사물에 구애되어서는 안 된다는 뜻이다. "384효로 천하 만사를 아우르지 않는 것이 없고 두루 포괄하지 않는 것이 없다"는 말은 『역』의 운용이 무궁하다는 뜻이다. 이 말은 실상 괘효상 및 괘효사가 어떤 한 부류의 사리事理를 표현하는 형식이라고 간주한다는 뜻이다. 즉 『주역』의 각 조의 효를 규정적인 것으로 보아, 일체 사물의 문제가 어떤 한 부류의 사물의 리를 표현하는 효사 속에 규정되어 있다고 여겼다. 그 효사 속에는 동일 부류의 사물에 관한 도리가 이미 저장되어 있어서, 그 도리로부터 해당 문제의 답안을 얻을 수 있거나 지도·계발을 받을 수 있다고 보았다.

주희의 '『역』이란 하나의 비어 있는 사물'이라는 설은 역학사에서 아주 중요한 의의를 지닌다. 한편으로 이 설은 『역』의 복서 기능에 대하여 비교적 합리적인 해석을 가하였다. 즉 『주역』에 예지豫知 및 결의決疑의 기능이 갖추어지게 된 것은 결코 시괘蓍卦가 영험하기 때문이 아니라 한 부류의 사물에 보편적으로 적용되는 추상적 도리가 괘효상과 괘효사에 갖추어져 있기 때문이라고 하였다. 바로 「계사전」의 "신령한 작용은 미래를 알고 총명한 지혜는 지난 일을 온축한다"(神以知來, 知以藏往)는 말을 두고 주희는 다음처럼 해석하였다.

> 한 괘 속에는 무릇 효괘에 실려 있는 성인이 말한 내용이 모두 이미 드러나 있다. 바로 그 도리가 곧 '지난 일을 온축함'(藏往)이란 말이다. 그리고 이 괘를 얻어서 이 도리로 말미암아 미래의 일을 추리할 수 있다. 이것이 바로 '미래를 앎'(知來)이란 말이다.[187]

또 다른 한편으로 주희는 『역』을 '비어 있는 사물'로 간주하여, 실實을 상고하여 허虛를 기다리고, 정靜으로 동動을 제약하며, 옛일을 장악하여 지금을 제어해야 한다고 주장하였는데, 이것은 『주역』이란 책의 내용을 더욱 추상화하고 공식화한 것이다. 따라서 주희의 '『역』이란 비어 있는 사물'이란 규정은 의리파의 역 해석 방법을 고도로 종합한 설이다. 다시 말해 의리파 역학의 특징은 바로 『주역』에 온축된 추상적 도리로부터 자연 법칙과 사회 법칙에 관한 인식을 발휘하는 데에 있다.

『주역』에 관한 인식에서 주희는 또 "역에 두 가지 뜻이 있다"는 설을 제출하였다. 『역』의 함축된 의미를 공영달은 한역漢易의 설에 의거하여 변역變易·간이簡易·불역不易의 셋으로 개괄한 바 있다. 그리고 정이는 『정전』「역전서易傳序」에서 변역설을 취하여 "『역』은 변역이다. 수시로 변역하여 도를 따르는 것이다. 그 책은 광대하고 두루 다 갖추고 있으니, 성명性命의 리를 순종하고 유명幽明의 일을 통하며 사물의 실정을 다 알아서, 도리를 깨달아 공을 이루는 도를 보여 주려는 것이다"[188]라고 하였다. 즉 정이는 『주역』이 사물의 변역을 강론한다고 보았다. 단적으로 말하면 이 점에서 주희의 관점은 정이의 관점과 일치한다. 『주자어류』 권 74에 기록된 말에서 주희는 "『역』이란 변역이다. 음양은 하루도 불변하는 법이 없다. 장자莊子는 『역』이 음양을 말한다고 분명히 말하였다"[189]고 하였다.

하지만 『주역』이 강론하는 변역의 내용에 관하여 정이는 하나를 고집하는 잘못이 있다고 주희는 비판하였다. 『주자어류』 권 65에서 이렇게 말하였다.

> 정이천이 『역』을 변역이라고 말한 것은 대립하는 음과 양의 유전流轉을 두고 말한 데 불과하고, 착종하는 음양이 상호 작용하는 이치는 말하지 않았다. 『역』을 말하려면 이 둘을 겸하여야 한다.[190]

역시 『주자어류』 권 65에서도 이렇게 말하였다.

> 『역』에 두 가지 뜻이 있다. 하나는 변역이다. 곧 유행한다는 뜻이나. 또 하나는 교역交易이다. 곧 서로 상대한다는 뜻이다.[191]

유행변역流行變易이란 전화轉化를 가리키고 대대교역對待交易이란 대립對立을 가리킨다. 정이는 『주역』을 논하면서 음양의 교착에 대해서는 그다지 논하지 않았다. 이에 비하여 대대교역을 더 강론한 사람은 소옹邵雍이었다. 주희가 『역』을 두 가지 뜻으로 개괄한 설은 바로 정이의 변역설을 기초로 하되 소옹의 교역설을 아울러 포괄한 것이다. 주희는 『주역』의 유행변역과 대대교역이라는 두 가지 뜻을 설명하면서, 상수파와 의리파가 『주역』의 음양변역 법칙론에 관해 제출하였던 이론들을 종합하였을 뿐만 아니라, 상수로 의리를 밝히고 의리로 상수를 해석하는 방법을 취하였다. 그래서 정이의 역학을 근간으로 하면서도 여러 역학가의 장점을 자신의 역학 속에 겸수兼修하였다.

주희는 태극(리)이 기(음양)의 동動·정靜 변화를 빌려서 세계를 낳았다고 보았다. 즉 태극이 양의兩儀를 낳고 양의가 4상四象을 낳으며 4상이 팔괘를 낳는 무한한 연쇄를 통하여 모든 자연 현상과 사회 현상의 연계와 변화, 아울러 우주와 사회의 생성 형식을 설명하였다. 그런데 이 무한한 연쇄는 바로 대대교역의 원칙을 따른다. 즉 그 연쇄는 '하나가 둘로 나뉘는'(一分爲二) 그러한 규칙적인 연쇄이다. 『역학계몽』에서 주희는 이렇게 말하였다.

> 태극이 나뉘어 처음으로 1기—奇와 1우—偶를 낳아 1획으로 된다. 이 둘이 양의이고, 그 수는 양이 1, 음이 2이다.…… 하나가 나뉘어 둘이 된다고 소옹이 한 말이 바로 이 뜻이다. 양의의 위에 각각 1기와 1우가 나와 2획으로 된다. 이 넷이 4상이다.…… 둘이 나뉘어 넷이 된다고 소옹이 한 말이 바로 이 뜻이다.[192]

이로써 유추하면 4상의 위에 각각 1기와 1우가 생겨나 3획으로 된 것이 바로 팔괘이다. 팔괘가 이루어지는 과정은 소옹의 이른바 4가 8로 나뉘는 과정이다. 팔괘 위에 각각 1기와 1우가 생겨나 4획으로 되는 과정은 8이 나뉘어 16이 되는 과정이다. 4획의 위에 각각 1기와 1우가 생겨나 5획으로 되는 과정은 16이 나뉘어 32로 되는 과정이다. 5획의 위에 각각 1기와 1우가 생겨나 6획으로 되는 과정은 32가 나뉘어 64로 되는 과정이다. 주희는 바로 소옹의 역학을 흡수하여, 주역의 상(―과 --)과 수(기수와 우수)의 관계 및 변화를 가지고 우주와 사회의 모순 구조를 개괄적으로 설명하고, 음양이 대립하고 기우가 통일되는 법칙을 우주 생성의 기본 법칙으로 삼았다. 주희는 하나가 나뉘어 둘이 될 때의 하나란 것은 통일물 혹은 혼돈 미분混沌未分의 하나이며, 이 통일물 속에는 두 대립자가 들어 있다고 보았다. 즉 「장자지서張子之書」에서 주희는 다음처럼 말하였다.

> 하나란 곧 하나의 도리인데, 그 도리에는 두 단端이 있어 서로 운용하는 바가 다르다. 이를테면 음양은 음 속에 양이 있고 양 속에 음이 있어, 양이 극성하면 음을 낳고 음이 극성하면 양을 낳아 신묘한 변화가 무궁하다.[193]

『주자어류』권65에서 주희는 이렇게 말하였다.

음양에는 서로 상대함을 가리켜 말하는 어법이 있다. 동양서음東陽西陰·
남양북음南陽北陰이니 따위가 그러한 예이다.[194]

나는 역이란 글자에 두 가지 뜻이 있다고 본다. 즉 변역의 뜻이 있고 교
역의 뜻이 있다. 「선천도」의 한 변邊은 본래 모두 양이고 또 한 변은 본
래 모두 음인데, 양 속에 음이 있고 음 속에 양이 있으므로 양은 가서
음과 교역하고 음은 와서 양과 교역하여 두 번에서 음양이 각각 상대한
다.[195]

주희가 논한 대대교역을 9도와 결합시켜 보면, "교역이란 양이 음과
교차하고 음이 양과 교차함이다. 곧 「팔괘도」의 윗것이다. 천지가 위치를
바로하고 산택이 기를 통함이 이것이다."[196] 여기서 「팔괘도」의 윗것이란
「복희팔괘방위도」를 가리킨다.(즉 「선천팔괘방위노」를 말한다) 「팔괘도」 속
의 건☰과 곤☷은 하늘과 땅으로서 상대하고, 감☵과 리☲는 물과
불로 서로 용납하지 않으며, 손☴과 진☳은 바람과 우뢰로 서로 부딪
치며, 간☶과 태☱는 산과 못(澤)으로 서로 통한다. 이 모든 것이 대대
교역의 원칙에 따라서 이루어지는데, 두 괘의 수를 합하면 모두 9이다.
또 「문왕64괘횡도」에서 건☰과 곤☷이 마주하는 배열에서 시작하여,
기제☲와 미제☵가 마주하는 배열로 끝나기까지, 전체 괘도는 모두 대
대교역에 따라서 이루어져 있다. 요컨대 주희는 대대교역의 사상思想이
「선천팔괘방위도」와 「문왕64괘횡도」의 도식 전체에 일관되어 있고, 또
도식으로 대대교역의 사상을 설명하였다고 보았다.

유행변역流行變易에 관하여 주희는 『주자어류』권65의 기록에서 이렇
게 말하였다.

음양에는 유행하는 것도 있고 제자리를 지키는 것도 있다. 한 번 동動하
고 한 번 정靜함이 서로 뿌리가 되어 이에 유행하게 된다. 추위가 가고

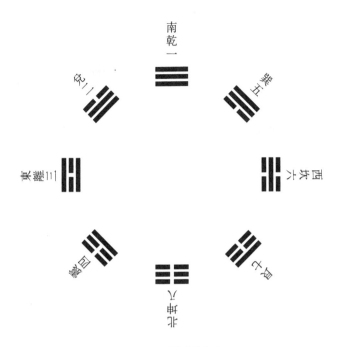

그림 5-1 선천팔괘방위도

더위가 오는 따위가 그 예이다.[197]

변역이란 양이 음으로 변하고 음이 양으로 변하며 노양老陽이 소음少陰
으로 변하고 노음老陰이 소양少陽으로 변함을 말한다. 이것이 점서법占筮
法이다. 밤과 낮, 추위와 더위, 굽힘과 폄, 오고 감 따위가 그 예이다.[198]

유행변역은 9도 속의 「문왕팔괘방위도」(즉 「후천팔괘방위도」)에 체현되
어 있다. 이 「문왕팔괘방위도」에서 괘위의 배열은 「설괘전」의 다음과 같
은 유행 순서에 근거하고 있다.

상제上帝가 진震의 방위에서 품물을 내고, 손巽의 방위에서 가지런히 하
며, 리離의 방위에서 상견하게 하고, 곤坤의 방위에 양육의 임무를 위탁
하고, 태兌의 방위에서 기뻐하고, 건乾의 방위에서 싸우며, 감坎의 방위

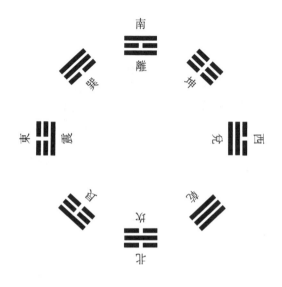

그림 5-2 후천팔괘 방위도

에서 완성한다.[199]

만물은 진震에서 나온다. 진은 동방이다. 손巽에서 정렬한다. 손은 동남
이다. 리離란 밝음으로 남방의 괘이다. 곤坤이란 땅이다. 태兌란 한가을
이다. 건乾에서 싸움한다의 건은 서북의 괘이다. 감坎이란 물의 괘이니
정북의 괘이다. 간艮은 동북의 괘로, 만물이 끝마침을 이루는 바요 처음
을 이루는 바이다.[200]

「문왕팔괘방위도」는 이처럼 기후(寒暑)와 방위의 순서를 따라 변역유행
한다. 또 「복희64괘차서도」가 있다. 이 도식은 건乾 ☰, 쾌夬 ☱, 대유
大有 ☲ 에서 비롯하여 관觀 ☶, 비比 ☷, 박剝 ☷, 곤坤 ☷ 에서 마친다.
이것은 음효와 양효가 서로 갈마들고 바뀌는 순서를 따라 배열되었다.

변역유행에 관하여 주희는 점화설漸化說과 돈변설頓變說을 내놓았다. 변
화에 관하여 한역漢易은 양이 오고 음이 감을 변變이라 하고 양이 가고
음이 옴을 화化라고 하였다. 즉 양이 동하면 변이고 음이 동하면 화라고

하였다. 이에 비하여 공소孔疏는 '점진적인 변화'(漸變)를 변이라고 하고 '갑작스런 변화'(頓化)를 화라고 보았다. 장재는 또 "변이란 두드러진 변화를 말하고 화란 점진적인 변화를 말한다"(變言其著, 化言其漸)고 하였다. 주희는 이러한 설들을 종합하여 변과 화란 음양의 전화 과정에 존재하는 두 개의 상이한 단계라고 보았다. 음이 양으로 변하고 양이 음으로 변함에 대하여 주희는 『주자어류』 권74에서 다음처럼 말하였다.

> 양陽이 화하여 유柔로 되는 과정은 다만 그렇게 소멸하고 축소해 갈 뿐이고 흔적이 없으므로 화化라고 한다. 음陰이 변하여 강剛이 되는 과정은 그 형세가 점점 자라나서 자취가 있으므로 변變이라 한다.[201]

> 변이란 음에서 양으로 가는 것을 말한다. 이 때 홀연히 변하므로 그것을 변이라고 한다. 화란 양에서 음으로 가는 것을 말한다. 이 때 점점 소모해 들어가므로 그것을 화라고 한다.[202]

> 화란 점점 다 바뀌어서 무無에 이르름이다. 변이란 돌연히 자라남이다. 변은 무에서 유로 됨이고 화는 유에서 무로 됨이다.[203]

이 말들은 한편으로는 분명히 장재의 설을 흡수한 것이면서, 다른 한편으로는 한역의 설도 흡수한 것이다. 따라서 주희는 장재와 달리, 음양을 벗어나서 변과 화를 논하지 않았다. 주희는 이러한 변화론을 근거로 『주자어류』 권71의 기록에서 복괘復卦 ䷗ 를 다음처럼 해석하였다.

> 박剝 ䷖ 이 다하면 곤坤 ䷁ 이 된다. 그 다음의 복復은 1양이 생겨남이다. 복復의 1양은 갑작스레 생겨나는 것이 아니라 곤괘 중에서 쌓여 온 것이다. 바로 1개월은 30일이므로, 복復의 1양이 30분分으로 나뉘어 소설小雪 뒤에 하루에 1분씩 생겨난다. 위쪽에서 1분이 줄어들면, 아래쪽에서 1분이 생겨난다. 11월하고 중반이 되면 1양이 비로소 이루어진다. 이로 보면 천지에 멈추어 쉬는 곳이 없음을 알 수가 있다.[204]

박괘剝卦에서 전화轉化하여 복괘復卦가 되니, 복괘의 1 양이 형성되려면 박괘 상구上九에서 1분이 소멸하고 그에 따라 복괘 초구初九에서 1분이 길어지는 양적인 축적 과정이 필요하다는 말이다. 요컨대 주희의 변화관은 대립면의 전화는 반드시 양적 변화 과정을 거쳐야 한다는 이치를 포함하고 있다. 이 설은 한당 이래 역학의 변화관을 종합하고 발전시킨 것이다. 주희는 『주자어류』 권65의 기록에서 "천하의 만 가지 이치는 한 번 동動하고 한 번 정靜하는 데서 나오고, 천하의 만 가지 수는 한 번 기奇이고 한 번 우偶인 데서 나오며, 천하의 만 가지 상은 한 번 모나고 한 번 둥근 데서 나온다. 그 모든 것이 다만 건곤 2획에서 비롯된다"[205]고 하였다. 따라서 리·상·수의 셋이 역의 구성 요소가 된다. 주희는 『역학계몽』「원괘획原卦劃」에서 또 이렇게 말하였다.

> 태극이 나뉨으로써 비로소 1기 1우가 생긴다.…… 그 수는 양은 1이고 음은 2이다. 「하도」와 「낙서」에서의 기우奇偶가 이것이다. 주돈이의 이른바 "태극이 동動하여 양을 낳고 동이 극도에 달하여 정靜이 되며, 정이 극도에 달하여 다시 동이 되어, 한 번 동함과 한 번 정함이 서로 뿌리가 된다. 음으로 나뉘고 양으로 나뉘어서 양의兩儀가 세워진다"고 한 말은 이것을 가리킨다.[206]

주희는 『주자어류』 권65의 기록에서 "「하도」는 상수常數이고 「낙서」는 변수變數이다"라고 하였다. 「하도」와 「낙서」가 『역』의 유행변역과 관계가 있어 바로 음양기우陰陽奇偶 수율數律의 변화를 구성한다고 본 것이다. 따라서 「하도」와 「낙서」의 변화로부터 오행상생과 오행상극의 변화 형식이 구성된다는 설이다.

요컨대 주희가 『역』의 변역과 교역이라는 두 가지 뜻을 설명한 것을 보면, 내용상에서나 형식상에서나 모두 의리의 강론을 위주로 하면서 또 상수학을 겸수하여, 의리와 상수로 상호 천명한 특징이 있다. 주희는 주로 정이에서 장재에 이르는 역학을 계승 발전시키면서, 아울러 소옹의 상수학을 종합하여 송역의 발전에 새로운 국면을 열었다. 그러기에 그 뒤로 역리를 강론하는 자는 상수까지를 겸한 이가 많다. 주희의 역학에 대하여 후세에 논란이 많기는 하지만, 그의 역학은 역학사에 깊은 영향을 끼쳤다.

2. 주희의 역학 철학

주희는 정이가 건립한 리본론理本論의 철학 체계를 기초로 하면서 주돈이·소옹·장재·주진 등의 관점을 흡수하여, 리본론의 체계를 더욱 풍부하게 발전시켰다.

주희는 정이의 '체용일원體用一源 현미무간顯微無間'의 설을 더욱 발전시켜 리理가 사事의 본원임을 증명, 리가 사事 위에 있고 리가 사事 앞에 있다는 견해를 내놓았다. 주희보다 앞서 정이는 리를 미微, 사事를 현顯이라고 보았었다. 즉 리가 체體이고 사는 리의 현현顯現이라고 하였다. 그런데 주희의 "실을 고찰하여 허를 기다린다"는 설은 리를 실이라 보고 사를 허라 본 것이다. 다시 말해 리를 이미 정해진 것으로 보고 사를 바야흐로 올 것으로 보며, 리를 정靜, 사事를 동動으로 보아 체體를 보존하여 용用에 응해야 한다고(存體應用) 주장하였다. 다시 말해 정으로 동을 제약해야 한다고 주장하였다. 이 주장에 의거하여 주희는 『주자어류』 권67의 기록에서 정이의 '체용일원'을 다음처럼 해석하였다.

> 체용일원에서 체는 비록 자취가 없으나 그 속에 이미 용이 있다. 현顯과 미微 사이에 틈이 없다는 말은 현 속에 미가 갖추어 있다는 뜻이다. 천지가 아직 있기 전에 만물이 이미 갖추어져 있다. 이것이 체 속에 용이 있음이다. 천지가 제자리를 찾고 나서도 이 리는 역시 존재한다. 이것이 현 속에 미가 있음이다.[207]

> 체용일원이라는 말은 지극히 미세한 리를 두고 말한다. 어렴풋하여 조짐이 없어도 만상이 이미 또렷이 갖추어져 있다. 현顯과 미微 사이에 틈이 없다는 말은 지극히 드러나 있는 상象을 두고 하는 말이다. 사事마다 물物마다 이 리가 존재하지 않음이 없다. 리를 말하면 체를 먼저 중시하고 용을 뒤로 한다. 대개 체를 들면 용의 리가 이미 갖추어져 있다. 그러기에 체와 용은 근원을 한 가지로 한다. 사事를 말하면 현을 먼저 중시하

고 미를 뒤로 하게 되지만, 대개 사事에 즉하면 리의 체를 볼 수 있다. 그래서 현과 미 사이에 틈이 없다고 한다. 그러므로 근원이 한 가지라 하여 어찌 정미精微함과 조대粗大함, 앞과 뒤의 구별이 조금도 없다고 할 수 있겠는가? 하물며 "체가 세워진 뒤에 용이 행한다"고 하였으니, 먼저 이것(즉 리)이 있은 뒤에 저것(즉 사)이 있다고 해도 상관없다.[208]

'체용일원'이란 말은 체體 속에 이미 용用이 들어 있어서 체를 들면 용의 리가 이미 갖추어져 있다는 뜻이다. '현미무간'이란 말은 천지가 있으면 리도 그 속에 존재하여 "사事를 말하면 현을 먼저 중시하고 미를 뒤로 하게 되지만, 대개 사에 즉하면 리의 체를 볼 수 있다"는 뜻이라고 주희는 해석하였다. 하지만 "천지가 아직 없었던 때에 반드시 리가 있었으니, 리가 있어야 천지가 있기 때문이다. 만약 리가 없으면 천지도 없고 사람도 없고 품물도 없어 모두 아울러 실을 수가 없다."[209] 그러므로 근본적으로 말하면 리가 곧 천지만물의 본원이다. 근원이 한 가지라 하여 미세 정밀함과 거대 조잡함, 앞과 뒤의 차이를 말살할 수는 없으므로 "먼저 이것이 있은 뒤에 저것이 있다"고 해도 무방하다. 그래서 주희는 『주문공문집』「답하숙경答何叔京」에서 이렇게 말하였다.

> 리가 있은 뒤에 상象이 있다고 하니, 리와 상은 결코 한 가지가 아니다. 그러므로 정이천은 단지 그 둘이 하나의 근원이고 사이가 없다고만 하였을 따름이다. 사실 체體와 용用, 현顯과 미微의 구분은 없을 수가 없다.[210]

이로 보면 "실을 고찰하여 허를 기다린다"는 주희는 설은 유개념類概念에서 출발하여 괘효상 및 괘효사의 의의를 탐구해야 한다는 주장이다. 즉 『주역』의 괘효상과 괘효사를 완전히 추상화하고 공식화하여 개념 및 명제의 추상적 의의를 추구하는 반면에, 구체적·개별적 사물을 경시하게 된다. 이러한 인식 방법으로 말미암아 철학에서 추상과 구체, 일반과 개별의 관계를 뒤집어서, 구체와 개별이 추상과 일반에서 산출되어 나왔다고 간주하게 되었다. 그로써 주희는 관념론에 빠져들고 말았다.

주희의 역학에서 태극관과 리기 관계론은 그의 본체론 철학이 지닌 객관 관념론 체계를 집중적으로 드러내고 있다. 주희는 "역에 태극이 있다"를 해석하여, 『주역본의』권3에서 "역이란 음양의 변화이고 태극이란 그 리이다"[211]라고 하였다. 또 『초사집주楚辭集注』권3에서는 "이른바 태극이란 리를 두고 말할 따름이다"[212]라고 하였고, 『주자어류』권94의 기록에서는 "음양은 음양일 따름이지만 도는 태극이다. 정이가 말한 '일음일양—陰—陽하는 소이所以'란 곧 도이다"[213]라고 하였다. 곧 태극은 주희의 역학과 철학에서 최고의 범주이다. 주희는 이 태극이 바로 리, 다시 말해 일음일양하는 소이인 도라고 하였다.

서법筮法으로 말하면 태극은 괘획의 근원이다. 그래서 주희는 『주문공문집』「답곽충회答郭沖晦」에서 "괘획을 두고 말하면 태극이란 것은 상수가 아직 형을 갖추지 않은 전체이다"[214]라고 하였다. 『주자어류』권75에서는 "괘획하기 이전에는 태극은 다만 하나의 혼돈된 도리로서, 그 이면에는 음양·강유·기우奇偶를 모두 다 갖추고 있다. 그러다가 기수획과 우수획을 긋게 되면 양의를 낳는다"[215]고 하였다. 또 『주문공문집』「답육자정答陸子靜」에서는 "대저 『역대전』의 극極이란 무엇인가? 곧 양의·4상·팔괘의 리이다. 리는 이 셋의 앞에 구비되어 있고 이 셋의 안에 온축되어 있다"[216]고 하였다. 그리고 『주자어류』권75에서는 이렇게 말하였다.

> 『역』에 태극이 있어 이것이 양의를 낳는다고 하는 말은, 먼저 실리實理의 처處에서 하는 말이다. 양의의 생겨남을 논하자면, 양의는 태극과 동시에 함께 생겨나고 태극은 음양 속에 이전 그대로인 채로 있다. 단 그 순서를 말하면 먼저 이 실리가 있은 뒤에 음양이 있다. 그 리는 하나이다. 그렇지만 현존하는 사물로부터 살피면(物上看) 음양이 태극을 함유하고, 그 근본을 추구하면(理上看) 태극이 음양을 낳는다.[217]

태극이 양의·4상·팔괘의 리를 총괄하고, 양의·4상·팔괘의 괘획 과정이 바로 태극인 리의 전개 과정이라고 주희는 보았다. 비록 '현존하는 사물로부터 살피면' 괘효상이 태극의 리를 함유하고 있고 그 둘이 함께 생겨나지만, '그 근본을 추구하면' 태극이 음양을 낳는다. 즉 태극의 리가 양의·4상·팔괘의 앞에 구비되어 있으니, 태극의 리가 있은 뒤에 비로소 음양의 괘획이 있다는 말이다. 주희는 괘효상 형성의 법칙이 천지만물 형성의 법칙과 일치한다고 보아, 체와 용이 근원을 한 가지로 한다는 관점에서 괘효상이 태극, 곧 리 자체의 자기 전개라고 보았을 뿐만 아니라, 이러한 관점에 의거하여 물질 세계가 태극, 다시 말해 리 자체의 현현이라고 보았다.

천지만물의 유래와 그 존재에 대한 주희의 해석은 리理와 기氣의 관계에 대한 논술을 통하여 완성되었다. 리기의 관계를 두고 주희는 "리가 있은 뒤에 기가 있되, 단 리가 근본이다"[218]라고 하였다.

천하에 리 없는 기란 없고, 또 기 없는 리란 없다. 기로써 형이 이루어지면 리도 역시 부여되어 있다.[219]

어떤 이가 물었다. "리가 있은 뒤에 기가 있다 하셨는데 무슨 말씀이십니까?" 대답하였다. "이 점에 대해서는 본디 선후를 말할 수가 없다. 하지만 그 유래된 바를 추구하면 먼저 리가 있다고 말해야 한다. 하지만 리는 별개의 품물이 아니라 기 속에 존재한다. 기가 없으면 리도 걸쳐 있을 데가 없다."[220]

어떤 이가 먼저 리가 있은 뒤에 기가 있다는 설에 대해 물었다. 대답하였다. "그 점을 말하기에는 채 미치지 못하고 있다. 지금 알고 있는 것은 본래 리가 있은 뒤에 기가 있는가, 뒤에 리가 있어서 먼저 기가 있는가, 어떤 것이 옳은지를 구명할 수가 없다는 사실이다. 하지만 추측하여 보니 아마도 기는 리에 의하여 운행하며, 기가 응집하면 리도 거기에 존재하고 있을 듯하다. 생각건대 기는 응결하여 품물을 만들 수 있으나, 리는 정의情意를 작용시키지도 아니하고 계획을 하지도 아니하며 품물을 만들지도 아니한다. 기가 응집하였을 때 리는 그 속에 존재한다. 이를테면 천지간의 인간과 초목과 금수가 생겨나려면 모두 씨(種)가 있게 마련이다. 씨 없이 이유도 없이 품물을 낳는 일이란 결코 있을 수가 없다. 이것들은 모두 기의 작용이다. 리로 말한다면 청정淸淨하고 광대한 세계로 형적形迹이 없다. 리는 품물을 만들 수 없으나, 기는 양조釀造하고 응집凝集하여 품물을 낳을 수 있다. 하지만 기가 있으면 리는 그 속에 있다.[221]

또『주문공문집』권58의「답황도부答黃道夫」에서는 다음처럼 말하였다.

천지의 사이에 리가 있고 기가 있다. 리란 형이상의 도이고 품물을 낳는 근본이다. 기氣란 형이하의 기器로 품물을 낳는 도구이다. 그래서 인간과 품물이 생겨남에 있어, 반드시 리를 품부받은 뒤에 성性이 있게 되고, 기를 품부받은 뒤에 형形이 있게 된다. 성과 형은 비록 한 몸뚱이에서 서로 떨어지지 않지만, 도道와 기器의 사이에는 경계가 아주 분명하여 혼란되지 않는다.[222]

주돈이 선생은『태극도설』에서 "무극의 진眞과 이오二五*6)의 정精이 신묘하게 합하여 응집한다"고 하였다. 진眞이란 리理요, 정精이란 기氣이다.[223]

그리고 같은 책 권46의「답유숙문答劉叔文」에서는 이렇게 말하였다.

이른바 리와 기란 결코 한 가지가 아니다. 단 품물의 관점에서 보면(物上看) 리와 기는 혼돈되어 분리될 수가 없다. 그러므로 그 둘이 각각 별개라고 말하지 않는다. 그러나 리의 관점에서 보면(理上看) 비록 품물이 아직 있지 않아도 이미 품물의 리가 있다. 따라서 단지 리가 있을 따름이지 실제로 품물이 있던 것이 아니다. 무릇 이러한 점을 알려면 똑똑히 인식하고 또 시종일관해야 착오를 범하지 않을 수 있다.[224]

무릇 진眞이란 리이고 정精이란 기이다. 리와 기가 합하여 형形을 이룰 수 있다.[225]

---

*6) 二五란 음양과 오행을 말한다.

상술한 주희의 논법은 다음과 같은 일련의 관점을 드러내고 있다. 즉 천지만물의 생성 과정을 두고 말하면 이것은 기의 양조와 응집으로부터 직접 산출되며, 리는 형적이 없어 조작을 할 수가 없다. 리는 형이상의 도이고 품물을 낳는 근본인 데 비하여 기는 형이하의 기로 품물을 낳는 도구이다. 품물이 형체를 이루는 것은 바로 리(무극의 眞)와 기(二五의 精, 즉 음양 2기와 오행)가 합한 결과로, 기가 응집하는 때에 리는 바로 그 속에 있다. 그러므로 품물에 즉하여 보면(物上看) 리와 기는 뒤섞여 있어 나뉠 수가 없다. 그러나 리의 관점에서 보면(理上看) 비록 품물이 있기 전이라 해도 이미 품물의 리가 있다. 그러므로 그 근본을 추구하면 기는 리에 부수되어 행하므로 "먼저 리가 있다고 말해야 한다." 다시 말해 리가 기에 앞서며, 리가 품물에 앞선다.

주희는 또 『주자어류』 권1에서 "천지가 있기 이전에 필경 먼저 리가 있었고", "산하 천지가 다 함몰한다 해도 필경 리는 여기에 있다"[226]고 하였다. 주희는 천하 만물의 '당연' 법칙과 '소이연' 법칙인 리를 우주 만물의 본원이자 총칙總則으로 보았다. 리는 어떠한 사물에도 의거하지 않고 독립해서 존재하며, 천지만물의 생성과 훼멸에서 초연하여 처음도 없고 끝도 없이 영구히 존재한다. 음양 오행과 만물의 변화 생성이 모두 리 자체의 전개로서, 다 리의 현현이라는 것이다. 주희가 말하는 리는 객관 세계에서 추상해 낼 수 있는 규율이나 법칙이 아니다. 오히려 리로부터 물질 세계가 생겨났다고 하여 법칙이 자연 생활 및 정신 생활에 대하여 지니는 관계를 뒤집어 버렸다. 따라서 주희의 본체론 체계는 객관 관념론의 체계라 할 수 있다.

2. 양만리·양간·섭적 등의 역학

1. 양만리의 『성재역전』

양만리楊萬里(1127~1206)의 자는 정수廷秀이고 호는 성재誠齋로, 길주吉州 길수吉水(지금의 강서성에 속함) 사람이다. 양만리는 남송 초의 저명한 시인이라서 역사상 문학적 성취로 이름이 높으나, 사실 그는 사상가이기도 하여 사회 정치사와 철학에서도 여러 가지 업적을 남겼다. 그의 역학 저서인 『성재역전』*7)은, 양장유楊長孺의 「신송역전장申送易傳狀」에 따르면 "17년을 거쳐서 책을 이루어 평생의 정력을 여기에 다 쏟았다"고 한다. 전조망은 『송원학안』 「조장제유학안趙張諸儒學案」에서 이렇게 말하였다.

> 역학은 남송에 이르러 소강절의 학이 성행하여 그 설에 현혹되지 않은 이가 적었으되, 우뚝하여 현혹되지 않은 자는 양성재의 『역전』뿐이다. 「하도」의 9, 「낙서」의 10이 그릇되고, 남북의 방위도 잘못이란 점에 대해서는 양성재 이전에 일언반구도 언급한 이가 없었다. …… 양만리는 『역전』에서 역사 사실로 경학을 증명하여 아주 깊고 밝았다. 나는 왕보사(왕필)의 학맥은 마땅히 정이천이 정통이고 양성재가 소종小宗이라고 생각하며, 호안정胡安定(호원)과 소미산蘇眉山(소식) 등은 그에게 미치지 못한다고 본다.227)

『사고전서총목제요』는 또 이렇게 지적하였다.

> 이 책의 골간은 정이천을 근본으로 하면서 사전史傳을 많이 인용하여 증명하였다. 처음 이름은 '역외전易外傳'이었는데 뒤에 지금 이름으로 바꾸었다. 송의 서점에서 『이천역전』과 합간해 유포하여 『정양역전程楊易傳』이라 하였다.228)

『성재역전』은 인간사를 가지고 역을 논하여, 뒷날 유가들과는 달리 인간사를 버리고 천도를 말하는 폐단이 없다. 따라서 이 책은 결코 없어져서는 안 된다고 『사고전서총목제요』는 논평하였다. 이상의 지적들로 볼 때 양만리는 남송 의리파 역학에서 대단히 중요한 인물로 그의 역학은 정씨역을 전하였고, 방법면에서 정이가 역사로 경經을 증명하였던 방식을 더욱 발양한 바가 있음을 알 수 있다. 더구나 양만리의 역학은 주희의 역

---

*7) 『誠齋易傳』 20권. 앞뒤에 양만리의 自序가 있고, 吳澄이 跋文을 썼다. 『武英殿聚珍版叢書』, 『經苑』, 『叢書集成初編』에 들어 있다.

학과 다르다. 주희는 상수학을 아울러 논하였으나, 양만리는 주희와는 달리 상수학의 관점을 끌어다 서술하지 않았다. 그 밖에 양만리는 『주역』 경전을 해석하면서 정이 이외에도 장재의 『역설』을 번번이 인용하였다. 즉 양만리의 역학 철학 사상은 명백히 공영달의 태극원기설太極元氣說과 장재의 기론氣論으로부터 영향을 받았다. 양만리는 『성재역전』 이외에도 『용언庸言』과 『천문대해天問對解』 등을 저술하였는데, 그 가운데 『용언』 은 『주역』 경전의 뜻을 상당히 많이 천명하였다.

양만리가 『주역』을 인식하고 해석한 방법에는 다음 두 가지 특징이 있다. 첫째, 『주역』이 인간사의 변화 법칙을 강론한 책이라 보고, 『주역』 연구의 목적은 인간사의 득실과 사회의 흥망 변화의 법칙을 밝히는 데 있다고 하였다. 양만리는 『성재역전』의 서문에서 이렇게 말하였다.

> 『역』이란 무엇인가? 『역』이란 책은 변화를 논한다. 『역』이란 성인이 변화를 통달한 책이다. 변화란 무엇인가? 무릇 음양은 태극에서 변화되어 나왔고, 오행은 음양에서 변화되어 나왔다. 인간과 만물은 이 오행에서 변화되어 나왔으며, 만사와 인간은 만물로부터 변화되어 나왔다. 상고로부터 지금까지 만사의 변화는 그친 적이 없었다. 이제까지의 만사의 변화를 살펴보면 한 번은 이득이 있고 한 번은 상실이 있으며, 그 궁극을 살펴보면 한 번은 안정이 있고 한 번은 난리가 있다. 성인이 이처럼 변화가 많음을 근심하여, 이에 그 상호 공통된 바를 그윽히 살피고 그 도식을 추출하여 『역』을 만들었다.[229]

양만리는 이처럼 성인이 『역』을 만든 근본 이유로부터 『주역』의 원리를 해석하여, 『역』이 변화를 말하는 책이라고 하였다. 이 견해는 정이의 관점을 더욱 명백히 한 것이다. 또 양만리가 태극과 음양의 변화를 논한 내용은 주돈이의 『통서』에 뿌리를 두고 있다. 그리고 양만리는 『주역』 경전을 해석하면서 『역』으로 인간사의 변화를 밝힌다는 관점을 체현하였다. 이를테면 양만리는 『성재역전』에서 「계사전」의 "성인이 상을 관찰하고 의意를 다하였다"(聖人觀象以盡意)는 구절을 다음처럼 해석하였다.

괘를 두고 말하자면 천지가 교차하면 태泰 ☰☰ 의 상이요, 교차하지 않으면 비否 ☷☰ 의 상이다. 통하는 상과 막히는 상이 이처럼 세워지면 치평의 의미와 나리의 의미는 거기서 다 드러난다. 효를 두고 말하면 건괘乾卦 ☰☰ 초효에서 용이 숨어 있는 것은 작용을 하지 말라는 상이요, 상효에서 용이 위로 올라가 가장 높이 오른 것은 물러남을 모르는 상이다. 이렇게 초효의 상과 상효의 상이 세워지면, 숨는 뜻과 물러나는 뜻이 다 드러난다.[230]

또 『성재역전』은 「설괘전」의 "지난 일을 계산하여 앎을 순順이라 하고, 오는 일을 미리 예측함을 역逆이라 한다"(數往者順, 知來者逆)고 한 구절을 두고는 이렇게 해석하였다.

이 구절은 팔괘의 양강과 음유가 착종한 뒤에 일을 점치고 미래를 앎을 두고 말하였다. 점이란 『역』의 일단일 따름이다. 『역』의 도는 별다르지 않다. 기왕의 득실과 길흉을 돌아보고 그에 따라 계산해 따져서 바야흐로 다가올 득실과 길흉을 미리 보고 앞서 알게 된다. 이를테면 서리를 밟음을 보고서 얼음 어는 일이 반드시 오리란 사실을 아는 것은, 기왕의 은미한 일을 가지고서 미래에 드러나게 될 일을 아는 예이다. 밝고 환함(離明)을 보고서 해가 기울어 반드시 흉하리란 사실을 아는 것은, 기왕의 성황을 가지고 장래의 쇠망을 아는 것이다.[231]

이러한 말들은 괘효상이 바로 진퇴·존망·치란의 리를 표명한다고 본 것이다. 『역』의 '미래를 앎'이란, 『역』의 괘효상이 기왕의 경험을 온축하여 한 부류의 사물의 변화 법칙을 반영하고 있기에 사람들이 사물의 미래의 변화 방향이나 결과를 미리 알도록 도와 준다는 사실을 뜻한다. 양만리의 이러한 견해는 인간사를 중시하고 천도를 경시하는 의리파의 역학관을 반영한다. 여기서 알 수 있듯이 양만리는 『주역』의 원리를 신비주의적 관점에서 파악하려는 데 반대하였다.

둘째로, 양만리는 사전史傳을 인용해서 경經을 증명하여 진퇴·존망·치란의 리를 논설하였다. 이를테면 그는 『성재역전』에서 건괘乾卦 구3 효사를 이렇게 해석하였다.

건건乾乾이란 건건健健과 같다. 구3이 자기의 처지를 자각하여 삼가
하는 까닭에 위태로우나 재앙이 없다고 하였으니 정말 그러하다. 그
런데 위태로워서 재앙이 있는 일이 있는가? 있다. 치우蚩尤,[8] 후예后
羿,[9] 왕망王莽,[10] 동탁董卓[11]이 윗자리에 있으면서 아랫사람을 교
만히 대하고 아랫자리에 있으면서 윗자리 인물이 되지 않음을 근심
한 일이 그 예이다. 교만하면 게으른 마음이 있게 되니, 어찌 근면한
덕이 있겠는가? 근심하면 훔쳐보는 마음이 있게 되니, 어찌 자리에서
근심하는 마음이 있겠는가? 그러므로 종당에는 반드시 망할 따름이
다. 혹은 말하길 (자신의 처지를 자각하여 삼가지 않는데도 위태로운
처지에서 재앙이 없었던 예로서) 조조曹操[12]와 사마의司馬懿[13]의 경
우가 있지 않는가 묻는다. 내가 대답하였다. 한나라가 변하여 위魏로
될 때 대개 3대 만에 나라를 잃으리라 바란 것이 아니었다.(그러나
위는 3대 만에 나라를 잃지 않았는가!) 그리고 위나라가 변하여 진晉
이 될 때 대개 2대 만에 나라를 잃으리라 바란 것 또한 아니었다.

---

[8] 蚩尤는 상고 시대 九黎族의 부족장으로 黃帝의 신하였다고 한다.
[9] 后羿는 상고 시대 夷族의 부족장으로 夏나라 太康이 遊樂에 빠지자 정권을 뒤집어 군주로 자
립하여 有窮氏라 하였다. 뒤에 그 신하인 寒浞에게 살해되었다. 『書』「五子之歌」와 『左傳』襄
公 4年 등에 관련 기사가 보인다.
[10] 王莽(기원전 45~기원후 23)은 漢 元城人으로 字는 巨君. 平帝 때 安國公으로서 정권을 휘두
르다가 평제가 죽고 孺子 嬰이 즉위하자 攝皇帝를 칭하였고, 3年에 나라 이름을 新이라 고쳐
스스로 즉위하였다. 地皇 4年(更始帝)에 살해되었다.
[11] 董卓(?~192)은 東漢 少帝 때 何進을 도와 환관을 주살하고는 권력을 휘둘러 相國이 되었고
少帝를 폐하고 獻帝를 세웠으며 방자하게 살았다. 袁紹·孫堅 등이 군사를 일으켜 토벌하려 하
자 長安으로 천도케 하고는 스스로 太師가 되었다. 결국 王允의 계책으로 呂布에게 죽임을 당
하였다.
[12] 曹操(155~220)는 漢 靈帝 때 黃巾과 董卓을 토벌한 공이 있다. 그 뒤 獻帝를 영입하여 許에
도읍하고 袁術·袁紹·劉表를 쳐서 황하 유역을 통일하였다. 승상의 지위에 올랐다가 魏王에 봉
해졌으며, 그의 아들 曹丕가 한나라를 대신하여 제위에 오른 뒤에는 太祖武帝로 追尊되었다.
[13] 司馬懿(178~251)의 자는 仲達로 曹操 父子에게 重用되어 曹丕 때 대장군으로 있었으며, 曹
芳이 즉위하자 曹爽과 함께 太傅로 있다가 嘉平 원년에 조상을 죽이고 전권을 휘둘렀다. 그의
손자 司馬炎이 위나라를 대신하여 황제를 칭하고 晉朝를 세우고 난 뒤, 宣帝에 추존되었다.

(그러나 진은 2대 만에 나라를 잃지 않았는가!) 위나라와 진나라의 사적이 증빙이 안 된다면, 종일 건건乾乾하여 저녁에도 근심하라는 경계는 잘못일 것이다.[232]

여기서는 치우·후예·왕망·동탁 등의 역사적 인물을 예로 들어 구3 효사의 의리를 천명하였다. 즉 군주가 낮은 지위에 처하여 존위가 채 정해지지 않은 때에는 위태로우므로, 종일 부지런부지런하고 매시각 경계하고 두려워해야 위태해도 재앙이 없을 수 있다. 만일 이러한 시기에 처해 있고 이렇게 낮은 지위에 있는 군주가 아랫자리에 있으면서 윗자리를 넘보아 빼앗으려 생각하거나, 윗자리에 있을 때에 아랫사람을 교만히 대할 뿐 경계하고 두려워할 줄을 모르면, 반드시 멸망을 자초하게 된다. 괘효상과 괘효사를 이처럼 해석하면서, 양만리는 역사상 통치자의 덕이 정치의 득실과 상관이 있었음을 예로 들어서 유가의 정치 이론을 천명하였다. 다시 말해 역사를 인용하여 경을 증명하는 방식은 『주역』에 강론된 인간사 변화의 법칙을 탐구하여 인간사의 득실과 치란의 도를 설명하는 방법이다.

역학 철학의 방면에서 양만리는 주돈이의 『태극도역설』의 객관 관념론적 우주 생성론을 유물론적 이론으로 개조하였다. 주돈이의 『태극도역설』은 무극無極이 우주 만물의 근본이라고 강조하여, 태극 음양에서 오행이 나오고 오행에서 만물이 발생 변화하는 우주 만물의 생성 과정은 곧 무로부터 출발하고 무로부터 개시한다고 하였다. 그런데 양만리는 『성재역전』권17에서 다음처럼 말하였다.

원기元氣가 뒤섞여 음양이 나뉘지 않은 것을 태극이라고 한다. 태극이란 일기一氣의 태초이다. 극이란 말은 지극하다는 뜻이다.……그러므로 일기一氣란 2기의 조상이다. 2기란 오행의 모친이다.……주돈이의 이른바 무극이란 극이 없다는 뜻이 아니라, 소리 없고 냄새 없음이 지극하다는 뜻이다.[233]

양성재는 음양이 나뉘기 이전의 기를 태극이라 하여, 일기一氣가 우주 만물 생성의 본원本源이라고 보았다. 따라서 무극의 허무를 세계 본원으로 보았던 주돈이의 관점을 부인한 것이다. 즉 사실상 자연 물질을 세계 본원으로 보았다. 양만리는 『용언』에서 "태극은 기의 시원이요, 천지는 기로부터 갈라져 나왔다. 음양은 기의 신묘한 작용이요, 오행은 기가 현현한 바이다. 태극은 시원이기에 형상이 없고, 천지는 갈라져 나왔기에 상이 있다. 음양은 신묘한 작용이기에 구체적 품물이 없고, 오행은 기의 현현이기에 품물이 있다"[234]고 하였다. 그에 따르면 구체적으로 존재하는 우주 만물이란 바로 혼돈되어 형상이 없는 태극 원기에서 발전되어 형성된다.

그 밖에도 양만리의 『성재역전』은 『주역』의 관물취상觀物取象 개념을 유물론적으로 해석하였다. 그는 이른바 시구蓍龜라는 신령한 물건은 자연 하늘로부터 생겨났고, 『주역』에서 말하는 변화는 성인이 천지자연을 본받아 나왔으며, 4상과 팔괘는 성인이 천지의 음양에 의거하여 그었고, 괘효사도 성인이 음양의 역행과 순행에 의거하여 단정하였을 따름이라고 하였다. 양만리의 유물론적 우주관이 여기서 잘 드러난다. 그 밖에 양만리의 『성재역전』은 한 걸음 더 나아가 "역의 도는 일음일양일 따름이다"는 관점을 천명하되, 단 정이나 주희와 달리 "그 음양이 채 형상을 띠지 않은 처음을 원元이라고 하고, 하나에서 둘로 된 것을 기氣라고 하며, 운동하여 멈춤이 없는 것을 도道라고 한다"고 하였다. 역도易道란 곧 음양 2기의 운동 법칙이고, 음양 2기는 뒤얽혀 혼재되어 있는 원기에 근원한다는 뜻이다. 즉 양만리는 세계의 본원이 물질임을 승인한 전제 아래, 음양 2기의 변화가 곧 『역』의 도라고 강론하였다.

양만리는 또 『성재역전』에서 "하늘은 화합하지 않으면 제 위치에 서지 않고 품물은 화합하지 않으면 생겨나지 않는다"(天非和不立, 物非和不生)는 명제를 제시하였다. 천지의 기는 음양이 화합하면 비가 되지만, 거꾸로 음양이 고르지 않아 화합하지 않고 교차하지 않으면 비를 내릴 수가 없다고 하였다. 그가 말하는 화합(和)이란 두 대립자가 합일로 새 사물을 산생하는 일을 가리킨다. 즉 대립자가 발전하여 새로운 통일에 도달한 상태를 말한다. 양만리의 이러한 인식은 사물의 대립과 통일이라는 문제와 관련된다. 양만리는 『성재역전』 권9에서 "큰 것은 이기고 작은 것은 쇠하며, 강건한 것은 동하고 유순한 것은 물러나며, 강한 자는 자라나고 약한 자는 줄어드는 것이 자연스런 리"[235]라고 하였다. 즉 음양·대소·강약이라는 대립자의 전화를 사물 변역의 법칙으로 보았다. 양만리는 역시 『성재역전』 권9에서 이렇게 말하였다.

> 무엇이 변變인가? 무엇이 화化인가? 이 문제는 이루 다 궁구할 수가 없다. 어디 한번 구름의 운행을 보자. 환히 밝아 누르다가 다시 검푸르게 됨은 구름의 운행이 일으키는 변變이다. 금방 있다가 홀연히 없어짐은 구름의 운행이 일으키는 화化이다. 변이란 지취의 옮아감이요, 화란 신神이 가서 없어짐이다. 천지의 조화는 다 이와 같을 따름이다.[236]

여기서 '자취의 옮아감'이란 형적의 변화, 다시 말해 양적 변화를 말한다. '신이 가서 없어짐'이란 질적 변화를 의미한다. 즉 양만리가 『용언』에서 말한 "매가 화하여 비둘기가 되고" "풀이 화하여 반딧불이 되는" 변화는 이 후자를 가리킨다. "천지 조화가 다 이와 같을 따름이다"는 말은 양적 변화와 질적 변화의 두 변화 형식이 보편성을 띤다고 확인한 말이다. 물론 양만리는 사물의 변화를 두고 "시작하였다가 끝마치고 끝마쳤다가는 다시 시작하며, 다시 시작하였다가는 다시 끝마치고 끝마쳤다가는 다시 시작한다"고 하여, 음양의 소멸과 성장을 순환적이라고 보았다. 이 점은 그의 발전관이 순환론적 경향을 띠었음을 잘 말해 준다.

2. 양간의 역학

양간楊簡(1141~1226)의 자는 경중敬仲으로 절동浙東 자계慈溪 사람이다. 세칭 자호 선생慈湖先生이라고 한다. 양간은 원섭袁燮·서린舒璘·심환沈煥과 함께 육구연의 제자이다. 네 사람이 동향인데다가 모두 용강甬江 유역의 사명산四明山 기슭에 거처하였으므로, 뒷날 그들을 '용강 4선생' 혹은 '사명 4선생'이라고 불렀다. 네 사람은 육구연의 심학을 착실히 천명하여 그의 심학이 남송에서 큰 영향력을 지니게 하였고, 그들 자신도 남송 학술계에서 뚜렷한 위치를 차지하였다. 역학 방면에서 양간은 정호와 육구연의 역학을 발전시켰다. 그래서 『사고전서총목제요』는 "양간의 역 해석은 인심人心을 위주로 하였고, 사물의 형상이 기탁된 상수는 모두 생략하였다"고 논평하였다. 즉 상수를 생략하였다는 점에서 볼 때 양간의 역학은 정이의 역학과 공통되며, 주희가 상수학을 겸수한 것과 구별된다. 의리를 밝힌 내용으로 볼 때 정이와 주희는 리를 중시하였으나 양간은 주로 심心을 중시하였다. 양간의 역학 저서로는 『양씨역전楊氏易傳』 20권 이외에도 『기역己易』 1권이 있다. 『양씨역전』*14)은 64괘의 괘효상 및 괘효사와 「단전」·「상전」·「문언전」을 해석하였다. 양간은 「계사전」 이하의 전傳을 모두 공자의 작이 아니라고 보았으므로 전주傳注를 짓지 않았다. 한편 『기역』은 주역 원칙에 대한 통론으로 양간의 역학관이 집중적으로 반영되어 있다.

본래 이정二程은 주역 원리의 해석에서 차이가 있었다. 정호程顥는 "생생을 역이라고 한다"(生生之謂易)를 인덕人德과 지성知性의 경지로 해석하여, 천지의 도와 음양변역의 법칙이 인심을 떠나지 않는다고 보아 객관 법칙 대신에 개인 의식을 내세웠다. 남송의 심학파가 주역 원리를 천명한 관점은 바로 정호에서 연원한다. 육구연은 송명 리학 가운데 심학파를 개창한 인물이다. 그는 "우주가 내 마음이고 내 마음이 바로 우주이다"(宇宙便是吾心, 吾心卽是宇宙)라는 말로 심학 사상을 개괄하였다. 역학에서 보면 육구연은 괘효사를 해설하는 때에 취의설을 주장하여 이정二程의 역학 계보에 속한다. 그런데 역리의 해설에서 육구연은 정호의 관점을 발전시켜, 역리와 인심이 둘일 수 없으며 효爻의 의義가 곧 내 마음의 리이고, 시蓍의 덕德이 곧 성인의 마음이라고 하여, 『주역』이란 본심을 보존하여 리를 밝히는(存心明理) 책이라고 주장하였다. 양간의 역학은 정호와 육구연의 이러한 역학 관점을 발전시켰다.

양간은 육구연의 설에 뿌리를 두고, 『양씨역전』 「복괘復卦」에서 "인심

---

*14) 『楊氏易傳』 20권은 1권에서 19권까지 經文을 詮釋하고 20권에서 역학을 총론하였다. 佛理로 『易』을 풀이하여 이단이라는 비난을 받았다. 明의 劉日升·陳道亨 刻本이 있고, 『四庫易學叢刊』(上海古籍出版社, 1989)에 들어 있다.

이 『역』의 도이다.…… 천지의 마음이 즉 도요, 즉 『역』의 도요, 즉 인간이요, 즉 인간의 마음이요, 즉 천지요, 즉 만물이요, 즉 만사요, 즉 만리이다"[237]라고 하였다. 또 「비괘賁卦」에서는 "64괘는 각각 행사가 다르지만 도는 하나이다"[238]라고 하였고, 「고괘蠱卦」에서는 "『역』의 도는 하나이니 또한 원元이라 일컫는다. 이 원元은 멀리 있는 것이 아니라 가까이 인심에 있다. 채 생각하고 사려하여 동하지 않은 맨 처음이 원이다"[239]라고 하였다. 그래서 그는 만사만물이 모두 마음의 변화라고 보았다. 『양씨역전』 권1에 이런 말이 있다.

> 천지의 도는 별다르지 않다. 팔괘란 『역』의 도의 변화이고, 64괘란 변화 속의 변화이다. 품물에는 크고 작음이 있으나 도에는 크고 작음이 없다. 덕에는 낮고 못함이 있으나 도에는 낮고 못함이 없다. 마음으로 통하면 천지간의 사람과 품물이 모두 나의 성량性量 속에 들어 있으니, 천지간 사람과 품물의 변화가 다 내 성性의 변화이다. 그러니 어찌 근본과 말엽, 미세 정밀함과 거대 조잡함, 큼과 작음의 차이를 논하겠는가?[240]

역도易道가 바로 인심이라는 설에 기초하여, 양간은 역도를 얻음이란 바로 '마음을 잃지 않음'이라고 하였다. 즉 『양씨역전』 권5에서 양간은 이렇게 말하였다.

> 리괘履卦 ☰ 상구上九에서 이른바 선旋이란, 인심이 바깥으로 급급하게 내달리지만 오직 능히 돌아오는(旋) 자만이 그 마음을 회복할 수 있다는 것을 말한다. 그 의의가 어찌 크지 아니한가? 공자는 "마음의 정신을 성聖이라고 한다"고 하였고, 맹자는 "인仁은 인심이다"라고 하였다. 나는 약관의 때부터 선친의 가르침을 들어 도덕의 단서를 열었으니, 이로부터 고요히 생각하고 힘써 구하기를 십여 년이나 하였다. 그러다가 서른둘의 나이에 이르러 육상산(육구연) 선생의 말씀을 듣고 홀연히, 이 마음이 너무도 청명하고 신묘하게 운용 변화하여 그러한 청명함과 변화를 이루 다 헤아릴 수 없다는 사실을 깨달아 비로소 이 마음이 곧 도道임을 믿게 되었다. 그러기에 남들이 다 바깥으로 치달리기만 하고 한 번도 되돌아보

지 않고 있는 점을 염려한다. 한 번만이라도 되돌아보아 이 마음을 홀연히 인식하게 되면, 곧 도는 내 자신에게 있는 법이다.[241]

『역』의 도란 무엇이고 그것을 어떻게 획득할 것인가에 관하여 양간이 한 이 말에서, 역도를 인심이라 해석함이 그의 역학의 출발점이자 귀착점이라는 사실을 알 수 있다. 이를테면 곤괘坤卦 육2 효사의 "올곧고 방정하여 크니, 부정한 무리에 물들지 않으므로 이롭지 않음이 없다"(直方大, 不習, 无不利)를 양간은 이렇게 해석하였다.

올곧다 하고 방정하다 하는 말은 모두 도심道心을 형용하는 말이다. 따라서 두 가지 리가 있지 않다. 이 도는 아주 크므로 "올곧고 방정하여 크다"고 한다. 이것은 인심에 본디 절로 있으므로, 갈고 닦고 익혀서 얻을 수 있지 않다.[242]

또 '익히지 않는다'(不習)에 대하여 더 해석해 나갔다.*[15]

올곧은 마음으로 나아감이 곧 『역』의 도이다. 사사로운 생각이 일어나 지리하게 되면 사악함에 빠진다. 올곧은 마음으로 행하면 비록 만 가지 변화에 부딪히더라도 낭패하여 뒹구는 일이 없다. 이것을 방정하다고 한다. 둥글면 뒹굴고 방정하면 구르지 않는다. 방정함이란 뒹굴지 않는다는 뜻을 특히 밝히려는 말이다. 올곧음의 바깥에 별도로 방정함이 있지 않다.…… 이 도는 학습으로 능히 할 수 있는 바가 아니므로 익히지 않는다고 한다. 맹자는 "인심이 익히지 않고도 능히 할 수 있음이 양능良能이다. 사려하지 않고도 앎이 양지良知이다"라고 하였다. 익힘이란 억지로 힘씀인데, 본디 있는 바를 어찌 익힐 필요가 있겠는가? 이는 비록 인간의 도이기는 하지만, 곧 땅의 도이기도 하다. 그러므로 "땅의 도가 빛

---

*15) 坤卦 육2 효사에 "올곧고 방정하니 그 공이 성대하다. 물들지 않으니 이롭지 않음이 없다"(直方, 大. 不習无不利)고 하였다. 여기서 '不習'은 곤괘의 主爻인 육2가 不中不正의 무리에 물들지 않았음을 두고 말한다고 보통 해석된다. 그런데 양간은 이 不習을 良知良能의 不習이란 뜻으로 보았다.

난다"(地道光也)고 말한다.*16) 그 빛남이 마치 해와 달의 빛남과 같아 사려함이 없고 작위함이 없이도 비추지 않음이 없고 밝히지 않음이 없다. 사사로운 생각으로 빠져들면 마음은 지리하게 되고 해이해진다. 그래서 반드시 올곧고 방정하지를 못하고, 반드시 어둡게 되며, 반드시 이롭지 못하게 된다.243)

　양간이 『주역』 경전을 해석하는 방식은 대략 이와 같다. 그는 『주역』의 말을 이용하여 자기의 심학 관점을 발휘하였다. 사사로운 생각을 일으키지 않음을 도심道心이라 하여, 『주역』을 심학의 수양 경전으로 삼아 버렸다. 더구나 그는 자신의 주관 관념론적 관점을 이용하여 『주역』 속의 유물론적 관점을 부정하기도 하였다. 이를테면 「계사전」은 팔괘에 대해 고대인이 자연계를 관찰하고 자연을 본받아 만든 산물이라 하였는데, 그러한 견해는 본디 인류 인식의 발전사를 바라보는 유물론적 관점에 부합한다. 그런데 양간은 그러한 견해를 단연코 부정하여, 팔괘란 마음속에서 자연스럽게 유출된 산물이라고 주장하였다. 즉 선험론을 가지고 팔괘의 기원을 곡해하였다.

　양간의 역학은 "괘효의 이름이 각각 다르지만 도는 하나이다"(卦爻名殊而道一)와 "하늘과 인간은 근본이 하나이다"(天人一本)와 "천지인 삼재는 일체이다"(三才一體)라는 설을 제출하였다. "괘효의 이름이 각각 다르지만 도는 하나"라는 설은, 철학에서 사물의 차이성과 동일성의 문제를 논할 때 사물의 차별상과 대립상을 구분하기보다는 사물의 무차별성을 추구하는 경지이다. 즉 마음을 사물의 본원으로 보아 괘효상 및 사물의 차별성을 인심의 산물로 귀결시키는 이론이다. 이 견해는 리를 근본으로 여기지 않는다. 따라서 심학적 주관 관념론은 이 점에서 리학적 객관 관념론과 다르다. "하늘과 인간은 근본이 하나이다"나 "삼재는 일체이다"는 설은 심학과 역학 철학의 기본 원칙이다. 심학파의 이론 사유는 하늘과

---

*16) "地道光也"는 坤卦 육2 「象傳」의 말이다. 효사는 "물들지 않으니 이롭지 않음이 없다"(不習无不利)라 하였는데, 육2의 德(地道)이 빛나기 때문에 그렇게 말하였다는 뜻이다. 곤괘 육2는 坤의 主爻로서 中正의 덕이 있기에 그렇게 풀이된다. 하지만 양간은 인간의 도가 곧 땅의 도라는 설을 주장하기 위하여 이 "地道光也"라는 구절을 끌어왔다.

인간을 근본적으로 구분하지 않았고, 이로 말미암아 인심이 곧 도심이며, 괘효상 및 사물의 변화와 차이가 모두 인심에서 나온다는 결론을 내렸다.

3. 섭적의 역학

섭적葉適(1150~1223)의 자는 정칙正則이고, 절강浙江 영가永嘉 사람이다. 학자들은 그를 수심 선생水心先生이라고 불렀다. 남송 때의 사공파事功派[17] 가운데 영가지학永嘉之學의 대표자이다. 영가지학은 영가永嘉 사람 주행기周行己가 개창하여 처음에는 이정二程의 맥을 이었으나, 설계선薛季宣에 이르러 한 차례 바뀌어 이락지학伊洛之學과 대립하는 학파를 형성하였다. 바로 『송원학안』 「수심학안서水心學案序」에서 전조망이 "건도乾道 순희淳熙 연간의 여러 노학자들[18]이 죽자, 학술의 모임은 주朱와 육陸의 두 파로 총괄되었다. 섭수심은 그 상황에서 독자적 위치를 확립하여 마침내 정족鼎足을 이루었다"고 한 말대로이다.

역학으로 말하면 사공파의 역학은 역시 송역 가운데 의리파에 속하지만, 단 그들은 취상설을 주장해서 물상을 통하여 의리를 천명하였고, 리학파의 관점을 찬성하지 않았을 뿐 아니라 상수학도 찬성하지 않았다. 그밖에 사공파는 고대 문물 제도의 고증에 치중하였는데, 『역전』을 중시하는 연구 태도가 이 학파의 역학이 지닌 또 한 가지 특징이다. 역학 철학 방면에서 그들은 "도는 기器를 벗어나지 않는다"는 관점을 제출하여 리학파와 일련의 논쟁을 계속하였다. 이로써 이 관점은 송대 이후 유물론 역학의 발전에 중요한 영향을 끼쳤다.

사공파 가운데 『주역』 경전에 대하여 비교적 전면적인 해석과 평론을 한 사람이 섭적이다. 경사자학經史子學을 논평한 그의 저작인 『습학기언 서목習學記言序目』[19] 가운데 『주역』 부분은 64괘 각 괘의 의의를 모두

---

*17) 事功派는 功利學派라고도 한다. 북송의 李覯에게서 발단하여, 남송의 永康學派의 陳亮과 永嘉學派의 葉適 등이 공리 사상을 집대성하였다. 道가 사물 속에 있다고 보아 功用과 效果를 중시하고, 程朱學派가 功利를 말하기 꺼려하고 性命義理之學을 空談한 것에 반대하였다.

*18) 남송 乾道(1165~1173)·淳熙(1174~1189) 연간에 활동한 朱熹·張栻(字는 敬夫)·呂祖謙(字는 伯恭) 등을 가리킨다. 이 세 사람을 乾淳 3先生이라고도 한다.

*19) 『習學記言序目』은 50권으로 光緒十年瑞安黃禮芳江陰刊本이 있다.

해설하였고 『역전』도 해석하고 평론하였다. 그 밖에 문집에도 『주역』의 기원과 성질을 논한 「역易」이란 글이 들어 있다.

섭적보다 이전의 설계선薛季宣*20)은 역학 방면에서 다음과 같은 몇 가지 관점을 제출한 바 있다. 첫째, 6경이란 도를 싣는 그릇(載道之器)으로 그 기능은 세상을 다스림에 있는데, 6경의 도는 『역』을 종지로 삼으므로 『주역』의 도는 6경에 실려 있는 치국治國의 도의 원칙을 포괄한다고 보았다. 둘째, 팔괘가 성인의 관상觀象에서 기원한다는 설이 옳아서, 괘상은 천지만물의 상에서 취하고 「하도」·「낙서」의 수數는 천지의 수에서 취하였다고 보았다. 「하도」와 「낙서」는 『산해경山海經』류의 고대 지리도지地理圖志라고 보아, 역학가가 「하도」는 용마가 등에 지고 나왔고 「낙서」는 신령한 거북이 바쳤다고 말하는 것은 황당하다고 비판하였다. 셋째, 설계선은 도기합일설道器合一說을 제출하여, 도가 기器에서 벗어나지 않고, 도와 기器는 둘이 아니므로 도를 본本, 기器를 말末이라 해서는 안 된다고 하였다. 섭적의 역학은 북송의 구양수 등과 남송 영가지학의 선배들이 문헌 고증을 중시하면서 도의道義가 사공事功에서 벗어날 수 없다고 주장한 학문적 특징과 사상을 계승하고 발전시켰다.

『주역』에 관한 이상과 같은 섭적의 관점은 근본적으로 『역전』에 관한 인식과 연결되어 있다. 『역전』에 대하여 섭적은 「단전」·「상전」 둘만이 공자의 작이라고 보고, 「계사전」 등은 공자의 작이 아니라고 하였다. 그는 『습학기언』 「모시毛詩」에서 이렇게 말하였다.

옛날의 복서가가 모두 자신이 만든 주사繇辭를 이용하였고, 나라마다 각기 점占이 있고 사람마다 각기 설을 세웠으되, 상수학이 기승을 부리자 도는 더욱 어두워져서 밝히기 어렵게 되었다. 그러자 공자가 의리를 가지고 옛설들을 축출하고 별도로 「단전」과 「상전」을 만들었다. 이 「단

---

*20) 薛季宣(1134~1173)의 자는 士龍, 호는 艮齋로 溫州 永嘉 사람이다. 처음에 二程의 제자 袁道潔에게서 배우면서 田賦·兵制·地形·水利에 관하여 깊이 공부하였고, 뒤에 永嘉經制之學을 이루었다. 全祖望의 『宋元學案』에 「艮齋學案」이 있다. 문집에 『浪語集』이 있는데, 그 속에 「河圖洛書辨」·「書古文周易後」 등 역학 논문이 들어 있다.

전」과 「상전」은 전적으로 공평하고 올바른 의리에 근본하였지 상수를 쓰지 않았으므로, 괘효사를 만든 문왕과 주공의 본심과 합치하였다. 대개 일가一家의 학인데도 천하가 다 그것을 따랐다. 공자가 「단전」과 「상전」을 만든 공은 『시』와 『서』를 산정한 공적에 비할 바가 아니다.[244]

　공자가 「단전」과 「상전」을 지은 목적은 점서로 말미암아 파생된 여러 이설들을 배척하고 『주역』이 강론한 의리의 본지를 발명하고자 한 데 있었다는 말이다. 『역전』과 공자와의 관계를 이렇게 파악하는 섭적의 관점은 주로 구양수의 관점을 계승한 것이다. 섭적이 십익十翼 가운데 「단전」과 「상전」 이외의 역전과 공자와의 관계를 전면 부정한 것은 도무지 억측일 뿐이어서 증거가 충분치 않다. 다만 공자가 상수를 내쫓고 의리를 밝힌 것이 『주역』이 본의에 합치한다고 본 점은, 『주역』을 본디 도를 밝히고자 한 책이라고 보았던 그 자신의 관점과 부합한다. 공자가 「단전」과 「상전」을 지은 목적을 섭적이 그렇게 파악한 견해는 사실 공자가 역학사에 있어 후대의 의리파 역학의 기초를 닦는 데 가장 주요한 위치에 있었음을 충분히 인정한 견해라고 하겠다.
　『주역』을 보는 섭적의 관점은 또 공리공담을 추구하지 않고 실용에 주목하였던 사상적 특징을 반영하고 있다. 섭적은 『수심별집水心別集』[*21)] 진권進卷에 수록된 「역」이란 논문에서 이렇게 말하였다.

　　『역』은 도道가 아니라 도를 운용하는 방식이다. 성인이 천하에 운용할 도가 있자 그것을 『역』이라고 이름하였다. 역易이란 바뀜(易)이니 무릇 사물의 추이와 세상의 변혁은 끝없이 흐르고 변화해서 처소를 일정하게 하지 않는다. 이것이 천지의 지극한 운수인데, 성인은 이미 그것을 보았다. 그래서 도로써 천하를 변역하고자 하였지, 그 스스로 변역함을 고집하지 않았다. 천하 변역의 단초와 맹아를 미리 헤아리고, 그 변역이 올바른 도리에 역행하는지 순응하는지를 살펴서 그 변역과 시종 함께하였다.[245]

---

*21) 『水心先生別集』 16권, 永嘉叢書에 들어 있다.

『주역』이란 도를 미루어 행하는 것이고 도란 천하를 변역하며 천하에 유용한 것이란 점을 강조한 말이다. 요컨대 64괘를 해석하면서 섭적은 취상설을 주장하였지만, 『주역』에 대한 인식에서는 상수학을 극력 배격하고, 의리를 밝혔던 공자의 전통을 계승해야 한다고 강조하였다.

팔괘와 64괘의 기원 문제에 관하여 섭적은 복희 획괘설과 문왕 중괘설에 동의하지 않았다. 그는 『습학기언』 「황조문감皇朝文鑑」에서 "『역』은 어떤 사람이 만든지 모른다. 복희가 괘를 긋고 문왕이 중첩하였다고 하지만, 『주례』에 보면 태복太卜이 3역三易을 관장할 때 이미 경괘經卦가 8개이고 별괘別卦가 64개였으니, 획괘한 사람이 복희일 리가 없고 중괘한 사람이 문왕일 리가 없다"[246]고 하였다. 즉 『주례』 「춘관」의 기록을 근거로 복희 획괘설과 문왕 중괘설을 부정한 것이다. 『연산』·『귀장』·『주역』이 모두 팔경괘에서 64괘로 변화되어 있었으므로, 문왕 이후에 중괘가 비롯되었다고 할 수 없다는 말이다. 그는 "『역』이 처음에는 셋이 있었을 따름이었는데 자연히 여덟이 되었고, 여섯이 있었을 따름이었는데 자연히 64가 되었다"[247]고 하였다. 즉 기수획과 우수획 둘을 3제곱하면 팔괘가 되고 6제곱하면 64괘가 되므로, 괘상은 최초 형성될 때에 이미 이와 같았다고 본 것이다. 괘획이 어떻게 나왔는가 하는 문제와 관련하여 섭적은 성인이 관상하여 괘를 진설하였다는 종전의 설을 취하였다. 자연계의 하늘·땅·물·불·우뢰·바람·산·못은 본래 하나의 기가 음양으로 나뉘어서 조성된 것인데, 성인이 이 과정을 모방하여 기수획과 우수획 둘을 설치하고서 그 상호 추이로 팔괘를 형성하였으므로, 팔괘는 곧 음양 2기와 8종의 품물을 모방한 데서 나왔다는 것이다. 이 점에 대하여 섭적은 『습학기언』 「태현太玄」에서 더 구체적으로 말하였다.

『역』이 있게 된 처음에는 그 의義에 양陽은 있었으나 음陰은 없었고 품물에 하늘은 있었으나 땅은 없었다. 양에서 음으로 되자, 처음의 효위(初虛)는 바람에서 취하고, 중간의 효위(中虛)는 불에서 취하고, 마지막 효위(終虛)에는 못에서 취하였다. 음에서 양으로 되자, 처음의 효위(初實)는 천둥에서 취하고, 중간의 효위(中實)는 물에서 취하고, 마지막 효위

(終實)는 산에서 취하였다. (획은 1에서 기원하는데, 품물은 하늘보다 앞
서는 것이 없으므로 1로 하늘을 상징하였다. 하늘은 존귀하여 양陽이다.
획을 2로 하여 땅을 상징하였는데, 땅은 미천하므로 음陰이다. 양에서 음
이 되고, 음에서 양이 되자, 비로소 허虛와 실實의 구분이 있게 되었다.)
품물을 취해 괘의에 배당, 괘의가 세워지자 실제 품물은 감추어졌다.[248]

　여기서 말하는 '의義'는 기수획과 우수획의 양강陽剛과 음유陰柔의 성
질을 가리킨다. 섭적은 괘획이 1에서 시작하여 그 뒤에 2가 있었다고 보
았다. 즉 기수획이 먼저 있고 나서 우수획이 있었다고 하였다. 품물 가운
데 하늘보다 앞서는 것이 없으며, 하늘은 존귀하고 땅은 비천하다. 건괘
는 ☰으로 하늘의 순양純陽의 기氣에서 취의하고, 곤괘는 ☷으로 땅의
순음純陰의 기에서 취의하였다. 리괘離卦 ☲는 바깥쪽은 양이고 안쪽은
음인 불의 뜻에서 취의하고, 감괘坎卦 ☵는 양이 음 속에 빠져 있는 물의
뜻에서 취의하였다. 이와 같이 8종의 단괘單卦에서 괘획의 기수획과 우수
획을 안배한 방식은 모두 8종의 자연물에서 음양 2기가 상호 배합되어
있는 상태에서 취상하였다고 보았다. 이러한 인식을 기초로 섭적은 팔괘
와 64괘 형성에 관하여 전통적으로 제시되어 왔던 건곤부모괘설乾坤父母
卦說과 설시성괘설揲蓍成卦說을 모두 비판하고, 오행상성五行相成의 수와
9궁九宮의 수로 팔괘의 기원을 해석하는 상수학설이나 소옹의 선천역학
및 후천역학도 모두 비판하였다.
　요컨대 팔괘와 64괘의 기원에 대한 관점으로 볼 때 섭적의 철학 사상
에는 유물론적 내용이 들어 있다고 인정할 만하다. 역학사에서 보면 그가
팔괘와 64괘의 기원 문제를 논술하면서 상수학 속의 관념론적 요소와 신
비주의적 요소를 비판한 점은 의의가 있다. 사실 팔괘와 64괘의 기원과
형성이라는 문제 자체를 두고 보면, 섭적이 복희 획괘설과 문왕 중괘설을
부정한 논설은 정확하다고 하겠다. 하지만 그가 성인의 관상설괘설觀象設
卦說을 지지하고, 팔괘에서 64괘에 이르는 과정이 역사 과정이었음을 부
정한 견해는 일종의 주관적 상상이거나 억측일 뿐이다. 특히 그는 설시성
괘설을 비판하여, 설시성괘란 단지 점서자가 먼저 수를 구하고 다시 수에

의거하여 효를 얻고 효에 인하여 괘를 이루는 과정을 말한 것일 뿐이라고
보았다. 그래서 그는 괘의 생성 근원에서 볼 때 괘와 서筮의 관계가 그림
자와 형체의 관게라서 괘는 서수筮數를 모사 기록한 데서 나왔다는 사실
을 간파하지 못하였다. 「설괘전」의 이른바 "음양을 보고 괘를 세운다"
(觀於陰陽而立卦)는 말은 괘가 본질상 서수에 의존한다는 사실을 두고 한
말이다. 괘는 서수에 의거하여 변화하고 창설되며, 괘에 음양이 있는 이
유는 서수에 음양이 있기 때문이고, 괘에 변화가 있는 이유는 서수에 변
화가 있기 때문이다. 『역』은 점서에서 기원하고, 괘획은 복서에서 얻은
음양의 기수·우수를 기록한 것이므로, 수가 괘의 기원이다. 섭적은 바로
이 점을 간파하지 못한 것이다.

팔괘의 기원에 관한 문제에서 섭적은 괘획이 1에서 기원하고 『주역』
의 괘상이 양陽과 기奇에서 시작한다고 보아, 건곤을 부모괘로 보는 설에
반대하였다. 이 견해는 건곤이 병립하지 않는다는 그 자신의 관점과 일치
한다. 섭적은 『습학기언』 「주역」에서 다음처럼 말하였다.

> 또한 『역』에서 처음 획을 그을 때에 건괘만 있었지 곤괘는 없었다. 그래
> 서 「단전」에서 건괘를 찬미할 때는 건괘에 대해서만 말하고 곤괘는 언급
> 하지 않은 반면에 곤괘를 찬미함에 이르러서는 하늘의 덕을 순종하고 받
> 든다고 하였다. 그러므로(「계사전」에서 말하였듯이) 건도는 남자를 이루
> 고 곤도는 여자를 이루며, 건은 대시大始(즉 太始)를 관장하고 곤은 품
> 물을 이루며, 건은 용이함을 가지고 관장하고 곤은 간단함을 가지고 품
> 물을 이룬다. 이는 곤괘가 건괘에 짝하기에 부족하다는 말이 아니고, 건
> 곤이 『역』을 이루기에 부족하다는 말이 아니지만, 건만 홀로 있고 곤이
> 없으며 건은 있어도 곤이 없다는 뜻이 감추어져 있다. 건도가 변화해서
> 품물이 각각 성명을 바로하여, 하늘이 덮고 땅이 싣는 사이에 가득하게
> 되는 것이 모두 다 건도가 아님이 없다. 건도는 남자를 이루고 곤도는
> 여자를 이루므로, 음이 양에 미리 예탁함이 없는데도 양이 음을 기다려
> 야 한다면, 건의 공적과 작용은 한쪽으로 기울게 된다.[249]

이 말은 건곤 양괘의 관계에 관한 「계사전」의 논술을 비판한 내용이

다. 섭적의 관점은 "건만 홀로 있고 곤은 없다"(獨乾非坤)는 것이다. 즉 하늘의 덕인 건도가 저절로 품물을 낳는 공적이 있어서 곤을 기다릴 필요가 없다는 말이다. 이 관점을 근거로 섭적은 또 「계사전」의 "일음일양을 도라고 한다"와 "역에 태극이 있다"는 글귀를 비판하였다. 우선 "일음일양을 도라고 한다"는 말을 정면으로 비판하여, "도란 양이지 음을 말하는 것이 아니다. 그러니 일음일양을 도라고 일컬을 바가 아니다"(道者, 陽而不陰之謂也. 一陰一陽, 非所以謂道也)는 견해를 내놓았다. 도란 양이지 음이 아니라고 하는 말은, 다시 말해 양강陽剛은 음유陰柔를 기다려서 공적을 이룰 필요가 없고, 음유는 양강의 운명을 뒤바꿀 수가 없다는 뜻이다. 자연계의 변화이든 인간사의 운동 변화이든 모두 양강 스스로의 변화일 뿐이기에 모두 음유를 기다릴 필요가 없다는 말이다. 이러한 관점은 사물의 발전 변화를 추동하는 데 음양이 상호 작용한다는 사실을 부정하고, 음이 사물에 내포된 대립자 쌍방의 하나로서 구실한다는 사실을 부정하는 것이다. 따라서 이 관점은 분명히 『역전』의 변증법 사상과 부합하지 않는다.

"역에 태극이 있다"는 글귀에 대하여 섭적은, 「단전」이 천지를 논술하여 빠뜨린 것이 없되 유독 이른바 태극에 대해서만 언급이 없거늘 「계사전」이 어째서 태극을 칭하였는지 모르겠다고 하였다. 그가 보기에 "역에 태극이 있다"는 설은 공자의 학에 고유한 의리가 아니다. 「계사전」의 그 논법은 노장학老莊學에서 기원한다고 생각하였다. 유가의 6경이 존재하여 후세 학자들이 6경을 만물 품류와 그 변화의 근거로 삼을 수 있고 6경으로 인간의 일상 생활을 지도할 수 있는데도, 주돈이·장재·주희 등 후세 학자들이 '태극무극'이니 '청허일대淸虛一大'[22]니 하고 논한 일은 스스로의 어리석음을 드러낸 것으로 대단히 서글픈 일이라고 하였다. 섭적의 이 관점은 송유宋儒를 논평하면서 송유의 역학 속에 도가 학설의 영향이 들어 있다는 점을 지적하였다는 데서 몇 가지 의미 있는 견해를 담고 있다.

---

*22) 淸虛一大說은 張載의 易學氣學觀을 二程이 개괄하여 이름한 말이다. 『二程全書』「遺書」2上에서 "淸虛一大를 세워 만물의 근원으로 삼음은 온당치 못한 듯하니 淸濁虛實을 겸하여 말해야 한다"고 하였다. 장재는 氣의 본성이 淸虛無形하며 그것이 곧 太虛之神이라고 보았다.

철학적 의의에서 보면 섭적이 철리를 추구하여 일상 생활에 실제 이용하는 데 만족하고 「계사전」의 '천지인온天地絪縕' 류의 논술을 현허玄虛하다고 비판한 섬은, 사공파가 실용을 중시하여 철학에 있어 경험론을 표명하고 형이상학 분야에 대하여 흥미를 느끼지 않았던 특징과 그 한계를 잘 반영하고 있다. 섭적은 불교와 도교를 극력 배격하되, "역에 태극이 있다"는 설의 발명을 노장에게 넘겨 주어, 사실상 공자 학설 가운데서 천도에 관한 귀중한 인식을 부정한 셈이다.

섭적이 "일음일양을 도라고 한다"와 "역에 태극이 있다"는 설을 부정하게 된 원인은 복잡하다. 이를테면 양만 홀로 있고 음은 없다는 그의 사상은 양을 주인으로 보고 음을 종으로 보는 전통적 사고와 관계가 있되, 다만 그 사고가 극단으로 흘렀다고 할 수 있다. 그와 동시에 양강을 숭상하는 사상과 『역』에 태극이 있음을 부정하는 설은 이단의 학을 배격하려 한 입장과 관련이 있다. 즉 섭적은 음유陰柔와 태시太始를 논하는 것을 노장이나 도교의 학설이라고 간주하여 그러한 논법을 배격하였다. 물론 섭적이 이러한 인식을 하게 된 데는 사공파의 사상과 학풍의 특질이 작용한 면이 있다. 그 밖에 반드시 지적해야 할 점은 이것이다. 즉 옛것을 의심하고 전통적 논점을 경시하여 「계사전」 등의 전이 공자의 사상과 연계되어 있음을 단호히 부인한 것도, 「계사전」의 그 두 설을 부정하는 데 중요한 원인이 되었다는 사실이다.

『주역』의 괘상과 괘의를 해석하면서 섭적은 「단전」과 「상전」의 범례를 취하되 특히 「대상전」을 위주로 하여, 심지어는 「상전」의 글을 가지고 「단전」의 강유설 및 취의설을 해석하기도 했다. 섭적의 역학은 실제로는 의義가 상에서 나왔다고 주장하여 한 괘의 의리가 해당 괘의 괘획 및 그것이 취한 물상에서 기원한다고 본다. 괘의가 괘상에서 나왔다고 주장하는 까닭에 『주역』을 연구하려면 응당 "근원을 소급하여 흐름을 따라야 한다"고 하였다. 즉 "괘상을 가지고 덕에 들어가는 강목을 정해야 한다"(以卦象定入德之目)고 하였다. 다시 말해 「상전」 글귀의 취물설取物說에 근거해 괘의 의리를 정하여, 덕을 닦고 사태에 대처하는 근거로 삼아야 한다는 것이다. 象과 의義의 관계에 대하여 왕필의 역학은 취의설을 위주로 하여 상이 의에서 생긴다고 보았다. 그래서 "의를 얻음은 상을 잊음에 있다"고 주장하여 괘상을 천시함으로써, 철학상 현학玄學의 귀무론貴無論(무를 제1자로 보아 귀중히 여기는 논리)을 도출하였다. 그 뒤 정이의 역학도 취의설을 위주로 하되, 상을 빌려서 의를 드러내고 상에 인해서 리를 밝힌다고 주장하여 상을 리의 체현이라 보고, 상을 말末, 리를 본本으로 보아 리본론理本論을 도출해 냈다. 그런데 섭적은 취상설을 위주로 하여 의가 상에서 나온다고 하였다. 이것은 상이 있은 뒤에 리가 있다고 본 것이며, 물상과 리의 관계상 물상을 제1자로 간주한 것이다. 그러므로 필연적으로 사물의 리가 물상을 떠나서 존재할 수 없다는 철학적 결론을 이끌어 내었다. 그런 점에서 의가 상에서 나온다는 섭적의 주장은 역학 철학사에서 아주 중요한 의의를 지닌다.

섭적은 의가 상에서 나온다는 설에 근거하여, 상이 있어야 능히 리가 있을 수 있다고 보았다. 이 인식은 도道와 기器의 관계 문제에 체현되어, 도란 다만 기器 속에 깃들 수 있을 뿐이라는 결론을 얻어 내었다. 그는 『습학기언』「주자周子」에서 "형이상자를 도라 한다. 그런데 일음일양을 도라 하면 음을 겸하게 되는데, 이렇게 되면 조금 잘못이기는 하지만 그래도 괜찮다. 그러나 만일 형이상만 밀고 형이하는 말하지 않으면 도는 더욱 은미해진다"[250]고 하였다. 또 『수심별집』진권進卷의 「대학大學」에서는 "서책에 강과 유의 짝이 있고 음악에 음성과 악기가 있으며, 예법에 위엄과 예의가 있고 품물에 그림쇠와 곱자가 있으며, 사업에 정도와 번수가 있으니, 성명性命·도덕道德이 초연히 사물을 버리고 홀로 존재할 수는 없다"[251]고 하였다. 형이상의 도가 형기形器를 벗어나 홀로 존재할 수는 없다는 말이다. 곧 정주 리학이 성명性命을 공담하는 데 대한 비판이다. 도와 기器의 관계에 대한 섭적의 이와 같은 사상은 설계선의 관점을 계승하고 발전시킨 것이다. 섭적의 역학 가운데 취상설 및 "상에 인하여 리를 이룬다"는 설은, 본체론 및 인식론에서 볼 때 일종의 유물론적 학설이다. 이 학설은 도의道義가 사공事功을 벗어날 수 없다는 사공파의 사상과 주장에 철학적 기초가 되었다.

제 3절 원대의 송역

1. 원대 역학의 흥기

『송원학안』「노재학안魯齋學案」에 다음과 같은 말이 있다.

> 원의 군대가 송을 쳐서 덕안德安을 도륙하였다. 요추姚樞는 군대 앞에서
> 유유儒·도道·석釋·의醫·복점卜占의 한 가지 예藝라도 하는 자면 살려 보
> 내었다. 선생(즉 조복趙復)[†2]이 그 속에 있었다. 선생이 연燕에 이르러
> 공부한 것을 학사들에게 전수하였는데, 이에 따르는 이가 백여 인이었다.
> 이 때에 남북이 서로 통하지 않아 정주의 서적이 채 북쪽에 미치지 못하
> 였던 참이었는데, 선생이 정주의 서적을 끌러서 폈다. 요추와 양유중楊惟
> 中은 태극서원太極書院을 건립하고 주자사周子祠를 세워 이정二程과 장
> 횡거, 양간楊簡, 유작游酢, 주자 등 여섯 군자를 배식配食하였으며, 유서
> 遺書 8,000여 권을 선별하여 선생에게 거기서 강의하도록 청하였다. 선
> 생은 주돈이와 이정 이후로 서적이 광박廣博하므로 학자들이 관통할 수
> 없다고 여겨, 복희·신농·요·순이 하늘을 이어 표준을 세운 뒤 공자·안연·
> 맹자가 대대로 교리를 세우고 주돈이·정이천·장횡거·주자가 발명하여
> 그들의 뒤를 이은 바를 탐구하여, 「전도도傳道圖」를 만들고 서목書目을
> 뒤에 간목별로 열기하였다.[252]

여기에 황백가黃百家는 다음과 같은 안어案語를 붙였다.

> 조강한趙江漢(조복)이 남관南冠의 수囚[*23]가 되면서부터 우리 도道가 북
> 에 들어와서, 요추姚樞·두묵竇默·허형許衡·유인劉因의 무리가 정주학을
> 얻어 들어 널리 전파하였다. 이로 말미암아 북방의 학이 크게 일어났다.

---

†2) 趙復의 자는 仁甫, 湖北 德安 사람이다. 鄕貢進士로 학자들은 江漢先生이라 부른다.

*23) 南冠은 春秋 때 楚人의 冠名인데, 『左傳』成公 9년에 晉侯가 "남관을 쓰고 있는 저 囚人은
누구인가?"(南冠而縶者誰也)라는 말이 있어, '남관'이란 말로 다른 나라에서 붙잡혀 온 사람을
가리키게 되었다.

오징吳澄의 경학과 요수姚燧의 문학 등 이루 다 셀 수 없을 만큼 모두 찬란하고 번성하였다.[253]

즉 송이 망하고 원몽元蒙이 중원에 들어가 주인이 되는 과정에서 정주학이 일군의 한족 지식인을 통하여 북방에 널리 전파될 수 있었다. 특히 원조 통치자는 한족 지식인의 "한법漢法을 행해야 장구할 수 있다"는 건의를 받아들여, 당시 더욱 선진적이었던 한족의 제도와 사상 문화를 수용하였다. 원대 연우延祐 연간(1314~1320)에 주학朱學은 과장科場의 정식程式에 설치되어 관학官學으로 굳어지기 시작하였다.

2. 원대 역학의 네 조류

원대에 리학이 발전한 추세를 보면 확실히 주륙朱陸이 합류한 추세가 있으나, 전체적으로 보면 결국 주학이 정통 지위를 차지하였다. 이를테면 오징도 당시에나 혹은 후대에 주륙을 한데 합쳐 "육陸을 종지로 삼고 주朱를 배반하였다"고 비판받았지만, 적어도 그 자신은 주학을 표방하였다. 그는 근고近古 시기에 도통道統이 전해져 내려온 4단계를 언급하여, "주돈이가 원元이고, 이정과 장재가 형亨이며, 주자는 그 이利이니, 누가 금일의 정貞인가?"[254]라고 하였다. 이것은 주학을 정통으로 삼는다는 뜻이다. 전조망은 「초려학안草廬學案」에서 오징의 학설을 평하여 "오초려吳草廬의 학은 쌍봉雙峰(饒魯)에서 나왔으니, 주학에서 말미암았다. 그 뒤에 육학을 겸하고 주장하였다.…… 하지만 초려의 저서는 끝내 주朱에 가깝다"[255]고 하였다. 오징이 도통을 논하면서 주돈이·정이·장재·주희를 추숭한 것은 조복의 경우와 완전히 일치한다.

주돈이·정이·장재·주희의 전도 계보가 공인되어 주학의 정통 지위가 확립됨에 따라, 역학에도 영향을 끼쳤다. 그래서 리학파는『역』을 강론하면서 정주를 종주로 삼는다는 점을 크게 표방하였다. 그런데 원대에 정주를 종주로 삼았던 실제 상황은 당시에 나온 역학 저서로 볼 때 대체로 다음 몇 가지로 나뉜다. 첫째, 정이와 주희를 겸하여 종주로 삼는 경향이다.

이 부류의 역학 저서들은 사실상 주희 역학 가운데 상수의 내용을 발휘하였고, 따라서 의리파 역학과 상수파 역학을 절충하는 경향을 드러내었다. 이를테면 조채趙采*24)는 자신의 『주역정주전의절충周易程朱傳義折衷』 자서自序에서 이렇게 말하였다.

> 소강절 선생이 복희와 문왕의 괘획을 추론하여 밝히자 상수학이 드러났다. 정이천 선생이 공부자의 뜻을 미루어 부연하자 괘획의 이치가 밝아졌다. 주문공이 『주역본의』를 짓자 상하경과 십익이 바로 잡아져 옛모습을 되찾았다. 『역학계몽』은 소강절에 근본하여 선천학을 발휘하였다. 『주역본의』는 비록 복서卜筮를 주로 하였으나, 주문공은 문인과의 문답에서 『역』 가운데 선유先儒의 설을 모두 다 폐할 수는 없되, 호체·비복·납갑 따위에 대해서는 생각을 다하지 못하였다고 하였다. 그러므로 내 생각에 오늘날 학자가 『역』을 읽을 때에는 마땅히 소강절·정이천·주자 세 선생의 설로부터 소급하여 위로 올라가야 한다.256)

『사고전서총목제요』는 조채의 저서를 두고, "이 책은 송학을 종으로 삼았으나 상수와 호변까지도 겸하여 자못 옛뜻을 보존하고 있으니 한 선생의 설만을 끝까지 고수하지를 않았다"고 논평하였다.

또 동진경董眞卿*25)의 『주역회통周易會通』은 처음 이름이 『주역경전집정주해周易經傳集程朱解』이다. 동진경은 그 책에서 이렇게 말하였다.

> 그 뒤 이름을 『회통』이라고 정한 이유는 이렇다. 『이천역전』은 왕필의 텍스트를 사용하고 『주역본의』는 여조겸의 텍스트를 사용하여 차례가 같지 않다. 또 전자는 의리를 주로 하고, 후자는 상점象占을 주로 하여 본지가 복잡하고 달랐다. 선유의 설도 혹은 지혜를 중시하고 혹은 인仁을 중시하는 등 제각기 한 뜻만을 밝혀서 문호의 다툼이 시끄러웠다. 나는 여러 학자들의 역설이 제각기 길은 다르지만 귀착점은 같다고 생각하

*24) 趙采는 元 撞川 사람으로 자는 德亮, 호는 隆齋이다. 『周易程朱傳義折衷』 33권을 편하여, 『이천역전』과 주희의 『주역본의』 설을 절록하고, 『語錄』 등에서 관련 사항을 취해 보태었으며 뒤에 자신의 설을 부기하였다. 『四庫全書』에 들어 있다.
*25) 董眞卿은 鄱陽 사람으로 胡一桂의 제자. 『周易會通』의 원이름은 『周易經傳集程朱解附錄纂註』(14권, 首 1권)로 『通志堂經解』와 『四庫全書』에 수록되어 있다.

였다. 그래서 아울러 수집하고 널리 채록하여 하나의 설만을 주장하지 않고 상수파와 의리파 둘을 공평히 대하고자 애썼으며 주자가 취하지 않았던 소식蘇軾·주진朱震·임률林栗의 설도 다 아울러 기록하였다.[257]

이로 보면 원대인이 정주를 종주로 삼는다고 표방하여 정이와 주희를 아울러 종주로 삼은 것은 실제로는 의리와 상수를 겸하여 두 학파의 공평함을 견지하고자 노력한 것임을 알 수 있다.

둘째, 주희를 종주로 삼는 경향이다. 예를 들어 호일계胡一桂[*26]의 『주역본의부록찬주周易本義附錄纂註』와 『역학계몽익전易學啓蒙翼傳』이 있다. 호일계는 「주역본의부록찬주계몽익전서周易本義附錄纂註啓蒙翼傳序」에서 다음처럼 말하였다.

주자로부터 백여 년 지나서 학문의 계승이 그 참모습을 잃었다. 「하도」와 「낙서」의 잘못이 이미 정정되었으되, 유목劉牧의 잘못을 다시 저지르는 자가 있다. 『주역본의』가 이미 『주역』의 옛모습을 회복하였는데도 왕필이 어지럽힌 것을 따르는 자가 있다. 복서卜筮의 수數는 단청처럼 환하거늘 현지玄旨를 다시 숭상하는 자도 있다. 이러한 설들이 어찌 설득력이 있겠는가? 그러므로 일월과 도서圖書의 상수가 밝아지자 천지 자연의 『역』이 드러났다. 괘효와 십익으로 경과 전이 나뉘자, 복희·문왕·주공·공자의 『역』이 판별되었다. 하은주의 『역』은 비록 각기 달랐으나 모두 동일하게 복서를 위주로 하였다. 옛 『역』을 개변하고 회복함이 아무리 힘든 작업이라 하더라도, 끝내 옛것을 뛰어넘을 수는 없다. 전수하고 전주傳注함이 비록 분분하여 통일되지 않으나, 의리만을 전적으로 주장함이 어찌 복서에서 의리를 추론하는 일만큼 알차겠는가? 복서에서 의리를 추론한 뒤에야 요점을 들어 그 의리를 발휘하여 사변辭變과 상점象占을 투명하게 강론할 수 있게 될 것이다. 서법筮法을 상고하려면 『좌전』

---

*26) 胡一桂는 元의 학자로 자는 庭芳이며 雙湖先生이라 불렸다. 胡炳文의 부친이다. 『周易本義附錄纂註』15권(『重刊通志堂經解』와 『四庫全書』에 있음), 『周易本義啓蒙翼外篇』1권(『通志堂經解』에 있음), 『周易發明啓蒙翼傳』3권·外篇 1권(『重刊通志堂經解』에 있음)이 있다.

등의 책에 모두 갖추어져 있다. 의문을 변별하여 올바름을 찾으려면 「하도」와 「낙서」를 급선무로 삼아야 한다.…… 또 이런 설이 있다. 즉 주자는 일찍이 "『역』은 다만 복서의 책이니, 본디 교리를 진설하고자 함이 아니었다"고 하였다. 지금 한 괘 한 효를 읽을 때마다 점서에서 얻은 듯이 괘상을 보고 괘효사를 음미하여 그 이치의 소이연을 찾고, 심신과 국가와 천하에 시행하여 모두 소용이 있어야 『역』을 잘 읽는 것이다. 그러므로 건괘와 곤괘에서는 마땅히 군신부자의 본분을 알아야 하고, 함괘咸卦와 항괘恒卦에서는 부부의 구별을 알아야 하고, 진震·감坎·간艮·손巽·리離·태兌에서는 장유長幼의 순서를 알아야 하며, 려택麗澤에서는 붕우의 강습을 알아야 한다. 그리고 언어를 삼가고 음식을 절제함에는 마땅히 이괘頤卦에서 얻음이 있고, 분노를 참고 욕심을 막는 일은 손괘損卦와 익괘益卦에서 깨달음이 있어야 한다.[258]

주희를 종주로 삼는 역학 저서는 사실은 이처럼 주희의 역학 가운데서 상수학의 내용을 발휘하여 『역』의 본지로 돌아갈 것을 주장하였다. 그러한 저서는 왕필파의 태도에 반대하여, 전적으로 의리만 궁구하는 것은 복서를 바탕으로 의리를 추론함만 못하다고 여겼던 것이다.

원대 인물 가운데 주희의 학을 표방하여 역학 방면에서 상수파를 형성한 주요 인물이 오징吳澄[*27]이다. 오징은 허형許衡·유인劉因과 함께 원대에 가장 영향력이 있었던 학자로 특히 역학 방면에서 영향력이 컸다. 오징은 주희의 재전 제자인 요로饒魯의 재전 제자로, 『오경찬언五經纂言』을 저술하여 주희의 미진한 뜻을 탐색하였다. 황백가는 『초려학안』에서 평론하기를 "주자의 문인은 공부를 많이 하여 나름대로 설을 이루었으되 경술에 깊이 통한 자는 아주 적었다. 초려의 『오경찬언』은 경술에 공이 있어 무건양武建陽(주희)에게 이어지니, 북계北溪(송의 陳淳) 등이 미칠 바가 아니다"[259]라고 하였다. 오징의 역학 저서는 『역찬언』 이외에 『역찬언

---

*27) 吳澄(1249~1333)의 자는 幼淸, 호는 草廬, 시호는 文正이다. 撫州 崇仁 사람이다. 38세 이후 元朝에서 한림학사, 국사원편수, 태중대부 등 관직을 역임하되 벼슬에 오래 있지 않고 역학을 궁구하여 經學之師라 불렸다. 『易纂言』 12권(『通志堂經解』에 있음), 『易纂言外翼』 8권(『豫章叢書』에 있음) 등을 저술하였는데, 뒤에 『草廬吳文正公全集』에 수록되었다.

외익易纂言外翼』이 있다. 오징은 「제경서설諸經序說」에서 이렇게 말하였다.

> 『역』은 복희의 역이다. 지난 날 복희가 처음 팔괘를 긋고 이것을 거듭하
> 여 64로 하였다. 이 때에 『역』에는 도圖만 있었지 서書는 없었다. 후성
> 後聖이 『연산』을 만들고 『귀장』을 만들고 『주역』을 만들어, 비록 한결
> 같이 복희의 도에 근본하였으되 그 취용取用은 각각 달랐다.…… 복희의
> 도는 전수받은 이가 드물어서 방기가方技家에 흘러 들어갔으므로, 비록
> 그 도圖의 설이 공부자의 「계사전」과 「설괘전」에 다 나타나 있기는 하
> 지만 읽는 이가 살피지를 못하였다. 그러다가 송에 이르러 소강절이 비
> 로소 발휘할 수 있었다. 이에 복희의 『역』이 있음을 알게 되어, 『역』을
> 배우는 자가 『역』이 문왕·주공에서 비롯되었다고 단정하지 않게 되었
> 다. 이제 『역』의 경 앞에 먼저 이 도圖를 걸어 경을 이해하는 으뜸 단서
> 로 삼아 복희의 『역』으로 삼는다. 그러고 나서 3역三易을 잇는다. 학자
> 로 하여금 『역』의 본원을 알게 하고, 말류를 쫓아가 내원에 어둡게 하지
> 않도록 하고자 할 따름이다.[260]

오징은 복희 3도를 『역』의 근본으로 보고 소옹을 추숭하였다. 그의 역
학이 선천역학을 계승하였음을 알 수 있다. 『사고전서총목제요』는 『역찬
언외익』을 다음과 같이 논평하였다.

> 당대에 '정의正義'를 정하자 『역』은 마침내 왕필을 종주로 삼아 상수학
> 은 오랫동안 내버려 두고 강론하지 않게 되었다. 그런데 오징이 『찬언』
> 을 지어 한결같이 상象에서 결단하였다. 역사가는 이렇게 생각한다. 그가
> 전주傳注의 천착을 깨부술 수 있었으므로 『역』을 논하는 많은 사람들이
> 그를 종주로 삼았다.…… 「상례象例」 등 편은 옛뜻을 천명하여, 원명 시
> 대의 여러 유학자가 묘오妙悟를 공담한 것과는 전혀 비할 바가 아니다.[261]

『사고전서총목제요』의 칭찬에는 제요를 저술한 저자의 경향성이 드러
나 있다. 오징은 천지만물의 상이 모두 복희의 괘획에 귀일한다고 보았
다. 심지어 세계 만물은 괘획의 상이 '교태交泰'(천지의 기가 융합관통함)하

는 배치로부터 나온 결과라고까지 하였다. 『역찬언』「계사상전繫辭上傳」
에서는 시수蓍數에 대하여 다음처럼 신기한 묘사를 하였다.

> 시수의 작용은 사물의 실정을 비추어 통하지 않음이 없으며 백성의 운용
> 에 앞서 작용해서 두루 다하지 않음이 없다. 그러므로 만물이 아무리 많
> 고 천하가 아무리 넓어도 모두 그 속에 들어 있어, 혹시라도 넘어서서
> 바깥으로 나가는 것이 없다.[262]

> 수는 천하의 운동을 개괄할 수 있다. 사람이 할 수 있는 일은 모두 이
> 속에 들어 있다.[263]

> 봄 여름에는 천지가 변화하여 초목이 번성하고, 가을과 겨울에는 천지가
> 꽉 막혀 초목이 시든다. 한 해의 기운이 그러하다. 홍성한 시대에는 군주
> 와 신하가 화합하여 어진 이가 나오고, 쇠한 시대에는 군주와 신하가 이
> 간되어 어진 이가 숨는다. 운수가 그러하다.[264]

이러한 말들로 볼 때 오징의 역학은 數를 가지고 일체를 해석하려 하
여 소옹의 상수학과 마찬가지로 신비적이고 황당한 색채를 띠게 되었음
을 알 수가 있다.

오징 역학의 한 가지 특징은 『주역』 경전의 문자 고증을 중시한다는
점이다. 이를테면 사괘師卦의 '문인길文人吉'을 왕숙의 텍스트를 근거로
'대인길大人吉'로 고쳤다. 소축괘小畜卦의 '여설폭輿說輻'을 '여설복輿說輹'
으로 고쳤다. 이는 허신許愼의 『설문說文』에 의거하였다. '상덕재尙德載'
를 '상득재尙得載'로 고쳤다. 이것은 경방과 우번의 자하본子夏本에 의거
하였다. 태괘泰卦 '포황包荒'을 '포황包㡾'으로 고쳤다. 『설문』및 우번본
虞翻本에 의거하였다. 대축괘大畜卦의 '왈한여위日閑輿衛'를 '일한여위日閑
輿衛'로 고쳤다. 이것은 정현본·우번본·육희성본陸希聲本에 따랐다. 췌괘
萃卦 '췌형萃亨'에서 형亨 자를 제거하였다. 이것은 마융본·정현본·우번본·
육적본陸績本을 따랐다. 곤괘困卦의 '의월劓刖'을 '얼올臲卼'로 고쳤다.
이것은 순상본·왕숙본·육적본에 의거하였다. 정괘鼎卦의 '기형악其形渥'을

'기형악其刑剭'으로 고쳤다. 이것은 정현본에 의거하였다. 비괘比卦 「단전」의 '비길야比吉也'에서 '야'자를 제거하였다. 이것은 왕소소본王昭素本에 의거하였다. 비괘墳卦 「단전」에 '강유교착剛柔交錯' 네 글자를 보충하였다. 이것은 왕필 주注 등에 의거하였다. 이런 식으로 고친 것이 이 밖에도 많다. 이상의 예는 『사고전서총목제요』 권4 「역찬언」에 보인다. 그가 빼고 고치거나 보충한 구체적인 예들이 과연 정확한지의 여부에 대해서는 견해가 엇갈린다. 단 그의 개정에는 근거 있는 것이 많다.

전반적으로 볼 때 오징의 역학 철학은 주희의 리본론을 계승하여, 우주의 본원을 태극이라 보고, 이 태극이 2기와 오행을 화생하고 만물을 화생하는 과정을 리理라고 보았다. 리는 만물이 형성되는 소이인 리이고 태극은 리의 전체이다. 그래서 오징은 태극의 해석에서 때로는 태극을 도라고도 하였다.

셋째, 원대의 호병문胡炳文*28)의 『주역본의통석周易本義通釋』, 웅량보熊良輔*29)의 『주역본의집성周易本義集成』 등은 한역과 왕필역을 절충해야 한다고 주장하거나, 혹은 역도易道에 정씨학과 주씨학을 겸용해야 한다고 주장하거나, 혹은 『주역본의』처럼 정이와 소옹을 하나로 합해야 한다고 주장하였다. 사실은 모두 주희 역학을 우익羽翼한 것으로, 모두 주희 역학의 상수 내용을 발휘한 바가 있었다.

넷째, 원대인의 역학 저서에는 이른바 순수하게 의리로 『역』을 강설한 저서가 있고, 혹은 수를 생략하고 리를 주로 말한 저서가 있었다. 전자의 예로는 증관曾貫*30)의 『역학변통易學變通』이 있다. 『사고전서총목제요』는 이 『역학변통』에 대하여 이렇게 평론하였다.

---

*28) 胡炳文(1250~1330)은 자가 仲統, 호는 雲峰이다. 徽州 婺源 사람이다. 주희의 『周易本義』를 근거로 여러 설을 절충하고 시정하여 『周易本義通釋』 12권을 편하였다. 처음 이름은 『周易本義精義』였다. 『通志堂經解』에 들어 있다.

*29) 熊良輔는 元의 南昌 사람으로, 熊凱의 문인. 『周易本義集成』 12권(首 1권)이 『通志堂經解』에 들어 있다.

*30) 曾貫은 元의 泰和 사람으로 자는 傳道이다. 天曆 때의 擧人으로 紹興府照磨를 역임하고, 元末 御龍泉의 난리 때 절개를 지켜 죽었다. 『周易變通』 6권을 지어, 『豫章叢書』에 들어 있다.

이 책은 순수하게 의리로 『역』을 강설하였다. 그 범례는 각 편마다 1괘 6효의 의리를 통론하고, 또 다른 괘의 괘효사의 의리 가운데 가까운 것을 들어서 참고하고, 차이가 있으면 이유를 구하였다. 이를테면 건괘乾卦에서는 이렇게 말하였다. "건괘 6효가 길흠을 말하지 않은 것은 어디를 가든 길하지 않음이 없기 때문이다. 초구初九는 그 경우에 처하여 행사함이 없다. 이것이 초구의 길이다. 상구는 그 경우에 처하여 후회가 없다. 이것이 상구의 길이다. 구2의 나타남, 구5의 날아감, 구3과 구4의 재앙 없음이 다 그러하다. 대개 효위爻位가 혹 중위中位를 지나더라도 성인이 그 경우에 처하면 중中을 얻음이 아닌 것이 없다. 효위가 혹 정위正位를 벗어나더라도 성인이 그 경우에 처하면 정正하지 않은 것이 없다. 이른바 강건剛建·중정中正이란 순수하여 정精한 것을 두고 하는 말이다. 길함이 이것에서 가장 클진저!" 곤괘坤卦에서는 이렇게 말하였다. "혹 육3의 왕사王事는 육5의 일이 아닌가 의심된다. 그런데 건乾은 군주의 도를 주관하고 곤은 신하의 도를 주관하므로, 왕사는 구5의 대인大人의 일이다. 그러므로 곤괘 3효와 5효에서 모두 성인의 경계하는 말씀이 있었다. 성인이 신하의 체신을 바로하고자 한 바이니 사려가 깊으시다." 간괘艮卦에서는 이렇게 말하였다. "간괘艮卦 상구에서 '멈추어 있어야 할 데 도탑게 멈추어 있음'(敦艮)을 길하다고 하고, 임괘臨卦 상육에서 '도타운 덕으로 아랫사람에 임함'(敦臨)을 길하다고 하여 모두 길하다 함은 무슨 까닭인가? 돈敦이란 도타운 도(厚道)이다. 남을 다스림에 도타우면 사람들이 복종하지 않는 이가 없다. 임괘의 경우가 이것이다. 자기를 닦음에 도타우면 자기가 닦여지지 않음이 없다. 간괘의 경우가 이것이다. 사람이 강목으로 삼을 바가 어찌 박함(薄)에 처할 수가 있겠는가?" 이 몇 가지 조항들은 의리를 세운 것이 다 순정하다. 그 밖에 분석이 정밀하여 왕왕 앞 유가들이 훈고하고 주석한 수준을 뛰어넘었다. 그리고 간간 호체互體로써 논지를 세워 옛뜻을 공평하게 겸하고 보존하였다.[265]

『주역』의 범례에 대한 증관의 인식은 왕필 이래 의리파의 논법을 계승하면서도 때로 호체설을 취하였으며, 그 역 해석은 유가의 수기치인修己治人의 도를 밝히는 일에 치중하였다는 사실을 알 수가 있다.

또 조방趙汸[*31]의 『주역문전周易文詮』을 두고 『사고전서총목제요』는 다음처럼 논평하였다.

그 대지大旨의 근원은 정주程朱에서 나와, 수數를 생략하고 리를 위주로 말하였다. 하지만 그 문인 김거경金居敬의 발문은 조방의 역학이 선천先天 내외內外의 취지에 부합하는데다가 후천後天 괘서卦序의 의리를 깨달았다고 하였다. 조방의 역학은 역시 소옹의 학을 겸하였다.[266]

요컨대 원대인이 의리를 논한 역학설은 주학의 영향을 깊이 받아 상수를 겸하여 말한 일이 많았다. 이 경향은 남송 이래의 역학 학풍이 연속된 것으로, 원대 역학의 추세를 잘 드러낸다. 더구나 원대인이 『주역』의 의리를 해석한 내용은 전반적으로 송대인의 그것을 계승하고 발휘한 것이다. 즉 "대개 송유의 서론緖論을 뛰어나다고 여겼으므로" 그다지 큰 돌파구를 마련하지는 못하였다.

3. 원대 역학과 도서학

원대의 유학자들은 주돈이·장재·정이·주희를 존숭하였는데, 그 가운데 주돈이는 리학의 비조요, 주희는 집대성자이다. 역학으로 말하면 주돈이는 「하도」와 「낙서」를 강론하였고, 주희 역시 「하도」·「낙서」를 인정하였다. 그래서 원대 유학자의 역 해석은 도서圖書를 대대적으로 논하였다. 그러한 가운데 『주역』의 도식을 강론하는 전문 저서가 몇몇 출현하였다. 장리張理[*32]의 『대역상수구심도大易象數鉤深圖』, 전의방錢義方[*33]의 『주역

---

*31) 趙汸은 원말 명초의 인물로 休寧 사람이다. 자는 子常이고 호는 共學齋이다. 黃澤의 문인으로 春秋學에 정통하였다. 만년에 東山에 은거하여 東山先生이라 불렸다. 『明史』에 열전이 있다. 『周易文詮』 4권이 있어 『四庫全書』珍本 初集에 들어 있다.

*32) 張理는 원대 淸江 사람으로 자는 仲純이다. 延祐 연간에 福州儒學提擧를 지냈다. 『大易象數鉤深圖』 3권(『重刊通志堂經解』에 들어 있고, 上海古籍出版社刊 『四庫易學叢刊』의 하나로 나왔음)과 『易象圖說』內篇 3권·外篇 3권(『重刊通志堂經解』에 들어 있음)을 지었다.

*33) 錢義方은 원대 湖州 사람으로 자는 子宜이다. 進士 출신이다. 『周易圖說』 2권이 있어, 『四庫全書』珍本 初集에 들어 있다.

도설周易圖說』등이 그 예이다. 장리의 『대역상수구심도』에 관하여 『사고
전서총목제요』는 이렇게 평하였다.

> 이 책의 상권은 「태극도」로, 즉 주돈이의 도식이다. 그 「팔괘방위도」는
> 「설괘전」에 뿌리를 두고 있다. 또 「건지대시도乾之大始圖」·「곤작성물도
> 坤作成物圖」·「삼천양지도三天兩地圖」·「대연 55수도大衍五十五數圖」 등
> 의 도식이 있다. 또 「앙관부찰도仰觀俯察圖」·「강유상마도剛柔相摩圖」·
> 「팔괘상탕도八卦相蕩圖」 등의 도식이 있다. 모두 「하도」·「낙서」에 연원
> 을 둔다. 중권은 「천지수도天地數圖」와 「만물수도萬物數圖」의 두 도식
> 으로, 즉 대연大衍과 책수策數이다. 또 「원회운수도元會運數圖」·「건곤대
> 부모도乾坤大父母圖」·「팔괘생 64괘도八卦生六十四卦圖」·「팔괘변 64괘도
> 八卦變六十四卦圖」 등이 있다. 또 「반대변여불변제괘도反對變與不變諸卦
> 圖」도 있다. 이하는 「64괘지도六十四卦之圖」로 중권과 하권에 나뉘어
> 있다. 또 삼오착종參伍錯綜과 「서괘전」·「잡괘전」을 위해서도 도식을 만
> 들었다. 생각건대 진단의 선천학을 순전히 주장하였으므로, 주자가 말한
> 역외별전易外別傳이란 것이다.[267]

장리의 『대역상수구심도』는 진단·유목·이지재·소옹의 도서학설을 계
승하고 정리하였음을 알 수가 있다. 장리는 『역상도설』 자서自序에서 이
렇게 말하였다.

> 『역』에 말하길 "하수에서 도圖가 나오고 낙수에서 서書가 나오자 성인
> 이 효칙하였다"고 하였다. 도서란 천지 음양의 상象이다. 『역』이란 성인
> 이 천지 음양의 신묘한 작용을 베껴 낸 것이다. 그러므로 일동일정하여
> 형을 갖추어서 —과 --이 된다. 음양 기우가 낳고 낳으면 한 번 동動하
> 고 한 번 정靜하여 호변互變하여 4상四象이 된다. 상하좌우가 서로 교차
> 하여 역괘가 그어진다. ☰은 하늘을 본떠 긋고 ☷은 땅을 본떠 긋고
> ☵은 물을 본떠 긋고 ☲는 불을 본떠 긋고 ☱는 못(澤)을 본떠 긋고
> ☶은 산을 본떠 그었다. 바람은 못에서 인연하고 우뢰는 산에서 인연한
> 다. 괘로써 상을 표하고 상으로써 명명하며, 이름으로써 의義를 드러내고

의로써 사辭를 바로하였다. 그리고 이 괘효사에 통달하여 『역』이란 책이 만들어졌다. 장차 성명性命의 이치에 순종하고 예악의 원천을 궁구하여, 변화를 이루고 귀신을 부리는 것이, 모두 도圖·서書의 상象과 수數에서 벗어나지 않는다……… 오직 사람만이 천지의 덕이요 음양의 교차요 귀신의 모임이요 오행의 빼어난 기이다. 그래서 몸의 반 이상은 하늘과 같고, 몸의 반 이하는 땅과 같아, 머리는 둥글고 다리는 모나다. 배는 음이고 등은 양이며, 리離인 눈은 바깥으로 밝고, 감坎인 귀는 안으로 밝다. 입과 코는 산과 못을 닮고, 음성과 기운은 우뢰와 바람을 표상한다. 그러므로 천하의 리를 얻어 그 한가운데에 위치를 잡는다. 이에 역易은 곧 나의 마음이고 나의 마음은 곧 역임을 알 수 있다. 추론하여 도식으로 그려 내니, 6위位*34)를 드러내고 3극을 갖추며, 6절節을 차서 매겨 4시가 행하고, 6체로 합하여 몸의 형체가 갖추어진다. 6맥脈을 경經으로 하여 신기神氣가 완전해지고, 6경經을 표창하여 치교治教가 이루어지며, 6률律로 협음하여 음성이 고르게 되고, 6전典으로 관직을 정하여 정령政令이 닦아지며, 6사師로 통솔하여 나라가 평안하다. 그러므로 위位에 인하여 도道를 밝히고 절節에 인하여 덕을 서술하며, 체體에 인하여 성性을 탐구하고 맥脈에 인하여 명命을 응축한다. 경經에 인하여서 예禮를 고찰하고 율律에 인하여 악樂을 바로하며 전典에 인하여 정치를 고르게 하고 사師에 인하여 형벌을 신중히 한다. 이로써 『대역』 팔괘의 체와 용이 갖추어진다.268)

장리는 성인이 상象을 보아 괘를 그었다는 설을 취하여, 「하도」·「낙서」가 천지 음양의 획이고 성인이 그것을 이용하여 자연 법칙의 신묘한 변화를 모사하였다고 보았다. 그리고 『역』이 성명의 이치에 순종하고 예악의 근원을 탐구하며 변화를 이루고 귀신을 부리는 작용을 하나같이 「하도」·「낙서」의 상수에 귀속시켰던 것이다. 이 사실을 보면 그가 유목·소옹·

---

*34) 6位는 重卦의 6爻位. 三極은 天地人 三才로, 初爻·2爻는 地, 3爻·4爻는 人, 5爻·上爻는 天에 해당한다. 6節은 6甲(甲子·甲戌·甲申·甲午·甲辰·甲寅)을 가리키는 듯하다. 6體는 身首와 4肢, 6脈은 漢醫에서 말하는 浮·沉·長·短·滑·澁 등 여섯 가지 脈象, 6經은 詩·書·禮·樂·易·春秋, 6典은 治典·教典·禮典·政典·刑典·事典, 6師는 天子의 6軍이다.

채씨 부자의 역학을 계승하였음을 알 수 있다. 그는 "역이란 나의 마음이고 나의 마음이 곧 역이다. 추론하여 도식으로 그려 내었다"고 하였는데, 이것은 주희의 논법과 다르다. 장리의 주장은 선천역학을 심법心法이라 보았던 소옹의 관점을 발휘한 것이면서, 육구연의 심학에서 깊은 영향을 받은 것이 분명하다.

전의방錢義方의 『주역도설周易圖說』은 모두 27도를 부연하였는데, 기본적으로 앞사람의 도식을 개조하였다. 전반적으로 보면 전의방은 도서학의 전통을 조금도 벗어나지 못하였고, 단지 다음 두 가지 문제를 확실히 하였을 뿐이다. 하나는 「홍범」 구주九疇는 『역』이 아니므로 「하도」를 『역』의 근본으로 존숭해야 한다고 본 점이다. 다른 하나는 『사고전서총목제요』가 지적한 다음 사항이다.

> 한대 이래로 맹희만이 『역위』「계람도」에 근본하여 『역』의 리離·감坎·진震·태兌를 각각 한 방위씩 주관케 하고 나머지 60괘는 각 괘마다 6일 7분을 주관케 하여 도圖의 시작으로 삼았다. 천 년 동안 적막하다가 진단에 이르러 비로소 "역에 태극이 있어 양의·4상·팔괘가 나오고, 인하여 괘를 겹치니 천지가 위치를 바로하게 되었다"는 설 등에 근본하여, 대원도大圓圖(선천 64괘원도)·대횡도大橫圖(선천 64괘차서도)·경세천지4상도經世天地四象圖 등을 만들었고, 다시 목수·이지재·소옹에게 전하였다. 그리고 "상제가 진의 방위에서 품물을 나오게 한다"는 설에 근본하여 후천원도後天圓圖를 만들었는데, 안쪽의 대횡도大橫圖의 괘를 비태否泰로 하고, 방방과 원圓을 반대로 하였다. 즉 『역』에 인하여 도圖를 만들었지 도圖에 인하여 『역』을 만든 것이 아니다. 이로써 본말과 원류가 아주 명백해졌다. 그래서 다른 사람들이 신이한 설을 내려 애쓴 것과 달리 곧바로 옛 성인의 제작을 근본으로 삼았으니 참되다 할 수 있다.[269]

다시 말해 전의방의 『주역도설』은 「하도」·「낙서」의 류가 결코 복희와 문왕에 의해 제작되었다고 보지 않았다. 전의방은 「하도」·「낙서」가 『역위』에 연원을 두고 있으며, 진단에 이르러 비로소 형성되었다고 하였다. 전의방의 논증을 통하여, 「하도」·「낙서」의 도식에 근거해서 『주역』이 만들어진 것이 아니라 『주역』 경전에 근거하여 「하도」·「낙서」의 도식이 만들어졌다는 사실이 명백해졌다.

전반적으로 볼 때 원대의 역학은 송대 학풍의 영향을 받아 도서를 많이 논하였다. 단 원대에는 진단 계열의 도서에 대한 비판도 하기 시작하였다. 이를테면 진응윤陳應潤*35)이 지은 『주역효변의온周易爻變義蘊』을 두고 『사고전서총목제요』는 이러한 평가를 하였다.

> 의리에 대한 현묘한 논설은 노장老莊에 떨어지고, 「선천도」 등 도식은 『참동계』와 섞였다. 그것들은 모두 『역』의 본지가 아니다.…… 주돈이의 무극과 태극, 2기와 오행의 설은 그 나름대로 일가의 의론이기는 하지만 『역』을 옳게 풀이할 수는 없다.270)

그래서 『사고전서총목제요』는 "송대 이후 의연히 진단의 학을 분쇄한 사람은 진응윤이 처음이다"라고 하였다.

4. 원대의 도교 역학

원대에 도교 역학을 계승하고 종합하여 발전시킨 사람은 유염兪琰*36)이다. 유염은 역학서를 많이 지었는데, 지금 전하는 것에 『독역거요讀易擧要』, 『역외별전易外別傳』, 『주역집설周易集說』, 『서재야화書齋夜話』, 『주역참동계발휘周易參同契發揮』, 『음부경주陰符經注』, 「현빈지문부玄牝之門賦」 등이 있다. 그 가운데 『주역집설』, 『독역거요』, 『주역참동계발휘』, 『역외별전』은 널리 유포되었고 영향도 컸다. 유염은 본디 유학자에서 도교 학

---

*35) 陳應潤은 원대 天名 사람으로 자는 澤雲. 至正 연간에 桐江賓幕으로 있었다. 『周易爻變義蘊』 4권이 『四庫全書』에 들어 있다. 上海古籍出版社가 펴낸 『四庫易學叢刊』의 하나로 나왔다.

*36) 兪琰(1258?~1314)의 琰은 琬이라고도 한다. 자는 玉吾이고 자호는 金陽子, 林屋山人, 石澗道人이다. 平江 吳縣 사람이다. 『周易集說』 40권(上海古籍出版社, 1989년간 『四庫易學叢刊』에 들어 있음), 『讀易擧要』 4권(『四庫全書』에 들어 있고, 『四庫易學叢刊』에도 들어 있음), 『易外別傳』 1권(『道藏太玄部』에 있음), 『易圖纂要』 등을 지었고, 도학가의 설을 전개한 『陰符經注』, 『周易參同契發揮』 3권(『正統道藏』과 『四庫全書』에 들어 있음)과 『周易參同契釋疑』 1권, 『玄學正宗』 등이 있다.

자로 변신하였으나, 그러면서도 주학朱學을 숭상하는 원대 학술 사상계의 추세에 따라 역학에서 주회의 『주역본의』를 위주로 한다고 표방하였다. 따라서 유염의 역학은 리학가 역학과 도교 역학의 두 가지 특징을 겸비하였다. 『주역』이란 책의 본질에 관한 인식을 보면, 유염은 『독역거요』 권 1에서 "주자는 『역』이 복서책이라고 극론하였는데 그 설이 자세하고도 분명하다. 내 생각에는 복서로 『역』을 보면 통하지 않는 것이 없고, 복서로 『역』을 보지 않으면 불통하는 것이 많다"[271]고 하였다. 이것은 분명히 『역』이 본래 복서의 책이라고 한 주회의 설에 찬동하는 말이다. 일찍이 주회는 한대 유학자와 왕필의 역학이 모두 한쪽에 치우쳤다고 비판하고, 『역』의 강론에서 의리를 크게 발휘하면서도 상수를 폐하지 않았다. 유염의 역학도 천리天理와 중리衆理를 강론하되, 상수를 밝히면 리가 그 속에 있다고 보았으므로 주학朱學의 영향을 받은 것이 분명하다.

물론 유염의 역학에는 주회의 역학과 다른 점이 있다. 「하도」·「낙서」에 관한 주회의 설은 소옹의 설에 근거한 바가 많아서, 천지 55天地五十五의 수가 곧 「하도」의 수와 같다고 보았었다. 그러나 유염은 천지지수天地之數와 대연지수大衍之數가 「하도」·「낙서」와 같다고 보는 것을 일종의 부회라고 비판하였다. 『역』의 수에는 천지지수와 대연지수만 있고 이른바 하락지수河洛之數란 없으며, 하락지수는 대개 위서緯書에 근원한다고 하였다. 그리고 상수와 의리의 관계에 관해 주회는 리를 제1자로 삼아 리를 본원으로 보았으나, 유염은 의리가 상수에 종속한다고 보았다. 이것은 그의 역학 사상이 주회와 다른 중요한 차이점이다. 이 점에서 유염의 역학은 상수학의 특징을 반영하고 있다.

그 밖에 『역학계몽』에서 유염은 괘변卦變을 비판하여, "괘변설은 점법에 사용할 수는 있으나 경 해석에 사용할 수는 없다. 본효本爻의 의를 잊어버리기 때문이다"[272]라고 하였다. 괘변으로 경을 풀이하는 데 반대하고 본효의 설을 극력 주장한 점은 자못 견식이 있다. 유염의 역학이 리학가의 역 해석과 가장 크게 다른 점은 이른바 역외별전易外別傳의 역학을 종합하고 발전시켰다는 사실이다. 역외별전에 대하여 청대인 피석서皮錫瑞의 『경학통론經學通論』은 다음과 같이 말한 바 있다.

한 성제 때 유향劉向이 서적을 교정하다가 『역』의 설을 고찰하면서, 역학가들이 모두 전하·양숙·정장군을 위주로 하여 대체로 서로 같으나, 오직 경방만이 이당異黨이었고 초연수는 홀로 은사隱士의 설을 얻어 맹희에게서 얻었다고 가탁하여 저들과 같지 않았다고 하였다. 『한서』에 의거하면 전하·정관·양숙의 학은 본디 같은 학파에 속하며, 시수·맹희·양구하에게 전하였다고 하였다. 이것이 『역』의 정전正傳이다. 초연수와 경방의 학은 음양술수를 밝혀 『역』의 별전別傳이다.[273]

즉 별전이란 본디 『역』을 이용하여 음양재이를 논하는 학술이다. 이 별전은 이른 시기에 도교에 흡수 융합되어 단교丹教를 합성하였고, 거기서 위백양魏伯陽의 학이 있게 되었다. 유염은 자신의 『역외별전』 서문에서 이렇게 말하였다.

『역외별전』이란 「선천도」 환중環中의 비밀로서 한대 유학자인 위백양의 『참동계』의 학이다. 사람은 천지간에 나서, 머리는 건, 배는 곤으로 삼아, 해의 기운을 내뿜고 달의 기운을 들이마셔 천지와 더불어 음양을 같이한다. 『역』이 음양을 말하므로 위백양은 『역』을 빌려서 그 설을 밝혔다. 대개 「선천도」에서 벗어나지 않는다. 이것은 비록 역도易道가 온축되어 남은 끄트머리이지만, 군자가 양생養生하는 데 급선무로 삼아야 하므로 알아두지 않을 수 없다.[274]

유염은 『역외별전』에서 또 "나의 몸 속이 천지의 속과 합함을 알면 건곤은 천지에 있지 않고 나의 몸에 있다"[275]고 하였다. 유염이 『역외별전』과 『주역참동계발휘』 따위에서 전개한 역학의 연원이 위백양의 『참동계』와 같음을 알 수 있다. 이것은 송대의 진단과 소옹 일파의 역학을 발전시킨 것으로, 그 종지宗旨는 『주역』을 빌려다가 연단술을 강론하는 데 있다. 그래서 유염의 저서들은 도교 역학과 송인의 관련 도식이 어떤 의미를 지니는지를 밝히는 데 도움을 준다. 유염의 이런 저서들이 지닌 철학 사상에 대해 말하면, 위백양과 소옹의 사상을 계승하여 천인天人 일체의 사상을 더욱 체계적으로 설명하고 발휘한 점을 평가할 수 있다.

5. 원대 역학 총평

　요컨대 원대 역학은 송대 역학을 계승하여, 원대인이 『주역』을 연구한 방법과 내용은 기본적으로 송역의 범위를 벗어나지 않았다. 정주 리학의 지위가 확립됨에 따라 원대 유학자의 역 해석은 대부분 정주程朱를 종지로 삼았다. 그 가운데서도 실제로는 주희를 더 높이 쳤다. 주희의 역학이 상수를 겸하여 논하였으므로, 원대인의 역학은 의리학과 상수학을 합류시키는 남송 역학의 경향을 더욱 발전시켰고, 소옹의 상수학과 도교 역학을 한층 더 깊이 발명하였다. 한편 원대의 몇몇 역학가들은 도서학의 연원과 전수 계통에 주목하기 시작하여, 도서학과 『주역』의 관계에 이의를 제기하였다. 이 점은 명청 시대의 학자들이 역도易圖를 고증하여 도서학을 비판하는 데 앞길을 열었다.

제6장
명청 시대의 역학

제1절 명청 역학 개설

1. 명청 시대의 역사적 환경

　명청 시대는 중국 봉건 사회가 쇠퇴의 길로 접어든 시기이다. 중국 봉건 사회가 이처럼 하향의 길로 들어서게 되자, 그러한 사정이 정치상에 바로 반영되어 봉건 전제 제도가 전에 없이 강화되었다. 명대 초기부터 통치자는 전제주의 권력을 공고히 하고자 신민에게 사상적 통제를 강화하였다. 명대는 정주程朱만을 존숭하고 송학(즉 리학)을 정통 관방 사상官方思想으로 떠받들어, 심지어 팔고문八股文[*1]으로 관료를 선발하면서 4서四書는 주희의 『집주集注』에 의거하도록 규정하였다. 또 한편으로는 문자옥文字獄[*2]을 대대적으로 일으켜서 이단 사상과 이설들을 더욱 배척하고 진압하였다. 명대 전체를 통하여 사상면의 이러한 전제專制는 행정 권력을 빌려서 송학의 지배적 지위를 확정하였다. 하지만 실질적으로 하나만을 존숭하도록 단순화한데다가 지식 계층의 관심이 과거 시험에 집중되었기 때문에 송학의 내재적 발전을 추동하는 힘을 억제하고 말았다. 게다

[*1] 八股文은 明淸 과거 고시의 문체. 制藝, 制義, 時文, 八比文이라고도 한다. 제목을 四書에서 취하므로 四書文이라고도 한다. 宋元의 經義에서 기원하여 成化 연간 이후에 점차 형식이 고정되었고 淸 光緖 말년에 폐하였다. 四書의 내용으로 제목을 삼고, 문장의 발단에 破題, 承題가 있은 뒤 起講을 한다. 起講 뒤에 起股·中股·後股·末股의 4단락이 있어 議論을 발한다. 각 단락마다 두 개의 소단락에 서로 比偶가 되는 글귀를 두어 모두 8股이다.

[*2] 文字獄이란 봉건 통치자가 지식 분자의 반항을 진압하고자 그들의 저작물 가운데 거슬리고 저해되는 글귀를 따다가 罪狀을 얽은 일을 말한다.

가 명말 청초의 변혁 시기에 전제 권력이 미치지 않게 되자 빈 껍데기만 남고 굼뜨기만 하여 점차 죽어가고 있던 송학은, 항청抗淸 민족 의식에 넘치고 경세치용을 제창하면서 전제 정치에 반대하던 계몽 사상가들을 거치면서 부정되기에 이르렀다.

강희康熙(1662~1722) 중엽 이후 통치 제도가 안정되고 경제가 회복되기 시작하자 민족적 모순이 점차 누그러졌다. 그와 동시에 청조의 지배자들은 지식인들을 일면 압제하고 일면 농락하면서 청대 초기의 사상계가 보여 준 생동적이고 활발한 면모를 말살하였다. 그 결과 순치順治·강희 연간에 큰 옥사獄事가 연달아 일어났다. 곧 해안海案, 과장안科場案, 명사안明史案, 남산집안南山集案의 옥사로,*³⁾ 극히 넓은 범위까지 참옥한 화를 입힘으로써 사람들의 가슴을 섬뜩하게 하였다. 그에 따라 학문 연구의 영역은 갈수록 좁아들었다. 그리고 유학을 존숭한 강희제는 여러 서적의 편찬을 제창해서 지식인들을 공명과 이록利祿으로 꼬여 총명한 재주를 고대 경전의 정리와 전석詮釋에 쏠리게 하였다. 이에 청대 초기에 황종희黃宗羲와 고염무顧炎武로 대표되는 경세학經世學이 흥기하던 것과는 달리, 복고적 색채가 농후한 한학漢學으로 뒤바뀌고 말았다.

이 시기의 한학은 여러 경전에 두루 통할 깃(通經)을 상소하고 실증을 중시하였지만, 도리어 융통성이 없고 번쇄하기까지 하였다. 이러한 한학의 사조는 18세기 중엽에서 19세기 초까지의 건륭乾隆·가경嘉慶 연간에 성행하다가 19세기 전반, 아편전쟁 직전에 쇠락의 길로 달렸다. 이 한학은 송학에 대립하여 나온 것으로, 명대가 송학의 시대였다면 청대는 한학의 시대였다고 할 수 있다. 그러니만큼 한학은 청대의 학술 사조를 대표하는 성격을 지닌다.

명청 시대의 역학은 사상 문화의 사조와 같은 행보로 발전하였다. 불완전하기는 하지만 『사고전서총목제요』와 『속수사고전서제요간목續修四庫全書提要簡目』, 황수기黃壽祺의 『역학군서평의易學群書評議』*⁴⁾ 등의 통계

---

*3) 이를테면 南山集案은 淸의 戴名世의 문집인 『南山集』과 관련하여 일어난 獄事이다. 『明史』를 편수할 때 南明 弘光 등 황제의 연호를 그대로 써야 한다고 주장한 글이 『남산집』 속에 들어 있었는데, 趙甲喬의 모함으로 戴名世는 大逆罪로 죽임을 당하고 대대적인 도륙이 일어났다.

에 따르면, 명대의 역학 저작은 200여 종에 달하고, 청대에는 460여 종
에 달한다. 이처럼 많은 저작물을 조사해 보면 명청의 역학이 두 단계로
발전하였음을 알 수 있다. 하나는 송역宋易의 단계로 명초에서 청초까지
이다. 하나는 한역漢易의 단계로 청대 중엽에서 청말까지이다.

2. 명청 시대의 송역과 한역

명청 시대에는 송역과 한역이 서로 대립하였다. 송역과 한역이란 명칭
이 지닌 의미는 따져 볼 필요가 있다. 명청 시대의 송역은 두 범주를 포
함한다. 하나는 송대에서 발전되어 온 의리역학이고, 또 하나는 송대부터
발전되어 온 상수역학이다. 상수파는 도서圖書를 가지고『역』을 풀이하지
만, 의리파는 도서학을 반대하고『주역』경전의 문사에 의거하여 그 속의
의리를 탐구하는 데 치중한다. 명청 시대의 상수파와 의리파는 이처럼 역
해석 방법이 달랐지만, 그 둘은 동일한 특징을 지니기도 하였다. 즉 경전
문자에 대한 훈고를 추구하지 않고 경전에 인하여 도道를 밝히며, 도서와
상수에 머물지 않고『역』을 빌려서 성리학을 천명한다는 점이다. 따라서
그 둘은 모두 리학의 범주에 속한다. 명청 시대의 송역을 단순히 명청 시
대의 의리역학으로 간주하여 상수파를 그 송역의 범주에서 배제한다면,
그러한 파악은 송명 리학의 실제 발전 양상과 부합하지 않으므로 역학사
를 이해하는 데 혼란을 일으키기 쉽다.

명청 시대의 한역은 문헌학文獻學과 고거학考據學의 방법론을 이용하여
『역』을 연구하였다. 따라서 이 한역은 철학의 방법으로『역』을 연구한
송역과 전혀 달랐다. 또 이 시대의 한역은 양한兩漢 시대에 전개된 역사
시대적 개념의 한역과도 차이가 있다. 본래 양한 시대의 한역은 음양재이
설과 천인감응설을 남발하면서 이론상의 창신創新이 아주 두드러졌었다.
그런데 명청 시대 한역의 주류는 미신을 배척하고 실사구시實事求是를 제
창하였다. 그래서 이 시대의 한역은 비록 본래의 한역에 들어 있던 일련

---

*4)『易學群書評議』는 현대의 역학가인 黃壽祺가 역대의 易注에 대하여 각각 한 편씩 작성한 提要
를 134편 모아, 1947년에 7권으로 묶은 책. 1988년에 北京師範大學出版社에서 간행되었다.

의 참위학讖緯學을 강론하는 데서 벗어나지 못하였으나, 참위학의 강론은 그저 조술한 데 불과하였고, 실제 목적은 참된 역사를 회복하고자 하는 데 있었다. 따라서 명청의 한역을 '한역'이라 칭한다면 타당하다고 할 수 없다. 이 시대의 한역은 양한 시대의 한역과 혼동하기 쉬우므로, 정확한 호칭은 아무래도 고거역학考據易學이나 박학역朴學易(朴은 樸으로도 씀)이라 하는 것이 좋겠다. 박학역은 리학역(혹은 도학역)과 대립하므로, 그 둘이 본질상 추구하는 바가 같지 않다는 사실을 드러내기에 마침 맞는 명칭이다. 고거역학이라 부른다면 송역이나 한역과의 차이가 더욱 뚜렷이 드러난다. 만일 시대성을 강조하고자 한다면 청역淸易이라 불러도 좋다. 어쨌든 박학역이든 고거역학이든 청역이든, 이러한 명칭들이 한역이란 명칭보다는 그 차별적 성격을 더 잘 드러낼 수 있을 듯하다.

송역은 명청 시대에 발전과 쇠락의 단계를 거쳐 왔다. 명초에서 청초까지는 송역이 발전해 나간 시기이다. 이 시기에 영향력이 컸던 의리파 역학의 저작으로는 명초에 호광胡廣 등이 편찬한 『주역대전周易大全』이 있다. 또 명 중엽에 채청蔡淸의 『역경몽인易經蒙引』이 있으며, 명말 청초에 손기봉孫奇逢의 『독역대지讀易大旨』, 왕부지王夫之의 『주역패소周易稗疏』·『주역외전周易外傳』·『주역내전周易內傳』, 그리고 이광지李光地 등의 『주역절중周易折中』이 있다. 이 가운데 왕부지의 업적이 가장 두드러져 이론 사유의 면에서 송역의 최고봉에 달하였다. 상수파 역학 저작 가운데 영향력이 있었던 것으로는 명 중엽에 래지덕來知德의 『주역집주周易集注』가 있었고, 명말 청초에 황도주黃道周의 『역상정易象正』, 방이지方以智의 『동서균東西均』과 『역여易餘』 등이 있었다. 그 가운데 래지덕은 상수학의 집대성자로서 소옹 이후 제1인자라고 할 만하다. 정치적 지위라는 각도에서 명청 시대의 송역을 구분하자면 왕부지와 래지덕의 역학은 민간 역학이라고 이를 만하다. 그들의 역학은 창신創新을 특색으로 하였다. 그 반면에 명대의 『주역대전』과 청초의 『주역절중』은 관방 역학이라 이를 만하다. 이 둘은 절충折衷을 특색으로 하였다. 이 둘은 정이와 주희의 역학을 한데 뒤섞은 점에서 시대의 규범일 수는 있었으나, 이론 사유의 면에서는 아무런 발전도 없었고 어떠한 창도도 없었다. 그러나 당시의 역학 연구에는 크나큰 영향을 끼쳤다. 그 둘 가운데 『주역절중』의 업적이 더 크다. 이 책은 여러 역학가의 설을 두루 채집하여 취사선택이 공평하였으므로, 『주역』경전 자체를 천명한 내용을 두고 말하면 명대에도 청대에도 이 책보다 더 나은 것이 없다. 왕부지의 역학과 『주역절중』의 뒤로 송역은 기본적으로 발전이 멈추고 쇠락의 길로 나아갔다. 비록 그 뒤로도 송역 방면의 역학 저서가 결코 적지는 않았으나 취할 만한 것이 극히 적었다. 따라서 그 이후 송역의 지위와 업적은 당시에 우뚝 일어난 박학역에 비할 바가 못 되었다.

박학역은 청대 옹정雍正(1723~1735)·건륭(1736~1795) 연간에 형성되었으나 그 근원은 청초로 소급될 수 있다. 즉 고염무가 『역』을 연구하여 저술한 『역본음易本音』 등은 고거역학의 선하를 열었고, 황종희 형제는 『역학상수론易學象數論』과 『도서변혹圖書辨惑』을 저술하여 도서의 위작 사실을 변증하는 학풍을 제일 먼저 열었다. 그들은 송역 의리파에 속하지만, 주돈이와 소옹의 도서학이 허위임을 폭로하였으며, 상수와 의리를 아울렀던 주희 역학의 권위마저도 뒤흔들었다. 이렇게 하여 박학역이 송역을 대신할 객관적 조건이 만들어졌다. 모기령毛奇齡과 호위胡渭는 그 뒤를 이어 일어났다. 그들의 역학은 파괴를 특징으로 하였다. 모기령은 『하락 도서원천편河洛圖書原舛編』과 『태극도설유의太極圖說遺議』를 저술하고, 호위는 『역도명변』을 저술하여, 「하도」·「낙서」가 도사道士의 연단술에 불과하며, 복희·문왕·주공·공자의 옛설이 아니라 느즈막히 후대에 나온 설이라는 사실을 증명하였다. 그리하여 송역을 끼고 있는 송명 리학 자체에 치명적인 타격을 가하였다. 이것이 박학역의 출발 단계이다.

그 뒤 박학역이 정식으로 형성되었다. 이 시기에 오면 『역』을 논하는 학자들이 소옹과 주돈이를 존숭하지 않았을 뿐만 아니라 왕필·한강백·정이·주희에 대해서도 깊은 불만을 드러내었다. 이 시기의 역학가는 두 갈래로 나뉘었다. 한 갈래는 한역을 발굴하고 정리하며 뜻을 미루어 넓히는 일에 치중하였으므로 한역 문헌파漢易文獻派라 불릴 수 있다. 다른 한 갈래는 수학과 언어학의 새로운 성과를 가지고 『주역』경전 자체를 연구하였으므로 상수 창신파象數創新派라 부를 수 있다. 한역 문헌파의 대표로는 우선 혜동惠棟이 있다. 혜동은 한학을 돈독히 믿어서 역 해석에서 한결같이 한대인의 설을 표준으로 삼았다. 혜동의 저서『역한학易漢學』은 맹희·우번·경방·정현·순상의 설을 대단히 근실하게 천명함으로써 한역의 원모습을 복구한 일면이 있다. 그러나 혜동은 일부를 가지고 전체를 개괄하는 오류를 범하였다. 즉 한역에서 각 역학가들이 준수하였던 가법家法을 고려에 넣지 않은 채 모든 역학가가 한 가지로 같았다고 보았다. 그 밖에도 한대인의 역설을 지나치게 미신하여, 채 미치지나 않을까 염려하듯 한역을 숭상하였다. 사실 한유漢儒의 역 해석이『역』의 본뜻에 완전히 부합하는지는 의문스럽다.

혜동의 뒤에 장혜언張惠言이 이어서 나왔다. 장혜언은 한역에서 우번虞翻만을 전공하여, 우씨 일가의 역설을 끝까지 발휘하고 나머지 역학가는 부용으로 삼아 차별적으로 선택 수집하여 우씨역과 나머지 역학설을 섞이지 않게 하였다. 따라서 장혜언의 연구가 지닌 장점은 가법을 명료히 하였다는 점이고, 단점은 조술하기만 하고 새로 만들지를 않아서 창작이라 할 만한 것이 없다는 점이다. 한편 청말의 요배중姚配中은 가히 박학역의 전군殿軍(후군)이라 할 수 있다. 요배중은 저서『주역요씨학周易姚氏學』에서 한역 가운데 정현의 역학이 가장 우수하다고 하였다. 그는 정현 역학 가운데 효진설爻辰說을 취해 별자리로 징험하여 뒷사람들로부터 논박당한 부분은 모두 제거하고 한 글자도 남기지 않았다. 따라서 요배중의 주注는 많은 환영을 받았다.

한편 상수 창신파의 대표자는 초순焦循이다. 초순은『조고루역학삼서彫菰樓易學三書』를 저술하여 역학에서 '실측實測'을 주장하였고, 이른바 '천원술天元術'을 이용하여 괘효의 운동을 설명하였으며, 전주轉注와 가차假借를 이용하여 경문을 이해하였다. 그래서 초순은 방통旁通·시행時行·상착相錯이라는 세 가지 역례易例를 발명하여, 완원阮元과 왕인지王引之 등 박학대사朴學大師들로부터 격찬을 받았다. 초순은 한역의 설을 결코 미신하지 않아, 한대인들이 줄곧 뒤얽었던 비복·괘기·효진·납갑 따위를 날카롭게 비판하였다. 그와 동시에 그는 고거에 정밀하고 산리算理·음운音韻·훈고에 특기가 있었다. 따라서 초순의 역학은 순전한 한역이라 할 수 없을 뿐 아니라 송역에도 귀속될 수 없다. 그의 역학은 뒷날의 이른바 과학역科學易에 아주 큰 영향을 끼쳤다. 사실 초순의 역학은 새로운 상수파로서 송대인의 도서설을 새롭게 꽃단장한 것이니, 역학에 그릇된 수단을 도입한 혐의를 면할 길이 없다.

건륭·가경 이후에도 박학역의 저술이 풍부하였으나 거론할 만한 것으로는 집일輯佚의 류가 있을 뿐이다. 유명한 사람으로 손당孫堂과 마국한馬國翰이 있다. 송역을 부정하고 굴기하였던 박학역도 이 시기에 이르러 부정을 당하는 운명을 맞게 되었다.

명청 시대의 역학을 전체적으로 보면 송역에서 박학역으로 발전하는 과정을 거치면서, 허虛에서 실實로 나아가고 거시적 관점에서 미시적 관점으로 나아간 특징을 보였으며, 역학 철리의 탐구에서 문헌학적 연구로 발전하였음을 알 수 있다. 그러나 전체의 발전 과정은 끝내 봉건 경학의 틀에서 빠져 나올 수가 없었다.

제2절 명청 시대의 송역

송역은 송학(리학이나 도학이라고도 칭함)의 한 구성 부분이다. 주돈이와 소옹의 도서상수학이든 정이와 장재의 의리역학이든 혹은 주희의 절충역학이든, 송역은 모두 리학의 범주에 속한다. 따라서 명청 시대의 송역에 대하여 의리학과 상수학의 차이를 고려하여 두 파를 가능한 한 명확히 구분하여 서술하고자 한다.

1. 명대의 의리파 송역

명대는 정주 리학만을 존숭하였다. 바로 경학의 극쇠 시대極衰時代였다. 명초에서 중엽까지 송역 의리파의 저작물이 아주 많이 나왔으나, 내용이 텅비고 새로운 견해가 없는 채로 그저 송인이 이루었던 송역의 특징을 고수하는 데 그쳤다.

1. 호광 등의 『주역전의대전』

명대에 가장 영향력이 있었던 역학 저작으로는 『주역전의대전周易傳義大全』을 제일로 꼽을 수 있다. 이 책은 호광*5) 등 42인이 칙명을 받아 편찬한 것으로 성조成祖 영락永樂 13년(1415)에 이루어졌다. 본래 이 책은 명초에 사상 통일을 위하여 천하에 반포한 '리학대전理學大全 3부'*6) 가운데 하나인 『오경대전五經大全』의 일부이다. 이른바 전傳이란 정이의 『이천역전』을 가리키고, 의義란 주희의 『주역본의』를 가리킨다. 다시 말해서 『주역전의대전』은 『이천역전』과 『주역본의』에 근거하면서, 이 밖에 여러 역학가의 역학설을 이리저리 채집하여 만든 것이다. 그 권수의 범례에 다음과 같은 말이 있다.

> 『주역』 상하경 2편과 공자의 십익 10편을 각각 한 권씩으로 하였다. 한대의 비직費直은 「단전」과 「상전」으로 경을 해석하여 경의 뒤에 「단전」과 「상전」을 붙였다. 정현과 왕필은 이 비직본을 종주로 삼고, 또 괘효의 아래에 건괘와 곤괘의 「문언전」을 각각 나누어 첨가하고서 처음으로 '단왈彖曰'·'상왈象曰'·'문왈文曰'이란 표제어를 가하여 경의 글과 구별하였다. 그리고 「계사전」 이후는 예전처럼 그대로 하였다. 대대로 이 정현·왕필본을 그대로 따라왔다. 이것이 오늘날의 『역』이다. 정이가 전傳을 붙인 것도 이 금본今本 『역』이다. 숭산嵩山 사람 조열지晁說之가 옛 경을 처음으로 정정하여 8권으로 정리하였다. 동래東萊 사람 여조겸은 경을 2권으로 정하고 전을 10권으로 하였다. 이것이 구본舊本 『역』이다. 주자의 『본의』는 이 구본을 따랐다. 하지만 정이의 『정전』과 주자의 『본의』는 병행하고 있고, 여러 사람의 정본定本*7) 또한 각기 다르다. 그러므로 이제 『역』을 『정전』의 원본에 따라 정하고 『본의』의 글은 부류에 따라 정리해 넣는다. 경문은 모두 제 높이대로 쓰고, 『정전』과 『본의』의 글은 한 글자 낮추어

---

*5) 胡廣(1370~1410)의 자는 光大, 호는 光庵, 시호는 文穆이고 江西 古水 사람이다. 建文 2年(1400) 進士第一로 급제하고 翰林修撰을 제수받았으며, 永樂 5年(1407)에 翰林學士兼左春坊大學士로 승진하여 조칙을 받아 理學大全 3部를 찬수하기 시작하였다. 책이 이루어진 뒤 文淵閣大學士에 승진하였다.

*6) 理學大全 3部란 『五經大全』, 『四書大全』, 『性理大全』을 말한다.

*7) 定本이란 교정하고 심리하여 확정한 서책이나 원고를 말한다.

써서 구별한다. 「계사전」이하는 『정전』이 빠져 있으므로, 한결같이 『본의』가 정한 장차章次에 따른다. 총 24권으로 정리한다.

　『주역전의대전』의 골격은 정이의 『이천역전』과 주회의 『주역본의』를 기계적으로 병합한 것임을 알 수 있다. 경문 부분은 『이천역전』의 원본에 의거하고 주회의 『주역본의』를 각각 유별로 나누어서 합쳤다. 전문傳文 부분은 『이천역전』이 빠져 있기 때문에 『주역본의』만을 일률적으로 따랐다.

　또한 이 책은 이른바 '대전大全'이라 칭함으로써 정주程朱 후학의 성과들도 흡수하고자 하였다. 주이존朱彝尊의 『경의고經義考』*8)에 "『역』은 천태天台·파양鄱陽의 두 동씨董氏와 쌍호雙湖·운봉雲峰의 두 호씨胡氏를 취하였다"고 지적하였다. 천태 사람 동해董楷는 『주역전의부록周易傳義附錄』*9)을 저술하였고, 파양 사람 동진경董眞卿은 『주역회통周易會通』을 저술하였다. 쌍호 사람 호일계胡一桂는 『주역본의부록찬소周易本義附錄纂疏』를 저술하였고, 운봉 사람 호병문胡炳文은 『주역본의통석周易本義通釋』을 저술하였다. 이 네 책이 바로 『주역전의대전』의 바탕이 된 저작들이다. 동해는 남송 때 사람으로 그 학문의 연원은 주회에게서 나왔다. 그의 『주역전의부록』은 『정전』과 『본의』를 합쳐서 한 편으로 하고 정이와 주회 두 사람의 유설遺說을 취하여 부록으로 붙였다. 호일계와 호병문은 원대 사람으로 그들의 저작은 모두 주회의 설을 주장하였다. 동진경은 호일계의 문인이다. 그의 『주역회통』은 호일계의 『주역본의부록찬소』에 근본하면서도 기타 여러 학자의 설까지 두루 섭렵하였다.

---

*8) 朱彝尊의 『經義考』는 역대 經義의 목록을 고찰하여 經別로 분류하여 배열하였다. 각 서적마다 맨 앞에 저술가의 성명·서명·권수를 기록하고, 해당 서적이 존재하는지 빠졌는지 없어졌는지 채 보지 못하였는지를 注하였다. 그러고 나서 원래의 서문, 발문, 여러 사람의 논평을 수록하고 고증을 하였다. 부록으로 毖緯, 擬經, 乘師, 刊石, 書壁, 鏤版, 著錄, 通說의 8개 분야를 붙였다. 모두 300권이다. 朱彝尊(1629~1709)은 淸 折江 秀水 사람으로 字는 錫鬯, 호는 竹垞이다. 강희 18년에 布衣로 博學鴻詞科에 급제하여 檢討에 제수되었고, 『明史』의 편수에 참여하였다. 장서가 8만 권으로, 室號를 曝書亭이라 하였다.
*9) 『周易傳義附錄』은 14권으로 涵芬樓叢書 元刊本이 있고, 納蘭成德의 『通志堂經解』와 『四庫全書』에도 들어 있다.

이 사실로 보더라도 『주역전의대전』은 『정전』과 『본의』를 나란히 든다고 표방하였지만, 사실은 주희의 『본의』에 편중되어 있음을 알 수 있다. 따라서 권수의 「역설강령易說綱領」에서 주희의 설을 인용하여, "『역』은 다만 남을 위해 복서를 하여 의혹을 결단해 주는 것일 뿐이다"라 하고, "의리를 말하여 남을 깨우치려고 팔괘를 그어야 하였다면 그것은 너무 심하다"라 하였으며, "『역』의 효사는 답칭答稱함과 같다"고 하였다. 편찬자의 천박한 역학관이 잘 드러난다. 권수에서 열거한 인용선유성씨引用先儒姓氏는 모두 130여 명에 달하지만, 이는 전적으로 세상을 속이기 위한 이야기일 뿐이다. 주이존은 일찍이 그 허위를 폭로하여 "저 책들(두 동씨와 두 호씨의 책을 가리킴)은 눈도 거치지 않았다. 이른바 '대전'이란 지극히 불완전한 책이다"라고 혹평하였다. 정말 일침으로 피를 내는 아픈 말이다. 『주역전의대전』은 이처럼 천박하게 부연한 저작물임에도 불구하고, 명대 200백 년간 줄곧 과거 시험의 표준이 되었으니, 선비들의 학문 규모가 어떠하였겠는가? 이 책이 명대의 역학에 끼친 영향은 바로 『사고전서총목제요』가 한 말 그대로이다. "(명대 역학이) 처음에 기탄없이 멋대로 뻗지를 못한 것도 바로 이 책 때문이고, 그 뒤에 고루함을 면치 못하게 된 것도 이 책 때문이다."

2. 최선과 채청

개인 저술 가운데 비교적 가치 있는 책이 『독역여언讀易餘言』 5권이다. 찬자는 최선崔銑이다. 최선(1478~1541)의 자는 자종子鍾이고 하남河南 안양安陽 사람이다. 홍치弘治 을축년(1505)의 진사進士이다. 『독역여언』은 『이천역전』을 위주로 하면서 왕필과 오징吳澄의 설을 아울러 채집하여 주희의 『주역본의』와는 사뭇 취향이 다르다. 상수를 버리고 의리를 천발한 것이 그 골자이다. 진단이 전한 도서는 모두 상수학을 부연한 것으로서 『역』의 본뜻과는 관계가 없고, 여러 유가의 괘변설도 지리멸렬하여 취할 것이 없다고 보았다.

채청蔡淸은 『역경몽인易經蒙引』 12권을 편찬하였다. 채청의 자는 개부介夫로, 진강晉江 사람이며 성화成化 갑진년(1484)의 진사이다. 이 책은 주회의 『주역본의』를 주로 발명하였으나, 논한 내용은 실상 『주역본의』
와 다른 것이 많다. 이를테면 건괘乾卦 용구用九의 "뭇 용을 봄에 머리가
없으니 길하다"(見群龍无首吉)에 대하여 주회는 '용구'를 64괘 192개 양
효의 통례通例로 보고, "뭇 용을 봄에 머리가 없다"는 말은 건괘 6효가
모두 용구用九인 것을 두고 한 점사占辭라고 보았다. 그러나 채청은 이렇
게 비판하였다. 공자의 「상전」과 「문언전」은 절절이 다 6효가 모두 용
구인 건괘를 위주로 하여 말한 것이거늘 『주역본의』는 이 설을 주장하지
않았다. 또 만약 주회의 설에 의거한다면 '용구'의 아래에 마땅히 '6효가
모두 용구인 것'(六爻皆用九者)이란 구절이 있어야 한다고 비판하였다.*10)

 『역경몽인』이 『주역본의』의 설과 해석을 달리한 또 다른 예가 있다.
역시 건괘 구3의 「문언전」에 "이르러 갈 바를 알아 그것에 이르른다"

---

*10) 건괘 用九와 곤괘 用六에 대해서는 종래 이설이 분분하다. 주요한 것을 들면 다음과 같다. ①
  用九이지 用七이 아님을 강조한 것이란 설(구양수·정이·주회) ② 건괘의 전체 양효가 음효로
  바뀌어 곤괘가 됨을 가리킨다는 설(주회·李鏡池) ③ 用上九의 뜻이라는 설(來知德) ④ 마왕퇴
  백서에서 '用'자가 '逈'으로 되어 있고, 逈은 通의 뜻이라는 설(筮하여 얻은 수가 모두 9이면
  用九의 효사로 점을 치라는 뜻). 단 이 用九에 대한 해석은 구양수의 『易童子問』과 주회의 『주
  역본의』에 이르러 어느 정도 일치된 견해에 이르렀다. 그런데 채청은 구양수의 설과 주회의 설
  을 비교하여 주회의 ②의 설을 비판한 것이다. 청대 毛奇齡의 『仲氏易』과 근현대의 尙秉和의
  『周易古筮攷』에 이르러서는 그 의미가 더욱 분명해졌다고 하겠다. 일본인 스즈키 요시지로鈴木
  由次郎도 『易經』(明治書院, 1974)에서 상병화의 설에 따라 用九·用六을 해석하였다.
   구양수는 『역동자문』 「明用篇」에서 이렇게 말하였다. "건괘에는 여섯 효의 뒤에 用九라고
  있는데, 이것은 무슨 까닭에서인가? 9를 가지고 효에 이름을 붙였기 때문이다. 건괘의 효는 9
  와 7이다. 9는 변하고 7은 변하지 않는다. 易의 도리는 그 변함을 점치는 것이므로, 그 점치는
  바의 것을 가지고 효에 이름 붙이는 것이지, 여섯 효가 모두 9라고는 말하지 않는다. 用九라는
  것은 7을 이용하지 않는 이유를 해석한 것이다. 점서의 때에 7은 항상 많고 9는 늘 적으며, 9
  가 없는 경우도 있다. 그러므로 해석하지 않으면 안 되는 것이다. '뭇 용을 보니 머리가 없다'
  에서 머리는 앞이고 主이다. 양이 극성하면 변하여 다른 것으로 간다. 그러므로 '머리가 없다'
  고 한다. 무릇 사물은 극성하면 변하지 않고서는 파괴된다. 변하면 통한다. 그러므로 吉하다고
  한다. 사물은 변하지 않는 것이라고는 없다. 변하면 통하지 않는 것이라고는 없다. 이것은 자연
  스러운 이치이다. 그러므로 '하늘의 덕은 머리일 수 없다'고 하는 것이다. 또 '즉 天則을 본다'
  고 하는 것이다."
   주회는 『본의』에서 이렇게 논하였다. "무릇 筮하여 양효를 얻을 때는 모두 9를 이용하고 7
  을 이용하지 않는다. 이것이 대개 모든 괘의 192개 양효의 통례이다. 건괘는 순양으로서 맨 처
  음에 있기 때문에, 특별히 用九라는 말을 사용하였으며, 성인은 이것에 의하여 문사를 연계한
  것이다. 그래서 이 건괘에 마주쳐서 여섯 효가 모두 변하는 때에는 이 用九의 효사에 의하여

(知至至之)는 구절과 "마칠 바를 알아서 그것에서 마친다"(知終終之)는 구절을 보자. 주희는 윗구절에서는 '지知'자가 겹쳤고 아랫구절에서는 '종終'자가 겹쳤다고 하였다. 그러나 채청은 『역경몽인』에서 주희가 본문의 원뜻을 잘못 파악하였다고 비판하였다. 본문 아랫구절에서만 '지知'자가 우연히 하나 쓰일 리가 있겠는가? 만일 그렇게 되면 절과 짝이 될 수 없지 않는가 하고 반박하였다. 채청의 이 반박은 아주 옳다. '지지知至'와

점치게 한 것이다. 대개 여섯 양이 모두 변하여 剛이면서도 柔할 수 있는 것이 吉의 도리이다. 『춘추전』에, 乾之坤에 '뭇 용을 봄에 머리가 없으니 길하다'고 하였다. 대개 純坤의 괘사의 '암말의 貞一함은 앞장서면 미혹하고 뒤서면 복을 얻는다. 東北에서 친구를 잃는다'고 한 것이 이 뜻이다."

상병화는 구양수의 설에 따라 주희의 "여섯 양이 모두 변하는 것은 이것에 의하여 점친다"고 한 설을 반박하였다. 用九와 用六은 오로지 3변하여 1효를 이룸을 두고 말한 것이라고 보는 것이다. 상병화는 이렇게 말하였다. "用九와 用六은 설시법의 방식을 알려 주기 위한 것이지 占辭가 아니다. 또한 오로지 筮할 때에 마주치는 하나의 효를 두고 말한 것이지, 6효로 구성된 重卦를 두고 하는 말이 아니다. 筮할 때에 3변하여 효가 얻어지는데, 손에 걸치고 하는 策數를 헤아려 보면 7·8·9·6 가운데 어떤 하나가 나오게 마련이다. 7·9는 양이고, 8·6은 음이다. 다시 7은 少陽, 8은 少陰으로 이것들은 변하지 않는다. 9는 老陽, 6은 老陰으로 이것들은 변화한다. 그러므로 9를 가지고 양효를 대표시키고, 6을 가지고 음효를 대표시킨다. 用九에서 '뭇용을 봄에 머리가 없다'고 하고, 用六에서 '항구하게 올곧음에 이롭다'고 한 것은 9와 6이 반드시 변한다는 뜻을 거듭 분명히 한 것이다. 9는 어째서 반드시 변하는가 하면, 그것은 양이 극하면 亢이고, 亢은 凶이기 때문이다. 즉 '뭇 용을 봄에 머리가 없다'는 식으로 되면 길하게 된다. '머리가 없다'는 것은 음이다. 또 6은 어째서 반드시 변하는가 하면, 그것은 음이 극하면 소멸하고, 소멸하면 고수하지를 못하니, 만일 健의 자세를 지녀 고집한다면 이롭게 되기 때문이다. 영구히 올곧음은 양이다.…… 주자는 무릇 筮하여 양효를 얻을 때에는 모두 9를 이용하고 7을 이용하지 않는다 하고, 음효를 얻을 때에는 모두 6을 이용하고 8을 이용하지 않는다고 하였다. 이 해석은 올바르다. 하지만 주자는 또 이 괘가 나와서 여섯 효가 모두 변하면 이 괘사에 의하여 점을 친다고 하였다. 이것은 잘못이다. 用九와 用六은 오로지 3변하여 1효를 이루는 것을 가리키는 데 불과하다. 이것을 6효가 모두 변하는 것의 점사로 본다면, 그 나머지 62괘에서도 모두 6효변의 점사가 있어야 할 터인데, 어째서 그런 점사가 없는가? 또한 易은 1효변·2효변·3효변·4효변·5효변의 점에 대해서는 아무런 말도 없으면서 갑자기 6효변의 점에서는 이런 말을 한다는 것은 이상하다. 그렇다면 筮의 범례로서는 온당치가 못하다. 그러니 주자의 설이 잘못임이 분명해진다."

『좌전』昭公 29년의 '乾之坤'은 양이 음으로 변함을 말하는 것으로 1효를 가리켜 말한 것이지, 6효가 전부 변한 점괘가 나왔다는 말이 아니다. 『좌전』의 '乾之坤'에 대해서는 이 책의 전반부에서 이미 언급한 대로 □卦之□卦의 형식을 빌려서 특정 효를 가리키는 것으로 보아야 할 것이다. 用九란 결국 양효에 대한 범례로서 陽剛을 이용할 때 주의할 점을 언급한 것이라고 하겠다.

'지종知終'은 서로 짝하여 글을 이루니, 이 두 구절은 동사動詞─빈어賓語 구조로 되어 있다. '지지지지知至至之'란 나아갈 목표를 알고서 노력하여 실현한다는 뜻이요, '지종종지知終終之'는 종지할 시각을 알아 그 때에 맞추어 종지한다는 뜻이다. 바로 "벼슬할 만하면 벼슬 살고, 그만둘 만하면 그만둔다"(可以仕則仕, 可以止則止)는 태도이다. 이 태도는 '성인 가운데 시時를 중시한 분'(聖之時者)인 공부자 자신을 두고 말한 것이다. 그런데 주희는 글자를 덜어 없애고 풀이하려 하였으니 아주 온당치 못하다. "주자는 『이천역전』을 전적으로 따르지는 아니하였으되, 『이천역전』의 뜻을 능히 발명한 이는 주희만한 사람이 없다. 채청은 『주역본의』를 전적으로 따르지는 않았으나, 『주역본의』를 발닝한 이는 채청만한 사람이 없다"고들 말한다. 이 말은 결코 채청을 과찬하여 한 말이 아니라 진실을 담고 있다. 채청의 『역경몽인』은 명대 역학에 상당히 영향을 끼쳤으니, 최선崔銑의 『독역여언讀易餘言』, 웅과熊過의 『주역상지결록周易象旨決錄』,[11] 임희원林希元의 『역경존의易經存疑』,[12] 진심陳深의 『역경천설易經淺說』 등은 『역경몽인』의 설을 이용하였거나 그 책을 계승하였거나 혹은 그 책으로부터 계발을 입었다.

3. 이지

명대 중기에 왕양명王陽明의 심학心學이 굴기하자, 그 학술이 역학에 섞이게 되었다. 고반룡高攀龍의 『주역이간설周易易簡說』[13]은 심心으로 『역』을 논하였고, 초횡焦竑의 『역전易筌』[14]과 방시화方時化의 『역인易引』[15]은 불경佛經과 선학禪學으로 『역』을 해석하였다. 그 가운데는 자못 식견이 있는 저작물이 있다. 이지李贄의 『구정역인九正易因』과 당학징唐鶴徵의 『주역상의周易象義』 등이 그것이다.

---

*11) 『周易象旨決錄』은 7권으로 강회 연간의 판본이 있고, 『사고전서』에 들어 있다.
*12) 『易經存疑』은 12권으로 淸初 판본과 강회 연간의 중간본이 있다.
*13) 『周易易簡說』은 3권으로 『사고전서』에 들어 있다.
*14) 『易筌』은 본편 6권, 附論 1권으로 『사고전서』에 들어 있다.
*15) 『易引』은 9권으로 方時化의 『易學六種』 가운데 하나. 江蘇周厚垍家藏本이 있고, 『사고전서』에도 들어 있다.

이지(1527~1602)의 호는 탁오卓吾로, 복건福建 천주泉州 진강晉江 사람
이다. 24년간 골똘히 연구하여『구정역인』2권 8책을 완성하였다. 이 책
의 원명은 『역인易因』이었는데, 뒤에 마경륜馬經綸의 의견을 들어보니
"음악은 반드시 아홉 곡을 연주한 뒤에 갖춰지고, 연단은 반드시 아홉 번
제련한 뒤에 이루어지는 법이다. 그러므로 옛이름인 『역인』에다가 구정
九正이란 두 글자를 가하는 것이 옳겠다"고 하였다. 그래서 이름을 『구정
역인』으로 정하였다. 이 책의 권수에는 「서序」가 있고, 그 뒤에 「독역요
어讀易要語」가 있으며, 그런 뒤에 비로소 정문正文(본문)이 있다. 정문은
64괘의 순서에 따라 각 괘별로 나누어 해설하였다. 각 괘의 처음에는 괘
상·괘사·단사·효사(이지는 단사와 효사가 문왕의 작이라고 보아 앞에 두었음),
소상사小象辭·대상사大象辭를 열거하였다. 그 뒤에 경전을 종합적으로 해
설하였다. 뒤에 다시 부록을 두어 선진에서 명대에 이르기까지 역학의 성
과를 수록하였다. 「문언전」·「계사전」·「설괘전」·「서괘전」·「잡괘전」등의
전에 대해서는 미처 해석하지 못하였다.
　『구정역인』의 가치는『주역』경전의 철리를 탐구한 점에 있다. 이를테
면 이지는 건괘乾卦를 다음처럼 해석하였다.

　"크도다, 건원乾元이여! 만물이 이 건원을 바탕삼아 비롯한다." 만물이
　건원을 바탕삼아 비롯하고 또 건원을 바탕삼아 마친다. 하늘을 통괄하여
　영도함(統天)이 아니라면 어떻게 이럴 수가 있겠는가? 대저 하늘이란 만
　물 가운데 하나의 품물이니, 건원을 가지고 통괄 영도하지 않는다면, 어
　떻게 구름을 가게 하고 비를 내리고 품물을 유통시켜 형체가 드러나서
　이처럼 누리게 할 수 있단 말인가? 그러므로 "크도다, 건원이여"라고
　한 것이다. 사람들은 건도乾道가 처음부터 끝까지 일관함을 명확히 알지
　못하기에 건원이 크다는 사실을 모른다. 만약에 이 점을 아주 명확하게
　안다면, 하나의 괘의 6위가 일시에 성취되어 있으되 다만 시기를 타서
　움직임을 알게 될 것이다. 그러므로 초효의 위치에 있으면 '숨어 있는
　용'(潛龍)의 시기를 타고 2효의 위치에 거하면 '나타난 용'(見龍)의 시
　기를 타며, 3효의 위치에 있으면 '선한 용'(元龍)의 시기를 타고 4효의
　위치에 있으면 '뛰는 용'(躍龍)의 시기를 타며, 5효의 위치에 있으면

'나는 용'(飛龍)의 시기를 타고 상효의 위치에 있으면 '높이 오른 용'(亢龍)의 시기를 탄다. 모두 건도의 자연스런 변화이다. 성인이란 다만 시기를 타서 하늘을 내달림을 두고 이르는 말일 뿐이다. 그러므로 하나의 품물마다 각각 하나의 건원을 구비하고 있다. 바로 이 때문에 각각 성명性命이 바른 것이요, 억지로 같게 할 수가 없는 것이다. 만물의 통일체는 하나의 건원이기 때문에 음양이 조화된 태화太和를 보존하고 집합함이 있어 억지로 갈라놓을 수가 없다. 그러기에 "이에 각각 올바름을 얻어 견고하므로 이롭다"(乃利貞)고 한다. 그런즉 사람마다 각각 그 하나의 건원을 바로하여 각각 "뭇 품물(즉 보통 사람) 위로 벗어날 수 있는" 바탕을 구유하고 있다. 그러하거늘 하늘을 통령하는 것을 건乾에 귀속시키고, 시기를 타서 하늘을 내달리는 자를 성인에게 귀속시키고, 스스로는 뭇 품물과 함께 그저 썩어 간다면, 어찌 서글프지 아니한가? 천하 만방이 서로 화합함에 바로 이 건원의 덕이 있는 것이니, 어찌 하루라도 평안치 못한 날이 있겠는가? 그러하거늘 건원의 건은 하늘을 가리킬 뿐이라고 여기고 만물의 만萬은 품물을 가리킬 뿐이라고 여겨서 성인만이 능히 만방을 안녕케 할 수 있고 만방은 반드시 성인에 의해서만 평안해질 수 있다고 한다면, 어찌 슬프지 아니한가?[1]

"하늘이란 만물 가운데 하나의 품물이다"는 말은 천체가 물질의 성질로 되어 있음을 확인한 말이다. "크도다, 건원이여"할 때의 그 하늘에 만물이 통일되어야 비로소 구름이 흘러가고 비가 내리며 품물이 유통하게 된다고 본 이지의 설은, 사실은 자연 변화가 바로 물질 운동의 필연적 결과임을 확인한 것이다. 건괘의 6위는 "시기를 타서 동한다." 이것이 바로 "건도의 자연스런 변화요, 성인이란 다만 시기를 타서 하늘을 내달림을 두고 이르는 말일 뿐이다." 여기서 이지는 인간의 주관적 노력이 객관 세계의 파악에 대하여 갖는 변증법적 관계를 인식하기에 이르렀다.

더욱 주목해야 할 사실은 이지가 "품물마다 각각 하나의 건원을 갖추고 있다"는 명제와 "만물의 통일체가 하나의 건원이다"라는 명제를 제출한 점이다. "품물마다 각각 하나의 건원을 갖추고 있다"는 말은 각 품물마다 모두 건괘가 말하는 변화의 그 본질을 지니고 있다는 것이다. "만물의 통일체가 하나의 건원이다"란 말은 각종의 품물은 또한 건괘가 말한, 사물이 곧 변화라는 제1규칙을 벗어날 수 없다는 것이다. 이 두 명제는 세계의 통일성과 사물의 다양성이라는 문제를 초보적으로 건드리고 있다. 바로 "각 품물마다 하나의 건원을 갖추고 있음"으로 인하여, 이지는 또 "사람마다 각각 그 하나의 건원을 바로하여 각각 뭇 품물(즉 보통 사람) 위로 벗어날 수 있는(首出庶物) 바탕을 구유하고 있다"는 명제를 제출하였다. 그래서 "성인만이 능히 만방을 안녕케 할 수 있고 만방은 반드시 성인에 의해서만 평안해질 수 있다고 한다면 어찌 슬프지 아니한가?"라고 하여, 사람마다 평등하고 사람마다 모두 성인이라고 강조하였다. 이 주장에는 봉건적 압제에 반대하고 보수 전통에 반대하는 강렬한 사상이 들어 있다. 『역』을 이렇게 강론한 것은 역학사에서 아마도 이지의 독창적인 견해인 듯하다. 몽괘蒙卦를 해설하면서 이지는 또 "성인과 동몽童蒙은 차이가 없다"는 명제를 제시하여 평등 관념과 민주 사상을 더욱 분명하게 표현하였다. 이지의 이러한 역학설은 그것이 『주역』 경전의 원뜻에 부합하는지 어쩐지의 여부를 차치해 둔다면, 사상사에 눈부신 광채를 발하고 있다 하겠다.

4. 당학징

당학징唐鶴徵(1537~1619)은 자가 원경元卿이고 호는 응암凝庵이다. 상주常州 무진현武進縣 사람으로 당순지唐順之[*16]의 아들이다. 저술에 『주역상의周易象義』 4권과 『주역합의周易合義』 2권이 있다. 대표작인 『주역상의』의 본지는 부친 당순지의 설을 조술하여, 상象으로 리理를 밝힐 것을 주장하였다. 이 책의 권수에는 『역』을 읽는 방법으로 6조가 실려 있다.

① 『역』을 공부하려면 꼭 상象과 리理, 단象과 효爻를 합해 보아야 한다.
② 상괘와 하괘는 반드시 나누어 보아야 한다.
③ 하나의 괘에는 반드시 주효主爻가 있다.

---

*16) 唐順之(1507~1560)는 嘉靖 8년의 會試에서 1등을 하였고, 兵部郎中과 右僉都御史를 지냈다. 박학으로 저명하고, 古文에 뛰어나 명대 중엽의 一大家로 꼽힌다. 荊川先生이라 불렸다.

④ 호괘互卦는 가장 관련이 깊다.
⑤ 도체倒體도 역시 관계가 있다.
⑥ 각 괘마다 대의大意가 있다.

이 6조는 『주역상의』의 강령이기도 하다.
　당학징의 역학 철학은 유물론 색채가 아주 두드러진다. 그는 기氣가 만물의 시원일 뿐만 아니라 만물 존재의 보편적 형식이라고 보았다. 즉 대축괘大畜卦을 해석하면서 그는 이렇게 말하였다.

　　무릇 하늘이란 기가 쌓인 것일 따름이다. 천지 사방 안에 기가 아닌 것이 없으며 하늘이 아닌 것이 없다. 천하에 있는 산은 그 가운데가 비어 있지 않은 것이 없다. 산 가운데 빈 곳이 다 기이니 모두 하늘이다. 그러니 산이 하늘 속에 있다고 말해도 가하다.[2]

　나아가 당학징은 마음과 인체의 관계에 대해 다음과 같이 말하였다.

　　몸이란 마음을 둘러싼 성곽이다. 몸의 굴신은 아주 조그마한 것까지도 모두 마음으로부터 명령을 받는다. 몸을 그치게 하면 마음은 반드시 그 성곽 안에 멈추어 있지, 결코 방자하여 바깥으로 내달리는 법이 없다. 그러니 무슨 재앙이 있으랴![3]

　마음은 인체의 내부에 있고 인체의 몸뚱어리는 마치 마음의 성곽과 같다. 마음은 인체로부터 분할될 수 없는 인체의 한 부분이지 주관적인 정신적 본원이 아니라는 말이다. 마음을 이렇게 해석한 것은 바로 왕양명의 심학 체계에 반기를 든 것이라고 하겠다.
　당학징의 『주역상의』에는 또 소박 변증법 사상이 농후하다. 그 책 권4에서 당학징은 귀매괘歸妹卦를 해석하면서 "천지의 차고 빔과 소멸하고 번식함은 끝내 정지하는 시기가 없으니, 모두 시時가 그렇게 되게 한다" (天地盈虛消息, 終無停機, 皆時爲之)고 하였다. 사물이 영원히 운동 변화한다고 본 것이다. 그리고 권1에서 곤괘困卦를 해석하면서는 이렇게 말하였다.

> 천하의 일은 점점 일어나서 누적되어 이루어지지 않는 것이 없다. 선하여 경복을 누리고 악하여 앙화를 입게 되는 것도 모두 누적에 의한다. 하지만 그 누적은 점차 그러함에서 연유하지 않는 것이 없다.[4]

사물의 발전이 점漸에서 적積으로 나아가는 전개 과정을 거친다는 인식에 도달한 것이다. 건괘乾卦를 해석하면서는 또 이렇게 말하였다.

> 음양이 소멸하고 성장하는 기미는 머리칼 하나도 용납 않을 정도로 틈새가 없다. 양강 하나가 위에서 채워지면, 음유가 곧 아래에서 교접하게 된다. 가득 참이 어찌 오래 갈 수 있는가? 시時가 위에서 지극하게 되면 양陽의 가득 참이 극에 이른다. 그러므로 항亢이라고 한다.[5]

당학징은 사물에 모순된 두 측면이 있다고 보았을 뿐만 아니라 대립자가 서로 전화轉化하는 것이라고 보았던 것이다.

『주역상의』는 노장 사상의 영향도 깊이 받았다. 건괘乾卦를 해석하면서 다음처럼 해석한 것이 그 증거이다.

> 본원으로 돌아가 무無에 귀의하고, 근본으로 돌아가 명命에 복귀하니, 무슨 후회가 있으랴! 이것이 바로 순 임금께서 우 임금에게 선양하신 시時이다.[6]

> 대개 건乾은 군주의 도를 말한다. 군주가 구5처럼 하면 세상이 아주 잘 다스려진다. 제5효의 지위가 지닌 존귀함을 끌어안고 만승 천자의 부를 향유하며 작위作爲함이 없다.[7]

제왕이 작위함이 없다(無爲)고 한 말은 분명히 도가 사상에서 온 것이다. 또 근본으로 돌아가 무에 귀의하고 명에 복귀한다는 말도 명백히 도가의 취지와 관련이 있다.

명대 송역 의리파의 저작물 가운데 취할 만한 것으로는 그 밖에 양작楊爵의 『주역변록周易辨錄』, 장헌익張獻翼의 『독역기문讀易紀聞』, 반사조潘士藻의 『세심재독역술洗心齋讀易述』, 체중립逮中立의 『독역차기讀易劄記』, 진조념陳祖念의 『역용易用』 등이 있다. 단 기본적 취향이 송인의 뒤를 따랐을 뿐이라서 독창적인 견해가 별로 없다.

2. 명말 청초의 의리파 송역

명말 청초에 중국은 새로운 역사 단계에 진입하였다. 정치상의 변역은 당시 지식인들의 사상을 크게 뒤흔든 반면, 지배 세층의 사상적 통제는 상대적으로 약해졌다. 이로써 학술 방면의 백가 쟁명百家爭鳴이 있게 되어, 역학도 이전과는 비교할 수 없는 번영을 하게 되었다. 이 기간의 송역 의리파를 대표하는 사람에 둘이 있다. 하나는 왕부지王夫之이고 하나는 이광지李光地이다. 두사람의 역학서는 각기 다른 측면에서 송역이 발전하는 데 기여하였다.

1. 왕부지

왕부지王夫之(1619~1692)의 자는 이농而農이고 호는 강재姜齋로, 호남湖南 형양衡陽 사람이다. 만년에 형양의 석선산石船山에 은거하였으므로 선산 선생船山先生이라 부른다.[*17]

왕부지는 28세부터 『역』 공부에 뜻을 지녔고, 30세에 남악南嶽 연화봉蓮花峰으로 피난하면서 역리를 더욱 깊이 탐구하여 『주역패소周易稗疏』 4권, 『주역고이周易考異』 1권을 이루었다. 그 다음 해에 왕부지는 형양에서 군사를 일으켜 반청복명反淸復明 운동에 투신하여 충의의 정신을 가슴 가득히 지녔으나, 구식사瞿式耜가 계림桂林에서 순절하고 엄기항嚴起恒

[*17] 王夫之의 역학에 대해서 高田淳, 『易のはなし』(岩波書店, 1988년)를 참고할 것을 권한다. 한국어 번역으로 李基東 역, 『周易이란 무엇인가』(여강출판사, 1991)가 있다. 다카타 아츠시는 일제 침략기 마산에서 태어났다. 동경대 문학부 교수로 있다가 대학 분쟁기에 學習院 대학으로 자리를 옮긴 중국 사상 연구자이다.

이 남녕南寧에서 해를 입어 남명南明이 와해되자, 은퇴하여 살기로 결심하였다. 그래서 나라를 잃은 고신孤臣의 비분을 품고 『주역』연구에 온 정신을 쏟았다. 37세에 진녕晉寧 절간에서 『주역외전周易外傳』 7권을 쓰기 시작하였고, 58세에는 상서湘西 초당草堂에 은거하면서 『주역대상해周易大象解』 1권을 완성하였다. 그 수 년 뒤에 또 『사문록思問錄』내외편內外篇과 『장자정몽주張子正蒙注』를 계속 저술하였다. 67세에는 자신을 따르는 학생들이 『역』의 도를 해설해 주기를 청하자 병환중에서도 『주역내전周易內傳』 6권을 지었다. 또한 『주역내전발례周易內傳發例』 1권을 그 다음 해에 완성하였다.

왕부지의 『주역』연구는 전후 40여 년이란 긴 기간에 걸쳐 이루어졌고, 집필한 전문 역학서도 6부나 된다. 또 『사문록』과 『장자정몽주』의 두 책도 역학과 관련이 많다. 그리고 『역』을 이용하여 도리를 논설한 철학 논문, 역사를 논평한 사학 논문, 정치를 논한 정론政論, 속뜻을 표현한 시문 들은 일일이 열거할 수 없을 정도이다. 이를테면 『독사서대전설讀四書大全說』, 『상서인의尙書引義』, 『장자통莊子通』, 『사해俟解』, 『독통감론讀通鑑論』, 『속춘추좌씨전박의續春秋左氏傳博議』 등에 그의 역학설이 많이 산견된다. 왕부지가 역학에서 이룬 성과는 『주역』 자체의 연구에 있다기보다 『주역』을 빌려서 방대하고도 치밀한 철학 체계를 구축한 데 있다.

왕부지가 『주역』 본문을 정밀하게 연구한 저작으로는 초기에 이루어진 『주역패소』와 『주역고이』가 있다. 이 저작들은 『역』을 읽으면서 그때그때 적은 찰기札記이다. 각 조목마다 경문의 몇 글자를 표목標目으로 들었고 경문을 전부 싣지는 않았다. 의문 나는 곳이 있으면 고변考辨을 하되 괘효를 일일이 설명하지는 않았다. 진단의 도서학을 믿지 않고, 또 경방의 역술易術도 믿지 않았으며, 「선천도」등의 도식과 위서緯書의 잡설을 극력 배척한 것이 큰 골자이다. 또 현묘玄妙한 이치를 공담하는 노장老莊의 취지에 부합시키지도 않았다. 이를테면 『주역패소』 권3에서 그는 경방과 소옹의 학이 후세에 끼친 해악을 이렇게 논하였다.

경방은 스승 초공의 설을 배반하고 참위설을 숭상하였으며, 소강절은 가

만히 진단의 하찮은 도圖를 이용하고 단경丹經을 모방하여, 마침내 "하늘은 일一로서 수水를 낳는다" 운운하는 둔사遁辭[*18]를 천하에 횡행케 하였다. 그러자 사람들이 모두 눈과 마음이 어두워져 그 설을 리수理數라고 떠받들었다.…… 이것은 경 해석에 크나큰 해독을 끼쳐, 도를 논하는 데 가시나무와도 같다. 그러니 자세히 따지지 않을 수가 없다.[8]

『주역패소』의 고증을 두고 『사고전서총목제요』는 "논설은 반드시 사실의 증거를 기초로 하고 의리는 반드시 이치에 절실하니, 최근 『역』을 논한 사람들 가운데서 가장 근거가 있다"고 칭찬하였다. 예를 들면 이런 것들이 있다. 『의례儀禮』[*19]에 군주가 오면 사士에게는 황상黃裳을 입게 하고 하사下士에게는 잡상雜裳을 입게 한다고 한 것을 인용하여, 곤괘坤卦 육5에서 황상黃裳을 찬미하는 일[*20]의 아름다움을 증명하였다. 『좌전』의 '반마班馬'[*21]를 끌어다가, 준괘屯卦[*22]의 '승마반여乘馬班如'[*23]를 증명하여 승乘을 거성去聲으로 읽어야 한다고 하였다. 또 『병법兵法』에서 앞은 좌측을 내리고 뒤는 우측을 올린다고 한 점을 끌어다가, 사괘師卦의 '사좌차師左次'[*24]를 증명하였다. 또한 『주역패소』는 「하도」와 시책蓍策의 논증에 이르기까지 아주 조리가 있어서 증실지학證實之學[*25]의 풍모를 잃

---

*18) 遁辭는 이치가 딸리고 말이 궁하거나 진정한 뜻을 토론하지 않고자 할 때 임시 말막음으로 하는 언사. 『맹자』 「公孫丑」上에 "둔사를 하는 것을 보면 궁해 있음을 알 수 있다"(遁辭知其所窮)고 하였다.

*19) 원문에 『禮』라 하였으나, 『儀禮』 「士冠禮」를 말하므로 바로잡는다.

*20) 坤卦 六五에 "黃裳, 元吉"이라 하였다.

*21) 班馬란 사람을 태워 떠나가는 말. 『左傳』 襄公 18년에 "有班馬之聲"이란 말이 있다.

*22) 원문에 震卦라 하였으나 屯卦의 잘못이기에 바로잡는다.

*23) 鄭玄은 乘을 암말·숫말로 보았으나, 朱熹는 말에 올라탄다는 뜻으로 보았다. 왕부지는 정현의 설을 따라 "암말·숫말 한 쌍의 말이 헤어져 이별함"의 뜻으로 풀이한 것이다. 乘은 平聲(현재 발음은 chéng)이면 올라탄다는 뜻이지만, 거성(현재 발음은 shèng)이면 본래 네 마리가 끄는 수레의 뜻으로 한 쌍이라는 뜻이 있다.

*24) 師卦 六四爻辭에 "師左次, 无咎"(군대를 정렬해 퇴각하여 안전한 곳에 주둔케 하니, 재앙이 없다)라고 하였다. 여기서 左를 퇴각의 뜻으로 해석하는 이유로 왕부지는 『병법』에서 '左下'라고 한 것을 들었다.

*25) 證實之學이란 확실한 증거를 들어 실제 사실을 밝히는 논리를 전개시키는 학문 방법을 말한다.

지 않았다. 물론 그 속에도 간혹 고증이 잘못된 것이 있기는 하다. 이를
테면 송괘訟卦의 '반대磐帶'*26)를 해설하면서, 대帶에는 반磐이란 이름이
없으니 반磐은 반영磐纓으로서 수레의 장식이라고 하였는데 이것은 사실
과 맞지 않는다.

왕부지의 역학을 대표하고 역학 사상이 깊은 저서로는, 후기의 역학서
인 『주역외전』*27)·『주역대상해』*28)·『주역내전』*29)·『주역내전발례』 등
4부서를 들 수 있다. 이 4부 저서는 지극히 중요한 역학서임에도 『사고
전서』는 걷어들이지를 않았다. 원인은 두 가지이다. 첫째 이유는 정치적
으로 꺼려 회피한 때문이다. 즉 그 4부 저서에는 망국유신亡國遺臣의 사
상이 들어 있다는 이유에서이다. 둘째 이유는 역학의 관점이 달랐기 때문
이다. 즉 『사고전서총목제요』의 편찬자들은 대부분 박학가朴學家로, 의리
역에 그다지 흥미를 지니지 않았기 때문이다.

『주역내전발례』는 왕부지 역학의 최후 저서이자 왕부지 역학의 총결산
이기도 하다. 왕부지는 이 저서에서 자신의 역학 사상 전체를 이렇게 개
괄하였다.

건괘와 곤괘를 나란히 종宗으로 세우고 착종해서 하나로 합하여 상象을
이룬다. 단象과 효爻를 일치시키고 네 성인의 법도를 한 가지로 하여 석
釋으로 삼는다. 점학占學을 이치로 하고 득실과 길흉을 도로 하여 의義
로 삼는다. 의義를 점하지 이利를 점하지 않아 군자를 권면 경계하고 함
부로 소인에게 고하지 않음을 용用으로 삼는다. 문왕·주공·공자의 올바
른 가르침을 외경하고, 경방·진단·일자日者·황관黃冠의 도설圖說을 물리
침을 방防으로 삼는다.9)

여기서 종宗·상象·석釋·의義·용用·방防의 여섯은 하나의 전체를 이룬

---

*26) 磐帶는 命服(관리의 예복) 위에 묶는 혁대를 가리킨다.
*27) 『周易外傳』은 7권으로 淸 同治 4년 金陵節署刊 『船山遺書』本이 있다. 1962년 中華書局排
印單行本과 1977년 中華書局 修訂本이 있다.
*28) 『周易大象解』는 1권으로 同治 4년 『船山遺書』本이 있다.
*29) 『周易內傳』은 6권으로 同治 4년 『船山遺書』本이 있다.

다. 그 가운데 종宗이 왕부지 역학의 핵심이고, 상·석·의·용·방은 서로 다른 측면에서 이 핵심 사상을 부각시켜 준다.

건괘와 곤괘를 나란히 세워 『역』 전체의 종宗으로 삼아 『역』 전체를 통괄하게 하는 것이 왕부지 역학의 출발점이자 귀착점이다. 왕부지는 역학서 전부에서 이 이론을 시종 견지하였으며, 이를 역 해석의 가장 기본적인 원칙으로 삼아 그 이론을 반복해서 자세히 설명하였다. 이 이론은 『주역외전』에 처음 보이지만, 『주역내전』·『주역내전발례』·『장자정몽주』·『독사서대전설』 등 주요 저서에도 역시 나타난다.

왕부지는 음과 양의 관계를 공생 공유의 관계로 보았다. 음양 2기의 통일체인 '태화太和 인온絪縕의 실체'*[30]와 만물과의 관계도 공생 공유의 관계로서, 그 사이에는 앞서거나 뒤서거나 낳거나 이루거나 하는 순서가 전혀 없다고 하였다. 이 철학관을 건곤병건乾坤幷建의 이론을 가지고 표시하면, 건과 곤 사이, 건곤과 기타 62괘의 사이에도 함께 나서 함께 존재하며 나란히 존립하여 서로 섞이는 관계가 있는 것으로 된다. 이 이론은 「서괘전」의 생성론을 비판하면서 체계적으로 제시되었다. 왕부지는 『주역외전』 권7에서 이렇게 말하였다.

> 나지 않음이 없고 있지 않음이 없은 뒤에 가히 건곤乾坤일 수 있다. 천지는 만물보다 앞서지 않으며 만물은 천지보다 뒤에 오지 않는다. 그런데 「서괘전」에서는 천지가 있은 뒤에 만물이 생겨난다고 하였다. 하지만 만물의 앞에 천지가 먼저 머물러 기다리는 법이 없다. 따라서 「서괘전」은 성인이 지은 것이 아님을 알겠다.[10]

64괘의 배열 순서는 다만 "태극의 혼륜渾淪한 상태를 따라서 그 동動하고 정靜하는 조리條理에 견주어 비긴 것"일 뿐이고 사실은 앞뒤 순서를 말할 수 없다. "성인이 두루 살핀 변화의 기틀과 성인이 함께 참여하는 변합變合은 결코 기록할 조리마저 없는 것이 아니다. 따라서 64괘의 차례

---

*30) 음양이 조화된 상태가 太和이고, 음양이 서로 작용하는 상태가 絪縕이다.

는 그 조리이지 그 순서가 아니다."[11] 그러면 64괘는 어떤 원칙에 의하여 이러한 화기와 변합의 조리를 체현하는가? 그것은 바로 다음 원칙에 따른다고 왕부지는 말한다.

건곤이 나란히 즉시로 세워져 대시大始(太始)가 되어 품물을 이룬다. 하늘에 바탕하는 것은 모두 하늘이 통괄하고, 땅에 바탕하는 것은 모두 땅이 행한다. 때로는 양이 기반을 이루어 음을 부르고, 때로는 음이 기반을 이루어 양을 부른다. 그 실정을 재료로 삼고 효칙하면 실정은 기약 없이 이르러 오고, 실정이 재료에 인하게 되면 재료에 절제가 있다.[12]

건곤이 나란히 세워지는 때가 바로 만물이 생성하는 때이기에, 품물 치고 건곤이 아닌 것이 없고, 품물 치고 음양이 아닌 것이 없다. 만물이 번다하고 뒤얽히고 변화에 기약이 없는 것은 모두 음과 양이 서로 이기고 지고 펴고 굽히고 한 결과이다.

건곤병건설에 근본적으로 내포되어 있는 내용은 세 가지이다. 첫째, 건괘와 곤괘 두 괘가 시간적으로 하나는 앞서고 하나는 뒤지거나 하지 않는다. 권력면에서 하나는 주군이 되고 하나는 보필하지 않으며, 양이 더 많지 않고 음이 더 적지 않다. 그 둘은 어울려서 함께 나서 서로 의존하여 체體를 이룬다. 『주역외전』 권5에서 "건곤이 위에서 나란히 세워져 시간적으로 하나는 앞서고 하나는 뒤지거나 하지 않고, 권력에서 하나는 주군이 되고 하나는 보필하거나 하지 않는다. 마치 숨을 내뱉고 들이마실 때나 우뢰가 내리고 번개가 칠 때에 두 눈으로 보고 두 귀로 들어, 눈과 귀로 함께 느끼는 것과 같다"[13]고 하였다. 『장자정몽주』 권7에서는 "『주역』은 건괘와 곤괘가 첫머리에 나란히 세워져 앞뒤가 없다. 이것이 천지가 한 번에 이루어지는 상象이다. 땅이 있고 하늘이 없거나 하늘이 있고 땅이 없는 때란 없다. 건이 있으면서 곤이 없거나 곤이 있으면서 건이 없는 도리란 없다"[14]고 하였다. 이처럼 나란히 세워지는 건괘·곤괘가 사실은 태극이다. 그러므로 『주역외전』 권5에서 "사실을 말하자면 태극이란 건과 곤의 합찬合撰이다"라고 하였다. 왕부지 철학 체계에서 태극은 바로 음양이 혼합된 태화인온太和絪縕의 기기氣로서, 천지의 사이를 가득 채운 물질성의 실체이다. 그래서『주역내전』권5에서 "음양의 체는 원기왕성하게 서로를 얻어서 서로 동화하여 변화하고 천지의 사이에 가득 찬다. 이것이 이른바 태극이다. 장횡거는 그것을 태화太和라고 일렀다"[15]고 하였다. 이 말은 나란히 세워진 건곤 음양의 두 기가 바로 세계 통일성의 물질적 기초로서 '크게 변화해 번성하는'(大化繁然) 광대한 현상계가 그것으로부터 말미암아 나온다고 설명한 것이다.

그런데 건곤병건설이 지닌 두 번째의 한층 더 깊은 뜻은 이러하다. 그 설은『주역』의 64괘 각 괘마다 384효 각 효마다 모두 음양이 있고 모두 건곤이 있어 "모두 태극이 있다"는 뜻을 지닌다. 왕부지는 "하나의 효 속에 음과 양이 있다"고 하였다. 효상爻象이 최종적으로 양효의 형식으로 나타나든 음효의 형식으로 나타나든 효 자체는 영원히 음양이 닫히고 열리고 베풀고 받아들이고 하는 모순의 통일체이지, 결코 음양이 판연히 나뉘어 끝내 서로 관계하지 않는 그런 것이 아니라고 보았다. 바로 "건과 곤이 서로 질質이 되고 서로 성性이 됨이 태화에 어긋나지 않는다." 하나의 괘를 추론하여 64괘까지 이르면서, 그는『주역외전』권5에서 이렇게 말하였다.

> 양강과 음유가 서로 마찰하고 서로 동탕하여 팔괘가 되는 것은 저 순수한 건과 순수한 곤의 수數를 얻지 않음이 없다. 팔괘가 서로 마찰하고 서로 동탕하여 64괘가 되는 것은 서로 뒤얽혀서 12위의 음양을 갖추지 않음이 없다.[16]

『주역외전』권7에서는 "건곤에 향배가 있고 62괘에 착종이 있어, 뭇 괘가 다 변화하되 건과 곤의 대종大宗을 벗어나지 않는다"(乾坤有向背, 六十二卦有錯綜, 衆變而不舍乾坤之大宗)고 하였다. 간단히 말하면 "역에 태극이 있다." 즉 나란히 세워지는 건과 곤의 두 괘가 역괘 전체 속에 깃들어 있다는 말이다.

왕부지의 건곤병건설이 지닌 세 번째 함의는 "태극에 역이 있음"이다.

즉 역괘 전체가 바로 병건幷建하는 건곤의 자체 전개라는 뜻이다. 왕부지는 건곤과 그 밖의 각 괘 사이의 관계를 체용 일치體用一致 관계로 보았다. 그는 "신명과 혼백으로 함께 윤회하며, 근원과 지류로서 한 강물을 이룬다"는 비유를 들어 본체와 현상의 관계에 대한 인식을 한 걸음 더 진전시켰다. 첫째로, 태극은 역 속에 있으면서 역이 있게 하므로, 태극과 역의 관계는 선후 관계가 아니다. 태극은 역과 동시에 존재하여 선후가 없으며, 다만 "역에 태극이 있으므로 태극에 역이 있다." 둘째로, 태극은 "늘 하나이면서 만 가지로 변화하고, 만 가지로 변화하면서 늘 그 본래의 하나를 바꾸지 않는다." 즉 태극은 역과 근본이 같으면서도 만 갈래로 다르고, 귀착점은 같으나 길이 다르다. 왕부지는 『주역외전』권6에서 미제괘未濟卦를 다음처럼 설명하였다.

> 도道에서 시작하여 성性에서 이루고 정情으로 인하여 움직이며 재才로 인하여 변한다. 재才가 있기에 공功을 이루고, 공功이 있기에 효效가 있게 된다. 공과 효는 많은 것들에 있어 흩어져 드러나지만, 하나에 있어서 협찬된 것이다. 결국 도道에 합하여 그로써 시작된다. 이런 까닭에 하나에서 시작하여 만 갈래의 중간 단계를 거치고 하나로 끝난다. 하나에서 시작하므로 "근본이 하나이되 만 가지로 다르다"고 한다. 하나에서 끝나서 다시 시작하므로 "귀착점을 같이하되 길이 다르다"고 한다.[17]

이 논리의 구조는 이렇다. 하나이면서 만 가지요 만 가지이면서 하나이므로, 만 가지는 하나의 자체 전개이고 하나는 또 만 가지 속에 깃들어 있다. 셋째, "태극에 역이 있음"이란 "건곤 병건이 체이고 62괘는 그 용이다"는 뜻이다. 태극과 역은 이 건곤 병건을 체로 삼고 이 건곤 병건을 체받아서 용을 이룬다. 병건하는 건곤은 사실은 '64괘의 덕을 합함'에서 연유하니, 각 괘가 운용하여 고정된 방위도 없고 고정된 형체도 없는 대용大用이 되어야 비로소 순건純乾과 순곤純坤이 병건하는 체가 있게 된다. 다시 말해 '용用으로부터 체體를 봄'이니, 이 때 체體는 용用 속에 있다. 병건하는 건곤은 이미 64괘의 덕을 합하여 체로 삼았으므로, 반드시 '건곤의 화化를 62괘에서 달성함'을 용用으로 삼는다. 이것이 "체로써 용用을 이루고 용用에 체를 갖춘다"(體以致用, 用以備體)는 말이다.

왕부지의 긴곤병건설은 내용이 심각하고 의의가 중대하다. '사상면에서의 민주 정신'을 포함하고 있을 뿐만 아니라, 어느 정도 철학 본체론 체계의 기본 골격을 역학에 반영한 것이기도 하다. 즉 『주역』에 고유한 개념 및 괘효 부호를 빌려서 추상적 철학 의리의 대수학代數學을 어느 정도 표시하고 있다는 것이다.

왕부지는 건곤 병건을 종宗으로 삼아 『역』에서 의리를 위주로 하였으나, 그렇다고 결코 상수를 완전히 부정한 것은 아니다. 왕부지는 착종하고 합일하는 상象에서 건곤 병건의 이치를 주장하여, 착종이 바로 건곤 병건의 전개 과정이라고 보았다.*31)

상착相錯은 두 괘에서 같은 효위의 음효 양효가 전부 반대인 경우를 가리킨다. 이를테면 건괘乾卦☰와 곤괘坤卦☷, 준괘屯卦䷂와 정괘鼎卦䷱의 예와 같다. 왕부지는 "『주역』은 건곤의 병건을 첫머리로 삼아 그 상착의 묘를 드러낸다"(『주역외전』, 권5)고 하였다. 또 "착인錯因과 향배向背는 함께 바탕하고 모두를 갖추는 재료"(같은 책, 권7)라고 하고, "착錯이란 동이同異이다"(『장자정몽주』, 권3), "착錯이란 하나는 마주보고 하나는 등돌려, 여기에서 남는 것이 저기에서는 모자람을 말한다"(其錯也, 一向一背, 而贏於此者絀於彼)(『주역내전』, 권5)고 하였다. 상착의 괘는 현현顯現된 바를 두고 말하면 "양이 소멸하면 음이 성장하고, 음이 소멸하면 양이 성장한다"고 할 수 있고, "하나는 숨어 없어지고 하나는 나타나 성장한다"고 할 수 있다. 이처럼 왕부지는 상착의 상에서 향배向背·동이同異·영굴贏絀·소장消長 등 일련의 개념을 파생시켜 물질 세계 전체의 객관성 및 사물들 사이의 상호 관계를 설명하고, 음양소장의 현상과 그 현상에서 산

---

*31) 왕부지는 乾과 坤, 坎과 離는 錯卦이고, 震과 艮, 巽과 兌는 綜卦로서, 착괘인 乾坤과 坎離는 經, 종괘인 震艮과 巽兌는 緯라고 하였다. 종괘는 상하가 전도된 二卦─象이므로, 팔괘의 상은 결국 6개의 상이 된다.

乾☰ 坤☷ 坎☵ 離☲　　震䷲艮 巽䷸兌

經　　　　　　　　緯

출되는 모순의 균형·불균형 상태를 설명하였다.

상종相綜은 한 괘와 이 괘의 효위가 위아래로 뒤집혀져 생긴 새 괘 사이의 관계를 말한다. 왕부지는 "『역』은 종綜을 용用으로 삼는다"고 하였는데, 종괘綜卦는 상하上下·승강升降·왕래往來의 상을 드러낸다. 이것은 객관 세계가 끊임없이 생성되고 변화함을 진실되게 반영하고 있다. 객관 세계는 이것이 가면 저것이 오고 저것이 가면 이것이 와서 "가고 오고 서로 타서 차례로 쓰인다." 즉 사물의 발전은 태어남이 있으면 반드시 죽음이 있고, 꽃피움이 있으면 반드시 말라 죽음이 있으며, 새로움이 있으면 반드시 낡음이 있게 마련이다. 그런데 결정적인 고리 매듭은 인온絪縕(음양의 상호 작용), 마탕摩蕩(음양의 마찰과 동탕), 분제分濟(음양의 상호 조제)에 있다.

왕부지는 "『역』의 상은 건乾·곤坤·감坎·리離·이頤·대과大過·중부中孚·소과小過의 상착相錯과 그 밖의 나머지 28상의 상종相綜으로 품물의 상을 갖춘다"[18]고 하였다. 착錯이란 물상들 사이에 같거나 다른 관계, 처음이 다르나 마지막은 같은 관계, 처음이 같으나 마지막은 다른 관계를 비유한다. 종綜이란 사물이 오그라들고 뻗어나고 가고 오며 발생하고 화하여 그침이 없이 운동 발전하는 변화를 비유한다. '여기서는 남아 펴고 저기서는 모자라 오그라듦'을 착錯함은 이미 소장消長의 기미幾微를 갖추고 있고, '통하여 참여하는 변합變合'을 종綜하면 변화하는 기틀(化機)의 '신神'을 드러낸다. 그런데 "착錯은 즉시로 착錯하고 종綜은 즉시로 종綜하여 두 괘를 합쳐 사용하고 네 괘를 합쳐 체體로 한다. 체體에는 각각 드러난 외관이 다르지만, 용用에서는 반드시 축을 같이한다."[19](『주역외전』, 권 7) 이렇게 『주역』 64괘는 복잡하게 착종하여 만 가지 변화를 화생化生하는 관계망을 구성한다. 단 그 근원을 추구하면 모두 본래부터 건곤 병건에 고유한 것이다. "그러므로 건곤에 향배가 있고 62괘에 착종이 있어, 뭇 괘가 다 변화하되 건과 곤의 대종大宗을 벗어나지 않는다."

『주역』의 경과 전의 관계를 어떻게 볼 것인가? 왕부지는 "단象과 효爻가 일치하고 네 성인이 법도를 하나로 함을 가지고 해석함"을 견지하여, "상象에 즉하여 단을 보고, 단에 즉하여 효를 밝히며, 단과 효에 즉하여

전傳을 밝혀 네 성인의 뜻을 하나의 궤도에서 합해야 한다"(卽象見象, 卽象明爻, 卽象爻明傳, 合四聖於一軌)고 하였다. 그는 『역』의 전체가 상象에 있다고 보았다. 『역』은 상으로 말미암아 단을 이루고 효로 말미암아 단재象材의 쓰임이 있으며, 사辭로 말미암아 기성旣成의 상과 변동해 있게 될 실정을 드러낸다. 따라서 전체적인 의미에서 보면 『주역』 경전이란 상象·단象·효爻·전傳이 하나의 궤도에서 합하니, 그것들은 분할될 수 없는 전체이다. 그런데 국부적인 의미에서 보면 각 패의 단·효·사가 합일한다. 이것은 상대적으로 독립된 유기적 완결체이다.

이미 북송의 의리파 역학가들은 네 성인이 『역』을 지은 취지가 법도를 같이하였음을 알았다. 정이와 장재는 패효를 해석할 때에 상·단·효·전을 융합하여 하나로 하는 일이 많았다. 그러나 상수파 역학가들은 네 성인이 『역』을 만들었으되 취지는 각각 달랐다고 보았다. 즉 소옹은 복희의 『역』과 문왕의 『역』이 서로 달라서 전자는 선천先天을 위한 것이고 후자는 후천後天을 위한 것이라고 하였다. 주희는 소옹의 선천지학을 추숭하여, 네 성인이 서로 관련이 없다고 하였다. 왕부지는 『주역내전발례』에서 "주자는……『역』에서 공자의 지극한 가르침을 위배하여…… 주공周公을 버리고 술사들의 엉터리 방술을 따랐다"고 정면 비판하고, "주자를 잘 숭배하려면 주자의 역 해석을 버리는 것이 옳다"고 하였다. 방법론을 두고 말하면 왕부지의 역학은 의리파 역학의 노선을 따랐으므로, 『주역내전발례』에서 각 역학가의 역학을 차례로 비판하고 마침내 종지를 장재張載한테 돌렸다.

이상에서 살핀 역학 4부작은 왕부지 역학을 대표할 뿐만 아니라 의리파 역학의 최고봉이기도 하다. 이것들은 체제가 서로 다르지만 근본 취지는 일치한다. 체제를 두고 말하면 『주역외전』은 "상수의 변통을 미루어 넓혀서 수작酬酌의 대용大用을 극도로 추구하였다." 『주역내전』은 "단과 효의 사辭를 세운 성誠을 고수하여 천인天人의 이치를 체體받아서 터럭만치의 지나침도 허용하지 않았다." 『주역대상해』에 이르러서는 "끌어내어 펴되 판별하지도 합성하지도 않았다." 이렇게 『주역내전』은 단과 효의 사辭를 세운 성誠을 고수하여 터럭만큼의 지나침도 허용하지 않았으므로,

『주역외전』과 『주역대상해』가 미루어 넓힘과 끌어내어 폄을 중시한 것과는 표면상 같지 않다. 하지만 실제로는 '천인의 이치를 체받음'에 관건을 두고 있다는 점에서, 순전히 『주역』에 의거해 『주역』을 말한 것이 아니다. 그러므로 이 역학 4부서는 서로 통할 수 있다. 즉 『주역』을 빌려서 천인의 이치를 미루어 넓히고 끌어내어 펴서, 방대하고도 정밀한 철학 체계를 만들어 낸 것이 왕부지 역학의 득징이다.

2. 이광지와 『주역절중』

이광지李光地(1642~1718)는 자가 진경晉卿, 호가 후암厚庵으로 일찍이 고향에다 용수서사榕樹書舍를 세웠기에 호를 용촌榕村이라고도 하였다. 문정文貞이라는 시호가 내렸다. 복건 안계현安溪縣 사람이다. 이광지는 청초의 영향력 있는 정치가이자 리학의 명신名臣으로 관방의 정통 역학가이기도 하였다. 저서에 『주역통론周易通論』4권, 『주역관단대지周易觀象大旨』2권, 『주역관단周易觀象』12권, 『상수습유象數拾遺』가 있다. 또 강희제康熙帝의 칙명으로 주편主編한 『주역절중周易折中』22권이 있어, 청대에 역학설을 집대성하는 작업을 불러일으켰다.

이광지는 역학에서 주희를 가장 존경하고, 다음으로 정이를 존경하였다. 단 정이와 주희는 『주역』의 의리를 설명하는 데 중점을 두었으나, 이광지는 『주역』의 실용을 설명하는 데 중점을 두어 『주역』을 봉건 지배에 이용하고자 진력하였다. 『문정공연보文貞公年譜』에 따르면 강희제가 『주역』 정괘鼎卦☰의 "솥 속에 있는 내용물이 엎질러진다"(鼎覆)는 구절의 뜻을 묻자, 이광지는 다음처럼 답하였다고 한다.

『역』의 범례를 보면 구4가 초육에 응하는 것은 흉한 것이 많습니다. 높은 지위에 거처하면서 옳지 않은 사람을 가까이하기 때문입니다. 구4가 육5를 잇는 것도 흉한 것이 많습니다. 군주의 지위에 가까이 있으면서 강덕剛德을 멋대로 하기 때문입니다. 정괘鼎卦의 구4는 이 두 범례를 범하였습니다. 또 괘 속에서 세 양陽은 정鼎의 뱃속이 가득 찬 것을 뜻하는데, 구4에 이르면 뱃속이 완전히 그득하게 됩니다. 품물은 그득해서

는 안 됩니다. 그득하면 반드시 엎질러지게 되어 있습니다. 복록과 지위
가 그러하고 공명도 역시 그러합니다. 즉 학문에 자만심이 있으면 덕德
은 반드시 뒤로 물러나게 됩니다.[20]

본래 「계사전」 하下에는 이렇게 해석되어 있다.

공자께서 "덕이 박한데 지위가 높고 지혜가 적은데 모략이 크고 힘이 적
은데 임무가 중하면 옳게 끝마치는 일이 적다"고 하셨다. 『역』에 이르
길 "솥 다리가 부러져 솥이 엎어져서 솥 안의 요리가 쏟아지니 솥의 몸
통이 젖어 흉하다"고 하였다. 이것은 제 임무를 감당하지 못함을 두고
말한 것이다.[21]

즉 솥 다리가 부러지면 솥 안의 요리가 전부 쏟아져 솥의 몸체가 흥건
히 젖는다는 것은, 임무를 감당하지 못하여 일을 망치게 되는 상을 가리
킨다. 이광지는 강희제에게 경계심을 갖도록 하고자 "그득하면 반드시 엎
질러진다"고 해석하였다. 그 결과 강희제는 "두려워하여 오래도록 가상
히 여겼다." 이처럼 역학을 실용에 닿게 하고 성리性理로 『역』을 논설함
이 이광지 역학의 커다란 특색이다.

『주역통론』은 이광지가 송명 리학으로 역리를 설명한 저서이다. 전체
4권으로 모두 70편이다. 첫 번째 편인 「역본易本」은 정주 역학의 근원을
탐구한 것으로, 송학을 크게 확장해서 『역』의 종주로 삼았다. 그 다음
「역교易教」는 역학의 유포 상황을 서술하였는데, 송 이래로 역학가들은
사람들에게 리理를 가르치려 하였다고 말하였다. 그 이하 괘·효·상·단의
시時·위位·득得·응應를 논하고 「하도」·「낙서」를 논하였으며, 점서의 괘
륵挂扐·정변正變의 호환互環을 설명하면서 그 뜻을 조리 있게 분석하고
그 소이연을 추론하였다. 『주역통론』 가운데 제1·2권은 『주역』 상경·하
경의 대지大旨를 설명하였고, 제3·4권은 「계사전」·「설괘전」·「서괘전」·
「잡괘전」의 뜻을 상세히 논하였다. 문장이 평이하고 분명하여 난삽한 말
이 없고, 논술한 내용이 송학의 정수를 많이 얻었으므로, 세상에서 중시

되었다. 더욱이 복復·무망无妄·리離·중부中孚의 4괘를, 성현이 되기 위해 반드시 배워야 할 것이라고 논하였는데, 그는 이 4괘가 그 소식消息과 영 허盈虛를 가지고 천도天道를 보고 인사人事를 닦았기 때문이라고 주장하였다. 이 점을 두고 당시 사람들은 "앞사람이 미처 발명하지 못한 것을 발명하였다"고 칭찬하였다. 이광지의 「논괘유주효論卦有主爻」와 「논괘효 점사論卦爻占辭」 등 논문은 정말로 후학을 계발하고 역학 연구를 진전시키는 데 크게 기여하였다.

『주역관단周易觀彖』도 이광지의 역학 저서이다. 이 책은 주로 역리를 발명하고 아울러 역상으로 증명하였으되, 소옹의 선천 도서학만큼은 역외 별전이라고 보아 거의 언급하지 않았다. 이 책은 단사·「단전」·「상전」·「설괘전」을 수록하면서 구를 나누거나 문단을 나누어 설명하였다. 단사의 취한 내용을 논증하여, 혹은 효의爻義를 곧바로 이용하여 단정한 것도 있고, 혹은 시의時宜를 통해 보아 효의의 길흉을 기준으로 삼아 결정한 것도 있다고 하였다. 그런데 「단전」은 괘체·괘덕·괘상에 따라 분류해서 해석하였다고 보았다. 한편 「상전」은 괘의 뜻을 표시하였는데, 괘의 명명에서 취한 바가 한결같지 않다고 하였다.

이 『주역관단』은 비록 의리는 정이와 주희를 종지로 하였으나 훈고는 한대인의 유풍이 있다. 건괘乾卦 「문언전」의 "구4는 양강을 겹하여 중中이 아니다"(九四重剛而不中)는 구절을 두고, 주희의 『주역본의』는 중重자가 군더더기라고 하였으나 『주역관단』은 주희의 설을 취하지 않았다.*32) "뒤에 물러서 주主를 얻어 항상됨이 있다"(後得主而有常)는 구절에 대하여 정이의 『역전』은 곤괘坤卦 괘사에서 '주리主利'에서 구를 끊었고, 주희도 정이의 예에 따라 「문언전」의 이 구절에 빠진 글자가 있으니 주主자

---

*32) 乾卦 「文言傳」에 "九三, 重剛而不中 …… 九四, 重剛而不中"이라 하였다. 重은 중첩의 뜻이고 剛은 陽剛이다. 中은 2효와 5효가 각각 下卦와 上卦의 한가운데 있음이니, 不中은 2효와 5효가 아니다. 1효·3효·5효가 陽剛의 位에 속하므로 1·3·5효위에 陽爻가 출현하는 것이 重剛이다. 따라서 구4는 重剛이라 말할 수가 없다. 그래서 주희는 구4효에서 重剛이란 어구의 重자는 衍字(군더더기 글자)라고 하였다. 하지만 虞翻은 "乾으로 乾을 접하므로 重剛이라 한다"고 하였다. 구4효에서의 重剛이란 上卦와 下卦의 陽剛이 서로 이어진 것을 두고 말한다는 뜻이다. 이광지는 우번의 설을 따랐다.

아래에 이利자가 있어야 한다고 보았으나, 『주역관단』은 주희의 설을 따르지 않았다.*33) "곤도는 순하도다!"(坤道其順乎)라는 구절을 두고 주희의 『주역본의』는 순順자가 신愼자의 통가通假라고 하였으나, 『주역관단』은 그 설을 따르지 않았다. 이러한 예들은 다 멋대로 글자를 바꾸거나 글자를 덧붙여 풀이를 하는 송인의 고루한 습벽을 벗어난 것이다.

이조도李祖陶는 『국조문록國朝文錄』*34)에서 "문정文貞의 학술은 주자에 근본하여 능히 그 뜻을 알았다. 궁극에까지 알고 추리하여 주자의 뜻을 창달하였지, 잘못이 있는데도 아부하여 덮어 두지 않았다"고 하고, "안계 安溪(즉 이광지)는 송의 선생들을 종주로 삼되 능히 그 시비를 변별할 줄 알았다"고 하였다. 어느 정도 이치에 닿는 말이다. 『주역관단』은 주소본 注疏本을 따르고 주희의 고본古本을 따르지 않았다. 이 사실로 보면 이 책은 강희 54년(1715) 이전에 이루어졌음을 알 수 있다.

청대에 가장 영향력이 컸던 의리역학 저서는 이광지가 주편한 『주역절중』이다. 강희제는 명대의 『주역대전』이 잡박한 점에 불만스럽기도 하거니와 송역 의리파와 상수파의 논쟁을 종식시키려는 뜻도 가지고 있었다. 이에 그는 "평소 학문의 근본이 있고 역리에 아주 밝은" 대학사大學士 이광지에게 특명을 내려 『주역절중』을 편수하게 하였다. 이 책은 강희 52년(1713)에 편찬을 시작하여, 두 번의 여름과 겨울을 꼬박 넘기고 강희 54년 봄에 완성되었다. 모두 22권이었다. '절중'이라 이름한 것은 정주程朱의 설을 근본으로 삼아 여러 역학가의 역설을 절충한다는 뜻이다. 특히 주희의 『주역본의』를 기준으로 절충한다는 뜻이다. 이것은 강희제와 이광지의 리학 경향이 역학에 반영된 결과이다.

『주역』은 원래 상경·하경의 2편과 전 10편이 따로따로 엮여 있었다. 그러다가 비직費直과 왕필王弼에 이르러 비로소 전 가운데 「단전」·「상전」·「문언전」을 경에 붙이게 되었다. 이처럼 경과 전을 합편하는 방식은 공영달의 『주역정의』와 정이의 『이천역전』에서도 채용되어 근 1,000년

---

*33) '後得主而有常'이란 坤陰이 乾陽을 순종하여, 乾陽을 주인으로 삼아 常道를 준수한다는 뜻이다. 이광지는 利를 첨가하지 않은 채 원뜻대로 읽었다.

*34) 『國朝文錄』은 李祖陶가 淸朝諸家의 문집을 초록한 것으로 본집 82권, 續錄 66권이다.

간 답습되었다. 그러다가 여대방呂大防·조열지晁說之·여조겸呂祖謙에 이르러 이의를 제기하게 되었다. 주희의 『주역본의』는 여조겸의 텍스트를 채용하여 경과 전을 분리하였다. 명초의 『주역대전』은 정이의 『이천역전』과 주희의 『주역본의』를 아울러 이용하면서 세대 순서에 따라 『이천역전』을 앞에 두고 『주역본의』를 뒤에 두어, 『이천역전』의 경전 차서에 따라 『주역본의』를 쪼개어 넣었다. 『주역절중』도 여전히 정이와 주희를 존중하였으나, 정이와 주희의 지위와 순서를 『주역대전』과 반대로 하였다. 즉 『본의』를 앞에 두고 『정전』을 뒤에 둠으로써 주희를 위주로 하였다. 따라서 경전의 차서는 완전히 『주역본의』에 근거하여 「단전」·「상전」·「문언전」을 경문에서 구분해서 각각 독립시켜 편을 이루었다. 이러한 방법은 이광지 자신의 역학서 방식과는 다르다.

주이존은 『주역대전』에 대해 '지극히 불완전한 책'이라고 비난한 반면에, 『주역절중』에 대해서는 역대의 각 역학가와 각 역학파의 역학을 집대성한 특징이 있다고 평가하였다. 『주역절중』에는 「강령」 1편이 있다. 『역』을 만든 내력, 『역』에 전을 붙인 원류, 『역』의 도道의 심오한 뜻, 경전의 의례義例, 『역』을 읽는 방법, 역학사에 있어 여러 역학가의 잘잘못을 총괄적으로 논하였다. 그런데 이 책은 여러 역학가의 설 가운데 정이와 주희의 설을 부각시키는 데만 그치지는 않았다. 역대 유학가들이 『주역』에 관해 서술한 원류와 강론한 취지를 전부 폐할 수는 없는데다가, 특히 주돈이·장재·소옹은 역리에 정통하였기에 비록 경 전체를 해설하지는 않았지만 대의大義와 미언微言을 얻은 바가 있다고 하여, 그들의 설을 세대별 순서에 따라 배열하여 정주程朱의 설과 상호 발명케 하였다. 정이·주돈이·주희·장재·소옹 다섯 사람의 설 이외에도, 「강령」은 사마천·반고·왕필·왕통·공영달·채원정·허형·호일계·오징·설선薛瑄·채청·왕응린 등의 설도 채집하였다. 본문 속에서 『주역절중』이 채록한 것은 위로는 한진漢晉에서 아래로는 원명元明에 이르기까지 220가의 역학설에 달한다. 그러니만큼 이른바 "역도易道의 2,000년 연원을 모두 다 살필 수 있다"는 말은 빈말이 아니다.

『주역절중』은 『역』을 풀이하면서 경전 뒤에 제일 먼저 주희의 『주역본의』를 들었다. 이광지 등은 주희만이 『역』의 본의를 얻었다고 보았기 때문이다. 의리는 정이의 『이천역전』이 자세하므로 『이천역전』을 그 다음에 두었다. 이광지 등은 정이와 주희가 사실상 네 성인을 이어서 일어났고, 복희·문왕·주공·공자 이후 역학의 업적이 가장 두드러진다고 여겼다. 그래서 정이와 주희 두 사람의 설을 경전 뒤에 두었다. 단 주의해야 할 점이 있다. 『주역절중』은 64괘의 해설에서 건괘와 곤괘의 해설만은 괘사 뒤에 먼저 주희의 『주역본의』를 바로 이어 수록하고 정이의 『이천역전』을 그 뒤에 수록하였다. 그런데 나머지 62괘에서는 먼저 괘상을 설명하고 나서 괘명과 괘사를 설명하였는데, 『이천역전』이 먼저 「서괘전」을 가지고 해설하였으므로 괘상의 설명에서 『이천역전』을 이용하였다. 그리고 괘사의 설명에는 다시 『주역본의』를 먼저 두고 『이천역전』을 뒤로 하였다. 이 점은 아주 주의해야 한다. 『주역절중』의 이러한 처리는 사실 「문언전」이 건괘와 곤괘의 두 괘를 해설한 예를 모방한 것이다. 만일 뒤의 62괘에서 괘상 뒤에 『이천역전』을 이용하여 해석한 것을 보고서 『주역절중』의 역 해석이 『이천역전』을 위주로 하고 『주역본의』를 그 다음으로 삼았다고 여긴다면 이것은 사실과 다르게 된다.

『주역절중』은 『주역본의』와 『이천역전』 뒤에 또 '집설集說'이라는 항목을 세워서, 한·진·당·송·원·명의 그 밖의 역학가들의 설을 함께 편집하여 경經에 보익이 되게 하였다. 두루 넓게 견문을 쌓는다는 원칙에 입각하여 정이·주희의 설과 판이하게 다른 설까지도 수집, 차이점과 의문점을 상고하는 데 참고하도록 하였다. 이를테면 건괘乾卦의 "건은 원형이정이다"(乾元亨利貞)는 글귀 아래에다 『주역절중』은 '본의'와 '정전'을 두고, 바로 뒤에 '집설'을 두어, 공영달·소옹·호병문·채청·임희원 및 『주자어류』의 여러 설을 채록하였다. 그런 뒤에 '안어案語'를 가하거나 혹은 한 괘의 끝에다 '총론'의 항목을 두어 자신의 뜻을 표시하였다.

『주역절중』은 여러 역학가의 역학설을 취사할 때 주희의 역학을 표준으로 삼았다. 한진漢晉의 역학가들은 대체로 상수의 말류에 빠져 『역』의 종지에서 벗어났고, 왕필의 주注만이 능히 한역의 호괘설·납갑설·비복설의 고루한 습벽을 파기하고 전적으로 의리의 각도에서 『역』의 이치를 밝혔기 때문에, 수당 이후로 왕필 주가 세상에 통행하게 되었다. 단 왕필 주가 밝힌 역리는 노장老莊 사상이 섞여 있어 성인의 도와 완전히 합치하지는 않았었다. 그 뒤 정이의 『이천역전』이 나오자 왕필의 설이 폐기되었다. 다른 한편으로 상수에 빠져 뿌리 없이 지리하게 되는 일은 마땅히 방지해야 하지만, 『역』은 사실 상수에 근원하고 있어 전적으로 의리를 말한 다른 경전과는 같을 수 없다. 또 초공과 경방처럼 지나치게 천착해 들어간 상수역학은 마땅히 부정되어야 하지만, 소옹이 발명한 도괘圖卦와 시책蓍策은 역학의 근본이므로 그저 단순히 상수로 보아서는 안 된다. 그래서 주희는 소옹의 설을 표창하여 『이천역전』과 나란히 칭송하였다. 주희의 『주역본의』는 사실상 정이와 소옹 두 사람의 역학설을 참조하여 이룬 것이다. 그런 까닭에 그 뒤로 『역』을 배우는 자들은 의리를 논하든 상수를 논하든 주희의 설을 기준으로 절충하지 않으면 안 된다. 단 주희가 『역』을 해설한 취지는 정이가 『역』을 해설한 취지와 같지 않다. 주희는 『역』을 두고 성인이 복서를 가르친 책이라 보았고, 정이는 성인이 이치를 논한 책이라고 보았다. 『주역절중』은 역학사의 흐름을 이렇게 파악하였다.

여기서 『주역절중』은 주희를 긍정하는 전제 아래, 정이가 논한 내용도 수신·제가·치국·평천하의 도리로서 평이하고도 절실하므로 정치 교화의 면에서 보탬이 된다고 보았다. 그래서 그 둘을 조화시키고자 해설에서 먼저 주희의 『주역본의』를 위주로 하고 『이천역전』과 부합하지 않는 것은 조금씩 절충하였다. '집설'의 기타 역설에 대해서는 '안案'이나 '총론'에서 부연하고 따져서 아울러 절충하였다. 물론 '안'과 '총론'에는 편찬자가 간간이 자기 의견을 내어 앞사람이 미처 발명하지 못한 내용을 편한 부분이 있다. 이를테면 건괘乾卦 괘사의 '원형이정'을 두고, 『주역절중』은 '본의'와 '역전', 그리고 '집설'의 뒤에 다음과 같은 안어를 덧붙였다.

건곤의 원형이정을 두고 여러 유학자들이 모두 4덕설로 보았으나, 주자만은 점사占辭로 보아 다른 괘와 같은 예라고 하였다. 주자의 말이 타당하다. 하지만 이 네 글자 속에는 두 가지 뜻이 있고 사실은 네 층이 있다.

무엇인가 하면 이렇다. 원元은 대大이고 형亨은 통通이며 이利는 의宜이고 정貞은 바르면서 견고함(正而固)이다. 사람이 지극히 굳건하면 일이 반드시 대통하게 된다. 하지만 반드시 바르고 견고해야 한다. 이것이 점사에 두 뜻이 있음이다. 단『역』에는 작게 형통함(小亨)을 말한 것이 있고, 정貞해서는 안 된다고 말한 것이 있다. 일시적인 통함은 형통함이 작다. 오직 큰 바가 있은 뒤에야 형통함이 크다. 이에 대大란 글자가 형亨의 앞에 있다. 주변 없는 소인의 견고함은 마땅하지가 못하다. 오직 마땅함이 있어야만 고수할 수가 있다. 그래서 의宜란 글자가 정貞 앞에 있다. 64괘에 있는 것이 다 이러한 이치이다. 그러므로 원형元亨이라 말하면 이 이치에 합당한 것이요, 형亨만을 말하거나 소형小亨을 말하면 이 이치에 버금하는 것이다. 이정利貞을 말하면 이 이치에 합당한 것이요, 정貞해서는 안 된다거나 영구히 정해서는 안 된다거나 정해서 흉하다거나 정하여 몹쓸 일이 있다거나 정하여 재앙이 있다거나 하면 이것과 반대된다. 건과 곤은 모든 괘의 종주이므로, 그 형亨은 크지 않음이 없고 그 정貞은 마땅하지 않음이 없다. 문왕이 건괘에 연계시킨 말은 이 네 글자를 갖추었기에 공자는 하늘의 도와 성性의 심오함에 근본을 미루어서 4덕으로 해명하였다. 실로 문왕의 뜻을 발명한 것이다. 그러므로 건곤의 괘가 64괘의 다른 것들에 비하여 자세하게 갖추어져 있고 다른 것들은 소략하여 편중된 예가 있다고 하더라도, 공자의 설이 결코 문왕의 설과 다른 것이 아니다. 또 건곤의 문사文辭만이 유독 다른 괘들의 문사와 다른 것도 아니다. 『역』을 배우는 사람들은 이러한 인식을 하면서 주자의 『본의』를 읽으면 그 뜻을 어그러뜨리지 않을 것이다.[22]

'원형이정' 네 자는 보통 「문언전」에 따라 4덕으로 해석된다. 그런데 주희는 그 네 자를 점사로 풀이하여 원형元亨과 이정利貞의 두 뜻으로 갈라 보았다. 『주역절중』은 주희 설을 옹호하기 위해, 그 두 뜻 속에 다시 네 층이 있다고 하여 주희의 양의설兩意說을 굽혀서 『역전』의 4덕설과의 모순을 조화시켰다. 이것은 작자가 공자를 존숭하는 동시에 주희도 존숭하는 모순에서 비롯된 것이다.

괘변설은 역대로 상수파와 의리파 사이의 논쟁의 초점이었다. 소식蘇軾

의 『동파역전東坡易傳』과 정이의 『이천역전』은 모두 「설괘전」을 근거로 "괘변은 모두 건곤에서 비롯한다"고 하였다. 그런데 한대의 우번虞翻은 상수에서 출발하여 별괘가 괘를 낳을 수 있다고 하였다. 건괘와 곤괘만이 괘를 낳는 것이 아니라 감坎·리離·복復·구姤·태泰·비否·임臨·둔遯·관觀·쾌夬와, 심지어 송訟·간艮·사師·진晉·무망无妄·서합噬嗑도 괘를 낳을 수 있다고 보았다. 당의 후과侯果는 이괘頤卦가 관괘觀卦에서 변하여 왔다고 말하기도 하였다. 주희는 상수파의 영향을 받아 『주역본의』에서 "수隨☲는 따름(從)이다. 괘변으로 말하자면, 본디 곤괘困卦☲의 구九가 와서 초위初位에 거처하고, 또 서합괘☲의 구九가 와서 5위五位에 거처한 것인데, 미제괘未濟卦☲에서 오면 그 두 변變을 겸한다"23)고 하였다. 수괘隨卦 하나를 두고 이처럼 많은 내원을 만들어 내었던 것이다. 『주역절중』은 「단전」의 '집설'에서 왕종전王宗傳의 설을 인용하여 다음처럼 비판하였다.

> 역학가는 수隨가 비否에서 오고 고蠱가 태泰에서 왔다고 하는데, 그 뜻은 어떤가 하고 혹자가 물었다. 나는 그렇지 않다고 대답하였다. 건곤이 중첩하여 태泰와 비否가 되었다. 그러므로 수隨와 고蠱가 태泰와 비否에서 올 이치가 없다. 세속의 유학자들은 괘변에 미혹하여, 팔괘가 열을 지어 중첩하는 때에 내외·상하·왕래의 뜻이 이미 그 속에 갖추어져 있음을 알지 못한다. 팔괘가 이미 중첩하여 64괘로 된 뒤에 어찌 내외·상하·왕래의 이치가 있단 말인가?24)

그러고는 『주역절중』은 "왕종전의 설은 괘변의 지리함을 깨기에 아주 충분하니 역상의 본지를 얻었다"는 안어를 첨가하였다. 여기서 『주역절중』은 결코 주희의 이름을 거론하지 않았으나 사실은 주희를 비판 대상에 넣고 있다.

또 송괘訟卦☲를 두고 주희의 『주역본의』는 "괘변에 있어서 둔遯☲에서 왔다. 양강陽剛이 와서 2효의 효위에 거처하여 하괘의 중中에 해당한다"고 하였다. 『주역절중』은 '집설'에서 공영달의 설을 다음처럼 인용하여 두었다.

양강이 와서 중中을 얻었다 하는 것은 왕보사(왕필)에 따르면 반드시 구 2를 두고 하는 말이다. 무릇 상괘와 하괘의 두 상에서 하괘의 상에 있는 것에 대하여 '왔다'고 칭한다. 그러므로 비괘賁卦☲☶에서 "음유가 와서 문文이 굳세다"고 한 것은 리하간상離下艮上을 두고 음유가 왔다고 칭한 것이다. 따라서 여기서 "양강이 와서 중을 얻었다"고 하는 것은 구2를 두고 한 말인 줄을 알 수가 있다. 또 무릇 '왔다'고 말하는 것은 음양이 다른 종류이면서 온 것을 두고 말한다. 즉 양효인 구2가 두 음효의 가운데에 있기에 '왔다'고 하는 것이다.[25]

이 공소孔疏의 뒤에 『주역절중』은 다음의 안어를 붙였다.

「단전」 가운데 강유의 왕래상하를 말하는 것이 있는데 모두 허상虛象을 두고 말한 것이다. 선유는 이 말에 따라 괘변설을 분분하게 제시하였다. 하지만 태괘泰卦와 비괘否卦 아래에 "작은 것이 가고 큰 것이 온다"느니 "큰 것이 가고 작은 것이 온다"느니 한 것을 보면, 그렇게 운운한 것은 문왕의 말씀인데, 과연 무슨 괘에서 가고 무슨 괘에서 왔단 말인가? 역시 그러한 상이 있다고 말한 것일 따름이다. 그러므로 왕필과 공영달의 주소에 의거하여 허상으로 보는 것이 옳다고 하겠다.[26]

이 안어로 볼 때 『주역절중』은 별괘가 괘를 낳을 수 없다고 하였다. 괘변의 문제에서 『주역절중』이 주희의 설을 따르지 않고 「설괘전」의 입장을 지지한 것은 아주 식견이 있었다고 하겠다.

『주역절중』은 이설異說을 두루 기록하여 독자가 옳은 것을 선택하여 따를 수 있도록 하였다. 준괘屯卦☵☳ 육2 효사의 "여자가 정조를 지켜서 자식을 낳지 않다가 십 년이 되어서 시집 가 자식을 낳았다"(女子貞不字, 十年乃字)의 '자字'를 두고, 『주역절중』은 『주역본의』의 "자字는 시집 간다(許嫁)는 뜻이다"는 풀이를 제일 앞에 두기는 하였으나, 그 뒤에 『이천역전』의 "진실로 정조가 굳기에 마음을 바꾸지 아니하길 십 년이 되었다. 험난함이 극도에 달하면 반드시 통하므로 마침내 올바른 응함을 획득하여 자식을 잉태하여 기른다"(苟貞固不易, 至于十年. 屯極必通, 乃獲正應而

字育矣)는 풀이를 두었다. 또 '집설'에서 "정이천은 자육字育의 자字로 보았다"는 혹설或說을 인용하였다. 즉 『주역절중』은 시집 감(許嫁)과 잉태하여 기름(字育)이라는 두 가지 풀이를 나란히 수록하여 독자의 취사에 맡기고 있다. 사실 주희의 설은 잘못이다. 자字는 여자가 자식을 낳는다는 뜻이므로 정이의 설이 옳다. 『주역절중』의 이러한 처리 방법은 이 책의 실용적 가치를 높여 준다.

전체적으로 볼 때 『주역절중』은 주희를 존숭하여 체제상 『주역본의』를 맨 앞에 두고, 또 『역학계몽』 등을 뒤에 부록으로 붙였다. 하지만 해설에서는 의리를 위주로 하고, 한역의 천착부회한 언사나 도서학의 지리멸렬한 논법은 근본적으로 취하지 않았다. 청대를 통틀어 볼 때 『주역』의 본문을 전면적으로 독실하게 연구한 저서로 『주역절중』보다 뛰어난 것이 없다.

이광지의 역학은 일차로 양명시楊名時에게 전해졌다. 양명시에게는 『주역차기周易箚記』 2권이 있다. 이광지의 역학은 하종란夏宗瀾에게 재전再傳되었다. 하종란에게는 『역의수기易義隨記』 8권과 『역괘차기易卦箚記』 2권이 있다. 양명시와 하종란이 교대로 이광지의 역학을 조술하였지만, 그 넓이와 깊이, 간결하고 총괄적인 규모에서는 둘 다 이광지에게 미치지 못한다.

3. 손기봉

명말 청초에 영향력이 있었던 의리파 역학서에 또 손기봉孫奇逢의 『독역대지讀易大旨』 5권이 있다. 손기봉(1584~1675)의 자는 계태啓泰, 호는 종원鍾元으로, 만년에 스스로 세한노인歲寒老人이라 호하였다. 보정保定 용성容城 사람으로 명말 청초의 저명한 리학가이다. 정혁鼎革(여기서는 명이 망하고 청조가 들어선 일을 가리킴) 후에 하남河南의 하봉夏峰에 우거寓居하며 겸산당兼山堂을 열고 『역』을 읽으면서 『독역대지』를 저술하였다. 책 이름에 '독역讀易'이라 한 것은 겸손의 뜻을 표시하여, 그저 '학습'할 따름이지 어떤 발명이 있다고 감히 말할 수 없다는 의미이다. '대지大旨'는 의례義例에 근거한다는 말로, 그 요체를 모았지 결코 축자축구逐字逐句 해설하지 않는다는 뜻이다. 『독역대지』에는 삼무도인三無道人 이봉李對의 발문이 있어 "신축辛丑 양월陽月 삼무도인三無道人 고웅주古雄州 인제姻弟 이봉李對 배지拜識"라고 씌어 있다. 신축은 순치 18년 신축(1661)이고, 이 봉은 손기봉이 『역』을 배운 사람이다. 이 책은 원래 자서自序나 범례凡例 가 없다. 아마도 책이 이루어진 뒤 문인 경극耿極에게 교정을 부탁하였으 나 채 다 베껴 쓰지 못한 듯하다. 경극이 죽은 뒤에 원고는 손기봉의 증 손 손용정孫用正에게 돌아갔다. 손용정은 책 앞에 의례義例 5조를 두었다. 이 의례는 "지난 날 들은 바를 서술하고 각 문집 중에 산견되는 것을 모 아 권두에 두어서 범례를 보이는 뜻을 갖춘다"고 하였으니만큼 손기봉의 견해가 틀림없다.

손기봉의 역 해석은 도서학에 대해 드러내 놓고 공격하기는커녕 아예 한 글자도 언급하지 않았으며, 「상전」으로 한 괘의 취지를 통하고 다시 한 괘를 가지고 64괘의 의리를 통한 것이 많다. 전체 풀이는 자기의 설 을 먼저 둔 뒤 종래의 해석을 부기하였다. 대의는 의리를 발명하여 인간 사에 절실하고, 『역』을 가지고서 자신의 자연 철학과 사회 철학을 표명 하였다. 이를테면 비태否泰·박복剝復·혁정革鼎의 무궁한 순환 변화를 권수 卷首의 「총론」에서 이렇게 논하였다.

> 건곤의 뒤로 비로소 인도人道에 간섭하였다. 6감六坎[*35)]을 차례로 거쳐 서 험난함을 두루 맛보고, 안으로 온축함이 있고[*36)] 밖으로 실천함[*37)]이 있어, 그런 뒤에 태泰가 이른다. 그리고 태泰의 뒤에 비否가 바로 이어 진다. 또 박剝이었다가 복復이 되고 혁革이었다가 정鼎이 되어 끝없이 빙빙 순환한다. 이로써 우리 인간의 삶을 수립하기는 어려우나 삶을 잃 기는 쉬움을 알겠고, 국가의 흥륭을 이루기는 어려우나 패망하기는 쉬움 을 알겠으며, 천하의 안녕을 가져 오기는 어려우나 혼란이 일어나기는 쉬움을 알 수 있다. 이것이 바로 『역』을 편찬한 사람의 깊은 뜻이요 천 지 자연의 이치이다.[27)]

*35) 六坎은 여섯 단계의 험난함이란 뜻으로 屯·蒙·需·訟·師·比의 여섯 괘를 말한다.
*36) 안으로 온축함이란 小畜卦를 말한다.
*37) 밖으로 실천함이란 履卦를 말한다.

평평하다가는 울퉁불퉁해지고 가면 다시 돌아오는 일이 하늘의 운행에서 없을 수가 없다. 험난함에 처해서도 굳게 지켜 굴하지 않으며 근심하지 않는 자세를, 인간사에서 마땅히 극진히 해야 한다. 하늘과 인간 사이에는 서로 교섭하고 상승相勝하는 이치가 있다. 그 교섭을 밖으로 하고 그 만남을 실천하는 자는, 변화 속에 올바름을 고수하는 도를 극진히 한다.[28]

하늘과 밭을 둘 다 잃고 날고 튀어 오르는 시기를 타지 못하며, 물과 불이 재앙을 가져 오지 않고 고蠱와 혁革이 침식하지 않아, 만약 한결같이 천운에 맡기고 인간사에는 전혀 간섭하지 않는다고 한다면, 성인의 『역』은 나오지 않았을 것이다.[29]

변화하고 순환함은 위로는 천도에 이르고 아래로는 인도에 이르는 보편 법칙이다. 군자는 험난함이 잔뜩 모여든 처지에 있다고 하더라도 변화 속에 올바름을 고수해야 한다. 즉 인간사를 극진히 해야지 천명에 굴종해서는 안 된다. 사고관신四庫館臣은 논평하기를 "그 평생의 학문은 실용을 위주로 하여 논한 바가 다 법계法戒(모범과 경계)에 관계되므로 취할 만하다"고 하였다.

4. 조포·진몽뢰 기타

조포刁包(1603~1669)의 자는 몽길蒙吉, 호는 용육用六으로 하북河北 기주祁州 사람이다. 『역작易酌』14권*[38]을 저술하였는데, 자서自序에서 다음과 같이 말하였다.

나라에서 제과制科를 설치하여 선비를 선발하면서, 처음에는 정이천의 『이천역전』과 주자의 『주역본의』를 기준으로 하여 진작에 그 둘을 학관에 과목으로 병렬하였다. 나중에는 광박함을 염증내어 간약함으로 나아가고, 어려움을 피하고 쉬움을 좇아가게 되어, 『주역본의』만을 위주로 하고 『이천역전』은 제과나 학관의 과목에 끼워 넣지를 않게 되었다. 그

---

*38) 『易酌』14권은 淸雍正 때 刁承祖刊本(『潛室箚記』와 合刻), 道光 3年 刁懷瑾 重刻本이 있다. 『사고전서』에 들어 있다.

래서 『역』의 의리가 보존된 것이 아주 적막하게 되었다. 나도 근심하는
바가 있어 가만히 생각하기를, 『역』을 배우는 자는 획畫을 배우고 단彖
을 배우고 효爻를 배워 나가 공부에 반드시 차례가 있어야 한다고 여겼
다. 공자의 십익에 온 힘을 쏟아 우환 속에 『역』을 만든 분(복희·문왕·
주공)의 뜻을 찾지 않는다면, 복희의 서書, 문왕의 단彖, 주공의 효爻는
깜깜하게 되고 만다. 정이천의 『이천역전』에 온 힘을 쏟아 책을 여러 차
례 새로 묶으면서 읽어 나가 『역』에 찬贊을 붙인 분(공자)의 마음을 구
하지 않는다면, 공자의 십익은 깜깜하게 된다. 이러기에 일생을 바쳐 이
책을 편찬하였다. 대개 공자의 십익을 세 분 성인에 이르는 사다리로 삼
고, 정이천의 『이천역전』을 공자에 이르는 사다리로 삼았다. 혹은 그분
들의 인사를 기록하여 드러내고, 혹은 그분들의 언사를 조술하여 확대하
여 미루어 보았다. 또 간간이 주자의 『주역본의』를 가지고 『이천역전』
의 미비점을 보완하였으며, 간간이 여러 유학자의 설과 내 뜻을 가지고
정이천과 주자의 미비점을 보완하였다. 요컨대 주자의 설을 잘 헤아려
정이천의 설에 부합시키고, 정이천의 설을 잘 헤아려 공자의 설에 부합
시키며, 공자의 설을 잘 헤아려서 복희·문왕·주공의 뜻에 부합시켰다.[30]

이 책은 역리를 미루어 설명함이 명백정대하다고 할 수 있다. 정주程朱
를 우익羽翼하여 송역의 저술 가운데서 체득한 바가 아주 깊다.

진몽뢰陳夢雷의 자는 성재省齋로 민현閩縣 사람이다. 순치 기축년(1649)
의 진사로 강희 갑술년(1694)에 『주역천술周易淺述』 8권을 편성하였다.
이 책의 대지大旨는 주희의 『주역본의』를 위주로 하고, 왕필의 주, 공영
달의 소, 소식의 『동파역전』, 호광의 『주역대전』, 래지덕의 『주역집주』
를 참고하였다. 여러 역학가가 채 논하지 않았거나 자기의 소견이 여러
역학가와 다른 경우에는 자신의 견해를 서술하여 밝혔다. 『역』에 함축된
의리가 비록 많기는 하지만, 대체로 리理·수數·상象·점占의 넷으로 볼 수
있다고 그는 「범례」에서 논하였다.

리가 있으므로 수가 있고, 수가 있으므로 리가 있다.…… 수가 드러나지
않으면 리는 궁구할 수 없다. 그러므로 상에 수를 기탁한다.…… 상

을 알면 리와 수는 그 속에 있다.…… 상이 있으므로 점이 있다.…… 점은 상 속에 있다.[31]

이것은 이 책의 강령이자 작자의 기본적인 역학 사상이기도 하다. 그러므로 진몽뢰의 지론은 인간사에 절실한 것이 많으며, 심心을 말하거나 천天을 말한 역학가들과는 달라서 환상적이지도 지리하지도 않다. 역리의 탐구는 주희를 존숭한 것이 많으나, 주희의 괘변설은 취하지 않았다. 취상取象에서는 래지덕의 설도 아울러 취하였으나, 래지덕의 착종론은 취하지 않았다. 권말의 부록인 30개 도식은 진몽뢰의 친구인 양도성楊道聲이 지은 것이므로 거론할 필요가 없다.

그 밖에 취할 만한 책에 장영張英이 찬한 『역경충론易經衷論』 2권, 이공공李塨이 찬한 『주역전주周易傳註』 7권,[39] 심기원沈起元이 찬한 『주역공의집설周易孔義集說』 20권[40] 등이 있다.

3. 청 중엽 이후의 의리파 송역

1. 『주역술의』

의리파 송역은 청초에 지배적인 위치를 차지하였다. 강희제는 이광지에게 명하여 『주역절중』을 찬수하게 하였다. 비록 한역과 송역의 투쟁이 일어난 사실을 알고는 있었지만, 한역과 송역을 아울러 취하여 그 둘의 차이를 병통으로 삼지 않고, 수백 년 동안 편을 갈라 대립해 온 견해들을 이 『주역절중』에서 다 융합하기에 이르렀다고 하였다. 하지만 사실은 의리역으로 여러 이설을 절충한 것이었다. 그런데 건륭 시대에 이르러 박학역이 크게 일어나고 의리역이 쇠퇴하자, 관방 역학의 태도도 뚜렷한 변화를 보였다. 그러한 변화가 가장 두드러지게 나타난 것이 건륭 20년(1755)

---

[39] 『周易傳註』 7권에는 「周易筮考」 1권이 부록으로 붙어 있으며, 繡谷亭抄本, 淸道光年 間養正堂刻本이 있고 『顔李叢書』에 들어 있다. 『사고전서』에도 들어 있다.

[40] 『周易孔義集說』 20권은 淸 乾隆 18년 刊本, 光諸 8년 江蘇書局刊本, 學易堂刊本이 있고, 『사고전서』에 들어 있다.

에 부항傅恒 등이 칙명을 받아 찬수한『주역술의周易述義』이다.

『주역술의』는 모두 10권이다. 대체로『주역절중』의 깊은 뜻을 미루어 밝혀 낸 내용이었으므로, 건륭제는 '술의'라는 이름을 내렸다. 그 편찬의 대지大旨는, 건륭제가 지적하였듯이 송역과 한역을 공평하게 짐작하고 의리와 문사의 심오한 뜻을 탐구하여 왕필역王弼易과 정현역鄭玄易의 시비를 결정함으로써, 다시는 역학에 이의가 없게 하려는 데 있었다.『주역절중』이 의리파 송역의 설로 여러 이설들을 절충하였다면,『주역술의』는 한역과 송역을 한데 얽어 하나로 한 것이라고 할 수 있다. 이를테면 준괘屯卦☳☵ 괘사의 "원형이정하다. 가는 바에 적용해서는 안 되며, 군후를 세우는 데 이롭다"(元亨利貞. 勿用有攸往, 利建侯)를 이렇게 주석하였다.

내괘는 진震☳이고 외괘는 감坎☵이니, 움직이기만 하면 위험을 만난다. 그러므로 준괘이다. 중간의 호체는 간괘艮卦☶와 곤괘坤卦☷로, 진震은 양陽으로 시작하고 곤坤은 순응한다. 그러므로 원형元亨이다. 감坎은 아래로 적시고 간艮은 멈추게 한다. 그러므로 정貞이다. 곤坤은 무리(衆)이고 진震은 통솔한다. 그러므로 가는 일이 있다. 간艮을 만나 멈춘다. 그러므로 적용하지 말라고 한 것이다. 초효가 백성을 얻었다. 그러므로 후侯이다. 제5효가 덕德을 같이한다. 그러므로 세운다(建)고 하였다.[32]

여기서 "중간의 호체는 간괘와 곤괘" 운운한 것은 한대인의 호체설을 이용한 것이다.

『주역술의』는 이어서 "난리가 많은 세상에서는 백성을 안주시키는 것이 급선무이다. 반드시 어진 마음으로 어진 정치를 행해야 한다"[33]고 하였다. 이것은 송인의 역 주석에서 늘 보이는 어투이다. 예를 들어 건괘乾卦☰에 대해 범례를 하여, 여섯 효가 다 용龍이되 세 번 군자를 칭한 것은『역』이 상象을 수립한 이유가 모두 인간사와 관련이 있음을 말한다고 하였다. 단『주역술의』는 취상의 면에서는 효변을 많이 따르기도 하였다. 즉 건괘乾卦 구2효를 풀이하여 "구2효는 강중剛中으로서 리離로 변화하니 문명文明이다"라고 하였다. 곤괘坤卦☷ 초육효를 풀이해서는 "진震으

로 변하여 발(足)이니 밟아 나가는 상이 있다"고 하였다. 또한 변효變爻
와 호체互體를 겸하여 해설한 것도 있다. 이를테면 송괘訟卦☰☵ 구4효를
풀이하여, "건乾의 초효는 복復☷☳의 체體이다. 호체인 손巽은 명령이며
간艮으로 변하여 깨우침(諭)이니, 간艮은 정일貞一함에 그침이다"라고 하
였다.[41] 이른바 "뭇 설을 융회하여 정수와 요점을 가려 취한다"는 이러
한 태도는 사실『주역절중』과 비교할 때 아주 퇴보한 것이라고 하겠다.

의리파 송역이 건륭 이후 아무런 내적 추동력이 없을 때 바깥으로 박
학역의 공격이 있자, 관방에서 의리파를 지지하고 제창하는 일도 점차 없
어졌다. 그래서 의리파 송역은 한 번 쓰러져서는 일어나지를 못하고 쇠퇴
의 길로 향하였으니, 막 일어서기 시작한 박학역에 대항하기는 어려웠다.

2. 정정조

청대 중엽에 영향력이 있었던 의리파 역학가로 정정조程廷祚가 있다.
정정조(1691~1767)의 자는 계생啓生, 호는 면장綿莊이다.[†1] 만년에는 또
청계거사靑溪居士라는 호를 썼다. 강소江蘇 상원上元(지금의 남경시에 속함)
사람이다. 일찍이 이공李塨에게서 수학하였다. 이 사람은 안이학파顔李學
派[42]의 주요 제자로서 청대의 저명한 리학가이다. 정정조는 일생의 대부
분을『주역』연구에 몰두하여『정씨역통程氏易通』,『단효구시설彖爻求是
說』6권,『역설변정易說辨正』4권을 썼다. 그 밖에『청계문집靑溪文集』
속에도 역학을 연구한 대량의 논문이 보존되어 있다. 만년에 이르러서는
꼬박 10년이란 세월을 들여 그의 역학 대표작인『대역택언大易擇言』36
권을 편찬하였다. 이『대역택언』은 "동성桐城 방포方苞가 열어 준 단서에

---

[41] 건괘의 초효가 복괘의 초효를 이루고 호체인 巽이 命의 뜻이라 하여 復命의 뜻을 만들어 내었
다. 復命은 사명을 띤 사람이 일을 마치고 돌아와 아뢴다는 뜻이다. 변효로 이루어진 艮이 諭이
면서 또 貞一함에 그침의 象이므로 '깨우쳐서 올바름에 그치게 함'이라 한 것이다.
[†1]『사고전서총목제요』는 정정조의 자가 綿莊이라 하였으나,『淸史稿』는 啓生이라 하였다. 다
른 책들도 그의 자가 계생이고 호가 면장이라 하였다. 여기서는『淸史稿』를 따른다.
[42] 顔李學派는 청초의 顔元(1635~1704)과 李塨이 實學을 제창함으로써 형성된 학파. 顔元은 학
문이 사물에서 떠날 수 없고 사물에서 학문을 구하자면 實習이 아니면 불가하다고 주장하였다.
그가 順治 연간에 漳南書院에서 主講하였을 때의 문인 가운데 李塨이 있어, 그와 함께 실학을
제창하였다.『顔李叢書』가 있다.

따라 6조목으로 제가의 설을 편찬하였다." 그 6조목 가운데 제1조목은 정의正義로서, 경의經義에 합치하는 것을 가리킨다. 제2는 변정辨正으로서, 앞사람의 이설을 정정하였다. 제3은 통론通論으로, 논한 바는 여기에 있으나 뜻은 저쪽과 통하는 것, 그리고 구설 가운데 경의에는 합하지 않으나 이치상 통하는 것을 말한다. 제4는 '여론餘論'이다. 한 마디라도 발명함이 있는 것을 말한다. 제5는 존의存疑이다. 제6은 존이存異이다. 옛사람들의 글 가운데 잘못이면서도 그럴 듯해 보이는 것을 의疑라 하고, 이치에 배치되는 것을 이異라 하였다. 이 6조목 이외에 작자의 의견이 있으면 그때마다 '우안愚案'이라고 특별히 표시하였다.

『대역택언』은 괘를 설명하면서 건健·순順·동動·입入·함陷·려麗·지之·열說을 팔괘의 본의本義로 보았다. 그리고 중괘重卦를 살피되 반대괘를 주목하고, 만물에 의거하되 상반하여 이루어짐을 주목하여, 괘의 참된 풀이를 구하였다. 또 1괘 6위를 고찰하되 귀천의 지위에 주목하였다. 이것은 「계사전」의 "귀천을 변별함은 효위에 달려 있다"고 한 원뜻에 의거하였다. 또 본효本爻로써 효의爻義를 구하는 반면, 승承이니 승乘이니 비比이니 응應이니 하는 옛 해석들은 힘써 격파하였다. 그리고 「단전」과 「상전」으로 단象과 효爻의 사辭를 설명하여 공자의 역설을 위배하지 않았다. 사고관신四庫館臣은 이 책이 "상수학을 힘써 배격하고 오직 의리를 종지로 삼았다"고 칭찬하였다. 호적胡適의 「안이학파의 정정조」(顏李學派的程廷祚)라는 논문도 이렇게 평하였다.

> 정정조는 역학에 공을 들인 기간이 가장 오래였다. 그는 한편으로는 소옹·주돈이·주희의 상수학을 폐기하고, 한편으로는 양한의 호괘·변괘·괘기의 설도 승인하지 않았다.

정정조의 역학에서 가장 두드러진 것은, 『주역』의 의리를 탐구한 역학 철학 사상이다. 그는 『청계문집』 「역론」에서 이렇게 말하였다.

> 무릇 도道는 천하에 있어서 그 함축된 뜻이 어찌 위대하지 않은가! 삼대

이후로 노씨老氏는 장생長生을 도라고 여겨 즐김(樂)에 편중하였고(영생 불사를 즐김——自注), 석씨釋氏는 삶이 없음(無生)을 도로 여겨 두려 움(畏)에 편중하였다.(삶이 거리낌이 됨을 두려워함——自注) 그것들은 모두 도라고 할 수가 없다. 문왕과 공자의 의리를 가지고 준거하여 말한 다면 『역전』의 다음 한 마디면 족하다. 즉 "낳고 낳음을 역易이라 한 다"가 그것이다.

정정조는 도가가 주장하는 장생長生이나 구시久視(오래 삶), 불가가 주 장하는 무생無生, 그 어느 것도 모두 객관 법칙인 도에 들어맞지 않는다 고 하였다. 이 객관 법칙으로서의 도는 바로 『역전』에서 말하는 "낳고 낳음을 역이라 한다"이다. 낳고 낳음이 있기에 품물의 풍부함이 있고, 그 래야 미루어서 무궁한 데로 이르며, 그래야 나날이 새로울 수 있다. 한마 디로 말하자면 '낳고 낳음'이 있어야만 '지극한 도'일 수 있다. 정정조의 이 견해는 『주역』의 본질을 깊이 인식한 것이라고 할 수 있다.
이러한 인식을 기초로 정정조는 『대역택언』 「계사상전」의 안어에서 동動과 정靜의 변승법적 관계를 아주 생동적으로 논술하였다.

음양에 각각 동과 정이 있다. 동이 아니면 양을 낳을 수 없고 정이 아니 면 음을 낳을 수 없다. 또한 양이 한 번 동하지 않으면 정음靜陰이 없으 며, 정에 한결같다면 동은 없다.…… 뒤의 유가들은 …… 정靜함이 순곤 純坤이라고 보아 정을 위주로 삼는 설이 있게 되었다.

그는 첫째, 동과 정의 상호 내포 관계에 주목하였다. 즉 동 속에 정이 있고 정 속에 동이 있다고 보았다. 둘째, "음양에 각각 동과 정이 있다" 고 하였다. 정이나 주희가 말한 것과는 달리, "동하여 양을 낳고 정하여 음을 낳는다"는 설로 만족하지 않았다. 이 점에서 바로 그는 송유宋儒를 뛰어넘었을 뿐만 아니라 왕부지마저 뛰어넘었다. 왕부지는 동정의 대립과 선후가 절대적이 아니란 점, 사물의 정지도 절대적이지 않다는 점, 동과 정이 상호 내포한다는 점 등을 적확하게 지적해 내었지만, "동하여 양을 낳고 정하여 음을 낳는다"는 설 또한 긍정한 바 있다. 그런데 정정조는 왕부지의 변증법적 동정관을 한 걸음 더 발전시켜 "음양에 각각 동과 정이 있다"는 명제를 제시한 것이다. 이것은 중국의 소박 변증법 사상사에서 의의가 아주 크다.

정정조는 '낳고 낳음'의 원인도 탐구해 들어갔다. 그는 만물이 모두 둘(二)을 체체로 하여 대대對待가 존재한다고 보았다. 즉 대립자가 존재한다고 본 것이다. 자연계에는 음양·천지·일월·한서寒暑·강유·동정·강약·생사·존망·대소·다소·유무·전후·진퇴 등이 있다. 인간 사회에는 군신·부자·남녀·부부·귀천·빈부·수요壽夭·화복·선악·이해利害·길흉 등이 있다. 사상에는 지우智愚·변눌辯訥·교졸巧拙·언의言意·애오愛惡·정성情性 등이 있다. 요컨대 사물이 존재하기만 하면 바로 대립자가 존재하게 마련이다. 난 두 체체는 대대對待하는 것이면서 또한 서로 간여하고 서로를 필요로 한다. 『대역택언』에서 정정조는 이렇게 말하였다.

> 천지와 남녀는 모두 두 품물이 서로 간여하여 이루어진 것이다. 둘이 서로 간여하여 이루어지면 곧 하나가 된다. 군신이 덕을 함께함, 부자가 집안일을 이어 감, 붕우가 뜻을 같이함 등등이 다 하나를 이룸이다.[34]

더구나 "천지만물은 모두 상반함으로써 이루어진다."(天地萬物, 皆以相反而成) 즉 두 체체가 서로 간여하고 서로를 필요로 하는 까닭에 반드시 서로 감응하게 된다. 천지가 서로 감응하여 만물을 낳고, 부부가 서로 감응하여 자녀를 낳고, 참과 거짓이 서로 감응하여 이해를 낳는다. 요컨대 만물에는 다 서로 감응함이 있으므로 끝없이 낳고 낳게 된다. 두 체는 서로 간여하고 필요로 하며 감응하는 이외에도 서로 뒤바뀔 수 있다. 음과 양, 욕을 당함과 굴복시킴, 비루함과 꼿꼿함, 태평함과 험난함, 큼과 작음, 이리로 옴과 저리로 감, 은미함과 창달함 등등이 그러하다.

둘을 체체로 삼아 끝없이 낳고 낳는다는 인식이, 정정조가 수십 년간 잠심하여 『역』을 연구한 사상의 결정체이다. 그 인식은 바로 그의 역학 철학의 정수이다. 18세기에 박학역이 성행하던 시기에 정정조는 『주역』

의 의리를 탐구하는 데 이처럼 커다랗게 공헌을 하였으니, 정말 찾아보기 어려운 귀한 일이다.

3. 오여륜과 마기창

청말에 영향력이 컸던 의리파 송역가로는 후기 동성파桐城派를 대표하는 오여륜吳汝綸과 마기창馬其昶을 손꼽아야 할 것이다. 오여륜(1840~1903)은 자가 지보摯甫로 안휘安徽 동성桐城 사람이다. 동치 을축년(1865)에 진사에 합격하여 내각중서內閣中書 벼슬을 제수받았으며, 청말 문단의 대가이다. 그의 역학 저서에 『역설易說』 2권이 있다. 이 책은 현언玄言에 의거하여 『역』의 훈고에 통하였다. 곧 양웅揚雄의 『태현太玄』의 설을 추종하면서, 또 고금의 여러 설을 모두 채록하였다. 따라서 혜동과 장혜언 등 여러 역학가와 독립하여 나름대로 문경門徑을 열어, 문자를 훈고함으로써 상수에 통하였다.

오여륜은 역례易例의 분석과 관련하여, 양이 음을 만나면 통한다(陽遇陰則通)는 설을 제출하여, 『역』에서 양효가 행할 때 음효를 만나면 통하고 양효를 만나면 저해된다고 하였다. 그러므로 대축괘大畜卦☰의 초효와 2효의 두 양陽은 모두 나아가지 못한다. 그 앞에 임해 있는 양효의 저해를 받기 때문이다. 그에 비해 구3은 나아감에 이롭다. 앞으로 나아가서 음을 만나 길이 통하기 때문이다. 절괘節卦☱ 초효의 '나가지 않음'(不出)은 구2가 앞에 있어서이다. 구2는 앞으로 가서 음효를 만나 나갈 수 있는데도 나가지 않는다. 그래서 때를 잃어 흉하게 된다.

「문언전」의 "세상에(오여륜의 해석에 따르면 '크게') 잘났어도 자랑하지 않고 덕이 두루 미쳐 화한다"(善世而不伐, 德博而化)를 두고, 종전에는 모두 '세世'를 '대代'로 해석해 왔다. 그런데 오여륜은 옛적에는 세世와 대大가 통하였으므로 세世를 대大의 뜻으로 풀이해야 한다고 하였다. 그는 또 풍괘豊卦☱의 괘사를 풀이하여 "군주 된 이가 이 '풍형豊亨'의 기운을 타면 쉬 쇠할 우려가 있으므로, 오직 지극히 밝음을 지켜 대처해야 한다는 뜻이다"[35]라고 하였다. 풍성해도 상실할 일을 잊지 않고 가득 차도 이지러짐을 잊지 않는다는 풍괘의 취지를 깊이 체득한 해석이다. 오여륜에 대해 고인들은 그가 즐겨 『역』을 공부하여 깊이 생각하고 마음으로 그 뜻을 얻었다고 칭찬하였는데 과연 그 말대로이다.

오여륜은 또 『주역대의周易大義』란 책을 저술하였다. 이 책은 인간사만을 취하였을 뿐 현묘함을 추구하지 않았다. 또 비록 여러 역학가의 설을 두루 채집하였으나 사실은 『태현』의 뜻에서 많은 것을 취해 왔다. 『주역대의』의 주注는 고본古本 『주역』의 체제를 따라 먼저 괘효사를 주하고, 그런 뒤에 「대상전」을 주하고 다시 「단전」과 「소상전」을 주하였으며, 다시 「계사전」·「문언전」·「설괘전」·「잡괘전」을 주한 뒤 마지막으로 「서괘전」을 두었다. 이러한 주석법은 이론의 여지가 있으나, 그 주는 간결하면서 평이명백하여 자못 노력한 공이 보인다.

마기창(1855~1930)은 자가 통백通伯으로, 만년에 포윤옹抱潤翁이라 스스로 호하였다. 안휘 동성 사람이다. 오여륜을 사사하여 동성파의 전군殿軍이라 칭송된다. 그의 저서에 『역비씨학易費氏學』 8권이 있고, 또 『역례거요易例擧要』 1권이 있다.

『역비씨학』은 청말의 『역』을 논한 책 가운데 정말 쉬이 찾아보기 힘든 훌륭한 저작이다. 이 책은 『주역』 경전을 주석하면서 위로는 주진周秦에서 아래로는 청말에 이르기까지 근 400가의 설을 채집하여 아주 널리 참고로 삼았고 그러면서 아주 정밀하게 선별하였다. 그 취지는 네 가지이다. 첫째, 역상易象을 보아 예禮를 제작한 근원을 살폈다. 둘째, 『역』의 괘효사를 밝혀 대의를 제시하였다. 셋째, 역변易變을 논함에 반드시 그 시기와 위차位次가 마땅한지 여부를 살폈다. 넷째, 역점易占을 논하되 초공·경방·관로·곽박의 방술과 참위서를 믿지 않았다. 마기창은 종래 『역』을 논한 역학가들이 상象과 사辭, 변變과 점占을 논한 병폐를 비판적으로 서술하였는데 그 서술은 아주 온당하다. 이를테면 둔괘遯卦☲ 구5효 「소상전小象傳」의 "'즐겨 선뜻 은둔하니 올바르고도 길하다'고 한 것은 뜻을 바로 가짐을 두고서 한 말이다"(嘉遯貞吉, 以正志也)를 두고 다음처럼 서술하였다.

『한서』 「개관요전盖寬饒傳」은 『한씨역전韓氏易傳』을 인용하여 "오제五

帝가 천하를 관官으로 삼고 삼왕三王은 천하를 집으로 삼았다. 집은 자식에게 전하고 관은 어진 이에게 전한다. 4시의 운행으로 말하면 공이 이루어진 것은 물러가는 법이므로, 그 올바른 사람을 얻지 못하면 그 지위에 거하지 아니한다"고 하였다. 『한씨역전』은 겨우 이 몇 마디만 남았는데, 이 남은 구절은 바로 둔괘 구5효의 뜻을 말한 것이다. 어진 이에게 전하거나 자식에게 전함은 모두 가둔嘉遯(즐겨 선뜻 은둔함)이다. 요 임금이 늙자 순 임금이 섭정한 것도 이 뜻에 해당한다. "뜻을 바로 가진다"고 말하였지 "지위를 바로한다"고 말하지 않는 것은, 그 지위를 차지하고 있지 않고 어진 이에게 지위를 양보하려는 데 뜻이 있음을 밝힌 것이다. 대개 구5가 장차 변하게 됨을 두고 말한 것이다.[36]

마기창은 둔괘 구5효가 천자의 상이며 '어진 이에게 지위를 양보함'이 그 효의라고 본 것이다.

또 마기창은 규괘睽卦☲☱ 「대상전」의 "군자는 규괘의 상을 본받아 귀착하는 바는 같아도 그 행사하는 바는 다르다"(君子以同而異)는 글귀를 두고 다음처럼 논지를 펴 나갔다.

하나의 설을 고집하여 하나의 종교를 건립하면 반드시 남을 강제하여 자기와 같게 하게 되고, 그렇게 되면 무리가 원망하고 노여워하여 공격하게 되어 심지어는 병화兵禍마저 초래하게 된다. 이러한 것은 다 "군자는 이 규괘의 상을 본받아 귀착하는 바는 같아도 그 행사하는 바는 다르다"는 말의 이치를 알지 못한 까닭에서 그런 것이다. 남곽혜자南郭惠子가 자공子貢에게 "공부자의 문호는 어찌 그다지도 잡스럽습니까?" 하고 물었다.[43] 아아, 그처럼 문호가 잡다한 것이야말로 바로 공자께서 위대하신 이유인 것이다.[37]

마기창의 해설은 인증이 광대하고 주석은 의리의 천발을 위주로 하였다. 마기창은 괘명卦名의 인식에서도 깊이가 있었다. 그는 『주역』의 괘명

---

*43) 南郭惠子 운운한 것은 『荀子』「法行」편에 보인다.

이 몇 가지 의의를 겸하는 경우가 많다고 지적하였다. 이를테면 대과괘大過卦의 '과過'에는 넘는다는 뜻, 차이의 뜻, 잘못을 저지른다는 뜻이 있는데, 이 세 뜻이 각각 해당되는 바가 있다고 하였다. 마기창의 이 『역비씨학』에는 '비학費學'이란 이름이 붙어 있다. 이것은 비직費直의 역 해석이 의리를 위주로 하여 유문儒門의 정통에 속한다고 보아 특별히 존숭했기 때문이다. 그만큼 마기창의 역학이 표방한 취지는 청대 박학역과는 아주 다른 면이 있다.

그 밖에 나름대로 식견이 있는 송역 의리파의 저서로는 왕심경王心敬의 『풍천역설豊川易說』 10권, 변정영邊廷英의 『주역통의周易通義』 16권, 구양후균歐陽厚均의 『역감易鑑』 38권, 강여악強汝諤의 『주역집의周易集義』 8권, 정안丁晏의 『주역술전周易述傳』 2권 등이 있다. 난 전체적인 성과는 그다지 높지 않다. 이 저서들은 청대 의리파 송역의 끄트머리이다.

4. 명청의 상수파 송역

명청 시대에 나온 상수파 송역의 저서는 무수히 많았지만, 전체적으로 보면 수준이 높지 않다. 그 특징은 이러하다. 천착부회한 것이 많고 이치에 닿는 말이 적다. 이 책 저 책에서 베끼고 또 베낀 것은 많으나 발명한 바가 적다. 도서圖書 술수術數에서 특기를 발휘한 것은 많으나 이론 사유의 수준이 높은 것은 적다. 그 가운데 영향력이 비교적 컸고 독창적인 견해도 있었던 상수파 송역의 역학가로는 래지덕來知德·황도주黃道周·방이지方以智 세 사람이 있을 뿐이다.

1. 래지덕

래지덕來知德(1525~1604)의 자는 의선矣鮮, 호는 구당瞿塘으로 사천四川 양산梁山(지금의 梁平縣) 사람이다. 27세에 향시鄕試에서 5등으로 합격하여 사천 일대에 이름을 날렸다. 뒤에 두 번이나 회시會試를 보았으나 급제하지 못하자 과거로 벼슬 살 생각을 끊어 버리고 『주역』 연구에 정력을 집중하였다. 1577년에는 병난을 피하려고 만현萬縣 구계산求溪山 속으로 이사하였다. 『우재각고優哉閣稿』「완도玩圖」에 따르면 거기서 담벽에 태극도를 그려 두고는 매일 포단蒲團에 앉아 그 태극도를 완상하며 『역』에 부합하는 바가 있으면 일어나 노래하고는 했다고 한다. 『역경래주도해易經來注圖解』「자서自序」에서 "수년 만에 복희·문왕·주공의 상象을 깨닫고, 또 수년 만에 문왕의 서괘序卦, 공자의 잡괘雜卦를 깨달았으며, 또 수년 만에 괘변의 잘못을 깨달았다"[38]고 하였다. 융경隆慶 4년(1571)에서 만력萬曆 26년(1599)까지 29년을 경과하여 『주역집주周易集注』16권을 완성하였다.

『주역집주』의 특색은 착종설을 가지고 『주역』의 괘상을 연구한 점이다. 래지덕은 우번이 창도하고 주희가 신봉한 "아무 괘는 아무 괘에서 왔다"는 설은 대단히 잘못된 것이라고 비판하였다. 즉 "송괘訟卦에 '양강이 와서 중을 얻었다'고 한 것에 대해 둔괘遯卦에서 온 것"이라고 본 따위는 아주 잘못되었다고 비판하고, 착종설을 주장하였다. 무엇이 '착錯'인가? 『주역집주』의 「역경자의易經字義」에서 래지덕은 "착錯이란 음과 양이 상대함"이라고 했다. 다시 말해 두 괘의 괘획이 완전히 상반됨을 착이라고 한다. 이를테면 건괘乾卦☰와 곤괘坤卦☷는 상착相錯이다. 건괘의 각 효가 모두 양이고 곤괘의 각 효가 모두 음으로서 각 효가 모두 음과 양으로 대립하고 있기 때문이다. 또 준괘屯卦☳와 정괘鼎卦☴도 상착이다. 준괘의 초효는 양, 정괘의 초효는 음, 준괘의 2·3·4효는 음, 정괘의 2·3·4효는 양이고, 준괘의 5효는 양, 정괘의 5효는 음, 준괘의 상효는 음, 정괘의 상효는 양으로, 음과 양이 서로 상대하고 있다. 이처럼 유추하여 래지덕은 64괘에 모두 32짝의 상착의 괘가 있음을 분석하였다. 괘에 어째서 착錯이 있는가? 래지덕은 이렇게 말하였다.

천지 조화의 이치는 음만 홀로 생성할 수도 없고 양만 홀로 생성할 수도 없다. 양강이 있으면 반드시 음유가 있고, 남자가 있으면 반드시 여자가 있다. 그래서 팔괘가 상착한다. 팔괘가 상착하므로 상象은 착錯 속에 깃들어 있다.[39]

음양 대립은 자연계 및 인류 사회의 보편 법칙이다. 따라서 팔괘 상착이라는 역리의 핵심은 바로 사물이 지닌 모순 대립의 보편성을 반영한다.

래지덕은 복희의 괘가 착錯을 위주로 하였다고 보았다. 복희의「팔괘방위도」를 보면 건乾이 1에 거처하고, 곤坤이 8이어서 그 둘이 상대한다. 태兌는 2에 거처하고 간艮은 7이므로 그 둘이 상대한다. 리離는 3에 거처하고 감坎은 6이어서 그 둘이 상대한다. 진震은 4에 거처하고 손巽은 5이므로 그 둘이 상대한다. 이처럼 둘씩둘씩 상대한다.「복희64괘원도」의 괘서卦序에서 보면 그것들에는 규칙성이 있다. 건괘乾卦에서 복괘復卦까지의 괘는 각각 곤괘坤卦에서 구괘姤卦까지의 괘와 상착한다. 예를 들어 건괘와 곤괘가 상착하고, 쾌괘夬卦와 박괘剝卦가 상착하며, 대유괘大有卦가 비괘比卦와 상착하는 식이다. 래지덕은「복희팔괘방위도」에서 건1과 곤8이 상착하고 태2와 간7이 상착하며 리3과 감6이 상착하고 진4와 손5가 상착하는 차서에 근거하여, 64괘의 32짝 상착괘를 네 개의 조로 나누고, 각 조의 8짝 상착괘 사이의 변화에서 빈틈없는 법칙을 체현해 내었다. 그 법칙은『주역집주』의「팔괘소속자상착도八卦所屬自相錯圖」속에 드러나 있다.

「역경자의」에 따르면 이른바 '종綜'이란 이러하다. "종綜이란 글자의

乾			坤	兌			艮	離			坎	震			巽
姤			復	困			賁	旅			節	豫			小畜
遯			臨	萃			大畜	鼎			屯	解			家人
否			泰	咸			損	未濟			旣濟	恒			益
觀			大壯	蹇			睽	蒙			革	升			无妄
剝			夬	謙			履	渙			豐	井			噬嗑
晉			需	小過			中孚	訟			明夷	大過			頤
大有			比	歸妹			漸	同人			師	隨			蠱
乾坤一與八錯				兌艮二與七錯				離坎三與六錯				震巽四與五錯			

그림 6-1 팔괘소속자상착도

뜻은 베를 짜는 날실이다. 혹은 위로 가고 혹은 아래로 가서 뒤집어지고 거꾸러지고 하는 것이다."[40] 이를테면 준괘屯卦☳☵와 몽괘蒙卦☶☲는 상종相綜한다. 즉 준괘를 뒤집으면 몽괘이고, 반대로 몽괘를 뒤집으면 준괘이다. 64괘 가운데 건乾, 곤坤, 리離, 감坎, 소과小過, 중부中孚, 대과大過, 이頤의 8괘가 상종하지 않는 것을 제외하면 나머지 56괘는 모두 상종한다. 괘에 어째서 종綜이 있는가? 래지덕은 이렇게 답한다.

> 대개 『역』은 음양을 따져 논하는데 음양의 이치는 흘러흘러 끊임없는 법이지, 결코 죽은 물건마냥 고착하여 일정한 것이 아니다. 그러므로 뒤집어지고 거꾸러지고 위로 올라가고 아래로 내려갈 수 있다. 그 흐름이 끊임없기 때문이다.[41]

종괘가 반영하는 것은 음양 2기가 상하로 유행하는 상태임을 알 수가 있다.

래지덕은 문왕의 괘가 종綜을 위주로 했다고 보았다. '문왕의 괘'란 서괘序卦이다. 래지덕은 「서괘전」이 바로 상종相綜 관계를 표현하고 있다고 주장하였다. 「서괘전」에 이러한 말이 있다.

> 천지가 있고 그런 뒤에 만물이 생겨난다. 천지의 사이를 가득 채우고 있는 것은 오직 만물이다. 그러므로 준屯으로 그것을 받았다. 준이란 가득 참이다. 준이란 만물이 처음 생겨남이다. 사물이 생겨나면 반드시 어리숙하다. 그러므로 몽蒙으로 그것을 받았다. 몽蒙이란 어리숙함이다. 품물이 아직 어림을 말한다. 품물이 어리면 양육하지 않으면 안 되므로 수需로 그것을 받았다. 수需란 음식의 도道이다. 음식에는 대대로 소송 분쟁이 있다. 그러므로 송訟으로 그것을 받았다.[42]

여기서 준괘와 몽괘, 수괘와 송괘는 모두 둘씩둘씩 상종하고 있다.

그 밖에 래지덕은 효변설을 주장하였다. 효변에 대하여 「역경자의」는 이렇게 설명하였다. "변變이란 양이 음으로 변하고 음이 양으로 변함이다." "효가 한 번 동하면 변한다." 즉 효변이란 효가 양에서 음으로 변하거나 음에서 양으로 변함이다. 한 괘에서 하나의 효가 변화를 일으키게 되면 전체 괘의 괘명·괘상·착종 관계 등에 모두 변화가 있게 된다. 래지덕은 「복희팔괘방위도」의 차시인 건1·태2·리3·진4·손5·감6·간7·곤8에 근거하여, 64괘의 효변을 8개의 조로 나누어, 팔괘가 64괘로 변하는 과정을 효변으로 표시하였다. 이를테면 태괘兌卦의 효변은 다음과 같다.

태兌 ☱	변함
곤困 ䷮	초효가 변함
췌萃 ䷬	2효가 변함
함咸 ䷩	3효가 변함
건蹇 ䷦	4효가 변함
겸謙 ䷎	5효가 변함
소과小過 ䷽	다시 돌아가 4효가 변함
귀매歸妹 ䷵	본괘로 돌아감

태괘☱의 초효가 효변을 일으켜 하괘 태兌☱가 감坎☵으로 변한다. 그로써 곤괘困卦䷮가 생성된다. 2효가 효변을 일으켜 하괘 감坎이 곤坤☷으로 변한다. 그로써 췌괘萃卦䷬가 생성된다. 3효가 효변을 일으켜 하괘 곤坤이 간艮☶으로 변한다. 그로써 함괘咸卦䷩가 생성된다. 4효가 효변을 일으켜 상괘 태兌☱가 감坎☵으로 변한다. 그로써 건괘蹇卦䷦가 생성된다. 5효가 효변을 일으켜 상괘 감坎이 곤坤으로 변한다. 그로써 겸괘謙卦䷎가 생성된다. 다시 물러나 4효로 돌아가 효변을 일으켜 상괘 곤坤이 진震☳으로 변한다. 그로써 소과小過䷽가 생성된다. 하괘 간艮은 태兌와 상착하므로 세 효가 모두 변하여 하괘가 본괘인 태兌로 복귀한다. 그밖에 건1·리3·진4·손5·감6·간7·곤8 등 일곱 괘의 효변 법칙도 이와 같다. 이처럼 팔괘의 효변이 64괘를 생성하는 과정은 팔괘가 "인하여 중첩하여" 64괘를 생성하는 과정과 다르다. 이것이 래지덕의 독특한 해석이다.

착종설과 효변설을 괘효사의 해설에 구체적으로 운용하면서 래지덕은 착괘의 상, 종괘의 상, 효변의 상이라는 역 해석법을 안출해 내었다. 래지덕은 상착하는 괘는 그 취상이 통할 수 있으므로 그것을 가지고 상호간의 괘효사를 해석할 수 있다고 주장하였다. 이를테면 리괘履卦☰는 상건하 태上乾下兌로, 괘사에 "호랑이 꼬리를 밟아도 사람을 물지 않으니 형통하다"(履虎尾, 不咥人, 亨)고 히었는데, 래지덕은 그것을 두고 다음과 같이 해설하였다.

> 리履란 발로 밟는다는 뜻이다. 중효中爻의 손巽☴은 진震☳과 상착하는데, 진震은 발(足)로 밟음(履)의 상이 있다. 바로 위로부터 아래로 밟아 나가는 것이다. 질咥이란 씹는 것이다. 하괘 태兌☱는 간艮☶과 상착하는데 간艮은 호랑이로 호랑이의 상이다.…… 꼬리(尾)라 한 것은 하괘가 호랑이인 간艮과 상착하고, 밟는 것이 아래에 있으므로 꼬리라 한 것이다.…… 태兌는 입(口)으로, 곧 벙긋벙긋 기뻐하는 형체(悅體)이다. 또 중효는 손순巽順이다. 호랑이 입이 벙긋벙긋 기뻐하고 손순하여 맹렬하지 않으므로 사람을 물지 않는다고 한다.[43]

이 해석에서 래지덕은 여러 가지 착괘의 상을 이용하였다. 먼저 '호체설'(래지덕이 말하는 '중효설')로 리괘의 3효에서 5효까지 호체하여 손巽을 구성하는데, 이 때 손巽은 진震과 상착한다. 진震은 「설괘전」·『좌전』·『국어』 등에 의거하여 발(足)의 상이 있으며, 손巽은 진震과 상착하므로, "발로 밟는다"고 하였다. 하괘 태兌는 간艮과 상착하고, 간艮은 호랑이이므로 태兌에 호랑이의 상이 있다. 호랑이 꼬리를 거론한 것은 하괘가 호랑이인 간괘와 상착하고, 밟는 것이 아래에 있기 때문이다. 태兌는 입이고 태괘의 성질은 기쁨이며, 호체인 손巽의 성질은 유순함이다. 태兌가 호랑이(즉 艮)와 상착하고 호랑이 입이 벙긋벙긋 기뻐함을 표시하며, 손괘의 성질은 맹렬하지 않고 유순하다. 그래서 리괘履卦의 괘사에 "사람을 물지 않는다"고 한 것이다.

또 혁괘革卦☲의 구5 효사에 "대인은 호랑이 무늬가 변하듯이 선명하게 변하니, 점치지 않아도 천하가 믿어 준다"(大人虎變, 未占有孚)는 말이 있다. 래지덕은 "태兌가 간艮과 상착하고 간艮은 호랑이로, 호랑이의 상이다"라고 주석하였다. 상괘 태兌가 간艮과 상착하는데 간艮은 호랑이이다. 태兌에 호랑이의 상이 있으므로 효사에서 "대인은 호랑이 무늬가 변하듯이 선명하게 변한다"고 하였다는 것이다.

래지덕은 상종相綜의 괘도 그 상이 통할 수 있다고 보았다. 이를테면 손괘損卦☶☱와 익괘益卦☴☳는 상종한다. 즉 손괘의 육5효가 전도되면 바로 익괘의 육2효이다. 그래서 손괘의 육5 효사에 "천하 사람이 기약하지도 않고 모두 보탬을 주니, 값 나가는 거북으로 점을 친다 해도 어긋날 수가 없다. 크게 길하다"(或益之, 十朋之龜, 不克違. 元吉)고 하였고, 익괘의 육2 효사는 "천하 사람이 기약하지도 않고 모두 보탬을 주니, 값 나가는 거북으로 점을 친다 해도 어긋날 수가 없다. 영구히 올바른 도리를 고수하면 길하다. 군왕이 만일 이 육2와 같은 성실한 마음을 가지고 천제天帝를 제사 지낸다면 길하다"(或益之, 十朋之龜, 不克違. 永貞吉. 王用享于帝, 吉)고 하였다. 이처럼 손괘 육5 효사와 익괘 육2 효사의 상이 모두 '값 나가는 거북'(十朋之龜)이다.

또 쾌괘夬卦☱☰와 구괘姤卦☰☴가 상종하여, 쾌괘의 구4가 바로 구괘의 구3이다. 쾌괘 구4의 효사는 "엉덩이에 살이 없어서 나아가는 것이 멈칫멈칫하다. 양의 무리를 이끌듯이 다른 양효의 군자들을 함께 이끈다면 후회가 없을 것이다. 그러나 좋은 말을 듣고도 신용하지 않는다"(臀无膚, 其行次且. 牽羊悔亡. 聞言不信)이다. 구괘 구3의 효사는 "엉덩이에 살이 없어서 나아가는 것이 멈칫멈칫하다. 위험하지만 큰 재앙은 없다"(臀无膚, 其行次且. 厲无大咎)이다. 그 둘의 상은 모두 '엉덩이에 살이 없음'(臀无膚)이다.

래지덕은 쾌괘 구4 효사의 "양의 무리를 이끌다"(牽羊)를 두고 이렇게 해석하였다.

태兌☱는 양羊이니, 양의 상이다. 양을 끈다는 것은 세 양을 연이어 끌어서 같이 나아가게 함이다. 태와 상종하는 손巽☴은 새끼줄(繩)이므로,

연이어 끄는 상이다. 대장괘大壯卦䷡ 육5에서는 건양乾陽이 아래에 있어 "양을 잃는다"(喪羊)고 하였는데, 그것과 대조하면 여기서의 '견양'은 그 세 양을 끌고 가는 것임을 알 수 있다.[44]

쾌괘는 상태하건上兌下乾인데, 「설괘전」에 따르면 태兌는 양羊이다. 태兌와 손巽은 상종하는 괘이고, 「설괘전」에 따르면 손巽은 새끼줄이 곧음(繩直)이다. 그래서 태兌에 끌고 간다는 상이 있다. 또 대장괘大壯卦 육5 효사에 "비탈밭에서 양을 잃지만 후회가 없다"(喪羊于易, 无悔)고 하였다. 래지덕은 양羊이란 육5 이하의 건양乾陽을 가리킨다고 보았다. 그래서 이 쾌괘에서 양을 끈다고 한 것은 태兌의 세 건양乾陽을 끄는 것을 가리킨다고 보았다. 이러한 해석은 바로 상종괘의 상을 가지고 효사를 해석하는 데 이용한 것이다.

래지덕은 또한 효변의 상을 이용하여 괘효사를 해석하였다. 이를테면 귀매괘歸妹卦䷵ 구4의 효사는 "누이를 시집 보내는 데 기일을 어그리뜨린다. 하지만 시집 갈 때까지 가만히 기다리면 적당한 시기가 온다"(歸妹愆期. 遲歸有時)이다. 래지덕은 다음처럼 해석하였다.

> 상을 가지고 논한다면 중효中爻의 삼월리일坎月離日은 기약함의 상이다. 구4가 일변하면 순곤純坤이 되어 일월이 드러나지 않는다. 그러므로 기일을 어그러뜨린다고 하였다.[45]

귀매괘는 상진하태上震下兌인데, 3효에서 5효의 호체는 감坎이고, 2효에서 4효의 호체는 리離이다. 「설괘전」에 따르면 감坎은 달(月)이고 리離는 해(日)이다. 일월은 기대期待의 상이다. 제4효가 한 번 변하면 상괘의 진震이 곤坤으로 되어, 3효에서 5효까지의 호체 감坎이 달이고 2효에서 4효까지의 호체 리離가 해였던 상이 다 없어지게 된다. 해도 없고 달도 없게 되므로, 기일을 어그러뜨린다고 하였다.

또 예를 들어 점괘漸卦䷴는 그 구3의 효사가 "큰 기러기가 강기슭에서 점차 나아가 육지에 올랐으니, 저 구3이 앞으로 나아가 되돌아오지 않는다. 부인이 잉태를 해도 자식이 잘 자라지 않으므로 흉하다. 구3이 강직함을 지켜 육4를 방어하여 퇴치하는 것이 이롭다"(鴻漸于陸, 夫征不復. 婦孕不育, 凶. 利禦寇)이다. 래지덕은 다음과 같이 주석하였다.

> 이 효는 곤坤으로 변하는데, 곤은 뭍(陸)의 상이다. 부夫는 3효를 가리킨다. 간艮은 소남少男이고 또 양효이다. 그래서 지아비라 일컫는다. 부인은 4효를 가리킨다. 손巽은 장녀이고 또 음효이다. 그래서 부인이라 일컫는다.…… 부인이 잉태한 것은 이 4효가 감坎과 합하기 때문이다. 감坎은 가운데가 충만하므로 잉태의 상이다.…… 효변을 가지고 논한다면 3이 변하면 양陽이 죽고 곤坤을 이루어 지아비의 지위를 떠나 끊어 버리게 된다. 그래서 지아비가 나가서 돌아오지 않는 상이 있다. 이미 곤坤이 되었으므로 감坎의 속이 충만함도 볼 수가 없다. 그러므로 임부가 양육하지 못하는 상이 있다.[46]

점괘漸卦는 상손하간上巽下艮인데, 육3이 효변하면 하간下艮이 곤坤으로 된다. 곤坤은 땅이니 뭍의 상이 있다. 그래서 "큰 기러기가 강기슭에서 점차 나아가 육지에 오른다"고 하였다. 하괘 간艮은 소남少男인데다가 구3이 양효이다. 그래서 지아비라 칭한다. 상괘 손巽은 소녀인데다가 육4가 음효이다. 그래서 부인이라 칭한다. 2효에서 4효까지의 호체는 감坎으로, 감은 가운데가 충만하다. 따라서 잉태의 상이 있다. 그래서 임부姙婦라고 말한다. 제3효가 효변을 일으켜 구3이 변하여 육3으로 되면, 하괘의 소남少男 간艮이 변하여 곤坤으로 되고, 따라서 지아비의 상이 소실된다. 그래서 "지아비가 나가서 돌아오지 않는다"고 말한다. 3효가 양에서 음으로 변하므로, 2효에서 4효까지의 호체인 감坎의, 속이 가득 찬 상도 소실된다. 그래서 "부인이 임신해도 자식을 기르지 못한다"고 말한다.

래지덕의 착괘상·종괘상·효변상은 본래 『주역』 64괘의 복잡한 관계로부터 귀납 분석하여 얻어 낸 것으로, 64괘의 배열 순서와 그 괘체 사이의 변화 관계를 엿볼 수 있게 했다는 의의가 없지 않다. 그 연구의 정밀도는 한대인이나 송대인이 다시 나더라도 따라가지 못하리라 자탄할 정도이다. 그래서 당시에는 '절학絕學'이라 추존되었다. 그러나 이렇게 복잡한 착종 관계와 효변 관계는 대부분 래지덕이 『주역』 괘체의 배열을 두고 새롭게 발휘한 것이지 『주역』 자체에 고유한 것이 결코 아니다. 더구나 래지덕은 상착의 괘, 상종의 괘가 모두 상을 통할 수 있다고 보았는데, 이것은 우연적인 것을 필연적인 사실로 간주한 것일 뿐이고 이렇다 할 이치와 근거가 전혀 없다. 또 효변의 상은 너무도 자의적이다. 이러한 방법들을 가지고 괘효사를 해석하는 일은 천착부회에 흐르고 말 뿐이다. 이를테면 리괘履卦를 해석하면서 괘사에 '호虎'자가 있다고 하여 괘상에서 억지로 호랑이의 상을 끄집어 내었는데, 본래에 호랑이의 상이 없자 착괘를 가지고서 호랑이의 상을 끄집어 내었다. "태兌는 간艮과 상착하는데 간艮은 호랑이로, 호랑이의 상이다"고 하고는 다시 "태兌는 입으로, 곧 벙긋벙긋 기뻐하는 형체이다"느니 "호랑이 입이 벙긋벙긋 기뻐한다"느니 "그러므로 사람을 물지 않는다"느니 하였다.

태괘兌卦는 간괘艮卦와 상착하므로 태괘에 간괘의 상이 있다. 감괘坎卦는 리괘離卦와 상착하므로 감괘에 리괘의 상이 있다. 진괘震卦는 손괘巽卦와 상착하므로 진괘에 손괘의 상이 있다. 건괘乾卦는 곤괘坤卦와 상착하므로 건괘에 곤괘의 상이 있다. 래지덕의 해석은 이런 식이다. 이렇게 하여 팔괘의 상이 4괘의 상으로 변성되었다. 거기다가 종괘綜卦를 가하였다. 진괘震卦는 간괘艮卦와 상종하여 진괘에 간괘의 상이 있다. 태괘兌卦는 손괘巽卦와 상종하므로 태괘에 손괘의 상이 있게 된다. 이렇게 하면 결국 서로 통할 수 없는 두 조합의 상이 남게 된다. 하나는 건곤乾坤이고 다른 하나는 진간감리태손震艮坎離兌巽이다. 즉 팔괘의 상이 2괘의 상으로 변성되었다. 또 거기다가 효변의 상이 가해지고 괘정卦情[44]의 상, 괘획卦劃의 상, 대상大象의 상, 중효中爻의 상까지 가해진다. 이렇게 하면 통하지 않는 것이 없게 되어 일정한 기준이 없어져 버린다. 청대의 위추魏樞는 『동역문東易問』에서 다음과 같이 말하였다.

---

[44] 卦情이란 본래는 卦德, 卦性으로 易卦의 기본 성질, 品德, 功用을 말한다. 그런데 來知德은 上卦를 情이라 하고, 下卦를 性이라 하였다.

건乾은 본래 지극히 굳건함이다. 그런데 착錯으로 말하면 가히 지순하다고도 말할 수 있다. 초효가 변하여 손巽이 되면 들어감(入)이고, 착錯으로 말하면 또 움직임(動)이라고도 할 수 있고, 종綜으로 말하면 또 기뻐함(說)이라고도 할 수 있다. 2효가 변하여 리離가 되면 밝음(明)이고, 착錯으로 말하면 함몰(陷)이라고도 할 수 있다. 중효인 손巽은 들어감(入)이라고 할 수 있고, 착錯으로 말하면 움직임이라고도 할 수 있으며, 종綜으로 말하면 기뻐함이라고도 할 수 있다. 이러한 식으로 3효·4효·5효·상효까지 미루어 나가 모두 그러하지 않은 것이 없으니, 상象하지 않을 바가 어디 있겠는가? 그러니 초효가 아래에 있으면서 변하여 손巽이 되어 잠복하였다가 착錯하여 진震이 되어 조급히 움직이는 자를 장차 무슨 상象으로 응할 것인가? 2효가 밭에 있으면서(在田) 변하여 리離가 되어 드러나고 착錯하여 감坎이 되어 숨어 엎디어 있는 자를 가지고, 장차 무슨 상象으로 응할 것인가?[47]

위추는 래지덕의 주가 황당하고 잘못되었음을 따끔하게 지적해 내었다. 첫째는 래지덕의 설대로라면 상象하지 못할 것이 뭐가 있겠느냐는 비판이다. 둘째는 상호 모순이 있다는 비판이다. 이를테면 건괘 초효의 효변을 말하여 하괘가 손순巽順으로 된다면, 이것은 "숨어 있는 용은 행사를 하지 말아야 한다"(潛龍勿用)는 이야기에 맞는다. 하지만 손巽은 진震과 상착하고, 진震은 조급히 움직임이다. 그렇다면 어떻게 자신의 설을 원만히 할 수 있겠는가? 구2는 "나타난 용이 밭에 있다"(見龍在田)인데, 양효가 음효로 변하면 하괘는 건에서 리離로 변하게 되고, 리離는 해(日)이므로 '나타난다'고 하였다 치자. 그런데 리離는 감坎과 상착하고 감은 함몰로서 숨어 엎딘다는 뜻이다. 그렇다면 '나타남'과 서로 충돌하지 않는가? 위추의 이 논박은 확실히 래지덕으로서는 답변할 수 없는 통렬한 것이다.

래지덕의 『주역집주』는 상수역에서 일가를 이루어 뒷사람들에게 아주 커다란 영향을 끼쳤다. 명대 이개선李開先의 『주역변의周易辨疑』, 청대 오융원吳隆元의 『역궁易宮』, 주여일朱如日의 『대역리수관찰大易理數觀察』, 광문욱匡文昱의 『주역준익약편周易遵翼約編』, 당수성唐守誠의 『주역신해周易新解』, 진본감陳本淦의 『역예거우易藝擧隅』, 장보건張步騫의 『역해경전증易

解經傳證』, 상영청相永淸의 『역경지장易經指掌』, 장은위張恩霨의 『산정래씨 역주상수도설刪訂來氏易注象數圖說』, 장여악張汝諤의 『주역집의周易集義』 등은 모두 래씨학에 근본하고 있다. 청대 교래喬萊의 『교씨역사喬氏易俟』, 진몽뢰陳夢雷의 『주역천술周易淺述』, 능거성凌去盛의 『역관易觀』, 반상潘相 의 『주역존익周易尊翼』, 심지어 초순焦循의 상착설相錯說도 모두 래씨학의 흔적을 남기고 있다.

2. 황도주

황도주黃道周(1585~1646)의 자는 유평幼平(幼元이라고도 함)으로, 장포漳浦(지금의 복건성 장포현) 사람이다. 학자는 그를 석재 선생石齋先生이라 불렀다. 시호는 충렬忠烈로, 명말의 저명한 유학 대사大師이다. 나이 25세에 『역본상易本象』 8권을 저술하여 천인지제天人之際*45)를 밝히고자 시도하였으며, 이로부터 상수학에 대한 연구와 저술을 시작하였다. 숭정 13년 (1640)에 형부刑部의 서고옥西庫獄에 있으면서 『역상정易象正』을 편찬하기 시작하여 『이십사도二十四圖』를 이루었다. 다시 북사北寺의 감옥으로 압송된 뒤, 또 『육십사상정六十四象正』을 이루었다.

『육십사상정』의 권수卷首와 목차 및 「범례」 1권은 한대인의 분효직일 법分爻直日法*46)으로 문왕의 괘서를 고찰하고 역대의 치란을 추산한다고 하였다. 본문은 16권인데, 첫 2권은 「대상십이도大象十二圖」와 「역년십 이도歷年十二圖」이다. 「대상십이도」는 「대상전」에 근본하였고 「역년십이 도」는 소옹의 「황극경세도」에 근본하면서 도圖마다 모두 서설을 두어 도 상圖象을 발명하여, 『상정』의 본시本始로 삼았다. 중간의 12권이 『상정象 正』이다. 이 『상정』은 64괘 각 6효의 변상變象을 논하여 휴구休咎(길흉) 를 추산하고 『춘추』·『좌전』·『국어』에 흩어져 나타나는 옛 점법을 발명 하였다. 뒤의 2권은 「하도」·「낙서」의 수를 서로 곱하고 제하여 35도식

---

*45) 天人之際란 인간이 우주 변화의 법칙에 적응함을 말한다. 『주역』은 제일 먼저 三才合一의 사 상을 제출한 바 있는데, 그 문제를 궁구하는 天人之學은 중국 전통 문화의 기초이자 전통 학술 사상의 근원이기도 하다.

*46) 分爻直日法이란 卦氣六日七分法을 말한다.

을 만들었다. 그 「시두차도詩斗差圖」·「시두차퇴한도詩斗差退限圖」·「시원명도詩元命圖」·「춘추원명도春秋元命圖」는 한대 위서緯書의 4시 5제설四時五際說에 근본하여 별도로 부연해서 추산법을 만들었다. 「범례」는 그 책의 대지大旨를 이렇게 말하였다.

> 무릇 『역』은 『춘추』·『좌전』·『국어』부터 양한의 유명한 유학자에 이르기까지 모두 다 동효動爻를 두고서 논하였다. 그런데 우번과 왕필 이하로는 본괘에서 정위냐 응하느냐의 설을 두고 서로 낫다고 다투어 음양강유만을 논하고 7·8·9·6의 수는 구분하지 못하였다. 비록 『역』에 양강과 음유가 잡거하기는 하지만, 괘에는 효가 동하여 점을 완상할 수 있는 이치가 있다. 따라서 『상정』은 동효에 의거하여 밝힌다.[48]

그래서 이 책은 『좌전』과 『국어』에 보존된 옛 점법에 관하여, 각 괘의 6효마다 지괘之卦를 이용하여 그 상변을 보았고, 이것을 가지고 『주역』의 괘효사를 해설하였다.

『역상정』 이전에 황도주는 또 『삼역동기三易洞璣』 16권을 편찬하였다. 이 책은 낮에는 산가지를 펼쳐 보고 밤에는 별의 분야를 관측하는 실제의 점산과 관측을 거쳐서 이루어진 것으로, 천문·역수曆數·수학 등 자연 과학의 지식을 모두 역학에 도입하였다. 그가 말하는 '삼역'이란 복희의 역, 문왕의 역, 공자의 역이다. '동기洞璣'란 본래 천상天象을 관측하던 옛 의기儀器이다. 황도주가 이 말을 책의 제목으로 이용한 것은, 『역』을 가지고 하늘을 관측하여 조금도 어그러지지 않는다는 뜻을 담고자 해서였다. 이 책의 제1권부터 제3권까지는 복희경위伏羲經緯 상중하이다. 즉 진단과 소옹이 말한 「선천도」이다. 제4권에서 제6권까지는 문도경위文圖經緯 상중하이다. 즉 『주역』 상하 경의 차서를 풀이하였다. 제7권에서 제9권까지는 공도경위孔圖經緯 상중하이다. 「설괘전」의 '제출호진帝出乎震' 단락이 가리키는 6위를 풀이하였다. 제10권에서 제12권까지는 잡도경위雜圖經緯 상중하이다. 여기서는 「잡괘전」의 의리를 지적하였다. 제13권은 여도총위餘圖總緯이다. 이것은 『주례』 「태복太卜」부터 점몽占夢의 16몽,

'시침眂祲'의 10휘輝,*47) 후세의 기문태을술奇門太乙術*48)에 이르기까지를 내용으로 하고 있다. 제14권에서 제16권까지는 정도경위貞圖經緯 상중하이다. 그 내용은 잡도雜圖와 유사하다. 이 책에서 황도주는 다음처럼 말하였다.

> 공부자 말씀이 "글은 말을 다 드러내지 못하고 말은 뜻을 다 드러내지 못한다"고 하셨다. 무릇 『역』의 언어 문자는 겨우 언사를 꾸며 즐기기 위한 일단일 뿐이다. 그러므로 초공·경방·관로·곽박은 유미한 뜻을 발명하여 헤아려 맞추었으되, 징험도 일시一時에 불과하며 산가지를 뽑아 손가락에 끼움도 수책數策에 불과하다. 성인께서 언어 문자를 천착하지도 않고 높이 받들지도 않은 이유는 아주 명백하다. 징험과 수책의 이 두 조목을 버린다면, 공부자께서 말씀하신 "삼극이 나란히 세워지고, 궁하면 변한다는 사실이 극히 깊은 이치를 지니며, 천하의 변화를 범위로 하여 빠짐없이 만드는 공이 천지와 유사하다"는 것이 과연 무엇일 수 있겠는가? 대개 천지의 상수象數는 모두 품물에 구비되어 있어, 그 상수가 베풀어져 역력曆이 되고, 차서 매겨져 율律이 되며, 통괄되어 『역』이 된다. 그 도圖와 시蓍를 없애고 허虛와 실實을 구별하여 『춘추』와 『시』가 된다. 또한 맹자가 말한 '천 년 뒤의 일'이나 '오백 년 뒤에 왕이 일어남'을 가지고, 72의 수*49)가 서로 이어 돌아가는 역력曆이 된다.49)

이처럼 황도주의 『삼역동기』는 고금을 망라하고 천지인 삼재의 도를 그 속에 모두 포괄하려는 것이 목적이었다.

『역상정』과 『삼역동기』 둘은 황도주의 상수학을 대표하는 저서이다. 그는 '실측實測'으로 역을 연구할 것을 주장하였지만, 한편으로 경방·정현·소옹과 마찬가지로 『주역』의 괘상과 숫자에 의거하여 역대의 치란과

---

*47) 十煇란 태양의 광휘를 가지고 길흉을 판단하던 점법. 『周禮』「春官」'眂祲'에 다음 기록이 있다. "掌十煇之法, 觀妙祥, 辨吉凶, 一曰祲, 二曰象, 三曰鑴, 四曰監, 五曰闇, 六曰瞢, 漆曰彌, 八曰敍, 九曰隮, 十曰想."

*48) 奇門太乙術이란 遁甲術로서 十干 가운데 乙丙丁을 三奇라고 하여 奇門이라 칭한다.

*49) 七十二數는 천지 음양 오행의 成數를 말한다.

사회 윤리의 관계를 추산해 내려고 시도하였다. 그래서 때때로 기상磯祥으로 흐르고 잡박함에 빠져 신비주의로 나아가, 명청 시대 도서 상수학의 주장主將 가운데 한 사람이 되었다.

황도주의 역학은 명말 이후의 역학가에게 자못 큰 영향을 끼쳤다. 기록에 따르면 황도주가 서고西庫 감옥에 있을 때 채 탈고하지 못한『역상정』의 일부를 방공소方孔炤가 거두어 감추었다고 한다. 그래서『사고전서총목제요』는 방공소의『주역시론周易時論』에 대하여 "상수를 강론함이 극히 깊고 아득하여, 당시의 황도주나 동열董說 등과 유사하다"고 하였다. 전징지錢澄之는 일찍이 황도주에게『역』을 물어 공부한 일이 있는데, 전징지의『전간역학田間易學』*50)은 대개 황도주의 끄트머리라고 할 수 있다. 청의 손종이孫宗彝의『역종집주易宗集注』도 황도주의 역학에 뿌리를 두고 있다.

3. 방이지

명말 청초에 안휘성安徽省 동성桐城에 방이지方以智로 대표되는 방씨方氏 역학파가 형성되었다. 방이지(1611~1671)의 자는 밀지密之, 호는 만공曼公이다. 만년에 승려가 되어 무가无可라 호하고, 또 우자愚者·약지藥地·묵력墨曆·목립木立·홍지弘智라고 칭하였다. 명청 교체기의 탁월한 사상가이자 과학자이다. 그는 4대째『역』을 전한 집안에서 태어났다. 증조 방학점方學漸(자는 達卿)은『역려易蠡』를 저술하였고, 조부 방대진方大鎮(자는 君靜)은『역의易意』를 저술하였으며, 부친 방공소方孔炤(자는 潛夫)는『주역시론周易時論』을 저술하였다. 방이지 자신은『역여易餘』,『주역시론도상기표周易時論圖象幾表』,『학역강종學易綱宗』,『동서균東西均』,『양부중연陽符中衍』,『역주易籌』를 저술하였다. 방이지의 아들 방중덕方中德·방중통方中通·방중리方中履는 나란히 부친의 학업을 전하였다. 그 밖에 방이지의 외조부 오관아吳觀我는 남들이 종일공宗一公이라 불렀는데, 이 사람은 역학에만 능하였던 것이 아니라 불교 이치에도 깊어서, 즉 '서건西乾에

---

*50)『田間易學』은 12권으로 淸康熙間刊本, 黃登賢家藏書, 桐城刊本, 斟雉堂藏本이 있다.

정통하여' 『종일성론宗一聖論』, 『삼일재고三一齋稿』, 『학역전집學易全集』 등을 저술하였다. 방이지의 선생 왕선王宣도 「하도」·「낙서」의 학에 능한 학자로, 저서에 『풍희역소風姬易溯』가 있다.

방학점의 『역려』와 방대진의 『역의』 두 책은 지금 볼 수 없으나, 그 두 책은 『주역시론합편周易時論合編』 중에 적잖이 편입되어 있다. 『주역시론합편』의 '려왈蠡曰'과 '의왈意曰'은 곧 이 『역려』와 『역의』에서 따온 인용문이다. 그 내용으로 보아 두 책은 의리로 『역』을 해석하는 범주를 벗어나지 않았고, 상수학의 흔적은 적다. 그리고 방이지의 외조부 오관아의 『학역전집』은 그 종지가 방대진의 『역의』에 가깝다. 방이지의 『슬우신필膝寓信筆』에 "외조부 오관아 궁유宮諭께서는 서건西乾에 정통하셔서 정위공廷尉公(방대진)과 함께 스무 해를 변증하셨는데, 나는 그 깊은 곳에 들어가 본 일이 없어 감히 분석하지를 못하겠다"고 하였다. 방대진과 오관아가 스무 해나 함께 변증을 하였다는 사실은 그 두 사람의 학술 경향이 같았음을 입증하기에 충분하다. 그러나 방공소의 『주역시론』을 기점으로 해서 방씨 역학은 의리학에서 상수학으로 전향하게 되었다. 『주역시론합편』 「도상기표」 권8의 '극수개極數槪' 항목에서 방공소는 이렇게 말하였다.

> 황석재黃石齋(황도주)가 말하길 "학자는 걸핏하면 상수를 천시하므로 천도가 드러나지 않는다.…… 역률曆律과 상수象數는 성인께서 양강과 음유를 따지고 손익損益 개동改動을 하신 도구이다"라고 하였다. 나도 서고西庫(즉 황도주)와 마찬가지로 역률과 상수를 믿어서 소옹의 학으로 돌아왔으나 그에 미치지 못할까 염려되니, 자손들에게 이것을 공부하라고 명한다.

방이지는 『주역시론』 뒤의 발문에서 이렇게 적었다.

> 집안 어른(방공소를 말함)께서…… 초楚를 진무하면서 곡성谷城을 소탕할 것을 의론한 것이 초나라 재상(督師 楊嗣昌을 말함)의 비위를 거슬려

서 체포되었다. 이 때 석재石齋 선생도 역시 장형杖刑에 처해져 심리를 받고는 함께 백운고白雲庫에 갇히게 되었다. 1년 8개월을 지내는 사이에 두 선생이 서로 뜻이 맞아 조석으로 『역』을 강론하지 않는 날이 없었다.

방공소는 황도주와 함께 옥살이를 한 인연 때문에 황도주의 영향을 받았다. 스스로 말하길 "집안 3대에 걸쳐 『역』을 전석銓釋하였지만 그 이치를 다 궁구하지 못하다가, 선생(황도주를 말함)이 저술한 자그만 종이쪽만 보고도 문득 탄식하여 마지않으며 '내가 비록 이 분에게 미치지는 못하나 어찌 저녁에 죽을까 두려워하여 아침에 들은 일을 실추시키겠는가'라고 하였다"고 한다. 그래서 방공소는 자신만 황도주를 믿어 소옹의 학에 돌아가 상수학의 길로 나아간 것이 아니라, 자손까지 소옹의 상수학을 공부하라 명령하였다. 이렇게 하여 방이지는 황도주의 상수역학 사상을 접수하게 된 것이다.

방이지의 업사業師(스승)인 왕선王宣(자는 化卿)도 방이지에게 깊은 영향을 끼쳤다. 방이지는 「허주선생전虛舟先生傳」에서 "나는 열일곱, 여덟 살에 선생(왕선)의 여러 강론을 들었는데, 천 년 밖을 멀리 바라보면서 간간 사람을 이끌어 도를 깨우치게 하였으며, 깊은 뜻을 상수에서 증명하였다. 선생의 잡저雜著는 사물의 이치를 논한 것이 많다. 이 때 선생은 일흔의 나이였으되 더욱 「하도」·「낙서」와 양웅·경방·관로·소옹의 학에 깊이 들어가서 그 종지를 벗어나는 것이 없었다"고 하였다. 방이지는 또 『주역시론』「후발後跋」에서 "내가 어려서 「하도」·「낙서」를 왕허주(왕선) 선생에게서 수업하였다"고 말하였다. 그래서 방이지는 능히 상수과 역학의 큰 선생일 수 있었다. 따라서 "소옹과 채침을 효시로 하여 「하도」·「낙서」에 들어가는 부절을 징험하고, 멀리 서쪽으로 담자郯子[*51]를 빌려 오며 우禹와 주공周公이 쌓아 올린 법도를 신명申明하였다"고 말하는 것은 조금도 기괴한 일이 아니다.

[*51] 郯子는 춘추 때 郯國의 군주이다. 昭公 때 노나라에 朝聞 와서 少皞氏가 鳥의 이름을 官名에 붙인 이유에 대해 叔孫昭子와 토론하였다. 공자가 그를 사사하였다. 『左傳』에 기록이 있다.

황종희는 『사구록思舊錄』(『黃宗義全集』, 제 1 책)에서, 방이지가 「하도」·「낙서」를 논하여 새로운 의미를 창출하였다고 평가하였다. 방이지의 상수역학이 참신하다고 한 것은 어떤 면을 두고 한 말인가? 그것은 바로 방이지가 상수론을 '유사한 류이되 말류에 흐른 하찮은 방술'과 경계를 그었을 뿐만 아니라 '지리하게 억지로 끌어 붙여 참모습을 캐내지 못하는' 천착의 설을 비판하면서, 그와 동시에 경방과 소옹의 역학을 절충하고 지양한 바가 있기 때문이다. 방이지는 『동서균』「상수象數」에서 "상수란 정인正因과 공인公因의 표시"라고 하였다.

정인正因이란 '리理'이고, 공인公因이란 '심心'이다. 혹은 각각 태극과 자연이라고도 한다. 방이지의 시각에서 보면 태극과 자연, 리와 심은 하나는 형이상의 것이고 하나는 형이하의 것이지만 실제로 그것들은 모두 한 계열의 범주였다. 따라서 정인이 곧 공인이었다. 그런데 상수의 실질은 본체인 심·리·자연·태극이 외화外化한 것이므로 상수와 이 범주들 사이에는 현상과 본질의 관계가 있다. 상수의 존재 방식에 대해 방이지는 "상수는 유무有無가 교륜交輪하는 기틀(幾)을 바로하여 무언無言에 우탁한 것이다"라고 하였다. 교交란 둘이 합하여 하나가 되는 것이고, 륜輪은 대립자가 수미를 서로 물고 이어지는 연결과 전화轉化이다. 기幾는 모순하는 두 대립자 및 그 상호 전화의 계기契機·단조端兆로 혹은 사물 운동의 근본 원인이라고 한다. 그러므로 상수는 또한 모순 운동이 전화하는 이치가 외재적으로 표현된 것이다.

상수가 객관 세계를 반영하는 방식에 대해 방이지는 『물리소지物理小識』「천상원리天象原理」에서 "무릇 기氣는 진상眞象이고 사事는 진수眞數로, 인간을 하늘에 부합하게 하니 진리가 찬연히 내 눈앞에 있지 아니한가!"[50]라고 하였다. 『동서균』「상수」에서는 "기氣가 발하여 성聲이 되고 형形이 우탁하여 문文이 된다. 상象이 있으면 곧 수數가 있으며 수數가 있으면 기록할 수 있다"[51]고 하였다. 그러므로 객관 세계는 상수를 이용하여 반영할 수가 있다는 것이다. "다시 말해 상수를 파악하는 인간이 있어 천지가 있기 이전의 공심公心의 이치를 알 수가 있다. 따라서 천지간의 상수가 다 마음이요, 마음 밖이 다 마음 안이다."[52] 즉 상수는 인심人心에 이입되는 객관인 것이다. 그래서 "성인은 상수에 인하여 『역』을 만들었다. 일진日辰을 적산하여 세歲를 만들고, 효爻를 적산하여 상象을 만들며, 상에 인하여 수를 세우고, 수數에 인하여 괘卦를 밝혔다. 혼돈混沌의 앞에 먼저 도서圖書 상수象數가 있었으니, 성인은 바로 그 도서 상수를 베껴 낸 객客일 따름이다"[53]라고 하였다.

이에 방이지는 다음 두 가지 경향을 비판하였다. "세상에는 상수에 구애되어 통通을 모르는 자가 있는데 참으로 고루하도다. 한편 오로지 역리만을 말하여 상수를 쓸어 버린 자가 있는데 역시 고루하도다." 전적으로 의리만을 말하고 상수를 배척하는 의리학이나, 전적으로 상수만을 말하고 의리를 말하지 않는 순수 상수학이나, 그 둘은 모두 편협하다고 보았던 것이다. 왜냐하면 "허虛는 곧 실實이고 실實은 곧 허虛이며, 하나는 곧 만萬이고 만萬은 곧 하나이기 때문이다."[54] "어찌 지극한 이치에 통하면서 상수에 통하지 않는 자가 있겠는가? 허리虛理를 고집하고 상수로 가지 않는 자는 무無를 힘쓰고 유有를 폐기하는 것이다."[55]

방이지는 상수의 리가 곧 리로서, 상수를 떠나서는 이른바 리란 없다고 강조하였다. "상에 인하여 수가 있고 수가 있으므로 기록하여 만 가지 리가 비로소 분석 종합될 수 있다. 그러므로 상수란 만 가지 이치를 쪼개어 보고 하나를 집어들 수 있게 하는 정밀한 방법이다."[56] 상수가 있으므로 각종 사리의 법칙성을 분석하고 종합할 수 있다는 말이다. 이러한 방이지의 논술은 상수와 의리 어느 한쪽에만 고집할 수 없다는 점에 유의한 견해로, 확실히 소옹과 채침의 역학과 비교하여 새 의미를 창조한 면이 있다. 하지만 방이지는 끝내 선천상수학先天象數學의 영향을 벗어나지 못하여, 그로부터 신비주의로 달려가고 말았다.

> 성인은 만물의 실정을 유별하고 그 수를 궁구하였으니……사물 하나하나마다 수를 매긴 것이 아니다. 오직 신명에 통하고 그 묘리를 얻었기에, 상수와 리가 하나로 딱 합하였다. 그런데도 기물을 제작하고 상을 높이 침에 있어 정밀하지 않음이 없고, 왕왕 작은 것 속에서 큰 것을 보되, 크다고 이름하지 않는다. 주비周髀를 헤아려서 표하고 형도衡度*[52]는 한

해의 주기에 합한다. 터럭같이 극히 미세한 것을 바다같이 광대한 속에 납입하니, 이로써 수가 실제에 우거한다. 『역』은 천지를 들써서 성명性命의 종宗이며, 시책蓍策에 가탁하여 기예로써 세상에 전한다. 유학자는 복서卜筮를 피하고 리理만을 전적으로 말하는데, 그 결과 『역』은 도리어 작아졌다. 그러니 어찌 천지의 바깥에 표준을 세우고 백성의 일용에 앞서서 드러내며, 말을 그다지 하지 않되 그로써 사람들에게 모범을 보여 인심을 보존케 하고자 성인께서 고심한 사실을 알 수 있겠는가?[57]

이것은 사실상 상象을 고집하고 리理를 덧붙인 것이다. 방이지는 복서를 통하여 작은 것 속에서 큰 것을 볼 수가 있다고 하였다. 즉 복서를 통하여 천지 성명의 이치를 구할 수 있다고 하였다. 그는 복서 『역』에 사용되는 상수의 의의를 지나치게 과장하여 "천지의 바깥에 표준을 세우고 백성의 일용에 앞서서 드러낸다"고 하였다. 그의 역학은 여기서 경방이나 소옹과 갈라지게 되었다.

방이지가 수數로 『역』을 풀이하는 방법은 여타의 상수학자와 전혀 다르다. 그는 1·2·3·4·5의 다섯 숫자를 이용하여 ○와 ∴의 철학 모형을 논증하였다. 1이 2중中과 교차하면 3이 된다. 3에 대해서도 역시 '중中'을 칭한다. 그래서 2가 3중中에서 선회하면 4(동서남북 사방)가 된다. 사방이 둥그런 속의 한가운데를 또 중5라 칭한다.

1이 2와 교차하는 상에 관해 방이지의 『역여』의 수 해석은 이러하다. "기수가 우수의 속을 관통하여 하나는 종縱이고 하나는 횡橫이다. 즉 극으로 곧고 허리춤을 빙 두른 상을 나타낸다. 즉 하나가 두 단端을 관통하는 이치를 표시한다."[58] 그 도상은 ╬이다. "기수와 우수의 둘은 가운데 마디에 3을 갈무리한다." 그 도상은 ⊞이다. 이 두 개의 도상에서 어두운 부분은 우수이고 밝은 부분은 기수이다. 전자의 도상은 두 개의 실實이 하나의 허虛를 갈무리하고 있음을 표시하고, 후자의 도상은 두 개의 실實이 하나의 허虛와 교차하고 있음을 표시한다. 갈무리하는 경우든 교차하는 경우든 일단 1과 2가 관계를 발생하면 제3자인 중中의 존재가

---

*52) 衡度는 고대의 천체 관측 용구인 長管의 衡으로 星宿를 헤아려 얻은 度數이다.

있게 됨을 알 수 있다. 이러한 상수의 상호 교차 관계를 가지고 모사해 낸 것이 ∴도상이다. 방이지는 이 도상을 '3인즉1三因卽一의 표법表法'이 라고 하였다.

'4가 선회하고 5를 중中으로 함'(旋四中五)은 그 도상이 ⊗이다. 때때 로 불교의 부호인 卍을 차용하여 표시하기도 하였다. 방이지는 "옛날에 는 5를 ×로 썼으니, 4가 교차하고 갈무리하며 선회하는 상"이라고 해석 하였다. 이른바 '4(동서남북)가 선회함'이란 바로 ∴의 꼭대기 점이 두 배 로 되어, 아래쪽 좌우 두 점을 상대로 반전하는 선회 운동을 함을 말한 다. 두 실實이 하나의 허虛를 갈무리하는 卍 도상으로 표시하자면 명기明奇 의 상단이 좌측으로 선회하여 암우暗偶의 좌단과 접하고, 다시 명기明奇 의 하단과 접한다. 한편 명기明奇의 하단은 우측으로 선회하여 암우暗偶의 우단과 접하고, 다시 명기明奇의 상단과 접한다. 도상을 가지고 표시하면 ✛에서 卍이 되고 卍에서 ⊗이 된다. 일단 선회하여 4가 되면, 바로 수 미首尾를 물고 접하여 혼연일체가 된다. 따라서 '4가 선회하면 4가 없다' (旋四無四)고 한다. 그 모사도는 ○이다.

선회하여 이루어지는 원주圓周의 중심은 4변邊을 상대로 말하자면 바 로 5이다. 이 중심 5가 4변으로 떨어지지 않음을 강조하면 곧 중中이요, 통괄하여 칭하면 중中5이다. 하지만 허虛는 실實로써 현현하니 중5는 4 변을 상대로 말하는 것이다. 4변이 존재하지 않으면 중5도 나타나지 않 는다. 그러므로 '중5는 5가 없다'(中五無五)고 하며, 그 모사도는 卍이다.

방이지는 『역여』「소인小引」에서 "구석구석이 모두 다 「하도」·「낙서」 요, 구석구석이 모두 다 ○∴卍인데, 너무도 익숙하다 보니 밝히 살피지 못할 따름이다"라고 하였다. 방이지는 ○∴卍을 세계 보편 존재의 모형 으로 보았던 것이다.

방이지는 다시 수數를 가지고 괘상卦象의 위位를 해석하였다. 『주역시 론합편』권1에서는 이렇게 말하였다.

5의 앞은 1·2·3·4요, 5의 뒤는 6·7·8·9로, 모두 각각 4상四象을 이룬 다. 어째서 앞으로 위位가 있고 뒤로 위位가 있는가? 대개 5가 가운데에 거처하여 태극을 상징하는데, 태극이 동動하여 양陽을 낳고 태극이 정靜하여 음陰을 낳음으로써 양의兩儀가 갖추어진다. 양의陽儀의 위에 처음 1기奇를 가하여 태양이 되고, 처음 1우偶를 가하여 소음이 된다. 다음으로 음의陰儀 위에 1기奇를 가하여 소양이 되고 1우를 가하여 태음이 된다. 이처럼 4상의 위위位는 1기·1우를 먼저 득하였는지 뒤에 득하였는지를 두고 말하는 것이다. 7과 9는 양인데 양은 나아감을 주관한다. 그래서 7에서 9로 나아간다. 9는 노양이고 7은 소양이다. 6과 8은 음인데 음은 물러남을 주관한다. 그래서 8에서 6으로 물러난다. 6은 노음이고 8은 소음이다. 7·8·9·6의 수는 1기·1우를 얼마나 많이 얻었는가를 두고 말하는 것이다. 또 1의 위위位는 태양인데, 여기에 연결된 것은 9이다. 2의 위위位는 소음인데, 여기에 연결된 것은 8이다. 3의 위위位는 소양少陽인데, 여기에 연결된 것은 7이다. 4의 위위位는 태음인데, 여기에 연결된 것은 6이다. 수數와 위위가 어찌 터럭만큼이라도 오차가 있겠는가?[59]

방이지는 1·2·3·4·5·6·7·8·9 가운데 5가 한가운데 위치하여 태극을 상징한다고 보았다. 5 앞의 1·2·3·4와 5 뒤의 6·7·8·9는 모두 4상이다. 태극이 4상을 낳는 선후를 살피면 1·2·3·4가 있다. 4상이 얻은 서수筮數의 많고 적음을 살피면 7·8·9·6이 있다. 그리고 괘위와 서수는 하나하나 일치한다. 태양은 위위位 1, 수數 9이고, 소음은 위 2, 수 8이며, 소양은 위 3, 수 7이고, 태음은 위 4, 수 6이다. 이것들은 모두 5를 중中으로 삼으며, 모두 태극에서 생성된다.

방이지는 『동회록多灰錄』「쌍선사전어雙選社傳語」에서 "내가 반평생을 허비하다가 중년에 환난을 두루 겪고, 칼을 갈듯 연마하여 마침내 3대에 걸친 역학, 허주虛舟의 하도낙서설, 종일공宗一公의 의신疑信을 깨달았다"고 하였다. 3대란 증조·조부·부친을 가리키고, 허주虛舟는 왕선王宣을 말하며, 종일공은 오관아吳觀我이다. 3대에 걸친 역학의 정수는 '공인반인公因反因'(즉 1이 2 가운데 있고, 3이 즉 1이라는 설)이다. 왕선이 부연한 「하도」·「낙서」의 묘리는 중5설(2가 교차하고 가운데가 선회하여 4가 되며, 둥근 고리의 한가운데가 5라는 설)에 있다. 오관아의 '의신疑信' 사상의 심오함은 '삼일三一' 설에 있다. 방이지는 공인반인公因反因을 핵심으로 하면서 여러 역학가의 설을 융회관통하여 독특한 상수역학을 형성하였던 것이다. 그의 역설은 비록 역외별전에 속하지만 역학 철학의 발전에 공헌한 바가 있다.

방이지 이후로도 송역 계보의 상수파에 속하는 저작이 아주 많았다. 하지만 앞사람을 그대로 따르고 옛설을 고수하여 창조성이 부족한 정도에 그치지 않고, 황당하고 기괴하여 이성적 사유와는 아주 차이가 많이 난다. 역학 분야에서 진정으로 주목할 가치가 있는 것은 건륭 가경 연간에 우뚝히 일어난 박학역朴學易이다.

제3절 청대 역학의 주류——박학역

역학사에서 양한 시대의 상수역, 위진 시대의 현학역, 송대의 리학역과 병칭할 수 있는 것이 청대의 박학역이다. 박학역은 한위 시대의 역학 문헌을 고증하고 정리하는 것이 특징으로, 청초에 찰랑찰랑할 정도로 시작하여, 건륭·가경 연간에 넘실댈 만큼 흥성해진 뒤 청말까지 연속되었다. 역학 철학의 연구에서는 송역을 뛰어넘을 수 없었지만, 옛사람의 역학을 연구한 공적을 두고 말하면 전에 없이 눈부시게 빛났다고 할 수 있다.

역사적으로 볼 때 청초의 학술은 한학과 송학을 아울러 채택한 시기라고 한다. 단지 발전 추세를 두고 말하면 사실은 송학을 비판하고 한학을 자양분으로 삼아 송학에서 한학으로 향한 과도기적인 시기였다. 청초 학술의 일부를 구성하는 청초 역학의 발전 양상도 그와 같았다. 양계초梁啓超는『중국근삼백년학술사中國近三百年學術史』[2)에서 "청대 역학의 제1기 작업은 전적으로 주돈이·소옹 학파의 명운을 변혁하는 데 있었다"고 하였다. 이 역학 혁명은 송역 의리파에서 개시되었다. 그 창끝은 본래 송역 상수파를 겨냥한 것이었으나, 결과적으로 송역의 대표 인물인 주회에게 앙화가 미쳤고, 나아가서 송역 전체, 송학 전체에 앙화가 미쳤다. 이에

---

†2) 梁啓超,「中國近三百年學術史」,『梁啓超論清學史』(復旦大學出版社).

송역에 대립하는 박학역이 기운을 타고 일어나자 역학은 송역에서 박학역으로 전향하기 시작하였다.

바로 이러한 까닭에 박학역을 이야기하자면, 청초의 송역 의리파 학자가 송역 도서학을 비판한 사실부터 서두를 꺼내야 하겠다. 곧 고염무顧炎武와 황종희黃宗羲부터 시작해야 하겠다.

1. 고염무의 역학 사상

고염무顧炎武(1613~1682)의 처음 이름은 강絳인데, 명이 망한 뒤 염무炎武로 이름을 바꾸었다. 자는 영인寧人, 호는 정림亭林으로, 강소江蘇 곤산昆山 사람이다. 명청 교체기의 저명한 사상가요 학자이다. 고염무는 『주역』 연구를 아주 중시하여, 58세 때에 친구 정정부程貞夫와 이자란李紫瀾의 집에서 『역』을 3개월 남짓 강론하였고, 만년에는 『역해易解』를 편찬하였다. 그 밖에 『일지록日知錄』과 그의 문집 및 서신 중에 『역』을 연구한 성과가 많다. 건가학파乾嘉學派*53)의 큰 선생인 대진戴震*54)은 『경고經考』 권1에서 『역』에 관하여 11편의 논문을 수록하면서 그 가운데 「중괘重卦」·「삼역三易」·「구육칠팔九六七八」·「괘변卦變」·「호체互體」·「송유복역고본宋儒復易古本」 등 6편에서 모두 고염무의 견해를 원용하였나. 그만큼 고염무는 역학에 조예가 깊었고 그 위치가 중요하였다.

고염무의 학문을 두고, 강번江藩의 『한학사승기漢學師承記』*55)는 "송학과 한학의 양쪽을 걸터 탄 견해(騎牆之見)가 많고 결단을 내리지 않고 주

---

*53) 乾嘉學派는 淸 乾隆·嘉慶 연간의 考據學派로 漢學派 혹은 古文經學派라고도 부른다. 대표 인물은 戴震·惠棟·王念孫·段玉裁 등이다. 그들은 古文經學의 訓詁 방법을 계승하여, 經書를 校訂하는 데서부터 史籍과 諸子를 校戡하는 데로 확대해 나갔고, 經義를 해석하는 데서부터 역사·지리·천문·역법·음운·문물 제도를 고찰하고 구명하는 데로 확대해 나갔다.

*54) 戴震(1723~1777)은 淸 安徽 休寧 사람으로 자는 東原이다. 건륭 때 擧人으로, 젊어서 江永에게서 수업하였다. 천문·역사·史志·음운·훈고·고거 등의 학문에 두루 통하였다. 四庫全書纂修官을 지냈으며, 일생의 저술이 대단히 많아 후인이 『戴氏遺書』로 편찬하였다. 근년에 『戴東原集』으로 여러 저술이 한데 묶여 나오기도 하였다.

*55) 『漢學師承記』는 8권으로 청대 가경 이전의 漢學 학자 40인을 선정하여 한 사람당 한 편씩의 傳을 짓고, 부록으로 16인을 다루었다.

저한 말(依違之言)이 많다"고 하였다. 그러나 사실 고염무는 바로 이 때문에 고명高明하였던 것이다. 고염무의 역학 사상은 기본적으로 송역 계보 가운데 의리파에 속한다. 비록 그가 고거考據를 중시하고 훈고를 위주로 했다 하더라도 그러하다.

고염무는 한역을 상당히 천시하였다. 즉 『일지록』 권1에서 "순상과 우번의 무리는 천착부회하여 상 바깥에 또 상을 낳았다. 경의 해설에서 빙빙 두르고 자질구레한 것이 속된 유가보다 훨씬 더 하다"고 하였다. 아울러 『문중자文中子』의 말을 인용하여 "구사九師가 일어나자 『역』의 도가 쇠미해졌다"고 하였다. 그런 반면 왕필 주가 상수를 버리고 의리를 존숭한 점에 대해서는 "『주역』에 덮인 거적을 일소하고 큰 길을 열었다"고 찬양하였다. 정이의 『이천역전』과 주희의 『주역본의』에 대해서는 거듭거듭 긍정하여 "정자程子가 아니었다면 『역』의 의가 어떻게 밝혀졌겠는가"라 하고, "이제 보면 정자의 『이천역전』과 주자의 『주역본의』는······ 이른바 '각 세대마다 올바른 책이 있어 귀한 집 자제들에게 드리운다'고 한 말이 이를 두고 한 것"이라고 하였다.

단 복서卜筮에 대한 고염무의 인식은 무신론적이다. 『일지록』 권1의 「복서」라는 조항에서 그는 『상서』·『시경』·『좌전』의 자료를 인용하여, '인간에게 묻는 일'(人謀)이 '귀신에게 묻는 일'(鬼謀)보다 더 높고, 서인庶人은 지극히 천하지만 "시구蓍龜의 앞에 놓인다"고 하였다. 또 "『역』은 백성의 일용에 앞서서 보이는 것이지, 남을 위하여 미리 알아맞추는 것일 필요가 없다. 미래를 앞서 구하는 일은 성인의 도가 아니다"[60]고도 하였다. 고염무는 복서란 다만 사람에게 선을 권장하는 한 형식이라고 보았다. 바로 『역전』의 "군자가 장차 실행함이 있다. 장차 실행함이 있어서 여기에 물으면 마치 메아리가 울리듯 즉시로 그 수명受命을 알려 준다"(君子將有爲也. 將有行也, 問焉而以言其受命也如響)고 한 말대로이다. 요컨대 "삶과 죽음에 명이 있고 부귀는 하늘에 달렸음"을 믿어야 한다는 것이다. 그런데 아무런 실행함도 없다면 서점筮占에 물어서는 안 된다. 실행함이 없는데도 서점에다 묻는다면 점의 결과를 얻을 수가 없다. 그 반대로 만일 윤리강상에 의거하여 일을 행하게 되면 "하늘이 도와 줄 것이므로 길하게 되어, 불리함이 없다."

괘상卦象에 대하여 고염무는, 괘상이란 성인이 비유를 이용하여 사리를 깨우치는 방식으로 훗날 문인文人들의 비유 수법과 같다고 하였다. 그러므로 "어찌 상에 잗달게 연연할 수가 있겠는가?" 괘변卦變에 대해서는 정이의 설을 따랐다. 일찍이 한대의 우번은 상수에서 출발하여

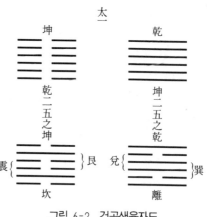

그림 6-2 건곤생육자도

별괘가 괘를 낳을 수 있다고 보았었다. 또 주희는 『역학계몽』에서 점서가의 변점법變占法을 채용하여 용구用九·용육用六과 1·2·3·4·5·6효의 효변을 통해 "하나의 괘가 64괘로 변할 수 있다. 4,096괘가 하나의 괘 속에 있다"[61]고 하였다. 청대의 혜동·장혜언·요배중은 우번의 설을 주장하였다. 그러나 고염무만은 『일지록』 권 1에서 "6자괘六子卦의 변變은 모두 건곤乾坤에서 나왔으니, 복復·구姤·임臨·둔遯에서 오는 법이 없다. 마땅히 정이천의 『역전』을 따라야 한다"[62]고 하였다.[†3] 그의 높은 견식은 확실히 청대에서 찾아보기 드문 것이었다. 이런 사실들로 볼 때 고염무의 역학 경향이 의리에 기본하였음을 알 수 있다.

하지만 다른 한편으로 고염무는 청대 박학역의 홍기에 상당히 관계되어 있다. 그것은 그가 송역 도서학을 비판하고 고거학에 의한 역학의 전범을 보여 주었다는 사실에서 잘 드러난다. 상고 시대에는 운서韻書가 없었고, 당인唐人은 옛 전적을 읽다가 시가나 운문이 당시의 음독音讀과 맞지 않는 부분에 마주치면, 선뜻 글자를 바꾸거나 음을 바꾸어서 압운押韻을 구하였다. 명의 진제陳第는 그러한 행태를 비평하여, 남북의 방언 차이가 있고 고금의 발음 구별이 있음을 무시하였다고 지적하였다. 고염무는

†3) 『日知錄』 권 1. 陳恩林의 「略論周易的卦變」, 『周易硏究』(1988년 제 2기)를 참조.

선진 시대 운문에서 운자韻字를 사용한 상황을 조사하고, 『광운廣韻』*56)의 운부韻部를 다시 조합해 내어 고운古韻 10부를 추정하여 고운학古韻學의 기초를 놓았다. 그 대표작인 『음학오서音學五書』*57)의 제2편이 바로 「역음易音」이다. 고염무는 『주역』의 괘효사와 『역전』은 운문이라 보고, 그 압운 상황을 분석하여 각 압운자마다 운부를 정하였다. 즉 "금일의 음을 버리고 옛 음으로 돌려서" 『주역』의 선진 시대 독음을 회복하였다. 이것은 『주역』 경전의 연구에서 확실히 공전空前의 성과라 할 수 있다.

이러한 성과를 무기로 삼아 고염무는 앞사람이 저지른 착오를 적잖이 바로잡았다. 이를테면 점괘漸卦䷴ 상구上九의 "큰 기러기가 기슭에서 점점 나와 뭍으로 가니, 무리를 지어 나는 그 모습은 위의威儀의 모범으로 삼을 만하다"(鴻漸于陸, 其羽可用爲儀)를 두고, 범악창은 '륙陸'을 '규逵'로 고쳤고, 주희는 "운韻으로 읽은 것이니 좋다고 본다"고 하였다. 고염무는 범악창과 주희가 "고인은 의儀를 아俄의 발음으로 읽어 규逵와는 운이 안 맞는다는 사실을 몰랐다"고 비판하였다. 또 소과괘小過卦䷽ 상육上六의 효사에 "만나지 못하고 높이 지나쳐 버리니, 마치 날아가는 새가 화살에 걸리는 것과 같다"(不遇過之, 飛鳥離之)는 구절이 있다. 주희는 두 가지 설을 보존하되 여전히 당시 음을 가지고 옛 음을 재단하여, '과過'가 '리離'와 운韻이 맞지 않는다는 이유로 '불과우지不過遇之'로 고쳐 '우遇'와 '리離'가 서로 압운이 되도록 하였다. 이에 대하여 고염무는 고인이 리離를 라羅의 발음으로 읽어서 과過와 곧바로 운이 맞는다는 점을 주희가 몰랐다고 비판하였다. 또 「잡괘전」의 "진괘晉卦는 한낮이고, 명이괘明夷卦는 광명이 소멸됨이다"(晉, 晝也, 明夷, 誅也)를 두고, 손혁孫奕은 '주誅'를 '매昧'로 고쳤다. 고염무는 손혁의 설에 대해, 고인은 주晝를 주注의 발음으로 읽어서 주誅와 바로 운이 맞았는데 손혁은 그 점을 알지 못하였다고

*56) 『廣韻』은 宋 陳彭年, 邱雍 등이 『切韻』 계통의 운서에 근거하여 증보 정정해서 만든 韻書. 원 이름은 『大宋重修廣韻』으로 大中祥符 4년(1011)에 완성되었다. 5권으로 平聲이 2권, 上·去·入聲이 각각 1권이다. 韻目은 206류이고, 총 26,194자다.

*57) 『音學五書』는 「音論」(3권), 「詩本音」(10권), 「易音」(3권), 「唐韻正」(20권), 「古音表」(2권)를 말한다.

비판하였다. 이처럼 과학적인 고운학을 가지고 『주역』을 해설하는 것이 바로 고염무가 발명한 점이다. 후대의 건가乾嘉 학자들의 학문 연구는 고염무의 영향을 깊이 받아 박학朴學의 길로 곧장 나아갔다.

고염무는 송역 도서학파에 대해서도 가차없는 비판을 가하였다. 『일지록』 권1에서 "성인이 『역』을 공부한 것은 올바른 언행을 위한 것에 지나지 않으며 도서 상수에 있지 않다. 오늘날 도상圖象을 천착하여 능사로 삼는 것은 어리숙한 짓이다"[63]라고 하였다. 또 "진희이(진단)의 도圖와 소강절의 서書는 도가의 『역』이다. 이 두 사람의 학이 홍기하자 공소한 사람들과 해괴한 인사들이 다 그 속에 빠져들어 그것을 『역』으로 삼았으나, 그들의 『역』은 방술서일 뿐이다. 허물이 적도록 자신을 돌이켜 보라고 가르치신 성인의 학과는 거리가 아주 멀다"[64]고 하였다. 고염무는 도서학에 대해 유가의 전통을 배반한 도가 방술의 『역』이라고 비판하였다.

고염무는 이렇게 진단과 소옹을 내리쳤지만, 고통은 도리어 주희의 심장에 오게 되었다. 송학의 대표자인 주희가 그의 『주역본의』에서 소옹의 학을 뒤범벅하였고, 권수卷首의 9도는 근본적으로 진단과 소옹에게서 따왔기 때문이다. 황제의 흠정으로 인하여 공자에 버금 가는 지위를 누렸던 유가 조사儒家祖師인 주희가, 도리어 그 교과서 속에서 황관도사黃冠道士의 품질을 들쓰고 있다는 사실이 드러나게 되었다. 고염무가 이 사실을 폭로하자, 유생들은 주희 역학에 회의를 품기 시작하였다. 그뿐만 아니라 송학에 대한 신뢰도 흔들려 송명 리학에 대한 실사구시적實事求是的[*58] 비판이 야기되었다.

사실 도서학이 도가에 근원한다는 사실을 폭로한 것은 결코 고염무에게서 비롯된 것이 아니다. 『사고전서총목제요』에 따르면 주희와 동시대의 원추袁樞와 설계선薛季宣이 이미 『역학계몽』 및 『주역본의』의 전체 구도에 대하여 "이론異論이 있었다"고 한다. 또 원의 진응윤陳應潤은 『효변의온爻變義蘊』을 지어 선천도 등은 모두 도가道家가 역리를 빌려서 연

[*58] 實事求是란 말은 실제에서 출발하여 정확한 결론을 얻어 낸다는 뜻이다. 『漢書』 「河間獻王劉德傳」에서 "修學好古, 實事求是"라고 한 말이 초기의 용례이다.

단술로 삼은 것이라고 "맨 처음 지적하였고", 오징·귀유광歸有光 등도 뒤이어 배격하여 "각각 논술이 있었다." 또 고염무와 동시대의 왕부지는 『사문록思問錄』 외편外篇에서 선천지학을 다음과 같이 논한 바 있다.

> 『역』에 "하늘에 앞서서 하늘의 도에 어그러지지 않으며 하늘보다 뒤에 나와서 하늘의 시時를 받들어 어그러지지 않는다"고 한 것은 성인의 덕업을 두고서 한 말이지, 하늘에 선후가 있음을 두고 한 말이 아니다. 하늘은 순일하여 사이가 없으므로 사물의 이미 생겨남과 아직 생겨나지 않음의 차이가 있을 수 없다. 그러하거늘 어찌 선과 후가 있겠는가? 선천설·후천설은 현가玄家에서 시작되었다. 천지가 품물을 낳는 기氣를 선천이라 하고, 수화토곡水火土穀을 낳는 자생滋生의 기氣를 후천이라고 하여, 후천의 기가 선천의 기를 잇는다는 설이 있는데, 이 설은 구차하기 짝이 없는 양생술의 번쇄한 논리일 따름이다. 그 설이 마침 『역』의 괘상을 절취하여 부회하였고, 소옹도 역학에서 그 설을 따라 선천·후천의 설이 있게 되었다. 소옹의 선천·후천설은 비록 위魏·서徐·려呂·장張*[59] 등 황관黃冠(道士)의 말과 어조는 달랐지만, 천지의 자연을 선천이라고 하고 사물의 유행을 후천이라 한 것은 암암리에 그 설을 이용한 것이다.[65]

또 왕부지는 「하도」·「낙서」에 대하여 다음처럼 논하였다.

> 「하도」는 분명히 팔괘의 상을 열거하고 있으므로 「홍범」에 해당하지 않는다. 「낙서」는 구주九疇의 순서를 차례대로 펴고 있으므로 『역』과 닮은 바가 없다. 유목劉牧은 진단의 설에 가탁하여 그 둘을 뒤바꾸어 『역』으로 이용하였으니, 그 망령됨이 너무도 심하다. 유목은 서書를 도圖라 하여, 「하도」는 선천의 리理이고 「낙서」는 후천의 일(事)이라고 보았다. 그것은 현가玄家에서 이른바 "동방은 3, 남방은 2로서 다시 5를 이루고, 북방은 1, 서방은 4로 함께 공유한다"는 설이 바로 「낙서」의 상을 쓰면서 후천으로 삼는 것이 있자, 그것을 차용하였다는 혐의를 받을 듯

---

*59) 魏·徐·呂·張이란 魏伯陽·徐靈期·呂純陽·張君房을 가리키는 듯하다.

하기에 바꾸어서 「하도」라 하여, 자신은 선천이라고 깃발을 들었던 것뿐이다. 너무도 어리석으니 어찌 잘못이 없으리오![66]

왕부지의 폭로는 고염무보다도 날카롭고 더 구체적이라고 할 수 있지만, 왕부지가 건가학乾嘉學에 끼친 영향은 고염무에 비하면 미미하다. 왕부지는 생전에 몸을 숨겨 세상에서 알아 주지 않더라도 원망하지 않은 채 가슴속에 보배를 감추고 지내야 하였다. 그 학문은 증국번曾國藩에 이르러서야 비로소 유포되었다. 건가 학자는 일반적으로 고염무를 개산조사開山祖師로 삼으며, 왕부지에 대해서는 아무런 말도 듣지 못한 것이나 다름없다. 그래서 박학역이 흥기하도록 길을 연 공은 고염무에게 있다. 사실 고염무는 몸소 모범을 보여 주는 수고를 한 것이다. 그가 송역 학자에 속한다고 해서 이 점을 간과하면 안 된다.

2. 황종희·황종염의 도서 상수학 비판

고염무와 왕부지가 도서 상수학을 비판한 것이 그 대지大旨에 관한 것이었다면, 황종희와 황종염 형제는 청초에 있어 의리와 고거의 두 측면에서 도서 상수학에 대한 체계적 비판을 전개하였다.

1. 황종희

황종희黃宗羲(1610~1695)의 자는 태충太沖, 호는 남뢰南雷, 또는 이주梨洲이다. 절강浙江 여요餘姚 사람으로 명청 교체기의 뛰어난 사상가이자 사학가이다. 그의 주요 역학서는 『역학상수론易學象數論』*[60]이다. 이 책이 씌어진 시기를 황병후黃炳垕는 자신의 저서 『황종희연보黃宗羲年譜』에서 순치 18년(1661)으로 잡았다. 하지만 『역학상수론』권4의 「건곤착도乾坤鑿度」1의 "지금 천원天元*[61]을 바로잡아 임자에 이르렀다"(今定天元至壬

---

*60) 『易學象數論』은 6권으로, 西麓堂刊本, 廣雅書局刻本, 南雷門人 新安汪瑞齡刊本(『象數論』이라 되어 있음)이 있다.

*61) 天元이란 周나라 曆을 말한다. 음력 11월을 정월로 하는 월력으로, 현재의 양력과 대략 일치한다.

子)는 구 아래에 황종희의 자주自注로 '『상수론』을 지은 해'라 하였고, 임자는 강희 11년(1672)에 해당하므로 황병후의 기록은 정확하지 않다. 이 해에 황종희는 62세였다.

『역학상수론』은 전부 6권이다. 약 6만여 자로, 내외 2편으로 나뉘어 있다. 내편은 3권으로, 상象을 주로 논하였다. 「하도」·「낙서」, 선천先天·괘위卦位, 납갑納甲, 납음納音, 월건月建, 괘기, 괘변, 호괘, 서법筮法, 점법을 논하고, 다시 그 뒤에다 자신의 「원상原象」이란 글을 붙였다. 외편은 3권으로, 수數를 주로 논하였다. 즉 『태현』·『건착도』·『원포元包』·『잠허潛虛』·『황극』의 수를 논하고, 육임六壬·태을太乙·둔갑遁甲까지 논급하였다. 황종희의 제자인 왕서령汪瑞齡의 설에 따르면, 전자(내편)는 『역』에 빗대어서 그럴 듯하되 옳지 않은 설들의 유사점과 차이점을 분식하고,[67] 후자(외편)는 『역』에 현저히 위배되면서 스스로는 『역』에 비긴 설들의 속뜻을 결단하였다[68]고 한다. 『역학상수론』은 상수학을 전면적으로 종합하여 비판하고, 양한 시대에서 명대에 이르는 역대 상수학의 주요 저작을 계통적으로 정리한 뒤 고증하고, 잘못을 정정하며, 가짜를 변별하고, 경험적으로 추산하는 등 대대적인 작업을 한 것이다.

황종희는 의리파 송역의 역학가로서 상수학을 비판하는 입장이 아주 뚜렷하다. 『역학상수론』의 「자서」에서 이렇게 말하였다.

> 그 이후로 초공과 경방이 세태에 응하여 비복飛伏, 동효動爻, 호체互體, 오행五行·납갑納甲의 변설變說을 모두 갖추었다. 이정조李鼎祚의 『주역집해』를 읽어 보면 당시 유학자들의 설은 잡초가 큰길을 뒤덮고 있는 듯하여 상을 보고 점을 완상하는 이치가 모두 간악한 방기方技의 부류에 들어가게 되었다. 너무도 슬프도다!…… 위魏의 왕보사(왕필)가 나와서 『역』에 주를 하여, 의義를 얻고 상象을 잊으며 상을 얻고 문사文辭를 잊자, 일진세월과 오기五氣의 상호 추연이 다 배척되어 많이 관여치 않게 되었다. 이로써 진흙탕이 다하고 찬 연못이 맑아진 듯하다.…… 왕보사가 툭 틔워 맑게 한 공적은 인몰되어서는 안 된다.[69]

송대에 이르러 진단·주돈이·소옹 등 상수학자들이 배출되어 상수학이 다시 세력을 떨치게 되었다. 황종희는 그들을 거론하는 것조차 달갑게 여기지 않았다. 다만 정이를 칭찬하여 "정이천이 『역전』을 지어 두루뭉수리의 설들을 거둬들여 64괘 중에 흩뜨리니, 이치가 치밀하고 말이 정확하여 역의 도리가 크게 바로잡히게 되었다"고 하였다. 그러나 그 뒤에 주희가 의리와 상수 두 학설을 뒤섞어 「하도」·「낙서」와 「신천도」 등을 『주역본의』의 첫머리에 두자 도서학이 널리 유포하게 되었다. 황종희는 주희를 비판하여 "공부자께서 『역』의 책끈을 세 번이나 다시 묶으시면서 탐구하셨던 역의 도리를 간장이나 팔러 다니는 무리에게서 구하려고 하였다. 역학이 황폐하기가 초공과 경방의 때와 같다"고 하였다. 그래서 황종희는 이 『역학상수론』을 지어 상수학을 '일일히 소통케' 하여, 사람들로 하여금 상수학이 『역』에 아무 관계가 없음을 알아 『이천역전』으로 되돌아가 역의 도리를 구하게 한다면, 혹 묵은 악습을 떨쳐 물을 맑게 하는 일단이 될지 모르겠다고 생각하였다.

주희의 『주역본의』는 이른바 천지의 수 55에서 조성되어 나온 「하도」와, 9를 이고 1을 밟으며 좌는 3, 우는 7이고 2와 4를 어깨로 하며 6과 8을 발로 하는 「낙서」를 먼저 열거하였다. 그래서 황종희의 『주역상수론』도 「하도」와 「낙서」부터 분석하기 시작하였다. 황종희는 선진 문헌에 의거하여, 상고 시대에 「하도」·「낙서」와 비슷한 것이 있기는 하였으나 상고 시대의 그것들은 『주역』과 관계가 없다고 주장하였다.

> 도圖란 것은 산천이 험난한지 평이한지, 남북 지역이 높은지 깊은지를 나타낸 것으로 후대의 도경圖經 같은 것이었다. 서書라는 것은 풍토가 억센지 유순한지, 호구戶口가 조밀한지 성근지를 표시한 것으로 하夏의 「우공禹貢」, 주周의 「직방職方」 같은 것이었다. 그것을 '하도·낙서'라 부른 것은 하수河水와 낙수洛水가 천하의 한가운데이므로 사방에서 올라오는 도서를 하수·낙수의 이름에 연계시킨 데서 연유한다.[70]

황종희는 「하도」를 고대의 지도, 「낙서」를 고대의 호적부였다고 하였다. 이 설이 타당한지의 여부를 잠시 논외로 해두고 보면, 그가 「하도」·「낙서」를 이처럼 무신론적으로 해석하고자 한 시도는 매우 긍정할 만하다.

황종희는 여러 사람의 설을 차례로 고찰하여 송대 이전에는 천지의 수와 9궁九宮의 수를 「하도」와 「낙서」에 배당한 일이 전혀 없었고, "그 둘이 판연히 서로 반대된 것이 아니었다"고 하였다. 그러다가 송대에 이르러 방사方士들이 천지의 수와 9궁의 수를 「하도」와 「낙서」에 끌어다 붙이자, 유학자들도 덩달아 그것으로 겉꾸밈을 하여 비전秘傳되어 온 것이라고 하였다. 이렇게 하여 한당 이래의 논의가 다 말살되고 말았다. 송유로서 「하도」·「낙서」를 전한 자는 주로 유목과 소옹이었지만, 황종희는 그 둘이 진단에게서 전수받은 것이 분명하다고 보았다. 이 사실은 「하도」·「낙서」가 도가에서 나온 것이지 유가의 정통이 아님을 밝힌 것이다.

이처럼 「하도」·「낙서」는 뒤늦게 나온 가짜이기에, 송인이 그것에 관해 논한 설들에는 서로 모순이 있다. 유목은 「하도」의 수가 9이고 「낙서」의 수가 10이라고 하였고, 이구·장행성·주진이 다 유목의 설을 따랐다. 그러나 주희는 그것을 뒤집어서 『주역본의』에서 유목의 「하도」를 「낙서」라 칭하고 유목의 「낙서」를 「하도」라 칭하여, '10이 도圖이고 9가 서書'라고 주장하였다. 그러기에 하도낙서설이 황당하고 신뢰하기 어렵다는 사실을 분명히 알 수 있다. 그래서 황종희는 이렇게 말하였다.

> 1에서 10까지의 수는 『역』에 있으나, 1에서 10의 방위는 『역』에 없다. 1·3·5·7·9가 하늘의 도에 합하고 2·4·6·8·10이 땅의 도에 합한다는 말은 『역』에 있으나, 1과 6이 합하고 2와 7이 합하고 3과 8이 합하고 4와 9가 합하고 5와 10이 합한다는 말은 『역』에 없다. 천지의 수는 『역』에 있으나 수화목금토의 생성은 『역』에 없다.[71]

그러니 이처럼 『역』에도 없는 것을 「하도」라 이름하는 것이야 더 말해 무엇하랴?

상수에 관해 황종희는 상수파가 『주역』 위의 상수에 부회하는 것을 비판하였지, 결코 『주역』 자체에 상수가 있음을 부인하지는 않았다. 따라서 그는 「원상原象」을 지어 이렇게 말하였다.

> 성인은 상象을 가지고 사람에게 보였다. 그 상에는 팔괘의 상, 6획의 상,
> 상형象形의 상, 효위爻位의 상, 반대反對의 상, 방위方位의 상, 호체互體
> 의 상이 있다. 이 일곱 가지로 상象은 다한다. 뒷날의 유학자들은 거짓
> 상을 만들어 내어 납갑이니, 동효니, 괘변이니, 선천이니 하였다. 이 네
> 가지 거짓 상이 뒤섞임으로써 앞의 일곱의 참모습이 어두워졌다. 내가
> 보기에 성인께서 6효에 문사를 연계할 때에는 반드시 총상總象이 있어
> 서 그것으로 기강을 삼고, 그런 뒤에 각 효마다 각 효의 분상分象이 있
> 어 그것으로 맥락을 삼았다.[72]

황종희는 괘상과 괘효사의 사이에는 유기적 관련이 있다고 보아 괘효
사를 빌려서 의리를 밝힐 것을 주장하고, 따라서 일곱 상象을 존숭하고
네 가지 거짓 상을 배척하였다. 그리고 1괘의 총상이 6효의 분상을 통솔
한다고 강조하여, 분상은 상세히 살피고 총상은 소략히 하는 일에 반대하
였다. 또 총상을 말하면서 네 가지의 거짓 상을 뒤섞는 일에 대해서도 천
착부회의 병의病義를 면하지 못한다는 이유에서 반대하였다.

「하도」·「낙서」와 선천 괘위卦位 이외에도 상수학파는 많은 설이 있다.
왕서령은 「역학상수론서」에서 이렇게 말하였다.

> 초공과 경방의 무리는 세응世應·비복飛伏의 설을 부회하고, 『태현』·『통
> 극通極』·『잠허潛虛』·『홍범』 따위는 『역』을 훔쳐서 뜯어 고쳤다. 『육임
> 六壬』·『둔갑遁甲』 따위는 역괘를 이용하기도 하고 역괘를 이용하지 않
> 기도 하였다. 요컨대 모두 상수의 정미한 이치를 얻었다고 하면서, 지난
> 일을 드러내고 미래를 살피는 대열에 붙었다.[73]

황종희는 이러한 유파에 대하여 그 내력과 흐름을 전부 지적하고, 『주
역』과 대조하여 그것들이 『역』과는 무관함을 밝혔다. 이를테면 『잠허』와
「홍범」 두 책은 전자는 「하도」를 빌리고 후자는 「낙서」에 가탁하면서
『주역』에 부회하여, 사회의 치란과 인간사의 길흉이 천도와 상관이 있어

서 산술로 판단될 수 있다고 보았다. 그런데 황종희는 그것들 자체의 산술법에 의거하여 상반된 결과를 도출함으로써, 그것들이 전혀 믿을 만하지 않다는 사실을 거꾸로 증명하였다.

『대현』은 양웅이 『역』을 모방하여 만든 책이다. 이 책은 찬贊을 효爻로 삼고 2찬을 1일에 배당하며 729찬을 1년에 배당하여, 이것을 가지고 역법曆法을 해석하려고 시도하였다. 그러나 찬의 수와 날짜 수가 완전히 부합하지 않는다. 그래서 소명윤蘇明允은 미봉책을 내놓기도 하였다. 황종희는 "『역』에는 6일 7분의 설이 없다.…… 양자운(양웅)의 단점은 역曆에 국한하여 현玄에 빠진 점에 있지 않고, 현玄을 역曆에 제대로 도입하지 못한 점에 있다"[74]고 하여, 『역』을 가지고 역曆에 빗댄 점을 인정할 수가 없다고 밝혔다. 『통극通極』이란 책에 대하여 황종희는, 그것이 위서僞書로 관자명(관랑)이 지은 것이 아니며 완일阮逸이 위작한 『역전易傳』과도 한 손에서 나온 것이 아니라고 판정하였다. 그런데 "유독 주자만이 이 『통극』이 위서임을 알고도 도圖는 10, 서書는 9를 증명하는 데 끌어 온 것이 이상하다"고 하여, 주희가 거짓된 설을 임시변통으로 따랐던 사실을 비난하였다.

한편 『건곤착도乾坤鑿度』는 궤운측험법軌運測驗法을 선전한 바 있다. 즉 군주가 "천명을 받아 즉위하는 해가 궤軌에 들어서는 초입에 있어서 천운과 상부하면 어진 자손이 이어서 그 궤軌를 다한다. 마치 6효의 차서가 초위初位에서 상위로 나아가듯이 한 궤를 다한다. 반대로 즉위하는 해가 궤의 처음에 해당하지 않으면 천운과 부합하지 않아, 자신의 대에 혹 나라를 잃지 않는다 해도 자손 대대로 이어 나갈 수가 없다"[75]고 하였다. 또 천명을 받은 군주는 그 덕이 마땅히 괘운卦運과 상부해야 한다. 그렇지 않으면 그 지위를 영구히 할 수가 없다. 그리고 물난리나 가뭄이나 전쟁이나 기근이 어느 해에 있을지를 미리 살펴서 대비하면 재액을 극복하고 넘길 수 있다고 『건곤착도』는 주장하였다. 황종희는 바늘로 피를 내듯 통렬하게 비판하길, "그러면 천하를 차지하는 자는 운수에 일체를 맡기고 인간사를 닦지 않게 된다"고 지적하였다. 그리고 정밀한 계산을 통하여 이 궤운측험법이 역사적 사실과 부합하지 않음을 증명하였다. "즉위

년을 꼭 궤의 첫해에 맞추어야 한다면, 자고 이래로 700여 년간을 역성易姓하지 않은 일이 있단 말인가?" "수재나 한발이나 전쟁이나 기근은 10년 안에 꼭 한 번씩은 있게 되어 있으되, 600년·700년을 기한으로 하면 어지러운 세월은 적고 태평스런 세월은 많다." 따라서 궤운측험법의 논리는 자체 안에서 서로 위배되고 이치가 치밀하지 못하다고 하였다.

한편 소옹의 『황극경세서』는 시법蓍法으로 역수曆數를 계산하여 스스로 가히 "고금의 역학曆學을 총괄하여 모두 『역』에 되돌렸다"고 할 만하다. 그러나 황종희는 그것에 대해서도 정밀한 계산을 가하여 "『역』은 역曆과 근본적으로 상통하지 않는데 억지로 끌어다 붙여서 그 설이 너무도 번쇄하고 그 법이 너무도 공교하다. 결국 흐리멍텅한 역서曆書를 만들어 내기는 하지만 전혀 이용할 수가 없다"고 비판하였다. 민간에서 크게 유행한 『태일』·『육임』·『기문둔갑』의 셋은 세칭 '점가 3성占家三聖'이라 하는데, 사실은 『주역』을 간지·오행·성수星宿 등의 여러 방술과 뒤섞어 만든 것이다. 그 속에는 번잡하기 짝이 없는 도표가 아주 많아서 점술가가 도표에 따라 추산하여 길吉로 나아가고 흉凶을 피하는 데 편리하다. 황종희는 도표를 반복해서 검사하여 그 도표들이 경위經緯가 혼돈되어 있고 행도行度가 아무 근거도 없어 순한 것이 도리어 역逆하고 역한 것이 도리어 순하다는 사실을 지적해 내었다. 그리고 아울러서 "길흉과 성살星煞이 차라리 효험이 없으면 좋겠다. 그렇지 않으면 마땅히 쫓아가야 할 바를 피하고 마땅히 피해야 할 바를 쫓아가는 꼴이니 말이다(어떻게 저자들이 말하는 대로 해서 길을 가져 오고 흉을 피할 수 있겠는가?)"라고 풍자하였다.

황종희의 『역학상수론』은 상수학을 과학적으로 청산한 전문 역학서로, 이후 역학의 발전에 깊은 영향을 끼쳤다. 『사고전서총목제요』는 이 책을 논평하여 "그 지론은 다 의거할 만하다. 대개 황종희는 상수를 깊이 궁구하여 능히 그 시말을 하나하나 깨닫고서 그 결점을 다 파헤쳤다. 그러므로 상수의 이치를 근거로 공담만 하고 아무 요점도 얻지 못한 자들과는 비교할 만한 그런 수준에 그친 것이 아니다. 가히 『역』의 도에 공이 있다고 할 수 있다"[76]고 하였다. 이것은 빈말이 아니다.

2. 황종염

황종염黃宗炎(1616~1686)의 자는 회목晦木으로, 세칭 입계 선생立溪先生 이라고 한다. 절강 여요 사람으로 그 형 종희宗羲, 아우 종회宗會와 함께 기이한 재주가 있어, 당시 '절동 3황浙東三黃'이라 불렸다. 명이 망한 뒤 에 잠심하여 『역』을 공부하였다. 역학서에 『주역상사周易象辭』 21권, 『심문여론尋門餘論』 2권,*62) 『도서변혹圖書辨惑』 1권*63)이 있다. 황종염은 사실 청초에 있어 송역 도서학을 비판한 선봉장이었다. 사고관신四庫館臣 은 그가 송유를 비난한 어투가 너무 과격하다고 하였다. 청초 역학의 풍 조가 뒤바뀌게 된 것은 바로 그의 역학설에서 말미암은 바가 크다.

황종염의 『주역상사』는 진단의 학을 극력 배격하고 효상爻象을 해석하 면서 한결같이 의리를 위주로 하였다. 『심문여론』은 "저 아득한 옛날 낙 민洛閩*64)의 대유학자들에게 따져 물어 보고 싶다"고 자부하면서, 『주역』 은 네 성인이 서로 전한 것으로 문왕·주공·공자 이외에 별도로 복희의 『역』이라는 비서秘書가 있을 리 없다고 하였다. 『주역』은 진시황의 분서 焚書를 당하지 않았거늘, 그 도圖만이 금지되어 도가에 의해 2,000년 동 안 비장되어 오다가 진단에 이르러 비로소 나왔을 리가 없다고 하였다. 『도서변혹』은 한 걸음 더 나아가 도서학의 연원에 대하여 체계적인 분석 을 행하였다. 그 서문에서 황종염은 이렇게 말하였다.

『역』에 도서圖書가 있게 된 것은 그리 오랜 일이 아니다. 주소注疏는 진 당晉唐에서 편정한 책이되 도서에 대하여 전혀 언급하지 않았다. 송대에 도학圖學 3파가 있는데 모두 진도남(진단)에게서 나왔다. 내 생각으로는 이렇다. 진단은 양생어기술養生馭氣術을 『대역大易』에다 가탁하여 『대역』 에서 건곤乾坤 수화水火의 이름을 빌려 와 자신의 설을 폈다. 『참동계』,

---

*62) 『尋門餘論』은 2권으로 『사고전서』에서는 『周易象辭』 뒤에 부록으로 붙어 있다. 沈懋德의 『昭代叢書』에도 들어 있다.

*63) 『圖書辨惑』은 1권으로 『사고전서』에서는 『周易象辭』 뒤에 부록으로 붙어 있다. 『昭代叢書』 에도 들어 있다.

*64) 洛閩은 洛學과 閩學, 즉 理學을 말한다. 낙학은 二程의 學을 가리키고, 민학은 주희의 學을 가 리킨다.

『오진편悟眞篇』따위는 모두 『역』의 도와 아무 관련이 없다. 유학자가 그것을 얻어 처음에는 묵가墨家에서 나왔다고 미루어서는 유가에 붙이고, 마침내는 가짜에서 진짜로 삼아 버렸다. 딴 집에서 데려온 양자를 떠받들어 고조·증조로 삼아 자기 조상이라고 굽신거리기를 즐겨하는 꼴이다.[77]

주희는 『태극도』를 두고 주돈이의 창작이라고 하였으나, 황종염은 주희의 설이 사실에 부합하지 않는다면서 "주돈이의 「태극도」는 하상공河上公(즉 노자)에게서 만들어져 나왔다"고 지적하였다. 황종염은 「무극도無極圖」를 단락별로 분해해서 도교의 설과 대비함으로써, 주돈이가 방사 연단술의 「태극선천도」를 개변하여 천지 인물 생성의 「태극도」를 논술한 비밀을 폭로하였다. 황종염은 다음과 같이 말하였다.

그 도(「태극선천도」)는 위에서 아래로 하였는데 거꾸로 놓으면 연단을 이루어 내는 법임을 알 수 있다.…… 가장 밑에 있는 동그라미를 원빈元牝의 문門이라고 이름한다.…… 원빈은 곡신谷神이다. 빈牝이란 구멍이고 곡谷은 허虛이니, 인간의 명문命門인 두 신장腎臟 사이의 비어 있는 틈새를 가리킨다. 여기에서 기氣가 나오므로 이곳을 조기祖氣라고 한다.…… 조기가 상승하여 그 위의 동그라미가 되면 연정화기煉精化氣·연기화신煉氣化神이라고 이름한다.…… 가운데 층에서 좌측의 목화木火, 우측의 금수金水, 중앙의 토土가 서로 연락되는 동그라미를 오기조원五氣朝元이라고 이름한다.…… 또 그 위의 가운데에 흑백이 나뉘어 서로 뒤섞여 있는 동그라미는 취감전리取坎塡離라고 이름한다.…… 또 무시无始에 되돌아가서 최상의 동그라미가 된다. 이름하여 연신환허煉神還虛·복귀무극復歸無極이다.…… 대개 구멍을 얻음에서 시작하여 다음에 연단을 하고 그 다음에 화합하고 그 다음에 약을 얻어 마침내 탈태脫胎하여 신선이 된다. 정말로 장생長生의 비결이다.…… 그런데 주돈이는 이 도를 얻어서는 그 순서를 뒤집고 그 이름을 바꾸어 『대역』에 부회하여 유가의 비전秘傳이라 하였다. 대개 방사의 비결은 거꾸로 연단을 이룸에 있으니 아래에서 위로 올라간다. 주돈이의 뜻은 차례로 사람을 낳는 과정

에 있어, 위에서 아래로 내려온다.…… 가장 최상의 동그라미인 연신환
허·복귀무극의 이름을 바꾸어 무극이태극無極而太極이라 하였다.…… 그
다음 동그라미의 취감전리의 이름을 바꾸어 양동음정陽動陰靜이라 하였
다.…… 세 번째 동그라미의 오기조원의 이름을 바꾸어 오행각일성五行
各一性이라 하였다.…… 다시 네 번째 동그라미의 연정화기·연기화신의
이름을 바꾸어 건도성남乾道成男·곤도성녀坤道成女라고 하였다.…… 다
시 제일 밑의 동그라미의 원빈지문의 이름을 바꾸어 만물화생萬物化生이
라 하였다.[78]

따라서 "주돈이의 「태극도」는 그 근본을 따져 보면 노장老莊에 돌아간
다. 기왓조각을 주워 그 가운데서 정수를 얻은 격이라고 할 수 있다. 하
지만 종내 그것을 『역』의 태극이라 할 수는 없다."[79] 이로 볼 때 그 명확
한 인증과 탁월한 지식은 족히 설득력이 있다. 황종염이 송역 도서학에
대하여, 즉 진단·주돈이 그리고 심지어 주희에 대하여 가한 타격은 상당
히 심각한 것이었다.

3. 모기령의 박학역 제창과 도서학 변증

모기령毛奇齡(1623~1716)의 자는 대가大可 또는 제우齊于이다. 호는 초
청初晴 혹은 서하西河이다. 절강浙江 소산蕭山 사람으로, 청초의 이름난 경
학가이다. 역학서에 『중씨역仲氏易』 30권, 『추역시말推易始末』 4권, 『춘
추점서서春秋占筮書』 3권, 『역소첩易小帖』 5권, 『역운易韻』 4권, 『하도낙
서원천편河圖洛書原舛編』 1권, 『태극도설유의太極圖說遺議』 1권이 있다.
모기령의 역학은 한편으로는 박학朴學을 제창하여 순상·우번·간보·후영
등의 설을 발명하면서 곁으로 괘변卦變과 괘종卦綜의 법까지 발명하였으
며, 다른 한편으로는 도서圖書를 변증하여 송역을 공격하였다. 사고관신四
庫館臣은 "명 이후 한역漢易을 신명하여 유가로 하여금 공리공담으로 경
을 논설하지 못하게 한 것은 사실은 모기령이 그 첫길을 열었다"고 평하
였다. 양계초의 『중국근삼백년학술사中國近三百年學術史』는 모기령의 경

설經說에 대해 "한대 이후 사람들이 모두 다 그의 비판을 면할 수 없었으되, 모서하가 가장 절치切齒한 자는 송대인이며 송인 가운데서도 가장 절치한 자는 주자"라고 하였다. 모기령의 경설이 지닌 이러한 특징은 그의 역학에서 가장 잘 드러난다.

모기령의 역학을 대표하는 저서는 『중씨역』*65)이다. 이 책은 모기령이 자칭 그 형인 여삼與三(이름은 錫齡)의 설을 윤색하여 편한 것이라고 하고서 책이름에도 아예 중형仲兄을 거론하고 있으나 사실은 모기령이 자작한 책이다. 대의는 역易에 다섯 가지 뜻이 있음을 밝혔다. 제1은 변역變易, 제2는 교역交易이다. 이 둘은 복희의 『역』이다. 제3은 반역反易, 제4는 대역對易, 제5는 이역移易이다. 이 셋은 문왕과 주공의 『역』이다. 그런데 후인은 복희에게 두 『역』이 있었던 사실만 알지 문왕과 주공에게 세 『역』이 있었던 사실은 알지 못한다고 모기령은 지적하였다. 그는 다음과 같이 말하였다.

> 역에 다섯 가지가 있다. 세상은 다만 복희의 두 역을 알기만 하고, 문왕과 주공의 세 역은 알지 못하여, 다만 '역'을 말할 수 있을 뿐이지 진정한 '주역'은 논하지 못한다. 이른바 복희의 두 역이란 무엇인가? 하나는 변역變易이다. 즉 양이 음으로 변하고, 음이 양으로 변함이다. 또 하나는 교역交易이다. 즉 음이 양과 교호하고, 양이 음과 교호함이다. 이 두 가지 역에 대해서는 앞의 유학자들이 능히 말할 수 있었으나 이것은 복희씨의 『역』일 따름이다. 어째서인가? 즉 획괘가 변역을 이용하고, 중괘重卦가 교역을 이용하는데, 획괘와 중괘는 복희의 일이기 때문이다. 뒤의 세 가지 역으로 말하면, 첫째는 반역反易이다. 즉 순역順逆을 살피고 향배向背를 심리하여 반대로 보는 것이다. 둘째는 대역對易이다. 음양을 나란히 두고 강유를 엮어서 짝을 살피는 것이다. 셋째는 이역移易이다. 나눔과 모임을 심리하고 오고 감을 계산하고 추이하여 상괘·하괘로 하는 것이다. 이 세 가지 역은 한위漢魏부터 지금까지 그다지 밝혀지지 않았으나 『주역』이 역易인 이유는 사실은 이것 때문이다. 어째서인가 ? 괘의

---

*65) 『仲氏易』은 30권으로 『西河合集』에 들어 있고 『皇淸經解』에도 들어 있다.

차서에 전역轉易을 사용하고, 경經의 분할에 대역對易을 사용하고, 역의 부연과 괘효사의 연계에 이역移易을 사용하기 때문이다. 무릇 괘의 차서와 경의 분할이란 문왕이 『역』에 한 것이고, 역의 부연과 괘효사의 연계도 문왕이 『역』에 한 것인데, 혹은 주공周公이 『역』에 한 것이라고 한다. 무릇 문왕과 주공이 『역』을 만든 것은 『주역』을 바로 세운 것이다. '주역'이라 말하였으면서 주周의 역易이 어떤 것인지를 알지 못한다면 옳겠는가?[80]

모기령이 말한 이역移易이란 곧 순상荀爽의 승강升降이다. 이를테면 태괘泰卦☷☰는 음효와 양효가 유별로 모여 있는 괘인데, 그 제3효가 상효로 옮아가서 양이 가고 음이 오면 손괘損卦☶☱가 된다. 또 비괘否卦☰☷도 음효와 양효가 유별로 모여 있는 괘인데, 그 제4효가 초효로 옮아가서 양이 오고 음이 가면 즉 익괘益卦☴☳가 된다. 모기령이 말한 대역對易은 우번의 방통旁通과 아주 가깝다. 이를테면 상경上經의 수괘需卦☵☰와 송괘訟卦☰☵는 하경下經의 진괘晉卦☲☷·명이괘明夷卦☷☲와 짝을 이루어서, 땅이 하늘과 짝이 되고 불이 물과 짝이 된다. 상경의 동인괘同人卦☰☲와 대유괘大有卦☲☰가 하경의 쾌괘夬卦☱☰·구괘姤卦☰☴와 상대하여, 5양이 5양과 마주하고 1음이 1음과 마주하는 것도 그 예이다. 모기령이 말한 반역反易은 사실은 우번이 말한 반대反對이다. 준괘屯卦☵☳가 반전하면 몽괘蒙卦☶☵이고, 함괘咸卦☱☶가 반전하면 항괘恒卦☳☴인 예가 그것이다.

모기령은 자신이 말하는 대역이 딴 사람들의 정변점대正變占對와 차이가 있다고 강조하였다. 정변점대는 수괘需卦가 송괘訟卦와 상대함을 말할 뿐, 수괘와 송괘의 둘이 진괘와 명이괘의 둘과 상대함은 말하지 않는다. 또 동인괘가 대유괘와 상대함을 말할 뿐, 동인괘·대유괘가 쾌괘·구괘와 상대함을 말하지 않는다. 그런데 모기령은 자신의 대역이 상과 수를 아울러 취하는 것이어서, 겨우 형태와 차서만을 취하는 것이 아니라고 하였다. 모기령의 이역의 설[*66]도 10벽괘 및 주희의 괘변설과 같지 않다. 그

[*66] 移易은 예를 들어 泰☷☰는 음양이 類聚하여 있는 괘인데 3효를 옮겨서 상효가 되어 3양이 가고 上陽이 오면 損☶☱으로 된다. 또 否☰☷도 음양이 유취하여 있는 괘인데 4효를 옮겨서 초

의 이역은 먼저 효사를 부연하지, 변한 뒤의 상수를 점하는 일을 취하지 않는다. 이에 비하여 다른 사람의 괘변설은 모두 두 괘가 번갈아 변하여 순역順逆이 서로 이어 접함에 따라 변점變占을 취할 뿐이고, 추연推演을 취하지 않는다. 모기령의 설은 견강부회하여 남을 이기려는 잘못을 면하지 못하였으나, 고인의 설을 대대적으로 끌어들였다는 점에서는, 억측이나 하는 자들이 할 수 있는 것에 비할 바가 아니다.

모기령은 송학을 극도로 천시하여 「변도학辨道學」이란 글에서 다음과 같이 말하였다.

> 북송에 이르러 진단이 화산도사華山道士·충방种放·이개李漑의 무리와 함께 자신의 역학을 부풀려서 마침내 도가서인 『무극존경無極尊經』 및 장각張角의 『구궁九宮』을 찾아내어 태극太極, 하락河洛의 여러 교를 창도해서 『도학강종道學綱宗』을 지었다. 그런데 주돈이·소옹·정호 형제가 그를 사사하여 마침내 도교를 유가의 서적 속에 찬입하고 말았다. 남송의 주희에 이르러서는, 사관史官 홍매洪邁에게 애걸하여 진단을 위하여 명신名臣의 대전大傳을 만들게 하였고, 주돈이·정이 여러 분을 위해서는 또한 『송사宋史』 속에 도학道學의 총전總傳을 처음으로 설치하게 함으로써 도학을 송학으로 탈바꿈하게 하였다. 이로써 남송의 여러 유학자들이 모두 진희이(진단)의 도학을 얻어 들은 것을 행운으로 여기에 되었다. 이를테면 주희는 「기육자정서寄陸子靜書」에서 "제가 병이 더욱 깊지만 요행이 사록祠祿에 끼인데다가 마침내 진희이의 바로 아래 손자뻘이 되니 진실로 경하할 일입니다"라고 하였다.…… 도학은 본디 도가의 학으로, 양한 시대에 시작되어 역대로 그저 답습해 오다가 화산도사에 이르러 크게 번성하자 송인들은 기를 쓰고 귀의하였다. 그러니 이것은 결단코 성학聖學이 아니다.[81]

그래서 모기령은 송역의 도서학에 대해 온 힘을 쏟아 공격하였다. 그는 『태극도설유의』에서 『도장道藏』 속의 「태극선천지도」와 주돈이의 「태극

효가 되어 4양이 오고 初陽이 가면 益☲☷이 된다. 이것을 두고 荀爽의 升降說이라고 보는 학자도 있다.

도」가 한 수레바퀴 자국마냥 꼭 일치한다고 보아, 주돈이의 「태극도」는 바로 『도장』의 「태극선천지도」에서 온 것이라고 하였다. 모기령은 다음 처럼 고증하였다.

> 무릇 하나는 수당隋唐 때 일이고(「태극선천지도」가 수당에서 일어났음 을 가리킴) 하나는 조송趙宋 때 일이므로(주돈이의 「태극도」가 송에서 만들어졌음을 가리킴) 서로 이어지지 않았다. 또 먼저 방사가 그림 그리 고(도사가 수당 때에 圖를 그린 것을 말함) 뒤에 유학의 신하가 진상하 였으니(朱震이 도를 남송 紹興 연간에 진상한 것을 말함) 서로 같이 꾀 한 것이 아니다. 게다가 하나는 『도장』에 들어가고(「태극선천지도」가 『도장』에 들어간 사실을 가리킴) 하나는 윤관綸籍에 들어가서(주진이 헌 상한 도가 史籍에 소장된 사실을 가리킴) 서로 통하지 않았다. 그런데도 두 도의 종적이 한 수레바퀴 자국처럼 일치하니 누가 그렇게 한 것인가? ······ 들자니 한상漢上(주진을 가리킴)이 도를 진헌한 것은 고종 소흥 갑 인년(1134)이고, 그 도를 친견하고 본떠 그린 것은 휘종 정화政和 병신 년(1116)이다. 그 사이에 서쪽으로 낙양에 벼슬 살러 가서 흩어진 글을 수색하고 의심 나는 것을 더욱 물어 자나깨나 놓지 않은 것이 18년간이 었다. 그러고 나서 『역전易傳』 9권과 『역도易圖』 5권을 이루었는데, 어 찌 그 사이에 일체의 일이 있었겠는가?(도학가의 도식을 주진 스스로가 끌어온 일이 있었겠는가?) 더구나 그 도의 뒤에 붙인 주에 "이 「태극도」 는 주돈실周惇實 무숙茂叔이 이정 선생二程先生에게 전했다"고 하여 돈 실惇實이라 칭하였다. 이것은 영종英宗 때 피휘避諱하여 개명하기 이전 이다. 따라서 이 도가 가장 진실하고 가장 앞선 것임이 분명하다.[82]

황종염이 「태극선천도」와 「태극도」를 구체적으로 비교하여 「태극도」 가 「태극선천도」에서 기원한 사실을 폭로한 공이 있다면, 모기령은 한 걸음 더 나아가 「태극도」의 전수 경위를 고찰하여 주진이 헌정한 「태극 도」가 확실히 주돈이가 지은 것임을 증명한 공이 있다. 그러므로 주돈이 로 대표되는 리학가들은 도학을 송학으로 바꾸었다는 비난을 면하기 어 렵게 된다. 이로써 도학이 과연 유교의 정통 지위를 얻을 수 있는가 하는 점이 공전의 회의에 직면하게 된 것이다.

　모기령은 「하도」·「낙서」에 대해서도 변증하여 『하도낙서원천편』에서 다음처럼 논하였다.

　　일찍이 회서淮西에서 『역』을 공부하다가 정강성(정현)이 주注한 대연大衍의 수數를 보고서 벌떡 일어나 "이것이 「하도」가 아닌가?" 하였다. 그러고는 다시 "만일 정강성이 주한 도圖가 이미 있었다면 어째서 한대부터 이제까지 아무도 그것을 인용하여 근거로 삼지 않은 것일까?" 하고 생각하였다. 그러고는 또다시 "대연大衍에다 주注한 내용 가운데 이정조의 『주역집해』에 보이는 것으로는 간보干寶·최경崔憬 등의 설이 있어 사람마다 각기 다른데, 어째서 「하도」에 대해서는 전혀 언급이 없었던 것일까?" 하고 생각하였다. 또다시 생각하니 "정강성이 주한 『역대전』을 보니 '황하에서 도가 나왔다'(河出圖)는 구절에 이미 주注가 마련되어 있는데, 어찌하여 도리어 『춘추위春秋緯』의 글귀(「하도」는 9편, 「낙서」는 6편)를 인용해 넣고, 황하에서 나온 도圖가 대연의 수라고는 실제로 지적하지 않은 것일까?" 의심되었다. 이에 화들짝 깨달아서, "도圖여, 도여! 내 이제야 도의 내력을 알겠구나"라고 하였다. 진단이 그린 도는 대연大衍에다 한 주注이지만, 대연의 주는 결단코 「하도」가 아니다. 「하도」의 주는 별도로 있었던 것이다. 대연의 주에 우선 "천지의 수가 55이니, 천1은 북방에서 수水를 낳고, 지2는 남방에서 화火를 낳으며, 천3은 동방에서 목木을 낳고, 지4는 서방에서 금金을 낳으며, 천5는 한가운데에서 토土를 낳는다"고 하였다. 그런데 양이 짝이 없고 음이 짝이 없이는 상성相成하지 않는 법이라, 이에 지6이 북방에서 수水를 상성하여 천1과 나란하고, 천7이 남방에서 화火를 상성하여 지2와 나란하며, 지8이 동방에서 목木을 상성하여 천3과 나란하고, 천9가 서방에서 금金을 상성하여 지4와 나란하며, 지10은 한가운데서 토土를 상성하여 천5와 나란하여 그래서 대연의 수가 이루어진다고 하였다. 이렇게 주한 내용이 바로 진단이 그린 도가 아니고 무엇인가? 정강성은 단지 주만 하였지 그림은 그리지 않았으나 진단은 가만히 몰래 도를 만들었다. 정강성의 주는 도圖로 그릴 수는 있으나 「하도」가 아니다. 그런데 진단은 그 주를 훔쳐다가 「하도」로 삼았다. 그 근저와 그 곡절이 명백하고

현저하여 너무도 통쾌하다 하겠다.[83]

신단이 만든 「하도」가 "대연지수는 55이다"(大衍之數五十有五)에 대한 정현鄭玄 주注를 근거로 이루어졌다는 사실을 모기령은 명확히 지적하였다. 단 정현은 결코 대연지수가 바로 「하도」라고 인정하지는 않았다. 도리어 정현은 "「하도」에 9편이 있고 「낙서」에 6편이 있다"고 하였으므로, 정현이 말한 「하도」·「낙서」는 송인의 이른바 55점과 45점의 역도易圖가 결코 아니었다. 그러므로 송인이 말한 「하도」는 마땅히 대연도大衍圖라고 이름하거나, 그렇지 않다면 천지생성도라 이름하거나, 그것도 아니라면 오행생성도라 이름해야 한다. 그것을 결단코 「하도」라 이름할 수는 없다고 모기령은 말하였다.

> 점차로 이름을 빌려다가 써서, 「하도」라고 하면 이 도圖를 말하게 되었다. 그러나 이 도는 사실은 정강성이 주注한 도이다. 정강성은 『대전』의 "황하에서 도가 나왔다"(河出圖)는 구절 아래에다 어째서 곧바로 "이른바 「하도」란 설서揲筮(즉 설시)에서 칭하는 대연大衍의 수數이다"라고 주하지 않고, "황하의 용이 도圖를 내오니, 그 서書가 9편이다"라고 하였는가? 이것은 대연의 수와 「하도」는 전혀 별개의 것이라서 수數가 도圖일 수가 없고 연衍이 화畫일 수가 없어서 그런 것이 아니겠는가?[84]

이 고증은 「하도」를 '대연도'라고 새로 명칭을 만들어 내어 사족을 덧붙인 실책을 면하지 못하였지만, 진단이 멋대로 옛것을 만들어 내었다고 폭로한 점에서는 분명히 『역』의 도에 공이 있는 것이다.

모기령의 역학은 고염무·왕부지·황종희와 같지 않다. 다들 도서학을 반대하였다는 점에서는 모기령과 같지만, 이들은 송역 의리파에 속해서 송인의 역학 가운데서 주로 소옹과 주돈이, 나아가 주희의 역도易道를 비판한 반면, 모기령은 송역 계보에 속하지 않고 고거역학의 풍조를 연 대표자로서 도서파에서 의리파에 이르기까지 송역 전체에 대해 거리낌없이 공격하였다. 양계초는 『청대학술개론』에서 이렇게 평하였다.

청학의 최초의 혁명자를 꼽자면 바로 모기령이 그 사람이다. 그가 지은
『하도원천편』과 『태극도설유의』 등은 모두 호위胡渭보다 앞서며 그 뒤
로 청대의 유학자가 연구한 여러 학문은 그가 단서를 연 것이 많다.……
단 학자적 도덕성이 결여되어 있어서, 뒷날의 유학자들이 그를 추종하지
않은 것은 당연하다.

청초에 역학이 방향을 전환하게 되는 과정에서 모기령이 담당한 역할과
그가 끼친 영향에 대해 양계초는 아주 정확한 평가를 내렸다고 하겠다.

4. 호위의 『역도명변』

호위胡渭(1633~1714)의 자는 비명朏明 또는 동초東樵로, 절강浙江 덕청
德淸 사람이다. 『청유학안淸儒學案』「동초학안東樵學案」에 "경술經術이 맑
고 깊으며 학문에 뿌리가 있어 논한 바가 한결같이 올바른 길을 가서, 한
대 유학자들이 부회하였던 담론과, 송대 유학자가 경전을 마구 뒤바꾸었
던 논설들을 모두 쓸어 없앴다"고 하였다. 그의 역학을 대표하는 저서가
『역도명변』*[67] 10권이다. 이 책은 청초 이래 학자들이 역도易圖의 거짓
을 논증한 성과를 집대성한 것이다. 만사동萬斯同은 이 책의 서문에서
"내 생각으로는 호위가 황이주黃梨洲 형제(황종희)나 모서하毛西河(모기령)
보다 뛰어나다고 생각한다"고 하였다. 이 책이 채집한 범위가 넓고 논변
이 온당하여 이 책을 거듭 읽기를 10년이나 하였어도 여전히 그 진경에
이르지를 못하였으니, "선생의 학문이 어쩌면 이다지도 크고 또 정밀한지!
이것을 세상에 전파하여 『역』의 첫머리에 두어 왔던 9도가 이제는 영원
히 폐기되게 하는 것이 옳겠다"고 만사동은 말하였다.

『역도명변』은 먼저 「하도」·「낙서」를 논하였다. 호위는 복희가 『역』을
만든 근본이 도서圖書에 있지 않으며, 도서를 『역』의 맨 앞에 놓은 것은
주희의 『주역본의』에서 비롯되었다고 지적하였다. 학자는 상을 살피고

---

*[67] 『易圖明辨』은 10권으로 錢熙祚 『守山閣叢書』本, 伍崇曜 『奧雅堂叢書』本, 王先謙 『皇淸經解
續編』本이 있다. 최근에 표점본도 나왔다.

괘효사를 완상해야 함에도 오로지 도서에 급급함은 "역도易道로서는 커다란 재액"이라고 하였다. 그래서 그는 「하도」·「낙서」에서 착수하여 도서 상수학을 체계적으로 청산하고자 하였다. 주희는 "천지의 수는 양기陽奇·음우陰偶니 이른바 「하도」가 이것이나"라고 하였으나, 호위는 천지의 수는 다만 서법筮法과 관계가 있을 뿐이어서 이 천지의 수는 서筮를 낳는 수數이지 결코 괘卦를 그어 나가는 수數가 아니라고 하였다.

> 1·3·5·7·9는 모두 기수이고, 2·4·6·8·10은 모두 우수로 이것이 이른바 5위씩 서로 얻음(五位相得)이다. 1과 2, 3과 4, 5와 6, 7과 8, 9와 10은 하나는 기수이고 하나는 우수로 둘씩둘씩 짝이 맞는다. 이것이 이른바 각각 합습이 있음이다. 그러하거늘 그것이 오행五行·오방五方에 무슨 관계가 있는가? 천지 생성에 무슨 관계가 있는가? 「하도」·「낙서」에 무슨 관계가 있는가?[85]

앞에서 보았듯이 모기령은 「하도」란 진단이 정현의 대연大衍 주注에 근거하여 만들어 낸 것이라고 고증한 바 있다. 호위는 이 모기령의 설을 긍정하고서, 정현의 주는 『한서』 「오행지」 및 「율력지」를 근거로 하였고, 「오행지」는 다시 유향劉向 부자의 「홍범오행전洪範五行傳」에서 나온 것이라고 보충 설명하였다. 모기령은 또, 앞에서 보았듯이, 송인의 이른바 「하도」를 천지생성도나 오행생성도나 대연도라고 칭하는 것이 좋겠다고 한 바 있다. 호위는 모기령이 「하도」를 천지생성도나 오행생성도라 이름할 수 있다고 한 것은 옳지만 「하도」를 결코 대연도라 할 수는 없다고 하였다. 왜냐하면 대연의 수란 시수蓍數로, "시蓍에는 오행도 없고 방위도 없고 생성도 없고 배우配耦도 없기 때문이다." 그래서 호위는 이렇게 말하였다.

> 정강성은 9편이 「하도」라 하여 오랫동안 적賊을 자식으로 인정해서 생성生成 배우配偶의 수에 근거하여 『역』을 주석함으로써, 마침내 『역』에 잘못 관여시키는 효시가 되었다. …… 그러니 진단에 대해서야 무엇을 탓

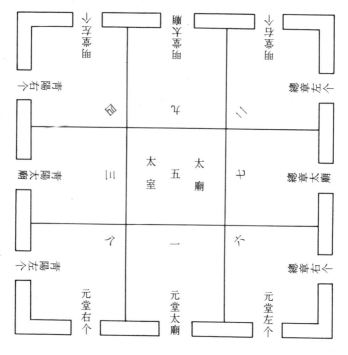

그림 6-3 명당 9궁도

하랴? 모기령은 송인을 지나치게 미워하여 그 비판이 송인에게는 가혹하고 한대인에게는 관대하였다. 그의 비판이 어찌 공평한 논단이라고 하겠는가?[86]

이처럼 호위는 모기령이 명명법에서 저지른 잘못을 규탄하여 바로잡았을 뿐만 아니라, 송인의 잘못에서 더 나아가 한인의 잘못을 추급하여 전례 없이 명쾌하게 「하도」의 내원을 고증하고 분석해 내었다.

송인의 이른바 「낙서」에 대하여 호위는 그것이 한대의 「9궁도」에서 유래한다고 보았다. 「낙서」의 특징은 이러하다. "9를 이고 1을 밟으며, 좌는 3이고 우는 7이며, 2와 4는 어깨이고, 6과 8은 다리이며, 5는 배이다. 종으로나 횡으로나 세어 보면 모두 15이다."(戴九履一, 左三右七, 二四爲肩, 六八爲足, 五爲腹心. 縱橫數之, 皆十五) 이것은 한대의 9궁과 아주 꼭 같다. 9궁은 명당9실明堂九室이라고도 부른다. 그것과 관련하여 『예기』「월령月令」에 이런 말이 있다.

맹춘에는 천자가 청양靑陽 좌측에 거처하고, 중춘에는 청양 태묘太廟에 거처하며 계춘에는 청양 우측에 거처한다. 맹하에는 명당明堂 좌측에 거처하고, 중하에는 명당 태묘에 거처하며, 계하에는 명당 우측에 거처한다. 중앙은 토土로 천자가 태묘 태실太室에 거처한다. 맹추에 천자는 총장總章 좌측에 거처하고 중추에는 총장 태묘에 거처하며, 계추에는 총장 우측에 거처한다. 맹동에는 현당玄堂 좌측에 거처하고, 중동에는 현당 태묘에 거처하며, 계동에는 현당 우측에 거처한다.

『대대례기大戴禮記』「명당明堂」은 9실의 분포에 대해 "명당이란 예부터 존재하였다. 모두 9실로 …… 2·9·4, 7·5·3, 6·1·8이다"라고 강론하였다. 이후 한대의 학자들은 팔괘의 방위를 명당의 9실에 배당하여 「태일하행9궁도太一下行九宮圖」를 만들어 내었다. 『후한서』「장형전張衡傳」의 주注에 『역위』「건착도」를 인용하여 "태일은 그 수에 맞추어서 9궁을 행한다"(太一取其數以行九宮)고 하였고, 정현은 주에서 이렇게 설명하였다.

태일이란 북진北辰의 신神의 이름이다. 아래로 팔괘의 궁을 행하여 4궁째마다 중앙으로 돌아온다. 중앙이란 지신地神이 거처하는 곳이다. 그래서 9궁이라 한다. 천수天數는 크게 나뉘어, 양의 수로 나가고 음의 수로 들어온다. 양은 자子에서 일어나고 음은 오午에서 일어난다. 이로써 태일은 9궁으로 내려가 감궁坎宮에서 일어나고 여기서부터 곤坤으로 가고 진震으로 가고 손巽으로 간다. 이렇게 되면 행한 것이 반이 된다. 돌아가서 중앙의 궁에서 쉰다. 얼마 있다가 다시 이로부터서 건乾으로 가고 태兌로 가고 간艮으로 가고 리離로 간다. 이렇게 하여 9궁을 행하여 한 바퀴를 다 돌게 된다.[87]

여기서 감1에서 시작하여 리9에 이르러 마치는 것은 모두 명당9실의 수에 근거하여 확정된다. "옛날의 제도는 크게는 주州를 나누는 일부터

巽 4	陰陰은 오午에 뿌리를 둠 **離 9** 한 바퀴 돌아서 자궁紫宮 으로 돌아옴	坤 2
震 3	반 바퀴 가면 중앙으로 돌아와 쉼 **中 5**	兌 7
艮 8	양陽은 자子에 뿌리를 둠 **坎 1**	乾 6

그림 6-4 태일하행 9궁도

작게는 정전井田을 구획하는 일에 이르기까지 9를 기준으로 하지 않은 것이 없다. 명당도 그러하다"고 하였다. 따라서 9궁의 수가 결코 「낙서」에서 파생되어 나온 것이 아니라 거꾸로 진단이 9궁의 수를 취하여 「하도」를 만든 것이다. 그것이 다섯 사람을 거쳐 전한 뒤 유목에 이르러 세상에 유행하였다. 그런 뒤에 9주九疇의 옛 도식이 채원정에 의하여 「낙서」로 번안되었다. 그러므로 호위는 "「하도」의 상상은 자고로 전하는 바가 없었다면 어떤 것을 본떴겠는가? 「낙서」의 글은 「홍범」에 보이지만, 그것이 괘효와 무슨 관계가 있는가?"라고 하였다. 송인이 「낙서」와 「하도」를 위작한 사실을 근본적으로 폭로한 것이다.

「복희팔괘차서도伏羲八卦次序圖」에 대하여 호위는 그것이 역리易理에 부합하지 않는다고 하였다. 그 이유는 이렇다. 첫째, 설시撰蓍의 순서와 획괘의 순서를 뒤섞어 버렸다. 소옹의 설에 의하면 팔괘가 산출되어 나오는 과정은 1이 2로 나뉘고, 2가 4로 나뉘어서는 다시 4가 8로 나뉘는 과정이다. 그렇다면 3획의 괘만이 아니라 2획괘와 1획괘도 있어야 하는데도 사실상 2획괘와 1획괘는 모두 존재하지 않는다. 태극이 양의兩儀를 낳고 양의가 4상四象을 낳는 것은 설시의 순서인 데 비하여 4상이 팔괘를 낳는 것은 획괘의 순서인 것이다. 둘째, 건곤과 6자괘의 관계를 혼동하였다. 건곤은 부모이고 나머지 6자괘는 건곤에서 생겨난다. 그래서 건곤은 응당 6자괘의 앞에 놓여야 한다. 그런데 「팔괘차서도」는 도리어 "6자괘가 곤坤보다 앞에 이루어진다"고 하였다. 따라서 이 「팔괘차서도」를 근거로 경을 풀이하면 정말 조잡하기 이를 데 없게 된다는 비판이다.

「복희팔괘방위도伏羲八卦方位圖」는 「설괘전」의 '천지정위天地定位'장에서 나왔으나, 호위는 「설괘전」의 이 장이 8방의 위치와 아무 관계가 없다고 하였다. 그에 따르면 천지가 위치를 정함은 건과 곤이 서로 배필임을 말하고, 산과 못이 기를 통함(山澤通氣)은 간艮과 태兌가 서로 배필임을 말하며, 우뢰와 바람이 서로 들붙음(雷風相薄)은 진震과 손巽이 서로 배필임을 말하고, 물과 불이 서로 싫어하지 않음(水火不相射)은 감坎과 리離가 서로 배필임을 말한다. 팔괘가 상착相錯함에 이르러서는, "하늘이 혹 아래에 위치하고 땅이 혹 위에 위치하여, 6자의 위치와 같이 열 짓는다. 산과 못의 기氣는 그 둘만이 서로 통할 뿐만 아니라 하늘·땅·우뢰·바람·물·불의 기와도 서로 통한다. 우뢰와 바람, 물과 불도 역시 그러하다."[88] 그런데 소옹은 이러한 것을 방위에까지 미루어 나가 진震에서 건乾으로 이르는 것을 순順이라고 하고 손巽에서 곤坤으로 이르는 것을 역逆이라 하고서 그것을 좌로 선회하고 우로 행한다(左旋右行)는 말로 비유하였다. 소옹의 이 설은 『주역참동계』에서 나온 것이지 "공자의 뜻은 아니다"라고 호위는 비판하였다. 사승師承을 두고 말하면 소옹의 좌선우행설은 진단의 「선천도」에서 나온 것이다. 따라서 호위는 모기령의 『중씨역』의 설에 찬동하여 「선천도」에 다음 여덟 가지 오류가 있다고 하였다.

① 획劃이 번잡하다.
② 사四·오五는 이름이 없다.
③ 삼三·육六은 한 자리에 정주하는 법이 없다.
④ 인과 관계가 없다.
⑤ 부모와 자녀가 함께 생겨난다.
⑥ 아들이 어미보다 앞서고 여자가 남자보다 앞서며 젊은이가 연장자보다 앞선다.

⑦ 괘위卦位가 맞지 않는다.

⑧ 괘수卦數가 두찬杜撰이 심하여 근거가 없다.

후천後天의 학에 대하여 호위는 두 도식(「복희팔괘차서도」와 「복희팔괘방위도」)이 결코 고인이 전한 것이 아니라 소옹이 만든 것이라고 하였다. 건곤이 세 번 교색하는(乾坤三索) 순서, 제帝가 진震의 방위에서 품물을 내어 손의 방위에서 가지런히 하는(出震齊巽) 그러한 방위는 복희의 『역』에 본래 그러하였다. 그런데 소옹은 편벽되게도 그것들이 문왕의 『역』이라 간주하고는 아울러 나란히 '후천後天'이라 불러서 선천의 학을 존숭하는 데 편하도록 하였다. 호위는 이 두 도식이 차서와 위차는 정확해도 명칭에는 착오가 있다고 지적하였다.

주희의 『주역본의』에서 맨 뒤에 배치된 도식이 「괘변도卦變圖」이다. 호위는 주희의 괘변설이 지닌 오류를 잡아 내기 위해 「괘변도」의 본원을 소급 탐구하여 먼저 우번虞翻과 이정지李挺之의 「괘변도」부터 분석을 시작하였다. 호위는 소식蘇軾과 정이程頤가 건곤을 괘변의 근본으로 본 설이 우번 이하의 허무맹랑한 설보다 훨씬 뛰어나다고 하였다. 그 반면에 이정지와 소옹의 "건곤은 대부모요, 구복姤復은 소부모"라는 설은 분규가 너무 심하다고 비판하였다. 그래서 호위는 이렇게 말하였다.

> 건곤이 6자괘를 낳으므로, 건곤과 6자괘가 합하여 팔괘이다. 이 팔괘로 말미암아 중첩하여 마침내 64가 된다. 따라서 64괘는 모두 건곤에서 태어난다. 구姤·복復·둔遯·임臨·비否·태泰는 모두 64괘 속에 들어 있거늘 어찌 다른 괘들을 낳을 수 있단 말인가?[89]

이 비판은 우번과 이정지의 괘변설이 품고 있는 치명적인 해악을 정말이지 옳게 공격한 것이다. 그런데 주희의 「괘변도」는, 이정지의 도식과도 달리, 대장大壯·관觀·쾌夬·박剝의 4괘가 괘를 생성하는 근본이라고 하였다. 즉 주희는 별괘가 괘를 낳는다는 한역의 진부한 설을 답습하였을 뿐만 아니라, 별괘생괘설을 한층 더 지리하고 번쇄하게 만들었다. 그 점을 호위는 이렇게 논평하였다.

> 주자는 「괘변도」를 「선천도」 뒤에 붙이고자 하여……「상생도相生圖」
> 에 의거해서 그 괘변의 법을 갱정하였다. 그 설은 자질구레하기가 이정
> 지보다 심하다. 경經을 해석하면서는 반대反對의 괘는 버려 두고, 나란히
> 두 효가 호환互換 관계에 있는 것을 그저 데면데면하게 변變이라고 하였
> 고, 양효·음효의 왕래와 상하에 대해서는 아무 정해 놓은 법이 없다. 그
> 러니 이 「괘변도」를 어디다 쓰겠는가?[90]

요컨대 9도 가운데에는 남겨 둘 것이 하나도 없으니, 송인의 이러한
역도易圖는 송인의 『역』으로 삼으면 옳지만, 만약에 복희의 『역』과 문왕
의 『역』으로 삼는다면 전혀 옳지 않다고 호위는 결론 지었다.

호위의 역학이 어떤 파별派別에 속하는가 하는 것은 『역도명변』 맨 마
지막의 「논학역정종論學易正宗」이란 글을 보면 분명히 알 수가 있다. 호
위는 정통 의리역학가의 한 사람으로 왕필의 주注와 정이의 『이천역전』
을 『역』의 정종으로 삼았다. 그러기에 그는 도서 상수학을 극력 변증하
여 논박하였던 것이다.

호위의 『역도명변』은 비단 역학 내에서만이 아니라 역학의 범위를 뛰
어넘어서도 그 의의가 크다. 즉 『역도명변』은 송역 도서학을 최초로 완
전히 청산하였을 뿐만 아니라 송명 리학에 대해서도 최초로 심각한 타격
을 가한 것이었다. 양계초는 『청대학술개론』에서 이렇게 논평하였다.

> 이른바 무극·태극, 이른바 「하도」·「낙서」가 사실은 송학의 주요 근핵을
> 이룸을 알아야 한다. 송유가 리理를 말하고 기氣를 말하고 수數를 말하
> 고 명命을 말하고 심心을 말하고 성性을 말한 것이 모두 이것에서 부연
> 되어 나왔다. 주돈이는 스스로 "전승이 끊겼던 학을 성인이 끼친 경에서
> 얻었다"고 하였고, 이정二程과 주희는 도통道統이 거기에 있다고 하였
> 다. 이렇게 사상계를 5, 600년 간이나 점령하였으므로, 그 권위는 경전
> 과 거의 맞먹는다. 호위의 이 『역도명변』은 『역』을 복희·문왕·주공·공
> 자에게로 복귀시키고, 도圖를 진단과 소옹에게로 돌렸다. 사실을 벗어난

공격이 아닌 것은 아니지만 송학은 이미 치명상을 입었다.[91]

호위는 『역』을 복희·문왕·주공·공자에게로 돌렸으므로, 그 속에는 여전히 재고해야 할 점이 있다. 그러나 그가 도서를 진단과 소옹한테로 귀속시킨 것은 역학에서 신비주의를 상당히 제거한 공로가 있으며 역학사에 무량 공덕을 쌓았다고 하겠다.

5. 혜동의 한역 연구

청초에 이미 한학 고거考據의 방법은 그 기초를 확립하였으나 아직 송학과 확연한 경계를 긋지 못하고 있었다. 장태염章太炎[*68]은 『구서訄書』 「청유清儒」에서 호위와 염약거가 모두 석유碩儒이기는 하였으나 "초창기라서 정밀하지 못하여 때때로 송명 학자의 터무니없는 말들을 뒤섞었다. 그것이 학문으로 성립하여 계보를 이룬 것은 건륭 때에 비롯되었다"고 하였다. 역학도 이와 같았다. 황종희 형제, 모기령, 호위의 비판을 겪으면서도 송역의 명성은 여전히 자자하였다. 그러다가 건륭 시대에 이르러 혜동이 마침내 박학역朴學易의 공고한 진지를 구축함에 따라, 박학역은 송역과 같은 뜨락 안에서 맞서는 국면을 형성하였다. 그 뒤 장혜언張惠言, 초순焦循, 요배중姚配中 등의 노력을 거치면서 박학역의 형세가 크게 떨쳐 명저가 차례로 나왔다. 이에 박학역은 송역을 대체하여 청대 역학의 대표가 되었다.

혜동惠棟(1691~1758)의 자는 정우定宇 또는 송애松崖로 강소江蘇 원화元和 사람이다. 그는 청대 오파吳派[*69] 경학의 기초를 확립한 사람이다. 혜

---

*68) 章太炎은 張炳麟(1869~1936). 太炎은 호이다. 浙江省 余杭縣 사람으로, 근대 중국의 민주 혁명가이자 사상가이다. 光復會를 조직하고 同盟會에 가담하였으며 동맹회 기관지 『民報』의 主編을 맡았다. 만년에는 尊孔讀經을 제창하는 宗師로 변신하여 蘇州에서 章氏國學講習會를 개설하여 강습에 전념하였다.

*69) 吳派는 청대 江蘇省 蘇州 지방을 중심으로 흥기한 經學 一派. 浙西學派의 계통에 속하며 蘇州學派라고도 한다. 혜주척·혜사기·혜동에 의하여 기초가 확립되었고, 江聲·江藩·阮元·汪中·王鳴盛·錢大昕·張惠言 등이 이에 속한다. 宋學을 배척하고 漢學을 주창하여 博覽을 숭상하였으며, 典章制度 및 史學의 연구에까지 나아갔다.

동은 수 세대에 걸쳐 역학을 전하였다. 조부 혜주척惠周惕은 『역전易傳』
을 지었다. 부친 혜사기惠士奇*70)는 『역설易說』 6권을 지었는데 오로지
한역을 받들어 상상을 위주로 하였다. 한역에서 맹희는 괘기卦氣를, 경방
은 통변通變을, 순상은 승강升降을, 정현은 효진爻辰을, 우번은 납갑納甲을
말하여 각각 그 설이 서로 달랐지만 그 취지는 하나이므로 어느 것도 다
폐할 수 없다고 하였다. 또 지금 전하는 『역』은 비직에게서 나왔지만 비
씨본費氏本의 고문을 왕필이 모두 뜯어 고쳐서 통속본으로 만든데다가 허
상虛象의 설까지 창조, 마침내 한학 전체를 공소하게 만들어 고학古學이
망하고 말았다고 혜주척은 보았다. 사고관신四庫館臣은 혜주척의 『역전』
이 "인증이 극히 넓다 보니 조금 잡되다는 실책을 면하지 못하였다"고
하였다. 혜동이 혜주척의 뒤를 이어 그 학풍을 추구하여 조부의 역학설을
더욱 견고하게 하였다. 이에 역학사에서 독특한 성격을 지닌 고거학이 형
성되었다.

혜동의 역학 저서에 『주역술周易述』*71)이 있다. 이 책은 우번 역학을
강론하는 것을 위주로 하고, 정현·순상·간보 등의 역설을 참고로 삼아,
그 취지를 요약해서 주注를 하였으며, 그 설을 부연해서 소疏로 하였다.
30년의 세월을 거쳐 4, 5차례 원고를 고쳐 썼는데, 책이 다 이루어지기
이전에 병이 드는 바람에 혁괘革卦에서 미제괘未濟卦까지 15괘와 「서괘
전」·「잡괘전」의 두 전은 완성하지 못하고 목록에 40권으로 되어 있는
것 가운데 23권만 탈고하였다. 이 23권 가운데 21권은 경문의 훈고 주
석이고, 나머지 2권은 『역미언易微言』이다. 『역미언』에는 각 역학가의
설을 초록해 두고 있다.

또 『역한학易漢學』*72) 8권을 별도로 저술하여, 맹희·우번·순상·경방·정

---

*70) 惠士奇(1671~1741)는 청대 경학가. 자는 天牧 또는 仲儒. 만년의 호는 半農居士로 사람들은
    紅豆先生이라 칭하였다. 康熙 때 進士로 두 번이나 會試同考官을 지냈으며 康熙·雍正·乾隆에
    걸쳐 벼슬을 살았다.
*71) 『周易述』은 2권으로 청 건륭 25년 雅雨堂刊本, 『四部借要』本이 있다. 『사고전서』에 들어
    있다.
*72) 『易漢學』은 8권으로 畢沅 『經訓堂叢書』, 王先謙 『皇淸經解續編』에 들어 있다. 『사고전서』
    에도 들어 있다.

현·간보 다섯 사람의 역학설 가운데 남은 이론을 주위 모아 그 대강을 보이고, 마지막에 자신의 의견을 첨부하여 한역漢易의 이치를 발명하였다. 또 「하도」·「낙서」, 선천·태극의 학을 논하여 바로잡았다. 그리고 『역례易例』 2권은 한역의 설을 근거로 『역』의 근본 범례를 발명하였는데, 사실상 혜동이 여러 역학가들의 역학을 논평한 발범發凡(즉 要綱)이다. 또한 『주역본의변정周易本義辨正』*73) 5권은 주희 『주역본의』의 고의古義와 고음古音을 고찰하고 교정한 저작이다. 『신본정씨주역新本鄭氏周易』 1권은 남송의 왕응린王應麟이 편집한 『주역정강성주周易鄭康成注』를 보충하고 정정한 책이다. 『역대의易大義』 1권은 『중용』을 주석한 책인데, 『역』의 의리를 발명하고자 저술한 것이다. 이 밖에 『구경고의九經古義』 중에 『주역』 상·하 2권이 있어, 한대인의 고의古義를 가지고 경전의 자음과 자의를 풀이하였다.

전체적으로 볼 때 혜동의 역학 저서는 한역을 종지로 삼고, 거기서도 다시 순상과 우번을 위주로 하였다. 그 취지는 송역을 신랄하게 폄하고 한역을 회복하려는 것이었다. 그 공적은 한대인의 역학설을 수집하고 자세히 조사하는 데 여력을 아끼지 않음으로써, 이미 오래 전에 전하지 않게 된 한대 역학의 내용을 살펴볼 수 있도록 한 점에 있다. 학자들은 혜동을 칭송하여 "한학이 끊어진 것이 1,500여 년인데, 혜동에 이르러 원래의 빛을 찬란하게 드러내게 되었다"고 하였다. 혜동 역학의 단점은 두 가지이다. 하나는 한인을 맹목적으로 신봉하여 "옛것은 다 참되고 한대 것이면 모두 좋다"고 한 점이다. 또 하나는 가법家法의 전수 과정을 몰라서 "한인에게 이런 학이 있었다"느니 "한인들은 모두 다 이런 역학이었다"고 단정한 점이다.

한대 경학에는 금문今文과 고문古文의 구분이 있다. 혜동의 역학은 우번을 위주로 하였으므로 금문을 따른 셈이다. 우번은 고조인 우광虞光 이래 5대째 맹씨역孟氏易을 전하였는데, 맹씨역은 시수施讐와 양구하梁丘賀 두 사람의 역학과 함께 한선제漢宣帝 때 나란히 학관에 세워졌다. 시

---

*73) 『周易本義辨正』은 5권으로 청 건륭 연간의 常熟蔣氏 『省吾堂四種』刻本이 있다.

수와 양구하는 모두 전왕손田王孫에게서 수업하여 그 근원이 전하田何에게서 비롯하였으므로 금문가에 속한다. 그와 동시에 혜동은 순상荀爽도 떠받들고 정현鄭玄의 여러 설도 참고하였다. 그런데 순상과 정현은 모두 비씨역費氏易을 전하였다. 순열荀悅은 일찍이 순상의 역학에 대하여 "신臣 열悅의 숙부인 고故 사공司空 상爽은 『역전』을 저술하여, 효상爻象의 승응承應과 음양의 변화에 근거하여 의리를 논하고, 10편의 글로 경의를 해설하였습니다. 이로써 곤袞과 예豫 지방에서 『역』을 말하는 자는 모두 순씨학을 전하게 되었습니다"라고 하였다. 10편의 글로 경의를 해설한 점은 비씨역이 금문 계통의 시수·맹희·양구하·경방의 역학과 특징을 달리한 점이다. 『한서』「유림전」에는 비직이 "그저 「단전」·「상전」·「계사전」 등 10편과 「문언전」으로 상·하경을 해설하였다"고 하였다. 「예문지」는 "민간에 비직과 고상高相 두 사람의 설이 있다. 유향이 '중고문경中古文經'으로 시수·맹희·양구하의 경을 교정해 보니 혹 '무구无咎'나 '회망悔亡'이란 글자가 탈락되어 있고, 오직 비씨역만 고문과 같았다"고 하였다. 『후한서』「유림전」은 "또한 동래 사람 비직이 있어, 『역』을 낭야 사람 왕횡王橫에게 전수하였으니 비씨학이다. 텍스트가 고자로 되어 고문역이라고 한다. 또 패인沛人 고상高相이 『역』을 아들 고강高康과 난릉 무장영毋將永에게 전수하였으니 고씨학이다. 시수·맹희·양구하·경방 네 사람의 학은 모두 박사를 두었으나, 비직·고상 두 사람의 학은 아직 박사를 두지 않았다"고 하였다. 이로 보면 비씨역은 학관에 세워지지 않은 고문가의 역학이었음을 알 수 있다. 『후한서』「유림전」에 "진원陳元과 정중鄭衆은 모두 비씨역을 전하였고, 그 뒤 마융이 또한 그것을 전하였다. 마융은 정현에게 전수하고, 정현은 『역주易注』를 지었다. 순상 역시 『역전易傳』을 지었다. 이로부터 비씨역이 흥하고 경씨역(경방역)은 마침내 폐하였다"고 하였다. 정현과 순상은 모두 고문가에 속함을 알 수 있다. 따라서 혜동은 금문과 고문의 역학설을 혼합하여 상호 저촉됨을 면치 못하였다. 그래서 양계초는 혜동이 가법을 몰랐다고 조롱한 것이다.

혜동의 역학은 금문학파와 고문학파를 나누지 않고 한대를 고古라 하고 한 이후를 금今이라고 하였다. 그는 『주역술』「주역상경周易上經」'건

乾'에서 이렇게 말하였다.

> 『설문說文』 석부夕部에 『역』을 인용하여 '석척약인夕惕若夤'이라 하였
> 다.*74) 내가 고찰하건대 허신許愼의 서叙*75)에 "『역』이라 칭한 것은 맹
> 씨역을 말하니 고문古文이다"라고 하였다. 이것은 고문 『역』에 '인夤'
> 자가 있었다는 말이다. 우번은 5대째 맹씨학을 가학으로 전해 받았다.92)

맹씨역이 고문이므로, 우번이 전傳을 붙인 맹씨역도 고문이라는 말이
다. 또 「주역상경」 '예豫'에서 이렇게 말하였다.

> '붕합시朋盍簪'*76)를 경방역은 잠撍으로 쓰고, 순상 역은 종宗이라 썼다.
> 그러므로 "옛날에는 잠撍이라고도 하였고 종宗이라고도 하였다"고 한
> 것이다. 왕필은 경방본을 따랐으되 잘못하여 잠簪으로 적었다. 뒷사람들
> 은 원래의 글자를 알지 못하고 관冠을 고정시키는 비녀라고 풀이하였다.
> 효사는 은나라 말기에 만들어졌는데 이렇게 하여 이미 진한의 제도가 들
> 어 있게 되었다. 이 점은 내가 배운 바와 다르다.93)

혜동은 이처럼 금문계의 경방역과 고문가의 순상역을 다 고문이라 하
고, 왕필·한강백 이후로는 속자俗字를 가지고 고자古字를 바꾼 것이 많아
서 그에 따라 고훈古訓이 사라지게 되었다고 보았다. 그래서 그는 속자를
고자로 고치면서 『역경』의 70여 자를 개정하였다. 그는 『구경고의』 「주
역」 하下에서 이렇게 말하였다.

---

*74) 원문에 '文惕若夤'이라 한 것은 명백히 오식이며, 『說文』 文部라 한 것도 夕部의 잘못이다.
『설문』에 "夤, 敬惕也. 人夕, 寅聲. 『易』曰, 夕惕若夤'"이라 하였다.

*75) 許愼의 「說文解字叙」를 말한다.

*76) 今本 『周易』의 豫卦䷏ 九四 爻辭에 "朋盍簪"이라 하였다. 朋은 여러 陰爻를 말하고, 合簪은
서로 즐거워한다는 뜻이라고 해석된다. 혜동은 簪을 戠의 잘못이라 하였다. 혜동은 盍을 合으
로 보는 것은 같되, 戠는 땅에 물을 합하여 다져 넣는다(埴)는 뜻으로 보았다. 즉 하괘 坤은 土
이고 상괘 坎은 水로, 一陽이 앞장서자 衆陰이 마치 水土가 서로 黏着하듯 응한다는 뜻이라고
하였다. 원문에서 '朋盍戠'를 뒤로 이은 것은 혜동의 『주역술』 원문과 배치되지만, 의미상 통
하므로 그대로 둔다.

당에서 『오경정의』를 만들면서 『역』에 전傳을 붙인 것은 왕필 한 사람 것에 그쳤는데, 편차만 문란한 것이 아니라 속자도 많다. 이를테면 진晉은 진晉이어야 하고, 손巽은 손巽이어야 한다.……『경전석문』에 수록된 고문은 모두 설씨薛氏·우씨虞氏·부씨傅氏의 설이므로 반드시 근거가 있다. 징강성은 비씨역을 전하면서 고자를 많이 얻었다. 『설문』에 "『역』이라 칭한 것은 맹씨역을 말하니 고문이다"라고 하였다. 우중상(즉 우번)은 5대째 맹씨역을 전하여 3가의 설을 채집한 것이 많다. 여러 역학가 사이에 차이가 있는 것은 무려 백 가지나 된다. 이 70여 자는 특히 두드러져 의심의 여지가 없으니 개정해야 마땅하다.[94]

혜동은 뒷 유학자들이 멋대로 고자를 속자로 고쳤으므로 잘못을 규탄하고 정정한다고 생각했으나 사실은 그가 개정한 글자도 문제가 있다. 완원阮元은 이 점을 다음처럼 비판하였다.

국조國朝(즉 청조)의 역학가로는 징사徵士 혜동보다 나은 자가 없다. 그러나 혜동이 교정하여 간행한 아우당본雅雨堂本 이정조 『주역집해』와 자신의 저서 『주역술』은 그 개자改字에 사이비가 많다. 대개 경전은 이미 오랫동안 이어져 내려온 텍스트이므로 갑자가 멋대로 바꾸어서는 안 된다. 하물며 사설師說이 같지 않은 까닭에, 다른 책의 인용을 근거로 해서 이미 오래 전해 온 텍스트를 갑자기 개정해서는 안 될 것이다. 다만 자신의 설을 고증에다 기록해 두는 것이 마땅하다.[95]

완원이 혜동에 대하여 내린 비판은 아주 옳다. 이를테면 『주역술』 「주역하경」 '명이明夷䷣'에서는 육5효의 '기자箕子'를 '기자其子'라고 풀이하고는 다음처럼 논하였다.

기其는 해亥라고 읽는다. 곤坤은 해亥에서 마친다. 건乾은 자子에서 나온다. 그러므로 "기자其子의 총명이 훼상된다(夷)"고 하였다. 3이 5로 올라가 바름을 얻으므로, "올곧으면 이롭다"(利貞)고 하였다.[*77] 마융은 속된 유가이기 때문에, 그것을 가지고 기자箕子라고 읽어 「단전」과 연관시

켰으니, 잘못된 것이다.[96]

또 이렇게 말하였다.

> 촉재蜀才는 고문古文을 따라 기자其子라고 하였다. 이제 그것을 따른다.
> 기其의 고음은 해亥이다. 그러므로 해亥라고 읽고 또 기箕라고도 쓴다.
> 유향은 "금본 『역』에 기자其子는 해자荄玆로 되어 있다"고 하였다. 순
> 상은 이것을 근거로 변론하여 기자其子를 해자荄玆라 읽었다. 고문에는
> 기자箕子로 되어 있는데, 기其와 해亥, 자子와 자玆는 글자가 달라도 음
> 과 뜻은 같다.…… 서한의 박사 시수施讐는 기其를 기箕라고 읽었다. 이
> 때에 맹희의 고제高弟인 촉인蜀人 조빈趙賓이 맹씨학을 조술해서 시수의
> 잘못을 지적, "기자명이箕子明夷는 음양에 기자箕子라는 기氣가 없다.
> 기자箕子란 만물이 바야흐로 해자荄玆함(우쑥 자라남)이다"라고 하였다.
> 조빈이 옛뜻에 의거하여 다른 유학자들을 힐난하였으므로, 유학자들이
> 모두 굴복하였다. 그러자 시수와 양구하가 모두 그를 미워하였다.[97]

혜동은 순상의 설을 따라서, 기자箕子는 마땅히 해자亥子로 읽어야 하
며, 이 해자亥子는 해자荄玆의 가차假借라고 하였다. 그리고 『한서』「유
림전」의 조빈의 말을 증거로 인용하였다. 사실 혜동의 설은 아주 잘못된
것이다. 조빈이 기자箕子의 두 글자를 두고 해자荄玆의 잘못이라고 한 점
으로 볼 때, 조빈이 본 『역경』에는 본래 기자箕子 두 글자로 되어 있었음
을 알 수 있다. 우번은 "기자箕子는 주紂의 아저씨이다. 오건五乾의 천위
天位가 이제 곤坤으로 화하였으므로 기자의 상이라고 한 것이다"[98]라고
하였다. 우번은 대대로 맹씨역을 전하였는데, 그도 해자亥玆로 보는 설을

---

*77) 明夷卦 六五 爻辭에 "箕子之明夷, 利貞"이라 하였는데, 혜동은 箕子가 其子이고 其子는 荄玆
(우쑥 자라남)의 뜻이라고 보았다. 그러나 箕子로 보는 것이 더 일반적이다. 육5효는 陰으로서
尊位에 거처하고 있는데 지위가 존귀하므로 마땅히 총명해야 하지만 陰은 총명하지가 않으니,
그 총명은 어둡게 하는 상이 있다. 箕子는 紂의 아저씨로서 洪範 九疇에 밝아 그 德이 가히 왕
이 될 수도 있어 五爻位에 당하였으나, 紂의 포악함을 어떻게 할 수 없음을 알았다. 그러나 同
姓 친족으로 은혜가 깊어 차마 버리고 떠나지를 못하여 머리를 풀어 헤치고 거짓으로 미친 체
하여, 일부러 총명을 어둡게 하였다. 그래서 "箕子의 총명이 훼상되었다"고 한다.

따르지 않은 것으로 보아 맹씨역도 해자荄玆로 되어 있지 않았음을 알 수 있다. 그런데 혜동은 기자箕子를 해자荄玆로 고치고는, 후유의 속된 독법을 고문으로 고쳤다고 하였다. 그러나 사실은 조빈의 뒤에 나온 설로 고본인 원본을 고친 것이요, 순씨역을 가지고 우씨역을 공격한 것이다. 이렇게 고친 것은 가법을 혼란시켰을 뿐만 아니라 『주역』 경전 자체와도 전혀 통하지 않는다. 진례陳澧[78)의 『동숙독서기東塾讀書記』 권4의 「역易」에 자세한 논증이 있다.

혜동은 이른바 속자를 고자로 고치기를 좋아하였으므로, 본래 고문경학의 계보에 속한다. 하지만 『역』을 논하면서는 금문학파의 학설도 채취하여 음양참위학이 많이 섞여 있다. 한역은 효진·납갑·괘기·방통·반복·승강 등의 상수학설을 말하기 좋아하였는데, 혜동의 역학 저시에도 이 점을 발휘한 것이 많다. 이를테면 『한역학』 권1 「괘기도설卦氣圖說」에서 혜동은 이렇게 말하였다.

> 맹희의 「괘기도」는 감·리·진·태를 4정괘로 하고 나머지 60괘를 괘마다 6일 7분씩 주관케 하여 하늘을 한 바퀴 도는 수에 합치시켰다. 그 가운데 벽괘辟卦 12괘를 소식괘消息卦라 하여, 건영乾盈을 식息이라 하고 곤허坤虛를 소消라 하였다. 사실은 건곤의 12획이다.…… 4괘가 4시를 주관하고 24효가 24기를 주관하며, 12괘가 12진을 주관하고 72효가 72후候를 주관하며, 60괘가 각각 6일 7분씩을 주관하고 360효가 364일 1/4을 주관한다. 벽괘는 군주이고, 잡괘는 신하이며, 4정괘는 방백邦伯이다. 하지와 동지, 춘분과 추분, 추위와 더위, 비와 바람이 모두 괘에 응함으로써 절도를 갖춘다. 이로써 『주역참동계』[79)에 "군자는 집에 거처하여 음양에 순응하고, 장기藏器를 조절하여 시기를 기다리며, 괘월卦月을 어기지 않고 일진日辰을 삼가 살펴 소식消息을 깊이 심사한다. 극히 조금만이라도 올바르지 않으면, 후회하게 될 과실을 저지르게 된다. 하지와 동지가 법도에 어긋나고, 춘하추동의 4기가 굽어 뒤틀리면, 한겨

---

*78) 陳澧(1810~1882)는 청 番禺 사람으로 자는 蘭甫. 道光 때 擧人인데 會試에 낙방하자 벼슬길에 나가지 않고, 學海堂과 菊坡精舍에서 강의를 담당하였다.

*79) 『周易參同契』 中篇 제2장의 말을 취해 온 것이다.

울에 몹시 춥고 한여름에 눈서리가 온다.…… 물난리와 큰 가뭄이 교대로 오고 비바람이 절도가 없으며 메뚜기가 들끓고 이상한 벌레가 마구 튀어 나온다"고 하였다. 이는 괘기가 효칙을 하지 않아 춘분·추분과 하지·동지와 추위·따뜻함이 모두 다 제 법도를 잃었음을 말한다. 『한서』에 수록된 곡영谷永의 대책對策에 "군주 된 분이 몸소 도덕을 행해야, 괘기가 이치에 맞고 5징五徵(비·햇볕·열기·추위·바람 등 5종의 자연 현상)이 시차를 지킵니다. 법도를 멋대로 행하면 괘기가 혼란되고 어그러져서, 천벌의 징조가 드러나게 됩니다"라고 하였다. 후한의 장형張衡도 상소하여 "율력과 괘후는 수에 징험과 효험이 있습니다"라고 하였다.…… 이러한 사실은 한유漢儒가 모두 괘기를 가지고 점을 쳐 효험을 본 예이다. 그런데 송원 이후로는 한학이 나날이 망하여 괘기가 무엇인지조차 모를 정도로 되었다.[99)]

혜동은 한역의 부흥을 자기의 임무로 삼았다. 괘기설은 그 가운데 중요한 내용이었다.

혜씨는 『역』을 천학天學이라고 하여 천지 만물의 발생 발전이 곧 『역』의 발생 발전이라고 보았다. 만물의 발전이 바로 우주의 실체이므로, 『역』은 곧 우주 실체의 드러난 덕(表德)이라는 것이다. 『춘추』는 인간사를 위한 것으로 『춘추』의 기사紀事는 『역』을 모범으로 따르고 있다. 역대로 원元을 기록하여 기사하기 시작하는 것은 바로 『역』이 태극을 첫머리로 하는 것을 본받은 것이다. 그래서 혜동은 『역』과 『춘추』를 한데 통하게 하여 '천인지학天人之學'을 추구하였다.

나아가 『주역술』「상象·상전上傳」에서 "구름과 우뢰의 상이 준괘屯卦이다. 군자는 이 상을 본받아 경륜을 쌓는다"(雲雷屯. 君子以經綸)를 논하면서는 다시 『중용』을 결합시켜 전성前聖과 후성後聖이 천지화육天地化育의 사업에 협찬한 사실을 발휘하고자 하였다. 본래 유가적 이상에서 보면 성인은 바로 성왕聖王이기도 한데 공자는 덕은 있으나 지위가 없어 다만 5경에다 뜻을 기탁하여 『역』의 도를 협찬하고 밝혀 천지의 화육에 협찬하였다. 진례는 『동숙독서기』 권4의 「역」에서 "우씨역은 통하지 않는 것이 많다"라든가 "우번이 말한 괘상은 아주 섬세하고 교묘하다"라고 비평한 바 있다. 바로 혜동이 『역』을 논한 것도 더욱 섬세하고 교묘하여 통하지 않는 것이 많다. 그는 『공양전』의 3세三世의 이론*80)을 『역』 「상전」의 "구름과 우뢰의 상이 준괘屯卦이다. 군자는 이 상을 본받아 경륜을 쌓는다"에 관한 우번의 주해에 배합하였다. 그리하여 "경륜은 크나큰 경법經法으로, 중화中和의 근본을 세워 화육에 협찬한다"고 하는 것은 문왕이 『역』을 부연한 사실을 가리켜, 문왕이 기제旣濟를 얻어 천하태평을 가져 왔음을 뜻한다고 하였다.

한편 『중용』에서 공자를 두고 "요순의 도를 조술하고 문왕·무왕을 본받아 밝혔다"(祖述堯舜, 憲章文武)고 한 것은 공자의 도가 위로 요순과 문왕·무왕의 법을 이어 경에다 뜻을 기탁하였다고 자사子思가 파악하였음을 말해 준다. 그런데 혜동은 이것을 가지고도 기제旣濟의 공을 표명하여 "문文으로 태평을 가져 온다"고 하였다. 그리고 이것을 공양전의 3세설로 구체화하여, 소견所見의 시대에 태평의 정치가 이루어져 기제旣濟의 공을 이룬다고 주장하였다. 이러한 졸렬한 견강부회는 한대 금문학의 정통을 이은 것이자 음양재이설의 변종이다. 천인지학에 대한 혜동의 새로운 인식이란 이런 식이다.†4)

혜동은 청초의 황종희·모기령·호위 등으로부터 영향을 입어 선천과 무극을 반대하고 「하도」·「낙서」를 부정하였다. 그러나 본래 한역 금문참위학이 도교의 형성과 밀접한 관련을 지녔던 까닭에, 혜동도 『역』에 도道를 도입하였다. 『역례』 상上의 「원형이정대의元亨利貞大義」에서 혜동은 이렇게 말하였다.

> 한말의 술사 위백양의 『참동계』는 감坎과 리離를 금단金丹의 비결로 사용하였는데, 이후의 학자들은 이설異說이라 여겨 경계하고 감과 리를 말하기를 꺼렸다. 그래서 얄팍한 말을 만들어 성스런 경전을 해석하니, 미

---

*80) 三世의 이론이란 公羊學派가 『春秋』를 해석하면서 所見世, 所聞世, 所傳聞世의 三世로 나눈 이론. 뒷날 康有爲는 『公羊傳』의 三世를 바탕으로 亂世·升平世·太平世를 도출해 내어 變法의 이론적 근거로 삼기도 하였다.

†4) 楊向奎, 『中國古代社會與古代思想研究』, 上海人民出版社, 908쪽.

언은 다 끊어지고 대의는 더욱 어그러졌다. 성인이 천지 화육에 협찬하여 천지만물을 감과 리로 만들어 낸 것을 모르고서 무엇을 혐의하여 말을 꺼리는가? 지금 다행히 한역이 존재하고 순상·우씨의 설이 모두 다 존재한다. 사법師法을 사용하여 대의를 밝히고 미언을 소급하여 2,000년간 끊어졌던 학문이 다행히 전부 실추하지 않게 될 일이 여기에 달려 있으리라! 여기에 달려 있으리라!¹⁰⁰⁾

『주역참동계』로 『역』을 풀이하면 미언을 잇고 절학을 이을 수 있다고 공공연하게 고취한 말이다.

혜동은 또 『음부경陰符經』,*⁸¹⁾ 『포박자抱朴子』,*⁸²⁾ 『영보경靈寶經』*⁸³⁾ 등을 잡박하게 인용하여 『역』을 강론하였다.

> 양이 자라고 음이 소멸함은 모두 점차로 축적되어 이루어지는 것이다. 「문언전」에 "그 말미암아 온 것이 점차점차 그러하다"고 하였으므로 "침浸은 점漸이다"라고 하였다. 『음부경』에 "천지의 도가 점차점차 나아가 음양이 勝勝한다"고 하였다. 둔괘遯卦의 「단전」에 "올곧으면 조금 이로우니, 점차점차 자라나기 때문이다"라고 하였다. 이것은 음양이 점차점차 나아가 자라남을 말한다.¹⁰¹⁾

피석서는 『경학통론』 권1에서 "『역한학』은 『용호경龍虎經』*⁸⁴⁾까지도 채집하였는데, 이 책은 바로 방외연단술이다"라고 하였다. 혜동이 한학가

---

*81) 『陰符經』은 예전에는 黃帝의 찬이라고 하였다. 太公·范蠡·鬼谷子·張良·諸葛亮·李筌 여섯 사람의 注가 있고 경문은 384자로 1권이다. 虛無의 도와 修鍊術을 말하고 있다.

*82) 『抱朴子』는 晉 葛洪 著. 갈홍이 抱朴子라 자호하였으므로 서명으로 삼았다. 2편으로 內篇 20권, 外篇 50권이다. 내편은 연단술 등 도가의 설이고, 외편은 時政의 得失과 인간사의 길흉을 논하였다.

*83) 『靈寶經』은 3세기 말에 이미 존재하였던 道教 靈寶派의 경전. 葛洪의 從孫 葛巢甫가 만들고, 400년 경 任延經과 徐靈期 등 도사에게 전하였다. 劉宋의 陸修靜(406~477)이 정리한 것으로 유명하다.

*84) 『龍虎經』은 道家의 論丹訣書. 작자 미상. 송의 王道가 그 뜻을 부여하고 注疏를 하여 33章으로 나누고 3권으로 묶었다. 龍虎란 사실은 水火로, 즉 수은(鉛汞)을 말한다.

이면서도 또한 도사의 기질이 농후하다는 이 사실은 그간 그다지 주목되지 않았다.

전체적으로 말하자면 혜동은 한역의 연구에서 존고存古(옛설을 그대로 보존함)의 공이 있기는 하지만, 역학 이론상으로는 창조와 발명이 적다. 그는 청대 박학역을 대표하는 주요 인물로, 역학 연구를 아주 좁다란 골목으로 끌어 넣었다. 또 한인의 저 부정적 요소를 지나치게 중시하여 역학의 건강한 발전에 이롭지 못하였다. 따라서 청초를 지나 건륭·가경 연간으로 들어서면서 역학의 연구 수준은 상승하였다기보다 극히 저급한 수준으로 떨어졌다고 할 수 있다. 물론 사회 정치적 조건이 그러한 상황을 초래하였지만, 혜동 자신도 그 점에 어느 정도 책임을 져야 할 것이다.

6. 장혜언의 우씨역 연구

장혜언張惠言(1761~1802)의 자는 고문皐聞 혹은 고문皐文이고, 호는 명가茗柯이다. 강소江蘇 무진武進 사람이다. 청 중엽의 경학가이자 문학가이다. 장혜언의 경학은 혜동과 강영江永*85)에게서 나왔다. 그 역학 저서에 『주역우씨의周易虞氏義』 9권, 『주역우씨소식周易虞氏消息』 2권, 『우씨역후虞氏易候』 1권, 『우씨역언虞氏易言』 2권, 『우씨역찰虞氏易札』 2권, 『우씨역사虞氏易事』 2권, 『우씨역변표虞氏易變表』 2권, 『주역정씨의周易鄭氏義』 2권, 『주역순씨구가의周易荀氏九家義』 1권, 『역의정순의易義鄭荀義』 3권, 『주역별록周易別錄』 14권, 『역위략의易緯略義』 3권, 『역도조변易圖條辨』 2권, 『독역찰기讀易札記』 2권이 있다.

장혜언의 역학은 혜동의 뒤를 이어 오로지 한대인의 설을 조술하였는데, 두 가지 특징이 있다. 하나는 앞사람의 역학설을 수집하여 집록한 것이 혜동보다 전면적이고 또 분명하다는 점이다. 이를테면 『역의별록』*86) 중에 맹희·요신姚信·구자현瞿子玄·촉재·경방·육적·간보·마융·송충宋衷·유

*85) 江永(1681~1762)은 청 務源 사람으로 자는 愼修. 音韻과 三禮 연구에 정통하였고, 曆算·地理까지 旁通하였다.

*88) 『易義別錄』은 14권으로, 張惠言의 『茗柯全書』와 『皇淸經解』에 들어 있다.

경승劉景升·왕숙王肅·동우董遇·왕이王廙·유환劉瓛·자하子夏 등 15가의 설을 집록하였고, 또한 인용된 『역』 글귀에 대해서도 출처를 밝히고 어떤 것은 고증과 소통 해석을 하여 과거에 각 전적에 수록된 옛 『역』을 체계적으로 명백히 제시, 후대인이 옛 『역』을 연구하기 편리하도록 하였다.

둘째는, 한대 역의 가법家法을 혜동보다 더욱 명료히 하였다는 점이다. 특히 우번 역학은 궁극까지 다 발휘하고, 그 밖의 역학가는 부용附庸으로 삼아 구별하여 수집해서 한데 뒤섞지 않았다. 『주역우씨의』[87]의 자서自序에서 장혜언은 다음처럼 말하였다.

> 한나라 성제 때 유향이 서적을 교열하면서 역학설을 고찰하였는데 여러 역학가가 다 전하·양숙·정장군을 조술하여 대의가 대략 같되 오직 경방만이 달랐다고 하였다. 그런데 맹희는 역학가의 음양설을 받아들여 역학설이 기氣에 근본하고 그런 뒤에 인간사로서 증명하였다. 팔괘 64상, 4정괘 72후의 변통變通과 소식消息에 대하여 많은 유학자들이 조술하였지만 맹희의 역학만큼 갖추지도 못하고 온당하지도 않다. 한말에 부풍 사람 마융이 『역전』을 지어 정강성(정현)에 전수하니, 정강성은 『역주』를 지었다. 형주목 유표, 회계태수 왕랑, 영천 사람 순상, 남양 사람 송충이 모두 『역』으로 이름난 학자로 각각 서술한 바가 있다. 오직 우번만이 맹씨학을 전하였다.…… 우번은 『역』을 논설하면서 음양이 6효에서 소식消息하게 하여, 음양의 승강 상하를 발휘하고 방통하되 건원乾元 용구用九에 귀결시켜 천하가 다스려지게 하였다. 사물을 유별로 취하고 하나로 꿰뚫어 접근시켰다. 처음에는 번쇄한 듯하지만 깊이 해부함에 이르러서는 뿌리를 바르고 잎을 흩뜨려 줄기와 잔가지가 우쑥 뻗어 무성하다. 마침내 그 큰 도道에 이르러서는 뒷날의 유학자로 우번만큼 통한 사람이 드물다. 위나라의 왕필이 허공의 말로 『역』을 풀이하고 당唐이 그것을 학관에 세워 한대 유학자들의 설이 희미해졌다. 오로지 자주 사람 이정조가 『주역집해』를 지어 옛 역학가의 말을 채집하면서 우번의 주를

---

[87] 『周易虞氏義』는 9권으로, 嘉慶 8년 揚州阮氏 嫏嬛仙館刊 『張皐文全集』本이 있다. 『茗柯全書』와 『黃淸經解』에 들어 있다. 1990년 齊魯書社에서 간행한 『易學精華』에도 들어 있다.

가장 많이 실었다. 그 뒤에 고서는 다 없어지고, 송의 도사 진단이 제멋대로 「용도龍圖」를 조작하니, 그 무리인 유목은 그것이 『역』의 「하도」·「낙서」라고 하였다. 하남 사람 소옹이 그것을 가지고 다시 「선천」·「후천」의 도로 삼자, 송에서 『역』을 강설하는 자들이 전부 그 설을 종지로 삼아 지금까지도 뽑아 버릴 수 없을 정도이다. 이리하여 『역』의 음양의 대의는 다 어두워지고 말았다. 청이 천하를 차지한 지 백 년 만에 원화 사람 징사 혜동이 비로소 고의古義를 맹희·경방·순상·정현·우번의 역학에서 고찰하여 『역한학』을 지었다. 또 스스로 해석하여 『주역술』이라 하였다. 하지만 이미 옛 역학설이 다 폐한 뒤에 이리저리 주워 모았으므로 거두어 모은 것이 열에 둘, 셋도 안 된다. 또 혜동은 대체로 우번을 종주로 삼아 서술하였으되 다 통하지가 않자 곁으로 다른 설을 끌어다 통하게 하였다. 당·오대·송·원·명의 천여 년 동안에 흩어지고 어지럽혀진 것을 구구하게 수보하고 수습하여 하루 아침에 그 도가 다시 밝아지기란 진실로 어려운 일이다. 하지만 우번의 역학이 이미 대대로 이어졌고, 또 마융·정현·순상·송충의 책에 두루 나타나므로, 그 시비를 고찰하여 뜻을 정밀히 할 수 있었다. 또 고서가 망하여 한위漢魏의 사설師說로 현존하는 것이 10여 명의 설이되, 정현·순상·우번 세 사람의 설은 대략 내용을 지적할 수 있다. 그 가운데서도 우번의 설이 더 자세하다. 따라서 공문孔門 칠십자의 미언微言으로서 전하·양숙·정장군이 전한 그 내용을 추구하자면 우번의 주말고 또 어디로부터 찾을 수 있겠는가? 그러므로 우씨역의 조리를 탐구해서 그 강령을 밝히고, 의문점을 풀고 빠지고 없어진 부분을 진술하여 『주역우씨의』 9권을 만든다. 그리고 그 대강을 표명하여 『주역우씨소식』 2권을 만들어, 그 깊은 뜻을 탐색, 일가一家의 학을 보존코자 한다. 채 깨치지 못한 점이 있다면, 도道 있는 분이 바로 잡아 주길 기다릴 따름이다.[102]

『주역우씨의』와 『주역우씨소식』 두 저서는 장혜언이 한역을 정리 연구한 골간이다. 그 밖의 저서는 보충이자 보익이다. 장혜언은 한역 가운데 대강을 살필 수 있는 것은 정현·순상·우번 세 사람의 역학뿐이되, 그들은 서로 사승과 학파가 다르다고 하였다. 그 가운데 우번만이 맹희의 정전正

傳을 얻어 칠십자의 미언을 계승하였다고 보았다. 그래서 장혜언은 『역』을 연구하면서 오로지 우번을 위주로 하여 우번의 『역』 의리를 천명하는데 주력하였다.

장혜언이 우번을 두고 공문孔門을 계승하였다고 떠받든 일은 사실 근거가 없다. 왜냐하면 공자는 『역』 연구에서 덕을 가지고 점을 대신하여 『주역』의 의리를 천명하는 데 주력하였으나, 우번이 대를 이어 전한 '맹씨역'의 맹희는 "역학가의 후음양재변서候陰陽災變書를 얻어 보아" 괘기설에 의한 역 해석을 좋아하여 공자와는 다른 길로 나아갔기 때문이다.[15]

그런데 한인의 역학은 계파가 각각 달라서 정현과 순상은 비직에게서 나온 반면, 우번은 맹희에게서 나와 그 설들이 서로 부합하지를 않는다. 혜동은 『주역술』을 지으면서 우번을 준수하되 정현과 순상의 설로 보충하였는데, "한인의 설이라면 그저 좋아해서" 차마 베어 내지 못한 점이 있다. 그러기 때문에 우번의 의리가 정현·순상의 의리와 상통하는지 아닌지를 따지지 않았다.

장혜언은 전적으로 우번을 종지로 삼아 깊은 뜻을 탐색하여 일가의 학을 보존코자 하였다. 따라서 그 식견은 혜동보다 높으며, 뒤에 나와 더 정밀하다고 할 만하다. 완원의 『주역우씨의』 「서언」은 장혜언의 작업이 한역에서도 특히 우씨역을 "중상仲翔(즉 우번) 이래 면면히 1,400여 년을 이어 오다가 오늘에 이르러서야 찬란하게 다시 밝아지게" 하였으므로, 장혜언은 가히 우씨의 공신이라고 할 만하다고 하였다. 하지만 "역학은 별개요, 한역을 조술함은 별개"로, 장혜언이 역학 발전에 끼친 공헌을 지나치게 높이 평가할 수는 없다. 맹희와 우번의 역학은 본래 역외별전에 속하므로, 장혜언의 연구도 자연히 역외별전에 속하기 때문이다.

장혜언의 역학 저서 가운데 가치 있는 것이 『역도조변』이다. 이 책은 첫머리에서 「하도」·「낙서」를 변증하고, 다음으로 유목의 「태극생양의도

---

15) 皮錫瑞의 『경학통론』 권1에 다음과 같은 말이 있어 참고할 만하다. "『易漢學』 提要에 '한학에 맹희·경방이 있는 것은 송학에 진단·소옹이 있음과 같아, 이른바 역외별전이다'라고 하였다. 내가 고찰하건대 맹희·경방·진단·소옹을 모두 역외별전이라 함은 지극히 공명정대하다. 맹희·경방은 이른바 天文算術이고, 진단·소옹은 이른바 방외연단술이다."

太極生兩儀圖」와 「천지지수오십유오도天地之數五十有五圖」 등을 변증하였다. 그 뒤로 주희의 「계몽도啓蒙圖」와 「태극도」, 조휘겸趙撝謙의 「천지자연도天地自然圖」, 조중전趙仲全의 「고태극도古太極圖」, 『주역참동계』의 「납갑도納甲圖」, 『황극경세』의 「괘변도卦變圖」 등을 변증하였다. 모두 옛 문헌에 따라 정력을 쏟아 깊이 연구하여, 황종희 형제나 모기령, 호위 등의 저서보다도 엄밀하고 완비되어 있다. 이를테면 조중전의 「고태극도」의 내원을 고증하면서는 호위와 설을 달리하였다. 즉 「고태극도」는 진단이 찬술하고 소옹이 전한 것이 아니며, 「선천도」는 결코 한역의 설과 뗄레야 뗄 수 없다고 하였다. 그래서 『황극경세서』에서 "태원太元은 천지의 마음을 보인다"고 한 점으로 볼 때 소옹의 학이 무엇에 근본하였는지를 알 수 있다고 논하였다. 이 점은 앞사람이 아직 발명하지 못한 바를 발명한 것이다. 따라서 이 책이 역학사에서 지니는 가치는 우씨역 연구와 비교해 볼 때 뒤진다 할 수가 없다.

장혜언의 뒤를 이어 우씨역을 정리하고 소통 해석한 저서에 증소曾釗의 『주역우씨의전周易虞氏義箋』, 이예李銳의 『주역우씨약례周易虞氏略例』, 호상린胡祥麟의 『우씨역소식도설虞氏易消息圖說』 등이 있다.

7. 초순의 상수학 창신

청대 박학역 학자들은 대부분 옛것을 조술하는 데는 특장이 있었으나 새것을 창조하는 데는 부족하였다. 역학 연구의 방법면에서 우뚝히 일가를 이룬 사람으로는 오직 초순焦循이 있을 뿐이다. 초순(1763~1820)의 자는 리당理堂 혹은 리당里堂이며, 만년에는 리당 노인里堂老人이라 자칭하였다. 대대로 강소성江蘇省 감천甘泉 황각교진黃珏橋鎮(지금의 강소성 邗江縣에 속함)에 거주하였다. 초순의 증조인 초원焦源은 『주역』에 정통하였고, 조부 초경焦鏡, 부친 초총焦蔥도 대대로 역학을 전하였다. 초순은 가학을 이어 젊어서부터 『주역』과 뗄레야 뗄 수 없는 인연을 맺었다. 그는 먼저 송역을 배우고, 다시 왕필 역을 배운 뒤, 마지막으로 정현·마융·순상·우번의 이론을 연구하였다. 「고선성선사문告先聖先師文」[16]에 따르면

"나이 마흔에 비로소 뭇 역설을 다 공부하여 앞사람의 설을 쓸어 버리고, 오로지 십익十翼과 상경·하경만 가지고 그 상호간의 융합과 맥락이 닿는 위도緯度를 생각하여" 3년간의 명상 끝에 독자적인 역학 이론을 형성하였다. 이후에 두 차례 개정하여 51세에『역통석易通釋』*88) 20권을 써서 자신의 역학 이론을 완성하였다.

초순 역학의 대표작은『역학삼서易學三書』*89)이며,『역통석』이외에『역장구易章句』12권과『역도략易圖略』8권이 있다. 그 밖에『역화易話』2권,『역광기易廣記』2권,『주역보소周易補疏』2권,『역여약록易餘籥錄』20권,『역여집易餘集』1권,『주역일기注易日記』3권이 있다.

초순의 역학 방법은 세 가지이다. 하나는 실측實測이다. 그는『주역』의 64괘 384효는 동적인 것으로, 이 운동은 바로 천체의 운동과 마찬가지로 그 규칙을 실측해 낼 수 있다고 보았다. 그는『역도략』「서목序目」에서 "행도行度에 근본하여 실측하면 하늘은 점차로 밝아지고, 경문에 근본하여 실측하면『역』도 점차로 밝아진다"103)고 하였다. 그는『주역』이 말한 것이 오로지 상수를 가리킬 뿐이며 의리와는 관련이 없다고 보았다. 그래서「기왕백신서寄王伯申書」에서 이렇게 말하였다.

> 이『역』의 문사文辭는 전적으로 복희의 설괘設卦·관상觀象을 밝히는 데 있어, 설괘와 관상의 이르러 간 바를 지시하므로 의리를 말하지 않는다. …… 의리는 획의 이르러 간 바 속에서 갖추어져 있어, 획의 이르러 간 바를 가리켜 밝히면 의리도 저절로 드러난다.…… 문사를 고려하여 괘를 알아야 하지, 문사에 구애되어 의리를 구하면 안 된다.104)

둘째로 천원술天元術을 이용하여 괘효의 운동을 설명하였다. 천원술이

---

†6)『雕菰樓集』권24에 수록.

*88)『易通釋』은 20권으로『雕菰樓易學』의 하나이며『皇淸經解』에도 들어 있다.

*89)『易學三書』는『雕菰樓易學』혹은『雕菰樓易學三書』라고도 한다. 모두 40권으로『易章句』12권,『易圖略』8권,『易通釋』20권이다. 淸 嘉慶本, 道光本, 光緖本이 있고,『焦氏叢書』에 들어 있다.

란 수학가 이야李冶*90)가 앞사람의 '동연구용지수洞淵九容之數'*91) 사상에 근거하여 제시한 대수방정代數方程 배열법이다. 그런데 초순은 이야의 방법이 수학에 부합될 뿐만 아니라 『주역』에도 적용된다고 하였다. 그래서 수학을 역학에 임의로 끌어다 붙였다. '천원술'은 제목이 규정한 조건에 따라서 두 개의 다항식多項式을 배열할 것을 요구한다. 초순은 『역』에 대해 논하면서, 두 괘씩으로 하나의 괘를 조성하여, 두 괘의 운동을 그들의 관계를 가지고 설명하려 하였다. '천원술'은 방정方程에서 정부正負(Plus-Minus)의 상호 소거消去를 요구하는데, 초순은 그것을 제동齊同이라 하였다. 즉 『역도략』 권5에서 "이것이 가득 참을 가지고 저것의 부족함을 보충하는 것은 바로 수數의 제동齊同이 이와 같고, 『역』의 제동도 이와 같다"[105]고 하였다. 따라서 하나의 괘조卦組에 속한 두 괘는 각각의 효위爻位의 괘획이 음과 양으로 상반되어야 한다. 또 '천원술'은 나란한 두 개의 다항식 수치數值가 상등할 것을 요구하는데, 초순은 그것을 비례比例라고 불렀다. "이것으로 추론해도 이 수를 얻고 저것으로 추론해도 이 수를 얻으니, 수의 비례가 이와 같고, 『역』의 비례가 또한 이와 같다."[106] 『역』의 비례란 곧 a괘와 b괘*92)가 괘효의 교환으로 e괘를 얻고, c괘와 d괘가 괘효의 교환으로 역시 e괘를 얻으면, 그러면 a괘, b괘, c괘, d괘의 4괘는 서로 비례가 되므로 이 두 괘조에는 관련이 있어 그 변화를 상호 설명할 수 있다는 말이다.

세 번째로 초순은 육서六書의 전주轉注와 가차假借를 충분히 운용하여 경문을 파악하였다. 그의 『조고루집』 권8에 있는 「주역용가차론周易用假借論」이란 논문은, 『주역』의 문사만을 전문적으로 논하되, 가차假借의 범례를 이용하였다. 초순은 이렇게 말하였다.

---

*90) 李冶는 元의 欒城 사람으로 자는 仁卿, 호는 敬齋. 金의 進士 출신으로 金이 망하자 北元으로 건너갔다. 算術을 祕演하여 『測圓鏡海』 등 저술을 남겼다. 『元史』에 傳이 있다.

*91) 洞淵九容之數란 직삼각형에 원을 용납하는 9종의 방법. 즉 원을 끼고 있는 9개의 직삼각형의 변에서 같은 직경의 원을 구하는 방법을 말한다.

*92) 초순이 실제로 a, b, c, d의 알파벳을 이용한 것이 아니라 옮긴이가 알기 쉽게 알파벳으로 이름 붙여 본 것이다.

표的와 표豹는 발음이 같다. 호虎와 부류를 연이어서 말하면 표的를 가차하여 표豹로 하고, 제祭와 부류를 연이어서 말하면 표豹를 가차하여 표的로 한다. 패沛와 불紱은 발음이 같다. 곤괘困卦의 하괘에서 양강이 덮임을 두고는 패沛를 차용하여 불紱로 하고,*93) 풍괘豊卦의 하괘 상효에서 태兌를 이룸을 두고는 불紱을 차용하여 패沛로 한다.*94) 각각 문자에 따라 서로 관통하여, 발음이 비슷하면 가차하여 통한다.107)

고한어古漢語에는 전주와 가차가 늘상 있었으나, 초순은 지나치게 통가通假를 남발하여 객관적 기준을 상실하고 말았다. 그래서 통가는 경문을 곡해하는 무기로 되었다.

상술한 방법에서 출발하여 초순은 64괘 중에서 '삼오착종參伍錯綜'의 관계를 찾아내어 세 가지 역례易例를 발명하였다. 첫째는 방통旁通, 둘째는 상차相借, 셋째는 시행時行이다. 384효의 변화를 이 세 역례에 의거하여 추리해 낼 수 있다는 것이다.

방통旁通이란 상응하는 효위의 괘효가 음과 양을 서로 교환하는 것을 말한다. 본괘의 초효를 4효와 교환하고 2효를 5효와 교환하며 3효를 상효와 교환한다. 본괘에 교환할 것이 없을 때에는 같은 괘조卦組 속의 다른 한 괘로 교환하는데, 이 때도 초효를 4효와 교환하고 2효를 5효와 교환하며 3효를 상효와 교환한다. 이를테면 초순은 중부괘中孚卦☲와 소과괘小過卦☶의 방통에 대해 『역도략』「방통도旁通圖」제1에서 다음처럼 말하였다.

---

*93) 困卦☵의「象傳」에 "困, 剛揜也"라 하였는데, 이 뜻은 구2의 양효가 초육과 육3의 음효에게 덮이고, 구4와 구5의 양효가 육3과 상육의 음효에게 덮이는 것을 말한다. 困卦 九2 爻辭에 "困于酒食, 朱紱方來"라 하였다. 곤란한 지경에 당하여 그저 술 마시고 배불리 먹으면서 시기를 기다리니, 구5의 천자가 朱紱을 입고 賢人을 찾아 등용하러 오리라는 뜻이다.

*94) 豊卦☲는 震上離下. 九三 爻辭에 "豊其沛"란 구절이 있다. 沛란 斾로 장막의 뜻이다. 구3은 양강으로서 뜻이 올바르며 하괘의 상효로서 문명의 덕이 있으나 應爻의 상육이 暗愚한 小人이므로 자기를 등용하여 주지 않는다. 그래서 마치 한낮에 장막을 펴서 어두컴컴하듯 한다는 말이다. 구3과 구4, 육5로 이루어지는 互體가 兌이므로, 하괘 상효에서 兌를 이룬다고 하였다. 兌는 喜悅의 의미를 지니는데, 단 올바른 도를 고수해야 이롭다. 互體의 뜻을 가지고 '貞利'의 의리를 논한 것이다.

명이괘明夷卦☷☲ 육5효의 "기자의 총명함이 훼손된다"(箕子之明夷)의 기자箕子는 기자其子이다. 중부괘中孚卦 구2효의 "우는 학이 골짜기 그늘에 있어, 그 자식이 화답한다"(鳴鶴在陰, 其子和之)는 구2가 소과괘小過卦 육5와 방통함을 말한다. 그런데 소과괘 육5효가 중부괘 구2와 불화하므로 4효가 초효로 가서 명이괘를 이루는 까닭에 "기자其子의 총명함이 훼손된다"고 하였다. 기자其子와 학명鶴鳴이 서로 화하므로, 밝음(明)이 상처를 입지 않는다. 이것이 중부괘와 소과괘의 방통이다.

상착相錯은 두 괘조 속에 있는 4개 괘 사이의 특수 관계를 가리킨다. 이를테면 별괘인 건곤乾坤 두 괘의 내괘內卦가 교환하여 두 개의 새로운 별괘를 얻을 수 있다. 즉 내건외곤內乾外坤은 태괘泰卦☷☰이고, 내곤외건內坤外乾은 비괘否卦☰☷이다. 거꾸로 태괘와 비괘의 내괘를 교환하면 건괘와 곤괘의 두 별괘를 얻을 수 있다. 이처럼 내괘를 교환하여 하나로 연결되는 4개 괘의 관계를 상착이라고 한다. 초순은 상착하는 4개 괘가 서로 통한다고 보았다. 이를테면 『역도략』「비례도比例圖」제5에서 이렇게 말하였다.

점괘漸卦☴☶ 상효가 귀매괘歸妹卦☳☱ 3효로 가면, 귀매괘는 대장괘大壯卦☳☰가 되고 점괘는 건괘蹇卦☵☶가 된다. 건괘蹇卦와 대장괘는 상착하여 수괘需卦☵☰를 이룬다. 그러기에 귀매는 기다린다(須)고 하였다. 수須는 수需(기다림의 의미를 지닌 需卦)이다. 귀매괘의 4효가 점괘의 초효로 가면, 점괘는 가인괘家人卦☴☲가 되고 귀매괘는 임괘臨卦☷☱가 된다. 임괘臨卦는 둔괘遯卦☰☶와 통하고, 상착하여 겸괘謙卦☷☶와 리괘履卦☰☱가 된다. 그러므로 (履卦「단전」에서) 애꾸눈이 잘 보려 하고 절름발이가 멀리 가려 한다고 하였다. 임괘臨卦 2효가 5효로 감이 바로 리괘履卦 2효와 겸괘謙卦 5효의 비례이다.[108]

시행時行이란 변통을 거쳐서 괘효의 변환이 당위當位하게 하고 실도失道하지 않도록 하여 원형이정元亨利貞의 노선을 따라 나아가게 하는 것이다. 먼저의 2효와 5효가 변통 뒤에 초효와 4효이거나 혹은 3효와 상효이면 당위當位이니, 즉 원형元亨이다. 먼저의 초효와 4효, 혹은 3효와 상효가 변통 뒤에 2효와 5효이면 실도失道이니, 원元하지도 형亨하지도 않는다. 당위이면 길하고 실도이면 흉하되, 길은 흉으로 변할 수 있고 흉도 길로 변화할 수 있다고 보았다. 그렇게 변화시킬 수 있는 방법은, 이미 변화한 두 괘를, 음양이 완전히 상반된 괘와 배합하여 새로운 괘조로 만드는 것이다. 이를테면 『역도략』 「당위실도도當位失道圖」 제2에서 이렇게 말하였다.

> 건괘乾卦☰ 2효가 먼저 곤괘坤卦☷ 5효로 가고, 4효가 곤괘 초효로 가서 응하면, 건괘는 가인괘家人卦☲☴를 이루고 곤괘는 준괘屯卦☵☳를 이룬다. 이것은 당위이면서 길한 것이다.…… 만약 변통을 몰라 가인괘 家人卦의 상효가 준괘屯卦의 3효로 가서 두 개의 기제괘既濟卦☵☲를 이루게 되면 도道가 궁한다.[109]

따라서 시행의 관건은 변통이다. "당위이든 실도이든 한번 변통을 거치면 원형한 자는 더욱 원형하고, 원형하지 못한 자는 고쳐서 원형하게 된다"[110]고 하였다.

초순은 자신의 역학 방법과 세 가지 역례에 의거하여 『주역』의 괘상과 괘효사를 전면적으로 해석하였다. 그의 학설이 참신하고 특색이 있었으므로, 완원과 왕인지王引之 등 저명한 학자들도 그를 아주 높이 평가하여 "바위를 부수고 하늘을 놀라게 했다"(石破天驚)느니 "혼돈을 파내어 부수었다"(鑿破混沌) 운운하였다. 실은 이러한 찬미에는 서로 잘 아는 아사雅士라 하여 멋대로 칭찬한 측면이 없지 않다. 장지동張之洞의 『서목답문書目答問』*95)은 초순의 역학에서 『주역보소』는 취하고 『역학삼서』는 버리라고 말하였다. 식견이 있다고 할 수 있다. 왜냐하면 초순의 역학에는 근본적인 착오가 있기 때문이다. 첫째, 『주역』 괘효사의 의리를 연구할 것을 부정하여, 본래 나름대로 의미가 있고 특정 사상을 천명한 구문과 단

---

*95) 『書目答問』은 經·史·子·集·叢書를 나누어 2,200여 종의 서적을 목록으로 올리고 通行本을 소개한 목록집으로 모두 5권이다.

락을 완전히 분쇄하여 흩뜨려 버리고, 분쇄된 구문과 단락을 견강부회하여 괘효간의 관계와 운동을 해석하였다. 둘째, 방통과 상착은 지나치게 재치가 있고 임의성이 아주 커서 설이 통하지 않으면 멋대로 새 길을 찾아나가게 한다. 셋째, 통가通假와 전주轉注를 남발하여 억지로 관계를 만들어 내고 억지로 통하게 하는 도구로 삼아 버렸다.

결국 초순은 박학역 가운데 상수 창신파創新派에 속한다. 비록 그가 견강부회하는 식으로 수학과 언어학의 몇 가지 성과를 이용하여 새로운 단장을 하기는 하였으나 실질적으로는 아무런 변화도 가져 오지 않았다. 그의 역학은 처음 보기에는 법도가 자못 치밀한 듯하지만 사실 그 의미를 따져 보면 다 잘못되었다는 말이 있다. 완전히 사실에 부합하는 말이다.

초순의 역학 가운데 비교적 가치 있는 부분은, 한역의 괘변卦變·양상역兩象易*96)·납갑·납음·괘기육일칠분卦氣六日七分·효진 등의 이론을 비판한 측면이다. 초순은 한유漢儒와 마찬가지로 상수파에 속하기는 하였으나, 한역의 이러한 이론들이 지닌 상호 모순과 견강부회를 폭로하고, 상수학을 비판하는 데 일정한 작용을 하였다.

건륭·가경 시기의 박학역 가운데 영향력이 있었던 역학서로 손성연孫星衍의 『주역집해周易集解』10권이 있다. 이 책은 이정조의 『주역집해』를 취하여 왕필 주에 합하고, 또 서적과 전傳에 실린 마융·정강성 등 역학가의 주注 및 『역구결의易口訣義』속의 고주古注를 채집하여 그 뒤에 부기하였다. 『설문說文』과 『석문釋文』에 인용된 경문經文·이문異文·이음異音을 본문 뒤에 첨부하여 보였다. 그 망라 수집함이 풍부하고 선별함이 정밀하기에 그가 편찬한 『상서금고문주소尚書今古文注疏』와 나란히 전하리라 칭해진다. 그리고 왕인지의 『경의술문經義述聞』중에 『주역』 상하경 2권이 있고, 완원에게 『주역교감기周易校勘記』11권이 있어, 문자의 훈고와 교감 방면에서 두드러진 성과를 이루었다. 『역』의 도에 공이 있다고 할 만하다.

---

*96) 兩象易은 交卦·交易卦·上下易·交卦라고도 한다. 虞翻 역학의 용어이다. 64별괘의 상괘와 하괘의 위치를 교환하여, 내괘를 외괘로 하고 외괘를 내괘로 하여서 별도의 괘를 구성하는 방식이다.

8. 『사고전서총목제요』의 역학 사상

청대 박학역의 굴기가 관방 역학에 반영된 것이 바로 역대 역학 저작에 대한 『사고전서총목제요』의 평론이다. 『사고전서』는 중국 최대 규모의 고적 정리 업적으로, 그『총목제요』는 『사고전서』 찬수 과정에서 파생된 목록 저작이다. 이 『총목제요』는 해당 학문 분야에 각각 특장이 있는 수십 명의 편수관들이 나누어 지은 뒤, 저명한 학자인 기윤紀昀[97]과 육석웅陸錫熊 등이 사실 여부를 따지고 증보하거나 제거 혹은 개정하였고, 반복해서 수정하고 윤색하여 만들어 낸 것이다. 모두 200권에 이른다. 경부經部의 제일 처음이「역류易類」6권과「역류존목易類存目」4권으로 모두 10권이다. 이「역류」와「역류존목」은 『사고전서』에 수집된 역대 역학서에 대하여 간명한 제요提要를 만들어 둔 것이다. 그 가운데 해당 역학 저서의 내용을 약술하고 평론한 부분은 사고관신四庫館臣의 역학 사상을 충분히 반영하고 있다. 결론적으로 말하여 『총목제요』 경부「역류」의 역학관은 박학역에 접근하고 있어서, 한역을 높이 치고 송역을 억누르는 경향이 있다. 단 편찬자의 역학은 뿌리가 깊어서 그 견해는 대단히 깊이가 있다.

『총목제요』「역류」의 첫 권은 역학 발전사에 대해 다음과 같은 결론을 내렸다.

> 성인이 세상 백성을 깨우치는 때에는 대체로 事事에 인하여 교리를 우탁한다.…… 『역』은 복서卜筮에 우탁하였으므로 『역』이란 서적은 천도를 미루어 인간사를 밝히는 것이다. 『좌전』에 기록된 여러 점占은 예전에 주나라에서 태복太卜이 관장하던 점법과 같다. 한대 유학자들은 상수를 말하였는데, 옛시대로부터 그다지 멀리 떨어지지 않아 옛법을 보존하고 있었다. 그것이 한 번 변하여 경방과 초공의 역학으로 되어, 기상磯祥으로 흘러갔다. 다시 변하여 진단과 소옹의 역학으로 되어, 조화를 궁구하고자 힘써서 『역』은 마침내 일용에 절실치 않게 되었다. 한편 왕필은 상

---

*97) 紀昀(1724~1805)은 淸 河間 사람으로 자는 曉嵐, 시호는 文達. 乾隆 19년 道士로 관직은 禮部尙書, 協辨大學士에 이르렀다. 조선의 洪良浩·朴齊家와 교유한 것으로도 유명하다.

수를 다 쫓아 내고 노장老莊의 학으로 강설하였다. 그것이 한 번 변하여 호원胡瑗과 정이천이 비로소 유학의 이치를 천명하기 시작하였다. 다시 변하여 이광李光[*98]]과 양만리楊萬里가 또 역사 사실을 참고하고 증거로 대었다. 이리하여『역』은 마침내 나날이 그 논단을 열게 되었다. 이 양파兩派 6종六種은 서로 공박을 벌였다. 또『역』의 도는 광대하여 포함하지 않는 것이 없어 천문·지리·악률樂律·병법·운학韻學·산술·방외연단술에까지 모두『역』을 끌어다 강설하였다. 더구나 신기한 것을 좋아하는 자들이 그러한 분야의 설들을 끌어다가『역』에 도입하였으므로,『역』의 학설이 더욱 복잡하게 되었다. 무릇 64괘의「대상전大象傳」에 모두 '군자는 이것을 본받아'(君子以)라는 말이 있다. 효상은 점치는 사람을 경계한 내용이 많다. 따라서 성인의 정情이 말씀에 드러나 있다. 그 밖의 것은 모두『역』의 일단일 뿐이고 근본이 아니다.[111]

의리를『역』의 근본으로 보고 상수를 지엽으로 보면서, 역학의 유파를 '양파 6종'으로 개괄한 이 논법은 역학 발전의 법칙을 근본적으로 잘 파악하였다고 할 수 있다. 특정 서적이나 특정 문제에 대해『사고전서총목제요』가 내린 평론은 말류에서 근원으로 나아가 전문적인 연구를 수행함으로써, 진실로 "학술을 밝히고 원류를 찾아 내는" 역할을 하였다. 이를테면 호위의『역도명변』을 이렇게 논평하였다.

처음에 진단이 역리를 미루어 밝혀 내고는 그것을 부연하여 여러 도식을 만들었다. 이 도식은 본디『역』에 준거하여 나왔다. 그래서 괘효를 반복하여 연구하면 부합하지 않는 것이 없다. 그런데 그 도식을 전승받은 사람들은 그 설을 애써 신성하게 하려고 마침내 그 도식들이 복희에게서 나왔다고 하고,『역』이 도리어 도식에서 만들어졌다고 하였다. 또「계사전」의「하도」·「낙서」의 글귀를 근거로 대연大衍의 산수算數를 취하여「오십오점도五十五點圖」를 만들어「낙서」에 배당시켰다. 그 음양기우陰

---

*98) 李光(1078~1159)은 남송의 역학가. 자는 泰發, 호는 軒物居士, 자호는 讀易老人, 시호는 莊簡. 越州 上虞 사람. 崇寧 때 진사로 紹興 연간에 吏部尙書 등의 직책에 있으면서 金과의 和議를 반대하였다.『讀易詳說』과『莊簡集』이 있다.

陽奇偶는 하나하나 『역』과 상응한다. 그런데 그 도식을 전승받은 사람들은 그 설을 더욱 신성화, 정말로 용마와 신령한 거북이 지고 온 것이라고 하여, 복희가 이 도식으로 말미암아 선천도를 만들었다고 선전하였다. 사실은 당 이전의 서적에는 그것들에 관한 글자라곤 단 하나도 증거가 되는 것이 없었다가 북송 초에 돌출한 것이다. 무릇 중성中星*99)을 측정하여 의기儀器를 만든 뒤 중성에서 징험하면 부합하지 않는 것이 없나. 그렇다고 중성이 의기에서 생겨났다고 말할 수는 없다. 세월의 교차와 일식·월식을 관찰하여 산경算經을 만든 뒤 세월의 교차와 일식·월식을 징험하면 부합하지 않는 것이 없다. 그렇다고 세월의 교차와 일식·월식이 산경에서 생겨 나왔다고 말할 수는 없다. 소강절에서 주자에 이르기까지 단지 그 수의 교묘함만을 취하였지, 태고 이래 누구로부터 전수되어 왔는지를 탐구할 겨를이 없었다. 그러므로 『역학계몽』과 『주역본의』의 첫머리에 놓은 아홉 도식이 모두 다 이 설을 그대로 따랐다. 그런데 주희와 동시대의 원추와 설계선은 모두 이의가 있었고 …… 원의 진응윤도 『효변온시爻變蘊始』를 지어 「선천도」란 도가가 『역』의 이치를 빌려서 연단술로 만든 것이란 사실을 처음으로 지적하였다. 이어서 오징과 귀유광歸有光*100) 등도 「선천도」 등의 설을 배격하여 각각 논술이 있다. 국조에 모기령은 『도서원천편』을 지었고, 황종희는 『역학상수론』을 지었으며, 황종염은 『도서변혹』을 지어 더욱 힘써 논박을 하였다. 하지만 각각 자신의 견해에 근거하여 자잘한 면을 비난하였을 뿐이고, 그 본말을 소급 탐구하여 하나하나 유래를 밝히지는 못하였다. 호위의 이 책은 …… 옛글을 근거로 삼아 증명하여 선천도 등을 복희나 용마 혹은 신령스런 거북에서 나왔다고 의탁하는 자들의 입을 틀어막아, 학자로 하여금 도서의 설이 비록 예부터 있어 왔고 나름대로 이치가 있기는 하지만 연단술가와 술수가가 만들어 낸 곁가지이고 역학의 지류이지 『역』의 근본이 아니란 사실을 알게 하였다. 호위 자신이 지은 『우공추지禹貢錐指』보다도 이 책이 경학에 더 공이 있다.[112]

---

*99) 中星이란 28宿에 속하여 궤도를 운행하여 매월 차례로 하늘 가운데 있는 별을 말한다.

*100) 歸有光(1506~1571)은 明 崑山 사람으로 자는 熙甫. 震川先生이라 불린다. 嘉靖 44년 道士로, 南京太僕丞을 지냈다. 前後七子의 복고주의에 반대하고 唐宋古文을 존숭한 명 중엽의 一大家이다.

이 평론은 사실은 도서변위圖書辨僞의 역사라 하겠다. 이것은 청초 이래 이루어진 역학 변위의 성과를 총결산한 것이다.

양계초는 『중국근삼백년학술사』에서 "사고관四庫館은 한학가의 대본영大本營이요, 『사고제요』는 한학 사상의 결정체이다"라고 하였다. 「역류」 제요의 편찬자가 기본적으로 박학가들이었기 때문에 그들은 의리역에 대해 나름대로의 문호를 세워 비판할 수 있는 식견이 있었다. 이를테면 정이의 『이천역전』, 주희의 『주역본의』 등 송대의 여러 역학 대가들의 대표 저서에 대해 『사고전서총목제요』는 다만 그 체제만을 서술하고 그 내용의 잘잘못에 대해서는 한 마디도 언급하지 않았다.

찬수관纂修官 요내姚鼐[*101)]는 송학을 존숭하여, 송인 조이부趙以夫의 『역통易通』에 대하여 제요를 찬술하면서, "괘상·괘기·호체·납갑 등을 말하기 좋아하여 송유의 역 해석과 아주 다르다. 따라서 그 속에 정이천과 주자의 설을 언급한 것이 한 글자도 없다"고 지적하고 "시시함을 알 것 같다"고 폄하한 뒤, 다만 "일설一說로 갖추어 둘 뿐이다"라고 하였다. 그런데 총찬관總纂官은 박학가로서 한역을 추숭하였으므로, 원고를 정정하여 요내의 비평을 삭제하였다. 그러고는 조이부의 『역통』이 "성인이 「역」을 지은 취지를 깊고 절실하게 드러내었다"고 긍정하였다. 「역류」 제요가 이렇게 바꾼 것은 그 전체적 취향을 아주 잘 드러낸다.

이상에서 청대에 관찬官纂된 여러 역학 저작들을 보면 청대 역학이 발전해 나온 과정을 잘 알 수가 있다. 즉 청초에 편수된 『주역절중』은 송역을 위주로 하였고, 건륭 시대에 완성된 『주역술의』는 일변하여 한역과 송역을 아울러 채택하였으며, 『사고전서총목제요』 「역류」는 다시 변하여 송역을 누르고 한역을 높였다. 이러한 변화 과정은 박학역의 발전 상황과 기본적으로 보조를 같이하였다.

---

*101) 姚鼐(1731~1815)는 淸 桐城 사람으로 자는 姬傳. 乾隆 28년 道士로 四庫纂修官을 지낸 뒤 江南·紫陽·鍾山 書院에서 主講으로 있었다. 서재를 惜抱軒이라 이름하였다. 古文家로서 『古文辭類纂』을 편찬한 것으로 유명하다.

9. 청말의 역학

1. 박학역의 퇴조

도광道光 연간 이후 박학역은 최고 단계에서 점차 아래로 떨어져 내려갔다. 그 원인은 두 가지이다. 첫째, 박학역이 발전해 나가는 도로가 지나치게 좁았다. 한역의 정리와 연구가 이미 대성大成된 단계에 이르렀으므로, 혜동·장혜언 같은 대가가 또다시 출현하기 어려웠다. 둘째, 옛 학문 전체가 이미 극한에 이르러 이제 막 피어나기 시작한 신학문에 사람들의 관심이 쏠려 있었다. 도광 이후에 비교적 영향력이 있었던 역학서로 요배중姚配中의 『주역요씨학周易姚氏學』*102) 16권이 있다. 장혜언 이후로 우씨 역을 연구하는 것이 일시를 풍미하였으나, 요배중은 한역의 연구에서 도리어 정현의 역학을 가장 우대하였다. 그래서 정현 역에 온 정신을 쏟고 자나깨나 노력하여 『주역참상周易參象』14권을 마침내 완성하였으며 또 10편의 논문으로 그 전체적 의미를 강론하였다. 뒤에 원래의 책을 재편집하고 뒤바꾸어 10분의 7, 8만 남기고 통의通義 부분 10편을 산정하여 3편으로 해서 책머리에 두고 이름을 『주역요씨학』이라고 고쳤다. 이 책의 근본 취지는 정현의 역학을 발명하는 데 있다. 정현의 설이 흡족하지 못하면 순상과 우번의 설을 취하여 보충하되, 반드시 정현의 뜻을 가지고 갖다 붙였다. 순상과 우번의 설도 미흡할 때에는 자기가 안어按語를 덧붙이되, 역시 정현의 가법家法에 근본하여 괘상으로부터 의리를 구하고 부회천착하는 고루한 습속을 일소하였다. 단 정현이 뒷사람에게서 논박당한 효진설은 삭제하고 쓰지 않았다.

요배중은 또 『주역통론월령周易通論月令』2권을 저술하여, 상권은 7·8·9·6의 의미를 『예기』「월령」의 오신五神·오충五蟲·오음五音·오미五味·오사五祀·오장五臟·간지干支·십이율十二律에 끌어다 대었다. 그러고서 『대대례기大戴禮記』와 『소대례기小戴禮記』, 『홍범』「오행전」, 『회남왕서淮南王書』, 『춘추번로春秋繁露』, 율서律書, 위후설緯候說, 『백호통의白虎通義』를

---

*102) 『周易姚氏學』은 16권으로 南菁書院本, 蟄石館否印本, 淸 光緖 3년 湖北崇文書局 刊本이 있다.

잡다하게 끌어다 증명하였다. 하권은 오로지 괘상만으로 72후를 해설하되, 한결같이 이개李漑가 전한 「맹씨괘기도孟氏卦氣圖」를 준거로 삼아 4정괘가 4시를 주관하고 60괘가 6일 7분을 주관하며 8괘가 각각 45일씩 행사한다는 설을 취하여 참고로 삼았다. 이것에 대해서는 "스스로 교묘하고 지혜롭다 생각하여 여기저기서 채집해 구멍을 뚫어 통하지 않는 바가 없으나……사실은 한학의 말류에 불과하다"는 비판이 있다.

방신方申에게 『역학오서易學五書』가 있다. 방신은 여러 역학가의 서적을 두루 열람해서 역상易象에 관련된 것들을 모두 채록, 『제가역상별록諸家易象別錄』 1권을 만들었다. 상상을 논한 역학가 가운데서는 우번이 가장 정밀하다고 보아, 우번의 주가 인용한 일상逸象을 상세히 따지고 조목을 나누어 분석하여, 『우씨역상회편虞氏易象匯編』 1권을 만들었다. 또 뒷날 유학자들이 『역』을 풀이하면서 「설괘전」을 그다지 이용하지 않은 점을 비판하고, 고주古注를 두루 고찰하고 여러 위서緯書와 『좌전』, 『국어』의 주에서 「설괘전」을 인용한 것들을 찾아 참고하여 그것들을 차례대로 배열, 『주역괘상집증周易卦象集證』 1권을 이루었다. 또 춘추 시대의 복서卜書는 반드시 호괘법互卦法에 의거하여 호괘를 정괘正卦와 서로 참고하고 인증하였다고 보았다. 그래서 한유漢儒들이 논한 내용에서 실마리를 찾고 그 조리를 반복 탐구하여 호괘의 법을 깨달아, 『주역호체상술周易互體詳述』 1권을 지었다. 그리고 괘변설은 사람마다 달라 통일되지 않는다고 보고, 여러 설을 상호 참고하고 고증하고 정정하여 그 본래의 의례를 깊이 탐구, 『주역변괘거요周易卦變擧要』 1권을 이루었다. 한역에 대한 그의 학문은 발명한 바가 없지 않으나 전체적인 성과는 그다지 크지 않다.

그 밖에 오익인吳翊寅에게 『역한학고易漢學考』 2권, 『주역단전대의술周易象傳大義述』 2권, 『역한학사승표易漢學師承表』 1권, 『역효례易爻例』 1권이 있고, 하추도何秋濤에게 『주역효진신정의周易爻辰申鄭義』 1권이 있다. 유월兪樾에게는 『역관易貫』 5권, 『간환역설艮宦易說』 1권, 『소역보원邵易補原』 1권, 『완역편玩易篇』 1권, 『역방통변화론易旁通變化論』 1권, 『주역호체징周易互體徵』 1권, 『팔괘방위설八卦方位說』 1권, 『괘기속고卦氣續考』 1권, 『괘기직일고卦氣直日考』 1권이 있다. 또 기뢰紀磊에게 『주역소식周

易消息』14권,『우씨일상고정虞氏逸象考正』2권,『구가역상변증九家易象辨證』1권,『한유전역원류漢儒傳易源流』1권,『주역본의변증보정周易本義辨證補訂』4권이 있다. 이것들은 모두 청말 박학역의 여운일 뿐이고 역학사에서는 그다지 큰 가치가 없다.

2. 집일의 학

집일輯逸은 박학역의 큰 특색이다. 청대에는 장혜언 같은 박학역의 대가들이 집일의 분야에서 특기를 발휘한 것말고도 손당孫堂·마국한馬國翰·황석黃奭 등도 집일로 저명하다.

손당의 자는 보승步升, 절강성 평호平湖 사람으로, 가경 신유년(1801)의 거인擧人이다. 그가 편찬한 『한위이십일가역주漢魏二十一家易注』32권은 한위 이래의 역 주석을 집일하여, 『자하역전子夏易傳』부터 유환劉瓛의 『주역의소周易義疏』에 이르기까지 모두 21명의 역학가를 대상으로 하였다. 각 역학가의 주 앞에다가 각각 소서小序를 두어서, 그 인물에 대해 서술하고 그 책의 주된 취지를 논술하였다. 주 이래에는 간간이 고문古文 통가자通假字를 인용하여 경전의 뜻을 증명하였다. 만일 앞사람이 이미 말한 것이 있으면 그 성씨를 자세히 들었지, 슬그머니 자기가 새로 논하는 듯 꾸미지 않았다. 손당이 집일한『상수주역의向秀周易義』1권은 채집한 것이 정밀하고 심사를 잘하여 마국한이 집일한 『주역상씨의周易向氏義』보다 낫다. 또 그가 집일한 『간보주역주干寶周易注』1권은 원대의 도증屠曾 집본輯本에 의거하였는데, 자신이 초록하여 집일하였던 『집해集解』의 오류를 정정하고 아울러 빠진 것도 보충하였다. 마국한에게도 집본이 있으나, 마국한의 텍스트와 손당의 텍스트는 자세함과 간략함에 차이가 있다. 마국한 텍스트는 빠진 것이 많아야 열에 한 가지라면 손당 텍스트는 빠진 것이 열에 아홉 가지나 된다. 그럼에도 불구하고 그 득실을 비교하면 손당 텍스트가 더 낫다. 마국한의 집일서輯逸書는 9가역九家易이 빠져서 아주 소루하지만, 손당은 9가역을 전부 집일하여 망라하였다. 손당이 아주 근실하게 공을 들였음을 알 수 있다. 그의 집일서는 역학 연구에서 없어서는 안 될 책이다.

마국한의 자는 죽오竹푬로 역성歷城 사람이며, 도광 임진년(1832)의 진사이다. 그의 『옥함산방집일서玉函山房輯逸書』는 송 이전의 일서逸書 600여 종을 편집한 것이다. 그 속에 채경군蔡景君·정관·한영·고오자전古五子傳 등에서 당의 석일행釋—行에 이르기까지 모두 56명의 한당 역주를 총 79권으로 집일하여 두었다. 이것은 가장 완전한 한당 역주의 집본이나. 이를테면 맹씨역은 장혜언이 1권으로 집일한 것이 있으나, 마국한이 집일한 것은 장씨보다 한 배 반이나 더 있다. 그리고 각 편의 앞에는 간단한 제요를 하나씩 붙여서 원서의 내력과 존폐된 연혁을 설명하였다. 마국한이 집일한 역주는 수량면에서 볼 때 청대인의 집일 가운데 으뜸이므로 세상에서 중히 여긴다. 하지만 마국한이 집일한 것은 "자못 허망하다"는 혐의가 있다. 이를테면 그가 집일한 『주역정씨전周易丁氏傳』 2권은 『자하전子夏傳』을 정관丁寬의 주라고 하였으니 옳게 살피지 못한 것이다.

황석의 자는 우원又原이고 감천甘泉 사람으로 도광 임진년(1832)의 흠사 거인欽賜擧人이다. 그의 『한학당총서漢學堂叢書』는 집일서가 200여 종인데, 그 가운데 역류의 집일서로는 『자하역전子夏易傳』·『맹희역장구孟喜易章句』·『왕숙역주王肅易注』·『설우역음주辭虞易音注』·『적자원역의翟子元易義』·『역위易緯』 등이 있다. 그가 집일한 『왕숙역주』는 손당이나 마국한에게도 집본이 있다. 손당의 텍스트는 마국한 텍스트보다 20여 가지가 더 많고 인용한 서적도 20여 종이 더 많다. 황석은 손당 텍스트를 바탕으로 다시 집일하되, 『일체경음의一切經音義』, 정강중鄭剛中의 『주역규여周易窺餘』, 웅과熊過의 『주역상지결록周易象旨決錄』, 진사원陳士元의 『역상구해易象鉤解』 등 4책을 근거로 증보하고 정정하여 손당보다 치밀하다. 그가 집일한 『적자원역의』는 장혜언·손당·마국한보다 뛰어나며 성과가 더 크다.

3. 금문학파의 역학

건가 시기 이후 청대 학술계에서 울연히 일어난 것이 금문학파今文學派이다. 금문학파는 『역』에 대하여 전문적으로 깊이 연구한 것이 없으나, 회의 정신이 풍부하였던 그들은 전통 역학에 반대하는 몇 가지 관점을 제출하여 근대에서 오늘날까지 영향을 끼치고 있다. 청대 역학에서 의고파로 비교적 초기의 인물이 요제항姚際恒[103]과 최술崔述[104]이다. 요제항의 『구경통론九經通論』속에 『역전통론易傳通論』이 있다. 요제항은 구양수의 여파를 이어 『역전』이 공자의 작이 아니라고 보았다. 그의 『고금위서고古今僞書考』는 『역전』을 위서僞書의 첫머리에 놓았다. 최술은 한 걸음 더 나아가 『주역』 괘효사의 작자에 관한 전통적인 통설에 의문을 제기하였다. 그는 「문무주공통고文武周公通考」[105]에서 그는 다음처럼 말하였다.

근세에 『주역』을 말한 사람은 모두 다 단사彖辭를 문왕의 작, 효사爻辭를 주공의 작이라 하였다. 주자의 『주역본의』도 역시 그러하다. 내가 고찰하건대 『역전』의 앞장에서 "『역』이 일어난 것은 아마도 중고中古 때인가? 『역』을 지은 자는 아마도 우환이 있었던가?" 하였으되, 중고가 어느 때인지, 우환이 무슨 일 때문인지 결코 말하지 않았다. 그러다가 이 장에 이르러 비로소 『역』이 문왕 때 지어졌다고 하였으나, 문왕이 친히 지었다고는 결코 말하지 않았다. 그리고 "아마도······ 때인가"이니 "아마도······ 있었던가"이니 "······ 인가"이니 "······ 던가"이니 한 것은 다 의문사로 감히 결정을 내리지 못한 말이다.······ 사마천이 『사기』를 지으면서 『역전』의 이 글귀를 근거로 끌어다 붙여서, 문왕이 유리羑里에 감금되어 있을 때 『역』을 부연하였다고 하였다.······ 반고는 『한서』를 지으면서 다시 『사기』의 말을 근거로, 괘효사는 문왕과 관련 있다고 단정하였다.······ 그 가운데 가장 의심스러운 것들은······ 모두 문왕 이후의 일들이다.······ 이에 마융과 육적陸績은 부득이 효사爻詞를 따로 쪼개어 주공이 지었다고 하여, 옛설을 굽혀서 억지로 통하게 하였다.······ 이로써 말하면 문왕이 단사를 짓고 주공이 효사를 지었다는 것은 한대 이후 유

---

[103] 姚際恒(1647~1715)은 청 절강성 仁和 사람으로 자는 坊, 호는 善夫. 諸經에 통하여 『九經通論』을 저술하였는데, 현재는 『詩經通論』만 남아 있다. 『古今僞書考』12권, 『考釋』 2권으로 유명하다.

[104] 崔述(1740~1816)은 청 大名 사람으로 자는 武承, 호는 東璧. 건륭 27년 擧人으로 福建의 여러 縣에서 知縣으로 있었다. 辨僞學者로서 유명하며 『崔東璧遺書』30여 종 가운데 「考信錄」은 특히 疑古 정신이 두드러진다.

[105] 文武周公通考는 『崔東璧遺書』「豊鎬考信錄」卷 5에 수록되어 있다.

자들이 『사기』와 『한서』「예문지」의 글을 근거로 이리 굴리고 저리 굴려서 한갓 추측한 것일 뿐, 증거가 있어 믿을 만한 것이 아니다.[113]

최술은 문왕이 괘를 중첩하고 주공이 문사를 연계했다는 옛설에 회의를 표시하여, 선진 문헌에 아무 근거가 없음을 지적해 내었다. 이것은 역학사에 일대 돌파구를 마련한 것으로서 『주역』의 작자에 관한 근대적 논의를 추동한 공적이 없지 않다.

청말의 금문학자는 공자를 존숭하려는 뜻에서 『주역』 경전의 작자에 관해 새로운 견해를 내놓았다. 료평廖平은 『육예관총서六藝館叢書』「지성편知聖篇」 상권에서 이렇게 말하였다.

> 예전에는 『역』이 공자의 작품, 십익이 선사先師의 작품이라 하였다. 혹자는 이 설이 지나치게 새롭다고 의심하였다. 내가 고찰하건대 진동포陳東浦[106]는 감히 『역』이 문왕의 작품이라 하지 않았다. 십익을 '대전大傳'이라고 하는 것은 『사기』에서 비롯되었는데, 송의 여릉廬陵(즉 구양수), 자호慈湖(즉 양간)도 모두 십익을 공자의 작품이 아니라고 하였고, 황동발黃東發[107]과 진동포는 「설괘전」이 괘영卦影의 학[108]이니 분명 공자의 작품이 아니라고 하였다. 이 설은 나의 설과 부합한다. 십익이 공자의 작품이 아니므로 『경』이 공자의 작품이란 사실은 의문의 여지가 없다.…… 사람들은 단지 「계사전」의 '문왕이 주紂와 한 시기'란 말에만 근거하여 주공과 문왕이 『역』에 괘효사를 연계하였다고들 말한다. 그리고 세 『역』, 『주역』, 『좌전』에 인용된 글이 공자보다 앞선다고 보아 마침내 그 설을 혹신하여 『경』은 문왕과 주공에서 나오고 공자는 단지

---

*106) 陳東浦는 청의 陳奉玆. 江西 德化 사람으로 자는 時若, 호는 東浦. 건륭의 진사로 江蘇布政使를 지냈다. 서실을 敦拙堂이라 하였으며, 저서에 『敦拙堂集』이 있다.

*107) 黃東發은 송의 黃震. 慶元府 慈溪 사람으로 자가 東發. 寶佑 4년의 진사로 史館檢閱에 발탁되어 國史와 實錄을 편수하였다. 撫州 등지의 知事로 있으면서 선정을 베풀었으나, 송이 망한 뒤 벼슬 살지 않았다. 문인들이 사적으로 文潔先生이라는 시호를 올렸다. 『古今紀要』와 『黃氏日鈔』를 저술하였다.

*108) 卦影의 학이란 五代 宋 때 江湖 술사가 시화나 필획, 圖案 등을 인간사에 끌어 붙여서 길흉·화복을 예언하였던 미신. 뒷날의 圓光術.

전익傳翼을 지었다는 등, 예부터 지금까지 미혹하여 깨닫지를 못하고 있다.[114]

료평은 공자를 소왕素王이라고 여겨 그의 지위를 떠받들어, 공자가 괘효사를 지었지 『역전』을 지은 것이 아니라고 하였다. 피석서皮錫瑞의 『경학통론』도 이러한 관점을 견지하여 다음과 같이 말하였다.

> 괘효사는 모두 공자의 작품으로 돌려야 마땅하다. 대개 괘효는 복희와 문왕이 나누어 획을 그었고 괘효의 문사는 다 공자에게서 나왔다. 이처럼 하면 "『역』이 세 성인을 거쳤다"는 말과 배치되지 않는다. 기산箕山의 동린東隣·서린西隣*[109] 따위의 말은 공자에 해당시켜 보더라도 무방하다.[115]

강유위도 『신학위경고新學僞經考』「한서예문지변위漢書藝文志辨僞」 제3 상上에서 이렇게 말하였다.

> 역학이 유흠에 의해 어지럽혀지고 거짓되게 되었다고 하는 세 가지 이유가 있다. 첫째, 문왕은 단지 6효만 중복하였지 상하편을 만든 일이 없다고 하였다. 상하편을 주공이 지었다고 하여 더욱 뒤로 돌린 것이다. 둘째, 『역』에는 상하 2편만 있지 10편은 없다고 하여, 공자가 십익을 지었다고 보았다. 이것은 정말로 망녕된다. 셋째, 『역』에는 시수·맹희·양구하의 설이 있어 모두 전하田何에서 나왔고, 뒤에 경방이 다른 설을 내었다고 하였다. 그러나 모두 금문설이다. 비직의 『역』이란 없었으며, 고상高相의 역학설에 이르러서는 아주 지리할 뿐이다.[116]

이들은 다 공자를 존경하고 경을 숭배하는 뜻에서 말하였지만, 실제 증거는 하나도 없다. 내적으로 보면 공자가 『역전』을 지은 것을 부정하고

---

*[109] 旣濟卦에 "동린에서 소를 잡아 성대하게 제사 지냄은 서린에서 조촐하게 제사 지내어 실제로 복을 받음만 못하다"(東隣殺牛, 不如西隣之禴祭, 實受其福)고 하였다.

괘효사를 공자에게 귀속시킨 설은 참신하기는 하다. 하지만 『주역』경전의 작자가 누구인지를 연구하는 면에서는 아무런 진전도 없었으며, 최술崔述의 수준에도 전혀 미치지 못하였다.

제7장
현대의 역학

제1절 현대 역학 개설

1. 현대 역학의 범위

여기에서 말하는 현대 역학의 시기는 민국民國 초부터 1980년대 말까지를 가리킨다. 이 80년간의 『주역』 연구는 과거 어떤 시기와 비교하더라도 연구 방법이 과학적으로 다양해지고 영역이 넓어졌으며, 남다른 이설을 내세우는 자도 훨씬 많아져서 성과가 아주 볼 만하다.

이 시기의 역학은 연구 방법에 따라 대략 세 유파로 나눌 수 있다.

첫째, 의리파이다. 현대 역학의 의리파는 전통의 틀 속에 머물러 있는 자도 없지 않으나 서구 사조가 전래된 이후 새로운 사상과 새로운 학설을 도구로 삼아 『역』의 이치를 밝히는 것이 주류이다. 따라서 『주역』의 철학성을 탐구하는 데 공전의 깊이에 이르렀다. 이 일파의 대표자는 김경방金景芳·곽말약郭沫若·소연뢰蘇淵雷 등이다.

둘째, 상수파이다. 이 시기의 상수파에서 전통 상수학의 대표자는 상병화尙秉和이다. 또 새로운 자연 과학으로 역을 연구하는 이른바 '과학역자科學易者'도 있다. 설학잠薛學潛·심의갑沈宜甲이 대표이다. 과학역은 갈수록 번성하여, 해외·대만·대륙에서 괄목할 만한 세력을 이루고 있다.

셋째, 고거파考據派이다. 이 시기의 역학 고거파 가운데 건가학乾嘉學派처럼 훈고·고증의 박학樸學 방법으로 역을 연구하는 자로는 고형高亨이 대표적이다. 또 현대 고고학의 방법으로 『주역』을 연구하여 역괘의 기원, 전본傳本의 문제에서 돌파구를 마련한 고고학자도 있다. 장정랑張政烺·우호량于豪亮, 이학근李學勤이 그 대표이다.

요컨대 현대 역학의 의리파·상수파·고거파는 고대 역학에 비해 모두 다 참신한 내용을 지니고 있고 현대적 색채를 뚜렷이 드러내고 있다.

2. 현대 역학 발전의 제1단계

현대 역학의 발전에는 네 차례 열띤 시기가 있었다.

제1차는 1920년대 말, 1930년대 초에 『주역』의 작자와 성립 연대에 관해 토론한 시기이다. 이 토론은 '신사학新史學'의 고사변파古史辨派 학자들이 제기하였다. 그 주된 경향은 중국의 전통적 논법을 부정하는 것이었다. 『주역』 경문의 작자에 관하여 고힐강顧頡剛과 여영량余永梁 등은 복희·문왕이 지은 것이 아니라 주초周初의 작품이라고 하였다.[1] 이경지李鏡池 등은 『주역』이 서주 말기에 『시경』과 대략 같은 시기에 편성되었고, 작자는 한 사람이 아니라고 하였다.[2] 그런가 하면 육간여陸侃如는 『주역』의 괘효사가 수백 년간 구전되다가 동주 중엽에 문헌으로 정착되었다고 보았다.[3] 곽말약은 1935년 3월에 쓴 「주역의 제작 연대」(周易之制作時代, 원래 『青銅時代』에 수록되어 1945년 3월에 출판되었고 뒤에 『곽말약전집』歷史編에 수록됨)에서 『주역』이 결코 춘추 중엽 이전에 씌어진 것이 아니라 춘추 이후에 씌어졌으며, 작자는 공자의 재전 제자인 간비자궁馯臂子宮이라고 하였다.

그들은 『주역』을 복서서卜筮書로 보고 괘효사를 영첨靈簽 부주符呪라고 보아, 그 속에 철학 사상이 있다는 것을 부인하였다. 이를테면 이경지李鏡池는 『주역서사고周易筮辭考』에서 괘효사란 서점筮占의 서사筮辭로서 갑골복사甲骨卜辭와 같은 부류라고 보았다. 즉 저작 체제에서 복사卜辭와 같은 것은 첫 번째의 서사이고 복잡한 것은 두 차례 이상의 서사를 병합한 것이라고 하였다. 아울러 괘와 괘의 사이에는 아무 관계가 없었는데, 뒷날

---

[1] 顧頡剛, 「周易卦爻辭中的故事」, 『燕京學報』 제6기(1929. 12) 및 「論易繫辭傳中觀象制器的故事」, 『燕大月刊』, 제6권 제3기(1930. 10); 余永梁, 「易卦爻辭的時代及其作者」, 『歷史言語所集刊』, 제1권 제1기(1928. 10)(이상 모두 『古史辨』, 제3책에 수록되어 있다).

[2] 李鏡池, 「傳探源」 및 「周易筮辭考」(이상 모두 『古史辨』, 제3책, 1931. 10에 수록).

[3] 陸侃如, 「論卦爻辭的年代」, 『清華周刊』, 37권 제9기(1932).

사람들이 관계를 짓는 쪽으로 추론해 나간 것이라고 하였다. 이처럼 그들은 괘상을 아무런 의미가 없다고 보았을 뿐 아니라 괘효사를 임의대로 쪼개어 보기도 하였다.

『역전』에 대하여 전목錢穆·고힐강·풍우란馮友蘭 등은 공자 작자설을 부정하고, 심지어 공자는 『역』과 아무 관계가 없다고 말하였다.[14] 곽말약은 더 나아가 『역전』의 대부분은 순자荀子의 문도인 초나라 사람이 지었고, 성립 연대는 진시황 34년(기원전 213) 이후라고 추측하였다. 전현동錢玄同은 서한 초에 전하田何가 『역』에 전傳을 붙일 때에는 상하경과 「단전」·「상전」·「계사전」·「문언전」만 있었으며, 서한 중엽 이후에야 한인의 위작인 「설괘전」·「서괘전」·「잡괘전」이 혼입되었다고 하였다. 이경지는 전傳의 성립 연대를 구체적으로 추정하여, 「단전」·「상전」은 진한 때, 「계사전」·「문언전」은 소제·선제 때, 「설괘전」·「서괘전」·「잡괘전」은 소제·선제 이후에 지어졌다고 하였다.[15]

이 토론은 5·4 신문화 운동의 일환으로 이루어졌다. 논자들은 서양의 신사조로부터 영향을 받고, 금문학가今文學家의 의고疑古 정신을 발양하여, 일련의 근본 문제들을 한꺼번에 제출하고 논증하였다. 옛것을 지나치게 의심하여 말이 심하고 전통을 지나치게 부정한 면이 없지 않으나, 역학 연구를 봉건 경학에서 해방시켜 새로운 사상과 방법으로 역을 연구할 수 있게 함으로써, 낮게 평가할 수 없는 반향을 일으켰다. 이후 반세기 남짓의 역학은 이 토론에 상당히 지배되고 그 영향을 대단히 많이 받아 왔다. 현대의 고거역학은 이 토론에서 직접 발전해 나왔다고 할 수 있다. 이를테면 1940년대에 『주역고경통설周易古經通說』과 『주역고경금주周易古經今注』를 저작하고 1970년대에 『주역대전금주周易大傳今注』를 저술하였던 고형高亨은 『주역』의 본질에 대한 시각이나 괘효사의 분석, 경과 전의 관계에 대한 인식에서 명백히 고힐강과 이경지의 관점을 계승하여 발

[14) 錢穆, 「論十翼非孔子作」(1928년 여름, 뒤에 『古史辨』 제3책에 수록); 顧頡剛, 「周易卦爻辭中的故事」; 馮友蘭, 「孔子在中國之歷史地位」, 『燕京學報』 제2기; 馮友蘭, 『中國哲學史』.

15) 錢玄同, 「讀漢石經周易殘字而論今文易的篇數問題」, 『北京大學圖書部月刊』, 제1권 제2기 (1929. 12) (뒤에 『古史辨』 제3책에 수록).

전시켰다. 특히 1940년대의 두 저서는 고사변파 역학 토론의 직접적 산물이었다.

현대 신의리파新義理派의 발전에는 고사변파의 역학 토론이 원동력을 제공하였다. 이를테면 역사유물론과 변증법의 방법으로 역리易理를 천명하고 사회사의 각도에서 괘효사의 내용을 탐구하는 일은, 어떤 것은 고사변파의 역학 토론에서 도출되었고, 어떤 것은 그 토론에서 간접적으로 도움을 받았다.

요컨대 고사변파 학자가 이 토론에서 보여 준 여러 가지 기본적 관점은 그 뒤 수십 년 동안 부단히 수정되고 보충되어 오늘날에는 학계의 주역관으로 공인되었다. 그 원인은 대개 두 가지이다. 첫째는 연구 방법이 확실히 선진적이어서 역사적 점검을 거친 결론을 얻어 냈기 때문이다. 고힐강·여영량은 『주역』이 복희·문왕의 작품임을 부인하면서 괘효사 속의 사실을 가지고 『주역』의 성립 연대를 설득력 있게 고증하였다. 둘째는 중국의 전통 문화가 서구의 충격을 받은 이후, 서양 문화를 과학의 상징으로 보고 중국의 학문을 봉건적이고 낙후된 것으로 보는 일이 일반화되었기 때문이다. 고사변파 학자는 『역』을 연구하면서 다투어 새로운 역사학을 표방하고 그러한 풍조에 편승하여 전통을 표적으로 삼았다. 따라서 대체로 그들의 방법이 과학으로 간주되고 그들의 관점이 과학적 결론으로 인정되었다.

공자와 『역』의 관계를 부인한다든가, 『역전』이 한대의 소제·선제 때 나왔다거나 심지어는 그 이후에 나왔다고 보는 관점 등은 출토 문물에 의해 거짓으로 밝혀지고 점차 폐기되기에 이르렀지만, 일반적으로 말해 이럴 수도 저럴 수도 있는 문제나 심지어 출토 문물의 직접적 증거가 결여된 문제에 대해서는 전통적 설을 잘못이라 보고 고사변파의 설을 옳다고 보는 것이 보통이다. 이것은 역학을 경학으로 떠받들던 차원에서 떠나, 『주역』의 평가 절하와 부정을 목적으로 『역』을 연구하는 또 다른 차원으로 달려간 것이다. 민족 허무주의를 특징으로 하는 이러한 경향은 그 직접적 내원이 1920년대 말, 1930년대 초에 한바탕 크게 일어났던 역학 토론에 있다. 우리는 그 토론의 적극적 의의를 충분히 긍정하면서도 그 부정적 측면을 간과해서는 결코 안 된다.

3. 현대 역학 발전의 제 2단계

제 2차 역학 열기는 1960년대 초 대륙 학계에서 나타났다. 그것은 1949~1977년 사이의 30년 동안 대륙 학계에서 있었던 유일한 역학 토론이었다. 이 토론은 두 시기로 나뉜다. 제 1 기는 1960년 후반부터 1962년 말까지로, 주로 『주역』의 형성 연대, 『주역』의 본질, 『주역』의 철학 사상을 토론하였다. 『주역』의 형성 연대에 관하여 풍우란은 『주역』이 장기간에 걸쳐 온축되었으며, 은말 주초에 원형이 이루어졌으나 문왕·주공 두 사람이 만든 것은 아니라고 보았다.[6] 이경춘李景春은 문왕이 만들고 주공이 보충하였다고 인정하였다.[7] 임계유任繼愈는 『주역』의 시대는 길게 지속되었지만 64괘의 괘사와 384효의 효사는 한꺼번에 완성되었다고 보았다.[8] 이경지는 1930년대의 관점을 견지하여, 『주역』 괘효사가 대략 서주 중후기에 편찬되었다고 하였다.[9] 풍우란은 『역전』도 공자 한 사람이 일시에 만든 것이 아니라 전국 말에서 진한에 이르는 시기 유가의 작품이라고 보았다. 고형은 십익十翼이 모두 전국 시대에 씌어졌는데, 「단전」과 「상전」은 조금 빨라 춘추 말기에 씌어졌을 것이라고 보았다.[10] 임계유는 공자가 「계사전」을 지었다는 옛설은 근거가 있다고 하였다. 번성繁星도 『주역』 속에는 공자 및 그 이후 유가의 흔적이 남아 있고, 『역전』은 공자의 보수 사상을 반영하고 있다고 보았다.[11]

『주역』의 본질에 관하여 풍우란은 『역경』이 본래는 순전히 점서를 위해 이용되다가 춘추에서 전국 말기에 이르러 그 본질이 변화하였다고 보았다. 즉 점서를 할 때에 괘효사에 가해진 몇 가지 해석들이 점차 누적되

---

[6] 馮友蘭, 「易傳的哲學思想」, 『哲學硏究』. 1960년 7~8기 ; 馮友蘭, 「易經的哲學思想」, 『文匯報』, 1961년 3월 7일. 이하 동일.

[7] 李景春, 「周易哲學的時代及其性質」, 『文匯報』, 1961년 2월 28일. 이하 동일.

[8] 任繼愈, 「易經和他的哲學思想」, 『光明日報』, 1961년 3월 31일.

[9] 李鏡池, 「關于周易的性質和他的思想」, 『光明日報』, 1961년 7월 14일, 21일.

[10] 高亨, 「試談周易大傳的哲學思想」, 『學術月刊』, 1961년 제 11 기.

[11] 繁星, 「孔子和周易的作者是怎樣觀察變革的」, 『人民日報』, 1961년 3월 9일. 이하 동일.

어 하나의 사상 체계를 이루게 되었으며, 그렇게 형성된 사상 체계가 바로 『역전』의 철학 사상이라고 하였다. 이경춘은 풍우란의 설에 동의하지 않고, 『역경』은 점서에만 이용된 것이 아니며 『역경』을 만들 때 이미 철학 사상이 형성되어 있었다고 보았다. 번성은 『주역』 속의 점괘를 단순한 미신으로 보아서는 안 되며, 사실 그것은 고대인이 세계 변화의 법칙을 관찰하고 투쟁 경험을 종합하는 방법이었다고 주장하였다. 즉 『주역』은 세계 변화 법칙을 논한 책으로서 당시 사람들의 세계관과 사회 역사 및 계급적 모순을 반영한다고 보았다.

『주역』의 철학 인식과 관련하여 이경춘은 『역경』이 만물을 하늘·땅·우뢰·바람·물·불·산·못(澤)의 8종 물질로 구성되었다고 간주하여 소박 유물론을 함유하고 있을 뿐만 아니라, 고대 그리스의 유물론 철학과 비교할 때 질적 차별성에는 더 많이 착안하였다고 보았다. 고형은 팔괘가 8종 물질의 상징이란 점을 인정하되, 그것이 유물론 성질을 함유하는지 안 하는지는 확정할 수 없다고 하였다.[12] 풍우란은 자연계에 대한 『역경』의 파악은 유물론적 세계관의 맹아일 뿐이라고 비판하였다. 『역전』도 자연관 및 사회관의 측면에서 유물론이라 여길 특성이 있지만, 관념론의 방법을 이용하여 법칙적인 대수학代數學을 형성하였다고 보았다. 그리고 『역전』은 "천지를 주물형 속에 가두어 통괄하였기에"(範圍天地) 그것을 장악하면 가히 "천지에 앞서서 일을 행사해도 천지와 어긋나지 않을"(先天地而弗違) 수 있으므로, 그것은 사물을 떠나 단독으로 존재하는 규칙, 즉 제1의 규칙이며, 따라서 『역전』의 체계는 기본적으로 객관 관념론이라고 하였다.

풍우란은 『역경』에는 변증법 요소가 들어 있기는 해도 음과 양이라는 대립자가 상호 전화하고 "사물이 극에 달하면 반드시 되돌아간다"(物極則反)는 사상에 겨우 변증법 요소가 있을 뿐이었으나, 『역전』은 『역경』의 변증법을 대대적으로 발전시켜, 일체 사물이 모두 변동 속에 있고 사물 자체에 모순 대립자가 포함되어 있어서 하나의 사물은 곧 대립자의 통일

---

†12) 高亨, 「周易卦象所反映的辨證觀點」, 『文匯報』, 1961년 5월 19일.

이라는 인식에 도달하였다고 주장하였다. 또『역전』은 모순하는 두 대립자에서 하나가 주동적 지위에 있으면서 결정 작용을 일으키고, 다른 하나는 부차적 지위에 놓여 피동적이게 마련이라는 진보적 인식에 이르렀다고 하였다. 그는 또『역전』은 양적 변화가 질적 변화를 일으키는 전화법칙이 있다는 진보적 인식에 도달하였으나, 부정의 부정이라는 법칙에 대해서는 전혀 인식하지 못하여 다만 순환적인 변동을 논하였고, 대립자의 대립에서는 모순이 아니라 조화를 중요하게 보았다고 지적하였다.

이경춘은『역경』자체의 변증법이 대단히 풍부하여, 64괘의 배열이 이미 모순 운동의 변화를 체현하였을 뿐 아니라 양적 변화 및 질적 변화도 체현하고, 끊임없이 산생되는 모순 전화를 체현하여 새로운 부정, 부단한 혁명을 실현하였으며, 그 밖에 음양추이陰陽推移의 다양성, 즉 모순 변화의 다양성도 체현하였다고 보았다.『역전』은 경문에 함유된 변증법을 해석하였으나,『역경』에서『역전』으로의 발전은 대대적인 것이 아니라고 이경춘은 말하였다. 이에 비해 번성은『주역』이 한편으로는 변증법 요소를 많이 지니고 있어 모순의 대립 통일을 논하고 자연계의 변화가 자체 모순에 원인이 있는 것으로 돌렸지만, 또 한편으로는 변화 법칙을 성인만이 장악할 수 있다고 보아『역경』을 보수파의 공자와 공문제자孔門弟子들 수중에 떨어지게 함으로써 그 풍부한 소박 유물론 및 변증법을 형이상학과 관념론의 혼란 속에 묻어 버렸다고 하였다.

이 밖에 고문책高文策·장천산莊天山·유택화劉澤華·유선매劉先枚·유혜손劉蕙孫·주겸지朱謙之·심질민沈戚民·황탁명黃卓明도 각각 일련의 논문을 발표하여 이 토론에 참여하였다. 이경춘은 1961년과 1962년에 각각『주역철학과 그 변증법 요소』(周易哲學及其辨證法因素)와 속편을 출판하였고, 고형도 1962년에『주역잡론周易雜論』을 출판하였다.

4. 현대 역학 발전의 제3단계

1963년에 토론은 제2기에 들어갔다. 이 시기에는 주로『주역』연구 방법론의 문제를 토론하고,『주역』을 현대화하는 경향을 비판하였다. 1962년 3월 16일에 방려方鑪는 이경춘의 연구 방법을 정면으로 비판하여, 『광명일보光明日報』에 「주역 연구는 경經의 해석에 전傳을 원용해서는 안 된다」(研究周易不能援傳于經)라는 글을 발표하였다. 방려는 이경춘이 경과 전을 구분하지 않는 점을 비판하고, "이 선생의 관점에서 보면 『역경』의 작가는 이미 자각적으로든 무자각적으로든 '대립과 통일', '모순과 전화', '양적 변화와 질적 변화', '근본적인 질적 변화와 부분적인 질적 변화', '긍정과 부정', '부단 혁명론과 혁명 발전 단계론' 등의 변증법 규칙을 인식하고 있는 셈이 된다. 실제 이와 같다면 중국 철학사는 써 나갈 수가 없다"고 말하였다. 이경춘은 『주역』철학을 연구하자면 반드시 『전』을 가지고 『경』을 풀이해야 한다고 보았다.[13]

동방명東方明은 『철학연구』 1963년 제1기에 학술 평론 「철학사 연구에 있어 극히 해로운 방법」(哲學史工作中的一種極有害的方法)을 발표하여, 이경춘의 『주역 철학과 그 변증법 요소』를 비판, "마르크스 레닌주의 철학의 기본 원리를 2,000여 년 이전의 고인의 이름 밑에 끼워 놓고, 고인의 사상이 마르크스 레닌주의와 별 차이가 없다고 말한다"고 하였다. 또한 "주역 연구를 예로 삼아 철학사의 방법론 문제를 토론하자"고 제안하였다.[14] 이에 『철학연구』는 '주역 연구 방법론에 관한 토론'(關于研究周易的方法論的討論)이라는 고정난(뒤에 '철학사 방법론 토론'으로 개칭)을 열어, 동방명과 이경춘의 논박문을 발표하는 이외에, 방려·풍우란·염장귀閻長貴[15]·관봉關鋒·임율시林聿時[16]·이동以東·임계유[17] 등의 글도 발표하였다. 그 밖에 『문사철文史哲』 등 잡지도 고정란을 두어 동치안董治安·조유원曹維源[18]·왕명王明[19]·임걸林杰[20]·평심平心[21] 등의 글을 실음으로써

---

[13] 李景春의 글, 『光明日報』, 1962년 4월 14일.

[14] 東方明, 「本質的分岐在哪裡」, 『哲學研究』, 1963년 제2기.

[15] 方蠡, 「堅持哲學史中的嚴格的歷史性」, 『哲學研究』, 1963년 제3기 ; 馮友蘭, 「從周易研究談到一些哲學史方法的問題」, 위와 같음 ; 閻長貴, 「防止把古人現代化」, 위와 같음.

[16] 關鋒·林聿時, 「關子哲學史研究中階級分析的幾個問題」, 『哲學研究』, 1963년 제6기.

[17] 以東, 「應該劃淸的兩條界限」, 『哲學研究』, 1963년 제4기 ; 任繼愈, 「研究哲學史首先要尊重歷史」, 위와 같음.

[18] 董治安, 「對周易哲學級其辨證因素的兩點意見」, 『文史哲』, 1963년 제5기 ; 曹維源, 「周易中思能有無產階級道德」, 위와 같음.

이 토론에 참여하였다. 그들은 모두 입을 모아 동방명의 관점을 지지하여, 이경춘이 마르크스 레닌주의를 『주역』 철학에 부여한 일은 시대적 한계를 혼동하고 계급적 한계도 뒤섞은 것이라고 비판하였다.[22] 한두 번 변명한 뒤에 이경춘은 재검토를 해서 자기 저작에 완전치 못한 부분이 있어 고인을 현대화한 경향이 있음을 인정하지 않을 수 없었다.[23]

1960년대 초 대륙 학계에 일어난 이 역학 열기는 앞뒤 서로 다른 양태를 드러내었다. 전기에는 『주역』의 성립 연대·작자·본질·철학 내용에 관해 각자 설이 달랐으나, 기본 지향은 마르크스 레닌주의를 이용하여 『주역』을 해석하려고 시도, 『주역』에서 유물론적·변증법적 요소를 발굴하고자 노력하였다. 후기에는 명목상 주역 연구 방법론을 토론한다고 하였지만, 사실은 『주역』의 철학 사상을 지나치게 높이 평가하는 것을 막고, 마르크스주의 철학 사상의 역사적 지위를 깎아 내리지 않도록 하려는 데 목적이 있었다. 이경춘의 역학 저서를 통박하여 제출된 "철학사에서 엄격한 역사성을 견지해야 한다"라든가 "현대 사상을 고인 이름 밑에 걸어서는 안 된다"라는 비평들은 일리 있는 것이었다.

그런데 이 시기의 토론을 철학사 방법론 토론이게 한 또 다른 측면은 풍우란·엄북명嚴北溟·유절劉節·고찬비高贊非 등의 학술 사상을 비판하는 노선으로 진행되었다. 따라서 종전의 제1기 학술 토론이 정치 비판으로 뒤바뀌어 백가쟁명百家爭鳴에서 폭풍우 직전의 천둥 번개로 탈바꿈하였다. 그러자 역학 열풍도 성토 속에 허둥지둥 마감되었다. 비록 이러하기는 하였으나 이 역학 토론(특히 제1기)은 당시 대륙 학계의 역학 연구를 추동하였으니, 특히 『주역』 철학의 유물론 및 변증법 요소를 탐구하는 데 적극적인 의의를 지녔다.

---

†19) 王明, 「以乾卦的解釋爲例, 看李景春同志的周易哲學方法論問題」, 『光明日報』, 1963년 8월 30일.

†20) 林杰, 「不要把現代思想挂左古人名下」, 『文匯報』, 1963년 4월 4일.

†21) 平心, 「關于周易的性質歷史內容和制作時代」, 『學術月刊』, 1963년 제7기.

†22) 동시에 李鏡池의 논문 「周易的編纂和編纂者的思想」도 유사한 문제점을 담고 있다고 하여 비판하였다. 以東, 「應該劃淸的兩條界限」(앞의 책)을 참조.

†23) 李景春, 「怎樣解決本質的分岐」, 『哲學硏究』, 1963년 제5기.

5. 대만 학계의 역학

　대륙 학계가 1950년대에서 1970년대까지 『주역』 연구에서 기본적으로 의리의 탐구에 집중하였다면, 대만 학계는 역학 상수학을 선양하는 일에 집중하였다. 단 현대 자연 과학의 영향을 받은 탓으로 이 상수역은 이미 참신한 내용을 담아 과학역이라고 불린다. 현대 자연 과학의 지식을 가장 먼저 역 해석에 끌어들인 사람은 중화민국 초기의 항신재杭辛齋이다. 그는 『역』의 음양에서 건곤이 기질의 총강령이고 진震·간艮·감坎·리離·태兌·손巽의 6자가 화학의 6기――경氫·양氧·담氮·록氯 등의 기――라고 보았다. 하지만 과학역의 진정한 창시자는 설학잠辭學潛이다. 일찍이 1930년대에 벌써 『역과 물질과 양자역학』(易與物質派量子力學)과 『초상대론超相對論』을 저술한 그는 과학으로 『역』을 풀이하고 『역』으로 과학을 증명한 제1인자라 불린다. 설학잠의 『초상대론』은 1964년에 대만에서 재판되었는데 『역경수리과학신해易經數理科學新解』라고 개명되었다. 이 책은 대만 역학계에 과학역 연구의 열기를 불러일으켰으며, 역학과 과학의 관련성에 관한 논전을 촉발시켰다.

　역학과 과학의 관계에 관한 논전은 위릉운魏凌雲이 1968년 12월 21일에 『중앙일보中央日報』에 「영과 일의 철학」(零與一哲學)이란 글을 발표하면서 일어났다. 위릉운은 『역경』이 흑색 철학黑色哲學으로 너무도 현묘하여 이해할 수 없는 학문이며, 칠흑 같은 조각들 때문에 들어가는 문호를 볼 수 있는 사람이 너무 적다고 하였다. 이에 비하여 물리학·전산학 등 자연 과학은 백색 철학白色哲學으로 0 아니면 1을 들고 있는데, 이 0과 1의 철학만이 우주 만물의 가장 기본적인 도리라고 주장하였다.

　『역경』에 관한 위릉운의 관점은 많은 역학가들의 비판을 받았다. 이상청李霜青은 『역』을 흑색 철학이라 하는 것은 잘못이라 비판하고, 전산학은 라이프니츠의 2진법 수학에 근원하고 있고 2진법 수학은 바로 복희 64괘도에 뿌리를 두고 있다고 하였다.[24] 서근정徐芹庭은 스승 남회근南懷瑾의 명을 받아 설학잠의 『역경수리과학신해』를 변호하고자 『역』에 '4

---

†24) 李霜青, 「零與一不足哲學」, 『中央日報』, 1969년 1월 4일.

차 공간'과 '시공 상대時空相對'의 관념이 있다고 확인하였다, 그리고 비록 전산학이 『역경』에 근원한다고 볼 수는 없지만, 라이프니츠는 소옹邵雍의 「복희64괘방원도」가 자신의 2진법 수학과 부합한다고 하였으므로, 『역경』은 과학적 혹은 수학적 가치를 지닌다고 하였다. 30년 전 노선배들의 역학 저술을 가라지와 싹도 구분하지 않은 채 지옥에 떨어뜨려 한꺼번에 말살해서는 안 된다고 하였다.[25]

옹화육翁和毓은 『역경수리과학신해』가 수리數理로 역경을 해석하거나 역경으로 수리를 해석하여 고금의 사상을 융회 관통케 하였으니 상당히 의의 있는 업적이라고 하였다.[26] 도룡陶龍은 『역경』이 물론 현대 물리학 이론을 제출한 바 없지만, 그 철학 이치 속에 물리학이나 과학의 어떤 기본 전제가 함유되어 있는가 아닌가 하는 것은 별개 문제라고 하였다. 왠만한 해답을 얻기 위해서는 『역경』을 연구해야 할 뿐만 아니라 당시의 입장에서 당시의 문화 배경을 살펴야 하고, 이러한 관점에서 신지식을 옛 전적의 해석에 운용함이 문화 특질을 판단하는 가장 좋은 길이 아닐 수 없다고 하였다.[27]

그런데 이세원李世元은 위릉운의 견해에 찬동하여, 설학잠의 『역경수리과학신해』는 분명히 황당하며 누구든 자신의 단정에 의혹을 비친다면 즐겨 응수할 것이라 말하였다. 순수 학문의 이치로 하는 도전이면 어떤 도전이라도 받아들이겠으니, 대학 1학년의 물리학 관계 지식만 갖추면 된다고 하였다.[28] 노국휘勞國輝는 한편으로는 이상청의 설을 잘못이라 비판하고, 한편으로는 설학잠의 저서도 엉터리라고 비판하면서 세 가지 의문을 제기하였다.[29]

요컨대 토론에 참가한 자연 과학자나 학생들은 모두 『주역』 속에 현대

---

[25] 徐芹庭, 「也談易經數理科學新解」, 『中央日報』, 1969년 1월 28일; 徐芹庭, 「易經的眞實解說」, 『中央日報』, 1969년 2월 11일.

[26] 翁和毓, 「談易經外一章有感」, 『中央日報』, 1969년 2월 11일.

[27] 陶龍, 「零與一是否哲學的立場之爭」, 『中央日報』, 1969년 1월 30일.

[28] 李世元 등, 「易經數理科學新解確實荒謬」, 『中央日報』, 1969년 1월 17일.

[29] 勞國輝, 「關于易經數理科學新解」, 『中央日報』, 1969년 1월 18일; 勞國輝, 「談易經與科學」, 『中央日報』, 1969년 2월 12일.

과학 사상이 들어 있음을 승인하지 않고, 『역경』과 수리 과학이 별개이며 그 둘을 억지로 한데 끌어다 붙일 수는 없다고 하였다. 이 토론에서 과학역을 부정하는 사람이 공격측이고 과학역을 긍정하는 사람이 수비측이었다. 양쪽 다 설득력을 갖지 못하였으나, 실은 과학역의 영향이 점차로 증대하게 되었다. 진립부陳立夫는 1970년대 말에 응용 역학應用易學을 창도하고 체계화하여 자연 과학과 역리와의 관계를 연구의 중심으로 삼았다.

6. 1970년대 말 이후의 역학

1970년대 말 이후 『주역』 연구는 중국 내외에서 다시 고조되었다. 특히 1980년대 말 중국에는 미증유의 『주역』 열기가 나타나 지금까지도 꺼지지 않고 있다. 대륙으로 말하면 『주역』 연구의 대열이 전에 없을 만큼 확대되었다. 역학의 신규 출판과 중판重版만도 근 100종에 가깝고, 각종 잡지에 발표된 『주역』 관련 논문은 수백 편에 이른다 하니, 그 수량은 중화인민공화국 성립 이후 30년간의 수를 크게 초과한다. 1984년에는 무한武漢에서, 1987년에는 제남濟南에서 대규모의 주역 학술 토론회가 거행되었고, 그와 함께 중국주역연구회中國周易研究會도 발족되었다. 산동대학山東大學의 주역연구중심周易研究中心이 창간한 잡지 『주역연구』는 벌써 4기째 발행되었다. 대만은 1980년 초에 월간 『중화역학中華易學』을 창간하고 역경학회도 발족하였다. 국외에서는 1985년에 국제역경학회가 창립되었다. 1984년에는 한국의 서울에서 제1차 국제역학대회가 거행되었고, 1985년에는 대북台北에서 제2차 국제역학대회가 열렸다. 국제역경학회가 창간한 『국제역경계간國際易經季刊』이 이미 출판되어 중문과 영문으로 발행되고 있다. 이러한 『주역』 열기는 물론 현대 세계의 정치 문화적 배경도 관련이 있지만, 근 10년 이래 역학 연구 자체가 획득한 일련의 성과와도 불가분의 관련이 있다.

7. 최근의 고고역학

근 10년 사이에 『주역』에 관하여 이루어진 고고학 연구는 역학사에서 주목을 끄는 성과이다. 1978년에 장정랑張政烺은 섬서陝西 출토의 주원복골周原卜骨에 보이는 기이한 숫자가 역괘 부호라고 하였다. 그 뒤 그는 상주商周 시기의 청동기와 갑골에 허다하게 나타나는 기이한 글자도 상말주초의 괘획 부호라고 확인하였다.[30] 이 연구에 근거하여 점서가 형성된 시대가 상商 무정武丁 이전, 심지어 신석기 시대까지로 소급되었다.[31]

고고 자료의 역괘가 대부분 중괘重卦 형식이라는 사실은 중괘가 문왕에게서 비롯된 것이 아니며 『주역』 64괘의 괘획 체계가 아주 일찍 형성되었음을 말해 준다. 1970년대 중엽에 어떤 사람은 소수 민족의 자료를 가지고 『주역』의 음효와 양효가 점서 시대의 대표적인 기수·음수 부호라고 추측하였다.[32] 이 점은 은주 시대 청동기와 복골의 역괘 부호가 바로 다섯 개 숫자로 조성되어 있고, 기수·우수 출현의 빈도가 내체로 고르다는 사실로부터도 방증을 얻었다. 따라서 학계는 『역』이 서筮를 낳았고 서筮는 수數에서 기원한다는 관점으로 기울고 있다.

1973년에 장사長沙에서 출토된 백서帛書 『주역』은 통행본 『주역』과 64괘의 배열 순서가 거의 대부분 다르다. 원본 『주역』의 괘서는 과연 금본今本에 가까운가, 백서에 가까운가? 이러한 의문은 학자들의 연구를 더욱 자극시켰다. 어떤 이는 백서 『주역』의 괘서가 통행본보다 빠를 수 없으며, 백서의 괘서는 후인이 경문을 개변한 데서 나왔다고 하였다.[33] 또 어떤 사람은 백서 『주역』을 별본別本 『주역』이라 칭하여 경문보다 이른 시기의 텍스트라고 하였다.[34] 백서 『주역』에는 경과 함께 전도 있다. 전문傳文의 상세한 내용이 아직 공표되지 않았지만, 이미 발표된 부분 자료에 의거하여 학자들은 『역전』의 성립, 공자와 『주역』의 관계, 전국 진한 때의 역학 전승 등 일련의 문제에 돌파구를 마련하는 진전이 있었다.[35]

[30] 張政烺, 「試釋周初靑銅器銘文中的易卦」, 『考古學報』, 1980년 제4기.
[31] 張亞初·劉雨, 「從商周八卦數字符號談筮法的幾個問題」, 『考古』, 1981년 제2기.
[32] 汪寧生, 「八卦起源」, 『考古』, 1976년 제4기.
[33] 張政烺, 「帛書六十四卦跋」, 『文物』, 1984년 제3기; 韓仲民, 「帛書周易六十四卦淺說」, 『周易縱橫談』; 李學勤, 「馬王堆帛書周易的卦序卦位」, 『中國哲學』 14집.
[34] 于豪亮, 「帛書周易」, 『文物』, 1984년 제3기; 劉大均, 「帛易初探」, 『文史哲』, 1985년 제4기.
[35] 李學勤 논문과 韓仲民 논문 참조.

8. 최근의 주역 철학 연구

『주역』철학 사상에 대한 연구도 근 10년래 역학 연구의 중심이 되어 왔다. 아주 소수의 학자가 『주역』에 풍부하고 심각한 철학 사상이 들어 있음을 부정하는 태도를 취하고 있기는 하다. 그러나 여전히 논쟁중인 중 요한 문제가 하나 있다. 곧 『역전』에 천명된 철학 사상이 『역경』에 고유 한 것인지 아닌지 하는 문제이다. 어떤 학자는 음양이나 도라는 범주는 『역전』에서 주역 철학의 핵심으로 되고 더욱 천명되었지만 『역경』에서는 그것들이 발견되지 않는다고 주장한다.[136] 이 주장은 사실상 『역전』이 기 본 철학 사상면에서 『역경』과 일치한다는 점을 부정한 것이다. 어떤 학 자는 그러한 견해에 동의하지 않고, 『역전』이 비록 『역경』보다 뒤늦게 성립하였지만 『역경』과 무관한 내용은 그다지 끼어들지 않았고 그러한 무관한 듯한 내용도 『역경』철학의 기본 개념과 범주를 천명하여 근거가 있다고 하였다. 만일 『역경』에 음양 및 도 따위의 글자가 없다고 하여 성급하게 이 점을 부정한다면, 그것은 『역경』의 문자적 특수성에 대한 인식이 결여된 까닭이라는 지적이다.[137] 『역경』과 『역전』은 근원과 지류 의 관계이니, 『역전』은 『역경』으로 말미암아 생겨 나왔고, 『역경』은 역 전의 해석이 있음으로써 이해될 수 있다는 것이 대다수 학자의 공통된 인 식이다. 그러나 『역전』에서 『역경』철학의 내용을 직접 천명한 내용과 『역전』에 반영된 작가 자신의 사상 내용을 어떻게 구분할 것인가는 여전 히 큰 난문제이다.

1960년대와 비교할 때 근년에 『주역』철학을 천명하는 작업은 『주역』 에 포함된 변증법과 유물론의 내용을 지적해 내는 수준에 머물러 있지 않 다. 오히려 『주역』을 상당히 이른 시기의 고대 중국의 지혜(지적 모델, 철 학 방법, 종교 윤리적 관념, 인생 사회적 태도, 심미 방식 등)가 지니는 대표적 특징으로서 제시하는 데 더 주력하고 있다. 이를테면 이택후李澤厚 같은 학자는 『주역』철학이 우주의 보편 질서(天道)와 현실의 사회 질서(人道)

---

136) 張立文, 『周易思想研究』, 113쪽.
137) 金景芳, 『周易講座』, 4쪽.

를 연역해서 일치시키고 상호 확인하는 일을 통하여 질서 도식을 건립하고자 하였다고 보았다. 『주역』 철학은 그로써 그 뒤의 중국 고대 사상에 영향을 주어 수천 년에 달하는 '통일적으로 완결된 우주론'을 개시하였다는 주장이다.[38] 또 장대년張岱年 같은 학자는 『주역』 철학이 '본질상 일종의 세계 도식론'이라고 주장하였다.[39]

그 뒤 철학 범주에 대한 연구가 흥기함에 따라 『주역』에서 도道·음양·시時·중中 등의 일련의 범주가 주목받게 되었다. 도道에 관하여 송조윤宋祚胤은 그것이 '우주 본체'를 가리킨다고 하였다.[40] 일본의 사토 고에츠佐藤貢悅는 도란 근원론적 의미로서는 이해할 수 없으며 그것은 사실상 우주의 변화, 음양의 소장消長, 음양의 순환, 음양의 교체 등 일체의 추향趨向·질서·법칙을 총개괄한 것이라고 하였다.[41] 김경방은 『주역』이 바로 이 점에서 역시 '도'를 우주 본원으로 보는 『노자』 철학과 다르다고 지적하였다.[42] 그리고 『주역』의 '도' 범주는, 성중영成中英에 따르면 창조 원칙이자 창조 과정인 과거 통일체過去統一體의 현상학과 본체론에 대한 본원적 고찰 위에 동시에 건립되었다고 하였다.[43] 다시 말하면 도는 경험적 특징을 구유하면서 동시에 초경험적 범주에 속한다는 뜻이다.

이러한 사유 노선을 따라 비로소 초경험 범주의 특성이라는 시각에서 고대 중국의 지혜가 유럽 및 기타 지역의 민족과 어떻게 다른가 하는 점이 탐구되기 시작하였다. 이를테면 당력권唐力權의 「주역과 화이트헤드: 장場 철학의 시대적 의의」는 이 방면의 성공작이다.[44] 많은 학자들은 『주역』의 상징 방법을 연구하는 데 주력하였다. 공계평孔階平은 『주역』의 상징 방법이 인식을 부호화한 특징이 있으며, 현상現象과 물자체物自體 사이에 교량을 놓는 것이 종지宗旨라고 지적하였다.[45]

---

[38] 李澤厚, 「荀易庸記要」, 『中國古代思想史論』, 125~126쪽.
[39] 張岱年, 「論易大傳的著作年代與哲學思想」, 『中國哲學』 제1집.
[40] 宋祚胤, 『周易新論』, 116쪽.
[41] 佐藤貢悅, 「淺探易傳的道範疇」, 『中山大學學報』, 1986년 제4기.
[42] 金景芳, 『周易講座』, 45, 63쪽.
[43] 成中英, 「論易經哲學中之轉化的和諧性」, 『第二屆國際易學大會文專集』(台北).
[44] 唐力權, 「周易與懷特海之間: 場有哲學的時代意義」, 『哲學與文化』, 1986년, 12권 9기(台灣).

『주역』의 철학적 본질에 관한 인식면에서는 관념론과 유물론을 둘러싸고 여전히 논쟁이 계속되는 것말고도, 『주역』의 무술巫術이 철학과 갖는 관계를 탐구하는 일도 주목을 받았다. 이 방면에서 가장 극단적인 관점은 『역경』이 철학이 아니라 종교 무술이라고 보는 견해이다. 『역전』이 있음으로 해서 비로소 "종교 무술의 기초 위에 철학 사상 체계가 잉태되어 나왔다"는 주장이다.[46] 하지만 김경방 같은 학자들은 비록 점서 자체는 무술에서 기원하였지만, 점서가 『주역』(『역경』을 포함)으로 발전하였을 때에는 이미 복서책의 형식 아래 심원한 철학적·사회적 사상이 감추어져 있게 되었다고 본다.[47] 이러한 모든 논쟁들은 『주역』의 의리를 탐구하는 작업을 새로운 수준으로 끌어 올렸다.[48]

『주역』을 자연 과학과 관련시키는 연구는 1980년대 이전의 대륙 학계에서는 거의 공백 부분이었다. 해외와 홍콩, 대만의 영향을 받아 근년에는 이 방면의 연구가 아주 요란한 형세이다. 당명방唐明邦 같은 학자는 64괘의 괘효사가 일월 5성과 28수의 별자리를 기초로 구축된 것이라고 본다. 태극은 1년간 음양이 소식하는 대주기이고, 양의兩儀는 하지에서 동지에 이르는 2대 계절이며, 4상은 4시, 팔괘는 1주년 중의 8계절이라는 것이다.[49] 『역』과 한의학의 관계에 대해서는, 한방의 주요 기본 개념이 역에서 기원한다고 나들 공인하고 있다. 당명방은 한의학이 태극도상太極圖象을 운용하고 음양이라는 표준을 장악하고 분변하였으며, 오행의 진체眞諦를 추론하였고, 다방면에서 하도낙서의 수리數理를 운용하였다고 하였다. 또 중국의 기공술氣功術은 반드시 역학 상수를 이용하여 그 경험을 종합해야 했다고 한다.[50]

---

[45] 孔階平, 「試論作爲豫測手段的我國古代卜筮在認識史上的地位」, 『中國哲學史研究』, 1983년 제3기.

[46] 余敦康, 「從易經到易傳」, 『中國哲學』 제7집.

[47] 金景芳, 『學易四種』; 金景芳, 『周易講座』.

[48] 이상 謝維揚, 「追索古代中國智慧之光」, 『文匯報』, 1988년 6월 21일에서 인용한 바가 많음.

[49] 唐明邦, 「周易象數與古代科學」, 『中國哲學史研究』, 1988년 제4기.

[50] 唐明邦, 「周易和黃帝內經」, 『孔子研究』, 1985년 제3기; 蕭漢明, 「論易經與中醫氣象醫學」, 『江漢論壇』, 1985년 제5기.

또 많은 사람들은 해외학자를 모방하여, 『주역』을 가지고 심원한 현대 자연 과학의 지식을 설명하고자 시도하였다. 수학 방면에서 동광벽董光璧 은 현대 계산기의 2진법이 『역』에 고유한 것이고, 『역』의 내용을 코드 로 짜서 계산기에 입력할 수 있으며, 계산기가 낳는 계산기 수 원리를 근 거로 『역』의 내용을 전산해 낼 수 있다고 하였다.[51] 물리학 방면에서 채 항식蔡恒息은 양자역학量子力學의 물리적 양가量價의 각종 양자성量子性 전환, 물질과 광복사光輻射의 파립 이상성波粒二象性, 불확정성의 원리(하 이젠베르크의 설) 등이 제출한 물질과 초물질 및 그들의 상호 관계의 철학 개념을 두고서, 그것들이 모두 『역』의 음양 상호 작용의 이론으로 설명 될 수 있다고 하였다. 즉 물리 분석이 『역』의 음양과 상통하고 음양이 곧 물리의 플러스 마이너스 에너지라고 하였다.[52] 생물학 방면에서 어떤 사람은 유전 코드와 64괘 구조가 부합한다고 하였다.[53] 천문학 방면에서 어떤 사람은 역학시공관易學時空觀을 제출하였고, 또 어떤 사람은 64괘로 대표되는 64종의 달의 위상을 장악하면 역사상 어떤 시각의 달의 운동이 라도 다 파악할 수 있다고 하였다.[54]

이러한 연구들은 인류 초기의 과학적 사유의 특징과 중국 고대 과학 발전의 독특한 노정과 득실을 탐구하는 데 중요한 의의가 있다. 이와 동 시에 현대 과학이 과거에 중국 고대 사유(『주역』의 과학적 사유를 포함하 여)에서 영향을 받았고 미래에도 받을 것임을 게시하는 데도 중요한 의의 가 있다. 하지만 후대인이 『주역』을 이용한 자료와 『주역』의 영향하에서 발휘한 사상 및 방법을 『주역』 자체의 고유한 사상이라 보아서는 안 된 다. 즉 역학의 응용을 역학의 본체로 보아서는 안 된다. 그렇지 않으면 역학이나 『주역』이 현대 과학 발전의 최고 정상이라는 따위의 그릇된 논 리를 내세울 수 있다. 따라서 지금 『주역』과 과학의 관계에 대해 제출된

---

[51] 董光璧, 「易經與數學」, 『自然辨證法通訊』, 1985년 제3기 ; 楊種維, 「計算機和易經的法則」, 『周易研究』, 1988년 제1기.

[52] 蔡恒息, 「易經與科學」, 『中國科技史料』, 1985년 제6기.

[53] 이 설을 제일 먼저 제기한 사람은 벨기에의 화교인 沈宜甲이다. 易翁, 「易經與現代科學」, 『中華易學』, 1987년, 7권 제11기.

[54] 蔡恒息, 「易經與科學」, 『中國科技史料』, 1985년 제6기.

각종의 현대적 연상은 신중히 살펴야 할 것이고, 응분의 분석을 가해야 할 것이다.

80년 동안의 현대 역학을 개관하면, 의리를 주장하는 역학은 전통적인 유가 철학에서 현대 철학으로 발전하였고, 상수를 주장하는 역학은 전통적인 호체·효진·하도낙서설에서 과학역으로 발전하였으며, 고거를 주장하는 역학은 전통적인 전적 정리에서 현내 고고학으로 발전하였음을 알 수 있다. 전통의 기초 위에 부단히 거듭나고 있는 것이 현대 역학이다.

제2절 현대의 의리역학

1. 의리학의 현대화

의리파는 본래 역학의 정종正宗이라 칭한다. 철학 이치의 각도에서 『역』을 연구하는 일은 현대 역학 연구에서도 주류를 이룬다. 특히 1950년대에서 1970년대까지 30년 사이에 의리학파(의리파)는 대륙 학계를 주름잡았다. 그래서 현대 의리학은 현대 신속히 발전하여 영향력 있는 저서와 역학가를 수많이 배출하였다.

서양 철학을 역리에 가장 먼저 융합시킨 사람은 주겸지朱謙之이다. 그는 1926년에 『주역철학周易哲學』을 출판하였다. 이 책은 우주관·인생관·윤리학·지식론을 가지고 『역』을 논하여 '우주 생명——진정한 흐름'을 대대적으로 강론하여, 의리학을 현대화하는 풍조를 제일 먼저 열었다.

역사 유물론을 가장 먼저 도입하여 사회사의 영역에서 『주역』 괘사의 내용을 탐구한 사람은 곽말약이다. 그는 1920년대 말에 『동방잡지東方雜誌』에 「주역 시대의 사회 생활」(周易時代的社會生活)을 발표하였다. 이 논문은 뒤에 『중국고대사회연구中國古代社會研究』에 수록되었다. 곽말약은 『주역』의 괘효사는 그 가운데 반 이상의 극히 추상적이고 간단한 문자를 제외하면, 대체로 현실 사회의 생활을 반영하고 있다고 보았다. "만일 현실 생활을 표시하는 글귀를 분류하여 그 주종 관계를 구분한다면, 당시 사회 생활의 모습과 일체 정신적 생산의 모형을 파악할 수 있다"고 말하였다. 그래서 그는 괘효사를 분석하여 이러한 결론에 이르렀다. 즉 『주역』 시대는 목축 시기에서 농업 시기로 바뀌었으나 목축이 여전히 생활의 기초이고 농업·수공업·상업은 겨우 맹아를 내었을 뿐이며, 모계 사회의 잔영이 남아 있으나 가족 제도가 이미 부계 사회로 옮겨갔고, 국가의 원초 형태가 대략 구비되었지만 씨족 사회와 그리 멀지 않았으며, 정치적 위계인 천자·왕후·무인·신관·사무史巫 외에 일반적 사회 계급인 대인·군자·소인이 있었다는 결론이다.

　곽말약은 가장 먼저 역사 유물론의 관점에서 『주역』을 연구하였을 뿐만 아니라, 가장 먼저 변증법의 방법으로 『주역』 철학을 분석하였다. 곽말약은 『역경』의 개념은 근본적으로 음양 두 성질의 대립으로, 일체의 만사 만물이 다 그러한 대립에서 이루어진다고 하였다. 팔괘는 서로 대립하는 네 짝의 현상이며, 64괘는 서로 대립하는 32짝의 사물로, 우주에는 모순이 충만하여 있다. 하지만 이러한 모순은 상반하면서 상성相成하는 것으로 결과적으로 하나의 공식을 낳는다. 그 공식이란 "작은 것이 가면 큰 것이 오고, 큰 것이 가면 작은 것이 온다. 평평한 것 치고 울퉁불퉁하지 않은 것이 없고, 간다고 다시 오지 않는 것이 없다."(小往大來, 大往小來. 無平不陂, 無往不復) 이 공식이 변화를 낳는다. 우주 전체가 하나의 변화요 하나의 운동이므로, 그것을 아울러 이름하길 '역'이라고 한다. 이것이 바로 『주역』의 작자가 자연 관찰에서 얻어 낸 변증법적 우주관이다. 이 관점은 아주 유치하기는 하지만, 정궤正軌에 꼭 들어맞는다. 그러나 자연관에서 실천 문제로 가면 『주역』은 절충주의·기회주의·개량주의로 향하게 된다. 높이 오른 용(亢龍)이 후회하는 바로 다음에 "뭇 용을 보되 머리가 감추어져 보이지 않으니 길하다"가 이어지고 있는데, 바로 머리 끝까지 발전해 가서는 안 된다는 뜻이다. 이것은 곧 유가 사상의 '근본의 根本義'이다. 곽말약이 개괄한 『주역』 철학은 이상과 같다.

　『역전』에 대하여 곽말약은 그것이 본래 『역』을 전傳한 것으로, 『역』의 변증법을 전개시켜 자연의 이법을 개략적으로 탐구한 것이라고 보았다. 『역전』의 사변 형식은 세 개의 공식으로 귀납된다. "천하는 귀착지가 같으나 길은 다르며 하나로 이르는 데 백 가지 사려를 한다."(天下同歸而 殊途, 一致而百慮) "음의 세력이 성하여 양과 맞먹을 정도로 되어 양과 싸 운다."(陰疑於陽必戰) "강유가 서로 미루어 변화를 낳는다."(剛柔相推而生變 化) 이 셋이 『역전』의 사변 형식이라고 하였다. 「서괘전」이 괘명의 명명 방식을 해석한 내용은 반드시 『역』을 만든 사람의 본뜻이라고는 할 수 없지만, 그 사상은 유물론적 사회 진화관을 담고 있다. 단 『역전』은 신도 설교神道設教를 강론하기도 하여 귀신·제사·복서를 긍정하였다. 이것은 의식적인 우민 정책愚民政策이다. 동시에 『역전』은 "각자 성명을 바로하 고 음양의 조화를 이룬다"(各正性命, 保合太和)는 절충주의, "많은 데서 취 해 적은 데 보태 주고, 대중에게 공평하게 베푼다"(衰多益寡, 稱物平施)는 개량주의, "손익과 영허를 때에 맞추어 행한다"(損益盈虛, 與時偕行)는 기 회주의를 강론하였다. 이것들은 다 유가 사상으로 『대학』과 『중용』의 사 상과 일치한다고 곽말약은 논하였다.

뒤에 『주역제작시대』에서 곽말약은 "팔괘는 기성 문자에서 도출되어 나온 것"이고, "역의 작자는 분명히 간비자궁馯臂子弓"이며, "『역전』은 순자荀子의 문하에서 나온 것이 많고, 공자는 『역』과 아무 관계가 없다" 는 등 일련의 새로운 설을 제출하였다. 요컨대 곽말약의 『주역』 연구는 두 측면의 의의를 지닌다. 사회사의 각도에서 『주역』 시대의 사회 생활을 연구하고 변증법적 유물론의 관점에서 『주역』 사상을 분석한 일은 그가 최초였다고 할 수 있다. 이 의의는 인정할 만하다. 그런데 그가 『주역』 괘효사를 '영첨부주靈籤符呪'라고 하고, 나아가 『주역』 경전의 작자와 성 립 연대를 고증한 것은, 대체로 주관적인 억설에 불과하며, 옛것을 의심 함이 지나치게 과도하다. 그 의의는 부정적이다.

곽말약의 역설은 대륙 학계에서 영향력이 아주 커서, 1950년대에서 1970년대에 이르기까지 대륙의 역학 연구 전부가 기본적으로 곽말약의 노선을 따라 왔다.

2. 유물 변증법과 현대 역학

1. 김경방

비교적 초기에 유물 변증법을 이용하여 『주역』 철학을 연구한 사람으로 또 김경방이 있다. 그는 1930년대 말에 『역통易通』이란 책을 저술하였다. 이 책에는 특히 「주역과 유물 변증법」이라는 장을 두어 변증법의 3대 기본 법칙이 『주역』 중에 완전히 반영되어 있다고 명확히 밝혔다. 1950년대 이후 김경방은 계속하여 「역론易論」, 「설역說易」, 「주역 작자에 관하여」(關于周易作者問題) 등의 논문을 발표하였다. 1980년대에도 그는 『한역사종漢易四種』, 『주역강좌周易講座』, 『주역전해周易全解』 등의 역학서를 연속으로 출판하였다. 60여 년간에 달하는 역학 연구에서 김경방은 자신만의 독특한 역학 사상 체계를 형성하였다. 그는 『주역』이 풍부하고 심오한 철학 사상을 온축하고 있어, 복서는 다만 겉껍데기일 뿐이고 그 철학이 바로 본질이라고 보았다. 그에 따르면 한대인은 상수학을 높이 치고, 송대인은 도서학을 높이 쳤다. 그런데 청대인은 다시 한역을 높이 쳐서 역학을 기로에 서게 하였으므로 응당 비판받아야 한다. 그리고 공자가 기초를 놓고 왕필과 정이가 크게 발양한 의리파의 역학 관점과 방법을 계승해야만 한다.

『역경』과 『역전』은 서로 긴밀하여 분리될 수 없다. 『역전』은 『역경』을 해석한 것으로, 『역전』이 없었다면 후대인은 『역경』을 이해할 도리가 없었을 것이다. 그 둘은 비록 성립 시대가 같지 않으나 사상은 일치한다. 그러므로 공자는 『주역』에 위대한 공헌을 하였다고 말할 수 있다. 즉 『역전』은 기본적으로 공자의 작품으로, 공자는 『역전』을 통하여 『주역』에 함축된 사상을 전면적으로 깊이 있게 밝혀 내었다.

또 『주역』 64괘의 배열 구조가 깊은 사상 내용을 내포하고 있다고 하였다. 「계사전」에 "건곤은 역의 심오처인저!"(乾坤易之蘊耶)라 하고, 또 "건곤은 역의 문인저!"(乾坤易之門耶)라고 하여, 건곤 양괘에 대하여 64괘 가운데 특히 중요한 위치를 부여하고, 나머지 괘들은 건곤 양괘의 발전과 변화임을 표명하였다. 64괘가 기제괘와 미제괘 두 괘를 결미로 한 것도 역시 깊은 뜻을 담고 있다. 건곤에서 기제괘·미제괘에 이르는 과정은 사물 발전의 전과정을 표시한다. 「서괘전」에 "사물은 궁할 수 없다. 그러므로 미제괘로 종결한다"(物不可窮也. 故受之以未濟終焉)고 하였다. 이것은 『주역』 작자의 심오한 변증법 사상을 반영한다.

은역殷易 『귀장歸藏』(혹은 『坤乾』)은 곤괘를 머리에 두고 건괘를 다음에 두었으나 『주역』은 건괘를 머리에 두고 곤괘를 다음에 두었다. 이 점은 은주 양대의 사상 관념과 정치 제도에 중대한 차이가 있음을 반영한다고 김경방은 보았다. 곤괘를 머리에 두고 건괘를 그 다음에 둔 것은 "은의 도는 친척을 친히 한다"(殷道親親)는 사실을 반영한다. 은대에는 씨족 사회의 잔재가 비교적 많아, 자연 상태의 혈연 관계가 미치는 영향이 아주 커서, 부친이 죽으면 자식이 잇고 형이 죽으면 아우가 잇는다는 두 제도를 병행하여 계승하였다. 그런데 『주역』이 건괘를 머리로 하고 곤괘를 다음으로 한 것은 "주의 도는 존귀한 이를 존대한다"(周道尊尊)는 사실을 반영한다. 주대에는 계급 통치가 완전히 확립되어 적장자嫡長子 계승 제도가 실시되어, 군존신비·남존여비男尊女卑가 강조되었음을 말해 준다. 『귀장』과 『주역』의 이러한 차이는 은주 2대의 본질적 특징을 정확히 이해하려 할 때 관건이 되며, 은주 역사를 연구할 때 중대한 의의를 지닌다.

『역』의 기원에 관하여 김경방은 일찍이 1950년대의 역학 논문에서, 용책用策의 수학數學을 전제로 하지 않으면 용책의 서筮는 생겨 나올 수 없었으므로 시蓍로부터 괘가 나왔다고 하였다.[55] 『역』은 서筮에서 생겨 나고 서筮는 수數에서 기원하였지, 괘에서 기원한 것이 아니라는 주장이다. 그는 「곡례曲禮」 중의 '협위서筴爲筮'를 해석하여, 협筴자는 책策으로도 쓰는데, 이것은 계산 공구로서 대로 만들거나 시초로 만들었다고 하였다. 이에 비하여 괘 부호는 서법에서 7·8·9·6의 수를 얻은 뒤에 획을 그어 만든 것이라고 주장하였다. 이 후 은주 복골, 청동기 위의 숫자괘가 발견되어 김경방의 설이 정확하다는 사실이 한층 더 증명되었다.

---

[55] 金景芳, 「易論」, 『人文科學報』, 1955년 제 2기(東北人民大學).

김경방은 곽말약으로 대표되는 대륙의 많은 역학가들과 마찬가지로 역사 유물론과 변증법 관점을 견지하여 『역』을 연구하였다. 단 곽말약 등은 사료를 파악할 때 의고파의 영향을 받아 전통적 관점에 대해 기본적으로 부정적 시각을 지녔으나, 김경방은 전통적 관점을 신중히 지양한 위에 자신의 역학 사상 체계를 건립하였다.

2. 이경춘

이경춘李景春은 1960년대 초에 『주역 철학과 변증법 요소』 정편과 속편을 출판하여 대륙 학계에 '주역 연구 방법론'에 관한 토론을 불러일으켰다. 이경춘은 『주역』이 선·곤·진·손·감·리·간·태의 팔괘로 조성되어 있고, 팔괘는 천·지·뇌·풍·수·화·산·택 등 8종의 물질 실체를 상징하므로, 이로 보면 『주역』의 해설에는 소박한 원시 유물론 성질이 함유되어 있음을 알 수 있다고 하였다. 『주역』의 괘획은 음효와 양효로 나뉘는데, 음과 양은 긍정과 부정의 부호로 사물의 모순을 표시한다. 팔괘가 중첩하여 64괘를 차례로 만들고, 각 괘는 6효로 조성되어, 사물의 발생·발전·소멸의 법칙을 설명한다. 따라서 『역경』이 비록 복서로 이용되어 신비주의적 색채를 띠고 있기는 하지만, 그 작자는 사물 발전의 법칙성에 대한 탐구를 시도하여 자생적인 소박 변증법 요소를 끌어들였다.

이경춘은 『역전』이 『역경』의 변증법 요소를 다소 발휘하고 파생시켰다고 보았다. 특히 「계사전」상 제11장의 "천지 변화를 성인이 효칙하였다"(天地變化, 聖人則之)는 말은 지혜의 섬광을 엿볼 수 있는 말이다. 곧 인간의 인식이 우주 변화를 반영한다는 뜻을 담고 있어, 사상의 변증법이 바로 자연의 변증법적 운동의 반영이라는 올바른 견해와 부합한다. 위 「계사전」의 글귀는 이 견해를 소박하고도 초보적으로 표현하고 있는 것이다. 「서괘전」이 64괘 괘서를 설명한 것은 음양의 변화, 모순의 역동성을 해설한 내용이다. 앞뒤의 상호 말미암음은 양적 변화이고 앞뒤의 상호 반대는 질적 변화이다. 『주역』의 상괘와 하괘는 운동에서 시작하여 운동에서 끝나므로 운동과 변화가 『주역』의 차서 중에 관철되어 있다. 그 운동은 음양의 변천이고 모순의 대립이다. 따라서 원시적·자생적 변증법 요소를 담고 있다. 이상이 이경춘의 주장이다.

　이경춘의 두 책은 총론과 각론으로 나뉜다. 총론은 또 「역경易經」·「역전易傳」·「역주易注」·「역상易象」·「역수易數」·「역리易理」·「역서易序」·「역용易用」 등 8장으로 나뉜다. 각론은 『주역』 64괘를 일일이 분석하고 연구하였는데, 단 그 속편에 이르러 그만두어 전부 30괘에 그쳤다. 이경춘은 그 책의 「전언」에서 "『주역』 철학 속에는 변증법적인 것이 함유되어 있지만, 그러한 고대적 변증법은 자생적·초보적일 뿐이라서 높이 평가할 수 없고, 현대 변증법의 수준을 그것에다 제시하라 요구할 수 없으며, 그것을 현대 변증법처럼 심각하고 전면적으로 묘사해 낼 수도 없다"고 하였다. 하지만 그는 『주역』 괘효사 속의 철학 사상을 너무 높게 끌어올린 부분이 많아서 고대인을 현대화한 경향이 있다. 또 몇몇 괘효사의 해석에서는 증자해경增字解經(글자를 더해 풀이함)하여 임의로 발휘한 곳도 없지 않다. 하지만 동방명東方明이 이경춘의 저작에 대해 던진 비난은 비록 정확한 면이 있기는 하지만, 조잡한 면도 많아서 논박이 결코 공평하지는 못하였다.

3. 장립문

　장립문張立文의 『주역사상연구周易思想研究』(湖北人民出版社, 1980. 8)는 곽말약의 노선을 따라 가면서 일정한 성과를 이룬 역학서이다. 이 저서는 『주역』의 작자, 본질, 경과 전의 관계, 음양의 범주, 팔괘의 기원 등 일련의 문제에 있어 고사변파의 관점을 계승하였다. 전체 저서는 상·하 2편으로 나뉜다. 상편은 「역경 사상 연구」이다. 상편은 『역경』의 시대, 경제 사상, 정치 사상, 무신론 사상, 소박 변증법 사상, 자연 및 사회에 관한 지식, 도덕 윤리 사상을 분석하였다. 하편은 「역전 사상 연구」이다. 하편은 『역전』의 시대 및 작자, 정치 사상, 자연관, 소박 변증법 사상, 인식론, 도덕 윤리 사상, 역사관을 분석하였다.

　장립문은 『역경』이 서주 전기에 복관卜官이 편찬한 점서서이기는 하지만, 은주 시대의 사회 상황, 계급 투쟁, 정치 경제 제도 및 사상 방면의 정황을 반영하고 있어 은주 역사를 연구하는 데 진귀한 자료라고 하였다.

그리고 『역전』은 한 번에 이루어진 것이 아니고 그 작자도 한 사람이 아니지만, 철학 사상면에서 대체로 일관된 역학 논문집이라고 보았다. 그는 『역경』과 『역전』이 서로 다른 역사 시기에 나오고 사상 체계도 다른 두 저작물이므로, 『주역』을 연구하면서 전을 경에 끌어들이거나 전으로 경을 풀이하는 것은 고대 사상을 교란시킬 뿐이라고 하였다. 그에 따르면 "일음일양을 도라 한다"는 학설은 『역전』 「계사전」에는 보이지만 『역경』에는 보이지 않는다. 그리고 『역경』의 괘사와 효사에서는 음·양 어느 글자도 발견되지 않으므로, 『역경』에 이미 음양에 관한 기본 범주가 있었다고는 결코 인정할 수 없다. 따라서 이 "일음일양을 도라 한다"를 『주역』 전체의 기본 관점이라 말할 수 없다. 일반인들은 속으로 중국의 음양 개념이 『역경』에서 가장 먼저 나왔다고 생각하기 쉬우나 이것은 오해이다. 『역경』 중에는 추상적 철학 개념으로서의 도道가 없다. 팔괘가 8종의 자연물을 상징한다는 관념은 『역경』의 괘사와 효사에는 보이지 않는다. 따라서 『역경』에 유물론적 관점이나 성질이 있음을 증명하는 것은 편파적이거나 논거가 부족한 것이라고 장립문은 주장하였다.

전체적으로 보아 장립문은 『역경』이 철학 저작임을 부인하기는 하였으나, 구체적인 논술에서는 『역경』의 괘효사 중에 대립 관념, 운동 변화 관념, 부단한 발전 및 상승이라는 관념, 모순 전화 관념과 같이 철학 사상이 풍부하게 포함되어 있다고 하였다. 이와 동시에 그 한계성도 분석하여, 이론적 사유가 경험적 교훈의 수준에 머물렀다고 결론 지었다. 장립문은 『역전』이 『역경』의 '군권신수君權神授'의 신권 정치관에 대립하여 '법'으로 '덕'을 보필하는 덕치 사상을 주장하였다고 보았다. 『역전』의 자연관은 유물론적이기는 하지만, 신권을 미신하는 관념론 관점이 적잖이 섞여 있다고 하였다. 즉 『역전』은 대립 통일의 소박한 변증법 사상을 갖추고 있으나 형이상학적 관점도 있다는 주장이다.

장립문의 논술과 분석 방법은 기본적으로 곽말약의 관점을 심화하고 구체화한 것이라 할 수 있다. 따라서 이 저서의 최대 문제점은 『주역』의 정합적 체계를 교란하여 괘효사를 분할하고 고립시켜 해석함으로써 그 이론 사유와 역학 체계를 빈곤하고 공허한 것으로 보이게 했다는 점이다.

장립문은『역경』중에 음·양·도의 범주가 없으며 팔괘 철학의 관점이 없다고 주장함으로써 1980년대 대륙 학계에 큰 영향을 끼쳤다. 그래서 여돈강余敦康의 『역경에서 역전으로』, 진감생陳淦生의 『주역과 중국 철학』, 주백곤朱伯崑의『역학철학사』등 저서가 그 관점에 동조하였다.[56]

4. 송조윤

송조윤宋祚胤의 『주역신론周易新論』은 1980년대에 나온 또 하나의 역학 신서이다. 이 저서는『주역』(『역경』을 가리킨다)의 성립 연대·연구 방법·우주관·정치관을 통론하고, 괘상과 괘효사의 총체적 관계에서 『주역』의 성질을 파악하여 『주역』이 복서서가 아니라고 하였다. 그리고『역경』은 서주 려왕厲王 말년에 씌어졌다고 단정 지었다.『주역』의 철학 사상은 관념론·형이상학·선험론이 그 본질이자 주류이기는 하지만, 관념론의 기초 위에 풍부한 소박 유물론이 있으며, 형이상학의 틀 속에 풍부한 소박 변증법이 있고, 관념론 중에 유물론적 반영론의 맹아가 있다고 보았다. 송조윤은 '부孚'가 『주역』의 중심 개념으로, 그것은『상서』와『시경』을 직접 계승한 것이라고 하였다. '부孚'(誠)에서 '도'가 생겨 나오고, '도'에서 '음양'이 생겨 나오며, '음양'에서 만물이 생겨 나온다. '부'는 인간사를 결정하고 '도'는 일체를 낳으며, 또 모두 마음에 의해 통섭된다.『주역』은 선진 철학 발전사에서 앞을 잇고 뒤를 연 전환점으로, 서주 시대 원시 객관 관념론의 천명론도 조금 계승하였으나 이미 확고한 주관 관념론으로 전환한데다가 정교한 객관 관념론의 싹을 틔웠다고 보았다.

이 저서는 고사변파 역학 연구 방법을 비판한 면에서는 아주 정곡을 찔렀으나, 『주역』의 철학 사상을 분석하면서는 기계적이라는 혐의가 없지 않다. 이를테면 "만물이 도로 돌아간다고 하고서 뒤에 다시 부孚에 귀부함으로써, 관념론적 선험론을 출현시켰다" 운운은 근거가 불충분하다. 송조윤은 또『주역 역주와 고변』(周易易注與考辨)이라는 책을 썼다. 이것은『주역신론』의 관점을 한 걸음 더 구체화시킨 것이다.

---

[56] 余敦康,「從易經到易傳」,『中國哲學』제7집(三聯書店, 1982. 2); 陳淦生,「周易與中國哲學」,『文史』제4집(中華書局, 1982).

5. 서지예

　서지예徐志銳의 『주역대전신주周易大傳新注』(齊魯書社, 1986. 6)는 현재 대륙에서 비교적 잘된 『역전』 주석본으로 꼽힌다. 『역전』은 경經의 괘효사를 해석하여 새로운 의미를 도출하고 발휘함으로써 경에 특정한 내포를 부여하였다. 만일 이 특정한 내포가 경 자체에 고유한 것이라고 하면 명백히 역사 사실과 부합하지 않는다. 거꾸로 경의 글을 떠나서 전을 논한다면 전은 뿌리 없는 나무가 되어, 그 사상 내포의 발전 연원을 찾아볼 수 없게 된다. 따라서 경과 전의 차이에 주목해야 하지만, 또한 양자의 관계도 주목해야 한다. 그 둘을 완전히 동등하게 볼 수도 없지만 그 둘을 완전히 갈라놓을 수도 없다. 서지예는 이러한 인식에서 출발하여 주석을 진행시켜 『역전』에 대해 응분의 온당한 평가를 내렸다. 『역전』은 방대하고도 복잡한 철학 체계를 지니고 있는데, 이 저서는 주석을 통하여 비교적 전면적인 분석을 하였다.

　서지예는 『역전』이 세계의 물질성을 긍정하고 음양설을 핵심으로 삼아 대립 통일의 변증법을 게시한 점에서 은주 시대의 귀신 종교 세계관에 대한 유력한 비판이 되었다고 하였다. 그러나 계급적 한계 때문에 『역전』은 모순을 게시하면서도 투쟁을 두려워하고, 발전을 승인하면서도 혁명을 두려워하였다. 모순 운동의 '중간 단계'를 이용할 수 있음을 발견하였으면서도 곧바로 물러나 '중中'을 지키는 이른바 '중화'의 도를 제출하여, 인간의 주관적 노력으로 대립항의 발전을 중간선 안에 제한, 협조와 온건에 이르게 하였다. 인식론상에서 『역전』은 '원칙'을 출발점으로 삼아 시蓍와 괘卦의 모식도를 이용하여 객관 세계를 반영하고 객관 세계를 인식하였으며, 실천을 인식론 바깥으로 배척하여 완전히 관념론적 선험주의로 빠져들고 말았다. 이상이 그의 논지이다.

　서지예의 이러한 『역전』 해설은 『역전』의 철학 사상을 탐구하는 데 집중하여, 그 사이의 통례를 게시하고 각 부분 사이의 내재 관계를 잘 탐색하였으며, 언어로 전달하기 어려운 명사·개념·술어들을 통속적으로 이해하기 쉽게 하였다. 더구나 각 편과 절의 뒤에 안어나 내용 제요를 붙여 학술 가치도 갖추고 있는데다 보급서의 장점도 갖추고 있다.

6. 황수기와 장선문

황수기黃壽祺[*1]와 장선문張善文이 공저한 『주역역주周易譯注』(上海古籍出版社, 1989)는 중국 정부 성립 이후 『주역』의 경전 본문을 전면적으로 번역하고 핵심 이치를 체계적으로 해명한 수준 높은 전문서이다. 이 책의 권수에는 「전언前言」·「독역요례讀易要例」·「역주간설譯注簡說」이 있고, 그 아래 10권으로 나뉘어 주석이 붙어 있다. 「전언」은 그 역학관을 총론하였다. 『주역』의 경 부분은 음양 개념의 출현, 팔괘의 창립, 괘의 중첩 및 괘효사의 찬성撰成이라는 세 단계를 거쳐 창작되었다. 세 단계는 모두 '사물을 보고 상을 취하는'(觀物取象) 창작 원칙을 따랐다. 경經은 은말 주초에 만들어졌고 전傳은 춘추 전국 사이에 만들어졌다. 따라서 경·전은 여러 사람의 손을 거치고 여러 세대에 걸쳐 이루어진 집단 창작의 적층물이다. 따라서 『주역』이란 책은 본 경전의 대지에 의거하면 중국 고대의 특수한 철학 전문서로 보아야 한다.

『주역역주』의 「전언」은 『주역』을 연구하려면 여덟 가지에 주의해야 한다고 하였다. 첫째, 근원에서 지류로 소급하여 고주古注부터 손을 대야 한다. 둘째, 근간을 강하게 하고 가지를 약하게 해야 한다. 곧 상수와 의리를 근간으로 삼아야 한다. 셋째, 경과 전이 서로 구별되면서도 연결되어 있음을 명확히 인식한 기초 위에서, 『역전』을 경 해석의 최고 근거로 삼아야 한다. 넷째, 64괘가 철학 이치를 표현하는 방식——즉 상징——을 파악해야 한다. 다섯째, 앞사람들이 종합해 둔 절실하고도 이용 가능한 역학 원리들을 파악해야 한다. 여섯째, 고고학계가 발견한 『주역』 관련 자료를 결합하여 『주역』 경전의 본 모습과 역학사 연구의 각 방면에서 제기되는 문제점들을 세밀하게 분석해야 한다. 일곱째, 여러 학문 분야와 여러 과제를 서로 연결시켜 고찰하는 비교 연구를 중시해야 한다. 여덟째, 국외 한학가가 『주역』을 연구한 성과에 주목해야 한다. 이상의 견해는 저자들의 역학 수련이 상당히 깊다는 사실을 잘 반영하고 있다.

[*1] 黃壽祺(1912~1990)는 문학 평론가로 자는 之六, 호는 六庵. 福建省 霞浦縣 사람. 北平中國大學 文科預科를 졸업하였고 해방 뒤 福建師範學院 교수를 지냈다. 尙秉和에게서 역을 배웠고, 역학 관련 저서를 다수 남겼다.

확실히 경험에서 우러나온 말이다.

『주역역주』의 번역문은 기본적으로 신뢰할 만하고(信), 품위 있고(雅), 통달한(達) 경지에 이르렀다. 주석은 여러 설을 두루 채집하고 좋은 것을 선별하여 따르면서 간간이 새로 발명하였다. 새로이 발명한 것들은 그 견해가 근거가 있고 논술이 이치에 닿으므로, 천착하고 부회하는 무리가 견줄 바가 못 된다. 더욱 귀중한 것은 작자가 『주역』의 384효 및 『역전』의 번다한 장절들에 대해 50조항의 해설을 하고, 64괘 및 「계사전」 이하 5편의 전에 대해 69편의 '총론'을 쓴 점이다. 이 논술문들은 창의성이 풍부한 작자의 역학 이론을 반영하여 자못 개척성과 심각성이 돋보인다.

『주역역주』의 공동 작자 가운데 황수기는 『역학군서평의易學群書平議』(北京師範大學出版社, 1988. 6)란 책을 저술하였다. 그는 일찍이 상병화尙秉和를 사사하였다. 상병화는 상수역학가이다. 그런데 『주역역주』란 책은 비록 상수를 논급하고는 있으나 사실은 의리를 위주로 하였다. 이 주장은 아마도 공동 저자인 장선문과 관련이 있는 듯하다.

7. 주백곤

주백곤*[2]의 『역학철학사』는 지금 상·중 두 책(북경대학출판사, 상책 1986. 11; 중책 1988. 1)이 출간되었다.*[3] 이 책은 역학 철학을 연구한 중국 최초의 통사이다. 이 저서는 『주역』 경전을 바라보는 관점에서 기본적으로 곽말약의 관점을 그대로 따랐다. 즉 역학 철학의 발전사를 연구하려면 옛 경학사의 틀을 벗어나서 그 이론 사유의 일반 법칙을 탐구해야 한다고 주장하였다. 역학 철학은 특수한 철학 형태로서 그 자체에 발전 법칙을 지니고 있는 것으로 보아야 한다는 것이다. 역학 철학의 두드러진 특징은 『주역』의 점서占筮 체제를 해석함으로써 그 철학 관점을 드러낸다는 점이다. 만일 이 점을 간파하지 못하고 서법筮法에서 벗어나 고립적으로 그 이론 사유의 내용을 종합한다면, 역학 철학이 발전해 온 과정 속

---

*2) 朱伯崑(1923~)은 철학사 연구자, 역학가. 河北省 寧河縣 사람. 淸華大學 哲學系를 졸업하였고, 현재 北京大學 교수로 있으며 中國周易硏究會 顧問이기도 하다.
*3) 朱伯崑의 『易學哲學史』는 그 뒤 1992년에 전 4권이 완간되었다.

에 담긴 특수한 모순을 게시하지 못하고 일반화에 흘러서, 고대 이론을 현대화하는 데로 빠지기 쉽다. 또 역학 철학의 노선 투쟁과 분파 투쟁은 이론 사유를 발전케 하였는데, 각 유파 사이의 상호 관련과 영향 관계를 보지 못하고 사유 노선의 투쟁을 단순화하고 절대화하게 되면, 역시 마찬가지로 역사 발전의 참모습을 보여 줄 수 없다. 역학 철학은 일종의 의식 형태로서, 그 형식 및 내용이 모두 시대적·사회적 조건의 제약을 받아 왔다. 따라서 역학사를 연구하자면 옛날의 경학 역사가가 주공과 공자의 도를 보위하려는 입장에서 각 분파의 역학을 평론해 왔던 진부한 관념을 타파하고, 각 분파의 역학과 그 철학을 해당 역사 조건 아래서 고찰해야 하며, 역사 유물론의 태도로 각 파의 이론을 논평해야 한다고 주장하였다.

주백곤은 고대의 역학사를 『역전』의 시기(즉 전국 시대), 한대 경학 시기(즉 한역 시기), 진당 역학 시기, 송역 시기, 청대 한학 시기의 다섯으로 나눌 수 있다고 하였다. 전국 시대의 『역전』은 역학 철학에 이론적 기초를 확립하였다. 양한 시대의 역학은 당시의 천문역법과 결합하여 점성술 및 천인감응론의 영향을 받아, 괘기설을 중심으로 하는 철학 체계를 형성하였다. 진당 시대의 역학은 노장 사상과 결합하여 『주역』을 현학화하고, 『주역』을 3현三玄의 하나가 되게 하였다. 송역은 도학道學, 즉 신유가의 철학과 결합하여 청초까지 연속되었다. 청대에 한학이 흥기하자 『주역』 연구는 한역의 전통으로 되돌아갔다. 그런데 마르크스주의가 중국에 전해 들어오자 『주역』 철학의 연구도 새로운 국면을 열게 되었다고 주백곤은 지적하였다. 주백곤의 『역학철학사』는 역학 철학의 연구에서 이론적 사변과 원류의 고증에는 특징이 있으나, 『주역』 자체에 대한 허다한 기본 인식에서는 옛것을 지나치게 의심하는 흔적을 심심치 않게 남겼다.

3. 현대 사상가 소연뢰의 역학

유물론과 변증법을 도입한 상술한 역학서들과는 달리 소연뢰蘇淵雷[*4]의

---

*4) 蘇淵雷(1908~)는 역사학자이자 역학가. 원이름은 中常, 일명 仲翔. 浙江省 平陽縣 사람.

『역학회통易學會通』(世界書局, 1935. 10 초판 ; 中州古籍出版社, 1985년 중판)
은 중외의 철학과 유불도儒佛道 3가의 설을 한데 모아 『주역』을 해설하
였다. 이 책은 「서론」과 「광론廣論」의 2편으로 나뉘어 있다. 「서론」은
『주역』의 작자·명의·분파를 논술하고 그 숨겨진 내용을 풀이하였으며,
팔괘의 뜻을 해석하였다. 이것은 역학 개론에 해당한다. 또 『주역』을 읽
는 정의定義에 대하여 논급하였는데, 이것은 역례易例에 해당한다. 그리고
천인연화론天人演化論을 창출하였는데, 이것은 서양 철학과 역학을 융합하
여 스스로 만든 학설이다. 「광론」은 10편으로 되어 있다. 논생論生·논감
論感·논변論變·논반論反·논성論成·논시論時·논중論中·논통論通·논진論進·논
우환論憂患이 그것이다.

소연뢰의 『역학회통』은 두 가지 장점이 있다. 우선 비교에 특장이 있
다. 이를테면 『역전』이 『논어』의 사상과 모순된다는 풍우란의 설을 논박
하여 "풍씨의 말은 다 수긍하지 못하겠다. 해당 언설의 당시 환경과 그
언설의 상대를 자세히 살펴야 오해하지 않을 수 있다. 「단전」과 「상전」
의 내용은 『논어』의 중심 사상과 꼭 맞아떨어진다"고 하였다. 그 근거로
소연뢰는 다음 세 가지를 들었다.

첫째, 우주에 대한 공자의 관념이다. 이를테면 공자는 "흘러가는 것은
저와 같도다. 밤낮을 가리지 않으니!"(逝者如斯夫. 不舍晝夜!)라 하고 "하
늘이 무슨 말을 하랴! 사시가 행하니! 온갖 사물이 생하니! 하늘이 무슨
말을 하랴!"(天何言哉! 四時行焉! 百物生焉! 天何言哉!)라고 하였다. 이것은
『역전』의 "도란 누차 옮겨 변통하여 가만히 있지를 않아, 육허六虛를 두
루 흘러 상하가 항상됨이 없으며, 굳셈과 부드러움이 서로 바뀌므로 고정
된 틀이 없고 오직 변화를 따를 뿐이다"(爲道也屢遷, 變動不居, 周流六虛, 上
下無常, 剛柔相易, 不可爲典要, 唯變所適)와 "크도다, 건원이여! 만물이 바탕
삼아 비롯되니 …… 지극하도다, 곤원이여! 만물이 바탕삼아 생겨나니"
(大哉, 乾元! 萬物資始 …… 至哉, 坤元! 萬物資生)라는 말과 서로 뜻이 통하여
상호 의미를 분명히 해 준다.

둘째, 공자의 역행주의力行主義이다. "의를 보고 행하지 않으면 용기 있
음이 아니다."(見義不爲, 無勇也) "공자께서 말씀하시길 아침에 도를 들으

면 저녁에 죽더라도 가하다."(子曰, "朝聞道, 夕死可矣") "자로가 석문에서 자는데, 문지기가 '어디에서 오는가?' 하였다. 자로가 '공씨에게서다' 하자, '이는 불가함을 알고도 하는 자가 아닌가!' 하였다."(子路宿於石門, 晨門曰, "奚自?", 子路曰, "自孔氏." 曰, "是知其不可而爲之者與!") "공자께서 말씀하시길 '사람이 능히 도를 넓히는 것이지 도가 사람을 넓히는 것이 아니다'고 하였다."(子曰, "人能弘道, 非道弘人") "공부자께서 서글피 말씀하시길 '새 짐승은 함께 무리할 수가 없도다! 나는 사람의 무리가 아니고 누구인가? 천하에 도가 있으니, 내가 바꿀 수 없도다."(夫子撫然曰, "鳥獸不可與同群! 吾非斯人之徒而誰與? 天下有道, 丘不與易也") 이상에서 공자가 임무를 자임하여 실천하려 한 정신은, 『역전』의 "하늘의 운행은 굳건하다. 군자는 그것을 본받아 자강불식한다"(天行健, 君子以自強不息)나 "군자는 기미를 보고 일어나, 종일을 기다리지 아니한다"(君子見幾而作, 不俟終日)고 한 것과 비교하여 어떠한가!

셋째, 『논어』 중의 정명주의正名主義이다. "군을 군답게 여기고 신을 신답게 여기며 아비를 아비답게 여기고 자식을 자식답게 여긴다."(君君臣臣父父子子) "정政이란 정正이다. 그대가 바름으로써 통솔한다면 누가 감히 부정하랴!"(政者, 正也. 子帥以正, 孰敢不正!) "반드시 이름을 바르게 할진저! 이름이 바르지 않으면 말이 불순하고, 말이 불순하면 일이 이루어지지 않는다."(必也正名乎! 名不正, 則言不順, 言不順, 則事不成) "고觚가 고觚가 아니면 고이겠는가? 고이겠는가?"(觚不觚, 觚哉? 觚哉?) 공자의 이 말들은 『역전』의 다음 구절들과 뜻이 서로 통한다. "집사람은 여자가 안에서 지위를 바로하고 남자는 바깥에서 지위를 바로한다. 남녀의 지위가 바름이 하늘과 땅의 대의이다. 집사람에 엄한 군장이 있으니 부모를 이른다. 아비를 아비답게, 자식을 자식답게, 아우를 아우답게, 지아비를 지아비답게, 아내를 아내답게 하면 집안 도리가 바르고, 집안이 바르면 천하가 안정된다."(家人, 女正位乎內, 男正乎外. 男女正, 天地之大義也. 家人有嚴君焉, 父母之謂也. 父父子子, 兄兄弟弟, 夫夫婦婦, 而家道正, 正家而裏天下定矣) "군자는 삼가 사물을 변별하여 옳게 거처한다."(君子以愼辨物居方) "열어서 이름에 당하며 사물을 변별하여 이름을 바로하고, 말을 끊으면 갖추어

진다. 그 명칭은 작으나 그 유를 취함은 크다."(開而當名, 辨物正言, 斷辭則
備矣. 其稱名也小, 其取類也大) 「계사전」에는 "『역』에 이르길 '등에 짐을
지고 수레를 타니 도적을 오게 한다'고 하였는데, 등에 짐을 지는 일은
소인의 일이고 수레를 탄다고 할 때의 수레는 군자의 기구이다. 소인이면
서 군자의 기구를 타니, 도적이 빼앗고자 할진저!"라고 되어 있다. 이런
말들은 마치 한 사람 손에서 나온 듯하다.

소연뢰는 『논어』에서 충서일관忠恕一貫의 도와 인성仁聖·중용中庸·항겸
恒謙의 덕을 논한 내용은 『역전』과 부합하는 바가 아주 많다고 하였다.
또 『역전』에 드러난 봉건 사회의 명분 관념과 종법宗法 사상은 더욱 뚜
렷이 공자의 사상과 일치한다고 하였다. 그리고 「계사전」에는 점차 가래
(耒耜) 등 농기구의 이름이 나오므로, 그것은 이미 농업 사회 후기에 진입
한 뒤 나왔음에 분명하다. 아마도 공자는 『역』을 편찬하면서 처음에는
하늘의 운행을 미루어 인간사를 밝혔던 듯하다. 그러므로 각 괘에 '군자
는 그로써'(君子以)'나 '선왕은 그로써'(先王以)라는 말이 있다. 이것은 천
인합일의 학설로 대체로 공자에게서 비롯되었다. 다만 지금 전하는 십익
十翼은 공자가 전부 지은 것이 아니지만, 공자 사상의 대강은 이 십익에
서 엿볼 수가 있다고 하였다. 이러한 논거들은 사실 장심징張心澂의 『위
서통고僞書通考』에 인증되었던 것들이다.

소연뢰는 또 노학老學과 『역』을 비교하여 다음과 같이 말하였다.

노자는 상常을 알고 『역』의 도는 변變을 본다. 전자는 귀근歸根의 정靜
을 지키고, 후자는 천지의 동動을 본다. 전자는 정靜으로서 관찰하여 현
玄을 귀중히 함에서 뜻을 천명하였고, 후자는 동動으로서 점을 쳐서 만
물에서 상을 빌린다.

이것은 노학과 『역』의 차이점이다. 또 같은 점도 있다.

노학에서 천지를 풀무로 보는 비유는 『역』의 수중관복守中觀復[5]의 뜻
이고, 양을 싸고 음을 진다(抱陽負陰)는 말은 충기沖氣를 화和로 삼는

설이다. 하나를 안고 정貞을 지킴은 손익무위損益無爲*6)의 뜻이다.

또 노학과 『역』은 서로 발명할 수 있으므로 둘의 차이를 밝히고, 그런 다음 차이 속에서 같음을 구할 것을 요구하였다. 이 주장은 사람들에게 계발하는 바가 많다.

소연뢰는 다음으로 관통貫通에 특장이 있다. 『역』에서 "천지의 큰 덕은 낳음이다"(天地之大德曰生)라든가 "낳고 낳는 것을 역이라 한다"(生生之謂易)고 한 것은 우주 본원에 대한 『주역』의 인식을 표명한 것이다. 낳음(生)은 유무有無·시종始終*7)·심물心物 등을 만유의 본체로 하며, "천지가 감응하여 만물이 화생하고 성인이 인심에 감응하여 천하가 화평하므로, 그 감응한 바를 보면 천하 만물의 실정을 볼 수 있다." 이 감응이 바로 낳음(生)의 특징이다. 서로 감응하여 변역이 생기고, 변역 속에 또 불변不變·점변漸變·돌변突變이 들어 있다. "점은 세 번 나아감이다"(漸, 三進也)라든가 "변화불측을 신이라 한다"(變化不測之謂神) 운운한 것이 그것이다. 그런 뒤에 사물의 상반相反·상성相成이 있다. 요컨대 시時와 더불어 중中을 높이 치면 만물이 회통하며 나날이 새롭고 다달이 달라진다고 소연뢰는 논하였다.

50년 뒤에 소연뢰는 또 「천인지제삼강령天人之際三綱領」(『華東師大學報』 1984년 제6기)을 논술하였다. 거기에서 그는 『주역』이 팔괘를 그어 만유를 아우르고 세계를 도해하고자 시도하였으므로, 원시 유물론에 가깝다고 주장하였다. 그는 이렇게 논하였다. 태극을 세워 건곤을 통일함은 일원론의 인식을 포함한다. 음양의 2용用, 강유의 2체體를 팔괘 속에 납입함은 동력인動力因과 질료인質料因을 합하여 하나로 함이다. 수數의 기우奇偶 상생相生으로 만물의 화생을 설명함은 피타고라스 학파가 3원元*8)을 세워

---

*5) 守中觀復이란 中庸을 지켜 본래의 자세로 돌아감을 본다는 뜻이다.

*6) 損益無爲란 부화하고 거짓됨을 나날이 덜어 내어, 純朴無爲로 귀결함, 즉 가득 차 있을 때 戒懼謙仰한다는 뜻이다. 『莊子』「知北游」에 "爲道者日損, 損之又損, 以至於無爲"라 하였다.

*7) 歸妹卦「象傳」에 "歸妹, 人之終始也"라고 되어 있다. 終은 後嗣를 얻음이고 始는 처음을 이음이니, 生生相續의 道를 말한다.

세계를 구축한 설과 아주 흡사하다. 변역하여 일정치 않음과 모순·융합의 뜻을 천명함은 헤라클레이토스Herakleitos가 '투쟁이 만물의 어머니'*9)라고 본 변화의 철학과 아주 흡사하다. 특히 『역전』이 제출한 입천立天·입지立地·입인立人이라는 삼재三才의 도의 명제는 우주 변화·물질 구조·인간 이상理想의 전과제를 거의 전부 포괄하고 있다고 하였다.

소연뢰의 역학은 전체적으로 볼 때 여러 역학가의 설을 참고하고 중외 학설을 비교하면서 뜻을 관통하려고 노력하는 과정에서 전통 사상이 취해 온 기본 노선을 찾아내었고, 우주 만물과 인생에 대한 전통적 인식이 지닌 특징적 취향을 찾아내었다고 말할 수 있다.[57]

4. 현대 신유학자 웅십력의 역학

현대 신유학의 대표자인 웅십력熊十力*10)은 역학 연구에서 독자적인 심득이 있었다. 웅십력은 자칭 "40세 이후 불교를 버리고 역을 배웠다"고 하여 역학에 귀본歸本하였다. 따라서 역학 사상은 웅십력 철학 사상의 근간이라고 할 수 있다. 그가 지은 『건곤연乾坤衍』·『체용론體用論』·『명심편明心篇』·『신유식론新唯識論』·『독경시요讀經示要』 등 저서는 모두 역학의 새 뜻을 발명함을 위주로 하였다. 그는 역학 사상의 정화로 대략 세 가지가 있다고 주장하였다. 즉 '체용불이體用不二'의 우주관, '나날이 새로워

---

*8) 피타고라스 학파는 3이란 수를 특히 좋아하였다. 키오스 출신의 이온 Ion v. Chios은 『트리아 그모스』(三體)라는 책에서 세계의 주된 자리를 3에 할당하였고, 밀레토스 출신 건축가인 히포다모스 Hippodamos v. Milet는 3에 의해 지배당하는 이상 국가의 이론을 정립하였다. Eduard Zeller, 『희랍철학사』, 이창대 역(이론과실천, 1991), 65쪽 참조.

*9) 헤라클레이토스는 만물은 流轉하며, 어느 것도 정지해 있지 않다는 사상을 전개하여 "모든 것은 존재하는 동시에 존재하지 않는다"는 명제를 내놓았다. 그리하여 생성은 '반대의 일치'라는 모순론을 제시하였으며, "투쟁은 만물의 아버지요 왕이다"라고 하여 변화 속에 있는 법칙이 Logos라고 보았다.

[57] 丁鋼, 「把臂猶堪共入林」, 『華東師大學報』, 1987년 제4기. 丁鋼의 설을 취하였다.

*10) 熊十力(1884~1968)은 현대 철학자, 불교학자, 사학자. 원명은 升恒, 자는 子眞. 湖北 黃岡 사람으로 중국 해방 뒤 北京大學에서 학술 연구를 계속하여, 佛에서 儒로 돌아가고 佛을 역학에 귀결시켰다. 『易大傳』의 乾은 生命과 精神이고 坤은 物質과 能力이라고 하여, '新易學'을 주창하였다.

그치지 않음'(日新不已)의 발전관, '변화에는 반드시 상대가 있음'(變必有待)의 모순관이라고 하였다.

웅십력은 건곤은 일원적이라고 하여, '건곤이 나란히 건립되는'(乾坤並建) 것이 아니라고 보았다. 곤坤의 원元은 건乾의 원이다. 곤은 건을 순종하여 운행 변화하지, 결코 곤이 스스로 일원一元을 이루지는 않는다. 건의 성질이 정신이라면 곤의 성질은 물질이다. 정신과 물질은 일원이기에 분리할 방도가 없다. 이를테면 사람은 의식주와 휴식이 없으면 활력이 없게 된다. 음식이 소화되고 휴식하여 체력을 기른 뒤에야 그 공용이 사람의 활력에 드러나게 되는 것이다. 이렇게 용用을 체體의 유행流行이라는 관점에서 보아 웅십력은 마침내 체용불이설을 창설, 『건곤연』과 『체용론』 등의 책을 썼다.

웅십력은 『주역』 사상의 정화는 우주 만물이 시시각각 옛것을 버리고 날마다 새로워지길 그치지 않아 무한히 발전한다고 파악한 점에 있다고 하였다. 그래서 『건곤연』에서 웅십력은 이렇게 말하였다.

> 공자는 『역』을 만들어 실체를 천명하였다. 대개 먼저 두 원칙을 가슴속에 지녔다가 써 내려간 것이다. 현상이 진실된다는 점, 만물이 진실된다는 점을 확인하여, 만물과 현상을 위주로 함이 제1원칙이다. 또 우주가 과거에서 현재에 이르고 미래로 나아가 발전을 그치지 않는 전체임을 확인하였다. 학자는 마땅히 그 전체를 종합적으로 보아야지 현상을 분할해서 자의적으로 취사선택해서는 안 된다는 것이 제2원칙이다.

웅십력은 "우주가 발전을 그치지 않는다"라는 사실이 공자가 역을 만들면서 수립한 제2원칙이라 보았다. 그가 이 점을 극히 중시하였음을 알 수 있다. 한편 건곤 두 속성이 사물의 생성소멸의 발전 과정에서 서로 달리 작용함에 대해 웅십력은 다음과 같이 설명하였다.

> 건乾의 운용은 부지런하여 쉼이 없고 나아가고 나아가 그침이 없어, 한 순간도 그 옛것을 지킴이 없고 한 순간도 미래로 질주해 나가지 않음이

없다. 그러므로 건乾이란 과거에 머물지 않고 현재에 정주하지 않으며 늘 미래의 전도前導가 되는 것이다.

곤坤의 삭용은 건과 상반된다. 곤은 즐겨 인순因循하여 그 주도적 측면은 옛 사물의 일부 속성을 보존함에 있다. 즉 옛 사물이 늘 끊임없이 변하면서도 예부터 지녀 왔던 기본 속성을 보존케 한다. '옛것을 지키지 않음'과 '즐겨 인순함' 양자는 서로 대립하면서 통일하니, 그로써 사물은 부단히 발전한다. 웅십력은 『주역』의 발전관이 "변화에 반드시 상대가 있다"는 모순관의 기초 위에 수립되어 있다고 보았다. "변화에 반드시 상대가 있다"는 사상은 바로 역리易理의 정수 가운데 하나이다. 웅십력은 역시 『건곤연』에서 다음과 같이 말하였다.

> '건도 변화乾道變化' 운운하는 말은 건도를 말하되 곤도가 그 속에 숨어 있다. 어째서 그러한가? 건과 곤은 별개가 아니라 하나의 성질의 두 측면일 따름이다.······ 홀로 있는 양은 불변하며, 외짝의 음은 변화하지 않는다. 변화에 반드시 상대가 있음이 항상된 이치이다.

건과 곤이라는 두 측면은 동시에 존재하는 것이지 결코 '두 가지'가 아니다. 단지 대립 통일의 '두 측면'일 뿐이다. "큰 변화가 있게 되는 것은 결코 고립자 혹은 단일자가 하는 것이 아니다. 실체 내부에 서로 상반된 두 성질이 함유되어 있어 그 둘이 서로 추동하여 변화를 이룬다"고 그는 말했다. 모순 변화의 결과는 무엇인가? 웅십력은 종국에는 둘이 합하여 하나로 되어 태화를 보존하고 집합하는(保合太和) 경지에 도달한다고 보았다. 이 경지는 '인도人道'일 뿐만 아니라 '천칙天則'이기도 하다.

요컨대 웅십력의 역학설은 철학 이치를 중시하여, 일반인이 깊이 이해하려 않는 심오한 이치에 대해 자못 독창적인 견해가 많았다. 그러나 서술筮術 상수象數는 생략하였다. 웅십력이 터득한 경지는 선진 역학, 양한 역학, 송명청 역학을 초월하였다. 그 특징은 역학으로 자신의 철학을 천명한 것으로, 『역』의 관점에서 『역』을 논하는 것과는 크게 다르다.

웅십력의 설에 의하면 공자는 40세 이전에는 '술述'을 하여 오륜五倫을 위주로 하였으나 40세 이후에는 '작作'을 하여 제왕 제도를 폐지하고 어진 이와 능한 이를 가려 뽑을 것을 주장하였다고 한다. 사상면의 이 대전환은 "마침내 『역』을 배운" 결과라고 웅십력은 말하였다. 그러나 추론이 지나치고 증거가 부족한 감이 있다.

5. 대만의 의리역학

대만의 의리역학은 자료가 부족하므로 간략히 소개하는 데 그친다.

1. 방동미

대만 신유학의 대표자인 방동미方東美*11)는 저명한 의리역학자이다. 그는 송유宋儒, 특히 주희가 『주역』을 복서책으로 간주한 것에 커다란 불만을 품었다. 『주역』은 무엇보다도 생명을 중심으로 하는 철학 체계인데도 송유는 이 점을 조금도 이해하지 못하였다고 비판하였다. 『주역』을 진정으로 이해한 사람은 맹자와 순자였다고 지적하고, 특히 순자가 "역을 잘하는 자는 점치지 않는다"고 한 말을 찬양하였다. 그는 특히 『역전』을 중시하여(이 점은 대만 의리역학가의 공통된 경향이다), 『원시유가도가철학原始儒家道家哲學』에서 다음같이 말하였다. "십익十翼은 공자와 상구商瞿 학파의 업적이다." "『역경』은 춘추 시대에 들어와 공자와 상구가 십익을

---

*11) 方東美(1899~1977)는 安徽 桐城縣 사람으로 청대 桐城派 문인 方苞의 후손이다. 알파벳 표기는 Thomé H. Fang으로 한다. 1921~1923년에 미국 Wisconsin 대학과 Ohio 주립대학에서 공부하고 위스콘신에서 철학박사 학위를 취득하였다. 1924년 중국 國立武昌大學 철학과 부교수로 취임한 뒤, 1973년까지 武昌大學 교수, 國立東南大學 교수, 中央政治大學 교수, 中央大學 교수를 거쳤고 國立臺灣大學에서 철학을 강의하였으며, 1973년 퇴임 뒤에 輔仁大學에서 중국철학강좌를 맡았다. 그의 철학은 廣大和諧(Comprehensive Harmony)의 생명 정신을 드러내는 生哲學이라고 할 수 있다. H. Bergson의 生哲學과 Whitehead의 有機體 철학을 『주역』 연구에 도입하였다. 저서에 *Chinese View of Life*(中國人生哲學概要), *Chines Philosophy, Its Spirit and It's Development*, *Creativity in Man and Nature*, 『哲學三慧』, 『生生之德』, 『方東美先生講演集』, 『華嚴宗哲學』(上·下), 『科學哲學與人生』 등이 있다. *Chinese View of Life*는 鄭仁在, 『中國人의 生哲學』(探求堂, 1983)으로 한국어로 번역되었다.

만든 뒤에 정황이 달라졌다.""현대의 우리는 반드시『주역』철학이『주역』의 역사 기록과는 별도의 것으로서 역사 기록이 앞에 이루어졌고 철학이 뒤에 나왔음을 밝혀야 한다.『주역』이라는 역사 서적을 철학 서적으로 바꾼 것은 유가의 정신, 즉 공자의 정신을 대표한다."

유가의 무슨 정신을 대표하는가? 답변은 이렇다. "유가는 일체를 생장 소멸하는 변화의 흐름 속에 투입한다. 역사상의 일체 비밀을 시간의 흐름 속에 전개시키는 것이 바로 원시 유가의 정신이다." 간단히 말하면 이른바 '시간인'(Time-man) 정신이다. 이 정신에는 두 가지 의의가 있다고 보았다. 하나는 현실, 즉 사회 문제와 현실 문제를 회피하지 않고 정면으로 맞서서 온 힘을 다해 그 정신을 쏟는다는 점이다. 그래서 공자는 '성聖 가운데 시時를 중시한 자'(聖之時者)라고 일컬어지며,『주역』은 기듭히여 "시時의 뜻이 크도다"(時之義大矣哉)라고 하여 모두 이 점을 반영하였다. 또 하나는 변화 발전관이다. 즉 "일체 인류의 활동을 시간의 흐름 속에 투입하여 그것이 어떻게 발전하고 변화하는가를 본다." 이것이 바로『주역』의 참된 정신이자 참된 철학이다. 그러나 애석하게도 한대에는 도리어 기상학·수학·천문학·역법 등의 관념을 부회하였고, 북송에서는 선천학과 상수학으로 강화하여 그로써 참된 철학 정신이 제거되고 말았다고 방동미는 논하였다.

2. 정석천

정석천程石泉은『조고루역의雕菰樓易義』(臺灣商務印書館, 1968. 1)와『역학신탐易學新探』(臺灣文行出版社, 1979) 등을 저술하였다. 그의 역학 사상은『역』의 철학적 지혜를 중히 여기고, 특히 "인문으로 천하를 화성한다"(以人文化成天下)는 역학 이념에 새삼 주의하였다. 그에 따르면『역』이란 중화 민족이 최초로 지혜를 표현한 책이다. 그것은 은미한 것을 탐색하고 (探微塞隱) 깊은 이치와 기미幾微를 연구하며(極深硏幾), 지난 일을 드러내고 앞일을 살피고(彰往察來), 은미함을 드러내고 그윽함을 밝혀 내었다(微顯幽闡). 그러한 것들은 오늘날의 과학과 비교하더라도 조금도 손색이 없다. 더구나『역』은 깊은 철학적 이치를 지니고 있어 유가와 도가의 철학

사상에 영향을 끼친 바가 크다. 또 『역』은 민족 지혜의 최고 정수라고 보았다. '가까이서 취하고 멀리서 취함'(近取遠取), '만물의 실정을 유별함'(類萬物之情), '회통을 봄'(觀其會通), '전례를 행함'(行其典禮)에서 제창된 관찰·내성內省·유정幽情·회통會通은, 중국 철학 사유의 특징으로 후세 인문주의의 기원이 되었다. 따라서 역학은 고금 중외의 잘못을 교정하고 세계 문화의 전형을 창조할 수 있다고 보았다.

정석천에 따르면 『역경』에 표현된 형이상학은 '생생창화生生創和'(낳고 낳아 조화를 이룸)의 우주관이라 할 수 있다. 그것을 다시 구별하면 우주 창화·생명 창화·문화 창화라고 할 수 있다. '생명 창화'의 우주관은 목적을 표방하고 의의를 창조하는 우주관이다. 우주의 층위에서는 건원乾元과 곤원坤元에서 '대생大生'과 '광생廣生'이 도출된다. 우주간 만사 만물로 하여금 '자아의 완성'(成物之性)을 획득하게 하는 한편, 상호간의 화해를 보존 유지케 하는 것, 이것이 '대생'이다. 만물이 하나를 바탕삼아 생겨나서, 하나로부터 많음으로 많음에서 무궁무진으로 이르되 하나를 포함하여 생겨나지 않는 것이 없는 것, 이것이 '광생'이다. 생물(사물을 낳음)의 층위에서 「계사전」은 "천지에 양기와 음기가 꽉 차 뒤섞이고 기가 응집하여 만물을 형성하며, 남녀가 교접하고 만물이 형체를 바꾸어 태어난다"고 말하였다. 생물 창화의 과정에서는 음양이 덕을 합하지 않음이 없으며, 그 결과 양강陽剛과 음유陰柔의 체가 있지 않음이 없게 된다. 이렇게 하여 대대로 서로 전하고 끊임없이 이어져서 영원히 소멸함이 없다. 문화의 층위에서 보면 이 생생창화의 『역』은 '도리를 깨우쳐 실시하여 성공케 함'(開物成務), '천하를 인도하여 구제함'(道濟天下), "사물을 갖추어 사용하고 상을 세워 기구를 이루어 천하의 이로움을 삼는다"(備物致用, 立象成器, 以爲天下利)에 표현되어 있다. 그 목적은 바로 "천문을 보아 시변時變을 살피고, 인문을 보아 천하를 화성化成한다"는 것이다. 그 원칙은 바로 "그 변을 통하여 백성들로 하여금 지치지 않게 하고, 신령하게 화해서 백성들로 하여금 마땅하게 한다. 역은 궁하면 변하고 변하면 통하며 통하면 오래 간다"(通其變使民不倦, 神而化之, 使民宣之. 易窮則變, 變則通, 通則久)는 것이다.[58]

3. 고회민

고회민高懷民[*12]은 『선진역학사』·『양한역학사』·『대역사상大易思想』등의 역학서를 썼다. 고거를 아주 잘하였고, 또『역전』속의 본체론·변증법 사상을 중시하였다. 그는 이렇게 말한다.

『역전』철학의 사상 체계는 사상의 진행 순서를 두고 말하면, 한 번 갔다가 한 번 돌아오는 둥근 원의 길이다. 우선『역전』은 인간 및 만물의 근본으로 소급하여 태극을 세운다. 이른바 태극은 서양의 플라톤의 관념 idea과 다르고 아리스토텔레스의 제1형식[*13]과도 같지 않으며, 종교 속의 신 God도 아니다. 우주 만물의 변화에 즉하여서 우주 만물의 변화가 대유행大流行의 작용임을 투시하고, 이 유행 작용이 참일 뿐만 아니라 우주 만물이 나온 큰 근원임을 확인하여, 태극이란 이름을 부여하였다. 그래서 태극이란 다음의 여러 뜻을 갖추고 있다. 태극은 대유행의 작용으로서 절대로 상대가 없다. 태극은 만물과 하나로서 만물의 변화는 태극 자체의 작용이 드러난 것이다. 만물의 변화로부터 이 대유행의 작용이 원주의 주행임을 알 수 있다. 만물의 생성과 변화는 태극의 자연지성自然之性이다.[†59]

고회민은 태극이 '우주 만물이 나온 큰 근원', 즉 우주 만물의 본체로서 우주 만물을 파생하는 본원이라 보았다. 태극은 운동·변화·발전한다. 이 것이 곧 그가 말한 '대유행의 작용'이다.

『역』의 본체론과 변증법 사상을 이렇게 밝혀 낸 것은 최근 대만의 역학가로서는 결코 드문 일이 아니다. 단 그는 대만 역학계에서는 보기 드물게도, 본체를 관념도 아니고 상제上帝도 아니라고 하였다. 또 아리스토텔레스가 '질료 없는 형식'(제1형식)이라 하여 일체 사물의 최후 목적이

---

†58) 程石泉,「易經與中國人生哲學」,『孔孟月刊』23권 제12기(臺灣, 1985).
*12) 高懷民은 대만 文化大學 철학 교수.
*13) 아리스토텔레스의 제1형식이란 모든 운동의 원인이며 세계를 형성하는 영원하고 움직이지 않는 비물체적인 것을 말한다.
†59) 高懷民,「易經哲學的人類文明之道」,『易學應用之研究』제2집(대만中華書局, 1982).

자 운동의 궁극 원인인 '제1동인'으로 삼았던 신神의 별명도 아니라고 하였다. 고회민은 비록 직접적으로 명확하게 본체가 무엇인지 말하지는 않으나 그 답은 말하지 않아도 알 수 있다. 그것은 바로 물질이다. 사실상 그는 유물론의 관점에서 태극을 해석하고 세계의 본원을 해석한 것이다. 이러한 해석은 대만에서는 하기 어려운 일이다.[60]

제3절 현대의 상수역학

1. 현대의 전통 상수파와 과학역파

현대의 상수역학은 두 파로 발전하였다. 한 파는 한역의 방법을 이어받은 것으로 빠진 상(逸象)을 수색하는 데 힘을 쏟아 괘효상으로 괘효사를 풀이하는 방법을 견지한다. 그들을 전통 상수파라 부를 수 있다. 또 다른 파는 신상수파 혹은 과학역파라 부를 수 있다. 이 파는 중국의 전통 문화가 서양의 현대 사상 및 자연 과학 기술의 충격을 받았을 때, 중국의 전통 문화를 가지고 서양의 현대 자연 과학을 융합하고, 서양 현대 과학이 중국의 전통 문화 가운데 특히 유가 문화 자체에 고유한 것이라 주장하였다. 그렇게 함으로써 그들은 민족적 자존심을 회복하고 중국 문화를 부흥하려고 생각하였다. 그런데 전통 문화의 전적 가운데 특히 『역』의 도는 광대하여 포함하지 않은 것이 없고, 자고 이래 천문·지리·산술 등을 『역』에 도입하는 전통이 있었으므로, 그들은 역학을 자연 과학화하고 『주역』에서 자연 과학을 산생시킨 요소를 발굴하고자 노력하였다. 이러한 노력은 한편으로는 민족 부흥이라는 심리 상태에 순응한 것이었고, 다른 한편으로는 외국의 어떤 과학자가 동양에 대한 신비주의적 숭배에서 역학을 찬양한 몇 마디 말로부터 고무받은 것이기도 하였다.

이렇게 하여 현대의 과학역은 특히 신속하게 발전하였다. 하룻밤 사이

---

†60) 이상 李世家의 논문을 참고로 하였다. 李世家, 『近期臺灣哲學』(貴州人民出版社, 1989. 1).

에 계산기와 2진법, 생물체 DNA의 64종 조합 법칙, 원소 주기소율元素
周期素律, 양자역학, 인체 과학 등 현대 과학 전부가 역학의 범주로 되어,
사람들로 하여금 역학 혹은 『주역』이 현대 과학 발전의 맨 꼭대기에 위
치한다는 셜론을 내리게 하였다. 물론 『주역』의 철학과 논리 구조가 우
수한 과학 방법론이 될 수는 있다. 그러나 『주역』은 결코 구체적 자연
과학일 수도 없고 구체적 자연 과학을 대신할 수도 없다. 철학 원리의 운
용이 결코 철학 원리 자체일 수 없듯이, 역학의 응용이 결코 역학의 본체
는 아닌 것이다. 독일의 과학자 카시러Cassirer는 다음과 같이 말하였다.
"과학은 인간의 지혜 발전에서 최후 단계이며, 인류 문화에서 가장 최고
의 성취이자 가장 독특한 성취라 할 수 있다. 과학은 특수 조건 아래서야
도달할 수 있는 가장 최후의 가장 정교한 발전 성과이다."[61] 그러므로
현대의 이른바 과학역이 곧 『역경』 시대의 과학 사상이라 말할 수는 없
다. 도리어 오늘날의 과학이 『역경』 철학에서 동일성을 주관적으로 인정
한 것이라고 말해야 옳다.

『주역』의 특정한 역사 조건 아래서는, 바로 곽말약이 고증했던 대로
목축 시대에서 농업 시대로 막 바뀌었으나 여전히 목축이 생활의 기초였
고, 농업·수공업·상업은 겨우 맹아를 싹틔웠을 뿐이다. 또 국가의 원초적
형태가 얼추 구비되긴 했지만 씨족 사회의 형태에서 그다지 벗어나지 않
았다.[62] 그러한 시대의 산물인 『역경』이 어떻게 현대 공업 사회에서나
갖출 수 있는 과학 사상을 지녀서 현대 과학 기술의 발전을 지도하는 중
대한 임무를 맡을 수 있단 말인가? 따라서 현대 과학 기술의 이론을 이
용하여 『주역』을 해독하는 것은 결코 과학적 태도가 아니다. 그러한 일
은 역사 유물론의 원리에 위배되는 것일 뿐만 아니라 과학 실천의 검증도
거치지 않은 것이다. 그러므로 『역경』의 '파역破譯' 여부는 현대 과학 기
술과 아무런 관계도 없다고 말할 수 있다. 만일 『역경』이 확실하게 현대
과학 기술의 발전에 중대한 추동 작용 혹은 지도 의의를 지닌다고 말할
수 있다면, 사실상 이것은 『역경』 사상을 일종의 과학 방법론으로 삼아

---

[61] E. Cassire, 『人論』(上海譯文出版社, 1985년 12월), 263쪽.
[62] 郭沫若, 「周易時代的社會生活」, 『中國古代社會硏究』.

현대 과학 기술의 어떤 법칙을 해석한다는 점에서 그러한 것이다. 결코 그 거꾸로는 아니다.[63] 제임스 와트 James Watt는 끓는 물의 증기가 물병 뚜껑을 밀어 내는 것을 보고 증기선을 발명하고, 뉴튼 Isaac Newton은 사과가 땅에 떨어짐을 보고 만유 인력의 법칙을 깨달았다. 그러나 물병 뚜껑이 곧 증기 기계는 아니고, 사과가 땅에 떨어짐이 곧 만유 인력은 아니다. 그렇듯이 『주역』의 사유가 현대 과학의 발견을 계발하는 기능을 대단히 많이 수행할 수는 있지만, 그러한 기능의 의미를 결코 무한대로 과장해서는 안 된다.

어째서 과학역을 상수역의 한 갈래로 귀속시키려 하는가? 우선 과학역의 연구 방법이 상수역의 그것과 같기 때문이다. 즉 과학역학가는 모두 괘상卦象·서수筮數·도서圖書를 바탕으로 논저를 구성하고 있다. 또한 목적이 같기 때문이기도 하다. 과학역학가는 모두 역학으로 자연 과학을 대신하고자 기도하고 있다. 그리고 과학역의 연구는 왕왕 상수학의 기초 위에서 발걸음을 내딛고 있다. 이 때문에 과학역을 상수학의 한 갈래로 귀속시킬 수가 있는 것이다. 차이점은 시대가 바뀌어 관련 자연 과학의 내용에 변화가 있게 되었다는 것뿐이다. 따라서 과학역은 상수역학의 현대적 변종으로, 완전히 상수역의 범주에 넣을 수 있다.

2. 현대의 전통 상수역

현대의 전통 상수역을 대표하는 주요 인물로 항신재杭辛齋와 상병화尙秉和가 있다. 두 사람을 비교하자면 상병화는 특정 분야에 전문적이고, 항신재는 박학이 장점이다. 상병화는 전적으로 상을 가지고 『역』을 해석하여 일상逸象을 연구하고 찾는 데 힘을 쏟은 사람으로 전통 상수역의 정통가이다. 이에 비하여 항신재는 한송漢宋의 상수와 도서를 한 용광로 속에 녹이고, 또 유교·도교·불교·기독교를 합하여 『역』에 귀일시키고자 하였으며, 후대의 역학을 위하여 새로운 길을 무수히 열었다. 항신재는 구학

---

[63] 劉正,「當代易學硏究的困境」,『哲學硏究』, 1989년 제10기.

과 신지식을 융회관통시키는 데 주력하여, 전통 상수학에서 과학역으로 향하는 과도적 교량이 되었다.

1. 상병화

상병화(1870~1950)의 자는 절지節之로 하북성 행당현行唐縣 사람이다. 저서에 『초씨역림주焦氏易林注』(民國 作道益 校刊本), 『초씨역고焦氏易詁』(1934년 간본), 『주역상씨학周易尙氏學』(中華書局, 1980), 『주역고서고周易古筮考』, 『좌전국어역상석左傳國語易象釋』(중화서국판 『주역상씨학』에 수록), 『역설평의易說評議』, 『학역우득록學易偶得錄』, 『주역도략론周易導略論』, 『시훈고時訓考』, 『괘령고卦令考』, 『태현서법정오太玄筮法正誤』 등 10여 종의 역학 저술이 있다. 상병화는 『역』을 연구하면서 『초씨역림』을 가장 중시하였다. 『역림易林』이란 책은 본래 초연수焦延壽가 지었다고 하지만 『한서』「예문지」에는 기록이 없다. 상병화는 『초씨역림주』 10권을 저술하였는데, 여러 역학가의 훈고를 참고로 추리 감정하여 나름대로 터득한 바가 있었다. 그리하여 『역림』 속에서 그간 전하지 않게 되었으되 『주역』과 관련이 있는 내외괘상內外卦象·호상互象·대상對象·정반상正反象·반상半象·대상大象 등 120여 상의 응용 규칙을 발견하였다. 스스로 말하길, 그것을 『좌전』·『국어』의 점상占象에 징험하니 부합하고, 『일주서逸周書』「시훈時訓」의 준상準象에 징험하니 부합하였으며, 『주역』 괘상에 징험해도 기본적으로 부합한다고 하였다.

상병화는 또 『초씨역림』의 일상逸象과 『주역』을 서로 융통시켜 증명하고 조항을 나누어 해명하여 『초씨역고』 11권을 완성하였다. 그는 선천先天과 후천後天의 괘상이 이미 『초씨역림』에 나타나 있다고 주장하였다. 그런데 후인은 모두 선천의 괘상이 진단과 소옹에게서 나왔다고 하며, 유가가 도가설을 이용하여 유가의 자리를 더럽혔다고 하였다. 그러나 사실은 『초씨역림』이 이미 선천과 후천의 괘상을 이용하였으며, 비록 가장 먼저 선천 괘상을 강론한 것은 『좌전』이지만, 『초씨역림』이 더욱 상세하고 분명하므로, 이로써 소옹의 학이 모두 근본한 바가 있음이 증명된다고 하였다.

또 상학象學에서 분명치 않았던 점이 『초씨역림』을 읽으면 환히 밝혀진다고 하였다. 이를테면 곤괘坤卦의 '상붕喪朋·득붕得朋'과 기제괘旣濟卦의 '동린東隣·서린西隣'은 한결같이 모두 잘못 해석하여 왔는데, 이제 『초씨역림』을 통하여 음양합일이 붕朋이고, 동린·서린은 즉 리동감서離東坎西의 선천先天의 상상象이라는 사실을 알 수 있다고 하였다.[64] 선경후경先庚後庚·선갑후갑先甲後甲에 이르리서는 설이 더욱 분분하여 일치된 결론이 없어 왔는데, 이제 『초씨역림』을 읽고서 비로소 진손震巽의 왕래 반복의 뜻과 비태否泰의 종시순환하는 기틀(機)을 알게 된다고도 하였다.

또 소과괘小過卦 육2 효사의 "그 조부 앞을 지나치고, 모친(妣)을 만난다. 직접 군주를 만나는 일을 하지 않고 그 신하를 만난다"(過其祖, 遇其妣. 不及其君, 遇其臣)에 대한 종전의 해석은 가장 잘못된 해석이었다고 보고, 『초씨역림』에 근거하면 조부의 상이 간艮, 모친(妣)의 상이 손巽, 군주의 상이 진震, 신하의 상이 간艮임을 알게 된다고 하였다. 그에 따르면 "그 조부 앞을 지나치고 모친을 만난다"는 것은 소과괘 하괘인 간艮 육2가 앞으로 두 양陽을 이었기에(承) 가는 데 이롭다. 그러므로 "그 조부 앞을 지나친다"고 하였으니, 이것은 간艮을 만남(간괘를 얻음)을 지적한 것이다. 중괘中卦는 손巽으로 비妣이고, 육2는 손巽의 초효에 해당한다. 그러므로 "모친을 만난다"고 하였다. 비妣는 바로 모친이다. 동한 이래로 다만 건乾이 군주, 곤坤이 신하인 줄만 알았지, 진震·간艮도 군신인지를 몰랐다. 또 건乾이 부, 곤坤이 모인 줄만 알았지, 간艮·손巽도 조부·모친인 줄 몰랐다고 상병화는 지적하였다.

그 밖에 『초씨역림』에서 말하는 건일乾日·태월兌月·곤수坤水의 상은 『주역』의 본뜻과 가까워 서로 부합하는데도 모르는 사람이 많다. 상병화는 『역』의 효 모두가 상인 까닭에 『초씨역림』은 한 글자 한 글자 모두 『역』의 상을 상으로 삼았다고 하였다.

상병화는 『초씨역고』를 기초로 삼아 역대의 역상 및 역해를 광범하게 채집하여, 그 득실을 논평하고 취사선택하였다. 그와 동시에 그 스승 오

---

[64] 徐芹庭은 이 설이 이미 明의 來知德의 『周易集注』에서 거론되었다고 지적하였는데, 아주 옳은 지적이다. 徐芹庭, 「六十年來之易學」 참조.

여륜吳汝綸의 『역설易說』에서 "양이 음을 만나면 통하고, 양이 양을 만나면 막힌다"고 한 원리를 결합하고 발전시켜서, "『역』의 도는 전기電氣와 같아서 성질이 같으면 위배하고 성질이 다르면 서로 감응한다"고 하여 『주역상씨학』 20권을 저술하였다. 이에 오랫동안 깜깜하였던 역상易象이 비로소 게시하듯 분명하게 되었으며, 『좌전』·『국어』·『초씨역림』·『역괘』의 상 운용이 종전에는 서로 모순되고 대립적이었으나 이제야 비로소 통일을 이루게 되었다고 하였다. 그래서 『주역상씨학』은 '상학象學의 집대성'[165]이라고 불리게 되었다. 단 그 전제는 따져 볼 만한 면이 없지 않다. 상병화는 『초씨역림』이 서한의 초연수의 작이라고 하였으나, 사실 이 책에는 한소제·선제 이후의 고사가 들어 있다. 고인들은 일찍이 초연수 작자설을 회의하였고, 근인들도 『역림』이 농한 때 사람의 작이라고 논단한 바 있다. 동한의 저작을 가지고 『주역』을 해석하면서, 더구나 괘상을 확충해서 운용하여 절제가 없을 지경이므로, 상병화의 역 해석은 『주역』의 원뜻에 꼭 부합한다고는 할 수 없다.

2. 항신재

항신재杭辛齋[*14]는 민국 초의 역학 대가로 절강성 해녕海寧 사람이다. 그의 역학 저서에 『학역필담초집學易筆談初集』 4권, 『학역필담이집學易筆談二集』 4권, 『독역잡지讀易雜識』 1권, 『역계易楔』 6권, 『우일록역설정우一錄易說訂』 2권, 『역수우득易數偶得』 2권, 『심씨개정설시법沈氏改正揲蓍法』 등 7종이 있다.[166]

항신재는 『역』을 논하면서 고왕금래의 역학 및 문학·철학·과학의 신구 지식을 한 용광로에 녹여, 상수·점서·의리·패기·도서·고사故事 등 역학의 종지를 거의 다 포괄하였다. 하지만 그 가운데서도 한역의 상수를 가장 중시하였다. 그는 공자의 미언대의微言大義가 모두 상수에 가탁되어 있으

[165] 于省吾, 「周易尙氏學序言」, 尙秉和, 『周易尙氏學』(中華書局, 1980).

[*14] 杭辛齋(1869~1924)는 근대의 역학가로 이름은 愼修, 자는 一葦. 절강성 海寧 사람으로 民國 7, 8년에 廣州에서 研幾學社를 조직하여 『주역』을 연구하였다. 청말에 衆議院議員을 지냈다.

[166] 楊伯峻, 『經書淺談』(中華書局, 1984), 18쪽.

므로, 상수에 통하면 신심성명身心性命의 이치가 전부 그 속에 있다고 보았다. 그래서 그는 『학역필담초집』 「술지述旨」에서 이렇게 말하였다.

괘는 수에 인하고, 수는 상에 따라서 일어났으며, 상은 마음에서 생겨났다. 『역』은 천지를 준칙으로 하여 광대하고 모두 다 갖추어, 비록 인간사가 뒤바뀌고 세상이 변하여 나날이 번잡해져도, 요컨대 이 상수의 바깥에 벗어나지를 않는다. 그러므로 대륙과 인종이 각각 다르고, 문자 언어가 만 가지로 같지 않아도 수數로 족히 같게 할 수 있다. 2,000년 이래 수학數學이 전하지 않았다.…… 그러니 상수를 근거로 헤아려 나가지 않을 수 없다.

공자가 『역』을 편찬할 때에는 난세를 만나 행실을 올바로 하고 말을 사양하여, 세상의 기탄을 받을 우려가 있어 말로 드러낼 수 없는 것이 있었으므로, 미언대의를 상수 속에 붙일 수밖에 없었다. 『춘추』와 같은 예이다. 후인은 이 점을 살피지 않고서 모두 문자를 따지기만 하여, 하늘을 근심하고 사람을 연민하였던 공자의 고심이 인몰되고 말았다. 소강절(소옹)·유청전劉靑田·황요강黃姚江 같은 역대 학자들은 모두 이런 통한을 품고도 감히 창언하지 못하였다.

멀리서 벗이 와서 내가 종종 단지 상수를 말할 뿐 신심성명身心性命을 논하지 않음을 책망한다. 그러나 내 생각으로는 상수가 채 다 밝혀지지 않음이 한스럽다. 상수를 통해하면 신심성명의 이치는 모두 그 속에 있으니, 다시 언설을 할 것이 없다.

그는 이처럼 상수를 중시하였다. 그래서 술수術數를 연구하였다. 따라서 그의 책 속에서 납갑·납음·비복·효상의 설, 맹회·경방의 역학, 심지어 괘기·괘후의 설까지도 빠짐없이 포괄하였다.

항신재의 『학역필담초집』 4권은 역대 역학의 사정을 자세히 논하고, 역학 서목의 존폐存廢를 서술하였으며, 미국과 일본에서 본 역학 연구의 상황과 역학 저서, 그리고 서양 선교사들의 설까지도 서술하였다. 또 역대 역학가의 고질적 폐단과 옛 주석과 옛책이 후학에 끼친 오류도 논하였다. 또 새로운 어휘, 새로운 사상, 과학·철학·종교 가운데 역학과 관련된 사항을 논급하였다. 다시 이어서 금후 세계에서『역』이 어떤 의미를 지닐지를 논하고, 그 발전 추세까지 논하였다. 아울러『역경』경문의 난해한 글자뜻을 설명하고, 글자뜻을 새로 해석한 내용과 자신이 터득한『역』의 의리를 해명하였다. 다시 6일 7분, 월건적산月建積算, 납갑, 효진, 괘기, 성상星象, 음양의 상하왕래, 9궁九宮 8괘八卦의 진체, 효위승승爻位乘承의 법칙을 서술하였다. 그리고『대학』과『중용』과 역상의 관계를 설명하고, 제사·법률·교육과『역』의 관계에 대해서도 밝혀 낸 것이 많다.

이어서『학역필담이집』4권은 역학의 깊은 뜻을 탐구하여『역경』의 글자뜻을 해설하고, 역대 주석가가 쉽게 해명하지 못한 문제, 예컨대 선갑후갑·선경후경·7일래복七日來復·출입무질出入无疾*15)·제기상상制器尙象·이례예악履禮豫樂·양일음사陽一陰四·삼오착종參伍錯綜·고상기사高尙其事·정양반생井養反生의 뜻을 탐구하였다. 그 밖에「문언전」·「잡괘전」·「계사전」의 은미한 뜻까지 모두 탐색하여 나갔다.「하도」·「낙서」·「태극도」·선천 팔괘·후천 팔괘에 대해서는 혹은 그 깊은 의미를 천술하거나 혹은 새로운 해설을 가하였다. 상수 술수학에서 이를테면 기상畸象, 정상鼎象, 6계六卆, 7교七巧,『화주림火珠林』,『참동계』, 성요신살星曜神煞, 오행 화합五行化合, 5음五音 6율六律, 6자남녀六子男女, 시법점례蓍法占例를 소개하고 정밀한 뜻을 밝혔다. 그리고 심지어 상의 깊은 뜻, 괘상의 진화, 음양의 변화 이치, 수數의 체용體用에 이르기까지 소개하거나 그 정치한 뜻을 밝혔다. 진화의 새 이론, 내외상하상반內外上下相反, 건곤역문乾坤易門

---

*15) 七日來復·出入无疾은 復卦 괘효사의 "復은 형통한다. 출입에 그 무엇도 해치지 않는다. 동류의 양기가 점차 나와서 번영하므로 재앙이 없다. 복괘의 1양은 7일 만에 본래의 곳으로 돌아오니, 가는 바에 이롭다"(復, 亨. 出入无疾. 朋來无咎. 反復其道, 七日來復, 利有攸往)에 보이는 어구이다. 出入无疾이란 1양이 생겨나는 형세는 그 무엇도 해치지 못함을 말한다. 七日來復은 7일 지나 復의 一陽이 아래로 되돌아옴을 말한다. 復卦는 12消息卦의 하나로 다음과 같은 음양소장을 보인다. 여기서 日은 爻를 말할 뿐이고 실제의 일수를 가리키는 것이 아니다.

姤䷫ 牛(5월)　　遯䷠ 未(6월)　　否䷋ 申(7월)　　觀䷓ 酉(8월)
剝䷖ 戌(9월)　　坤䷁ 亥(10월)　　復䷗ 子(11월)

등의 설에 이르러서는 앞사람이 채 말하지 못한 바를 많이 발명하였다. 그 가운데 '선갑후갑·선경후경'에 대하여 항신재는 다음과 같이 논하였다.

고괘蠱卦 「단사」의 선갑 3일·후갑 3일과 손괘巽卦 5효사의 선경 3일·후경 3일을 두고, 고금의 해석자들은 그 의미가 한결같지 않았다. 그것을 도식으로 만든 자들도 생각을 짜내어 각각 그 이치를 다하였는데, 극히 깊이 연구하였다고 할 만하지만, 온당한 설을 얻은 자는 아주 드물어 손꼽을 수 있을 뿐이다.…… 경문이 이미 명백히 갑甲이다 경庚이라고 말하고 있으면 마땅히 간지干支로부터 그 뜻을 구해야 하지, 형形과 성聲을 가지고 은근히 꿰맞추어서는 안 된다. 문왕이 은나라 말세에 처했을 때 은역『귀장』이 간지干支 납음納音(60甲子를 5音 12律에 배당함—옮긴이)을 위주로 하였다. 그 말류의 폐단은 귀신을 중히 여기고 사람을 가벼이 여기므로, 그래서 문왕이 그것을 바로잡았다. 그러므로『주역』「계사전」은 특히 인도人道를 중히 여긴다. 그러나『역』은 음양에 근본하므로, 비록 편중됨이 있어도 한쪽만을 폐기함이 없다. 그러므로 상경의 고괘蠱卦에서 특히 갑甲을 말하고, 하경의 손괘巽卦에서 특히 경庚을 말하였으며, 또 혁괘革卦에서 기己를 말하고 태괘泰卦 및 귀매괘歸妹卦는 모두 을乙을 말하였다. 이렇게 갑기을경을 말하였으므로 그 말하지 않은 것은 미루어 알 수 있다. 갑甲은 진震의 위치이므로, 건乾은 갑甲을 납입 받는다.(건은 十干 가운데 갑을 분납해 받는다—옮긴이) 경庚은 태兌의 위치이므로, 진震은 경庚을 납입 받는다. 천뢰天雷는 무망无妄하고, 진태震兌는 시時를 따른다(隨). 그러므로 무망괘无妄卦는 원형이정元亨利貞하고, 수괘隨卦도 원형이정하다. 수괘가 뒤집어지면 고괘蠱卦이고, 고괘의 구5가 변하여 위아래 손巽이 겸한다. 그러므로 갑과 경은 고괘와 손괘巽卦 두 괘에 대하여 말한다. 선갑 3일은 신辛이므로 손괘巽卦는 신辛을 납입받는다. 후갑 3일은 정丁이므로 태괘兌卦는 정丁을 납입한다. 손태巽兌는 중부中孚이므로 중부괘에 "진실되어 나라 안이 교화된다"고 하고, 또 "하늘에 응한다"고 하였다. 선경 3일은 정丁이고, 후 3일은 계癸이다. 곤坤은 계癸를 납입받고 곤태坤兌는 임臨이므로 임臨도 원형이정이다. 임괘臨卦 「단전」에 "크게 형통하여 올바른 도에 합치하니 하늘의 도이다"(大亨以正, 天之道也)라고 하였고, 무망괘의 「단전」에 "크게 형통하여 올바른 도에 합치하니 하늘의 명이다"(大亨以正, 天之命也)라고 하였다. 그러므로 중부괘는 하늘에 응한다. 건곤태비乾坤泰否는 반복하는데, 비否는 "천하에 나라가 없듯 하므로", "진실되어 나라 안을 교화하고", 나라 안이 교화되어 천하가 다스려진다. 그러므로 고괘蠱卦에 "크게 형통하여 천하가 다스려진다"(元亨而天下治也)고 한 것이다. 선후 3일이면 7일이고, 7일이면 다시 회복한다. 복復은 박괘剝卦가 위에서 궁하고 아래에서 회복되는 것이다. 그러므로 고괘에서 "끝나면 시작함이 있으니 하늘의 운행이다"(終則有始, 天行也)라고 하였다. 그래서 박괘와 복괘도 또한 하늘의 운행(天行)을 운위하였다. 그런데 손巽은 곧 덕을 지녀 일을 잘 처리함(德之制)이니, 사람으로서 천도에 합하므로, "군자는 그 상을 본받아 명령을 반복하여 일을 행한다"(君子以申命行事). 손巽은 "일을 잘 헤아려 처리하면서도 공적은 드러내지 않는다."(稱而隱) 손巽은 "그 상을 본받아 권도를 행하므로"(以行權), 모두 '중정에 겸손함'(巽互中正)으로써 하늘의 도에 합하여 하늘의 명에 위배됨이 없다. 이것이 갑경선후의 뜻이다. 따라서 갑경선후란 괘 하나 효 하나를 두고 다 말할 수 있는 그런 것이 아니다. 고괘의 "큰 강을 건넘에 이롭다"(利涉大川)에 이르러서는 다시 손괘의 "나아감에 이롭다"와 "대인을 보기에 이롭다"와 정반대이다. 이것도 모두 갑경선후의 반복이다. 학자가 이에 따라서 의리를 구하면, 공자의 「단전」·「상전」·「계사전」은 어느 한 글자도 상수와 부합하지 않는 것이 없고, 어느 한 뜻도 다른 괘와 통하지 않는 것이 없다. 삼오參伍를 착종하면 모두 실마리를 찾을 수 있다.

『역계』란 책은 한역과 송역을 겸한 것으로 역례를 설명한 저작이다. 그 내용은 도서와 상수를 밝히고 괘를 알고 효를 앎에 있으며, 또 괘효사를 풀이함에 있다. 괘위卦位·괘명卦名·괘별卦別·괘상卦象·괘수卦數·괘기卦氣·괘용卦用·효위爻位·효상爻象·효수爻數·효변爻變·효진爻辰·효징爻徵·운기運氣의 심오한 이치에 대해 일일이 상세하게 소개하였다.

『역수우득』이란 책은 역수易數의 대지大旨와 그 체용을 전문적으로 서술하였다. 이 책은 수가 마음에서 생겨나며, 하나에서 시작하고 하나에 근본하여 무궁에까지 미루어 나간다고 보았다. 항신재는 역수와 『구장九章』, 십서十書[16]가 서양의 『기하원본』 및 대수 미적분에까지 모두 하나하나 맞는다고 하였다. 서양의 『기하원본』과 대수 미적분은 모두 대연지수 50과 「하도」·「낙서」의 100수에 근원하지 않은 것이 없으며, 고대 성인의 수제치평修齊治平의 도리는 수리를 법도로 삼지 않은 것이 없다고 보았다. 유가의 충서일관忠恕一貫의 도, 요·순·우 성인의 서로 전한 심법이 모두 역수와 관계 있다. 이에 역수를 미루어 밝히고 그 정묘한 뜻을 천명하여 이 책을 이루었다고 하였다. 1·3·5, 2·4·6, 9·6, 기우의 수, 영허소식盈虛消息, 6합3합六合三合, 양순음역陽順陰逆, 시1종6始一終六, 건시손제乾始巽齊, 5간6지五干六支의 수리, 괘효의 수, 천지체수天地體數, 금휘거리琴徽距離의 수, 갑기을경甲己乙庚, 용도분합龍圖分合, 원방호용圓方互容, 입체입방立體立方, 성률성응聲律聲應, 반반변역反返變易의 이수理數를 모두 천명하고 발휘하였다.

개괄하자면 항신재의 역학은 너무도 넓고 잡되지만, 단 상수에 그 장점이 있다. 그가 신지식을 『역』에 도입한 것은 비록 현란하게 부회함을 면할 수 없지만, 후대의 과학역에 대해서는 계발한 공이 있다.[67]

3. 황원병과 교일범

그 밖에 전통 상수학파에서 비교적 영향력이 큰 사람으로 황원병黃元炳[17]이 있다. 황원병은 30여 년간 『역』을 연구하여, 『역학탐원易學探原』 3책을 저술하였다. 이 책은 『경전해經傳解』, 『하도상설河圖象說』, 『괘기집해卦氣集解』로 이루어져 있으며 1933년에 간행되었다. 또 논저에 「홍범은 뭇 수를 합하여 낙서洛書에 응함」(洪範合衆數以應洛書)이란 글이 있다. 황원병은 상수를 전문적으로 연구하였다. 특히 『하도상설』은 송유의 상수를 전문적으로 연구하였는데, 그 창견에 여섯 가지가 있다고들 한다. 첫째, 진단은 『역』 「계사전」의 3진陳 9괘를 근거로 「하도」를 해석하였

---

*16) 十書란 河圖를 말한다.

†67) 徐芹庭, 「六十年來之易學」을 참조하였다.

*17) 黃元炳은 근대 역학가. 자는 景若이며 江蘇 无錫 사람이다.

으나 인증이 적중하지 않아 후인들이 이해하지 못하였다. 황원병은 「서괘전」과 「하도」의 관계를 상세히 해석함으로써 반신수덕反身修德의 뜻을 마침내 밝혀 내었다. 둘째, 이 기초 위에서 황원병은 복괘復卦에서 쾌괘夬卦까지 49괘가 사실은 설시치윤揲蓍置閏의 관건이라고 하였다. 이것은 앞사람이 말한 적이 없는 내용이다. 셋째, 「하도」·「낙서」에 대해 황원병은 그 둘이 상상象은 하나이되 체용이 다르다고 하였다. 즉 「하도」는 「낙서」의 체體요 「낙서」는 「하도」의 용用이라고 하였다. 넷째, 앞사람들은 「하도」를 해석하면서 그저 그것이 팔괘와 통한다고만 알았으나, 황원병은 「하도」 속에서 64괘를 찾아 내었다. 다섯째, 「서괘전」과 「잡괘전」은 자고 이래 주석가들이 그 소이연을 알지 못하였고, 그 둘이 「하도」와 상통하는 이치는 더욱 분명히 하지를 못하였다. 그런데 황원병은 「서괘전」과 「잡괘전」의 천인발용天人發用과 상상象이 「하도」와 일일이 상통함을 밝혀 내었다. 여섯째, 황원병은 「홍범」 9주와 「하도」·「낙서」의 조직법을 터득하였다. 즉 「하도」는 둘씩둘씩 상대하여 서로 연결됨으로써, 「낙서」에서 태극 속의 두 강목을 이룬다는 사실을 알았다.[68]

한편 황원병의 『괘기집해』는 한대인의 상수를 전문적으로 연구하였다. 괘기는 어째서 중부괘中孚卦에서 일어나고 중부괘의 뒤에는 어째서 복復·준屯·겸謙·규睽 등의 괘가 이어지는가? 사람들은 모두 알지 못하였다. 황원병은 「괘기도卦氣圖」가 「정진도貞辰圖」[*18]에서 연유하여 나왔다고 보아 고대에 전하던 정진3도貞辰三圖를 거듭 고증하여 「괘기도」의 조직을 밝혀 내었다. 이로부터 나아가서 소식消息·납진納辰·효진爻辰도 모두 괘기설로 관통됨을 알아 황원병은 이 책을 완성하였다. 심질민沈疢民은 그를 '괘기설의 집대성자'라고 추대하였다.

교일범喬一凡도 전통 상수학의 대열에 넣을 수 있다. 그의 저서에 『교

<hr>

[68) 蔡竹莊, 「河圖象說序」의 지적이다.

[*18) 貞辰은 易卦氣學의 용어. 『역위』 「건착도」에 근거하여 아무 괘가 아무 일진에 있는 것을 아무 일진에 貞한다고 한다. 貞辰과 卦氣는 동시에 상성하여 둘 다 12位支辰으로 나뉜다. 貞辰圖에는 乾卦貞辰圖, 否泰貞辰圖, 64卦貞辰圖가 있다. 黃元炳은 또 先後天貞辰圖, 64卦貞辰圖를 만들었다.

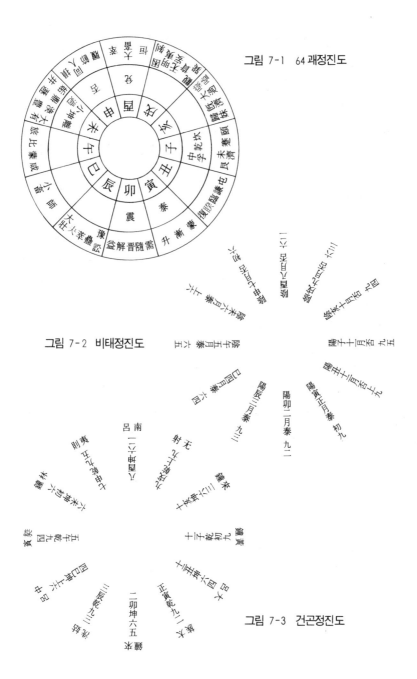

그림 7-1 64괘정진도

그림 7-2 비태정진도

그림 7-3 건곤정진도

씨역학喬氏易學』이란 것이 있다. 원명은 『주역통의周易通義』이다. 현재 대만 중앙대학中央大學 중문계의 강의 교과서로 쓰일 만큼 대만에서 아주 영향력이 크다.

3. 과학역

1. 설학잠

과학역의 개창자는 설학잠薛學潛이다. 설학잠 이전에 초순이나 항신재가 현대 자연 과학으로 『역』을 풀이하고자 시도한 바 있다. 그러나 초순은 간단한 근대 수학을 운용하여 『역』에 도입한 데 그쳤다. 항신재는 학식이 조금 넓기는 하였으나 세계 자연 과학의 최신 발선을 세대로 이해하지 못하고 학식에 한계가 있었다. 그래서인지 억지로 갖다 붙인 부분이 많아 세인의 주의를 끌지 못하였다. 진정으로 자연 과학의 최신 발전을 따라가면서 세계적인 최신 과학 지식을 이용하여 『역』을 풀이하고 『역』의 이치로써 현대 자연 과학의 최신 발견들을 해석할 수 있었던 사람으로는 설학잠이 제1인자이다. 설학잠의 저서에 『역과 물질파 양자역학』(易與物質波量子力學) 및 『초상대론超相對論』 두 책이 있다. 전자는 1937년에 출판되었다.[19] 이 책은 역괘易卦의 방진연변方陣演變 법칙을 추론하여 배열하고, 아인슈타인Albert Einstein의 상대론, 디랙Paul Adrien Maurice Dirac의 방진계산학, 슈뢰딩거Schrödinger 및 타얼웬카의 방정식 등을 인용하여 『역』의 방진方陣이 정미하고도 광대함을 증명하였으며, 또 물질파 법칙과 양자역학 법칙도 모두 『역』의 방진 법칙과 완전히 부합함을 보여 주었다. 설학잠은 이렇게 말하였다.

광파光波와 양자量子는 하나는 연속상이고 하나는 불연속상인데, 그 둘이 전변하는 사실은 아직까지 해석하기 어려웠다. 물리학에서 두 마리 말을 동시에 몬다는 주장이 있다. 궁극적으로 최후에는 합일할 수 있기

---

*19) 1937년 中國科學公司 출판.

를 희망하고 있다. 『역』의 방진은 이미 그 완성을 보고 있다. 그것이 그 첫 번째이다. 전자電子는 20세기 초에 발명되었고 양전자陽電子는 1932년에야 발견되었다. 그런데도 오늘날 물리학자들은 여전히 그 내부 구조를 알지 못하여 가상도조차 제출하지 못하고 있다. 『역』의 방진은 이미 그 가상도를 제출하였다. 이것이 그 두 번째이다. 이른바 감응 작용이란 여기에서 나와 저것에 응하는 것으로, 공간과 시간을 말미암지 않는다. 사실은 정신적 관계로서 철학의 영역에 속한다. 그런데 『역』의 설을 가지고 보면 그것이 5차원의 작용임이 증명된다. 그것은 수리를 가지고 밝힐 수가 있다. 그런데 오늘날의 과학은 상대성 이론이라고 하더라도 겨우 4차원에 이를 뿐이다. 이것이 그 세 번째이다. 진실을 철저히 인식하는 일은 마치 열쇠를 집어 들고 천고 이래 학술의 비밀 곳간을 여는 것과 같다. 그렇게 해서 세계로 하여금 우리의 『역』이 안이 없을 만큼 미세하고 바깥이 없을 만큼 거대하여, 수학과 물리학이 아무리 기이하고 교묘한 수준에 이르렀다 해도 우리 『역』의 연변 규범을 능가하지 못하고, 수학과 물리학이 능히 밝히지 못한 것도 『역』에서 시험하면 거의 밝힐 수가 있다는 사실을 알게 한다.

　　『초상대론』이란 책은 『역과 물질파 양자역학』의 보급판으로, 대부분의 글과 수리의 예증을 빼 버리고 간간 변통하게 하였다. 단 의리의 내용은 이전과 꼭 같다. 이 책은 1964년에 대만에서 『역경수리과학신해易經數理

*20) 『역』 방진의 교착 라인 : 8경괘와 64중괘에는 둘씩둘씩 상대하여 교착하는 교착괘가 존재한다. 각 쌍의 교착괘 사이에는 中心反演의 대칭성이 존재한다. 이를테면 震☳과 巽☴, 艮☶과 兌☱라는 두 쌍의 교착괘는 입방체의 4개 점으로 표시할 수 있고, 둘씩둘씩은 원점 O를 중심으로 反演變換하여 얻을 수 있다.

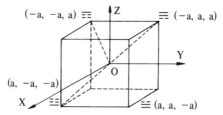

(八卦交錯卦는 원점 O를 중심으로 하여 反射對稱한다)
易圖交錯對稱性

科學新解』라는 이름으로 중판되었다. 모두 3권이다. 제1권은 『역』의 방진형학方陣形學으로 모두 9장이다. 제1장은 머리말이다. 여기서는 초상대론의 정의를 소개하고 『역』과 팔괘, 명성明誠의 교리를 논술하였으며, 복희 팔괘·문왕 팔괘·공사 팔괘서부터 영혼·물질의 교류와 과학 세계까지 언급하였다. 제2장은 『역』의 방진을 해석하였다. 『역』 방진의 교착라인 line*[20]과, 교종交綜라인,*[21] 卐卍의 내력*[22]을 말하였다. 제3장은 「하도」의 통계역학統計易學이다. 『역』의 통계방정식을 소개하고, 『역』의 통계방정식으로부터 세 가지 통계를 총괄하여, 플랑크Max Planck의 양자방정식을 도출하였다. 제4장은 『역』 방진을 구면球面에 배열하였다. 제5장은 『역』 방진을 상세하게 논증하였다. 제6장은 「하도」·「낙서」의 수와 『역』

---

*[21] 『易』 방진의 交綜 라인 : 8경괘와 64중괘에는 둘씩둘씩 서로 交綜된 交綜卦가 존재한다. 각 쌍의 交綜卦 사이에는 旋轉不變性이 존재한다. 예를 들어 巽☴과 兌☱, 艮☶과 震☳이라는 두 쌍의 交綜卦는 입방체의 4개 점으로 표시할 수 있고, 둘씩둘씩은 Y축을 2중 대칭축으로 삼아 180° 변환하여 얻을 수 있다.

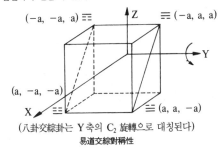

(八卦交綜卦는 Y축의 C_2 旋轉으로 대칭된다)
易道交綜對稱性

*[22] 易圖卍方陣 : 복희 64괘도 방도에서 相綜·相錯의 원리에 따라 이루어진다. 16개 괘가 相綜하여 卍방진과 卐방진을 이루어, 하나는 왼쪽으로 선회하고 하나는 오른쪽으로 선회한다. 8괘와 「하도」「낙서」의 도식도 모두 卍卐 방진을 연출할 수 있다. 「낙서」에서는 각 라인의 총합산수는 모두 25이고, 이 두 방진은 결국 태극 곡선을 만들어 내었다고 본다.

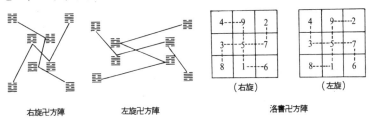

右旋卍方陣   左旋卍方陣   洛書卍方陣

의 방진을 논하였다. 제7장은 「태극도」와 『역』의 방진을 논하여 파울리 Wolfgang Pauli의 진자振子 속도 계산을 소개하였다. 세勢의 정리定理, 전자 이론, 『역』 방진의 전자방정식, 디랙의 전자용극좌표 계산, 『역』 방진과 「태극도」, 「태극도」의 방정식, 베르누이 Bernoulli 방정식을 소개하였다. 제8장은 『역』 방진에서 양이론 방정식을 이용하여, 라플라스 Laplace 유도 계수, 가우스 Gauss 정리, 큐리에 Curie 정리, 스톡스 Stokes 정리, 기타 양산법量算法의 공식을 도출해 내었다. 제9장은 『역』 방진에서 슈뢰딩거의 전자 방정식*23)과 보아 Bohr 방정식*24)을 도출하였다.

『역경수리과학신해』의 제2권은 초상대론의 정리를 다루었다. 그 가운데 제10장은 卐자를 풀이하였다. 卐자는 『역』 방진의 핵심으로 광선이 사방으로 퍼지는 뜻이 있으며, 팔괘는 5차원의 뜻이라고 하였다. 『역』 방진의 명수命數 방진, 음양 전자와 제1·제2광과 4방진의 주기 변화, 卍卐 방진의 기하 해석, 제1·제2광과 4방진의 기하 해석을 소개하고, 파동 역학의 기본 방정식을 도출하였으며, 양자역학 기본 방정식, 플랑크의 작용 양자, 6계六階의 풀이를 이끌어 내었다. 제11장은 초상대론이다. 이상 모두 24장이다. 그는 이렇게 말하였다.

19세기의 물리학자는 공간과 시간을 나누어서 공간을 3차원이라 하고 시간을 간여시키지 않았다. 아인슈타인이 상대성 이론을 창시하고(1905), 민코프스키가 시간을 제4차원이라고 한 이래로 상대성 이론의 정리定理는 더욱 견고해졌다. 그러나 『역』의 설은 5차원이 있다. 공간이 3차원이요, 시간이 4차원이요, 제5차원은 전電이자 질質인데, 전과 질이 모두 제5차원이되 둘 사이에 차별이 있다는 것이 그 대략 내용이다. 일체 물리학의 법칙과 공식은 5차원의 뜻에 기초하여 서는 것으로 그것을 초상대성 이론이라고 한다.

---

*23) 전자 방정식이란 Erwin Schrödinger(1887~1961, 1933년도 노벨 물리학상 수상)의 波動力學(Wave Mechanics)의 이론을 말한다.
*24) 보아 방정식이란 Niels Henrik David Bohr(1885~1962, 1922년도 노벨 물리학상 수상)의 양자론 이론을 말한다.

무릇 전電이 제5차원이라는 증거는 물리학자들이 이미 말한 바 있다. ……
그러나 그 계산은 넓지 않아서 비록 5차원이기는 해도 초상대성 이론
의 뜻에는 미치지 못한 바가 많다. 아인슈타인의 일반 상대성 이론은 곡
선 좌표로 물질이 4차원임을 증명하였으나, 곡선은 제5차원에 미치지
못하므로 역시 초상대론의 뜻이 아니다. 팔괘만이 5차원에 기초하여 전
電과 질質을 모두 지니고 있다. 그래서 『역』의 설에 징험하여 초상대론
을 만든다.

그리고 "나는 오늘날 학자가 『역』을 연구하면서 물리학에서 구하고,
물리학을 연구하는 자는 팔괘에서 구하길 바란다"고 하였다.
　그는 『역학』이 철학과 과학을 포괄하는 학문이며, 안은 성인의 덕을
지니고 바깥은 군왕의 치도를 갖춘(內聖外王) 학문이라고 보았다. 즉 다음
처럼 주장하였다.

천명을 성性이라 하고 성을 따름을 도라 하며 도를 따름을 교敎라 한다.
성誠으로부터의 밝힘을 성性이라 하고 명明으로부터의 성誠함을 교敎라
한다.*25) 『역』의 가르침은 도道와 기器를 총괄한다. 도란 오늘날 말하는
철학이다. 기器란 오늘날 말하는 과학이다. 철학에서 과학에 달하는 것은
성誠에서부터 명明한 것이다. 과학에서 철학에 달하는 것은 명明에서부
터 성誠한 것이다. 성誠하면 명明하고 명明하면 성誠하다. 그러므로 과학
과 철학은 일관되었다. 그러나 지금은 그렇지가 않다. 철학하는 자는 홀
로 천지와 더불어 정신적으로 왕래하기만 할 뿐이고 만물을 깔본다. 과
학하는 자는 참고를 들어서 징험하고 계고로써 결정하여, 그 수는 고작
1·2·3·4이다. 이는 결코 천지를 위하여 마음을 세움이 아니고 생민을
위하여 명命을 세움이 아니다. 따라서 천지인에 통하지를 않았으니, 잠시
라도 떠날 수 없는 도를 결코 얻지 못한 것이다. 이것은 진실로 철학이
채 미치지 못한 바요, 과학도 채 수립하지 못한 바이다.

---

*25) 『중용』에서 "自誠明謂之性, 自明誠謂之敎, 誠則明矣, 明則誠矣"라 한 말을 끌어 왔다. 明은
우주 본체인 誠을 精深으로 體會한다는 뜻이다. 즉 明은 객관 법칙의 인식과 파악을 뜻하고, 誠
은 천지만물을 낳는 근원을 뜻한다.

설학잠은 제5차원 공간의 좌표를 가지고 영혼·물질의 교류를 표현할 수 있다고 보았다.

신神이란 최후의 진리이자 만유 일체의 절대 융화이다. 신神과 전電은 모두 5차원이다. 신神이 중심 좌표요, 전電은 주변 좌표이다. 광光과 시時는 모두 제4차원이다. 광光이 중심 좌표이고, 시時는 주변 좌표이다. 신神은 형체가 없되 전電은 상象을 노정하여 광光이 되고 열熱이 되니, 이것이 형이상과 형이하의 차이이다. 광光은 볼 수 있되 시時는 볼 수 없으므로 중심 좌표는 4차원에서는 드러나고 5차원에서는 은미하다. 주변 좌표는 5차원에서는 드러나나 4차원에서는 은미하다. 전電과 질質은 모두 5차원의 주변 좌표이되 작용이 같지 않다. 이와 같으므로 영혼과 물질의 교류를 볼 수가 있다.

설씨역이 나오자 역학계에 아주 큰 영향을 불러일으켜서, 이후의 과학 역 저서는 직접 혹은 간접으로 설씨역의 영향을 크게 받았다. 심지어 30년이 지난 뒤 설학잠의 『초상대론』은 『역경수리과학신해』란 이름으로 고쳐져 대만에서 중판되어, 자연 과학 연구자와 역학 연구자의 격렬한 논쟁을 불러일으켰다.

2. 심중도 외

설학잠과 동시에 과학역을 연구한 사람에 또 심중도沈仲濤가 있다. 심중도는 『주역』을 영문으로 번역하는 한편 『역경의 부호』(易經之符號)란 책*26)을 저술하였다. 이 책은 심중도가 『주역』을 빌려서 서양 과학을 연구한 최초의 성과이다. 적어도 십여 년간의 고심 노력 끝에 100여 종의 역경 서적을 읽고, 많은 점서책과 그 밖의 재료를 수집하여 저술해 낸 것이다. 1934년에 상해에서 출판되었다. 심중도는 각 괘가 모두 대수 공식과 기하 공식이라고 보았다. 그는 사람들에게 괘가 물리학·논리학·천문학

---

*26) 沈仲濤의 이 책은 영문으로 되어 있다. 원서명은 *The Symbols of Yiking* 혹은 *The Symbols of the Chinese Logic of Changes*로 『易卦與科學』이라고도 번역된다.

분야에서 행하는 정묘한 작용을 소개하였다. 괘 속에 포함된 우주 변화는 그것에 상응하여 사람들을 광光과 열熱, 중력重力, 흡력吸力의 세계로 들어가게 하여, 괘를 통해 천기天氣와 밀물·썰물의 관계를 이해할 수 있게 한다고 보았다. 그런데 이 책은 영문으로 되어 있고 중국어 번역본이 없어서, 설학잠의 저서보다 일찍 나왔음에도 불구하고 중국 내의 영향은 크지 않다. 심중도의 저서에는 또 『역괘와 대수 법칙』(易卦與代數之定律)*27)이 있다.

설학잠과 심중도 이후로 과학역을 연구한 사람이 점점 많아졌다. 영향력이 있는 저서로는 정초오丁超五의 『과학역科學易』*28)과 왕필경王弼卿의 『주역과 현대 수학』(周易與現代數學), 왕한생王寒生의 『우주최고원리태극도宇宙最高原理太極圖』와 『역경천주易經淺注』, 강공정江公正의 『역경의 과학 체계』(易經的科學結構, 혹은 『易經淺說』), 황한종黃寒宗의 『주역해석周易解釋』, 여개선黎凱選의 『역수천설易數淺說』, 심의갑沈宜甲의 『너무도 과학적인 주역』(科學無玄的周易),*29) 동광벽董光壁의 『역도의 수학 구조』(易圖的數學結構) 등이 있다.

그 밖에 진립부陳立夫 주편의 『역학 응용의 연구』(易學應用研究) 1~3집, 당명방唐明邦 등 편의 『주역종횡록周易綜橫錄』도 영향력 있는 과학역 논문을 많이 수록하고 있다. 간동연簡冬然의 「역리와 물리」(易理與物理), 고지사高志思의 「역과 전기학」(易與電學), 반우정潘雨廷의 「과학역」, 조정리趙定理의 「주역과 현대 과학」, 주찬생朱燦生의 「태극(음양)—과학등탑초게科學燈塔初揭」, 부정의傅正懿의 「태극도—S곡선—돌변 이론」, 윤환삼尹煥森의 「주역은 추상 계산기이다」(周易是一部抽象計算幾) 등이 대표적 논문들이다. 이 논문들은 각각 현대 수학, 현대 물리학, 생물 화학, 천문학, 전자학, 전산 이론 등 서로 다른 측면에서 『주역』과 자연 과학의 관계를 탐구하였다.

---

*27) 이 책은 대수 2차 방정식, 3차 방정식, 6차 방정식을 가지고 『역경』의 팔괘와 64괘를 해석한 것이다. 1924년에 學燈出版社, 1932년에 上海中華新教育社에서 출판되었다.

*28) 1941년 中華書局 출판.

*29) 沈宜甲은 벨기에 화교로, 이 책은 본래 영어와 프랑스어로 출간되었다. 중국어 번역본은 1984년에 中國友誼出版公司에서 출간되었다.

수학 방면에서 심의갑은『역경』수리數理의 3대 발명인 2진법, 여수학餘數學, 숫자 주기학數子周其學이 근대 수리와 완전히 일치하면서 무려 3,000년 전에 나왔다고 하였다. 여개선은 서양의 옛 수학은 중국의 옛 수학이고, 서양의 새로운 수학도 중국의 옛 수학이라고 하였다. 물리학 방면에서 조정리는 달의 상대성 운동인 64괘점이 곧 양자화量子化 법칙이므로 음양학설은 뉴는 역학과 상대성 이론을 통일할 수 있다고 하였다. 주찬생은 태극학설을 가지고 만유인력 법칙을 재차 심사하면 만유인력 법칙의 체계 완결성은 현실 체계의 개방성을 왜곡하고 떨어뜨린다는 사실을 알 수 있으니, 태극학설의 지도하에서 자연 본질을 인식하는 또 다른 길로 나아가야 한다고 보았다. 부정의는 팔괘의 분리와 변화의 원리가 물질의 전체 구조 속에서 체현되므로 그것은 우주를 이해하는 열쇠라고 하였다. 역옹易翁은, 하이젠베르크Werner Karl Heisenberg가 '불확정성 원리'를 발견한 것은『주역』의 계발을 입었고, 기우奇偶 대칭 법칙의 대표 부호인 $k\pi_2$ $k\pi_3$은『역경』의 양효·음효와 유사하다고 주장하였다. 그러나 이정도李政道와 양진영楊振寧은 기우 대칭 법칙이『주역』의 계시를 받았다는 설을 뒤집었다.[69]

생물학 방면에서 심의갑은 생명 과정을 결정하는 유전 코드에 64종이 있고 각종의 유전 코드는 균일하게 세 개의 핵당·핵산으로 구성되어 있는데, 이것은『주역』의 3효가 하나의 경괘經卦를 조성하고, 팔괘의 경괘가 중첩하여 64별괘를 낳는 사실과 완전히 같다고 하였다.[70] 전자 계산기 방면에서 윤환삼은『주역』이 추상 계산기로서 현재의 전자 계산기가 지니는 주요 특성을 갖추고 있다고 하였다. 역수易數의 환산 기능, 역리易理의 논리 기능, 역상易象의 기록 보존 기능은 모두 오늘날의 계산기와 닮은 꼴이 있다고 주장하였다. 어떤 사람은『주역』부호 구조의 '컴퓨터 논리'를 제시하여, 그것을 가지고 컴퓨터의 이론 문제를 해결하고자 기도하였다. 전자학 방면에서 고지사高志思는 팔괘가 8종의 전자라고 하였다.

---

[69] 易翁,「易經與現代科學」,『中華易學』, 1987년 7월 제11기.
[70] 沈宜甲이 易翁에게 보낸 서신. 위의 논문에 보인다.

현대 물리학의 관점으로 각각을 구별하면 천전天電·수전水電·화전火電·산전山電·택전澤電·풍전風電·뇌전雷電·진전震電이라고 하였다. 천문학·의학·인체 과학 등의 방면에서 『주역』을 연구한 것들은 일일이 열거할 수 없을 정도로 많다.

제4절 현대의 고거역학

고거역학은 현대 역학 가운데 영향력이 크고 성과가 두드러진 일파이다. 고거역학가는 의리역학가나 상수역학가와는 달리, 의리로 『역』을 풀이하거나 상수로 『역』을 풀이하는 데 주력하지 않고, 역학 사료의 정리와 고증에 주력한다. 전통의 면에서 말하면 현대 고거역학은 청대의 박학역, 특히 건가乾嘉 고거학의 학풍을 계승하였지만, 동시에 '신사학' 특히 의고파의 영향도 깊이 받았다. 연구 대상면에서 보면 현대 고거역학은 두 파로 나뉠 수 있다. 하나는 문헌파이다. 이 파는 문헌을 중심으로 『주역』경·전의 사료를 연구해 나간다. 또 다른 하나는 고고파이다. 이 파는 주로 출토 문물의 재료를 이용하여 『주역』의 경과 전을 고고학적으로 연구해 나간다. 문헌 고거역학의 대표로는 이경지·문일다·굴만리·고형 등이 있고, 고고역학의 대표로는 장정랑·우호량·엄영봉·이학근 등이 있다.

1. 문헌 고거역학파

1. 이경지

고사변파古史辨派는 현대에 가장 먼저 고거역학의 열기를 일으켰다. 그들의 고거역학은 크게 주목을 받았으며 그만큼 성과도 크고 문제도 많았다. 그 가운데 이경지李鏡池는 고사변파 학자 중에서 『주역』을 전공한 사람으로, 저서에 『주역탐원周易探源』(중화서국, 1978)과 『주역통의周易通義』(중화서국, 1981) 두 책이 있다. 이경지의 역학 연구는 두 단계로 나뉜다. 제1단계는 1930년대 전후이다. 이 시기에 그는 「주역서사고周易筮辭考」,

「좌전·국어 중의 역서易筮에 대한 연구」(左國中易筮之研究), 「역전탐원易傳探源」, 「역전의 저작 시대를 논함」(論易傳著作時代書), [71] 「고대의 물점」(古代的物占), 「주역서사속고周易筮辭續考」, 「주역괘명고석周易卦名考釋」 [72] 등의 논문을 발표하였다. 제2단계는 1960년대 전후이다. 이 시기에는 「주역의 본질과 그 철학 사상에 관하여」(關于周易的性質和他的哲學思想), 「주역의 몇몇 효사의 재해석」(關于周易幾條爻辭的再解釋), 「주역의 편찬과 편자의 사상」(周易的編纂和編者的思想), 「역전 사상의 역사적 발전」(易傳思想的歷史發展), 「역전 대상전의 체제를 말한다」(談易傳大象的體例) [73] 등 『주역』을 논한 쟁쟁한 글을 발표하였고, 아울러 『주역통의』란 책을 저술하였다.

제1단계에서 이경지는 괘효사 중의 서점정문筮占貞問 등 글자로부터 『역』이 복서책임을 증명하여, 『역』이란 복서에서 이루어져 복서를 위해 만들어졌다고 하였다. 그는 이렇게 논증하였다. 괘효사의 저작 체제 속의 격언과 시가 형식의 구문으로부터 『주역』이 여러 글로부터 편찬되어 이루어진 것임을 알 수 있다. 『역』의 문사에 나타난 시대성과 지역성 그리고 "문왕이 역을 부연하였다"는 전설의 시대적·지역적 배경으로부터 『주역』이란 주周 민족의 점서임을 알 수 있다. 『역』의 문사 속에 나타난 시대성과 서술된 역사 고사로부터 『주역』의 편찬 연대가 대략 서주 초엽(1940년대에 이르러 이경지는 서주 말년설로 바꾸었다)이라고 밝혀졌다. 괘卦와 사辭는 처음에 아무 관련이 없었으나 후인이 그 관련성을 추론하였다. 한편 효의 '구九'와 '육六'의 명칭은 뒤에 생겨난 것이다. 현존하는 괘효사에는 일문佚文과 착간錯簡이 있어서 결코 완전하지가 않다고 하였다.

이경지는 또 『주역』의 괘효사를 갑골 복사甲骨卜辭와 비교하여, 괘효사가 서점의 서사筮辭로서 갑골 복사와 같은 종류라고 보았다. 괘효사는 세

[71) 모두 『古史辨』 제3책(1931년판)에 보인다.

[72) 『嶺南學報』 2권 4기(1932년 10월), 8권 1기(1947년 12월), 9권 1기(1948년 12월)에 수록되었다.

[73) 『光明日報』 1961년 7월 14일, 21일 ; 『學術研究』 1962년 제2기, 1963년 제1기에 게재. 이상의 논문들은 모두 『周易探源』에 수록되었다. 단 일부 고친 것이 있다.

종류로 나뉜다. 하나는 정조貞兆의 사로서 점복을 단정한 문사(斷辭)이다. 둘째는 서사叙事의 사로서 고사告辭이다. 셋째는 상점象占의 사로서 시사示辭이다. 「설괘전」과 효사에서 갑골 복사와 유사한 것이 일차적인 서사筮辭이다. 번다하고 복잡하여 갑골 복사와 다른 것은 2차 이상의 서사筮辭가 병합된 것이다. 한편『주역』의 괘명에 관하여 이경지는『역』에 본래 괘획만 있었지 괘명은 없었으며, 괘의 명명은 괘효사 중에 자주 보이는 글자를 취하되, 단 내용에서 이름을 표한 것도 있다고 하였다. 괘명을 세운 것은 형용사나 동사를 위주로 하고 명사와 부사를 다음으로 하였다.

이경지는『역전』이 결코 공자의 작이 아니라고 보았다.『논어』와『사기』의 기록은 띠를 수가 없다고 보았기 때문이다. 「단전」과 「상전」은 그 성립 연대가 진한 무렵에 해당되고, 작자는 제로齊魯 지방의 유가들이라고 하였다. 「계사전」과 「문언전」의 성립 연대는 사마천보다 뒤인 한 소제·선제 간에 해당하고, 「설괘전」과 「잡괘전」은 그보다 늦은 작품으로 소제·선제 이후에 성립하였다고 보았다.

그러나 만년에 이르러 그의 역학 연구의 제2단계인 1960년 초의 역학 토론중에, 이경지는『주역』의 본질에 관한 초기의 몇몇 관점을 부분적으로 수정하는 등 사상면에서 커다란 변화를 보였다. 그는 1962년 10월에 발표한 「주역괘명고석」의 보기補記[174]에서 "최근『주역통의』란 책을 써서 비로소 괘명과 괘효사 사이에 전적으로 관련이 있음을 명백히 하였다. 그 중 다수는 각 괘마다 하나의 중심 사상이 있으며 괘명은 그 중심 사상의 표제이다. 이 사실로 볼 때 괘명이 내용과 관계가 있음을 알 수 있다"고 하였다.

또 그는『주역탐원』에서 이렇게 말하였다.

『주역』은 본래 점서책으로서 점서에 참고로 삼으려는 목적에서 만든 것이지만, 많은 점서사占筮辭가 편저자의 선택·분석·개사改寫·재구성을 거쳤기에 단순한 점서책이 아니라, 작자의 사상이 가탁되어 있는 점서책이

---

†74)『周易探源』, 291쪽.

라고 본다. 그 속에는 또한 주 민족 초기의 대량의 역사 자료가 보존되어 있으므로, 역사서로 읽을 수도 있다.…… 단 좋은 역사서는 문자 기록 속에 반드시 그 '의義'(史意)——옛사람의 이른바 '도', 우리들이 말하는 철학 사상——를 지니고 있다. 『주역』도 그러하리라 본다. 『주역』의 편저자는 대량의 점서사를 분석하고 선택하여 이 점서책을 편성하면서, 역사 경험을 종합, 여러 경험적 교훈을 얻어 낼 수 있었다. 또한 편저사는 정치·사회·문화 등에 대한 자신만의 독특한 시각을 『주역』 편저의 주도 사상으로 삼았다. 따라서 『주역』은 역사 자료(옛 占筮辭)를 근거로 삼아서 작자의 철학 사상을 표현한 점서책이다.…… 『주역』의 편저자는 정조사貞兆辭(점을 쳐 묻는 말)가 지닌 의의를 확장하여, 정조사를 단순히 정조貞兆를 위해 이용한 것이 아니라 위아래 글의 사리事理와 연결시켰다. 이로써 정조사는 한낱 정조사가 아니라 사리의 설명과 판단으로 되었다.

처음에 이경지는 『주역』의 괘효사가 서로 무관계한 고립된 사건의 기록물이라고 단정하였는데, 이제 그 논리를 바꾸어 『주역』의 괘효사가 지닌 본래 면목을 발견하기 시작하였음을 알 수 있다. 즉 괘효사는 모두 괘명을 해석한 것으로, 괘명과 괘사, 괘사와 효사, 심지어 괘와 괘 사이에 내재적인 본질적 관계가 있는 까닭에, 그것들이 피차 고립되어 서로 상관없는 것이 아니라는 점을 발견하기 시작하였다. 그는 여전히 『주역』이 복서책이라 보고는 있지만, 이와 동시에 『주역』이 "작자의 철학 사상을 표현하였다"고 승인하고 있다. 하지만 이경지는 여전히 "괘의 배열 순서나 괘의 6효의 위치를 가지고서 그 사상을 추측해서는 안 된다"[175]고 하고, 『역전』이 『경』을 풀이한 내용은 "부합하는 것은 적고 부합하지 않는 것이 많다"[176]고 보았다. 그는 공자와 『역』이 관계가 없다는 자신의 초기설을 수정하였지만, 『역전』이 진한 때, 심지어 한 소제·선제 이후에야 성립되었다고 본 초기 견해를 그대로 견지하였다.

†75) 「關于周易的性質和他的哲學思想」, 『周易探源』, 167쪽.
†76) 「周易探源序」, 『周易探源』, 13쪽.

이경지가 『주역』의 경과 전을 고증하는 방법과 관점은 『주역』 전본傳本에 대한 인식을 심화시키는 데 기여하였으나 그 착오도 분명하다. 이를테면 『역전』의 성립에 대한 논단은 마왕퇴에서 한대 초기의 백서 『역전』이 출토됨으로써 오류로 판명되었다. 단 『주역통의』는 『주역』 괘효사에 반영된 시대적 특징을 발굴하는 데 주력하여, 먼저 글자를 주석하고 그 뒤에 의리를 소통시키는 식으로 차례로 밝혀 나가 체제가 엄밀하니, 현재 영향력 있는 역주易注의 하나이다.

2. 고형

고형高亨*30)은 고사변파 역학 사상으로부터 깊이 영향을 받은 사람으로서 자구 훈고에 능한 역학가이다. 저서에 『주역고경통설周易古經通說』·『주역고경금주周易古經今注』·『주역잡론周易雜論』·『주역대전금주周易大傳今注』 등 4책이 있어, 대륙과 대만에서 대단히 영향력이 크다. 『주역고경통설』은 1940년대 저서로, 귀양貴陽 문통서국文通書局에서 처음 출간되었다. 전체는 제요提要와 7편의 논문으로 이루어져 있다. 제1편 「주역쇄어周易瑣語」는 '주역' 명칭의 유래와 의의, 팔괘 및 64괘의 창제 시대와 용도, 『주역』 이외 선진 시대의 기타 점서, 『주역』 괘효사의 작자 및 시대, 역괘에 있어 정회貞悔의 의미, 주역의 효제爻題, 『주역』 괘효사의 선진 시기 칭호를 밝혀 논술하였다. 제2편 「주역괘명오탈표周易卦名誤脫表」는 리離·비否·동인同人·간艮 4괘의 괘명이 필사할 때 오탈誤脫이 있었다고 보고, 또 대유괘大有卦·중부괘中孚卦의 괘명에도 오탈이 있지 않았나 의심하였다. 제3편 「주역괘명내력표周易卦名來歷表」는 『주역』의 괘효사가 있은 뒤에 괘명이 있었으며 괘명은 대부분 뒷사람이 괘효사 중의 글자를 따서 이름 붙인 것이라고 논술하였다. 아울러 명명 방식에 나타난 7 조항의 범례를 제시하였다. 제4편 「주역서사분류표周易筮辭分類表」는

---

*30) 高亨(1900~1986)은 고문자 학자, 고대문화사가로, 자는 晉生이다. 원 이름은 仙翹. 吉林省 雙陽縣 사람이다. 淸華大學研究院을 졸업하고, 여러 대학의 교원을 역임하였으며, 해방 후 西南師範學院研究員, 吉林師範專科學校, 山東大學 교수를 지냈다. 『시경』·『상서』·『주역』 연구에 전념하였다.

『주역』의 괘 효사를 4부류로 구획하였다. 첫째는 기사記事의 문사, 둘째는 취상取象의 문사, 셋째는 설사說事의 문사, 넷째는 단점斷占의 문사이다. 제5편 「원형이정해元亨利貞解」에서는 원·형·이·정 4자의 의미를 논하여, 형亨을 향사享祀의 향享, 정貞을 점문占問으로 풀이하였다. 제6편은 「길인려회구흉해吉吝厲悔咎凶解」이다. 제7편 「주역서법신고周易筮法新考」는 동주東周 시대에 『주역』을 이용하여 점서한 방법을 고찰해 내었다.

『주역고경금주』는 고형이 1940년에 무한대학武漢大學에서 교수직으로 있을 때 지은 것으로 뒤에 수정을 거쳤다. 이 책은 두 가지 특징이 있다. 첫째, 『역전』을 고수하지 않았다. 즉 『역경』은 주초周初에, 『역전』은 주말周末에 지어져 서로 수백 년 떨어져 있는데다, 하나는 점서책이고 하나는 철학책이어서, 『역전』의 논술은 『경』의 본뜻과 완전히 부합하지는 않는다고 보았다. 따라서 『역경』을 논할 때 『역전』의 속박을 받을 필요가 없다고 하였다. 둘째, 상수를 말하지 않았다. 『역경』의 점서를 논할 때는 상수로부터 떠날 수 없지만, 괘효사를 논할 때는 상수와 연관시키지 않아도 되며, 그만큼 괘효사와 상수 사이에는 필연적 관계가 없다고 보았다. 이 『주역고경금주』는 경문만을 전문적으로 풀이하고, 『역전』은 논급하지 않았다. 또 오로지 훈고만을 중시하여, 음音으로 훈訓을 논하고 글자를 고쳐서 풀이하기를 즐겨 하였다. 이 책은 처음에 상해 개명서점開明書店에서 출판되었다가, 1984년에 중화서국이 이 책과 『주역고경통설』을 합하여 중정본重訂本을 출판하면서 이름은 그대로 『주역고경금주』라 하였다.

『주역잡론周易雜論』은 1962년에 출판되었는데, 전부 5편의 논문으로 이루어져 있다. 「주역 괘상에 반영된 변증법 관점」(周易卦象所反映的辨證觀點)은 『주역』의 팔괘 및 64괘가, 상호 모순 대립하는 부호를 이용하여 모순 대립하는 사물과 그 관계 및 변화를 상징하고 있어 고풍스럽고 소박한 변증법적 요소를 내포하고 있다고 보았다. 「주역 괘효사의 철학 사상」(周易卦爻辭的哲學思想)은 『주역』 괘효사가 내포하고 있는 단순 소박한 변증법 요소를 많이 지적하였다. 『주역』 괘효사 속의 철학 사상은 단편적이고 불완전하며 전체 사상 체계를 구성하지 않을 뿐만 아니라, 그 언어는 간단하여 논점 제기만 있되 이론이 없어, 가까스로 몇 가지 철학서의 성질을 지니기만 하였을 뿐 철학서의 규격에는 이르지 못하였다고 하였다. 「주역대전의 철학 사상」(周易大傳的哲學思想)은 『역전』의 철학 사상이 천도天道·지도地道·인도人道의 통일을 주요 강령으로 하되, 때로는 신도神道와 배합하여 3도 통일에서부터 4도 통일로 나아갔다고 보았다. 또 『역전』이 자연과 사회를 논한 두 기본 원칙, 즉 모순 대립 법칙과 운동 변화 법칙은 변증법 요소의 기본 내용이라고 하였다. 단 『역전』 속에 진보적 철학, 특히 변증법 요소와 유물론 요소가 있음을 인정하면서도 한계가 있다는 사실도 지적하였다. 「좌전·국어에 보이는 주역설 통해」(左傳國語的周易說通解)는 춘추 시대에 『주역』을 논한 사람들이 괘상을 즐겨 말하였지, 『역전』과 달리 효상爻象 및 효수爻數는 그다지 논하지 않았다고 지적하였다. 그리고 『좌전』과 『국어』의 역학설은 괘상과 의리를 결합하였지만, 『역전』은 괘상·효상·효수·의리를 하나로 결합하였다고 논하였다. 「주역 괘효사의 문학적 가치」(周易卦爻辭的文學價値)는 괘효사의 사상 내용으로부터 그 예술적 특징을 논하여 그것이 문학사에서 지니는 의의를 확인하였다.

『주역대전금주』는 고형이 만년에 저술한 중요한 역학 저서로, 1975년에 출판되었다.[*31] 고형은 『역전』의 7종이 모두 전국 시대에 지어졌으되 한 사람 손에서 나온 것이 아니라고 하였다. 『역전』의 경 해석과 『역경』의 원뜻은 서로 동떨어진 경우가 많다. 따라서 『역전』의 해석은 철학서라는 시각에서 전문傳文의 본지를 찾고, 『경』에 대한 『전』의 인식을 탐색하면서, 어떤 점에서 『전』이 『경』의 뜻과 합하고 어떤 점이 합하지 않는가, 어떤 점이 『경』의 뜻에 있고 어떤 점이 『경』의 뜻에 없는가를 살펴야만 한다고 하였다. 『역전』을 주석할 때는 그 『역전』에 고유한 상수설만을 강론해야 하고, 『역전』에 원래 없던 상수설을 강론해서는 안 되며, 거기서 한 걸음도 더 나아가서는 안 된다고 주장하였다. 『주역대전금주』의 전체 내용은 통설·주석·부록의 셋으로 되어 있다. 권수卷首인 「주역대전통설」은 「주역대전개술周易大傳槪述」 및 「역전상수설석례易傳象數

[*31] 齊魯書社, 1975년 출판.

說釋例」로 되어 있다. 「주역대전개술」은 『주역대전』 중의 괘상과 괘위, 효상과 효수를 각각 해석하였다. 권1에서 권4까지는 64괘의 괘사, 「단전」, 「대상전」, 효사, 「소상전」 및 건곤 2괘의 「문언전」에 대하여 차례로 주해하였다. 한 괘를 해석할 때마다 먼저 경의經意를 세우고 뒤에 전해傳解를 진술하여 경해와 전해를 나란히 진행시켰다. 괘명을 주석할 때에는 「단전」을 근거로 하였다. 「단전」의 설과 다른 것은 아래에 주를 붙였고, 같은 것은 생략하였다. 효사를 주석하면서는 「상전」을 근거로 하였다. 권5는 「계사전」의 전문을 해석하여 상하 2편으로 나누고, 매 구절마다 한 번씩 주석하여 조리가 문란하지 않다. 이 책은 훈고를 중히 여겨, 방증하고 인용한 것이 모두 근거가 있다. 책 뒤에 부록이 둘 있다. 하나는 「선진 제자의 주역설」(先秦諸子之周易說)이고 하나는 「본서에 인용된 주역 주석 서목」(本書引用周易注釋書目)이다.

고형의 주역 연구는 이경지와 마찬가지로, 『주역』이란 책의 본질을 파악하는 관점에 있어 전후 아주 큰 변화가 있었다. 1940년대 저서인 『주역고경금주』는 명백히 괘효사를 갑골 복사와 같은 류로 보아, 『주역』의 괘상과 괘효사, 괘사와 효사, 괘와 괘 각각의 사이에는 필연적인 논리 관계가 없다고 보았다. 따라서 『주역』은 쟁반에 모래를 흩어 놓은 것 같은 점서책으로 보아야 하고, 괘사·괘명·효사는 분할하여 하나하나 고립시켜 해설을 진행시켜야 한다고 주장하였다. 이를테면 '정貞'이란 한 글자는 앞사람은 모두 '정正'이라 풀이해 온 것이다. 그런데 이경지는 그것을 갑골 복사 속의 정貞자와 같다고 보아 주역 속의 정貞자도 응당 복문卜問이라 풀이해야 한다고 주장하였다. 고형은 이경지의 설을 이어받아 모든 정貞자는 점占으로 해석해야 한다고 하였다. 따라서 건괘乾卦 괘사의 '이정利貞'은 '점에 이로움'(利占)이고, 곤괘坤卦 괘사의 '안정安貞'은 '안부安否를 점문占問함'이며, 비괘比卦 육4 효사의 '정길貞吉'은 '서筮하여 이 효가 오면 길'이고, 태괘泰卦 구3 효사의 '간정艱貞'은 '환난의 일을 점하여 물음'이라는 주장이다. 이 일련의 새로운 설은 어떤 것은 억지로 그렇게 볼 수도 있지만, 어떤 것은 완전히 억지라서 통하지 않는다. 또 이를테면 그는 건괘乾卦 괘사를 풀이하여 "이 괘가 나오면 모든 일이 이롭다"고

하고는, 초구의 "숨어 있는 용은 행사하지 않는다"를 두고 도리어 "서筮하여 이 효를 만나면 시행할 수가 없다"고 하였다. 상구의 "너무 높이 난 용은 후회가 있다"(亢龍有悔)를 논하면서는 "사람이 곤란을 당하면 이에 후회가 있다"고 하였다. 괘사가 "일마다 이롭다"고 의미하였거늘, 효사에서 어떻게 "시행할 수가 없다"느니 "이에 후회가 있다"고 말할 수 있는가? 자체 모순됨을 알 수가 있다. 또 여섯 효에서 '용'을 상으로 취하고 있는데도, '잠潛'에서 '항亢'에 이르는 내재적 관계를 전혀 고려하지 않았다.

1960년대에 이르러 고형은 주역의 괘상·괘사·효사 및 그 사이의 관계에 대하여, 그리고 『주역』이란 책의 본질에 대하여 관점을 새로이 바꾸었다. 「주역 괘효사의 철학 사상」(周易卦爻辭的哲學思想)[77]이란 논문에서 고형은 "이 옛 전적은 철학서의 성질을 몇 가지 갖추고 있되, 철학서의 규격에는 이르지 못하였다"고 하였다. 또 "괘상은 모순 대립하는 부호를 이용하여 모순 대립하는 우주 사물에 대한 옛사람의 인식을 체현한 것이고, 괘효사는 문사를 이용하여 작가의 세계관을 표현한 것이다"라고 하였다. 전자에 비하면 괘효사의 서술이 더 구체적이고 언어가 명확하며 내용이 더욱 광활하고 의의도 더 심각해졌다고 보았다. 또 "괘상이 체현하는 변증법적 관점과 괘효사가 표현하는 변증법적 관점에는 반드시 일정한 관계가 있다"고 하였다. 이에 그는 정貞자의 해석도 바꾸었다. 대축괘大畜卦 구3 효사의 "준마가 빨리 달리니, 나아가는 길이 험난함을 알아 올바른 도를 굳게 지키면 이롭다. 매일매일 마차의 운전을 연습하거나 무예를 연습하면 나아가는 바 있음에 이롭다"(良馬逐, 利艱貞. 日閑輿衞, 利有攸往)를 두고 "좋은 말을 몰고 훌륭한 수레를 타므로 길의 험난함과 요원함을 두려워 않는다"고 해석하였다. 정貞을 다시는 점占이나 복문卜問이라고 풀이하지 않게 된 것이다. 단 이러한 변화는 지엽적일 뿐이다. 전체로 말하면 고형은 『주역』을 지리멸렬하게 만드는 자신의 연구 방법을 근본적으로 바로잡지는 못하였다.

---

[77] 본래 1961년 10월 31일자 『文匯報』에 게재되었고, 뒤에 1962년 출판의 『周易雜論』과 1980년 출판의 『文史述林』에 수록되었다.

3. 우성오

『주역』의 문자 훈고 및 역상易象의 연구에서 발명한 바가 많아 주목받는 역학서에 우성오于省吾[32]의 『역경신증易經新證』(또 다른 이름은 『雙劍誃易經新證』)이 있다. 이 책은 1937년에 출간되었고 모두 4권이다.[33] 제1권은 효·단·상·수 등 역학의 기본 개념을 고증하였고, 제2, 3권은 역괘의 괘사 및 효사를 고증하였으며, 마지막 권은 『역전』 중의 관련 문제를 고증하였다. 상병화는 이 책에 서문을 써서 이렇게 평가하였다.

> 내가 읽어 보니 금문이나 갑골문으로 『역』 가운데의 벽자僻字와 난삽한 뜻을 고증하였다. 이를테면 용부用缶는 즉 용도用陶라 하였다. 납약자유納約自牖는 약約을 작勺이라고 읽었다. 획비기추獲匪其醜는 비匪를 피彼라고 읽었다. 태위부결兌爲附決은 부附를 부敷라고 풀이하고 결決은 분결分決이라고 하였다. 대개 믿을 만하고 증거가 있어 그 뜻을 뒤집을 수 없으리라 생각된다.

자서에서 우성오는 "이 편의 서술은 구두句讀를 비교 감정하고 어구용례를 조사 참고하였으며, 고주古注 상형象形에서 증명하고, 성음聲音 통가通假로 궁구하여 역상의 본의를 연찬 탐구하였다"고 하였다. 즉 이 책의 최대 특징은 고문자학을 훈고의 수단으로 삼아 『역』의 의리를 발명한 점이다. 우성오는 『역』을 연구하면서 상학象學을 중시하여, 상학을 연구하고자 『좌전』·『국어』·맹씨역(맹희역), 구가역림九家易林 또는 고문자의 일상逸象에까지 미루어 나갔다. 이렇게 하면 역상을 십중팔구 알 수 있으리라 생각했기 때문이다. 그리고 「설괘전」의 상에 대해서는 자못 불만을 품어, 10분의 3, 4만을 취하였다. 상상에 이르러서는 맹희·경방·정현의

---

[32] 于省吾(1896~1984)는 고문자 학자, 역사학자로 자는 思泊이며, 호는 夙興叟. 遼寧省 海城縣 사람이다. 沈陽高等師範을 졸업하였고, 桐城派 古文을 공부하였으며, 輔仁大學, 北京大學 교수, 燕京大學 명예교수를 지냈다. 해방 후 吉林大學(옛이름 東北人民大學) 歷史系 교수, 古文字研究室 주임, 中國考古學會 명예이사, 中國語言學會 고문 등 직위를 거쳤다.

[33] 1937년 北平虎坊橋大業印刷局에서 『쌍검치역경신증』이란 제목으로 출판되었고, 뒤에 대만 藝文印書館에서 『역경신증』이란 제목으로 영인 출판하였다.

괘기·세응·납갑·효진을 역학의 지류라 여겨서 전부를 신빙하지는 않았다. 청인에 대해서는 왕념손王念孫 부자, 유월 및 장혜언이 우씨역虞氏易을 연구한 것, 손성연이 고주古注를 집록한 것, 방신方申이 일상을 수집하여 기록한 것이 역학에 공이 있다고 보았다. 단 초순의 역학은 우활하고 망녕되다고 보았다. 한당 시대의 여러 역학가의 역설에 대해서는 우번이 상으로『역』을 설한 것만을 취하였으나, 단 우번도 불통하는 면이 있다고 지적하였다. 그는 이렇게 말하였다.

> 『역』은 상학이다.……『좌전』과『국어』가『역』을 인용한 것은 어느 한 글자도 상으로부터 생겨나지 않은 것이 없다. 그런데 한대 이후로『역』을 논설하는 자는 실상實象을 쓸어 버리고 공리空理를 부연하는 일이 많다. 이래서『역』의 의리가 드러나지 않게 된 지 오래다. 의리를 구하자면 어사語辭를 풀이하여야 하고, 어사를 풀이하려면 상象을 알아야 한다. 상을 알고 나면 어사는 저절로 변석되고 리도 밝혀진다. 상을 모르면 어사의 현란하고 아슴프레함에 겁을 내어 떨고, 의리의 진실 평이함에 어둡게 된다. 양한 시대 이래로 오로지 상에 의하여『역』을 풀이한 사람은 우번·주진·오징·래지덕 등 몇몇 뿐이다.……『역』이란 책은 사변史變의 리에 통하고 만물의 상을 아우르고 있다.『역』을 배우는 사람이「설괘전」에 지체하면 상이 갖추어지지 않고, 상이 갖추어지지 않으면 어사가 밝혀지지 않는다. 어사가 밝혀지지 않으면 형편상 부득불 실상을 제거하고 공리를 부연하지 않을 수 없다.…… 무릇『역』은 물物에 따라 물物을 드러내고 사事에 인하여 경계를 보인다. 왕래동정往來動靜의 기機, 소식영허消息盈虛의 리理, 시비득실是非得失의 효效가 아울러 갖추어지지 않음이 없다.

이상에서 볼 때 우성오의 역학 이론은 상을 위주로 하여 의리를 이해하려는 데에 취지를 두었음을 알 수 있다. 성음 훈고와 고문자는 다만 상을 구하는 수단이다. 그래서『역경신증』의 범례는 종종 이정조의『주역집해』와 육덕명의『경전석문』에 근본하여 상의象義의 마땅함을 구하고, 그런 뒤에 이를테면『설문』같은 자서字書 등 뭇 전적을 두루 종합하였으며, 갑골문과 금문의 자료를 상세히 고찰하여 자기의 설을 증명하고, 다시 역의易義를 발휘하였다. 예를 들면 손괘巽卦☴ 육4 효사의 "수렵하여 3품을 획득한다"(田獲三品)를 두고 다음과 같이 논하였다.

우번이 말하였다. 전田이란 2효를 일컫는다. 땅 가운데를 전田이라고 칭한다. 초육이 효위에 맞지 않고 응함이 없으니 후회한다. 구2가 초위로 가고자 하여 이미 응하게 되므로 후회가 없어진다. 구2가 동하여 바름을 얻으니 중위中位에 처하여 5를 얻는데, 5가 공이 많으므로 「상전」에 이르길 "공이 있다"고 하였다. 구2가 동하여 간艮은 손(手)이므로 획득한다(獲)고 칭한다. 간艮은 시랑이(狼)이고, 감坎은 돼지(豕)이다. 간艮의 구2가 초위로 가면 리離가 되어 리離는 꿩(雉)이다. 그러므로 이 셋이 곧 획득한 품물이다. 적현翟玄은 이렇게 말하였다. "수렵하여 3품을 획득한다는 것은 하괘의 3효를 두고 말한다. 처음 손巽이 닭(鷄)이고, 두 번째 태兌가 양羊이고, 세 번째 리離가 꿩(雉)이다." 우성오 내가 고찰하기에, 갑골문에서 어떤 땅에서 수렵한다(田)고 하면서 획득한 것(獲)을 말하는 것을 자주 보았다. 고인은 인간과 품물의 부류와 숫자를 칭하면서 번번이 품품으로 계산하였다. 소우정小盂鼎에, "무릇 구획은 품품으로 한다"고 하였고, 잡진정帟蕢鼎에 "왕이 잡진에게 북쪽을 살펴서 4품을 수렵할 것을 명하였다"고 하였다. 형후고邢侯𣪘에는 "신하에게 3품을 주었다"고 하였다. 『서』「우공禹貢」에는 "금이 3품이다"(惟金三品)라고 하였고, 목공정穆公鼎에 "옥을 5품 주었다"고 한 것이 모두 다 그런 예이다.

또 대유괘大有卦☲ 구4 효사의 "자신의 성대함을 자만하지 않으면 재앙이 없다"(匪其彭, 无咎)에 대하여 다음과 같이 해석하였다.

우번은 말하였다. "비匪는 비非이다. 그 지위가 굽었다(尩). 그래서 다리가 굽어서 형체가 바르지 않다. 4효가 지위에 합당치 않고, 다리가 짧고 덜덜 떨므로 굽었다고 하였다. 그것이 변하여 바름을 얻으므로 재앙이 없다고 하였다. 왕尩은 혹 팽彭이라 하여 방旁의 발음으로 하는 텍스트가 있으나, 글자의 잘못이다."『석문』에는 이러하다. "팽彭은 『자하전』에 방旁으로 되어 있다. 간보가 말하길, '팽형彭亨은 교만驕滿한 모습이다'라 하였다. 왕숙은 '씩씩함이다'(壯)라고 하였다. 우번은 왕尫이라 썼다. 요평姚平은 '팽彭·방旁은 천천히 발음하면 같다'고 하였다." 내가 고찰하건대 비匪는 피彼와 고음古音이 가까우니 글자가 통한다. 리괘離卦의 상구上九에 '획비기추獲匪其醜'라 하였는데, 저 무리를 획득한다는 뜻이다.*34) 리괘에 자세하다. 우번이 팽彭을 왕尫으로 한 것이 옳다. 왕尫은 마땅히 왕往이라고 읽어야 한다. 왕尫은 『설문』에 "고문은 㞏으로 쓰고, 㞏의 발음을 따른다. 갑골문에서 왕往은 㞏이라 쓴다"고 하였다. 그러므로 '비기왕匪其尫'이란 마땅히 피기왕彼其往으로 읽어야 한다. 구4가 육5를 만나 양이 음을 만나니 통通한다. 그러므로 "저 가는 것이 재앙이 없다"고 한 것이다. 리괘 구2의 "길을 밟음이 탄탄하다"(履道坦坦)는 것은 양이 음을 만남이다. 정괘鼎卦 구3이 "그 행함이 막힌다"고 한 것은 양이 양을 만나 통하지 않음이다. 고괘蠱卦 육4에 "어디에 가더라도 곤경을 당하며 마음에 거리낌이 있다"(注見呑)고 한 것은 음으로서 양을 만나는 까닭에서 그러한 것이고, 또 상괘 간艮은 멈춤이기 때문에 그러한 것이다. 규괘睽卦 육5의 "가서 어찌 재앙이 있으랴?"는 음이 양을 만나는 까닭에서이다. 풍괘豐卦 초구의 "가면 숭상받음이 있다"는 말은 가는 것이 마땅하다는 뜻이다. 양이 음을 만나기 때문에 그러하다. 둔괘遯卦 초육의 "가는 바 있음에 운용하지 말라"는 음이 음을 만나기 때문이며, 또 하괘 간艮이 멈춤의 뜻이기 때문이다. 무망괘无妄卦 초구의 "망녕됨이 없다. 나아가면 길하다"(无妄. 往吉)는 양으로서 음을 만나기 때문이고, 진震은 길(途)이고 행行이기 때문이다. 『역』의 통례에 음양이 서로 만나면 통하고 음양이 서로 더불으면 벗이 된다. 음양이 서로 만나 통하지 않는 것은 혹은 감坎·간艮·태兌에 한한다. 이괘頤卦 육2의 "가면 흉하다"(征凶)에 대하여 「상전」은 "가서 이웃을 잃었다"(行失類)고 하였다. 이것은 음이 양의 이웃이 되는 증거이다. 비기팽匪其彭을 초순은 비기성非其盛이라 풀이하고, 유월은 분기성分其盛이라 하였으

---

*34) 離卦 上九 효사의 "獲匪其醜"는 보통 "적의 무리를 포획할 것을 목적으로 하지 않는다"고 풀이, 匪를 非로 본다. 그러나 우성오는 匪를 彼로 풀이하였다.

나, 모두 억지 해석이다.

여기서는 통가通假의 원리를 이용하여 본자本字를 찾고, 다시 갑골문을 취하여 증명하였다. 글자 뜻이 명백해지자, 다시 오여륜의 "양이 음을 만나면 통한다"(陽遇陰則通)는 설을 가지고 효성爻性·효위爻位·효사爻辭의 관계를 해석하였다. 전반에 이르면서 효상爻象의 한 가닥 운행 법칙을 종합한 것이다. 그러므로 상병화가 우성오의 설을 두고 신빙성 있고 증거가 있으며 그 뜻은 번복할 수 없다고 한 것은 결코 과찬의 말이 아니다. 다만 우성오는 『역』에서 상을 지나치게 중시함으로 말미암아 몇몇 역학가에 대한 논평이 온당함을 잃고 말았다.

4. 양수달과 문일다

양수달楊樹達이 저술한 『주역고의周易古義』는 1929년에 중화서국에서 출판되었다. 삼국 시대 이전에 『주역』을 인증하고 있는 자료들을 골고루 채집하여, 완원阮元의 『시서고훈詩書古訓』의 예에 따라 집록한 것이다. 이로써 고인이 어떻게 『주역』을 강해하고 이용하였는지를 알 수 있게 되었다.

문일다聞一多[35]의 저서에 『주역의증류찬周易義證類纂』[36]이 있다. 그는 '고대 사회 사료를 주워 모을 목적'으로 『역』을 연구하였다고 말하고 있으나, 이 책은 훈고에 정밀하다. 비록 90건만을 해설하였으나 발명한 것이 자못 많다.

5. 굴만리

굴만리屈萬里[37]는 대만의 역학계에서 문헌 고거로 저명하다. 그의 저서

---

[35] 聞一多(1899~1946)는 시인으로 본명은 亦多이고 자는 友三이다. 湖北 浠水 사람으로 淸華學校를 졸업한 뒤 미국에 유학하였고, 귀국 후 北京藝術專科學校 敎務長, 靑島大學院 院長, 淸華大學 교수를 역임하였으며, 新月社에 참가하였다. 항일 전쟁 기간중에 中國民主同盟에 가입하였다가 뒤에 國民黨에 의해 암살당했다.

[36] 『周易義證類纂』은 不分卷으로, 『古典新義』의 제 1 편. 1941년에 씌어졌는데, 1948년에 상해 開明書店에서 간행한 『聞一多全集』 제 2 책에 수록되었다.

[37] 屈萬里(1907~)의 자는 翼鵬. 山東省 魚臺縣 사람이다. 北平私立郁文學院 國文系에서 공부하

에 『선진한위역례술평先秦漢魏易例述評』, 『한석경주역잔자집증漢石經周易殘字集證』, 「주역 괘효사가 주무왕 때 성립하였음을 논함」(周易卦爻辭成于周武王時考), 「역괘의 거북점 기원고」(易卦源于龜卜考), 『주역고의보周易古義補』, 「주역 효사에 나타난 습속」(周易爻辭中之習俗), 「설역산고說易散考」, 「역손기일고易損其一考」, 「주역의 시대와 사상」(關于周易之年代思想), 「설역說易」, 『주역집석초고周易集釋初稿』 등의 역학 저작이 있다. 굴만리는 『역』을 연구하면서, 우선 음운·훈고로 글자뜻을 해석하고 다시 경전과 제자서諸子書, 갑골문과 금문을 참고로 글뜻을 해석하였다. 글자뜻과 글뜻이 밝혀진 기초 위에서 다시 『주역』 경문을 사료史料로 하여 각 방면의 연구를 진행하였다. 그래서 왕헌당王獻唐으로부터 "문자는 반드시 증거를 구하고 의리는 반드시 온당함을 구하여 공을 들인 것이 아주 독실하며 방법이 아주 엄밀하다. 석연치 않은 것이 있으면 한 글자도 구차하게 적지 않았다"고 평을 받았다.

굴만리의 『선진한위역례술평』*38)이란 책은 상하 2권이다. 상권은 경전 중의 괘효사 및 「단전」·「상전」·「문언전」·「계사전」·「설괘전」의 문자에 대하여 그 의례義例의 귀결처를 구하여 용례를 거두어 들였다. 또 『좌전』, 『국어』, 선진 제자, 서한 문제 이전 제자서 등의 전적 가운데 『주역』과 관련 있는 것을 대상으로 『역』의 예를 모두 찾았다. 하권은 상수로 『역』을 풀이하는 예들을 해명하였다. 예를 들어 12소식十二消息, 호체효변互體爻變, 괘기비복卦氣飛伏, 팔궁세응八宮世應, 유혼귀혼遺魂歸魂, 팔괘육위八卦六位, 효위귀천爻位貴賤, 효체효진爻體爻辰, 승강납갑升降納甲, 괘변방통卦變旁通, 반괘반상反卦半象, 세괘기월世卦起月 등의 근원을 서술하고 그 깊은 뜻을 탐구하여 이치를 밝혔다. 굴만리는 맹희 이하 여러 유학자의 역례가 진정한 역례가 아니라고 보았다. 그래서 그 역례들을 서술하고 평론하였으며, 원류를 조목화하고 오류를 변론하였다. 다만 왕필의 역례

고, 國立中央圖書館張, 臺灣大學中文系 주임 등을 역임하였다. 대만에서 中華民國易經學會를 조직하고, 『中華易學月刊』을 창간하였다.

*38) 본래 대만의 『學術季刊』 6권 4기(1958년 6월)와 『幼獅學報』 1권 2기(1959년 4월)에 나뉘어 발표되었다. 뒤에 대만 聯經出版事業公司의 『屈萬里全集』(讀易三說)에 수록되었다.

는 대체로 십익+翼과 부합하므로, 그 공적을 인몰케 할 수 없다고 하여 그것을 맨 뒤에 두었다.

굴만리는 고힐강·이경지·곽말약·문일다의 영향을 아주 깊이 받았으나, 단 인식 관점과 고증 방법은 더욱 심화시켰다. 그는 『주역』 괘효사 속의 품물과 사건을 상고하면 당시의 사회 상황을 증명할 수 있다고 생각하였다. 그리하여 괘효사가 바로 은주 사회사의 연구에 가장 좋은 자료라고 하면서, 이에 논문 「주역 효사에 나타난 습속」[78]을 지었다. 그런데 그는 괘효사가 한 사람 손에서 이루어졌다고 보아, 이것은 창작이지 찬집이 아니라고 하였고, 그 성립 시대는 주무왕 때라고 하였다. 이에 「주역 괘효사가 주무왕 때 성립하였음을 논함」[79]을 집필하여 진괘晉卦의 '강후康侯', 수괘隨卦 상육上六 효사의 '형서산亨西山', 익괘益卦 육4 효사의 '천국遷國' 등 여러 증거를 열거하였고, 또 금문·갑문을 방증으로 끌어다 근거로 삼았다. 그는 또 「역괘의 거북점 기원고」[80]라는 논문을 집필하여, 역괘가 거북점에서 기원하였으나, 주나라 사람이 서쪽 구석에 거처하여 거북 껍질을 쉽게 얻을 수 없자 거북 대신 시초蓍草로 바꾸어 대용한 것이라고 주장하였다. 아울러 괘획의 상하 순서는 갑골에 글자를 새기는 순서에서 기원하며, 역괘의 반대로 돌아가는 순서는 갑골에 글자를 새길 때 좌우로 대정對貞(짝을 지어 점복을 물음)한 것과 일치한다고 하였다. 역괘의 구九·육六의 수가 거북 무늬에서 기원하는 사실 등을 그러한 주장의 근거로 삼았다.

굴만리는 괘효사가 비록 점서를 위해 만들어지기는 하였으나, 그것이 서술하는 품물과 사건을 상고하면 당시의 사회 상황을 증명할 수 있으며, 그 길흉의 연유를 알아 보면 그 사상적 입장을 알 수 있다고 하였다. 즉 괘효사는 은주 사회사를 연구하는 데 아주 좋은 자료라고 보았다. 그에 따르면 십익은 철학적 이치를 천명하고 있으며, 대부분이 유가의 말이고, 글귀에 정수가 많아서 더욱이 선진 사상사를 연구하는 데 중요한 전적이

---

[78] 『文史哲季刊』 1권 2기(1943년 6월)에 게재.

[79] 『文史哲學報』 1기(대만, 1950년 6월)에 게재.

[80] 『中央研究院歷史語言研究所集刊』 27본(대만, 1956년 4월).

된다. 따라서 그는 갑골, 금문 및 『시』, 『서』 속에 습용된 어법과 사물을 가지고 『주역』 괘효사를 고찰하였고, 전국 시대 제자서에 습용된 어법과 물사를 참고로 십익을 증명하였다. 다시 한위 시대 여러 역학가들이 제기한 훈고·구의舊義와, 청유 및 근현대인이 고증하고 정정한 설을 두루 채집하고 자기 견해로 판단하여 『주역집석초고』[81]를 편찬하였다. 『주역』 경전의 문자 훈고를 연구하는 데 자득한 바가 있다고 할 수 있다.

2. 고고역학파

1970년대에 장사 마왕퇴 한묘漢墓에서 백서 『주역』이 출토되고, 부양阜陽 쌍고퇴雙古堆 한묘에서 『주역』 잔간殘簡과 서주 문자가 있는 갑골이 출토됨에 따라, 고고학계는 『주역』 전본傳本과 복괘卜卦의 기원에 대한 고고학적 연구를 전개하기 시작하였다. 이전에 어떤 사람은 한대 석경石經의 『주역』 잔자殘字를 연구한 일이 있으나, 그 의의는 1970년대 말기 이래 『주역』의 고고학적 연구에 견줄 만한 것이 못 된다. 갑골 복사를 『주역』과 대비시킨 결과 이경지와 굴만리 등이 "역괘는 거북점에서 기원한다"고 한 설은 되는 대로 추리한 것일 뿐이었음이 판명되었다. 따라서 그들의 설은 역학 고고학의 범위에 넣을 수 없게 되었다.

1. 장정랑

역학 고고파의 여러 학자 가운데 가장 큰 공헌을 한 사람은 장정랑張政烺이다. 장정랑은 1974년에 마왕퇴 백서를 정리하는 그룹에 참가하여 백서 『주역』을 정리하고, 1977년에 섬서陝西 기산岐山 주원周原에서 출토된 복구卜龜를 보았다. 1978년 12월초 길림대학吉林大學에서 열린 고문자 학술 토론회에서 서석태徐錫台가 주원 출토 갑골 위의 '기자奇字'에 대해 강의할 때 어떤 사람이 장정랑에게 그것이 무슨 글자인지를 묻자, 그는 다음날 「고대 서법과 문왕의 주역 연역」(古代筮法與文王演周易)이란 제목의

---

†81) 대만 聯經出版事業公司, 1981년 간행. 또 屈萬里의 『易學三種』에도 수록되었다.

발표를 하여, 그 몇몇 숫자가 서수筮數임을 단정하고, 동기銅器 명문銘文 중의 세 개 숫자는 단괘(팔괘)이고 주원周原 복갑卜甲의 6개 숫자는 중괘 (64괘)이며, 『주역』 중의 노음과 소음은 모두 음이고 노양과 소양은 모두 양으로, 숫자가 비록 번다하지만 사실은 음양 2효일 뿐이라고 추단하였 다. 그러고는 주원 복갑 위의 숫자를 음효·양효로 바꾸어 곧바로 『주역』 의 괘를 베껴 내었다. 그는 즉석에서 흑판 위에다 주원 복갑 위의 숫자 무리로부터 도출된 몽蒙·고蠱·간艮·기제旣齊의 4괘를 써 보였다. 회의에 참석한 사람들은 열렬히 박수를 쳐 그의 관점에 동의하였다.

1979년 봄에 장정랑은 주원 발굴지를 참관하여 복골 이외에도 동기·도 기 및 몇몇 와편瓦片 위에서 허다한 서수筮數를 발견하였다. 이에 그는 송 이래로 금문金文을 기록에 올린 서적들을 철저히 검사, 역괘가 있는 명문 을 전부 모아서 1980년에 미국 뉴욕박물관에서 열린 '위대한 중국 청동 기 시대'(偉大的中國靑銅器時代)라는 학술 토론회에서 「서초 청동기 명문 속의 역괘」(試釋周初靑銅器銘文中的易卦)라는 제목의 보고를 하였다. 논문 은 뒤에 『고고학보考古學報』 1980년 제4기에 수록되었다. 이 논문은 주 로 옛 점서와 관련된 몇몇 고고 자료를 해석하여, 주대는 괘를 가지고 읍 邑을 이름하고 읍을 가지고 씨氏로 삼은 까닭에 서수筮數가 족휘族徽의 지 위로 동기銅器 위에 출현하였다고 주장하였다. 이 논문은 모두 32개의 예 를 들었는데, 그 서수는 6이 제일 많고, 1이 그 다음으로 많았으며, 2·3· 4는 출현하지 않았다. 장정랑은 2·3·4 세 숫자가 결코 존재하지 않았던 것이 아니라, 그것들은 획을 겹쳐 그어 한데 씌어지면 구별하기 쉽지 않 으므로, 점서자가 기우奇偶 개념을 운용하여 2·4는 6에 아우르고 3은 1 에 아울렀기 때문에, 6과 1의 수량이 가장 많게 된 것이라고 하였다. 이 추론은 최근 몇 년 사이의 고고 자료에 의하여 사실로 증명되었다. 장정 랑은 그가 든 32개 예 속에는 이미 괘변卦變이 있다고 하였다. '보기補 記'에서 그는 또 더 많은 예증을 끄집어 내어, 심지어는 숫자괘를 신석기 시대까지 소급시켰다.

1982년에 그는 「은허 갑골문에서 본 일종의 서괘」(殷墟甲骨文所見的一 種筮卦)[182]를 발표하여, 복사卜辭와 금문金文 중에서 4개 숫자가 한 조를

帛書本	唐石經本	漢石經殘字	帛書本	唐石經本	漢石經殘字
1 鍵	1 乾	乾	33 川	2 坤	川
2 婦	12 否	否	34 泰	11 泰	泰
3 掾	13 遯		35 嗛	15 謙	·
4 禮	10 履	履	36 林	19 臨	臨
5 訟	6 訟	訟	37 師	7 師	師
6 同人	13 同人	同人	38 明夷	36 明夷	
7 无孟	25 无妄		39 復	24 復	復
8 狗	44 姤		40 登	46 升	升
9 根	52 艮	艮	41 奪	58 兌	兌
10 泰蓄	26 大畜		42 夬	43 夬	夬
11 剝	23 剝	剝	43 卒	45 萃	萃
12 損	41 損	損	44 欽	31 咸	
13 蒙	4 蒙	蒙	45 困	47 困	困
14 繁	22 賁	賁	46 勒	49 革	革
15 頤	27 頤	頤	47 隋	17 隨	
16 箇	18 蠱	蠱	48 泰過	28 大過	
17 贛	29 坎	欿	49 羅	30 離	離
18 襦	5 需		50 大有	14 大有	大有
19 比	8 比	比	51 溍	35 晉	晉
20 蹇	39 蹇	蹇	52 旅	56 旅	旅
21 節	60 節	節	53 乖	38 睽	睽
22 旣濟	63 旣濟		54 未濟	64 未濟	未濟
23 屯	3 屯		55 筮□	21 噬嗑	噬□
24 井	48 井	井	56 鼎	50 鼎	鼎
25 辰	57 震	震	57 筭	57 巽	巽
26 泰壯	34 大壯	大壯	58 少蓺	9 小畜	
27 餘	16 豫	豫	59 觀	20 觀	觀
28 少過	62 小過	小過	60 漸	53 漸	漸
29 歸妹	54 歸妹	歸妹	61 中復	61 中孚	
30 解	40 解	解	62 渙	59 渙	渙
31 豐	55 豐	豐	63 家人	37 家人	家□
32 恒	32 恒		64 益	42 益	益

그림 7-4 장정랑 논문 「백서64괘발」 가운데서
      —— 백서본·당석경본·한석경본 64괘 괘명 비교

이루고 있는 서괘가 곧 호체괘互體卦라고 하였다. 호체설이 '가운데 네 효'를 중시하여 초효와 상효는 따지지 않고 오로지 2·3·4·5효에 대해서는 고안을 하므로 4개 효가 한 개의 괘로 된다고 논하였다. 이렇게 해서 호체괘는 『좌전』에서부터 더 위로 은대까지 소급되었다.

1984년에 장정랑은 또 「백서64괘발帛書六十四卦跋」[†83)]을 발표하여 한 걸음 더 나아가 역괘의 기원을 논술하였다. 그는 서수 중의 1과 6은 이미 부호의 성질을 띠어서, 1은 기수이자 양수이고 6은 우수이자 음수이니, 1과 6은 양효와 음효의 전신이라고 하였다. 갑골·금문 중의 ∧가 백서의 儿로 변하고, 그것이 재차 변하여 금본 『주역』의 --로 변하였다. 한편 양효 —가 형성된 사실을 알려 주는 표지는 독음에 있다. 즉 효제爻題에 초구初九와 용구用九가 있게 되자 양효 —가 완성되었다고 하였다. 같은 해에 장정랑은 또 「역변——최근 수년간 고고학 자료를 이용하여 주역을 연구한 내용의 종합」(易變——近幾年來我用考古材料研究周易的綜述)[†84)]을 발표하였다. 이 논문은 금문·갑골문·도문陶文·기골문器骨文·죽간竹簡·백帛 등 각종 고문자 자료 중의 역괘를 종합적으로 서술하여 『주역』의 원류인 본래 문장을 한 걸음 더 논증하였다.

숫자괘가 어떻게 창조되었는가 하는 문제에 공헌을 한 것 이외에도 장정랑은 백서 『주역』의 정리 작업에 참여하고, 「백서64괘발」이란 논문을 써서 백서 64괘의 배열 방식을 지적, 백서 64괘는 점서인이 편리를 도모하여 당시 통행하던 팔괘의 차서에 따라 기계적으로 조직한 것이라고 보았다. 다시 말해 그는 백서의 괘서가 통행본 『주역』의 괘서보다 늦다고 본 것이다. 그리고 백서본 「계사」에 대하여 몇 가지 독창적인 견해를 발표하였다.

장정랑이 고고 자료를 이용하여 진행한 『주역』 연구는 현대 역학의 중

---

†82) 『文史』 24집(1985년 4월)에 게재.

†83) 『文物』 1984년, 제3기에 게재.

†84) 『周易縱橫錄』(1986년 11월 간행)에 수록되어 있다. 또 『中國哲學』 14집(1988년 1월)에도 게재되어 있다.

대한 성과 가운데 하나이다. 이 뒤로 숫자괘의 연구가 역학 연구의 중심
으로 되어, 『역』이 서수筮數에서 기원한다는 관점이 보편적으로 인정받게
되었다. 서석태·관섭초管燮初·장아초張亞初·유우劉雨·요종이饒宗頤·서중서
徐中舒·신전빙陳全方·정약규鄭若葵·조정운曹定雲·초남삽楠 등이 이 문제와
관련하여 적극적으로 탐색을 하여 숫자괘 연구를 추진하였다.

2. 우호량

우호량于豪亮은 마왕퇴 출토의 백서 『주역』 연구에서 아주 큰 성과를
거두었다. 그는 1970년대에 마왕퇴 출토 백서의 정리 연구와 부양 한간
의 정리 연구 작업에 참가하여, 뒤에 「백서주역帛書周易」[185]이란 논문을
발표하였다. 그는 이 논문에서 백서 '64괘'를 빌본別本 『주역』이라고 하
면서, 백서의 괘명에 둘이 있어 『귀장歸藏』과 관련이 있다고 보았다. 이
어서 『귀장』이 백서 『주역』과 일정한 관계가 있으며 그 성립 연대는 결
코 전국 시대보다 뒤지지 않는다고 하였다. 우호량은 백서 상괘의 배열
차서는 건乾·간艮·감坎·진震·곤坤·태兌·리離·손巽이고, 백서 하괘의 순서
는 건乾·곤坤·간艮·태兌·감坎·리離·진震·손巽이며, 상괘의 괘는 차례로 하
괘의 각 괘와 조합, 백서 '64괘'의 순서를 형성하였다고 보았다. 백서 상
괘와 하괘의 배열 순서는 백서 「계사전」의 네 글귀인 "하늘과 땅이 위치
를 정하고, 산과 못이 기를 통하고, 물과 불이 서로 쏘며, 우뢰와 바람이
서로 붙는다"(天地定立[位], [山澤通氣], 火水相射, 雷風相樽[薄])는 말에 기원
한다. 그 속의 '불과 물'을 '물과 불'로 바꾸기만 하면 된다는 것이다.

백서본과 금본今本 괘효사의 차이를 상세히 고증하여, 백서본이 금본보
다 우수한 점을 밝히고 또 백서본이 금본보다 못한 점도 끄집어 내었으
며, 혹은 그 둘이 서로 통할 수 있는 면도 지적하였다. 그는 또 백서 괘
효사의 고자古字·고의古義·고음古音에 변석을 가하여 많은 발견을 하는
등 성과도 있었다. 백서 『주역』의 권말에 붙어 있는 일서逸書에 대해서도
소개하여, 그 일서가 전국 말기의 작품이라고 보았다. 「계사전」이 전국

---

†85) 『文物』 1984년 제3기에 게재되었다. 단 이 논문은 실제로는 1976년에 작성되었다.

말기의 작품인데 백서본 『주역』 괘서는 그보다 더 간단하므로, 백서본이 더 이른 시기의 텍스트일 수 있으며, 초서抄書한 시대는 한문제 초기라고 하였다.

「마왕퇴백서 64괘석문」과 장정랑·우호량의 논문은 『문물文物』 1984년 제3기에 발표되었고, 바로 지금 국·내외에서 강렬한 반향을 얻고 있다. 유대균劉大均·이학근李學勤·엄영봉·고형·한중빈韓仲民 등도 분분하게 자기 의견을 발표하여(1984년 이전에 이미 饒宗頤·黎子耀·冒懷辛 등이 이 방면의 논문을 발표하였다), 『주역』 경·전의 전본傳本에 대한 연구가 새로운 단계에 접어들었다.

3. 엄영봉

엄영봉嚴靈峰은 고거의 방법으로 『역』을 연구하는 데 특히 능하다. 역학 방면에서 그는 『역학신론易學新論』[86]이라는 책과 「마왕퇴백서역경초보연구馬王堆帛書易經初步研究」, 「마왕퇴 백서 역경 64괘의 중괘와 괘서 문제」(馬王堆帛書易經六十四卦的重卦和卦序問題)[87] 등의 논문을 저술하였는데 아주 정밀하다. 엄영봉은 『역』을 연구하면서 한대인의 상수설을 제거하고, 『역』이 본래 복서를 위해 만들어졌다는 주희의 관점을 채택할 것을 주장하되, 과학적 방법을 취하여 더욱 정리해야 한다고 보았다. 『역』에는 착간이 있으므로 그 단서를 새롭게 정리할 필요가 있다는 것이다. 요컨대 갑골문의 재료와 고힐강·이경지 등의 의고 정신을 그 입설의 근거로 삼고 있다. 그는 『역학신론』에서 이렇게 말하였다.

새롭다고 칭한 것은 이설을 내세워 떠들겠다는 뜻이 아니라, 『주역』 전체를 기본적으로 복서책이라는 진면목 속에서 일체의 미신 및 종교적 신비화의 해설을 제거하고 객관적·과학적 방법을 취하여 정리해 나가고, 『주역』에 관한 중요 문제를 대체로 모두 제기하였다는 뜻이다. 부록에는 「계사전」·「설괘전」·「잡괘전」·「문언전」 등의 각 전傳을 넣어 두었다.

---

[86] 대만集成書局, 1969년 7월 간행.
[87] 『東方雜誌』 18권 제8, 9기(대만, 1985년)에 게재.

목적은 『주역』 문자의 구조와 착간을 정리할 때 상호 대조할 수 있게 하기 위해서이다. 마지막에는 이광지가 편찬한 『주역절중』의 강령 3편을 첨부하였다.…… 이 책 속에서 『주역』 괘 아래의 '주辭'의 명칭을 조금 바꾸었다. 괘문卦文 아래의 문자는 원래 괘사卦辭라고 해 왔으나, 여기서는 상사象辭라고 칭한다. 이를테면 건괘乾卦의 '원형이정'이 그것이다. 「상전」 뒤의 「단사」는 '대상전大象傳'이라고 칭한다. 이를테면 "하늘의 운행이 굳건하니, 군자는 이것을 본받아 자강불식한다"(天行健, 君子以自強不息)가 그것이다. 효사爻辭를 해석하는 상사象辭를 '소상전小象傳'이라고 하였다.

그는 『주역』의 경과 전의 철학 사상이 원리상으로 볼 때 동動의 관점, 변變의 관점, 생생生生의 관점, 일원론, 순환론, 생극론生克論 등 허다한 주요 관점에서, 『노자』의 전체 내용과 같다고 보았다. 1973년에서 1974년 초까지 장사에서 마왕퇴 백서 『주역』이 출토된 이후, 그는 아주 기쁜 마음으로 이 중대한 발견에 주목하여 조속히 자세하게 파악하고자 하였다. 1984년의 『문물』 제3기에서 「마왕퇴백서64괘석문」과 장정랑·우호량의 논문을 본 뒤로 「마왕퇴 백서 역경 64괘의 중괘와 괘서 문제」를 작성하였다. 엄영봉은 백서 『역』이 한대의 석경石經 『역』과 마찬가지로 어떠한 통행본보다 이른 시기의 텍스트이므로 그 가치를 충분히 중시해야 한다고 하였다.

백서 『역』은 건乾·간艮·감坎·진震 4양괘陽卦를 왼쪽에서 오른쪽, 위에서 아래로 배열하였다. 어째서 그러한가? 엄영봉은 몇 가지 가능성이 있다고 보았다. 첫째, 중국 서법書法의 필획이 모두 좌에서 우로, 위에서 아래로 되어 있다는 점과 관련이 있을 수 있다. 둘째, "초인楚人은 왼쪽을 높이 쳤다"는 점과 관련이 있을 수 있다. 셋째, 좌서左書의 편목은 좌측에 있는 경우가 많다는 점과 관련이 있을 수 있다. 어째서 건乾을 첫머리로 하였을까에 대하여 엄영봉은 백서 「계사전」에 "천지가 위치를 올바로 하고"(天地定位) "하늘은 높고 땅은 낮으니 건곤이 정해졌다"(天尊地卑, 乾坤定矣)는 말이 있어서라고 하였다. 그런데 간艮·감坎·진震은 대대로 양괘

陽卦에 속하였으므로, 팔괘방위원도八卦方位圓圖에서 그것들은 건乾을 바로 이어서 순차적으로 왼편에서 오른편으로 나아갔다는 것이다. 한편 백서본 『주역』에서 몽괘蒙卦 괘사의 두 '길吉'자는 통행본에서는 모두 '고告'로 되어 있는데, 우호량은 '고告'가 맞고 백서본이 잘못이라고 하였다. 그런데 엄영봉은 우호량의 이 설을 극력 배격하여 백서본의 두 '길' 자가 잘못이 아니며, 고告이든 길吉이든 두 설 모두 통할 수 있지만, 백시본과 한석경본漢石經本이 모두 통행본보다 훨씬 빠른 판본이므로 응당 고본古本을 근거로 해야지 후출본後出本을 근거로 해서는 안 된다고 하였다. 엄영봉의 이러한 분석은 자못 견식이 있어 역학의 조예가 깊음을 드러낸다.

4. 이학근

출토 문물을 가지고 『역』을 연구하는 데 있어서 이학근李學勤도 주목할 만한 공헌을 하였다. 일찍이 1950년대에 이학근은 갑골 위의 숫자군이 『주역』과 관련이 있음을 예리하게 감지하고, 「안양 소둔 출토물 등 글자가 있는 갑골에 대하여 논함」(談安陽小屯以外出土的有字甲骨)[88]이란 논문에서 "이처럼 수數를 기록한 사辭는 은대의 복사卜辭와는 아주 달라서, 『주역』의 구九와 육六을 상기시킨다"고 지적하였다. 그는 1975년에 마왕퇴 백서 정리반에 참가하였다. 뒤에 백서 『주역』에 관한 토론에서 다른 사람들과는 달리, 백서 64괘를 연구하는 데 힘을 기울이기보다는, 백서 『역전』을 연구하여 공자와 『역』의 관계를 연구하고, 역학이 전국·진·한 때에 유포된 상황을 탐구하는 데 치중하였다.

그는 「마왕퇴 백서 주역의 괘서와 괘위」(馬王堆帛書周易的卦序卦位)[89]라는 논문에서 백서 괘서로부터 다음 사실을 알 수 있다고 하였다. 첫째 백서 『주역』의 경과 전은 서로 밀접하여 분리할 수 없다는 점, 둘째 백서 괘서는 이미 팔괘 취상의 개념을 포함하고 있다는 점, 셋째 백서 괘서는 음양의 대립과 교착이라는 관점을 충분히 관철하고 있다는 점 등 세

---

[88] 『文物參考資料』, 1956년 11기에 게재.
[89] 『中國哲學』 14집에 게재.

가지 사실을 알 수 있다는 것이다. 백서『주역』은 한문제 초기의 필사본으로 「서괘전」과는 비록 취지가 다르지만, 백서 『주역』과 「서괘전」은 나란히 세상에 존재하여 동시에 초초(初楚) 땅에 유포되었다. 백서본 「계사전」에는 금본 「설괘전」의 앞부분 3절이 포함되어 있는데, 이 3절의 내용은 「계사전」의 취지와 같은 반면 「설괘전」 뒷부분 각 장의 내용과는 어울리지 않는다. 이학근은 이로써 추론하길, 「설괘전」이 이루어지기까지에는 복잡한 과정이 있어서, "천지가 위치를 올바로 정하다"(天地定位)와 "상제가 진의 방위에서 품물을 나오게 한다"(帝出乎震)의 두 장章은 서로 내원이 다르다고 보았다.

이학근의 논문 「백서 역전의 관점에서 본 공자와 역」(從帛書易傳看孔子與易)[90]은 한중민이 「요要」 편의 내용에 관해 밝힌 몇 가지 자료를 근거로 공자와 『역』의 관계를 탐구하였다. 이학근은 이 자료들로 볼 때 공자가 『역』을 공부한 일을 기록한 『사기』와 『논어』의 내용은 틀림없는 사실이며, 공자는 『역』에 대하여 단순히 독자가 아니라 일정한 의미에서 작자이기도 하다고 논하였다. 그렇지 않았다면 "후세에 나를 의심하는 것을 아마도 『역』 때문이리라"고 공자가 말하였을 리 없다는 것이다. 공자가 편찬한 것은 자연히 그가 즐긴 '사辭'가 아니라, 공자 자신이 '사'를 해석하였던 『역전』일 수밖에 없다. 공자는 『역』을 공부하면서 결코 복서를 믿은 것이 아니라 그것이 함축하고 있는 사상을 천명하고자 하였다. 즉 '그 덕의德義를 보고자' 한 것이었다. 공자가 서술한 『역』의 도리는 공문 제자의 필기와 정리를 통하여 부단히 보충되고 발전되어 『역전』의 주요 내용을 이루었다고 이학근은 논하였다. 이 주장을 근거로 이학근은 『역전』이 『주역』을 이해하는 열쇠이고, 백서 『역전』은 금본 『역전』을 이해하는 열쇠라고 하였다.

그 밖에도 이학근은 또 「백서계사약론帛書繫辭略論」,[91] 「공자와 주역」(孔子與周易), 「역전과 자사자」(易傳與子思子), 「백서 주역과 순자 계열의

---

†90)『中原文物』, 1989년 제2기에 게재.
†91)『齊魯學刊』, 1989년 제4기에 게재.

역학」(帛書周易與荀子一系易學), 「'오십이학역'고변五十以學易考辨」 등 일련의 역학 논문을 저술하였다. 이 논문들을 통하여 이학근은 다음처럼 논하였다. 공자의 재전 제자인 공손니자公孫尼子가 지은 『공손니자』는 금본 『예기』 「악기」 속에 여전히 부분적으로 보존되어 있는데, 「악기」는 「계사전」을 인용하였으므로 「계사전」이 『공손니자』보다 앞서 만들어져 나왔고, 그 연대는 칠십자와 가깝기 때문에 공자에서 그다지 멀지 않은 때임을 알 수 있다고 주장하였다. 공자의 적손嫡孫인 자사子思가 지은 『자사자』는 이미 없어졌으나, 그 가운데 4편이 『예기』 속에 있는데, 이 『자사자』에서 나온 사상과 그리고 그 속에 공자가 『역』을 논한 말로 수록된 기록들은 모두 『역전』과 꼭 들어맞는다. 따라서 『역전』의 내용이 공문孔門에서 나왔음이 입증된다는 것이다.

순자도 『역』을 공부한 것으로 유명한데, 그 학술은 자사子思와 연배가 엇비슷한 간비자궁馯臂子弓에게서 나왔다. 『순자』 「천론天論」의 사상은 『역전』의 「계사전」에 근본하였고, 「대략大略」에서는 「단전」·「설괘전」·「서괘전」을 직접 인용하였다. 순자의 뒤를 이어 한초의 육가陸賈와 목생穆生 등도 역학에 정통하였다. 그들은 혹은 오랫동안 초楚 땅에 거주하거나 혹은 본래 초인이거나 하였다. 이러한 사실을 역사적 배경으로 하여 초 땅에 백서 『주역』이 유포되었음이 납득된다. 또 여러 문헌의 기록으로 볼 때 『역전』은 결코 뒤늦게 나온 작품이 아니라는 사실이 분명해진다. 따라서 공자 및 선진 유가를 연구하자면 『역전』을 떼어놓을 수는 없다. 이학근의 이 일련의 논저는 양중증거법兩重證據法을 채용하여 의고파가 『주역』 연구, 특히 『역전』 연구에서 저지른 잘못된 관점을 체계적으로 청산하였으며, 『역전』의 본래 면목을 회복하는 데 훨씬 가까이 접근하였다. 이것은 역괘의 기원 문제를 해결한 데 뒤이은 고거역학의 중대한 업적이라고 말할 수 있다.

제5절 해외의 역학 연구

1. 서구에서의 역학 연구

『주역』은 비단 중국 문화에서만 높은 지위를 차지하는 것이 아니라, 중국 전통 사상을 대표하는 하나로서, 세계 문화를 발전시키는 데에도 얕볼 수 없는 영향을 낳았다.

『주역』은 가장 먼저 서양으로 전파된 중국 고대 경전 가운데 하나이다. 『주역』이 서양에 전해진 것은 대략 두 단계에 걸쳐서였다. 제1단계는 17세기 말에서 1930년대까지이다. 이 때는 서양이 『주역』을 접촉하기 시작한 시기이다. 제2단계는 1970년대에서 지금까지이다. 즉 『주역』이 서양에 전해져 흥성하고 있는 시기이다.

1. 17세기 말에서 아편전쟁 이전까지

『주역』은 17세기 말(즉 강희 연간)에 최초로 중국에서 선교하고 있던 예수회를 통하여 서양에 전해졌다. 쿠프레Philippe Couplet(중국 이름 柏應理), 부베Joachim Bouvet(중국 이름 白晉), 앙리Joseph Henri-Marie de Prémare(중국 이름 馬若瑟), 르기Jean-Baptiste Régis(중국 이름 雷孝思) 및 1701년에 중국에 왔던 타틀Pierre-Vincent Lu Tartre(중국 이름 湯尙賢)이 가장 먼저 서양에 『주역』을 소개한 사람들이다. 쿠프레(1623~1693)는 자字가 신말信末로, 벨기에 예수회 수도사이다. 1659년에 중국에 왔다. 그는 다른 사람과 함께 『서문사서직해西文四書直解』(라틴어 서명은 『중국 철학가 공자』)를 번역하였는데, 그 책에 『주역』64괘와 64괘의 의미를 부록으로 넣었다. 이 책은 1687년에 파리에서 출판되었다. 이것이 『주역』이 서양에 전해진 시작이라 하겠다.

하지만 『주역』이 서양에서 커다란 영향을 낳게 한 것은 쿠프레의 번역서가 아니라, 부베가 라이프니츠에게 『역경』을 논하여 보낸 서신과 르기의 라틴어 번역본 『역경』이다.

부베(1656~1730)의 호는 명원明遠으로 프랑스 사람이다. 1687년[*39)]에 교황의 명으로 중국에 왔다. 만주어와 한문에 통하였고, 중국에 체류한 초기에 『역』을 배우기 시작하였다. 1693년에 강희제의 명을 받고 귀국하여, 파리에 있는 동안 라이프니츠를 회견하였다. 1697년 10월 이후 라이프니츠(1646~1716)와 서신을 주고 받았는데, 라이프니츠는 그에게 수數 혹은 대수代數를 이용하여 추상적·필연적 진리를 증명하려 한다고 말하였다. 라이프니츠는 그렇게 하는 것이 가장 과학적인 방법으로, 만일 이 방법을 이용하면 언어가 전혀 다른 먼 나라 사람에게도 기독교 교리를 이해시키는 데 불가사의한 기능을 할 수 있다고 하였다. 라이프니츠는 중국 문자 속에서 철학 부호를 찾아내었으면 하였는데, 이것이 부베로 하여금 『주역』 상수학 방면을 연구하게 한 동기가 되었다. 그래서 부베는 라이프니츠에게 보낸 두 번째 서신에서 『역경』에 대하여 언급하였다. 1698년에 부베는 10명의 선교사를 데리고 재차 중국에 와서 계속 『주역』을 연구해 나갔다. 1700년 11월 8일에 부베는 라이프니츠에게 준 서신 속에서 『주역』이 '순수하고도 건전한 철학'일 뿐만 아니라 당시 유럽 철학의 상황과 비교할 때 '훨씬 더 견고하고 훨씬 더 완전한 철학'임을 발견하였다고 하였다. 부베가 1701년 11월 4일에 라이프니츠에게 준 서신은 라이프니츠로 하여금 『역경』의 2진법 원리를 발견하게 유도하였다. 부베는 『역괘』의 배열이, 라이프니츠가 자신에게 준 64를 32로 약約한 수표數表와 부합한다고 하여, 『역』의 원리를 수 혹은 대수의 증명에 응용하라고 제안하였다. 마지막으로 부베는 라이프니츠에게 『역』의 64괘 원도圓圖와 방도方圖(Square and Circular Arangement)를 보내었다. 부베는 도식 속에서 음효와 양효, 음양이 중첩된 6효, 그리고 6효에서 이루어지는 64괘가 우주 만유의 현상을 표시한다고 하였을 뿐이었다. 그런데 라이프니츠는 도식 속의 괘의 배열 순서를 자세히 연구하여, 자신이 1679년에 발명한 2진법 원리(Arithmétique binaire ou arithmetique dyadique)와 일치함을 발견하였다. 일본인 고라이 긴조우五來欣造 박사는 이렇게 논평하였다.

---

*39) 원문에 1685년으로 되어 있으나, 張其成 主編, 『易學大辭典』(華夏出版社, 1992)에 의거하여 1687년으로 고친다.

0과 1의 단순한 두 수를 가지고 일체의 수를 표시한다는 사상은 그의 천재적 재능이 번쩍인 것이다. 『역』으로 말하면 음양 두 기호를 가지고 천지 만유를 현시하였으니 역시 천재가 빛을 발한 것이다. 동양과 서양의 이 두 천재는 수학적·보편적·직각적 방법을 빌려 서로 만나서 서로 인식하고 서로 이해하여, 서로 손을 마주잡기에 이르렀다. 이 한 가지 점에서 라이프니츠는 동양과 서양의 문명을 서로 몇 발자국 더 가까이 다가서게 하였다. 『역』과 라이프니츠의 2진법은 동서 두 문명이 서로 마주잡은 두 손을 상징한다.*40)

라이프니츠는 『주역』 중의 2진법 원리를 발견하였으므로, 단지 철학과 수학 연구의 천재일 뿐만 아니라 역학 연구의 천재로서 서양에서 『역』을 가장 잘 읽은 사람이라 할 수 있다.*41)

부베는 라이프니츠에게 『역』을 전한 공이 있을 뿐 아니라, 강희제의 후원 아래, 또 다른 선교사 후께 Fouguet(중국 이름 傳聖澤)와 함께 『역학총지易學總旨』란 책을 편찬한 공이 있다. 부베가 이룩한 공적은 두 가지이다. 첫째, 『역』이라는 정학正學의 권權에다 친히 고증을 가하여 『역』의 수數의 단서를 얻었다. 둘째, 『역경』의 내의內薏와 천주교에 같은 점이 있음을 확인하였다. 부베는 1712년 11월에 라틴어로 『역경대의易經大意』(*Idea generalis Doctrinae libri I King*)를 편찬하였으나 정식으로 발표하지는 않았다. 이 책은 『역학총지』를 저본으로 번역한 것인 듯하다.

앙리(1666~1736)는 부베가 중국에 두 번째 올 때 데리고 온 10명의 프랑스 선교사 가운데 한 사람이다. 앙리는 중국 경적에 정통하여 프랑스 한학가의 선구자가 되었다. 그는 한어로 『경전의론經傳議論』 12편을 지었는데 그 가운데 한 편이 『역론易論』이다. 앙리는 일찍이 부베·타틀과 공동으로 『역경』을 탐구하고 토론한 일이 있었는데, 이 『역론』에서 『역

---

*40) 五來欣造, 『儒教の獨逸政治思想に及ぼした影響』(1929).

*41) 라이프니츠와 『주역』에 관한 국내 논문으로는 金鎔貞, 「라이프니츠의 普遍記號法思想과 易의 論理」, 『周易의 現代的 照明』, 韓國周易學會 編(汎洋社 출판부, 1992. 12)과 安宗守, 「易經과 二進法」(위와 같음)이 있다.

경』에 대해 비교적 자세한 소개를 하였다. 그 제1장은 두 부분으로 되어 있고, 각 부분은 4편의 글로 되어 있으며, 각각 건乾과 곤坤을 나누어서 논술하였다.

르기(1663~1738)의 호는 영유永維로, 그도 역시 부베가 1698년에 데리고 온 프랑스 선교사 가운데 한 사람이다. 르기가 번역한 라틴어문 『역경』(Y-King)은 원명이 『중국에서 가상 오랜 책』(Autiquissimus Sinarum Liber)으로 모두 2책 2권이다. 이 책은 그가 죽은 백 년 뒤에야 출판되었다.*42) 이 책은 서양에서 최초로 나온 『주역』 완역본이다. 『주역』이 서양에 전해진 이후 가장 중요한 저작물이다. 그 책은 서양에서 『역경』을 전면적으로 인식하고 연구하는 데 기초 자료를 제공한 가장 최초의 것이며, 동시에 그 뒤에 유럽 언어로 『역경』을 번역하는 데 참고가 되고 거울이 되었다. 이 책의 제1권은 개론이다. 11장이나 되는 긴 서문이 있는데, 이 서문은 『역경』의 작자, 내원, 『역』 저술의 목적 및 각종 주소注疏를 논하였다. 서문 뒤에는 8편의 글이 있다. 제1편에서 제7편까지는 복희가 창제한 팔괘, 사종 부호 및 그 변화를 논하였다. 제8편은 『역』과 5경의 관계를 논하여, 선교사가 5경 속에서 기독교와 일치하는 요소를 끄집어 내려 하는 관점을 간접적으로 배척하였다. 제2권은 『역경』 원문과 주소의 번역 및 본인의 주석이다. 제3권은 『역경』의 주석과 본인의 논평이다. 그 속에 길고 또 내용도 충실한 논문이 한 편 있다. 이 논문은 음과 양, 『역경』의 생리학 및 미래 길흉에 대한 점복을 논술하고, 마지막으로 부록의 가치와 내원을 논술하였다. 이 책이 완성되기까지는 예수회의 다른 선교사들의 도움이 있었다. 번역은 풍병정馮秉正(Joseph de Mailla, ?~1748)의 협조를 얻었고, 『역경』에 관한 주석은 타틀의 설을 많이 이용하였다. 그런데 르기 본인도 한어에 깊은 조예가 있었다. 뒷날의 저명한 『역경』 번역가인 레게James Legge는 "이것은 지금까지 출판된 가장 가치 있는 번역본이다"라고 논평하였다. 그 밖에 르기는 라틴어로 『역경주

---

*42) Regis, P., trans., ed. Julius Mohl, Yi-King: Antiquissimus Sinarum Liber Quem Ex Latina Interpretatione P. Regis Aliorumque (Stuttgart and Tubingen: Cotta, Vol. 1(1834); Vol. 2(1839)).

소제일권평론易經注疏第一卷評論』을 편찬하였다.

이 제1시기에 중국에 있던 선교사가 편찬한 한문본 역학 저서는 모두 14종으로, 오늘날도 바티칸 도서관에 소장되어 있다. 단 중국글을 모르는 사람들에게는 영향이 극히 미미하다.

2. 아편전쟁 이후 신해혁명 이전까지

아편전쟁 이후, 특히 1860, 70년대 이후 유럽에서 한학이 홍기하였다. 제1시기는 『역경』이 서양에 전파되어 그 연구 열기가 한층 높아진 단계로, 이 시기에는 네 가지 특징이 있었다. 첫째, 연구자의 동기가 변하여 더 이상 기독교 교의와 유가 사상의 일치성을 논증하려는 필요성을 느끼지 않게 되었다. 둘째, 번역본의 언어 종류가 다양화하였고, 『역경』을 연구한 권위서가 출현하였다. 셋째, 몇몇 권위 있는 번역본들이 중국 학자의 도움을 빌려 이루어져 질적 수준이 더욱 제고되었다. 넷째, 당시 학자의 연구 성과를 흡수하였다.

영국 성공회의 선교사인 맥클라치(Rev. Canon McClatchie, 1813~1885)는 1876년에 『역경』을 최초로 영어로 번역하였다. 서명은 『역경 번역——주해와 부록』(A Translation of the Confucian Yih King or The "Classic of Change" with Notes and Appendix)인데, 미국 장로회 출판사에서 간행되었다.[43] 이 책은 '역왈易曰'을 '문왕설文王說'로 번역하고, '문언文言'을 '공자설孔子說'로 번역하였으며, '계사繫辭'를 '공자평론孔子評論'으로 번역하였다. 또 그는 자신의 『유가 우주 기원설儒家宇宙起源說』의 관점에 비추어 『역경』을 이해하고 번역하면서, 원문에는 없는 것들을 그 속에 임의로 끼워 넣거나 뜯어 고쳤다. 그래서 몇몇 서양 평론가들의 비난을 사고 배척을 받았다. 맥클라치는 『역경부호易經符號』(The Symbols of the Yih-King)도 편찬하였다.[44]

---

*43) McClatchie, Rev. Canon, *A Translation of The Confucian Yih King or The "Classic Change" with Notes And Appendix*(Shanghai: American Presbyterian Mission Press, and London: Trubner, 1876).

*44) McClatchie, Thomas, "The Symbols of the Yih-King," *China Review* 1(1872~1873), 151~163쪽.

두 번째로 『주역』을 영역한 사람은 프랑스인이면서 런던 대학 중국어 교수였던 라꾸뻬리(拉古貝里, Albert Etienne Jean Terrien de Lacouperie, 1845~1894)이다. 그가 번역한 『역경』은 처음에, 『중국에서 가장 오랜 책——역경』(The Oldest Book of the Chinese——The Yih-King and its Authors)이라는 제목으로, 1882년과 1883년에 『영국황실아시아학회보』(Journal of The Royal Asiatic Society)에 발표되었고, 10년 뒤에 런던에서 책으로 묶여 출판되었다.[*45] 라꾸뻬리가 『역경』을 연구한 목적은 중국 고대 문명이 서양에서 기원하였다는 자신의 이론에 대한 근거를 찾기 위해서였다. 그는 『역경』 팔괘 가운데서 바빌론의 설형 문자를 발견할 수 있었다고 하였다. 이러한 관점은 당시로서는 자못 주목을 받았다.

가장 권위 있는 『역경』 영역본은 근대의 유명한 번역파 한학가인 영국 런던회 선교사 레게(理雅各, James Legge, 1815~1897)가 번역한 것이다. 『중국 성전집』(Sacred Books of China) 제2책에 수록되어, 1882년에 옥스포드에서 출판되었다.[*46] 레게 영역본의 특징은 '말이 길고wordy' '딱딱하며stiff', '판에 박힌prosaic' 것이란 점이다. 그가 번역한 『역경』은 주로 송대 리학가의 역주에 구애되었다. 그는 경과 전을 분리하고, 만일 경·전을 각각 독립된 두 부분으로 보지 않으면 『역경』을 정확히 이해하기가 곤란하다고 하였다. 빌헬름 번역본이 세상에 알려지기 이전에는 레게 번역본이 서양에서 가장 이상적인 번역본으로 꼽혔다. 빌헬름 번역본이 나온 뒤에도 레게 영역본은 여전히 서양 학자가 『역경』을 연구할 때 필독할 텍스트였다.

『역경』을 프랑스어로 제일 먼저 번역한 사람은 프랑스의 베트남학 학자인 필라스뜨르(霍道生, P.L.F. Philastre)였다. 서명은 『주역의 최초 프랑스어 번역본』(周易首次法譯本——附程子和朱熹的全部傳統的注疏及主要

[*45] De Lacouperie, Terri, *The Oldest Book of The Chinese: The Yih-King And Its Authors*. Volume 1: *History And Method*(London: Nutt, 1892).

[*46] Legge, James, trans., *The Yi King*(Part Two of The Sacred Books of China, The Texts of Confucianism) in the Sacred Books of The East, ed. by F. Max Muller, vol. 16(Oxford: Clarendon, 1882).

注釋摘要)인데, 제1부는 1885년의 『박물관년간博物館年刊』 제8기에 발표되었고, 제2부는 1893년에야 동 학술지의 제23기에 실렸다.*47) 필라스뜨르는 레게와 마찬가지로 모두 정전程傳(『이천역전』)과 주주朱注(『주자본의』)의 관점을 답습하였다.

필라스뜨르와 거의 같은 때에 『주역』을 프랑스어로 번역해 나간 사람에 브뤼셀 루뱅Louvain 대학 교수인 드 하르레(德哈雷玆, Charles-Joseph de Harlez, 1832~1899)가 있다. 드 하르레는 라꾸뻬리의 영향을 받아서 『역경』 연구에 몰두하였다. 그는 라꾸뻬리의 『역경』 해석 이론을 수용하는 동시에 자신의 새 관점을 제출하였다. 그는 '괘卦'란 서사書寫의 부호로, 한자 부호는 괘에 수반되어 사용된 것이지 단순한 이름자로 선택된 것이 아니라고 보았다. 그는 1887년부터 1897년까지 시종 이 이론을 견지하였다. 필라스뜨르가 『역경』을 프랑스어로 번역하여 첫 부분을 발표할 때에 프랑스에서는 『역』을 연구하는 사람이 거의 없었다. 그런데 8년 뒤 필라스뜨르가 두 번째 부분을 발표할 때는 드 하르레의 이론이 이미 널리 퍼져 있었다. 드 하르레는 『역경』을 연구한 번역 저서와 논문 들을 근 10년간에 걸쳐 지속적으로 발표하였다. 1887년에 그는 우선 『아시아학보』(*Journal Asiatique*)에 『역경원문』(*Le Texte originaire du Yih-King*)을 발표하고,*48) 뒤에 파리에서 단행본으로 출판하였다. 그의 정식 프랑스어 번역본인 『역경──복원·번역·주석』(*Le Yih-King Texte primitif, rétabli, traduit et commeuté*)은 1889년에 브뤼셀에서 출판되었다.*49) 1896년에는 또 데레마오(瓦爾·德雷毛, J.P. Val d'Eremao)가 그것을 영문으로 번역하였다.*50) 드

---

*47) 필라스뜨르의 『주역』 번역본은 1883년에 제1권이, 1893년에 제2권이 나온 것으로 알려져 있다. Philastre, P.L.F., trans., *Tsheou Yi: Le Yi King Ou Livre Des Changements De La Dynastie Des Tsheou* (Paris: Peroux, Vol. 1, 1883; Vol. 2, 1893).

*48) De Harlez, Ch., "Le Texte originaire de Yih-King, sa nature et son…," *Journal Asiatique* 8·9(April/June, 1887), 424~456쪽.

*49) De Harlez, Ch., *Le Yih-King: Texte Primitif Retabli, Traduit et Commente, par Ch. Harlez* (Brussels: F. Hayez, 1889).

*50) De Harlez, Ch., trans. from the French by J.P. Val d'Eremao, *The Yih-King: A New Translalion From The Original Chinese by Magr. de Harlez D.L.L.* (Wo King: Publication of the Oriental University Institute).

하르레 자신은 『역경』의 만주어본 주소注疏(Inenggidari giyangnaha I-Dzing-ni jurgan)를 프랑스어로 번역하고, 1897년에 파리에서 출판하였다. 1896년에 그는 또 『통보通報』(T'oung Pao) 제7기에 『역경주해易經注解』 L'Interpretation du Yi-King)를 발표하였는데, 이것은 그가 『역경』을 연구한 중요한 성과 가운데 하나이다.*51) 그 밖에 「역경의 참된 본질과 해석」·「중국 고대의 점복서」·「역경의 상징 부호」*52) 등 역학 논문을 저술하였다. 드 하르레의 역학 방법과 이론은 서양에서 상당히 영향을 끼쳤다. 필라스뜨르 자신도 드 하르레의 영향을 받았음을 인정하였다. 드 하르레의 프랑스어본 『역경』은 지금까지도 명성을 누리고 있으니, 이것이 바로 서양에서 통용되는 프랑스어 번역본이다.

이 시기에 『역경』을 연구한 사람에 또 영국 런던회 선교사이자 한학가인 에드킨스(艾約瑟, Joseph Edkins, 1823~1905)가 있다. 에드킨스의 「중국 역경——점복과 철학의 서」가 1884년의 『영국 황실아시아학회보』 제16기에 게재되었고, 「중국 역경——부록: 64괘 주석」(The Yiking)*53)은 『중국 평론』(China Review) 제12기에 게재되었으며, 「역경과 역전」(The Yiking and its Appendices)*54)은 같은 잡지의 제14기에 게재되었다.

예수교회 신부로 근대의 저명한 번역과 한학가인 조톨리(晁德蒞, Angelo Zottoli, 1826~1902)도 『역경』을 번역하였다. 단 단독으로 출판되지 않고, 그의 라틴어 대저인 『화문진계華文進階』(Cursus Lite raturae sinicae)*55) 제3책 『경서연구經書研究』에 수록되어 있었다. 그래서 세인의 주목을 받지 않았으나, 이 책이 1880년에 출판된 뒤 1884년에 프랑스 아카데미의 장려금을 획득하였다.

---

*51) De Harlez, "L'Interpretation du Yi-King," T'oung Pao 7(1897), 197~222쪽.

*52) De Harlez, "Le Figures symboliques de Yih-King," Journal Asiatique (1897), 223~287쪽.

*53) Edkins, Joseph, "The Yi King, with Notes on the 64Kwa," China Review 12 (1883~1884), 77~88쪽, 412~432쪽.

*54) Edkins, Joseph, "The Yi King and its Appendices," China Review 14(1885~1886), 305~322쪽.

*55) Zottoli, A, Cursus Literaturae Sinicae, vols. 1~5 (Shanghai, 1879~1882).

이로써 아편전쟁 뒤 신해혁명 전까지 서양에 전해진 『역경』에는 6종의 번역본이 있었음을 알 수 있다. 즉 다음과 같다.

맥클라치 영역본(1876년)
조톨리 라틴어 번역본(1880년)
레게 영역본(1882년)
라꾸뻬리 영역본(1882~1883년)
필라스뜨르 프랑스어 번역본(1885, 1893년)
드 하르레 프랑스어 번역본(1889년)

3. 신해혁명 이후 1930년대까지

신해혁명 뒤에 서양에서 『주역』을 연구한 최고 권위자로는 리하르트 빌헬름(衛禮賢, Richard Wilhelm, 1873~1930)과 헬무트 빌헬름(衛德明, Helmut Wilhelm, 1906~?) 부자를 꼽는다. 리하르트 빌헬름은 『역경』을 최초로 독일어로 번역하였는데, 그 번역본은 지금 서양에서 공인된 '표준역본'이다. 그리고 헬무트 빌헬름의 『역경8강易經八講』은 서양에서 『역경』을 학습할 때의 주요한 지침서이다.

리하르트는 선교사 직분에는 맞지 않았지만, 도리어 한학가로서 커다란 업적을 이루었다. 그는 청도靑島에 있을 때 노내선勞乃宣(1843~1921)의 도움 아래 근 십 년의 시간을 쏟아 『역경』의 독일어 번역을 완성, 1924년에 독일 예나에서 출판하였다.[56] 이것은 그의 한역 저작물 가운데 회심작이다. 그 번역문의 풍격은 간결유창한 커리스 번역본이나 충실하고 근거 있는 레게 번역본과 비교하여 조금도 손색이 없을 뿐 아니라 믿을 만하고 우아하며 두루 통달하였다는 특징을 겸비하였다. 리하르트 빌헬름의 독일어 번역본의 특징은 '간명함Concise', '자유로움Free', '상상력이 풍부함Imaginative'으로, 레게 번역본에 비하여 원저의 정신과 뜻을 더 잘 파악해 내었다. 바로 이 때문에 리하르트 번역본은 서양에서 줄곧 높은

---

[56] Wilhelm, Richard, trans., *I Ging : Das Buch Per Wandlungen, Aus Dem Chinesischen Verdeutscht Und Erlautert*. 2volumes(Jena : Eugen Diederichs Verlag. 1924).

평가를 받았다. 65년이 지난 오늘날에도 리하르트 번역본의 독보적 지위를 대신할 번역본이 아직 나오지 않고 있다. 바로 이런 까닭에 1950년 이전까지 서양에 이미 여러 종류의 영역본이 있었지만, 미국 볼링겐 재단 Bollingen Foundation은 인원을 조직하여, 미국에서 가장 우수한 독영獨英 번역 전문가인 베인즈(貝恩斯, Cary F. Baynes)로 하여금 번역을 담당케 하여, 리하르트 번역본을 독어에서 영어로 중역하게 하였다. 이 중역본은 1950년에 뉴욕에서 출판되었는데, 서명은 *The I Ching; or Book of Changes*이다. 전부 2책으로 볼링겐 총서의 제19책이다.*57) 이 중역본은 그 후로 한문 원저를 근거로 번역한 모든 영역본들을 마침내 뛰어넘어, 지금 서양의 영어 사용 국가에서 통용되는 '표준 역본'이 되었다. 리하르트의 저서에 또 『역경 강연집』이 있다.

헬무트는 리하르트 빌헬름의 셋째아들이다. 선진 시대 옛 전적의 연구에 정통하였는데, 현재 서양에서 역학을 연구하는 권위자이다. 그의 대표작은 『역경 8강』(*Die Wandlung: Acht Vortrage Zum I-Ging*)이다. 이 책은 헬무트가 1943년에 북경 주재 독일인을 위해 만든, 모두 8편으로 이루어진 『역경』 학습을 위한 입문 강의록이다. 그 다음해에 한데 모아 책으로 만들어 북경에서 출판하였다.*58) 작자는 스스로 이 8편의 강의가 "부친의 작업에 기초하고 있다"고 하였다. 오늘에 이르기까지도 이 책은 여전히 서양인이 『역』을 학습하는 데 가장 좋은 입문서이다. 이 책은 『역경』의 내원, 일반 구조, '역'의 기본 개념, 이원론(상하·천지·음양), 팔괘 및 64괘의 성질, 건과 곤의 의미, 『역전』의 주요 내용, 한대 이후 『역경』이 변천된 역사, 점서책으로서의 용법까지 논술하였다. 『역전』의 작자에 대하여 당시 중국 학자 사이에서 의고疑古 풍조가 만연하여 그 성립 시기를 가능한 한 후대로 물리고자 한 관점에 반대하고 『역전』의 작자가 공자 및 그의 제자임을 인정하였다. 이 8편의 강의는 본래 독일어로 되어 있었는

*57) Wilhelm, Richard, trans. from the German by Cary F. Baynes, *The I Ching: or Book of Changes*, 2 volumes, Bollingen Series XIX (Princeton University Press, 1950).

*58) Wilhelm, Helmut, *Die Wandlung: Acht Vortrage Zum I-Ching* (Peking: Editions Henril Vetch, 1944).

데, 1960년에 베인즈가 영문으로 번역하였다. 서명은 *Change : Eight Lectures on the I Ching*으로, 볼링겐 총서의 제62책이다.*59) 이 책은 서양 한학계의 주목을 받아, 1980년의 『대영백과전서』(*Encyclopaedia Britannica*)는 그 이해하기 어려운 『역경』을 헬무트가 통속적이고 알기 쉽게 해석하였다고 평가하였다. 헬무트는 1959년에 다시 「좌전과 국어 속의 역경 점서사」를 지어 원래의 8편 강의와는 다른 견해를 제출하였다.*60) 즉 『역경』 괘효사에는 찌꺼기가 있다고 하여, 『좌전』이 『역』을 인용한 정황을 근거로 건괘의 효사를 대담하게 새로 배열하여 고쳐 썼다. 1967년에 그는 또 「역경에 있어서 사상과 개념의 상호 작용」을 발표하였다.*61) 1967년에는 『역경에 있어서의 천지인』이란 책을 출판하여, 『역경』이 천도를 토론한 책이되 그 중점은 하늘과 인간의 다이내믹한 관계, 즉 우주 내에서 인간의 지위와 역할에 있다고 보았다.*62) 『역전』의 최대 진전은 건곤삼원乾坤三元의 상반상성相反相成, 상대상수相對相需라는 다이내믹한 관점에서 전체 존재계──다시 말해 천도──를 풀이한 것이라 하였다.

빌헬름 부자 이외에 독어로 『역경』을 번역하고 연구한 것에 빌 벰*Bill Behm*이 개편한 『역경──중국의 점서서』(*I Ging: Das Chinesische Orakellbuch*),*63) 마리오 스포트의 『역경, 중국어로부터의 신번역』 등이 있다. 이것들은 모두 1940, 50년대에 출판되었다.

서양 한학가 가운데 고힐강과 이경지 등 고사변파의 역학 관점을 제일

---

*59) Wilhelm, Helmut, trans. by Cary F. Baynes, *Change : Eight Lectures on the I Ching* (New York: Pantheon Books, 1960), Bollingen Series 62.

*60) Wilhelm, Helmut, "*I-Ching* Oracles in the *Tso-Chuan* and the *Kuo-Yu*," *Journal of The American Oriental Society* 79(New Haven, 1959), 275~280쪽.

*61) Wilhelm, Helmut, "The Interplay of Image and Concept in the Book of Changes," *Eranos Jahrbuch* 36(1967), 31~57쪽.

*62) 1977년의 영역본이 있다. Wilhelm, Hellmut, *Heaven, Earth And Man In The Book Of Changes: Seven Eranos Lectures*(Seattle: University of Washington Press, 1977).

*63) Behm, B., *I Ging: Das Chinesische Orakellbuch*, in *Der Bearbeitung von Bill Behm* (Klagenfurt: Leonsen, 1940).

먼저 흡수한 사람은 영국인 웨일리(魏菊萊, Arthur Waley, 1899~?)이다. 그가 편찬한 「역경」(The Book of Changes)이란 논문은 1933년에 『극동 박물관 논문집』(*The Bulletin of the Museum of Far Eastern Antiquities*) 제 5기에 발표되었다.[64] 그의 번역문은 몇몇 이의가 있는 괘효사를 새로이 해석하였다. 이를테면 명이괘明夷卦 초구初九 효사의 "광명이 패하여 여기에 날면서 날개를 낮게 드리운다"(明夷于飛, 垂其翼)를 번역할 때에 빌헬름 번역본이 전통 주소注疏의 "해가 땅 속에 들어감"(日入地中)이란 풀이를 취하였던 것을 따르지 않고, 이경지가 '명이'를 새(鳥) 이름이라고 확신하였던 것에 의거하여 The Ming-i라고 번역하였다. 미국 매사추세츠 공과대학의 중국 과학기술사 전문가인 시빈Nathan Sivin 교수는 1960년 대에 이 웨일리의 논문을 두고 논평하기를, 단순하기는 하지만 쉬이 나올 수 있는 것이 아니라고 하였다.

미어즈I. Mears의 영역본 『역경』은 그녀의 『창조력』(*Creative Energy*) 이란 책에 부록으로 붙어 1931년에 런던에서 출판되었다.[65] 위에서 서술하였듯이 중국인 심중도沈仲濤도 『역경』을 영문으로 번역하였는데, 이 책은 1934년에 상해에서 출판되었다.

4. 1949년 이후

1949년 이후 가장 최근에 『역경』을 영역한 사람은 영국인 블로필드(布洛菲爾德, John Blofield)이다. 그는 점서의 필요에서 번역을 하여 1965년에 런던에서 그 번역본을 출판하였다.[66] 단 그의 번역본은 가장 뒤에 나왔으면서도 앞사람을 뛰어넘은 것이 없고, 심지어 더 졸렬하며 기껏해야 현대 점술가가 이용하기에 편리할 뿐이다.

---

[64] Waley, Arthur, "The Book of Changes," *The Bulletin of The Museum of Far Easterm Autiquities*(Ostasiatiska Samlingarna) 5(Stockholm, 1933), 121~142쪽.
[65] Mears, Isabella, and Louisa E. Mears, *Creative Energy : Being An Introduction To The Study Of The Yih King, Or Book Of Changes* ⋯ (London: Murray, 1931).
[66] Blofield, John, *I Ching : The Chinese Book of Change*(London: Unwin Paper backs, 1976).

특히 언급할 만한 것은 영국 출신 한학가인 조셉 니담(李約瑟, Joseph Needham, 1900) 박사가 그의 대저인 『중국의 과학과 문명』(*Science and Civilization in China*)에서 역학이 세계 기술사에 끼친 영향에 대해 연구한 내용이다.[67] 그는 "정확하지 못한 분석을 대연술大衍術이라 하는데, 이것은 『역경』 중의 난해구인 '대연지수 50大衍之數五十'에서 기원한 말이다"라고 하였다. 니담은 라이프니츠가 소옹邵雍의 『역경』 64괘 배열에 대해 지녔던 견해를 제시하여, 라이프니츠는 이 배열이 별다른 것이 아니라 1에서 64까지의 숫자를 2진법으로 쓴 것이라 보았다고 지적하였다. 그리고 64괘는 일찍이 일본의 영주 후지하라藤原通賓를 자극하여, 그로 하여금 1157년 경에 일본의 최초 수학책인 『허자산許子算』을 저작하게 하였는데, 이 책은 이미 없어졌지만 후인은 그 속에 64괘 조합의 수학적 언구가 들어 있음을 알고 있다는 사실도 발견하였다.

고빈다(戈林達, Anagarika Brahmacari Govinda)는 1981년에 『역경의 내부 구조』(*The Inner Structure of the I Ching*)라는 책을 출판하였다.[68] 이 책은 사이먼 베이커가 금세기 1960년대에 발견된 유전 코드와 『주역』의 관계를 논술하였던 사실을 제기하였다. "유전 코드는 인류 역사상 특히 중요한 발견이다. 모든 동식물의 생명의 형성과 번식이 모두 이 기묘한 체계에 부합하며, 동식물의 생명 자체의 형식도 이 체계에 부합한다. 이 체계는 3효(八經卦)로 조성된 64개의 '글자' 코드이며, 이 글자 코드는 핵당핵산核糖核酸(DNA)의 고리Chain를 형성하였다. 수천 년 역사를 지닌 중국 『역경』의 체계는 자연 철학 순서에 부합하는 하나의 방안을 제출한 것이다. 유전 코드 가운데 세 글자 코드는 명료한 뜻을 구성할 수 있다. 즉 이것은 유전 어구 중의 표점 부호라고 간주될 수 있다. 그 속에 두 글자 코드의 뜻은 '정지停止'(유전 어구의 결미)이고, 한 글자 코드의

---

[67] Needham, Joseph, "The System of the Book of Changes," in Joseph Needham and Wang Ling, *Science And Civilization in China*, Volume 2(Cambridge: Cambridge University Press, 1956), 304~345쪽. 니담의 책은 1954~1971년에 완간되었다. 일본어역은 思索社 간행본(1974~1981)이 있고, 한국어본은 乙酉文化社刊(1985)이 있다.

[68] Govinda, Anagarika Brahmacari, *The Inner Structure of The I Ching, The Book Of Transformations,* with Introduction by John Blofield(New York: Weatherhill, 1981).

뜻은 '개시'(開動)(새 어구의 개시)이다. 만일 이 몇몇 어구를 새로 번역한 『역경』 구조 도표와 서로 대조하면, 우리들은 이 두 글자 코드의 근거를 『역경』에서 찾아낼 수 있다."

그 밖에 마톨로Matolleau가 1975년에 출판한 『음양과 괘효』, 슈츠스키 Iulian K. Shchutskii(1897~1937)가 1979년에 출판한 『주역 연구』 (Researches on The I ching),*69) 안토니Carol K. Anthony가 1981년에 출판한 『역경 철학』(The Philosophy of The I Ching),*70) 카프라Fritjof Capra의 『물리학의 도』(The Tao of Physics)*71) 등 저서는 모두 자연 과학적 시각에서 『주역』을 연구하였다.†92)

그러나 서양의 더 많은 사람들은 『주역』을 동방 신비주의의 상징으로 간주하고, 그것을 복점卜占에 이용하고 있다.

근대에 프로이트Freud와 나란히 이름이 났던 심리분석학의 대가인 융 Garl Gustav Jung(1875~1961)은 『주역』의 대단한 지기知己였다. 그는 늘 『주역』을 가지고 괘를 점쳤는데 지극히 영험이 있다고 하였다.*72) 그는 이렇게 말하였다.

매번 점복할 때마다 『역경』의 심리 현상을 발견하여 나는 목적에 도달할 수 있었다. 비록 이 명작의 일체 의문을 해석할 수도 없고 회답할 수도

---

*69) Shchutskii, Iulian K., ed. and trans. by W.L. MacDonald and Tsuyoshi Hasegawa with Hellmut Wilhelm, Researches On The I Ching(Princeton: Princeton University Press, 1979), Bollingen Series LXII: 2. 한국어 번역본으로 오진탁 옮김, 『주역연구』, 훈겨레 비평총서 27(도서출판 훈겨레, 1988)이 있다.

*70) Anthony, Carol K., The Philosophy of the I Ching(Stow. Massachusetts: Anthony Publishing Co., 1981).

†92) 李樹菁, 「周易經傳, 歷代注疏及主要流派與自然科學的關系」, 『圖書館學通訊』, 1985년 제4 기(北京).

*71) Capra, Fritjof, The Tao of Physics(1975). 한국어 번역본은 『현대 물리학과 동양 사상』 (범양사출판부, 1979년 초판; 1989년 증보판).

*72) 융은 리하르트 빌헬름의 『역경』이 1950년에 베인즈 여사에 의하여 영역되었을 때 서문을 썼다. 융이 점친 방법은 本筮法이 아니라, 동전을 던져 앞면(陽)과 뒷면(陰)으로 점치는 擲錢法이었다. 高田淳, 『易の話』(岩波書店, 1988) 참조. 高田淳의 책은 李基東 씨에 의하여 『周易이란 무엇인가』(여강출판사, 1991)로 번역되었다.

없었으나 그러하였던 것이다. 이 책은 일체의 구체적 증거와 결과를 갖추고 있는 보물 창고는 아니다. 또 완전히 오류가 없는 것도 아니다. 더구나 쉽게 이해할 수 없어서 다른 사람을 기다려서 그 자연 현상을 드러낼 수 있을 뿐이다. 또한 사람에게 어떠한 마력도 부여하지 않는다. 그러나 사람들로 하여금 스스로 깨닫는 지혜를 지니게 하여 선덕善德으로 나아가게 한다. 어떤 사람은 『역』이 아주 명료한 작품이라고 하고, 또 어떤 사람은 그것을 아주 어둡고 캄캄한 것이라고 하고, 어떤 사람은 인仁을 보고 어떤 사람은 지智를 보거나 하여 각각 다르다. 단 사람마다 모두 『역』을 믿어야 할 것이 아니라, 그 유익한 것이 있음을 믿고 그것을 믿으면 그만이다.[93]

융은 복서卜筮로부터 『역』의 진정한 가치가 "사람마다 스스로 깨닫는 지혜를 지니게 하여 선덕으로 나아가게 함"에 있음을 깨달았다. 가히 『역』을 잘 읽은 자라고 할 만하다. 그러나 일반인들은 복서에서 빠져 헤어나기 어렵다. 일설에 따르면 현재 구미에 『주역』이 유행하고 있는데, 그 가운데 미국이 가장 심하여 7종의 판본이 있고 매년 10여 만 부가 팔린다고 한다. 독자와 신앙인은 각 계층에 퍼져 있다. 그 주된 원인은 인심이 기형적으로 불안하여, 심령을 위안시키고자 하는 데 있다고 한다. 그래서 점성술과 함께 크게 성행하고 있다고 한다.

러시아와 동유럽에도 『역경』의 번역본이 있다. 소련 한학가 페트로프 N.A. Petrov는 1969년에 『서경·서경·역경에 관한 논평』을 저술하였고 슈츠스키는 『주역연구』를 저술하였다. 어떤 연구자는 과거 서구의 중국학 학자가 『역경』을 단순히 점복서로 간주해 온 것은 옳지 않다고 보고, 『역경』을 새롭게 평가해야 한다고 주장하고 있다.

2. 한자 문화권 내에서의 역학 연구

'한자 문화권' 내의 한국·베트남·일본과 비교할 때 『주역』이 구미 여

[93) 沈宜甲, 「科學無玄的周易」, 112쪽에서 재인용.

러 나라에서 끼친 영향은 가히 "선무당이 노련한 무당을 만난 격이라 전혀 비교가 안 된다"(小巫見大巫)고 할 만하다.

1. 베트남

베트남에는 진한에서 오대에 이르기까지 1,000년 이상 중국의 군현이 설치되어 있었다. 역학은 유학의 중요 부분이었으니, 베트남에서의 그 영향과 지위가 어떠하였는가에 대해서는 새삼 말할 것도 없다. 여조黎朝에 이르러 여성종黎聖宗은 광순光順 8년(1467)에 처음으로 오경 박사를 두고 정심精深할 것을 촉구하여 하나의 경을 전문적으로 연구하게 하고 국자감에 오경의 관판官版을 반포하였다. 순종純宗은 용덕龍德 3년(1734) 봄 3월에, 오경 관판본을 인쇄하여 천하에 반포하고 또 친히 서문을 지었다. 오경의 각판이 이루어지자 국학에 소장토록 명하였다. 같은 해에 또 『오경대전五經大全』 등을 판각하여 각처의 학관學官에 반포하였다. 여조의 유학자인 여귀돈黎貴惇은 『역경층설易經層說』을 저술하였다.

완조阮朝 때에는 조신朝臣 오정개吳廷价 등이 집선당集善堂(황태자의 강학처) 규정을 제출하고, 황태자를 위하여 나날이 『역경』을 강론하고 뜻을 해석하여 성종聖宗의 가납을 얻었다. 민간에서도 『역』은 15세 이상 초학자의 진학 규정 과목 가운데 하나였다. 베트남(越南)이 프랑스 식민지가 된 뒤에도 문인들은 당시 로마자화한 베트남어를 이용하여 『역경』을 번역하였다. 남 베트남의 완맹보阮孟保는 『역경』을 베트남어로 번역하였고, 보금환寶琴還은 『역경색의易經索義』란 책을 편찬하였다.

2. 한국

한국에는 한무제 원봉元封 2년(기원전 108)에서 서진西晉 말까지 400년간 중국의 군현이 있었다. 따라서 역학도 이 무렵에 아주 일찍 전해졌을 것으로 보인다. 한반도는 그 뒤 고구려·백제·신라 세 나라로 나뉘었다. 고구려는 372년에 태학을 설치하였는데, 『역경』은 그 주교재의 하나였다. 『구당서』「백제전百濟傳」에 "그 서적에 오경자사五經子史가 있다"고 하였다. 384년에 백제는 처음으로 태학을 세웠고, 513년에는 백제의 오경박사 단양이段楊爾[73]가 일본에 건너가 『역경』을 포함한 5경을 처음으로 일본에 전하였다. 554년에는 또 역박사易博士 왕도량王道良[74]이 일본에 건너갔다. 이 사실로부터 백제에 역학이 성하였음을 알 수 있다. 신라는 675년에 삼국을 통일하고, 682년에 처음으로 당제唐制를 모방하여 수도 경주慶州에 국학을 설립하였는데 『주역』이 주교재의 하나였다. 고려 왕조 때에 국학을 확충하여 칠재七齋를 설치하면서, 『주역』은 여택재麗澤齋라 하여 경학 강좌의 첫머리에 위치시켰다. 뒤에 제생諸生의 과목을 규정하여 『주역』을 2년간 공부하도록 하였으며, 아울러 과거의 고시 과목에 넣었다. 1489년에 이르러 조선은 또 오경 등을 각 도에 반포하였다. 손종첨孫從添의 『장서기요藏書紀要』에는 "외국에서 판각된 책 가운데 고려본(즉 조선본)이 가장 좋다. 5경·4서·의약 등 서적은 모두 고본古本을 따랐다. 중하中夏에서 각판한 것은 자구가 탈락되고 장수章數가 불완전한 것이어도 고려(즉 고려·조선)에는 완전한 선본善本이 있다"고 하였다.

현대에 이르러 역학은 한국에서 더욱 중시되고 있다. 한국의 국기 도안은 바로 팔괘에 따라 설계된 것이다. 박종홍朴鍾鴻[75]은 본래 서양 철학을 연구하다가 최근 십수 년 내에는 중국과 한국의 유가 사상, 특히 『주역』의 사상을 연구하는 데 힘썼다. 김경탁金敬琢[76]은 『주역중용철학周易中庸

---

*73) 백제의 五經博士. 『日本書記』에 의하면 繼體 7년 6월에 도일하여 동 10년 9월에 귀국했다.

*74) 백제의 易博士. 『일본서기』에 의하면 欽明 15년 2월에 도일하였다.

*75) 朴鍾鴻(1903~1976)의 호는 洌巖. 평양 출신. 1920년에 평양고등보통학교를 졸업하고 1929년에 경성제국대학 법문학부 철학과에 진학하여 칸트와 헤겔 철학을 연구하였다. 이화여자전문학교 교수를 거쳐 광복 뒤 서울대학교 문리과대학 교수로 옮겨 저술과 후진 양성에 주력하였다. 「국민교육헌장」 기초위원을 지냈으며, 1960년에 「부정에 관한 연구」로 서울대에서 철학박사 학위를 수여받았다.

*76) 金敬琢(1906~1970)은 본관은 전주. 호는 愚庵. 평안남도 中和 출신. 어려서부터 한학을 공부하였고 1923년에 배재고등보통학교에 입학하였으며, 1928년 동경 니혼대학 전문부 예술과, 1931년에 북경 중국대학 철학교육과, 1935년에 동경 立敎대학 종교연구과에 입학하였으며, 1936년에 와세다 대학 대학원에 들어가 「창조적 상대성 원리」라는 논문을 제출하였다. 1949년에 고려대학교 철학과 교수로 취임하여 저술과 후학 양성에 힘썼다. 중국 철학을 生成 철학으로 파악하고 모든 현상을 변화의 생성 원리를 설명하는 등 『노자』와 『주역』의 사상에 깊었다.

哲學』을 저술하였다. 유정기柳正基*[77]는 『역경신강易經新講』 등 책을 저술하였다. 1984년에 서울에서 제1차 국제역학대회가 거행되었는데, 이것은 한국의 역학 연구가 세계에서 보통 수준이 아님을 말해 준다.

3. 일본

『역경』이 일본에 전해진 것은 월남·한국보다는 늦지만, 일본 역학의 발달은 중국을 제외한 다른 나라가 미치기 어려울 정도이다. 앞에서 서술하였듯이 『역경』이 일본에 들어간 것은 513년에 백제의 오경박사 단양이가 일본으로 건너간 것에서 시작되었다. 또 554년에 백제 오경박사 왕류귀王柳貴*[78]와 역박사 왕도량王道良이 일본으로 건너가자, 이에 역학은 일본과는 떨어질 수 없는 인연을 맺었다. 676년에 텐지텐노우天智天皇*[79]는 다이가쿠료大學寮*[80]를 설립하였고, 701년의 '학령學令'은 『주역』을 9경九經의 하나로 규정하여 다이가쿠료의 교재로 삼았으며, 정현鄭玄과 왕필王弼의 주注만을 사용하게 하였다.

에도江戸 시대(1603~1867)에 들어와 유학이 일본의 정통 학술 사상으로 되자, 그로써 『주역』은 더욱 중시되기에 이르렀다. 1653년에 천황은 민간 학자인 아사야마 이린朝山意林을 어전御殿에 들게 하여, 『주역』을 강의하도록 명하였다. 도쿠가와 마쿠후德川幕府의 제1대 장군인 이에야쓰家康는 『주역』 등의 경서를 대량으로 간행하였다. 주자학파의 시조인 후지와라 세이카藤原惺窩 (1561~1619)*[81]는 일찍이 『역경』에다 '와군倭訓'

---

*77) 柳正基는 『革新儒道槪論』과 『政治哲學孟子新講』(東西文化社, 1958)을 저술한 철학자이다.

*78) 백제의 오경박사. 『일본서기』에 의하면 欽明 15년 2월에 도일하였다.

*79) 天智天皇(재위 626~671)은 일본 38대 천황이라고 한다. 663년에 백제 유민의 청으로 신라를 공격하러 가다가 白村江에서 대패하였다는 설이 있다.

*80) 大學寮는 일본의 중앙의 관리 양성 기관. 지방의 國學과 대별된다. 天智天皇 시대에 기원한다고 하지만, 제도적으로 확립된 것은 大寶令 시대라고 한다. 교과목으로는 本科(明經道)에다가 부수적으로 算道·書道가 있었고, 학생은 보통 五位 이상의 귀족 자제를 뽑았다. 平安 말기에 家學이 발생하자, 각 학과를 수업하는 가문이 고정되었고, 大學寮領은 大學頭를 세습하는 西坊城家(官原氏)의 私領化하였다.

*81) 藤原惺窩는 安土桃山 시대의 유학자로, 이름은 肅·播磨國(兵庫縣)의 호족 출신. 京都 相國寺의 首座로 있다가 환속하여, 德川家康의 초빙에 응하지 않고 洛北에 은둔하면서 禪儒의 學을 닦았다. 임진왜란 때 일본에 포로로 잡혀갔던 姜沆과 사귀었고, 德川朱子學의 祖로 간주된다.

(일본식 한문 독해법 표기)을 붙였다. 후지와라게藤原家 4대 텐노우天王의 한 사람인 마쓰나가 세키고松永尺五(1592~1657)*82)는 13세에 이미 경서의 요의要義에 정통하여, 도요도미 히데노리豊臣秀賴의 면전에서 경의經意를 강해하여 좌중을 놀라게 하였다. 뒤에 후지와라 세이카의 개도를 받아 1618년에 이미 『역경』과 『춘추』의 깊은 뜻을 설명할 수가 있었다.

기노시타木下 문하의 다섯 선생*83) 가운데의 한 사람인 무로규쇼오室鳩巢(1658~1734)*84)는 「태극도술太極圖述」을 저술하였다. 양명학파의 창시자인 나카에 도쥬中江藤樹(1608~1648)*85)는 학생들에게 꼭 13경을 읽도록 요구하여, 만일 13경을 전부 완독할 수 없으면 『역경』을 정독하게 하였다. 미와 싯사이三輪執齋(1669~1774)*86)는 『주역진강수기周易進講手記』를 저술하였다. 사토 잇사이佐藤一齋(1772~1859)*87)는 『역易』과 『역학계몽易學啓蒙』 등의 책을 저술하여, 기 일원론氣一元論과 명수론命數論을 중시하였다. 고학파古學派의 창시자인 이토 진사이伊藤仁齋(1627~1705)*88)는 집에서 고의당古義堂을 열고 몸소 학생에게 급식을 주면서 『주역』 등 경서

---

*82) 松永尺五는 에도 초기의 유학자. 이름은 昌三. 尺五는 호. 駿河(靜岡縣) 출신으로 京都에서 태어났다. 어려서 인척인 藤原惺窩를 사사하였고, 程朱學을 신봉하면서 불교·도교도 배척하지 않았다. 京都에 강습당을 열어 京學을 진흥하였다.

*83) 木下順庵(1621~1698) 문하의 다섯 학자인 新井白石·室鳩巢·雨森芳洲·祇園南海·木神原篁洲. 木下順庵은 京都人으로, 松永尺五에게서 배우고, 1682년에 江戶幕府의 유학자로 되어 德川綱吉의 侍講이 되었다.

*84) 室鳩巢는 에도 중기의 주자학파 유학자. 이름은 直清. 木下順庵에게 배우고, 1711년에 德川宗吉의 侍講이 되어 주자학의 입장을 고수하였다.

*85) 中江藤樹는 에도 초기의 유학자. 일본 양명학의 祖師. 이름은 原. 통칭은 與右衛門. 27세 때 脫蕃하여 향리 小川村에 돌아가 학문에 힘썼다. 32세 때 양명학에 접하여 주자학에서 이탈하여 독자적 사상을 형성하였다.

*86) 三輪執齋는 에도 초기의 유학자. 이름은 希賢. 山崎闇齋 문하의 佐藤直方를 사사하여 程朱學을 배웠으나 뒤에 양명학으로 전향하였다. 京都, 大阪, 江戶에서 학문을 전했다.

*87) 佐藤一齋는 幕末 유학 사상계의 거물. 이름은 信行. 一齋는 호. 70세에 昌平學의 儒官이 되었다. 처음에 양명학을 신봉하다가 寬政 때 異學을 금하자 大阪로 가서 中井竹山에게서 주자학을 배웠다. 개인적으로는 끝까지 양명학을 따랐으며 수많은 인재를 양성하고 幕末의 文敎 정책에 큰 영향을 끼쳤다.

*88) 伊藤仁齋는 에도 전기의 사상가. 京都 출신. 이름은 維楨. 주자학·양명학·불교·노자를 두루 섭렵하였고, 일생 町學者로 지냈다. 京都에 古義堂이라는 塾을 열어 문화적 교양을 쌓는 사교 모임을 만들어 古義學을 大成하였다.

를 교수하였고, 아울러『태극론太極論』과『동자문童子問』등의 역학 저서를 저술하였다. 그 아들 이토 란구우伊藤蘭嵎(1694~1778)*89)는 부친의 학문을 계승하였는데, 그의 주요 저작 가운데『역빈장易賓章』이 있다. 절충학파의 시조인 사카키바라 고슈榊原篁洲(1659~1706)*90)는『역학계몽언해대성易學啓蒙諺解大成』을 지었고, 이노우에 긴가井上金峨(1732~1784)*91)는『역학변의易學辨疑』를 저술하였으며 가타야마 겐잔片山兼山(1730~1782)*92)은『주역류고周易類考』를 지었다. 고증학파인 오타 긴죠太田錦城(1765~1825)*93)는『주역비례고周易比例考』를 저술하였다.

에도 시대의 일본 각 학파는 이처럼『주역』연구를 중시하지 않은 학파가 없다.

금세기 이래 일본의 역학 연구는 더욱 활발하여, 관련 저술이 200종이나 된다고 한다. 그 영향력이 아주 큰 사람에 스즈키 요시지로鈴木由次郎(1901~1976)*94)가 있다. 그는『한역연구漢易研究』(明德社, 1963),『역경역주』(明德社, 1964),『태현역연구』(太玄易の研究, 위와 같음),『역경역주』(2책, 집영사, 1974),『주역과 인생』(明德社) 및「공자와 주역」(孔子と易),『동방종교』및「복희64괘 방원도와 라이프니츠 2진법」등 논저가 있다.

타카다 신지高田眞治(1893~1975)*95)는 중국 고대 철학 연구가로『역경

---

*89) 伊藤蘭嵎는 伊藤仁齋의 4男 가운데 막내. 형 東涯로부터 仁齋의 학을 배우되, 家學을 묵수하지 않고 독자적 유학설을 세웠다.

*90) 榊原篁洲는 에도 중기의 유학자. 이름은 玄輔. 젊어서 京都에서 伊藤仁齋에게 배우고, 다시 木下順庵의 문하에 들었다. 주자학을 묵수하지 않고 제학파를 절충하려 하였고,『明律』을 연구하는 등 중국 역대 제도에도 관심을 지녔다.

*91) 井上金峨는 에도 중기의 유학자. 절충학파. 이름은 立元. 仁齋學派의 官川態峯과 林家門의 井上蘭台에게 배워, 당시 유행하던 徂徠學을 비판하여 折衷學을 제창하였다.

*92) 片山兼山은 에도 중기의 유학자. 절충학파. 이름은 世璠. 江戶에서 徂徠學派의 弟鳥殿土寧에게 배우고 徂徠直門의 養子로 들어갔으나 徂徠學에 의문을 품어 養子를 그만두고, 중국 唐宋諸家의 설을 절충하여 修辭보다 經義를 중시하는 一家言을 이루었다.

*93) 太田錦城는 에도 후기의 유학자. 고증학파. 이름은 元貞. 實學으로서의 유학의 실천성을 중시하면서 학문으로서의 고증학도 진전시켰다. 청의 고증학에 밝아『書經』의 僞作 문제를 논하였다.

*94) 鈴木由次郎는 國士館大學 文學部 교수를 역임한 주역 연구 전문가. 주역에 관한 일련의 논저 이외에, 明德出版社 간행 朱子學大系의『四書集注』(상·하)와『近思錄』역주를 내었다.

*95) 高田眞治는 東京大學支那哲學科를 졸업하고 東京大學 교수를 역임한 철학 연구자. 集英社 간행 漢詩大系의『詩經』역주 등 중국 문학 사상·관계 논저가 다수 있다.

역주』(岩波書店, 1959), 『주역의 국가관』(易の國家觀, 日本弘道館), 『주역의 형이상학』(易の形而上學, 日本弘道館), 『주역의 사상』(易の思想, 岩波書店), 『주역과 동양 사상』(易と東洋思想, 紀元書房)을 저술하였고, 또 고토 모토미後藤基巳(1915~1979)*96)와 함께 『역경 역주』 2책(岩波書店, 1969)을 공저하였다. 도다 도요사브로戶田豊三郎(1905~1973)*97)는 『역경주석사강易經注釋史綱』(風間書房, 1968)과 많은 역학사 논문을 저술하여, 중국 역학 발전사 연구 방면에서 조예가 아주 깊다. 그 밖에 모로하시 테츠지諸橋轍次(1883~1982)*98)의 저서에 『주역과 중용의 연구』(易と中庸の研究, 岩波書店, 1943)가 있다. 야마시타 시즈오山下靜雄(1909~1982)*99)는 『주역 십익의 성립과 전개』(周易十翼の成立と展開, 風間書房, 1974)를 저술하였다. 모두 회심작에 속한다.

---

*96) 後藤基巳는 東京大學 中國哲學科를 졸업하고 百合女子大學 文學部 교수를 역임한 철학 연구자. 平凡社 간행 東洋文庫의 『中國古代寓話集』을 편역하는 등 중국 문학·사상 관계 논저를 다수 내었다.

*97) 戶田豊三郎는 廣島文理大學 漢文科를 졸업하고 中京大學 文學部 교수를 역임한 주역 연구 전문가이다.

*98) 諸橋轍次는 東京高等師範大學校 漢文研究科를 졸업하고 東京教育大學 명예교수를 역임한 한학가. 大修館書店에서 『大漢和辭典』 13권을 출간한 것으로 유명. 大修館書店에서 著作集 10권이 나와 있다.

*99) 山下靜雄은 廣島文理科大學 哲學科(倫理學專攻)를 졸업하였다. 鹿兒島經濟大學 鹿兒島大學敎育學部 교수를 역임한 주역 연구 전문가이다.

부록

- 경부역류서목
- 주
- 찾아보기

경부역류서목經部易類書目^{*1)}

정문正文

周易不分卷　　宋刊巾箱本八經所收

周易三卷　　九經白文所收

周易一卷　　古香齋袖珍十種五經所收

周易二卷　　日本後藤世鈞批點 改訂音訓五經所收

선진先秦

子夏易傳十一卷　　重刊通志堂經解易所收

子夏易傳十一卷　　學津討原第一集所收

子夏易傳十一卷　　四庫全書所收

子夏易傳一卷　　淸孫堂輯 漢魏二十一家易注所收

子夏易傳一卷　　淸孫馮翼輯 淸臧庸述 問經堂叢書所收

子夏易傳一卷　　淸張澍輯 二酉堂叢書所收

周易子夏傳二卷　　淸馬國翰輯 玉函山房輯佚書經編易類所收

周易子夏傳二卷　　淸馬國翰輯 嫏嬛館刊玉函山房輯佚書經編易類所收

周易子夏傳二卷　　淸馬國翰輯 楚南書局刊玉函山房輯佚書經編易類所收^{*2)}

子夏易傳一卷　　淸黃奭輯 漢學堂叢書經解易類所收

周易古五子傳一卷　　淸馬國翰輯 玉函山房輯佚書經編易類所收

---

1) 이 서목은 일본 경도대학京都大學 인문과학연구소人文科學硏究所 한적목록漢籍目錄과『사고전
서총목』,『경부역류서목經部易類書目』을 바탕으로 옮긴이가 작성하였다. 이 목록에서 '사고전
서소수四庫全書所收'라 한 것은『사고전서』,『경부역류』에 들어 있는 것을 말한다. 또『사고전
서총목』「자부술수류子部術數類」에 들어 있는 몇몇 표목도 이 목록에 올린 예가 있다.

2) 玉函山房輯佚書의 嫏嬛館刊本과 楚南書局刊本은 일일이 표목에 올리지 아니한다.

전한前漢

周易韓氏傳二卷　　漢韓嬰撰 清馬國翰輯 玉函山房輯佚書經編易類所收

周易淮南九師道訓一卷　　漢劉安撰 清馬國翰輯 玉函山房輯佚書經編易類所收

蔡氏易說一卷　　漢蔡景君撰 清馬國翰輯 玉函山房輯佚書經編易類所收

周易丁氏傳二卷　　漢丁寬撰 清馬國翰輯 玉函山房輯佚書經編易類所收

周易施氏章句一卷　　漢施讎撰 清馬國翰輯 玉函山房輯佚書經編易類所收

周易章句一卷　　漢孟喜撰 清王謨輯 漢魏遺書鈔經翼第一冊所收

孟喜周易章句一卷　　漢孟喜撰 清孫堂輯 漢魏二十一家易注所收

周易孟氏章句二卷　　漢孟喜撰 清馬國翰輯 玉函山房輯佚書經編易類所收

易章句一卷　　漢孟喜撰 清黃奭輯 漢學堂叢書經解易類所收

周易梁丘氏章句一卷　　漢梁丘賀撰 清馬國翰輯 玉函山房輯佚書經編易類所收

京房易傳　　漢京房撰 說郛卷第二古典錄略所收

京房氏略一卷　　漢京房撰 重較說郛易第二所收

京房易傳一卷　　漢京房撰 清王謨輯 漢魏遺書鈔經翼第一冊所收

京房周易章句一卷　　漢京房撰 清孫堂輯 漢魏二十一家易注所收

周易京氏章句一卷　　漢京房撰 清馬國翰輯 玉函山房輯佚書經編易類所收

易章句一卷　　漢京房撰 清黃奭輯 漢學堂叢書經解易類所收

京氏易八卷　　漢京房撰 清王保訓輯 木犀軒叢書所收

京氏易傳三卷　　漢京房撰 吳陸績注 漢魏叢書經籍所收

易傳三卷　　漢京房撰 吳陸績注 廣漢魏叢書經翼所收

易傳三卷　　漢京房撰 吳陸績注 增訂漢魏叢書經翼所收

易傳三卷　　漢京房撰 吳陸績注 黃氏石印增訂漢魏叢書經翼所收

京氏易傳註三卷　　吳陸績撰 鹽邑志林所收

京氏易傳三卷　　漢京房撰 吳陸績注 津逮祕書第二集所收

京氏易傳三卷　　漢京房撰 吳陸績注 學津討原第一集所收

京氏易傳三卷　　漢京房撰 吳陸績注 景上海涵芬樓藏明天一閣刊本 四部叢刊經部
　　所收

費氏易一卷　　漢費直撰 清馬國翰輯 玉函山房輯佚書經編易類所收

費氏易林一卷　　漢費直撰 清馬國翰輯 玉函山房輯佚書經編易類所收

周易分野一卷　　漢費直撰 清馬國翰輯 玉函山房輯佚書經編易類所收

후한後漢

馬融周易傳一卷　　漢馬融撰 清孫堂輯 漢魏二十一家易注所收

周易馬氏傳三卷　　漢馬融撰　清馬國翰輯　玉函山房輯佚書經編易類所收

易傳一卷　　漢馬融撰　清黃奭輯　漢學堂叢書經解易類所收

馬王易義一卷　　漢馬融魏王肅撰　清臧庸輯　問經堂叢書所收

周易鄭康成注一卷　　漢鄭玄撰　宋王應麟輯　景元刊本　四部叢刊三編經部所收

周易鄭康成注一卷　　漢鄭玄撰　宋王應麟輯　元刊玉海附刻十三種所收

周易鄭康成注一卷　　漢鄭玄撰　宋王應麟輯　補刊玉海附刻十三種所收

周易鄭康成注一卷　　漢鄭玄撰　宋王應麟輯　江寧藩署刊玉海附刻十三種所收

周易鄭康成注一卷　　漢鄭玄撰　宋王應麟輯　浙江書局刊玉海附刻十三種所收

周易鄭康成注一卷　　漢鄭玄撰　宋王應麟輯　附祕册彙函易傳

周易鄭康成詁一卷　　漢鄭玄撰　宋王應麟輯　四庫全書所收

鄭氏周易三卷　　漢鄭玄撰　宋王應麟輯　清惠棟增補　雅雨堂藏書十種所收

鄭康成周易注三卷補遺一卷　　漢鄭玄撰　宋王應麟輯　清孫堂重校併輯補遺　漢魏二
　　十一家易注所收

鄭氏周易注三卷補遺一卷　　漢鄭玄撰　宋王應麟輯　清惠棟增補　清孫堂重校併輯補
　　遺　覆孫氏二十一家易注本　古經解彙函所收

新本鄭氏周易三卷　　漢鄭玄撰　宋王應麟輯　清惠棟增補　四庫全書所收

周易鄭氏注三卷　　漢鄭玄撰　宋王應麟輯　清丁杰後定　清張惠言訂正　張皋文箋易詮
　　全集所收

周易鄭注十二卷　附　敍錄一卷　　漢鄭玄撰　宋王應麟撰集　清丁杰後定　清張惠言訂
　　正　敍錄清臧庸撰　湖海樓叢書所收

周易注三卷　　漢鄭玄撰　宋王應麟撰集　清丁杰後定　清張惠言訂正　鄭學彙函所收

周易注十二卷　　漢鄭玄撰　清孔廣林輯　通德遺書所見錄所收

易注九卷　　漢鄭玄撰　清袁鈞輯　鄭氏佚書所收

周易注一卷　　漢鄭玄撰　清黃奭輯　知足齊叢書所收

荀爽周易注一卷　　漢荀爽撰　清孫堂輯　漢魏二十一家易注所收

周易荀氏注三卷　　漢荀爽撰　清馬國翰輯　玉函山房輯佚書經編易類所收

九家易解一卷　　漢荀爽撰　清王謨輯　漢魏遺書鈔經翼第一册所收

周易荀氏九家三卷　　□闕名撰　清張惠言輯　張皋文箋易詮全集所收

九家周易集注一卷　　□闕名撰　清孫堂輯　漢魏二十一家易注所收

九家易集注一卷　　□闕名撰　清黃奭輯　漢學堂叢書經解易類所收

劉表周易章句一卷　　漢劉表撰　清孫堂輯　漢魏二十一家易注所收

周易劉氏章句一卷　　漢劉表撰　清馬國翰輯　玉函山房輯佚書經編易類所收

易章句一卷　　漢劉表撰　清黃奭輯　漢學堂叢書經解易類所收

宋衷周易注一卷　　漢宋衷撰　清孫堂輯　漢魏二十一家易注所收

周易宋氏注一卷　　漢宋衷撰 淸馬國翰輯 玉函山房輯佚書經編易類所收

易注一卷　漢宋衷撰 淸黃奭輯 漢學堂叢書經解易類所收

漢易十三家二卷　　淸胡薇元輯 玉津閣叢書甲集所收

삼국三國

董遇周易章句一卷　　魏董遇撰 淸孫堂輯 漢魏二十一家易注所收

周易董氏章句一卷　　魏董遇撰 淸馬國翰輯 玉函山房輯佚書經編類所收

易章句一卷　魏董遇撰 漢學堂叢書經解易類所收

王肅周易注一卷　魏王肅撰 淸孫堂輯 漢魏二十一家易注所收

周易王氏注二卷　　魏王肅撰 淸馬國翰輯 玉函山房輯佚書經編易類所收

易注一卷　魏王肅撰 淸黃奭輯 漢學堂叢書經解易類所收

周易王氏音一卷　　魏王肅撰 淸馬國翰輯 玉函山房輯佚書經編易類所收

周易殘二卷　　存卷第三第四 魏王弼注 刊本

周易殘一卷　　存卷第三 魏王弼注 景唐寫本 鳴沙石室古籍殘群經叢殘所收

周易殘一卷　　存卷第四 魏王弼注 景唐寫本 鳴沙石室古籍殘群經叢殘所收

周易十卷 附 考證　魏王弼晉韓康伯注 略例邢璹撰 唐邢璹注 唐陸德明音義 武英殿
　　刊五經所收

周易十卷 附 考證　　魏王弼晉韓康伯注 略例邢璹撰 唐邢璹注 唐陸德明音義 仿宋相
　　臺五經所收

周易九卷 附 略例一卷　　魏王弼晉韓康伯注 唐陸德明音義 略例邢璹撰 唐邢璹注 德
　　明音義十三經古注所收

周易九卷　魏王弼晉韓康伯注 袖珍十三經註所收

周易九卷 附 略例一卷校記一卷　　魏王弼晉韓康伯注 唐陸德明音義 略例邢璹撰 唐
　　邢璹注 德明音義 校記孟森撰 昭和三年東京文求堂用錢琴銅劍樓藏宋本景
　　印

周易九卷 附 略例一卷　　魏王弼晉韓康伯注 略例邢璹撰 唐邢璹注 景上海涵芬樓藏
　　宋刊本四部叢刊經部所收

周易十卷　魏王弼晉韓康伯注 略例邢璹撰 唐邢璹注 昭和十六年東方文化研究所用
　　足利學校遺蹟圖書館藏鈔本景照(七行本)

周易十卷　　卷第五第六闕 魏王弼晉韓康伯注 略例邢璹撰 昭和十六年東方文化研究
　　所用足利學校遺蹟圖書館藏鈔本景照(八行本)

周易註十卷　魏王弼晉輯康伯注 略例邢璹撰 四庫全書所收

周易略例一卷　魏王弼撰 重較說郛易第二所收

周易略例一卷　魏王弼撰 唐邢璹注 漢魏叢書經籍所收

周易略例一卷　　　魏王弼撰　唐邢璹注　廣漢魏叢書經翼所收
周易略例一卷　　　魏王弼撰　唐邢璹注　增訂漢魏叢書經翼所收
周易略例一卷　　　魏王弼撰　唐邢璹注　黃氏石印增訂漢魏叢書經翼所收
周易集解略例一卷　　魏王弼撰　唐邢璹注　津逮祕書第二集所收
周易略例一卷　　　魏王弼撰　唐邢璹注　學津討原第一集所收
周易略例一卷　　　魏王弼撰　唐邢璹注　覆津逮祕書本　榕園叢書甲集所收
周易略例校正一卷　　清盧文弨撰　抱經堂叢書群書拾補初編所收
周易略例校正一卷　　清盧文弨撰　紹興先正遺書第二集群書拾補初編所收
周易何氏解一卷　　魏何晏撰　清馬國翰輯　玉函山房輯佚書經編易類所收
周易薛氏記一卷　　□薛虞撰　清馬國翰輯　玉函山房輯佚書經編易類所收
易音注一卷　　□薛虞撰　清黃奭輯　漢學堂叢書經解易類所收
蜀才周易注一卷　　蜀范長生撰　清孫堂輯　漢魏二十一家易注所收
周易蜀才注一卷　　蜀范長生撰　清馬國翰輯　玉函山房輯佚書經編易類所收
易注一卷　　蜀范長生撰　清黃奭輯　漢學堂叢書經解易類所收
虞翻周易注十卷　　吳虞翻撰　清孫堂輯　漢魏二十一家易注所收
易解一卷　　吳陸績撰　鹽邑志林所收
易解一卷　　吳陸績撰　景印鹽邑志林所收
陸氏易解一卷　　吳陸績撰　明姚士麟輯　四庫全書所收
陸續周易述一卷　　吳陸績撰　明姚士麟輯　清孫堂增補　漢魏二十一家易注所收
陸氏周易述一卷　　吳陸績撰　明姚士麟輯　清孫堂增補　覆孫氏廿一家易注本　古經解
　　　　彙函所收
周易陸氏述三卷　　吳陸績撰　清馬國翰輯　玉函山房輯佚書經編易類所收
易述一卷　　吳陸績撰　清黃奭輯　漢學堂叢書經解易類所收
姚信周易述一卷　　吳姚信撰　清孫堂輯　漢魏二十一家易注所收
周易姚氏注一卷　　吳姚信撰　清馬國翰輯　玉函山房輯佚書經編易類所收
翟元周易義一卷　　□翟玄撰　清孫堂輯　漢魏二十一家易注所收
周易翟氏義一卷　　□翟玄撰　清馬國翰輯　玉函山房輯佚書經編易類所收
易義一卷　　□翟玄撰　清黃奭輯　漢學堂叢書經解易類所收
漢魏二十一家易注　　清孫堂輯　嘉慶四年序平湖孫氏映雪艸堂刊本

진晉

周易張氏義一卷　　晉張軌撰　清馬國翰輯　玉函山房輯佚書經編易類所收
向秀周易義一卷　　晉向秀撰　清孫堂輯　漢魏二十一家易注所收
周易向氏義一卷　　晉向秀撰　清馬國翰輯　玉函山房輯佚書經編易類所收

易義一卷　　晉向秀撰　清黃奭輯　漢學堂叢書經解易類所收

周易統略一卷　　晉鄒湛撰　清馬國翰輯　玉函山房輯佚書經編易類所收

王廙周易周一卷　　晉王廙撰　清孫堂輯　漢魏二十一家易注所收

周易王氏注一卷　　晉王廙撰　清馬國翰輯　玉函山房輯佚書經編易類所收

易注一卷　　晉王廙撰　清黃奭輯　漢學堂叢書經解易類所收

周易卦序論一卷　　晉楊乂撰　清馬國翰輯　玉函山房輯佚書經編易類所收

周易徐氏音一卷　　晉徐邈撰　清馬國翰輯　玉函山房輯佚書經編易類所收

易象妙於見形論一卷　　晉孫盛撰　清馬國翰輯　玉函山房輯佚書經編易類所收

周易繫辭桓氏注一卷　　晉桓玄撰　清馬國翰輯　玉函山房輯佚書經編易類所收

張璠周易集解一卷　　晉張璠撰　清孫堂輯　漢魏二十一家易注所收

周易張氏集解一卷　　晉張璠撰　清馬國翰輯　玉函山房輯佚書經編易類所收

易集解一卷　　晉張璠撰　清黃奭輯　漢學堂叢書經解易類所收

易注一卷　　晉張璠撰　清黃奭輯　漢學堂叢書經解易類所收

易解三卷　　晉干寶撰　鹽邑志林所收

干寶周易注一卷　　晉干寶撰　元屠曾輯　清孫堂補　漢魏二十一家易注所收

周易干氏注三卷　　晉干寶撰　清馬國翰輯　玉函山房輯佚書經編易類所收

周易黃氏注一卷　　晉黃穎撰　清馬國翰輯　玉函山房輯佚書經編易類所收

周易黃氏注一卷　　晉黃穎撰　清馬國翰輯　信古閣小叢書所收

易注一卷　　晉黃穎撰　清黃奭輯　漢學堂叢書經解易類所收

周易李氏音一卷　　晉李軌撰　清馬國翰輯　玉函山房輯佚書經編易類所收

周易朱氏義一卷　　□朱仰之撰　清馬國翰輯　玉函山房輯佚書經編易類所收

유송劉宋

周易繫辭荀氏注一卷　　劉宋荀柔之撰　清馬國翰輯　玉函山房輯佚書經編易類所收

남제南齊

周易繫辭明氏注一卷　　南齊明僧紹撰　清馬國翰輯　玉函山房輯佚書經編易類所收

周易沈氏要略一卷　　南齊沈麟士撰　清馬國翰輯　玉函山房輯佚書經編易類所收

劉瓛周易義疏一卷　　南齊劉瓛撰　清孫堂輯　漢魏二十一家易注所收

周易劉氏義疏一卷　　南齊劉瓛撰　清馬國翰輯　玉函山房輯佚書經編易類所收

繫辭義疏一卷　　南齊劉瓛撰　清黃奭輯　漢學堂叢書經解易類所收

乾坤義一卷　　南齊劉瓛撰　清黃奭輯　漢學堂叢書經解易類所收

양梁

周易伏氏集解一卷　　梁伏曼容撰 淸馬國翰輯 玉函山房輯佚書經編易類所收

周易集解一卷　　梁伏曼容撰 淸馬國翰輯 伏乘附伏氏佚書九種所收

周易大義一卷　　梁高祖武皇帝御撰 淸馬國翰輯 玉函山房輯佚書經編易類所收

周易褚氏講疏一卷　　梁褚仲都撰 淸馬國翰輯 玉函山房輯佚書經編易類所收

易注一卷　　梁褚仲都撰 淸黃奭輯 漢學堂叢書經解易類所收

周易姚氏注一卷　　□姚規撰 淸馬國翰輯 玉函山房輯佚書經編易類所收

周易崔氏注一卷　　□崔覲撰 淸馬國翰輯 玉函山房輯佚書經編易類所收

周易傅氏注一卷　　□傅□撰 淸馬國翰輯 玉函山房輯佚書經編易類所收

周易莊氏義一卷　　□莊□撰 淸馬國翰輯 玉函山房輯佚書經編易類所收

진陳

周易周氏義疏一卷　　陳周弘正撰 淸馬國翰輯 玉函山房輯佚書經編易類所收

易注一卷　　陳周弘正撰 淸黃奭輯 漢學堂叢書經解易類所收

周易張氏講疏一卷　　陳張譏撰 淸馬國翰輯 玉函山房輯佚書經編易類所收

周易劉氏注一卷　　後魏劉昞撰 淸馬國翰輯 玉函山房輯佚書經編易類所收

關氏易傳一卷　　後魏關朗撰 增訂漢魏叢書經翼所收

關氏易傳一卷　　後魏關朗撰 黃氏石印增訂漢魏叢書經翼所收

關氏易傳一卷　　後魏關朗撰 重較說郛易第二所收

關氏易傳一卷　　後魏關朗撰 唐宋叢書經翼所收

關氏易傳一卷　　後魏關朗撰 唐趙蕤注 津逮祕書第二集所收

關氏易傳一卷　　後魏關朗撰 唐趙蕤注 學津討原第一集所收

周易盧氏注一卷　　□盧□撰 淸馬國翰輯 玉函山房輯佚書經編易類所收

수隋

周易何氏講疏一卷　　隋何安撰 淸馬國翰輯 玉函山房輯佚書經編易類所收

周易講疏一卷　　隋何安撰 淸黃奭輯 漢學堂叢書經解易類所收

周易王氏注一卷　　□王凱沖撰 淸馬國翰輯 玉函山房輯佚書經編易類所收

周易王氏義一卷　　□王嗣宗撰 淸馬國翰輯 玉函山房輯佚書經編易類所收

周易侯氏注三卷　　□侯果撰 淸馬國翰輯 玉函山房輯佚書經編易類所收

易注一卷　　□侯果撰 淸黃奭輯 漢學堂叢書經解易類所收

講周易疏論家義記殘□卷　　□闕名撰 景奈良興福寺藏本 京都帝國大學文學部景
　　印舊鈔本第二集所收

당唐

周易經典釋文殘一卷　　唐陸德明撰　景唐開元寫本　鳴沙石室古籍叢殘群書叢殘所收

易釋文一卷　　唐陸德明撰　津逮祕書第二集所收

周易音義一卷　　唐陸德明撰　附雅雨堂藏書十種易傳

周易正義十四卷　　唐孔穎達等奉勅撰　舊鈔本

周易正義十卷　　康孔穎達等奉勅撰　四庫全書所收

周易正義十四卷　附　校勘記二卷　　唐孔穎達等奉勅撰校勘記清劉承幹撰　民國三年
　　吳興劉氏嘉業堂刊本

周易正義十四卷　　唐孔穎達等奉勅撰　昭和十年北平人文科學研究所用傅氏雙鑑樓
　　藏宋本景印

周易兼義九卷　附　略例一卷音義一卷　　魏王弼晉韓康伯注　唐孔穎達正義　略例邢
　　唐邢璹注　音義唐陸德明撰　福建刊十三經註疏所收

周易兼義九卷　附　略例一卷音義一卷　　魏王弼晉韓康伯注　唐孔穎達正義　略例邢撰
　　唐邢璹注　音義唐陸德明撰　明國子監刊十三經注疏所收

周易兼義九卷　　魏王弼晉韓康伯注　唐孔穎達正義　汲古閣刊十三經註疏所收

周易兼義九卷　附　略例一卷音義一卷注疏校勘記九卷釋文校勘記一卷　　魏王弼晉韓康
　　伯注　唐孔穎達正義　略例邢撰　唐邢璹注　音義唐陸德明撰　長沙尊經閣刊十
　　三經注疏所收

周易注疏十三卷　附　略例一卷考證　　魏王弼晉韓康伯注　唐陸德明音義　唐孔穎達疏
　　略例邢撰　唐邢璹注　德明音義　武英殿刊十三經注疏所收

周易注疏十三卷　附　略例一卷考證　　魏王弼晉韓康伯注　唐陸德明音義　唐孔穎達疏
　　略例邢撰　唐邢璹注　德明音義　廣東書局刊十三經注疏所收

周易兼義九卷　附　音義一卷注疏校勘記九卷釋文校勘記一卷　　魏王弼晉韓康伯注　唐
　　孔穎達疏　音義唐陸德明撰　重栞宋本十三經注疏所收

周易兼義九卷　附　音義一卷注疏校勘記九卷釋文校勘記一卷　　魏王弼晉韓康伯注　唐
　　孔穎達疏　音義唐陸德明撰　道光重校重栞宋本十三經注疏所收

周易兼義九卷　附　音義一卷注疏校勘記九卷釋文校勘記一卷　　魏王弼晉韓康伯注　唐
　　孔穎達疏　音義唐陸德明撰　脈望仙館景印宋本十三經注疏所收

周易兼義九卷　附　音義一卷注疏校勘記九卷釋文校勘記一卷　　魏王弼晉韓康伯注　唐
　　孔穎達疏　音義唐陸德明撰　點石齋景印重栞宋本十三經注疏所收

周易兼義九卷　附　音義一卷注疏校勘記九卷釋文校勘記一卷　　魏王弼晉韓康伯注　唐
　　孔穎達疏　音義唐陸德明撰　務本書局重刊重栞宋本十三經注疏所收

周易注疏十三卷　　魏王弼晉韓康伯注　唐孔穎達疏　昭和十六年東方文化研究所用足
　　利學校遺蹟圖書館藏宋刊本景照

周易元義一卷　　唐李淳風撰 清馬國翰輯 玉函山房輯佚書經編易類所收

周易新論傳疏一卷　　唐陰弘道撰 清馬國翰輯 玉函山房輯佚書經編易類所收

易纂一卷　　唐釋一行撰 清馬國翰輯 玉函山房輯佚書經編易類所收

周易探元三卷　　唐崔憬撰 清馬國翰輯 玉函山房輯佚書經編易類所收

易探玄一卷　　唐崔憬撰 清黃奭輯 漢學堂叢書經解易類所收

易傳十卷　　唐李鼎祚撰 宋王應麟輯 祕册彙函所收

周易集解十七卷　　康李鼎祚撰 四庫全書所收

周易集解十七卷　　唐李鼎祚撰 津逮祕書第二集所收

易傳十七卷　　唐李鼎祚集解 雅雨堂藏書十種所收

周易集解十七卷　　唐李鼎祚撰 學津討原第一集所收

周易集解十七卷　　唐李鼎祚撰 覆張氏學津討原本用盧氏雅雨堂本校補 古經解彙函
　　　所收

李氏易傳校一卷　　清陸心源撰 潛園總集群書校補所收

周易口訣義六卷　　唐史徵撰 四庫全書所收

周易口訣義六卷　　唐史徵撰 廣雅書局刊武英殿聚珍版書經部所收

周易口訣義六卷　　唐史徵撰 岱南閣叢書所收

周易口訣義六卷　　唐史徵撰 覆孫氏岱南閣本 古經解彙函所收

周易舉正三卷　　唐郭京撰 四庫全書所收

周易舉正一卷　　唐郭京撰 重較說郛弓第三所收

周易舉正三卷　　唐郭京撰 津逮祕書第二集所收

周易舉正三卷　　唐郭京撰 學津討原第一集所收

周易舉正一卷　　唐郭京撰 遜敏堂叢書所收

周易舉正一卷　　唐郭京撰 清芬堂叢書經部所收

周易舉正三卷　　唐郭京撰 獨山莫氏景謙牧堂景宋本 宸翰樓叢書五種所收

周易舉正三卷　　唐郭京撰 獨山莫氏景謙牧堂景宋本 宸翰樓叢書八種所收

易說不分卷圖解一卷　　唐呂嵒撰 道藏輯要壁集所收

周易新義一卷　　唐徐郿撰 清馬國翰輯 玉函山房輯佚書經編易類所收

북송北宋

麻衣道者正易心法一卷　　宋陳摶受併消息 津逮祕書第二集所收

麻衣道者正易心法一卷　　宋陳摶受併消息 學津討原第一集所收

正易心法一卷　　宋陳摶受併消息 藝海珠塵木集所收

易數鉤隱圖三卷遺論九事一卷　　宋劉牧撰 道藏洞眞部靈圖類所收

易數鉤隱圖三卷遺論九事一卷　　宋劉牧撰 重刊通志堂經解易所收

易數鉤隱圖三卷遺事論鉤事一卷　　宋劉牧撰　四庫全書所收

易童子問三卷　　宋歐陽脩撰　廬陸歐陽文忠公全集所收

易童子問三卷　　宋歐陽脩撰　四部叢刊集部歐陽文忠公集所收

周易口義十二卷　　宋倪天隱述宋胡瑗說　四庫全書所收

溫公易說六卷　　宋司馬光撰　四庫全書所收

易說六卷　　宋司馬光撰　廣雅書局刊武英殿聚珍版書經部所收

易說六卷　　宋司馬光撰　經苑所收

易說六卷　　宋司馬光撰　覆聚珍本　榕園叢書甲集所收

橫渠易說三卷　　宋張載撰　重刊通志堂經解易所收

橫渠易說三卷　　宋張載撰　四庫全書所收

易經八卷　　宋程頤傳　同治五年合肥李鴻章金陵節署刊本（村）

伊川易傳四卷　　宋程頤撰　河南二程全書所收

周易程氏傳四卷　　宋程頤撰　洪氏唐石經館叢書河南程氏全書所收

伊川易傳四卷　　宋程頤撰　求我齋刊河南二程全書所收

周易六卷　　宋程頤傳　景元至正本　古逸叢書所收

易傳四卷　　宋程頤撰　四庫全書所收

伊川易傳四卷　　宋程頤撰　小娜嬛館刊二程全書所收

東坡易傳九卷　　宋蘇軾撰　四庫全書所收

蘇氏易傳九卷　　宋蘇軾撰　津逮祕書第二集所收

蘇氏易傳九卷　　宋蘇軾撰　學津討原第一集所收

易經解不分卷　　宋朱長文撰　碧琳琅館叢書甲部所收

周易新講義十卷　　宋龔原撰　佚存叢書第五帙所收

周易新講義十卷　　宋龔原撰　粵雅堂叢書三編第二十七集所收

吳園易解九卷　　宋張根撰　四庫全書所收

吳園周易解九卷附錄一卷　　宋張根撰　廣雅書局刊武英殿聚珍版書經部所收

吳園周易解九卷附錄一卷　　宋張根撰　覆四庫全書原本　墨海金壺經部所收

吳園周易解九卷附錄一卷　　宋張根撰　經苑所收

了翁易說一卷　　宋陳瓘撰　四庫全書所收

易學一卷　　宋王湜撰　重刊通志堂經解易所收

吳園易解九卷　　宋張根撰　四庫全書所收

讀易詳說十卷　　宋李光撰　四庫全書所收

漢上易傳十一卷周易卦圖三卷周易叢說一卷　　宋朱震撰　重刊通志堂經解易所收

漢上易傳十一卷周易卦圖三卷周易叢說一卷　　宋朱震撰　四庫全書所收

漢上易傳十一卷周易卦圖三卷周易叢說一卷　　宋朱震撰　景通志堂本　湖北先正遺書

경部所收

周易集傳十一卷卽漢上易傳　　宋朱震撰　景北平圖書館藏宋刊本闕卷以汲古閣景宋
　　鈔本配補　四部叢刊續編經部所收

周易新講義十卷　　宋耿南仲撰　四庫全書所收

남송南宋

易璇璣三卷　　宋吳沆撰　重刊通志堂經解易所收

易璇璣三卷　　宋吳沆撰　四庫全書所收

周易窺餘十五卷　　宋鄭剛中撰　覆四庫全書本　續金華叢書經部所收

紫巖居士易傳十卷　　宋張浚撰　重刊通志堂經解易所收

紫巖易傳十卷　　宋張浚撰　四庫全書所收

忘筌書十卷　　宋潘殖撰　浦城宋元明儒遺書所收

郭氏傳家易說十一卷總論一卷　　宋郭雍撰　浙江刊武英殿聚珍版書所收

郭氏傳家易說十一卷總論一卷　　宋郭雍撰　廣雅書局刊武英殿聚珍版書經部所收

易學辨惑一卷　　宋邵伯溫撰　四庫全書所收

易變體義十二卷　　宋都絜撰　四庫全書所收

易小傳六卷　　宋沈該撰　重刊通志堂經解易所收

易小傳六卷　　宋沈該撰　四庫全書所收

易小傳六卷繫辭補註一卷　　宋沈該撰　民國十一年吳興劉氏嘉業堂刊本　吳興叢書之
　　一

易變體義十二卷　　宋都絜撰　四庫全書所收

周易經傳集解三十六卷　　宋林栗撰　四庫全書所收

周易義海撮要十二卷　　宋林衡撰　重刊通志堂經解易所收

易通變四十卷　　宋張行成撰　四庫全書子部術數類所收

易原八卷　　宋程大昌撰　四庫全書所收

易原八卷　　宋程大昌撰　廣雅書局刊武英殿聚珍版書經部所收

周易古占法一卷古周易章句外編一卷　　宋程迥撰　四庫全書所收

誠齋易傳二十卷　　宋楊萬里撰　廣雅書局刊武英殿聚珍版書經部所收

誠齋先生易傳二十卷　　宋楊萬里撰　經苑所收

誠齋先生易傳二十卷　　宋楊萬里撰　四庫全書所收

東谷鄭先生易翼傳二卷　　宋鄭汝諧撰　重刊通志堂經解易所收

東谷鄭先生易翼傳二卷　　宋鄭汝諧撰　四庫全書所收

周易四卷　　宋朱熹本義　恕堂六經所收

周易四卷　　宋朱熹本義　淸聖祖仁皇帝御案　御案五經所收

周易四卷　　宋朱熹本義 五經四書讀本所收

周易本義十二卷 附重勅周易本義四卷　　宋朱熹撰 四庫全書所收

周易十二卷　　宋朱熹本義 清內府用宋咸淳本景刊

周易四卷　　宋朱熹本義 五經三傳讀本所收

易經十二卷首一卷末一卷 附 音訓　　宋朱熹本義 音義 宋呂祖謙撰 同治四年合肥
　　李鴻章金陵書局刊本

周易四卷　　宋朱熹本義 湖北書局刊十三經讀木所收

周易四卷　　宋朱熹本義 山東書局刊十三經讀本所收

周易四卷　　宋朱熹本義 同治十一年湖南省尊經閣刊本

周易十二卷　　宋朱熹本義 宋呂祖謙音訓 劉氏傳經堂叢書所收

周易讀本四卷　　宋朱熹本義 吳江施氏刊十三經讀本所收

易學啓蒙四卷啓蒙五贊一卷　　宋朱熹撰 劉氏傳經唐叢書所收

朱文公易說二十三　　宋朱鑑編 四庫全書所收

晦庵先生朱文公易說二十三　　宋朱鑑輯 重刊通志堂經解易所收

周易義海撮要十二卷　　宋李衡撰 四庫全書所收

大易粹言十卷　　宋方聞一編 四庫全書所收

泰軒易傳六卷　　宋李中正撰 佚存叢書第二峽所收

泰軒易傳六卷　　宋李中正撰 粤雅堂叢書三編第二十七集所收

南軒易說五卷　　宋張栻撰 覆倦圃曹氏舊鈔本 枕碧樓叢書所收

南軒易說五卷　　宋張栻撰 四庫全書所收

易圖說三卷　　宋吳仁傑撰 通志堂刊本 通志堂經解之一

易圖說三卷　　宋吳仁傑撰 重刊通志堂經解易所收

易圖說三卷　　宋吳仁傑撰 四庫全書所收

易說二卷　　宋呂祖謙撰 學海類編經翼所收

古易音訓二卷　　宋呂祖謙撰 清宋咸熙輯 嘉慶七年仁和宋氏刊本

古易音訓二卷　　宋呂祖謙撰 清宋咸熙輯 式訓堂叢書所收

古易音訓二卷　　宋呂祖謙撰 清宋咸熙輯 仰視千七百二十九鶴齋叢書第五集所收

古易音訓二卷　　宋呂祖謙撰 清宋咸熙輯 覆嚴厚民重校本 槐廬叢書二編所收

古易音訓二卷　　宋呂祖謙撰 清宋咸熙輯 校經山房叢書所收

古易音訓二卷　　宋呂祖謙撰 清宋咸熙輯 覆嚴厚民重校本 孫谿朱氏經學叢書初編
　　所收

呂氏音訓不分卷　　宋呂祖謙撰 清劉世讜輯 附劉氏傳經唐叢書周易

古周易一卷　　宋呂祖謙等撰 重刊通志堂經解易所收

古周易一卷　　宋呂祖謙等撰 四庫全書所收

古周易一卷 附 古易音訓二卷　　宋呂祖謙等撰 古易音訓祖謙撰 清宋咸熙輯 清芬堂叢書經部所收

東萊呂氏古易一卷 附 周易音訓二卷　　宋呂祖謙等撰 周易音訓祖謙撰 金華叢書經部所收

晦庵先生校正周易繫辭精義二卷　　宋呂祖謙撰 附古逸叢書周易

西谿易說十二卷　　宋李過撰 四庫全書所收

楊氏易傳二十卷　　宋楊簡撰 覆文瀾閣本用萬曆乙未刻本補 四明叢書第一集所收

楊氏易傳二十卷　　宋楊簡撰 四庫全書所收

易說四卷　　宋趙善譽撰 覆四庫全書原本 墨海金壺經部所收

易說四卷　　宋趙善譽撰 四庫全書所收

易說四卷　　宋趙善譽撰 覆四庫全書原本 守山閣叢書經部所收

周易玩辭十六卷　　宋項安世撰 重刊通志堂經解易所收

周易坑四十六卷　　宋項安世撰 四庫全書所收

周易玩辭十六卷　　宋項安世撰 景通志堂本 湖北先正遺書經部所收

童溪易傳三十卷　　宋王宗傳撰 四庫全書所收

童溪王先生易傳三十卷　　宋王宗傳撰 重刊通志堂經解易所收

易裨傳一卷外篇一卷　　宋林至撰 重刊通志堂經解易所收

易裨傳一卷外篇一卷　　宋林至撰 四庫全書所收

復齋易說六卷　　宋趙彥肅撰 重刊通志堂經解易所收

復齋易說六卷　　宋趙彥肅撰 四庫全書所收

周易卦爻經傳訓解二卷　　宋蔡淵撰 四庫全書所收

易象意言一卷　　宋蔡淵撰 浙江刊武英殿聚珍版書所收

易象意言一卷　　宋蔡淵撰 四庫全書所收

易象意言一卷　　宋蔡淵撰 廣雅書局刊武英殿聚珍版書經部所收

易象意言一卷　　宋蔡淵撰 藝海珠塵金集所收

易象意言一卷　　宋蔡淵撰 覆聚珍本 榕園叢書甲集所收

周易總義二十卷 附 考證一卷　　宋易祓撰 考證孫文昱撰 湖南叢書所收

周易總義二十卷　　宋易祓撰 四庫全書所收

用易詳解十六卷　　宋李杞撰 四庫全書所收

易傳燈四卷　　宋徐總幹撰 經苑所收

易傳燈四卷　　宋徐總幹撰 四庫全書所收

易傳燈四卷　　宋徐總幹撰 函海第三函所收

易傳燈四卷　　宋徐總幹撰 重刊函海第四函所收

丙子學易編一卷　　宋李心傳撰 重刊通志堂經解易所收

丙子學易編一卷　　宋李心傳撰 四庫全書所收

厚齋易學五十卷附錄二卷　　宋馮椅撰 四庫全書所收

周易要義十卷　　宋魏了翁撰 五經要義所收

周易要義十卷　　宋魏了翁撰 四庫全書所收

周易要義十卷　　原闕四卷 宋魏了翁撰 景宋刊本 四部叢刊續編經部所收

易通六卷　　宋趙以夫撰 四庫全書所收

易學啓蒙小傳一卷古經傳一卷　　宋稅與卷撰 四庫全書所收

易學啓蒙小傳一卷古經傳一卷　　宋稅與權撰 重刊通志堂經解易所收

易學啓蒙通釋二卷圖一卷　　宋胡方平撰 重刊通志堂經解易所收

易學啓蒙通釋二卷圖一卷　　宋胡方平撰 四庫全書所收

水村易鏡一卷　　宋林光世撰 重刊通志堂經解易所收

涼山讀周易二十一卷　　宋方實孫撰 四庫全書所收

周易傳義附錄十四卷首一卷　　宋董楷撰 四庫全書所收

周易傳義附錄十四卷首一卷　　宋董楷撰 重刊通志堂經解易所收

周易輯聞六卷易雅一卷筮宗一卷　　宋趙汝楳撰 重刊通志堂經解易所收

周易輯聞六卷易雅一卷筮宗一卷　　宋趙汝楳撰 四庫全書所收

三易備遺十卷　　宋朱元昇撰 四庫全書所收

三易備遺十卷　　宋朱元昇撰 重刊通志堂經解易所收

大衍索隱三卷　　宋丁易東撰 四庫全書子部術數類所收

周易集說四十卷　　宋兪琰撰 四庫全書所收

兪氏易集說十三卷　　宋兪琰撰 重刊通志堂經解易所收

讀易擧要四卷　　宋兪琰撰 四庫全書所收

易外別傳一卷　　宋兪琰撰 道藏太玄部所收

周易象義十六卷　　宋丁易東撰 四庫全書所收

周易圖三卷　　宋闕名輯 道藏洞眞部靈圖類所收

大易緝說十卷　　宋王申子撰 四庫全書所收

大易緝說十卷　　宋王申子撰 重刊通志堂經解易所收

원元

讀易私言一卷　　元許衡撰 重較說郛弓第三所收

讀易私言一卷　　元許衡撰 四庫全書所收

讀易私言一卷　　元許衡撰 學海類編經翼所收

讀易私言一卷　　元許衡撰 重刊通志堂經解易所收

學易記九卷　　元李簡撰 四庫全書所收

學易記九卷首一卷　　元李簡撰　重刊通志堂經解易所收

易筮通變三卷　　元雷思齊撰　道藏太玄部所收

易圖通變五卷　　元雷思齊撰　道藏太玄部所收

易圖通變五卷　　元雷思齊撰　四庫全書所收

易圖通變五卷　　元雷思齊撰　重刊通志堂經解易所收

周易本義附錄纂十五卷　　元胡一桂撰　重刊通志堂經解易所收

周易本義啓蒙翼傳外篇一卷　　元胡一桂撰　通志堂刊本　通志堂經解之一

易本義附錄纂疏十五卷　　元胡一桂撰　四庫全書所收

周易發明啓蒙翼傳三卷外篇一卷　　元胡一桂撰　重刊通志堂經解易所收

易學啓蒙翼傳四卷　　元胡一桂撰　四庫全書所收

易纂言十二卷首一卷　　元吳澄撰　重刊通志堂經解易所收

易撰言十卷　　元吳澄撰　四庫全書所收

易精蘊大義十二卷　　元解蒙撰　四庫全書所收

周易爻變義蘊四卷　　元陳應潤撰　四庫全書所收

易纂言外翼八卷　　元吳澄撰　豫章叢書元三家易說所收

易纂言外翼八卷　　元吳澄撰　四庫全書所收

易源奧義一卷　　元保巴撰　四庫全書經部易類所收

周易原旨八卷　　元保巴撰　四庫全書經部易類所收

周易本義通釋十二卷輯錄雲峰文集易義一卷　　元胡炳文撰　重刊通志堂經解易所收

周易本義通釋十二卷　　元胡炳文撰　四庫全書所收

周易程朱傳義折衷三十三卷　　元趙采撰　四庫全書經部易類所收

易學濫觴一卷　　元黃澤撰　廣雅書局刊武英殿聚珍版書經部所收

易學濫觴一卷　　元黃澤撰　經苑所收

易學濫觴一卷撰　　元黃澤撰　四庫全書所收

易學濫觴一卷　　元黃澤撰　涉聞梓舊所收

易學濫觴一卷　　元黃澤撰　小萬卷樓叢書所收

周易衍義十六卷　　元胡震撰　四庫全書經部易類所收

周易尚占三卷　　元李道純撰　寶顏堂祕笈彙函所收

周易會通十四卷　　元董眞卿撰　四庫全書所收

周易經傳集程朱解附錄纂註十四卷首一卷　即　周易會通　　元董眞卿撰　通志堂經解
　　　易所收

周易集傳八卷　　元龍仁夫撰　四庫全書所收

周易集傳八卷　　元龍仁夫撰　別下齋叢書所收

周易集傳八卷補遺一卷考證一卷校正一卷　　元龍仁夫撰　清尹繼美校錄　同治七年永

新尹氏鼎吉堂刊本

周易本義集成十二卷　　元熊良輔撰　四庫全書所收

周易本義集成十二卷首一卷　　元熊良輔撰　重刊通志堂經解易所收

讀易考原一卷　　元蕭漢中撰　豫章叢書元三家易說所收

讀易考原一卷　　元蕭漢中撰　四庫全書所收

周易圖說二卷　　元錢義方撰　四庫全書所收

周易經疑三卷　　元涂溍生撰　景鈔本　選印宛委別藏所收

大易象數鈎深圖三卷　　元張理撰　四庫全書所收

大易象數鈎深圖三卷　　元張理撰　道藏洞眞部靈圖類所收

大易象數鈎深圖三卷　　元張理撰　重刊通志堂經解易所收

易象圖說內篇三卷外篇三卷　　元張理撰　道藏洞眞部靈圖類所收

易象圖說內篇三卷外篇三卷　　元張理撰　重刊通志堂經解易所收

周易參義十二卷　　元梁寅撰　四庫全書所收

周易參義十二卷　　元梁寅撰　重刊通志堂經解易所收

易學變通六卷　　元曾貫撰　四庫全書所收

易學變通六卷　　元曾貫撰　豫章叢書元三家易說所收

元三家易說　　清胡思敬輯　覆錢塘丁氏八千卷樓鈔本　豫章叢書所收

周易文詮四卷　　元趙汸撰　四庫全書所收

명明

周會魁校正易經大全二十四卷首一卷　　明胡廣等奉勅撰　五經大全所收

周易大全二十四卷　　明胡廣等奉勅撰　四庫全書所收

周易通略一卷　　明黃俊撰　覆翰林院藏明鈔本　豫章叢書所收

玩易意見二卷　　明王恕撰　惜陰軒叢書第一函所收

易像鈔十八卷　　明胡居仁撰　四庫全書所收

易大象說一卷　　明崔銑撰　金聲玉振集撰述所收

讀易餘言五卷　　明崔銑撰　四庫全書所收

周易說翼三卷　　明呂柟撰　惜陰軒叢書續編呂涇野經說所收

周易議卦二卷　　明王崇慶撰　學海類編經翼所收

學易記五卷　　明金貴亨撰　惜陰軒叢書第一函所收

周易傳義存疑一卷　　明應大猷撰　仙居叢書第一集所收

古易考原三卷　　明梅鷟撰　道藏附續道藏所收

周易會占一卷　　明程鴻烈撰　說郛續弓第一所收

元圖大衍一卷　　明馬一龍撰　說郛續弓第一所收

易經蒙引十二卷　　明蔡淸撰　四庫全書所收

易學啓蒙意見五卷　　明韓邦奇撰　四庫全書所收

易經存疑十二卷　　明林希元撰　四庫全書所收

周易辨錄四卷　　明楊爵撰　四庫全書所收

周易象旨決錄七卷　　明熊過撰　四庫全書所收

易象鉤解四卷　　明陳士元撰　四庫全書所收

易象鉤解四卷　　明陳士元撰　歸雲別集所收

易象鉤解四卷　　明陳士元撰　守山閣叢書經部所收

易象彙解二卷　　明陳士元撰　歸雲別集所收

易象鉤解四卷易象彙解二卷　　明陳士元撰　景明刊歸雲別集本　湖北先正遺書經部所收

周易集注十六卷　　明來知德撰　四庫全書所收

新刻來瞿唐先生易註十五卷　　明來知德撰　刊本

易因上經三卷下經三卷　　明李贄撰　道藏附續道藏所收

易圖一卷　　明田藝衡撰　百陸學山所收

讀易紀聞六卷　　明張獻翼撰　四庫全書所收

淮海易談四卷　　明孫應鼇撰　孫文恭公遺書所收

洗心齋讀易述十七卷　　明潘喜藻撰　四庫全書所收

像象管見九卷　　明錢一本撰　四庫全書所收

淮海易談四卷　　明孫應鼇撰　覆獨山莫氏刊本　黔南叢書第一集所收

周易傳十六卷　　明葉山撰　四庫全書所收

周易筩記三卷　　明逯中立撰　四庫全書所收

周易稽疑一卷　　明朱睦㮮撰　說郛續弓第一所收

伏羲圖贊二卷雜卦傳古音攷一卷　　明陳第撰　附原刊毛詩古音攷

大易牀頭私錄二卷　　明董懋策撰　董氏叢書所收

易說一卷　　明王育撰　棣香齋叢書石集所收

易領四卷　　明郝敬撰　湖北叢書所收

周易像象述十卷　　明吳桂森撰　四庫全書所收

券易苞十二卷附校勘記一卷校勘續記一卷　　明章世純撰　校勘記淸魏元曠撰　續記
　　　　淸胡思敬撰　覆紀慎齋手校舊鈔本　豫章叢書所收

易用六卷　　明陳祖念撰　四庫全書所收

易象正十六卷　　明黃道周選　四庫全書所收

易象正十六卷　　明黃道周撰　石齋先生經傳九種所收

三易洞璣十六卷　　明黃道周撰　石齋先生經傳九種所收

周易易簡說三卷　　明高攀龍撰　四庫全書所收

易憲四卷圖說一卷　明沈泓撰 乾隆八年嘉善許王猷等刊本
兒易外儀十五卷　明倪元璐撰 粵雅堂叢書三編第二十一集所收
兒易內儀以六卷　明倪元璐撰 粵雅堂叢書三編第二十九集所收
讀易一鈔易餘四卷　明董守諭撰 覆約園藏鈔本 四明叢書第三集所收
易經增註十卷考一卷　明張鏡心撰 子溍編訂 畿輔叢書初編經類所收
周易爻物當名二卷　明黎遂球撰 嶺南遺書第三集所收
新鐫增補周易備旨一見能解六卷　明黃淳耀撰 清嚴而寬增補 光緒三十二年滄雅書局刊本
易說醒四卷　明洪守美撰 洪氏晦木齋叢書所收

청초清初

唱經堂通宗易論一卷　清金人瑞撰 唱經堂才子書彙稿聖歎內書所收
唱經堂通宗易論一卷　清金人瑞撰 風雨樓叢書聖歎內書所收
田間易學十二卷　清錢澄之撰 四庫全書所收
易學象數論六卷　清黃宗羲撰 四庫全書所收
象數論六卷　清黃宗羲撰 覆傳鈔本 廣雅書局叢書經類所收
易音三卷　清顧炎武撰 音學五書所收
易音三卷　清顧炎武撰 皇清經解所收
易音三卷　清顧炎武撰 思賢書局刊書音學五書所收
周易通注九卷　清傅以漸曹本榮等奉勅撰 四庫全書所收
周易尋門餘論一卷　清黃宗炎撰 昭代叢書癸集萃編所收
易學辨惑一卷　清黃宗炎撰 昭代叢書癸集萃編所收
周易象辭二十卷附尋門餘論二卷圖書辨惑一卷　清黃宗炎撰 四庫全書所收
周易內傳六卷發例一卷　清王夫之撰 船山遺書所收
周易內傳六卷發例一卷　清王夫之撰 重刊船山遺書所收
周易大象解一卷　清王夫之撰 船山遺書所收
周易大象解一卷　清王夫之撰 重刊船山遺書所收
周易稗疏四卷　清王夫之撰 船山遺書所收
周易稗疏四卷　清王夫之撰 重刊船山遺書所收
周易稗疏一卷　清王夫之撰 昭代叢書壬集補編所收
周易稗疏四卷　清王夫之撰 皇清經解續編所收
周易考異一卷　清王夫之撰 船山遺書所收
周易考異一卷　清王夫之撰 重刊船山遺書所收
周易釋疏四卷附考異一卷　清王夫之撰 四庫全書所收

周易外傳七卷　　清王夫之撰 船山遺書所收

周易外傳七卷　　清王夫之撰 重刊船山遺書所收

易酌十四卷　　清刀包撰 四庫全書所收

身易一卷　　清唐彪撰 原刊昭代叢書乙集第五峽所收

身易一卷　　清唐彪撰 昭代叢書丙集第六峽所收

御定易經通注四卷　　清曹本榮等奉勅撰 湖北叢書所收

周易筮述八卷　　清王弘撰 乾隆五十八年朝坂蕭純滋德堂刊本

周易筮述八卷　　清王弘撰 四庫全書所收

仲氏易三十卷　　清毛奇齡撰 西河合集經集所收

仲氏易三十卷　　清毛奇齡撰 四庫全書所收

仲氏易三十卷　　清毛奇齡撰 皇清經解所收

推易始末四卷　　清毛奇齡撰 西河合集經集所收

推易始末四卷　　清毛奇齡撰 四庫全書所收

推易始末四卷　　清毛奇齡撰 龍威祕書八集西河經義存醇第一冊所收

河圖洛書原舛篇一卷　　清毛奇齡撰 西河合集經集所收

太圖說遺議一卷　　清毛奇齡撰 西河合集經集所收

易小帖五卷　　清毛奇齡撰 西河合集經集所收

易小帖五卷　　清毛奇齡撰 四庫全書所收

易韻四卷　　清毛奇齡撰 西河合集經集所收

春秋占筮書三卷　　清毛奇齡撰 四庫全書所收

周易本義爻徵二卷　　清吳日愼撰 惜陰軒叢書第一函所收

喬氏易俟十八卷　　清喬萊撰 四庫全書所收

讀易日鈔六卷　　清張烈撰 四庫全書所收

周易淺述八卷　　清陳蒙雷撰 四庫全書所收

易原就正十二卷首一卷　　清包儀撰 四庫全書所收

逸亭易論一卷　　清徐繼恩撰 檀几叢書二集第一峽所收

易圖定本一卷　　清邵嗣堯撰 賜硯堂叢書新編甲集所收

易經衷論二卷　　清張英撰 四庫全書所收

易圖明辨十卷　　清胡渭撰 守山閣叢書經部所收

易圖明辨十卷　　清胡渭撰 粵雅堂叢書初編第四集所收

易圖明辨十卷　　清胡渭撰 四庫全書所收

易圖明辨十卷　　清胡渭撰 皇清經解續編所收

河圖洛書同異考一卷　　清冉覲祖撰 昭代叢書戊集續編所收

周易通論四卷　　清李光地撰 榕村全書所收

周易通論四卷　　清李光地撰　四庫全書所收

周易觀象大指二卷　　清李光地撰　榕村全書所收

周易觀象十二卷　　清李光地撰　榕村全書所收

周易觀象十二卷　　清李光地撰　四庫全書所收

御纂周易折中二十二卷首一卷　　清李光地等奉勅撰　御撰七經所收

御纂周易折中二十二卷首一卷　　清李光地等奉勅撰　同治十年湖北崇文書局刊本

청 중엽 전기清中葉前期

周易玩辭集解十卷　　清查愼行撰　四庫全書所收

易說一卷　　清查愼行撰　昭代叢書己集廣編所收

合訂刪補大易集義粹言八十卷　　清納蘭性德撰　重刊通地堂經解易所收

合訂刪補大易集義粹言八十卷　　清納蘭性德撰　四庫全書所收

易學管窺一卷　　清章芝撰　涇川叢書所收

周易傳義合訂十二卷　　清朱軾撰　四庫全書所收

周易傳義合訂十二卷　　清朱軾撰　朱文端公藏書所收

周易傳註七卷附周易筮考一卷　　清李塨撰　四庫全書所收

周易創記二卷　　清楊名時撰　四庫全書所收

經言拾遺十四卷　　清徐文靖撰　徐位山六種所收

周易本義註六卷　　清胡方撰　嶺南遺書第四集所收

周易函書約存十八卷約注十八卷別集十六卷　　清胡煦撰　四庫全書所收

楚蒙山房易經解十六卷　　清晏斯盛撰　四庫全書所收

周易孔叢集說二十卷　　清沈起元撰　四庫全書所收

周易洗心十卷　　清任啓運撰　襲芳軒刊本

大易通解十五卷附錄一卷　　清魏荔彤撰　四庫全書所收

易說六卷　　清惠士奇撰　璜川吳氏經學叢書丙集所收

易說六卷　　清惠士奇撰　皇清經解所收

易說六卷　　清惠士奇撰　四庫全書所收

易學圖說會通八卷圖說續聞一卷　　清楊方達撰　楊符蒼七種所收

周易輯說存正十二卷　　清楊方達撰　楊符蒼七種所收

易說通旨略一卷　　清楊方達撰　楊符蒼七種所收

易箋八卷首一卷　　清陳法撰　覆臨桂陳氏刊本　黔南叢書第一集所收

易箋八卷　　清陳法撰　四庫全書所收

易卦變圖說一卷　　清闕名撰　會稽徐氏述史樓叢書所收

大易擇言三十六卷　　清程廷祚撰　四庫全書所收

周易詮義十四卷首一卷　　清汪紱撰 汪雙池先生叢書所收

易經如話十二卷首一卷　　清汪紱撰 汪雙池先生叢書所收

易翼述信十二卷　　清王又樸撰 四庫全書所收

周易淺釋四卷　　清潘思榘撰 四庫全書所收

周易洗心九卷　　清任啓撰 四庫全書所收

豐川易說十卷　　清王心敬撰 四庫全書所收

周易大象存解一卷　　清任陳晉撰 四庫全書所收

周易辨畫四十卷　　清連斗山撰 四庫全書所收

周易圖書質疑李十四卷　　清趙繼序撰 四庫全書所收

周易章句證異十一卷　　清翟均廉撰 四庫全書所收

易例二卷　　清惠棟撰 貸園叢書初集所收

易例二卷　　清惠棟撰 借月山房彙鈔第一集所收

易例二卷　　清惠棟撰 澤古齋重鈔第一集所收

易例二卷　　清惠棟撰 式古居彙鈔所收

易例二卷　　清惠棟撰 指海第二集所收

易例二卷　　清惠棟撰 四庫全書所收

易例二卷　　清惠棟撰 皇清經解續編所收

易漢學八卷　　清惠棟撰 經訓堂二十一種叢書所收

易漢學一卷　　清惠棟撰 昭代叢書壬集補編所收

易漢學八卷　　清惠棟撰 四庫全書所收

易漢學八卷　　清惠棟撰 皇清經解續編所收

易大義一卷　　清惠棟撰 節甫老人雜著所收

易大義一卷　　清惠棟撰 節甫老人雜著五種所收

易大誼一卷　　清惠棟撰 指海第五集所收

易大義一卷　　清惠棟撰 海山仙館叢書所收

周易本義辨證五卷　　清惠棟撰 省吾堂四種所收

周易本義辨證五卷　　清惠棟撰 昌平叢書所收

周易古義一卷　　清惠棟撰 昭代叢書甲集補所收

鄭氏周易爻辰圖一卷　　清惠棟撰 附雅雨堂藏書十種鄭氏周易

周易述四十卷　　原闕十九卷 清惠棟撰 乾隆二十三年德州盧氏雅雨堂刊本

周易述四十卷　　原闕十九卷 清惠棟撰 雅雨堂叢書別行本所收

周易述二十三卷　　清惠棟撰 四庫全書所收

周易述二十一卷　　清惠棟撰 皇清經解所收

周易大衍辨一卷　　清吳鼐撰 昭代叢書甲集補所收

畏齋周易客難一卷　　清龔元玠撰 龔畏齋先生十三經客難所收

讀易別錄三卷　　清全祖望撰 知不足齋叢書第二十三集所收

讀易別錄三卷　　清全祖望撰 覆知不足齋叢書本 四明叢書第四集所收

周易解九卷　　清牛運震撰 空山堂全集所收

觀象居易傳箋十二卷　　清汪師韓撰 叢睦汪氏遺書所收

御纂周易述義十卷　　清傳恆等奉勅撰 乾隆二十年序刊本

御纂周易述義十卷　　清傳恆等奉勅撰 四庫全書所收

周易圖書質疑二十四卷　　清趙繼序撰 四庫全書所收

周易講義一卷　　清王元啓撰 惺齋雜著所收

周易講義一卷　　清王元啓撰 乾隆四十年子尙珏與大學講義孟子講義合刊本

周易注疏校正一卷　　清盧文弨撰 抱經堂叢書群書拾補初編所收

周易注疏校正一卷　　清盧文弨撰 紹興先正遺書第二集群書拾補初編所收

卦氣解一卷　　清莊存與撰 浮谿精舍叢書十三種所收

卦氣解一卷　　清莊存與撰 木犀軒叢書所收

卦氣解一卷　　清莊存與撰 皇清經解續編所收

彖傳論一卷彖象論一卷繫辭傳論二卷八卦觀象解一卷卦氣解一卷　　清莊存與撰　味
　　經齋遺書所收

彖傳論一卷彖象論一卷繫辭傳論二卷八卦觀象解一卷卦氣解一卷　　清莊存與撰　重
　　刊味經齋遺書所收

周易證籤四卷　　清茹敦和撰 茹三樵箸書所收

周易二閭記三卷　　清茹敦和撰 茹三樵箸書所收

周易二閭記三卷　　清茹敦和撰 南菁書院叢書第八集所收

重訂周易二閭記三卷　　清茹敦和撰 清李慈銘重訂 紹興先正遺書第一集所收

讀易日札一卷　　清茹敦和撰 茹三樵箸書所收

易講會籤一卷兩孚益記一卷　　清茹敦和撰 茹三樵箸書所收

八卦方位守傳一卷大衍守傳一卷大衍一說一卷　　清茹敦和撰 茹三樵箸書所收

周易象考一卷辭考一卷占考一卷　　清茹敦和撰 茹三樵箸書所收

周易小義二卷　　清茹敦和撰 茹三樵箸書所收

重訂周易小義二卷　　清茹敦和撰 清李慈銘重訂 紹興先正遺書第一集所收

청 중엽 후기淸中葉後期

易古文三卷　　清李調元撰 函海第二十五函所收

易古文三卷　　清李調元撰 重刊函海第二十四函所收

周易古占一卷　　清金榜撰 積學齋叢書所收

易緼二卷　　清楊禾撰 楚州叢書第一集所收

易經札記三卷　　清朱亦棟撰 十三經札記所收

周易章句證異十二卷　　清翟均廉撰 四庫全書經部易類所收

易卦圖說一卷　　清崔述撰 崔東壁先生遺書所收

讀易經一卷　　清趙良𤫡撰 涇川叢書續所收

周易略解八卷　　清馮經撰 嶺南遺書第四集所收

壽山堂易說三卷圖解一卷　　清呂□撰 鉛山蔣氏京師刊嘉慶四年重訂本

周易偶記二卷雜卦反對互圖一卷讀易義例一卷　　清汪德鉞撰 七經偶記所收

周易集解十卷　　清孫星衍撰 嘉慶三年蘭陵孫氏沇州刊本

周易集解十卷　　清孫星衍撰 岱南閣叢書所收

孫氏周易集解十卷　　清孫星衍撰 㸑雅堂叢書二編第十六集所收

周易精義四卷首一卷續篇一卷　　清黃淦撰 七經精義所收

周易精義四卷首一卷續篇一卷　　清黃淦撰 尊德堂本七經精義所收

易卦比義二卷　　清黃惟恭撰 嘉慶十三年六安黃氏亦囂囂廬刊本

易說十二卷便錄一卷　　清郝懿行撰 郝氏遺書所收

學易討原一卷　　清姚文田撰 邃雅堂箸書邃雅堂學古錄所收

周易虞氏義九卷　　清張惠言撰 張皋文箋易詮全集所收

周易虞氏義九卷　　清張惠言撰 張皋文所著書所收

周易虞氏義九卷　　清張惠言撰 皇清經解所收

周易虞氏義箋九卷　　清曾釗撰 面城樓叢刻所收

虞氏消息二卷　　清張惠言撰 張皋文所著書箋易詮全集所收

周易虞氏消息二卷　　清張惠言撰 張皋文所著書所收

周易虞氏消息二卷　　清張惠言撰 皇清經解所收

虞氏易禮二卷　　清張惠言撰 張皋文箋易詮全集所收

虞氏易禮二卷　　清張惠言撰 皇清經解所收

虞氏易禮二卷　　清張惠言撰 花雨樓叢鈔所收

虞氏易事二卷　　清張惠言撰 仰視千七百二十九鶴齋叢書第二集所收

虞氏易事二卷　　清張惠言撰 皇清經解續編所收

虞氏易侯一卷　　清張惠言撰 張皋文箋易詮全集所收

虞氏易侯一卷　　清張惠言撰 皇清經解續編所收

虞氏易言二卷　　清張惠言撰 張皋文箋易詮全集所收

虞氏易言二卷　　清張惠言撰 張皋文所著書所收

虞氏易言二卷　　清張惠言撰 皇清經解續編所收

鄭氏義二卷　　清張惠言撰 張皋文箋易詮全集周易鄭荀義所收

周易鄭氏義二卷　　清張惠言撰　皇清經解所收

荀氏九家義一卷　　清張惠言撰　張皐文箋易詮全集周易鄭荀義所收

周易荀氏九家義三卷　　漢荀爽撰　清張惠言輯　張皐文所著書所收

周易荀氏九家義一卷　　清張惠言撰　皇清經解所收

周易鄭荀義三卷　　清張惠言撰　張皐文箋易詮全集所收

易義別錄十四卷　　清張惠言撰　張皐文箋易詮全集所收

易義別錄十四卷　　清張惠言撰　張皐文所著書所收

易義別錄十四卷　　清張惠言撰　皇清經解所收

易圖條辨一卷　　清張惠言撰　張皐文箋易詮全集所收

易圖條辨一卷　　清張惠言撰　皇清經解所收

張皐文所著書　　清張惠言輯　嘉慶道光間刊本

周易述補四卷　　清江藩撰　節甫老人雜著所收

周易述補五卷　　清江藩撰　節甫老人雜著五種所收

周易述補四卷　　清江藩撰　皇清經解所收

周易學三卷　　清沈夢蘭撰　所願學齋書鈔六種所收

易通釋二十卷　　清焦循撰　焦氏叢書雕菰樓易學三書所收

易通釋二十卷　　清焦循撰　焦氏遺書雕菰樓易學三書所收

易通釋二十卷　　清焦循撰　皇清經解所收

易圖略八卷　　清焦循撰　焦氏叢書雕菰樓易學三書所收

易圖略八卷　　清焦循撰　焦氏遺書雕菰樓易學三書所收

易圖略八卷　　清焦循撰　皇清經解所收

易章句十二卷　　清焦循撰　焦氏叢書雕菰樓易學三書所收

易章句十二卷　　清焦循撰　焦氏遺書雕菰樓易學三書所收

易章句十二卷　　清焦循撰　皇清經解所收

雕菰樓易學三書四十卷　　清焦循撰　焦氏叢書所收

雕菰樓易學三書四十卷　　清焦循撰　焦氏遺書所收

易話二卷　　清焦循撰　焦氏叢書所收

易話二卷　　清焦循撰　焦氏遺書所收

周易補疏二卷　　清焦循撰　焦氏叢書六經補疏所收

周易補疏二卷　　清焦循撰　焦氏遺書六經補疏所收

周易補疏二卷　　清焦循撰　皇清經解所收

易廣記三卷　　清焦循撰　焦氏叢書所收

易廣記三卷　　清焦循撰　焦氏遺書所收

周易注疏校勘記九卷略例校勘記一卷釋文校勘記一卷　　清阮元撰　宋本十三經注疏

併經典釋文校勘記所收

周易校勘記九卷略例校勘記一卷釋文校勘記一卷　　清阮元撰　皇清經解十三經注疏
　　校勘記所收

周易注疏校勘記九卷略例校勘記一卷釋文校勘記一卷　　清阮元撰　蘇州官書房刊宋
　　本十三經注疏併經典釋文校勘記所收

李氏易解賸義三卷　　清李富孫撰　讀畫齋叢書乙集所收

李氏易解賸義三卷　　清李富孫撰　嘉慶十五年嘉興李氏校經廎刊本

李氏易解賸義三卷　　清李富孫撰　覆校經廎定本　孫谿朱氏經學叢書初編所收

李氏易解賸義三卷　　清李富孫撰　覆校經廎定本　槐廬叢書初編所收

易經異文釋六卷　　清李富孫撰　皇清經解續編所收

周易半古本義八卷　　清王瓛撰　學易五種所收

周易象纂一卷　　清王瓛撰　學易五種所收

周易圖賸二卷　　清王瓛撰　學易五種所收

周易辯占一卷　　清王瓛撰　學易五種所收

周易校字二卷　　清王瓛撰　學易五種所收

學易五種十四卷　　清王瓛撰　道光二年鐳雪山房刊本

易義攷逸一卷　　清孫馮翼輯　問經堂叢書所收

周易虞氏略例一卷　　清李銳撰　皇清經解續編所收

周易虞氏略例一卷　　清李銳撰　覆原刻本　聚學軒叢書第四集所收

論易閒筆講義二卷　　清鄧逢光撰　鄧厚庵先生遺書所收

卦本圖攷一卷　　清胡秉虔撰　藝海珠塵癸集所收

卦本圖攷一卷　　清胡秉虔撰　湝喜齋叢書第二函所收

卦本圖攷一卷　　清胡秉虔撰　皇清經解續編所收

讀易緒言一卷　　清錢棻撰　昭代叢書辛集別編所收

周易述補五卷　　清李林松撰　皇清經解續編所收

易學賸言二卷　　清謝珍撰　毘陸謝氏叢書踵息廬稿所收

周易攷異二卷　　清宋翔鳳撰　皇清經解續編所收

易確二十卷首一卷　　清許桂林撰　道光十七年序刊本

退思易話八卷　　清王玉樹撰　道光十年安康王氏芳梖堂刊本

周易通解三卷釋義一卷　　清卞斌撰　民國十一年吳興劉氏嘉業堂刊本　吳興叢書之一

易象通義六卷　　清秦篤輝撰　湖北叢書所收

卦極圖說一卷　　清馬之龍撰　雲南叢書二編經部所收

讀易寡過一卷　　清沈豫撰　蛾術堂集所收

讀易例言一卷附錄一卷　　清孫廷芝撰　膠東孫氏六種所收

干常侍易注疏證一卷集證一卷　　清方成珪撰 敬鄉樓叢書第三輯所收

周易史證四卷易傳偶解一卷　　清彭作邦撰 山右叢書初編所收

易經音訓不分卷　　清楊國禎楨撰 十一經音訓所收

易音補遺一卷　　清沈濤撰 十經齋遺集所收

周易卦變舉要一卷　　清方申撰 方氏易學五書所收

周易卦變舉要一卷　　清方申撰 南菁書院叢書第八集方氏易學五書所收

周易互體詳述一卷　　清方申撰 方氏易學五書所收

周易互體詳述一卷　　清方申撰 南菁書院叢書第八集方氏易學五書所收

虞氏易象彙編一卷　　清方申撰 方氏易學五書所收

虞氏易象彙編一卷　　清方申撰 南菁書院叢書第八集方氏易學五書所收

諸家易象別錄一卷　　清方申撰 方氏易學五書所收

諸家易象別錄一卷　　清方申撰 南菁書院叢書第八集方氏易學五書所收

周易卦象集證一卷　　清方申撰 方氏易學五書所收

周易卦象集證一卷　　清方申撰 南菁書院叢書第八集方氏易學五書所收

方氏易學五書　　清方申撰 道光二十五年儀徵劉氏青溪舊屋刊本

方氏易學五書　　清方申撰 南菁書院叢書第八集所收

易例輯略一卷　　清龐大堃撰 南菁書院叢書第八集所收

六十四卦經解八卷　　清朱駿聲撰 一九五八年北京古籍出版社排印本

周易集解纂疏十卷　　清李道平撰 湖北叢書所收

易筮遺占一卷　　清李道平撰 湖北叢書所收

易釋四卷　　清黃式三撰 覆家刻本 廣雅書局叢書經類所收

周易姚氏學十六卷　　清姚配中撰 一經廬叢書所收

周易姚氏學十六卷　　清姚配中撰 崇文書局彙刻書所收

周易姚氏學十六卷　　清姚配中撰 皇清經解續編所收

易學闡元一卷　　清姚配中撰 花雨樓叢鈔所收

周易通論月令二卷　　清姚配中撰 一經廬叢書所收

周易通論月令二卷　　清姚配中撰 覆原刻本 聚學軒叢書第三集所收

生齋讀易日識六卷　　清方坰撰 方學博全集所收

周易解故一卷　　清丁晏撰 覆元槀本 廣雅書局叢書經類所收

周易訟卦淺說一卷　　清丁晏撰 頤志齋叢書所收

易經象類一卷　　清丁晏撰 鄅齋叢書所收

周易述傳二卷續錄一卷　　清丁晏撰 頤志齋叢書所收

虞氏易消息圖說初彙一卷　　清胡祥麟撰 滂喜齋叢書第一函所收

虞氏易消息圖說一卷　　清胡祥麟撰 皇清經解續編所收

周易述翼五卷　清黃應麒撰 巘花麒叢書所收

청말清末

卦氣表一卷卦氣證一卷　清蔣湘南撰 春暉閣雜箸所收
周易人事疏證正編八卷　清章世臣撰 宣統二年同文書館排印本
鄭氏爻辰補六卷首一卷　清戴棠撰 道光二十九年燕山書屋刊本
周易諸卦合象考一卷　清任雲倬撰 鄦齋叢書所收
周易互體卦變考一卷　清任雲倬撰 鄦齋叢書所收
周易附說一卷　清羅澤南撰 羅忠節公遺集所收
周易舊注十二卷　清徐鼒集 光緒十二年子承祖扶桑使廨刊本
讀易雜說一卷　清陳世鎔撰 房山山房叢書所收
篤志齋周易解三卷　清張應譽撰 篤志齋經解所收
讀易漢學私記一卷　清陳壽熊撰 皇清經解續編所收
讀易漢學私記一卷　清陳壽熊撰 覆原刻本 聚學軒叢書第五集所收
還硯齋易漢學擬旨一卷　清趙新撰 還硯齋全集所收
還硯齋周易述四卷　清趙新撰 還硯齋全集所收
周易倚數錄二卷附一卷　清楊履泰撰 覆稿本 聚學軒叢書第四集所收
周易釋例一卷　清郭嵩燾撰 郭氏佚書六種所收
周易釋爻例一卷　清成蓉鏡撰 皇清經解續編所收
易原十六卷　清多隆阿撰 覆稿本 遼海叢書第十集所收
周易舊疏考正一卷　清劉毓崧 皇清經解續編所收
讀易筆記二卷　清方宗誠撰 柏堂遺書經說所收
周易標義三卷　清李滮撰 雲南叢書初編經部易類所收
觀象反求錄一卷　清甘仲賢撰 雲南叢書初編經部易類所收
易貫五卷　清俞樾撰 春在堂全書第一樓叢書所收
玩易篇一卷　清俞樾撰 春在堂全書第一樓叢書所收
艮宦易說一卷　清俞樾撰 春在堂全書曲園雜纂所收
邵易補原一卷　清俞樾撰 春在堂全書曲園雜纂所收
卦氣直日考一卷　清俞樾撰 春在堂全書曲園雜纂所收
卦氣續考一卷　清俞樾撰 春在堂全書俞樓雜纂所收
易窮通變化論一卷　清俞樾撰 春在堂全書俞樓雜纂所收
周易互體徵一卷　清俞樾撰 春在堂全書俞樓雜纂所收
周易互體徵一卷　清俞樾撰 皇清經解續編所收
八卦方位說一卷　清俞樾撰 春在堂全書俞樓雜撰所收

易解醒豁二卷　　清梁欽辰撰 光緒七年三山梁氏刊本

周易消息十四卷　　清紀磊撰 民國十三年吳興劉氏嘉業堂刊本 吳興叢書之一

虞氏逸象攷正一卷續纂一卷九家逸象辨證一卷虞氏易義補注一卷　　清紀磊撰 民國
　　十二年吳興劉氏嘉業堂刊本 吳興叢書之一

漢儒傳易源流一卷　　清紀磊撰 民國十二年吳興劉氏嘉業堂刊本 吳興叢書之一

周易本義辨證補訂四卷　　清紀磊撰 民國十二年吳興劉氏嘉業堂刊本 吳興叢書之一

讀易隨筆三卷　　清吳大廷撰 同治十二年沅隆吳氏與讀書隨筆合刊本

周易爻辰申鄭義一卷　　清何秋濤撰 皇清經解續編所收

周易故訓訂一卷　　清黃以周撰 附吳江施氏刊十三經讀本周易讀本

周易注疏賸本一卷　　清黃以周撰 附吳江施氏刊十三經讀本周易讀本

周易通義六卷　　清莊棫撰 光緒六年儀徵劉壽曾冶城山館刊本

周易說十一卷　　清王闓運撰 湘綺樓全書所收

知非齋易注三卷易釋三卷　　清陳懋侯撰 光緒十四年閩縣陳氏京師刊本

易理匯參十二卷首一卷　　清周馥撰 周愨愼公全集所收

易一貫六卷　　清呂吳調陽撰 觀象廬叢書所收

讀周易日記一卷　　清顧樹聲撰 學古堂日記所收

讀周易日記一卷　　清許克勤撰 學古堂日記所收

大衍筮法直解一卷　　清馬徵慶撰 光緒十五年刊本 馬鍾山遺書之一

易說二卷　　清吳汝綸撰 桐城吳先生全書經說所收

周易漢讀考三卷　　清郭階撰 春暉雜稿所收

周易集義八卷　　清強汝諤撰 民國八年南林劉氏求恕齋刊本 求恕齋叢書之一

鄭易馬氏學一卷　　清陶方琦撰 覆山陰姚氏快閣師石山房鈔本 乙亥叢編所收

霜菉亭易說一卷　　清胡薇元撰 玉津閣叢書甲集所收

근대近代

易生行譜例言一卷　　廖平撰 六譯館叢書所收

四益易說一卷　　廖平撰 六譯館叢書所收

易經古本一卷　　廖平撰 六譯館叢書所收

費氏古易訂文十二卷　　王樹柟撰 陶廬叢刻所收

易漢學攷二卷易漢學師承表一卷周易彖傳消息升降大義述一卷周易消息升降爻例一卷
　　清吳翊寅撰 光緒十九年至二十一年廣雅書局刊本

周易費氏學八卷敍錄一卷　　清馬其昶撰 集虛草堂叢書甲集所收

敦煌古寫本諸經校勘記周易王注二卷　　清羅振玉撰 學術叢編所收

補周易口訣義闕卦一卷　　桑宣撰 鐵研齋叢書所收

周易鄭氏注箋釋十六卷　　清曹元弼撰 民國十五年吳縣曹氏刊本
周易集解補釋十七卷　　清曹元弼撰 民國十五年吳縣曹氏刊本
雙劍誃易經新證四卷　　于省吾撰 民國二十六年海城于氏排印本
說文解字引易考二卷　　馬宗霍撰 說文解字引經攷所收
周易大綱不分卷　　吳康撰 民國二十七年排印四十一年臺灣商務印書館訂正排印本
周易古經今注四卷　　高亨撰　一九五七年北京中華書局用一九四七年開明書店排印
　　本重印

연산귀장連山歸藏

連山一卷 附 諸家論說　　清馬國翰輯 玉函山房輯佚書經編易類所收
歸藏一卷　　清洪頤煊撰 問經堂叢書經典集林所收
歸藏一卷 附 諸家論說　　清馬國翰輯 玉函山房輯佚書經編易類所收
歸藏一卷 附 連山易一卷　　晉薛貞注 清王謨集 漢魏遺書鈔經翼第一冊所收

초씨역림焦氏易林

易林上經五卷下經五卷　　漢焦贛撰 道藏附續道藏所收
焦氏易林四卷　　漢焦贛撰 廣漢魏叢書經翼所收
焦氏易林四卷　　漢焦贛撰 增訂漢魏叢書經翼所收
易林四卷　漢焦贛撰 黃氏石印增訂漢魏叢書經翼所收
焦氏易林四卷　　漢焦贛撰 津逮祕書第二集所收
焦氏易林十六卷　　漢焦贛撰 覆校宋本 士禮居黃氏叢書所收
易林四卷首一卷　　漢焦贛撰 學津討原第九集所收
焦氏易林四卷　　漢焦贛撰 子書百家術數類所收
焦氏易林十六卷　　漢焦贛撰 覆黃氏士禮居本 龍谿精舍叢書子部所收
焦氏易林十六卷　　漢焦贛撰 覆校宋本 博古齋景印士禮居叢書所收
焦氏易林十六卷　　漢焦贛撰 覆校宋本 蜚英館景印士禮居黃氏叢書所收
易林十六卷　　漢焦贛撰 □闕名注 景北京圖書館藏元刊本四部叢刊子部所收
易林釋文二卷　　清丁晏撰 南菁書院叢書三集所收
易林釋文一卷　　清丁晏撰 覆傳鈔本 廣雅書局叢書經類所收
焦氏易林校略十六卷　　清翟云升撰 五經歲徧齋校書三種所收
易林校　清孫詒讓撰 札迻卷十一所收

역위易緯

乾坤鑿度二卷　　漢鄭玄注 四庫全書所收

易緯乾坤鑿度二卷　　漢鄭玄注 浙江刊武英殿聚珍版書易緯所收

易緯乾坤鑿度二卷　　漢鄭玄注 廣雅書局刊武英殿聚珍版書經部易緯所收

易緯乾坤鑿度二卷　　漢鄭玄注 藝海珠塵土集所收

易緯乾坤鑿度二卷　　漢鄭玄注 古經解彙函易緯八種所收

易緯坤鑿度一卷　　清趙在翰輯 七緯易緯所收

易乾坤鑿度鄭氏注一卷　　漢鄭玄撰 清黃奭輯 漢學堂叢書通緯易類所收

乾鑿度二卷　　重較說附易第二所收

周易乾鑿度二卷　　漢鄭玄注 四庫全書所收

易緯乾鑿度二卷　　漢鄭玄注 浙江刊武英殿聚珍版書易緯所收

易緯乾鑿度二卷　　漢鄭玄注 廣雅書局刊武英殿聚珍版書經部易緯所收

周易乾鑿度二卷　　漢鄭玄注 雅雨堂藏書十種所收

易緯乾鑿度二卷　　漢鄭玄注 古經解彙函易緯八種所收

周易乾鑿度二卷　　漢鄭玄注 鄭學彙函所收

易乾鑿度一卷　　漢鄭玄注 清趙在翰輯 七緯易緯所收

易乾鑿度鄭氏注一卷　　漢鄭玄撰 清黃奭輯 漢學堂叢書通緯易類所收

易乾鑿度鄭康成注校　　清孫詒讓撰 札迻卷一所收

易稽覽圖一卷　　重校說郖易第五所收

易稽覽圖　　明孫瑴輯 刪微易緯所收

易稽覽圖　　明孫瑴輯 對山問月樓刊古微書易緯所收

易稽覽圖　　明孫瑴輯 清章全校 考正古微書易緯所收

易稽覽圖　　明孫瑴輯 墨海金壺經部古微書易緯所收

易稽覽圖　　明孫瑴輯 清錢熙祚附注 守山閣叢書經部古微書易緯所收*3)

易緯稽覽圖二卷　　漢鄭玄注 四庫全書所收

易緯稽覽圖二卷　　漢鄭玄注 浙江刊武英殿聚珍版書易緯所收

易緯稽覽圖二卷　　漢鄭玄注 廣雅書局刊武英殿聚珍版書經部易緯所收

易稽覽圖二卷　　漢鄭玄注 藝海珠塵革集所收

易緯稽覽圖二卷　　漢鄭玄注 古經解彙函易緯八種所收

易稽覽圖一卷　　漢鄭玄注 清趙在翰輯 七緯易緯所收

---

*3) 孫瑴輯 微書易緯에는 刪微書易緯本 이외에 對山問月樓刊本, 考正本(淸章全校), 墨海金壺經部本, 守山閣叢書經部本(淸錢熙祚附注) 등이 있다. 이하 孫瑴輯의 텍스트는 刪微書易緯本과 對山問月樓刊本만을 표목으로 올린다.

易稽覽圖鄭康成注校　　清孫詒讓撰 札迻卷一所收

易河圖數　　明孫瑴輯 刪微易緯所收

易河圖數　　明孫瑴輯 對山問月樓刊古微書易緯所收

易筮類謀　　明孫瑴輯 刪微易緯所收

易筮類謀　　明孫瑴輯 對山問月樓刊古微書易緯所收

易緯是類謀一卷　　漢鄭玄注 四庫全書所收

易緯是類謀一卷　　漢鄭玄注 浙江刊武英殿聚珍版書易緯所收

易緯是類謀一卷　　漢鄭玄注 廣雅書局刊武英殿聚珍版書易緯所收

易緯是類謀一卷　　漢鄭玄注 藝海珠塵土集所收

易緯是類謀一卷　　漢鄭玄注 鄭學彙函所收

易緯是類謀一卷　　漢鄭玄注 古經解彙函易緯八種所收

易是類謀一卷　　漢鄭玄注 清趙在翰輯 七緯易緯所收

易是類謀鄭氏注一卷　　漢鄭玄撰 清黃奭輯 漢學堂叢書通緯易類所收

易是類謀某氏注校　　清孫詒讓撰 札迻卷一所收

易辨終備　　明孫瑴輯 刪微易緯易雜緯所收

易辨終備　　明孫瑴輯 對山問月樓刊古微書易緯易雜緯所收

易緯辨終備一卷　　漢鄭玄注 四庫全書所收

易緯辨終備一卷　　漢鄭玄注 浙江刊武英殿聚珍版書易緯所收

易緯辨終備一卷　　漢鄭玄注 廣雅書局刊武英殿聚珍版書經部易緯所收

易緯辨終備一卷　　漢鄭玄注 鄭學彙函所收

易緯辨終備一卷　　漢鄭玄注 古經解彙函易緯八種所收

易辨終備一卷　　漢鄭玄注 清趙在翰輯 七緯易緯所收

易辨終備鄭康成注校　　清孫詒讓撰 札迻卷一所收

易通卦驗一卷　　重較說郛弓第五所收

易通卦驗　　靑照堂叢書大編第二函諸經緯遺所收

易通卦驗　　明孫瑴輯 刪微易緯所收

易通卦驗　　明孫瑴輯 對山問月樓刊古微書易緯所收

易緯通卦險二卷　　漢鄭玄注 四庫全書所收

易緯通卦驗二卷　　漢鄭玄注 浙江刊武英殿聚珍版書易緯所收

易緯通卦驗二卷　　漢鄭玄注 廣雅書局刊武英殿聚珍版書經部易緯所收

易緯通卦驗二卷　　漢鄭玄注 古經解彙函易緯八種所收

易緯通卦驗二卷　　漢鄭玄注 鄭學彙函所收

易通卦驗一卷　　漢鄭玄注 清趙在翰輯 七緯易緯所收

易通卦驗鄭康成注校　　清孫詒讓撰 札迻卷一所收

易通卦驗節候校文一卷　　葉德輝撰 附觀古堂所著書第一集古今夏時表

易統驗玄圖　　明孫瑴輯 删微易緯所收

易統驗玄圖　　明孫瑴輯 對山問月樓刊古微書易緯所收

易通卦驗玄圖　　清黃奭輯 附漢學堂叢書通緯易類易緯

易通統圖　　明孫瑴輯 删微易緯所收

易通統圖　　明孫瑴輯 對山問月樓刊古微書易緯所收

易通統圖　　清黃奭輯 附漢學堂叢書通緯易類易緯

易川靈圖一卷　　重較說郛易第五所收

易川靈圖　　青照堂叢書次編第二函諸經緯遺所收

易坤靈圖　　明孫瑴輯 删微易緯所收

易坤靈圖　　明孫瑴輯 對山問月樓刊古微書易緯所收

易緯坤靈圖一卷　　漢鄭玄注 四庫全書所收

易緯坤靈圖一卷　　漢鄭玄注 浙江刊武英殿聚珍版書易緯所收

易緯坤靈圖一卷　　漢鄭玄注 廣雅書局刊武英殿聚珍版書經部易緯所收

易緯坤靈圖一卷　　漢鄭玄注 古經解彙函易緯八種所收

易緯坤靈圖一卷　　漢鄭玄注 鄭學彙函所收

易坤靈圖一卷　　漢鄭玄注 清趙在翰輯 七緯易緯所收

易坤靈圖鄭氏注一卷　　漢鄭玄撰 清黃奭輯 漢學堂叢書通緯易類所收

易坤靈圖鄭康成注校　　清孫詒讓撰 札迻卷一所收

易萌氣樞　　明孫瑴輯 删微易緯易雜緯所收

易萌氣樞　　明孫瑴輯 對山問月樓刊古微書易緯易雜緯所收

易萌氣樞　　清黃奭輯 附漢學堂叢書通緯易類易緯

易運期　　明孫瑴輯 删微易緯易雜緯所收

易運期　　明孫瑴輯 對山問月樓刊古微書易緯易雜緯所收

易中孚傳　　明孫瑴輯 删微易緯易雜緯所收

易中孚傳　　明孫瑴輯 對山問月樓刊古微書易緯易雜緯所收

易雜緯　　明孫瑴輯 删微易緯所收

易雜緯　　明孫瑴輯 對山問月樓刊古微書易緯所收

易緯乾元序制記一卷　　漢鄭玄注 四庫全書所收

易緯乾元序制記一卷　　漢鄭玄注 浙江刊武英殿聚珍版書易緯所收

易緯乾元序制記一卷　　漢鄭玄注 廣雅書局刊武英殿聚珍版書經部易緯所收

易緯乾元序制記一卷　　漢鄭玄注 古經解彙函易緯八種所收

易緯乾元序制記一卷　　漢鄭玄注 鄭學彙函所收

易緯乾元序制記一卷　　漢鄭玄注 清趙在翰輯 七緯易緯所收

易乾元序制記鄭氏注一卷　　漢鄭玄撰 清黃奭輯 漢學堂叢書通緯易類所收

易乾元序制記鄭康成注校　　清孫詒讓撰 札迻卷一所收

易緯十二卷　　漢鄭玄注 浙江刊武英殿聚珍版書所收

易緯十二卷　　漢鄭玄注 廣雅書局刊武英殿聚珍版書經部所收

易緯八種　　漢鄭玄注 覆聚珍版本 古經解彙函所收

易緯一卷　　清黃奭輯 漢學堂叢書通緯易類所收

易緯略義三卷　　清張惠言撰 張皋文箋易詮全集所收

易緯略義三卷　　清張惠言撰 覆家刻本 廣雅書局叢書經類所收

하도河圖

河圖括地象一卷　　重較說郛弖第五所收

河圖括地象　　青照堂叢書次編第二函諸經緯遺所收

河圖括地象　　明孫瑴輯 刪微河圖緯所收

河圖括地象　　明孫瑴輯 對山問月樓刊古微書河圖緯所收

河圖括地象　　明孫瑴輯 清章全校 考正古微書河圖緯所收

河圖括地象　　明孫瑴輯 墨海金壺經部古微書河圖緯所收

河圖括地象　　明孫瑴輯 清錢熙祚附注 守山閣叢書經部古微書河圖緯所收*4)

河圖括地象一卷　　清王謨輯 重訂漢唐地理書鈔第一册所收

河圖括地象一卷 附 括地圖　　清黃奭輯 漢學堂叢書通緯河圖類所收

河圖赤伏符　　清黃奭輯 漢學堂叢書通緯河圖類河圖緯所收

河圖挺佐輔　　明孫瑴輯 刪微河圖緯所收

河圖挺佐輔　　明孫瑴輯 對山問月樓刊古微書河圖緯所收

河圖帝覽禧　　明孫瑴輯 刪微河圖緯所收

河圖帝覽禧　　明孫瑴輯 對山問月樓刊古微書河圖緯所收

河圖帝覽嬉　　清黃奭輯 漢學堂叢書通緯河圖類所收

河圖握矩記　　明孫瑴輯 刪微河圖緯所收

河圖握矩記　　明孫瑴輯 對山問月樓刊古微書河圖緯所收

河圖稽命徵一卷　　重校說郛弖第五所收

河圖稽命徵　　青照堂叢書次編第二函諸經緯遺所收

河圖稽命徵　　明孫瑴輯 刪微河圖緯河圖雜緯編所收

---

*4) 孫瑴輯本에는 刪微河圖緯 이외에도 對山問月樓刊, 考正古微書河圖緯(清章全校), 墨海金壺經部
古微書河圖緯, 守山閣叢書經部古微書河圖緯(清錢熙祚附注)가 있다. 刪微河圖緯와 對山問月樓刊
本만 표목으로 올린다.

河圖稽命徵　　明孫彀輯　對山問月樓刊古微書河圖緯河圖雜緯編所收

河圖稽命徵一卷　　清黃奭輯　漢學堂叢書通緯河圖類所收

河圖稽耀鉤一卷　　重較說郛弓第五所收

河圖稽耀鉤　　青照堂叢書次編第二函諸經緯遺所收

河圖稽耀鉤　　明孫彀輯　刪微河圖緯所收

河圖稽耀鉤　　明孫彀輯　對山問月樓刊古微書河圖緯所收

河圖稽耀鉤一卷　　清黃奭輯　漢學堂叢書通緯河圖類所收

河圖會昌符　　明孫彀輯　刪微河圖緯河圖雜緯編所收

河圖會昌符　　明孫彀輯　對山問月樓刊古微書河圖緯河圖雜緯編所收

河圖會昌符　　清黃奭輯　漢學堂叢書通緯河圖類河圖緯所收

河圖帝通紀　　明孫彀輯　刪微河圖緯河圖雜緯編所收

河圖帝通紀　　明孫彀輯　對山問月樓刊古微書河圖緯河圖雜緯編所收

河圖帝通紀　　清黃奭輯　漢學堂叢書通緯河圖類河圖緯所收

河圖說徵　　清黃奭輯　漢學堂叢書通緯河圖類河圖緯所收

河圖皇參持　　清黃奭輯　漢學堂叢書通緯河圖類河圖緯所收

河圖闓苞授　　清黃奭輯　漢學堂叢書通緯河圖類河圖緯所收

河圖考靈曜　　明孫彀輯　刪微河圖緯河圖雜緯所收

河圖考靈曜　　明孫彀輯　對山問月樓刊古微書河圖緯河圖雜緯編所收

河圖考靈曜　　清黃奭輯　漢學堂叢書通緯河圖類河圖緯所收

龍魚河圖一卷　　重較說郛弓第五所收

龍魚河圖　　青照堂叢書次編第二函諸經緯遺所收

龍魚河圖　　明孫彀輯　刪微河圖緯河圖雜緯編所收

龍魚河圖　　明孫彀輯　對山問月樓刊古微書河圖緯河圖雜緯編所收

龍魚河圖一卷　　清黃奭輯　漢學堂叢書通緯河圖類所收

河圖提劉篇　　明孫彀輯　刪微河圖緯河圖雜緯編所收

河圖提劉篇　　明孫彀輯　對山問月樓刊古微書河圖緯河圖雜緯編所收

河圖提劉　　清黃奭輯　漢學堂叢書通緯河圖類河圖緯所收

河圖眞紀　　明孫彀輯　刪微河圖緯河圖雜緯編所收

河圖眞紀　　明孫彀輯　對山問月樓刊古微書河圖緯河圖雜緯編所收

河圖眞鉤　　清黃奭輯　漢學堂叢書通緯河圖類河圖緯所收

河圖著命　　明孫彀輯　刪微河圖緯河圖雜緯編所收

河圖著命　　明孫彀輯　對山問月樓刊古微書河圖緯河圖雜緯編所收

河圖著命　　清黃奭輯　漢學堂叢書通緯河圖類河圖緯所收

河圖天靈　　清黃奭輯　漢學堂叢書通緯河圖類所收

河圖絳象　　明孫殼輯　刪微河圖緯所收

河圖絳象　　明孫殼輯　對山問月樓刊古微書河圖緯所收

河圖絳象　　清黃奭輯　漢學堂叢書通緯河圖類河圖緯所收

河圖玉板　　明孫殼輯　刪微河圖緯河圖雜緯編所收

河圖玉板　　明孫殼輯　對山問月樓刊古微書河圖緯河圖雜緯編所收

河圖叶光紀　　清黃奭輯　漢學堂叢書通緯河圖類河圖緯所收

河圖祕徵　　明孫殼輯　刪微河圖緯河圖雜緯編所收

河圖祕徵　　明孫殼輯　對山問月樓刊古微書河圖緯河圖雜緯編所收

河圖祕徵　　清黃奭輯　漢學堂叢書通緯河圖類河圖緯所收

河圖始開圖一卷　　重較說郛弓第五所收

河圖始開圖　　青照堂叢書六編第二函諸經緯遺所收

河圖始開圖　　明孫殼輯　刪微河圖緯所收

河圖始開圖　　明孫殼輯　對山問月樓刊古微書河圖緯所收

河圖始開圖一卷　　清黃奭輯　漢學堂叢書通緯河圖類所收

河圖要元篇　　明孫殼輯　刪微河圖緯河圖雜緯編所收

河圖要元篇　　明孫殼輯　對山問月樓刊古微書河圖緯河圖雜緯編所收

河圖要元　　清黃奭輯　漢學堂叢書通緯河圖類河圖緯所收

河圖雜緯篇　　明孫殼輯　刪微河圖緯所收

河圖雜緯篇　　明孫殼輯　對山問月樓刊古微書河圖緯所收

河圖緯一卷　　清黃奭輯　漢學堂叢書通緯河圖類所收

낙서洛書

洛書甄曜度一卷　　重較說郛弓第五所收

洛書甄曜度　　青照堂叢書六編第二函諸經緯遺所收

洛書甄曜度　　明孫殼輯　刪微雒書緯所收

洛書甄曜度　　明孫殼輯　對山問月樓刊古微書雒書緯所收

洛書甄曜度　　明孫殼輯　清章全校　考正古微書洛書緯所收

洛書甄曜度　　明孫殼輯　墨海金壺經部古微書洛書緯所收

洛書甄曜度　　明孫殼輯　清錢熙祚附注　守山閣叢書經部古微書洛書緯所收[5]

雒書甄曜度一卷　　清黃奭輯　漢學堂叢書通緯洛書類所收

雒書靈准聽一卷　　明孫殼輯　刪微雒書緯所收

---

[5] 孫殼輯 刪微雒書緯에는 對山問月樓本 이외에 考正古微書洛書緯, 墨海金壺經部古微書洛書緯, 守山閣叢書經部古微書洛書緯가 있다. 刪微雒書緯와 對山問月樓刊本만 표목으로 올린다.

雒書靈准聽一卷　　明孫殼輯　對山問月樓刊古微書雒書緯所收
雒書靈准聽一卷　　清黃奭輯　漢學堂叢書通緯雒書類所收
洛書摘六辟　　明孫殼輯　刪微雒書緯所收
洛書摘六辟　　明孫殼輯　對山問月樓刊古微書雒書緯所收
洛書摘六辟　　清黃奭輯　漢學堂叢書通緯雒書類所收
洛書錄運法　　明孫殼輯　刪微雒書緯所收
洛書錄運法　　明孫殼輯　對山問月樓刊古微書雒書緯所收
雒書一卷　　清黃奭輯　漢學堂叢書通緯雒書類所收

참讖

易九厄讖　　明孫殼輯　刪微易緯所收
易九厄讖　　明孫殼輯　對山問月樓刊古微書易緯所收
易九厄讖　　清黃奭輯　附漢學堂叢書通緯易類所收
河圖聖洽符一卷　　漢學堂叢書通緯附讖所收
孔子河洛讖　　明孫殼輯　刪微雒書緯河洛讖所收
孔子河洛讖　　明孫殼輯　對山問月樓刊古微書雒書緯河洛讖所收
錄運期讖　　明孫殼輯　刪微雒書緯河洛讖所收
錄運期讖　　明孫殼輯　對山問月樓刊古微書雒書緯河洛讖所收
甄曜度讖　　明孫殼輯　刪微雒書緯河洛讖所收
甄曜度讖　　明孫殼輯　對山問月樓刊古微書雒書緯河洛讖所收
河洛讖　　明孫殼輯　刪微雒書緯所收
河洛讖　　明孫殼輯　對山問月樓刊古微書雒書緯所收

주

서론

1) 朱伯崑의 설. 『易學哲學史』(상), 北京大學出版社, 1989, 2쪽 참고.
2) Ernst Cassirer, 『人論』, 上海譯文出版社, 1985, 228~229쪽

제1장 선진 시대의 역학

1) 稽疑, 擇建立卜筮人, 乃命卜筮, 曰雨, 曰霽, 曰蒙, 曰驛, 曰克, 曰貞, 曰悔, 凡七事. 卜五, 占用二. 衍忒, 立時人作卜筮, 三人占, 則從二人之言.
2) 公子親筮之, 曰, "尙有晉國." 得貞屯悔豫, 皆八也.
3) 筮人掌三易以辨九筮之名.
4) 晉侯使韓宣子來聘 …… 觀書於太史氏, 見『易象』與『魯春秋』, 曰, "周禮盡在魯矣. 吾乃今知周公之德, 與周之所以王也."
5) 詩者所以記物也, 時者所以記歲也, 春秋者所以記成敗也. 行者道民之利害也, 易者所以守凶吉成敗也, 卜者凶吉利害也. 民之能此者, 皆一馬之田, 一金之衣, 此使君不迷妄之數也. 六家者卽見其時, 使預先早閑之日受之. 故君無失時, 無失筴, 萬物興豊無失利. 遠占得失, 以爲末敎. 詩記人無失辭, 行禪道無失義, 易守禍福凶吉不相亂. 此謂君柄.
6) 孔子卜, 得賁. 孔子曰, "不吉." 子貢曰, "夫賁亦好矣, 何謂不吉乎?" 孔子, "夫白而白, 黑而黑, 夫賁又何好乎?"
7) 且有二生於此, 善筮, 行爲人筮者與處而不出者, 其精孰多?
8) 卜有罪者凶, 戰鬪敵强不得志, 卜病者不死乃痊.
9) 夏殷以不變爲占, 『周易』以變爲占.
10) 公曰, "筮之." 筮之, 遇大有之睽. 曰, "吉, 遇公用亨於天子之卦. 戰克而王饗, 吉孰大焉. 且是卦也. 天爲澤以當日. 天子降心以逆公, 不亦可乎?"
11) 公用亨於天子, 小人弗克.
12) 無德而貪, 其在『周易』豊之離, 弗過之矣.

13) 在師之臨. 曰, "師出以律, 否臧凶."

14) 『周易』有之, 在復之頤. 曰, "迷復凶."

15) 龍, 水物也, 水官棄矣, 故龍不生得. 不然, 『周易』有之, 在乾之姤曰, "潛龍勿用", 其同人曰, "見龍在田", 其大有曰, "飛龍在天", 其夬曰, "亢龍有悔", 其坤曰, "見群龍无首, 吉." 坤之剝曰, "龍戰于野." 若不朝夕見, 誰能物之?

16) 宋方吉, 不可與也. 微子啓, 帝乙之元子也, 宋, 鄭, 甥舅也. 祉, 祿也. 若帝乙之元子歸妹而有吉祿, 我安得吉焉?

17) 單襄公 …… 曰, "成公之歸也, 吾聞晉之筮之也. 遇乾之否, 曰, '配而不終, 君三出焉.'"

18) 成季之將生也 …… 筮之, 遇大有之乾. 曰, "同復于父. 敬如君所."

19) 乾爲君父, 離變爲乾, 故曰, "同復于父. 見敬與君同."

20) 陳厲公 …… 生敬仲. 其少也, 周史有以『周易』見陳侯者, 陳侯使筮之. 遇觀之否. 曰, "是謂觀國之光, 利用賓于王. 此其代陳有國乎. 不在此, 其在異國. 非此其身, 在其子孫. 光遠而自他有耀者也. 坤, 土也, 巽, 風也. 乾, 天也. 風爲天于土上, 山也. 有山之材而照之以天光. 于是乎居土上, 故曰, '觀國之光, 利用賓于王.' 庭實旅百, 奉之以玉帛, 天地之美具焉. 故利用賓于王. 猶有觀焉, 故曰其在後乎. 風行而著于土, 故曰其在異國乎. 若在異國, 必姜姓也. 姜, 大岳之後也. 山岳則配天. 物莫能兩大, 陳衰, 此其昌乎." 及陳之初亡也, 陳桓子始大于齊, 其後亡也, 成子得政.

21) 觀國之光, 利用賓于王.

22) 自二至四有艮象, 艮爲山是也.

23) 夫民, 神之主也. 是以聖王先成民而後致力於神.

24) 國將興, 聽於民. 將亡, 聽於神. 神, 聰明正直而壹者也, 依人而行.

25) 是陰陽之事, 非吉凶所生也, 吉凶由人.

26) 天道遠, 人道邇, 非所及也. 何以知之?

27) 先君之敗德, 及可數乎? 史蘇是占, 勿從何益? 『詩』曰, "下民之孽, 匪降自天. 僔沓背憎, 職竟由人."

28) 亡. 是於『周易』曰, "隨, 元亨利貞, 无咎." 元, 體之長也, 亨, 嘉之會也, 利, 義之和也, 貞, 事之干也. 體仁足以長人, 嘉德足以合禮, 利物足以和義, 貞固足以干事. 然故不可誣也. 是以雖隨无咎. 今我婦人而與於亂. 固在下位, 而有不仁, 不可謂元. 不靖國家, 不可謂亨. 作而害身, 不可謂利. 棄位而姣, 不可謂貞. 有四德者, 隨而无咎, 我皆无之, 豈隨也哉. 我則取惡, 能无咎乎! 必死于此, 弗得出矣.

29) 忠信之事則可, 不然必敗. 外強內溫, 忠也. 和以率貞, 信也. 故曰, "黃裳, 元吉." 黃, 中之色也, 裳, 下之飾也, 元, 善之長也. 中不忠, 不得其色, 下不共, 不得其飾, 事不善, 不得其極. 外內倡和爲忠, 率事以信爲共, 供善之德爲善. 非此三者弗當. 且夫『易』不可以占險. 將何事也? 且可飾乎. 中美能黃, 上美爲元, 下美則裳. 參成可筮. 猶有缺也, 筮雖吉, 未也.

30) 鄭公子曼滿與王子伯廖語欲爲卿. 伯廖告人曰, "无德而貪, 其在『周易』豊之離, 弗過之矣."

31) 豊其屋, 蔀其家. 窺其戶, 閴其無人. 三歲不覿, 凶.

32) 此師殆哉. 『周易』有之, 在師之臨, 曰, "師出以律. 否臧, 凶."

33) 夫子老而好易, 居則在席, 行則在橐.

34) 子曰, "南人有言曰, '人而无恒, 不可以作巫醫.' 善夫. 不恒其德, 或承之羞." 子曰, "不占而已矣."

35) 潔靜精微, 『易』教也……『易』之失賊. 潔靜精微而不賊, 則深於『易』者也.

36) 後世之士疑丘者, 或以『易』乎?

37) 方齊宣王・威王之時, 聚天下賢士於稷下, 尊寵之……是時孫卿有秀才, 年十五始來游學, 諸子之事皆以爲非先王之法也. 孫卿善爲『詩』・『禮』・『易』・『春秋』, 至齊襄王時, 孫卿最爲老師.

38) 子夏曰, "『春秋』之記臣殺君, 子殺父者, 以十數矣. 皆非一日之積也, 有漸而以至矣."

39) 臣弒其君, 子弒其父, 非一朝一夕之故, 其所由來者漸矣, 由辯之不早辯也.

40) 凡言不合先王, 不順禮義, 謂之姦言. 雖辯, 君子不聽. 法先王, 順禮義, 黨學者, 然而不好言, 不樂言, 則必非誠士也. 故君子之於言也, 志好之, 行安之, 樂言之, 故君子必辯. 凡人莫不好言其所善, 而君子爲甚. 故贈人以言, 重於金石珠玉, 觀人以言, 美於黼黻文章, 聽人以言, 樂于鐘鼓琴瑟. 故君子之於言無厭. 鄙夫反是, 好其實不恤其文. 是以終身不免埤汙庸俗. 故『易』曰, "括囊, 无咎无譽", 腐儒之謂也.

41) 『易』曰, "復自道, 何其咎?"『春秋』賢秦穆公, 以爲能變也.

42) 『易』之咸, 見夫婦. 夫婦之道不可不正也. 君臣・父子之本也. 咸, 感也. 以高下下, 以男下女, 柔上而剛下. 聘士之義, 親迎之道, 重始也.

43) 艮三索而得男, 故謂之少男. 兌三索而得女, 故謂之少女.

44) 夫婦之道不可不正也. 君臣・父子之本也.

45) 有天地然後有萬物, 有萬物然後有男女. 有男女然後有夫婦, 有夫婦然後有父子, 有父子然後有君臣.

46) 乾坤其易之門耶.

47) 乾坤其易之蘊耶. 乾坤成列, 而易立乎其中矣.

48) 乾, 天也. 故稱乎父. 坤, 地也. 故稱乎母. 震一索而得男, 故謂之長男. 巽一索而得女, 故謂之長女. 坎再索而得男, 故謂之中男. 離再索而得女, 故謂之中女. 艮三索而得男, 故謂之少男. 兌三索而得女, 故謂之少女.

49) 丘治 『詩』・『書』・『禮』・『樂』・『易』・『春秋』六經, 自以爲久矣, 熟知其故矣.

50) 『詩』以道志, 『書』以道事, 『禮』以道行, 『樂』以道和, 『易』以道陰陽, 『春秋』以道名分.

51) 武王勝殷, 得二虜而問焉, 曰, "若國有妖乎?" 一虜對曰, "吾國有妖. 晝見星而天雨血. 此吾國之妖也." 一虜對曰, "此則妖也, 雖然, 非其大者也. 吾國之妖甚大者, 子不聽父, 弟不聽兄, 君令不行. 此妖之大者也." 武王避席再拜之. 此非貴虜也, 貴其言也. 故 『易』曰, "愬愬履虎尾, 終吉."

52) 『易』曰, "若履虎尾, 終之吉." 若群臣之衆, 皆戒愼恐懼, 若履虎尾則何不濟之有乎?

53) 『易』曰, "復自道, 何其咎, 吉." 以言本無異, 則動卒有喜.

54) 今蘧伯玉爲相, 史鰍佐焉, 孔子爲客, 子貢使令於君前, 甚聽. 『易』曰, "渙其群, 元吉." 渙者, 賢也, 群者, 衆也, 元者, 吉之始也. 渙其群元吉者, 其佐多賢也.

55) 『易』曰, "狐濡其尾." 此言始之易, 終之難也.

56) 小狐不能涉大川. 雖齊而无餘力, 將濡其尾, 不能終也.

57) 是故 『易傳』不云乎? "居上位未得其實, 以喜其爲名者, 必以驕奢爲行. 據慢驕奢, 則凶從之."

58) 『易』曰, 二人同心, 其利斷金.

59) 『易』曰, 天垂象, 見吉凶, 聖人則之.

60) 故 『易』曰, 坤六二之動, 直以方也.

61) 『易』曰, 履霜堅冰, 盖言遜也.

62) 『易』曰, 剝之不可遂盡也, 故受之以復.

63) 『傳』曰, 易簡而天下之理得矣.

64) 先人有言, 自周公卒, 五百歲而有孔子, 孔子卒後, 至于五百歲. 有能紹明世, 正易傳, 繼春秋, 本『詩』・『書』・『禮』・『樂』之際? 意在斯乎. 意在斯乎. 小子何敢讓焉.

65) 孔子晚而喜易, 序彖系象說卦文言.

66) 故知天者仰觀天文, 知地者俯察地理 …… 先聖仰觀天文, 俯察地理, 圖劃乾坤, 以定人生, 民始開悟, 知有父子之親, 君臣之義, 夫婦之道, 長幼之序.

67) 見乃謂之象, 形乃謂之器, 制而用之謂之法.

68) 從天而頌之, 孰與制天命而用之.

69) 德薄而位尊, 知小而謀大, 力少而任重, 鮮不及矣. 易曰, "鼎折足, 覆公餗, 其形渥, 凶." 言不勝其任也.

70) 故不能小而事大, 譬之是猶力之少而任之重也. 舍粹折而無適也.

71) 音樂之所由來者遠矣. 生於度量, 本於太一. 太一出兩儀, 兩儀出陰陽, 陰陽變化, 一上一下, 合而成章. 渾渾沌沌, 離則復合, 合則復離. 是謂天常. 天地車輪, 終則復始, 極則復反, 莫不咸當. 日月星辰, 或疾或徐, 宿日不同, 以盡其行. 四時代興, 或寒或暑, 或短或長, 或柔或剛. 萬物所出, 造於太一, 化於陰陽.

72) 是故『易』有太極, 是生兩儀, 兩儀生四象, 四象生八卦, 八卦定吉凶, 吉凶生大業. 是故法象莫大乎天地, 變通莫大乎四時, 懸象著明莫大乎日月.

73) 日月運行, 一寒一暑.

74) 故神無方而『易』無體. 一陰一陽謂之道.

75) 日往則月來, 月往則日來. 日月相推而明生焉. 寒往則暑來. 暑往則寒來. 寒暑相推而歲成焉.

76) 是故夫禮, 必本於太一, 分而爲天地, 轉而爲陰陽, 變而爲四時, 列而爲鬼神.

77) 天尊地卑, 乾坤定矣. 卑高以陳, 貴賤位矣.

78) 夫尊卑先後, 天地之行也. 故聖人取象焉.

79) 天尊地卑, 神明之位也.

80) 夫天地至神, 而有尊卑先後之序, 而況於人道乎.

81) 天與地卑, 山與澤平.

82) 夫道有情有信, 無爲無形, 可傳而不可受, 可得而不可見. 自本自根, 未有天地, 自古以固存, 神鬼神帝, 生天生地. 在太極之先而不爲高, 在六極之下而不爲深.

83) 道生一, 一生二, 二生三, 三生萬物. 萬物負陰而抱陽, 沖氣以爲和.

84) 天下萬物生于有, 有生于無.

85) 天尊地卑, 君臣定矣. 卑高已陳, 貴賤位矣, 動靜有常, 小大殊矣. 方以類聚, 物以群分, 則性命不同矣. 在天成象, 在地成形. 如此, 則禮者天地之別也. 地氣上齊, 天氣下降, 陰陽相摩, 天地相蕩, 鼓之以雷霆, 奮之以風雨, 動之以四時, 煖之以日月, 而百化興焉. 如此, 則樂者天地之和也.

86) 天尊地卑, 乾坤定矣. 卑高以陳, 貴賤位矣. 動靜有常, 剛柔斷矣. 方以類聚, 物以群分, 吉凶生矣. 在天成象, 在地成形, 變化見矣. 是故剛柔相摩, 八卦相蕩, 鼓之以雷霆, 潤之以風雨. 日月運行, 一寒一暑.

87) 施薪若一, 火就燥也. 平地若一, 水就濕也. 草木疇生, 禽獸群焉. 物各從其類也.

88) 均薪施火, 火就燥. 平地注水, 水就濕. 夫類之相從也, 如此之著也.

89) 同聲相應, 同氣相求. 水流濕, 火就燥. 雲從龍, 風從虎. 聖人作而萬物覩. 本乎天者親上, 本乎地者親下, 則各從其類也.

90) 類固相召. 氣同則合, 聲比則應. 鼓宮而宮動, 鼓角而角同. 平地注水, 水流濕. 均薪施火, 火就燥. 山雲草莽, 水雲魚鱗, 旱雲烟火, 雨雲水波, 無不皆類其所生以示人.

91) 同類相從, 同聲相應, 固天之理也.

92) 其動也天, 其靜也地.

93) 日月照而四時行, 若晝夜之有經, 雲行而雨施矣.

94) 坤至柔而動也剛, 至靜而德方.

95) 雲行雨施, 天下平矣.

96) 與天地合其德, 與日月合其明, 與四時合其序.

97) 君子依乎中庸. 遯世不見知而不悔, 唯聖者能之. 君子之道, 費而隱.

98) 不成乎名, 遯世無悶, 不見是而無悶.

99) 博學之, 審問之, 愼思之, 明辨之, 篤行之.

100) 君子學以聚之, 問以辨之.

101) 九二曰, “見龍在田. 利見大人.” 何謂也? 子曰, “龍德而中正者也. 庸言之信, 庸行之謹, 閑邪存其誠, 善世而不伐. 德博而化. 『易』曰, ‘見龍在田. 利見大人’, 君德也.”

102) 子曰 …… 君子之道四, 丘未能一焉. 所求乎子以事父, 未能也. 所求乎臣以事君, 未能也. 所求乎弟以事兄, 未能也. 所求乎朋友先施之, 未能也. 庸德之行, 庸言之謹. 有所不足, 不敢不勉. 有餘, 不敢盡.

103) 年不可擧, 時不可止. 消息盈虛, 終則有始.

104) 君子尚消息盈虛, 天行之.

105) 損益盈虛, 與時偕行.

106) 中也者, 天下之大本也, 和也者, 天下之達道也. 致中和, 天地位焉, 萬物育焉.

107) 大哉, 乾元! 萬物資始, 乃統天. 雲行雨施, 品物流形. 大明始終, 六位時成. 時乘六龍以御天.

108) 大哉, 乾乎! 剛健中正, 純粹精也. 六爻發揮, 旁通情也. 時乘六龍, 以御天也, 雲行雨施, 天下平也.

109) 曾子曰, 君子思不出其位.

110) 木上有火, 鼎. 君子以正位凝命.

111) 鼎象也. 以木巽火, 亨飪也. 聖人亨以享上帝.

112) 山附于地, 剝. 上以厚下安宅.

113) 剝, 剝也. 柔變剛也. “不利有攸往,” 小人長也. 順而止之, 觀象也. 君子尚消息盈虛, 天行也.

114) 坤, 元亨, 利牝馬之貞.

115) 至哉, 坤元! 萬物資生. 乃順承天. 坤厚載物, 德合無疆, 含弘光大, 品物咸亨. 牝馬地類, 行地無疆, 柔順利貞.

116) 地勢坤, 君子以厚德載物.

117) 蒙, 山下有險, 險而止.

118) 山下有泉, 蒙. 君子以果行育德.

119) 姤, 遇也. 柔遇剛也 …… 天地相遇, 品物咸章也.

120) 天下有風, 姤. 后以施命誥四方.

121) 有天地然後有萬物, 有萬物然後有男女, 有男女然後有夫婦, 有夫婦然後有父子, 有父子然後有君臣.

122) 大過, 顚也. 頤, 養正也. 旣濟, 定也. 未濟, 男子窮也. 歸妹, 女子終也. 漸, 女歸待
男行也. 姤, 遇也, 柔遇剛也. 夬, 決也. 剛決柔也. 君子道長, 小人道憂也.

123) 二二相偶, 非復卽變.

124) 乾剛坤柔. 比樂師憂. 臨·觀之義, 或與或求.

125) 利建侯行師.

126) 能大有而能謙必豫.

127) 履虎尾, 不咥人, 亨.

128) 內陽而外陰. 內健而外順. 內君子而外小人. 君子道長, 小人道消也.

129) 子曰, "危者安其位者也."

130) 孔子因史文次『春秋』, 紀元年, 正時日月, 盖其詳哉! 至于序『尙書』則略, 無年月,
或頗有, 然多闕.

131) 禮義不行, 綱紀不立, 後世衰廢. 于是後聖乃定五經, 明六藝, 承天統之, 窮事察微.
原情立本, 以緖人倫, 宗諸天地. 纂修篇章, 垂諸來世, 被諸鳥獸, 以匡衰亂. 天人合
策, 原道悉備. 智者達其心, 百工窮其巧. 乃調之以管弦絲竹之音, 設鐘鼓歌舞之樂,
以節奢侈, 正風俗, 通文雅.

132) 元者善之長也. 亨者嘉之會也. 利者義之和也. 貞者事之干也.

133) 天垂象, 見吉凶, 聖人象之. 河出圖, 洛出書, 聖人則之.

134) 子曰, "顏氏之子, 其殆庶幾乎! 有不善未嘗不知, 知之未嘗復行也."

135) 有顏回者好學, 不遷怒, 不貳過.

136) 夫『易』何爲者也? 夫『易』開物成務, 冒天下之道, 如斯而已者也.

137) 『易』之爲書也, 廣大悉備, 有天道焉, 有人道焉, 有地道焉.

138) 明于天之道, 而察于民之故.

139) 夫『易』聖人所以崇德而廣業也.

140) 聖人以通天下之志, 以定天下之業, 以斷天下之疑.

141) 『易』之興也, 其於中古乎? 作『易』者, 其有憂患乎! 是故, 履, 德之基也, 謙, 德之
柄也, 復, 德之本也, 恒, 德之固也, 損, 德之修也, 益, 德之裕也, 困, 德之辨也, 井,
德之地也, 巽, 德之制也.

142) 初筮告, 再三瀆, 瀆則不告.

143) 原筮, 元永貞, 无咎.

144) 初筮告, 以剛中也. 再三瀆, 瀆則不告, 瀆蒙也.

145) 原筮, 元永貞, 无咎, 以剛中也.

146) 初九日, "潛龍勿用", 何謂也? 子曰, "龍德而隱者也. 不易世, 不成名, 遯世无悶,
不見是而无悶. 樂則行之, 憂則違之. 確乎其不可拔, 潛龍也."

147) 何謂也? 子曰, "龍德而正中者也. 庸言之信, 庸行之謹. 閑邪存其誠. 善世而不成, 德博而化."

148) 參伍其變, 錯綜其數. 通其變, 遂成天地之文. 極其數, 遂定天下之象. 非天下之至變, 其孰能與於此?

149) 昔者聖人之作『易』也, 幽贊於神明而生蓍. 參天兩地而倚數, 觀變於陰陽而立卦, 發揮於剛柔而生爻. 和順於道德而理於義, 窮理盡性以至於命.

150) 是以立天之道曰陰與陽, 立地之道曰柔與剛, 立人之道曰仁與義. 兼三才而兩之, 故『易』六劃而成卦. 分陰分陽. 迭用柔剛. 故『易』六位而成章.

151) 地中有水, 師. 君子以容民畜衆.

152) 地上有水, 比. 先王以建萬國親諸侯.

153) 泰, 小往大來, 吉亨, 則是天地交而萬物通也, 上下交而其志同也.

154) 乾, 健也. 坤, 順也, 震, 動也, 巽, 入也, 坎, 陷也, 離, 麗也, 艮, 止也, 兌, 說也.

155) 動乎險中, 大亨貞.

156) 需, 須也. 險在前也. 剛健而不陷. 其義不困窮矣.

157) 健, 天下之至健也. 德性恒易以知險.

158) 利貞, 剛柔正而位當也.

159) 未濟. 征凶, 位不當也.

160) 噬腊肉, 遇毒, 小吝, 无咎.

161) 恒, 亨. 无咎. 利貞. 利有攸往.

162) 剛柔皆應, 恒.

163) 上下敵應, 不相與也.

164) 雖不當位, 剛柔應也.

165) 列貴賤者存乎位.

166) 三多凶, 五多功. 貴賤之等也.

167) 元亨. 利貞.

168) 說而順, 剛中而應. 大亨以正, 天之道也.

169) 大君之宜, 行中之謂也.

170) 位乎天位, 以正中也.

171) 飛龍在天, 利見大人.

172) 變通者, 趣時者也.

173) 六爻相雜, 唯其時物也.

174) 東隣殺牛, 不如西隣之時也.

175) 姤, 遇也. 柔遇剛也. 勿用取女, 不可與長也. 天地相遇, 品物咸章也. 剛遇中正, 天下大行也. 姤之時義大矣哉.

176) 不出門庭, 凶.

177) 不出門庭, 凶, 失時極也.

178) 聖之時者也.

179) 柔皆巽乎剛, "是以小亨. 利有攸往, 利見大人."

180) 六二之難, 乘剛也. 十年乃字, 反常也.

181) 征凶, 无攸利.

182) 无攸利, 柔乘剛也.

183) 周流六虛, 上下无常, 剛柔相易.

184) 乾, 天也, 故稱乎父, 坤, 地也, 故稱乎母. 震一索而得男, 故謂之長男, 巽一索而得女, 故謂之長女.

185) 柔得中而上行.

186) 柔來而文剛, 故亨. 分剛上而文柔.

187) 剛上而尚賢.

188) 小往大來, 吉亨.

189) 君子道長, 小人道消也.

190) 否之匪人, 不利君子貞, 大往小來.

191) 小人道長, 君子道消也.

192) 柔變剛也. 不利有攸往. 小人長也.

193) 利有攸往. 剛長也.

194) 乾, 陽物也, 坤, 陰物也. 陰陽合德, 剛柔有體.

195) 咸, 感也. 柔上而剛下, 二氣感應而相與.

196) 有天地然後萬物生焉, 盈天地之間者, 唯萬物.

197) 自天祐之, 吉无不利.

198) 祐者, 助也. 天之所助者, 順也, 人之所助者, 信也. 履信, 思乎順, 又以尚賢也.

199) 天垂象, 見吉凶, 聖人象之.

200) 聖人以神道設教.

201) 陰陽不測之謂神.

202) 觀天之神道, 而四時不忒.

203) 天地暌而其事同也. 男女暌而其志通也. 萬物暌而其事類也. 暌之時用大矣哉.

204) 在天成象, 在地成形, 變化見矣.

205) 天地盈虛, 與時消息. 而況於人乎. 況於鬼神乎.

206) 君子尚消息盈虛. 天行也.

207) 聖人設卦觀象, 繫辭焉而明吉凶. 剛柔相推而生變化. 是故吉凶者, 失得之象也. 悔吝者, 憂虞之象也. 變化者, 進退之象也. 剛柔者, 晝夜之象也. 六爻之動, 三極之道也.

208) 八卦成列, 象在其中矣. 因而重之, 爻在其中矣. 剛柔相推, 變在其中矣. 繫辭焉而命之, 動在其中矣. 吉凶悔吝者, 生乎動者也. 剛柔者, 立本者也.

209) 日往則月來, 月往則日來. 日月相推而明生焉. 寒往則暑來, 暑往則寒來, 寒暑相推而歲成焉. 往者屈也, 來者信也. 屈信相感而利生焉.

210) 乾坤其『易』之縕耶! 乾坤成列而『易』立乎其中矣. 乾坤毀則無以見『易』.『易』不可見則乾坤或幾乎息矣.

211) 乾坤, 其『易』之門耶? 乾, 陽物也, 坤, 陰物也. 陰陽合德, 而剛柔有體.

212) 日中則昃, 月盈則食.

213) 潛龍勿用, 陽在下也.

214) 或躍在淵, 進无咎也.

215) 亢龍有悔, 盈不可久也.

216) 潛龍勿用, 下也.

217) 飛龍在天, 上治也.

218) 亢龍有悔, 窮之災也.

219) 易窮則變, 變則通, 通則久.

220) 吉凶者, 貞勝者也…… 天下之動, 貞夫一者也.

221) 訟有孚窒. 惕中吉, 剛來而得中也…… 尙中正也.

222) 柔進而上行, 得中而應乎剛, 是以小事吉.

223) 其來復吉, 乃得中也.

224) 大車以載, 積中不敗.

225) 大君之宜, 行中之謂也.

226) 吉凶生而悔吝著.

227) 遠近相取而悔吝生.

228) 无咎者, 善補過者也.

229) 懼以終始, 其要无咎. 此之謂『易』之道也.

230) 乾道變化, 各正性命, 保合大和, 乃利貞.

231) 先王以省方觀民設教.

232) 觀乎天文以察時變, 觀乎人文以化成天下.

233) 上天下澤, 履. 君子以辨上下, 定民志.

234) 內陽而外陰, 內健而外順, 內君子而外小人.

235) 革, 水火相息…… 天地革而四時成. 湯武革命, 順乎天而應乎人. 革之時大矣哉.

236) 上以厚下安宅.

237) 君子以容民畜衆.

238) 君子以敎思无窮, 容保民无疆.

239) 君子以勞民勸相.

제2장 양한 시대의 역학

1) 漢興, 田何傳之. 訖于宣元, 有施孟梁丘京氏, 列于學官.

2) 諸易家說皆祖田何, 楊叔·丁將軍大誼略同, 惟京爲異黨.

3) 長于卦筮, 亡章句, 徒以彖象繫辭十篇文言解說上下經.

4) 又有東萊費直傳『易』, 授琅邪王橫, 爲費氏學. 本以古字, 號古文易. 又沛人高相傳易, 授子康及蘭陵毋將永, 爲高氏學. 施·孟·梁丘·京氏四家皆立博士, 費·高二家未得立.

5) 建武中, 范升傳孟氏易, 以授楊政, 而陳元·鄭衆皆傳費氏易, 其後馬融亦爲其傳. 融授鄭玄, 玄作『易注』, 荀爽又作『易傳』. 自是費氏興, 而京氏遂衰.

6) 幽贊於神明而生蓍, 參天兩地而倚數.

7) 聖人有以見天下之賾, 而擬諸其形容, 象其物宜, 是故謂之象.

8) 東方之神太昊, 乘震執規司春. 南方之神炎帝, 乘離執衡司夏. 西方之神少昊, 乘兌執矩司秋. 北方之神顓頊, 乘坎執權司冬. 中央之神黃帝, 乘坤艮執繩司下土.

9) 自冬至初, 中孚用事. 一月之策, 九六七八, 是爲三十. 而卦以地六, 候以天五. 五六相乘, 消息一變. 十有二變而歲復初. 坎震離兌, 二十四氣, 次主一爻. 其初則二至二分也. 坎以陰包陽, 故自北正. 微陽動于下, 升而未達, 極于二月, 凝固之氣消, 坎運終焉. 春分出于震, 是据萬物之元, 爲主于內, 則群陰化而從之. 極于正南, 而豊大之變窮, 震功究焉. 離以陽包陰, 故自南正. 微陰生于地下, 積而未章, 至于八月, 文明之質衰, 離運終焉. 仲秋陰形于兌, 始循萬物之末, 爲主于內, 則群陽降而承之. 極于北正, 而天澤之施窮, 兌功究焉. 故陽七之靜始于坎, 陽九之動始于震. 陰八之靜始于離, 陰六之動始于兌. 故四象之變, 皆兼六爻, 而中節之應備矣.

10) 夫易者象也, 爻者效也. 聖人所以仰觀俯察, 象天地日月星辰草木萬物, 順之則和, 逆之則亂. 夫細不可窮, 深不可極. 故撰蓍布爻, 用之于下. 筮分六十四卦, 配三百六 (八)十四爻, 序一萬一千五百二十策, 定天地萬物之情狀. 故吉凶之氣順六爻, 上下次之八九六七之數, 內外承乘之象. 故曰兼三才而兩之.

11) 陰陽運行, 一寒一暑, 五行互用, 一吉一凶. 以通神明之德, 以類萬物之情. 故易所以斷天下之理, 定之以人倫而明王道. 八卦建, 五氣立. 五常法象乾坤, 順于陰陽, 以正君臣父子之義.

12) 建子起潛龍, 建巳至報, 主亢位.

13) 精氣爲物, 游魂爲變, 是故知鬼神之情狀.

14) 三公居世, 上九宗廟爲應. 君子以俟時, 小人爲災.

15) 生吉凶之義, 始於五行, 終於八卦.

16) 水配位爲福德, 木入金郷居寶貝, 土臨內象爲父母, 火來四上嫌相敵, 金入金郷木漸微.

17) 角宿從位降庚戌土. 內外木土二象俱震. 『易』曰, "震驚百里."

18) 吉凶隨爻算, 歲月運氣逐休王.

19) 四時休王, 金木交爭, 萬物之情在乎幾微.

20) 積算隨卦起宮, 乾坤震巽坎離艮兌, 八卦相蕩二氣. 陽入陰, 陰入陽, 二氣交互不停. 故曰生生之謂易, 天地之內无不通也.

21) 陰陽之體, 不可執一爲定象. 于八卦, 陽蕩陰, 陰蕩陽, 二氣相感而成體, 或隱或顯. 故「繫辭」云一陰一陽之謂道.

22) 陰陽相蕩, 位不居, 六爻有吉凶, 四時變更, 不可執一以爲規.

23) 自下升高, 以至于極, 至極則反. 以修善道而成其體.

24) 陽極則止, 反生陰象. 『易』云, "艮, 止也."

25) 壯不可極, 極則敗. 物不可極, 極則反.

26) 生吉凶之義, 始于五行, 終于八卦. 從无入有, 見災于星辰也. 從有入無, 見象于陰陽也. 陰陽之義, 歲月分也, 歲月旣分, 吉凶定矣. 故曰, "八卦成列, 象在其中矣." 六爻上下, 天地陰陽, 運轉有無之象, 配乎人事. 八卦仰觀俯察在乎人, 隱顯災祥乎天. 考天時察人事, 在乎卦.

27) 聖人鑿開天路, 顯彰化源. 大天氏云, 一大之物目天, 一塊之物目地, 一氣之霈名混沌. 一氣分爲萬霈, 是上聖鑿破虛无, 斷氣爲二, 緣物成三, 天地之道不霈.

28) 凡異所生, 災所起, 各以其政. 變之則除. 其不可變, 則施之亦除.

29) 凡『易』八卦之氣驗應, 各如其法度, 則陰陽和, 六律調, 風雨時, 五穀成熟, 人民取昌. 此聖帝明王所以致太平法. 故設卦觀象, 以知存亡. 夫八卦謬亂, 則綱紀壞敗, 日月星辰失其行, 陰陽不和, 四時易政. 八卦氣不效, 則災異氣臻, 八卦氣無應失常.

30) 夏三月, 侯卦氣比不至, 則大風折木發屋, 期百日二旬, 地動應之大風, 期在其沖.

31) 夫婦无別, 大臣不良, 則四時易. 政令不行, 白黑不別, 愚智同位, 則日月无光, 精見五色. 此離坎之應也, 皆八卦變之效也. 故曰, "八卦變象, 皆在于己."

32) 五爻辰在卯春爲陽中, 萬物以生. 生育者, 嫁娶之貴仲春之月. 仲春之月, 嫁娶男女之禮, 福祿大吉.

33) 荀慈明論『易』, 以陽在二者當上升坤五爲君, 陰在五者當降居乾二爲臣.

34) 坤氣上升以成天道, 乾氣下降以成地道. 天地二氣若時不交則爲閉塞, 今旣相交乃通泰.

35) 乾剛震動, 陽從上升, 陽氣大動, 故壯也.

36) 陽感至二, 當升居五, 群陰相承, 故无不利也. 陽當居五, 陰當順從, 今尙在二, 故曰未順命也.

37) 太極太一也, 分爲天地, 故生兩儀也. 四象四時也, 兩儀謂乾坤也. 乾二五之坤成坎離震兌. 震春, 兌秋, 坎冬, 離夏, 故兩儀生四象. 乾二五之坤則生震坎艮, 坤二五之乾則生巽離兌. 故四象生八卦.

38) 以乾推坤謂之窮理, 以坤變乾謂之盡性.

39) 坤二五之乾, 與坎旁通. 于爻遯初之五, 柔麗中正, 故利貞亨.

40) 密, 小也. 兌爲密, 需坎升天爲雲, 墜地稱雨. 上變爲陽, 坎象半見. 故密雲不雨, 尙往也.

41) 謂日月懸天成八卦象. 三日暮, 震象出庚. 八日, 兌象見丁. 十五日, 乾象盈甲. 十六日旦, 巽象退辛. 二十三日, 艮象消丙. 三十日, 乾象滅乙. 晦夕朔旦, 坎象流戊, 日中則離, 離象就己. 戊己土位, 象見于中. 日月相推而明生焉, 故 "懸象著明莫大乎日月" 者也.

42) 納甲何也? 擧甲以該十日也. 乾納甲壬, 坤納乙癸, 震巽納庚辛, 坎離納戊己, 艮兌納丙丁, 皆自下生. 聖人仰觀日月之運, 配之以坎離之象, 而八卦十日之義著矣.

43) 傳曰, "易簡而天下之理得矣." 忠易爲禮, 誠易爲辟, 賢易爲民, 工巧易爲材.

44) 故君子懼失仁義, 小人懼失利, 觀其所懼, 知各殊矣. 『易』曰, "卽鹿无虞, 惟入于林中, 君子幾, 不如舍, 往吝."

45) 小人在上位, 如寢關曝纊, 不得須臾寧. 故『易』曰, "乘馬班如, 泣血漣如", 言小人處非其位, 不可長也.

46) 自古及今, 五帝三王, 未有能全其行者也. 故『易』曰, "小過亨利貞." 言人莫不有過, 而不欲其大也.

47) 動而有益, 則損隨之. 故『易』曰, "剝之不可遂盡也, 故受之以復." 積薄爲厚, 積卑爲高, 故君子日孳孳以成輝, 小人日快快以至辱. 其消息也, 離朱不能見也.

48) 故『易』曰"潛龍勿用"者, 言時之不可以行也. 故"君子終日乾乾, 夕惕若, 厲, 无咎." 終日乾乾, 以陽動也. 夕惕若厲, 以陰息也. 因日以動, 因夜以息, 唯有道者能行之.

49) 天地之數, 一陰一陽, 分爲四時, 離爲五行.

50) 陽者爲男, 陰者爲女.

51) 華實生于有氣, 有氣生于四時, 四時生于陰陽, 陰陽生于天地, 天地受之于無形.

52) 觀大易之損益兮. 覽老氏之倚伏. 省憂喜之共門兮. 察吉凶之同域.

53) 玄者, 幽攡萬類而不見形者也.

54) 夫玄也者, 天道也, 地道也, 人道也.

55) 攡措陰陽而發氣, 一判一合天地備矣……闔天謂之宇, 辟宇謂之宙……日月往來, 一寒一暑.

56) 一晝一夜, 然後作一日, 一陰一陽, 然後生萬物.

57) 玄一德而作五生, 一刑而作五克. 五生不相殄, 五克不相逆. 不相殄乃能相繼也, 不相逆乃能相治也.

58) 五行迭王, 四時不俱壯. 日以昱乎晝, 月以昱乎夜. 昴則登乎冬, 火則登乎夏.

59) 南北定位, 東西通氣, 萬物錯離乎其中.

60) 實好古而樂道, 其意欲求文章成名於後世. 以爲經莫大乎『易』, 故作『太玄』.

61) 曉天下之睒睒, 瑩天下之晦昧者, 其唯『玄』乎.

62) 故『玄』卓然示人遠矣, 曠然廓人大矣, 淵然引人深矣, 渺然絕人邈矣. 嘿而該之者玄也……故玄者, 用之至也……知陰知陽, 知止知行, 知晦知明者, 其唯『玄』乎.

63) 其書假借君臣, 以彰內外, 敍其離坎, 直指承銷. 列以乾坤, 奠量鼎器, 明之父母, 保以始終, 合以夫妻, 拘其交媾, 譬諸男女. 顯以滋生, 析以陰陽. 導之反復, 示之晦朔. 通以降騰, 配以卦爻. 形于變化, 隨之斗柄. 取之周星, 分以晨昏, 昭諸漏刻. 莫不托易象而論之. 故名『周易參同契』云.

64) 魏伯陽作『參同契』, 似解釋『周易』, 其實假借爻象, 以論作丹之意. 而儒者不知神仙之事, 多作陰陽注之, 失其奧旨矣.

65) 乾坤者, 易上門戶, 衆卦之父母. 坎離匡廓, 運穀正軸. 牝牡四卦, 以爲橐籥.

66) 天地設位而易行乎其中矣. 天地者乾坤也. 設位者列陰陽配合之位也. 易謂坎離. 坎離者乾坤二用. 二用無爻位, 周流行六虛, 往來旣不定, 上下亦無常. 幽潛淪匿, 升降於中. 包囊萬物, 爲道紀綱. 以無制有, 器用者空. 故推消息, 坎離沒亡.

67) 言不苟造, 論不虛生. 引驗見效, 校度神明, 推類結字, 原理爲證. 坎戊月精, 離己日光. 日月爲易, 剛柔相當. 土旺四季, 羅絡始終. 靑赤白黑, 各居一方, 皆稟中宮, 戊己之功.

68) 乾剛坤柔, 配合相包, 陽稟陰受, 雌雄相須.

69) 物無陰陽, 違天背原, 牝鷄自卵, 其雛不全.

70) 三日出爲爽. 震受庚西方. 八日兌受丁. 上弦平如繩. 十五乾體就, 盛滿甲東方……七八道已訖, 屈折低下降. 十六轉受統, 巽辛見平明. 艮直于丙南, 下弦二十三. 坤乙三十日, 東北喪其明. 節盡相禪與. 繼體復生龍. 壬癸配甲乙, 乾坤括始終.

제3장 위진수당 시대의 역학

1) 處損之極, 損極則益. 故曰, 不損益之. 非无咎也, 爲下所益. 故无咎. 居五應三, 三陰上附, 外內相應, 上下交接, 貞吉也. 故利有攸往矣. 剛陽居上, 群下共臣. 故曰得臣矣. 得臣則萬方一軌. 故无家也.(『周易集解』에서 인용)

2) 『易』者何也? 乃昔之玄眞, 往古之變經也……『易』之爲書也, 本天地, 因陰陽, 推盛衰, 出自幽微, 以致明著……『易』之爲書也, 覆燾天地之道, 囊括萬物之情.

3) 道至而反, 事極而改. 反用應時, 改用當務. 應時故天下仰其澤, 當務故萬物特其利. 澤施而天下服. 此天下之所以順自然惠生類也.

4) 乾元初潛龍勿用, 言大人之德, 隱而未彰, 潛而未達, 待時而興, 循變而發. 天地旣設, 屯蒙始生, 需以待時, 訟以立義, 師以聚衆, 比以安民. 是以先王建萬國, 親諸侯, 收其心也. 原而積之, 畜而制之, 是以上下和洽. 裁成天地之道, 輔相天地之宜, 以左右民, 順其理也.

5) 天地, 『易』之主也, 萬物, 『易』之心也. 故虛以受之, 感以和之. 男下女上, 通其氣也. 柔以承剛, 久其類也.

6) 聖人立象以盡意, 說卦以盡情僞, 繫辭焉以盡其言.

7) 夫天不言, 而四時行焉. 聖人不言, 而鑑識存焉. 形不待名, 而方圓已著. 色不俟稱, 而黑白以彰.

8) 名之于物, 無施者也. 言之于理, 無爲者也.

9) 誠以理得于心, 非言不暢. 物定于彼, 非名不辨.

10) 名逐物而遷, 言因理而變. 此猶聲發響應, 形存影附, 不得相與爲二矣. 苟其不二, 則言無不盡意. 吾故以爲盡矣.

11) 序卦以六門主攝. 第一天道門, 第二人事門, 第三相因門, 第四相反門, 第五相須門, 第六相病門. 如乾之次坤, 泰之次否等, 是天道運數門也. 如訟必有師, 師必有比等, 是人事門也. 如因小畜生履, 因履故通等, 是相因門也. 如豦極反壯, 動竟歸止等, 是相反門也. 如大有須謙, 蒙稚待養等, 是相須門也. 如貫盡致剝, 進極致傷等, 是相病門也.

12) 以三中含兩, 有一以包兩之義, 明天有包地之德, 陽有包陰之道. 故天擧其多, 地言其少也.

13) 夫象者, 出意者也. 言者, 明象者也. 盡意莫若象, 盡象莫若言. 言生于象, 故可尋言而觀象. 象生于意, 故可尋象以觀意. 意以象盡, 象以言著. 故言者所以明象, 得象而忘言. 象者所以存意, 得意而忘象.

14) 猶蹄者所以在兔, 得兔而忘蹄, 筌者所以在魚, 得魚而忘筌也. 然則言者象之蹄也, 象者意之筌也, 是故存言者, 非得象者也. 存象者, 非得意者也.

15) 忘象者, 乃得意者也. 忘言者, 乃得象者也. 得意在忘象, 得象在忘言. 故立象以盡意, 而象可忘也. 重劃以盡情, 而劃可忘也.

16) 是故觸類可爲其象, 合義可爲其證. 義苟在健, 何必馬乎? 類苟在順, 何必牛乎? 爻苟合順, 何必坤乃爲牛? 意苟應健, 何必乾乃爲馬? 而或者定馬于乾, 案文責卦, 有馬無乾, 則僞說滋漫, 難可紀矣. 互體不足, 遂及卦變, 變又不足, 推致五行. 一失其原, 巧愈彌甚, 縱復或值, 而義無所取. 蓋存象忘意之由也. 忘象以求其意, 義斯見矣.

17) 王弼曰. 演天地之數, 所賴者五十也. 其用四十有九, 則其一不用也. 不用而用以之通, 非數而數以之成. 斯『易』之太極也. 四十有九, 數之極也. 夫無不可以無明, 必因于有. 故常于有物之極, 而必明其所由之宗也.

18) 其一不用者, 天之生氣, 將欲以虛來實. 故用四十九焉.

19) 日十干者音也, 辰十二者六律也. 星二十八者七宿也. 凡五十. 所以大閡物而出之者也.

20) 易有太極, 北辰是也……北辰居中不動, 其餘四十九, 轉運而用也.

21) 卦各有六爻, 六八四十八加乾坤二用, 凡有五十. 乾初九潛龍勿用, 故用四十九也.

22) 天地之數五十有五, 以五行氣通. 凡五行減五, 大衍. 又減一, 故四十九也. 衍, 演也. 天一生水于北, 地二生火于南, 天三生木于東, 地四生金于西, 天五生土于中. 陽無 耦, 陰無配, 未得相成. 地六成水于北, 與天一幷, 天七成火于南, 與地二幷, 地八成 木于東, 與天三幷, 天九成金于西, 與地四幷, 地十成土于中, 與天五幷也. 大衍之數 五十有五, 五行各氣幷, 氣幷而減五, 惟有五十. 以五十之數不可以爲七八九六卜筮 之占用之, 故更減其一. 故四十有九也.

23) 出潛離隱, 故曰見龍. 處于地上, 故曰在田. 德施周普, 居中不偏. 雖非君位, 君之德 也. 初則不彰, 三則乾乾, 四則或躍, 上則過亢. 利見大人, 唯二五焉.

24) 去下體之極, 居上體之下, 乾道革之時也. 上不在天, 下不在田, 中不在人. 履重剛之 險而無定位, 所處斯誠進退無常之時也. 近乎尊位, 欲進其道, 迫乎在下, 非躍所及. 欲靜其居, 居非所安, 持疑猶豫, 未敢決志. 用心存公, 進不在私, 疑以爲慮. 不謬于 果. 故无咎也.

25) 震之爲義, 威至而後乃懼也. 故曰震來. 虩虩, 恐懼之貌也. 震者, 驚駭怠惰以肅解慢 者也.

26) 夫易者象也. 象之所生, 生于義也. 有斯義然後, 明之以其物. 故以龍敍乾, 以馬明坤, 隨其事義而取象焉. 是故初九九二, 龍德皆應其義, 故可論龍以明之也. 至于九三, 乾 乾夕惕, 非龍德也, 明以君子當其象矣. 統而擧之, 乾體皆龍, 別而敍之, 各隨其義.

27) 凡象者通論一卦之體者也. 一卦之體, 必由一爻爲主, 則指明一爻之義, 以統一卦之 義. 大有之類是也.

28) 夫衆不能治衆. 治衆者至寡者也. 夫動不能制動. 制天下之動者, 貞夫一者也. 故衆之 所以得咸存者, 主必致一也. 動之所以得咸運者, 原必無二也. 物無妄然, 必由其理. 統之有宗, 會之有元. 故繁而不亂, 衆而不惑. 故自統而尋之, 物雖衆, 則知可以執一 御也. 由本以觀之, 義雖博, 則知可以一名擧也.

29) 故六爻相錯, 可擧一以明也. 剛柔相乘, 可立主以定也. 是故雜物撰德, 辨是與非, 則 非其中爻, 莫之備矣.

30) 夫少者多之所貴也. 寡者衆之所宗也. 一卦五陽而一陰, 則一陰爲之主矣. 五陰而一 陽, 則一陽爲之主矣.

31) 此一卦皆陰爻求陽也. 初體陽爻, 處首居下, 應民所求, 合其所望, 故大得民也.

32) 備天下之象也. 夫八卦備天下之理而未極其變. 故因而重之以象其動. 用擬諸形容以 明治亂之宜, 觀其所應以著適時之功. 則爻卦之義所存各異. 故爻在其中矣.

33) 夫非忘象者, 則無以制象. 非遺數者, 無以極數. 至精者無籌策而不可亂. 至變者體一 而無不周. 至神者寂然而無不應. 斯蓋功用之母, 象數所由立. 故曰非至精至變至神, 則不可得與于斯也.

34) 夫有生則有資, 有資則爭興也.

35) 衆起而不比, 則爭無由息. 必相親比而後得寧也.

36) 此非大通之道, 則各有所畜以相濟也. 由比而畜, 故曰小畜, 而不能大也.

37) 履者, 禮也. 禮所以適用也. 故旣畜則宜用, 有用則須禮也.

38) 有天地然後有萬物, 有萬物然後有男女, 有男女然後有夫婦. 有夫婦然後有父子, 有父子然後有君臣. 有君臣然後有上下, 有上下然後禮義有所錯.

39) 言咸卦之義也. 凡序卦所明, 非易之縕也, 蓋因卦之次, 托以明義. 咸, 柔上而剛下, 感應以相與. 夫婦之象, 莫美乎斯, 人倫之道, 莫大乎夫婦. 故夫子慇懃深述其義, 以崇人倫之始, 而不繫之于雜也, 先儒以乾至離爲上經, 天道也, 咸至未濟爲下經, 人事也. 夫易六劃成卦, 三材必備, 錯綜天人以效變化. 豈有天道人事偏于上下哉? 斯盖守文而不求義. 失之遠矣.

40) 夫唯知天之所爲者, 窮理體化, 左忘遺照. 至虛而善應, 則以道爲稱. 不思而玄覽, 則以神爲名. 盖資道而同乎道, 由神而冥于神者也.

41) 仲尼蹴然曰, "何謂坐忘?" 顏回曰, "墮肢體, 黜聰明, 離形去知, 同于大通, 此謂坐忘."

42) 百姓日用而不知, 故君子之道鮮矣.

43) 君子體道以爲用也, 仁知則滯于所見. 百姓則日用而不知, 體斯道者不亦鮮矣! 故常無欲以觀其妙, 始可以語至而言極也.

44) 幾者動之微, 吉之先見者也.

45) 合抱之木, 生于毫末.

46) 吉凶者, 貞勝者也.

47) 老子曰, 王侯得一以爲天下貞.

48) 夫有必始于無. 故太極生兩儀也. 太極者, 無稱之稱. 不可得而名, 取有之所極, 況之太極者也.

49) 道者何? 無之稱也. 無不通也, 無不由也, 況之曰道. 寂然無體, 不可爲象. 必有之用極, 而無之功顯. 故至乎神無方而易無體, 而道可見矣. 故窮變而盡神, 因神而明道, 陰陽雖殊, 無一以待之. 在陰爲無陰, 陰以之生. 在陽爲無陽, 陽以之成. 故曰, 一陰一陽也.

50) 嘗試論之曰, 原夫兩儀之運, 萬物之動, 豈有使之然哉? 莫不獨化于太虛, 欻爾而自造矣. 造之非我, 理自玄應. 化之無主, 數自冥運.

51) 夫變化之道, 無爲而自然.

52) 夫物之所以通, 事之所以理, 莫不由乎道也.

53) 天下萬物生于有, 有生于無.

54) 道生一, 一生二, 二生三, 三生萬物.

55) 陽一君而二民, 君子之道也.

56) 陽, 君道也, 陰, 臣道也. 君以無爲統衆. 無爲則一也. 臣以有事代終. 有事則二也. 故陽爻劃奇, 以明君道必一, 陰爻劃兩, 以明臣體必二. 斯則陰陽之數, 君臣之辨也.

57) 可久則賢人之德, 可大則賢人之業.

58) 天地易簡, 萬物各載其形. 聖人不爲, 群方各逐其業. 德業旣成, 則入于形器. 故以賢人目其德業.

59) 平心而論, 闡明義理, 使不雜于術數者, 弼與康伯深爲有功. 祖尙虛無, 使易竟入于老莊者, 弼與康伯亦不能無過. 瑕瑜不掩, 是其定評.

60) 吏部尙書何晏請之, 鄧颺在晏許. 晏謂輅曰, "聞君蓍爻神妙, 試爲作一卦. 知位當至三公不?" 又問, "連夢見靑蠅數十頭, 來在鼻上, 驅之不肯去, 有何意故?" 輅曰, "……今君侯位重山岳, 勢若雷電, 而懷德者鮮, 畏威者衆. 殆非小心翼翼多福之仁. 又鼻者艮, 此天中之山. 高而不危, 所以長守貴也. 今靑蠅臭惡而集之焉, 位峻者顚, 輕豪者亡. 不可不思害盈之數, 盛衰之期. 是故山在地中曰謙, 雷在天上曰壯. 謙則衰多益寡, 壯則非禮不履. 未有損己而不光大, 行非而不傷敗. 願君侯上追文王六爻之旨, 下思尼父象象之義. 然後三公可決, 靑蠅可驅也." ……十餘日, 聞晏颺皆誅.

61) 輅至列人典農王弘直許, 有飄風高三尺餘, 從申上來, 在庭中幢幢回轉, 息以復起, 良久乃止. 直以問輅, 輅曰, "東方當有馬吏至, 恐父哭子, 如何?" 明日膠東吏到, 直子果亡. 直問其故, 輅曰, "其日乙卯, 則長子之候也. 木落於申, 斗建申, 申破寅, 死喪之候也. 日加午而風發, 則馬之候也. 離爲文章, 則吏之候也. 申未爲虎, 虎爲大人, 則父之候也."

62) 夫風以時動, 爻以象應, 時者神之驅使, 象者時之形表. 一時其道, 不足爲難.

63) 石苞爲鄴典農, 與輅相見, 問曰, "聞君鄕里翟文耀能隱形, 其事可信乎?" 輅言, "此但陰陽蔽匿之數. 苟得其數, 則四岳可藏, 河海可逃. 況以七尺之形? 游變化之內, 散雲霧以幽身, 布金水以滅迹, 術足數成, 不足爲難." 苞曰, "欲聞其妙, 君且善詳其數也." 輅言, "夫物不精不爲神, 數不妙不爲術. 故精者神之所合, 妙者智之所遇. 合之幾微, 可以性通, 難以言論. 是故魯班不能說其手, 離朱不能說其目. 非言之難. 孔子曰, 書不盡言, 言之細也. 言不盡意, 意之微也. 斯皆神妙之謂也. 請擧其大體以驗之. 夫白日登天, 運景萬里, 無物不照, 及其入地, 一炭之光, 不可得見. 三五盈月, 淸耀燭夜, 可以遠望, 及其在晝, 明不如鏡. 今逃日月者必陰陽之數. 陰陽之數通于萬類, 鳥獸猶化, 況于人乎! 夫得數者妙, 得神者靈, 非徒生者有驗, 死亦有徵. 是以杜伯乘火氣以流精, 彭生托水變以立形. 是故生者能出亦能入, 死者能顯亦能幽. 此物之精氣, 化之游魂, 人鬼相感, 數使之然也."

64) 季龍欽嘉, 留輅經數日. 輅占獵卽驗. 季龍曰, "君鯔神妙, 但不多藏物耳. 何能皆得之?" 輅言, "吾與天地參神, 蓍龜通靈, 抱日月而游杳冥, 極變化而覽未然. 況玆近物, 能蔽聰明?" 季龍大笑, "君旣不謙, 又念窮在近矣." 輅言, "君尙未識謙言, 焉能論道? 夫天地者則乾坤之卦, 蓍龜者則卜筮之數, 日月者離坎之象, 變化者陰陽之爻, 杳冥者神化之源, 未然者幽冥之先. 此皆『周易』之紀綱, 何仆之不謙?"

65) 何若巧妙, 以攻難之才, 游形之表, 未入于神. 未入神者, 當步天元, 推陰陽, 探玄虛, 極幽明. 然後覽道無窮, 未暇細言. 若欲差次老莊而參爻象, 愛微辭而興浮藻, 可謂射侯之巧, 非能破秋毫之妙也.

66) 若陰陽者, 精之以久.

67) 其才若盆盎之水, 所見者清, 所不見者濁. 神在廣博, 志不務學, 弗能成才. 欲以盆盎之水, 求一山之形, 形不可得, 則智由此惑. 故說老莊則巧而多華, 說『易』生義則美而多偽. 華則道浮, 偽則神虛. 得上才則淺而流絕, 得中才則游精而獨出. 輅以爲少功之才也.

68) 或曰, "黃唐緬邈, 至道淪翳, 濠濮輟詠, 風流靡托, 爭奪兆于仁義, 是非成于儒墨. 平叔神懷超絶, 輔嗣妙思通微, 振千載之頹綱, 落周孔之塵網. 斯蓋軒冕之龍門, 濠梁之宗匠. 嘗聞夫子之論, 以爲罪過桀紂, 何哉?" 答曰, "子信有聖人之言乎? 夫聖人者, 德侔二儀, 道冠三才. 雖帝皇殊號, 質文異制, 而統天成務, 曠代齊趣. 王何蔑棄典文, 不遵禮度, 游辭浮說, 波蕩後生. 飾華言以翳實, 騁繁文以惑世. 搢紳之徒, 翻然改轍, 洙泗之風, 緬焉將墜. 遂令仁義幽淪, 儒雅蒙塵, 禮壞樂崩, 中原傾覆. 古之所謂言僞而辯, 行僻而堅者, 其斯人之徒歟! 昔夫子斬少正于魯, 太公戮華士于齊. 豈非曠世而同誅乎! 桀紂暴虐, 正足以滅身覆國, 爲后世鑒戒耳. 豈能廻百姓之視聽哉! 王何叨海內之浮譽, 資膏粱之傲誕, 畫螭魅以爲巧, 扇無檢以爲俗, 鄭聲之亂樂, 利口之覆邦, 信矣哉! 吾固以爲一世之禍輕, 歷代之罪重, 自喪之釁小, 迷衆之愆大也."

69) 『易』之爲書, 窮神知化, 非天下之至精, 其孰能與于此? 世之注解, 殆皆妄也. 況弼以傅會之辨而欲籠統玄旨者乎? 故其敍浮義則麗辭溢目, 造陰陽則妙頤無間. 至于六爻變化, 群象所效, 日時歲月, 五氣相推, 弼皆擯落, 多所不關. 雖有可觀者焉, 恐將泥夫大道.

70) 上經始于乾坤, 有生之本也. 下經始于咸恒, 人道之首也. 易之興也, 當殷之末世, 有妲己之禍. 當周之盛德, 有三母之功. 以言天地不生, 夫婦不成, 相須之至, 王道之端.

71) 物有先天地而生者矣, 今正取始于天地, 天地之先, 聖人弗之論也. 故其所取法象, 必自天地而還. 『老子』曰, "有物混成, 先天地生. 吾不知其名, 強字之曰道." 「上繫」曰, "法象莫大乎天地." 『莊子』曰, "六合之外, 聖人存而不論." 『春秋穀梁傳』曰, "不求知所不可知者, 智也." 而今後世浮華之學, 強支離道義之門, 求之虛誕之域, 以傷政害民. 豈非讕說殄行, 大舜之所疾者乎!

72) 爻中之義, 群物交集, 五星四氣, 六親九族, 福德刑殺, 衆刑萬類, 皆來發于爻. 故總謂之物也.

73) 璞好經術, 博學有高才. 而訥于言論. 詞賦爲中興之冠. 好古文奇字, 妙于陰陽算曆.

有郭公者, 客居河東, 精于卜筮, 璞從之受業. 公以『青囊中書』九卷與之. 由是逐洞五行·天文·卜筮之術, 攘災轉禍, 通致無方. 雖京房·管輅不能過也.

74) 遇㹠之蠱, 其卦曰, "艮體連乾, 其物莊巨. 山潛之畜, 匪兒匪武. 身與鬼幷, 精見二午. 法當爲禽, 兩靈不許. 逐被一創, 還其本墅. 按卦名之, 是爲驢鼠.

75) 內方外圓, 五色成文, 含寶守信, 出則有章. 此印囊也. 高岳岩岩, 有鳥朱身, 羽翼玄黃, 鳴不失辰. 此山雞毛也.

76) 當獲小獸, 復非良禽, 雖有爪牙, 微而不強, 雖有文章, 蔚而不明. 非虎非雉, 其名曰狸.

77) 臣不揆淺見, 輒依歲首粗有所占, 卦得解之旣濟. 案爻論恩, 方涉春木王龍德之時, 而爲廢水之氣來見乘, 加升陽未布, 隆陰仍積, 坎爲法象, 刑獄所麗. 變坎加離, 厥象不燭. 以義推之, 皆爲刑獄殷繁, 理有壅滯. 又去年十二月二十九日, 太白蝕月. 月者屬坎, 群陰之府, 所以照察幽情, 以佐太陽者也. 太白, 金行之星, 而來犯之, 天意若曰, '刑理失中, 自壞其所以爲法者也.' 臣術學庸近, 不練內事, 卦理所及, 敢不盡言.

78) 上篇明無, 故曰, "易有太極." 太極卽無也. 聖人以此洗心. 退藏于密, 是其無也. 下篇明幾, 從無入有. 故云知幾其神乎.

79) 上明取象以制器之義, 故于此重釋于象. 言『易』者象于萬物. 象者形象之象也.

80) 言『易』之爲書, 明三才, 廣無不被, 大無不包, 悉備有萬物之象者也.

81) 帝者天之王氣也. 至春分則震王, 而萬物出生. 立夏則巽王, 而萬物絜齊. 夏至則離王, 而萬物皆相見也. 立秋則坤王, 而萬物致養. 秋分則兌王, 而萬物所說. 立冬則乾王, 而陰陽相薄. 冬至則坎王, 而萬物之所歸也. 立春則艮王, 而萬物之所成終成始也. 以其周王天下, 故謂之帝.

82) 今旣奉勅刪定, 考察其事以仲尼爲宗, 義理可詮, 先以輔嗣爲本. 去其華而取其實, 欲使信而有證. 其文簡, 其理約, 寡而制衆, 變而能通.

83) 夫易者, 象也, 爻者, 效也. 聖人有以仰觀俯察, 象天地而育群品, 雲行雨施, 效四時以生萬物. 若用之以順, 則兩儀序而百物和. 若行之以逆, 則六位傾而五行亂. 故王者動必則天地之道, 不使一物失其性, 行必協陰陽之宜, 不使一物受其害. 故能彌綸宇宙, 酬酢神明, 宗社所以無窮, 風聲所以不朽. 非夫道極玄妙, 孰能與于此乎? 斯乃乾坤之大造, 生靈之所益也.

84) 夫易者, 變化之總名, 改換之殊稱. 自天地開闢, 陰陽運行, 寒暑迭來, 日月更出, 孚萌庶類, 亭毒群品, 新新不停, 生生相續, 莫非資變化之力, 換代之功. 然變化運行, 在陰陽二氣. 故聖人初畫八卦, 設剛柔兩畫, 象二氣也. 布以三位, 象三才也. 謂之爲易, 取變化之義.

85) 然有從無出, 理則包無. 故『乾鑿度』云, "夫有形者生于無形, 則乾坤安從而生? 故有太易, 有太初, 有太始, 有太素. 太易者, 未見氣也. 太初者, 氣之始也. 太始者, 形之

始也. 太始者, 形之始也. 太素者, 質之始也. 氣形質具, 而未相離, 謂之渾沌. 渾沌
者, 言萬物相渾沌而未相離也. 視之不見, 聽之不聞, 循之不得. 故曰易也."

86) 是知易理備包有無, 而易象唯在于有者, 蓋以聖人作『易』, 本以垂教, 教之所備, 本備
于有. 故「繫辭」云, "形而上者謂之道", 道卽無也, "形而下者謂之器", 器卽有也.
故以無言之, 存乎道體, 以有言之, 存乎器用, 以變化言之, 存乎其神, 以生成言之,
存乎其易. 以眞言之, 存乎其性, 以邪言之, 存乎其情. 以氣言之, 存乎陰陽, 以質言
之, 存乎爻象. 以教言之, 存乎精義, 以人言之, 存乎景行. 此等是也.

87) 但聖人名卦, 體例不同. 或則以物象而爲卦名者. 若否·泰·剝·頤·鼎之屬是也. 或以
象之所用而爲卦名者. 卽乾坤之屬是也. 如此之類多矣. 雖取物象乃以人事而爲卦名
者. 卽家人·歸妹·謙·履之屬是也. 所以如此不同者, 但物有萬象, 人有萬事. 若執一
事, 不可包萬物之象. 若限局一象, 不可總萬有之事. 故名有隱顯, 辭有踦駁. 不可一
例求之, 不可一類取之. 故「繫辭」云, "上下無常剛柔相易, 不可爲典要."

88) 凡易者象也. 以物象而明人事, 若詩之比喩也. 或取天地陰陽之象以明義者. 若乾之潛
龍·見龍, 坤之履霜堅冰·龍戰之屬是也. 或取萬物雜象以明義者. 若屯之六三卽鹿無
虞, 六四乘馬班如之屬是也. 如此之類, 『易』中多矣. 或直以人事, 不取物象以明義
者. 若乾之九三君子終日乾乾, 坤之六三含章可貞之例是也. 聖人之意, 可以取象者
則取象也, 可以取人事者則取人事也.

89) 震雷爲威動. 乾天主剛健. 雷在天上, 是剛以動. 所以爲大壯.

90) 先儒皆以此卦坎下巽上, 以爲乘木水上, 涉川之象, 故言乘木有功. 王不用象, 直取況
喩之義, 故言此以序之也.

91) 乘木卽涉難也. 木者專所以涉川也, 涉難而常用渙道必有功也.

92) 案諸儒象卦制器, 皆取卦之爻象之體. 今韓氏之意, 直取卦名, 因以制器. 案「上繫」
云, 以制器者尙其象, 則取象不取名也. 韓氏乃取名不取象, 于義未善矣. 今旣尊韓氏
之學, 且依此釋之也.

93) 此一節說八卦名. 訓乾象天, 天體運轉不息, 故爲健也. 坤順也, 坤象地, 地順承于天,
故爲順也. 震動也, 震象雷, 雷奮動萬物, 故爲動也. 巽入也, 巽象風, 風行無所不入,
故爲入也. 坎陷也, 坎象水, 水處險陷, 故爲陷也. 離麗也, 離象火, 火必著于物, 故爲
麗也. 艮止也, 艮象山, 山體靜止, 故爲止也. 兌說也, 兌象澤, 澤潤萬物, 故爲說也.

94) 原夫權輿三教, 鈐鍵九流, 實開國承家修身之正術也. 自卜商入室, 親授微言, 傳注百
家, 綿歷千古. 雖竟有穿鑿, 猶未測淵深. 惟王鄭相沿, 頗行于代. 鄭則多參天象, 王
乃全釋人事. 且『易』之爲道, 豈偏滯于天人者哉? 致使後學之徒, 紛然淆亂, 各修局見,
莫辨源流. 天象遠而難尋, 人事近而易習, 則折楊皇華嗑然而笑. 方以類聚, 其在兹乎!

95) 其王氏『略例』得失相參, "采封采菲, 無以下體?"仍附經末, 式廣未聞.

96) 王學旣盛, 漢易遂亡. 千百年後學者得考見畫卦之本旨者, 惟賴此書之存耳. 是眞可寶

之古籍也.

제4장 송원 시대의 역학 1

1) 煉有形之精, 化爲微芒之氣, 煉依希呼吸之氣, 化爲出有入無之神.

2) 火性炎上, 逆之使下, 則火不燥烈, 唯溫養而和煥. 水性潤下, 逆之使上, 則水不卑濕, 唯滋養而澤.

3) 又使復還于元始, 而爲最上之一圈. 名爲煉神還虛, 復歸無極, 而功用至矣.

4) 漢儒言『易』, 多主象數, 至宋而數之中復岐出圖書一派. 牧在邵子之前, 其首倡者也. 牧之學出于種放, 放出于陳搏. 其源流于邵子之出于穆·李者同, 而以九爲「河圖」, 十爲「洛書」, 則與邵異. 其學盛于仁宗時. 黃黎獻作『略例隱訣』, 吳秘作『通神』, 程大昌作『易原』, 皆發明牧說. 而葉昌齡則作『圖義』以駁之, 宋咸則作『王劉易辨』以攻之, 李覯復有刪定「易圖論」.

5) 天一生水, 地二生火, 天三生木, 地四生金, 天五生土, 此其生數也. 如此, 則陽無匹, 陰無偶. 故地六成水, 天七成火, 地八成木, 天九成金, 地十成土. 于是陰陽各有匹偶, 而物得成矣. 故謂之成數.

6) 且天一生坎, 地二生離, 天三處震, 地四居兌, 天五由中. 此五行之生數也. 且孤陰不生, 獨陽不發. 故子配地六, 午配天七, 卯配地八, 酉配大九, 中配地十. 旣極五行之成數, 遂定八卦之象, 因而重之, 以成六十四卦三百八十四爻. 此聖人設卦觀象之奧旨也.

7) 昔者宓羲氏之有天下, 感龍馬之瑞, 負天地之數, 出于河. 是爲龍圖者也. 戴九履一, 左三右七, 二與四爲肩, 六與八爲足, 五爲腹心. 縱橫數之, 皆十五. 盖『易』「繫辭」所謂 "參伍以變, 錯綜其數"者也. 太皞乃則而象之, 遂因四正, 定五行之數. 以陽氣肇于建子, 爲發生之源. 陰氣萌于建午, 爲肅殺之基. 二氣交通, 然後變化, 所以生萬物焉.

8) 六十四卦剛柔相易, 周流而變, 『易』于「序卦」于「雜卦」盡之.

9) 孔孟而後, 漢儒止有經傳之學, 性道微言之絶久矣, 元公崛起, 二程嗣之, 又復橫渠諸大儒輩出. 聖學大倡.

10) 宋五子中, 惟周子著書最少, 而諸儒辨論則惟周子之書最多. 無極太極之說, 朱陸兩家, 斷斷相軋, 至今五六百年.

11) 無極而太極. 太極動而生陽, 動極而靜, 靜而生陰. 靜極而復動. 一動一靜, 互爲其根. 分陰分陽, 兩儀立焉. 陽變陰合, 而生水火木金土, 五氣順布, 四時行焉. 五行一陰陽也, 陰陽一太極也, 太極本無極也. 五行之生也, 各一其性. 無極之眞, 二五之精, 妙合而凝. 乾道成男, 坤道成女, 二氣交感, 化生萬物, 萬物生生而變化無窮焉. 惟人也得其秀而最靈. 形旣生矣, 神發知矣, 五性感動而善惡分 萬事出矣. 聖人定之以中正仁義(自注 : 聖人之道, 仁義中正而已矣)而主靜(自注 : 無欲故靜), 立人極焉. 故聖人與天地合其德, 日月合其明, 四時合其序, 鬼神合其吉凶. 君子修之吉, 小人悖之凶. 故曰, "立天之道曰陰與陽, 立地之道曰柔與剛, 立人之道曰仁與義." 又曰. "原始反終. 故知死生." 大哉易也! 斯其至矣!

12) 周子之無極而太極, 則空中之造化, 而欲合老莊于儒也.

13) 易有太極, 夫子贊『易』而言也, 不可云無極. 無方者神也, 無體者易也, 不可圖圓象. 有者無之, 無者有之, 恐非聖人本旨.

14) 老氏之學, 致虛極, 守靜篤, 甘暝于無何有之鄕, 惷然似非人, 內守而外不蕩. 歸根曰靜, 靜曰復命. 主靜立人極, 其亦本此歟?

15) 樽山兄謂, "『太極圖說』與『通書』不類, 疑非周子所爲. 不然或是其學未成時所作. 不然則或是傳他人之文, 後人不辨也. 盖『通書』·「理性命」章言, '中焉止矣. 二氣五行, 化生万物, 五殊二實, 二本則一.' 曰一, 曰中, 卽太極也. 未嘗學于其上加無極字. 「動靜」章言五行·陰陽·太極, 亦無無極之文. 假令『太極圖說』是其所傳, 或其少時所作, 則作『通書』時不言無極, 盖已知其說之非矣." 此言殆未可忽也.

16) 『通書』, 周子傳道之書也……『性理』首『太極圖說』, 兹首『通書』者, 以『太極圖說』後儒有尊之者, 亦有議之者, 不若『通書』之純粹無疵也.

17) 誠者, 聖人之本. "大哉, 乾元. 万物資始", 誠之源也. "乾道變化, 各正性命", 誠斯立焉, 純粹至善者也. 故曰, "一陰一陽之謂道, 繼之者善也, 成之者性也." 元亨, 誠之通也. 利貞, 誠之復也. 大哉, 易也. 性命之源乎!

18) 聖, 誠而已矣. 誠, 五常之本, 百行之原也. 靜無而動有, 至正明達也. 五常百行非誠, 非也, 邪暗塞也. 故誠則無事矣. 至易而難行, 果而確, 無難焉. 故曰, "一日克己復禮, 天下歸仁焉."

19) 誠無爲, 幾善惡. 德, 愛曰仁, 宜曰義, 理曰禮, 通曰智, 守曰信. 性焉安焉之謂聖, 復焉執焉之謂賢, 發微不可見, 充周不可窮之謂神.

20) 寂然不動者, 誠也. 感而遂通者, 神也. 動而未形, 有無之間者, 幾也. 誠精故明, 神應故妙, 幾微故幽. 誠·神·幾曰聖人.

21) 幾字, 卽易"知幾其神", 顏氏'庶幾', 孟子'幾希'之幾. "有不善未嘗不知", 所謂知善惡之良知也. 故念庵羅氏曰, "幾善惡者, 言惟幾故能辨善惡, 猶云非幾卽惡焉耳. 必常懼, 常成寂然, 而後不逐于動. 是乃所謂研幾也."

22) 天以陽生萬物, 以陰成萬物. 生, 仁也. 成, 義也. 故聖人在上, 以仁育萬物, 以義正萬民. 天道行而萬物順, 聖德修而萬民化. 大順大化, 不見其迹, 莫知其然謂之神. 故天下之衆, 本在一人, 道豈遠乎哉? 術其多乎哉?

23) 天地以順動, 故日月不過而四時不忒. 聖人以順動, 則刑罰淸而民服. 豫之時義大矣哉!

24) 康節之學, 別爲一家. 或謂『皇極經世』只是京·焦末流. 然康節之可以列聖門者, 正不在此.

25) 康節先生謂, "圖雖無文, 吾終日言而未嘗離乎是. 盖天地萬物之理, 盡在其中矣."

26) 太極既分, 兩儀立矣. 陽下交于陰, 陰上交于陽, 四象生矣. 陽交于陰, 陰交于陽而生天之四象. 剛交于柔, 柔交于剛而生地之四象. 于是八卦成矣. 八卦相錯, 然後萬物生焉. 是故一分爲二, 二分爲四, 四分爲八, 八分爲十六, 十六分爲三十二, 三十二分爲六十四. 故曰"分陰分陽, 迭用柔剛, 故易六位而成章也." 十分爲百, 百分爲千, 千分爲萬. 猶根之有幹, 幹之有枝, 枝之有葉, 愈大則愈少, 愈細則愈繁. 合斯爲一, 衍斯爲萬.

27) 易有太極, 是生兩儀. 一理之制, 始生一奇一偶, 而爲一劃者二也. 兩儀生四象者, 兩儀之上各生一奇一偶, 而爲二劃者四也. 四象生八卦者, 四象之上各生一奇一偶, 而爲三劃者八也. 爻之所以有奇有偶, 卦之所以三劃而成者, 以此而已……若八卦之上又放此而生之至六劃, 則八卦相重而成六十四卦矣.

28) 八卦生萬物之類, 重卦定萬物之體……類者生之序也, 體者象之交也.

29) 一元在大化之中, 猶一年也. 自元之元, 至辰之元, 自元之辰, 至辰之辰, 而後數窮矣.

30) 窮則變, 變則生. 盖生生而不窮也.

31) 『皇極經世』但著一元之數, 使人引而伸之, 可至于終而復始也.

32) 太極一也. 不動生二, 二則神也. 神生數, 數生象, 象生器.

33) 先天之學, 心法也. 故圖皆自中起, 萬化萬事, 生乎心也.

34) 『易』之爲書, 將以順性命之理者, 循自然也. 孔子絶四, 從心, 一以貫之, 至命者也. 顏子心齋, 屢空, 好學者也. 子貢多積以爲學, 臆度以求道, 不能剗心滅見, 委身於理, 不受命者也. 『春秋』循自然之理而不立私意. 故爲盡性之書也.

35) 商瞿學於夫子. 自丁寬而下, 其流爲孟喜·京房. 喜書見於唐人者, 猶可考也. 一行所集房之『易傳』, 論卦氣·納甲·五行之類. 兩人之言同出于『周易』「繫辭」·「說卦」, 而費直亦以夫子十翼解說上下經……爾後馬·鄭·荀·虞各自名家, 說雖不同, 要之去象數之源猶未遠也. 獨魏王弼與鍾會同學, 盡去舊說, 雜以老莊之言, 於是儒者專尙文辭, 不復推原『大傳』. 天人之道, 自是分裂而不合者, 七百餘年矣.

36) 國家龍興, 異人間出, 濮上陳摶以「先天圖」傳種放, 放傳穆修, 修傳李之才, 之才傳邵雍. 放以「河圖」·「洛書」傳李漑, 漑傳許堅, 堅傳范諤昌, 諤昌傳劉牧. 修以「太極圖」傳周敦頤, 敦頤傳程頤·程顥. 是時張載講學於二程·邵雍之間, 故雍著『皇極經世』之書. 牧陳天地五十有五之數, 敦頤作『通書』, 程頤述『易傳』, 載造「太和」·「三兩」等篇. 或明其象, 或論其數, 或傳其辭, 或兼而明之. 更唱迭和, 相爲表裡. 有所未盡, 以待後學.

37) 聖人觀陰陽之變而立卦, 效天下之動而生爻. 變動之別, 其『傳』有五, 曰動爻, 曰卦變, 曰互體, 曰五行, 曰納甲. 而卦變之中又有變焉.

38) 『易』曰, "剛柔相摩, 八卦相盪." 先儒謂, "陰陽之氣旋轉摩薄, 乾以二五摩坤成震坎
艮, 坤以二五摩乾成巽離兌." 故剛柔相摩則乾坤成坎離, 所謂卦變也. 八卦相盪, 則
坎離卦中有震艮巽兌之象, 所謂互體也.

39) 自四以上震也, 四以下艮也, 合上下視之, 坎也. 震有伏巽, 艮有伏兌, 坎有伏離, 六
體也. 變而化之則無窮矣.

40) 蔡元定曰, "古今傳記, 自孔安國・劉向父子・班固, 皆以爲「河圖」授羲, 「洛書」錫禹,
關子明・邵康節皆以十爲「河圖」, 九爲「洛書」. 盖『大傳』旣陳天地五十有五之數.
「洪範」又明言天乃錫禹「洪範」九疇, 而九宮之數戴九履一, 左三右七, 二四爲肩, 六
八爲足, 正龜背之象也. 惟劉牧臆見, 以九爲「河圖」, 十爲「洛書」, 托言出於希夷,
旣與諸儒舊說不合. 又引『大傳』以爲二者皆出於伏羲之世, 其易置圖書, 幷無明驗.
但謂伏羲兼取圖書而『易』・「範」之數誠相表裡爲可疑耳. 其實天地之理一而已矣, 雖
時有古今先後之不同, 而其理則不容有二也. 故伏羲但據「河圖」以作『易』, 則不必
豫見「洛書」而已, 逆與之合矣. 大禹但據「洛書」以作「範」, 則亦不必追考「河圖」而
已, 暗與之符矣. 其所以然者何哉? 以此理之外, 無復他理故也. 然不特此爾. 律呂有
五聲十二律, 而其相乘之數亦窮於六十, 日名有十干十二支, 而其相乘之數亦窮於六
十. 二者皆出『易』之後, 其起數又各不同, 然與『易』之陰陽策數多少自相配合皆爲六
十者, 無不合若符契也. 下至運氣・參同・太乙之屬, 雖不足道, 然亦無不相通. 盖自然
之理也."

41) 夫十二律之變至于六十, 猶八卦之變至于六十四卦也.(『後漢書』,「律曆志上」)

42) 黃鐘者, 陽聲之始, 陽氣之動也, 故其數九.

43) 陽生於復, 陰生於姤, 如環無端. 今律呂之數, 三分損益, 終不復始. 何也? 曰陽之升,
始于子, 午雖陰生, 而陽之生于上者未已, 至亥而後窮乃反下.

44) 黃鐘生十一律, 子寅辰午申戌六陽辰皆下生, 丑卯巳未酉亥六陰辰皆上生. 其上以三
曆十二辰者, 皆黃鐘之全數, 其下陰數倍者(原注 : 卽算法倍其實), 三分律而損其一
也. 陽數以四者(原注 : 卽算法四其實), 三分本律而增其一也. 六陽辰當位自得, 六陰
辰則居其沖, 其林鐘・呂南・應鐘三呂在陰, 無所增損, 其大呂・夾鐘・仲呂三呂在陽,
則用倍數, 方與十二月之氣相應. 盖陰之從陽, 自然之理也.

45) 淵, 蔡元定之子, 而從學於朱子. 故是書闡發名理, 多本師傳. 然兼數而言, 則又西山
之家學也. 其中惟不廢互體, 與朱子說頗異……然則朱子特不以互體爲主, 亦未嘗竟
謂無是理也. 淵於師說可謂通其變而酌其平矣.

46) 體天地之撰者, 『易』之象. 紀天地之撰者, 「範」之數. 數者始于一, 象者成于二. 一
者奇, 二者偶也. 奇者數之所以行, 偶者象之所以立. 故二二而四, 四而八. 八者八卦
之象也. 一而三, 三而九. 九者九疇之數也. 由是重之, 八而六十四, 六十四而四千九

十六, 而象備矣. 九而八十一, 八十一而六千五百六十一, 而數周矣.

47) 初一曰五行, 次二曰敬用五事, 次三曰農用八政, 次四曰協用五紀, 次五曰建用皇極, 次六曰乂用三德, 次七曰明用稽疑, 次八曰念用庶徵, 次九曰嚮用五福, 威用六極.

48) 其揲蓍以三爲綱領, 積數爲六千五百六十一, 陰用焦贛六十四卦各變六十四卦之法也.

49) 一數之周, 一歲之道也. 九數之重, 八節之分也. 一一陽之始也, 五五陰之萌也, 三三陽之中也, 七七陰之中也. 二二者, 陽之長, 四四者, 陽之壯.

50) 分天爲九野, 別地爲九州, 制人爲九行, 九品任官, 九井均田, 九族睦俗, 九禮辨分, 九變成樂.

51) 筮者, 神之所爲乎! 其蓍, 五十虛一, 分二挂一, 以三揲之, 視左右手, 歸餘于扐, 兩奇爲一, 兩耦爲二, 奇耦爲三. 初揲綱也, 再揲目也. 綱一爲三, 以虛待目. 目一爲一, 以實從綱. 兩揲而九數具, 八揲而六千五百六十一之數備矣. 分合變化, 如環無端, 天命人事, 由是校焉, 吉凶禍福, 由是彰焉. 大人得之而申福, 小人得之而避禍.

52) 一吉而九凶, 三祥而七災, 八休而二咎, 四吝而六悔. 八數周流, 推類而求. 五中則平, 四害不侵.

53) 考「洛書」之名見於『易』, 不見於『書』.「洪範」之文, 以明理, 非以明數, 其事絶不相謀. 後人以『乾鑿度』太乙行九宮法指爲「洛書」, 盧辯注『大戴禮記』「明堂篇」, 始附合於龜文. 至宋而圖書之說大興, 遂以「洪範」確屬「洛書」,「洛書」確屬龜文, 龜文確爲戴九履一等九數. 而聖人敍彝倫之書, 變爲術家談奇耦之書矣. 沈作是書, 附會劉歆「河圖」・「洛書」相爲表裏, 八卦九章相爲經緯之說, 借『書』之文以擬『易』之貌. 以九九演爲八十一疇, 任易卦八八變六十四之例也. 取「月令」節氣, 分配八十一疇, 陰用孟喜解易卦氣值日之術也. 其揲蓍以三爲綱, 積數爲六千五百六十一, 陰用焦贛六十四卦各變六十四卦之法也. 大意以『太元』,『元包』,『潛虛』旣已擬『易』, 不足以見新奇, 故變幻其說, 歸之「洪範」. 實則朝三暮四, 朝四暮三, 同一僭經而已矣. 此在術數之家, 已爲重依之重儓, 本不足道. 以自沈以後又開演範之一派, 支離繆戾, 踵而爲之者頗多. 旣有其末, 不可不著其本, 故錄而存之.

54) 天地之所以肇者, 數也, 人物之所以生者, 數也, 萬事之所以失得者, 亦數也. 數之體著于形, 數之用妙乎理. 非窮神知化獨立物表者, 曷足以與此哉? 然數之與象, 若異用也, 而本則一, 若殊途也, 而歸則同. 不明乎數, 不足以與語象, 不明乎象, 不足與語數. 二者可以相有, 不可以相無. 先君子曰, "「洛書」者, 數之源也." 餘讀「洪範」而有感焉. 上稽天文, 下察地理, 中參人物古今之變, 窮義理之精微, 窮興亡之徵兆, 微顯闡幽, 彝倫敍秩, 眞有天地萬物各得其所之妙……余所樂而玩者, 理也. 余所言而傳者, 數也. 若其所以數之妙, 則在乎人之自得焉爾.

55) 物有其則. 數者盡天下之物則也. 事有其理. 數者盡天下之事理也. 得乎數, 則物之則, 事之理, 無不在焉.

56) 天下之理, 動者奇而靜者偶.

제5장 송원 시대의 역학 2

1) 易之爲書也, 范彼二儀, 易之爲敎也, 達乎四維. 觀其象, 則區以別矣, 思其道, 則變
而通之. 以上統百王之業, 以下斷萬物之疑. 變動不居, 迫內外而無滯. 廣大悉備, 包
上下而弗遺.

2) 昔者有聖人生, 建大易之旨, 觀天之道, 察地之紀, 取人於斯, 成卦於彼. 將以盡變化
運爲之義, 將以存潔靜微妙之理.

3) 若乃高處物先, 取法乎天. 所以顯不息之義, 所以軒行健之權. 保合大和, 純粹之源顯
著, 首出庶物, 高明之象昭宣. 此立天之道也. 御陰陽而德全. 又若卑而得位, 下蟠於
地. 所以取沈潛之體, 所以擬廣博之義. 宛然不動, 旣仲厚載之容, 感而遂通, 益見資
生之利. 此立地之道也. 自剛柔而功備, 於是卑高以陳, 中列乎人. 剛而上者宜乎主,
柔而下者宜乎臣. 愼時行時止之間, 寧迷進退, 察道長道消之際, 自見屈伸. 此立人之
道也. 敦仁義而有倫.

4) 大哉, 乾陽! 稟乎, 至剛!……運太始之極, 履至陽之位. 冠三方而中正, 秉一氣而純
粹. 萬物自我而資始, 四時自我而下施.

5) 日之動也, 豊乎正中焉……過乎正中, 日斯昃矣.

6) 文明之動也, 豊乎皇極焉……過乎皇極, 文明虧矣.

7) 雷在天上, 萬物以震. 威行天下, 萬邦以恐. 天地之壯見乎雷, 聖人之壯見乎威. 威壯
而不節於天下, 暴矣, 壯其喪矣.

8) 原夫杳杳天樞, 恢恢神造, 損有餘而必信, 補不足而可考……龍蛇蟄而後震, 草木落
而還芳. 于以見其物理, 于以見其天常. 月虧而中盈, 於時不昧. 陽盡剝而求復, 其義
爰彰……得不觀庶物之情, 窮至理之本? 貴必始於賤, 益乃生於損. 旣人事之在斯,
又天道之奚遠?

9) 益上則損下. 損下則傷其本也. 是故謂之損. 損上則益下, 益下則固其本也. 是故謂之
益. 本斯固矣, 幹斯茂茂矣, 源斯深矣, 流斯長矣. 下之益上, 則有渴焉, 上之益下,
則因其利而利之. 何渴之有焉?

10) 離坎誠非其一致, 陰陽安得而兩忘? 雖天生之材, 本四象而區別. 盖日用之利, 合二
體以交相. 道非獨善, 功不相遠. 翻疑乎方以類聚, 何患乎體與情反? 作甘作苦, 始殊
同氣之求. 日炎日凉, 豈宜相得之晚? 施之無窮, 和而不同. 亦猶天地分而其德合, 山
澤乖而其氣通. 日月殊行, 在昭臨而相望. 寒暑異數, 於化育以同功. 則知質本相遠,
義常兼濟. 六府辭盛德之美, 九鼎洽大亨之惠. 分而爲二, 曲直相入以誠難. 會之有
元, 胡越異心而自契.

11) 夫用貴莫若恭, 用富莫若儉. 恭則衆歸焉, 儉則財阜焉. 恭儉者先王之所以保四海也. 損六五曰, "或益之. 十朋之龜, 弗克違, 元吉." 龜可以決疑, 喩明智也. 以柔居尊而爲損道, 明智之士皆樂爲用矣. 非徒人助, 天且福之. 故「象」曰, "六五元吉", 自上祐也. 恭之得衆也如此.

12) 夫上之利民以財則不足也. 百姓安堵而不敗業, 利之大者也. 益九五曰, "有孚惠心, 勿問, 元吉. 有孚惠我德." 謂因民所利而利之, 惠而不費, 則不須疑問, 必獲大吉, 而物亦以信惠歸我也. 夫薄愛無私, 君之德也. 反是. 則非益之謂也.

13) 夫執剛用直, 進不爲利, 忠誠所志, 鬼神享之. 升九二曰, "孚乃利用禴禳, 無咎." 謂與五爲應, 往必見任, 體夫剛德, 進不求寵, 閑邪存誠, 志在大業. 故乃利用納約於神明也.

14) 夫忠臣之分, 雖處險難, 義不忘君也. 蹇六二曰, "王臣蹇蹇, 匪躬之故." 謂居位應五, 不以五在難中, 私身遠害, 執心不回, 志救王室者也. 故「象」曰, "王臣蹇蹇, 終無尤也." 凡此, 皆爲臣之道也. 孔子曰, "爲臣不易", 豈虛言哉.

15) 聖人作易, 本以教人. 而世之鄙儒, 忽其常道, 竟習異端. 有曰, "我明其象", 則卜筮之書爲泥也. 有曰, "我通其意", 則釋老之學未爲荒也. 晝讀夜思, 疲心於無用之說, 其以惑也, 不亦宜乎? 包犧劃八卦而重之, 文王周公孔子繫之以辭, 輔嗣之賢從而爲之注, 炳如秋陽, 坦如大達. 君得之以爲君, 臣得之以爲臣, 萬事之理, 猶輻之於輪, 靡不在其中矣.

16) 時雖異矣, 事雖殊矣, 然事以時變者, 其迹也, 統而論之者, 其心也. 迹或萬殊, 而心或一揆也. 若夫湯湯洪水, 禹以是時而浚川, 黎民阻飢, 稷以是時而播種. 百姓不親, 契以是時而敷五教, 蠻夷猾夏, 皐陶以是時而明王刑. 其迹殊, 其所以爲心一也. 統而論之, 謂之有功可也

17) 或曰, "天有常, 故四時行, 地有常, 故萬物生, 人有常, 故德行成. 而事或有變, 勢或有異, 以常待之, 可乎?" 曰, "常者, 道之紀也. 道不以權, 弗能濟矣. 是故權者變常者也. 事變矣, 勢異矣, 而一本於常, 猶膠柱而鼓瑟也. 履九五曰, "夬履, 貞厲." 謂履道尙謙, 不喜處盈. 而五以陽處陽, 正當其位, 是以危也.

18) 天地萬物存乎「說卦」矣, 姑以人事明之……八卦之道, 在人靡不有之也……故用之於國則邇人安, 用之於軍則遠人服. 鼓之舞之, 無物不得其宜矣.

19) 上駕天一, 下生地六, 水之數也. 下駕地二, 上生天七, 火之數也. 右駕天三, 左生地八, 木之數也. 左駕地四, 右生天九, 金之數也. 地十應五而中, 土之數也.

20) 劉氏以河洛圖書合而爲一, 但以「河圖」無十, 而謂水火木金, 不得土, 數未能成形, 乃謂之象. 至於「洛書」有十, 水火木金附於土而成形矣, 則謂之形. 以此爲義耳. 其言四象生八卦, 則取「河圖」之七八九六以其有象, 不可用「洛書」之形故也. 其下文又引水六金九火七木八而生八卦, 於此則通取「洛書」之形矣. 噫, 何其自相違也?

21) "無不可以無明, 必因於有", 以謂太極氣已兆, 非無之謂. 噫, 其氣雖兆, 然比天地之有容體可見, 則是無也.

22) 天一至地十乃天地之氣降出之次第耳.

23) 厥初太極之分, 天以陽高於上, 地以陰卑於下. 天地之氣, 各亢其外, 則五行萬物何從而生? 故初一則天氣降於正北, 次二地氣出於西南, 次三則天氣降於正東, 次四地氣出於東南, 次五則天氣降於正中央, 次六則地氣出於西北, 次七則天氣降於正西, 次八則地氣出於東北, 次九則天氣降於正南. 天氣雖降, 地氣雖出, 而猶各居一位, 未之會合, 亦未能生五行矣.

24) 一與六合於北而生水, 二與七合於南而生火, 三與八合於東而生木, 四與九合於西而生金, 加之地十以合於中而生土, 五行生而萬物從之矣.

25) 聰明睿智, 剏制立法, 固不區區專決於圖書. 故曰, "古者包犧氏之王天下也, 仰則觀象於天, 俯則觀法於地, 觀鳥獸之文與地之宜, 近取諸身, 遠取諸物." 是不專決於圖書參互而後起之者也. 聖人旣按「河圖」有八方, 將以八卦位焉, 「洛書」有五行, 將以八卦象焉.

26) 或曰, "虛其一者, 康伯以爲太極, 劉氏以爲天一, 何如?" 曰, "窮觀「繫辭」, 以四十九分而爲二以象兩, 則是虛一在兩儀之前也. 下文太極生兩儀, 則又太極在兩儀之前也. 太極與虛一相當, 則一非太極而何也?"

27) 夫元以始物, 亨以通物, 利以宜物, 貞以幹物, 讀易者能言之矣. 然所以始之通之宜之幹之, 必有其狀. 竊論之曰, "始者其氣也, 通者其形也, 宜者其命也, 幹者其性也. 走者得之以胎, 飛者得之以卵, 百穀草木得之以句萌. 此其始也. 胎者不殰, 卵者不殈, 句者以伸, 萌者以出. 此其通也. 人有衣食, 獸有山野, 蟲豕有陸, 鱗介有水. 此其宜也. 堅者可破而不可軟, 炎者可滅而不可冷, 流者不可使之止, 植者不可使之行. 此其幹也.

28) 或曰, "敢問五行相生則吉, 相克則凶, 信乎?" 曰, "相生未必吉, 相克未必凶. 用之得宜則雖相克而吉, 用之失宜則雖相生而凶."

29) 若夫釋人事而責天道, 斯孔子所罕言. 古之龜筮, 雖質諸神明, 必參以行事. 南蒯將亂, 而得黃裳, 穆姜棄位, 而遇元亨利貞. 德之不稱, 知其無益. 後之儒生, 非史非巫, 而言稱運命, 矯擧經籍, 以緣飾邪說, 謂存亡得喪, 一出於自然, 其聽之者亦荒矣. 「王制」曰, "執左道以亂政殺, 假於鬼神·時日·卜筮以疑衆殺." 爲人上者必以制從事, 則易道明而君道成矣.

30) "「繫辭」非聖人之作乎?" 曰, "何獨「繫辭」焉? 「文言」·「說卦」而下, 皆非聖人之作, 而衆說淆亂, 亦非一人之言也. 昔之學易者, 雜取以賁其講說, 而說非一家, 是或同或異, 或是或非, 其擇而不精. 至使害經而惑世也."

31) 「繫辭」曰, "河出圖, 洛出書, 聖人則之." 所謂圖者, 八卦之文也. 神馬負之, 自河而出, 以授於伏羲者也. 盖八卦者, 非人之所爲, 是天之所降也. 又曰, "包犧氏之王天下也, 仰則觀象於天, 俯則觀法於地, 觀鳥獸之文, 與地之宜, 近取諸身, 遠取諸物, 於是始作八卦." 然則八卦者, 是人之所爲也. 「河圖」不與焉.

32) 童子問曰, "「象」曰, '天行健, 君子以自強不息,' 何謂也?" 曰, '其傳久矣, 而世無疑焉. 吾獨疑之也. 盖聖人取象, 所以明卦也. 故曰, '天行健', 而嫌其執於象也, 則又以人事言之, 故曰, '君子自強不息.' 六十四卦皆然也."

33) 童子問曰, "「象」曰, '山下出泉, 蒙. 君子以果行育德,' 何謂也?" 曰, "蒙者, 未知所適之時也. 處乎蒙者, 果於自信其行以育德而已. 蒙有時而發也. 患乎, 不果於自修以養其德而待也."

34) 童子問曰, "損, 損下益上, 益, 損上益下, 何謂也?" 曰, "上君而下民也. 損民而益君, 損矣, 損君而益民, 益矣. 『語』曰, '百姓足, 君孰與不足?' 此之謂也." 童子又曰, "損之「象」曰, '君子以懲忿窒欲,' 益之「象」曰, '君子以見善則遷, 有過則改.' 何謂也?" 曰, "嗚呼, 君子者, 天下繫焉, 非一身之損益, 天下之利害也. 君子之自損, 忿欲爾, 自益者, 遷善而改過爾. 然而肆其忿欲者, 豈止一身之損哉? 天下有被其害者矣. 遷善而改過者, 豈止一身之益哉? 天下有蒙其利者矣." 童子曰, "君子亦有過乎?" 曰, "湯·孔子, 聖人也, 皆有過矣. 君子與衆人同者, 不免乎有過也. 其異乎衆人者, 過而能改也. 湯·孔子不免有過, 則『易』之所謂損益者, 豈止一身之損益哉?"

35) 聖人急於人者也, 天人之際罕言焉. 惟謙之「象」, 略具其說矣. 聖人, 人也, 知人而已. 天地鬼神不可知, 故推其迹. 人可知者, 故直言其情. 以人之情而推天地鬼神之迹, 無以異也. 然則修吾人事而已. 人事修則與天地鬼神合矣.

36) 童子問曰, "恒, 利有攸往, 終則有始. 何謂也?" 曰, "恒之爲言, 久也. 所謂'窮則變, 變則通, 通則久也.' 久於其道者, 知變之謂也. 天地升降而不息, 故曰, '天地之道久而不已也.' 日月往來, 與天偕行不息. 故曰, '日月得天而能久照.' 四時代謝, 循環而不息. 故曰, '四時變化而能久成.' 聖人者, 尙消息盈虛而知進退存亡者也. 故曰, '聖人久於其道而化成.'"

37) 恒久之道所貴變通. 必須變通隨時, 方可長久.

38) 陽過乎亢則災, 數至九而必變. 故曰, "見群龍, 無首吉." 物極則反, 數窮則變, 天道之常也. 故曰, "天德不可爲首也."

39) 大過者, 橈敗之世, 可以大有爲矣. 當物極則反, 易爲之力之時. 是以往而必亨也.

40) 夬, 剛決柔之卦也. 五陽而一陰, 決之雖易, 而聖人不欲其盡決也. 故其「象」曰, "所尙乃窮也." 小人盛則決之, 衰則養之, 使知君子之爲利. 故其「象」曰, "君子以施祿及下." 小人已衰, 君子已盛, 物極而必反, 不可以不懼. 故其「象」又曰, "居德則忌."

41) 至微者理也, 至著者象也, 體用一源, 顯微无間.

42) 理無形也, 故假象以顯義. 乾以龍爲象, 龍之爲象, 靈變不測. 故以象乾道變化, 陽氣消息, 聖人進退.

43) 讀『易』須先識卦體. 如乾之元亨利貞四德, 缺却一個便不是乾, 須要認得.

44) 乾坤, 天地之道, 陰陽之本, 故爲上篇之首.

45) 元者萬物之始, 亨者萬物之長, 利者萬物之遂, 貞者萬物之成. 惟乾坤有此四德, 在他卦則隨事而變焉.

46) 坤, 乾之對也. 四德同, 而貞體則異. 乾以剛固爲貞, 坤則柔順而貞. 牝柔順而健順, 故取其象曰牝馬之貞.

47) 元之在乾, 爲元始之義, 爲首出庶物之義, 他卦不能有此義, 爲善爲大而已.

48) 看『易』, 且要知時……人能識時義之輕重, 則可以學『易』矣……言『易』者, 貴乎識勢之輕重時之變易……人能識時知變, 則可以言『易』矣.

49) 若舜之征有苗, 周公之誅三監, 御寇也, 秦皇漢武窮兵誅伐, 爲寇也.

50) 君子所貴乎時. 仲尼行止久速是也.

51) 聖賢之於天下, 雖知道之將廢, 豈肯坐視其亂而不救? 必區區至力於未極之間, 強此之衰, 艱彼之進, 圖其暫安, 苟得爲之. 孔孟之所屑爲也. 王允·謝安之於漢·晉是也.

52) 沖漠無朕, 萬象森然已具. 未應不是先, 已應不是後. 如百尺之木, 自根本至枝葉, 皆是一貫. 不可道上面的一段事, 無形無兆, 却待人旋安排引入來, 教入塗轍. 既是塗轍, 却只是一個塗轍.

53) 所以謂萬物一體者, 皆有此理, 只爲從那裡來. 生生之謂易, 生則一時, 皆完此理.

54) 寂然不動, 感而遂通, 此已言人分上事. 若論道, 則萬理皆具, 不說感與未感.

55) 陰陽剛柔相文者, 天之文也. 止於文明者, 人之文也. 止謂處於文明也. 質必有文, 自然之理. 理必有對待, 生生之本也. 有上則有下, 有此則有彼, 有質則有文. 一不獨立, 二則爲文. 非知道者孰能識之? 天文天之理也, 人文人之道也.

56) 乾之用, 陽之爲也. 坤之用, 陰之爲也. 形而上曰天地之道, 形而下曰陰陽之功. "先迷後得"以下, 言陰道也. 先唱則迷, 失陰道. 後和則順而得其常理. 西南陰方, 從其類得朋也. 東北陽方, 離其類喪朋也. 離其類而從陽, 則能成生物之功, 終有吉慶也. 與類行者本也, 從於陽者用也. 陰體柔躁. 故從於陽, 則能安貞而吉, 應地道之無疆也.

57) 有地之形與剛建爲偶, 而以永保無疆, 用之者不亦至順乎?

58) 此極言常理. 日月陰陽盈縮, 故能久照而不已. 得天, 順天理也. 四時, 陰陽之氣耳. 往來變化, 生成萬物, 亦以得天故長久不已. 聖人以常久之道, 行之有常. 而天下化之以成美俗也. 觀其所恒, 謂觀日月之久照, 四時之久成. 聖人之道所以能常久之理. 觀此則天地萬物之情理可見矣. 天地常久之道, 天下常久之理, 非知道者, 孰能識之?

59) 理必有對待, 生生之本也. 有上則有下, 有此則有彼, 有質則有文. 一不獨立, 二則爲文. 非知道者, 孰能識之?

60) 雷者, 陽氣奮發, 陰陽相薄而成聲也. 陽始潛閉地中, 及其動, 則出地奮震也.

61) 陰陽之交相摩札, 八方之氣相推蕩, 雷霆以動之, 風雨以潤之, 日月運行, 寒暑相推, 而成造化之功.

62) 陰陽始交, 則艱屯未能通暢, 及其和洽, 則成雷雨, 滿盈於天地之間, 生物乃通.

63) 天地交而陰陽和, 則萬物茂遂, 所以泰也.

64) 雲, 陰陽之氣, 二氣交而和, 則相畜固而成雨. 陽唱陰和順也, 故和. 若陰先陽唱, 不順也, 故不和. 不和則不能成雨.

65) 柔, 從剛者也. 下從上者也.(需卦, 六三注)

66) 陰陽尊卑之義, 男女長少之序, 天地之大經也.(上下篇義)

67) 卦五陰而一陽, 則一陽爲之主.(上下篇義)

68) 雖衆陽說於一陰, 說之而已, 非如一陽爲衆陽主也.(上下篇義)

69) 物不可以終動, 故受之以艮. 艮者, 止也. 物不可以終止, 故受之以漸. 漸者, 進也.

70) 動靜相因, 動則有靜, 靜則有動. 物無常動之理. 艮所以次震.

71) 止必有進. 屈伸消息之理. 止之所以生亦進也, 所及亦進也. 漸所以次艮也.

72) 『易』者, 變易而不窮也. 故旣濟之後, 受之以未濟而終焉. 未濟則未窮也. 未窮則有生生之義.

73) 『易』, 變易也. 隨時變易以從道也.

74) 吉凶消長之理, 進退存亡之道, 備於辭. 推辭考卦, 可以知變. 象與占在其中矣.

75) 易道變動無常. 天下之理, 未有不動而能恒者也. 動則終而復始. 所以恒而不窮. 凡天地所生之物, 雖山嶽之堅厚, 未有能不變者. 故恒非一定之謂. 一定則不能恒矣. 惟時變易, 乃常道也.

76) 天地造化, 恒久而不已者, 順動而已. 巽而動, 常久之道也.

77) 先儒皆以靜爲天地之心, 盖不知動之端乃天地之心. 非知道者孰能識之?

78) 无妄之爲卦, 下動而上健, 則其動剛健也. 剛健, 无妄之本也.

79) 動以無爲無妄. 動而以天, 動爲主也. 以剛變柔, 爲以正去妄之象. 剛正爲主於內, 無妄之義也.

80) 以陽剛爲主於內, 无妄之義也.

81) 乾, 健也. 健而無息之謂乾……乾者萬物之始.

82) 至健固足以見天道也. 君子以自強不息, 法天之行健也.

83) 日中盛極, 則當昃昳. 月旣盈滿, 則有虧缺. 天地之盈虛, 尚與時消息. 況與鬼神乎! 盈虛則盛衰, 消息謂進退. 天地之運, 亦隨時進退也.

84) 天下之事, 不進則退. 無一定之理. 旣濟之終, 不進而止矣, 無常止也. 衰亂至矣. 盖其道已窮極也. 九五之才, 非不善也. 時極道窮, 理當必變也. 聖人至此奈何?

85) 禮, 時爲大. 須當損益. 夏商周所因損益可知, 則能繼周者亦必有所損益. 如云, "行夏之時, 乘殷之輅, 服周之冕, 樂則韶舞." 是夏時之類可從之⋯⋯古之伏羲, 豈不能垂衣裳, 必待堯舜然後垂衣裳? 據如時事, 只是一個聖人都做得了. 然必須數世然後成, 亦因時而已.

86) 孔子時唯可尊周, 孟子時方可革命. 時變然也. 前一日不可, 後一日不可.

87) 君子觀象以隨時而動. 隨時之宜, 萬物皆然. 取其最明且近者言之. 君子以向晦入宴息, 君子晝則自強不息, 及向昏晦, 則入居於內, 宴息以安其身. 起居隨時, 适其宜也.

88) 水火相息之物⋯⋯水滅火, 火涸水, 相變革者也⋯⋯乃火在下, 水在上, 相就而相克, 相滅息者. 所以爲革也.

89) 井之爲物, 存之則穢敗, 易之則清潔. 不可不革也⋯⋯弊壞而後革之, 革之所以致其通. 故革之而可以大亨.

90) 革者, 變其故也. 變其故, 則人未能遽信, 故必已日, 然後人心信從⋯⋯弊壞而後革之, 革之所以致其通也.

91) 變革, 事之大也. 必有其時, 有其位, 有其才, 審慮而愼動, 而後可以無悔.

92) 居未濟之極, 非得濟之位, 無可濟之理. 則當樂天順命而已⋯⋯至誠安於義命而自樂, 則可無咎.

93) 君子當困窮之時, 旣盡其防慮之道而不得免, 則命也. 當推致其命以遂其志. 知命之當然也, 則窮塞禍患不以動其心, 行吾義而已. 苟不知命, 則恐懼於險難, 隕獲於窮厄, 所守亡矣. 安能遂其爲善之志乎?

94) 凡處難者, 必在乎守貞正. 設使難不解, 不失正德, 是以去也. 若遇難而不能固其守, 入於邪濫, 雖使苟免, 亦惡德也. 知義命者不爲也.

95) 君子固守其節以處下者, 非樂於不進, 獨善也. 以其道方否, 不可進, 故安之耳.

96) 大人當否, 則以道自處. 豈肯枉己屈道, 承順於上? 唯自守其否而.

97) 君子處險難而能自保者, 剛中而已. 剛則才足自衛, 中則動不失宜.

98) 君子所以大過人者, 以其能獨立不懼, 遯世無悶也.

99) 有其德而不居, 謂之謙. 人以謙巽自處, 何往而不亨乎?

100) 君子志存乎謙巽, 達理. 故樂天而不竟, 內充. 故退讓而不矜. 安履乎謙, 終身不易. 自卑而人益尊之, 自晦而德益光顯. 此所謂君子有終也. 在小人則有欲必竟, 有德必伐. 雖使勉慕於謙, 亦不能安行而固守, 不能有終也.

101) 求安之道, 唯順與巽. 若其義順正, 其處卑巽, 何處而不安?

102) 聖人在下, 雖已顯而未得位, 則進德修業而已.

103) 若夫異端偏學, 所畜至多, 而不正者, 固有矣.

104) 未發之謂蒙, 以純一未發之蒙而養其正, 乃作聖之功. 發而後禁, 則扞格而難勝. 養正於蒙, 學之至善也.

105) 君子之道, 貴乎有成. 所以五穀不熟, 不如荑稗. 掘井九仞, 而不及泉, 猶爲棄井.

有濟物之用, 而未及物, 猶無有也.

106) 君子所蘊畜者, 大則道德經綸之業, 小則文章才藝.

107) 乾道變化, 生育萬物, 洪纖高下, 各以其類, 各正性命也. 天所賦爲命, 物所受爲性.

108) 理也, 性也, 命也. 三者未嘗有異. 窮理則盡性, 盡性則知天命矣. 天命猶天道也, 以其用而言之, 則謂之命. 命者造化之謂也, (『遺書』, 二十一下)

109) 且如性, 何須待有物方指爲性? 性自在也. 賢所言見者事, 某所言見者理.(如曰不見而彰是也.)(『遺書』, 十八)

110) 高卑之位設, 則易在其中矣. 斯理也, 成之在人則爲性.(誠之者性也.) 人心存乎此理之存, 乃道義之門也.

111) 生之謂性與天命之謂性, 同乎性字, 不可一槪論. 生之謂性, 止訓所稟受也. 天命之謂性, 此言性之理也. 今人言天性柔緩, 天性剛急, 俗言天性皆生來如此, 此所稟受也. 若性之理也, 則無不善, 曰天者, 自然之理也.

112) 才乃人之資質, 循性修之, 雖至惡可勝而爲善.

113) 二篇之約, 可用亨祭, 言在乎誠而已. 誠爲本也, 天下之害, 無不由末之勝也……凡人欲過者, 皆本於奉養, 其流之遠則爲害矣. 先王制其本者天理也, 後人流於末者人欲也. 損之義, 損人欲以復天理而已.

114) 復者, 反於道也. 旣復於道則合正理而無妄. 故復之後, 受之以無妄也. 爲卦乾上震下, 震, 動也. 動以天爲無妄, 動以人欲則妄矣. 無妄之義大矣哉.

115) 禮卽是理. 不是天理, 便是私欲, 人雖有意於爲善, 亦是非禮. 無人欲卽皆天理.

116) 夫陰陽之配合, 男女之交媾, 理之或也. 然從欲而流放, 不由義理, 則淫邪無所不生, 傷身敗德. 豈人理哉?

117) 養物之所需者, 飲食也. 故曰, 需者, 飲食之道也.

118) 『易』之爲書, 有君子小人之雜, 道有陰陽, 爻有吉凶之戒, 使人先事決疑, 避凶就吉.

119) 天下之理旣已思盡, 因『易』之以三百八十四爻變動, 以寓之人事告人. 則當如何時, 如何事, 如何則吉, 如何則凶, 宜動宜靜, 丁寧以爲告戒. 所以因貳以濟民行也.

120) 『易』於人事終始悉備. 行善事者, 『易』有祥應之理. 萌兆之事, 而『易』具著見之器, 疑慮而占, 則『易』示將來之驗.

121) 如孟子曰, 苟求於故, 則千歲之日至, 可坐而致也.

122) 『易』卽天道. 獨於爻位繫之以辭者, 此則歸於人事……聖人與人撰出一法律之書, 使之知所向避, 『易』之義也.

123) 初上終始, 三四非貴要之用, 非內外之主. 中爻以要存亡吉凶. 如困卦"貞大吉, 無咎", 盖以剛中也. 小過, "小事吉, 大事凶", 以柔得中之類.

124) 九五分而下, 初六分而上, 故曰, "剛柔分, 合而章." 合而成文也.

125) 欲觀『易』當先說辭. 盖所以說易象也.

126) 「繫辭」所以論易之道, 旣知易道, 則易象在其中, 故觀『易』必由「繫辭」.

127) 『易』「大象」, 皆是實事, 卦爻「小象」, 則容有寓意而已. 言, "風自火出, 家人", 家之道必自烹飪始. 風, 風也, 教也. 蓋言敎家人之道必自此始也. 又如言, "木上有水, 井", 則明言井之實事也. 又言, "地中有山, 謙", 夫山者崇高之物, 非謙而何? 又如言, "雲雷, 屯." 雲雷皆是氣之聚處. 屯, 聚也.

128) 天文地理, 皆因明而知之, 非明則皆幽也. 此所以知幽明之故. 萬物相見乎離, 非離不相見也. 見者由明, 而不見者非無物也. 乃是天之至處.

129) 氣聚則離明得施而有形, 氣不聚則離明不得施而無形. 方其聚也, 安得不謂之客? 方其散也, 安得遽謂之無? 故聖人仰觀俯察, 但云"知有幽明之故", 不云"知有無之故."

130) 太虛者, 氣之體.

131) 太虛無形, 氣之本體. 其聚其散, 變化之客形爾.

132) 太虛不能無氣, 氣不能不聚爲物, 萬物不能不散而爲太虛.

133) 氣之聚散於太虛, 如水凝釋於水. 知虛空卽氣. 則無無.

134) 顯其聚也, 隱其散也. 顯且隱, 幽明所以存乎象, 聚且散, 推蕩以妙乎神.

135) 一陰一陽不可以形器拘. 故謂之道. 乾坤成列而下, 皆『易』之器.

136) 運於無形謂之道. 形而下者不足以言之. 形而上者是無形體者. 故形而上者謂之道也. 形而下者是有形體者. 故形而下者謂之器.

137) 形而上者, 得辭斯得象矣. 故變化之理, 存乎辭.

138) 形而上者, 得意斯得名, 得名斯得象. 不得名, 非得象也. 故語道至於不能象, 則名言亡矣.

139) 陽之意至健. 不爾何以發散和一? 陰之性常順. 然而地體重濁. 不能隨則不能順, 少不順卽有變矣. 有變則有象. 如乾健坤順, 有此氣則有此象可得言.

140) 凡可狀, 皆有也. 凡有, 皆象也. 凡象, 皆氣也. 氣之性本虛而神, 則神與性乃氣所固有. 此鬼神所以體物而不可遺也.(舍氣, 有象否? 非象, 有意否?)

141) 氣坱然太虛, 升降飛揚, 未嘗止息. 『易』所謂'絪縕', 莊生所謂 "生物以息相吹", '野馬'者與.

142) 游氣紛擾, 合而成質者, 生人物之萬殊.

143) 大率天之爲德, 虛而善應. 其應非思慮聰明可求, 故謂之神.

144) 氣之性本虛而神, 則神與性乃氣所固有.

145) 神者, 太虛妙應之目. 凡天地法象, 皆神化之糟粕爾.

146) 『易』言 "感而遂通"者, 蓋語神也. 雖指暴者謂之神, 然暴亦有漸. 是亦化也.

147) 惟神能變化, 以其一天下之動也.

148) 神則主乎動, 故天下之動, 皆神爲之.

149) 氣之本虛則湛一無形, 感而生則聚而有象.

150) 有兩則有感. 然天之感有何思慮? 莫非自然.

151) 二端故有感, 本一故能合.

152) 無所不感者, 虛也. 感卽合, 成也. 以萬物本一, 故一能合異. 以其能合異, 故謂之感. 若非有異則無合.

153) 天大無外, 其爲感者, 絪縕二端而已. 物物所以相感者, 利用出入, 莫知其鄉, 一萬物之妙者與!

154) 一物兩體者, 其太極之謂與! 陰陽天道, 象之成也. 剛柔地道, 法之效也. 仁義人道, 性之立也. 三才兩之, 莫不有乾坤之道.

155) 地所以兩, 分剛柔男女而效之. 法也. 天所以參, 一太極兩儀而象之. 性也.

156) 一物兩體者, 氣也. 一故神(兩在故不測 —— 自注), 兩故化(推行於一 —— 自注). 此天之所以參也.

157) 參天兩地, 此但天地之質也.

158) 兩不立則一不可見, 一不可見則兩之用息. 兩體者, 虛實也, 動靜也, 聚散也, 清濁也, 其窮一而已. 有兩則有一, 是太極也. 若一則兩, 有兩亦一在. 無亦一在. 然無兩安用一? 不以太極, 空虛而已, 非天參也.

159) 造化所成, 無一物相肖者. 以是知萬物雖多, 其實一物無無陰陽者. 是以知天地變化, 二端而已.

160) 有氣化有道之名.

161) 一陰一陽不可以形器拘. 故謂之道.

162) 語其推行故曰道, 語其不測故曰神, 語其生生故曰易. 其實一事, 指事而異名爾.

163) 神, 天德, 化, 天道. 德其體, 道其用, 一於氣而已.

164) 神化者, 天之良能, 非人能. 故大而位天德, 然後能窮神知化.

165) 天道卽性也. 故思知人者不可不知天. 能知天斯能知人矣. 知天知人與窮理盡性以至於命, 同意.

166) 精義入神以致用, 謂貫穿天下義理. 有以待之, 故可致用. 窮神是窮盡其神也. 入神是儘能入於神也. 言自外而入. 義固有深淺.

167) 精義入神, 豫而已……豫則無事不備, 備則用利, 用利則身安.

168) 明庶物, 察人倫, 然後能精義入神. 因性其仁而行.

169) 精義入神, 要得盡思慮, 臨事無疑.

170) 神不可致思, 存焉可也. 化不可助長, 順焉可也. 存虛明, 久至德, 順變化, 達時中, 仁之至, 義之盡也.

171) 氣有陰陽, 推行有漸爲化. 合一不測爲神. 其在人也, 智義利用, 則神化之事備矣. 德盛者, 窮神則智不足道. 知化則義不足云. 天之化也運諸氣, 人之化也順夫時. 非氣非時, 則化之名何有, 化之實何方旋? 『中庸』曰, "至誠爲能化", 『孟子』曰, "大而化之." 皆以德合陰陽, 與天地同流而無不通也.

172) 存神過化, 忘物累而順性命乎!

173) 『易』本爲卜筮之書, 後人以爲止於卜筮. 至王弼用老莊解. 後人便只以爲理, 而不以爲卜筮, 亦非. 想當初伏羲畫卦之時, 只是陽爲吉, 陰爲凶, 無文字, 某敢說. 竊意如此. 後文王見其不可曉, 故爲之作彖辭. 或占得爻處不可曉, 故周公爲之作爻辭. 又不可曉, 故孔子爲之作十翼, 皆解當初之意.

174) 『易』之爲書, 更歷三聖而制作不同. 若庖犧氏之象, 文王之辭, 皆依卜筮以爲教, 而其法則異. 至於孔子之贊, 則又一以義理爲教而不專於卜筮也. 是豈其故相反哉? 俗之淳漓旣異, 故其所以爲教法者不得不異. 而道則未嘗不同也.

175) 文王重卦作繇辭, 周公作爻辭, 亦只是爲占筮設. 到孔子方始說從義理上去.

176) 文王周公之詞皆是爲卜筮. 後來孔子見得有是書, 必有是理. 故因那陰陽消長盈虛說出個進退存亡之道理來.

177) 伊川見得個大道理, 却將往來合他這道理, 不是解『易』.

178) 方其初畫也, 未有乾四德意思. 到孔子始推出來. 然文王·孔子雖能推出意思, 而其道理亦不出伏羲始畫之中. 故曰謂之蘊.

179) 伏羲作『易』, 只畫八卦如此也. 何嘗明說陰陽剛柔吉凶之理, 然其中則具此道理.

180) 大哉, 孔子! 晩好是書……專用義理, 發揮經言.

181) 盖『易』不比『詩』·『書』. 它是說天下後世無窮無盡底事理. 只一兩字, 便是一個道理.

182) 不要執一. 若執一事, 則三百八十四爻, 只作得三百八十四件事, 便休也.

183) 若『易』只則是個空底物事. 未有是事, 預先說是理, 故包括得盡許多道理. 看人做甚事, 皆撞着他.

184) 理定旣實, 事來尙虛. 用應始有, 體該本無. 稽實待虛, 存體應用. 執古御今, 由靜制動. 潔靜精微, 是謂之易. 體之在我, 動有常吉.

185) 理定旣實, 事來尙虛. 存體應用, 稽實待虛. 所以三百八十四爻而天下萬事無不可該, 無不周遍. 此『易』之用所以不窮也.

186) 卽鹿而無虞, 入必陷於林中. 若不舍而往, 是取吝之道……這個道理, 若後人做事, 如求官爵者求之不已, 便是取吝之道. 求財利者, 求之不已, 亦是取吝之道.

187) 一卦之中, 凡爻卦所載, 聖人所已言者, 皆具已見底道理. 便是藏往. 占得此卦, 因此道理. 以推未來之事. 便是知來.

188) 『易』, 變易也. 隨時變易以從道也. 其爲書也, 廣大悉備, 將以順性命之理, 通幽明之故, 盡事物之情, 以示開物成務之道也.

189) 『易』是變易. 陰陽無一日不變. 莊子分明說『易』以道陰陽.

190) 伊川言易變易也, 只說得相對底陰陽流轉而已, 不說錯綜底陰陽交互之理. 言易須兼此二者.

191) 『易』有兩義. 一是變易. 便是流行底. 一是交易. 便是對待底.

192) 太極之判, 始生一奇一偶, 而爲一畫者, 二是爲兩儀, 其數則陽一而陰二……邵子所謂一分爲二者, 皆謂此也. 兩儀之上各生一奇一偶, 而爲二畫者. 四爲四象……邵子所謂二分爲四者, 皆謂此也.

193) 一是一個道理, 却有兩端, 用處不同. 譬如陰陽, 陰中有陽, 陽中有陰, 陽極生陰, 陰極生陽, 所以神化無窮.

194) 陰陽有相對而言者. 如東陽西陰南陽北陰是也.

195) 某以爲易字有二義. 有變易, 有交易. 「先天圖」一邊本都是陽, 一邊本都是陰, 陽中有陰, 陰中有陽, 便是陽往交易陰, 陰來交易陽, 兩邊各各相對.

196) 交易是陽交於陰, 陰交於陽. 是卦圖上底, 如天地定位, 山澤通氣者是也.

197) 陰陽有個流行底, 有個定位的. 一動一靜, 互爲其根, 便是流行底. 寒暑來往是也.

198) 變易是陽變陰, 陰變陽, 老陽變爲少陰, 老陰變爲少陽. 此是占筮之法. 如晝夜寒暑, 屈伸往來者是也.

199) 帝出乎震, 齊乎巽, 相見乎離, 致役乎坤, 說言乎兌, 戰乎乾, 勞乎坎, 成言乎艮.

200) 萬物出乎震. 震, 東方也. 齊乎巽, 東南也. 離也者, 明也, 南方之卦. 坤也者, 地也. 兌正秋也. 戰乎乾, 乾西北之卦也. 坎者, 水也, 正北之卦也. 艮, 東北之卦也, 萬物之所成終而所成始也.

201) 陽化爲柔, 只恁地消縮去, 無痕迹, 故曰化. 陰變爲剛, 是其勢浸長, 有頭面, 故曰變.

202) 變是自陰之陽. 忽然而變, 故謂之變. 化是自陽之陰. 漸漸消磨將去, 故謂之化.

203) 化則漸漸化盡, 以至於無. 變則驟然而長. 變是自無而有, 化是自有而無.

204) 剝盡爲坤, 復則一陽生也. 復之一陽不是頓然便生, 乃是自坤卦中積來. 且一月三十日, 以復之一陽, 分作三十分, 從小雪後便一日生一分. 上面趲得一分, 下面便生一分. 到十一月半, 一陽始成也. 以此便見得天地無休息處.

205) 天下之萬理, 出於一動一靜, 天下之萬數, 出於一奇一偶, 天下之萬象, 出於一方一圓. 盡只起於乾坤二畫.

206) 太極之判, 始生一奇一偶……其數則陽一而陰二. 在「河圖」·「洛書」則奇偶是也. 周子所謂 “太極動而生陽, 動極而靜, 靜而生陰, 靜極復動. 一動一靜, 互爲其根, 分陰分陽, 兩儀立矣.”

207) 體用一源, 體雖無迹, 中已有用. 顯微無間者, 顯中便具微. 天地未有, 萬物已具. 此是體中有用. 天地旣位, 此理亦存. 此是顯中有微.

208) 其曰體用一源者, 以至微之理言之. 則沖漠無朕, 而萬象昭然已具也. 其曰顯微無間者, 以至著之象言之. 則卽事卽物, 而此理無乎不在也. 言理則先體而後用. 盖奉體而用之理已具. 是所以爲一原也. 言事則先顯而後微, 盖卽事而理之體可見. 所以爲無間也. 然則所謂一原者, 是豈漫無精粗先後之可言哉? 況既曰體立而後用行, 則亦不嫌於先有此而後有彼矣.

209) 未有天地之先, 畢竟也只是理, 有此理, 便有此天地. 若無此理, 便亦無天地, 無人無物, 都無該載了.

210) 且既曰有理而後有象, 則理象便非一物. 故伊川但言其一源與無間耳. 其實體用顯微之分則不能無也.

211) 易者, 陰陽之變, 太極者, 其理也.

212) 所謂太極, 亦曰理而已矣.

213) 陰陽只是陰陽. 道是太極. 程子說所以一陰一陽者, 道也.

214) 以卦畫言之, 太極者, 象數未形之全體也.

215) 當未畫卦前, 太極只是一個渾淪底道理, 裡面包含陰陽·剛柔·奇偶, 無所不有. 乃各畫一奇偶, 便是生兩儀.

216) 且夫「大傳」之極者何也? 即兩儀·四象·八卦之理. 具於三者之先, 而縕於三者之內也.

217) 易有太極, 是生兩儀, 則先從實理處說. 若論其生則俱生, 太極依舊在陰陽裡. 但言其次序, 須有這實理, 方始有陰陽也. 其理則一. 雖然, 自見在事物而觀之, 則陰陽函太極, 推其本, 則太極生陰陽.

218) 有是理, 便有是氣, 但理是本.

219) 天下未有無理之氣, 亦未有無氣之理. 氣以成形, 而理亦賦焉.

220) 或問, "必有是理, 然後有是氣, 如何?" 曰, "此本無先後之可言. 然必欲推其所以來, 則須說先有是理. 然理非別爲一物, 即存乎是氣之中. 無是氣, 則是理亦無挂搭處."

221) 或問先有理後有氣之說. 曰, "不消如此說. 而今知得他合下是先有理後有氣邪, 後有理先有氣邪, 皆不可得而推窮. 然以意度之, 則疑此氣是依傍這理行, 及此氣之聚, 則理亦在焉. 蓋氣則能凝結造作, 理卻無情意, 無計度, 無造作. 只此氣凝聚處, 理便在其中. 且如天地間人物·草木·禽獸, 其生也莫不有種. 定不會無種子, 白地生出一個物事. 這個, 都是氣. 若理, 則只是個淨潔空闊底世界, 無形迹. 他却不會造作. 氣則能醞釀凝聚生物也. 但有此氣, 則理便在其中.

222) 天地之間, 有理有氣. 理也者, 形而上之道也, 生物之本也. 氣也者, 形而下之器也. 生物之具也. 是以人物之生, 必稟此理, 然後有性. 必稟此氣, 然後有形. 其性其形, 雖不外乎一身, 然其道器之間, 分際甚明, 不可亂也.

223) 周子曰, "無極之眞, 二五之精, 妙合而凝." 所謂眞者, 理也, 所謂精者, 氣也.

224) 所謂理與氣, 此決是二物. 但在物上看, 則二物渾淪. 不可分開各在一處. 然不言二物之各爲一物也. 若在理上看, 則雖未有物, 而有物之理. 然亦但有其理而已, 未嘗實有是物也. 大凡看此等處, 須認得分明, 又兼始終, 方是不錯.

225) 夫眞者, 理也, 精者, 氣也. 理與氣合, 故能成形.

226) 未有天地之先, 畢竟是先有此理……萬一山河天地都陷了, 畢竟理却在這里.

227) 易至南宋, 康節之學盛行, 鮮有不眩惑其說, 其卓然不惑者, 則誠齋之『易傳』乎. 其 於圖書九十之妄, 方位南北之訛, 未嘗有一語及者……中以史事證經學, 尤爲洞邃. 予嘗謂輔嗣之傳, 當以伊川爲正脈, 誠齋爲小宗, 胡安定‧蘇眉山諸家不如也.

228) 是書大旨本程氏而多引史傳以證之. 初名易外傳, 後乃改定今名. 宋代書肆, 曾與『程 傳』并刊以行, 謂之『程楊易傳』.

229) 『易』者何也? 『易』之書爲言變也. 『易』者聖人通變之書也. 何謂變? 盖陰陽, 太極 之變也, 五行, 陰陽之變也. 人與萬物, 五行之變也, 萬事與人, 萬物之變也. 古初以 迄於今, 萬事之變未已也. 其作也, 一得一失, 而其窮也, 一治一亂. 聖人有憂焉, 於 是幽觀其通而逆紬其圖, 『易』之所作也.

230) 以一卦言之, 天地交者, 泰之象也, 不交者, 否之象也. 通塞之象立, 而治亂之意盡矣. 以一爻言之, 初而潛者, 勿用之象也, 上而尤亢者, 不知退之象. 上下之象立而潛退之 意盡矣.

231) 八卦剛柔錯綜, 然後占事知來之謂也. 占特『易』之一端而已.『易』之道無佗. 其於已 往之得失吉凶, 旣旋觀而順數, 故其於方來之得失吉凶, 亦逆睹而前知. 見履霜而知 冰堅之必至, 以已往之微, 知來之著也. 見離明而知日昃之必凶, 以已往之盛, 則知將 來之衰.

232) 乾乾者, 猶曰健健云耳. 雖然九三危而無咎, 信矣. 亦有危而有咎者乎? 曰, 有. 蚩尤‧ 后羿‧莽‧卓, 在上而驕其下, 在下而憂其不爲上. 驕則有懈心, 何德之勤? 憂則有觊 心, 何位之懼? 故終必亡而已矣. 或曰, 不有操‧懿乎? 曰, 漢一變而爲魏, 盖三世希 不失矣. 魏一變而爲晉, 盖再世希不失矣. 使魏晉不足徵, 則乾乾夕惕之戒, 妄矣."

233) 元氣渾淪, 陰陽未分, 是謂太極……盖太極者, 一氣之太初也. 極之爲言, 至也…… 故一氣者, 二氣之祖也. 二氣者, 五行之母也……周子所謂無極者, 非無極也, 無聲 無臭之至也.

234) 太極, 氣之元, 天地, 氣之辨. 陰陽氣之妙, 五行, 氣之顯. 元故無象, 辨則有象. 妙故 無物, 顯則有物.

235) 大者勝, 則小者衰. 剛者動, 則柔者退. 强者長, 則弱者消, 理之自然也.

236) 曷爲變? 曷爲化? 是不可勝窮也. 嘗試觀之雲行乎. 炳而黃, 黔而蒼, 此雲行之變也. 倏而有, 忽而亡, 此雲行之化也. 變者迹之遷, 化者神之逝. 天地造化, 皆若是而已.

237) 人心卽易之道之……天地之心卽道, 卽『易』之道, 卽人, 卽人之心, 卽天地, 卽萬物, 卽萬事, 卽萬理.

238) 六十四卦其事不同, 道則一也.

239)『易』之道一也, 亦謂之元. 此元非遠, 近在人心. 念慮未動之始, 其元乎.

240) 天地之道, 其爲物不貳. 八卦者, 易道之變化, 六十四卦者, 又變化中之變化也. 物有大小, 道無大小. 德有優劣, 道無優劣. 其心通者, 洞天地人物盡在吾性量之中, 而天地人物之變化, 皆吾性之變化. 尙何本末·精粗·大小之間?

241) 所謂旋, 人心逐逐乎外, 惟能旋者則復此心矣. 豈不大哉? 孔子曰, "心之精神是謂聖", 孟子云, "仁, 人心也." 某自弱冠而聞先訓, 啓道德之端, 自是靜思力索十餘年. 至三十有二聞象山先生言, 忽省此心之淸明, 神用變化, 不可度思. 始信此心之卽道. 深念人多外馳, 不一反觀. 一反觀忽識此心, 卽道在我矣.

242) 曰直, 曰方, 皆所以形容道心之言. 非有二理也. 此道甚大, 故曰"直方大." 此乃人心之所自有, 不假修習而得.

243) 直心而往, 卽『易』之道. 意起則支而入於邪矣. 直心而行, 雖遇萬變, 未嘗轉易. 是之謂方. 圓則轉, 方則不轉. 方者, 特明不轉之義. 非直之外, 又有方也……是道非學習之所能, 故曰不習. 孟子曰, "人之所不習而能者, 其良能也, 所不慮而知者, 其良知也." 習者勉強, 本有者奚俟乎習? 此雖人道, 卽地之道. 故曰"地道光也." 光如日月之光, 無思無爲而無所不照不光明者也. 必入於意, 心支而他. 必不直方, 必昏, 必不利.

244) 古卜筮家皆用其所爲繇, 國各有占, 人自立說, 而象數之學勝, 道益以茫昧難明. 孔子將以義理黜之, 故別爲「彖」「象」. 專本中正, 不用象數, 所以合文王周公之本心. 盖一家之學而天下從之. 固非刪定『詩』·『書』之比也.

245) 『易』非道也, 所以用是道. 聖人有以用天下之道, 而名之爲『易』. 易者, 易也, 夫物之推移, 世之遷革, 流行變化, 不常其所. 此天地之至數也, 聖人已見之矣. 是故道以易天下, 而不持其自易. 迎其端萌, 察其逆順, 而與之終始.

246) 『易』不知何人所作. 則曰伏羲畫卦, 文王重之, 按周太卜掌三易, 經卦皆八, 別則六十四, 則畫非伏羲, 重非文王也.

247) 『易』之始, 有三而已, 自然而成八, 有六而已, 自然而成六十四.

248) 『易』之始, 其義有陽而未有陰, 其物有天而未有地. 及其陽而陰之, 初虛取諸風, 中虛取諸火, 終虛取諸澤. 陰而陽之, 初實取諸雷(雷有形), 中實取諸水, 終實取諸山. (畫起於一, 物莫先於天. 故象天. 天尊, 陽也. 二之則象地, 地卑, 陰也. 及自陽爲陰, 自陰爲陽, 始有虛實之辨.) 取物以配義, 義立而物隱.

249) 且『易』之始畫也, 獨乾而非坤. 故「彖」之贊乾也, 有乾而無坤, 及其贊坤也, 順承乎天而已. 然則乾道成男, 坤道成女, 乾知大始, 坤作成物, 乾以易知, 坤以簡能. 是非坤不足以配乾, 非乾坤不足以成『易』, 而獨乾非坤, 有乾無坤之義隱矣. 乾道變化, 各正性命, 充滿覆載, 無非乾也. 乾道成男, 坤道成女, 則陰爲無預乎陽, 陽必有待乎陰, 而乾之功用褊矣.

250) 形而上者謂之道, 按一陰一陽之謂道, 兼陰雖差, 猶可也. 若夫言形上則無下, 而道愈隱矣.

251) 書有剛柔比偶, 樂有聲器, 禮有威儀, 物有規矩, 事有度數, 而性命道德未有超然遺物而獨立者也.

252) 元師伐宋, 屠德安. 姚樞在軍前, 凡儒·道·釋·醫·卜占一藝者, 活之以歸. 先生在其中……至燕, 以所學教授學子, 從者百餘人. 當是時, 南北不通, 程朱之書不及於北, 自先生而發之. 樞與楊惟中建太極書院, 立周子祠, 以二程·張·楊·游·朱六君子配食, 選取遺書八千餘卷, 請先生講授其中. 先生以周·程而後, 其書廣博, 學者未能貫通, 乃原羲·農·堯·舜所以繼天立極, 孔子·顏·孟所以垂世立教, 周·程·張·朱所以發明紹續者, 作傳道圖, 而以書目條列於後.

253) 自趙江漢以南冠之囚, 吾道入北, 而姚樞·竇默·許衡·劉因之徒, 得聞程朱之學以廣其傳. 由是北方之學郁起. 如吳澄之經學, 姚燧之文學, 指不勝屈, 皆彬彬郁郁矣.

254) 周子其元也, 程·張, 其亨也, 朱子其利也, 孰爲今日之貞乎?

255) 草廬學出雙峰, 因朱學也. 其後亦兼主陸學……然草廬之著書, 則終近乎朱.

256) 有康節邵子推明羲文之卦畫, 而象數之學著. 有伊川程子推衍夫子之意, 而卦畫之理明. 泊武夷朱文公作『本義』, 釐正上下經十翼而還其舊作. 『啓蒙』本邵子而發先天. 『本義』雖主卜筮, 然於門人問答, 又以爲『易』中先儒舊說皆不可廢, 但互體·飛伏·納甲之類未及致思耳. 故思以爲今時學者之讀『易』, 當由邵·程·朱三先生之說泝而上之.

257) 其後定名『會通』者, 則以『程傳』用王弼本, 『本義』用呂祖謙本, 次第旣不同. 而或主義理, 或主象占, 本旨復殊. 先儒諸說, 亦復見智見仁, 各明一義, 斷斷爲門戶之爭. 眞卿以爲諸家之易, 途雖殊而歸則同. 故兼搜博采, 不主一說, 務持象數·義理二家之平, 卽蘇軾·朱震·林栗之書爲朱子所不取者, 亦并錄焉.

258) 誠以去朱子才百餘年, 而承學浸失其眞. 如圖書已釐正矣, 復有劉牧之謬者有之. 『本義』已復古矣, 復循王弼之亂者有之. 卜筮之數灼如丹靑矣, 復尙玄旨者又有之. 若是者, 詎容於得已也哉? 故日月圖書之象數明, 天地自然之易彰矣. 卦爻十翼之經傳分, 羲·文·周·孔之『易』辨矣. 夏商周之『易』雖殊, 而所主同於卜筮. 古『易』之變復雖艱, 而終不可逾於古. 傳授傳注雖紛紛不一, 而專主理義曷若卜筮上推理之爲實? 夫然後奉要以發其義, 而辭變象占, 尤所當講明. 筮以稽其法, 而『左傳』諸書皆所當備. 辨疑以審其是, 而「河圖」·「洛書」當務爲急……抑又有說. 朱子嘗曰, "『易』只是卜筮之書, 本非以設教." 然今凡讀一卦一爻, 便如筮所得, 觀象玩辭, 觀變玩占, 而求其理之所以然者, 而施之身心家國天下, 皆有所用, 方爲善讀. 是故, 於乾坤當識君臣父子之分, 於咸恒當識夫婦之別, 於震·坎·艮·巽·離·兌當識長幼之序·於麗澤當識朋友之講習. 以至謹言語, 節飮食, 當有得於頤, 懲忿窒欲, 當有得於損益.

259) 朱子門人, 多習成說, 深通經術者甚少. 草廬『五經纂言』, 有功經術, 接武建陽, 非北溪諸人可及也.

260) 『易』, 羲皇之易. 昔在羲皇, 始畫八卦, 因而重之爲六十四. 當是時, 『易』有圖而無
書也. 後聖之作『連山』, 作『歸藏』, 作『周易』, 雖一本諸羲皇之圖, 而其取用盖各不
同焉⋯⋯羲皇之圖, 鮮獲傳授, 而淪沒於方技家, 雖其說具見於夫子之「繫辭」·「說
卦」, 而讀者莫之察也. 至宋邵子始得而發揮之. 於是乃知有羲皇之『易』, 而學『易』
者不斷自文王·周公始也. 今於『易』之一經, 首揭此圖, 冠於經端, 以爲羲皇之『易』,
而後以三易繼之. 盖欲使夫學者知『易』之本原, 不至尋流逐末, 而昧其所自云爾.

261) 自唐定正義, 『易』遂以王弼爲宗, 象數之學, 久置不講. 澄爲『纂言』, 一決於象. 史
謂其能盡破傳注之穿鑿, 故言『易』者多宗之⋯⋯「象例」諸篇, 闡明古義, 尤爲元明
諸儒空談妙悟者可比.

262) 蓍數之用, 其燭物情無不通, 其前民用無不溥. 故雖萬物之衆, 天下之廣, 皆囿其中,
無或有踰越而出外者.

263) 足以該括天下之動, 凡人所能爲之事, 盡在是矣.(『易纂言』,「繫辭上傳」)

264) 春夏, 天地變化而草木蕃, 秋冬, 天地閉塞而草木瘁. 歲氣然也. 盛世君臣和同而賢人
出, 衰世君臣乖隔而賢人隱. 運數然也.(『易纂言』,「文言傳」)

265) 是書純以義理說『易』. 其體例每篇統論一卦六爻之義, 又擧他卦辭義之相近者參互以
求其異同之故. 如乾卦云, "乾六爻不言吉, 無往而非吉也. 初九處之以勿用. 卽初九
之吉. 上九處之以無悔. 卽上九之吉. 二之見, 五之飛, 三·四之無咎, 皆然. 盖位或過
於中, 而聖人處之則無不中. 位或失於正, 而聖人處之則無不正. 所謂'剛健中正, 純
粹以精'者. 吉有大於此乎!" 坤卦云, "或疑六三王事爲六五之事. 然乾主君道, 坤主
臣道, 王事乃九五大人之事, 故坤卦三五. 聖人皆有戒辭矣. 其所以正人臣之體, 爲慮
深矣." 艮卦云. "敦臨, 敦艮皆吉, 何也? 曰敦者厚道也. 厚於治人則人無不服者, 臨
是也. 厚於修己而己無不修者, 艮是也. 人之目處容可處於薄乎?"凡此諸條, 立義皆
爲純正. 其他剖析微細, 往往能出前儒訓解之外. 間取互體立說, 兼存古義尤善持平.

266) 大旨源出程朱, 主於略數而言理. 然其門人金居敬跋, 稱其契先天內外之旨, 且悟後
天卦序之義, 則亦兼用邵氏學也.

267) 是書上卷「太極圖」, 卽周子之圖. 其「八卦方位圖」, 則本乎「說卦」. 又有乾知大始·
「坤作成物」·「參天兩地」, 及「大衍五十五數」諸圖. 又有「仰觀俯察」,「剛柔相摩」,
「八卦相蕩諸圖」. 而皆溯源於河洛. 中卷「天地數」·「萬物數」二圖, 仍卽大衍·策數.
又有「元會運數」·「乾坤大父母」·「八卦生六十四卦」·「八卦變六十四卦圖」. 又有反
對變與不變諸卦圖. 以下則六十四卦之圖, 分見於中下二卷, 而參伍錯綜. 「序卦」·
「雜卦」皆爲之圖. 盖純主陳搏先天之學, 朱子所謂易外別傳者也.

268) 『易』曰, "河出圖, 洛出書, 聖人則之."圖書者, 天地陰陽之象也. 易者, 聖人以寫天
地陰陽之神也. 故一動一靜, 形而爲 — --, 一 --奇偶. 生生動靜, 互變四象. 上

下左右相交, 而易卦畫矣. ☰ 以畫天, ☷ 以畫地, ☵ 以畫水, ☲ 以畫火, ☱ 以畫澤,
☶ 以畫山. 風因於澤, 雷因於山. 卦以表象, 象以命名, 名以顯義, 義以正辭. 辭達而
『易』書作矣. 將以順性命之理, 窮禮樂之原, 成變化而行鬼神者, 要皆不出乎圖·書之
象與數而已……惟人者, 天地之德, 陰陽之交, 鬼神之會, ×(五)行之秀氣也. 身半
以上同乎天, 身半以下同乎地, 頭圓足方. 腹陰背陽, 離目外明, 坎耳內聰. 口鼻有肖
乎山澤, 聲氣有象乎雷風. 故天下之理得而成位乎其中. 是知易卽我心, 我心卽易. 故
推而圖之, 章爲六位而三極備, 敍之爲六節而四時行, 合之爲六體而身形具. 經之爲
六脈而神氣完, 表之爲六經而治敎立, 協之爲六律而音聲均, 官之爲六典而政令修,
統之爲六師而邦國平. 是故因位以明道, 因節以敍德, 因體以原性, 因脈以凝命. 因經
以考禮, 因律以正樂, 因典以平政, 因師以愼刑. 而大易八卦之體用備矣.

269) 其謂自漢以來, 惟孟喜本『易緯』·「稽覽圖」, 推易離·坎·震·兌各主一方, 餘六十卦每
卦主六日七分爲有圖之始. 寥寥千載, 至陳摶始本, '『易』有太極兩儀, 四象八卦, 因
而重之及天地定位'等說, 爲橫圓大小四象圖, 傳穆·李以及邵子. 又本"帝出乎震"之
說, 爲後天圓圖, 內大橫圖之卦爲否泰, 反類方圓. 則於因『易』而作圖, 非因圖而作
『易』. 本末源流, 燦然明白. 不似他家務新其說, 直以爲古聖之制作, 可謂眞矣.

270) 義理元(玄)妙之談, 墮於老莊, 先天諸圖雜以『參同契』爐火之說, 皆非『易』之本旨…
…周子無極太極·二氣五行之說, 自是一家議論, 不可釋『易』.

271) 朱子極論『易』爲卜筮之書, 其說詳且明矣. 愚謂以卜筮觀『易』, 則無所不通, 不以卜
筮觀『易』, 則多有不通者焉.

272) 卦變之說, 用之占法則可, 用之解經則不可. 盖忘其本爻之義也.

273) 成帝時劉向校書, 考『易』說, 以爲諸易家說皆主田何·楊叔·丁將軍, 大誼略同, 唯京
氏爲異黨, 焦延壽獨得隱士之說, 託之孟氏, 不相與同. 据『漢書』, 則田何·丁寬·楊
叔之學, 本屬一家, 傳之施·孟·梁丘. 爲『易』之正傳. 焦京之學, 明陰陽術數, 爲
易』之別傳.

274) 『易外別傳』者,「先天圖」環中之秘, 漢儒魏伯陽『參同契』之學也. 人生天地間, 首乾
腹坤, 呼日吸月, 與天地同一陰陽. 『易』以道陰陽, 故伯陽借『易』以明其說. 大要不
出先天一圖. 是雖易道之儲餘, 然亦君子養生之切務, 盖不可不知也.

275) 人能知吾身之中, 以合乎天地之中, 則乾坤不在天地, 而在吾身矣.

제6장 명청 시대의 역학

1) "大哉, 乾元! 萬物資始." 旣資以始, 必資以終. 無非統天而何? 夫天者, 萬物之一
物, 苟非統以乾元, 又安能行雲施雨, 使品物流通, 形著而若是亨乎? 故曰, "大哉乾
元." 人唯不明乾道之終始, 是以不知乾元之爲大. 苟能大明乎此, 則知卦之六位, 一

時皆已成就, 特乘時而後動矣. 是故居初則乘潛龍, 居二則乘見龍, 居三則乘亢龍, 居四則乘躍龍, 居五乘飛龍, 居六乘亢龍, 蓋皆乾道自然之變化. 聖人特時乘之以御天云耳. 是故一物各具一乾元. 是性命之各正也, 不可得而同也. 萬物統體一乾元, 是太和之保合也, 不可得而異也. 故曰, "乃利貞." 然則人人各具一乾之元也, 各具有是首出庶物之資也. 乃以統天者歸之乾時, 乘御天者歸之聖, 而自甘與庶物同腐焉, 不亦傷乎? 萬國保合, 有是乾元之德也, 何嘗一日不咸寧也? 乃以乾爲天, 以萬爲物, 以聖人能寧萬國, 以萬國必咸寧於聖人, 不益傷乎?

2) 夫天亦積氣耳. 六合之內無非氣, 無處非天. 而天下之山, 其中未有不虛者. 山之虛處皆氣, 則皆天也. 雖謂之山在天中可也.

3) 身者心之郭廓也. 身之屈伸, 纖悉聽命於心者. 艮其身則心必止於郭廓之內, 而無復放而外馳矣. 又何咎乎!

4) 天下之事無不起於漸而成於積. 善惡之殃慶, 皆以積也. 然其積未始不由漸也.

5) 陰陽消長之機, 間不容髮. 陽一盈於上, 陰卽始妬於下矣. 盈安得久哉? 時至於上, 則陽之盈滿極矣. 故謂之亢.

6) 返本歸無, 歸根復命, 何悔之有! 此舜禪禹之時也.

7) 蓋乾言君道也. 君如九五, 世極治矣. 擁五位之尊, 享萬乘之富, 端拱無爲.

8) 京房背焦贛之師說, 以崇讖緯, 邵康節陰用陳搏之小道而仿丹經, 遂使"天一生水"云云之遁辭, 橫行天下. 人皆蒙心掩目奉之爲理數……是釋經之大蠹, 言道之荊棘也. 不容不詳辯之.

9) 以乾坤幷建爲宗, 錯綜合一爲象. 彖爻一致, 四聖同揆爲釋. 占學一理, 得失吉凶一道爲義. 占義不占利, 勸戒君子, 不瀆告小人爲用. 畏文·周·孔子之正訓, 辟京房·陳搏·日者·黃冠之圖說爲防.

10) 抑無不生, 無不有, 而後可以爲乾坤. 天地不先, 萬物不後. 而「序卦」曰, "有天地, 然後萬物生焉." 則未有萬物之前, 先有天地, 以留而以待也. 是以知「序卦」非聖人之書也.

11) 博觀之化機, 通參之變合, 則抑非無條理之可紀者也. 故六十四卦之相次, 其條理也, 非其序也.

12) 乾坤幷建而捷立, 以爲大始, 以爲成物. 資于天者, 皆其所統, 資于地者, 皆其所行. 有時陽成基以致陰, 有時陰成基以致陽. 材效其情而情無期, 情因于材而材有節.

13) 乾坤幷建於上, 時無先後, 權無主輔. 猶呼吸也, 猶雷電也, 猶兩目視, 兩耳聽, 見聞同覺也.

14) 『周易』幷建乾坤於首, 無有先後. 天地一成之象也. 無有地而無天, 有天而無地之時. 則無有乾而無坤, 有坤而無乾之道.

15) 陰陽之體, 絪縕相得, 和同而化, 充塞於兩間. 此所謂太極也. 張子謂之太和.

16) 其爲剛柔之相摩盪爲八卦者, 無往而不得夫乾坤二純之數也. 其爲八卦之相摩盪爲六十四卦者, 錯之綜之, 而十二位之陰陽亦無不備也.

17) 始於道, 成於性, 動於情, 變於才. 才以就功, 功以致效. 功效散著於多而協於一. 則又終合於道而以始. 是故始於一, 中於萬, 終於一. 始於一, 故曰, "一本而萬殊." 終於一而以始, 故曰, "同歸而殊途."

18) 『易』之爲象, 乾·坤·坎·離·頤·大過·中孚·小過之相錯, 餘卦二十八象之相綜, 物象備矣.

19) 錯者捷錯, 綜者捷綜, 兩卦合用, 四卦合體. 體有各見而用必同軸.

20) 『易』例以九四應初六者多凶. 爲居大位而昵匪人也. 以九四承六五者亦多凶. 爲位近君而任剛德也. 鼎四卽犯二例. 又卦中三陽者鼎腹至四則腹滿矣. 物不可滿. 滿則必覆. 祿位固爾, 功名亦然. 卽學問有自滿之心, 德必退矣.

21) 子曰, "德薄而位尊, 知小而謀大, 力小而任重, 鮮不及矣." 『易』曰, "鼎折足, 覆公餗, 其形渥, 凶." 言不勝其任也

22) 乾坤之元亨利貞, 諸儒俱作四德說, 惟朱子以爲占辭, 而與他卦一例. 其言當矣. 然四字之中雖只兩意, 實有四層. 何? 則元, 大也, 亨, 通也, 利, 宜也, 貞, 正而固也. 人能至健, 則事當大通. 然必宜於正固, 是占辭只兩意也. 但『易』之中有言小亨者矣, 有言不可貞者矣. 一時之通其亨則小. 惟有大者存焉而後其亨乃大也. 是大在亨之先也. 硜硜之固, 固則非宜. 惟有宜者在焉而後可以固守也. 是宜在貞之先也. 其在六十四卦者, 皆是此理. 故其言元亨者合乎此者也, 其但言亨或曰小亨者次乎此者也. 其言利貞者合乎此者也, 其言不可貞, 勿用永貞, 或曰貞凶, 貞厲, 貞吝者反乎此者也. 乾坤諸卦之宗其亨無不大而其貞無不宜. 文王繫辭備此四字, 故孔子推本於天之道, 性之蘊, 而以四德明之. 實所以發文王之意. 且以爲六十四卦詳略偏全之例, 非孔子之說異乎文王之說. 又非其釋乾坤之辭獨異乎諸卦之辭也. 學者以是讀朱子之書, 庶乎不謬闕旨矣.

23) 隨, 從也. 以卦變言之, 本自困卦九來居初, 又自噬嗑九來居五, 而自未濟來者兼二變.

24) 或曰, 易家以隨自否來, 蠱自泰來, 其義如何? 曰, 非也. 乾坤重而爲泰否. 故隨蠱無自泰否而來之理. 世儒惑於卦變, 殊不知八卦成列, 因而重之, 而內外上下往來之義已備乎其中者. 八卦旣重之後, 又烏有所謂內外上下往來之義乎?

25) 剛來而得中, 輔嗣必以爲九二者. 凡上下二象在於下象者則稱來. 故賁卦云, "柔來而文剛", 是離下艮上而稱柔來. 今此云, "剛來而得中", 故知九二也. 且凡云來者, 皆據異類而來. 九二在二陰之中, 故稱來.

26) 「彖傳」中有言剛柔往來上下者, 皆虛象也. 先儒因此而卦變之說紛然. 然觀泰否卦下 "小往大來", "大往小來"云者, 文王之辭也, 果從何卦而往, 何卦而來乎? 亦云有其

象而已耳. 故依王孔注疏作虛象者近是.

27) 自乾坤之後, 始涉人道. 經歷六坎, 險阻備嘗, 內有所畜, 外有所履, 然後致泰. 而泰之後, 否卽繼之. 剝復, 革鼎, 相環無窮. 以此知斯人之生, 立之難而喪之易, 國家之興, 成之難而敗之易. 天下之治, 致之難而亂之易, 此又序『易』者之深意, 而亦天地自然之理也.

28) 平陂往復者, 天運之不能無. 艱貞勿恤者, 人事之所當盡. 天人有交勝之理. 外其交, 履其會者, 也盡變化持守之道.

29) 天田兩失, 飛躍不乘, 而水火不災, 蠱革不蝕, 若一諉之天運, 以爲無預於人事, 則聖人之『易』, 可無作矣.

30) 國家以制科取士, 其始程之『傳』, 朱之『本義』, 蓋嘗幷列學官. 其旣也, 厭博而就約, 避難而趨易, 於是專主『本義』, 程『傳』不得而與焉. 義理之存者蓋寥寥也. 包也有憂之, 竊以爲學『易』者學畫學象學爻, 功夫固有次第. 使非肆力於孔子之翼以求作『易』者於憂患之中, 則羲之畫, 文之象, 周公之爻憒如也. 使非肆力於程子之『傳』以求贊『易』者之心於韋編之外, 則孔子之翼憒如也. 夫是以吃吃窮年纂輯成書. 大都以孔子十翼爲三聖之階梯, 以程子『傳』爲孔子之階梯. 或錄其辭而表章之, 或述其辭而推廣之. 而亦間以朱『義』補程所未備, 而間以諸儒及己意補程朱所未備. 總之, 酌朱以合於程, 酌程以合於孔, 酌孔以合於羲·文·周公.

31) 有是理乃有是數, 有是數卽有是理 …… 數不可顯, 理不可窮. 故但寄之於象 …… 知象則理數在其中 …… 有象卽有占 …… 占卽在象中.

32) 內震外坎, 動而遇險. 故爲屯. 中互艮坤, 震陽始, 坤順之. 故元亨. 坎潤下, 艮止之. 故貞也. 坤爲衆, 震帥之. 故有攸往. 遇艮而止. 故曰勿用. 初得民. 故爲侯. 五與同德. 故建之也.

33) 多難之世, 安民爲先. 必以仁心達爲仁政.

34) 天地男女, 皆以兩物相與而成化. 兩相與而致則一. 若君臣之同德, 父子之述事, 朋友之同志, 皆致一也.

35) 言王者履此'豐亨'之運, 有易衰之憂, 惟宜以至明處之也.

36) 「蓋寬饒傳」引『韓氏易傳』云, "五帝官天下, 三王家天下. 家以傳子, 官以傳賢. 若四時之運, 功成者去, 不得其人則不居其位." 『韓氏易傳』今僅存此, 當是此爻之義. 傳賢, 傳子, 皆嘉遯也. 堯老舜攝, 當此義矣. 曰"正志", 不曰"正位", 明其志在讓賢, 不居其位. 蓋言九五之將變也.

37) 持一說建立一宗敎, 必强人之同於己, 徒黨怨怒攻擊, 甚且釀成兵禍. 是皆不知"君子以同而異"之理. 南郭惠子問於子貢曰, "夫子之門, 何其雜?"嗚呼, 此孔子之所以爲大也.

38) 數季而悟伏羲·文王·周公之象, 又數季而悟文王序卦, 孔子雜卦, 又數季而悟卦變之非.

39) 天地造化之理, 獨陰獨陽不能生成. 故有剛必有柔, 有男必有女. 所以八卦相錯. 八卦既相錯, 所以象卽寓於錯之中.

40) 綜字之義, 卽織布帛之綜, 或上或下, 顚之倒之者也.

41) 盖『易』以道陰陽, 陰陽之理流行不常, 原非死物膠固一定者. 故顚之倒之, 可上可下者. 以其流行不常耳.

42) 有天地, 然後萬物生焉. 盈天地之間者惟萬物. 故受之以屯. 屯者盈也. 屯者物之始生也. 物生必蒙. 故受之以蒙. 蒙者蒙也. 物之稚也. 物稚不可不養也, 故受之以需. 需者飮食之道也. 飮食世有訟. 故受之以訟.

43) 履者, 足踐履也. 中爻巽錯震, 震爲足, 有履之象也. 乃自上而履下也. 咥者, 囓也. 下卦兌錯艮, 艮爲虎, 虎之象也……曰尾者, 因下卦錯虎, 所履在下, 故言尾也……兌口乃悅體. 中爻又係巽順. 虎口和悅, 巽順不猛, 故不咥人.

44) 兌爲羊, 羊之象也. 牽羊者, 牽連三陽而同進也. 兌錯巽爲繩, 牽連之象也. 觀大壯六五乾陽在下曰"喪羊", 則此牽羊, 可知其牽羊, 可知其牽三陽矣.

45) 若以象論, 中爻坎月離日, 期之之象也. 四一變, 則純坤, 而日月不見矣. 故愆期.

46) 此爻變坤, 陸之象也. 夫指三爻. 艮爲少男, 又陽爻. 故謂之夫. 婦指四. 巽爲長女, 又陰爻. 故謂之婦……婦孕者, 此爻合坎. 坎中滿, 孕之象也……若以變爻論, 三變則陽死成坤, 離絕夫位. 故有夫征不復之象. 旣成坤, 則幷坎中滿通不見矣. 故有孕婦不育之象.

47) 乾本至健也. 以錯言, 則又可以謂之順. 初爻變巽爲入, 以錯言, 則又可以謂之動, 以綜言, 則又可以謂之說. 二爻變離爲明, 以錯言, 則又可以謂之陷. 中爻巽, 可以謂之入, 以錯言, 則又可以謂之動. 以綜言, 則又可以謂之說. 推之三·四·五·上, 莫不皆然, 則何所不像哉? 是故初以在下變巽而潛, 有以爲錯震而躁動者, 其將何以應之乎? 二以在田變離而見, 有以爲錯坎而隱伏者, 其將何以應之乎?

48) 凡『易』, 自『春秋』·『左』·『國』, 曁兩漢名儒, 皆就動爻以論之. 虞·王而下, 始就本卦正應以觀攻取, 只論陰陽剛柔, 不分七八九六. 雖『易』有剛柔雜居之交, 而卦無不動玩占之理. 『象正』就動爻以明之.

49) 夫子有言, "書不盡言, 言不盡意." 凡『易』之言語文字, 僅修辭尙玩之一端. 卽焦·京·管·郭, 幽發微而, 取驗不過一時, 撲扐不過數策. 聖人之不爲此鉆仰, 亦已明矣. 舍此二條, 夫子所謂"三極幷立, 窮變極賾, 範圍曲成, 與天地相似"者, 果爲何物? 盖天地之象數, 皆具川於物, 布而爲曆, 次而爲律, 統而爲『易』. 去其圖著, 別其虛實, 以爲『春秋』·『詩』. 又以孟子所言'千歲之日', '至五百興王', 爲七十二相承之曆.

50) 夫氣爲眞象, 事爲眞數, 合人於天, 而眞理不燦然於吾前乎!

51) 氣發爲聲, 形托爲文. 象卽有數, 數則可記.

52) 是則因有象數之人, 而後推知未有天地前公心之理. 則天地間之象數皆心也, 外皆是內也.

53) 聖人因之作『易』. 積辰爲歲, 積爻爲象, 因象立數, 因數明卦. 混沌之先, 先有圖書象
數, 聖人乃是一抄書客耳.

54) 虛卽是實, 實卽虛, 一卽萬, 萬卽一.

55) 豈有通至理而不合象數者乎? 執虛理而不之象數者, 是邊無廢有也.

56) 因象有數, 有數記之而萬理始可析合. 則象數乃破執之精法.

57) 聖人類萬物之情而窮極其數 …… 非逐物而數之也. 惟通神明, 得其妙, 故象數與理一
合俱合. 而制器尙象無往不精, 往往於小中見大, 而不以大名. 寸表『周牌』, 衡度合
歲. 一毫納海, 此以實寓. 『易』冒天地, 爲性命之宗, 而托諸蓍策, 以藝傳世. 儒者諱
卜筮而專言理, 『易』反小矣. 此豈知表天地前民用, 罕言而以此示人, 存人心之苦心
乎哉?

58) 奇貫偶中, 一縱一橫. 卽表直極腰輪之象. 卽表一貫二端之理.

59) 五之前, 一二三四, 五之後, 六七八九, 皆成四象. 何以前爲位而後爲位也? 盖以五居
中, 象太極, 太極動而生陽, 靜而生陰, 而兩儀具矣. 於兩儀上初加一奇爲太陽, 初加
一偶爲少陰. 次於陰儀上加一奇爲少陽, 又加一偶爲太陰. 四象之位, 以所得之先後
言也. 七九陽也, 陽主進. 自七進九. 九爲老陽, 七則少矣. 六八陰也, 陰主退. 自八
退六. 六爲老陰, 八其少矣. 七八九六之數, 以所得之多寡言也. 且一位太陽, 所連者
九. 二位少陰, 所連者八. 三位少陽, 所連者七. 四位太陰, 所連者六. 數與位, 豈有
一毫相悖哉?

60) 『易』以前民用也, 不要以爲人先知. 求先知, 非聖人之道.

61) 一卦可變六十四卦. 而四千九十六卦在其中矣.

62) 六子之變皆出於乾坤, 無所謂自復·姤·臨·遯而來者. 當從『程傳』.

63) 聖人之所以學『易』者, 不過庸言庸行之間, 而不在乎圖書象數也. 今之穿鑿圖象以自
爲能者, 昧也.

64) 希夷之圖, 康節之書, 道家之『易』也. 自二子之學興, 而空疏之人, 迂怪之士擧竊其
中以爲『易』, 而其『易』爲方術之書. 於聖人寡過返身之學, 去之遠矣.

65) 『易』言, "先天而天弗違, 後天而奉天時", 以聖人之德業而言, 非謂天之有先後也.
天純一而無間, 不因物之已生未生有殊. 何先後之有哉? 先天後天之說, 始於玄家.
以天地生物之氣爲先天, 以水火土穀所生之滋生之氣爲後天, 故有後天氣接先天氣之
說, 此區區養生之瑣論爾. 其說亦時竊『易』之卦象附會之, 而邵子於易亦循之, 而有
先後天之辨. 雖與魏·徐·呂·張諸黃冠之言氣者不同, 而以天地之自然爲先天, 事物之
流行爲後天, 則抑暗用其說矣.

66) 「河圖」明列八卦之象, 而無當於「洪範」. 「洛書」順布九疇之敍, 而無肯於『易』. 劉牧
托陳搏之說, 而倒易之, 其妄明甚. 牧以書爲圖者, 其意以謂「河圖」先天之理, 「洛

書」後天之事. 而玄家所云, "東三南二還成五, 北一西方四共之", 正用「洛書」之象, 而以後天爲嫌, 因易之爲「河圖」, 以自旌其先天爾. 狂愚可不謬哉!

67) 論其倚附於『易』似是而非者析其離合.

68) 論其顯背於『易』而自擬爲『易』者決其底蘊.

69) 降而焦·京, 世應·飛伏·動爻·互體·五行·納甲之變無不具者. 吾讀李鼎祚『集解』, 一時諸儒之說, 蕪穢康莊, 使觀象玩占之理, 盡入淫瞀方技之流. 可不悲夫! …… 有魏王輔嗣出而注『易』, 得意忘象, 得象忘言, 日時歲月, 五氣相推, 悉皆擯落, 多所不關. 庶幾潦水盡而寒潭清矣 …… 其廓清之功, 不可泯也.

70) 謂之圖者, 山川險易, 南北高深, 如後世之圖經是也. 謂之書者, 風土剛柔, 戶口扼塞, 如夏之『禹貢』, 周之『職方』是也. 謂之河洛者, 河洛爲天下之中, 凡四方所上圖書, 皆以河洛系其名也.

71) 自一至十之數, 『易』之所有也, 自一至十之方位, 『易』之所無也. 一三五七九之合於天, 二四六八十之合於地, 『易』之所有也, 一六合, 二七合, 三八合, 四九合, 五十合, 『易』之所無也. 天地之數, 『易』之所有也, 水火木金土之生成, 『易』之所無也.

72) 聖人以象示人. 有八卦之象, 六畫之象, 象形之象, 爻位之象, 反對之象, 方位之象, 互體之象. 七者而象窮矣. 後儒之爲僞象者, 納甲也, 動爻也, 卦變也, 先天也. 四者雜而七者晦矣. 吾觀聖人之繫辭六爻, 必有總象以之綱紀, 而後一爻有一爻之分象以爲脈絡.

73) 焦京之徒, 以世應飛伏之說附之, 『太玄』·『通極』·『潛虛』·『洪範』之徒, 則竊『易』而改之. 『壬』·『遁』之徒, 或用易卦, 或不用易卦. 要皆自謂有得於象數之精微, 以附於彰往察來之列.

74) 『易』未嘗有六日七分之說 …… 子雲之短, 不在局曆以失玄, 在不能牽玄以入曆也.

75) 其受命卽位之年在入軌之初與天運相符, 則有賢子孫繼之以畢其軌. 亦如六爻次序自初至上. 不當軌年之初, 旣與天運不符, 身幸不失, 子孫自不能繼.

76) 其持論皆有依據. 盖宗羲窮究心象數, 故一一能調曉其始末, 因而盡得其瑕疵. 非但據理空談不中窾要者比也 … 可謂有功於易道者矣.

77) 『易』有圖書, 非古也. 注疏猶是晉唐所定之書, 絕無言及於此者. 有宋圖學三派, 出自陳圖南. 以爲養生馭氣之術, 托諸『大易』, 假借其乾坤水火之名, 自申其說. 如『參同契』·『悟眞篇』之類, 與『易』之爲道, 截然無所關合. 儒者得之, 始則推墨附儒, 卒之, 因假卽眞. 奉螟蛉爲高曾, 甘自屈其祖禰.

78) 其圖自下而上, 以明逆則成丹之法. 其最下圈名爲元牝之門 …… 元牝卽谷神. 牝者竅也, 谷者虛也, 指人身命門兩腎空隙之處. 氣之所由以生, 是爲祖氣 …… 提其祖氣上升爲稍上一圈, 名爲煉精化氣, 煉氣化神 …… 中層之左木火·右金水·中土, 相聯絡之一圈, 名爲五氣朝元 …… 又其上之中分白黑而相間雜之一圈, 各爲取坎塡離 …… 又使復還於無始, 而爲最上之一圈. 名爲煉神還虛, 復歸無極 …… 盖始於得竅, 次於煉已, 次於和合, 次於得藥, 終於脫胎求仙. 眞長生之秘訣也 …… 周子得此圖而顚倒其序, 更易其名, 附於『大易』, 以爲儒者之秘傳. 盖方士之訣, 在逆而成丹, 故從下而上. 周子之意, 在順而生人, 故從上而下 …… 更最上圈煉神還虛·復歸無極之名曰無極而太極 …… 更其次圈取坎塡離之名曰陽動陰靜 …… 更第三圈五氣朝元之名曰五行各一性 …… 更第四圈煉精化氣·煉氣化神之名曰乾道成男·坤道成女 …… 更最下圈元牝之門之名曰萬物化生.

79) 周子之圖, 窮其本而返之老莊. 可謂拾瓦礫而得精蘊者矣. 但遂以爲『易』之太極, 則不可也.

80) 『易』有五易. 世第知兩易, 而不知三易, 故但可言易, 而不可以言周易. 夫所謂兩易者何也? 一曰變易. 謂陽變陰, 陰變陽也. 一曰交易. 謂陰交乎陽, 陽交乎陰也. 此兩易者, 前儒能言之, 然此只伏羲氏之『易』也. 是何也? 則以畫卦用變易, 重卦用交易也, 畫卦·重卦, 伏羲之事也. 若夫三易, 則一曰反易. 謂相其順逆, 審其向背而反見之. 一曰對易. 謂比其陰陽, 絜其剛柔而對觀之. 一曰移易. 謂審其分聚, 計其往來, 而推移而上下之. 此三易者, 自漢魏迄今, 多未之著, 而『周易』之所爲易, 實本諸此. 是何也? 則以序卦用轉易, 分經用對易, 演易繫辭用移易也. 夫序卦分經者, 文王之爲易也, 演易繫辭者, 則亦文王之爲易, 而或云周公之爲易也. 夫文王·周公之爲易則正『周易』也. 今旣說'周易'而曾不知周之爲易也, 而可乎?

81) 至北宋, 陳搏以華山道士與种放·李漑輩張大其學, 竟搜道書『無極尊經』及張角『九宮』, 倡太極·河洛諸敎, 作『道學綱宗』. 而周敦頤·邵雍·程顥兄弟師之, 遂簒道敎於儒書之間. 至南宋朱熹, 直匃史官洪邁爲陳搏作一名臣大傳, 而周·程諸子, 則又倡道學總傳於『宋史』中, 使道學變作宋學. 凡南宋諸儒, 皆以得附希夷道學爲幸. 如朱氏「寄陸子靜書」云, "熹衰病益深, 幸叨祠祿, 遂爲希夷直下孫, 良以自慶" …… 是道學本道家學, 兩漢始之, 歷代因之, 至華山而張大之, 而宋人則又死心塌地以依歸之. 其爲非聖學, 斷斷如也.

82) 夫隋唐·趙宋不相接也. 方士畫于前, 儒臣進於後, 不相謀也. 一入『道藏』, 一入綸館, 又未嘗相通也. 而兩圖踪迹, 若合一轍, 誰爲之者? …… 聞之漢上所進圖在高宗紹興甲寅, 而親見其圖而摩畫之, 則在徽宗政和之丙申. 其間游仕西洛, 搜討遺文, 質疑請益, 寢食不舍者一十八年. 然後著成『易傳』九卷, 『易圖』五卷, 豈復有一切於其間者? 況其圖後註云, "右『太極圖』, 周惇實茂叔傳二程先生", 其稱惇實. 則猶在英宗以前未經避諱改名之際. 其圖之最眞而最先已瞭然矣.

83) 間嘗學『易』淮西, 見鄭康成所注大衍之數, 起而曰, "此非「河圖」乎?" 則又思曰, "焉有康成所注圖而漢代迄今不一引之爲據者?" 則又思, "大衍所注見于李氏『易解』者干寶·崔憬言人人殊, 何以皆幷無「河圖」之言?" 則又思, "康成所注『大傳』, '其于河出圖'句旣有成注, 何以翻引入『春秋緯』文(「河圖」九篇, 「洛書」六篇), 而不實指之爲大衍之數?" 于是怳然曰, "圖哉, 圖哉! 吾今而知圖之所來矣!" 搏之所爲圖卽大衍之所爲注也, 然而大衍之注之斷非「河圖」者. 則以「河圖」之注之別有在也. 大衍之注曰, "天地之數五十有五, 天一生水在北, 地二生火在南, 天三生木在東, 地四生金在西, 天五生土在中." 然而陽無耦陰無配未相成也. 于是地六成水于北, 與天一幷, 天七成火于南, 與地二幷, 地八成木于東, 與天三幷, 天九成金于西, 與地四幷, 地十成土于中, 與天五幷, 而大衍之數成焉. 則此所爲注非卽搏之所爲圖乎? 康成但有注而無圖, 而搏竊之以爲圖. 康成之注卽可圖亦非「河圖」, 而搏竊之以爲「河圖」. 其根其底其曲其裏, 明白顯著, 可謂極快然.

84) 浸假「河圖」卽此圖. 則此圖固康成所注者也. 其於『大傳』"河出圖"下, 何難直注之曰, "所謂「河圖」, 卽揲蓍所稱大衍之數 …… 者", 而乃又曰, "河龍圖發, 其書九篇." 則豈非衍數·「河圖」, 截然兩分, 數不得爲圖, 衍不得爲畫乎?

85) 一三五七九同爲奇, 二四六八十同爲偶, 是謂五位相得. 一與二, 三與四, 五與六, 七與八, 九與十, 一奇一偶, 兩兩相配. 是謂各有合. 于五行五方曷與焉? 于天地生成曷與焉? 于「河圖」·「洛書」又曷與焉?

86) 康成以九篇爲河圖, 久以認賊作子而復據生成配耦之數以注『易』, 遂爲僞闊『易』之嚆矢 …… 于搏乎何尤? 毛公惡宋太過, 故其立言往往刻于宋而寬于漢. 豈平心之論與?

87) 太一者, 北辰神名也. 下行八卦之宮, 每四乃還于中央. 中央者, 地神之所居. 故謂之九宮. 天數大分, 以陽出, 以陰入. 陽起于子, 陰起于午. 是以太一下九宮, 從坎宮起, 自此而坤, 而震, 而巽. 所行者半矣. 還息于中央之宮. 旣又自此而乾, 而兌, 而艮, 而離. 行則周矣.

88) 天或位于下, 地或位于上, 而且與六子之位同列矣. 山澤之氣不但二者自相通, 而且與天地雷風水火之氣互相通矣. 雷風水火亦然.

89) 夫乾坤生六子, 是爲八卦. 因而重之, 遂爲六十四. 六十四卦皆乾坤之所生也. 姤·復·遯·臨·否·泰同在六十四卦之中, 安能生諸卦乎?

90) 朱子欲以卦變附先天之後 …… 今乃據相生圖以更定其法. 瑣碎甚于李氏. 而及其釋經也, 則又舍反對之卦而泛泛焉以兩爻相比者互換爲變, 往來上下訖無定法. 亦安用此圖爲也?

91) 須知所謂無極太極, 所謂「河圖」·「洛書」, 實組織宋學之主要根核. 宋儒言理, 言氣, 言數, 言命, 言心, 言性, 無不從此衍出. 周敦頤自謂, "得不傳之學于遺經", 程朱輩祖述之, 謂爲道統所攸寄. 于是占領思想界五六百年, 其權威幾與經典相埒. 洌之此書, 以『易』還之義文周孔, 以圖還之陳邵. 并不爲過情之抨擊, 而宋學已受致命傷.

92) 『說文』夕部引『易』曰, "夕惕若夤." 案許愼敍曰, "其稱『易』孟氏, 古文也." 是古文『易』有貨字. 虞翻傳其家五世孟氏之學.

93) 朋盍戠, 京房作撍, 荀氏作宗. 故云, "舊讀作撍作宗."王弼從京氏之本, 又訛爲簪. 後人不識字, 訓爲固冠之簪. 爻辭作於殷末, 已有秦漢之制. 異乎吾所聞也.

94) 自唐人爲『五經正義』, 傳『易』者止王弼一家, 不特篇次紊亂, 又多俗字. 如晉當爲䜘, 巽當爲顨……『釋文』所載古文, 皆辭·虞·傅氏之說, 必有據依. 鄭康成傳費氏易多得古字. 『說文』云, "其稱『易』孟氏, 皆古文." 虞仲翔五世傳孟氏易, 故所采三家說爲多. 諸家異同, 動盈數百. 然此七十餘字, 皆卓然無疑, 當改正者.

95) 國朝之治『周易』者, 未有過於徵士惠棟也. 而其校刊雅雨堂李鼎祚『周易集解』與自著『周易述』, 其改字多有似是而非者. 蓋經典相沿已久之本, 無庸突然擅易. 況師說之不同, 他書之引用, 未便據以改正久沿之本也. 但當錄其說於考證而已.

96) 其讀爲亥. 坤終於亥. 乾出於子. 故其子之明夷. 三升五得正, 故"利貞."馬君俗儒, 讀爲箕子, 涉「象傳」而訛耳.

97) 蜀才從古文作其子. 今從之. 其古音亥. 故讀爲亥, 亦作荄. 劉向曰, "今『易』其子作荄玆."荀爽據以爲說, 蓋讀其子爲荄玆. 古文作箕子, 其與亥, 子與玆, 字異而音義同……西漢博士施仇讀其爲箕. 時有孟喜之高弟蜀人趙賓述孟氏之學, 斥言其謬, 以爲"箕子明夷, 陰陽氣無箕子. 箕子者, 萬物方荄玆也."賓据古義以難諸儒, 諸儒皆屈. 於是施仇·梁丘賀咸共嫉之.

98) 箕子紂諸父. 五乾天位, 今化爲坤, 箕子之象.

99) 孟氏「卦氣圖」以坎·離·震·兌爲四正卦, 餘六十卦, 卦主六日七分, 合周天之數. 內辟卦十二謂之消息卦, 乾盈爲息, 坤虛爲消. 其實乾坤十二畫也……四卦主四時, 爻主二十四氣, 十二卦主十二辰, 爻主七十二候, 六十卦主六日七分, 爻主三百六十五日四分日之一. 辟卦爲君, 雜卦爲臣, 四正爲方伯. 二至二分, 寒溫風雨, 總以應卦爲節. 是以『周易參同契』曰, "君子居室, 順陰陽, 節藏器, 俟時, 勿違卦月, 謹候日辰, 審察消息. 纖芥不正, 悔吝爲賊. 二至改度, 乖錯委曲, 隆冬大暑, 盛夏霜雪……水旱相伐, 風雨不節, 蝗蟲涌沸, 群異旁出."此言卦氣不效, 則分至寒溫皆失其度也. 『漢書』谷永對策曰, "王者躬行道德, 則卦氣理效, 五徵時序. 失道妄行, 則卦氣悖亂, 咎徵著郵."後漢張衡上疏亦言, "律曆卦候, 數有徵效"……是漢儒皆用卦氣爲占驗. 宋元以來, 漢學日就滅亡, 幾不知卦氣爲何物矣.

100) 漢末術士魏伯陽『參同契』用坎離爲金丹之訣, 後之學者懲創異說, 諱言坎離. 於是造皮膚之語以釋聖經, 微言旣絕, 大義尤乖. 殊不知聖人贊化育以天地萬物爲坎離, 何嫌何疑而諱言之乎? 今幸東漢之『易』猶存, 荀·虞之說具在. 用申師法, 以明大義, 以溯微言, 二千年絕學庶幾未墮, 其在玆乎! 其在玆乎!

101) 陽長陰消, 皆以積漸而成. 「文言」曰, "其所由來者漸矣", 故云, "浸, 漸也."『陰符經』曰, "天地之道浸, 故陰陽勝."遯「象傳」曰, "小利貞浸而長也."此謂陰陽浸而長也.

102) 自漢成帝時劉向校書, 考易說, 以爲諸易家皆祖田何·楊叔·丁將軍, 大義略同, 唯京氏爲異. 而孟喜受易家陰陽, 其說易本於氣, 而後以人事明之. 八卦六十四象, 四正七十二候, 變通消息, 諸儒祖述之, 莫能具. 當漢之季年, 扶風馬融作『易傳』授鄭康成, 康成作『易注』. 而荊州牧劉表·會稽太守王朗·穎川荀爽·南陽宋忠, 皆以『易』名家, 各有所述. 唯翻傳孟氏學……翻之言『易』以陰陽消息六爻, 發揮旁通升降上下, 歸於乾元用九而天下治. 依物取類, 貫穿比附. 始若瑣碎, 及其沈深解剝, 離根散葉, 暢茂條理. 遂於大道, 後儒罕能通之. 自魏王弼以虛空之言解『易』, 唐立之學官, 而漢世諸儒之說微. 獨資州李鼎祚作『周易集解』, 頗采古易家言, 而翻注爲多. 其後古書盡亡, 而宋道士陳搏以意造爲龍圖, 其徒劉牧以爲『易』之「河圖」·「洛書」也. 河南邵雍又爲先天後天之圖, 宋之說『易』者翕然宗之, 以至於今牢不可拔. 而『易』陰陽之大義, 盖盡晦矣. 清之有天下百年, 元和徵士惠棟, 始考古義孟·京·荀·鄭·虞氏作『易漢學』. 又自爲解釋曰『周易述』. 然綴拾於亡廢之後, 左右采獲, 十無二三. 其所述大抵宗禰虞氏而未能盡通, 則旁徵他說以合之. 盖從唐·五代·宋·元·明朽壞散亂, 千有餘年, 區區修補收拾, 欲一旦而其道復明, 斯固難也. 翻之學旣世, 又具見馬·鄭·荀·宋氏書, 考其是否, 故其意爲精. 又古書亡而漢魏師說可見者十餘家, 然唯鄭·荀·虞三家略有梗槪可指說. 而虞又較備. 然則求七十子之微言, 田何·楊叔·丁將軍之所傳者, 舍虞氏之注, 其何所自爲? 故求其條貫, 明其統例, 釋其疑滯, 信其亡闕, 爲『虞氏義』九卷. 又表其大旨爲『消息』二卷, 庶以探賾索隱存一家之學. 其所未窹, 俟有道正焉耳.

103) 本行度以實測之, 天以漸而明, 本經文以實測之, 『易』亦漸而明.

104) 此『易』辭全在明伏羲設卦·觀象, 指其所之, 故不言義理……義理自具畫之所之之中, 指明其所之則義理自見……宜按辭以知卦, 泥辭以求義理, 非也.

105) 以此之盈補彼之朒, 數之齊同如是, 『易』之齊同亦如是.

106) 以此推之得此數, 以彼推之亦得此數, 數之比例如是, 『易』之比例亦如是.

107) 約豹爲同聲, 與虎連類而言, 則借豹爲約, 與祭連類而言, 則借豹爲約. 沛紱爲同聲. 以其剛掩於困下, 則借沛爲紱, 以其成兌於豐上, 則借紱爲沛. 各隨其文相貫, 而聲近則以借而通.

108) 漸上之歸妹三, 歸妹成大壯, 漸成蹇. 蹇大壯相錯成需. 故歸妹以須. 須卽需也. 歸妹四之漸初, 漸成家人, 歸妹成臨. 臨通遯, 相錯爲謙履. 故眇能視, 跛能履. 臨二之五, 卽履二之謙五之比例也.

109) 乾二先之坤五, 四之坤初, 應之, 乾成家人, 坤成屯. 是當位而吉者也……若不知變通, 而以家人上之屯三, 成兩旣濟, 其道窮矣.

110) 無論當位·失道, 一經變通, 則元亨者更加元亨, 不元不亨者改而爲元亨.

111) 聖人覺世牖民, 大抵因事以寓教 …… 『易』則寓於卜筮, 故『易』之爲書, 推天道以明人事者也. 『左傳』所記諸占, 盖猶太卜之遺法. 漢儒言象數, 去古未遠也. 一變而爲京‧焦, 入於磯祥. 再變而爲陳‧邵, 務窮造化, 『易』遂不切於民用. 王弼盡黜象數, 說以老莊. 一變而胡瑗‧程子, 始闡明儒理. 再變而李光‧楊萬里, 又參證史事. 『易』遂日啓其論端. 此兩派六宗, 已互相攻駁. 又『易』道廣大, 無所不包, 旁及天文‧地理‧樂律‧兵法‧韻學‧算術, 以逮方外之爐火, 皆可援『易』以爲說. 而好異者又援以入『易』, 故『易』說愈繁. 夫六十四卦「大象」皆有‘君子以’字. 其爻象則多戒占者. 聖人之情, 見乎辭矣. 其餘皆『易』之一端, 非其本也.

112) 初陳搏推闡易理, 衍爲諸圖. 其圖本准『易』而生. 故以卦爻反復研求, 無不符合. 傳者務神其說, 遂歸其圖於伏羲, 謂『易』反由圖而作. 又因「繫辭」「河圖」‧「洛書」之文, 取大衍算數作五十五點之圖, 以當「洛書」. 其陰陽奇偶, 亦一一與『易』相應. 傳者益神其說, 又眞以爲龍馬神龜之所負, 謂伏羲由此而有先天之圖. 實則唐以前書絶無一字之符驗, 而突出於北宋之初. 大測中星而造儀器, 以驗中星, 無不合. 然不可謂中星生於儀器也. 候交食而作算經, 以驗交食, 無不合, 然不可謂交食生於算經也. 由邵子以及朱子, 亦但取其數之巧合, 而不暇究其太古以來從誰授受. 故『易學啓蒙』及『易本義』前九圖皆沿其說. 同時袁樞‧薛季宣皆有異論 …… 元陳應潤作『爻變蘊始』, 始指先天諸圖爲道家假借『易』理以爲修煉之術. 吳澄‧歸有光諸人亦相繼排擊, 各有論述. 國朝毛奇齡作『圖書原舛編』, 黃宗羲作『易學象數論』, 黃宗炎作『圖書辨惑』, 爭之尤力. 然各據所見, 抵其罅隙, 尙未能窮溯本末, 一一抉所自來. 渭此書 …… 引據舊文, 互相參證, 以箝依託者之口, 使學者知圖書之說, 雖言之有故, 執之成理, 乃修煉術數二家旁分, 易學之支流, 而非作『易』之根抵. 視所作『禹貢錐指』, 尤爲有功於經學矣.

113) 近世說『周易』者, 皆以彖詞爲文王作, 爻詞爲周公作. 朱子『本義』亦然. 余按, 『傳』前章云, “『易』之興也, 其於中古乎? 作『易』者, 其有憂患乎?” 初未嘗言中古爲何時, 憂患爲何事也. 至此章始言其作於文王時, 然未嘗言爲文王所自作也. 且曰‘其當’, 曰‘其有’, 曰‘邪’, 曰‘乎’, 皆疑詞而不敢決 …… 至司馬氏作『史記』, 因『傳』此文, 遂附會之, 以爲文王羑里所演 …… 及班氏作『漢書』, 復因『史記』之言, 遂斷以詞爲文王之所繫 …… 其中有甚可疑者 …… 皆文王以後事 …… 於是馬融‧陸績之徒不得已, 乃割爻詞, 謂爲周公所作, 以曲全之 …… 由是言之, 謂文王作彖詞, 周公作爻詞者, 乃漢以後儒者因『史記』‧『漢志』之文, 而展轉猜度之, 非有信而可徵者也.

114) 舊以『易』爲孔子作, 十翼爲先師作. 或疑此說過創. 今按, 陳東浦已不敢以『易』爲文王作矣. 以十翼爲‘大傳’, 始於『史記』, 宋廬陵‧慈湖皆云非孔子作, 黃東發‧陳東浦以「說卦」爲卦影之學, 必非孔子所作. 尤與予說相合. 十翼旣非孔子作, 則經之爲孔子所作, 無疑矣 …… 人但據「繫辭」文王與紂一時之語, 遂談周‧文王. 又因三『易』‧

『周易』·『左傳』引其文在孔子先, 遂酷信其說, 經出文·周, 孔子但作傳翼, 故自古至今, 迷而不悟也.

115) 當以卦爻辭, 并屬孔子所作. 盖卦爻分畫於羲·文, 而卦爻之辭皆出於孔子. 如此, 則與"易歷三聖"之文不背. 箕山東隣西隣之類, 自孔子言之, 亦無妨.

116) 按, 『易』學爲欽亂僞之說有三. 其一, 文王但重六爻, 無作上下篇之事, 以爲周公之作, 更其後也. 其二, 『易』但有上下二篇, 無十篇之說, 以爲孔子作十翼. 固其妄也. 其三, 『易』有施·孟·梁丘, 并出田何, 後有京氏爲異. 然皆今文之說, 無費氏易, 至有高氏, 亦支離也.

찾아보기